广西社会科学年鉴

GUANGXI SHEHUIKEXUE NIANJIAN

2013

汤竹庭　主编

广西人民出版社

图书在版编目(CIP)数据

广西社会科学年鉴·2013/汤竹庭主编.—南宁:广西人民出版社,2013.12

ISBN 978-7-219-08742-8

Ⅰ.①广… Ⅱ.①汤… Ⅲ.①社会科学—广西—2013—年鉴 Ⅳ.①C126.7-54

中国版本图书馆 CIP 数据核字(2013)第 000416 号

广西社会科学年鉴·2013

主　　管:中共广西壮族自治区委员会宣传部
主　　办:广西壮族自治区社会科学界联合会
主　　编:汤竹庭
副 主 编:何　明　玉　明　袁梅花
编辑部地址:广西南宁市青秀区新竹路 5 号
邮政编码:530022
电话/传真:(0771) 5842465
电子信箱:B5842465@163.com
责任编辑:李带舅
出版发行:广西人民出版社
社　　址:广西南宁市青秀区桂春路 6 号
邮　　编:530028
网　　址:http://www.gxpph.cn
印　　刷:广西民族印刷包装集团有限公司
开　　本:890mm×1240mm　1/16
印　　张:45.50
字　　数:1550 千字
版　　次:2013 年 12 月第 1 版
印　　次:2013 年 12 月第 1 次印刷
书　　号:ISBN 978-7-219-08742-8/C·299

定　　价:280.00 元

编辑说明

一、《广西社会科学年鉴》是中共广西壮族自治区委员会宣传部主管、广西壮族自治区社会科学界联合会主办的地方专业年鉴。它以反映广西社会科学的发展状况、学术动态等为任务，旨在为社会各界提供有关广西社会科学界的基本情况和基本资料，为繁荣发展哲学社会科学事业服务，为全面建成广西小康建设服务。

二、本年鉴以邓小平理论、“三个代表”重要思想、科学发展观为指导，坚持解放思想、实事求是、“二为”方向和“双百”方针，追求年鉴的科学性、客观性和实用性。

三、本年鉴从2003年起逐年编纂出版，2013年卷是第十一卷。本卷年鉴着重记述2012年广西社会科学发展的基本情况并收入相关资料（特载、特辑除外）。

四、与上年卷相比，本卷年鉴栏目相对稳定。内容进一步充实全面，如在彩页中增加特辑“广西壮族自治区社会科学界联合会第七次代表大会”。

五、年鉴中大部分信息资料分为三个层次，并作条目化处理；也有一些栏目分为两个层次。内容层次的设置，完全为便于读者阅读和检索，并表示类目、分目、条目之间的关系，但不反映严格的科学分类体系；科研机构、学术团体及其他单位的排序一般也不表示其地位和规模。

六、作为资料性工具书，本年鉴内容资料的选题、选材和编排，条目的内容要素和记述程序等，都按照既定的体例有所规范。为方便读者阅读、检索，还配备双重检索系统：书前刊有详细目录，书后备有索引。

七、由于资料采集不易，本卷年鉴难免有所疏漏和不足，欢迎各界读者批评指正，我们将在今后的编辑工作中加以改进。

本年鉴在策划、组稿、编辑加工过程中，得到有关领导机关、协办单位和广大社会科学工作者的大力支持，谨表示衷心的感谢。

广西壮族自治区社会科学

2013年11月19日，广西壮族自治区社会科学界联合会第七次代表大会在广西人民会堂开幕，自治区党委书记、自治区人大常委会主任彭清华，自治区党委常委、宣传部部长沈北海，自治区党委常委、秘书长范晓莉，自治区人大副主任杨道喜，自治区副主席李康，自治区政协副主席彭钊出席开幕式。王士威同志致开幕辞，自治区文联主席韦守德代表人民团体致贺辞。来自广西社会科学界的400多名代表和社科工作者共聚一堂，共商哲学社会科学繁荣发展大计。沈北海同志主持开幕式。

彭清华在开幕式上作重要讲话。他充分肯定了广西各级社科联和广大哲学社会科学工作者为繁荣发展广西社会科学事业、促进广西经济社会发展所作的贡献。他要求社科界深入学习贯彻党的十八届三中全会精神，进一步增强责任感和

界联合会第七次代表大会

使命感，不断促进哲学社会科学大发展、大繁荣，为我区加快发展提供强有力的思想保证、精神动力和智力支持，为推动全面深化改革作出积极努力。

11月20日，自治区党委常委、宣传部部长沈北海出席闭幕式并作重要讲话，寄语新一届自治区社科联委员会和全区哲学社会科学工作者，要认真学习领会十八届三中全会决定的精神实质，充分认识哲学社会科学工作者重大的历史使命，坚定中国特色社会主义道路自信、理论自信、制度自信，团结协作，真抓实干，要有新的谋划、新的举措、新的作为，努力把广西哲学社会科学工作提高到一个新水平，为实现广西“两个建成”目标作出社会科学界应有的贡献。

会上，王士威同志代表广西壮族自治区社会科学界联合会第六届委员会作题为《大力推进哲学社会科学大繁荣大发展　为实现广西“两个建成”宏伟目标而努力奋斗》的工作报告。报告总结了广西壮族自治区社会科学界联合会第六届委员会五年来的工作，提出未来五年的奋斗目标和工作任务。姚兵同志作自治区社科联修改章程的说明，刘家凯同志作自治区社科联第七届委员会委员候选人产生情况的说明。

会议审议并通过了广西壮族自治区社会科学界联合会第六届委员会工作报告和新修定的《广西壮族自治区社会科学界联合会章程》，选举产生自治区社科联第七届委员会委员198名、常务委员43名，主席王士威，副主席姚兵、刘家凯、曹平，兼职副主席梁颖、秦斌、吕余生、谢尚果、韩庆东、李振唐、肃秀玲（女）、钟桂发、龙毅、杨丛、唐仁郭，秘书长何明。

①彭清华书记作重要讲话
②自治区党委常委、宣传部部长沈北海主持开幕式
③自治区党委常委、秘书长范晓莉
④自治区人大副主任杨道喜
⑤自治区副主席李康
⑥自治区政协副主席彭钊
⑦大会会场
⑧王士威同志作工作报告
⑨自治区文联主席韦守德代表人民团体致贺辞
⑩汤竹庭同志主持大会
⑪姚兵同志作社科联修改章程的说明
⑫大会会场全景

11月 广西·南
曾艳
广西 宁
李海荣
刘家凯
广西壮族自治区社会科学界联合会
第七次代表大会
2013年 月 广西·
曹平
姚钦

⑬ ⑭ ⑮ ⑯ ⑰ ⑱

⑬ 沈北海常委在大会闭幕式上作重要讲话

⑭ 自治区党委组织部副部长曾艳宣读自治区党委关于自治区社科联第七届委员会主席、副主席候选人的批复，并介绍候选人情况

⑮ 自治区党委宣传部副部长李海荣主持大会选举

⑯ 刘家凯同志作自治区社科联第七届委员会委员候选人产生情况的说明

⑰ 总监票人罗永生宣读选举结果

⑱ 大会闭幕

⑲ 代表投票

⑳ 自治区社科联第七届委员会主席、专职副主席合影（从左至右：副主席刘家凯，主席王士威，副主席姚兵、曹平）

㉑ 沈北海常委与自治区社科联第七届常委合影

（本栏照片由农如松、何明摄）

⑲

⑳

㉑

国内外学术交流

广西社会科学界学术交流活跃，各高校、学术团体、科研机构等坚持“走出去、请进来”的适度工作方针，加大国内外学术交流力度，扩大学术交流范围和规模，构建高层次对外学术交流平台，集中抓好具有重要影响的国际合作交流项目，不断拓展国际合作研究，积极参加国际和地区多边组织的学术活动，掌握合作研究的主动权，增强在有关国际学术组织中的影响力，加强与国内外同行的交流，积极开展学术交流活动。据不完全统计，年内，自治区社科联会员单位组织出国考察与交流共34批、160多人（次），接待境外来访260多人（次），境内来访8300多人（次）。

①

②

③

④

①12 月 24 日，北京市社科联赴广西考察调研座谈会在南宁举行　（朱汝胜　摄）
②2012 年 12 月 28 日至 2013 年 1 月 8 日，广西社科学术交流团访问加拿大人文和社会科学联盟　（汤竹庭供稿）
③2012 年 12 月 28 日至 2013 年 1 月 8 日，广西社科学术交流团访问美国社会科学研究协会　（汤竹庭供稿）
④11 月 5 日，广西财经学院与台湾屏东科技大学交流　（广西财经学院供稿）
⑤3 月 27 日，第三届中欧基础教育课程发展论坛在桂林举行　（广西师范大学社科联供稿）
⑥8 月 20 日，广西社科学术交流团访问南非开普敦大学奥本海默研究所，与洛伦约瑟夫女士等教授交流　（自治区社科联外联部供稿）
⑦8 月 15 日，广西社科学术交流团访问阿拉伯联合酋长国，与阿联酋大学人文与社会科学学院院长穆罕默德阿尔巴伊利交流　（自治区社科联外联部供稿）
⑧8 月 23 日，广西社科学术交流团赴土耳其伊斯坦布尔亚列大学交流　（自治区社科联外联部供稿）
⑨9 月 20 日，广西社科联在西安与陕西省社科联交流　（广西社会科学学术团体发展促进会供稿）

学 术 活 动

2012年，据不完全统计，广西社会各界开展社科类学术活动4600多次，包括国际性学术活动80多次，全国性学术活动100多次，自治区级学术活动480多次，省（自治区、直辖市）际间学术活动40多次。共计11.9万多人（次）参加；超过100人以上的活动达220多次。收到论文共4500多篇。从举办单位看，多为高等院校或高等院校与自治区直属单位、学术团体联合举办。国内外知名专家学者作主题报告或主旨发言730多人（次），其中国外学者50多人（次）；各社科研究机构、学术团体和高等院校获得国家级立项课题160多项，省部级立项课题580多项，其他课题1544项，完成研究报告2860篇，出版著作900多部，发表论文1.9万多篇。学术活动研讨内容涉及政治、经济、文化、新闻、法律、管理、历史、教育、宗教、语言、艺术等学科。

①

②

③

④

⑤

⑥

①8月22日，广西农村发展形势研讨会在南宁举行，自治区副主席陈章良在会上发言　（广西农村发展与改革研究会供稿）

② 12月4日，桂林市社科界贯彻落实十八大精神　打造桂林国际旅游胜地　建设美丽桂林学习会在桂林举行　（桂林市社科联供稿）

③ 3月2日，广西社科界学习弘扬雷锋精神研讨会在南宁举行　（朱汝胜　摄）

④ 4月23日，2011年度广西新闻奖评选会在南宁召开　（广西新闻学会供稿）

⑤ 8月3日，中国第四次人的发展经济学研讨会在西南大学召开　（广西人的发展经济学研究会供稿）

⑥ 7月10日，广西老年学学会工作（玉林）经验交流会在玉林召开　（广西老年学学会供稿）

⑦ 10月26日，建设民族文化强区的理论与实践学术研讨会在南宁召开　（广西老社会科学工作者协会供稿）

⑧ 12月26日，第四届广西社会科学界学术年会在南宁召开　（朱汝胜　摄）

⑨ 10月13日，新时代语境下的中国翻译研究与教学学术研讨会在北海召开　（广西翻译协会供稿）

⑩ 12月29日，学习贯彻党的十八大精神建设文化强区研讨会在南宁召开　（广西毛泽东哲学思想研究会供稿）

⑪ 10月19日，贯彻“两个3号文件”推动哲学社会科学繁荣发展桂林督查调研座谈会在桂林召开　（桂林市社科联供稿）

⑫ 5月17日，广西妇女理论研究会第五次会员代表大会在南宁召开　（广西妇女理论研究会供稿）

⑬ 12月27日，广西2012年度国家社科基金项目申报工作动员会暨社科规划管理工作培训会在南宁举行　（自治区社科规划办供稿）

⑭ 9月24日，中国—东盟文化论坛在南宁举行　（广西中国—东盟文化研究会供稿）

社科教育与普及

①

广西社会科学界继续加大社会科学教育与普及工作力度，注重发挥团体会员作用，联合有关单位和相关学术团体，积极开展系列科普教育活动。通过开展专题讲座、大型展览等、编辑出版科普读物、完善基地建设和规范化管理、在相关媒体开辟专栏或开办专题节目、举办各种培训班等活动和形式，进一步加强广西社科教育与普及。据不完全统计，年内，各社科联、学术团体及科研机构举办科普讲座、大型社会科学知识普及活动和展览529场（次）；举办各类培训班200期（次）。

②

③

④

①6月15日，“不朽的丰碑　永远的榜样——雷锋事迹大型原创摄影作品展”在南宁举行　（朱汝胜　摄）

②12月2日至7日，全国第十四次社会科学普及工作经验交流会在广州召开，广西社科联副主席姚兵在会上介绍了广西社会科学普及工作　（朱汝胜　摄）

③10月26日，自治区社科知识进十村—港口区簕山古渔村旅游文化讲座在防城港举行　（防城港市社科联供稿）

④12月13日，全区党校系统学习贯彻党的十八大精神专题培训班在南宁举行　（自治区党校供稿）

⑤9月26日，贺州市2012年“十月科普大行动”启动仪式在贺州举行　（贺州市社科联供稿）

⑥9月19日，广西劳动保障学会《社会保险法》培训班在南宁开班　（广西劳动保障学会供稿）

⑦10月16日，2012年钦州·灵山“十月科普大行动”启动仪式在灵山举行　（钦州市社科联供稿）

⑧10月12日，2012年广西社会科学普及十月大行动启动仪式在河池举行　（河池市社科联供稿）

第十四期广西发展论坛

9月10日，由自治区社科联、自治区文化厅、自治区文联、自治区民委联合主办的第十四期广西发展论坛在南宁举行。主题是："民族文化强区与广西发展"。自治区社科联党组书记、主席王士威致辞，自治区民委副主任黄济健宣读获奖论文名单，自治区文化厅副巡视员任保胜主持论坛开幕式，自治区社科联党组成员、副主席姚兵主持论坛，自治区文联主席潘琦作"加强桂学研究，推动广西民族文化发展"主题报告。获奖论文作者代表及社科界专家学者110多人与会。

与会专家学者围绕论坛主题，分析民族文化强区建设所面临的问题和困难，提出加快建设民族文化强区的思路、重点及对策措施，为加快建设民族文化强区提供决策参考和理论支持。

① 自治区社科联党组书记、主席王士威致辞
② 自治区文联主席潘琦作主题报告
③ 自治区社科联副主席姚兵主持论坛
④ 自治区民委副主任黄济健宣读获奖论文名单
⑤ 获奖论文作者代表发言
⑥ 自治区文化厅副巡视员任保胜主持论坛开幕式
⑦ 论坛会场

（本栏照片由刘俊、朱汝胜、钟永锋提供）

目　　录

学术动态

第十四期广西发展论坛

科研成果

·文　化　学·

·教　育　学·

科研机构

社会科学界联合会

学术团体
（以成立时间为序）

社会科学教育

社会科学期刊

主要城市社科信息

学界人物（特辑）
（以姓氏笔画排序）

大事记

附 录

索 引

学习贯彻党的十八大精神 加快实现富民强桂新跨越
（协办单位彩页介绍）

特　　载

中共中央关于全面深化改革若干重大问题的决定

——中国共产党第十八届中央委员会第三次全体会议通过
（2013年11月12日）

为贯彻落实党的十八大关于全面深化改革的战略部署，十八届中央委员会第三次全体会议研究了全面深化改革的若干重大问题，作出如下决定。

一、全面深化改革的重大意义和指导思想

（1）改革开放是党在新的时代条件下带领全国各族人民进行的新的伟大革命，是当代中国最鲜明的特色。党的十一届三中全会召开35年来，我们党以巨大的政治勇气，锐意推进经济体制、政治体制、文化体制、社会体制、生态文明体制和党的建设制度改革，不断扩大开放，决心之大、变革之深、影响之广前所未有，成就举世瞩目。

改革开放最主要的成果是开创和发展了中国特色社会主义，为社会主义现代化建设提供了强大动力和有力保障。事实证明，改革开放是决定当代中国命运的关键抉择，是党和人民事业大踏步赶上时代的重要法宝。

实践发展永无止境，解放思想永无止境，改革开放永无止境。面对新形势新任务，全面建成小康社会，进而建成富强民主文明和谐的社会主义现代化国家、实现中华民族伟大复兴的中国梦，必须在新的历史起点上全面深化改革，不断增强中国特色社会主义道路自信、理论自信、制度自信。

（2）全面深化改革，必须高举中国特色社会主义伟大旗帜，以马克思列宁主义、毛泽东思想、邓小平理论、“三个代表”重要思想、科学发展观为指导，坚定信心，凝聚共识，统筹谋划，协同推进，坚持社会主义市场经济改革方向，以促进社会公平正义、增进人民福祉为出发点和落脚点，进一步解放思想、解放和发展社会生产力、解放和增强社会活力，坚决破除各方面体制机制弊端，努力开拓中国特色社会主义事业更加广阔的前景。

全面深化改革的总目标是完善和发展中国特色社会主义制度，推进国家治理体系和治理能力现代化。必须更加注重改革的系统性、整体性、协同性，加快发展社会主义市场经济、民主政治、先进文化、和谐社会、生态文明，让一切劳动、知识、技术、管理、资本的活力竞相迸发，让一切创造社会财富的源泉充分涌流，让发展成果更多更公平惠及全体人民。

紧紧围绕使市场在资源配置中起决定性作用深化经济体制改革，坚持和完善基本经济制度，加快完善现代市场体系、宏观调控体系、开放型经济体系，加快转变经济发展方式，加快建设创新型国家，推动经济更有效率、更加公平、更可持续发展。

紧紧围绕坚持党的领导、人民当家作主、依法治国有机统一深化政治体制改革，加快推进社会主义民主政治制度化、规范化、程序化，建设社会主义法治国家，发展更加广泛、更加充分、更加健全的人民民主。

紧紧围绕建设社会主义核心价值体系、社会主义文化强国深化文化体制改革，加快完善文化管理体制和文化生产经营机制，建立健全现代公共文化服务体系、现代文化市场体系，推动社会主义文化大发展大繁荣。

紧紧围绕更好保障和改善民生、促进社会公平正义深化社会体制改革，改革收入分配制度，促进共同富裕，推进社会领域制度创新，推进基本公共服务均等化，加快形成科学有效的社会治理体制，确保社会既充满活力又和谐有序。

紧紧围绕建设美丽中国深化生态文明体制改革，加快建立生态文明制度，健全国土空间开发、资源节约利用、生态环境保护的体制机制，推动形成人与自然和谐发展现代化建设新格局。

紧紧围绕提高科学执政、民主执政、依法执政水平

深化党的建设制度改革,加强民主集中制建设,完善党的领导体制和执政方式,保持党的先进性和纯洁性,为改革开放和社会主义现代化建设提供坚强政治保证。

(3)全面深化改革,必须立足于我国长期处于社会主义初级阶段这个最大实际,坚持发展仍是解决我国所有问题的关键这个重大战略判断,以经济建设为中心,发挥经济体制改革牵引作用,推动生产关系同生产力、上层建筑同经济基础相适应,推动经济社会持续健康发展。

经济体制改革是全面深化改革的重点,核心问题是处理好政府和市场的关系,使市场在资源配置中起决定性作用和更好发挥政府作用。市场决定资源配置是市场经济的一般规律,健全社会主义市场经济体制必须遵循这条规律,着力解决市场体系不完善、政府干预过多和监管不到位问题。

必须积极稳妥从广度和深度上推进市场化改革,大幅度减少政府对资源的直接配置,推动资源配置依据市场规则、市场价格、市场竞争实现效益最大化和效率最优化。政府的职责和作用主要是保持宏观经济稳定,加强和优化公共服务,保障公平竞争,加强市场监管,维护市场秩序,推动可持续发展,促进共同富裕,弥补市场失灵。

(4)改革开放的成功实践为全面深化改革提供了重要经验,必须长期坚持。最重要的是,坚持党的领导,贯彻党的基本路线,不走封闭僵化的老路,不走改旗易帜的邪路,坚定走中国特色社会主义道路,始终确保改革正确方向;坚持解放思想、实事求是、与时俱进、求真务实,一切从实际出发,总结国内成功做法,借鉴国外有益经验,勇于推进理论和实践创新;坚持以人为本,尊重人民主体地位,发挥群众首创精神,紧紧依靠人民推动改革,促进人的全面发展;坚持正确处理改革发展稳定关系,胆子要大、步子要稳,加强顶层设计和摸着石头过河相结合,整体推进和重点突破相促进,提高改革决策科学性,广泛凝聚共识,形成改革合力。

当前,我国发展进入新阶段、改革进入攻坚期和深水区。必须以强烈的历史使命感,最大限度集中全党全社会智慧,最大限度调动一切积极因素,敢于啃硬骨头,敢于涉险滩,以更大决心冲破思想观念的束缚、突破利益固化的藩篱,推动中国特色社会主义制度自我完善和发展。

到2020年,在重要领域和关键环节改革上取得决定性成果,完成本决定提出的改革任务,形成系统完备、科学规范、运行有效的制度体系,使各方面制度更加成熟更加定型。

二、坚持和完善基本经济制度

公有制为主体、多种所有制经济共同发展的基本经济制度,是中国特色社会主义制度的重要支柱,也是社会主义市场经济体制的根基。公有制经济和非公有制经济都是社会主义市场经济的重要组成部分,都是我国经济社会发展的重要基础。必须毫不动摇巩固和发展公有制经济,坚持公有制主体地位,发挥国有经济主导作用,不断增强国有经济活力、控制力、影响力。必须毫不动摇鼓励、支持、引导非公有制经济发展,激发非公有制经济活力和创造力。

(5)完善产权保护制度。产权是所有制的核心。健全归属清晰、权责明确、保护严格、流转顺畅的现代产权制度。公有制经济财产权不可侵犯,非公有制经济财产权同样不可侵犯。

国家保护各种所有制经济产权和合法利益,保证各种所有制经济依法平等使用生产要素、公开公平公正参与市场竞争、同等受到法律保护,依法监管各种所有制经济。

(6)积极发展混合所有制经济。国有资本、集体资本、非公有资本等交叉持股、相互融合的混合所有制经济,是基本经济制度的重要实现形式,有利于国有资本放大功能、保值增值、提高竞争力,有利于各种所有制资本取长补短、相互促进、共同发展。允许更多国有经济和其他所有制经济发展成为混合所有制经济。国有资本投资项目允许非国有资本参股。允许混合所有制经济实行企业员工持股,形成资本所有者和劳动者利益共同体。

完善国有资产管理体制,以管资本为主加强国有资产监管,改革国有资本授权经营体制,组建若干国有资本运营公司,支持有条件的国有企业改组为国有资本投资公司。国有资本投资运营要服务于国家战略目标,更多投向关系国家安全、国民经济命脉的重要行业和关键领域,重点提供公共服务、发展重要前瞻性战略性产业、保护生态环境、支持科技进步、保障国家安全。

划转部分国有资本充实社会保障基金。完善国有资本经营预算制度,提高国有资本收益上缴公共财政比例,2020年提到30%,更多用于保障和改善民生。

(7)推动国有企业完善现代企业制度。国有企业属于全民所有,是推进国家现代化、保障人民共同利益的重要力量。国有企业总体上已经同市场经济相融合,必须适应市场化、国际化新形势,以规范经营决策、资产保值增值、公平参与竞争、提高企业效率、增强企业活力、承担社会责任为重点,进一步深化国有企业改革。

准确界定不同国有企业功能。国有资本加大对公益性企业的投入,在提供公共服务方面作出更大贡献。

国有资本继续控股经营的自然垄断行业，实行以政企分开、政资分开、特许经营、政府监管为主要内容的改革，根据不同行业特点实行网运分开、放开竞争性业务，推进公共资源配置市场化。进一步破除各种形式的行政垄断。

健全协调运转、有效制衡的公司法人治理结构。建立职业经理人制度，更好发挥企业家作用。深化企业内部管理人员能上能下、员工能进能出、收入能增能减的制度改革。建立长效激励约束机制，强化国有企业经营投资责任追究。探索推进国有企业财务预算等重大信息公开。

国有企业要合理增加市场化选聘比例，合理确定并严格规范国有企业管理人员薪酬水平、职务待遇、职务消费、业务消费。

(8) 支持非公有制经济健康发展。非公有制经济在支撑增长、促进创新、扩大就业、增加税收等方面具有重要作用。坚持权利平等、机会平等、规则平等，废除对非公有制经济各种形式的不合理规定，消除各种隐性壁垒，制定非公有制企业进入特许经营领域具体办法。

鼓励非公有制企业参与国有企业改革，鼓励发展非公有资本控股的混合所有制企业，鼓励有条件的私营企业建立现代企业制度。

三、加快完善现代市场体系

建设统一开放、竞争有序的市场体系，是使市场在资源配置中起决定性作用的基础。必须加快形成企业自主经营、公平竞争，消费者自由选择、自主消费，商品和要素自由流动、平等交换的现代市场体系，着力清除市场壁垒，提高资源配置效率和公平性。

(9) 建立公平开放透明的市场规则。实行统一的市场准入制度，在制定负面清单基础上，各类市场主体可依法平等进入清单之外领域。探索对外商投资实行准入前国民待遇加负面清单的管理模式。推进工商注册制度便利化，削减资质认定项目，由先证后照改为先照后证，把注册资本实缴登记制逐步改为认缴登记制。推进国内贸易流通体制改革，建设法治化营商环境。

改革市场监管体系，实行统一的市场监管，清理和废除妨碍全国统一市场和公平竞争的各种规定和做法，严禁和惩处各类违法实行优惠政策行为，反对地方保护，反对垄断和不正当竞争。建立健全社会征信体系，褒扬诚信，惩戒失信。健全优胜劣汰市场化退出机制，完善企业破产制度。

(10) 完善主要由市场决定价格的机制。凡是能由市场形成价格的都交给市场，政府不进行不当干预。推进水、石油、天然气、电力、交通、电信等领域价格改革，放开竞争性环节价格。政府定价范围主要限定在重要公用事业、公益性服务、网络型自然垄断环节，提高透明度，接受社会监督。完善农产品价格形成机制，注重发挥市场形成价格作用。

(11) 建立城乡统一的建设用地市场。在符合规划和用途管制前提下，允许农村集体经营性建设用地出让、租赁、入股，实行与国有土地同等入市、同权同价。缩小征地范围，规范征地程序，完善对被征地农民合理、规范、多元保障机制。扩大国有土地有偿使用范围，减少非公益性用地划拨。建立兼顾国家、集体、个人的土地增值收益分配机制，合理提高个人收益。完善土地租赁、转让、抵押二级市场。

(12) 完善金融市场体系。扩大金融业对内对外开放，在加强监管前提下，允许具备条件的民间资本依法发起设立中小型银行等金融机构。推进政策性金融机构改革。健全多层次资本市场体系，推进股票发行注册制改革，多渠道推动股权融资，发展并规范债券市场，提高直接融资比重。完善保险经济补偿机制，建立巨灾保险制度。发展普惠金融。鼓励金融创新，丰富金融市场层次和产品。

完善人民币汇率市场化形成机制，加快推进利率市场化，健全反映市场供求关系的国债收益率曲线。推动资本市场双向开放，有序提高跨境资本和金融交易可兑换程度，建立健全宏观审慎管理框架下的外债和资本流动管理体系，加快实现人民币资本项目可兑换。

落实金融监管改革措施和稳健标准，完善监管协调机制，界定中央和地方金融监管职责和风险处置责任。建立存款保险制度，完善金融机构市场化退出机制。加强金融基础设施建设，保障金融市场安全高效运行和整体稳定。

(13) 深化科技体制改革。建立健全鼓励原始创新、集成创新、引进消化吸收再创新的体制机制，健全技术创新市场导向机制，发挥市场对技术研发方向、路线选择、要素价格、各类创新要素配置的导向作用。建立产学研协同创新机制，强化企业在技术创新中的主体地位，发挥大型企业创新骨干作用，激发中小企业创新活力，推进应用型技术研发机构市场化、企业化改革，建设国家创新体系。

加强知识产权运用和保护，健全技术创新激励机制，探索建立知识产权法院。打破行政主导和部门分割，建立主要由市场决定技术创新项目和经费分配、评价成果的机制。发展技术市场，健全技术转移机制，改善科技型中小企业融资条件，完善风险投资机制，创新商业模式，促进科技成果资本化、产业化。

整合科技规划和资源，完善政府对基础性、战略性、前沿性科学研究和共性技术研究的支持机制。国家重大科研基础设施依照规定应该开放的一律对社会开放。建立创新调查制度和创新报告制度,构建公开透明的国家科研资源管理和项目评价机制。

改革院士遴选和管理体制,优化学科布局,提高中青年人才比例,实行院士退休和退出制度。

四、加快转变政府职能

科学的宏观调控,有效的政府治理,是发挥社会主义市场经济体制优势的内在要求。必须切实转变政府职能,深化行政体制改革,创新行政管理方式,增强政府公信力和执行力,建设法治政府和服务型政府。

(14)健全宏观调控体系。宏观调控的主要任务是保持经济总量平衡,促进重大经济结构协调和生产力布局优化,减缓经济周期波动影响,防范区域性、系统性风险,稳定市场预期,实现经济持续健康发展。健全以国家发展战略和规划为导向、以财政政策和货币政策为主要手段的宏观调控体系,推进宏观调控目标制定和政策手段运用机制化,加强财政政策、货币政策与产业、价格等政策手段协调配合,提高相机抉择水平,增强宏观调控前瞻性、针对性、协同性。形成参与国际宏观经济政策协调的机制,推动国际经济治理结构完善。

深化投资体制改革,确立企业投资主体地位。企业投资项目,除关系国家安全和生态安全、涉及全国重大生产力布局、战略性资源开发和重大公共利益等项目外,一律由企业依法依规自主决策,政府不再审批。强化节能节地节水、环境、技术、安全等市场准入标准,建立健全防范和化解产能过剩长效机制。

完善发展成果考核评价体系,纠正单纯以经济增长速度评定政绩的偏向,加大资源消耗、环境损害、生态效益、产能过剩、科技创新、安全生产、新增债务等指标的权重,更加重视劳动就业、居民收入、社会保障、人民健康状况。加快建立国家统一的经济核算制度,编制全国和地方资产负债表,建立全社会房产、信用等基础数据统一平台,推进部门信息共享。

(15)全面正确履行政府职能。进一步简政放权,深化行政审批制度改革,最大限度减少中央政府对微观事务的管理,市场机制能有效调节的经济活动,一律取消审批,对保留的行政审批事项要规范管理、提高效率;直接面向基层、量大面广、由地方管理更方便有效的经济社会事项,一律下放地方和基层管理。

政府要加强发展战略、规划、政策、标准等制定和实施,加强市场活动监管,加强各类公共服务提供。加强中央政府宏观调控职责和能力,加强地方政府公共服务、市场监管、社会管理、环境保护等职责。推广政府购买服务,凡属事务性管理服务,原则上都要引入竞争机制,通过合同、委托等方式向社会购买。

加快事业单位分类改革,加大政府购买公共服务力度,推动公办事业单位与主管部门理顺关系和去行政化,创造条件,逐步取消学校、科研院所、医院等单位的行政级别。建立事业单位法人治理结构,推进有条件的事业单位转为企业或社会组织。建立各类事业单位统一登记管理制度。

(16)优化政府组织结构。转变政府职能必须深化机构改革。优化政府机构设置、职能配置、工作流程,完善决策权、执行权、监督权既相互制约又相互协调的行政运行机制。严格绩效管理,突出责任落实,确保权责一致。

统筹党政群机构改革,理顺部门职责关系。积极稳妥实施大部门制。优化行政区划设置,有条件的地方探索推进省直接管理县(市)体制改革。严格控制机构编制,严格按规定职数配备领导干部,减少机构数量和领导职数,严格控制财政供养人员总量。推进机构编制管理科学化、规范化、法制化。

五、深化财税体制改革

财政是国家治理的基础和重要支柱,科学的财税体制是优化资源配置、维护市场统一、促进社会公平、实现国家长治久安的制度保障。必须完善立法、明确事权、改革税制、稳定税负、透明预算、提高效率,建立现代财政制度,发挥中央和地方两个积极性。

(17)改进预算管理制度。实施全面规范、公开透明的预算制度。审核预算的重点由平衡状态、赤字规模向支出预算和政策拓展。清理规范重点支出同财政收支增幅或生产总值挂钩事项,一般不采取挂钩方式。建立跨年度预算平衡机制,建立权责发生制的政府综合财务报告制度,建立规范合理的中央和地方政府债务管理及风险预警机制。

完善一般性转移支付增长机制,重点增加对革命老区、民族地区、边疆地区、贫困地区的转移支付。中央出台增支政策形成的地方财力缺口,原则上通过一般性转移支付调节。清理、整合、规范专项转移支付项目,逐步取消竞争性领域专项和地方资金配套,严格控制引导类、救济类、应急类专项,对保留专项进行甄别,属地方事务的划入一般性转移支付。

(18)完善税收制度。深化税收制度改革,完善地方税体系,逐步提高直接税比重。推进增值税改革,适当简化税率。调整消费税征收范围、环节、税率,把高耗能、高污染产品及部分高档消费品纳入征收范围。逐步建立综合与分类相结合的个人所得税制。加快房地产税立法并适时推进改革,加快资源税改革,推动环境保护费改税。

按照统一税制、公平税负、促进公平竞争的原则，加强对税收优惠特别是区域税收优惠政策的规范管理。税收优惠政策统一由专门税收法律法规规定，清理规范税收优惠政策。完善国税、地税征管体制。

(19)建立事权和支出责任相适应的制度。适度加强中央事权和支出责任，国防、外交、国家安全、关系全国统一市场规则和管理等作为中央事权；部分社会保障、跨区域重大项目建设维护等作为中央和地方共同事权，逐步理顺事权关系；区域性公共服务作为地方事权。中央和地方按照事权划分相应承担和分担支出责任。中央可通过安排转移支付将部分事权支出责任委托地方承担。对于跨区域且对其他地区影响较大的公共服务，中央通过转移支付承担一部分地方事权支出责任。

保持现有中央和地方财力格局总体稳定，结合税制改革，考虑税种属性，进一步理顺中央和地方收入划分。

六、健全城乡发展一体化体制机制

城乡二元结构是制约城乡发展一体化的主要障碍。必须健全体制机制，形成以工促农、以城带乡、工农互惠、城乡一体的新型工农城乡关系，让广大农民平等参与现代化进程、共同分享现代化成果。

(20)加快构建新型农业经营体系。坚持家庭经营在农业中的基础性地位，推进家庭经营、集体经营、合作经营、企业经营等共同发展的农业经营方式创新。坚持农村土地集体所有权，依法维护农民土地承包经营权，发展壮大集体经济。稳定农村土地承包关系并保持长久不变，在坚持和完善最严格的耕地保护制度前提下，赋予农民对承包地占有、使用、收益、流转及承包经营权抵押、担保权能，允许农民以承包经营权入股发展农业产业化经营。鼓励承包经营权在公开市场上向专业大户、家庭农场、农民合作社、农业企业流转，发展多种形式规模经营。

鼓励农村发展合作经济，扶持发展规模化、专业化、现代化经营，允许财政项目资金直接投向符合条件的合作社，允许财政补助形成的资产转交合作社持有和管护，允许合作社开展信用合作。鼓励和引导工商资本到农村发展适合企业化经营的现代种养业，向农业输入现代生产要素和经营模式。

(21)赋予农民更多财产权利。保障农民集体经济组织成员权利，积极发展农民股份合作，赋予农民对集体资产股份占有、收益、有偿退出及抵押、担保、继承权。保障农户宅基地用益物权，改革完善农村宅基地制度，选择若干试点，慎重稳妥推进农民住房财产权抵押、担保、转让，探索农民增加财产性收入渠道。建立农村产权流转交易市场，推动农村产权流转交易公开、公正、规范运行。

(22)推进城乡要素平等交换和公共资源均衡配置。维护农民生产要素权益，保障农民工同工同酬，保障农民公平分享土地增值收益，保障金融机构农村存款主要用于农业农村。健全农业支持保护体系，改革农业补贴制度，完善粮食主产区利益补偿机制。完善农业保险制度。鼓励社会资本投向农村建设，允许企业和社会组织在农村兴办各类事业。统筹城乡基础设施建设和社区建设，推进城乡基本公共服务均等化。

(23)完善城镇化健康发展体制机制。坚持走中国特色新型城镇化道路，推进以人为核心的城镇化，推动大中小城市和小城镇协调发展、产业和城镇融合发展，促进城镇化和新农村建设协调推进。优化城市空间结构和管理格局，增强城市综合承载能力。

推进城市建设管理创新。建立透明规范的城市建设投融资机制，允许地方政府通过发债等多种方式拓宽城市建设融资渠道，允许社会资本通过特许经营等方式参与城市基础设施投资和运营，研究建立城市基础设施、住宅政策性金融机构。完善设市标准，严格审批程序，对具备行政区划调整条件的县可有序改市。对吸纳人口多、经济实力强的镇，可赋予同人口和经济规模相适应的管理权。建立和完善跨区域城市发展协调机制。

推进农业转移人口市民化，逐步把符合条件的农业转移人口转为城镇居民。创新人口管理，加快户籍制度改革，全面放开建制镇和小城市落户限制，有序放开中等城市落户限制，合理确定大城市落户条件，严格控制特大城市人口规模。稳步推进城镇基本公共服务常住人口全覆盖，把进城落户农民完全纳入城镇住房和社会保障体系，在农村参加的养老保险和医疗保险规范接入城镇社保体系。建立财政转移支付同农业转移人口市民化挂钩机制，从严合理供给城市建设用地，提高城市土地利用率。

七、构建开放型经济新体制

适应经济全球化新形势，必须推动对内对外开放相互促进、引进来和走出去更好结合，促进国际国内要素有序自由流动、资源高效配置、市场深度融合，加快培育参与和引领国际经济合作竞争新优势，以开放促改革。

(24)放宽投资准入。统一内外资法律法规，保持外资政策稳定、透明、可预期。推进金融、教育、文化、医疗等服务业领域有序开放，放开育幼养老、建筑设计、会计审计、商贸物流、电子商务等服务业领域外资准入限制，进一步放开一般制造业。加快海关特殊监管区域整合优化。

建立中国上海自由贸易试验区是党中央在新形势下推进改革开放的重大举措，要切实建设好、管理好，为全面深化改革和扩大开放探索新途径、积累新经验。在推进现有试点基础上，选择若干具备条件地方发展自由贸易园（港）区。

扩大企业及个人对外投资，确立企业及个人对外投资主体地位，允许发挥自身优势到境外开展投资合作，允许自担风险到各国各地区自由承揽工程和劳务合作项目，允许创新方式走出去开展绿地投资、并购投资、证券投资、联合投资等。

加快同有关国家和地区商签投资协定，改革涉外投资审批体制，完善领事保护体制，提供权益保障、投资促进、风险预警等更多服务，扩大投资合作空间。

(25)加快自由贸易区建设。坚持世界贸易体制规则，坚持双边、多边、区域次区域开放合作，扩大同各国各地区利益汇合点，以周边为基础加快实施自由贸易区战略。改革市场准入、海关监管、检验检疫等管理体制，加快环境保护、投资保护、政府采购、电子商务等新议题谈判，形成面向全球的高标准自由贸易区网络。

扩大对香港特别行政区、澳门特别行政区和台湾地区开放合作。

(26)扩大内陆沿边开放。抓住全球产业重新布局机遇，推动内陆贸易、投资、技术创新协调发展。创新加工贸易模式，形成有利于推动内陆产业集群发展的体制机制。支持内陆城市增开国际客货运航线，发展多式联运，形成横贯东中西、联结南北方对外经济走廊。推动内陆同沿海沿边通关协作，实现口岸管理相关部门信息互换、监管互认、执法互助。

加快沿边开放步伐，允许沿边重点口岸、边境城市、经济合作区在人员往来、加工物流、旅游等方面实行特殊方式和政策。建立开发性金融机构，加快同周边国家和区域基础设施互联互通建设，推进丝绸之路经济带、海上丝绸之路建设，形成全方位开放新格局。

八、加强社会主义民主政治制度建设

发展社会主义民主政治，必须以保证人民当家作主为根本，坚持和完善人民代表大会制度、中国共产党领导的多党合作和政治协商制度、民族区域自治制度以及基层群众自治制度，更加注重健全民主制度、丰富民主形式，从各层次各领域扩大公民有序政治参与，充分发挥我国社会主义政治制度优越性。

(27)推动人民代表大会制度与时俱进。坚持人民主体地位，推进人民代表大会制度理论和实践创新，发挥人民代表大会制度的根本政治制度作用。完善中国特色社会主义法律体系，健全立法起草、论证、协调、审议机制，提高立法质量，防止地方保护和部门利益法制化。健全“一府两院”由人大产生、对人大负责、受人大监督制度。健全人大讨论、决定重大事项制度，各级政府重大决策出台前向本级人大报告。加强人大预算决算审查监督、国有资产监督职能。落实税收法定原则。加强人大常委会同人大代表的联系，充分发挥代表作用。通过建立健全代表联络机构、网络平台等形式密切代表同人民群众联系。

完善人大工作机制，通过座谈、听证、评估、公布法律草案等扩大公民有序参与立法途径，通过询问、质询、特定问题调查、备案审查等积极回应社会关切。

(28)推进协商民主广泛多层制度化发展。协商民主是我国社会主义民主政治的特有形式和独特优势，是党的群众路线在政治领域的重要体现。在党的领导下，以经济社会发展重大问题和涉及群众切身利益的实际问题为内容，在全社会开展广泛协商，坚持协商于决策之前和决策实施之中。

构建程序合理、环节完整的协商民主体系，拓宽国家政权机关、政协组织、党派团体、基层组织、社会组织的协商渠道。深入开展立法协商、行政协商、民主协商、参政协商、社会协商。加强中国特色新型智库建设，建立健全决策咨询制度。

发挥统一战线在协商民主中的重要作用。完善中国共产党同各民主党派的政治协商，认真听取各民主党派和无党派人士意见。中共中央根据年度工作重点提出规划，采取协商会、谈心会、座谈会等进行协商。完善民主党派中央直接向中共中央提出建议制度。贯彻党的民族政策，保障少数民族合法权益，巩固和发展平等团结互助和谐的社会主义民族关系。

发挥人民政协作为协商民主重要渠道作用。重点推进政治协商、民主监督、参政议政制度化、规范化、程序化。各级党委和政府、政协制定并组织实施协商年度工作计划，就一些重要决策听取政协意见。完善人民政协制度体系，规范协商内容、协商程序。拓展协商民主形式，更加活跃有序地组织专题协商、对口协商、界别协商、提案办理协商，增加协商密度，提高协商成效。在政协健全委员联络机构，完善委员联络制度。

(29)发展基层民主。畅通民主渠道，健全基层选举、议事、公开、述职、问责等机制。开展形式多样的基层民主协商，推进基层协商制度化，建立健全居民、村民监督机制，促进群众在城乡社区治理、基层公共事务和公益事业中依法自我管理、自我服务、自我教育、自我监督。健全以职工代表大会为基本形式的企事业单位民主管理制度，加强社会组织民主机制建设，保障职工参与管理和监督的民主权利。

九、推进法治中国建设

建设法治中国，必须坚持依法治国、依法执政、依法行政共同推进，坚持法治国家、法治政府、法治社会一体建设。深化司法体制改革，加快建设公正高效权威的社会主义司法制度，维护人民权益，让人民群众在每一个司法案件中都感受到公平正义。

(30)维护宪法法律权威。宪法是保证党和国家兴旺发达、长治久安的根本法，具有最高权威。要进一步健全宪法实施监督机制和程序，把全面贯彻实施宪法提高到一个新水平。建立健全全社会忠于、遵守、维护、运用宪法法律的制度。坚持法律面前人人平等，任何组织或者个人都不得有超越宪法法律的特权，一切违反宪法法律的行为都必须予以追究。

普遍建立法律顾问制度。完善规范性文件、重大决策合法性审查机制。建立科学的法治建设指标体系和考核标准。健全法规、规章、规范性文件备案审查制度。健全社会普法教育机制，增强全民法治观念。逐步增加有地方立法权的较大的市数量。

(31)深化行政执法体制改革。整合执法主体，相对集中执法权，推进综合执法，着力解决权责交叉、多头执法问题，建立权责统一、权威高效的行政执法体制。减少行政执法层级，加强食品药品、安全生产、环境保护、劳动保障、海域海岛等重点领域基层执法力量。理顺城管执法体制，提高执法和服务水平。

完善行政执法程序，规范执法自由裁量权，加强对行政执法的监督，全面落实行政执法责任制和执法经费由财政保障制度，做到严格规范公正文明执法。完善行政执法与刑事司法衔接机制。

(32)确保依法独立公正行使审判权检察权。改革司法管理体制，推动省以下地方法院、检察院人财物统一管理，探索建立与行政区划适当分离的司法管辖制度，保证国家法律统一正确实施。

建立符合职业特点的司法人员管理制度，健全法官、检察官、人民警察统一招录、有序交流、逐级遴选机制，完善司法人员分类管理制度，健全法官、检察官、人民警察职业保障制度。

(33)健全司法权力运行机制。优化司法职权配置，健全司法权力分工负责、互相配合、互相制约机制，加强和规范对司法活动的法律监督和社会监督。

改革审判委员会制度，完善主审法官、合议庭办案责任制，让审理者裁判、由裁判者负责。明确各级法院职能定位，规范上下级法院审级监督关系。

推进审判公开、检务公开，录制并保留全程庭审资料。增强法律文书说理性，推动公开法院生效裁判文书。严格规范减刑、假释、保外就医程序，强化监督制度。广泛实行人民陪审员、人民监督员制度，拓宽人民群众有序参与司法渠道。

(34)完善人权司法保障制度。国家尊重和保障人权。进一步规范查封、扣押、冻结、处理涉案财物的司法程序。健全错案防止、纠正、责任追究机制，严禁刑讯逼供、体罚虐待，严格实行非法证据排除规则。逐步减少适用死刑罪名。

废止劳动教养制度，完善对违法犯罪行为的惩治和矫正法律，健全社区矫正制度。

健全国家司法救助制度，完善法律援助制度。完善律师执业权利保障机制和违法违规执业惩戒制度，加强职业道德建设，发挥律师在依法维护公民和法人合法权益方面的重要作用。

十、强化权力运行制约和监督体系

坚持用制度管权管事管人，让人民监督权力，让权力在阳光下运行，是把权力关进制度笼子的根本之策。必须构建决策科学、执行坚决、监督有力的权力运行体系，健全惩治和预防腐败体系，建设廉洁政治，努力实现干部清正、政府清廉、政治清明。

(35)形成科学有效的权力制约和协调机制。完善党和国家领导体制，坚持民主集中制，充分发挥党的领导核心作用。规范各级党政主要领导干部职责权限，科学配置党政部门及内设机构权力和职能，明确职责定位和工作任务。

加强和改进对主要领导干部行使权力的制约和监督，加强行政监察和审计监督。

推行地方各级政府及其工作部门权力清单制度，依法公开权力运行流程。完善党务、政务和各领域办事公开制度，推进决策公开、管理公开、服务公开、结果公开。

(36)加强反腐败体制机制创新和制度保障。加强党对党风廉政建设和反腐败工作统一领导。改革党的纪律检查体制，健全反腐败领导体制和工作机制，改革和完善各级反腐败协调小组职能。

落实党风廉政建设责任制，党委负主体责任，纪委负监督责任，制定实施切实可行的责任追究制度。各级纪委要履行协助党委加强党风建设和组织协调反腐败工作的职责，加强对同级党委特别是常委会成员的监督，更好发挥党内监督专门机关作用。

推动党的纪律检查工作双重领导体制具体化、程序化、制度化，强化上级纪委对下级纪委的领导。查办腐败案件以上级纪委领导为主，线索处置和案件查办在向同级党委报告的同时必须向上级纪委报告。各级纪委书记、副书记的提名和考察以上级纪委会同组织部门为主。

全面落实中央纪委向中央一级党和国家机关派驻纪检机构，实行统一名称、统一管理。派驻机构对派出机关负责，履行监督职责。改进中央和省区市巡视制度，做到对地方、部门、企事业单位全覆盖。

健全反腐倡廉法规制度体系，完善惩治和预防腐败、防控廉政风险、防止利益冲突、领导干部报告个人有关事项、任职回避等方面法律法规，推行新提任领导干部有关事项公开制度试点。健全民主监督、法律监督、舆论监督机制，运用和规范互联网监督。

(37)健全改进作风常态化制度。围绕反对形式主义、官僚主义、享乐主义和奢靡之风，加快体制机制改革和建设。健全领导干部带头改进作风、深入基层调查研究机制，完善直接联系和服务群众制度。改革会议公文制度，从中央做起带头减少会议、文件，着力改进会风文风。健全严格的财务预算、核准和审计制度，着力控制“三公”经费支出和楼堂馆所建设。完善选人用人专项检查和责任追究制度，着力纠正跑官要官等不正之风。改革政绩考核机制，着力解决“形象工程”、“政绩工程”以及不作为、乱作为等问题。

规范并严格执行领导干部工作生活保障制度，不准多处占用住房和办公用房，不准超标准配备办公用房和生活用房，不准违规配备公车，不准违规配备秘书，不准超规格警卫，不准超标准进行公务接待，严肃查处违反规定超标准享受待遇等问题。探索实行官邸制。

完善并严格执行领导干部亲属经商、担任公职和社会组织职务、出国定居等相关制度规定，防止领导干部利用公共权力或自身影响为亲属和其他特定关系人谋取私利，坚决反对特权思想和作风。

十一、推进文化体制机制创新

建设社会主义文化强国，增强国家文化软实力，必须坚持社会主义先进文化前进方向，坚持中国特色社会主义文化发展道路，培育和践行社会主义核心价值观，巩固马克思主义在意识形态领域的指导地位，巩固全党全国各族人民团结奋斗的共同思想基础。坚持以人民为中心的工作导向，坚持把社会效益放在首位、社会效益和经济效益相统一，以激发全民族文化创造活力为中心环节，进一步深化文化体制改革。

(38)完善文化管理体制。按照政企分开、政事分开原则，推动政府部门由办文化向管文化转变，推动党政部门与其所属的文化企事业单位进一步理顺关系。建立党委和政府监管国有文化资产的管理机构，实行管人管事管资产管导向相统一。

健全坚持正确舆论导向的体制机制。健全基础管理、内容管理、行业管理以及网络违法犯罪防范和打击等工作联动机制，健全网络突发事件处置机制，形成正面引导和依法管理相结合的网络舆论工作格局。整合新闻媒体资源，推动传统媒体和新兴媒体融合发展。推动新闻发布制度化。严格新闻工作者职业资格制度，重视新型媒介运用和管理，规范传播秩序。

(39)建立健全现代文化市场体系。完善文化市场准入和退出机制，鼓励各类市场主体公平竞争、优胜劣汰，促进文化资源在全国范围内流动。继续推进国有经营性文化单位转企改制，加快公司制、股份制改造。对按规定转制的重要国有传媒企业探索实行特殊管理股制度。推动文化企业跨地区、跨行业、跨所有制兼并重组，提高文化产业规模化、集约化、专业化水平。

鼓励非公有制文化企业发展，降低社会资本进入门槛，允许参与对外出版、网络出版，允许以控股形式参与国有影视制作机构、文艺院团改制经营。支持各种形式小微文化企业发展。

在坚持出版权、播出权特许经营前提下，允许制作和出版、制作和播出分开。建立多层次文化产品和要素市场，鼓励金融资本、社会资本、文化资源相结合。完善文化经济政策，扩大政府文化资助和文化采购，加强版权保护。健全文化产品评价体系，改革评奖制度，推出更多文化精品。

(40)构建现代公共文化服务体系。建立公共文化服务体系建设协调机制，统筹服务设施网络建设，促进基本公共文化服务标准化、均等化。建立群众评价和反馈机制，推动文化惠民项目与群众文化需求有效对接。整合基层宣传文化、党员教育、科学普及、体育健身等设施，建设综合性文化服务中心。

明确不同文化事业单位功能定位，建立法人治理结构，完善绩效考核机制。推动公共图书馆、博物馆、文化馆、科技馆等组建理事会，吸纳有关方面代表、专业人士、各界群众参与管理。

引入竞争机制，推动公共文化服务社会化发展。鼓励社会力量、社会资本参与公共文化服务体系建设，培育文化非营利组织。

(41)提高文化开放水平。坚持政府主导、企业主体、市场运作、社会参与，扩大对外文化交流，加强国际传播能力和对外话语体系建设，推动中华文化走向世界。理顺内宣外宣体制，支持重点媒体面向国内国际发展。培育外向型文化企业，支持文化企业到境外开拓市场。鼓励社会组织、中资机构等参与孔子学院和海外文化中心建设，承担人文交流项目。

积极吸收借鉴国外一切优秀文化成果，引进有利于我国文化发展的人才、技术、经营管理经验。切实维护国家文化安全。

十二、推进社会事业改革创新

实现发展成果更多更公平惠及全体人民，必须加快社会事业改革，解决好人民最关心最直接最现实的利益问题，努力为社会提供多样化服务，更好满足人民需求。

(42)深化教育领域综合改革。全面贯彻党的教育方针，坚持立德树人，加强社会主义核心价值体系教育，完善中华优秀传统文化教育，形成爱学习、爱劳动、爱祖国活动的有效形式和长效机制，增强学生社会责任感、创新精神、实践能力。强化体育课和课外锻炼，促进青少年身心健康、体魄强健。改进美育教学，提高学生审美和人文素养。大力促进教育公平，健全家庭经济困难学生资助体系，构建利用信息化手段扩大优质教育资源覆盖面的有效机制，逐步缩小区域、城乡、校际差距。统筹城乡义务教育资源均衡配置，实行公办学校标准化建设和校长教师交流轮岗，不设重点学校重点班，破解择校难题，标本兼治减轻学生课业负担。加快现代职业教育体系建设，深化产教融合、校企合作，培养高素质劳动者和技能型人才。创新高校人才培养机制，促进高校办出特色争创一流。推进学前教育、特殊教育、继续教育改革发展。

推进考试招生制度改革，探索招生和考试相对分离、学生考试多次选择、学校依法自主招生、专业机构组织实施、政府宏观管理、社会参与监督的运行机制，从根本上解决一考定终身的弊端。义务教育免试就近入学，试行学区制和九年一贯对口招生。推行初高中学业水平考试和综合素质评价。加快推进职业院校分类招考或注册入学。逐步推行普通高校基于统一高考和高中学业水平考试成绩的综合评价多元录取机制。探索全国统考减少科目、不分文理科、外语等科目社会化考试一年多考。试行普通高校、高职院校、成人高校之间学分转换，拓宽终身学习通道。

深入推进管办评分离，扩大省级政府教育统筹权和学校办学自主权，完善学校内部治理结构。强化国家教育督导，委托社会组织开展教育评估监测。健全政府补贴、政府购买服务、助学贷款、基金奖励、捐资激励等制度，鼓励社会力量兴办教育。

(43)健全促进就业创业体制机制。建立经济发展和扩大就业的联动机制，健全政府促进就业责任制度。规范招人用人制度，消除城乡、行业、身份、性别等一切影响平等就业的制度障碍和就业歧视。完善扶持创业的优惠政策，形成政府激励创业、社会支持创业、劳动者勇于创业新机制。完善城乡均等的公共就业创业服务体系，构建劳动者终身职业培训体系。增强失业保险制度预防失业、促进就业功能，完善就业失业监测统计制度。创新劳动关系协调机制，畅通职工表达合理诉求渠道。

促进以高校毕业生为重点的青年就业和农村转移劳动力、城镇困难人员、退役军人就业。结合产业升级开发更多适合高校毕业生的就业岗位。政府购买基层公共管理和社会服务岗位更多用于吸纳高校毕业生就业。健全鼓励高校毕业生到基层工作的服务保障机制，提高公务员定向招录和事业单位优先招聘比例。实行激励高校毕业生自主创业政策，整合发展国家和省级高校毕业生就业创业基金。实施离校未就业高校毕业生就业促进计划，把未就业的纳入就业见习、技能培训等就业准备活动之中，对有特殊困难的实行全程就业服务。

(44)形成合理有序的收入分配格局。着重保护劳动所得，努力实现劳动报酬增长和劳动生产率提高同步，提高劳动报酬在初次分配中的比重。健全工资决定和正常增长机制，完善最低工资和工资支付保障制度，完善企业工资集体协商制度。改革机关事业单位工资和津贴补贴制度，完善艰苦边远地区津贴增长机制。健全资本、知识、技术、管理等由要素市场决定的报酬机制。扩展投资和租赁服务等途径，优化上市公司投资者回报机制，保护投资者尤其是中小投资者合法权益，多渠道增加居民财产性收入。

完善以税收、社会保障、转移支付为主要手段的再分配调节机制，加大税收调节力度。建立公共资源出让收益合理共享机制。完善慈善捐助减免税制度，支持慈善事业发挥扶贫济困积极作用。

规范收入分配秩序，完善收入分配调控体制机制和政策体系，建立个人收入和财产信息系统，保护合法收入，调节过高收入，清理规范隐性收入，取缔非法收入，增加低收入者收入，扩大中等收入者比重，努力缩小城乡、区域、行业收入分配差距，逐步形成橄榄型分配格局。

(45)建立更加公平可持续的社会保障制度。坚持社会统筹和个人账户相结合的基本养老保险制度，完善个人账户制度，健全多缴多得激励机制，确保参保人权益，实现基础养老金全国统筹，坚持精算平衡原则。推进机关事业单位养老保险制度改革。整合城乡居民基本养老保险制度、基本医疗保险制度。推进城乡最低生活保障制度统筹发展。建立健全合理兼顾各类人员的社会保障待遇确定和正常调整机制。完善社会保险关系转移接续政策，扩大参保缴费覆盖面，适时适当降低社会保险费率。研究制定渐进式延迟退休年龄政策。加快健全社会保障管理体制和经办服务体系。健全符合国情的住房保障和供应体系，建立公开规范的住房公积金制度，改进住房公积金提取、使用、监管机制。

健全社会保障财政投入制度，完善社会保障预算制度。加强社会保险基金投资管理和监督，推进基金市场化、多元化投资运营。制定实施免税、延期征税等优惠政策，加快发展企业年金、职业年金、商业保险，构建多层次社会保障体系。

积极应对人口老龄化，加快建立社会养老服务体系和发展老年服务产业。健全农村留守儿童、妇女、老年人关爱服务体系，健全残疾人权益保障、困境儿童分类保障制度。

(46)深化医药卫生体制改革。统筹推进医疗保障、医疗服务、公共卫生、药品供应、监管体制综合改革。深化基层医疗卫生机构综合改革，健全网络化城乡基层医疗卫生服务运行机制。加快公立医院改革，落实政府责任，建立科学的医疗绩效评价机制和适应行业特点的人才培养、人事薪酬制度。完善合理分级诊疗模式，建立社区医生和居民契约服务关系。充分利用信息化手段，促进优质医疗资源纵向流动。加强区域公共卫生服务资源整合。取消以药补医，理顺医药价格，建立科学补偿机制。改革医保支付方式，健全全民医保体系。加快健全重特大疾病医疗保险和救助制度。完善中医药事业发展政策和机制。

鼓励社会办医，优先支持举办非营利性医疗机构。社会资金可直接投向资源稀缺及满足多元需求服务领域，多种形式参与公立医院改制重组。允许医师多点执业，允许民办医疗机构纳入医保定点范围。

坚持计划生育的基本国策，启动实施一方是独生子女的夫妇可生育两个孩子的政策，逐步调整完善生育政策，促进人口长期均衡发展。

十三、创新社会治理体制

创新社会治理，必须着眼于维护最广大人民根本利益，最大限度增加和谐因素，增强社会发展活力，提高社会治理水平，全面推进平安中国建设，维护国家安全，确保人民安居乐业、社会安定有序。

(47)改进社会治理方式。坚持系统治理，加强党委领导，发挥政府主导作用，鼓励和支持社会各方面参与，实现政府治理和社会自我调节、居民自治良性互动。坚持依法治理，加强法治保障，运用法治思维和法治方式化解社会矛盾。坚持综合治理，强化道德约束，规范社会行为，调节利益关系，协调社会关系，解决社会问题。坚持源头治理，标本兼治、重在治本，以网格化管理、社会化服务为方向，健全基层综合服务管理平台，及时反映和协调人民群众各方面各层次利益诉求。

(48)激发社会组织活力。正确处理政府和社会关系，加快实施政社分开，推进社会组织明确权责、依法自治、发挥作用。适合由社会组织提供的公共服务和解决的事项，交由社会组织承担。支持和发展志愿服务组织。限期实现行业协会商会与行政机关真正脱钩，重点培育和优先发展行业协会商会类、科技类、公益慈善类、城乡社区服务类社会组织，成立时直接依法申请登记。加强对社会组织和在华境外非政府组织的管理，引导它们依法开展活动。

(49)创新有效预防和化解社会矛盾体制。健全重大决策社会稳定风险评估机制。建立畅通有序的诉求表达、心理干预、矛盾调处、权益保障机制，使群众问题能反映、矛盾能化解、权益有保障。

改革行政复议体制，健全行政复议案件审理机制，纠正违法或不当行政行为。完善人民调解、行政调解、司法调解联动工作体系，建立调处化解矛盾纠纷综合机制。

改革信访工作制度，实行网上受理信访制度，健全及时就地解决群众合理诉求机制。把涉法涉诉信访纳入法治轨道解决，建立涉法涉诉信访依法终结制度。

(50)健全公共安全体系。完善统一权威的食品药品安全监管机构，建立最严格的覆盖全过程的监管制度，建立食品原产地可追溯制度和质量标识制度，保障食品药品安全。深化安全生产管理体制改革，建立隐患排查治理体系和安全预防控制体系，遏制重特大安全事故。健全防灾减灾救灾体制。加强社会治安综合治理，创新立体化社会治安防控体系，依法严密防范和惩治各类违法犯罪活动。

坚持积极利用、科学发展、依法管理、确保安全的方针，加大依法管理网络力度，加快完善互联网管理领导体制，确保国家网络和信息安全。

设立国家安全委员会，完善国家安全体制和国家安全战略，确保国家安全。

十四、加快生态文明制度建设

建设生态文明，必须建立系统完整的生态文明制度体系，实行最严格的源头保护制度、损害赔偿制度、责任追究制度，完善环境治理和生态修复制度，用制度保护生态环境。

(51)健全自然资源资产产权制度和用途管制制度。对水流、森林、山岭、草原、荒地、滩涂等自然生态空间进行统一确权登记，形成归属清晰、权责明确、监管有效的自然资源资产产权制度。建立空间规划体系，划定生产、生活、生态空间开发管制界限，落实用途管制。健全能源、水、土地节约集约使用制度。

健全国家自然资源资产管理体制，统一行使全民所有自然资源资产所有者职责。完善自然资源监管体制，统一行使所有国土空间用途管制职责。

(52)划定生态保护红线。坚定不移实施主体功能区制度,建立国土空间开发保护制度,严格按照主体功能区定位推动发展,建立国家公园体制。建立资源环境承载能力监测预警机制,对水土资源、环境容量和海洋资源超载区域实行限制性措施。对限制开发区域和生态脆弱的国家扶贫开发工作重点县取消地区生产总值考核。

探索编制自然资源资产负债表,对领导干部实行自然资源资产离任审计。建立生态环境损害责任终身追究制。

(53)实行资源有偿使用制度和生态补偿制度。加快自然资源及其产品价格改革,全面反映市场供求、资源稀缺程度、生态环境损害成本和修复效益。坚持使用资源付费和谁污染环境、谁破坏生态谁付费原则,逐步将资源税扩展到占用各种自然生态空间。稳定和扩大退耕还林、退牧还草范围,调整严重污染和地下水严重超采区耕地用途,有序实现耕地、河湖休养生息。建立有效调节工业用地和居住用地合理比价机制,提高工业用地价格。坚持谁受益、谁补偿原则,完善对重点生态功能区的生态补偿机制,推动地区间建立横向生态补偿制度。发展环保市场,推行节能量、碳排放权、排污权、水权交易制度,建立吸引社会资本投入生态环境保护的市场化机制,推行环境污染第三方治理。

(54)改革生态环境保护管理体制。建立和完善严格监管所有污染物排放的环境保护管理制度,独立进行环境监管和行政执法。建立陆海统筹的生态系统保护修复和污染防治区域联动机制。健全国有林区经营管理体制,完善集体林权制度改革。及时公布环境信息,健全举报制度,加强社会监督。完善污染物排放许可制,实行企事业单位污染物排放总量控制制度。对造成生态环境损害的责任者严格实行赔偿制度,依法追究刑事责任。

十五、深化国防和军队改革

紧紧围绕建设一支听党指挥、能打胜仗、作风优良的人民军队这一党在新形势下的强军目标,着力解决制约国防和军队建设发展的突出矛盾和问题,创新发展军事理论,加强军事战略指导,完善新时期军事战略方针,构建中国特色现代军事力量体系。

(55)深化军队体制编制调整改革。推进领导管理体制改革,优化军委总部领导机关职能配置和机构设置,完善各军兵种领导管理体制。健全军委联合作战指挥机构和战区联合作战指挥体制,推进联合作战训练和保障体制改革。完善新型作战力量领导体制。加强信息化建设集中统管。优化武装警察部队力量结构和指挥管理体制。

优化军队规模结构,调整改善军兵种比例、官兵比例、部队与机关比例,减少非战斗机构和人员。依据不同方向安全需求和作战任务改革部队编成。加快新型作战力量建设。深化军队院校改革,健全军队院校教育、部队训练实践、军事职业教育三位一体的新型军事人才培养体系。

(56)推进军队政策制度调整改革。健全完善与军队职能任务需求和国家政策制度创新相适应的军事人力资源政策制度。以建立军官职业化制度为牵引,逐步形成科学规范的军队干部制度体系。健全完善文职人员制度。完善兵役制度、士官制度、退役军人安置制度改革配套政策。

健全军费管理制度,建立需求牵引规划、规划主导资源配置机制。健全完善经费物资管理标准制度体系。深化预算管理、集中收付、物资采购和军人医疗、保险、住房保障等制度改革。

健全军事法规制度体系,探索改进部队科学管理的方式方法。

(57)推动军民融合深度发展。在国家层面建立推动军民融合发展的统一领导、军地协调、需求对接、资源共享机制。健全国防工业体系,完善国防科技协同创新体制,改革国防科研生产管理和武器装备采购体制机制,引导优势民营企业进入军品科研生产和维修领域。改革完善依托国民教育培养军事人才的政策制度。拓展军队保障社会化领域。深化国防教育改革。健全国防动员体制机制,完善平时征用和战时动员法规制度。深化民兵预备役体制改革。调整理顺边海空防管理体制机制。

十六、加强和改善党对全面深化改革的领导

全面深化改革必须加强和改善党的领导,充分发挥党总揽全局、协调各方的领导核心作用,建设学习型、服务型、创新型的马克思主义执政党,提高党的领导水平和执政能力,确保改革取得成功。

(58)全党同志要把思想和行动统一到中央关于全面深化改革重大决策部署上来,正确处理中央和地方、全局和局部、当前和长远的关系,正确对待利益格局调整,充分发扬党内民主,坚决维护中央权威,保证政令畅通,坚定不移实现中央改革决策部署。

中央成立全面深化改革领导小组,负责改革总体设计、统筹协调、整体推进、督促落实。

各级党委要切实履行对改革的领导责任,完善科学民主决策机制,以重大问题为导向,把各项改革举措落到实处。加强各级领导班子建设,完善干部教育培训和实践锻炼制度,不断提高领导班子和领导干部推动改革能力。创新基层党建工作,健全党的基层组织

体系，充分发挥基层党组织的战斗堡垒作用，引导广大党员积极投身改革事业，发扬“钉钉子”精神，抓铁有痕、踏石留印，为全面深化改革作出积极贡献。

(59)全面深化改革，需要有力的组织保证和人才支撑。坚持党管干部原则，深化干部人事制度改革，构建有效管用、简便易行的选人用人机制，使各方面优秀干部充分涌现。发挥党组织领导和把关作用，强化党委（党组）、分管领导和组织部门在干部选拔任用中的权重和干部考察识别的责任，改革和完善干部考核评价制度，改进竞争性选拔干部办法，改进优秀年轻干部培养选拔机制，区分实施选任制和委任制干部选拔方式，坚决纠正唯票取人、唯分取人等现象，用好各年龄段干部，真正把信念坚定、为民服务、勤政务实、敢于担当、清正廉洁的好干部选拔出来。

打破干部部门化，拓宽选人视野和渠道，加强干部跨条块跨领域交流。破除“官本位”观念，推进干部能上能下、能进能出。完善和落实领导干部问责制，完善从严管理干部队伍制度体系。深化公务员分类改革，推行公务员职务与职级并行、职级与待遇挂钩制度，加快建立专业技术类、行政执法类公务员和聘任人员管理制度。完善基层公务员录用制度，在艰苦边远地区适当降低进入门槛。

建立集聚人才体制机制，择天下英才而用之。打破体制壁垒，扫除身份障碍，让人人都有成长成才、脱颖而出的通道，让各类人才都有施展才华的广阔天地。完善党政机关、企事业单位、社会各方面人才顺畅流动的制度体系。健全人才向基层流动、向艰苦地区和岗位流动、在一线创业的激励机制。加快形成具有国际竞争力的人才制度优势，完善人才评价机制，增强人才政策开放度，广泛吸引境外优秀人才回国或来华创业发展。

(60)人民是改革的主体，要坚持党的群众路线，建立社会参与机制，充分发挥人民群众积极性、主动性、创造性，充分发挥工会、共青团、妇联等人民团体作用，齐心协力推进改革。鼓励地方、基层和群众大胆探索，加强重大改革试点工作，及时总结经验，宽容改革失误，加强宣传和舆论引导，为全面深化改革营造良好社会环境。

全党同志要紧密团结在以习近平同志为总书记的党中央周围，锐意进取，攻坚克难，谱写改革开放伟大事业历史新篇章，为全面建成小康社会、不断夺取中国特色社会主义新胜利、实现中华民族伟大复兴的中国梦而奋斗！

（新华社北京11月15日电）

推动中国—东盟长期友好互利合作战略伙伴关系迈上新台阶

——在第十届中国—东盟博览会和中国—东盟商务与投资峰会上的致辞

中华人民共和国国务院总理　李克强

（2013年9月3日　广西南宁）

尊敬的各位嘉宾，

女士们、先生们、朋友们：

今年是中国—东盟建立战略伙伴关系十周年，也是中国—东盟博览会举办十周年。我们东方许多国家都有通行说法，叫做“十年一大庆”，今天这里高朋满座，充满了喜庆气氛。中国还有一句古话，“十年树木”，中国—东盟战略伙伴关系经历了10年历程，这棵大树已经成长起来，枝繁叶茂，硕果累累，现在是收获果实、播种未来的时候。我对中国—东盟关系未来发展充满信心，也代表中国政府对来自各国的贵宾表示热烈欢迎！对中国—东盟博览会暨商务与投资峰会成功召开表示热烈祝贺！

和平与发展仍是当今世界的主题。中国将始终不渝地走和平发展道路，为本地区和世界繁荣稳定作出积极贡献。周边地区始终是中国外交的重点，处于中国外交的首要地位。中国新一届政府将更加坚定不移地奉行与邻为善、以邻为伴的周边外交方针，更加主动地实现中国发展战略与周边各国发展目标的对接，更加扎实有效地构建共享和平繁荣的命运共同体。

中国与东盟地理相邻，文化相通，血脉相亲，利益相融。中国是第一个加入《东南亚友好条约》的域外大国，也是第一个同东盟建立了战略伙伴关系，第一个同东盟启动并建成自由贸易区的国家。中国—东盟战略伙伴关系建立10年来，相互尊重、平等相待、睦邻友好、互利共赢始终贯穿于中国与东盟关系发展的全过程。双方彼此信任不断加强，务实合作日益深化，人文交往更趋密切，各领域合作都取得长足进展，为本地区国家和人民带来了实实在在的利益。

毋庸讳言，我们也注意到本地区还存在一些不利于稳定与发展的干扰因素，但这不是主流。对于南海争议，中方一贯主张，应当由直接当事方在尊重历史事实和国际法的基础上进行磋商，中国政府是有担当的，也愿通过友好协商寻求妥善解决之策。中方认为，南海争议不是中国同东盟之间的问题，更不应该也不可能影响中国—东盟合作的大局。10年前，我们与东盟国家共同制定了《南海各方行为宣言》，有力维护了南海的和平与稳定，切实保障了南海的自由航行。中国将本着负责任的态度，继续与东盟国家全面落实《宣言》的各项规定，在《宣言》框架下，循序渐进，稳妥推进“南海行为准则”的商谈。

在此，我代表中国政府郑重宣布，中国对东盟的睦邻友好政策绝不是权宜之计，而是我们长期坚持的战略选择。中方将坚定不移地把东盟国家作为周边外交的优先方向，坚定不移地深化同东盟的战略伙伴关系，坚定不移地与东盟携手，共同维护本地区包括南海地区的和平与稳定。同时，我们将继续支持东盟的发展壮大，支持东盟共同体建设，支持东盟在东亚合作中的主导地位。中国和东盟的关系一定是长期友好、合作共赢的，将充分体现我们之间战略伙伴关系的要义。

女士们，先生们！

当前，国际形势继续发生着日益复杂的深刻变化。发达国家经济出现了一些积极迹象，新兴市场国家和发展中国家市场拓展的潜力巨大，这是有利的积极因素。同时，世界经济正处于深度调整中，全球经济复苏过程还存在很多不确定不稳定因素。国际金融危机的深层次影响尚未消除，债务失控、增长失调、南北失衡等结构性矛盾突出。解决各国面临的困难和挑战，归根到底还是要靠发展。

亚洲拥有全球近一半的人口、三分之一的经济总量，创造了一系列的增长奇迹，长期以来特别是近年来是世界经济发展最具活力的地区之一。但是我们也要看到，亚洲各国发展很不平衡，促进增长、改善民生的任务十分艰巨。近来，受发达国家特别是主要储备货币发行国可能退出量化宽松货币政策预期增强的影响，一些新兴市场国家和发展中国家资本流动逆转，金融市场波动加剧。亚洲一些成员也受到波及，面临资本外流、货币贬值、增长放缓、通胀上升等多重挑战，这引起人们包括一些友好国家的担忧。当前形势下，中国和东盟的主要任务还是发展经济、改善民生。我们应当坚持经济优先、发展优先、民生优先的大方向，把焦点聚集在这里，继续发扬团结协作、同舟共济的精神，携手应对可能发生的和不可预见的风险和挑战，努力保持经济平稳运行和健康发展。这是各方的共同利益所在，也是各国人民的利益所在。

女士们，先生们：

10年来，在各国历届领导人精心培育下，中国与东盟携手走过了不平凡的历程，双方贸易额增长了5倍，相互投资扩大了3倍，开创了合作的“黄金十年”。我们率先建成了世界上最大的发展中国家自由贸易区，顺应了发展的趋势，也给人民带来了实惠。目前，东盟已成为中国第三大贸易伙伴，中国与东盟的经济联系从来没有像今天这样紧密相依。

中国与东盟是天然的合作伙伴。我们同处于工业化、城镇化快速推进的阶段，发展目标和任务相似，推动中国和东盟经济合作发展必将激发出巨大的能量。这两天，我与东盟各国领导人进行了广泛深入的交流，形成了一系列重要共识，一致认为彼此的共同利益在不断扩大。我们既然有能力打造已经过去的“黄金十年”，也有能力创造未来新的“钻石十年”。我们要继往开来，站在新的历史起点上，寻求新的战略突破，在增强政治互信、倡导开放包容的基础上，不断深化务实合作，共同提升中国—东盟合作水平，推动双方战略伙伴关系百尺竿头、更进一步。为此，我提出以下几项合作倡议：

一是打造中国—东盟自由贸易区升级版。中国—东盟自贸区建设开创了亚太贸易投资合作的先河，有力地推动了双边经贸关系的快速发展。面对未来，中方将秉承10年来自贸区建设的传统，积极优先考虑东盟利益诉求，为东盟的发展创造更多更有利的条件。我们愿意本着互利共赢、共同发展的原则，更新和扩充中国—东盟自贸区协定的内容与范围。双方可以考虑深入讨论进一步降低关税，削减非关税措施，积极开展新一批服务贸易承诺谈判，从准入条件、人员往来等方面推动投资领域的实质性开放，提升贸易和投资自由化便利化水平，使中国—东盟自贸区与时俱进，在更广领域、更高质量上打造升级版。我们愿与东盟签订农产品长期贸易协议，积极扩大从东盟进口在中国有市场、有竞争力的商品，力争2020年双边贸易额达到1万亿美元，今后8年新增双向投资1500亿美元。正像东盟是中国周边外交的优先方向一样，东盟也是中国对外投资的优先方向，我们也欢迎东盟企业到中国来投资兴业。

同时，我们愿与东盟一道推动“区域全面经济伙伴关系”(RCEP)谈判，探讨与“跨太平洋伙伴关系协议”(TPP)等区域合作机制交流互动，共同营造开放、包容、共赢的合作环境，促进区域和全球贸易安排“两个轮子一起转”。

二是推动互联互通。我们要加快推进公路、铁路、水运、航空、电信、能源等领域互联互通合作，推动泛亚铁路这个大“旗舰”项目建设尽快逐步启动，实施好一批重大项目。中方将启动新一批专项贷款，发挥好中国—东盟投资合作基金的作用，并且与各方积极探讨构建亚洲互联互通融资平台，为大项目建设提供资金支持。在加强“硬件链接”的同时，加快完善原产地规则实施机制，抓好信息、通关、质检等制度标准的“软件衔接”，为逐步建成基础设施便利化的亚洲创造条件。双方还应扩大投资与产业合作，共同规划建设一批绿色环保、智能高效的产业园区，使你中有我，我中有你。

三是加强金融合作。这对于维护地区金融和经济稳定至关重要。近年来，中国—东盟金融合作取得长足进展，“清迈倡议”多边化协议总规模已扩大至2400亿美元。中方愿继续与东盟成员共同努力，强化多层次区域金融安全网，推动双边本币互换协议的实际运用，鼓励跨境贸易和投资中使用本币进行结算，为东盟机构投资中国债券市场提供更多便利，不断完善区域金融风险预警和救助机制。我相信，本地区成员有能力应对各种困难和挑战，中国—东盟携手合作、相互帮助，一定能保持本地区经济平稳增长和经济金融稳定。

四是开展海上合作。这是双方拓展合作的重要领域。中方倡议建立“中国—东盟海洋伙伴关系”。会上将建立中国—东盟港口城市合作网络。我们已设立30亿元人民币的中国—东盟海上合作基金，并正在研究推进一批合作项目，重点是渔业基地建设、海洋生态环保、海产品生产交易、航行安全与搜救以及海上运输便利化等，我们期待着东盟国家积极参与。

五是增进人文交流。中方倡议，把2014年确定为“中国—东盟友好交流年”。今后3至5年，中方将向东盟国家提供1.5万个政府奖学金名额；向亚洲区域合作专项资金注资，用于深化人文合作。我们要进一步发挥中国—东盟青年联谊会、中国—东盟思想库网络的积极作用，也希望媒体朋友继续关心和支持中国—东盟关系发展，向世界传递更多友好合作、增强信心的信息。中国与东盟国家是你帮我，我帮你，帮你就是帮我，帮我也是帮你，我们互相帮助，可以互利共赢。

女士们，先生们：

这里，我简单介绍一下当前中国经济的情况。今年以来，面对外部市场低迷、经济下行压力加大的复杂局面，我们审时度势，沉着应对，稳定宏观经济政策，及时明确经济运行的合理区间，科学把握宏观经济的政策框架。统筹稳增长、调结构、促改革，系统谋划，综合施策，精准发力，着力释放改革红利，积极促进结构优化，充分发挥市场机制作用。我们坚定不移地朝着这个方向推进，即使在下行压力增大时，也是以改革的措施解决前进中的问题，以结构调整的方式保证经济在合理的“下限”与“上限”之间运行。这些既利当前、更利长远、趋利避害的措施，已经开始显现积极成效。上半年中国经济保持稳定运行。近期数据显示，中国就业和物价稳定，粮食丰收在望，工业生产、进出口、利用外资等主要指标有一定的回升，市场预期明显向好，信心在增强。当然，我们不敢有丝毫松懈，更不敢掉以轻心。我们清醒地认识到，前进中还面临不少严峻困难和挑战，有些是可以预见的，有些是难以预见的。但我们有条件、有能力完成今年中国经济社会发展的主要任务，而且有决心为明年、为未来、为中国经济长期持续健康发展奠定良好基础。中国的发展不仅会增进中国人民的福祉，也会为包括东盟国家在内的世界各国带来更多发展机遇和市场机会。

早在2000多年前，中国就与东南亚开通了“海上丝绸之路”，如今我们正在续写历史的辉煌。中国—东盟博览会暨商务与投资峰会十年来办得风生水起，也希望今后一帆风顺，乘风破浪。作为中国—东盟博览会永久会址的南宁，寓意就是南方安宁，而对中国—东盟19亿热爱和平、勤劳智慧的人民来说，有安宁就有繁荣、就有力量。我相信，中国与东盟合作发展之路会越走越宽广，互利共赢的成果会越来越丰硕。

最后，我祝愿各位来宾在本次博览会和峰会期间工作顺利、身体健康！祝愿第十届中国—东盟博览会暨商务与投资峰会取得圆满成功！

谢谢大家。

（摘自新华网）

坚持中心工作与意识形态工作两手抓两手硬

——深入学习贯彻习近平同志在全国宣传思想工作会议上的重要讲话精神

中共广西壮族自治区委书记　彭清华

“经济建设是党的中心工作，意识形态工作是党的一项极端重要的工作。”习近平同志在全国宣传思想工作会议上的重要讲话，站在党和国家全局高度，深刻阐明了党的中心工作与意识形态工作的定位和关系，明确提出了正确把握这两项工作的实践要求，为不断开创宣传思想工作新局面、扎扎实实做好意识形态工作指明了方向。深入学习贯彻习近平同志重要讲话精神，把中国特色社会主义事业不断向前推进，要求我们坚持以经济建设为中心不动摇，坚持抓好意识形态工作不放松，坚持中心工作和意识形态工作两手抓、两手硬。

坚持中心工作与意识形态工作两手抓、两手硬，是

推进党和国家事业健康发展的基本要求

坚持中心工作与意识形态工作两手抓、两手硬，是坚持物质文明和精神文明建设两手抓思想的重要内涵，是新形势下推进党和国家事业健康发展的基本要求。

党的中心工作与意识形态工作相互促进、相辅相成，必须坚持两手抓、两手硬。按照唯物辩证法的基本原理，经济基础对上层建筑起决定作用，上层建筑对经济基础具有反作用。做好经济建设工作，可以为意识形态工作提供坚实物质基础；意识形态工作做好了，可以为经济建设提供有力保障和不竭动力。两者相互促进、相辅相成，必须坚持两手抓、两手硬，做到同步推进。我国改革发展的成功实践雄辩地证明，只有经济建设不断取得成就，人民群众不断得到实惠，意识形态工作才有坚实的物质基础，用事实说话才更有说服力；只有切实抓好意识形态工作，才能形成引领社会、凝聚人心、推动发展的强大精神动力，推进经济建设才有根本思想保障。如果经济建设工作没有做好，没有扎扎实实的发展成果，没有社会的不断发展进步和人民生活的不断改善提高，空谈理想信念，空谈思想道德建设，意识形态工作就没有根基，没有说服力；反之，如果意识形态工作这一手不抓、不硬，就会造成思想混乱，就会逐渐丧失创造物质财富的有利社会环境和强大精神动力，经济建设也搞不好，即使一时搞上去了最终也会掉下来，甚至会出大问题。我们应坚持成功经验、吸取深刻教训，始终做到中心工作与意识形态工作两手抓、两手硬。

推进中国特色社会主义伟大事业，实现中华民族伟大复兴的中国梦，要求越是以坚持经济建设为中心，越要抓好意识形态工作。国际历史经验教训反复告诉我们，经济建设工作搞不好会翻船，意识形态工作搞不好会变色。改革开放30多年来，我们始终坚持以经济建设为中心，聚精会神搞建设、一心一意谋发展，取得了举世瞩目的伟大成就，彰显了中国特色社会主义的蓬勃生机和光明前景。当前，我国正处于改革攻坚期、社会转型期、矛盾凸显期，继续推进中国特色社会主义伟大事业，实现中华民族伟大复兴的中国梦，必然会遇到各种可以预见和难以预见的困难和问题，其中意识形态领域斗争就是一大挑战。应当看到，目前意识形态领域既有昂扬向上的主旋律，也存在一些噪音杂音。我们必须充分认识意识形态领域斗争的长期性、复杂性、尖锐性，切实做到不论党所处的历史方位和执政条件发生什么样的变化，宣传思想工作这个政治优势不丢失，党对意识形态工作的领导权、管理权、话语权不旁落。各级领导干部必须保持政治清醒、坚定政治立场、提高政治觉悟，既大力推进改革发展，抓好经济建设；又在大是大非和政治原则问题上旗帜鲜明、敢于碰硬，切实抓好意识形态工作。

充分认识意识形态工作的极端重要性，做到一刻也不放松和削弱

习近平同志强调，能否做好意识形态工作，事关党的前途命运，事关国家长治久安，事关民族凝聚力和向心力。这“三个事关”，深刻阐明了意识形态工作在党和国家工作全局中的重要地位和作用。我们必须增强自觉性和坚定性，思想上认识到位，行动上落实到位，一刻也不放松和削弱意识形态工作。

抓好意识形态工作是加强执政党建设的必然要求。意识形态工作关系举什么旗、走什么路、坚持什么方向等重大问题。历史和现实充分证明，一个政党或政治集团夺取政权往往是从确立指导思想、抢夺意识形态话语权开始的，一个政权的瓦解往往也是以舆论阵地被攻破、意识形态主导权丧失为标志的。我们党历来高度重视意识形态工作，始终把做好意识形态工作作为重要政治优势，强调把意识形态工作放到与中心工作同等重要的位置来抓，不断巩固党执政的思想政治基础。面对错综复杂的发展环境，我们更要因势而谋、应势而动、顺势而为，把意识形态工作的领导权、管理权、话语权牢牢掌握在手中，任何时候都不旁落。

抓好意识形态工作是团结全党全国各族人民共同奋斗的必然要求。意识形态工作具有根本性、全局性、战略性，是治党治国的重要保障。我们党是一个拥有8500多万党员的大党，已经成立90多年、执政60多年，新形势下面临“四大考验”、“四大危险”。要确保党长期执政、永续执政，就必须紧紧抓好思想理论建设这个根本，牢牢把握意识形态工作这个优势，坚持用科学理论武装全党，形成思想统一、目标明确、步调一致、奋发进取的坚强核心。我国是一个拥有56个民族、13亿多人口、幅员辽阔的发展中大国，目前正处于改革发展的关键时期。要确保国家长治久安、民族团结进步，就必须用实现中华民族伟大复兴的中国梦鼓舞人心、凝聚共识，用社会主义核心价值观规范人们行为，形成全国上下同心同德、团结奋斗的磅礴力量。

抓好意识形态工作是应对意识形态领域新挑战的必然要求。当前，国际上围绕发展模式和价值观的较量日益凸显，各种思想文化交流交融交锋更加频繁，意识形态领域渗透与反渗透的斗争尖锐复杂。国内随着改革深化和开放扩大，利益格局深刻调整，社会转型步伐加快，人们思想活动的独立性、选择性、多变性、差异性日益增强，一些错误思想观点时有出现。特别是在“大众麦克风”时代，传统主流媒体在部分青年人和一些群体中的影响力减弱。我们一定要主动适应意识形态工作环境、对象、范围、方式的新变化，增强危机感、

责任感、紧迫感，开拓进取，改革创新，不断提高能力和水平，有效应对意识形态领域新挑战。

切实担负起党委抓意识形态工作的政治责任，扎扎实实做好意识形态工作

意识形态工作事关党和国家工作全局，做好意识形态工作必须坚持“一把手”带头、全党动手，各条战线、各个部门共同努力。

牢牢把握围绕中心、服务大局这一基本职责。做好意识形态工作，目的在于推动经济发展、促进社会和谐。只有紧紧围绕经济建设这个中心，服务改革发展稳定这个大局，才能找准意识形态工作的定位，避免意识形态工作游离于中心工作、偏离于经济建设。要加强中国特色社会主义宣传教育，巩固马克思主义在意识形态领域的指导地位，巩固全党全国人民团结奋斗的共同思想基础，使广大干部群众不断增强道路自信、理论自信、制度自信，汇聚实现中国梦的强大正能量。大力宣传党的理论和路线方针政策，真正使党的理论和路线方针政策为广大人民群众所理解、所掌握，成为自觉行动。深入宣传中央重大工作部署和关于形势的重大分析判断，深入宣传中央关于经济工作的基本要求、目标任务和政策措施，增进共识、坚定信心、鼓舞干劲，营造有利于促进改革发展稳定的良好舆论氛围。

牢牢把握改革创新这一动力源泉。当前，做好宣传思想工作，做好意识形态工作，比以往任何时候都更加需要创新。宣传思想工作、意识形态工作创新，重点要抓好管理理念创新、内容形式创新、手段方法创新、基层工作创新。努力掌握新形势下宣传思想工作的特点和规律，积极探索有利于破解工作难题的新举措新办法，以思想认识新飞跃打开工作新局面。着力推进基层工作创新，丰富内容，搞活形式，创新载体，贴近实际、贴近生活、贴近群众。着力提高正面宣传质量和水平，切实转作风、正学风、改文风，掌握新的话语方式，避免模式化、概念化、套路化，让群众爱听爱看、产生共鸣。着力把握好时、度、效，帮助干部群众区分本质表象、明辨主流支流、澄清模糊认识，使宣传思想工作基础更牢、受众更广。

认真落实党委抓意识形态工作这一政治责任。党委“一把手”必须切实担负起党管意识形态工作的职责，把好本地区本部门的舆论导向，建立健全党委常委会定期听取意识形态和宣传思想工作汇报及研讨制度，加强对宣传思想领域重大问题的分析研判和重大战略任务的统筹指导，在敏感问题、难点问题上敢于发声、敢于担当，管好阵地、管好导向、管好队伍。宣传思想部门作为意识形态工作的主管部门，必须坚持守土有责、守土负责、守土尽责。同时，还要动员各条战线、各个部门一起来做，形成做好意识形态工作的强大合力。

广西作为西部地区、民族地区、边境地区，是面向东盟开放合作的前沿和枢纽，加快经济发展、维护社会稳定和边疆安宁责任重大，做好意识形态工作更具特殊性、重要性和紧迫性。这些年，我们认真贯彻中央精神，高度重视意识形态工作，牢牢把握正确导向，大力弘扬广西精神，不断扩大面向东盟的宣传和文化交流，展示了广西文明开放的新形象，形成了全区干部群众心齐气顺的好局面。下一步，我们要进一步把思想和行动统一到习近平同志重要讲话精神上来，以高度的政治责任感、责无旁贷的使命感、时不我待的紧迫感，发挥优势，强化措施，努力开创广西宣传思想和意识形态工作新局面。

（原载《人民日报》2013年9月27日第七版）

在广西壮族自治区社会科学界联合会第七次代表大会开幕式上的讲话

自治区党委书记　彭清华

（2013年11月19日）

各位代表，同志们：

在全区上下深入学习宣传贯彻党的十八届三中全会精神之际，自治区社会科学界联合会第七次代表大会隆重开幕了。这是我区哲学社会科学界的一次盛会。首先，我代表自治区党委、人大、政府、政协，对大会的召开表示热烈的祝贺！向各位代表，并通过你们向全区广大哲学社会科学工作者表示诚挚的问候！

自治区社科联第六次代表大会以来，全区各级社科联和广大哲学社会科学工作者，以邓小平理论、“三个代表”重要思想、科学发展观为指导，贯彻落实中央和自治区党委关于繁荣发展哲学社会科学的决策部署，围绕中心、服务大局，扎实推进哲学社会科学创新发展，在课题研究、学科建设、学术研讨、社科普及、组织建设、人才队伍建设、阵地建设等方面做了大量卓有成效的工作，涌现出了一批优秀学术骨干和科研成果，为繁荣发展我区哲学社会科学事业、促进全区经济社会发展作出了积极贡献。

哲学社会科学是推动历史发展和社会进步的重要力量，哲学社会科学研究能力和成果，是一个国家和地区综合实力的重要组成部分。党的十八大报告明确指出，深入实施马克思主义理论研究和建设工程，建设哲

学社会科学创新体系。这为我们发展哲学社会科学指明了方向。当前,全区上下正为实现“两个建成”目标即与全国同步全面建成小康社会、建成西南中南地区开放发展新的战略支点而努力奋斗,推动科学发展、腾跃发展的任务十分艰巨繁重,全区各级社科联和广大哲学社会科学工作者,一定要深入学习党的十八大以来习近平总书记一系列重要讲话精神,进一步增强责任感和使命感,不断推动广西哲学社会科学大发展大繁荣,为我区经济社会发展提供强有力的思想保证、精神动力和智力支持。

第一,坚持马克思主义的指导地位,牢牢把握正确方向。马克思主义深刻揭示了人类社会发展规律,是我们认识世界、改造世界的强大思想武器。中国特色社会主义理论体系是当代中国的马克思主义。习近平总书记在全国宣传思想工作会议上强调,党校、干部学院、社会科学院、高校、理论学习中心组等都要把马克思主义作为必修课,成为马克思主义学习、研究、宣传的重要阵地。广西社会科学资源丰富,要紧紧围绕巩固马克思主义在意识形态领域的指导地位,把马克思主义的立场、观点、方法贯穿和应用到哲学社会科学工作中,深入实施马克思主义理论研究和建设工程,深入研究中国特色社会主义理论体系,及时回应人民群众关心关注的热点难点问题,用中国特色社会主义理论和中国梦鼓舞人心、凝聚共识,用社会主义核心价值观引领风尚、规范行为,引导广大干部群众坚定中国特色社会主义的道路自信、理论自信、制度自信,筑牢全区各族人民团结奋斗的共同思想基础,确保哲学社会科学始终沿着正确方向前进。

第二,坚持服从服务大局,研究回答好重大现实问题。哲学社会科学只有主动贴近人民群众改革发展的伟大实践,深入研究和回答事关全局的重大理论和实践问题,才能有所作为。不久前召开的党的十八届三中全会,是在我国改革开放新的重要关头召开的一次重要会议。全会通过的《中共中央关于全面深化改革若干重大问题的决定》,汇集了我们党和国家在新的历史条件下全面深化改革的新思想、新论断、新举措,形成了改革理论和政策的一系列重大突破,是我们党在新的历史起点上全面深化改革的科学指南和行动纲领。希望全区哲学社会科学工作者深入学习领会和宣传解读全会精神,为推动我区全面深化改革作出积极努力。要立足区情实际,瞄准现实需求,紧扣时代脉搏,加强对全局性、战略性、前瞻性问题的研究,努力推出一批有战略高度、理论深度、实践厚度的研究成果,当好智囊高参,为党委、政府决策提供科学依据,为经济社会发展贡献智慧和力量。

第三,坚持解放思想、大胆探索,推进哲学社会科学创新体系建设。创新是哲学社会科学的灵魂与生机活力所在。我区民族文化底蕴深厚,为哲学社会科学创新提供了取之不尽、用之不竭的源泉。要大力推进学术观点创新、学科体系创新和科研方法创新,深入挖掘民族文化资源,着力加强具有岭南特色、壮乡风格的优势学科建设,培育更多哲学社会科学领军人才,打造更多哲学社会科学研究品牌,推出更多在全国有影响的精品力作,推动形成较为完备的哲学社会科学创新体系,提升广西哲学社会科学的知名度和影响力,为广西文化走向全国、走向世界增光添彩。

第四,坚持贴近实际、贴近生活、贴近群众,大力普及哲学社会科学。哲学社会科学只有为人民群众掌握和运用,才能转化为改造客观世界的强大力量。让哲学社会科学走进千家万户是广大社科工作者的重要职责。要牢固树立以人民为中心的工作导向,把服务群众与教育群众结合起来,把满足需求与提高素养结合起来,善于运用多种传播渠道和载体,运用多样化的形式和手段,大力普及社科知识,增强哲学社会科学理论的感染力、吸引力和说服力。

哲学社会科学事业是党的事业的重要组成部分。各级党委、政府要切实加强和改进对哲学社会科学工作的领导,大力支持各级社科联创造性地开展工作,建立健全同社科界联系沟通的制度,认真听取哲学社会科学界专家的意见建议,重视和用好哲学社会科学研究成果,协调解决哲学社会科学工作中的重大问题,加强哲学社会科学单位部门领导班子和人才队伍建设,切实帮助广大社科工作者解决实际困难和问题,为他们发挥作用创造条件、营造环境。

社科联是党委、政府联系广大哲学社会科学工作者的桥梁和纽带。社科联最大的特点和优势是“联”。全区各级社科联要切实在“联”字上下功夫,不断强化“联”的基础,创新“联”的机制,改进“联”的方式,以开展党的群众路线教育实践活动为契机,进一步加强自身建设,改进对各级社科类学会、协会、研究会、促进会的管理和服务,不断增强凝聚力、创造力、战斗力,真正把社科联建成广大社科工作者之家。

各位代表,同志们!

中国特色社会主义事业的兴旺发达,离不开哲学社会科学的繁荣发展。全区各级社科联和广大哲学社会科学工作者一定要紧密团结在以习近平同志为总书记的党中央周围,以邓小平理论、“三个代表”重要思想、科学发展观为指导,同心协力,锐意进取,不断开创我区哲学社会科学繁荣发展新局面,为实现“两个建成”目标、实现中华民族伟大复兴的中国梦作出新的更大贡献!

预祝大会取得圆满成功!

在广西壮族自治区社会科学界联合会第七次代表大会闭幕式上的讲话

自治区党委常委、宣传部部长　沈北海

（2013年11月20日）

各位代表，同志们：

广西壮族自治区社会科学界联合会第七次代表大会，在全体与会代表的共同努力下，顺利完成各项议程，今天就要闭幕了。这次会议，全面总结了过去五年来我区哲学社会科学工作取得的成绩和经验，提出了今后五年的奋斗目标和工作任务，选举产生广西社科联新一届委员会及领导班子，会议开得很成功。借此机会，我谨代表自治区党委，向第六届委员会的辛勤工作表示衷心的感谢！向第七届委员会和领导班子表示热烈的祝贺！向全区哲学社会科学工作者致以诚挚的问候！

自治区党委对这次大会高度重视，昨天上午，自治区党委书记彭清华同志出席开幕式并作重要讲话，充分肯定了近年来全区社科联工作和我区哲学社会科学事业取得的成就，高度评价了我区哲学社会科学界为我区经济社会发展所作出的重大贡献，深刻分析了面临的形势，对新时期进一步繁荣发展我区哲学社会科学事业提出了殷切期望和明确要求。我们要认真学习，深刻领会，全面落实。

在这里，我想谈几个问题，和大家共同探讨、研究。

一、哲学社会科学正面临一个特殊的历史发展时期

党的十一届三中全会以来，我们党的历次三中全会几乎都是研究同一个主题：改革。刚刚胜利闭幕的党的十八届三中全会继续了改革的方向和道路，同时，又对改革提出了更高的目标、更艰巨的任务，即“全面深化改革”，在各个方面、各个领域、各个层次全面推进改革。这是新的历史时期最重要的特点，也是各类学会开展研究活动的共同基点。

历史发展到今天，我们已进入全面深化改革的时代。改革开放35年来，国内外都公认，中国共产党领导的改革开放伟大事业取得了巨大成就，中国经济社会发生了翻天覆地的变化。党的十八届三中全会用一系列文字对改革进行定位，比如“改革开放是决定当代中国命运的关键抉择，是党和人民事业大踏步赶上时代的重要法宝”等，把改革的地位提升到决定我们党和国家乃至整个民族未来命运的高度，就是说明在新的历史时期，实现中华民族伟大复兴的伟大历史任务也必须通过改革。所以，包括哲学社会科学在内，我们都将处于一个改革开放继续大踏步前进的环境。这些天各种新闻媒体都在强化这种意识、观念。我们一定要认清这个形势，围绕这个大局，主动投入到改革的伟大事业中去。

党的十八大提出，只有改革开放才能发展中国、发展社会主义、发展马克思主义。世界上的共产党，现在做得最好的就是中国共产党。这不是我们自己评价的，全世界都是这样评价的。不改革的，基本都垮台了，为什么？因为不改革、不开放，最后就僵化、固化，失去生命力。马克思主义如果不发展，它也同样会固化僵化，一样是没有希望的。它一定要和现实、和实践发展结合在一起，从而取得新的、强大的生命力。所以，中国共产党是非常清醒、睿智、智慧的一个政党。

党的十八届三中全会提出全面深化改革，涉及到的改革有15个方面60多项任务，现在大家都在研究。我们一定要认真学习，认真体会、领会党的十八届三中全会精神，并且随着实践的深化，不断提升认识水平。

前面的7次三中全会主要是就某个方向、某个领域、某项任务进行改革，涉及面不是很大，总体上难度相对较小。这次全会用涉险滩、过深水、啃硬骨头等词语来形容改革，说明改革已经进入攻坚期和深水区，每一项难度都很大，而且全都是互相连在一起，没有哪一项改革是单独的，其他的必须相应跟着动，必须全面推进。以前我们顶层设计不够，有些改革摸着石头过河，起初“摸”得比较好；有些改革只摸石头不过河；有些改革只考虑“过河”，没注意“摸石头”，方向搞偏了。现在既要顶层设计，又要摸着石头过河，难度非常大。摸石头怎样“摸准”而不能“摸歪”，怎样避免犯颠覆性的错误，以及市场在配置资源起“决定性作用”的条件下，如何处理好政府和市场的关系，协调好“看得见的手”和“看不见的手”，都是哲学社会科学需要研究的问题。

总之，以习近平同志为总书记的党中央，敢于破解改革发展中的重大难题，不回避、不隐瞒，必将使改革一波接一波地不断往前推。从现在到2020年，还有7年零1个月，我们的改革有些正在改，有些即刻改，有些准备改，有些逐步改，很多事情要做。广西社科联和广大哲学社会科学工作者一定要认清历史大势，增强改革意识，多研究改革与发展的问题，主动跟上这个大时代发展的节拍。

二、哲学社会科学必须坚定道路自信、理论自信和制度自信

中国共产党成立90多年、执政60多年，最根本的成就是开辟了中国特色社会主义道路，确立了中国特色社会主义理论体系，形成了中国特色社会主义制度。只要属于哲学社会科学的范围，不管研究哪个项目、哪个领域，我们必须明确的基本原则就是必须坚定道路

自信、理论自信、制度自信。

道路自信就是对中国特色社会主义道路的自信。走什么样的道路，关系到我们党的命脉，关系到我们国家的前途、民族的命运和人民的幸福。改革开放30多年来，我们党高举中国特色社会主义伟大旗帜，“既不走封闭僵化的老路、也不走改旗易帜的邪路”，而是在人民群众的伟大实践中成功开创了中国特色社会主义的新路。这一中国特色社会主义的新路，不仅得到全国人民的广泛认同，而且得到世界上大多数国家的认同。

理论自信就是对中国特色社会主义理论体系的自信。党的十八大报告指出，中国特色社会主义理论体系，就是包括邓小平理论、“三个代表”重要思想、科学发展观在内的科学理论体系，是对马克思列宁主义、毛泽东思想的坚持和发展。中国特色社会主义理论体系，是经过实践检验的科学真理，是我们的行动指南。

制度自信就是对中国特色社会主义制度的自信。在国内外错综复杂的形势下，中国特色社会主义制度在经济全球化大潮和激烈国际竞争中显示了旺盛生命力和巨大优越性，其根本原因就在于这一社会制度符合中国国情、体现发展规律。

这“三个自信”是哲学社会科学的立命之本。中国特色社会主义道路、理论、制度，都必须要坚持、巩固和发展，一样都不能丢。我们认为，发展模式是多元的，全世界200多个国家地区的发展模式应该是多样化的，把资本主义的发展模式在全世界推广，我们是反对的。另一方面，我们承认发展阶段论。就是指人类社会发展一般经过原始社会、奴隶社会、封建社会、资本主义社会到社会主义和共产主义社会，从历史唯物主义的观点看，这是历史发展的一般规律。资本主义发展到这个时候，也只是一种比较普遍的模式，但绝不是唯一模式，更不是人类社会的终极模式。我们建设中国特色社会主义市场经济，也可以走出有自己特色的新的模式。所以，我们必须坚定道路自信、理论自信和制度自信，这是我们把握哲学社会科学大繁荣、大发展方向的基础。

三、哲学社会科学必须与广西实际结合起来

自治区党委、政府经过反复研究，在原来的基础上，提出了“两个建成”的宏伟目标，即在2020年与全国同步全面建成小康社会、基本建成西南中南地区开放发展新的战略支点。这是现阶段广西最大的实际，是广西各级党委、政府和社会各方面要共同努力实现的宏伟目标。

围绕中心，服务大局，当好党委、政府的参谋和助手，是各级社科联和广大哲学社会科学工作者的责任和使命，也是推进科学决策、民主决策的必然要求。必须紧紧围绕我区“两个建成”目标，围绕改革发展稳定大局深入开展研究，充分发挥思想库和智囊团的作用。要充分发挥广西社科联的引导协调作用，围绕全区中心工作，特别是结合我区实际，贯彻落实党的十八届三中全会精神，在打造具有广西特色的体制机制优势方面，积极组织专家学者联合攻关，增强决策研究的针对性和实效性，更好地服务全区发展大局。要建立完善哲学社会科学工作者向各级党委政府建言献策的有效渠道，搭建起科学决策、民主决策的重要平台，真正使哲学社会科学界成为科学决策、民主决策的一支重要力量。要鼓励广大哲学社会科学工作者关心社会、关注实践、关爱民生，积极投身伟大的改革发展事业，自觉为党委、政府决策部署出主意想办法献良策。

“两个建成”目标是宏伟的，但压力也是巨大的，有很多的事情要做。如果我们稍有松懈、稍有差错，“两个建成”的目标就有可能实现不了。怎样加快广西发展始终是我们要研究的一个大问题。因此，不管什么学会，都要更多的关注发展问题。

四、哲学社会科学必须发挥积极作用

改革越深化，发展要求越高，就越需要哲学社会科学的支撑。习近平总书记在全国宣传思想工作会议上的重要讲话，是专门针对宣传、文化和社会科学领域讲的。在改革发展的大环境、大背景下，哲学社会科学应该起到重要的推动作用。怎么把哲学社会科学力量凝聚到科学发展上来，凝聚到改革攻坚上来，凝聚到广西破解改革发展的难题上来？这些问题都要加深研究。目前，我们在这方面的研究只停留在浅表的较多，真正有深度的研究还不多。从我们国家发展趋势、广西发展趋势看，太需要哲学社会科学研究的支持。比如，中央现在十分重视周边外交工作，特别是东盟，支持我们大踏步地走出去、走向东盟，这给我们提供了很好的机会。所以，我们研究广西的事情，就要研究东盟，这是我们的战略方向。

广西社科联新一届委员会已经产生，要努力加强自身建设，转变作风，提高履职本领，增强大局意识、责任意识、服务意识，扎实工作，不辱使命。要围绕“联”字做文章，形成有利于发挥各方面积极性的引导机制，创造性地组织开展哲学社会科学理论研究、学术研讨、知识普及，特别是对外交流等活动。要按照中央和自治区关于社会组织管理的政策法规，加强对各级各类社科类社会组织的指导和管理，规范其工作，提高社科类社会组织的工作水平和服务水平，促使其健康、可持续发展。要加强我区哲学社会科学人才队伍建设，加强思想建设和学风建设，大力弘扬严谨治学、实事求是的学风，不断增强社会责任感，造就一支政治素质过硬、理论功底扎实、学术风气良好的哲学社会科学人才队伍。

我期待在自治区党委的领导下，在新一届社科联班子的带领下，在各级社科联和广大哲学社会科学工作者的共同努力下，广西哲学社会科学界能为广西的繁荣发展作出新的更大贡献。

事业概况

社会科学研究机构与学术团体

【社会科学研究机构】 2012年广西有自治区直属社会科学研究机构3个，自治区各部门科研机构22个，高等院校科研机构56个。

自治区直属3个社会科学研究机构分别是：广西社会科学院、广西地方志办公室、自治区党委党史研究室。广西社会科学院是社会科学综合性研究机构，广西地方志办公室是广西地方史志研究机构，自治区党委党史研究室是中共地方党史研究机构。

自治区各部门科研机构和院校科研机构主要是社会科学各专业学科的研究机构，研究领域涉及马克思主义、政治学、经济学、统计学、历史学、教育学、文化艺术、语言文学、新闻与传播学、法学、社会学、民族学等大学科；有的也以人才、财政、税务、审计、旅游、区域经济、人力资源、壮学、民族语言、心理教育、德育、教师教育等分支学科为主要研究对象。

在上述社会科学研究机构中，2012年末有科研人员3865人，其中具有高级专业技术职务资格1632人，中级2233人。有国家级突出贡献专家24人（含离退休人员，下同），享受政府特殊津贴专家198人，广西优秀专家45人。

此外，在各设区市及一些高等院校中，也建有一批社会科学研究机构。各设区市直属社科研究机构有58个。其中，南宁市8个，柳州市5个，桂林市4个，梧州市3个，北海市6个，防城港市4个，钦州市4个，贵港市3个，玉林市4个，百色市3个，贺州市3个，河池市4个，来宾市4个，崇左市3个。

【社会科学学术团体】 2012年，广西主要的社会科学学术团体有191个，其中自治区社科联1个，自治区级学术团体（学会、协会、研究会、促进会、民办科研机构）141个，设区市社科联13个，高校社科联29个，民办科研机构7个。

年内，审批成立广西区域经济发展研究会、广西新农村建设促进会、广西区域科学学会、广西发展战略研究会、广西庐江文化投资促进会、广西婚姻家庭研究会、广西知青文化研究会、广西社会道德文化研究会、8个社科类社会组织和1个民办科研机构，即广西保利置业研究院；自治区社科联吸收广西产业与技术经济研究会为团体会员，吸收并同意作广西研究生联合开发促进会的业务主管单位。年内有15个县（市、区）按照要求成立了社科联组织，全广西成立县级社科联的县（市、区）达74个，占109个县（市、区）的67.8%。年内有钦州市、来宾市、崇左市所辖县（市、区）全部建立社科联，广西完成建立县级社科联任务的地级市达到8个。自治区社科联是广西社会科学学术团体的联合组织。在自治区级社科类社会组织（学会、协会、研究会、促进会、民办科研机构）中，经济类（包括基础理论、财政、金融、税务、审计、会计、行业经济及区域经济、统计及其他）48个；史哲类学会（包括政治、哲学、历史、民族、法学、社会）45个；文教类（包括语言、文学、新闻、文化、教育、人力、艺术及其他）47个；民办科研机构7个；由自治区社科联作为业务主管单位的112个，由自治区直属其他部门、单位主管的36个。自治区级社科类社会组织（科研机构、协会、研究会、促进会、民办科研机构）拥有个人会员6.8万多人（含交叉会员），其中具有高级专业技术职务资格7263人。

13个设区市社科联拥有团体会员500个，其中南宁市社科联22个，柳州市社科联88个，桂林市社科联50个，梧州市社科联30个，北海市社科联26个，防城港市社科联28个，钦州市社科联26个，百色市社科联36个，贺州市社科联43个，河池市社科联47个，玉林市社科联52个，来宾市社科联27个，崇左市社科联25个。此外，桂平市社科联拥有团体会员19个。城市社科联所属会员单位的个人会员82751人，兼职社会科学工作者达数十万人。29个高校社科联有团体会员249个，个人会员13651人。

学术活动与成果

【学术活动和成果】 据不完全统计，2012年，广西社会各界开展社科类学术活动4600多次，其中国际性学术活动80多次，全国性学术活动100多次，自治区级学术活动480多次，省（自治区、直辖市）际间学术活动40多次。共计11.9万多人（次）参加；超过100人以上的活动达220多次。收到论文共4500多篇。从举办单位看，多为高等院校或高等院校与自治区直属单位、学术团体联合举办，其次是学术团体和科研机构，实际工作部门举办的学术研讨活动较少。国内外知名专家学者作主题报告或主旨发言730多人（次），其中国外学者50多人（次）；省部级以上领导出席170多人（次）。各社科研究机构、学术团体和高等院校获得国家级立项课题160多项，省部级立项课题580多项，其他课题1544项，完成研究报告2860项，出版著作900多部，发表论文1.9万多篇。

学术活动研讨内容涉及政治、经济、文化、新闻、法律、管理、历史、教育、宗教、语言、艺术等学科。总体上看，应用性研讨活动居多，理论性研讨活动较少。主要年度特点如下：

为学习贯彻党的十八大会议精神，积极开展形式多样的学术活动。如11月15日，防城港市召开全市社科系统学习党的十八大精神座谈会，全市县级社科联的全体人员及市直属学会的领导参加，市社科联主席林世勇就市社科系统如何深入学习、宣传、贯彻十八大精神作了动员和部署。11月21日，“广西社科界学习贯彻党的十八大精神座谈会暨2012年第四次社科专家学者活动日”在南宁举行。自治区社科联党组书记、主席王士威出席并作小结讲话，自治区社科联党组副书记、副主席汤竹庭主持会议，自治区社科联副主席姚兵、刘家凯，副巡视员、秘书长曹平出席。广西社科院院长吕余生研究员，自治区政协文史委副主任、广西大学原党委书记阳国亮研究员，广西社科院原副院长钟启泉研究员，广西国际共运史学会会长、广西民族大学相思湖学院院长陈元中教授，百色市社科联主席苏祖纯等12位专家发言。40多人参加。11月22日，梧州市社科联与梧州市委宣传部联合召开“梧州市社科界学习贯彻党的十八大精神座谈会”，与会者结合各自的工作实际，交流在各领域学习贯彻十八大精神的心得体会，《梧州日报》刊登了社科界学习贯彻十八大精神专版。11月22日，钦州市社科联召开“钦州市社科界学习贯彻党的十八大精神座谈会”。11月23~24日，由广西领导科学研究会、来宾市委宣传部主办，来宾市委党校、来宾市社科联承办的“学习贯彻党的十八大精神探讨领导科学新发展新任务暨广西领导科学30年纪念”全国性理论研讨会在来宾市举行。国防大学原副校长、中国领导科学研究会副会长许志功中将，中央党校校刊社原社长、中国领导科学研究会副会长兼秘书长白占群，自治区党委原书记、自治区政协原主席陈辉光，自治区原副主席、广西领导科学研究会会长奉恒高，自治区社科联主席王士威，自治区党校副校长、教授唐秀玲等广西区内外100多名领导、专家学者参加。共收到论文63篇。11月28日，北海市委宣传部、北海市社科联在北海市联合举办“北海市社科界学习贯彻党的十八大精神座谈会”。11月29~30日，由自治区党委主办的“自治区领导干部学习党的十八大精神研讨班”在自治区党校举办。自治区党委书记、自治区人大常委会主任郭声琨作首场报告，自治区党委副书记、自治区主席马飚主持研讨班开班仪式，自治区党委副书记、党校校长危朝安作研讨班总结讲话，自治区党委常委、组织部部长周新建主持结业仪式。自治区在邕在职省级干部，各设区市、自治区直各正厅级单位党政主要领导集中学习研讨。12月4日，桂林市社科联在桂林市召开“桂林市社科界学习贯彻十八大精神，打造桂林国际旅游胜地，建设美丽桂林”座谈会。桂林市委常委、宣传部部长、副市长陈丽华，桂林市人大副主任石春莲，桂林市政协副主席王德明以及桂林市社科联、桂林市属各社科学会、各县（区）社科联等单位的领导、社科界专家学者和记者100多人参加。12月7日，由自治区高校工委、教育厅主办，广西医科大学承办的“广西高校宣讲团党的十八大精神报告会”在广西医科大学召开。广西医科大学校领导、中层领导干部、正高职称人员和部分教师员工代表近800人参加。12月9日，由百色市委主办的“自治区宣讲团党的十八大精神报告会”在百色举行，自治区宣讲团成员、广西教育学院党委副书记、博士卫荣凡教授作题为“深入学习贯彻党的十八大精神，加快实现富民强桂新跨越”的专题报告。百色市委书记、百色市人大常委会主任赖德荣主持报告会并作讲话。百色市四家班子领导、百色军分区军政主官、“两院”领导，百色市四家班子正副秘书长、百色市人大、政协各专（工）委正副职领导，百色市直（含驻百色中直、区直）各单位领导、党员干部等1000多人到场聆听报告。12月12日，广西高校宣讲团党的十八大精神报告会在广西财经学院举行。自治区高校工委书记、教育厅厅长高枫到校为师生作题为“深入学习贯彻党的十八大精神，加快实现富民强桂新跨越”的十八大学习辅导报告。广西高校哲学社会科学研究骨干学习贯彻党的十八大精神座谈会的领导和专家,学校中层干部以及师生代表1000余人聆听报告。12月12~13日,由自治区党校主办的“自治区党校系统学习贯彻党的十八大精神专题培训班”在自治区党校举行。12月15日,广西写作学会副会长陈学璞教授在广西图书馆举办的“八桂讲坛”上作题为“深入学习贯彻十八大精神,加强和创新社会管理”专题讲座,300人参加。12月14日,广西市场经济研究会在南宁市召开“学习贯彻党的十八大精神暨2012年度理事会”,106人与会。12月19日,崇左市“百场乡镇青年学习十八大精神报告会”启动仪式在大新县举行。崇左市各县(区)团委书记、部分县(区)直属团组织及大新县乡镇团委书记和青年代表共80余人参加。12月22日,“广西发展战略研究会学习十八大精神交流会”在南宁举行。来自广西区内外近350名专家学者参加。等等。

为认真学习贯彻党的十七届六中全会,广西经济管理干部学院社科联在学院举办2012年广西社会科学普及十月大行动之“学习党的十七届六中全会和自治区第十次党代会精神”十家谈之一“吹响中华文化复兴和广西民族文化强区的号角”主题讲座,学院经济法研究所的全体会员和学院190多名师生参加。7月16日,“自治区社科联六届七次常委会议”在南宁召开,专题学习贯彻《自治区党委关于贯彻党的十七届六中全会精神 深化文化体制改革 推动文化大发展大繁荣建设民族文化强区的若干意见》精神。等等。

2012年是学习雷锋精神的第49年,为传承弘扬雷锋精神,积极开展各类学术活动。如3月2日,由自治区党委宣传部、广西社科联联合举办的“广西社科界学习弘扬雷锋精神研讨会”在南宁召开。主题为“雷锋精神的时代价值”。自治区党委宣传部副部长李海荣出席并讲话,自治区社科联党组书记、主席王士威主持并作小结。自治区社科联副主席姚兵,副巡视员、秘书长曹平出席。来自广西区直有关学会、部分驻邕高校社科联以及主办单位的专家学者近50人参加。3月2日,自治区党委宣传部、自治区文明办、自治区直工委等单位联合举行的“弘扬雷锋精神 树立文明新风”—自治区深入开展学雷锋活动启动仪式在南宁市望州南小区举行。自治区党委副书记危朝安等领导出席,100多名干部群众、各行业学雷锋志愿者参加。3月4日,由共青团广西区委、自治区教育厅、自治区民政厅、自治区林业厅、自治区通信管理局和广西青联、学联、少工委等共同组织的“传承雷锋精神,青少年在行动”——广西青少年深入开展学雷锋活动统一行动日启动仪式在南宁市万达广场举行。自治区党委副秘书长朱学庆、共青团广西区委书记李泽、自治区高校工委副书记莫锦荣、自治区民政厅副厅长李明、自治区林业厅副巡视员肖超、南宁市委副书记刘长林、团中央志愿者工作部就业服务处处长陈晓峰、共青团广西区委副书记严霜、自治区通信管理局办公室主任兼机关党委副书记谭国栋、共青团南宁市委书记邓娟娟等领导出席启动仪式,相关单位的领导及志愿者500多人参加活动。3月13日,由广西行政教育对外交流协会主办,广西监狱管理局未管所协办的“学习雷锋精神—爱岗敬业与礼仪修养”专题报告在广西监狱管理局未管所举行。特邀自治区党校教授王宁湘针对职业道德意识滑坡的现象,对干警进行世界观、人生观、价值观教育培训,在职民警近300人参加。3月18日,由崇左市委宣传部、崇左市文明办、崇左市教育局、崇左市妇联主办的“学习雷锋 做美德少年”网上签名寄语启动仪式暨第八个“未成年人思想道德建设宣传日”宣传教育活动在凭祥市举行,崇左市委常委、宣传部部长、副市长冯学军出席,300多人参加活动。等等。

为更好发挥广西作为中国—东盟交往中心地带的区位优势和作用,年内继续开展有关中国—东盟方面的研讨活动。据不完全统计,国际性研讨活动9次,全国性13次。主要有:中国社会科学院国际研究学部、广西社会科学院、广西国际博览事务局、广西北部湾发展研究院和东盟智库网联合主办的“第五届中国—东盟智库对话论坛”。自治区社科联年内举办7期“中国—东盟大讲坛”。自治区人力资源和社会保障厅、自治区司法厅联合主办,广西律师协会承办的“中国—东盟贸易投资法律实务新动向高级研修班暨专业技术人才知识更新工程高级研修班”。中国国土资源部、商务部、贸促会和自治区人民政府主办的“2012’(第三届)中国—东盟矿业合作论坛”。南宁市社科联承办的“2012年全国省(区)、市社科联中国—东盟博览会观摩会暨中国—东盟经济发展研讨会”。广西中国—东盟文化研究会与全国工商联古玩业商会中国产业传统文化研究会、中国管理科学研究院地方政府管理研究所联合举办的“中国—东盟文化艺术品展示活动”。广西律师协会主办,协会东盟法律专业委员会、涉外专业委员会、公司业务委员会及钦州市律师协会联合承办的“中国—东盟涉外公司法律实务研讨会”。广西民族大学中国—东盟研究中心在南宁与广西民族大学预科教育学院合作举办“中国—东盟预科教育研讨会”;与国际木文化学会、中国林产工业协会合作举办第三届“中国—东盟国际木文化论坛”。广西民族大学社科联承办的“中国—东盟预科教育比较研究学术研讨会”、“2012年东盟形势及中国—东盟关系研讨会”。广西师范大学举办、协办的“第二届中国—东盟教育合作研讨会”、“首届中国—东盟职业教育联展暨论坛”。桂林旅专举办的“2012’中国—东盟职业教育联展工作协调会”。广西律师协会主办,东盟法律专业委员会、涉外专业委员会、公司业务委员会、钦州市律师协会联合承办的“中国—东盟涉外公司法律实务研讨会”。崇左市委、市政府举办的“中国—东盟(崇左)产业合作与发展论坛”。3月31日,由广西民族大学东盟学院、广西科学实验(中国—东盟研究)中心、教育部东盟(区域)研究中心举办的“2011年东盟形势分析会”在广西民族大学举行。会议就东盟十国2011年的社会发展情况、存在问题以及2012年东盟的整体情况和发展趋势进行分析讨论。4月9日,“第二届陆路东盟国际商务文化(壮族歌坡)节”在崇左市开幕。期间举办“中国—东盟(崇左)产业合作与发展论坛”,主题为“合作、发展、共赢”。5月10日,由广西民族大学东盟学院(中国—东盟研究中心)与中国外交部在北京合作举办“第二次东亚智库论坛:东盟的一体化建设问题”。中国驻东盟特命全权大使佟晓玲,印度尼西亚战略与国际问题研究中心顾问、澳大利亚国立大学研究员安德鲁·埃里克,太平洋经济合作理事会秘书长埃德瓦多·佩卓尔萨等出席。5月10~12日,由中国少数民族教育学会预科教育专业委员会、广西民族大学主办的“中国—东盟预科教育比较研究学术研讨会”。5月19日,由广西商业经济学会与广西财经学院在南宁共同举办的“第二届中国—东盟国际化商务人才培养模式创新与实践研讨会”。7月26日,由国家质检总局和东南亚国家联盟秘书处主办,广西检验检疫局承办的“第三届中国—东盟SPS合作联络机制会议”在南宁召开。国家质检总局、东盟秘书处和文莱、柬埔寨、印度尼西亚、马来西亚、泰国、新加坡、越南等国的相关代表参加。8月22日。由自治区社科联、广西社科院主办,自治区社科联东南亚经济与政治研究中心、广西社科院东南亚研究所、广西东南亚研究会承办的“广西与东盟农业合作研讨会”。9月11日,由文化部和自治区政府共同主办,国家图书馆协办,自治区文化厅承办,中国—东盟中心为支持单位的“2012中国—东盟文化论坛”在南宁召开。文化部副部长赵少华,自治区党委常委、宣传部部长沈北海,自治区副主席李康,中国国家图书馆馆长周和平,以及来自东盟10国、韩国的嘉宾,国内数十家机构的代表出席。9月20日,由国家质检总局与东盟秘书处共同举办的“第三届中国—东盟质检部长会议(SPS合作)”在南宁举行。国家质检总局局长支树平,东盟农林部长会议副主席、老挝农林部副部长提·坡马萨和自治区主席马飚分别代表中国、东盟和广西致开幕辞,国家质检总局副局长魏传忠主持开幕式,自治区副主席陈章良出席会议。100多位代表参加。9月22日,由广西科协、中国—东盟博览会秘书处、东盟工程科技院主办的“中国—东盟工程项目合作与发展论坛”在南宁国际会展中心举行。广西科协党组书记、副主席甘向群,中国—东盟博览会秘书处副秘书长宫起君、东盟科技院副院长Dr Lock Kai Sang出席论坛并致辞。广西科协副主席朱东主持论坛。来自新加坡、马来西亚、柬埔寨及中国香港、澳门等国家和地区的工程界知名专家学者及国内有关代表100多人参加。9月23日,由南宁市社科联在南宁承办的“2012年全国省(区)、市社科联中国—东盟博览会观摩会暨中国—东盟经济发展研讨会”。9月24日,由自治区政府、中国物流与采购联合会在南宁举办的“第三届中国—东盟物流合作论坛”。约400人出席。9月26日,由国务院扶贫办与自治区人民政府共同主办,中国国际扶贫中心、自治区扶贫办、柳州市政府承办的“第六届中国—东盟社会发展与减贫论坛”在柳州开幕。来自中国和东盟等国的政府官员、专家学者、媒体、中资企业代表、非政府组织代表及国际组织代表100余人参加。10月11日,由卫生部、自治区政府主办,中华口腔医学会、东盟10国牙医学会等协办的“第三届中国—东盟国际口腔医学交流与合作论坛”在南宁开幕。主题为“促进和加强中国—东盟口腔医学职业技术培训的交流与合作,开创中国与东盟口腔医学新未来”。老挝卫生部副部长索默克·金沙达、中国工程院院士邱蔚六、中华口腔医学会会长王兴等来自中国、东盟、欧美等国家的卫生行政管理部门官员和学者近350人出席。11月18日,由中国—东盟协会、中国女企业家协会、柳州市政府举办的“第三届中国—东盟女企业家创业论坛”在柳州举行。来自中国和东盟各国以及亚洲其他国家、地区的政府官员、外交使节、国际友好组织、知名妇女组织、国际商会代表以及女企业家、著名学者等约350人出席。11月24~25日,由中国—东盟研究中心及广西对外经济文化交流中心共同主办,中国外交部资助的“全球视野下的东亚峰会及东亚的未来”国际研讨会在南宁召开。来自中国、俄罗斯、日本、韩国、马来西亚、泰国、越南等国家的学者出席。12月21日,由中国商务部、中国国际贸易促进委员会、广西壮族自治区人民政府主办的“2012中国—东盟金融博览会”。12月22~23日,由广西民族大学东盟学院、中国—东盟研究中心联合举办的“2012年东盟形势及中国—东盟关系研讨会”在南宁召开。等等。

年内,开展经济类研讨活动活跃,除突出对东盟合作发展的研究外,还主要对泛北部湾经济、生态经济等进行深入研讨。据不完全统计,年内举办国际性研讨活动达19次、全国性10次、省际3次。影响较大的有:年内,由广西社会科学院主办、承办或联合主办、承办的首届中国沿边地区发展高层论坛、第七届两岸产业共同市场论坛、泛北部湾智库峰会等。3月8日，由国家统计局主办，百色市人民政府协办的“全国城市社会经济基本情况统计年报会议”。3月10日，由广西区党委统战部、广西驻京办、广西投资促进局、广西工商联、来宾市委 市政府、北京广西企业商会主办的首届桂商发展论坛暨北京广西企业商会成立5周年庆典活动。自治区党委书记、自治区人大常委会主任郭声琨，自治区主席马飚出席庆典活动，出席全国两会的部分广西代表、委员，自治区有关部门领导与广西籍在京企业家，以及来自海外和部分省市广西商会的代表参加。6月12日，由桂林市人民政府、中国城市科学研究会、中国城市规划学会、广西住房和城乡建设厅联合主办的“2012城市发展与规划大会”在桂林市举行。住房城乡建设部副部长、中国城市科学研究会理事长、中国城市规划学会理事长仇保兴，自治区副主席蓝天立，住房城乡建设部总规划师唐凯出席会议。来自美国能源基金会、美国能源部、亚洲开发银行等国外机构代表以及全国多个省（市、区）住建厅厅长，郑州、珠海等10多个城市市长和国内专家学者共1500余人与会。6月30日，由中国人民大学《经济理论与经济管理》编辑部主办，广西师范大学经济管理学院承办的“第六届中国经济理论与管理前沿论坛暨中国区域经济发展研讨会”在桂林举行。来自中山大学、中国人民大学、中南大学、西南财经大学等30余所国内高校的50多位投稿论文作者、广西师范大学经济管理学院全体教师、广西师范大学经济管理学院全体非毕业班在校硕士研究生200多人参加。7月12~13日，由国家发展和改革委员会、交通运输部、铁道部、商务部、中国人民银行、海关总署、国家旅游局、国务院发展研究中心、人民日报社、国家开发银行、广西壮族自治区人民政府、海南省人民政府、广东省人民政府和泰国商务部联合主办的“第七届泛北部湾经济合作论坛”在广西南宁举行，共400多名中外嘉宾参加。8月17日，由广西科学社会主义学会和大新县委联合举办的“建设文化强区暨建设‘五个大新’促进广西经济社会科学发展理论研讨会”。9月27~29日，由中华全国工商业联合会、大湄公河次区域(GMS)工商论坛联合主办，中国民营经济国际合作商会、广西工商业联合会、广西有色金属集团有限公司承办的“大湄公河次区域资源合作开发与可持续发展研讨会”。11月19~24日，由中国国际经济技术交流中心、广西壮族自治区人民政府发展研究中心、广西发改委、广西商务厅、防城港市人民政府及越南广宁省工贸厅联合主办，中国广西东兴市人民政府、越南芒街市人民委员会等承办的“2012’中国·金滩沿边开发开放合作论坛”在东兴举行，来自越南和国内的专家学者约50人参加，与会者就“创新合作、互利共赢”主题和主要议题“跨境经济合作区，互利合作新平台”、“建设跨境经济合作区，创新合作模式示范区”和“加快推进中国东兴—越南芒街跨境经济合作区建设之策”进行交流探讨。12月11~12日，“大湄公河次区域(GMS)经济合作第18次部长级会议”在广西南宁举行。财政部部长谢旭人率中国代表团出席并主持会议，财政部部长助理郑晓松参加会议并发言。来自GMS其他5个成员国的部长级政府官员，亚洲开发银行副行长史蒂芬·格罗夫，联合国亚太经济与社会理事会、国际移民组织等国际组织及有关域内外国家的代表出席。12月21日，由中国商务部、中国国际贸易促进委员会、广西壮族自治区人民政府主办的“2012’中国—东盟金融博览会”在南宁国际会展中心开幕。来自中国和东盟各国银行、证券、保险、风险投资机构等各类金融机构企业家代表，东盟国家驻南宁使领馆官员，中国和东盟的政界、企业界知名人士以及有关专家学者共500余人出席开幕式。等等。

为更好促进广西文化大繁荣大发展，年内开展的研讨活动主要有：由自治区社科联主办的“自治区社科联六届七次常委会议”，会议专题学习贯彻《自治区党委关于贯彻党的十七届六中全会精神 深化文化体制改革 推动文化大发展大繁荣 建设民族文化强区的若干意见》精神。由文化部和自治区政府共同主办，国家图书馆协办，自治区文化厅承办，中国—东盟中心为支持单位的“2012中国—东盟文化论坛”。由广西师范大学教育科学学院主办的，以“文化传承与学校教育创新”为主题的名师名校长高峰论坛。等等。

年内，教育类研讨活动活跃，形式多样。全国性研讨活动6次、省际间4次。其中，影响较大的有：由美国非洲裔美国人研究协会和广西师范大学共同主办的第八届中美教育研讨会。由自治区社科联、共青团广西区委、自治区教育厅主办，广西教育学会、广西书画艺术研究会、广西民联教育研究院、广西新闻摄影学会承办的“第三届广西未成年人美术、书法、摄影大赛暨广西未成年人素质教育与实践理论研讨会”。广西翻译协会与教育部MTI教指委、中国翻译协会翻译理论教学指导委员会、全国比较文学学会翻译研究会在北海联合举办的“新时代语境下的中国翻译研究与教学学术研讨会”。广西人文社会科学发展研究中心围绕“服务广西基础教育新课改——广西师范大学的行动与策略”等主题举办12期“人文强桂”学术沙龙。广西财经学院社科联主办的“2012’中国—新加坡物流发展与人才培养研讨会”。广西医科大学承办的“广西高校大学外语教学研究会2012年年会暨教学改革研讨会”。广西民族大学社科联举办的“新时代语境下的中国翻译研究与教学学术研讨会”。广西师范学院青少年德育研究中心承办的“广西高校思想政治理论课骨干教师培训会”、“广西未成年人思想道德教育‘立体化’实验区”等20余场专题讨论会。广西国际商务职业技术学院社科联举办的“中国报关协会专业教学研讨会”。广西师范大学历史文化与旅游学院承办的高中历史新课程改革研讨会暨教研员论坛。由自治区教育厅民族教育处主办、贵港市覃塘区教育和科技局承办的“广西壮汉双语教学现场观摩暨教学研研讨会”。由广西艺术学院主办，建筑艺术学院承办的“2012广西高校环境艺术教育研讨会”。由全国部分党校对外培训协会主办，中共广西区委党校承办的“全国部分党校对外培训协会第二届理事会暨对外培训工作交流研讨会”。 由自治区教育厅主办的“第三届广西高职院校技能大赛暨2012年全国职业院校技能大赛高职组项目广西选拔赛”在广西机电职业技术学院开幕，广西各参赛院校领队、选手、指导老师及裁判1000多人参加。3月27日，教育部基础教育课程教材发展中心与荷兰国家课程研究与发展中心指导，广西师范大学主办，教育部广西师大基础教育课程研究中心、广西师范大学教育科学学院承办，广西人文社会科学发展研究中心、广西师范大学教师教育学院协办的第三届中欧基础教育课程发展论坛在桂林市举行。联合国教科文组织国际教育局、欧洲教育发展研究机构联合会给予特别支持。来自荷兰、法国、芬兰、瑞典等8个欧洲国家的代表，国内基础教育课程研究中心专家和中小学校长、教育管理者和教师代表以及广西高中新课改专家共400余名中欧课程专家、管理者和实践者参加。4月20日，由广西高校工委、广西教育厅、共青团广西区委、广西学联共同主办，共青团广西高校工委、共青团广西区委学校部承办，广西医科大学协办的“第五届广西高校学生社团发展论坛”在广西医科大学举行，广西65所高校、200多名团干部参加。4月20~22日，由教育部新闻学科教学指导委员会、中国高等教育学会广告教育专业委员会和全国大学生广告艺术大赛组委会联合主办，广西艺术学院承办的“第四届中国广告教育论坛”在南宁召开。主题为“数字媒体时代的广告教育”，来自全国各地100多所院校的130余名专家、学者与教师参加。5月19日，广西商业经济学会与广西财经学院在南宁共同举办“第二届中国—东盟国际化商务人才培养模式创新与实践研讨会”。广西大学、广西民族大学等广西区内28所高校的专家学者，南宁市高新区管委会、南宁市民主建国会、中南大学出版社及有关外贸企业等200多人参加。6月23日，由广西教育厅主办，广西师范大学承办的“首届桂台教师发展高峰论坛”在桂林举行。来自台湾嘉义大学、台南大学、台湾师范大学、台湾教育大学、亚洲大学、中正大学、东华大学、莲花教育学院、台南市立建兴国中等18所大中小学及教育研究机构的18位学者、专家以及来自广西区内的广西师范大学、广西师范学院、广西民族师范学院、钦州学院、梧州学院、广西广播电视大学、广西教育学院和广西14个设区市的教育局领导、中小学教师代表近300名代表参加。7月10~12日，由中央民族大学、广西民族大学和广西少数民族语言文字工作委员会主办，广西民族大学和广西语委承办的“第三届全国高等院校民族语文教学暨学术研讨会”在广西桂林举行。12月22~25日，由中国教育学会数学教育研究发展中心小学数学教改研究会、华夏教学艺术研究会、全国反馈教学法研究会主办，广西民联教育研究院、广西民联教育教师培训中心承办的“第35届‘创新杯’全国教学艺术大赛暨第14期教学艺术高级研修班”在玉林市举行。10多位全国教育界资深专家、80多位由全国20多个省区市推选出来的教坛新秀同台竞技，来自广西区内外3000多位教师参加观摩学习和交流。等等。

年内，继续开展关注民生及弱势群体的研讨活动。如广西教育学院社科联在广西残疾人康复研究中心举行“广西教育学院特殊教育实训基地”揭牌仪式。中国残联在百色市举办“中国残联系统领导干部培训班”。广西社会心理学会在柳州举办“帮助100名儿童圆梦主题活动”，吴昕主任组织一批国家级亲子沟通培训师、国家级学习能力指导师给孩子们送礼物。广西婚姻家庭研究会理事邹丽娟举办“亲密之旅”婚恋智慧心理自我成长沙龙，围绕如何提升自己智慧，经营婚恋生活的话题与来访者展开互动，解开来访者心理困扰；以“体验专业心理咨询，放松心情入眠”为活动主题，为市民提供心理咨询和催眠体验。广西写作学会副会长黄琵娟教授在越南河内国家大学所属外语大学作题为“中越女性文学比较研究”的学术讲座。百色市妇联主办，右江民族医学院附属医院承办的关爱女性健康知识讲座在百色举行，广西妇产科学会常委、右医附院妇产科主任雷志英教授主讲，市妇联党组书记、主席梁秋伶，右医附院党委书记农乐根出席讲座并讲话，市妇联副主席岑化荣主持讲座，市直各单位和右医附院女干部职工共450余人聆听讲座。广西妇女理论研究会组织“先进性别文化建设”主题征文的部分优秀论文向《中国妇女报》投稿，8篇获发表。广西老社会科学工作者协会在南宁举办“推进文化改革发展”专题讲座，60多名会员参加，协会副会长、自治区党校党史党建教研部主任黄飚教授主讲。在南宁召开的“广西老年心理健康与心理疾病预防理论研讨会”，来自广西各市老年学学会的领导和工作人员、学会的常务理事、专家学者、论文作者和各市老龄办的代表共70多人参加。广西师范大学社科联举行的“5·25‘关爱彼此·健康你我·感恩社会’爱心慢走暨‘希望教师’联合劝募行动”。广西老年学学会在南宁召开的“广西《老年心理健康与心理疾病预防》理论研讨会”。3月22日，广西医德医风建设经验交流会在百色市举行。自治区纪委、自治区卫生厅主办。自治区纪委副书记、监察厅厅长、自治区预防腐败局局长、自治区纠风办主任何开长，自治区卫生厅党组书记、厅长李国坚，百色市委书记、市人大常委会主任赖德荣，市委常委、纪委书记张俊雄，副市长赵桂兰等出席会议。广西各医疗单位代表150多人参会。9月15~16日，广西老年学学会组织参加中国老年学学会在南京举办的“全国心理和谐与社会关爱——老年心理健康与心理疾病预防高峰论坛”，报送论文50多篇，15篇被评为优秀论文，学会获优秀论文组织奖，学会推荐的广西柳州市夕阳红医疗康复护理院获“全国十佳先进集体”称号。等等。

年内，法学类、民族学类研讨活动较上年丰富。如广西经济法学会举办2012年学术年会暨广西第八次经济法理论研讨会，主题为“中国生态文明建设与中国经济法”，广西经济法学会领导、理事成员以及广西知名法学专家学者和代表共100多人参加。广西律师协会与广西贵港商会联合主办，协会劳动法专业委员会承办的“广西中小企业劳动用工法律专题讲座”；协会行政法专业委员会与南宁市高新区管委会共同举办的“南宁高新区行政执法主体资格研讨会”；协会环境与资源法专业委员会在北海召开的“北部湾红树林生态环境保护执法专题研讨会”。广西律师协会主办，东盟法律专业委员会、涉外专业委员会、公司业务委员会和钦州市律师协会联合承办的“中国—东盟涉外公司法律事务研讨会”。百色学院、平果县政府主办的百色学院民族文化翻译研究中心成立暨“壮族嘹歌英译学术研讨会”。广西民族大学外国语学院主办，广西民族大学学报编辑部协办的“首届全国民族典籍翻译研讨会”。广西老社科协会在南宁举行的“建设民族文化强区的理论与实践”学术研讨会。广西师范大学马克思主义学院承办的“当代世界社会主义的理论与实践——民族、民生、民主”学术研讨会。由河池市社科联、河池学院主办，南丹县委、县政府承办的首届“南丹土司文化研讨会”。广西瑶学学会举办的“瑶族千家洞研讨会”，与会者就瑶族千家洞历史传说、瑶族寻找千家洞运动、瑶族千家洞文化等问题展开研讨以及举办“广西瑶医药发展论坛”。广西少数民族语文学会协助召开的“全国信息技术标准化技术委员会壮文信息技术工作组成立会议暨第一次工作研讨会”。等等。

2012年，继续开展各种品牌学术活动。如自治区党委为提高领导干部的理论知识水平，举办的分别以“当前国际形势与中美关系”、“当前国际形势与我国对外工作”、“人类健康与中医药发展”、“当今世界经济棋盘上的‘三国演义’”、“全景经济解析——基于世界、中国、广西的三维视角”、“坚持以质取胜、建设质量强国”等为主题的6期广西领导干部“时代前沿知识”系列讲座。自治区社科联年内举办的7期中国—东盟大讲坛。中国社会科学院应用伦理研究中心与广西民族大学联合主办，广西伦理学学会和广西民族大学政治学与国际关系学院承办的“第八次全国应用伦理学学术研讨会”。百色市建设学习型党组织和学习型领导班子活动领导小组在百色市举办的“红城讲坛”系列专题讲座，共2.3万多人（次）参加。百色市市委、市人民政府在百色市举办的“百色讲坛”系列专题讲座，共1.75万多人（次）参加。自治区政协年内举办的20~23期“同心”讲座。9月10日，由自治区社科联、文化厅、文联、民委联合主办的第十四期广西发展论坛在南宁召开。主题是“民族文化强区与广西发展”。自治区文联主席潘琦出席并作“加强桂学研究，推动广西民族文化发展”主题报告，自治区社科联党组书记、主席王士威出席并致辞，自治区民委副主任黄济健出席并宣读获奖论文名单，自治区社科联副主席姚兵出席并主持论坛交流发言，自治区文化厅副巡视员任保胜出席并主持论坛开幕式。各获奖论文作者及社科界专家学者共110多人与会。共入选征文155篇。9月11日，由文化部和自治区政府共同主办，国家图书馆协办，自治区文化厅承办，中国—东盟中心为支持单位的“2012中国—东盟文化论坛”在南宁召开。文化部副部长赵少华，自治区党委常委、宣传部部长沈北海，自治区副主席李康，中国国家图书馆馆长周和平，以及来自东盟10国、韩国的嘉宾，国内数十家机构的代表出席。12月26日，由自治区社科联主办的“第四届广西社会科学界学术年会”在南宁召开。自治区社科联党组书记、主席王士威，副主席姚兵，副巡视员、秘书长曹平等领导出席。来自自治区社科联各会员单位、区内各高校及研究机构等单位的专家学者共160多人参加。共收到论文（含研究报告）398篇。等等。

年内，继续推进马克思主义基础理论研讨活动。如由西南马克思主义经济学论坛主办，广西师范学院和广西马克思主义研究和建设工程广西师范学院研究基地承办的“西南马克思主义经济学论坛2012年学术研讨会”。广西马克思主义理论研究和建设工程广西师范学院研究基地开设的“马克思主义理论讲坛”，定期邀请广西区内外知名专家学者举办学术讲座，年内共举办学术讲座78次。广西研究生联合会开发促进会举行的以“捧回诺贝尔奖”为主题的“首届马克思主义三化非常讨论会”。自治区党委宣传部主办，自治区党校承办的"广西马克思主义理论研究和建设工程基地座谈会"等。

年内,还围绕管理、党建、文化建设、古籍保护、图书情报等学科举办学术研讨和培训活动。如广西社会科学院、自治区社科联主办的"以社科管理创新推进文化大发展大繁荣"座谈会。自治区社科联、广西先进文化发展促进会和广西写作学会主办,河池学院承办的第五届广西校园文化论坛——网络文化时尚与校园文化建设学术研讨会。广西图书馆承办的"2012年广西古籍保护工作会议暨古籍普查登记工作培训班"、"第五届自治区图书馆采访工作研讨会"。玉林师范学院举办的"近代中国乡村文化与实践学术研讨会"。广西老社会科学工作者协会举办的"推进文化改革发展"专题讲座。广西图书馆主办,广西图书馆学会承办的"2012年广西公共图书馆馆长高级研修班"。广西教育厅主办,广西图书馆学会承办的"2012年广西中小学教育技术装备图书馆人员培训班"。广西民族大学图书馆主办,北京世纪超星信息技术发展有限责任公司承办的"广西民族大学移动图书馆启动仪式暨移动图书馆应用与技术创新研讨会"。广西比较经济学学会主办的"新时期民间社会组织党建工作研讨会"等。

社科普及和国内外学术交流

【社会科学普及活动】 2012年,广西社会科学界继续加大社会科学普及工作力度,注意发挥团体会员作用,联合有关单位和相关学术团体,积极开展系列科普活动。

(一)举办各种科普活动,如专题讲座、大型展览等。年内,自治区社科联积极组织社科界参加全国、广西科技活动周及十月科普大行动等各种科普活动,如组织广西钱币学会参加全国科技活动周广西活动,印发人民币知识宣传手册2000册;以在河池市举办的"2012年广西社会科学普及十月大行动启动仪式暨河池市金城江文化广场科普活动"作为启动,资助团体会员在广西范围内举办10场广场科普活动、10场"科学发展、富民强桂"报告会、10场"科学发展、富民强桂"系列科普讲座、10场"学习党的十七届六中全会和自治区第十次党代会精神"十家谈、社科知识进13村等系列活动。举办7期中国—东盟大讲坛。与桂林市社科联,桂林市象山区委、区政府等单位联合主办象山区联达广场科普宣传活动。活动以"科学发展 富民强桂"为主题,采取展板宣传、发放资料、知识问答和设置咨询点、现场指导等形式向广大群众、社区居民宣传与人民群众息息相关的法律、教育、心理健康、家庭理财、社会保障、食品安全、劳动者权益等方面知识。共制作宣传展板86块,发放宣传资料8000余份,接待咨询群众1000余人(次)。联合自治区文化厅、自治区关心下一代工作委员会、中国社会福利基金会学雷锋基金管委会等,在广西科技馆举办《不朽的丰碑 永远的榜样——雷锋事迹大型原创摄影作品暨弘扬雷锋精神书画展》。15位省、部、将军级领导,广西区直单位干部职工、部队官兵、大中专院校师生、市民共500多人参加开展仪式,总参观人数达3万多人。南宁市社科联举办大型社科知识普及活动4次,共1万多人(次)参加。柳州市社科联联合相关单位先后开展科普活动5次,共捐赠社科知识书籍7000册,发放宣传资料1.8万份。1万多人参加竞赛活动,收到答题卡11087份。桂林市社科联开展社科宣传普及活动38场(次),共8.3万多人(次)参加;举办"桂林百姓文化大讲坛"12场,邀请国内知名专家学者主讲,共2.4万多人(次)参加。梧州市社科联利用梧州市社会科学普及基地开设"鸳江讲坛",开展科普活动5次,3000多人(次)参加。北海市社科联组织开展北部湾讲坛、社科知识展览、社科咨询、科普知识进农村进社区进校园等科普讲座活动20次,参加人数2.5万人(次);先后进合浦石康、五中等开展科普展览,展出专题展板66块,5000多人参观展览。防城港市社科联联合各科研机构、学术团体及有关单位开展学术活动和科普活动37次,3000人(次)参加。钦州市社科联联合各科研机构、学术团体及有关单位开展学术活动和科普活动13次,1万多人(次)参加。玉林市社科联举办"玉林领导干部知识讲座"、"玉林论坛"等10场报告会(讲座),受众2300多人(次)。百色市社科联制定2012年社科普及工作计划,在申报的科普活动项目中,有6项被自治区社科联纳入广西十月科普联合大行动项目;定期组织所属学会、协会、研究会开展市民喜闻乐见、丰富多样的社科知识专题讲座、专题报告会、知识竞赛、社科图书进村入校、社区、厂矿和企业等各类活动24场(次),受众1.33万多人(次)。百色市各县(区)社科联开展各类科普活动122场(次),受众4.95万多人(次)。百色市建设学习型党组织和学习型领导班子活动领导小组分别在百色市举办"红城讲坛"系列专题讲座,主题分别为"企业税收风险管理专题讲座"、"万名党员干部群众深入学习和大力弘扬广西精神"、"万名党员干部群众弘扬广西精神、传承百色起义精神"、"增强新闻意识,提高与媒体打交道的能力"、"百色市促进农民增收"、"以科学发展观推动文化强市建设”、“绩效考评工作理论与实践”，共2.3万多人（次）参加。百色市委、市人民政府分别在百色市举办“百色讲坛”系列专题讲座，主题分别为“中国的国防与安全形势”、“中国宏观经济分析”、“读万卷书 行万里路”、“博弈论与政府管理”、“干部健康知识”、“法治的中国之道”，共1.75万多人（次）参加。贺州市社科联参与组织开展的社科普及活动10场（次），受众3000多人（次）。河池市社科联举办主题讲座8场，共1000多人（次）参加；与河池市民族图书馆联合举办办“红水河讲坛”10期，受众1200多人（次）。来宾市社科联与市委宣传部、讲师团共同举办8期“麒麟山讲坛”，受众1000多人（次）。广西民族大学社科联邀请国内外高校和科研院所的专家学者到校进行学术交流（学术报告）和社科考察176人（次），举办学术报告会197场，参加人数共1.84万多人（次）。由共青团广西区委、南宁市委、南宁市政府等部门主办，共青团南宁市委、南宁市青秀山风景区管委会承办的“西江千里绿色走廊”桂粤港澳青少年共建行动暨2012年走读珠江（西江）生态环保体验活动首发仪式在南宁市青秀山风景区正式启动。自治区党委副书记危朝安出席活动，桂粤港澳1100多名青少年参加。广西行为科学学会在广西经济管理干部学院举办“2012年广西社会科学普及十月大行动之‘科学发展 富民强桂’系列科普讲座之‘南新经济走廊——南崇经济带发展’专题讲座”，60多人参加。4月25日，由自治区党委宣传部、自治区高校工委、教育厅联合主办的“‘我的中国梦’——广西高校青年学生形势政策百场报告会”在广西医科大学启动并举行首场报告会。自治区文联主席潘琦作首场报告。来自广西医科大学、广西艺术学院等7所高校的1000多名师生聆听。4月27日，由广西桂学研究会主办、广西教育学院协办的“桂学讲坛”暨桂学网站在广西教育学院举行启动和开通仪式。“桂学讲坛”正式举行第一讲开讲仪式。自治区文联主席、广西桂学研究会会长潘琦作题为“加强桂学研究，助推文化强桂”的学术报告。来自广西各界的领导、专家及高校的师生们共800多人参加。5月19~25日，“2012年全国科技活动周广西活动开幕式暨绿城科普广场活动”在南宁举行。广西共组织开展300多项科普活动，其中自治区级组织了70多项，各市县、各单位也组织开展了丰富多彩的科技活动，参与群众达700多万人次。6月12日，2012年全国“百名法学家百场报告会”广西首场报告会在南宁举行。全国十大杰出青年法学家、北京大学法学院副院长王锡锌教授作题为“推进依法行政，建设法治政府”的报告。自治区主席马飚及自治区领导石生龙、黄道伟、林念修、周新建、车荣福、杨道喜、李康、梁胜利，自治区人民检察院检察长张少康出席。自治区直机关各部委办厅局、中直驻邕单位、驻邕高校和国有企业副厅级以上干部共800多人聆听报告会。等等。

（二）编辑出版科普读物，完善基地建设和规范化管理。2012年，自治区社科联资助出版《现代礼仪七字经》、《孝道创新三字经》、《广西海洋文化简明读本》、《广西奋力推进“五区”建设干部读本》、《行政强制法的原理与实务指导》等5种重点科普读物，完成2011年资助出版10种重点科普读物中的7种及出版《广西社会科学年鉴·2012》、《中国—东盟年鉴·2012》等工具书，并继续推进《中国少数民族大辞典》编纂出版工作。自治区社科联各会员单位以及有关科研机构也根据各学科或地方特色编辑出版科普读物。如柳州市社科联的《柳州社会科学年鉴·2012》、《柳州社会科学研究文选(2009~2011)》，贺州市社科联的《璀璨贺州》，贺州市钟山县社科联的《新编山歌唱孝经》，河池市东兰县社科联参与编撰的大型画册《典藏东兰》，北海市地方志编纂委员会办公室的《北海年鉴·2012》，广西中共党史学会的《旗帜——中国共产党在广西历史知识读本》、《广西抗战时期人口伤亡和财产损失》。钦州市委党史研究室编写的党史普及读本《钦州革命小故事》荣获“全国党史部门党史优秀成果奖”著作类三等奖。等等。

年内，自治区社科联分别与梧州学院社科联、河池学院社科联、柳州师范高等专科学校社科联共建3个新的社会科学普及基地。桂林市高新区七星区社科联筹备成立高新区历史文化高新产业展馆和航天育种园区两个社会科学普及基地，桂林市兴安县社科联建立了灵渠文化社会科学普及基地。钦州市社科联与钦州市各县（区）社科联新建社会科学普及基地4个。来宾市兴宾区社科联挂牌成立了理论转化成果基地。百色市社科联按照自治区社科联关于共建社科普及基地的要求，定期组织所属学会、协会、研究会开展社科知识专题讲座、专题报告会、知识竞赛、社科图书进村入校、社区、厂矿和企业等各类活动24场（次），受众1.33万多人（次）。河池市利用新建成的广西旅游河池咨询服务中心、河池市非物质文化遗产展示中心和河池市旅游文化商品展示馆，打造青少年民族文化教育基地，共接待参观学习的中小学生2万多人。5月3日，柳州城市职业技术学院社会科学界联合会成立暨第一次代表大会召开，同时柳州城市职业学院社会科学普及基地也正式挂牌，柳州市社科联主席邹继业出席大会。6月11日，广西钱币学会与自治区社科联共建的社会科学普及基地“反假货币宣传工作站”成立。河池学院社科联与自治区社科联共建社会科学普及基地，并于8月21日举行基地挂牌仪式，自治区社科联副主席姚兵，河池学院党委副书记、纪委书记覃福珠出席签约仪式，并在共建社会科学普及基地协议书上签字。

（三）在相关媒体开辟专栏或开办专题节目，充分利用网络平台开展科普宣传。如南宁市地方志编纂委员会办公室与广西大学计算机与电子信息学院合作研发的南宁地情网（网址：www.nndqw.com）于1月12日开通。网站设有10个一级栏目，27个板块；载录有第一轮《南宁市志》4卷，《南宁年鉴》11部，县区志书6部，其他地情书5部；完成《南宁府志》、《邕宁县志》、《邕宁一览》等《南宁市古籍文献丛书》古籍旧志系列的资料上传，基本形成覆盖南宁市的地情资料数据库。3月，志鉴编纂平台在南宁地情网开通，为广西地方志系统首个志鉴编纂平台。通过该平台，实现《南宁市志》、《南宁年鉴》网上编纂，《南宁年鉴·2012》编纂进度比往年提前1个月。至年末，南宁地情网点击率20多万人（次）。南宁地情网多次派出专家参加南宁市地名、路名专家咨询会，参加南宁市毛主席纪念堂陈列大纲研讨，参与南宁博物馆陈列大纲、南宁市城市规划展示馆布展文案评审等咨询活动；为南宁电视台、《南宁晚报》、《南宁日报》等媒体和市直相关部门、单位提供地情资料，接待上门咨询、查找资料的市民和各界人士19人（次）。中共柳州市委党史研究室开设《龙城星火故事汇》柳州党史电视专栏，联合柳州市委宣传部、市委文明办、市教育局、市广播电视台联合录制20集《龙城星火故事汇》柳州党史电视专题片。该片以柳州党史的重要事件、重要人物为题材，采用广大青少年喜爱的时尚动漫元素，在全市海选20名优秀少年儿童在电视荧屏上讲述《升旗》、《“地下”金库》、《柳州的刘胡兰》、《解放柳州》等20个曾经发生在柳州的真实革命故事，并于7月至9月在柳州电视台、柳州电台、柳州广播电视网以及全国城市网络电视台播出，并制成DVD光盘公开出版发行。中共来宾市委党史研究室、来宾市地方志编纂委员会办公室开展党史宣传教育进网络工程，广西第一个地级市网络党史宣传教育阵地“来宾党史网”为开展地方党史宣传教育提供一个全新的渠道，网站时时更新党史知识、要闻等，吸引广大党员、群众学习浏览，网站点击率达到125万人（次）。广西师范学院青少年德育研究中心，发挥研究中心教师在网络教育和研究的优势，指导实验区开展网络教育，通过开展文明上网等系列活动，培养未成年人的网络素养。柳州市语言文学学会开展“企业行”采访活动。河池市积极组织中央、自治区新闻采访团到市宣传报道曾馥平先进事迹、天峨纳芭新村建设、大石山区石漠化治理、大安乡“整乡推进”开发扶贫、罗城权力阳光运行等先进典型。桂林市秀峰区社科联协助编辑和拍摄电视警示片《谁在敲响警钟》，在秀峰区甲山街道7个村委进行播放。10月，百色市田阳县社科联与县广电局联合拍摄和制作有关田阳百岁老人的电视专题片，介绍百岁老人的生活情况，揭示长寿秘诀，连续播放一个星期。等等。

（四）举办各种培训班。如广西地方志编纂委员会办公室年内举办广西地方志编纂培训班4期，包括《广西通志》业务培训班、广西市县志评审稿专题研讨班、广西地方志系统古籍整理暨网群建设培训班、年鉴组稿会及业务培训班，共培训修志人员300多人。广西统计研究所与自治区统计局有关处室合作，先后举办2期统计法规知识培训班，共有300多名来自广西各市、县、乡镇的基层统计人员参加培训。1月9日，河池学院举行2012年度国家社科基金申报培训会，自治区社科规划办主任徐高潮作专题辅导，从广西申报国家社科基金项目过程中存在的问题谈起，从如何提高申报质量，拓宽申报渠道，提高申报立项率等方面作了详细的介绍，建议申报人要认真学习项目申报指南，根据自身的研究基础和优势选题，做到选题新颖、规范、适中，正确理解和掌握论证的内容、要求和方法；还针对申报过程中存在诸如选题不当、课题论证质量差，前期基础薄弱、相关研究成果少、课题组力量不强、研究团队结构不合理、申报材料填写不当等问题进行了详细说明。2月14~18日，由自治区党委组织部、自治区金融办、自治区工信委、自治区党校主办，人民银行南宁中心支行、广西银监局、广西证监局、广西保监局协办的“广西市县领导干部金融与工作培训班”在南宁举行。自治区党委常委、自治区常务副主席黄道伟作开班讲话。各设区市、县（区）人民政府分管金融、工业工作的领导，各市金融办主任、工信委主任，国家级工业园区管委会主任、自治区级工业园区管委会主任共260多人参加学习培训。3月20日，“中国科协2012年第一期县级科协主席培训班”在南宁开班。来自广西、四川、贵州等西部10个省（区）和新疆生产建设兵团的150名县级科协主席参加培训。4月26日，玉林市地方志编纂委员会办公室举办《玉林年鉴·2012》撰稿人员培训班，邀请自治区地方志办年鉴专家主讲，市地方志办公室作业务培训，200多人参加。4月，广西少数民族语言文字工作委员会民族语文科研处组织54名《壮汉词汇》修订人员进行培训，阐明工作细则和修订要求。4月，广西群众艺术馆举办广西群众文化理论写作培训班，培训学员46人。5月10~13日，由自治区应急办、自治区政务中心管理办、广西行政学院共同举办的“2012年广西应急管理与政务公开研讨班”在南宁开班。自治区副主席梁胜利作开班讲话。来自各设区市、县（区）分管应急管理、“一服务两公开”工作的副市、县（区）长及区直中直有关部门人员近300人参加。5月，广西群众艺术馆举办广西文化馆、文化站戏剧骨干表导演培训班，培训学员150人，培训班邀请我国著名表演艺术家李文启等4位专家授课。6月28日，桂林市社科联组织县瑶学会、教育学会、党建研究会、计生协会等的20多名会员在县会议中心参加由桂林市委宣传部组织的理论学习恭城专场培训班。6月，广西群众艺术馆举办广西文化馆（站）大型群众文化活动策划与实施培训班，培训学员57人，培训班旨在提高群文队伍在群众文化活动上的组织、策划和实施能力，促进广西群众文化活动全面开展，满足群众对于文化生活的多方面、多层次、多样化的需求。8月，广西马克思主义理论研究和建设工程广西师范学院研究基地举办广西高校思想政治理论课骨干教师培训班，来自广西区内外的思想政治教育领域专家、领导，以及广西高校思想政治理论课骨干教师等共130余人参加培训班和研讨会，共同探讨如何进一步深化广西高校思想政治理论课教学改革。9月9日，桂林旅专在桂林市举办大湄公河次区域(GMS)第二期高级旅游管理人才培训项目班，24名来自中国、柬埔寨、缅甸、老挝、越南、泰国六国的国家旅游局、文化部、自然资源与环境部，以及高等院校等单位的中高层官员和学者参加为期13天的培训。百色市举办各类培训班20多次，共3000多人参加。9月，广西少数民族语言文字工作委员会民族语文科研处举办广西少数民族濒危语言有声数据库建设业务培训班，由中国社会科学院民族学与人类学研究所黄行教授、中国农业大学教师许峰、广西大学教师潘立慧授课。10月11~12日，广西审计厅科学研究所与广西审计学会在南宁举办有65名学员参加的广西审计理论研究骨干人才培训班，聘请自治区社科联、广西财经学院、《当代广西》杂志社等单位的专家学者授课，促进了学员们科研论文和新闻稿件写作等能力的进一步提高。10月15日至11月24日，河池学院举行2012年“国培计划”农村骨干教师培训班，学院领导及相关系（院）负责人出席典礼，来自宜州、罗城、环江、大化、东兰等5个县（市）196名学员参加培训。等等。

据不完全统计，年内，各社科联、学术团体及科研机构举办科普讲座、大型社会科学知识普及活动和展览529场（次）；举办各类培训班200期（次）。

【社会科学国内外学术交流活动】 2012年，广西社会科学界学术交流活跃，各高校、学术团体、科研机构等坚持“走出去、请进来”的适度工作方针，加大对外学术交流投入，扩大对外学术交流范围和规模，构建高层次对外学术交流平台，集中抓好具有重要影响的国际合作交流项目，不断拓展国际合作研究，积极参加国际和地区多边组织的学术活动，掌握合作研究的主动权，增强在有关国际学术组织中的影响力，加强与国内外同行的交流，积极开展学术交流活动。如自治区社科联组织专家学者参加全国第十四次社会科学普及工作经验交流会、全国社科联协作会议、西藏自治区哲学社会科学界联合会第一次代表大会、西部省区市社科联第五次协作会议、泛珠三角区域合作与发展社科专家论坛，分别作题为《总结经验，与时俱进，再创社科联工作新局面》、《推进泛珠三角九省区基本公共服务均等化公共政策协调研究》等专题发言。组织社科联系统领导干部赴陕西、新疆、福建、浙江等省（自治区、直辖市）社科联学习考察，交流工作经验，加强联系与合作；接待广东、西藏、江苏、北京等省区市社科联同行来访。组织两个“广西社科学术交流团”分赴南非、土耳其、阿联酋和美国、加拿大开展学术交流活动，就管理方式、社科普及活动和文化产业发展等进行探讨交流。广西社会科学院年内组织学术团队出访30多批（次）100多人（次），接待到访国内外专家230多人（次）。广西地方志编纂委员会办公室全年接待山东、四川、新疆、浙江、安徽、贵州、北京、广州、深圳、黑龙江等省、区、市修志考察团10多批，共80多人（次），组织单位工作人员分3批分别到云南、四川、青海、湖北等省进行对口交流，学习外地在修志编鉴、地情网站建设和古籍整理等方面的先进经验。广西财经学院社科联主办、协办国际学术会议2次，国内各级各类学术会议11次，共1170人（次）参加；接待来自美国、英国、法国、澳大利亚、泰国、马来西亚、越南等国家和地区来访团33批，共143人（次）。广西大学社科联主办、承办全国中青年农业经济学者学术年会暨全国高等院校农林经济管理院长（系主任）联谊会、第四届中国少数民族信息传播与社会发展论坛(2012年）等9个人文社科类高级别学术会议；校学术基金共资助13人（次）参加社科类国际国内学术会议；共举办社科类君武大讲坛学术报告13场。广西民族大学社科联先后主办或承办学术会议16场(次)，其中国际学术会议8场（次），国内学术会议8场(次)，参加人数2500人(次)，派出会员到境外参加学术会议35人（次）；派出会员参加学术交流和社科考察70人（次）；邀请美国、英国、俄罗斯、意大利、德国、法国、澳大利亚、日本、韩国、越南、爱尔兰、泰国、老挝及中国香港、台湾的专家学者，北京大学、清华大学、同济大学、天津大学、中国人民大学中国社会科学院等高校和科研院所的专家学者到校进行学术交流（学术报告）和社科考察176人（次），举办学术报告会197场，参加人数1.84万多人（次）。广西师范大学社科联主办、承办、协办国际学术会议3次，国内各级各类学术会议30次；外出参加国际、国内学术会议592人(次),其中参加国际学术会议10人,港台5人,提交会议论文251篇;邀请著名专家、学者讲学130人,其中国外专家15人,港台专家2人;应邀外出讲学70人,其中赴国外讲学5人。等等。

据不完全统计,年内,自治区社科联及会员单位组织出国考察与交流共34批、160多人(次),接待境外来访260多人(次),境内来访8300多人(次)。

考察团成员与江西社科规划办人员合影。（自治区社科规划办供稿）

社会科学规划管理

【2012年哲学社会科学规划管理】 自治区社科规划办于2011年12月27日在南宁召开广西2012年国家社科基金项目申报动员会暨社科规划管理工作培训会,广西50多个单位的科技(研)处、所、室相关负责人及管理人员共103人参加。自治区党委宣传部副部长李海荣出席并讲话。

年内举办培训班1次。12月14~20日,在南宁举办广西哲学社会科学规划课题管理骨干培训班。各有关单位科研管理部门分管社科的负责人,共42人参加。在培训期间,安排与会人员到安徽小岗村、江西师范大学、南昌大学、江西财经大学,江西社科院学习考察。

自治区社科规划办于7月至8月,分别出版广西社科规划优秀成果汇编《广西“十一五”哲学社会科学规划研究优秀成果汇编》、《广西2011年哲学社会科学规划研究优秀成果汇编》。

年内,广西获国家社科基金项目立项103项,资助金额达1720万元,创历史新高。其中,优秀成果文库1项,重大招标项目2项,这是一个历史性的突破;重点项目1项;一般项目35项;青年项目21项;西部项目38项;后期资助项目3项;期刊资助2项。广西获国家社科基金项目优秀等级项目4项。广西社科规划课题结项获优秀等级项目14项。7月,设立广西2012年专题重点课题7项。10月,设立广西外语学科建设项目10项。

广西获国家社科基金项目立项名单(2012)

序号	项目类别	项目名称
1	优秀成果文库	人口老龄化对中国人口发展战略的制约及对策
2	重大招标项目	未来十年中国—东盟经贸格局演变与我国南海安全战略构建研究
3	重大招标项目	桂学研究
4	重点项目	中小企业动态国际创业模式绩效机制研究
5	一般项目	中国共产党在民族地区文化建设的历史考察与经验研究
6	一般项目	十六大以来中国共产党统筹城乡发展的理论与实践研究
7	一般项目	新媒体生态下权利纠纷解决的法学与传播学关系研究
8	一般项目	广西少数民族特色文化知识产权保护研究
9	一般项目	国际投资争端解决机制最新发展及中国对策研究
10	一般项目	中国—东盟自由贸易区环境下会计准则趋同与发展研究
11	一般项目	中国—东盟跨境贸易人民币结算中的货币竞争问题研究
12	一般项目	新一轮西部大开发背景下西南边疆民族地区综合交通运输体系发展战略研究
13	一般项目	资源短缺背景下我国“城市矿产”综合利用战略问题及支撑体系研究

续表

序号	项目类别	项目名称
14	一般项目	边疆少数民族地区红色旅游发展模式研究
15	一般项目	汉代海上丝绸之路合浦港的考古学研究
16	一般项目	马克思主义经典著作重要术语中国化的渊流与考证
17	一般项目	当代中国文化的发展价值及其实现路径研究
18	一般项目	仫佬族特色文化资源产业化及其保护研究
19	一般项目	壮族传统节日的文化创新研究
20	一般项目	广西少数民族生态移民的社会整合研究
21	一般项目	广西民歌非物质文化遗产传承与创新机制研究
22	一般项目	民族文化的村寨依托与保护研究
23	一般项目	少数民族地区传统集贸市场发展与城镇化进程研究
24	一般项目	西部地区城镇化进程中的金融结构演变与金融组织创新研究
25	一般项目	少数民族山区贫困女性现状与因地制宜脱贫政策研究
26	一般项目	劳教场所的心理健康服务模式研究
27	一般项目	电子文件凭证价值保障问题研究
28	一般项目	中国—东盟民族体育文化差异与融合发展研究
29	一般项目	自由主义与法国后现代文学
30	一般项目	“三网融合”背景下西南多民族地区广播电视媒体发展战略研究
31	一般项目	中国—东盟传媒合作的现状、问题与对策研究
32	一般项目	广西—家话调查研究及有声语料库建设
33	一般项目	东南亚语言汉语借词研究
34	一般项目	隐喻认知视角下莎剧的修辞研究
35	一般项目	国民兵团制度在国统区的存在形态研究(1939~1945)
36	一般项目	海峡两岸当代少数民族文学比较研究
37	一般项目	晚期胡塞尔科学认识论的“历史转向”及其效应研究
38	一般项目	中国—东盟博览会的文化影响力研究
39	一般项目	发展民族文化与完善民族区域自治制度互动关系研究
40	青年项目	移动用户生成内容环境下旅游者信息行为分析与我国旅游营销模式创新研究
41	青年项目	民族地区基层政府社会管理模式创新比较研究
42	青年项目	完善中国特色现代大学制度研究
43	青年项目	顾客满意视角的电子商务服务质量研究
44	青年项目	政府购买服务背景下社会工作服务机构发展研究
45	青年项目	全球经济复苏趋缓背景下我国“调结构”与“稳增长”的协同机理及实证研究
46	青年项目	节能减排视角下的欠发达资源富集区产业转型与可持续发展研究
47	青年项目	技术溢出视角的能源回弹效应及我国节能对策研究
48	青年项目	环北部湾物流业与石化产业的协调发展实证研究
49	青年项目	华南与东南亚新石器时代的比较考古研究
50	青年项目	西部少数民族曲艺资源保护性开发模式研究
51	青年项目	自然保护区内少数民族财产性收入增长机制研究

续表

序号	项目类别	项目名称
52	青年项目	老龄化背景下我国养老保险制度的完善与创新研究
53	青年项目	社会认同视域中网络舆论的形成、演化及引导机制研究
54	青年项目	18~19世纪越南古典文学名著研究
55	青年项目	类型学视野的上林壮语情态研究
56	青年项目	清代边疆壮族地区内地化与城镇兴衰的环境史考察
57	青年项目	越南使臣与清代中越文化交流研究
58	青年项目	清词自度曲研究
59	青年项目	国际格局变化背景下我国边疆民族地区文化安全问题研究
60	青年项目	西部贫困地区县级政府扶贫开发政策执行力问题研究
61	西部项目	十六大以来党在民族地区创新社会管理实践与经验研究
62	西部项目	民族习惯法在民族地区社会管理法律体系中的确立与适用研究
63	西部项目	中国—东盟关系中政治与经济互动机制研究
64	西部项目	美国重返亚洲的中国因素及中国的战略选择
65	西部项目	我国价格水平变化的规律及治理对策
66	西部项目	基于社会认同的税制体系构建研究
67	西部项目	中小银行跨区域发展的经济效应评估及监管政策研究
68	西部项目	邓小平在左右江革命根据地时期的思想及其实践研究
69	西部项目	中国特色社会主义理论体系中“应对风险挑战思想”研究
70	西部项目	民族地区农民政治认同的特点、机制及规律研究
71	西部项目	中国共产党民生政策的历史演进研究
72	西部项目	媒介融合背景下的红色文化传播研究
73	西部项目	传统文化融入医学高等院校人才培养的机制研究
74	西部项目	中外比较视域下高校思想政治教育实践教学的新探索
75	西部项目	中越高校思想政治教育比较研究
76	西部项目	西部高校大学生社会主义核心价值体系认同教育研究
77	西部项目	中越跨界民族地区基层整体性治理与社会稳定研究
78	西部项目	广西融水侗语口传文本的记录与保护研究
79	西部项目	边疆民族地区文化产业发展与少数民族特色文化保护研究
80	西部项目	滇黔桂石漠化区生态移民的社会融入问题研究
81	西部项目	少数民族村寨文化再生产与重构研究
82	西部项目	西南边疆少数民族地区民生改善实证研究
83	西部项目	桂滇黔少数民族山区农户专业化生产与反贫困路径研究
84	西部项目	中越跨界民族劳工的跨界流迁问题研究
85	西部项目	新生代农民工市民化研究
86	西部项目	近代欧洲种族主义研究
87	西部项目	华南少数民族古村落传统体育文化调查研究与数据库构建
88	西部项目	新加坡英语文学与新加坡国家认同研究
89	西部项目	广西汉语方言综合调查与语料库建设

续表

序号	项目类别	项目名称
90	西部项目	勾漏粤语与壮语语法的比较研究
91	西部项目	边缘记忆——广西盘瑶女巫的信仰和生活
92	西部项目	西南地区汉传佛教文化遗产旅游开发的适宜性评价及管理研究
93	西部项目	西江流域近代化进程中的族群互动与文化认同研究
94	西部项目	西汉社会转型与文学演进研究
95	西部项目	唐宋落第文学的生态研究
96	西部项目	文化变迁视野下的广西词发展史研究
97	西部项目	二百种清代文话叙录
98	西部项目	村干部行为与出入机制比较研究
99	后期资助项目	《玉台新咏》编纂研究
100	后期资助项目	近代英国农业资本主义的兴衰——农业与农民现代化的再探讨
101	后期资助项目	汉魏子书研究
102	期刊资助项目	广西民族研究
103	期刊资助项目	广西民族大学学报(哲学社会科学版)

广西获国家社科基金项目优秀等级项目名单（2012）

序号	项目名称
1	卡尔纳普意义理论及其当代发展
2	西部旅游业可持续发展法律问题研究——以广西、云南、陕西为例
3	中国文学史背景下对姚贾现象的审视与思考
4	人口老龄化对中国人口发展战略的制约与影响

广西社科规划课题结项获优秀等级项目名单（2012）

序号	项目名称
1	建立和完善尊重党员主体地位的党内民主运行机制研究
2	中国—东盟国家投资法律环境比较研究
3	非政府组织参与社会救助的法律机制研究
4	行政诉讼程序制度发展研究——以广西区行政审判实务为视角
5	广西民间传统工艺美术资源的经济价值研究——以桂北为研究对象
6	民族史学流派在近现代广西的崛起及其意义——以徐松石为中心(1899-1999)
7	广西城市社区老年服务体系研究
8	和谐社会视野下的大学生集体行为预警管理研究
9	北部湾经济区建设与区域高等教育可持续发展研究
10	城商行发展转型路径研究——基于“十二五”时期的分析视角
11	广西县域循环经济发展指标体系研究与实证评价——以桂西喀斯特区为例
12	广西资源富集区资源产业集群形成与优化发展研究
13	GIS 与 RS 支持下的广西城乡交错带景观动态变化格局研究
14	“那”文化人地交往模式与壮族生态审美理性

广西专题重点课题名单（2012）	
序号	项目名称
1	弘扬雷锋精神与党的思想文化建设研究
2	雷锋精神的当代建构及其实践路径研究
3	雷锋精神时代化与大众化问题研究
4	推进学雷锋活动常态化建设研究——以广西为例
5	从网络利他主义论信息时代雷锋精神的传承与传播
6	雷锋精神内化为医务人员医德素养研究
7	雷锋精神的时代价值与民族文化强区建设研究

广西外语学科建设项目名单（2012）	
序号	项目名称
1	以服务区域经济的人才培养为导向的本科高校公共外语课程体系研究——以广西大学为例
2	东盟现代文化的构建及其对我国少数民族地区的启示——以广西为例
3	通识教育视角下大学英语校本课程资源的开发与利用
4	文本类型理论和商务文本翻译研究——以中国东盟英语商务文本为例
5	民办高校英语教师继续教育新机制的构建研究
6	桂中地区高职高专英语教师专业发展的问题与对策
7	广西壮瑶语言区中小学英语多元教学模式研究
8	广西戏剧戏曲专题文献翻译策略研究
9	广西新课标下英语教师专业发展的困境与对策研究
10	基于大学英语教学改革示范点的课程·资源·团队一体化建设研究

【广西壮族自治区决策咨询委员会】

课题研究　年内，广西壮族自治区决策咨询委员会（以下简称咨询委）委托中国国际经济交流中心牵头组织开展《中国—东盟博览会创新机制研究》，委托自治区特邀咨询委员曹玉书开展《广西北部湾经济区开放开发五周年工作评估研究》。课题组先后多次来桂进行深入调研，召开10多次调研座谈会，形成10万多字的课题研究报告及相关研究成果，供自治区党委、政府决策参考。

咨询活动　年内，咨询委办公室（以下简称咨询办）先后多次组织面访自治区特邀咨询委员，就广西经济社会发展重大问题和自治区党委、政府重大决策征询特邀咨询委员的意见建议。11月，咨询办就“广西应如何全面贯彻落实党的十八大精神，促进广西经济社会稳步发展，与全国同步全面建成小康社会”，发函征询到13位特邀咨询委员共2万多字的意见建议，并通过《咨询专报》上报自治区党委、政府。

咨询平台　年内，咨询办编报10期《咨询专报》，供自治区党委、政府领导决策参考。重点编辑咨询委组织开展的重大课题研究成果和自治区特邀咨询委员的咨询意见建议。同时，广西决策咨询网运转正常，信息量增大，管理进一步规范。

交流合作　7月10日，咨询办领导赴黑龙江省大庆市参加全国省区市决策咨询工作联席会议第二次全体会议，与全国各地决策咨询单位的100多名与会人员，围绕传统产业转型升级和新兴产业发展问题进行深入研讨。10月，咨询办领导赴广东参加全国省区市决策咨询工作联系会议执委会第四次会议，与10多个省区市决策咨询机构领导探讨完善决策咨询工作机制等重要问题。

【广西重大课题研究招投标】　年内，自治区党委政策研究室和自治区人民政府发展研究中心继续共同承办广西重大课题研究面向全国公开招投标工作。

1. 招标情况。3月27日，广西重大课题研究招投标工作联席会议办公室在《人民日报》、《广西日报》、广西决策咨询网、广西经济决策网等媒体上发布8个重大课题面向全国公开招标研究的公告。至4月中旬，共收到标书66份。其中：来自广西区外的标书14份，占21.21%；来自广西区内的标书52份，占78.78%。广西区外标书主要来自国家和省级社科研究机构、高等院校；广西区内标书主要来自广西区直机关、社科研究机构和高等院校。课题《广西实现“翻两番、跨两步、三提高”的重点、难点与着力点研究》因不足3份标书而流标。

2. 评标情况。根据《广西重大课题研究招投标管理暂行办法》和《广西重大课题研究招投标管理暂行办法实施细则》的有关规定，广西重大课题研究招投标工作联席会议办公室于4月底从广西重大课题研究招投标专家库中随机抽取56名专家，组成8个评标小组，对标书进行评审打分。根据专家评审结果，综合考虑投标人的各种条件和研究基础，广西重大课题研究招投标工作联席会议最终确定7个中标人，并分别在《人民日报》、《广西日报》、广西电视台、广西决策咨询网、广西经济决策网等媒体公示。

3. 签订合同和跟踪研究。5月中旬，中标人公示期满后，广西重大课题研究招投标工作联席会议办公室与中标人签订《广西重大课题研究合同》。在课题研究过程中，联席会议办公室组织自治区党委政策研究室和自治区人民政府发展研究中心的领导和有关业务骨干，进行跟踪检查。9月，广西重大课题研究招投标工作联席会议办公室组织专家对课题成果进行中期评审，指出课题成果存在的问题和不足，提出修改完善的具体意见和建议。

4. 评审验收及成果转化。12月，广西重大课题研究招投标工作联席会议办公室组织成立研究成果评审验收委员会和7个评审验收小组，分别从研究方向、研究内容和重点、研究方法等方面对7个重大课题研究的成果进行认真评审验收。随后，组织有关专家对7个重大课题进行后续研究，完善有关研究成果，上报自治区党委、政府，并根据自治区党委、政府领导批示，转自治区有关部门和相关市吸纳利用。

2012年广西重大招标课题一览表

序号	课题名称	中标人	工作单位
1	广西建设生态文明示范区的政策支撑体系研究	卢菊珍	广西财经学院
2	广西北部湾经济区一体化发展战略研究	官锡强	广西经济管理干部学院
3	实施江海联动战略 推动广西区域协调发展问题研究	成伟光	广西发展改革委员会
4	加快建设广西能源支撑体系对策研究	齐　兰	中央财经大学
5	增强广西县域经济发展活力问题研究	吴玉鸣	华东理工大学
6	充分利用资本市场 促进广西经济跨越式发展对策研究	黎　鹏	广西大学
7	广西贫困县农民人均纯收入增长对策研究	陈禄青	广西经济管理干部学院
8	广西实现“翻两番、跨两步、三提高”的重点、难点与着力点研究	流　标	

广西入选国家社会科学基金资助项目名单（2012）

序号	项目名称	负责人	工作单位	项目类别	预期成果	计划完成时间	学科分类	批准号
48	马克思主义经典著作重要术语中国化的渊流与考证	靳书君	广西师范大学	一般项目	专著研究报告	2014-12-31	马列·科社	12BKS001
66	当代中国文化的发展价值及其实现路径研究	林春逸	广西师范大学	一般项目	专著	2015-6-30	马列·科社	12BKS049
157	十六大以来中国共产党统筹城乡发展的理论与实践研究	韦廷柒	广西工学院	一般项目	专著专题论文集	2014-6-30	党史·党建	12BDJ028
160	中国共产党在民族地区文化建设的历史考察与经验研究	刘绍卫	广西党史研究室	一般项目	研究报告	2015-12-31	党史·党建	12BDJ025
246	中国—东盟博览会的文化影响力研究	李红波	广西大学	一般项目	研究报告	2014-6-30	哲学	12BZX098
274	晚期胡塞尔科学认识论的“历史转向”及其效应研究	雷德鹏	广西大学	一般项目	专著	2015-7-31	哲学	12BZX019
442	新一轮西部大开发背景下西南边疆民族地区综合交通运输体系发展战略研究	唐红祥	广西财经学院	一般项目	专著 专题论文集	2014-12-28	理论经济	12BJL087
467	中国—东盟跨境贸易人民币结算中的货币竞争问题研究	潘　永	广西大学	一般项目	专著	2015-6-30	理论经济	12BJL058
546	全球经济复苏趋缓背景下我国“调结构”与“稳增长”的协同机理及实证研究	詹新宇	广西师范大学	青年项目	专题论文集研究报告	2014-12-31	理论经济	12CJL016

续表

序号	项目名称	负责人	工作单位	项目类别	预期成果	计划完成时间	学科分类	批准号
652	资源短缺背景下我国“城市矿产”综合利用战略问题及支撑体系研究	周永生	桂林理工大学	一般项目	专著	2014-12-30	应用经济	12BJY057
720	边疆少数民族地区红色旅游发展模式研究	范　力	百色学院	一般项目	研究报告	2015-7-1	应用经济	12BJY127
763	节能减排视角下的欠发达资源富集区产业转型与可持续发展研究	赵　锋	广西财经学院	青年项目	研究报告	2014-12-30	应用经济	12CJY003
769	技术溢出视角的能源回弹效应及我国节能对策研究	冯　烽	广西财经学院	青年项目	专题论文集研究报告	2015-6-30	应用经济	12CJY011
797	环北部湾物流业与石化产业的协调发展实证研究	唐连生	广西民族大学	青年项目	专著	2014-12-31	应用经济	12CJY036
949	发展民族文化与完善民族区域自治制度互动关系研究	赵　静	自治区党校	一般项目	研究报告	2015-11-30	政治学	12BZZ026
1016	国际格局变化背景下我国边疆民族地区文化安全问题研究	张才圣	广西师范大学	青年项目	研究报告	2015-6-30	政治学	12CZZ028
1028	西部贫困地区县级政府扶贫开发政策执行力问题研究	谭英俊	自治区党校	青年项目	研究报告	2015-7-1	政治学	12CZZ045
1072	新媒体生态下权利纠纷解决的法学与传播学关系研究	李立景	广西民族大学	一般项目	专著	2014-12-30	法学	12BFX007
1165	广西少数民族特色文化知识产权保护研究	蒋　慧	玉林师范学院	一般项目	专著	2014-12-31	法学	12BFX100
1206	国际投资争端解决机制最新发展及中国对策研究	杨丽艳	广西师范大学	一般项目	专题论文集研究报告	2015-6-30	法学	12BFX140
1380	劳教场所的心理健康服务模式研究	潘柳燕	广西大学	一般项目	专题论文集研究报告	2014-12-31	社会学	12BSH058
1460	社会认同视域中网络舆论的形成、演化及引导机制研究	王恩界	广西大学	青年项目	研究报告	2014-12-30	社会学	12CSH050
1531	老龄化背景下我国养老保险制度的完善与创新研究	李　俊	广西民族大学	青年项目	研究报告	2015-6-30	人口学	12CRK007
1578	少数民族地区传统集贸市场发展与城镇化进程研究	樊正强	广西经贸职业技术学院	一般项目	研究报告	2015-12-30	民族问题研究	12BMZ075
1579	西部地区城镇化进程中的金融结构演变与金融组织创新研究	朱建华	广西经济管理干部学院	一般项目	专著	2014-12-30	民族问题研究	12BMZ076
1599	仫佬族特色文化资源产业化及其保护研究	周　鸿	广西河池学院	一般项目	专题论文集研究报告	2014-12-31	民族问题研究	12BMZ034
1600	壮族传统节日的文化创新研究	黄润柏	广西民族问题研究中心	一般项目	研究报告	2014-12-31	民族问题研究	12BMZ037
1603	广西少数民族生态移民的社会整合研究	覃明兴	广西师范学院	一般项目	专著	2015-7-1	民族问题研究	12BMZ040
1610	广西民歌非物质文化遗产传承与创新机制研究	岑学贵	广西师范大学	一般项目	专著	2015-6-30	民族问题研究	12BMZ047

续表

序号	项目名称	负责人	工作单位	项目类别	预期成果	计划完成时间	学科分类	批准号
1640	民族文化的村寨依托与保护研究	徐赣丽	广西师范大学	一般项目	研究报告	2014-12-31	民族问题研究	12BMZ063
1649	少数民族山区贫困女性现状与因地制宜脱贫政策研究	徐 莉	广西师范大学	一般项目	专著	2014-6-30	民族问题研究	12BMZ080
1695	西部少数民族曲艺资源保护性开发模式研究	李 萍	百色学院	青年项目	研究报告	2015-7-31	民族问题研究	12CMZ039
1705	自然保护区内少数民族财产性收入增长机制研究	龙 耀	广西林业厅	青年项目	专著 专题论文集	2013-12-30	民族问题研究	12CMZ049
1843	国民兵团制度在国统区的存在形态研究(1939~1945)	刘文俊	广西师范大学	一般项目	专题论文集研究报告	2015-6-30	中国历史	12BZS042
1949	清代边疆壮族地区内地化与城镇兴衰的环境史考察	侯宣杰	广西师范学院	青年项目	研究报告	2015-7-1	中国历史	12CZS050
1969	越南使臣与清代中越文化交流研究	陈国保	广西师范大学	青年项目	专著	2014-12-31	中国历史	12CZS071
2050	汉代海上丝绸之路合浦港的考古学研究	熊昭明	广西博物馆	一般项目	专著	2015-7-1	考古学	12BKG017
2054	华南与东南亚新石器时代的比较考古研究	陈洪波	广西师范大学	青年项目	专著	2015-6-30	考古学	12CKG002
2248	海峡两岸当代少数民族文学比较研究	陆卓宁	广西民族大学	一般项目	专著	2015-6-30	中国文学	12BZW103
2432	自由主义与法国后现代文学	杨令飞	广西民族大学	一般项目	专著	2015-6-30	外国文学	12BWW043
2456	18—19世纪越南古典文学名著研究	刘志强	广西民族大学	青年项目	专著	2014-12-30	外国文学	12CWW015
2515	广西疍家话调查研究及有声语料库建设	白 云	广西师范大学	一般项目	研究报告电脑软件	2015-6-30	语言学	12BYY029
2544	东南亚语言汉语借词研究	韦树关	广西民族大学	一般项目	专著	2014-12-30	语言学	12BYY058
2615	隐喻认知视角下莎剧的修辞研究	谢世坚	广西师范大学	一般项目	专著	2014-12-31	语言学	12BYY130
2697	类型学视野的上林壮语情态研究	潘立慧	广西大学	青年项目	专著	2015-12-31	语言学	12CYY068
2726	“三网融合”背景下西南多民族地区广播电视媒体发展战略研究	党东耀	广西大学	一般项目	研究报告专题论文集	2015-6-30	新闻学	12BXW025
2730	中国—东盟传媒合作的现状、问题与对策研究	李庆林	广西大学	一般项目	研究报告	2014-7-1	新闻学	12BXW032
2860	电子文件凭证价值保障问题研究	黄世喆	广西民族大学	一般项目	专著	2015-6-30	图书情报	12BTQ050
2940	中国—东盟民族体育文化差异与融合发展研究	李乃琼	钦州学院	一般项目	研究报告	2014-12-30	体育学	12BTY019

续表

序号	项目名称	负责人	工作单位	项目类别	预期成果	计划完成时间	学科分类	批准号
3020	中小企业动态国际创业模式绩效机制研究	周劲波	广西师范大学	重点项目	专著	2014-12-31	管理学	12AGL003
3082	中国—东盟自由贸易区环境下会计准则趋同与发展研究	刘　卫	广西财经学院	一般项目	专题论文集研究报告	2015-12-31	管理学	12BGL038
3235	移动用户生成内容环境下旅游者信息行为分析与我国旅游营销模式创新研究	彭润华	广西师范大学	青年项目	研究报告专题论文集	2015-6-30	管理学	12CGL061
3253	民族地区基层政府社会管理模式创新比较研究	胡　佳	广西民族大学	青年项目	研究报告	2014-12-31	管理学	12CGL083
3258	完善中国特色现代大学制度研究	谢凌凌	广西财经学院	青年项目	专题论文集研究报告	2015-6-30	管理学	12CGL090
3276	顾客满意视角的电子商务服务质量研究	李海英	自治区党校	青年项目	专题论文集	2015-6-30	管理学	12CGL111
3287	政府购买服务背景下社会工作服务机构发展研究	谢　敏	桂林理工大学	青年项目	专题论文集研究报告	2014-12-30	管理学	12CGL122

广西2012年度国家社科基金西部项目立项名单

批准号	课题名称	负责人	工作单位	预期成果	拟完成时间
13	中国特色社会主义理论体系中“应对风险挑战思想”研究	曾家华	广西社会科学院	专著	2015-5-30
16	邓小平在左右江革命根据地时期的思想及其实践研究	黄志雄	百色学院	专著	2014-12-30
22	西部高校大学生社会主义核心价值体系认同教育研究	韦冬雪	广西师范大学马克思主义学院	专题论文集研究报告	2014-6-30
25	中国共产党民生政策的历史演进研究	高剑平	广西民族大学	专著	2014-12-31
32	媒介融合背景下的红色文化传播研究	张　文	桂林电子科技大学	专题论文集研究报告	2014-6-30
40	中越高校思想政治教育比较研究	黄东桂	广西大学政治学院	专著	2015-7-1
44	中外比较视域下高校思想政治教育实践教学的新探索	王光秀	桂林医学院	专著	2014-12-31
45	民族地区农民政治认同的特点、机制及规律研究	陈　锋	钦州学院	专著专题论文集	2015-6-30
46	传统文化融入医学高等院校人才培养的机制研究	农乐根	右江民族医学院	专著专题论文集	2015-12-31
58	十六大以来党在民族地区创新社会管理实践与经验研究	韩　勇	自治区党校	研究报告	2015-7-1
117	基于社会认同的税制体系构建研究	焦　耘	广西财经学院	专题论文集研究报告	2014-12-31
120	中小银行跨区域发展的经济效应评估及监管政策研究	欧阳青东	广西财经学院	专著专题论文集	2015-6-30

续表

批准号	课题名称	负责人	工作单位	预期成果	拟完成时间
124	我国价格水平变化的规律及治理对策	罗运贵	广西社会科学院	研究报告	2013-12-10
146	村干部行为与出入机制比较研究	郑明怀	广西工学院	专著	2015-7-1
182	民族习惯法在民族地区社会管理法律体系中的确立与适用研究	卢明威	广西师范学院	专著 研究报告	2015-12-31
205	新生代农民工市民化研究	唐　踔	贺州学院	专著 专题论文集	2014-12-30
243	边疆民族地区文化产业发展与少数民族特色文化保护研究	丁智才	广西财经学院	研究报告	2015-6-30
247	中越跨界民族地区基层整体性治理与社会稳定研究	曾凡军	广西大学公共管理学院	专题论文集 研究报告	2015-12-30
252	中越跨界民族劳工的跨界流迁问题研究	韦福安	广西民族师范学院	专著	2014-12-31
278	西南边疆少数民族地区民生改善实证研究	熊远光	广西经济管理干部学院	专题论文集 研究报告	2014-12-30
285	滇黔桂石漠化区生态移民的社会融入问题研究	刘东燕	广西社会科学院	研究报告	2014-12-31
288	少数民族村寨文化再生产与重构研究	王　林	广西师范大学历史文化学院	专著 研究报告	2015-6-30
292	桂滇黔少数民族山区农户专业化生产与反贫困路径研究	蒙永亨	桂林理工大学	专题论文集 研究报告	2014-12-30
310	广西融水侗语口传文本的记录与保护研究	何彦诚	广西师范大学外国语学院	研究报告 电脑软件	2015-6-30
331	中国—东盟关系中政治与经济互动机制研究	梁　颖	广西大学中国—东盟研究院	专著	2014-8-30
333	美国重返亚洲的中国因素及中国的战略选择	张　辉	自治区党校	研究报告	2013-12-31
359	西江流域近代化进程中的族群互动与文化认同研究	黎　瑛	广西师范大学历史文化学院	研究报告	2015-6-30
394	近代欧洲种族主义研究	李肇忠	自治区党校	研究报告	2015-12-30
419	西南地区汉传佛教文化遗产旅游开发的适宜性评价及管理研究	杨姗姗	桂林理工大学	专题论文集 研究报告	2014-12-30
420	边缘记忆——广西盘族女巫的信仰和生活	罗宗志	广西民族大学	专著	2015-6-30
448	二百种清代文话叙录	蔡德龙	广西师范大学文学院	专著	2015-6-30
451	西汉社会转型与文学演进研究	龙文玲	广西师范学院	专著 专题论文集	2015-6-30
452	唐宋落第文学的生态研究	滕　云	桂林师范高等专科学校	专著	2014-12-31
454	文化变迁视野下的广西词发展史研究	秦玮鸿	河池学院	专著 专题论文集	2015-7-1
480	新加坡英语文学与新加坡国家认同研究	刘延超	广西大学外国语学院	专著	2015-6-30
495	广西汉语方言综合调查与语料库建设	余　瑾	广西大学文学院	专著 电脑软件	2015-12-30
498	勾漏粤语与壮语语法的比较研究	杨　奔	梧州学院	研究报告	2015-9-30
540	华南少数民族古村落传统体育文化调查研究与数据库构建	孙庆彬	玉林师范学院体育学院	专题论文集 研究报告	2015-6-30

学科综述

地方优长学科

【东盟研究】 2012年，广西科研人员研究东盟问题的著作有：赵迪琼《广西中小企业及其融资问题研究—基于中国—东盟自由贸易区背景》，梁远《现代越南语语法》，钟海青、王喜娟编译《马来西亚高等教育政策法规》，李枭鹰、王喜娟《东盟著名大学巡礼》，李枭鹰、韦洁璨编译《越南高等教育政策法规》，王喜娟等《东盟高等教育研究概说》，黎巧萍《接触与变异——中国广西京语与越南语的对比研究》，寸雪涛《文化和社会语境下的缅族民间口头文学》，黄小明《东盟艺术》，蔡昌卓《东盟民俗》，关熔珍《东盟十国英语语言变体研究》，李红《国际文化合作的经济分析——以中国与东盟区域为例》，徐秦法《中国—东盟多元政治体制下政治合作研究》等。

发表的论文，根据《中国知网》中期刊的不完全统计，通过对篇名中含有东盟、东南亚以及越南、新加坡、泰国、老挝、菲律宾、马来西亚、柬埔寨、印度尼西亚（印尼）、缅甸、文莱等关键词进行检索，2012年，广西科研人员发表有关东盟研究的文章462篇，全国4168篇，占11.1%。其中含有东盟关键词的有220篇，全国801篇，占27.5%；研究东南亚及东盟十国的242篇，全国3367篇，占7.2%；专门研究越南的94篇，全国581篇，占16.2%。

广西科研人员发表有关东盟研究的论文中，有120篇发表在核心期刊中，占26%。发表在核心期刊的论文中，研究东盟的59篇，占49.2%；研究东南亚及东盟十国的61篇（其中越南的26篇，占21.7%。），占50.8%。论文作者（以第一作者在广西为准）在高校的有109篇（广西民族大学42篇，广西大学和广西财经学院各17篇，广西师范大学9篇），占90.83%；在科研机构的有4篇，占3.3%；在实践工作部门的有5篇，占4.2%，在党校系统的有2篇，占1.67%。

发表的论文中，有部分是基金项目的阶段性成果：国家基金项目（包括国家社科基金、国家哲学社会科学基金、国家自然科学基金）的阶段性成果41篇，教育部项目的阶段性成果21篇；广西基金项目（包括广西社科基金、广西哲学社会科学规划课题、广西自然科学基金）的阶段性成果20篇，广西教育类项目（包括广西教育科学规划课题、新世纪广西高等教育教学改革工程、广西研究生教育创新计划项目）的阶段性成果24篇。

研究东盟问题的文章在广西有一定的特色和分量，以研究中国—东盟和越南为主，其中主要从中国—东盟政治、关系、法律、经济、合作、贸易、投资、产业、物流、金融、信息传播、体育、教育、人才培养及中国—东盟博览会、中国—东盟自由贸易区建设、在中国—东盟框架下广西的发展等问题展开。作者多在高校。

出版的著作中，赵迪琼《广西中小企业及其融资问题研究——基于中国—东盟自由贸易区背景》在分析现实问题的同时，借鉴了国外在中小企业融资担保、法律支持、政府扶持等方面的大量经验，对解决广西中小企业融资难的问题，促进广西中小企业的发展和广西区域经济发展具有积极的启迪和借鉴作用。

民间艺术的交流已成为当前与东南亚各国对话、旅游、经济的重要平台。黄小明《东盟艺术》通过对东南亚民间艺术的研究，试图达到促进双边跨国的文化交流、保持和平友好睦邻关系和经济发展。

蔡昌卓《东盟民俗》是较全面而系统研究东盟国家民俗文化，可为与东盟各国往来密切的商业、政治、文化、教育、宗教、旅游等各界人士提供参考。

关溶珍《东盟十国英语语言变体研究》对东盟十国的"非标准英语"即英语语言变体现象进行专题研究，探讨东盟十国的英语语言变体现象对英语的语言教学、口笔译翻译教学以及文化教学方面的启示，借此探讨中国本土英语的教学和发展，促进英语教育对社会经济发展的贡献。

李红《国际文化合作的经济分析——以中国与东

盟区域为例》尝试结合文化经济学、空间经济学等构建国际文化经济学理论框架，拓展传统的国际文化交流研究，通过中国与东盟区域文化合作的数据和实例，从文化交流、贸易和产业合作等层面实证研究国际文化合作的经济与知识关联规律及对区域文化经济地理环境的重塑。

徐秦法《中国—东盟多元政治体制下政治合作研究》结合当前中国与东盟的实际情况，阐述进一步推进中国与东盟政治合作的必要性、重要性和可行性，提出双方合作的方式，并对合作的效果进行展望。

发表的论文中，在研究中国—东盟安全问题上，张才圣《CAFTA 框架下的中国—东盟非传统安全问题合作研究》提出深化 CAFTA 框架下的非传统安全合作，共同应对各种非传统安全的挑战，构建更为和谐的双边及多边关系，是中国—东盟目前亟待解决的问题。

在研究中国—东盟贸易问题上，张建中《中国—东盟自由贸易区贸易、投资与中国环境协同发展程度的实证分析》实证分析表明，中国—东盟自由贸易区贸易、投资与中国环境协同发展程度较高的行业包括服装皮革制造业、木材家具制造业、金属制品业、交通设备制造业、电器器材制造业和通信设备制造业等 6 个行业；协同发展程度较低的行业包括采掘业、造纸业、石油炼焦业、化工原料制造业、非金属矿物制品业和金属冶炼业 6 个行业。欧阳华《中国—东盟贸易结构不平衡及对策研究》近年来中国与东盟的贸易总额保持快速增长，但外贸结构的失衡，导致中国的出口商品科技含量低，进出口市场的集中度过高，影响中国对外贸易增长方式的转变和外贸产业结构的调整升级。为此，必须优化中国与东盟的贸易结构，增加各自的竞争优势。

在研究中国—东盟运输问题上，陈秀莲《中国—东盟运输服务贸易一体化的现状、水平与发展前景》通过分析中国—东盟运输服务贸易的现状和一体化水平，发现中国与东盟国家运输服务贸易在硬件建设上获得了较大的进步，但软件一体化的建设较晚；中国与东盟各国的运输服务贸易增长很快，但长期处于逆差的状态；中国—东盟的运输服务贸易一体化水平较高，且中国对东盟进口的密集度大于出口的密集度，未来一体化有上升的趋势。夏飞、袁洁《中国—东盟自由贸易区交通运输发展的区位熵分析》通过对中国和东盟七国在交通设施通达性及质量、运输服务可得性及质量的内容进行区位熵的测算分析，描述了各国在交通运输发展水平上的差异，并指出以中国、新加坡和马来西亚为主要节点，加大交通基础设施的建设和改造力度，科学有序地推进交通基础设施和运输服务体系的升级。

在研究中国—东盟区域生产问题上，梁运文《中国—东盟"南南竞争"区域生产网络价值创造战略途径探寻》对中国—东盟区域生产网络各价值要素结构逐次进行了深入剖析，以探寻能有效创造中国—东盟区域生产网络价值的战略途径。

在研究中国—东盟合作问题上，杨丽艳《法律和政策视角下中国与东盟合作领域的扩展及其机制分析》指出扩大合作的领域应该是中国与东盟的知识产权领域、海洋和海事领域、新能源领域、环境保护领域、非传统安全领域、共同惩治跨境犯罪以及劳务领域合作。合作的方式可采取软硬法相结合、法律和政策相结合等途径。

在研究中国—东盟文化问题上，王春林《广西面向东盟的文化"走出去"模式探析》认为实施文化"走出去"已成为提升中国在东盟国家的国际话语权和文化软实力的战略举措。该文总结近年广西在中国—东盟自由贸易区建设中实施文化"走出去"的基本模式与途径、基本特点，并针对存在的不足提出了进一步完善文化"走出去"模式的措施建议。

在研究中国—东盟教育视角下，李雪岩等《西南边疆民族地区教育区域国际化发展研究——基于中国—东盟教育区域国际化视角》指出要推动该地区的教育区域国际化发展，需要进行教育体制改革，并采取措施促进教育国际交流与合作，实施"教育免签证"，同时要重点实施"政府公派出国留学东南亚项目"和"政府公派出国学外语项目"。

在研究中国—东盟体育交流问题上，李乃琼、王敬浩《中国—东盟跨境民族的体育交流与发展研究》采用调查法和文献资料等研究方法，对中国—东盟边境地区

9月24日，中国—东盟文化论坛在南宁举行。

（广西中国—东盟文化研究会供稿）

跨境民族的体育交流进行了研究。提出边境地区体育应重视“跨境”交流发展，利用跨境民族的族群认同感和交流需求等有利因素，努力发展边境地区经济，创造便利条件，为跨境交流提供支持，促进边境地区体育的发展，从而促进国家之间的睦邻友好、增进和平共处，为其他边境地区跨境民族间的体育交流与合作提供借鉴。

在研究中国—东盟博览会问题上，王珍莲、徐一林《从博览会看国内媒体对东盟国家信息传播的效果》通过对第八届中国—东盟博览会的参展商进行调查，整理和分析了有关事实和数据，对现状作了全面、细致的评析，并由此总结出现阶段西南地区媒体所面临的对外传播问题，提出了促进博览会信息有效传播的针对性建议。

在研究东南亚问题上，邢永川等《中国新闻社广西分社面向东南亚的对外传播策略研究》对中国新闻社广西分社面向东南亚地区传播的作用、特点、存在的问题、未来的策略进行了初步探讨。陈洪波《试论华南与东南亚新石器时代的文化特点及历史贡献》指出华南与东南亚地区在新石器时代具有密切的文化交流和传播关系，文化面貌的统一性较为突出。华南地区新石器时代文化的海洋性，为中国古代文明的起源和发展提供了独特而重要的成分。

在研究越南问题上，刘志强《略论越南占婆文学》论述占婆文学发展的基本脉络、体裁以及印度罗摩故事对占婆的影响等。韦树关《关于越南语中汉语借词的分类问题》在王力先生关于越南语中汉语借词分类法的基础上，提出自己的分类法。

在研究新加坡问题上，王喜娟《新加坡现代大学制度建设的背景与前提初探》指出 2005 年以来新加坡政府开始对大学进行自治改革，着力于建立现代大学制度。这是新加坡政府应对全球化与市场化带来的机遇与挑战的重要举措，同时一系列的以“自治”和“竞争”为核心理念的教育改革更为新加坡现代大学制度的建立奠定了基础。

有关“东盟研究”方面的著作一览表

著作题目	作者单位及作者	出版社及出版时间	字数(千字)
广西中小企业及其融资问题研究—基于中国—东盟自由贸易区背景	南宁职业技术学院赵迪琮	广西人民出版社，2012 年 6 月	200
现代越南语语法	广西民族大学梁远、祝仰修	中国出版集团世界图书出版公司，2012 年 11 月	380
马来西亚高等教育政策法规	广西民族大学钟海青、王喜娟	广西师范大学出版社，2012 年 12 月	180
越南高等教育政策法规	广西民族大学李枭鹰、韦洁璨	广西师范大学出版社，2012 年 12 月	225
东盟著名大学巡礼	广西民族大学李枭鹰、王喜娟	广西师范大学出版社，2012 年 5 月	225
东盟高等教育研究概说	广西民族大学王喜娟等	广西师范大学出版社，2012 年 5 月	180
接触与变异——中国广西京语与越南语的对比研究	广西民族大学黎巧萍	世界出版社(越南)，2012 年 6 月	270
文化和社会语境下的缅族民间口头文学	广西民族大学寸雪涛	世界图书出版公司广东公司，2012 年 9 月	200
东盟艺术	广西师范大学黄小明	广西师范大学出版社，2012 年 9 月	180
东盟民俗	广西师范大学蔡昌卓	广西师范大学出版社 2012 年 9 月	405
东盟十国英语语言变体研究	广西大学关熔珍	中国社会科学出版社，2012 年 5 月	185
国际文化合作的经济分析——以中国与东盟区域为例	广西大学李红	中国社会科学出版社，2012 年 7 月	369
中国—东盟多元政治体制下政治合作研究	广西大学徐秦法	人民日报出版社，2012 年 5 月	230

有关"东盟研究"方面的论文一览表			
论文题目	作者单位及作者	发表刊物及期数	备注
中国—东盟政治合作机制研究	广西财经学院杨勇、冯霞	核心期刊《太平洋学报》2012年03期	2010年广西壮族自治区项目《中国与东盟区域合作的政治合作机制研究》阶段性成果之一,2011年广西财经学院项目《中国—东盟区域合作发展与政治合作机制研究——基于区域市场一体化进程的视域》阶段性成果之一
东盟安全共同体构建路径的探究——1991年后的地缘政治视域思考	广西师范大学黑子栋	《唐山师范学院学报》2012年01期	
CAFTA框架下的中国—东盟非传统安全问题合作研究	广西师范大学张才圣	核心期刊《广西师范大学学报》(哲学社会科学版)2012年03期	国家社会科学基金2012年度青年项目《国际格局变化背景下我国边疆民族地区文化安全问题研究》阶段性成果之一
文化外交与经济外交协调发展初探——以中国—东盟合作为例	广西大学李红等	《广西大学学报》(哲学社会科学版)2012年05期	国家自然科学基金项目《自由贸易与跨境通道对地缘经济区的重塑》阶段性成果之一,广西教育厅科研规划项目《东亚自由贸易区框架下的核心型跨境合作》阶段性成果之一,广西高校优秀人才资助计划项目
中国与东盟关系展望	广西社会科学院李碧华等	《东南亚纵横》2012年10期	
东盟各国关系	广西民族大学相思湖学院罗芳玲等	《东南亚纵横》2012年10期	
法律和政策视角下中国与东盟合作领域的扩展及其机制分析	广西师范大学杨丽艳	核心期刊《广西师范大学学报》(哲学社会科学版)2012年05期	广西文科中心中国—东盟法律制度团队项目,科学研究工程项目《FTAS的投资争端条款研究》阶段性成果之一,广西哲社"十二五"项目《中国—东盟自贸区(FTA)投资争端解决机制研究》阶段性成果之一,教育部项目《RTA协定中投资机制研究》阶段性成果之一,国家社科基金项目《国际投资争端解决机制最新发展及中国对策研究》阶段性成果之一
《中国—东盟投资协议》法律问题研究	广西大学朱雯、曾方燕	《中国—东盟博览》2012年05期	
CAFTA框架下《东盟宪章》生效对双边经贸合作影响实证研究	广西卫生厅甘霖等	《广西大学学报》(哲学社会科学版)2012年02期	教育部哲学社会科学重大研究课题攻关项目《中国—东盟区域经济一体化研究》阶段性成果之一
中国—东盟经贸合作关系研究	广西大学行健文理学院朱执	《经济与社会发展》2012年12期	
贸易视角下中国与东盟经济增长的同步性研究	广西大学唐文琳等	《广西大学学报》(哲学社会科学版)2012年04期	教育部哲学社会科学研究重大课题攻关项目
中马会计准则比较:基于中国—东盟经济联合体——以会计政策、会计估计变更和差错更正为例	广西财经学院柏思萍	《中国证券期货》2012年09期	
《中国—东盟全面经济合作框架协议》签署以来广西与东盟经贸合作分析	广西社会科学院雷小华	《东南亚纵横》2012年11期	
中国—东盟自贸区建立的回顾与展望——写在《中国—东盟全面经济合作框架协议》签署10周年之际	广西民族大学高歌	《当代广西》2012年09期	
东盟贸易对广西经济增长影响的实证分析	广西国际商务职业技术学院季庆文	《南宁职业技术学院学报》2012年04期	

续表

论文题目	作者单位及作者	发表刊物及期数	备注
促进广西民营企业扩大对东盟进口经济的措施探讨	广西国际商务职业技术学院李振海	《中国市场》2012年23期	
制成品产业内贸易与经济增长的协整分析——以中国与东盟五国为例	广西师范学院颜蔚兰、赵菊花	《全国商情》(理论研究)2012年20期	广西新世纪教改重点资助项目《适应广西产业新发展的区域经济学课程改革与实践研究》阶段性成果之一
共办共赢 博览会成中国与东盟交流合作的重要平台	广西投资促进局农人彪	《广西经济》2012年09期	
专家:进一步扩大面向东盟的对外经贸合作	广西电大区直分校胡均民	《法制与经济》(上旬)2012年06期	
2011~2012年中国—东盟货物贸易数量分析与预测	广西大学李红等	《东南亚纵横》2012年03期	
国际贸易商品价格的进出口国议价能力评析——以中国和东盟为例	广西大学王中昭	核心期刊《当代财经》2012年12期	教育部哲学社会科学重大课题攻关项目《中国—东盟区域经济一体化研究》阶段性成果之一
中国—东盟自由贸易区贸易、投资与中国环境协同发展程度的实证分析	广西财经学院张建中	核心期刊《生态经济》2012年09期	国家社会科学基金西部项目,教育部人文社会科学研究项目,广西教育厅科研项目
中国—东盟自由贸易区框架下积极培育广西对外贸易竞争优势的思考	广西大学李好	《东南亚纵横》2012年06期	广西哲学社会科学"十二五"规划项目《后危机时期广西开放型经济研究:加快转变对外贸易发展方式》阶段性成果之一
中国—东盟贸易结构不平衡及对策研究	广西财经学院欧阳华	核心期刊《开放导报》2012年03期	2010年度国家社科基金资助项目《新形势下中国—东盟区域经济合作研究》阶段性成果之一
促进广西—东盟贸易可持续发展对策探讨	广西国际商务职业技术学院陈科鹤	《南宁职业技术学院学报》2012年03期	
中国与东盟双向投资特征及其成因分析	广西大学李建伟	核心期刊《国际贸易》2012年07期	
中国与东盟新四国双向投资现状分析	广西大学李建伟	核心期刊《国际经济合作》2012年05期	
中国—东盟自由贸易区建成后广西推进贸易投资便利化的战略构想及对策建议	广西社会科学院刘波	《东南亚纵横》2012年10期	
广西吸纳东盟投资的路径分析	广西财经学院陆秋娥	核心期刊《人民论坛》2012年32期	
中国—东盟自由贸易区产业结构和人才需求分析	广西师范学院李珏	《高等函授学报》(哲学社会科学版)2012年01期	2011年新世纪广西高等教育教改工程重点项目《构建服务于中国—东盟自由贸易区的成人教育人才培养模式探究》阶段性成果之一
中国—东盟自贸区与广西北部湾产业集群研究	广西经济管理干部学院全胜跃	核心期刊《中国商贸》2012年07期	
我国八角出口东盟国家市场现状与产业发展对策	广西职业技术学院刘永华	《南方农业学报》2012年06期	广西教育厅新世纪教改工程项目
我国体育用品产业在中国—东盟自由贸易区的发展探讨	广西师范大学吴声光等	核心期刊《广西社会科学》2012年01期	
我国肉桂出口东盟国家市场分析与产业发展探讨	广西职业技术学院刘永华等	《广西农学报》2012年02期	
中国—东盟自由贸易区框架下南宁产业集群发展趋势研究	广西大学何政等	《商场现代化》2012年32期	
加快南崇经济带建设 深化中国—东盟产业合作	广西发展和改革委员会李彦平	《市场论坛》2012年04期	

续表

论文题目	作者单位及作者	发表刊物及期数	备注
中国—东盟自由贸易区物流急需标准化	广西职业技术学院吴砚峰	核心期刊《中国商贸》2012年06期	2011年中国物流学会研究课题《中国—东盟自由贸易区建成后物流存在的问题与对策研究》阶段性成果之一,广西教育厅新世纪教改A类课题《基于中国—东盟自由贸易区物流业发展的〈物流信息技术〉课程开发研究》阶段性成果之一
基于中国—东盟自由贸易区的商贸物流发展策略研究	广西职业技术学院吴砚峰	《物流技术》2012年17期	广西教育厅新世纪教改A类课题《基于中国—东盟自由贸易区物流业发展的'物流信息技术'课程开发研究》阶段性成果之一,2012年中国物流学会研究课题《基于中国—东盟自由贸易区物流业发展的物流标准化研究》阶段性成果之一
中国—东盟合作背景下广西沿海港口物流发展对策研究	广西国际商务职业技术学院张英福	《现代商业》2012年22期	
面向东盟的港口物流标准研究初探	广西标准技术研究院王欢	《企业科技与发展》2012年24期	
中国—东盟运输服务贸易一体化的现状、水平与发展前景	广西财经学院陈秀莲	核心期刊《国际贸易问题》2012年08期	国家社科基金项目《新形势下中国—东盟区域经济合作研究》阶段性成果之一
中国—东盟自由贸易区交通运输发展的区位熵分析	广西财经学院夏飞、袁洁	核心期刊《管理世界》2012年01期	国家社会科学基金项目,教育部新世纪优秀人才支持计划项目,广西哲学社会科学规划项目,广西自然科学基金项目,湖南省软科学重点项目的相关成果
中国—东盟背景下的南宁建设区域性国际金融中心SWOT分析	广西大学刘光柱等	《市场论坛》2012年06期	
中国—东盟区域性国际金融中心评估模型构架与实证分析	广西经济管理干部学院朱峰	《经济与社会发展》2012年08期	广西经济管理干部学院社科基金项目《中国—东盟区域性国际金融中心发展战略研究》阶段性成果之一
从博览会看国内媒体对东盟国家信息传播的效果	广西财经学院王珍莲、徐一林	核心期刊《学术论坛》2012年09期	2011年国家社科基金项目《提升中国西南民族地区对东盟的传播能力研究》阶段性成果之一
基于重点学科的东盟文献信息资源建设研究	广西财经学院唐野琛、邓银花	核心期刊《图书馆工作与研究》2012年02期	
东盟文献信息资源建设初探	广西民族大学苏瑞竹、张颖	《广西师范学院学报》(哲学社会科学版)2012年03期	2011年度广西高校科研资助项目《东盟国家文献保障体系研究》阶段性成果之一
论中国—东盟背景下高校图书馆文献信息服务——以广西壮族自治区为例	广西民族师范学院何海霞	《内蒙古科技与经济》2012年23期	
中国—东盟科技档案信息深加工服务平台建设探究	广西民族大学石建斌、王学昌	核心期刊《学术论坛》2012年05期	2010年广西民族大学中国—东盟研究中心资助课题《中国—东盟科技档案多语种信息的深加工服务》阶段性成果之一
中国—东盟体育产业发展中的高校体育师资培训模式探析	广西体育高等专科学校方安、韦军	核心期刊《教育与职业》2012年12期	
东盟民族体育资源数据库平台建设研究	广西钦州学院李乃琼等	《体育科学研究》2012年05期	国家哲学社会科学基金一般项目,广西哲学社会科学"十二五"规划项目
中国—东盟跨境民族的体育交流与发展研究	广西钦州学院李乃琼,广西民族大学王敬浩	核心期刊《沈阳体育学院学报》2012年06期	国家哲学社会科学基金项目《中国—东盟民族体育文化差异与融合发展研究》阶段性成果之一,广西哲学社会科学"十二五"规划项目《中越体育交往促进边境和谐稳定的研究——以中越边界桂越段为例》阶段性成果之一

续表

论文题目	作者单位及作者	发表刊物及期数	备注
我国体育用品产业在中国—东盟自由贸易区的发展探讨	广西师范大学吴声光等	核心期刊《广西社会科学》2012年01期	
站在中国—东盟大众体育合作发展的桥头堡上——加强广西大众体育对外交流的实践与思考	广西体育局容小宁	《当代广西》2012年10期	
中国—东盟自由贸易区内广西体育文化对外交流研究	广西民族大学凌齐	《科技信息》2012年14期	
中国—东盟体育教育合作办学可行性研究	广西师范学院苏祝捷，广西体育高等专科学校邱团	《运动》2012年19期	2010年新世纪广西高等教育教改工程项目(一般项目A类)《中国—东盟教育合作背景下优化广西高校体育专业人才培养模式的实践研究》阶段性成果之一
西南边疆民族地区教育区域国际化发展研究——基于中国—东盟教育区域国际化视角	广西民族大学李雪岩等	核心期刊《学术论坛》2012年04期	国家社科基金特别委托项目《西南边疆民族地区青年归侨侨眷发展问题研究》阶段性成果之一
东盟国家高等职业教育发展特点及其启示	广西经济管理干部学院袁媛、白景永	核心期刊《继续教育研究》2012年03期	2010年度广西教育厅科研立项项目《东盟背景下广西高等职业教育评估体系研究》阶段性成果之一
广西—东盟警察教育训练交流合作的SWOT分析	广西警官高等专科学校尹彦	《高教论坛》2012年11期	2011年新世纪广西高等教育教改工程项目《广西—东盟警察教育训练的合作机制研究》阶段性成果之一，2011年新世纪广西高等教育教改工程项目《教、学、练、战、研一体化人才培养模式可持续发展研究与实践》阶段性成果之一
关于中国—东盟高等教育合作的几个前置关系的思考	广西师范大学冯向东等	《大学教育科学》2012年04期	
中国—东盟警察教育训练交流合作的制约因素与对策	广西警官高等专科学校尹彦、唐博	《云南警官学院学报》2012年06期	2011年新世纪广西高等教育教改工程项目
中国—东盟自贸区背景下广西外语教育的转型与创新研究	广西师范学院张晓鹏	《南昌教育学院学报》2012年01期	2010年广西教师教育立项课题《中国东盟自贸区背景下广西职教英语教师素质培养研究》阶段性成果之一
面向东盟物流产业，实现中职与高职物流教育有效衔接	广西交通运输学校陈璐	《中学教学参考》2012年06期	
基于SWOT分析的广西—东盟高等教育合作策略研究	广西工商职业技术学院陈政赵	《广西教育》2012年23期	
适应中国—东盟自贸区发展需求的英语国际型人才培养模式研究	广西财经学院黄玉华	核心期刊《前沿》2012年04期	
中国—东盟背景下广西高校国际化人才培养的思考	广西大学黄勇荣等	核心期刊《特区经济》2012年09期	
从东盟国家英语语音变体看广西东盟口译人才培养	广西财经学院李媛媛	《湖北第二师范学院学报》2012年11期	
中国—东盟区域合作中人才培养模式研究——以广西为视角	广西师范大学张才圣	《传承》2012年08期	广西师范大学高等教育教学改革项目《广西在中国—东盟区域合作中复合型人才培养研究》阶段性成果之一
面向东盟的国际物流人才培养模式创新研究	广西民族大学秦小辉	核心期刊《中国物流与采购》2012年17期	2012年度新世纪广西高等教育教改工程项目，广西民族大学商学院物流管理紧缺专业立项课题
适应中国—东盟经济发展的国际会计人才培养方案	广西财经学院朱丹	《法制与经济》(下旬)2012年04期	
建立中国—东盟博览会国际化人才实习基地构想	广西师范大学李冬梅	《东南亚纵横》2012年05期	广西教育厅项目《广西外向型国际化人才培养方案研究》阶段性成果之一
如何做好展会的品牌宣传——以中国—东盟博览会为例	广西大学周兴海	《商场现代化》2012年27期	
试用“优势富集”解读中国—东盟博览会对广西的影响	广西日报社姜木兰	《当代广西》2012年11期	

续表

论文题目	作者单位及作者	发表刊物及期数	备注
整合各类展会论坛 进一步办好中国—东盟博览会的若干建议	广西壮族自治区政府发展研究中心荣先恒	《广西经济》2012年09期	
中国—东盟自由贸易区原产地规则签证操作程序变动分析	广西国际商务职业技术学院容静文	《创新》2012年03期	
中国—东盟自由贸易区宏观税负水平的国际比较与研判	广西大学吴则实等	《广西财经学院学报》2012年03期	
中国—东盟自由贸易区(CAFTA)框架下广西银行业的功能定位研究	广西大学行健文理学院姚婷	《沿海企业与科技》2012年07期	广西大学行健文理学院2012年度科研基金项目《中国—东盟自由贸易区框架下广西银行业功能定位和发展路径研究》阶段性成果之一
中国—东盟自由贸易区背景下广西纺织业面临的机遇与挑战	广西出入境检验检疫局李艳	《民营科技》2012年04期	
广西在国际一体化进程中的战略选择——基于中国—东盟自由贸易区的思考	广西师范大学吴霞、孟航	《现代企业教育》2012年22期	
东南亚汉语教材使用现状调查研究	广西师范大学韩明	核心期刊《国家教育行政学院学报》2012年03期	全国教育科学"十一五"规划2010年度课题立项教育部重点课题
东南亚地区伊斯兰信仰的传播及华人在其中发挥的作用	广西大学梁明柳、关熔珍	《东南亚纵横》2012年02期	
一战期间东南亚华侨与中国经济交往新探	广西师范大学张坚	《福建论坛》(人文社会科学版)2012年06期	
论民国时期中国与东南亚的贸易	广西师范大学漓江学院周建明	核心期刊《广西师范大学学报》(哲学社会科学版)2012年04期	广西人文社会科学发展研究中心《泛北部湾历史文化研究团队》阶段性成果之一
东南亚国家城市发展经验对广西的若干启示	广西华蓝设计(集团)有限公司研究院城市中心李响	《广西城镇建设》2012年12期	
移民政治认同对国家关系的影响——以东南亚一些国家为例	广西民族大学郑一省	《东南亚纵横》2012年12期	
在中国的东南亚留学生的文化适应问题——对广西民族大学东南亚留学生的调查	广西民族大学肖耀科、陈路芳	《东南亚纵横》2012年05期	国家社会科学基金项目
中国新闻社广西分社面向东南亚的对外传播策略研究	广西大学邢永川等	核心期刊《新闻知识》2012年11期	国家社科基金项目《中国——东盟传媒合作:现状、问题与对策研究》阶段性成果之一
东西交融绽放奢华之美——东南亚家居风格的创意设计	广西师范学院王颖、周鼎	《中华民居》2012年05期	
东南亚国家总承包项目涉税管理分析	广西桂能工程咨询集团公司韩秀双、陆筱璐	《国际商务财会》2012年06期	
越南使臣与清代中越宗藩秩序	广西师范大学陈国保	核心期刊《清史研究》2012年02期	中国博士后科学基金
越南:2011~2012年回顾与展望	广西社会科学院农立夫	《东南亚纵横》2012年03期	
越南社会主义民主建设的成就、经验与困境	广西民族大学陈元中等	核心期刊《当代世界与社会主义》2012年05期	
中国对越南直接投资问题分析	广西大学雷文晶、梁永莉	《现代商贸工业》2012年12期	
中国与越南现代教育合作回顾与展望	广西社会科学院农立夫	核心期刊《学术论坛》2012年02期	
越南与韩国双边经贸合作关系的论析	广西民族师范学院郑国富	《广西民族师范学院学报》2012年01期	
清代以来越南境内的伏波信仰研究	广西民族大学滕兰花	核心期刊《民族文学研究》2012年05期	广西科学实验(中国—东盟研究)中心课题
略论越南占婆文学	广西民族大学刘志强	核心期刊《国外文学》2012年04期	国家社科基金项目《18-19世纪越南古典文学名著研究》阶段性成果之一

续表

论文题目	作者单位及作者	发表刊物及期数	备注
政治文化视域下的暴君——以越南前黎朝"卧朝王"黎龙铤为个案	广西民族大学王柏中等	《广西民族师范学院学报》2012年01期	国家社科基金一般项目《10-19世纪越南国家宗教祭祀制度研究》阶段性成果之一
试析广西与越南留学教育交流中的文化认同	广西师范大学钟珂	《教育教学论坛》2012年34期	2009年度国家社会科学基金项目《构建认同——北部湾经济合作的可持续性研究》阶段性成果之一，广西人文社会科学发展研究中心《泛北部湾历史文化研究团队》阶段性成果之一
广西越南医学新生H6亚型禽流感病毒血清抗体调查	广西医科大学黄颉刚等	核心期刊《中国学校卫生》2012年12期	国家自然科学基金项目，广西高校人才小高地建设创新团队资助计划
关于越南语中汉语借词的分类问题	广西民族大学韦树关	核心期刊《广西民族大学学报》(哲学社会科学版)2012年03期	国家社会科学基金项目《东南亚语言汉语借词研究》阶段性成果之一
中国与越南货物贸易的互补性研究	广西民族大学刘志雄	核心期刊《中国商贸》2012年17期	广西民族大学商学院应用经济学学科建设经费资助项目《中越边境贸易模拟实训教学研究》阶段性成果之一
新加坡:2011~2012年回顾与展望	广西社会科学院罗梅	《东南亚纵横》2012年03期	
中国与新加坡会展业标准化建设比较研究	广西标准技术研究院金健英、白云霞	《标准科学》2012年06期	广西科技攻关项目《中国—东盟服务业标准数据库建设与应用示范》阶段性成果之一
新加坡城市公共交通管理对广西的启示	广西交通运输厅陆正业	《西部交通科技》2012年12期	
简论新加坡早期华文书法教育发展——东南亚美术研究之二	广西大学帅民风	《美术大观》2012年02期	广西大学科研基金项目《东南亚造型艺术研究》阶段性成果之一
威权政治和多元文化语境下新加坡政府的媒介观	广西大学刘婷	《东南传播》2012年05期	2011年广西教育厅广西高校研究生创新项目
新加坡汇率状况研究:2001~2011年	广西大学潘永、蒋愉	《东南亚纵横》2012年07期	
新加坡现代大学制度建设的背景与前提初探	广西民族大学王喜娟	核心期刊《黑龙江高教研究》2012年10期	国家社会科学基金"十二五"规划2011年度教育学青年课题《中国—东盟高等教育区域性合作研究》阶段性成果之一
泰国:2011~2012年回顾与展望	广西社会科学院陈红升，广西大学李丹	《东南亚纵横》2012年04期	
泰国的民主发展与政党定型分析	中共广西区委党校唐秀玲，广西民族大学李建光	核心期刊《中共中央党校学报》2012年03期	
泰国在华公共外交及启示	广西师范学院丁锐	《重庆科技学院学报》(社会科学版)2012年10期	
泰国税收制度的变革、影响及启示——基于亚洲金融危机和美国次贷危机的背景	广西财经学院刘卫	核心期刊《财会通讯》2012年15期	
泰国南疆地区暴力袭击活动的特点及成因分析	广西大学林志亮等	《东南亚研究》2012年06期	
12个泰国玉米群体的产量配合力效应分析及其杂种优势类群的划分	广西玉米研究所田树云等	核心期刊《玉米科学》2012年05期	广西基本科研业务专项，广西科技攻关与新产品试制项目
基于体验经济的大型国际展会创新策略研究——以泰国BOI博览会为例	广西民族大学韦宜均等	《广东科技》2012年15期	
泰国与菲律宾贸易争端的相关问题分析	广西大学陈才建	核心期刊《中国商贸》2012年21期	
CAFTA下中国与泰国经济贸易发展及展望	广西政法管理干部学院张利霞	《东南亚纵横》2012年12期	
新形势下中国与老挝双边贸易关系研究	广西财经学院张建中	《东南亚纵横》2012年01期	

续表

论文题目	作者单位及作者	发表刊物及期数	备注
老挝经济发展及其与中国的经贸合作	广西民族大学郑一省、王建坤	核心期刊《亚太经济》2012年05期	
老挝佬族人"厄"信仰文化探析	广西民族大学陈有金	核心期刊《广西民族大学学报》(哲学社会科学版)2012年06期	
试论老挝古代文学的特征	广西民族大学陈有金	《东南亚纵横》2012年05期	
老挝赴泰国劳务人员的工作及社会状况研究	广西民族大学许欣等	核心期刊《广西民族大学学报》(哲学社会科学版)2012年03期	
菲律宾:2011~2012年回顾与展望	广西社会科学院黄耀东	《东南亚纵横》2012年03期	
论冷战初期美国对菲律宾的心理战——以1953年菲律宾总统大选为例	广西师范大学周伟	《科教导刊》(中旬刊)2012年11期	
浅析近年来菲律宾的南海政策	广西民族大学陈丙先	《梧州学院学报》2012年05期	
菲律宾非政府组织影响其外交的方式探析	广西社会科学院张磊	《经济与社会发展》2012年12期	
菲律宾《世界日报》对其读者的意义	广西大学陈东霞	《今传媒》2012年02期	
菲律宾儿童文学发展历程探析	广西大学梁卿、曾萍	《吉林广播电视大学学报》2012年06期	
马来西亚:2011~2012年回顾与展望	广西社会科学院韦朝晖	《东南亚纵横》2012年03期	
马来西亚泛在图书馆的理念与实践及对我国的启示	广西民族大学欧阳剑	核心期刊《情报资料工作》2012年05期	广西哲学社会科学"十二五"规划2011年度课题《泛在信息环境下图书馆信息资源组织研究》阶段性成果之一
我国外币折算准则与马来西亚财务报告准则的比较	广西财经学院黄维干	核心期刊《商业会计》2012年09期	
马来西亚语言政策及其对中国外语教育政策的启示	广西医科大学邹长虹	《长春理工大学学报》2012年12期	广西哲学社会科学科研项目《中国与东盟国家语言政策、语言规划对比研究》阶段性成果之一
多元文化背景中的马来西亚华文儿童文学	广西大学黄选明等	《校园英语》(教研版)2012年02期	
中国与马来西亚企业年金会计准则比较	广西财经学院王晓莹	《广西财经学院学报》2012年03期	
中国企业对柬埔寨直接投资特点、趋势与绩效分析	广西师范大学陈隆伟、洪初日	核心期刊《亚太经济》2012年06期	
广西农业科学院—柬埔寨水稻科技合作发展对策	广西农业科学院屈湫明等	《南方农业学报》2012年04期	农业部农作物种质资源保种专项项目,农业部公益性行业(农业)科研专项项目,广西科学研究与技术开发计划项目
1940~1953年间柬埔寨教育的佛教模式	广西社会科学院梁薇等	《东南亚纵横》2012年11期	
高职高专柬埔寨语专业教材建设研究与探讨	广西外国语学院张少丹	《科技信息》2012年12期	
当代印尼华人社团与中国的软实力建设	广西民族大学郑一省	《东南亚南亚研究》2012年03期	
中国对印尼能源投资存在问题的分析及对策	广西民族大学刘志雄	核心期刊《江苏商论》2012年12期	广西民族大学中国—东盟研究中心课题《后金融危机时代中国—东盟能源投资合作研究》阶段性成果之一
超基性岩红土风化壳中镍的表生富集规律及矿化结构研究——以印尼苏拉威西岛Kolonodale矿区为例	桂林理工大学付伟等	核心期刊《矿床地质》2012年02期	国家自然科学青年基金,国家自然科学基金,广西自然科学青年基金
印尼坤甸华人的"烧洋船"仪式探析	广西民族大学郑一省	核心期刊《世界民族》2012年06期	广西特聘专家岗项目《中国南方与东南亚民族研究》阶段性成果之一

续表

论文题目	作者单位及作者	发表刊物及期数	备注
印尼煤在某循环流化床锅炉上的应用分析	广西电力职业技术学院谌莉等	核心期刊《煤炭技术》2012年11期	广西教育厅面上科研项目《印尼煤在广西区内电厂的应用研究》阶段性成果之一
政治稳定,经济增长居东盟之首——印度尼西亚2011~2012年回顾与展望	广西民族大学陈程等	《东南亚纵横》2012年04期	
从强制仲裁到劳动法庭:印度尼西亚劳动争议解决机制的晚近发展	广西师范学院杨强,广西警官高等专科学校李蓉	《东南亚纵横》2012年05期	
简论印度尼西亚语言政策	广西医科大学邹长虹,广西师范学院胡静芳	《湖北函授大学学报》2012年10期	广西教育厅科研项目《东盟国家语言政策研究及启示》阶段性成果之一
广西与缅甸的贸易合作发展浅析	广西大学宣云,广西交通职业技术学院胡冠华	《沿海企业与科技》2012年06期	
越南、缅甸留学生使用汉语助词"的"偏误分析	广西民族大学刘春洋	《华章》2012年11期	
缅甸CNICO印象	广西有色金属集团黄翰影	《当代广西》2012年07期	
缅甸南邓澳水氧化锌矿浮选试验研究	广西华锡集团凤凰矿业分公司周德炎,广西大学魏宗武	核心期刊《中国矿业》2012年01期	
难民问题治理上的各相关行为体分析——对缅甸罗兴伽难民的个案研究	广西社会科学院杨超	《东南亚纵横》2012年12期	
缅甸太平江水电工程劳务的属地化管理	广西水电工程局梁仕铁	《企业科技与发展》2012年14期	
文莱:2011~2012年回顾与展望	广西大学马静,广西社会科学院马金案	《东南亚纵横》2012年03期	
文莱国税收及与中国之比较	广西财经学院周英虎	《新会计》2012年10期	

【壮　学】 2012年,广西科研人员研究壮学问题的著作主要有:蒙元耀《远古的追忆(壮族创世神话古歌研究)》,黄桂秋《壮族巫信仰研究与右江壮族巫辞译注(上下册)》,罗彩娟《千年追忆——云南壮族历史表述中的侬智高》,陆晓芹等《广西国家级非物质文化遗产系列丛书:布洛陀》,韦达《壮语双语双文教学研究》等。

发表的论文,根据《中国知网》对期刊不完全统计,通过对篇名中含有"壮"、"壮族"等关键词进行检索("广西壮族自治区"中的"壮族"字除外),2012年,广西科研人员发表有关壮学研究的文章311篇,全国895篇,占34.7%。其中篇名中含有关键词"壮族"("广西壮族自治区"中的"壮族"字除外)的有130篇,全国256篇,占50.8%;含有"壮药"的有48篇,全国53篇,占90.1%;含有"壮医"的有44篇,全国48篇,占91.7%。

广西科研人员发表有关壮学研究的文章中,有82篇发表在核心期刊,占25.6%。发表在核心期刊的论文中,研究壮族问题的有43篇,占52.4%;研究壮药的有16篇,占19.7%;研究壮医的有3篇,占3.7%。论文作者(以第一作者在广西为准)在高校的有62篇(广西民族大学有19篇,广西中医药大学(广西中医学院)17篇,广西师范大学有9篇),占75.6%;在科研机构有9篇,占11%;在实践工作部门有11篇,占13.4%。

发表的论文中,有部分是基金项目的阶段性成果:国家基金项目(包括国家社科基金、国家哲学社会科学规划基金、国家自然科学基金)的阶段性成果26篇,教育部项目的阶段性成果4篇;广西基金项目(包括广西社科基金、广西哲学社会科学规划课题、广西自然科学基金)的阶段性成果42篇,广西教育类项目(包括广西教育科学规划课题、新世纪广西高等教育教学改革工程、广西研究生教育创新计划项目)的阶段性成果4篇。

壮学研究是广西的研究特色,主要从壮学、壮汉关系以及壮族研究、历史、档案、文献、族群、习惯法、婚姻、伦理、文化、麽教、神话、信仰、体育、文学、歌圩(包括壮剧、壮欢、民歌)、天琴、舞蹈、工艺(包括服饰等)、民居、人物、地区以及壮字、壮语、壮药、壮医、黑衣壮等方面展开。作者多在高校及医院。

出版的著作中,蒙元耀《远古的追忆(壮族创世神话古歌研究)》搜寻各民族的创世神话，研究各民族关于世界与人类起源的不同说法，往往能从中悟出先哲们关注的核心问题。从创世神话古歌这一文学形式，可以窥探壮族先民的思想意识，理解现今壮族人民普遍性格的形成原因。

黄桂秋《壮族巫信仰研究与右江壮族巫辞译注(上下册)》论述涉及壮族巫信仰的历史渊源、巫师的生成类别、巫事礼仪功能、巫辞的传承形态及文化内涵、巫师神灵、招魂、上花园巫路，以及壮族各地巫师、巫事个案考察研究等等

7月8日，大明山天书和骆越文字鉴赏会上专家在研究骆越古文字。

(广西骆越文化研究会供稿)

罗彩娟《千年追忆——云南壮族历史表述中的侬智高》采用田野调查法和历史文献分析法对云南马关壮族历史记忆和文化表述中的侬智高这一历史人物进行研究。

陆晓芹等《广西国家级非物质文化遗产系列丛书：布洛陀》在文献搜集和田野调查的基础上，以图文并茂的方式，全面介绍了壮族口传史诗布洛陀的源流、文本内容、信仰内涵、仪式形态、保护与发展等方面的状况。

发表的论文中，在研究壮汉关系问题上，刘祥学《论壮族"汉化"与汉族"壮化"过程中的人地关系因素》指出自宋以来，广西壮族地区所发生的"汉化"与"壮化"现象，背后都有人地关系因素在起作用。袁丽红《壮族与客家的文化互动与融合》指出随着壮族与客家交往的增多，两者之间的文化互动越来越普遍，壮族的客家化与客家人的壮化同时并存。

在研究壮族历史问题上，谢仁敏《清代壮族文人的精神特质及其文学选择——以桂南作家群为中心》以桂南作家群为中心考察发现，清代壮族文人的思想观念具有明显的矛盾性和复杂性，他们走的是一条最适合自身发展的道路——在汉文化与壮文化之间努力寻找到一个最佳的平衡点。蓝武《明代广西壮族土司土兵"供征调"及其社会影响述论》指出，土司制度下的土兵是封建国家武装力量的一个有机组成部分。该文探讨明代封建中央王朝频繁征调广西壮族土司土兵从事各种军事活动及其对社会的影响。

在研究壮族史料问题上，刘祥学《史料与史实：作为壮族族称最早来源的"撞军"考辨》认为，通过对《续资治通鉴》、《桂海虞衡志》及《溪蛮丛笑》中有关"獞"的史料进行详细的考证辨析，可以发现目前流行的壮族族称源于宋代"撞军"的说法，实际上所征引的史料系版本传抄过程中产生的谬误，应予以纠正。

在研究壮族族群问题上，周建新、严月华《现代国家话语下的族群认同变迁——以广西龙州县金龙镇板外屯壮族傣人侬人为例》认为族群认同的变迁与民族国家的现代化进程密不可分。该文着力呈现国家语境下傣人和侬人的关系及演变，深入探讨现代民族国家如何通过自身的话语表述将不同文化特质的族群个体纳入到统一的政治和经济体之中，而当地的族群成员又是如何接受或拒绝这些表述的。罗彩娟《空间记忆与族群认同——云南省马关县壮族的"侬智高"纪念实践》论述马关县壮族通过干栏房和龙山两种壮族文化要素来传承人们对侬智高的历史记忆，从而加强了壮族的族群认同。

在研究壮族伦理问题上，徐洪刚《唐宋时期壮族道德思想研究》认为壮民族在婚姻家庭道德、社会公德和政治伦理规范三方面呈现多样性和复杂性。其表现为一方面沿袭其自身的传统伦理思想，另一方面中央王朝政府倡导的封建伦理思想不同程度地影响了壮民族原有的道德思想。

在研究壮族文化问题上，覃彩銮《壮族节日文化的重构与创新》认为自古以来，壮族传统节日自成系列，内涵丰富，源远流长，具有鲜明的稻作文化色彩。在现代化进程中，需要加强对其节日文化的保护与传承，实现节日文化的重构与创新。唐凯兴《论壮族传统节日文化的伦理意蕴》认为壮族传统节日习俗中蕴涵着丰富的伦理思想；成为壮族伦理教化和传承的重要途径；保护传承壮族传统节日具有重要的现实价值。

在研究壮族民歌问题上，覃德清《非物质文化遗产保护视野中壮族民歌传统与诗性思维的文明史价值》认为壮民族千百年来一直浸润在"歌海"之中，有必要在非物质文化遗产保护的时代语境中，审视民歌传统和诗性思维的文化价值，促进人类文明的未来发展充

溢着诗性的精神。

在研究壮族地区问题上，刘祥学《论基督教在广西壮族地区的传播及文化冲突》指出鸦片战争后，经过西方传教士的努力推广，基督教在壮族地区的传播取得了一定成绩，但总体上并不成功，其原因与壮族的民族心理与文化冲突有密切关系。

在研究壮语问题上，李心释《壮语对平话的音系干扰与平话的音变规律》指出在汉、壮语接触中，平话在语音上受到壮语影响的性质属于音系干扰。韦福安《论语言变异对中越壮岱族群跨界交往心理距离的影响》中越边境跨界壮岱族群语言结构变异带动语言功能变异，文字变异导致族群认同意识的异向化发展，说明了语言变异是壮岱族群跨界交往心理距离变化的主要因素，这是由处于全球化过程和民族国家建构的双向运动中的边境跨界族群文化一元认同向文化二元或多元认同的构建过程决定的。

在研究黑衣壮问题上，韦玉姣等《广西那坡县达文屯黑衣壮传统麻栏自主更新的启示》通过对广西那坡县达文屯黑衣壮传统麻栏建筑自主更新的考察，指出其延续并革新传统麻栏功能，使用新材料新结构，提高建筑舒适性等特点，同时也分析了忽视传统建筑形式特色的保持以及村庄的整体环境、新建筑的结构不符合安全规范等问题，提出解决思路。

有关“壮学研究”方面的著作一览表

著作题目	作者单位及作者	出版社及出版时间	字数（千字）
远古的追忆（壮族创世神话古歌研究）	广西民族大学蒙元耀	民族出版社，2012 年 7 月	765
壮族巫信仰研究与右江壮族巫辞译注（上下册）	广西师范学院黄桂秋	广西民族出版社，2012 年 8 月	1610
千年追忆——云南壮族历史表述中的侬智高	广西师范学院罗彩娟	广西师范大学出版社，2012 年 6 月	278
广西国家级非物质文化遗产系列丛书：布洛陀	广西民族大学陆晓芹等	北京科学技术出版社，2012 年 9 月	250
壮语双语双文教学研究	广西民族大学韦达	广西民族出版社，2012 年 11 月	460

有关“壮学研究”方面的论文一览表

论文题目	作者单位及作者	发表刊物及期数	备注
壮学理论体系的构建与拓展	广西民族大学黄家信	核心期刊《广西民族大学学报》（哲学社会科学版）2012 年 02 期	2011 年广西首批特聘专家岗项目《中国南方与东南亚民族研究》阶段性成果之一
坚持用马克思主义理论指导壮学研究（一）	广西壮族自治区人民政府张声震	核心期刊《广西民族研究》2012 年 01 期	
张声震：壮学理论及其建构者	广西民族大学秦红增	核心期刊《广西民族大学学报》（哲学社会科学版）2012 年 02 期	
覃彩銮：壮学理论体系践行者	广西民族大学赵乃蓉	核心期刊《广西民族大学学报》（哲学社会科学版）2012 年 02 期	
论壮族“汉化”与汉族“壮化”过程中的人地关系因素	广西师范大学刘祥学	核心期刊《广西民族研究》2012 年 03 期	2010 年国家自然科学基金项目《壮族地区人地关系过程中的环境适应研究》阶段性成果之一
客家商人在壮区——壮族与客家经济关系研究之一	广西民族问题研究中心袁丽红	《广西地方志》2012 年 04 期	国家社科项目

续表

论文题目	作者单位及作者	发表刊物及期数	备注
中国“民族”内涵及民族研究范式应有之转变:以壮族为例(一)	广西民族大学李富强	核心期刊《广西民族研究》2012年01期	
中国“民族”内涵及民族研究范式应有之转变:以壮族为例(二)	广西民族大学李富强	核心期刊《广西民族研究》2012年02期	
骆越是壮族的祖先吗?	广西民族大学黄世杰	核心期刊《广西民族大学学报》(哲学社会科学版)2012年03期	
五族共和为何没有壮族	广西龙州县高级中学黄彩红	《读与写》(教育教学刊)2012年06期	教育部人文社会科学研究青年基金项目《壮傣文化跨国传播研究——以广西西南部布傣族群与东南亚傣族文化传播研究为例》阶段性成果之一
清代壮族文人的精神特质及其文学选择——以桂南作家群为中心	广西大学谢仁敏	核心期刊《广西民族研究》2012年01期	国家社科基金青年项目《清末民初南洋华文文学研究(1881-1920)》阶段性成果之一
明代广西壮族土司土兵“供征调”及其社会影响述论	广西师范大学蓝武	核心期刊《广西师范大学学报》(哲学社会科学版)2012年02期	2008年度国家社会科学基金项目《华南边陲传统民族社会的国家认同——以壮族土司制度为实证》阶段性成果之一
古代壮族治病法数种	广西民族医药研究院容小翔	《中国民间疗法》2012年01期	
我国少数民族档案保护的现状与对策——以广西壮族历史档案为例	广西民族大学饶文星	核心期刊《档案管理》2012年03期	
广西壮族历史档案的价值探析	广西民族大学贺长珍	核心期刊《兰台世界》2012年35期	
史料与史实:作为壮族族称最早来源的“撞军”考辨	广西师范大学刘祥学	核心期刊《广西师范大学学报》(哲学社会科学版)2012年02期	2010年国家自然科学基金项目《壮族地区人地关系过程中的环境适应研究》阶段性成果之一,国家社科基金重点项目《中国历史民族地理研究》阶段性成果之一
评《壮族风物传说的文化研究》	广西民族师范学院黄尚茂	核心期刊《广西民族研究》2012年02期	
广西图书馆壮族特色馆藏文献资源建设初探	广西民族大学项晓晴	《科技情报开发与经济》2012年05期	
论语言变异对中越边境壮岱族群跨界交往心理距离的影响	广西民族师范学院韦福安	核心期刊《广西社会科学》2012年02期	广西人文社会科学研究中心边疆问题研究专项
中、越、老、泰等国壮泰族群的饮食文化	广西民族大学范宏贵	《广西民族师范学院学报》2012年02期	
从民间歌唱传统中看壮泰族群关系——以中国壮族“末伦”和老挝、泰国佬族Mawlum的比较为个案	广西民族大学陆晓芹	《东南亚纵横》2012年09期	
现代国家话语下的族群认同变迁——以广西龙州县金龙镇板外屯壮族傣人侬人为例	广西民族大学周建新、严月华	核心期刊《广西民族研究》2012年01期	国家社科基金特别项目《边界、边民与国家:中国西南边境六十年(1949-2009)》阶段性成果之一,广西首批特聘专家项目
空间记忆与族群认同——云南省马关县壮族的“侬智高”纪念实践	广西师范学院罗彩娟	核心期刊《中南民族大学学报》(人文社会科学版)2012年02期	国家社会科学基金项目《壮族的族群认同与国家认同研究》阶段性成果之一

续表

论文题目	作者单位及作者	发表刊物及期数	备注
从文化认知、文化自信到民族认同的转化与整合——壮族认同教育新论	广西师范大学杨丽萍	《湖南师范大学教育科学学报》2012年06期	国家社科基金教育学项目《少数民族学生国家认同和文化融合研究》阶段性成果之一，广西师范大学《基础教育课程与教学研究》重点课题《新课改背景下高师院校教师教育课程改革研究》阶段性成果之一
论广西壮族习惯法与和谐广西的构建	广西民族大学谭洁	核心期刊《广西社会科学》2012年04期	广西民族大学学校重点项目
基于文化地理视角的壮族婚嫁习俗变迁研究	广西师范大学黎金凤等	《云南地理环境研究》2012年03期	广西教育厅科研项目，广西师范大学青年基金项目资助
壮族传统生态伦理价值探究	广西民族大学邓艳葵	核心期刊《广西民族大学学报》(哲学社会科学版)2012年02期	
唐宋时期壮族道德思想研究	百色学院徐洪刚	核心期刊《前沿》2012年第11期	2009年度国家哲学社会科学基金西部项目《壮族伦理思想研究》阶段性成果之一
麽经布洛陀与壮族传统伦理道德	广西田阳县布洛陀文化研究会黄明标	《创新》2012年02期	
覃圣敏：壮泰民族传统文化研究开拓者	广西民族大学黄秋滨、马敏	核心期刊《广西民族大学学报》(哲学社会科学版)2012年02期	
壮族文化在南宁景观设计中的运用——以南宁会展中心西坡景观设计为例	广西南宁古里园林艺术工程有限公司金麟、金世强	《知识经济》2012年16期	
壮族文化传承与发展路径探析	广西民族问题研究中心黄润柏	《清远职业技术学院学报》2012年02期	
壮族节日文化的重构与创新	广西民族问题研究中心覃彩銮	核心期刊《广西民族研究》2012年04期	国家社科基金课题《壮族传统节日的文化创新研究》阶段性成果之一
论壮族传统节日文化的伦理意蕴	百色学院唐凯兴	核心期刊《学术论坛》2012年第12期	2009年度国家社会科学基金项目《壮族伦理思想研究》阶段性成果之一
中华民族艺术本体及其文化内涵——广西凌云泗城壮族巫调之文化解说	广西艺术学院陆建业	核心期刊《艺术百家》2012年03期	
民族地区环境问题的刑法思想初探——以壮族“那文化”为视阈	广西财经学院李海、史强	核心期刊《学术论坛》2012年01期	2009年教育厅科研项目《广西民族文化资源开发与法律机制匹配性分析研究》阶段性成果之一
壮族麽教主神是三界王论	广西师范大学韦世柏	核心期刊《广西师范大学学报》(哲学社会科学版)2012年06期	
壮族石生人神话和石生殖崇拜的活态呈现	广西师范学院黄伟晶	《剑南文学》(经典教苑)2012年01期	
壮族花婆信仰的现实性考察	广西师范大学潘济华	《柳州师专学报》2012年01期	广西壮族自治区教育厅科研项目
世居少数民族传统节庆体育与民族文化认同——来自中越边境左州镇壮族“金山节”的田野调查	广西民族师范学院王成科等	《广西民族师范学院学报》2012年01期	2011年广西教育厅社科基金立项项目
中越边境世居民族节庆体育与民族文化认同研究——以崇左市左州镇壮族“金山节”为例	广西民族师范学院蒙军等	《西昌学院学报》(自然科学版)2012年01期	2011年广西教育厅社科基金立项项目

续表

论文题目	作者单位及作者	发表刊物及期数	备注
壮族传统体育项目抛绣球的技术分析与教学方法	广西民族大学陈凤珍、石俭	《体育科技文献通报》2012年03期	
广西壮族高杆投绣球训练调查分析	广西民族大学何卫东等	《吉林体育学院学报》2012年04期	广西教育厅科研项目
广西壮族传统体育项目"抛绣球"的健身价值研究	广西师范大学彭峰林、谈一锋	《搏击》(体育论坛)2012年05期	
桂西南壮民族风情的记录——壮族作家岑献青的散文	广西民族师范学院戴红稳	《广西民族师范学院学报》2012年05期	广西民族师范学院项目,2010年度广西高等学校优秀人才计划项目
壮族"嘹歌"歌圩生态的式微与拓展	广西艺术学院肖文朴	《歌海》2012年01期	
布洛陀文化传承视野中的民俗体育探析——以广西田阳县敢壮山歌圩为个案	广西民族大学覃明路等	《体育研究与教育》2012年02期	广西民族大学重点科研项目
中国—东盟文化合作下广西北路壮剧保护研究	广西大学朱斯芸	《南宁职业技术学院学报》2012年06期	
从民族音乐学的"历史、地理研究"角度看北路壮剧和布依戏	广西艺术学院刘玲玲	《歌海》2012年01期	
北路壮剧语言特色及英译原则	广西百色学院周秀苗	《社科纵横》(新理论版)2012年03期	
族群交往:壮剧生成与传承的文化生态	广西民族大学陈丽琴	核心期刊《广西社会科学》2012年02期	国家社科基金西部项目,广西高校优秀人才项目,广西民族大学生态审美与民族文艺学研究基地项目
广西民族民间文化资源旅游开发研究——以田林壮剧为例	广西大学张联秀	《南宁职业技术学院学报》2012年04期	国家大学生创新性实验计划项目《中国—东盟文化交流语境下广西壮剧的传承与发展》阶段性成果之一
中国—东盟文化消费语境下壮剧文化的消费与生产转型	广西大学谭琴等	《知识经济》2012年17期	
从壮剧文化特色看翻译的异化与归化	广西百色学院周秀苗	《佳木斯教育学院学报》2012年12期	
五彩的锦 五彩的歌——壮族歌剧《壮锦》的调性分析	广西艺术学院张娟娟、李娜	《艺术探索》2012年02期	
浅析地方政府对广西"壮欢"发展的思路与对策	广西科技大学蔡青	《法制与经济》(上旬)2012年11期	广西哲学社会科学"十二五"规划2011年度项目《广西壮欢文化的传承与创新研究》阶段性成果之一
论城市化对壮欢文化发展的影响	广西科技大学蔡青等	《柳州师专学报》2012年05期	2011年度广西哲学社会科学"十二五"规划项目《广西壮欢文化的传承与创新研究》阶段性成果之一
从美学的角度探析壮欢	广西科技大学蔡青、王丽娜	《中国—东盟博览》2012年09期	
运用科学发展观理论提升柳城壮欢传承力的探讨	广西工学院谭竺雯	《音乐时空》(理论版)2012年02期	2011年度广西教育厅立项项目《广西民间"活态"艺术柳城壮欢演唱的继承与创新的策略研究》阶段性成果之一
巴马—盘阳河流域壮族歌咏文化的传承环境与历史演变	广西国际博览事务局陈旻	《哈尔滨学院学报》2012年07期	广东高校优秀青年创新人才培养计划项目,茂名市哲学社会科学2010年度一般项目
非物质文化遗产保护视野中壮族民歌传统与诗性思维的文明史价值	广西师范大学覃德清	核心期刊《中南民族大学学报》(人文社会科学版)2012年06期	国家社会科学基金项目《非物质文化遗产保护与壮族民歌习俗传承现状的跨学科调查和研究》阶段性成果之一,广西"人文强桂"课题《壮侗民族民歌文化传承与发展的调查和研究》阶段性成果之一,南疆民族和谐关系研究团队研究课题

续表

论文题目	作者单位及作者	发表刊物及期数	备注
靖西县壮族民歌传承现状调查	广西艺术学院王蔷薇	《歌海》2012 年 06 期	
试析马山壮族三声部民歌与其人文生态环境	广西民族大学陈海霞	《文山学院学报》2012 年 02 期	2010 年广西民族大学研究生教育创新计划项目
广西壮族民歌演唱风格的探析	广西钦州学院韦桂喜	《民族音乐》2012 年 01 期	
广西武鸣壮族民歌演唱研究	广西艺术学院危瑛	《大众文艺》2012 年 11 期	广西艺术学院科研课题《广西武鸣壮族民歌演唱研究》阶段性成果之一
试谈桂西壮族"田州调"原生态音乐的演唱特点与研究价值	广西百色学院刘丽萍	《大众文艺》2012 年 23 期	
论当今乡土音乐的欣赏场与听赏者心理反应的关系——以罗城壮族民歌为例	广西艺术学院周立洁	《艺术探索》2012 年 06 期	
一座沟通英壮文化的桥梁——评《平果壮族嘹歌》(英文版)	广西师范学院吴俊、卢澄	《百色学院学报》2012 年 02 期	
平果嘹歌 壮乡天籁——试论嘹歌音乐音响结构的审美特征	广西艺术学院朱蕾	《黄河之声》2012 年 10 期	
浅析壮族山歌的保护与传承	广西大化县文化馆蒙树忠	《东方企业文化》2012 年 12 期	
壮族天琴源流探微——广西壮族天琴文化研究之二	广西民族研究所李妍	核心期刊《广西民族研究》2012 年 02 期	广西哲学社会科学"十一五"规划青年项目
壮族天琴文化传承与保护现状调查——广西壮族天琴文化研究之三	广西民族问题研究中心李妍	核心期刊《广西民族研究》2012 年 03 期	广西哲学社会科学"十一五"规划青年项目《广西壮族天琴文化研究》阶段性成果之一
壮族天琴的喻天文化功能解析	广西龙州县文体局农瑞群,广西民族师范学院黄柳菱	《广西民族师范学院学报》2012 年 05 期	广西教育厅科研项目,广西民族师范学院科研重点立项项目
桂越边境壮族天琴和祭天仪式探析	广西民族师范学院何明智、黄柳菱	《贺州学院学报》2012 年 04 期	广西文科中心课题,广西民族师范学院重点科研项目
壮族舞蹈《壮族大歌》和《走在山水间》的"继承与创新"	广西师范大学蒋波	《大舞台》2012 年 10 期	广西教育厅科研项目
视觉人类学视野中的壮族扁担舞	广西师范大学蒋波、何娟娟	核心期刊《北京舞蹈学院学报》2012 年 01 期	
广西壮族"扁担舞"探析	广西艺术学院张承伟	《歌海》2012 年 05 期	
服饰的生态审美之宜——龙脊梯田场域壮瑶民族服饰的启示	广西师范学院唐虹	《柳州师专学报》2012 年 06 期	
壮族服饰图案纹样的文化内涵	广西民族大学玉时阶	《广西师范学院学报》(哲学社会科学版)2012 年 01 期	广西哲学社会科学"十一五"规划课题《濒临消失的广西少数民族服饰文化研究》阶段性成果之一
壮族传统手工艺的保护开发与经济互动——以广西靖西县禄峒乡凌准村制陶手工艺为例	广西民族大学覃主元	核心期刊《广西民族研究》2012 年 02 期	
壮族濒危传统手工艺的困境与出路——以制陶、湘纸手工艺为例	广西民族大学覃主元	《广西民族师范学院学报》2012 年 01 期	2009 年广西民大民族艺术硕士点资助课题《壮族传统手工艺的传承与保护》阶段性成果之一
一个壮族村屯的农具变迁及原因探析	广西民族博物馆龚世扬	核心期刊《农业考古》2012 年 06 期	
壮族村落原生态空间风水观——以武鸣县三联村独山屯为例	广西民族大学黄世杰、黄亮滨	《文化遗产》2012 年 01 期	
壮族传统聚落及民居的保护与发展——以龙脊古壮寨为例	广西大学赵冶等	《华中建筑》2012 年 02 期	
壮、侗传统干栏民居比较研究	广西大学赵冶等	《华中建筑》2012 年 04 期	
壮族传统民居的现代演变——以龙胜龙脊村为例	广西大学赵冶等	《华中建筑》2012 年 01 期	
广西壮族人居建筑文化分区	广西大学赵冶等	《华中建筑》2012 年 05 期	

续表

论文题目	作者单位及作者	发表刊物及期数	备注
广西壮族传统干栏民居差异性研究	广西大学赵冶等	《华中建筑》2012 年 01 期	
壮族干栏建筑“宜”态审美价值探析——以龙胜平安壮寨为例	广西师范学院唐虹	核心期刊《广西民族大学学报》(哲学社会科学版)2012 年 02 期	
论广西壮侗民族干栏建筑的生态观及意义	广西民族大学李宏	《艺术探索》2012 年 06 期	
语言负迁移对壮族大学生英语学习的影响	广西民族师范学院陈慧	《广西民族师范学院学报》2012 年 06 期	
利用语块教学有效减少壮族预科学生母语负迁移作用	广西民族大学陈燕	《高教论坛》2012 年 02 期	广西教育厅科研立项项目《广西高校少数民族预科学生英语习得过程的中介语调查研究》阶段性成果之一
2010 年广西壮族农村学生体质下降原因调查与研究	广西师范学院付克翠	《广西师范学院学报》(自然科学版)2012 年 01 期	广西教育厅项目，广西师范学院基础研究基金项目
新生儿溶血病壮族患儿 ABO 溶血三项试验检测结果分析	广西妇幼保健院符宝铭等	《国际检验医学杂志》2012 年 06 期	
桂西地区 0~3 岁壮族婴幼儿母亲食品安全知识、态度、行为调查	广西右江民族医学院周敏、庞雅琴	核心期刊《现代预防医学》2012 年 01 期	
广西地区壮族女性盆底功能障碍性疾病状况调查	广西中医学院附属瑞康医院林忠等	《中国妇产科临床杂志》2012 年 05 期	广西卫生厅自筹经费科研课题
广西壮、汉民族长寿地区长寿老人高血压及脑卒中患病情况调查	广西江滨医院吕渊等	《中国实用神经疾病杂志》2012 年 24 期	广西自然科学基金项目
151 名农村壮族留守老人孤独感调查	广西南宁市社会福利医院张春林等	《吉林医学》2012 年 19 期	广西卫生厅课题
NOD2/CARD15 基因 R702W、G908R 及 L1007fs 多态性与广西壮族人群炎症性肠病的相关性	广西医科大学第一附属医院西院林美娇等	核心期刊《世界华人消化杂志》2012 年 14 期	广西自然科学基金项目，广西卫生厅中医药科技专项课题基金项目
武鸣县壮族人群地中海贫血缺陷发生现状与干预措施	广西南宁市武鸣县妇幼保健院黄星炯等	《中国社区医师》(医学专业)2012 年 02 期	
贵港市覃塘区壮族高血压、糖尿病和肥胖症调查	广西贵港市覃塘区人民医院陆积新等	《中国医药科学》2012 年 23 期	国家自然科学基金资助项目，广西百色市科技局项目
壮族人群转化生长因子—β1 基因 C-509T 位点多态性与矽肺的相关性	广西职业病防治研究院周武旺等	核心期刊《中国工业医学杂志》2012 年 01 期	广西自然科学基金资助项目
广西壮族人 ABCA1 基因 rs2066715 多态性与血脂水平及脑梗死的关系	广西医科大学第一附属医院秦娇琴等	核心期刊《山东医药》2012 年 09 期	
广西地区壮族和汉族正常成人视盘参数的观察(英文)	广西人民医院李莉等	《国际眼科杂志》2012 年 03 期	
壮族地区城市妇女宫颈细胞 DNA 定量分析机会性筛查宫颈病变临床研究	广西中医学院第一附属医院韦丽芳等	《华夏医学》2012 年 02 期	
论基督教在广西壮族地区的传播及文化冲突	广西师范大学刘祥学	核心期刊《宗教学研究》2012 年 02 期	2010 年国家自然科学基金项目《壮族地区人地关系过程中的环境适应研究》阶段性成果之一，2011 年国家社会科学基金重点项目《中国历史民族地理研究》阶段性成果之一
古壮字字书述略	广西民族师范学院何明智、黄柳菱	《广西民族师范学院学报》2012 年 06 期	国家社科基金 2011 年西部项目，广西人文社会科学发展研究中心项目
浅析壮语文献的一组医学词语——兼论方块壮字医药词语的汉语释译	广西中医药大学周祖亮，广西大学方懿林	《广西中医药大学学报》2012 年 04 期	广西哲学社会科学规划研究课题，广西研究生科研创新项目

续表

论文题目	作者单位及作者	发表刊物及期数	备注
《古壮字字典》研究	广西大学艾红娟	《广西民族师范学院学报》2012年04期	国家社科基金项目,教育部科研基金项目,广西哲学社会科学“十一五”规划项目
《壮族麽经布洛陀影印译注》词汇频率分布研究	广西大学黄南津,南宁市图书馆杨粒彬	《创新》2012年02期	国家社科基金项目《〈壮族麽经布洛陀影印译注〉词汇文字研究》阶段性成果之一
浅析壮族俗语的内容、结构、押韵及翻译策略	广西民族报社杨兰桂	《民族翻译》2012年03期	
壮语对平话的音系干扰与平话的音变规律	广西大学李心释	核心期刊《语言科学》2012年01期	国家社会科学基金项目《汉、壮语接触与广西平话变异研究》阶段性成果之一
壮、汉语言接触引发的广西南宁市五塘平话古全浊声母音值变异	广西大学李连进	《广西师范学院学报》(哲学社会科学版)2012年04期	国家社会科学基金项目《广西平话方言地图集》阶段性成果之一
壮语动物名称的研究调查——以广西贵港市中里乡双古村壮语为个案	广西师范大学覃觉环	《剑南文学》(经典教苑)2012年08期	广西研究生教育创新计划项目
天等壮语与标准壮语语音比较研究	广西大学农冰慧	《传承》2012年22期	
广西宾阳平话与壮语“吃”类词的接触与借贷	广西民族大学康忠德,广西师范学院莫海文	核心期刊《广西民族大学学报》(哲学社会科学版)2012年04期	教育部人文社会科学研究项目《西南地区(广西)民族语言转用情况研究——以人口较多民族语言壮语为例》阶段性成果之一
论壮语的数词“一”	广西民族大学蒙元耀	核心期刊《广西民族研究》2012年04期	
开发进程中壮语地名的保护与传承	广西工商职业技术学院游伟民,广西大学覃凤余	《百色学院学报》2012年04期	
试论壮语动词“guh”的翻译及用法	广西《三月三》杂志社覃祥周	《民族翻译》2012年02期	
蒙山壮语的指示代词系统	广西大学高魏	《梧州学院学报》2012年05期	2011年广西研究生教育创新计划项目《基于大型电子文本数据库的方块壮字现代化与系统化研究》阶段性成果之一
壮语方言声乐学习者需解决的几个问题	广西河池学院罗孟贤	《黄河之声》2012年10期	广西教育厅桂教科研项目《桂西北壮语方言对歌唱发声状态的影响研究》阶段性成果之一
汉语熟语壮译琐谈	广西民族报社蒙燕群	《民族翻译》2012年02期	
广西钩藤属植物资源及壮、瑶民间应用的调查分析	广西民族医药研究院黄瑞松等	《广西医科大学学报》2012年02期	广西科学基金项目应用基础研究专项
民间壮药歌诀三则	广西壮医医院蓝日春、樊立勇	《中国民族医药杂志》2012年02期	
壮药与养生保健	广西民族医药研究院钟鸣	《中国民族医药杂志》2012年03期	广西自然科学基金重点课题
星点设计-效应面法优化壮药千斤拔提取工艺	广西中医药大学陈鹏等	核心期刊《药物分析杂志》2012年12期	国家科技部第十九次中泰科技合作项目
壮药依肝达对大鼠长期毒性的实验研究	广西中医学院阎莉等	核心期刊《时珍国医国药》2012年02期	国家“十一五”科技支撑计划课题
HPLC法测定壮药羊开口中没食子酸和鞣花酸的量	桂林三金药业股份有限公司邹准等	核心期刊《中草药》2012年11期	“十二五”国家科技重大专项
壮药山风的化学成分研究	广西药用植物园蓝鸣生等	核心期刊《中草药》2012年09期	2010年广西卫生厅医疗卫生重点科研课题
壮药千花豆枝叶化学成分研究	广西壮族自治区中国科学院广西植物研究所刘金磊等	核心期刊《中草药》2012年06期	桂林市科学研究与技术开发项目,广西植物研究所科学研究基金项目

续表

论文题目	作者单位及作者	发表刊物及期数	备注
壮药咳嗽草中总黄酮提取工艺研究	广西师范大学韦波等	核心期刊《广西师范大学学报》(自然科学版)2012年02期	973计划前期研究专项项目，广西科技厅应用基础研究项目，药用资源化学与药物分子工程教育部重点实验室主任基金项目，广西自然科学基金创新团队项目，广西师范大学创新性实验计划项目
壮药阴香皮药材质量标准研究	广西玉林食品药品检验所黎小伟等	核心期刊《中国现代应用药学》2012年10期	广西壮族自治区壮药质量标准(第二卷)研究项目
壮药狮子尾的生药学研究	广西中医学院田辉等	核心期刊《安徽农业科学》2012年05期	
壮药战骨扦插繁殖技术研究	中国科学院广西植物研究所史艳财等	核心期刊《北方园艺》2012年08期	广西科技攻关项目，广西自然科学基金项目，广西科技创新能力建设项目，
壮药石上莲的性状和显微鉴别研究	广西中医院大学谈远锋等	核心期刊《安徽农业科学》2012年22期	
壮药一匹绸药材的质量控制研究	广西中医药大学卢汝梅等	核心期刊《时珍国医国药》2012年09期	广西自然科学基金创新研究团队项目，广西食品药品监督管理局项目
壮医药膳研究概况	广西中医药大学冯秋瑜等	《广西中医药大学学报》2012年04期	广西卫生厅课题
广西靖西县壮医药现状考察及发展思考	广西右江民族医学院窦锡彬等	《中国民族民间医药》2012年23期	
论壮医学的基本特点及核心理论	广西中医药大学林辰等	核心期刊《中国中医基础医学杂志》2012年11期	国家中医药管理局2010年中医药部门公共卫生专项资金项目
广西壮医治疗龙路病用药组方规律调查研究	广西中医学院庞宇舟，广西中医学院附属瑞康医院蒋祖玲	《中国民族医药杂志》2012年04期	广西自然科学基金项目
壮医针刺与中医针刺的异同	广西中医药大学林辰	核心期刊《中医杂志》2012年24期	广西自然科学基金项目
应用关联规则挖掘壮医谷道病用药组方规律	广西中医学院庞宇舟，广西中医学院附属瑞康医院蒋祖玲	核心期刊《中国实验方剂学杂志》2012年22期	广西自然科学基金项目
壮医毒病论	广西中医药大学邓小莲等	《中南民族大学学报》(自然科学版)2012年03期	国家973计划项目
壮医毒论四位一体应用理论刍议	广西中医学院庞宇舟	《广西中医药》2012年02期	广西中医学院高校基金项目，国家中医药管理局中医药科学技术研究专项
壮医刮痧排毒疗法治疗痧病浅析	广西民族医药研究院牙廷艺，广西壮医医院牙新悦	《云南中医中药杂志》2012年06期	国家中医药管理局适宜技术推广项目，国家民委"十二五"科技支撑项目
试论黑衣壮传统体育文化的生态性特征	广西民族大学陈支越	《体育科技文献通报》2012年03期	广西民族大学重点课题项目《黑衣壮体育文化与该族群的生态关系考察研究》阶段性成果之一
黑衣壮信仰仪式中应对旱灾的传统智慧与经验	广西师范大学梁家靖	《科教导刊》(中旬刊)2012年08期	广西研究生科研创新项目
广西那坡县达文屯黑衣壮传统麻栏自主更新的启示	广西大学韦玉姣等	核心期刊《建筑学报》2012年11期	国家社会科学基金项目
黑衣壮民族旅游项目推广的营销探析	广西工商职业技术学院李红梅、罗生芳	《中国市场》2012年01期	
黑衣壮女性在仪式剪纸中的能动性表达及其原因探析	广西师范大学陆潇玲	《传承》2012年11期	广西研究生教育创新计划研究生科研创新项目

【瑶　学】2012年，广西科研人员研究瑶学问题的著作有：莫金山《金秀瑶族村规民约》，玉时阶《花篮瑶社会变迁》，罗宗志《信仰治疗：广西盘瑶巫医研究》等。

11月24日，2012年瑶族盘王节座谈会在南宁举行。　（广西瑶学学会供稿）

发表的论文，根据《中国知网》期刊的不完全统计，通过对篇名中含有瑶、瑶族等关键词进行检索，2012年，广西科研人员发表有关瑶学研究的有85篇，全国400篇，占21.25%。其中篇名中含有关键词“瑶族”的有36篇，全国157篇，占22.9%；含有“瑶药”的有11篇（全国有18篇），占61.1%；含有“瑶医”的有3篇，全国4篇。

广西科研人员发表有关瑶学研究的论文中，有24篇发表在核心期刊，占28.2%。发表在核心期刊的论文中，研究瑶族问题的有14篇，占58.3%；研究瑶药的有4篇，占16.6%。论文作者（以第一作者在广西为准）在高校有19篇（广西师范大学10篇，广西民族大学3篇，广西艺术学院2篇），占79.2%；在科研机构有5篇，占20.8%。

发表的论文中，其中有部分是基金项目的阶段性成果：国家基金项目（包括国家社科基金、国家哲学社会科学规划基金、国家自然科学基金）的阶段性成果5篇，教育部项目的阶段性成果8篇；广西基金项目（包括广西社科基金、广西哲学社会科学规划课题、广西自然科学基金）的阶段性成果6篇，广西教育类项目（包括广西教育科学规划课题、新世纪广西高等教育教学改革工程、广西研究生教育创新计划项目）的阶段性成果2篇。

由此可见，瑶学研究是广西一大特色，主要从瑶族历史、瑶族族群、瑶族习惯法、瑶族宗教、瑶族社会管理、瑶族文化、瑶族体育文化、瑶族语言、瑶族音乐、瑶族民歌、瑶族舞蹈、瑶族工艺品、瑶族服饰以及瑶区土地、矿产、生物、植物、瑶药、瑶医等，专门研究瑶族各个支系（包括土瑶、山地瑶、白裤瑶、红瑶、布努瑶、蓝靛瑶、盘瑶等）及外国瑶族（越南瑶族等）。作者多在高校。

出版的著作中，莫金山《金秀瑶族村规民约》研究了新时期瑶族村规民约的意义、产生的背景和原因、发展阶段、内容和特点、与传统石牌律和国家法律的异同、存在的问题、作用和命运等问题，认为新时期金秀瑶族村规民约的产生和发展具有现实的合理性，其所规所约具有实用性，存在的问题和弊端有修改补充的必要性，对我国的民族法制建设有一定的参考价值。

玉时阶《花篮瑶社会变迁》是一部研究中国瑶族社会变迁的专著，涵盖了劳动力转移与花篮瑶经济生活变迁、婚姻制度的变迁、家庭制度的变迁、丧葬文化的变迁、花篮瑶民居建筑文化的变迁等内容，展现了花篮瑶族地方面貌与社会生活的发展变化。

罗宗志《信仰治疗：广西盘瑶巫医研究》运用大量第一手资料，深入探讨广西瑶族山寨盘瑶巫医形成的历史渊源，分析盘瑶巫医与现代医学医术的异同、矛盾和冲突，论述盘瑶巫医在瑶族社会所处的地位、对瑶族人生产生活的影响，以及在传承瑶族文化中所扮演的角色。

发表的论文中，在研究瑶族民歌问题上，杨胜慧、黄薇薇《瑶族民歌的创作特征》认为瑶族能歌善舞，在民众中流传着大量的民歌，这些歌种不仅曲调丰富，旋律优美，更令人赞不绝口的是瑶族人那口头即兴创作的旋律、歌词，以及独特的演唱风格。

在研究瑶族茶问题上，黄秋洁等《HPLC法测定瑶族藤茶中没食子酸的含量》目的是利用HPLC法测定瑶族藤茶中没食子酸的含量。

在研究瑶族药用植物问题上，曹明等《广西恭城瑶族集市药用植物的民族植物学调查》采用民族植物学的研究方法和手段，对恭城瑶族境内周期性集市药用植物及相关的传统知识进行了调查。认为在调查地区的野生药用植物资源及相关的传统知识面临着新的威胁，亟待采取必要的措施予以保护。

在研究山地瑶族问题上，罗宗志、刘志艳《神圣与世俗——广西一个山地瑶族师公的信仰和生活》以广西大瑶山一位庞姓瑶族师公作为研究对象，对他的信仰与生活进行民族志研究，从一个新的视角来理解瑶族的宗教。

在研究红瑶问题上，冯智明《身体与南岭瑶族村落空间的构建——红瑶身体的空间性及其象征研究》深入考察红瑶村落空间构建的意义，以进一步讨论红瑶身体的空间象征观念和实践，揭示红瑶如何建构自身与自然和宇宙的关联。

有关“瑶学研究”方面的著作一览表			
著作题目	作者单位及作者	出版社及出版时间	字数(千字)
金秀瑶族村规民约	广西民族大学莫金山	民族出版社,2012年5月	330
花篮瑶社会变迁	广西民族大学玉时阶	民族出版社,2012年7月	380
信仰治疗:广西盘瑶巫医研究	广西民族大学罗宗志	中国社会科学出版社,2012年12月	500

有关“瑶学研究”方面的论文一览表			
论文题目	作者单位及作者	发表刊物及期数	备注
论宋代以来广西瑶族的山地开发及其对生态环境的影响	广西民族大学郑维宽	核心期刊《农业考古》2012年01期	
少数民族族群对核心价值体系的认同分析——以桂林市恭城瑶族自治县为例	广西师范大学莫素娟	《中共山西省委党校学报》2012年02期	广西研究生教育创新计划项目
瑶族习惯法——石牌律研究的回顾与思考	广西师范学院刘坚	核心期刊《广西民族研究》2012年04期	
瑶族千家洞民族习惯法的历史作用	广西师范大学周书尧,桂林博物馆盘福东	核心期刊《社会科学家》2012年09期	
论瑶族神像画的源流	广西艺术学院黄建福	《湖北职业技术学院学报》2012年03期	教育部人文社会科学研究青年基金项目《瑶族民间神像绘画研究》阶段性成果之一
瑶族村落养老模式的现状及成因分析——以广西田东M村为例	广西玉林师范学院夏支平	核心期刊《前沿》2012年07期	玉林师范学院“桂东南研究工程”项目《乡村建设资源的整合——广西兴业县四新村新农村建设的实证研究》阶段性成果之一
“候鸟人”群体社会管理模式——以广西巴马瑶族自治县为例	广西大学周凯	《宜春学院学报》2012年11期	广西研究生教育创新计划项目《“候鸟人”群体社会管理模式探析——基于巴马瑶族自治县巴马镇社会管理模式调查》阶段性成果之一
试论南岭瑶族的文化智慧	广西师范大学覃德清	核心期刊《广西师范大学学报》(哲学社会科学版)2012年03期	广西人文社会科学发展研究中心特色研究团队培育工程《南疆和谐民族关系研究团队》阶段性成果之一
瑶族传统体育文化及其特征	广西民族大学何林等	《广西民族大学学报》(自然科学版)2012年02期	广西民族大学学科建设资助项目“瑶族传统体育文化研究”
瑶族传统体育文化及社会价值研究	广西民族大学葛鑫远等	《军事体育进修学院学报》2012年03期	广西民族大学学科建设资助项目
瑶族语言文字使用情况研究——以广西龙胜瑶族为例	中共广西区委党校杨军	《广西民族师范学院学报》2012年05期	2011年度国家社科基金立项资助课题一般项目《中国瑶族志》阶段性成果之一
瑶语勉方言罗香土语5′调的来源	广西师范大学赵敏兰	《百色学院学报》2012年06期	2011年国家社会科学基金西部项目《广西金秀瑶族语言生态及其保护模式研究》阶段性成果之一
我国瑶族音乐研究现状综述	广西贺州学院雷捷	《大舞台》2012年02期	广西东部族群文化研究基地项目《贺州过山瑶民间音乐研究》阶段性成果之一
广西金秀十八家盘瑶婚仪唢呐音乐的艺术特征及功能分析	广西艺术学院丁梦溪	《艺术探索》2012年06期	

续表

论文题目	作者单位及作者	发表刊物及期数	备注
瑶族题材歌曲《回家过节》的音乐特征——对中国瑶族盘王节节歌《回家过节》的分析与思考	广西贺州学院梁钊	《广西民族师范学院学报》2012年04期	《贺州过山瑶民间音乐研究》阶段性成果之一，广西人文社会科学发展研究中心项目《贺州民间音乐资源发掘与文化研究》阶段性成果之一
瑶族民歌的创作特征	广西柳州职业技术学院杨胜慧，广西贺州学院黄薇薇	核心期刊《民族文学研究》2012年04期	2011年度教育部人文社会科学研究一般项目《瑶族民歌的地域差异研究》阶段性成果之一
广西瑶族民歌音乐特色研究	广西钦州学院韦桂喜	《艺海》2012年03期	
审美人类学视野中广西瑶族民间“鼓舞”之比较	广西师范大学黄小明	核心期刊《广西师范大学学报》(哲学社会科学版)2012年02期	广西人文社会科学发展研究中心项目《广西瑶族支系民间舞蹈审美文化比较研究》阶段性成果之一
瑶族祭祀性舞蹈教学	广西大学农春雀	《大舞台》2012年06期	2010年教育部人文社科研究一般项目(青年基金项目)《桂北瑶族祭祀舞蹈的传承与发展》阶段性成果之一，2010年广西大学科研基金项目《广西瑶族祭祀舞蹈的现状及其教育传承研究》阶段性成果之一
瑶山盛绘：金秀瑶族旅游工艺品开发研究	广西师范大学胡澎	核心期刊《艺术百家》2012年01期	
广西瑶族服饰纹样在日用陶瓷装饰设计初探	广西艺术学院韦文翔、魏迁	核心期刊《中国陶瓷》2012年09期	
贺州瑶族服饰在设计色彩课程中的应用	广西贺州学院韦荣妹	《大舞台》2012年04期	
坚持群众利益至上 破解征地拆迁难题——大化瑶族自治县实现和谐征地拆迁的实践与认识	广西大化县委韦朝永	《传承》2012年15期	
基于3S-ANN技术的县域农地石漠化预警分析——以广西壮族自治区都安瑶族自治县为例	广西师范学院闫妍等	《中国岩溶》2012年01期	国家自然科学基金，广西自然科学基金项目，广西新世纪“十百千”人才工程专项，广西研究生创新计划资助项目
广西大瑶山地区铜金多金属矿床成矿规律研究	广西地质勘查总院邓军	《地质与资源》2012年03期	
桂东大瑶山地区铜金多金属矿床成矿系列及成矿模式	广西地质勘查总院邓军	《地质与资源》2012年06期	
典型石山地区水资源可持续利用对策分析——以广西大化瑶族自治县为例	广西师范学院秦登华	《广西师范学院学报》(自然科学版)2012年03期	广西新世纪十百千人才工程第二层次人选资助专项
典型石山地区小城镇用地扩展特征及驱动力分析——以广西都安瑶族自治县县城为例	广西师范学院黄天能等	《广西师范学院学报》(自然科学版)2012年02期	
广西巴马瑶族自治县旅游产业区风景林营造研究	广西生态工程职业技术学院王娜	《河池学院学报》2012年02期	
瑶乡有座“中国第二大生物基因库”——“走进八桂丛林”之大瑶山	广西民族大学徐治平	《广西林业》2012年05期	
金秀大瑶山桑杆食用菌周年栽培技术	广西科学院李发盛等	核心期刊《中国食用菌》2012年03期	广西科技厅攻关项目

续表

论文题目	作者单位及作者	发表刊物及期数	备注
广西恭城瑶族集市药用植物的民族植物学调查	广西壮族自治区中国科学院广西植物研究所曹明等	核心期刊《植物分类与资源学报》2012年01期	国家自然科学基金,中国科学院植物资源保护与可持续利用重点实验室开放基金项目
珍稀濒危植物瑶山苣苔伴生群落特征	广西金秀老山自然保护区莫耐波等	《广西林业科学》2012年03期	广西林业全球环境基金资助项目,国家自然科学基金项目
HPLC法测定瑶族藤茶中没食子酸的含量	广西中医药大学黄秋洁等	核心期刊《湖北农业科学》2012年24期	教育部博士点基金项目,广西教育厅基金项目
瑶药方富丁茶对不育症患者精液质量的影响	广西崇左市人民医院秦胜军等	《黔南民族医专学报》2012年03期	
瑶药方"富丁茶"治疗男性不育症120例	广西崇左市人民医院秦胜军等	《中国民族民间医药》2012年04期	
广西瑶药资源的现状调查	广西江滨医院黄东挺等	《中国民族医药杂志》2012年03期	广西自然科学基金
瑶族庞桶药浴的应用研究	广西民族医院李彤等	《中国民间疗法》2012年03期	广西自然科学基金,广西中医药管理局项目
瑶药落慬紧(金樱子)根药材质量标准研究	广西药用植物研究所周小雷等	《中成药》2012年12期	《金樱根活性成分对照品制备及质量标准的研究》(桂科攻)阶段性成果之一,《瑶药创新体系建立及广西民族医药产业化技术平台建设》(桂科能)阶段性成果之一,《金鸡胶囊二次开发及国家标准的研究》(桂科攻)阶段性成果之一,《广西生物医药创业服务平台建设》(桂科能)阶段性成果之一
瑶医药膳治愈乙肝21例临床研究报告	广西柳州市瑶秘秘经络养生堂李彦等	《科技创新导报》2012年26期	
瑶药葫芦钻不同提取部位体外抗肿瘤实验研究	广西民族医药研究院黄琳芸等	《中国民族医药杂志》2012年02期	
瑶药风湿骨痛喷雾剂的质量标准研究	广西药用植物研究所唐炳兰等	核心期刊《现代预防医学》2012年06期	《大瑶山特色保健产品开发》(桂科攻)阶段性成果之一,广西中医药管理局资助项目
瑶药风湿骨痛喷雾剂Ⅰ的质量控制方法	广西药用植物研究所王硕等	核心期刊《中国实验方剂学杂志》2012年06期	桂科产资助课题,广西卫生厅课题
温肾健脾润肠方联合瑶医药罐疗法治疗老年功能性便秘临床研究	广西贺州市中医医院李海强等	《四川中医》2012年09期	国家中医药管理局民族医药文献整理项目
瑶药结合药灸疗法治疗急性痛风性关节炎临床观察	广西梧州市中医院刘江、莫绍强	《湖北中医杂志》2012年11期	广西中医药管理局中医药科技专项课题
瑶药驱毒汤内服联合熏药蒸气疗法治疗带状疱疹疗效观察	广西民族医院赵文青等	《中国民族医药杂志》2012年03期	广西自然科学基金,广西区中医药管理局基金
应用瑶药抗癌的思路和方法	广西梧州市中医院王三虎	《中国民族民间医药》2012年20期	
瑶药七爪风的化学成分预实验研究	广西药用植物研究所周小雷等	《中国民族民间医药》2012年02期	桂科产资助课题
瑶药七爪风薄层色谱检测方法研究	广西中医药研究院梁冰等	《中国民族民间医药》2012年11期	广西青年基金项目,广西科技攻关项目

续表

论文题目	作者单位及作者	发表刊物及期数	备注
都安瑶族自治县2004~2010年乙丙类传染病流行概况分析	广西都安瑶族自治县疾病预防控制中心韦标等	《中国初级卫生保健》2012年04期	
瑶医特色灸法治疗风症的应用研究	广西中医学院闫国跃等	《中国民族民间医药》2012年03期	广西研究生教育创新计划资助项目，
瑶族"治未病"方法初探	广西柳州市中医院徐宏等	《中国民族医药杂志》2012年10期	广西中医药管理局中医药科技专项课题，柳州市应用技术研究与开发计划项目
瑶医盈亏平衡理论在"虎牛风钻"命名理论中的应用研究	广西民族医院李彤，广西中医学院闫国跃	《中国民族医药杂志》2012年02期	广西自然科学基金，广西中医药管理局基金
瑶医传奇——覃迅云	广西电视台蒋延、顾井松	《当代广西》2012年12期	
16个Y-STR基因座在广西苗族、瑶族、侗族人群中的遗传多态性	广西壮族自治区人民医院焦伟等	《法医学杂志》2012年05期	广西医疗卫生重点科研课题资助项目
都安县瑶族中学结核病流行情况调查	广西都安县疾病预防控制中心韦启驰	《应用预防医学》2012年01期	
土瑶整脊疗法联合烫熨疗法对胃食管反流病的临床疗效观察	广西贺州市中医医院李海强等	《中华中医药学刊》2012年10期	国家中医药管理局民族医药文献整理项目
神圣与世俗——广西一个山地瑶族师公的信仰和生活	广西民族大学罗宗志，广西恭城瑶族自治县嘉会乡人民政府刘志艳	核心期刊《宗教学研究》2012年01期	2012年度教育部人文社会科学研究规划基本项目《信仰之手——广西盘瑶巫师群体权力研究》阶段性成果之一
"画""绣"合一的白裤瑶服饰图形文化蕴涵与艺术特征	广西师范大学李雅日	核心期刊《装饰》2012年05期	广西人文社会科学发展研究中心"科学研究工程"2010年度第一期课题立项《广西特有少数民族图形艺术研究》阶段性成果之一，广西人文社会科学发展研究中心立项项目《广西特色产业艺术设计应用研究团队》阶段性成果之一
钢琴曲《DoSolRe—白裤瑶印象》的创作风格与演奏技法分析	广西艺术学院莫恭莲	《前沿》2012年16期	
广西白裤瑶地区居民肠道寄生虫感染现状调查	广西疾病预防控制中心蒋智华	《中国病原生物学杂志》2012年02期	
建构主义原真性理论视角下旅游开发与文化保护互动研究——以南丹白裤瑶非物质文化遗产为例	广西大学冯玮玮、魏辉	《时代金融》2012年14期	
广西白裤瑶民族服饰及图案探究	广西师范大学张明学、姚蔼萍	《艺术探索》2012年06期	
古韵美的召唤：南丹白裤瑶服饰文化特征研究	广西大学贺桂梅	《广西民族师范学院学报》2012年04期	教育部社科基金项目《广西少数民族古歌与民俗文化研究》阶段性成果之一，广西教育厅社科项目《广西少数民族古歌与少数民族民俗文化》阶段性成果之一

续表

论文题目	作者单位及作者	发表刊物及期数	备注
过山瑶婚俗及其音乐——以广西贺州贺街镇联东村第四组马鹿寨婚礼仪式为例	广西艺术学院肖文朴	《南京艺术学院学报》（音乐与表演版）2012年04期	
身体与家屋空间的构建——红瑶身体的空间性及其象征研究	广西师范大学冯智明	核心期刊《西南民族大学学报》（人文社会科学版）2012年03期	广西人文社会科学发展研究中心特色研究团队培育工程《南疆和谐民族关系研究团队》、广西人文社会科学发展研究中心2012年度项目《广西新农村建设与非物质文化遗产保护研究》阶段性成果之一
族群历史记忆的身体再现——红瑶身体装饰的文化表达研究之二	广西师范大学冯智明	核心期刊《广西民族研究》2012年02期	广西哲学社会科学"十二五"规划2011年度项目《和而不同：广西多民族聚居区民间信仰的发展与和谐社会构建研究》阶段性成果之一
身体与南岭瑶族村落空间的构建——红瑶身体的空间性及其象征研究	广西师范大学冯智明	核心期刊《广西师范大学学报》（哲学社会科学版）2012年03期	教育部人文社会科学研究2012年度一般项目《身体、仪式与社会——广西红瑶生命仪式的身体人类学研究》阶段性成果之一，广西人文社会科学发展研究中心特色研究团队培育工程《南疆和谐民族关系研究团队》阶段性成果之一
剪发易服的身体政治——红瑶身体装饰的文化表达研究之三	广西师范大学冯智明	核心期刊《广西民族研究》2012年04期	广西师范大学2010年度重点研究项目《仪式的身体人类学研究——以广西龙胜瑶族为个案》阶段性成果之一
从丧葬仪式透视布努瑶社会关系建构——以都安县下坳乡加文村为例	广西民族博物馆叶建芳	《广西社会主义学院学报》2012年02期	
布努瑶伦理道德的史诗抒写《密洛陀》研究	广西大学胡媛	《广西民族师范学院学报》2012年02期	广西教育厅科研项目《广西当代文学的地理学批评》阶段性成果之一
布努瑶对喀斯特地区非木材林产品的利用	广西民族大学廖建夏	《创新》2012年06期	
布努瑶民间信仰现状研究——以大化县弄冠村为例	广西师范学院王玲霞	《广西民族师范学院学报》2012年02期	
蓝靛瑶入赘婚的调查与思考——兼谈和谐性别文化的构建	广西民族大学莫小兰	《广西民族师范学院学报》2012年06期	
蓝靛瑶的山地游耕农业文化研究	广西民族大学徐文亮	《法制与经济》（下旬）2012年02期	
小林香盘瑶的度戒仪式	广西民族大学罗宗志、陈锦均	《柳州师专学报》2012年04期	2012年度教育部人文社会科学研究规划基金项目《信仰之手—广西盘瑶巫师群体权力研究》阶段性成果之一
揭开宗教美术研究的新篇章——评黄建福《盘瑶神像画研究》	广西艺术学院贺珊珊	《艺海》2012年01期	
触变与持守：越南瑶族的黑齿习俗——基于越南老街省保胜县田野调查的探讨	广西民族大学王柏中	核心期刊《广西民族大学学报》（哲学社会科学版）2012年01期	

马克思主义·哲学

【马克思主义研究】 2012年，广西科研人员研究马克思主义问题的著作有：靳书君《全球化、现代化与马克思主义中国化的互动关系》，苏晓云《毛泽东农民合作组织思想与实践研究：基于"组织起来"的思索与考察》，胡建华主编《图说马列》等。

发表的论文，根据《中国知网》期刊不完全统计，通过对篇名中含有马克思主义、毛泽东、邓小平、科学发展观等关键词进行检索，2012年，广西科研人员发表有关马克思主义研究的论文有165篇，全国8288篇，占2%。其中篇名中含有关键词"马克思主义"的有108篇，全国4278篇，占2.5%；含有"毛泽东"的有24篇，全国1785篇，占1.3%；含有"邓小平"的有11篇，全国880篇，占1.25%。含有"科学发展观"的有22篇，全国1345篇，占1.6%。

广西科研人员发表有关马克思主义研究的论文中，有51篇发表在核心期刊，占30.9%。发表在核心期刊的论文中，研究马克思主义问题的有36篇，占70.6%；研究毛泽东的有7篇，占13.72%；研究邓小平的有4篇，占7.84%；研究科学发展观的有4篇，占7.84%。论文作者（以第一作者在广西为准）在高校的有45篇（广西师范大学有16篇，广西民族大学有6篇，广西大学有5篇），占88.24%；在科研机构有4篇，占7.84%；在实践工作部门有2篇，占3.92%。

发表的论文中，有部分是基金项目的阶段性成果：国家基金项目（包括国家社科基金、国家哲学社会科学基金、国家自然科学基金）的阶段性成果16篇，教育部项目的阶段性成果11篇；广西基金项目（包括广西社科基金、广西哲学社会科学规划课题、广西自然科学基金）的阶段性成果3篇，广西教育类项目（广西教育科学规划课题、新世纪广西高等教育教学改革工程、广西研究生教育创新计划项目）的阶段性成果6篇。

马克思主义研究以研究马克思主义、毛泽东思想、邓小平理论、科学发展观为主。研究马克思主义主要从马克思主义理论、政党、革命观、人本观，哲学、唯物史观、实践观、意识形态话语权、信仰、利益观、权威观、幸福观、文化观、生态观、文艺理论、大众化、中国化、《马克思主义基本原理概论》教学等方面展开。研究毛泽东思想主要从毛泽东思想、政府职能理论、决策、军事思想、建国思想、哲学思想、社会研究方法、实践观、经济思想、农村教育思想、文化大战略思想、诗词及《毛泽东思想和中国特色社会主义理论体系概论》教学等方面入手。研究邓小平理论主要从邓小平社会主义本质论、民族理论、党内民主思想、经济思想、农民主体性思想、收入分配思想、教育思想、统战思想等方面入手。研究科学发展观主要从理论和发展及以科学发展观指导各行各业实践工作等方面入手。作者多在高校。

出版的著作中，靳书君《全球化、现代化与马克思主义中国化的互动关系》认为通过马克思主义主题、主力、主体的中国化，进入中国社会经济结构的深层，重新定位市场、社会、国家的结构关系；推动全球化参与方式从负面到正面、从自在到自为、从单向到双向，以及现代化发展方式从片面到全面、从外生到内生、从被动到主动的转变。

苏晓云《毛泽东农民合作组织思想与实践研究：基于"组织起来"的思索与考察》将毛泽东农民合作组织思想与实践置于世界现代化进程中农民合作组织运动的背景之下，立足于中国革命和建设的实际，系统梳理新中国成立之前和之后毛泽东农民合作组织思想的形成和系统化及其相关实践，深入分析毛泽东农民合作组织思想的逻辑与历史、价值诉求与现实考量，并关照当下"三农"问题的实际，彰明毛泽东农民组织思想的重要启示。

胡建华主编《图说马列》以图文并茂的形式对8篇马克思主义经典著作做了简明通俗的解读，既体现原著风貌，同时也结合党的十八大精神阐释其当代价值和指导意义。

发表的论文中，在研究马克思主义哲学问题上，黎学军《中国马克思主义哲学史学史发微》认为中国马哲史学会成立已33年，第一部马哲史稿编撰出版迄今已历31年，将这30余年间该种以传播主流意识形态为首要任务的史学发展历程中的点点滴滴以史学史的体相汇聚成篇，明晰中国马哲史学史研究的分期、内生逻辑、史德构建三方面内容，有利于建构一个脉络清晰的学科史研究模型。汪建明《实践观视阈下自然的存在及其意义——兼论马克思自然哲学的生态意蕴》认为马克思关于自然的实践观点超越了自然与人的关系的机械论述，在一个新的层面上达到了有机统一，为生态哲学提供了一套根本指导方法，距离生态主义思想的建立只有一步之遥。

在研究马克思主义实践观问题上，刘琼豪、陆奇岸《企业生态道德责任正当性的马克思主义实践观分析》指出企业履行生态道德责任既是由企业的生产实践的本质所决定，也是由企业的人作为实践主体的本质和特性所决定的，企业履行生态道德责任具有内在的必然性和应然性。

在研究马克思主义大众化问题上，邓伯军、谭培文《马克思主义大众化的语言哲学解读》指出在践行马克思主义中国化、时代化、大众化的过程中，语言发挥着至关重要的作用。陈媛、刘鑫森《论推动当代中国马克思主义大众化的民间路径——基于公民社会发展的视角》指出推动当代中国马克思主义大众化需要突破自上而下的传统路径，构建以民间大众形态为基础的"大众化大众"的民间路径，形成自上而下路径与自下而上路径的协同作用机制。黎学军《马克思主义大众化研究中的若干问题探讨》指出马克思主义大众化研究应该更多地关注普通大众的喜怒哀乐，应以大众之眼看待马克思主义大众化；以文化的视角看待大众，更能发现大众的首创精神；一些蹈常袭故的研究方法及某些所谓的"定论"应与时俱进地更新知识体系。韦日平《中共十七大后的马克思主义中国化》指出中共十七大之后马克思主义中国化的进展，可以从宏观上概括为四个方面：一是马克思主义中国化新进程的"共同主题"更加明显；二是对马克思主义中国化内涵的认识更加丰富；三是推进马克思主义中国化的主体更加给力；四是马克思主义中国化的国际影响日趋引人瞩目。陈立言《论马克思主义大众化中的"代言"与"立言"共轭》指出构建马克思主义大众化"代言"与'立言"共轭关系可在改变课题相关思维、调整言语行为角色、改变考核评优标准等方面下工夫。

在研究马克思主义中国化问题上，李继兵、孔祥尧《构建科学的收入分配体系——马克思主义中国化过程中的具体问题探析》指出初次分配坚持效率原则，满足资本对剩余价值的掠取，再次分配运用税收杠杆和福利补贴的形式，兼顾劳动者和低收入者的利益，积极发挥第三次分配的作用。

在研究毛泽东思想问题上，韦诗业、旷晓霞《毛泽东社会研究方法探析》认为毛泽东在长期运用马克思主义指导中国革命和建设的实践过程中，发展并形成了具有中国特色的社会研究方法体系，为中国共产党正确认识和改造中国社会提供了科学的方法指引。寿思华《毛泽东经济发展战略思想探究》认为毛泽东的经济发展战略思想具有很强的人民性、有益性、交流性和政治性的特点。

在研究邓小平理论问题上，谭培文《基于马克思利益概念视域的邓小平南巡讲话实质探索》认为邓小平南巡讲话的实质是把发展生产力看作社会主义本质要求，大胆提出了体制机制的改革与创新，为中国市场经济体制的建立提供了理论依据。刘绍卫《邓小平民族理论的国家认同与整合新模式》认为邓小平民族理论重新认识了社会主义时期的民族关系，构建了中华民族的主体精神，确立了新时期党对民族工作领导的新机制，形成了具有鲜明特色的民族理论方法，创造了政治整合新模式。旷红梅《百色起义时期邓小平发展民族经济的实践及其当代意义》认为在百色起义时期，邓小平在领导右江革命根据地经济建设的过程中大胆创新，勇于实践，积累了宝贵的经验。这些实践经验，不仅为邓小平民族经济思想的形成奠定了坚实的基础，而且也具有重要的理论和现实意义。

在研究科学发展观问题上，钟瑞添、梁英《科学发展观：中国共产党人关于发展思想的继承和发展》认为科学发展观是对党的三代中央领导集体关于发展的重要思想的继承和发展。韩太平、张艺兵《论十七大以来科学发展观之新发展》认为党的十七大以来，中国共产党在世情、国情、党情发生深刻变化的情况下，积极践行科学发展观，在实践中检验和发展科学发展观。

有关"马克思主义研究"方面的著作一览表

著作题目	作者单位及作者	出版社及出版时间	字数(千字)
全球化、现代化与马克思主义中国化的互动关系	广西师范大学靳书君	人民出版社，2012年12月	217
毛泽东农民合作组织思想与实践研究：基于"组织起来"的思索与考察	广西师范大学苏晓云	中央编译出版社，2012年4月	281
图说马列	广西区党校胡建华	中共中央党校出版社，2012年12月	265

有关“马克思主义研究”方面的论文一览表			
论文题目	作者单位及作者	发表刊物及期数	备注
论马克思主义理论蕴含的理想信念	广西教育厅李清先	核心期刊《学校党建与思想教育》2012年23期	
西方马克思主义研究浅析	广西师范学院孙艺玮	《社科纵横》(新理论版)2012年04期	
资本主义科学界里的“红色主义者”——试述J·D·贝尔纳的马克思主义观	广西师范学院罗永仕	《长江论坛》2012年04期	
准确认识马克思主义所有制基本原理为社会主义所有制奠定科学的理论基础	广西玉柴机器股份有限公司齐红兵等	《理论界》2012年07期	
创建农村马克思主义学习型党组织的思考	广西工学院韦志红	《湘潮》(下半月)2012年07期	
李大钊的马克思主义革命观研究	广西师范学院谢霄男、吴兆华	《山西高等学校社会科学学报》2012年09期	
马克思主义关于人的全面发展理论及对研究生思想政治教育的启示	广西大学邹再金、张育诚	《佳木斯大学社会科学学报》2012年05期	
论马克思主义人本思想与民办高校学生思想政治教育	广西大学周秀玲、邹再金	《淮海工学院学报》(人文社会科学版)2012年15期	
马克思主义人本观视野中高校思想政治教育的理念创新	广西大学顾慕娴、蔡儿芳	《广西大学学报》(哲学社会科学版)2012年02期	
李达对马克思主义哲学基本问题的正确阐释与理论创新	广西师范学院谢霄男	《西南农业大学学报》(社会科学版)2012年02期	
马克思主义哲学教育改革的基本思路——兼论马克思主义哲学的时代特征	广西师范大学苏晓云	《贺州学院学报》2012年02期	广西教育科学“十一五”规划立项课题
中国马克思主义哲学史学史发微	广西大学黎学军	《山西师大学报》(社会科学版)2012年03期	国家社会科学基金项目
浅议马克思主义哲学与文化哲学之同异	广西师范学院吴兆华、谢霄男	《长江大学学报》(社会科学版)2012年06期	
马克思主义哲学教育改革探析	广西师范大学苏晓云	《学理论》2012年16期	广西教育科学“十一五”规划立项课题《〈马克思主义哲学〉课程整合、教材建设和教学改革研究》阶段性成果之一
当代科学技术给马克思主义哲学带来的机遇与挑战	广西师范大学黄瑞雄	核心期刊《广西师范大学学报》(哲学社会科学版)2012年05期	
略论李达对马克思主义哲学中国化、时代化、大众化的理论贡献	广西师范学院谢霄男	《长春理工大学学报》(社会科学版)2012年05期	
哈贝马斯:历史唯物主义的重建者——西方马克思主义哲学研究之一	广西师范大学王朝元	《大学教育》2012年07期	
实践观视阈下自然的存在及其意义——兼论马克思自然哲学的生态意蕴	桂林理工大学汪建明	核心期刊《广西社会科学》2012年09期	国家社科基金项目
试析唯物史观视角下的马克思主义“两个必然”	广西师范大学韦振强、林国生	《商丘职业技术学院学报》2012年04期	
从马克思主义唯物辩证法看儿童心理发展矛盾	广西师范大学莫丹	《才智》2012年11期	
企业生态道德责任正当性的马克思主义实践观分析	广西师范大学刘琼豪、陆奇岸	核心期刊《学习与探索》2012年08期	国家哲学社会科学基金项目《英国当代道德哲学发展》阶段性成果之一,教育部人文社会科学项目《功利主义伦理学及其当代价值研究》阶段性成果之一,广西文科中心“特色研究团队培育工程”项目

续表

论文题目	作者单位及作者	发表刊物及期数	备注
论体验式教育的理论拓展——基于马克思主义实践观的视角	广西钦州学院丁越华	《教学与管理》2012年24期	广西教育科学"十二五"规划2011年度委托重点课题《广西沿海地区高校特色实践教学体系构建研究与实践》阶段性成果之一,钦州学院教改项目《服务北部湾经济发展的政法类人才职业核心能力拓展研究与实践》阶段性成果之一,钦州学院公共关系精品课课程建设基金项目
论增强高校马克思主义意识形态话语权	广西大学张荣洁	《传承》2012年06期	广西大学马克思主义理论研究和建设工程基地2009年研究课题《坚持马克思主义在高校意识形态领域的指导地位研究》阶段性成果之一
大众文化对马克思主义意识形态话语权的影响及对策研究	广西师范大学邓伯军、李长成	《宁夏党校学报》2012年04期	国家社科基金重点项目《当代西方意识形态终结理论批判与我国意识形态安全研究》阶段性成果之一
高校辅导员开展马克思主义意识形态教育的必要性和重要意义	广西师范学院黄日干	《传承》2012年13期	
论共产党人必须坚信马克思主义信仰	中共广西区委政策研究室杨勇诚等	核心期刊《学术论坛》2012年03期	
浅谈当代大学生马克思主义信仰缺失问题产生原因及解决措施		《法制与社会》2012年30期	
十一届三中全会以来马克思主义利益观研究的成果与不足	广西师范大学谢年华、莫凡	《玉林师范学院学报》2012年01期	2009年国家社科基金项目《和谐社会核心价值认同的利益机制研究》阶段性成果之一,2010年国家社科基金项目《可持续发展理论与解决西部地区贫困问题研究》阶段性成果之一
论权威的历史形态及马克思主义权威观	广西师范学院罗俊刚	《传承》2012年10期	
论马克思主义幸福观的科学性及其认同教育	广西农业职业技术学院陈成志	核心期刊《学术交流》2012年03期	
论马克思主义幸福观的先进性及其时代价值	广西农业职业技术学院陈成志	《世纪桥》2012年11期	
马克思主义文化观与文化软实力建设	广西民族大学周起帆、广西师范学院秦端茜	《科教导刊》(中旬刊)2012年04期	
浅析构建"两型"社会的马克思主义生态观理论基础	广西师范大学林国生、韦振强	《新余学院学报》2012年04期	
现代科学技术与马克思主义	广西师范大学张珍为	《传承》2012年18期	
马克思主义论民族文学与世界文学的关系	广西师范大学莫其逊	《广西民族师范学院学报》2012年01期	
鲁迅的文艺思想与中国马克思主义文艺理论的早期形态	广西师范大学李江	《重庆师范大学学报》(哲学社会科学版)2012年01期	国家社科基金项目《中国共产党三代领导人的文艺思想与马克思主义文艺理论的当代形态》阶段性成果之一
马克思主义大众化的语言哲学解读	广西师范大学邓伯军、谭培文	核心期刊《马克思主义研究》2012年08期	国家社科基金项目《和谐社会核心价值认同的利益机制研究》阶段性成果之一,教育部人文社会科学研究专项任务项目《马克思主义话语体系中国化研究》阶段性成果之一
论中国传统文化与当代马克思主义大众化	广西师范大学钟瑞添、张艺兵	核心期刊《科学社会主义》2012年05期	
马克思主义大众化研究中的若干问题探讨	广西大学黎学军	核心期刊《南昌大学学报》(人文社会科学版)2012年01期	国家社会科学基金青年项目《中国马克思主义哲学史学史研究(1979-2010年)》阶段性成果之一,广西高等学校一般资助科研项目《"阶级"的考察》阶段性成果之一

续表

论文题目	作者单位及作者	发表刊物及期数	备注
论推动当代中国马克思主义大众化的民间路径——基于公民社会发展的视角	广西民族大学陈媛	《教学与研究》2012年11期	国家社科基金《依托社区文化社团推动当代中国马克思主义大众化研究》阶段性成果之一,广西马克思主义理论研究与建设工程基地委托课题《依托民间文化社团推动当代马克思主义大众化研究》阶段性成果之一
活跃在当代中国的大众化马克思主义经济学——《当代马克思主义经济学家:批判与创新》评介	广西大学李欣广	核心期刊《马克思主义研究》2012年11期	
大众文化对马克思主义意识形态话语权的影响及对策研究	广西师范大学邓伯军、李长成	《宁夏党校学报》2012年04期	国家社科基金重点项目《当代西方意识形态终结理论批判与我国意识形态安全研究》阶段性成果之一
以当代马克思主义大众化回应普世价值侵蚀的挑战	广西师范大学廖和平	《河北青年管理干部学院学报》2012年02期	国家社会科学基金项目《和谐社会核心价值认同的利益机制研究》阶段性成果之一,国家社会科学基金项目《西汉意识形态及其当代价值研究》阶段性成果之一,广西师范大学青年基金项目《网络文化对高校德育的影响及其对策研究》阶段性成果之一
理论品牌建设与马克思主义大众化进程的契合研究	广西工学院王宇	《理论月刊》2012年06期	教育部人文社会科学研究一般项目
以改善民生为利益机制推进马克思主义大众化	广西师范大学孟雅琼	《甘肃联合大学学报》(社会科学版)2012年02期	
浅析百色红色文化对推进马克思主义大众化的作用	广西师范大学温岳鹏	《广西青年干部学院学报》2012年02期	广西研究生教育创新计划项目《以红色文化为依托,推进西部少数民族地区马克思主义大众化研究——以广西百色红色文化建设为例》阶段性成果之一
少数民族地区推进马克思主义大众化的思考	广西师范大学温岳鹏	《群文天地》2012年08期	广西研究生教育创新计划项目《以红色文化为依托,推进西部少数民族地区马克思主义大众化研究——以广西百色红色文化建设为例》阶段性成果之一
民族地区马克思主义大众化的有效途径探究——以广西壮族自治区为例	广西师范学院易水发	《湖北省社会主义学院学报》2012年05期	广西哲学社会科学规划研究课题《民族地区马克思主义大众化有效途径与方法研究》阶段性成果之一
广西边境地区马克思主义大众化的分析和思考	广西师范学院罗晓蕙、李传珂	《传承》2012年10期	广西哲学社会科学规划研究课题《民族地区马克思主义大众化的有效途径与方法研究》阶段性成果之一
试论马克思主义大众化的时代特征及必要性	广西师范大学胡江华等	《贺州学院学报》2012年02期	
网络环境下的当代马克思主义大众化	广西大学吴林芳	《长沙大学学报》2012年04期	
简论马克思主义的大众化	广西政法管理干部学院李叙芳	《广西政法管理干部学院学报》2012年04期	
突破单向度——试析"超女模式"对当代中国马克思主义大众化的启示	广西大学石文磊	《经营管理者》2012年08期	
论马克思主义大众化的内涵与理论路径	广西大学梁霄	《长春师范学院学报》2012年10期	
金融危机后言语构建与马克思主义大众化的实现	广西大学陆海霞	《创新》2012年05期	2011年度新世纪广西大学高等教育教学改革工程项目《以言语机制促进思想政治理论课教学的理论与实践研究》阶段性成果之一

续表

论文题目	作者单位及作者	发表刊物及期数	备注
马克思主义中国化的一种新解读——马克思主义与中国传统政治文化的关系辨析	广西民族大学陈强等	核心期刊《毛泽东思想研究》2012年01期	广西民族大学马克思主义中国化研究学科建设经费资助项目《马克思主义与儒家政治文化的关系研究》阶段性成果之一
《中华苏维埃共和国宪法大纲》与马克思主义中国化的宪政落实——兼论马克思主义中国化研究方法中的原典解读问题	广西民族大学唐国军	核心期刊《广西社会科学》2012年10期	
马克思主义中国化对现代化后发展难题的破解	广西师范大学靳书君	核心期刊《毛泽东邓小平理论研究》2012年03期	教育部专项任务项目《马克思主义话语体系中国化研究》阶段性成果之一，中国博士后科学基金资助项目
当代中国民生政治建设提速的制度创新之路——基于马克思主义中国化的视野	广西民族大学黄骏	核心期刊《理论探讨》2012年02期	教育部2010年人文社科规划基金项目《马克思主义越南化问题及中越两国马克思主义本土化的比较研究》阶段性成果之一
论中国特色社会主义制度选择是马克思主义中国化进程中自觉遵循客观规律的境界	广西科技大学（筹）叶宗波、李宪伦	核心期刊《广西社会科学》2012年08期	
构建科学的收入分配体系——马克思主义中国化过程中的具体问题探析	广西大学李继兵、孔祥尧	《兰州大学学报》（社会科学版）2012年02期	国家社会科学基金项目
从现实基础看马克思主义中国化的问题视阈	广西师范大学靳书君、桂林电子科技大学潘沁	《广西师范大学学报》（哲学社会科学版）2012年02期	教育部人文社会科学研究专项任务项目《马克思主义话语体系中国化研究》阶段性成果之一，中国博士后科学基金资助
思想政治教育和马克思主义中国化两个学科基本关系探究	广西科技大学（筹）李宪伦	《广西社会科学》2012年10期	
马克思主义中国化背景下的党内民主文化发展	广西民族大学周岑银	《山西高等学校社会科学学报》2012年06期	2011年度广西研究生教育创新计划资助项目《党内民主文化及其发展研究》阶段性成果之一
马克思主义中国化研究的演进——基于社会历史背景的分析	广西大学王中倩	《学理论》2012年19期	
略论马克思主义中国化理论进程及成果的文化哲学底蕴	广西外国语学院张金根	《桂海论丛》2012年04期	国家社科基金项目《和谐社会核心价值认同的利益机制研究》阶段性成果之一，广西高校思政教育理论与实践研究一般课题
论马克思主义中国化的构成要素：基于"一体两翼"的视角	广西大学陈顺伟	《忻州师范学院学报》2012年01期	
基于马克思主义中国化思考全球化和民族化的互动关系	广西师范大学靳书君，桂林电子科技大学潘沁	核心期刊《理论月刊》2012年06期	教育部人文社会科学研究专项任务项目，广西文科中心"科学研究工程"项目，中国博士后科学基金资助项目
试论马克思主义中国化理论创新的民生向度	广西师范大学邓烨	《经济与社会发展》2012年05期	国家社科基金项目《当代马克思主义意识形态中国化的理论创新研究》阶段性成果之一
马克思主义中国化的发展脉络及其时代主题	广西师范学院谢霄男	《云南社会主义学院学报》2012年01期	
贡献与失误：陈独秀与马克思主义中国化	广西民族大学程林辉、张强	核心期刊《学术论坛》2012年07期	
马克思主义中国化之意义探讨	广西财经学院周涛、李旋	核心期刊《人民论坛》2012年20期	
马克思主义中国化在社会主义建设时期曲折发展的原因探究	广西师范学院陈敏	核心期刊《学校党建与思想教育》2012年25期	

续表

论文题目	作者单位及作者	发表刊物及期数	备注
区域化是马克思主义中国化的题中之义	广西师范大学钟瑞添、汤志华	核心期刊《理论学刊》2012年09期	广西人文社会科学发展研究中心《民族地区新农村建设特色研究团队项目》和《村民自治与当代广西政治文明发展研究课题》阶段性成果之一
马克思主义基本原理概论课专题式教学的尝试	广西师范大学凌小萍	核心期刊《教育探索》2012年03期	广西师范大学第七届教育教学改革立项课题
关于提高艺术院校《马克思主义基本原理概论》课教学实效性的几点思考	广西艺术学院雷金星	《传承》2012年10期	
越南高校马克思主义理论教育课的教材特点和启示——兼论我国思想政治理论课教材体系与教学体系的关系	广西民族大学陈媛、韦有多	《广西教育学院学报》2012年04期	2011年广西新世纪教改工程立项课题《马克思主义基本原理参与性教学体系研究》阶段性成果之一
简论马克思主义理论教师如何加强对大学生的马克思主义教育	广西师范大学袁鹏飞	《商场现代化》2012年20期	
马克思主义基本原理课对大学生科学素养的提升	广西民族大学莫放春	《教育教学论坛》2012年17期	
《马克思主义基本原理概论》课研究性学习教师指导探究	广西师范学院李传珂、周咏梅	《广西师范学院学报》(哲学社会科学版)2012年03期	2012年度广西高等教育教学改革工程立项项目《马克思主义大众化视域下高校思想政治理论课教学模式的研究与实践》阶段性成果之一
毛泽东对马克思恩格斯社会公平理论的实践和创新	广西教育学院何伟	《广西教育学院学报》2012年04期	广西哲学社会科学“十二五”规划2011年度课题《社会公平问题理论与实践研究》阶段性成果之一
浅论毛泽东思想的当代政治意义	广西民族大学奥亚锋	《法制博览》(中旬刊)2012年09期	
毛泽东终止新民主主义社会探索的原因	广西职业技术学院关强	《唐山师范学院学报》2012年04期	
浅谈毛泽东终成一党领袖的个人因素	广西大学黄育聪	《传承》2012年11期	
论毛泽东的政府职能理论与实践	中共广西区委党校张辉	《行政与法》2012年09期	
毛泽东决策的全局观探析	广西民族大学张爱民	核心期刊《河南社会科学》2012年04期	
以外线的成功进击实现内线的积极防御——论毛泽东军事思想对现今国防战略的导向作用	广西三江县古宜镇河东社区居委会覃汉旅	《今日中国论坛》2012年11期	
毛泽东建国思想的历史考察与政治分析	广西财经学院杨勇等	《湖南第一师范学院学报》2012年01期	
毛泽东关于基层民主的历史探索与当代启示	广西民族大学郑颖瑜等	《辽宁教育行政学院学报》2012年03期	
试论毛泽东哲学思想对社会管理创新的指导意义	广西师范学院覃欢	《传承》2012年13期	
二十世纪六七十年代医疗战线学、用毛泽东哲学思想管窥	广西师范大学闭彦龙	核心期刊《毛泽东思想研究》2012年06期	
毛泽东社会研究方法探析	桂林电子科技大学韦诗业，广西师范学院旷晓霞	核心期刊《前沿》2012年22期	教育部人文社会科学研究青年基金项目《中国共产党意识形态资源开发利用问题研究》阶段性成果之一
论毛泽东实践观的双重文化特质——从文化契合的视角看	广西大学孟小非、赵超颖	《哈尔滨学院学报》2012年10期	
毛泽东经济发展战略思想探究	广西社会科学院寿思华	《改革与战略》2012年01期	
毛泽东“推广”农村人民公社的价值诉求	广西师范大学苏晓云	核心期刊《现代哲学》2012年04期	广西人文社会科学发展研究中心项目《广西农村合作经济组织研究：变迁与创新》阶段性成果之一

续表

论文题目	作者单位及作者	发表刊物及期数	备注
分与合的辩证法:新中国农村生产组织之变迁及其启示——兼论毛泽东对中国农村现代化道路的探索	广西师范大学苏晓云	核心期刊《广西师范大学学报》(哲学社会科学版)2012年03期	广西人文社会科学研究中心项目《广西农村合作经济组织研究:变迁与创新》阶段性成果之一,广西师范大学博士启动基金项目《社会主义改造:毛泽东对中国建设道路的初步探索》阶段性成果之一
毛泽东农村教育思想及其启示	广西师范大学何梦珍、刘丽丽	《东方企业文化》2012年15期	
试论毛泽东的文化大战略思想	广西社会科学院寿思华	《改革与战略》2012年08期	
毛泽东诗词中口语体战斗性语言风格之英译	广西民族师范学院杨琳	《重庆工商大学学报》(社会科学版)2012年02期	广西民族师范学院科研项目
毛泽东思想和中国特色社会主义理论体系概论课教学实效提升途径新探	广西师范学院伍柳氏	《牡丹江教育学院学报》2012年02期	广西教育科学规划重点课题《广西大学生政治心态实证研究——以大学生思想政治教育为视角》阶段性成果之一,广西高校思想政治教育理论与实践研究课题《制约高校思想政治理论课教学效果的瓶颈之堵及其解决方法研究》阶段性成果之一
网络语境下"毛泽东思想和中国特色社会主义理论体系概论"课学生自主学习的有效途径探析	广西梧州学院徐红林	《改革与开放》2012年10期	新世纪广西教改工程"十一五"第五批立项项目《"案例.实践.自主学习"的"毛泽东思想和中国特色社会主义理论体系概论"课教学模式的研究与实践》阶段性成果之一
关于增强思想政治理论课课堂教学实效性的几点思考——以《毛泽东思想和中国特色社会主义理论体系概论》为例	广西民族师范学院汪勇	《科技信息》2012年09期	2010年广西高校思想政治教育理论与实践研究课题,广西民族师范学院2011年资助项目
关于《毛泽东思想和中国特色社会主义理论体系概论》教材建设的思考	广西师范学院伍柳氏	《教育教学论坛》2012年07期	广西教育科学"十一五"规划重点课题《广西大学生政治心态实证研究——以大学生思想政治教育为视角》阶段性成果之一
行动导向教学法在高职毛泽东思想和中国特色社会主义理论体系概论课教学中的应用	广西卫生职业技术学院李革	《卫生职业教育》2012年17期	
基于马克思利益概念视域的邓小平南巡讲话实质探索	广西师范大学谭培文	核心期刊《广西师范大学学报》(哲学社会科学版)2012年04期	国家社会科学基金项目《和谐社会核心价值认同的利益机制研究》阶段性成果之一,广西社会科学基金项目《多元文化视阈下的马克思主义哲学中国化、时代化、大众化研究》阶段性成果之一
邓小平社会主义本质论对马克思恩格斯社会主义本质观的继承与发展	广西电力职业技术学院唐春生	《咸宁学院学报》2012年09期	
邓小平民族理论的国家认同与整合新模式	中共广西区委党史研究室刘绍卫	核心期刊《广西社会科学》2012年11期	国家社科基金项目,国家社科基金项目
论邓小平党内民主思想的创新与发展	广西工业职业技术学院张时碧	《经济与社会发展》2012年01期	
论邓小平对中国共产党知识分子政策的创新	广西民族师范学院李明辉	《贺州学院学报》2012年01期	
邓小平、江泽民和胡锦涛的教育经济思想比较研究	广西师范大学林钜垌	《教育观察》2012年01期	

续表

论文题目	作者单位及作者	发表刊物及期数	备注
浅谈研究邓小平经济哲学思想的基本方法及其重要意义	广西师范学院谢宵男	《前沿》2012年16期	
农民主体性缺失的实然困境及重构路径——基于邓小平的农民主体性思想	广西财经学院陆维研	《社科纵横》2012年05期	
论邓小平收入分配思想形成的背景	广西大学孔祥尧	《经济与社会发展》2012年04期	
论第三代领导集体对邓小平教育思想的发展	广西电力职业技术学院许秀群	核心期刊《广西社会科学》2012年04期	
略论邓小平在百色起义中的统战思想	广西社会主义学院金荣	《百色学院学报》2012年03期	
百色起义时期邓小平发展民族经济的实践及其当代意义	中共百色市委党校旷红梅	核心期刊《广西社会科学》2012年第6期	
对科学发展观“以人为本”的认识	广西师范学院白一彤	《牡丹江大学学报》2012年07期	
科学发展观:中国共产党人关于发展思想的继承和发展	广西师范大学钟瑞添、桂林理工大学梁英	核心期刊《广西师范大学学报》(哲学社会科学版)2012年05期	国家社科基金重大招标项目《十七大以来科学发展观的新发展》子课题《科学发展观对党的三代中央领导集体发展思想的贡献》阶段性成果之一
论十七大以来科学发展观之新发展	广西师范大学韩太平、张艺兵	核心期刊《人民论坛》2012年29期	广西马克思主义理论研究与建设工程基地项目《提高基层党组织建设科学化水平研究》阶段性成果之一
科学发展观的协同思维特征探析	广西经济管理干部学院苏亮乾	《经济与社会发展》2012年12期	
试论科学发展观对“新人道主义”的超越	广西民族大学黄月芬	《辽宁教育行政学院学报》2012年01期	
践行科学发展观的典范	广西师范学院顾凤威	《南方国土资源》2012年02期	
科学发展观:党必须长期坚持的指导思想——学习党的十八大文件体会	广西大学阳国亮	《中共桂林市委党校学报》2012年04期	
以科学发展观为统领 推进企业文化建设——谈科学发展观对企业文化建设的指导意义	广西烟草专卖局(公司)宾能雄	《企业科技与发展》2012年07期	
以科学发展观引领大学生思想政治教育工作	广西医科大学莫税英	核心期刊《广西社会科学》2012年03期	
学习科学发展观,探索思想政治教育的方法化	广西医科大学蒙健堃	《广西警官高等专科学校学报》2012年05期	广西人文强桂工程项目
以科学发展观指导研究生创造力的培养	广西大学郭世平,广西电力职业技术学院周妍	《经济与社会发展》2012年01期	广西大学科研基金项目《科学发展观指导下的研究生创造力开发与培养研究》阶段性成果之一
基于科学发展观的高职人才培养模式	广西财经学院周涛、李旋	核心期刊《职教论坛》2012年17期	

【伦理学】 2012年,广西科研人员研究伦理学的著作主要有:李广义《和合与太平:〈太平经〉伦理思想研究》,覃青必《论道德自由》等。

发表的论文,根据《中国知网》期刊不完全统计,通过对篇名中分别含有伦理学、伦理、道德、德育、爱国主义教育、诚信、修养、人文素质、人格等关键词进行检索,2012年,广西科研人员发表有关伦理学研究的论文有247篇,全国17058篇,占1.45%。其中篇名中含有关键词"伦理学"或"伦理"或"道德"的有125篇,全国9076篇,占1.38%;含有"德育"的有43篇,全国3091篇,占1.39%;含有"诚信"的有37篇,全国1838篇,占2%,含有"人格"的有18篇,全国1738篇,占1.04%。

广西科研人员发表有关伦理学研究的论文中,有44篇发表在核心期刊,占17.8%。发表在核心期刊的论文中,研究伦理或道德的26篇,占59.1%;研究德育的3篇,占6.8%;研究爱国主义教育的1篇,占2.3%;研究诚信的有10篇,占22.7%;研究人文素质和人格的各2篇,各占4.55%。论文作者(以第一作者在广西为准)在高校有42篇(广西师范大学和广西警官高等专科学校各6篇,广西民族大学5篇,广西工学院3篇),占95.46%;在科研机构和在实践工作部门各有1篇,各占2.27%。

发表的论文中,有部分是基金项目的阶段性成果:国家基金项目(包括国家社科基金、国家哲学社会科学基金、国家自然科学基金)的阶段性成果16篇,教育部项目的阶段性成果14篇;广西基金项目(包括广西社科基金、广西哲学社会科学规划课题、广西自然科学基金)的阶段性成果3篇,广西教育类项目(广西教育科学规划课题、新世纪广西高等教育教学改革工程、广西研究生教育创新计划项目)的阶段性成果4篇。

研究伦理学问题的论文主要从伦理学、伦理思想、道德课教学、伦理基本问题、伦理学与其他学科的关系(包括行政、法律、企业、社会、家庭、消费、职业、网络、新闻、翻译、文学、体育、音乐、环境、医疗伦理等)、公民道德(包括教师、儿童、学生道德等)、德育、爱国主义教育、诚信、修养、人文素质、人格等方面展开。作者多在高校。

出版的著作中,李广义《和合与太平:〈太平经〉伦理思想研究》指出《太平经》中渗透着浓厚的伦理道德精神,在中国道教的形成过程中占有重要地位,其伦理思想的核心内容值得世人批判性地继承与借鉴,可以在一定程度上弥补"现代性社会道德"的不足。

覃青必《论道德自由》指出道德自由是主体为了道德上的自我完善而自主地作出道德抉择,从而在道德生活中拥有的自主权或达致的自由境界。道德自由建立在道德必然的基础上,主体只有认识与内化道德必然才有可能拥有道德自由。

发表的论文中,在研究伦理思想问题上,林春逸《马克思的发展伦理思想及其当代价值》指出马克思的发展伦理思想无论是对破解当今人类共同遭遇到的世界性世纪性发展难题,还是对破解当代中国所遭遇到的世所罕见的发展难题,都具有重要的时代价值。吴全兰《论张载对孝悌思想的发展及其启示》指出张载对传统孝悌思想的发展对我们有深刻的启示:第一,提升道德修养和精神境界需要从培养爱心开始;第二,培养爱心需要感恩与移情。

在研究伦理基本问题上,李晔、苗青《伦理规范作为制度性事实:一种本体论研究》指出伦理规范作为制度性事实的本体论研究,对于伦理学理论中描述与规定、是与应该之间的关系问题,以及为全球化时代伦理规范基础性问题的理解和研究,提供了一种富有启发性的方法论视角。

在研究廉政信仰问题上,唐贤秋《廉政制度建设的伦理价值追问》指出培育廉政信仰,是廉政制度建设的目的价值所指。作为对廉政价值目标的确定性追求,廉政信仰的培育,需要各信念要素的综合作用以形成一致的倡廉场。

在研究营销道德问题上,蒋侃《在线零售商营销道德与口碑的关系研究》指出在线零售商应建立和维持一个有道德的身份,强化顾客对企业的认同感,以此形成传播效应。

在研究社会道德问题上,许进杰《环境道德、消费者社会义务与生态文明消费模式》指出从道德责任和法律

10月20日,第八次全国应用伦理学学术研讨会在南宁召开。

(广西伦理学学会供稿)

义务两个层面构建生态文明消费模式和确立消费者社会义务，无疑是建设生态文明，促进资源可持续消费和环境可持续发展，最终实现人的全面发展和社会全面进步的辩证理性和应然之举。赵芸、潘清泉《大学生网络同居现象的道德伦理考量》论述了大学生网络同居的概念界定和现状及特点，在社会伦理视角下分析大学生网络同居产生伦理道德问题并提出对策措施。

在研究德育问题上，梁彩花《生态德育——德育科学发展新路向》分析生态德育与科学发展观的关系，指出推进高校生态德育的若干新思路。张洪春《面向自然的人之道德理性——生态德育的核心命题及其向度》对生态德育理论核心命题及其实践向度的深刻解析，不但揭示生态德育精神实质和生成机制，而且澄明其在生态文明中的地位和作用，具有一定的理论和现实意义。

在研究诚信问题上，秦琳、罗宗火《优化大学生诚信生态环境研究》认为大学生诚信道德的培养应遵循“自律”和“他律”相结合的原则；把诚信教育融入校园文化中；家庭、学校、社会三方形成教育合力；学习借鉴西方诚信教育经验。只有多部门、多层面地建立高校诚信体系，才能长效优化大学生诚信生态环境。

在研究人格问题上，谢雪莲《中西悲剧意识的人格特征探讨》对中西人格建构进行探讨，旨在全面把握悲剧人格的建构态势，勾勒出族群的共同性。

有关“伦理学”方面的著作一览表

著作题目	作者单位及作者	出版社及出版时间	字数(千字)
和合与太平:《太平经》伦理思想研究	中共广西区委党校李广义	广西人民出版社，2012年08月	200
论道德自由	广西民族大学覃青必	光明日报出版社，2012年5月	165

有关“伦理学”方面的论文一览表

论文题目	作者单位及作者	发表刊物及期数	备注
伦理学批评视角下的《紫颜色》	广西师范学院邹琴	《忻州师范学院学报》2012年01期	
从“此幸福”通达“彼幸福”之岸——有感于《尼各马可伦理学》的幸福观	广西大学邹再金、周秀玲	《重庆科技学院学报》(社会科学版)2012年14期	
加强生命伦理学继续教育提高医务人员职业道德水平	广西卫生职业技术学院戴燕玲	《中国职工教育》2012年16期	
马克思的发展伦理思想及其当代价值	广西师范大学林春逸	核心期刊《广西师范大学学报》(哲学社会科学版)2012年05期	国家社科基金项目《当代中国文化的发展价值及其实现路径研究》阶段性成果之一，教育部人文社会科学研究西部和边疆地区项目《马克思恩格斯发展伦理思想及其当代价值研究》阶段性成果之一
道家生态伦理思想对广西生态文明建设的启示	广西大学黄东桂等	《广西大学学报》(哲学社会科学版)2012年05期	
西方科技伦理思想述评	广西师范大学梁红秀，桂林电子科技大学毛睿	《理论界》2012年03期	
《道德经》官“德”思想的现实教育意义	广西师范大学罗业杲	《重庆科技学院学报》(社会科学版)2012年06期	
论张载对孝悌思想的发展及其启示	广西师范大学吴全兰	核心期刊《齐鲁学刊》2012年02期	
漫谈《道德经》的德育思想	广西师范大学罗业杲	《北京教育》(德育)2012年01期	

续表

论文题目	作者单位及作者	发表刊物及期数	备注
实践教学中提升高职生思想道德修养的理性思考	广西工业职业技术学院罗桂全	《高教论坛》2012年06期	
高职思想道德修养与法律基础课程的现实困境与解决途径	广西职业技术学院刘洋	《广西职业技术学院学报》2012年03期	
高职《思想道德修养与法律基础》项目教学的问题与对策的研究	广西职业技术学院黄金燕	《法制与社会》2012年14期	
“思想道德修养与法律基础”课程教学中大学生权利观念的培育	广西工学院黄少洪、梁萍	核心期刊《教育与职业》2012年20期	
找准着力点:整体性建构“思想道德修养与法律基础”的教学体系	广西师范大学蒲鸿志	《桂林师范高等专科学校学报》2012年01期	
高职“思想道德修养与法律基础”实践教学的问题与对策研究	广西职业技术学院郭水兰、盘菊莲	《广西职业技术学院学报》2012年02期	
思想道德修养与法律基础课的实践特性及教学改革探析	广西民族大学吴成林等	《经济与社会发展》2012年04期	2011年度广西民族大学思想政治教育理论与实践研究专项课题资助项目
论地域民族文化资源在“思想道德修养与法律基础”课教学中的应用	广西现代职业技术学院潘华林	《科教导刊》(中旬刊)2012年08期	2011年度新世纪广西高等教育教学改革工程立项课题
高校思想理论课程教学方法探析——以《思想道德修养与法律基础》课程为例	广西师范大学杨宁坤	《学理论》2012年12期	广西哲学社会科学“十二五”规划2011年度项目
伦理规范作为制度性事实:一种本体论研究	广西师范大学李晔、苗青	核心期刊《深圳大学学报》(人文社会科学版)2012年06期	国家社会科学基金项目《全球化与科学时代的伦理规范基础研究》阶段性成果之一
道德隐喻:道德研究的隐喻视角	广西师范大学李宏翰,桂林空军学院许闯	核心期刊《广西师范大学学报》(哲学社会科学版)2012年05期	广西研究生科研创新项目
论道德的民族性与超民族性	广西民族大学唐贤秋	核心期刊《伦理学研究》2012年01期	
以胄品文的道德思维嬗变	广西师范学院贺根民	《河南科技大学学报》(社会科学版)2012年02期	
建设核心价值体系 打牢思想道德基础	广西桂冠电力股份有限公司吴启良	《广西电业》2012年Z1期	
危机管理视角下地方政府责任伦理研究	广西大学韦晓	《现代商贸工业》2012年22期	
适配与嬗变:整体性治理中国化的行政伦理忖度	广西大学曾凡军、李建辉	《传承》2012年18期	广西大学2011年度大学生创新创业训练计划国家级立项《广西边疆多民族地区社区整体性治理研究——以凭祥市五社区为样本》阶段性成果之一
阶层利益整合中的行政伦理失范与规范研究	广西师范大学林延斌	《邯郸职业技术学院学报》2012年02期	
基于恶性拆迁事件的行政伦理构建探讨	广西大学刘磊	《现代商贸工业》2012年07期	

续表

论文题目	作者单位及作者	发表刊物及期数	备注
“亲亲相隐”制度的法伦理思考	广西政法管理干部学院叶晖	核心期刊《人民论坛》2012年23期	
从公司捐赠看公司社会责任——基于道德与法律的二维空间	广西南宁市西乡塘区人民法院郑忠林	《贵州警官职业学院学报》2012年04期	
廉政制度建设的伦理价值追问	广西民族大学唐贤秋	核心期刊《齐鲁学刊》2012年05期	
论廉政诉求的伦理价值定位	广西民族大学唐贤秋	核心期刊《哲学动态》2012年04期	
社会转型时期企业伦理问题产生的原因及其对策分析	广西工学院徐海柏	《经营管理者》2012年01期	
构建和谐社会进程中的分配伦理问题研究	广西师范大学曾兴华等	《梧州学院学报》2012年04期	2011年江西省社会科学规划一般项目
经济发展中“人的可持续发展”解读——基于“发展”与“反发展”的伦理辨析	广西师范大学唐海燕	《教育观察》2012年06期	广西教育厅立项课题《生态文化伦理价值体系建设与广西新农村可持续发展研究》阶段性成果之一
在线零售商营销道德与口碑的关系研究	广西大学蒋侃	核心期刊《企业经济》2012年06期	教育部人文社会科学研究一般项目《跨渠道购买行为模式下零售商忠诚及其培育机制研究》阶段性成果之一
食品安全问题成因及其预防对策——基于广西禽畜生产现状与道德资本投入的分析	广西水产畜牧学校黄祖江	核心期刊《广西民族大学学报》(哲学社会科学版)2012年03期	
“不道德”的社会与公平正义——基于《道德的人与不道德的社会》的文本解读	广西大学潘腾腾、陈顺伟	《宜春学院学报》2012年09期	
新闻媒体对社会道德规范的引导功能研究	广西工业职业技术学院张时碧	核心期刊《中国报业》2012年10期	
新世纪以来家庭伦理剧中的男性形象分析	桂林航天工业学院张吉琳	《艺术科技》2012年C6期	
论消费异化的道德向度	广西大学徐秦法、顾能贵	核心期刊《甘肃社会科学》2012年03期	2011年度广西高等学校一般资助科研项目《广西高校大学生道德信仰现状及教育对策研究》阶段性成果之一
论语精神与审计人员职业道德的有机融合	广西物资集团有限责任公司甘卓霞	核心期刊《会计之友》2012年25期	
浅论人文素质教育对中医药专业学生职业道德养成的影响	广西卫生职业技术学院陈叶龙	《科教文汇》(下旬刊)2012年01期	
浅谈会计职业道德需要诚信教育	广西柳州市烟草专卖局冷征征	《现代营销》(学苑版)2012年12期	
强化职业道德建设，努力防范保险会计造假	华安财产保险公司广西分公司冯艳	《金融经济》2012年20期	
“工学结合”下高职院校思想政治理论课加强职业道德教育的对策研究	广西国际商务职业技术学院陈少珍	《学理论》2012年28期	2011年广西高校新世纪教改工程项目《工学结合下高职院校思想政治理论课强化职业道德培养的研究与实践》阶段性成果之一
高等职业院校学生职业道德教育初探	广西水利电力职业技术学院冉海涛	《新西部》(理论版)2012年04期	2010年度新世纪广西高等教育教改工程项目

续表

论文题目	作者单位及作者	发表刊物及期数	备注
高职院校学生职业道德素质缺失的成因探析	广西国际商务职业技术学院陈少珍	《学理论》2012 年 19 期	广西高校新世纪教改工程 2011 年项目《工学结合下高职院校思想政治理论课强化职业道德培养的研究与实践》阶段性成果之一
对中职生开展职业道德与法制教育双管齐下模式的探索	广西理工职业技术学校梁丽琼	《大学教育》2012 年 06 期	
从徐宝璜的社会责任思想到当代的职业传播道德	广西大学黄林燕	《九江学院学报》(社会科学版)2012 年 01 期	
对中职卫校学生职业道德教育的思考	广西人民医院附设卫生学校蒙振明	《中国医药指南》2012 年 15 期	
会计职业道德教育对中职会计专业学习的引导	广西玉林农业学校朱晓	《现代经济信息》2012 年 05 期	
论应用型法律人才的法律职业道德教育——广西师范大学法律人才培养创新实验区建设系列论文之十	广西师范大学郭剑平	《大学教育》2012 年 01 期	广西“首批自治区人才培养模式创新实验区建设项目《应用型法律人才培养模式创新实验区》阶段性成果之一,广西教育厅新世纪教改工程“十一五”第五批立项课题《应用型法律人才培养模式创新实验区建设的研究与实践》阶段性成果之一,广西师范大学第七届 A 类教改课题《应用型法律人才培养模式创新实验区建设的研究与实践》阶段性成果之一
职业道德教育的价值	广西理工职业技术学院梁辉	核心期刊《社会科学家》2012 年 06 期	
中国和美国的社会性网络伦理教育比较	广西大学陆伟华	《重庆科技学院学报》(社会科学版)2012 年 11 期	
加强中职学生网络道德教育刻不容缓	广西玉林农业学校梁明骅	《职业》2012 年 17 期	
大学生网络同居现象的道德伦理考量	广西科技大学(筹)赵芸、潘清泉	核心期刊《学校党建与思想教育》2012 年 21 期	教育部规划基金课题《网络舆情:大学生思想政治教育面临的问题和出路》阶段性成果之一
高校学生网络伦理问题分析	广西中医药大学第一临床医学院李敏智,广西大学赵霞	《计算机光盘软件与应用》2012 年 23 期	
从“闫凤娇事件”探析网络媒体的伦理失范	广西大学朱凡星等	《视听》2012 年 02 期	
微博的伦理道德审视——以温州动车追尾事件为例	广西大学行健文理学院谭淑玲	《新闻前哨》2012 年 06 期	
电视 ADR:解构电视调解节目——基于传播伦理的法学思考	广西民族大学李立景	《新闻实践》2012 年 03 期	广西哲学社会科学“十二五”规划 2011 年度项目《新闻监督与司法公正法律问题研究》阶段性成果之一,广西高等学校优秀人才资助计划项目《纠纷解决的媒介化范式研究》阶段性成果之一,广西民族大学人才引进项目《大众传媒与纠纷的解决》阶段性成果之一
特殊情境下的民间新闻伦理问题初探——以英籍男子宣武门性侵中国女子事件为例	广西大学余子泓	《东南传播》2012 年 11 期	
自媒体伦理浅析	广西大学朱严峰	《科协论坛》(下半月)2012 年 06 期	

续表

论文题目	作者单位及作者	发表刊物及期数	备注
关于植入式广告的伦理思考	广西师范大学李青	《中共乐山市委党校学报》2012年03期	
翻译伦理视角下西方《圣经》翻译简史探究	广西民族大学卢丛媚	《佳木斯教育学院学报》2012年10期	
口译职业化背景下外交口译员多元角色观——翻译伦理视角下的阐释	广西大学王浩	《北方文学》(下半月)2012年08期	
元杂剧中的家庭贤孝剧及其伦理观念探析	广西工学院包小玲	《哈尔滨学院学报》2012年02期	
《红字》的清教主义伦理解读	广西师范学院邹琴	《湖南人文科技学院学报》2012年04期	
道德塑造:“诗言志”说的文化功能发微	广西师范学院李爱娟	《岳阳职业技术学院学报》2012年04期	
集体项目运动员情绪管理能力与体育道德行为	广西民族师范学院韦光辉等	《武汉体育学院学报》2012年07期	广西高等教学改革工程项目
道德内化在《声乐》课程德育中的应用	广西艺术学院王利娟	《高教论坛》2012年02期	2011年广西新世纪教改工程项目《基于民族精神传承的声乐课程教学改革研究与实践》阶段性成果之一
环境道德、消费者社会义务与生态文明消费模式	广西玉林师范学院许进杰	核心期刊《现代经济探讨》2012年10期	教育部人文社会科学研究项目《资源性供给紧约束条件下的居民消费模式研究》的阶段性研究成果之一
解读与启示:罗尔斯顿环境伦理思想的实践转向	广西河池学院李广义	《河池学院学报》2012年04期	2010年度国家社科规划基金(西部)项目《中国环境伦理学的实践性品格研究》阶段性成果之一
责任落实与责任教育——整体医疗管理模式与责任伦理实践	广西师范大学向月应等	《中国医学伦理学》2012年01期	
国内整形美容手术伦理研究的综述	广西警官高等专科学校杨媚等	《经营管理者》2012年17期	
药物临床试验中科学原则、法规原则与伦理原则的权重与取舍	广西中医学院附属瑞康医院梁春才等	《医学与哲学》(A)2012年08期	
实施公民道德教育工程,提高全民思想道德素质	广西城乡规划设计院梁忠华	《广西电业》2012年07期	
伦理型领导:领导科学研究的新视角	中共广西区委党校韩勇	核心期刊《领导科学》2012年14期	
352名实习护生伦理认知水平及影响因素分析	广西医科大学第一附属医院崔妙玲等	《护理学报》2012年15期	广西卫生厅科研课题
广西民族地区语文教师的伦理道德意识对学生的影响	广西师范学院韦美日	《广西师范学院学报》(哲学社会科学版)2012年03期	广西教师教育研究课题《广西民族地区语文教师的课程文化意识与语文德育功能研究》阶段性成果之一
当代教师道德养成特征与发展策略	广西师范大学孙杰远	核心期刊《广西师范大学学报》(哲学社会科学版)2012年05期	2010年度广西教育厅项目《基于效能的中小学人力资源结构及绩效评价研究》
儿童道德脱离的影响因素及其与社会行为的关系	广西工学院潘清泉等	《心理与行为研究》2012年03期	教育部人文社会科学研究一般项目,国家自然科学基金项目,华中师范大学国家教师教育创新平台理论创新研究项目

续表

论文题目	作者单位及作者	发表刊物及期数	备注
幼儿教育活动细节的道德审视	广西幼儿师范高等专科学校莫源秋	《当代学前教育》2012年03期	
确立正确的政治方向：大学生思想道德建设的基本任务——大学生思想道德建设研究系列论文之一	广西教育学院韦吉锋	《广西教育学院学报》2012年06期	
运用道德模范力量增强大学生社会责任感	广西机电职业技术学院陈媛	《广西教育学院学报》2012年06期	
浅谈大学生在恋爱中的道德要求	广西工学院鹿山学院张斌、罗丽姣	《科技视界》2012年25期	
试论价值观多元背景下大学生道德选择能力培养	广西财经学院胡剑冰	《广西职业技术学院学报》2012年05期	
大学生道德选择能力缺失的成因及对策	广西财经学院胡剑冰	《广西职业技术学院学报》2012年06期	
当前高校道德教育存在的问题与对策	广西建设职业技术学院黄翠瑶	《高教论坛》2012年02期	
大学道德教育弱化及对策	广西师范学院叶锦义	《广西师范学院学报》(哲学社会科学版)2012年01期	
人学范式下广西大学生道德养成教育探析	广西国际青年交流学院(广西团校)罗婵	《今日中国论坛》2012年12期	
略论党员的道德教育	广西师范大学宣杰	《广西教育学院学报》2012年06期	
论高校辅导员道德教育能力提升的有效途径	广西师范大学李天胜	《群文天地》2012年12期	
韩国中小学道德教育探析	广西师范大学郭灿华	《东方企业文化》2012年23期	
新加坡隐性道德教育特色及其启示	广西中医药大学黄静婧	《学校党建与思想教育》2012年35期	2012年度广西高等教育教学改革工程项目《中国—东盟背景下广西高校民族文化教育研究》阶段性成果之一，广西中医药大学2012年校级课题《中国与新加坡道德教育比较研究与借鉴》阶段性成果之一
生态道德教育方法研究	广西民族大学马金娟	《经济与社会发展》2012年03期	2011年广西民族大学研究生教育创新计划项目
生态德育——德育科学发展新路向	广西经济管理干部学院梁彩花	核心期刊《学术论坛》2012年10期	
面向自然的人之道德理性——生态德育的核心命题及其向度	桂林理工大学张洪春	核心期刊《云南民族大学学报》2012年03期	国家社会科学基金项目《泛北部湾区域生态文明共享模式及实现机制研究》阶段成果之一
社会建设目标下的人文德育与德育人文	广西工学院梁远海	核心期刊《学校党建与思想教育》2012年07期	2011年广西教育厅高效安全稳定立项研究课题《高校突发公共事件管理研究》阶段性成果之一，2010年广西教育厅高校党建课题《确保大学生党员发展质量的创新实践研究》阶段性成果之一
地方民族文化在职业院校德育中的价值分析	广西现代职业技术学院韦伟松	核心期刊《中国职业技术教育》2012年21期	

续表

论文题目	作者单位及作者	发表刊物及期数	备注
社会建设目标下的人文德育与德育人文	广西工学院梁远海	《学校党建与思想教育》2012年07期	2011年广西教育厅高效安全稳定立项研究课题《高校突发公共事件管理研究》阶段性成果之一，2010年广西教育厅高校党建课题《确保大学生党员发展质量的创新实践研究》阶段性成果之一
网络文化对大学生德育的影响	广西工学院黄超	《梧州学院学报》2012年05期	广西教育科学"十一五"规划课题，广西教育厅科研项目
社会主义荣辱观视阈下电力员工思想道德建设探析	广西来宾市供电局陆英年	《广西电业》2012年12期	
提高文化软实力目标下民族地区思想道德建设论析	广西工学院张发钦，广西民族师范学院韦国善	《学校党建与思想教育》2012年16期	教育部人文社会科学研究青年基金项目《科学发展视阈下民族地区文化软实力建设与评价研究》阶段性成果之一
思想道德建设与科学文化发展研究	广西工学院黄超	《广西民族师范学院学报》2012年05期	广西教育科学"十一五"规划课题，广西教育厅科研项目
广西—东盟合作办学模式下的大学生爱国主义教育	广西政法管理干部学院覃海逢	《东南亚纵横》2012年05期	
试论全球化时代我国高职院校的爱国主义教育	广西师范学院文进荣	核心期刊《成人教育》2012年04期	
新时期青年爱国主义教育简论	广西经济管理干部学院董琴琴	《法制与社会》2012年14期	
中韩关于"爱国主义教育"的不同界定	广西师范大学翟小媛	《群文天地》2012年15期	
高校诚信教育机制创新研究	广西警官高等专科学校尹彦	核心期刊《教育评论》2012年04期	全国教育科学"十二五"规划单位资助教育部规划课题《高校诚信教育长效机制研究与实践》阶段性成果之一
复杂性科学与高校诚信教育机制的构建	广西警官高等专科学校尹彦	核心期刊《现代教育科学》2012年09期	全国教育科学"十二五"规划2011年度单位资助教育部级课题《高校诚信教育长效机制研究与实践》阶段性成果之一
混沌理论视阈下高校诚信教育机制的构建	广西警官高等专科学校尹彦	核心期刊《学校党建与思想教育》2012年35期	全国教育科学"十二五"规划单位资助教育部规划课题《高校诚信教育长效机制研究与实践》阶段性成果之一
高校诚信文化传播模式初探	广西警官高等专科学校郭猛	核心期刊《山西师大学报》(社会科学版)2012年03期	全国教育科学"十二五"规划单位资助教育部规划课题
诚信教育传播的心理机制研究	广西警官高等专科学校郭猛	核心期刊《教育评论》2012年05期	全国教育科学"十二五"规划单位资助教育部规划课题《高校诚信教育长效机制建构与实践研究》阶段性成果之一
模式转型的追探：从诚信计生到社会管理创新——新公共服务视角下的人口计生及社会管理转型实践	广西社会科学院曹玉娟	核心期刊《学术论坛》2012年09期	广西人口与计生战略研究课题，广西社会科学院马克思主义理论研究与建设工程基地资助项目
优化大学生诚信生态环境研究	广西师范大学秦琳，广西大学罗宗火	核心期刊《社会科学家》2012年12期	国家社科基金项目《高校大学生思想政治教育热点难点及对策研究》阶段性成果之一
基于消费者视角的企业诚信机制建设研究	广西工业职业技术学院董常亮	核心期刊《中国商贸》2012年06期	
大众传媒视阈下的高校诚信教育策略	广西警官高等专科学校刘智民、伍晓阳	核心期刊《传媒观察》2012年10期	
会计诚信缺失问题初探——以某省精业生化集团有限公司为例	广西职业技术学院陈瑞生	核心期刊《财政监督》2012年11期	

续表

论文题目	作者单位及作者	发表刊物及期数	备注
高校大学生诚信文化建设的思考	广西财经学院杨勇、冯霞	《思想政治教育研究》2012 年 02 期	国家社科基金项目《社会主义核心价值体系贯穿于大学生思想政治教育全过程的系统性研究》阶段性成果之一
以校园诚信文化建设构筑大学生有序政治参与的道德基石	广西财经学院杨勇、冯霞	《经济与社会发展》2012 年 01 期	2011 年国家社科基金课题《社会主义核心价值体系贯穿于大学生思想政治教育全过程的系统性研究》阶段性成果之一
加强高校教师思想道德修养之我见	广西师范大学杨霞	《新西部》(理论版)2012 年 05 期	广西人文社会科学发展研究中心项目《西部民族地区高校软实力建设研究——以广西师范大学为例》阶段性成果之一
共青团干部提高礼仪修养论要	广西青年干部学院古雅丽	《广西青年干部学院学报》2012 年 01 期	
修己安人:党性修养对传统文化的继承与超越	中共广西区委党校陈杕杰	《创新》2012 年 05 期	
中职艺术类学生如何加强礼仪修养	广西艺术学校蓝迎真	《歌海》2012 年 03 期	
浅谈中小学教师的语言文化修养	广西合浦县石湾镇江南中学刘绍	《教育教学论坛》2012 年 06 期	
美术编辑的审美修养	广西美术出版社钟艺兵	《新闻前哨》2012 年 05 期	
歌唱表演与艺术修养的有机结合	广西艺术学院朱伟	《艺海》2012 年 06 期	
共产党员必须加强党性修养在平凡岗位上做带头人	中国石油广西石化公司王正栋	《发展》2012 年 12 期	
医学研究生人文素质及其培养	广西医科大学龙启成等	核心期刊《医学与哲学》(A)2012 年 09 期	
大学英语语言教育中人文素质的培养	广西民族师范学院吴先泽	核心期刊《中国成人教育》2012 年 19 期	2010 年度广西教育厅科研项目《壮族大学生英语学习观念、动机、风格与策略研究》阶段性成果之一
影响当前广东高校体育专业学生人文素质的原因分析	广西师范学院石飞鹏	《科教导刊》(中旬刊)2012 年 11 期	
高职院校大学语文课程改革与人文素质的培养	广西北海职业学院王泳善	《才智》2012 年 07 期	
中职思想政治教育中的人文素质教育探讨	广西钦州商贸学校陈世灵	《长春理工大学学报》2012 年 06 期	
高职院校学生人文素质教育现状及对策	广西幼儿师范高等专科学校吴国友	《湖北函授大学学报》2012 年 12 期	广西幼儿师范高等专科学校 2010 年质量工程重点项目《广西幼专全员育人机制的构建与实践》阶段性成果之一
新医学模式下加强医学生人文素质教育的思考	广西医科大学郭瑞	《视听》2012 年 06 期	
网络环境下大学生人文素质教育研究	广西经济管理干部学院梁文颖	《广西经济管理干部学院学报》2012 年 02 期	
浅谈现代汉语教学改革中人文素质培养的重要性	广西外国语学院韦文焕	《北方文学》(下半月)2012 年 05 期	
民族地区高校大学生人格教育的实证研究:跨文化视角	广西民族大学李玉雄	核心期刊《云南民族大学学报》(哲学社会科学版)	

续表

论文题目	作者单位及作者	发表刊物及期数	备注
社会主义荣辱观:大学生社会实践人格完善的重要保证	广西经济管理干部学院潘俊英	核心期刊《广西社会科学》2012 年 03 期	广西教育厅科研资助项目,教改资助项目
“90 后”大学生人格特点与健全人格培养	广西财经学院陈伟祥	《大众科技》2012 年 05 期	广西财经学院 2011 年度校级课题一般研究项目《“90 后”大学生思想政治教育模式创新研究》阶段性成果之一
论教师人格魅力在“思想道德修养与法律基础”课教学中的作用	广西现代职业技术学院潘培志	《吉林省教育学院学报》(下旬)2012 年 01 期	
大学生人格特征与手机依赖的相关研究	广西警官学校杜立操,广西工学院梁杰华	《高等函授学报》(哲学社会科学版)2012 年 12 期	广西工学院学生资助工作专项课题《高校家庭经济困难学生心理应激的研究》,阶段性成果之一
浅谈积极人格对大学生道德的培养	广西大学梁惠、邓瑞琴	《湖北成人教育学院学报》2012 年 01 期	
从心所欲,不踰矩——中国知识分子的生存困境和人格选择	广西师范大学王琼	《牡丹江大学学报》2012 年 09 期	
高职学生人格特征现状调查及分析——以广西某高职院校为例	广西经济管理干部学院林祖媛,广西大学黄颖曦	《广西经济管理干部学院学报》2012 年 01 期	广西经济管理干部学院社科基金资助项目《心理健康教育与大学生和谐发展研究》阶段性成果之一
墨子人格精神探析	广西警官高等专科学校刘丽琴	《哈尔滨学院学报》2012 年 08 期	
中西悲剧意识的人格特征探讨	广西民族师范学院谢雪莲	《山花》2012 年 08 期	
中国古代封建官员依附型人格形成基础研究	广西大学徐小缓、唐权	《科教导刊》(中旬刊)2012 年 03 期	
领导干部须具人格魅力——读《论语之美》有感	中共广西区委党史研究室陈平	《传承》2012 年 15 期	
近三年高职新生的大学生人格问卷测评结果与分析——以广西职业技术学院为例	广西职业技术学院贺泉莉	《广西职业技术学院学报》2012 年 06 期	2012 年广西职业技术学院院级课题

民族学·社会学

【民族学】 2012 年,广西科研人员研究民族学的著作主要有:赵明龙等《广西民族发展报告(第二卷)》,黄小明《广西特有民族民间舞蹈原生元素教学组合》,吴霜《侗族大歌》,尹红《广西融水苗族服饰的文化生态研究》,张泽忠《侗族文化传统的审美生存研究》,吕瑞荣等《毛南族神话的生态阐释》,龚永辉《让和谐化成民族的素质》,徐杰舜《中国汉族》和《中国汉族通史》第一、二卷,吕俊彪《京族哈节》等。

发表的论文,根据《中国知网》期刊不完全统计,通过对篇名中含有民族学、民族、民俗以及苗族、侗族、仫佬族、毛南族、京族等关键词进行检索,2012 年,广西科研人员发表有关民族学的文章 583 篇,全国 12445 篇,占 4.7%。其中篇名中含有关键词“民族”的有 487 篇,全国 10652 篇,占 4.6%;含有“民俗”的有 31 篇,全国 984 篇,占 3.2%;专门研究苗族的有 16 篇,全国

广西马山会鼓（黎克平 摄）

496 篇，占 3.2%；研究侗族的有 25 篇，全国 231 篇，占 10.8%；研究仫佬族的有 8 篇，全国 30 篇，占 26.7%；研究毛南族的有 4 篇，全国 24 篇，占 16.7%；研究京族的有 12 篇，全国 28 篇，占 42.9%。

广西科研人员发表有关民族学的论文中，有 170 篇发表在核心期刊，占 29.16%。发表在核心期刊的论文中，研究民族有 149 篇，占 87.6%；研究民俗有 4 篇，占 2.4%；研究各少数民族（包括苗族、侗族、仫佬族、毛南族、京族）有 17 篇，占 10%。论文作者（以第一作者在广西为准）在高校有 152 篇（广西民族大学 58 篇，广西师范大学 24 篇，广西大学 13 篇），占 89.41%；在科研机构有 9 篇，占 5.29%；在实践工作部门有 7 篇，占 4.12%；在党校系统有 2 篇，占 1.18%。

发表的论文中，有部分是基金项目的阶段性成果：国家基金项目（包括国家社科基金、国家哲学社会科学基金、国家自然科学基金）的阶段性成果 62 篇，教育部项目的阶段性成果 26 篇；广西基金项目（包括广西社科基金、广西哲学社会科学规划课题、广西自然科学基金）的阶段性成果 28 篇，广西教育类项目（包括广西教育科学规划课题、新世纪广西高等教育教学改革工程、广西研究生教育创新计划项目）的阶段性成果 23 篇。

研究民族学的论文，总论民族主要从民族学、民族史、民族主义、档案、资料、人才培养、问题、理论、政治、政策、习惯法、权益保障、自治、关系、团结、精神、工作、文化、节庆、语言、文学、艺术、音乐、体育、消费、服饰、医药、院校、社区、农村、区域、地区情况及民俗等方面展开，各少数民族研究主要从苗族、侗族、仫佬族、毛南族、京族等方面入手。作者多在高校。

出版的著作中，赵明龙主编《广西民族发展报告》（第二卷）在对民族地区大量实地调查的基础上，在追踪民族发展亮点的同时，对民族发展问题更为重视，提出有针对性对策和建议。

黄小明等《广西特有民族民间舞蹈原生元素教学组合》以《广西民族民间舞》课程为试点，依托广西民族地区的民族艺术文化资源，结合田野调查与采风，重点收集广西五个特有民族民间舞蹈（壮族、瑶族、京族、仫佬族、毛南族）。

吴霜《侗族大歌》认为侗族大歌不仅是一种音乐艺术，而且是了解侗族的社会结构、婚恋关系、文化传承和精神生活的重要组成部分。通过图文并茂的形式更好地反映侗族大歌及其存在背景。是一部全方位、系统介绍侗族大歌的书籍，

尹红《广西融水苗族服饰的文化生态研究》通过实地调研广西融水苗族服饰及其地域文化特色，以纵向历史文化传承、横向民族文化涵化以及民族内部文化生态的现状调研为主线来对融水苗族服饰艺术及其文化生态进行了综合、整体、系统的分析研究。

张泽忠《侗族文化传统的审美生存研究》是作者从 20 世纪 80、90 年代至今所做的关于侗族的选题研究成果。这些文章记下侗族迥异于他民族的文化事象，并向他民族作译介和叙述。旨在对侗民族文化传统的形成、衍化与传承过程作实录性的描述与理论意义的阐释。

龚永辉《让和谐化成民族的素质》是对民族理论与民族政策课程探索实践成果的概括和提升，是在生活化教学实践基础上的可贵探索，把培养具有民族精神血脉的现代中国人格和关注当代人的生存方式与生活方式的变迁的教育理念变成了现实。

发表的论文中，在研究民族史问题上，谢崇安《略论百越民族及其后裔的葛织工艺》探讨百越民族及其后裔的葛织工艺。

在研究民族人才培养问题上，崔晓麟《新中国成立初期中国共产党对少数民族干部的培养》从为什么要培养少数民族干部、如何培养、成效如何等方面进行论述和分析，为新时期进一步贯彻落实民族政策提供经验借鉴和启示。

在研究民族理论问题上，陆鹏《民族融合：当前促进还是将来实现——民族理论前沿研究系列论文之四》站在马克思主义民族理论的立场和观点上，对民族融合，当前促进还是将来实现这一争鸣进行理论分析和阐释。

在研究民族政治问题上，唐国军《南越模式：陆贾与

汉代国家民族治理的理论奠基》认为汉代民族政治学的"南越模式",成为其后历代王朝统治者对南方地区民族政治问题处理的基本样式,对我国历史上的民族政治学发展与民族关系史的进步作出了重要的贡献。

在研究民族习惯法问题上,郭剑平《论民族习惯法在民事司法中的适用》认为民族地区应该通过建立善良民族习惯法的认定标准、整理和汇编民族习惯法民事司法适用案例、加强对民族地区民众利用民族习惯法的引导、培育民族地区法官自觉运用民族习惯法的意识理念等方面的措施,为民族习惯法在民事司法中的适用提供保障。周世中等《改革开放三十多年来我国民族习惯法研究状况及未来走向》认为未来我国少数民族习惯法的研究理论创新将更加深入,本土化趋势更为突出,民间法的实践更为加强,民间法的研究更加务实。

在研究民族团结问题上,刘绍卫《广西建设民族团结进步模范区的历史文化基础及实现途径》认为广西提出建设民族团结进步模范区,具有丰富的历史文化基础和实践依据,是一项民族团结进步事业的开创性举措。这需要制定科学的工作思路和措施,认真做好民族和谐的交往与交融工作,强化社会主义文化整合和引导功能,只有这样才能更好地促进和加快广西民族团结进步事业的发展。

在研究民族文化问题上,丁智才《以民族文化产业提升西南边疆民族地区对东盟的传播能力》认为西南边疆民族地区民族文化资源丰厚,民族文化产业应成为其对东盟文化传播的主要载体,要以民族文化产业提升西南民族边疆地区对东盟的传播能力。张泽忠《民族间的文化相遇》基于民族志文化描述案例,讨论"民族间的文化相遇"拥有的哲学性含义。孙杰远《走向共生的民族文化发展与教育选择》认为民族文化传承与发展是教育的基本任务和功能,教育应当调谐主流文化与少数文化的冲突,萃取民族文化营养,深化学校教育变革,实现民族文化发展乃至民族统合的共生目标。

在研究民族体育问题上,李乃琼、王敬浩《中国—东盟跨境民族的体育交流与发展研究》提出边境地区体育应重视"跨境"交流发展,利用跨境民族的族群认同感和交流需求等有利因素,努力发展边境地区经济,创造便利条件,为跨境交流提供支持,促进边境地区体育的发展,从而促进国家之间的睦邻友好、增进和平共处。

在研究民族地区问题上,黄松《民族地区科学发展与特色休闲产业开发:基于马克思休闲思想的分析》以马克思休闲思想为指导,优选出民族文化体验、自然山水观光、新农村观摩、民族生态养生、越野探险运动、修学采风创作六种特色休闲业态作为民族地区休闲产业发展的重点培育对象。林聪《多民族地区政策执行主体优化研究》指出在西部多民族地区,政策执行主体的政治态度、行为习惯和利益需求等都在某种程度上对政策的有效执行造成影响,因此有必要对政策执行主体进行必要的优化。

在研究民俗问题上,梁利《边境民族地区社会控制模式中的民俗控制检讨——以广西为考察对象》指出在构建我国新的社会控制体系的背景下,应该充分调动民俗等民间力量,实现国家力量和民间力量的合理包容。

在研究苗族问题上,蒋霞、何海龙《精英阶层转型与农村基层民主政治建设的推进——以桂北地区苗族村寨为例》通过分析苗族社会的精英构成和他们参与公共事务的积极性,以及对社会秩序的稳定和增强民族团结方面的影响力,探寻当地社会和谐稳定发展的驱动因素和农村基层民主政治建设的方向。

在研究侗族问题上,郭剑平《侗款的变迁及其与侗族地区纠纷解决机制研究》认为通过侗款解决纠纷与通过国家司法解决纠纷之间存在一定的冲突之处,提出应该从治理的角度来正确对待侗款,从而更好地发挥其对侗族地区民族团结、和谐社会与法治建设的促进作用。周世中、陈家运《侗族款文化与现代法治的冲突及互补》指出如果能够有效地化解侗族款文化与现代法治两者的矛盾冲突,则能够进一步发挥侗族款文化的积极意义,与现代法治形成互补作用,促进少数民族地区法治的实现。

在研究仫佬族问题上,陈贻琳《仫佬族及其民歌艺术刍论》指出唱仫佬歌是仫佬人凝聚族群的有效途径,仫佬歌体现了仫佬民族对汉民族——中华主流民族文化的接受和认同。

在研究毛南族问题上,李广义《广西毛南族生态伦理文化可持续发展研究》认为基于毛南族在生态环境方面所形成的现代与传统的伦理思维差距,需要从产业、消费、农村等多个角度进行毛南族生态伦理文化的可持续发展研究。

在研究京族问题上,王红《海洋文化精神的诗性表达:京族史诗研究》指出京族史诗呈现了京族含蓄包容与刚健雄浑并举的海洋文化精神,是京族历史、民族精神、社会文化生活百态以及京族人思考人生、社会、自然宇宙的百科全书,体现出艺术工具论、艺术本体论、艺术形式论的多重属性。

有关“民族学”方面的著作一览表			
著作题目	作者单位及作者	出版社及出版时间	字数(千字)
广西民族发展报告(第二卷)	广西社会科学院赵明龙等	广西人民出版社,2012年12月	402
广西特有民族民间舞蹈原生元素教学组合	广西师范大学黄小明	广西师范大学出版社,2012年9月	200
侗族大歌	广西艺术学院吴霜	北京科学技术出版社,2012年12月	204
广西融水苗族服饰的文化生态研究	广西艺术学院尹红	中国美术学院出版社,2012年10月	160
侗族文化传统的审美生存研究	广西民族大学张泽忠	广西师范大学出版社,2012年9月	260
毛南族神话的生态阐释	广西民族大学吕瑞荣等	广西人民出版社,2012年1月	120
让和谐化成民族的素质	广西民族大学龚永辉	民族出版社,2012年9月	495
中国汉族	广西民族大学徐杰舜	宁夏人民出版社,2012年5月	410
中国汉族通史/第一卷	广西民族大学徐杰舜	宁夏人民出版社,2012年5月	350
中国汉族通史/第二卷	广西民族大学徐杰舜	宁夏人民出版社,2012年5月	350
京族哈节	广西民族大学吕俊彪	北京科学技术出版社,2012年9月	200

有关“民族学”方面的论文一览表			
论文题目	作者单位及作者	发表刊物及期数	备注
将民族学人类学引向深入——首届“全国高校民族学人类学教学经验交流会”综述	广西民族大学郝国强、梁必达	核心期刊《广西民族大学学报》(哲学社会科学版)2012年06期	
社会转型、民族和睦与可持续发展——中国人类学民族学2011年会(南宁)综述	广西民族大学罗家	核心期刊《广西民族大学学报》(哲学社会科学版)2012年01期	
田野调查视域中民族学研究生学术素养的系统培育	广西民族大学刘子云	《玉林师范学院学报》2012年01期	广西研究生教育创新计划专项课题研究项目《广西研究生教育创新的研究与实践——以广西民族大学为例》阶段性成果之一
民族学考古学本是一家——云南民族大学汪宁生教授访谈录	广西民族大学徐杰舜	《民族论坛》2012年12期	
发展现代民族学 促进民族和谐	广西民族大学周光大	《民族论坛》2012年14期	
略论百越民族及其后裔的葛织工艺	广西民族大学谢崇安	核心期刊《贵州民族研究》2012年04期	2010年度国家社科基金项目
民族主义的世界主义:一种分析的范式	桂林师范高等专科学校龚晓珺,广西师范大学赵锦山	核心期刊《前沿》2012年09期	中央民族大学2011年自主科研项目《哲学的民族性——兼论马克思主义哲学的民族特色》阶段性成果之一
池田大作“世界民族主义”思想的基本内涵及启示	广西师范大学李天雪	核心期刊《世界民族》2012年06期	

续表

论文题目	作者单位及作者	发表刊物及期数	备注
广西少数民族档案史料编纂述略	广西民族大学郑慧	《档案学通讯》2012年06期	广西教育厅项目《广西少数民族文献资源建设与民族团结研究》阶段性成果之一，广西哲学社会科学研究项目《广西少数民族文献资源共建共享研究》阶段性成果之一
我国少数民族档案收集和整理策略	广西建设职业技术学院陈素军	核心期刊《兰台世界》2012年20期	
广西民族特色资源库建设探析	广西民族大学覃美娟	核心期刊《广西民族大学学报》（哲学社会科学版）2012年04期	
新中国成立初期中国共产党对少数民族干部的培养	广西民族大学崔晓麟	核心期刊《广西民族大学学报》（哲学社会科学版）2012年04期	国家哲学社会科学基金
论民族地区高校翻译硕士专业学位人才培养——以广西为例	广西师范学院吴俊	核心期刊《华中师范大学学报》（人文社会科学版）2012年02期	广西教育厅2010年项目《“中国—东盟”背景下广西地方法律文本英译策略研究》阶段性成果之一
具有民族特色的广播电视艺术教育探索——以广西广播电视艺术人才培养为视角	广西民族大学何江	核心期刊《学术论坛》2012年02期	
民族院校工商管理专业复合型人才培养模式研究	广西民族大学陈永清、蒙仁君	《沿海企业与科技》2012年04期	广西新世纪教改课题《广西高校工商管理专业（本科）实践教学问题研究》阶段性成果之一，广西民族大学教学改革工程项目《民族院校工商管理本科专业复合型人才培养模式研究》阶段性成果之一
高等艺术院校民族音乐表演人才培养模式初探	广西艺术学院莫晓文	核心期刊《教育与职业》2012年27期	
民族地区骨干高职院校“项目递进式”人才培养模式创新实践——广西职业技术学院电气自动化技术专业人才培养模式实施	广西职业技术学院黄永杰	《轻工科技》2012年10期	广西教育厅《民族地区骨干高职院校人才培养质量保障体系构建的理论与实践研究》阶段性成果之一
关于当前若干热点民族问题的理性分析	广西民族事务委员会周健	核心期刊《广西民族研究》2012年02期	
环北部湾少数民族问题的重要性及其研究方法	广西师范大学廖国一	《广西民族师范学院学报》2012年01期	国家社科基金项目《构建认同——泛北部湾经济合作的可持续研究》阶段性成果之一，广西人文社会科学发展研究中心《泛北部湾历史文化研究团队》阶段性成果之一
解决当代民族问题道路综述	广西民族大学杨璞	《今日中国论坛》2012年12期	
民族·乡土领袖·边界——广西中越边境跨国民族发展新动向实证研究之一	广西民族问题研究中心罗柳宁	核心期刊《广西民族研究》2012年04期	

续表

论文题目	作者单位及作者	发表刊物及期数	备注
民族融合：当前促进还是将来实现——民族理论前沿研究系列论文之四	中共广西区委党校陆鹏等	核心期刊《黑龙江民族丛刊》2012年04期	教育部人文社会科学重点研究基地2007年度重大项目立项课题，国家社科基金课题，中央民族大学“211工程”三期民族理论与政策重点学科建设项目，中央民族大学“985工程”三期中国特色民族理论与政策重点学科建设项目
中国民族政策：照搬苏联模式还是创新中国特色——民族理论前沿研究系列论文之八	中共广西区委党校陆鹏等	核心期刊《黑龙江民族丛刊》2012年06期	教育部人文社会科学重点研究基地2007年度重大项目立项课题，国家社科基金课题，中央民族大学“211工程”三期民族理论与政策重点学科建设项目，中央民族大学“985工程”三期中国特色民族理论与政策重点学科建设项目
《民族理论与政策》课程“三化”改革的历史背景	广西民族大学龚永辉	核心期刊《广西民族大学学报》（哲学社会科学版）2012年03期	
《民族理论与政策》课程“三化”改革的成功之路	广西民族大学郭亮	核心期刊《广西民族大学学报》（哲学社会科学版）2012年03期	
从特色教材谈《民族理论与政策》课程的建导与分形	广西民族大学杨社平	核心期刊《广西民族大学学报》（哲学社会科学版）2012年03期	
南越模式：陆贾与汉代国家民族治理的理论奠基	广西民族大学唐国军	核心期刊《中央民族大学学报》（哲学社会科学版）2012年06期	国家社会科学基金项目《秦汉国家理论建构研究》阶段性成果之一
民族政策对民族关系的影响——以广西壮族自治区S县为例	广西师范大学赵锦山	核心期刊《中南民族大学学报》（人文社会科学版）2012年02期	广西人文社会科学发展研究中心项目《多民族聚居区社会分层与民族关系研究》阶段性成果之一
从有关土尔扈特的几件档案看清初的民族政策	广西民族大学郑慧	《黑龙江史志》2012年01期	广西民族大学引进人才科研启动项目《我国少数民族档案文献珍品研究》阶段性成果之一
民族建设话语与新桂系的民族政策	广西民族师范学院韦福安	《广西民族师范学院学报》2012年04期	
论民族习惯法在民事司法中的适用	广西师范大学郭剑平	核心期刊《湘潭大学学报》（哲学社会科学版）2012年02期	国家社科基金项目《民族习惯法在民族地区司法审判中的适用研究》阶段性成果之一，广西文科发展中心项目《民族习惯法在民族地区司法中的适用研究》阶段性成果之一，《南疆民族和谐研究团队》阶段性成果之一
改革开放三十多年来我国民族习惯法研究状况及未来走向	广西师范大学周世中等	核心期刊《广西师范大学学报》（哲学社会科学版）2012年05期	国家社科基金项目《民族习惯法在民族地区司法审判中的适用研究》阶段性成果之一，广西人文社会科学发展研究中心《南疆民族和谐研究团队》阶段性成果之一，广西高校人才小高地创新团队《民族法学与南疆和谐民族关系构建》阶段性成果之一

续表

论文题目	作者单位及作者	发表刊物及期数	备注
人口较少民族权益保障之立法思考	广西师范大学谭万霞	核心期刊《广西民族研究》2012年03期	广西人文社会科学发展研究中心《南疆和谐民族关系研究团队》阶段性成果之一
民族自治地区中小企业盈利与社会责任表现——基于南宁市的调查分析	广西财经学院李慧	核心期刊《会计之友》2012年31期	广西教育厅课题(广西企业履行社会责任的成本及财务绩效分析)阶段性成果之一
论少数民族自治地方的科学立法	广西师范学院陈文琼	《经济与社会发展》2012年06期	2010年度广西教育厅科研立项项目《广西少数民族区域自治背景下的村民自治法律问题研究》阶段性成果之一
中国特色社会主义民族关系内涵之论说	广西民族大学廖业扬	《贵州社会科学》2012年01期	国家社科基金项目《民族关系与社会主义和谐社会建设的历史考察》阶段性成果之一
广西民族关系和谐发展探因	广西民族大学樊常宝、周光大	《民族论坛》2012年06期	
论民族关系预警系统的建立	中共广西区委党校杨军	《满族研究》2012年03期	
广西各民族和合与民族团结进步模范区建设——广西建设民族团结进步模范区研究之一	广西民族问题研究中心黄金海	核心期刊《广西民族研究》2012年02期	
广西建设民族团结进步模范区的历史文化基础及实现途径	中共广西区委党史研究室刘绍卫	核心期刊《广西民族研究》2012年03期	2012年国家社会科学基金项目《中国共产党在民族地区文化建设的历史考察与经验研究》阶段性成果之一
历史使命与路径选择:多元文化视野下的民族团结教育	广西民族大学钟海青	核心期刊《广西民族大学学报》(哲学社会科学版)2012年06期	
探索构建学校民族团结教育课程体系	广西教育厅韦兰明	《中国民族教育》2012年06期	
远程教育院校应开展民族团结教育——以广播电视大学为例	广西广播电视大学邓明学	《广西广播电视大学学报》2012年02期	广西教育科学"十二五"规划2011年度立项课题
电大系统开展民族团结教育的途径探讨	广西广播电视大学陆璐珂	《广西广播电视大学学报》2012年03期	广西教育科学"十二五"规划2011年度立项课题《远程教育院校开展民族团结教育研究——以广西广播电视大学为例》阶段性成果之一
远程学习者民族团结认知现状调查分析——以广西广播电视大学为例	广西广播电视大学郑鸿	《广西广播电视大学学报》2012年04期	广西教育科学"十二五"规划2011年度立项课题
探析隐性教育在大学生民族精神教育中的运用	广西大学梁友佳	《长春大学学报》2012年06期	
民族地区大学生对民族精神和时代精神的认知调查与分析——以广西部分高校大学生为例	广西农业职业技术学院陈成志	《科技信息》2012年20期	
改革开放以来我国民族工作的自组织理论分析	邕江大学黄运平,广西工学院鹿山学院李维鹏	《商品与质量》2012年05期	

续表

论文题目	作者单位及作者	发表刊物及期数	备注
论中国共产党民族工作的价值导向	广西职业技术学院刘光照	《世纪桥》2012年21期	
全球化时代民族文化传播中的涵化、濡化与创新——从广西龙州布傣“天琴文化”谈起	广西民族大学秦红增	核心期刊《思想战线》2012年02期	教育部哲学社会科学研究重大攻关课题，教育部重点研究基地重大项目
民族间的文化相遇	广西民族大学张泽忠	核心期刊《社会科学战线》2012年08期	国家社会科学基金西部项目
走向共生的民族文化发展与教育选择	广西师范大学孙杰远	核心期刊《教育研究》2012年09期	2010年教育部新世纪优秀人才支持计划项目《走向共生的民族文化发展与教育选择》阶段性成果之一
广西构建民族文化强区的历史考察及当代启示	中共广西区委党史研究室刘绍卫	核心期刊《广西民族研究》2012年01期	2011年度国家社会科学基金项目《中国共产党维护民族团结及历史经验研究》阶段性成果之一
中国—东盟跨境民族文化产业发展与合作——基于文化距离的探究	广西大学覃玉荣	核心期刊《广西社会科学》2012年11期	教育部人文社会科学研究规划基金项目
民族文化在新媒体广告中植入与传播的技术手段	广西师范大学李艺谋等	核心期刊《新闻知识》2012年11期	广西哲学社会科学“十二五”规划2011年度项目一般项目《新媒体广告中民族文化植入与传播研究》阶段性成果之一
关于建设广西民族文化强区的战略思考	广西社会科学院杨昌雄	核心期刊《学术论坛》2012年09期	
以民族文化产业提升西南边疆民族地区对东盟的传播能力	广西财经学院丁智才	核心期刊《广西民族研究》2012年04期	2011年国家社科基金一般项目《提升我国西南边疆民族地区对东盟的传播能力研究》阶段性成果之一
广西大学生民族文化教育探索	广西中医药大学黄静婧	核心期刊《教育探索》2012年09期	2012年度广西高等教育教学改革工程项目
地方民族文化在职业院校德育中的价值分析	广西现代职业技术学院韦伟松	核心期刊《中国职业技术教育》2012年21期	
融合与认同：少数民族文化传承及其路径	广西师范大学孙杰远、刘远杰	《中国民族教育》2012年01期	国家社科基金教育学一般项目《少数民族学生国家认同和文化融合研究》阶段性成果之一
新媒体时代的区域民族文化传承	广西艺术学院章超	《新闻世界》2012年01期	
以中共十七届六中全会精神统领参政党工作努力推动广西民族文化建设大繁荣大发展	农工党广西区委彭钊	《广西社会主义学院学报》2012年01期	
继承、保护和发展广西民族文化	广西民族大学彭雪清	《广西经济》2012年12期	
广西精神与民族文化强区建设	广西教育学院容本镇	《沿海企业与科技》2012年11期	
民族传统节庆文化开发价值的综合评价体系构建	广西师范大学吴晓山	核心期刊《商业时代》2012年17期	2010年教育部人文社会科学研究青年项目，2011年广西人文社会科学发展研究中心“科学研究工程”项目《旅游研究团队》阶段性成果之一

续表

论文题目	作者单位及作者	发表刊物及期数	备注
少数民族传统节庆开发与区域产业联动机制建构——以广西三江侗族多耶节为例	广西大学莫光辉	核心期刊《广西民族研究》2012年03期	
新西兰少数民族语言政策介绍	广西师范学院李桂南	核心期刊《当代语言学》2012年01期	
当代少数民族文学叙事模式的流变及原因	广西师范大学李咏梅、黄伟林	核心期刊《民族文学研究》2012年02期	
论新世纪广西多民族文学	广西师范大学黄伟林	核心期刊《中国现代文学研究丛刊》2012年07期	
民族诗学新论	广西民族大学马卫华	核心期刊《学术论坛》2012年03期	
论民族文学的跨语际写作	广西民族大学马卫华	核心期刊《广西民族大学学报》(哲学社会科学版)2012年01期	
话语的交错与“经验”的同构——以海峡两岸当代少数民族文学为中心	广西民族大学陆卓宁	核心期刊《广西民族大学学报》(哲学社会科学版)2012年01期	
少数民族艺术传承与民族地区特色美术教育	贺州学院何鑫	《艺术科技》2012年05期	
论少数民族生态艺术的绿色和谐生境	广西财经学院陈贻琳、滕志朋	核心期刊《名作欣赏》2012年11期	国家社会科学《广西西江流域生态文化研究》阶段性成果之一
少数民族地区艺术院校学生民族艺术文化自觉意识的培养	广西艺术学院黄文翠	《民族艺术研究》2012年02期	
广西少数民族艺术硕士实践性教学思考——以广西艺术学院声乐表演专业为例	广西艺术学院叶璇	《歌海》2012年06期	
论广西少数民族音乐元素与高校声乐教学的结合	广西教育学院林妮	核心期刊《学术论坛》2012年06期	
高等艺术院校民族音乐表演人才培养模式初探	广西艺术学院莫晓文	核心期刊《教育与职业》2012年27期	
探究民族音乐与流行音乐之间的关系	广西艺术学院蒙玲玲	《大舞台》2012年09期	
民族音乐学田野调查之感悟	广西艺术学院周立洁等	《黄河之声》2012年15期	
艺术教育及其教学改革的舞台实践探索——评桂林师范高等专科学校原创大型民族音乐剧《心中的刘三姐》	广西师范大学张利群	《桂林师范高等专科学校学报》2012年03期	
民族音乐学视阈中的广州回族伊斯兰教音乐	广西师范学院黄妙秋	《歌海》2012年04期	教育部人文社会科学重点科研基地重大项目《中国少数民族宗教音乐研究》阶段性成果之一
音乐诠释历史,以历史诠释音乐——汤亚汀等译《民族音乐学与现代音乐史》评介	广西艺术学院张承伟	《民族音乐》2012年06期	
广西原生态民族音乐的生存发展政策初探	广西艺术学院徐娜	《大众文艺》2012年22期	
广西少数民族传统体育文化的社会功能	广西大学朱奇志	核心期刊《武汉体育学院学报》2012年03期	广西教育科学“十一五”规划课题

续表

论文题目	作者单位及作者	发表刊物及期数	备注
民族体育文化传承对推动体育经济产业发展的研究	广西师范学院赖福芬，广西体育高等专科学校刘敏	核心期刊《前沿》2012年04期	2011年广西教育科学规划课题立项项目
传媒时代民族体育传播的若干问题	广西财经学院李玉华	核心期刊《新闻爱好者》2012年07期	
广西少数民族体育文化在大学体育课中渗透的途径研究	广西师范学院秦言多	《成功》(教育)2012年20期	广西教育厅2008年科研项目《广西少数民族传统体育文化研究》阶段性成果之一
广西高职院校开设少数民族体育运动选修课的可行性	广西水利电力职业技术学院陈为民、李晓红	《高教论坛》2012年05期	
广西农村中学民族体育课程资源开发教学实践与思考	广西师范大学许思毛等	《贺州学院学报》2012年01期	广西师范大学基础教育课程与教学研究青年重点项目，广西师范大学基础教育课程与教学研究青年一般项目
中国—东盟跨境民族的体育交流与发展研究	钦州学院李乃琼，广西民族大学王敬浩	核心期刊《沈阳体育学院学报》2012年06期	国家哲学社会科学基金项目《中国—东盟民族体育文化差异与融合发展研究》阶段性成果之一，广西哲学社会科学“十二五”规划项目《中越体育交往促进边境和谐稳定的研究——以中越边界桂越段为例》阶段性成果之一
广西山区少数民族消费的制约因素及发展对策	广西水利电力职业技术学院李晓颖	核心期刊《中国经贸导刊》2012年07期	2010年广西水利电力职业技术学院教改科技类项目《广西山区少数民族的消费与经济发展研究》阶段性成果之一
保护民族服饰 守护精神家园——评《濒临消失的广西少数民族服饰文化》	广西民族大学梁桂娥、杨渊云	核心期刊《中南民族大学学报》(人文社会科学版)2012年02期	
富有情趣和文化意境的少数民族服饰——玉时阶《濒临消失的广西少数民族服饰文化》述评	广西民族事务委员会周健	核心期刊《广西民族大学学报》(哲学社会科学版)2012年01期	
广西少数民族服饰文化现状与传承保护	广西民族大学玉时阶、玉璐	《广西民族师范学院学报》2012年04期	广西哲学社会科学“十一五”规划课题《濒临消失的广西少数民族服饰文化研究》阶段性成果之一
认同与区分——民族服饰的族群语意表达	广西师范大学徐赣丽、郭兇	《民族学刊》2012年02期	广西人文社会科学发展研究中心《南疆和谐民族关系研究创新团队》阶段性成果之一
论民族服饰艺术的采风教学	广西艺术学院何仟	《艺术百家》2012年S1期	
广西少数民族装饰元素的分析与应用	广西大学谢欢颜等	核心期刊《西北林学院学报》2012年05期	广西科学研究与技术开发计划项目
八桂民族药防治肝纤维化研究的进展	广西中医药大学张园等	核心期刊《辽宁中医杂志》2012年09期	国家自然科学基金课题，广西科学研究与技术开发计划课题
民族药草龙药材的质量控制研究	广西中医药大学李兵等	核心期刊《安徽农业科学》2012年27期	2011年度广西教育厅科研项目
民族补益药藏波罗花根几种提取物的抗氧化活性和果蝇延寿作用(英文)	广西中医学院潘为高等	核心期刊《中国天然药物》2012年01期	
广西罗城县少数民族和汉族人群血清EB病毒感染情况分析	广西医科大学第一附属医院刘岩等	核心期刊《重庆医学》2012年14期	

续表

论文题目	作者单位及作者	发表刊物及期数	备注
民族族院校开发少数民族体育器材的可行性分析——以广西民族师范学院为例	广西民族师范学院王献升、覃盛栋	《甘肃联合大学学报》(自然科学版)2012年06期	广西民族师范学院特色学科建设项目《少数民族体育学科建设》阶段性成果之一
文化多样性背景下民族院校学习型党组织建设刍议	广西民族大学周丽华、吕俊彪	核心期刊《学校党建与思想教育》2012年10期	2010年度广西高校党建研究课题立项项目《民族院校建设学习型党组织的长效机制研究》阶段性成果之一
民族院校特色校园文化建设的理性选择	广西民族大学张龙、欧以克	核心期刊《民族教育研究》2012年06期	
民族院校建设学习型党组织与提升创新能力关系辨析	广西民族大学张婧	核心期刊《学校党建与思想教育》2012年27期	2010年度广西高校党建研究课题立项项目《民族院校建设学习型党组织的长效机制研究》阶段性成果之一
民族院校科研与学科建设互动的共生范式选择	广西民族大学梁桂娥、刘德怀	核心期刊《科技管理研究》2012年23期	广西高校科研项目《民族高等院校科研与学科建设的互动研究》阶段性成果之一
民族院校《文化地理学》课程实践性教学与大学生创新能力培养	广西民族大学滕兰花	《大学教育》2012年11期	2010年广西民族大学民族学国家级教学团队项目,2011年新世纪广西高等教育教改工程一般项目B类《非文本资料解读能力的训练——〈文化地理学〉课程的实践性教学改革与大学生创新能力培养研究》阶段性成果之一
民族院校艺术教育问题与对策探析——以广西民族大学为例	广西民族大学高文涛、岳宗霞	《艺术科技》2012年05期	
构建学习型组织促进民族高等院校改革与发展	广西民族大学钟海青	核心期刊《学校党建与思想教育》2012年19期	2010年度广西高校党建研究课题立项项目《民族院校建设学习型党组织的长效机制研究》阶段性成果之一
民族性·区域性·国际性——民族院校法律硕士培养三位一体模式创新初探	广西民族大学李立景	《大学教育》2012年06期	2012年度广西高等教育教学改革工程项目,广西民族大学教改项目《面向东盟:国际民事诉讼法中英双语教学改革研究》阶段性成果之一
民族院校图书馆在民族文化传承中的作用	广西警官高等专科学校陈鹏,广西档案局农建萍	《法制与经济》(下旬)2012年06期	
略论"同心"思想与加强民族院校党外代表人士队伍建设——以广西民族大学为例	广西民族大学周丽华	《广西社会主义学院学报》2012年06期	
优势视角下的西部乡村民族社区发展	广西师范大学李林凤	核心期刊《中央民族大学学报》(哲学社会科学版)2012年04期	广西教育厅2008年立项项目,广西师范大学2009年青年骨干教师基金项目
多民族地区农村社区整体性治理研究	广西西江集团林聪	核心期刊《学术论坛》2012年06期	教育部2011年度人文社会科学研究项目《边疆多民族地区基层整体性治理研究——以广西和云南五县(市)为样本》阶段性成果之一
广西少数民族农村社区重性精神障碍综合防治模式的实践与效果评价	广西医科大学韦波等	核心期刊《中国全科医学》2012年22期	"十一五"国家科技支撑计划项目,广西科学研究与技术开发计划项目

续表

论文题目	作者单位及作者	发表刊物及期数	备注
广西少数民族农村居民健康档案联网共享研究	广西经济管理干部学院邓宝瑚	核心期刊《兰台世界》2012年35期	2011年度广西教育厅科研项目立项项目《广西少数民族区域农村居民健康档案资源共享与应急模式研究》阶段性成果之一
广西少数民族农村居民健康档案数字化开发与管理探析	广西经济管理干部学院邓宝瑚	核心期刊《兰台世界》2012年02期	广西经济管理干部学院2011年度一般项目《广西少数民族农村居民健康档案数字化开发与管理研究》阶段性成果之一
少数民族区域研究生素质教育浅论	广西中医学院刘向阳等	《北方药学》2012年06期	
广西民族区域多元化解决矛盾机制的构建	广西警官高等专科学校潘霓	《广西警官高等专科学校学报》2012年03期	广西哲学社会科学"十一五"规划立项项目
民族地区科学发展与特色休闲产业开发:基于马克思休闲思想的分析	广西师范大学黄松	核心期刊《广西民族研究》2012年02期	国家社会科学基金项目
少数民族贫困地区免费婚前医学检查结果分析	广西来宾市妇幼保健院张捷	核心期刊《中国妇幼保健》2012年29期	
西南边疆民族地区华侨农林场改革与发展的路径思考	广西民族大学李雪岩	核心期刊《林业资源管理》2012年04期	国家社科基金特别委托项目《西南边疆民族地区青年归侨侨眷发展问题研究》阶段性成果之一,广西民族大学中国—东盟研究中心资助项目《中国—东盟架构下广西青年归侨侨眷发展问题研究》阶段性成果之一
论民族地区文化产业发展与经济发展方式的转变——以广西为例	广西财经学院丁智才	核心期刊《广西社会科学》2012年02期	广西哲学社会科学规划项目
城市化与西南边疆少数民族地区的经济发展	广西民族大学吕俊彪	核心期刊《思想战线》2012年05期	广西特聘专家岗位资助项目《中国南方与东南亚民族研究》阶段性成果之一,广西高校优秀人才资助计划项目
民族地区宗教生态模式构建研究——以桂西为例	广西民族文化艺术研究院许晓明	核心期刊《广西民族研究》2012年01期	广西哲学社会科学"十一五"规划2008年度青年项目《宗教生态与民族地区和谐社会构建》阶段性成果之一
民族地区自然保护区周边社区民生问题研究——以广西为例	广西大学李星群	核心期刊《广西民族研究》2012年01期	教育部人文社会科学研究规划基金《自然保护区周边社区民生问题研究—以广西为例》阶段性成果之一
新中国成立以来广西民族地区民生建设的历史考察及经验启示	广西工学院韦怀远等	核心期刊《广西社会科学》2012年07期	2010年度广西教育厅科研立项项目
民国时期广西少数民族地区不平等婚姻关系的档案印证	广西大学韦界儒	核心期刊《档案管理》2012年01期	

续表

论文题目	作者单位及作者	发表刊物及期数	备注
多民族地区政策执行主体优化研究	广西西江集团林聪	核心期刊《学术论坛》2012年04期	教育部项目《边疆多民族地区基层整体性治理研究——以广西和云南五县(市)为样本》阶段性成果之一,《整体性治理视域下的边疆多民族地区基层治理研究》阶段性成果之一,《基于整体性治理的政府组织协调机制研究》阶级性成果之一,《政府组织整体性协调机制研究》阶段性成果之一
民生视域下西部民族地区现代化问题思考	广西工学院付蓓	核心期刊《人民论坛》2012年26期	2010年度广西教育厅科研立项项目《马克思主义中国化的信仰视角研究》阶段性成果之一
西部民族古文明的再发现——评罗二虎《文化与生态、社会、族群:川滇青藏民族走廊石棺葬研究》	广西民族大学谢崇安	核心期刊《中华文化论坛》2012年06期	
边境民族地区社会控制模式中的民俗控制检讨——以广西为考察对象	广西民族师范学院梁利	核心期刊《学术论坛》2012年06期	2011年教育部人文社会科学研究青年基金项目《民俗控制与和谐社会构建——我国边疆多民族地区基层社会矛盾和社会冲突化解机制研究》阶段性成果之一
广西民俗文化词英译案例评析	广西大学麦红宇、关熔珍	核心期刊《广西民族大学学报》(哲学社会科学版)2012年01期	广西教育科学"十一五"规划2010年项目《基于后殖民翻译理论视角下的高校英语专业翻译教学研究》阶段性成果之一
中越边境民俗体育文化探析——以广西龙州金龙板烟布傣舞风为个案	广西民族大学陈支越	核心期刊《沈阳体育学院学报》2012年02期	
论南宁民俗节庆文化中民俗主义问题——以香火龙民俗文化旅游节为例	广西师范学院李柳赟、许燕滨	《文学界》(理论版)2012年05期	广西研究生教育创新计划项目《都市语境中的南宁民俗节庆文化研究"》阶段性成果之一
后现代语境下《一句顶一万句》的民俗话语表达	广西大学蒙静菊	《佳木斯大学社会科学学报》2012年05期	
广西民族民俗文化资源探论	广西财经学院韦燕宁	《经济研究导刊》2012年33期	2011年度广西哲学社会科学基金项目《民族民俗文化的经济价值与产业化发展新路径研究——以广西少数民族地区为例》阶段性成果之一
论民俗表演元素融入现代会展设计的形式及意义	广西艺术学院贺珊珊等	《企业科技与发展》2012年12期	2011年度广西教育厅科研项目《中国—东盟博览会中民俗表演元素影响会展效果的研究》阶段性成果之一,2010年度广西教育厅科研项目《中国—东盟背景下广西设计教育发展战略研究》阶段性成果之一
都市语境中的南宁民俗节庆文化研究	广西师范学院李柳赟、许燕滨	《剑南文学》(经典教苑)2012年02期	
从民俗节日看祭祀音乐的社会功能——以龙胜、恭城、阳朔三地祭祀活动为例	广西师范大学覃启宏	《大学教育》2012年01期	

续表

论文题目	作者单位及作者	发表刊物及期数	备注
论广西民族民俗文化产业化发展进程中的自主选择	广西财经学院王伟萍	《广西财经学院学报》2012年06期	广西哲学社会科学“十二五”规划2011年度项目立项课题《民族民俗文化的经济价值与产业化发展新路径研究——以广西少数民族地区为例》阶段性成果之一
抢花炮民俗活动的发展与研究简述	广西广播电视大学方仁	《科技信息》2012年30期	
《岭外代答》与南宋广西饮食民俗	广西民族大学温玉珍	《安徽文学》(下半月)2012年05期	广西民族大学研究生教育创新计划资助
黔东南苗族婚俗文化探析	广西师范大学郑和兵等	《边疆经济与文化》2012年02期	
精英阶层转型与农村基层民主政治建设的推进——以桂北地区苗族村寨为例	桂林电子科技大学蒋霞,广西师范大学何海龙	核心期刊《黑龙江民族丛刊》2012年03期	国家社科基金西部项目《华南边陲的民族向心运动与族际关系和谐建构的人类学考察》阶段性成果之一
苗族文化的历史特质	广西社会科学院过竹	《广西教育学院学报》2012年03期	
简述融水苗族芦笙文化产品的品牌打造	广西少数民族语言文字工作委员会贺明辉	《三峡论坛》(三峡文学.理论版)2012年05期	
人类学视阈下的苗族服饰文化——以广西隆林苗族为例	广西师范大学杨志蓉	《大众文艺》2012年22期	广西师范大学2011年青年基金项目《文化软实力背景下广西隆林苗族服饰艺术的文化产业价值研究》阶段性成果之一
民族器物营造儿童文化习得场的研究——初探苗族器物文化背景下的早期教育	广西玉林师范学院李春霞，广西民族师范学院陈良	《黔南民族师范学院学报》2012年03期	广西教育厅科研立项项目《乡镇幼儿园办园特色研究—以广西玉林为例》阶段性成果之一，玉林师范学院青年项目《幼儿园办园特色多样化发展研究》阶段性成果之一
苗族服饰纹样构型的组织形式及美学意义	广西师范学院张玉华	《大舞台》2012年11期	
苗族服饰纹样构型的审美价值及其现代服装设计	广西师范学院张玉华	《美术大观》2012年12期	广西高等教育教学改革项目《民族服饰图案在〈服装设计〉教学中的应用研究》阶段性成果之一
新媒体时代民族舞蹈文化的传承与发展——以广西隆林苗族为例	广西艺术学院覃聪颖	《艺海》2012年12期	
苗族民俗文化与杂技艺术相融合的有益尝试——民族风情杂技《达佩竞秀——晃圈》节目赏析	广西杂协吴珩等	《杂技与魔术》2012年05期	
浅析湘西苗族唢呐旋律风格的文化成因	广西艺术学院麋静	《群文天地》2012年09期	

续表

论文题目	作者单位及作者	发表刊物及期数	备注
侗款的变迁及其与侗族地区纠纷解决机制研究	广西师范大学郭剑平	核心期刊《现代法学》2012年05期	国家社科基金项目《民族习惯法在民族地区司法审判中的适用研究》阶段性成果之一，广西文科中心项目《民族习惯法在民族地区司法中的适用研究》阶段性成果之一，《南疆民族和谐研究团队》阶段性成果之一，广西高校人才小高地创新团队项目《民族法学与南疆和谐民族关系构建创新团队》阶段性成果之一
侗族款文化与现代法治的冲突及互补	广西师范大学周世中、陈家达	核心期刊《广西师范大学学报》（哲学社会科学版）2012年02期	国家社科基金项目《民族习惯法在民族地区司法审判中的适用研究》阶段性成果之一，广西人文社会科学发展研究中心《南疆民族和谐研究团队》阶段性成果之一，广西高校人才小高地创新团队《民族法学与南疆和谐民族关系构建》阶段性成果之一
民间规约的诗性展演：侗族款词研究	广西大学王红	核心期刊《吉首大学学报》（社会科学版）2012年06期	教育部社科基金项目
侗族栖居之所的时空印痕与居所哲学观	广西民族大学张泽忠	核心期刊《广西民族大学学报》（哲学社会科学版）2012年05期	国家社科基金项目《侗族建筑艺术的“创造性转化”研究》阶段性成果之一
广西侗族村寨建筑的保护与发展思考	广西工学院叶雁冰等	核心期刊《四川建筑科学研究》2012年04期	广西自然科学青年基金资助项目
侗族民居建筑的组成及构成美	广西机电职业技术学院赵朝弘	核心期刊《山西财经大学学报》2012年03期	
生态博物馆利益相关者利益冲突分析——以三江侗族生态博物馆为例	广西生态工程职业技术学院黎森	核心期刊《中国农学通报》2012年02期	
当代民间文化的遗产化建构——以广西宝赠侗族祭萨申遗为例	广西师范大学徐赣丽、郭悦	核心期刊《贵州民族研究》2012年02期	
侗族聚居区森林资源可持续发展评价——以三江侗族自治县为例	广西生态工程职业技术学院黎良财等	核心期刊《湖北农业科学》2012年12期	广西柳州市科技局项目
仫佬族及其民歌艺术刍论	广西财经学院陈贻琳	核心期刊《前沿》2012年15期	国家社会科学基金西部项目《边疆民族地区文化产业发展与少数民族特色文化保护研究》阶段性成果之一
仫佬族民歌：类型划分及诸类型的深层意蕴	广西财经学院黄丝雨	《河池学院学报》2012年04期	
仫佬族戏剧中的生态智慧	广西民族大学李大西	《美与时代》（下）2012年03期	
广西仫佬族民族认同调查研究	广西师范学院杨素萍、刘宇贤	《广西师范学院学报》（哲学社会科学版）2012年03期	广西哲学社会科学“十二五”规划2011年度课题《广西仫佬族国家认同意识形成的历史文化机制研究》阶段性成果之一，广西教育厅科研一般项目《民族认同研究及其对广西民族教育的启示》阶段性成果之一

续表

论文题目	作者单位及作者	发表刊物及期数	备注
仫佬族的祖先观念与祭祀仪式——以依饭节仪式为例	广西民族文化艺术研究院卢纯	《歌海》2012年06期	
仫佬族地区2140例新生儿听力筛查结果分析	广西罗城仫佬族自治县人民医院莫暖姣	《广西医学》2012年01期	广西罗城仫佬族自治县科学研究与技术开发计划项目
基于SWOT分析法的罗城仫佬族自治县产业发展研究	广西师范学院王利娟	《宁夏农林科技》2012年05期	
广西毛南族生态伦理文化可持续发展研究	中共广西区委党校李广义	核心期刊《广西民族研究》2012年03期	2010年度国家社科规划基金西部项目《中国环境伦理学的实践性品格研究》阶段性成果之一
基于行为分阶段模型的我国毛南族居民健身行为与生命质量的再研究	广西民族大学赵学森等	核心期刊《南京体育学院学报》(社会科学版)2012年02期	上海市哲学社会科学基金项目
毛南族花竹帽文化的保护与传承	广西民族大学吕洁等	《广西民族大学学报》(自然科学版)2012年04期	广西哲学社会科学规划项目《广西民族民间工艺、美术的文化生态研究》阶段性成果之一
毛南族傩舞服饰色彩语言初探	广西民族大学相思湖学院覃林毅,环江县申遗办覃林静	《艺海》2012年12期	2012年广西民族大学相思湖学院院级科研项目《毛南族傩舞服饰研究》阶段性成果之一
抢救保护京族口述历史档案的思考	广西科学院陆滢	核心期刊《兰台世界》2012年11期	
京族"降生童"的权力象征——以广西防城港澫尾岛"哈节"为例	广西民族大学梁宏章	《柳州师专学报》2012年06期	
论京族哈节的网络传播	广西艺术学院王利娟	《艺术探索》2012年02期	2011年度广西教育厅科研立项项目《中国—东盟跨境少数民族民歌的跨文化传播研究》阶段性成果之一
海的风韵——浅谈京族非物质文化遗产	广西艺术学院员帅	《美术教育研究》2012年23期	
京族独弦琴源流新考	广西艺术学院张灿	《歌海》2012年03期	
海洋文化精神的诗性表达:京族史诗研究	广西大学王红	核心期刊《广西社会科学》2012年03期	教育部社科基金项目,广西教育厅社科基金项目
京族民间文艺与自然生态	广西民族大学陈丽琴	《钦州学院学报》2012年01期	国家社科基金西部项目《广西环北部湾地区少数民族民间文艺的生态研究》阶段性成果之一
论京族民间故事的特征	广西民族大学陈丽琴、熊斯霞	《钦州学院学报》2012年06期	国家社科规划基金西部项目《广西环北部湾地区少数民族民间文艺的生态研究》阶段性成果之一,广西民族大学中国语言文学博士点建设项目《京族民俗文化研究》阶段性成果之一
京族海洋民俗体育文化探究	广西经济管理干部学院陈贵春、黄剑	《产业与科技论坛》2012年01期	广西哲学社会科学"十二五"规划2011年度课题《依托中国—东盟自由贸易区的广西民族传统体育开发与保护》阶段性成果之一
京族传统节日中体育的社会价值探寻	桂林航天工业学院陈惠娜等	《体育科技》2012年03期	广西哲学社会科学"十二五"规划课题2011年度立项项目

续表

论文题目	作者单位及作者	发表刊物及期数	备注
广西京族人群慢性肾脏病的流行病学调查及相关因素分析	广西医科大学第一附属医院霍冬梅等	《广西医科大学学报》2012年06期	广西科技厅自筹经费科研课题，广西卫生厅重点科研项目，广西自然科学基金项目，广西卫生厅自筹经费科研课题
中越边境京族居民身体形态与健康生活质量关联特征分析及评价	广西民族大学何江川等	核心期刊《中国组织工程研究》2012年24期	2008年广西哲学社会科学"十一五"规划项目《广西边远山区聚居少数民族体质与健康发展研究》阶段性成果之一，2011年广西民族大学学科建设经费资助项目《降维多元统计思想在体能结构特征分析及功能诊断的应用》阶段性成果之一

【社会学】 2012年，广西科研人员研究社会学问题的著作主要有：周可达《2013年广西蓝皮书：广西社会发展报告》和《当代社会舆情理论与舆情机制研究》，梁远海《普通高校毕业生就业支持体系研究》，刘强《融合媒体的受众采纳行为研究》，肖富群《农村独生子女与性别平等——基于江苏、四川两省的实证研究》，韦宇红《广西城市社区老年服务体系建设研究》等。

发表的论文，根据《中国知网》期刊不完全统计，通过对篇名中含有社会学、社会(除去社会主义)、人学、公共关系、婚姻、家庭、职业、就业、消费、养老、残疾人、社区等关键词进行检索，2012年，广西科研人员发表有关社会学的论文有1256篇，全国79938篇，占1.57%。其中篇名中含有关键词"社会"（含"社会主义"关键词除外）的有397篇，全国29449篇，占1.35%；研究各种社会生活和问题（包括篇名中分别含有关键词"婚姻"、"家庭"、"职业"、"就业"、"消费"、"养老"、"残疾人"、"社区"等）的有850篇，全国50130篇，占1.69%。

广西科研人员发表有关社会学的论文中，有254篇发表在核心期刊，占20.2%。发表在核心期刊的论文中，总论研究社会的110篇，占43.3%；在研究各种社会生活和问题的论文中，以研究职业与就业为主的有73篇，占28.7%。论文作者（以广西第一作者在广西为准）在高校的有219篇（广西大学39篇，广西师范大学29篇，广西工学院18篇），占86.22%；在科研机构有9篇，占3.5%；在实践工作部门有23篇，占9.1%；在党校系统有3篇，占1.18%。

发表的论文中，有部分是基金项目的阶段性成果：国家基金项目（包括国家社科基金、国家哲学社会科学基金、国家自然科学基金）的阶段性成果59篇，教育部项目的阶段性成果45篇；广西基金项目（包括广西社科基金、广西哲学社会科学规划课题、广西自然科学基金）的阶段性成果38篇，广西教育类项目（包括广西教育科学规划课题、新世纪广西高等教育教学改革工程、广西研究生教育创新计划项目）的阶段性成果76篇。

在研究社会学的文章中，总论主要从研究社会学、社会史、社会活动家以及社会发展、思潮、政策、融合、意义、管理、责任、冷漠、支持、工作、网络、服务、救助、福利、保障、性别、矛盾和风险社会、和谐社会、人学、公共关系等方面展开，特别是研究社会问题（包括婚姻与家庭、职业与就业、消费、、养老、残疾人、社区问题等）方面。作者多在高校。

出版的著作中，周可达主编《2013年广西蓝皮书：广西社会发展报告》从人民生活、就业和社会保障、医疗卫生改革、美丽乡村建设、社会治安、精神文明建设、社会管理创新等多个方面，深入分析广西当前的社会形势和热点问题。

周可达《当代社会舆情理论与舆情机制研究》是国内较早对社会舆情理论进行系统研究的学术成果之一，涉及的主要内容有：舆情主要概念的界定、舆情的主客体、舆情的特征、舆情的表达方式、舆情形成和变化的规律、现阶段我国若干重要领域的舆情现象、网络舆情的发展及其特征、突发公共事件与舆情、舆情在公共决策中的作用、舆情的汇集分析机制和引导机制、舆情调查研究方案的设计、舆情调查方法等。

梁远海《普通高校毕业生就业支持体系研究》把高校毕业生就业放在一个体系内进行全面、系统、深入的研究，对高校毕业生就业问题的理论和实践思考，将给予高校毕业生就业制定者、理论工作者和实际工作者提供参考,对于进一步做好高校毕业生就业工作具有一定的理论价值和现实的指导意义。

刘强《融合媒体的受众采纳行为研究》以TAM模型为基础,结合感知娱乐理论、创新性理论以及前期对融合媒体特征结构的研究结果,提出该研究的整合理论框架。通过结构方程建模,对调查数据进行统计分析,探索受众融合媒体采纳行为的内在机制。

肖富群《农村独生子女与性别平等——基于江苏、四川两省的实证研究》运用调查研究的方法,从生育选择、家庭地位、教育获得、职业发展四个方面研究发现:生育独生子女不能明显改善父母的性别关系,但生育独生子女能明显促进子女的性别平等,农村独生子女具有明显优势。独生子女政策下父母生育数量减少、子女占有家庭发展资源的份额增加,是子女辈的性别关系得到明显改善的重要社会机制。

发表的论文中,在研究社会融合问题上,魏万青《禀赋特征与机会结构——城市外来人口社会融合的代际差异分析》利用2010年珠三角地区城市外来人口社会融合状况调查数据,研究城市外来人口社会融合的代际差异。

在研究社会责任问题上,邓德军、肖文娟《基于倾向分数配对方法探讨企业社会责任行为与改善财务绩效》指出社会责任企业的财务绩效显著优于非社会责任企业,企业社会责任行为可以改善财务绩效。钟海青《论民族教育研究的社会责任》强调要扎实开展民族教育研究社会责任的教育,切实履行民族教育研究的学术责任,扎实开展民族教育问题研究,高度重视民族教育理论成果的应用,创新民族教育研究方法,规避民族教育研究成果的社会风险。

在研究社会冷漠问题上,王志远《社会冷漠的博弈分析》指出一个群体或社会中冷漠者的存在会导致整个群体社会的冷漠化。道德机制的引入,使原有博弈的收益结构发生变化,援助成为博弈的唯一纳什均衡,援助不再使冷漠成为每个人的优势策略,社会冷漠现象自然逐渐消失。

在研究社会性别问题上,徐莉、石林红《社会性别视角下俐侎人的育儿习俗探析》认为要转变俐侎人的社会性别观念需要男女两性的共同努力,男性应该抛开性别偏见,而女性应该提高自身的觉醒意识,转变传统的角色认同。赵巧艳《"农业——旅游"场域转换与少数民族社会性别分工的实践解释》借鉴布迪厄实践理论的四个关键概念——场域、惯习、资本和策略,构建了传统农业场域向民族旅游场域转换与少数民族社会性别角色分工的互动分析框架,并用龙胜龙脊景区民族旅游开发对景区内少数民族社会性别角色变化的影响验证了分析框架的合理性,农业——旅游场域转换与社会性别角色变化的互动在布迪厄的实践理论中得到了统一。

在研究社会矛盾问题上,卢永欣《意识形态作为社会矛盾的一种补偿形式——对意识形态的起源、本质和作用的考察》指出意识形态必有其生发的深层社会根源,这一根源就是社会矛盾。在现代社会,意识形态常从事实解释、价值目标、实现策略等方面,展现着应对社会矛盾的方略,这更体现了意识形态如何作为社会矛盾的补偿形式。

在研究和谐社会问题上,谭培文《和谐社会核心价值认同的辩证分析》指出推进和谐社会核心价值体系的建设,关键在于价值认同。通过利益认同推进思想认同,从而实现对社会主义核心价值体系的价值认同。杨军《人口反边缘化与和谐社会构建》指出在中国特色社会主义建设过程中需要和谐理念。人口边缘化是一个重要问题,必须高度重视。

在研究家庭问题上,韦慧民、潘清泉《家庭友好人力资源实践的问题与应对策略》针对企业家庭友好人力资源实践中存在的问题,提出从领导支持、家庭友好组织文化、家庭友好实践包和员工培训四个方面构建支撑保障,以提升企业家庭友好人力资源实践的效果。

在研究社会消费问题上,杨莎莎、廉超《中国社会消费水平差异与旅游发展水平差异的比较》从缩减我国社会消费水平差异与旅游发展水平差异角度提出促进我国地区旅游业健康稳定协调可持续发展的政策建议。

在研究社区居民问题上,冯启明等《广西壮族自治区城市社区居民抑郁症流行病学特征研究》目的了解广西≥15岁城市社区居民抑郁症的患病水平和分布特征。结论为广西城市社区居民抑郁症患病率较高,离婚人群是防治抑郁症的重点人群。李林凤《优势视角下的西部乡村民族社区发展》运用优势视角,对西部乡村民族社区的优势与发展进行了分析、解读。认为从优势视角出发,可以走出一条推动西部乡村民族社区发展的新道路。

有关“社会学”方面的著作一览表

著作题目	作者单位及作者	出版社及出版时间	字数(千字)
2013年广西蓝皮书:广西社会发展报告	广西社会科学院周可达	广西人民出版社,2013年3月	261
当代社会舆情理论与舆情机制研究	广西社会科学院周可达	广西人民出版社,2011年9月	332
普通高校毕业生就业支持体系研究	广西工学院梁远海	中山大学出版社,2012年5月	270
融合媒体的受众采纳行为研究	广西师范大学刘强	上海交通大学出版社,2012年6月	143
农村独生子女与性别平等——基于江苏、四川两省的实证研究	广西师范大学肖富群	广西师范大学出版社,2012年5月	260
广西城市社区老年服务体系建设研究	中共广西区委党校韦宇红	广西人民出版社,2012年08月	213

有关“社会学”方面的论文一览表

论文题目	作者单位及作者	发表刊物及期数	备注
从研究设计看社会学本科毕业论文的写作	广西民族大学冯朝亮、潘晨璟	《中国电力教育》2012年25期	2010年广西民族大学校级高等教育教学改革工程立项课题《应用型社会学专业人才培养与课程体系改革研究》阶段性成果之一
高校社会学、社会工作人才本科教育实施大类培养模式的思考	广西师范大学姜艳	《产业与科技论坛》2012年07期	
从社会学的视角对东西方体育文化演进方向的研究	广西师范学院钱茹	《群文天地》2012年24期	2011年广西研究生教育创新计划项目,即广西研究生教育创新计划资助项目
广西少数民族节庆体育的社会学研究——以三江县第十二届古谊“三月三”花炮节为个案	广西中医药大学石荣群	《大学教育》2012年10期	国家哲学社会科学项目基金资助项目
国内大中城市大众参与性羽毛球市场兴盛的社会学分析	广西师范大学张小娟等	《吉林体育学院学报》2012年06期	2010年福建省教育厅人文社科研究项目
中职教学管理的社会学分析	广西水产畜牧学校黄兴	《科教文汇》(下旬刊)2012年02期	
知识社会学视野中的课程设置与实践——学校教育与校外教育的异同性分析	广西师范大学王海平等	核心期刊《首都师范大学学报》(社会科学版)2012年01期	
对中越跨国婚姻法的社会学思考	广西民族大学覃晚萍	《云南大学学报》(法学版)2012年01期	广西民族大学重点项目《婚姻法在广西民族地区实施研究》阶段性成果之一,广西哲学社会科学“十二五”规划2011年度课题项目《中越涉外婚姻法律问题研究》阶段性成果之一
从中国经验走向中国理论:法社会学(法人类学)再思考	广西民族大学秦红增等	核心期刊《广西民族大学学报》(哲学社会科学版)2012年05期	
法社会学视角下的QQ360事件评析	广西大学田志远	《中国—东盟博览》2012年03期	
聚焦问题的文学“社会档案”——关于新世纪中篇小说的文学社会学思考	广西民族大学李运抟	核心期刊《南方文坛》2012年04期	
我国非营利组织研究的演进——基于社会历史背景的分析	广西大学王晶、巫丹	《现代商贸工业》2012年24期	

续表

论文题目	作者单位及作者	发表刊物及期数	备注
中国古代关于社会平等思想的评述	广西大学黄馨漫	《学理论》2012年03期	
霍尔巴赫的社会和谐思想初探	广西师范大学马希	《理论研究》2012年05期	
著名社会活动家——程万琦	广西电视台宁国铭、唐昆	《当代广西》2012年17期	
认识社会发展的“问题→模式”法	广西大学张荣洁等	核心期刊《天津社会科学》2012年06期	广西教育厅资助项目《广西低代价发展模式研究》阶段性成果之一
从人与社会发展的关系视角解读《理想国》	广西大学范顺悦、刘烨烨	《法制与社会》2012年29期	
论社会发展中的生态文明	广西师范学院黄志强、容溶	《黑龙江史志》2012年01期	广西哲学社会科学“十二五”规划项目
论社会发展中公安院校的师德建设	广西警官高等专科学校钟庆旭	《中国—东盟博览》2012年09期	
以社会主义核心价值体系引领大学生辨清错误社会思潮	广西民族师范学院李明辉	核心期刊《广西社会科学》2012年01期	
多元社会思潮对大学生价值观的影响与引导	广西大学邹再金等	核心期刊《前沿》2012年19期	2011年度广东省高等学校思想政治教育课题
大学生党的基本知识教育全程化的社会思潮影响及应对思路	广西交通职业技术学院林松、韦志清	《理论观察》2012年06期	广西高校党建立项课题《构建全程化大学生党的基本知识教育实践与机制研究》阶段性成果之一
社会政策过程中公众参与角色的变迁及其社会意义	广西大学盛志宏等	核心期刊《江汉论坛》2012年08期	
禀赋特征与机会结构——城市外来人口社会融合的代际差异分析	广西大学魏万青等	核心期刊《中国农村观察》2012年01期	国家社会科学基金项目《珠江三角洲“80后”新移民社会融合的研究》阶段性成果之一，广东省哲学社会科学“十一五”规划2010年度项目《从代际视角看流动人口的社会融合》阶段性成果之一
少数民族地区宗教慈善组织的社会意义及管理创新探讨——以广西佛教济善会为样本分析	广西大学莫光辉、覃宪儒	《重庆社会主义学院学报》2012年06期	
试论提高医院急诊护理服务水平的社会意义	广西北海市中医医院罗远康	《求医问药》(下旬刊)2012年04期	
法治理念的社会管理创新	广西工业职业技术学院廖腾琼	核心期刊《前沿》2012年03期	
论中国特色社会主义的社会管理思想	共青团广西区委员会、廖立勇等	核心期刊《探索》2012年03期	
美国进步时代改革对当下中国社会管理的启示	广西柳州市地方税务局蒋励佳	核心期刊《学术论坛》2012年06期	南京大学研究生科研创新基金项目
模式转型的追探：从诚信计生到社会管理创新——新公共服务视角下的人口计生及社会管理转型实践	广西社会科学院曹玉娟	核心期刊《学术论坛》2012年09期	广西人口与计生战略研究课题，广西社会科学院马克思主义理论研究与建设工程基地资助项目
国外加强社会管理的经验教训及启示	广西桂平市人民政府刘旭亮	核心期刊《领导科学》2012年28期	
加强和创新社会管理 凝聚壮乡首府发展合力	中共广西南宁市委员会	核心期刊《求是》2012年14期	

续表

论文题目	作者单位及作者	发表刊物及期数	备注
泛在时代政府社会管理范式转换论析	中共广西区委政策研究室杨勇诚	核心期刊《学术论坛》2012年10期	
完善经济责任审计　引导社会管理创新	广西财经学院朱萍	核心期刊《商业会计》2012年13期	
检察机关参与社会管理创新的职责思考	广西桂林市象山区人民检察院李劲松等	核心期刊《湖南社会科学》2012年06期	
论社会管理创新视角下政府审计人才结构优化——以广西为例	广西财经学院朱萍	核心期刊《会计之友》2012年19期	
对社会管理的几点思考	中共广西直属机关工作委员会焦成举	《党政论坛》2012年01期	
社会要求·个人内修·环境外塑——公众参与社会管理的三维思考	广西大学张新颍	《沈阳工程学院学报》(社会科学版)2012年03期	
社会管理创新视角下群体性事件处置的困境与突破——以乌坎事件为例	广西师范大学万艳霞	《克拉玛依学刊》2012年05期	
基于倾向分数配对方法探讨企业社会责任行为与改善财务绩效	广西大学邓德军、肖文娟	核心期刊《软科学》2012年02期	国家社会科学基金资助项目
论民族教育研究的社会责任	广西民族大学钟海青	核心期刊《民族教育研究》2012年06期	国家社会科学基金"十二五"规划2011年度教育学一般课题《跨境民族教育研究》阶段性成果之一
管理者社会责任观教育与工商管理专业培养	广西大学行健文理学院杨阳	核心期刊《山西财经大学学报》2012年01期	新世纪广西高等教育教学改革工程"十二五"立项项目《独立学院工商管理专业大学生就业能力培养与实践教学体系的研究》阶段性成果之一
企业社会责任回报:沟通的角色	广西财经学院曹鑫,广西大学黄晓治	核心期刊《中国商贸》2012年16期	广西自然科学青年基金项目
从徐宝璜的社会责任思想到当代的职业传播道德	广西大学黄林燕	《九江学院学报》(社会科学版)2012年01期	
全媒体时代,广播影视传媒的社会责任与职业素养	广西广播电影电视局薛山明	《视听》2012年10期	
社会冷漠的博弈分析	广西民族师范学院王志远	核心期刊《山东师范大学学报》(人文社会科学版)2012年04期	国家社会科学基金项目,2011年度广西高等学校优秀人才资助计划,云南财经大学引进人才资助项目
产后抑郁症与社会支持和应对方式的关系	广西南宁市第五人民医院许祖年等	《吉林医学》2012年23期	
护理干预下HIV感染者/AIDS患者公开自身感染状况对其社会支持影响的研究	广西医科大学第八附属医院吴登强等	《护理实践与研究》2012年20期	贵港市科学研究与技术开发计划项目
重型地中海贫血患儿家长社会支持与患儿遵医行为的相关性调查	广西隆林各族自治县人民医院田茂兰	《护理研究》2012年08期	

续表

论文题目	作者单位及作者	发表刊物及期数	备注
基于社会工作的高校贫困生资助模式创新	广西工学院夏辛萍	核心期刊《教育与职业》2012年29期	2011年度广西工学院学生资助工作专项课题《机会与能力:社会工作视野下高校贫困生的社会救助》阶段性成果之一
学校社会工作视阈下的“学业会商工作”解读	广西工学院夏辛萍	核心期刊《教育与职业》2012年09期	
服务学习:社会工作专业能力培养的过程——一次《社会行政》课程教学的实践	广西师范大学和秀涓	《社会工作》2012年01期	
社会工作与社区居家养老服务	广西科技大学(筹)牟美	《学会》2012年09期	
运用社会工作方法 预防困境儿童流浪	广西桂林理工大学黄春梅,广西桂林市救助管理站廖欣	《社会福利》2012年10期	
增强国家骨干高职院校社会服务能力的探索与实践——以广西机电职业技术学院为例	广西机电职业技术学院林胜、黄政艳	《高教论坛》2012年08期	2011年新世纪广西高等教育教改工程立项A类项目《高职院校增强服务北部湾经济区建设能力的探索与实践》阶段性成果之一
提升高职院校社会服务能力的策略分析	广西水利电力职业技术学院肖飞鹏、庞晓勤	《科教文汇》(上旬刊)2012年06期	
高校图书馆社会服务的障碍分析及对策研究	广西工学院贺梅萍、韦永芬	《河南图书馆学刊》2012年01期	广西工学院青年科学基金项目《基于用户需求的高校图书馆互动营销策略研究》阶段性成果之一
社会服务财政支持研究	广西民政厅陈利丹	《中国民政》2012年07期	
服务社会 照亮一方——访德国教会社会服务事工有感	广西基督教协会王从联	《天风》2012年08期	
中德社会救助制度比较分析	广西民族大学蒋欢	《经济研究导刊》2012年12期	
治理视角下社会福利社会化改革的路径创新	广西残联包学雄等	《经济与社会发展》2012年02期	广西人文社会科学发展研究中心开放基金项目《积极福利理念下的中国残疾人福利制度探究》阶段性成果之一
加拿大社会保障住房的发展及其启示	广西工学院詹浩勇等	核心期刊《商业研究》2012年04期	
构建广西北部湾经济区区域性社会保障体系——基于广西社会保障与经济发展的相关性分析	广西大学靳友雯,广西国际商务职业技术学院李彬	核心期刊《财政监督》2012年13期	
惠农和社会保障政策:运行逻辑与减贫效应——以农村最低生活保障制度为例	广西大学汤玉权等	核心期刊《求实》2012年06期	教育部人文社科重点研究基地重大项目《贫困农民的代际更替与脱贫机制研究》阶段性成果之一,教育部人文社科青年基金项目《完善与农民政治参与积极性不断提高相适应的乡镇治理机制研究》阶段性成果之一,教育部人文社科青年基金项目《新型城乡关系背景下的农村社区建设研究》阶段性成果之一
加强广西社会保障基金财政专户管理研究	广西财政厅董照英	核心期刊《经济研究参考》2012年47期	
养老金积极主义视角下的社会保障基金保值与增值	广西民族大学梁秀媛	《社会福利》(理论版)2012年07期	
农村贫困与农村社会保障的关系探讨	广西民族师范学院刘忠超等	《现代农业科技》2012年15期	2010年广西民族师范学院科研项目

续表

论文题目	作者单位及作者	发表刊物及期数	备注
论社会保障对收入再分配的促进作用	广西陆川县大桥镇社会保障服务中心陈飞虎	《现代经济信息》2012年24期	
抓好就业和社会保障 切实保障和改善民生	广西人力资源和社会保障厅李伟	《广西经济》2012年01期	
"农业——旅游"场域转换与少数民族社会性别分工的实践解释	广西师范大学漓江学院赵巧艳	核心期刊《妇女研究论丛》2012年06期	国家社科基金项目
社会性别视角下俐倈人的育儿习俗探析	广西师范大学徐莉、石林红	核心期刊《广西师范大学学报》(哲学社会科学版)2012年05期	教育部人文社会科学研究课题《教育公平与女性观照:少数民族教育中的女性参与研究》阶段性成果之一,国家社科基金项目《少数民族山区贫困女性现状与因地制宜脱贫政策研究》阶段性成果之一
新农村建设中重塑农村社会性别文化的实践性思考——以"妇"字号基地为切入点	广西妇女干部学校何玲,广西农业干部学校卿军	《广西农学报》2012年06期	2011年度广西哲学社会科学研究规划课题《社会主义新农村建设中广西农村妇女发展研究——以"妇字号基地"促广西农村妇女组织化发展》阶段性成果之一
意识形态作为社会矛盾的一种补偿形式——对意识形态的起源、本质和作用的考察	广西大学卢永欣	《理论月刊》2012年06期	国家社科基金项目
论基层政府社会矛盾调处机制的构建	广西南宁市机构编制委员会陈宏	《创新》2012年02期	
构建基层政府社会矛盾调处机制探析	广西南宁市机构编制委员会陈宏等	《经济与社会发展》2012年02期	
新时期广西预防和化解社会矛盾的实践与思考	中共广西区委党校洪长安	《桂海论丛》2012年02期	中共广西区委党校2010年度校级咨政类重大课题《"十二五"时期广西改善民生与社会建设重大问题研究》阶段性成果之一,中共广西区委党校2010年度校级课题《利益冲突视角下基层社会矛盾研究——基于广西农村地区的调查》阶段成果之一
犯罪控制的社会力量参与反思——基层社会矛盾和社会冲突化解机制的思考	广西民族师范学院黄灵芝	《广西民族师范学院学报》2012年06期	广西哲学社会科学"十一五"规划立项项目,广西教育厅科研资助项目
中国进入风险社会:现实困境与策略回应	广西师范大学政行学院梁红秀,桂林电子科技大学毛睿	核心期刊《理论月刊》2012年02期	
风险社会理论在高校风险管理中的应用与发展——兼论高校风险管理机制创新发展	广西师范学院曾令辉、石丽琴	《思想政治教育研究》2012年02期	教育部人文社会科学研究专项项目《马克思主义中国化时代化大众化:网络环境下学习型党组织与实践研究》阶段性成果之一
风险社会背景下我国房产泡沫治理研究	广西师范大学韩钰茜	《经营管理者》2012年19期	
和谐社会核心价值认同的辩证分析	广西师范大学谭培文	核心期刊《道德与文明》2012年01期	国家社科基金项目,广西社科基金项目
民权保障应当成为和谐社会构建的逻辑起点——以基层维稳机制有序运行为视角	中共广西区委党校陈发桂	核心期刊《理论与改革》2012年05期	广西哲学社会科学规划课题《广西基层维稳运行机制的理性化建构问题研究》阶段性成果之一
当代中国社会价值观的演变与和谐社会构建	中共广西桂林市委党校唐秀英	核心期刊《学术论坛》2012年04期	

续表

论文题目	作者单位及作者	发表刊物及期数	备注
人口反边缘化与和谐社会构建	中共广西区委党校杨军	《前沿》2012年21期	国家社会科学基金项目《构建和谐社会过程中的边缘人口研究——以北部湾（广西）经济区为例》阶段性成果之一
基于和谐社会视角的企业财务关系管理	广西大学邹武平	《财会通讯》2012年30期	
核心价值思想在和谐社会文化中的地位研究	广西大学邓莹	核心期刊《前沿》2012年23期	
公平正义是和谐社会的核心价值取向	广西电力职业技术学院唐春生	《法制与社会》2012年06期	
辩证统一视角下的和谐社会幸福观	广西建设职业技术学院陈彦君	《传承》2012年20期	
马克思的"以人的发展"为财富尺度的人学价值	广西师范大学林国生	《胜利油田党校学报》2012年03期	
人学范式下广西大学生道德养成教育探析	广西国际青年交流学院（广西团校）罗婵	《今日中国论坛》2012年12期	
异化劳动中人学思想内容探究	广西师范大学廖达涛	《商场现代化》2012年20期	
浅析媒介公共关系的特殊性	广西贵港职业学院曾伟坚	核心期刊《中国报业》2012年08期	
企业公共关系危机处理问题分析	广西工学院何玲玲	《企业科技与发展》2012年23期	
公共关系教学中对独立学院大学生人际交往能力的培养	广西师范学院师董晓绒	《现代阅读》（教育版）2012年11期	
媒介公共关系对物质资源管理的整合功能	广西贵港职业学院曾伟坚	《今传媒》2012年06期	
豫北婚姻文化的变迁	广西民族大学徐文亮	《法制与社会》2012年04期	
婚前保健对婚姻质量的影响	广西妇幼保健院曾玉娟	核心期刊《中国妇幼保健》2012年29期	
中越边界跨国婚姻之法律探析	广西财经学院蒋德翠	核心期刊《人民论坛》2012年20期	
南宁市育龄妇女人工流产年龄及婚姻状况分析	广西医科大学第一附属医院翟娟等	《护理研究》2012年11期	广西自然科学基金课题（面上项目）
家庭支持对产妇产后康复及育婴效果的研究	广西医科大学第一附属医院刘素娥等	核心期刊《护士进修杂志》2012年16期	广西卫生厅自筹经费课题
贫困地区农村家庭对高等教育的选择——基于T县的田野调查	广西机电职业技术学院黄金来等	核心期刊《教育理论与实践》2012年06期	
家庭友好人力资源实践的问题与应对策略	广西大学韦慧民，广西工学院潘清泉	核心期刊《中国人力资源开发》2012年01期	国家自然科学基金项目，教育部人文社会科学研究西部和边疆地区项目
独子与寡母的家庭悲剧——以《寒夜》、《金锁记》、《原野》为例	广西大学行健文理学院卢晓、梁扬	核心期刊《名作欣赏》2012年21期	广西新世纪教改工程课题《独立学院文学经典阅读教学模式的探索与实践》阶段性成果之一，广西大学行健文理学院2012年教改课题《基于应用型人才培养的中国现当代文学教学改革和健康人格培养》阶段性成果之一

续表

论文题目	作者单位及作者	发表刊物及期数	备注
家庭感觉统合训练模式的研究进展	广西人民医院林经伟、吴歆	《中国民康医学》2012年15期	
创建"四型"柳州 助推幸福家庭建设	广西柳州市人口计生委黄崇芳、韦忠爽	《人口与计划生育》2012年08期	
基于职业生涯规划的高校应用型人才培养研究	广西工学院鹿山学院韦鸿鹏、唐新来	核心期刊《教育与职业》2012年08期	2010年新世纪广西高等教育教改工程项目《基于校企深度合作的独立学院应用本科人才培养模式的研究与实践》阶段性成果之一
高校职业指导的探索与创新	广西大学黄路明	核心期刊《湖北社会科学》2012年08期	
118例次医务人员职业暴露的监控结果与分析	广西桂林医学院附属医院蒋述科等	核心期刊《中华医院感染学杂志》2012年23期	
广西壮族自治区职业健康监护与职业病诊断机构现状调查	广西职业病防治研究院黄世文等	核心期刊《工业卫生与职业病》2012年03期	《中澳职业健康监护与职业病诊断制度研究》阶段性成果之一
基于远程教育的农村劳动力职业培训策略研究	广西师范学院梁春贤	核心期刊《安徽农业科学》2012年26期	
广西中小学教师职业倦怠及其与生活质量相关因素的关系	广西师范大学吴素梅、史意娟	核心期刊《广西师范大学学报》(哲学社会科学版)2012年06期	广西教育科学"十一五"规划2010年度课题《青少年个人成长的历程:心理危机与积极改变》阶段性成果之一,广西教育科学"十二五"规划2011年度课题《积极心理健康教育师资队伍建设与课程资源开发》阶段性成果之一
信息化对中国就业结构转换的边际效应——基于省区面板数据的逻辑斯蒂分数响应模型分析	广西财经学院胡江华等	核心期刊《开发研究》2012年03期	国家信息化专家咨询委员会委托项目《信息化推进经济社会发展转型研究》阶段性成果之一
研究生就业调查与建议	广西师范大学王云秀	核心期刊《教育与职业》2012年17期	
加强宣传"弱势群体"的就业"优势"效应——做好毕业生就业工作的新视角	广西大学李海波	核心期刊《中国报业》2012年12期	广西大学科研基金项目
培训:打开就业创业之钥	广西军转办杨清海	核心期刊《中国人才》2012年18期	
对广西高校研究生全程化就业指导模式的思考	桂林理工大学张雷	核心期刊《教育与职业》2012年05期	2010年广西学位与研究生教育改革和发展专项课题研究项目《广西高校研究生全程化就业指导模式研究》阶段性成果之一
广西产业增长与就业程度相关性研究	广西财经学院刘刚	核心期刊《特区经济》2012年06期	广西教育厅科研项目《产业财政政策与产业增长的相关性研究》阶段性成果之一
中国社会消费水平差异与旅游发展水平差异的比较	桂林旅游高等专科学校杨莎莎、广西师范大学廉超	核心期刊《统计与决策》2012年05期	国家社会科学基金项目,广西教育厅科学技术研究项目,广西人文社会科学发展研究中心《泛北部湾发展研究团队》阶段性成果之一
广西城乡居民信息消费分化影响因素研究	广西民族大学陈晓华	核心期刊《商业研究》2012年08期	广西教育厅科研项目
释放消费潜力的发展经济学分析	广西警官高等专科学校蒋玉莲	核心期刊《学术论坛》2012年03期	

续表

论文题目	作者单位及作者	发表刊物及期数	备注
居民消费意愿影响因素的实证分析	广西国际商务职业技术学院李庆文	核心期刊《社会科学家》2012年01期	
经济全球化境遇中的消费现象与批判	广西师范大学庾虎	核心期刊《求索》2012年02期	
格兰诺维特的社会网络研究综述	广西大学王露燕	《学理论》2012年03期	
企业社会网络的演化模型研究	广西工学院朱晓琴	《黑河学刊》2012年04期	
一种基于社区问答服务与社会网络分析的知识管理方法	广西广播电视大学黄镭	《广西广播电视大学学报》2012年02期	
社会网络对中小企业创业资源获取与整合的影响研究	广西经济管理干部学院吴海琼	《商场现代化》2012年13期	
我国城市社区养老服务资源有效供给问题研究	中共广西区委党校韦宇红	核心期刊《理论导刊》2012年06期	
时间银行社区养老服务模式初探	广西工学院夏辛萍	核心期刊《人民论坛》2012年17期	
我国城市居家养老服务发展的金融支持路径探析	中共广西区委党校韦宇红	核心期刊《学术论坛》2012年08期	
居家互助养老—广西农村养老问题的新探索	广西财经学院贺清	《商业文化》(上旬刊)2012年03期	
我国异地养老的现状及对策研究	广西政法管理干部学院刘伟,广西警官高等专科学校陈鹏	《广西政法管理干部学院学报》2012年03期	
南宁市城区社区养老服务的供给主体责任研究——以西乡塘区x社区为个案	广西大学罗帆	《时代金融》2012年14期	
桂林市居家养老模式的困境及对策	广西师范学院王山、刘亚娟	《改革与开放》2012年13期	
广西残疾人竞技体育现状及发展对策研究	广西工学院唐飚等	核心期刊《西南师范大学学报》(自然科学版)2012年01期	
残疾人现状分析	广西医科大学第四附属医院陈柳红,柳州市工人医院刘萍	核心期刊《临床合理用药杂志》2012年13期	
残疾人体育研究综述	广西艺术学院周彩华	《体育科技文献通报》2012年05期	
民族地区残疾人康复服务体系问题探析	广西民族大学包学雄、陈舒超	《中国市场》2012年14期	广西人文社会科学发展研究中心开放基金项目《积极福利理念下的中国残疾人福利制度探究》阶段性成果之一
我国残疾人特殊教育立法的完善——基于美国IDEA法案的启示	广西民族大学蒋欢	《中国市场》2012年13期	
公共图书馆残疾人服务实践与思考	广西图书馆曾红辉	《晋图学刊》2012年05期	
社区卫生服务在实现残疾人“人人享有康复服务”工作中的地位和作用	广西桂林市中西医结合医院黄烈生	《中国社区医师》(医学专业)2012年20期	

续表

论文题目	作者单位及作者	发表刊物及期数	备注
高校老年人社区照顾调查——以柳州市某高校社区为例	广西工学院夏辛萍	核心期刊《中国老年学杂志》2012年13期	广西教育厅科研项目，广西工学院社会科学基金项目
南宁市15岁及以上社区居民吸烟现状调查	广西医科大学韦倩等	核心期刊《中国卫生事业管理》2012年03期	《中国公共卫生控烟能力建设》阶段性成果之一，国际防痨和肺部疾病联合会资助
南宁市部分社区老年人慢性病分布与健康自评关系	广西体育高等专科学校李翠霞等	核心期刊《中国老年学杂志》2012年17期	广西哲学社会科学"十二五"规划课题
美国社区教育的经验及其对我国的启示	广西师范大学郭中华	核心期刊《教育与职业》2012年35期	2011年广西人文社会科学发展研究中心《继续教育研究团队》课题项目子课题《少数民族地区社区教育发展研究》阶段性成果之一
优势视角下的西部乡村民族社区发展	广西师范大学李林凤	核心期刊《中央民族大学学报》（哲学社会科学版）2012年04期，	广西教育厅2008年立项项目，广西师范大学2009年青年骨干教师基金项目
广西壮族自治区城市社区居民抑郁症流行病学特征研究	广西医科大学冯启明等	核心期刊《中国全科医学》2012年31期	国家自然科学基金，广西科学研究与技术开发计划项目
南宁市某社区居民伤害流行特征及疾病负担分析	广西医科大学周荣军等	核心期刊《中国公共卫生》2012年12期	广西科学研究与技术开发计划项目
非政府组织参与社区主导扶贫的问题与对策	广西大学叶大凤、周健	核心期刊《前沿》2012年09期	

【妇女研究】 2012年，广西科研人员研究妇女问题的著作有：乌尼日《中国化马克思主义妇女理论与实践研究》，陆衡《女性文学》，徐学莹《少数民族女性人才资源开发研究——以广西为个案》等。

发表的论文，根据《中国知网》期刊不完全统计，通过对篇名中分别含有妇女、女、女生、女性等关键词进行检索，2012年，广西科研人员发表有关妇女研究的论文有233篇，全国11364篇，占2.05%。其中篇名中含有关键词"妇女"的有64篇，全国2607篇，占2.45%；含有"女生"的有11篇，全国407篇，占2.7%；含有"女性"的有117篇，全国5480篇，占2.13%。

广西科研人员发表有关妇女研究的论文中，有28篇发表在核心期刊，占12.02%论文作者（以第一作者在广西为准）在高校的有16篇（广西民族大学有5篇，广西大学和广西医科大学有各2篇），占57.1%；在实践工作部门有12篇，占42.9%。

发表的论文中，有部分是基金项目的阶段性成果：国家基金项目（包括国家社科基金、国家哲学社会科学基金、国家自然科学基金）的阶段性成果5篇，教育部项目的阶段性成果0篇；广西基金项目（包括广西社科基金、广西哲学社会科学规划课题、广西自然科学基金）的阶段性成果5篇，广西教育类项目（包括广西教育科学规划课题、新世纪广西高等教育教学改革工程、广西研究生教育创新计划项目）的阶段性成果2篇。

在研究妇女问题的文章中，主要从古代妇女思想、古代女性、女权、妇女工作、人才培养、健康问题、农村

5月17日，广西妇女理论研究会第五届会员代表大会暨先进性别文化建设研讨会在南宁举行。（广西妇女理论研究会供稿）

妇女(女村官)、少数民族妇女、老年妇女、女职工、女教师、女大学生、女生以及女性主义、形象、意识、女性观、书写、文学、心理、用品、广告等方面展开研究。作者多在高校。

出版的著作中，乌尼日《中国化马克思主义妇女理论与实践研究》试图建构一个比较完善的“中国化马克思主义妇女理论与实践”的理论体系。从实践性的角度，揭示构建和谐社会与妇女发展的关系，指出中国妇女在健康、教育、就业、参政、文化等领域亟需解决的实际问题，呼吁社会的高度关注，营造两性和谐的社会环境。

陆衡《女性文学》力图从教学实际出发，既系统阐述了女性主义的基本流派与基础理论，又立足于对具体经典作品的独立分析，覆盖了女性文学的重要代表作，客观地反映了女性文学在文学史上的地位和价值。

徐学莹《少数民族女性人才资源开发研究——以广西为个案》是在国家社科基金课题《少数民族与民族地区人才资源开发战略研究——以广西壮族自治区少数民族妇女人才资源开发为例》结题成果的基础上修改而成。提出了广西少数民族女性人才资源开发的对策与战略。该书的研究丰富了少数民族女性研究，为广西少数民族女性人才资源开发的对策和实施提供了参考，有利于促进广西人才工作的开展。

发表的论文中，在研究妇女政治参与问题上，陆海霞《论新农村建设中少数民族地区农村妇女的政治参与——基于广西11地市女村官的数据》指出少数民族地区农村妇女的政治参与是我国农村政治文明建设的重要组成部分。少数民族地区农村妇女政治参与的制约因素，与地方经济发展水平、主体的参政意识和参政经验及社会网络的构建有关。

在研究妇女健康问题上，曹智英《2009~2011年钦州市直机关妇女病普查情况分析》结论为2010~2011年钦州市直机关女职工的妇女病整体情况优于2009~2010年钦州市直机关妇女病普查情况。

在研究女性事业问题上，韦凤云《女性领导事业成功的现实背景与应具有的过人智慧》认为作为女性领导，其事业的成功有多方面的因素，但其中的一个重要因素就是需要有过人的智慧。相对于男性而言、相对于被领导者而言，这种智慧有其特殊性。

在研究女性主义问题上，邹德芳、邹雯《〈我的安东尼娅〉的生态女性主义解读》从生态女性主义的角度探讨和解读了美国拓荒女作家薇拉·凯瑟的代表作《我的安东尼娅》中女主人公安东尼娅的形象，展现了作家热爱自然、追求和谐、回归自然、反对父权制统治的生态精神。

在研究女生问题上，刘旭明《中学女生体育运动心理障碍及其消解》分析中学女生对体育运动心理障碍，探讨解决的办法。何春蕾、许愿《女大学生就业困境及对策分析》分析了女大学生所面临的就业竞争难度加大、总体就业质量明显不如男生的就业困境以及导致这些就业困境的社会因素、教育因素、女大学生的自身因素，并在此基础上提出了突破女大学生就业困境的途径。

有关“妇女研究”方面的著作一览表

著作题目	作者单位及作者	出版社及出版时间	字数(千字)
中国化马克思主义妇女理论与实践研究	广西大学行健文理学院乌尼日	中国社会科学出版社，2012年12月	210
女性文学	钦州学院陆衡	西南交通大学出版社，2012年8月	247
少数民族女性人才资源开发研究——以广西为个案	广西师范大学徐学莹	广西师范大学出版社，2012年3月	280

有关“妇女研究”方面的论文一览表

论文题目	作者单位及作者	发表刊物及期数	备注
社会性别视角下透析儒家文化对我国古代妇女思想的禁锢	广西大学李冰红、陈兰芳	《法制与社会》2012年30期	
探析清代满族女词人顾太清的词	广西民族大学应紫	《大理学院学报》2012年05期	
清代女词人吴藻与沈善宝的词作风格比较	广西大学甘华莹	《绵阳师范学院学报》2012年12期	

续表

论文题目	作者单位及作者	发表刊物及期数	备注
简述民国时期的中国女性篆刻家	广西艺术学院赵晓娇	《书法赏评》2012年04期	
1993-2011年妇女人权研究综述	广西师范大学苏美玉	《法制与社会》2012年09期	
女娲文化的女权解读	广西师范大学左攀等	《郧阳师范高等专科学校学报》2012年04期	湖北省教育厅社科基金和教研项目
“百色”园中花儿红——农行百色分行金融服务助推妇女创业	中国农行广西百色分行杨胜永、罗珺	《金融博览》2012年02期	
女性领导事业成功的现实背景与应具有的过人智慧	广西来宾市委韦凤云	核心期刊《领导科学》2012年27期	
和谐社会下女性领导干部参政环境优化探究	广西妇女干部学校何玲	《社科纵横》(新理论版)2012年01期	
少数民族女性干部成长的行政生态困境及再造	广西大学刘汶	《经济与社会发展》2012年12期	国家社科资金项目,广西大学科研资金项目
高职高专院校思想政治教育与女性人才培养	广西幼儿师范高等专科学校蒋玉娟	《湘潮》(下旬刊)2012年07期	2010年广西高校思想政治教育理论与实践研究立项课题,2012年度广西高等教育教学改革工程项目
先进性别文化建设与女性高层次人才发展	广西社会主义学院刘菊香	《山东女子学院学报》2012年05期	
少数民族地区女性高层次人才培养问题研究——以广西为例	广西民族师范学院谢雪莲	《河池学院学报》2012年06期	
关于围绝经期妇女保健干预研究的综述	广西柳州市第二妇幼保健院蒋宗顺等	《首都医药》2012年22期	
绝经过渡期和绝经后期妇女使用激素替代疗法的风险探讨	广西玉林市卫生学校附属医院陈晓	核心期刊《中国妇幼保健》2012年06期	
绝经后妇女肾虚证与MTHFR基因多态性相关性研究	广西医科大学韦若琪	核心期刊《新中医》2012年02期	
广西钦州地区围绝经期妇女中冠心病发生的影响因素	广西钦州市第一人民医院陈韵宇等	《广西医科大学学报》2012年05期	
年轻妇女子宫内膜癌复发的危险因素与随访	广西医科大学附属肿瘤医院张洁清	核心期刊《实用妇产科杂志》2012年07期	
重组人甲状旁腺激素治疗绝经后骨质疏松妇女234例临床研究	广西南宁市妇幼保健院卓苏铵	核心期刊《中国妇幼保健》2012年08期	
HIV阳性妇女和儿童及家庭社区关怀与支持模式	广西疾病预防控制中心周月姣等	《职业与健康》2012年16期	中国—联合国儿童基金会项目
社区更年期妇女的健康管理	广西梧州市妇幼保健院肖年英	《中国社区医师》(医学专业)2012年01期	
南宁市育龄妇女人工流产年龄及婚姻状况分析	广西医科大学第一附属医院翟娟等	《护理研究》2012年11期	广西自然科学基金资助课题(面上项目)
2009~2011年钦州市直机关妇女病普查情况分析	广西钦州市妇幼保健院曹智英	核心期刊《中国妇幼保健》2012年24期	

续表

论文题目	作者单位及作者	发表刊物及期数	备注
广西女村官现状调查及发展对策思考	广西大学蔡儿芳	《中共南宁市委党校学报》2012 年 04 期	
村“两委”女干部参与式培训体会及课例分享	广西农业职业技术学院陈丹	《农村经济与科技》2012 年 09 期	
论新农村建设中少数民族地区农村妇女的政治参与——基于广西 11 地市女村官的数据	广西大学陆海霞	核心期刊《云南行政学院学报》2012 年 03 期	广西大学科研基金项目《社会主义新农村建设视角下农村政治文明发展路径研究》阶段性成果之一
新农村建设中农村妇女发展道路探析——以妇联组织在农村妇女组织化发展中的独特作用为例	广西妇女干部学校何玲	《山东女子学院学报》2012 年 04 期	2011 年度广西哲学社会科学研究规划课题《社会主义新农村建设中广西农村妇女发展研究——以“妇字号基地”促广西农村妇女组织化发展》阶段性成果之一
来宾市农村妇女参与社会主义新农村建设的调查研究	广西大学覃鸣等	《沿海企业与科技》2012 年 08 期	
西北农村留守妇女社会支持网络对其心理健康的影响:来自甘肃省的调查发现	广西大学行健文理学院刘巍	核心期刊《妇女研究论丛》2012 年 05 期	兰州大学中央高校基本科研业务费专项资金项目《西北农村留守妇女心理健康研究》阶段性成果之一
农村留守妇女生存现状及解决对策——以广西壮族自治区为例	广西财经学院农继荣、程怀儒	《经济研究导刊》2012 年 15 期	
浅析新时期农村留守妇女参政	广西大学郭倩、陈飘飘	《长沙民政职业技术学院学报》2012 年 03 期	
鹿寨县农村妇女“两癌”免费检查结果分析	广西柳州市鹿寨县妇幼保健院黄暖英	《当代医学》2012 年 14 期	
农村地区 HIV 阳性与非感染妇女艾滋病知识调查	广西疾病预防控制中心周月姣等	《应用预防医学》2012 年 05 期	中国—联合国儿童基金会项目
广西少数民族妇女政治参与现状及对策研究	广西社会科学院谭三桃	《经济与社会发展》2012 年 03 期	国家社会科学基金项目《改革开放以来少数民族妇女参与政治与决策的实证研究》阶段性成果之一
仫佬族妇女在家庭中的性别角色研究——以广西罗城上凤立屯为例	广西河池学院谢秋慧	《广西民族师范学院学报》2012 年 06 期	
壮族妇女坐月子习俗的现代流变	广西师范学院吕妍	《安徽文学》(下旬刊)2012 年 12 期	
新旧婚俗文化与客家妇女地位的变迁——以贵港市湛江镇为个案	广西财经学院滕志朋、黄雪君	《重庆三峡学院学报》	广西财经学院文化传播研究所《广西地域文化与传播研究》阶段性成果之一
浅析退休老年妇女成功老龄化的内涵	广西师范大学苏苏	《法制与社会》2012 年 10 期	
老年妇女激素替代治疗的应用价值分析	广西平南县人民医院陈彩霞	《北方药学》2012 年 05 期	
283 例老年妇女阴道出血临床分析	广西医科大学第四附属医院何叶、曾定元	《齐齐哈尔医学院学报》2012 年 24 期	

续表

论文题目	作者单位及作者	发表刊物及期数	备注
新时期高校女辅导员队伍职业发展思考	广西大学黄文静	《经济与社会发展》2012年09期	
谈高师声乐教学中女中音的训练问题	广西师范大学王艳	《大舞台》2012年01期	广西教育科学“十一五”规划重点资助项目
促进企业发展 维护女职工权益	广西柳工集团有限公司	《中国工运》2012年03期	
论国有企业女职工在企业发展中的作用	广西农垦国有良圻农场刘传群	《企业科技与发展》2012年13期	
司机班来了个女班长	广西浦北县供电公司何道娟、王明妮	《广西电业》2012年07期	
1821名女职工阴道分泌物检测结果分析	广西横县人民医院陈永秀	核心期刊《中国妇幼保健》2012年03期	
从康恩到布尔乔亚——论女性艺术家的风度	广西艺术学院潘旖妍	《文艺生活》(艺术中国)2012年05期	
广西高校女教师在高等教育中的参与状况研究——以广西H大学为例	广西工学院陈玲玲	《民营科技》2012年01期	广西工学院硕士科研基金项目《高校女教师与广西高等教育的发展》阶段性成果之一
引领与协作——社会性别视角下高校女教师的师徒生活研究	广西师范大学王彦、梁丽玲	核心期刊《广西师范大学学报》(哲学社会科学版)2012年02期	新世纪广西高等教育教学改革工程重点资助立项项目《高校青年教师课堂教学技能培训的研究与实践》阶段性成果之一,广西教师教育重点课题《青年教师培养中“2+2”师徒制模式的有效性研究》阶段性成果之一
社会性别视角下高校女教师的发展	广西中医学院邹德芳,广西纺织工业学校邹雯	《轻纺工业与技术》2012年03期	
对高校女教师人才培养的思考——以从事思想政治理论课教学的高校女教师为例	广西经济管理干部学院辛燕	《人力资源管理》2012年07期	2010年度广西高校思想政治教育理论与实践立项研究课题
女性主义教育视角下高校女教师专业发展审视	广西体育高等专科学校卢锦珍	《高教论坛》2012年06期	
高校女教师职业倦怠状况分析及对策	广西师范大学龙秋媛	《科教导刊》(上旬刊)2012年06期	
女大学生就业困境及对策分析	广西建设职业技术学院何春蕾、许愿	核心期刊《教育与职业》2012年03期	广西新世纪教改工程“十一五”立项课题《大学生创业教育特色教材建设的研究与实践》阶段性成果之一
校园文化建设与女大学生成长研究综述	广西大学王芳等	《高教论坛》2012年04期	
有氧运动和营养干预对单纯性肥胖女大学生身体成分和体质指标影响的研究	广西师范大学贾学龙	《运动》2012年19期	
当代女大学生择业观存在的问题及原因分析	广西中医药大学李敏智	《大学教育》2012年12期	
女大学生身心发展与引导机制的探索	广西师范大学王枏	《高教论坛》2012年11期	2011年新世纪广西高等教育教学改革重大项目《西部民族地区高师院校创新大学生文化素质教育的探索与实践》阶段性成果之一

续表

论文题目	作者单位及作者	发表刊物及期数	备注
瑜伽干预对女大学生心理健康影响	广西财经学院郑花	《科技信息》2012年30期	
论先进性别文化建设中女大学生主体意识的强化	广西大学刘桂宇、韦冬梅	《改革与开放》2012年14期	
中学女生体育运动心理障碍及其消解	广西大学刘旭明	核心期刊《教学与管理》2012年27期	广西大学校级科研基金项目
高校女生缺乏自觉锻炼身体意识的成因及对策	广西交通职业技术学院伍建军等	《高教论坛》2012年09期	
中职女生存在的问题与管理策略探讨	广西南宁市横县职业教育中心中学覃海云	《法制与经济》(下旬刊)2012年08期	
高职院校机电专业女生就业存在的问题与解决措施刍议	广西机电职业技术学院莫敏燕、卜庭梅	《出国与就业》(就业版)2012年02期	
中等职业学校计算机专业女生职业生涯规划探讨——以广西国际青年职业技术学校为例	广西国际青年职业技术学校郑阳梅	《科技信息》2012年10期	2010年度广西中等职业教育教学改革立项项目
青春期女生发育分期与骨量关系的研究	广西柳州市人民医院曾鸿毅，广西医科大学第五附属医院苟凌云	《右江民族医学院学报》2012年02期	广西柳州市科学研究与技术开发计划项目
《我的安东尼娅》的生态女性主义解读	广西中医药大学邹德芳，广西纺织工业学校邹雯	核心期刊《山东社会科学》2012年02期	
从剧本走向运动——论女性主义先锋剧《阴道独白》的发展历程	广西师范学院石艺	《哈尔滨学院学报》2012年04期	
从电影《罗拉快跑》论后现代女性主义对传统男权的消解	广西大学冉隆丽	《电影评介》2012年18期	
解读《黄色墙纸》中的女性主义	广西大学李静、王琴	《兰州教育学院学报》2012年01期	
身份焦虑与身份认同——女性主义视野下的《变性人手记》人物形象分析	广西民族大学梁晗昱	《柳州师专学报》2012年03期	
《金色笔记》的女性主义解读	广西国际商务职业技术学院夏锋	《出国与就业》(就业版)2012年05期	
《玉台新咏》编撰与女性主义	广西师范大学金乾伟	《兰州学刊》2012年10期	国家社科基金项目《〈玉台新咏〉编纂研究》阶段性成果之一
《裂缝》中的生态女性主义意识	广西师范大学李秋永	《湖南科技学院学报》2012年03期	
拉姆齐夫人与莉丽女性形象之比较	广西师范大学余思洋	《云梦学刊》2012年03期	
试论白居易与杜甫诗歌中女性形象塑造上的异同	广西师范学院谷霞飞	《安徽文学》(下月刊)2012年11期	
傲慢与偏见——招贴设计中女性形象的思考	广西桂林理工大学张小林	《大众文艺》2012年18期	
蛇郎与两姐妹故事中的女性形象与女性意识	广西大学黄琪雅	《佳木斯大学社会科学学报》2012年05期	
对传统的颠覆——论张爱玲小说中的女性意识	广西师范学院陈璐	《安徽文学》(下月刊)2012年10期	

续表

论文题目	作者单位及作者	发表刊物及期数	备注
《荆棘鸟》中女性意识对婚姻的影响	广西桂林航天工业高等专科学校程丽华	《长春理工大学学报》2012年01期	
柏拉图《理想国》的女性观之我见	广西桂林航天工业学院莫菲菲，广西师范大学唐姬霞	《科教导刊》(中旬刊)2012年08期	
论影视叙事与女性观影愉悦	广西师范学院颜小芳	《贵州社会科学》2012年12期	
从列女到烈女:母性的丧失	广西财经学院袁益梅	核心期刊《名作欣赏》2012年08期	2008年广西教育厅科研项目《中国古代母教文化研究》阶段性成果之一
从《关雎》、《汉广》中看古人为何求“淑女”而拒 “游女”	广西师范大学任晓阳	《遵义师范学院学报》2012年04期	
女人的创世纪——《裂缝》评析	广西钦州学院韦朝晖	《长江师范学院学报》2012年09期	
民族文化记忆的女性书写——论藏族女作家梅卓的小说	广西民族大学黄晓娟	核心期刊《民族文学研究》2012年06期	
浅论中国当代女性写作中女作家的不完美婚姻	广西师范学院刘素娟	《传奇·传记文学选刊》(理论研究)2012年02期	
江永女书的兴盛	广西民族大学郑慧	核心期刊《山西档案》2012年02期	
新世纪女性写作的多元化趋向	广西经济管理干部学院陆冰	《时代文学》(下半月)2012年02期	
女性解放女性文学和马克思恩格斯	广西师范学院顾凤威	《广西师范学院学报》(哲学社会科学版)2012年03期	
厘清错误，重谈女性文学概念——以《莎菲女士的日记》和《上海宝贝》为例	广西柳州职业技术学院杨珩	核心期刊《语文建设》2012年22期	
断裂的边界与现代性的吊诡——台湾1960年代女性叙事再观察	广西民族大学陆卓宁	核心期刊《文艺争鸣》2012年03期	
底层女性生活的另类呈现——梁志玲小说论	广西民族师范学院戴红稳	核心期刊《当代文坛》2012年01期	广西民族师范学院资助项目，2010年度广西高等学校优秀人才资助计划项目
基于女性消费心理的企业营销对策研究	广西国际商务职业技术学院甘丽桦	《企业导报》2012年15期	
未婚早期人工流产女性的心理状况调查研究	广西医科大学第一附属医院翟娟等	核心期刊《中国妇幼保健》2012年25期	
认知语用学视角下女性用品的英语广告语研究	广西民族大学谢智乐	《湖北经济学院学报》(人文社会科学版)2012年03期	
基于模糊聚类分析的消费者民族中心主义市场细分——以女性护肤品消费调查为例	广西民族大学陈桃红	核心期刊《生产力研究》2012年05期	国家自然科学资金项目，广西教育厅项目
女性广告中语码转换现象的解读	广西师范学院韦森	《湖北成人教育学院学报》2012年05期	
湖南三地农村女性广告媒介接触现状调查	广西艺术学院佘屿等	《现代商业》2012年28期	

【青少年研究】 2012年，广西科研人员研究青少年问题的著作主要有：曹迎《高校大学生思想政治工作及其管理》，冯颖《中学生学理财——未来理财师》等。

发表的论文，根据《中国知网》期刊不完全统计，通过对篇名中分别含有青少年、儿童、未成年人、青年、学生、小学生、中学生、大学生等关键词进行检索，2012年，广西科研人员发表有关青少年研究的论文有1374篇，全国72587篇，占1.89%。其中篇名中含有关键词"青少年"的有59篇，全国2920篇，占2.02%；含有"儿童"的有290篇，全国10823篇，占2.68%；含有"青年"的有53篇，全国3986篇，占1.33%；含有"学生"（包括小、中、大学生）的有961篇，全国54224篇，占1.77%。

广西科研人员发表有关青少年研究的论文中，有199篇发表在核心期刊，占14.48%。发表在核心期刊的论文中，研究儿童的有47篇，占23.62%；研究青年的有5篇，占2.51%；研究学生（包括小、中、大）的有132篇，占66.33%；其中研究大学生的有76篇，占38.19%。论文作者（以第一作者在广西为准）在高校有142篇（广西大学20篇、广西师范大学19篇、广西工学院14篇），占71.36%；在中学有5篇，占2.51%；在实践工作部门有52篇，占26.13%。作者多在高校和医院。

发表的论文中，有部分是基金项目的阶段性成果：国家基金项目（包括国家社科基金、国家哲学社会科学基金、国家自然科学基金）的阶段性成果20篇，教育部项目的阶段性成果19篇；广西基金项目（包括广西社科基金、广西哲学社会科学规划课题、广西自然科学基金）的阶段性成果24篇，广西教育类项目（包括广西教育科学规划课题、新世纪广西高等教育教学改革工程、广西研究生教育创新计划项目）的阶段性成果83篇。

在研究青少年问题的文章中，以研究青少年、儿童、未成年人，青年及学生（包括小、中、大学生）为主，青少年主要从青少年发展、情感、素质、思想政治教育、社会、犯罪、体育、科技、身体健康等问题研究，儿童主要从儿童教育、成长、哲学、道德、学习、健康、广告、文学、音乐、绘画、体育及各种类型的儿童（包括流浪儿童、留守儿童）等问题研究，未成年人主要从思想道德建设、犯罪等问题研究，青年主要从青年价值观、爱国主义教育、思想政治教育、人才培养、工作、健康以及各种青年（包括知识青年、失业青年、青年归侨、城市青年、农村青年、青年教师和青年岗位能手）等问题研究，学生主要从总论学生及小、中、大学生的各方面展开，其中研究大学生的论文较多，主要从社会主义核心价值体系教育、思想政治教育、党建、理想信念、价值观、人生观、人格、媒介素养、网络、人际交往、就业、创业、民生问题、科技素养、健康等方面研究。作者多在高校。

出版的著作中，曹迎《高校大学生思想政治工作及其管理》探讨当代高校学生思想政治工作的背景、现状及价值，对当代高校大学生思想政治工作及其管理的重要性、紧迫性、有效策略等进行了较为深入的研究。

发表的论文中，在研究青少年问题上，余欣欣等《"青少年乐观问卷"的编制》基于青少年实际，研究编制"青少年乐观问卷"。

在研究儿童问题上，蒋钦等《观点采择因素对3~4岁儿童延迟满足决策的影响》研究结果表明，观点采择能力对儿童情感决策的影响是发展性的。随着观点采择能力的发展，儿童逐渐能够确立正确的延迟动机，为他人做出有效的决策。

在研究青年问题上，李雪岩等《西南边疆民族地区青年归侨侨眷教育发展探索——西南边疆民族地区青年归侨侨眷发展问题研究系列之三》指出西南边疆民族地区青年归侨侨眷的教育发展需要从加大政府投入、保障教育公平等方面入手，还需要有针对性地设立出国留学资助项目，并考虑在西南边疆民族地区设立一所华侨大学。

在研究学生问题上，张姝玥、林艳《初中、高中与大学生的生命意义来源研究》通过卡方检验对三个不同阶段学生的生命意义来源进行对比，探索三个群体在各生命意义来源上的差异。

在研究大学生思想政治教育问题上，杨勇、冯霞《社会主义核心价值体系贯穿于大学生思想政治教育全过程的系统分析》认为把社会主义核心价值体系贯穿于大学生思想政治教育全过程，对大学生进行科学、准确和合理的理想信念教育和价值体系输导，是培养社会主义合格建设者和可靠接班人的关键环节。韦冬雪《大学生社会主义核心价值体系认同教育路径探微》指出要提高大学生对社会主义核心价值体系的认同，一是要充分发挥高校思想政治理论课的主渠道作用，提高大学生对核心价值体系的认知认同；二是开展丰富的校园文化活动，培养大学生对核心价值体系的情感认同；三是加强社会实践活动，强化大学生对核心价值体系的行为实践；四是优化社会环境，固化大学生对核心价值体系的认同。

在研究大学生诚信问题上，秦琳、罗宗火《优化大学生诚信生态环境研究》指出大学生诚信生态环境呈现失衡之趋势。强调只有多部门、多层面地建立高校诚信体系，才能长效优化大学生诚信生态环境。

在研究大学生创业或就业问题上，宣杰、黄少波《我国大学生创业制度环境的历史发展》指出应重视并以马克思制度环境理论指导大学生创业制度环境的建构。胡芸《基于核心竞争力视角的大学生就业力的培育》指出要想顺利就业，大学生必须拥有一定的优势，即核心竞争力，高校要全力打造大学生的核心竞争力。

有关“青少年研究”方面的著作一览表			
著作题目	作者单位及作者	出版社及出版时间	字数(千字)
高校大学生思想政治工作及其管理	玉林师范学院曹迎	同心出版社,2012年5月	250
中学生学理财——未来理财师	广西财经学院冯颖	广西美术出版社。2012年5月	200

有关“青少年研究”方面的论文一览表			
论文题目	作者单位及作者	发表刊物及期数	备注
“青少年乐观问卷”的编制	广西师范大学余欣欣等	核心期刊《广西师范大学学报》(哲学社会科学版)2012年05期	全国教育科学“十一五”规划课题,广西人文社会科学发展研究中心“科学研究工程”课题
青少年未来取向研究及对我国家庭教育的启示	广西大学马逸伦、宋凤宁	《基础教育》2012年01期	
父母教养方式与青少年自我意识的发展	广西工商职业技术学院张利	《职业时空》2012年05期	
我国青少年感恩情感教育策略探微	广西民族师范学院李艳、韦国善	核心期刊《教育探索》2012年02期	广西壮族自治区教育厅科研项目
浅谈舞蹈对青少年素质培养的作用	广西师范大学漓江学院李倩	《大众文艺》2012年14期	
体育活动帮助儿童青少年克服自卑——自卑心理的产生及防治对策	广西大学行健文理学院时晓梅	《科技信息》2012年19期	
认知行为治疗联合氟西汀干预儿童及青少年抑郁症的研究	广西人民医院吴歆等	《中国临床新医学》2012年08期	广西自然科学基金资助项目
首发青少年精神分裂症心理防御机制与父母养育方式的相关性研究	广西桂林市社会福利医院刘军、周云	《精神医学杂志》2012年02期	
借助选秀活动对青少年进行思想政治教育	广西电力职业技术学院陈金雄	《法制与经济》(中旬刊)2012年02期	
红色旅游在青少年思想政治教育过程中的运用——以福建省龙岩市红色旅游景区为例	广西医科大学温丽华,段丽君	《传承》2012年22期	
试论网络游戏青少年思想政治教育潜能开发	广西桂林电子科技大学张文颖	《读与写》(教育教学刊)2012年08期	
日本文化传播对中国青少年社会化的影响研究	广西师范学院王继鹏	《重庆科技学院学报》(社会科学版)2012年18期	
从“管理控制”到“照顾服务”的流动青少年社会工作服务	广西民族大学张丽君	《传承》2012年11期	
生活事件、社会支持、应对方式与青少年网络依赖的关系模型	广西大学王恩界等	核心期刊《中国全科医学》2012年10期	广西教育科学“十一五”规划项目《广西高校大学生网络成瘾现状、原因及防治研究》阶段性成果之一,广西大学科研基金资助项目《大学生网瘾的发生机制及其干预研究》阶段性成果之一

续表

论文题目	作者单位及作者	发表刊物及期数	备注
网络环境中青少年专属社区与服务资源建设问题探讨	广西经济管理干部学院韦生源	《生产力研究》2012年01期	广西教育厅科研项目《网络虚拟社区的发展、治理利用与广西和谐社会建设》阶段性成果之一
网络视觉语言对青少年的影响	广西师范大学李振华	《中国教育技术装备》2012年27期	
青少年法律信仰培植路径探析	广西现代职业技术学院陆孟兰	核心期刊《学校党建与思想教育》2012年17期	
从哲学视角试析“破窗效应”——以我国“行乞”和“青少年犯罪”问题为例	广西师范学院谢霄男	《南通航运职业技术学院学报》2012年01期	
“破窗效应”的辩证省思——基于对“行乞”和“青少年犯罪”问题的分析	广西师范学院谢霄男	《郑州航空工业管理学院学报》(社会科学版)2012年04期	
论社会转型背景下预防青少年犯罪的法制教育对策	广西师范大学何润华	《湖南科技学院学报》2012年05期	
当前青少年团伙犯罪的成因及对策	广西警官学校周佳	《法制与经济》(下旬刊)2012年05期	
浅谈我国当代青少年犯罪的成因与预防	广西工学院鹿山学院张斌	《科技视界》2012年14期	
城乡结合区域青少年违法犯罪问题的对策思考——以广西柳州市柳南区为例	广西柳州市公安局唐作斌	《广西政法管理干部学院学报》2012年04期	
两起网瘾导致青少年违法犯罪案例引发的思考	广西警官高等专科学校高秋娟	《北方文学》(下旬刊)2012年12期	
青少年啦啦操的运动风险评估与预防对策	广西师范大学谢一锋	《搏击》(体育论坛)2012年01期	
刍议广西青少年竞技体育后备人才培养工程的瓶颈	广西师范学院苏祝捷，广西体育高等专科学校邱团	《运动》2012年20期	广西哲学社会科学“十二五”规划2011年度自筹项目课题《广西竞技体育后备人才培养模式研究》阶段性成果之一
广西青少年高水平短跑运动员选材方法研究	广西体育运动学校李菲等	《当代体育科技》2012年27期	2010年度中等职业教育教学改革一级立项项目
广西青少年高水平运动员人才培养现状分析	广西体育运动学校韩俊刚、李菲	《大学教育》2012年08期	2010年度中等职业教育教学改革一级立项项目
广西青少年高水平运动员损伤现状调查研究	广西体育运动学校韩俊刚	《运动》2012年17期	2010年度中等职业教育教学改革一级立项项目
广西近五年青少年科技创新竞赛之生物类课题状况统计分析	广西师范大学韦艳艳等	《教育观察》2012年01期	2010年新世纪广西高等教育教学改革工程A类立项项目《基于高中新课程的高师生物专业教学法实验教学的研究与实践》阶段性成果之一，广西师范大学大学生创新性实验计划《“高校—中学合作共赢”下的青少年科技活动内容的开发与建设》阶段性成果之一
结合实际，科学引导 探索青少年无线电科普教育之路	广西柳州市无线电管理处覃哲新	《中国无线电》2012年11期	
浅论青少年天文科普活动的现状与发展对策	广西科技馆刘菁	《大众科技》2012年05期	
中国校外青少年艾滋病易感脆弱性及行为干预研究	广西柳州市疾病预防控制中心王萍	核心期刊《中国学校卫生》2012年06期	广西卫生厅计划课题

续表

论文题目	作者单位及作者	发表刊物及期数	备注
椎间盘镜术与传统椎板间隙开窗术治疗青少年腰椎间盘突出症的比较研究	广西人民医院欧裕福等	核心期刊《中国矫形外科杂志》2012年01期	
腰围与体重指数诊断儿童青少年代谢综合征临床价值比较	广西妇幼保健院罗静思等	核心期刊《中国实用儿科杂志》2012年09期	广西自然科学基金项目，“十一五”国家科技支撑计划子课题
儿童青少年腰围与代谢综合征危险因素关系的研究	广西妇幼保健院罗静思等	核心期刊《临床儿科杂志》2012年10期	广西自然科学基金项目，“十一五”国家科技支撑计划项目子课题
三磷酸腺苷结合盒转运子A1基因rs2066715多态性与青少年汉族人群的血脂水平	广西医科大学第一附属医院曹小丽等	核心期刊《中国组织工程研究》2012年02期	
广西农村地区男性青少年第二性征发育和遗精年龄的调查分析	广西人口和计划生育研究中心檀大羡等	《中国临床新医学》2012年06期	国家科技部科技基础性工作专项资助项目
广西横县地区青少年干眼症的调查分析	广西横县人民医院雷海云	《国际眼科杂志》2012年11期	广西南宁市科研课题资助项目
广西农村地区男性青少年第二性征发育和遗精年龄的调查分析	广西人口和计划生育研究中心檀大羡等	《中国临床新医学》2012年06期	国家科技部科技基础性工作专项资助项目
儿童文化视角中的早期教育及其现实意义	广西幼儿师范高等专科学校付红珍	《牡丹江教育学院学报》2012年06期	
关注儿童的艰难成长——论余华小说《在细雨中呼喊》的儿童形象	广西师范大学吕思睿	《湖北第二师范学院学报》2012年11期	
打开思想的一扇窗——儿童与儿童哲学	广西师范大学周剑铭	《赤峰学院学报》(汉文哲学社会科学版)2012年09期	
儿童有自己的哲学吗	广西师范大学刘翠、于丹	《文学教育》(中)2012年08期	
儿童道德脱离的影响因素及其与社会行为的关系	广西工学院潘清泉等	《心理与行为研究》2012年03期	教育部人文社会科学研究一般项目，国家自然科学基金项目，华中师范大学国家教师教育创新平台理论创新研究项目
幼儿园主题活动的基本视角：儿童的经验	广西师范大学何媛	核心期刊《学前教育研究》2012年07期	广西师范大学博士科研启动基金
儿童语言与儿童学习相互作用而发展	广西师范大学黄勤	《基础教育研究》2012年06期	
科学与价值：我国儿童汉语分级阅读研究的问题与展望	广西大学罗德红、余婧	核心期刊《出版广角》2012年09期	国家语委2011年立项项目《儿童汉语分级阅读的分级标准研究》阶段性成果之一
儿童语言与儿童学习相互作用而发展	广西师范大学黄勤	《基础教育研究》2012年06期	
柳州市银山社区汉语阅读障碍儿童的阅读特点分析	广西柳州市妇幼保健院李红辉等	《中国社区医师》(医学专业)2012年08期	广西卫生厅科研课题
数量比较中阶段性与偏侧化探讨的新视野——来自壮汉双语儿童的证据	广西警官高等专科学校王家宁等	《玉林师范学院学报》2012年06期	国家社会科学基金《少数民族双语儿童语音加工能力优势与加工机制研究》阶段性成果之一
广西5岁儿童乳牙龋病相关因素分析	广西医科大学口腔医院李晓捷等	核心期刊《牙体牙髓牙周病学杂志》	广西科学基金项目

续表

论文题目	作者单位及作者	发表刊物及期数	备注
南宁市2304例学龄前儿童眼散光现状分析	广西人民医院肖信等	核心期刊《中国学校卫生》2012年10期	广西卫生医疗重点科研课题，广西自然科学基金课题
广西百色市2010年5岁以下儿童死亡分析	广西百色市妇幼保健院邓仕丝等	核心期刊《中国妇幼保健》2012年14期	
南宁市幼儿园儿童蛲虫感染情况	广西医科大学第一附属医院胡缨等	核心期刊《中国学校卫生》2012年12期	
观点采择因素对3~4岁儿童延迟满足决策的影响	广西大学蒋钦等	核心期刊《心理发展与教育》2012年02期	国家自然科学基金项目后续工作，广西大学科研基金项目
儿童肱骨髁上骨折的分型与治疗进展	广西医科大学第一附属医院廖世杰	核心期刊《中国矫形外科杂志》2012年08期	广西自然科学基金项目
儿童前臂缺血性肌挛缩的研究进展	广西北海市人民医院罗世兴等	核心期刊《中国矫形外科杂志》2012年07期	广西科学基金合同项目
应用酶联免疫斑点法快速诊断儿童结核分枝杆菌感染的研究	广西医科大学李海等	核心期刊《中国妇幼保健》2012年11期	广西科技攻关项目，广西医学科学实验中心开放基金专项项目，广西研究生教育创新计划资助项目
儿童艾滋病防治研究进展	广西南宁市第四人民医院曹军、葛利辉	《中国当代医药》2012年02期	
儿童意外伤害原因分析及防范	广西中医学院第一附属医院黄沂	《广西中医学院学报》2012年01期	
儿童睡眠状况调查及临床干预的研究进展	广西柳州市妇幼保健院黄任秀等	《现代中西医结合杂志》2012年35期	广西医疗卫生自筹经费课题
论儿童食品广告中的年龄阶段心理特征	广西教育学院卢珩	《广西教育学院学报》2012年03期	
中国儿童电视频道广告透视	广西大学张超	《新闻爱好者》2012年21期	
东南亚儿童文学中的汉文化元素	广西大学梁卿等	《东南亚纵横》2012年09期	
菲律宾儿童文学发展历程探析	广西大学梁卿、曾萍	《吉林广播电视大学学报》2012年06期	
《黄金罗盘》——幻想儿童文学的突破之作	广西大学张茜	《文学界》(理论版)2012年04期	
浅谈儿童钢琴教学	广西艺术学院魏悦	《江西教育学院学报》2012年02期	
国外儿童视唱练耳教育模式分析	广西师范学院黄柯瑕	《大众文艺》2012年11期	
宋代儿童题材绘画初探	广西艺术学院李娅萌	《大众文艺》2012年07期	
对儿童女子体操运动员速度力量训练的探讨	广西桂林市体操学校柯志鹏	《搏击》(体育论坛)2012年01期	
浅谈7~12岁儿童体育舞蹈的训练	广西师范大学赵昕烨	《搏击》(体育论坛)2012年05期	
对儿童女子体操运动员速度力量训练的探讨	广西桂林市体操学校柯志鹏	《搏击》(体育论坛)2012年01期	

续表

论文题目	作者单位及作者	发表刊物及期数	备注
失依儿童家庭寄养的现状、问题与对策——基于对广西A儿童福利院的考察	广西大学罗德红、谢敏慧	《天水行政学院学报》2012年06期	
运用社会工作方法 预防困境儿童流浪	广西桂林理工大学黄春梅，广西桂林市救助管理站廖欣	《社会福利》2012年10期	
中国当下农村留守儿童政府治理新思考	广西大学吉利、王文静	《理论界》2012年10期	
留守儿童权利的法律保护	广西职业技术学院李建春	《法制博览》(中旬刊)2012年10期	
贫困县留守儿童与家长卫生意识的培养对护理工作的推动作用	广西东兰县人民医院韦媛	《中国医药科学》2012年04期	
父母的关爱是留守儿童的灵丹妙药	广西上林县西燕中学蓝彩玲	《现代阅读》(教育版)2012年04期	
改善农村留守儿童阅读环境的思考	广西图书馆黎维玲	《内蒙古科技与经济》2012年06期	
让留守儿童心中充满爱	广西贵港市覃塘区三里镇大零小学韦剑霞	《现代阅读》(教育版)2012年07期	
贫困县留守儿童与家长卫生意识的培养对护理工作的推动作用	广西东兰县人民医院韦媛	《中国医药科学》2012年04期	
河池地区农村留守儿童行为问题分析	广西工学院陆建兰	《黑龙江科技信息》2012年23期	
父母的关爱是留守儿童的灵丹妙药	广西上林县西燕中学蓝彩玲	《现代阅读》(教育版)2012年04期	
发挥主战场作用，为未成年人思想道德建设添砖加瓦	广西崇左市龙州县第一中学马司乐	《读与写》(教育教学刊)2012年09期	
组织未成年人进行违反治安管理活动罪的法益分析	广西大学文立彬	《湖北警官学院学报》2012年04期	
我国未成年人刑事案件社会调查制度研究	广西南宁市兴宁区人民检察院陈立毅	核心期刊《中国刑事法杂志》2012年06期	
未成年人审前拘留刍议	广西大学张鸿巍	核心期刊《比较法研究》2012年06期	广西教育厅资助课题《我国少年司法制度改革研究》阶段性成果之一，广西南宁市人民检察院资助课题《恢复性司法视野下的未成年人检察工作研究》阶段性成果之一
未成年人收容教养的调查与思考——基于G省的实证分析	广西大学张鸿巍，广西南宁市人民检察院卢赛环	《山东警察学院学报》2012年04期	广西大学课题《犯罪学基础理论研究》阶段性成果之一，广西南宁市人民检察院研究课题《恢复性司法视野下的未成年人检察工作研究》阶段性成果之一
论我国未成年人刑事案件和解	广西师范大学万慧	《核心期刊人民论坛》2012年36期	广西教育厅科研项目《和谐广西视野中的刑事和解制度研究》阶段性成果之一
未成年人犯罪前科影响力趋减分析	广西南宁市江南区人民检察院林中、刘邕麟	核心期刊《人民检察》2012年17期	
从网络流行语看当代青年的价值观	广西师范大学李宇杰、高雅	核心期刊《社会科学家》2012年06期	

续表

论文题目	作者单位及作者	发表刊物及期数	备注
新时期青年爱国主义教育简论	广西经济管理干部学院董琴琴	《法制与社会》2012年14期	
借鉴历史教训以加强青年一代思想政治教育工作	广西师范学院卓腾、严晨晖	《学理论》2012年30期	
浅谈如何做好企业青年员工的思想政治工作	广西公路桥梁工程总公司白耀杨	《科技与企业》2012年14期	
如何做好青年员工的思想政治工作	广西公路桥梁工程总公司设备材料分公司娇晶	《科技风》2012年23期	
供电企业青年员工在北部湾经济前沿阵地应如何有所作为	广西钦州市供电局姜钰、何丽玲	《广西电业》2012年Z1期	
南宁供电局为企业发展搭建青年人才登高云梯——南宁供电局青年人才培养纪实	广西南宁市供电局陆冬琦	《广西电业》2012年10期	
浅析"广西青年医学英才培养计划"政策的特征及其理论基础	广西右江民族医学院廖满媚,广西大学黄贤昌	《右江民族医学院学报》2012年05期	
篮球运动与青年学生领导意识培养研究	广西扶绥县第二中学陆长英	《法制与经济》(中旬刊)2012年09期	
当前形势下如何把握青年特点做好团员青年工作	广西送变电建设公司莫海清	《广西电业》2012年05期	
发挥团员青年在企业改革发展中的生力军作用研究	广西水电工程局莫建丽	《企业科技与发展》2012年20期	
高校班级团支部思想建设新探索——以40个团支部"54321青年工程"建设实证为例	广西工学院朱广生等	《高教论坛》2012年06期	
运用网络手段做好新形势下的青年群众工作	广西大化县贡川乡团委甘日栋等	《传承》2012年03期	
青年广泛性焦虑患者不同性别心率变异性对比研究	广西人民医院覃晓波等	《中国医药导报》2012年15期	广西卫生厅医疗卫生科研项目
青年缺血性脑卒中病因及相关危险因素的分析研究	广西医科大学第一附属医院曾宏亮、石胜良	《实用心脑肺血管病杂志》2012年06期	
青年短暂性脑缺血发作26例DSA分析	广西北海市人民医院陈锦艳等	《河北医学》2012年07期	
帕罗西汀对青年广泛性焦虑心率变异性的影响	广西人民医院陶建青等	《中国医药导报》2012年14期	广西卫生厅医疗卫生科研项目
青年脑梗死35例的临床分析	广西防城港市第一人民医院林春光等	《广西医学》2012年08期	
试论《实践论》对当代知识青年的几点启示	广西民族大学孙忠飞、刘伟	《南方论刊》2012年10期	
青年失业人员自我和谐调查	广西桂林市社会福利医院刘军、范喜瑛	《中国健康心理学杂志》2012年03期	广西卫生厅自筹课题
西南边疆民族地区青年归侨侨眷教育发展探索——西南边疆民族地区青年归侨侨眷发展问题研究系列之三	广西民族大学李雪岩等	核心期刊《广西师范大学学报》(哲学社会科学版)2012年04期	国家社科基金特别委托项目《西南边疆民族地区青年归侨侨眷发展问题研究》阶段性成果之一,广西民族大学中国—东盟研究中心招标课题《中国—东盟架构下广西青年归侨侨眷发展问题研究》阶段性成果之一

续表

论文题目	作者单位及作者	发表刊物及期数	备注
城市青年志愿活动参与动机研究	广西大学魏万青等	《当代青年研究》2012年08期	广州市社科联2010年立项《城市青年志愿活动参与动机研究》阶段性成果之一
县域经济视角下广西民族地区农村青年城乡就业意愿研究	广西工学院徐枞巍等	核心期刊《广西社会科学》2012年02期	
村民自治中农村青年政治参与积极性探究	广西师范大学赵春草	核心期刊《学校党建与思想教育》2012年11期	
边境欠发达地区农村青年创业培训存在的问题及其对策——以广西那坡县为例	广西大学李璐雨、毕志兼	《广西农学报》2012年01期	
创新基层组织形式 服务农村团员青年——浅谈共青团城乡基层组织形式创新	广西团校栗占荣	《广西青年干部学院学报》2012年05期	
对广西高校青年教师职业观的思考	广西师范大学伍尚海，桂林师范高等专科学校田士超	核心期刊《教育与职业》2012年05期	2008年广西高校思想政治教育理论与实践立项研究课题《高校青年教师职业观教育研究——以广西师范大学青年教师成长学校为载体》阶段性成果之一，新世纪广西高等教育教学改革工程"十一五"第五批立项项目《高校青年教师课堂教学技能培训的研究与实践》阶段性成果之一
高校青年教师教学能力现状分析及培养策略	广西财经学院胡珊明等	《科教导刊》(上旬刊)2012年04期	
以教研室为平台加强青年教师的培养	广西中医学院刘燕平，右江民族医学院黄岑汉	《教育教学论坛》2012年04期	广西教育科学"十一五"规划重点项目
高校思想政治理论课青年教师队伍建设探索——以广西为例	广西中医药大学陈雪斌等	《高教论坛》2012年08期	2011年度教育部人文社会科学研究专项任务项目(高校思想政治理论课)《高校思想政治理论课青年教师队伍研究》阶段性成果之一
青春为光明事业绽放——记广西电网公司青年岗位能手贵港供电局计量中心装表接电班班长王佐文	广西贵港市供电局蒙婷婷	《广西电业》2012年06期	
一战成名是战前苦修之果——记"南方电网公司青年岗位能手"梁树炯	广西贵港市供电局高成锐、郑水胜	《广西电业》2012年10期	
倡导班级文化自觉 引领学生健康成长	广西南宁市第三中学李杰、徐建华	核心期刊《教学与管理》2012年10期	
浅谈学生情绪引导机制的构建	广西警官高等专科学校胡吉红，广西教育学院刘华政	核心期刊《教学与管理》2012年09期	
浅谈在体育教学中培养学生的素质教育	广西石化高级技工学校雷虹	《现代阅读》(教育版)2012年13期	
大学文化视野下学生思想素质提升路径探析	广西政法管理干部学院覃海逢	核心期刊《广西社会科学》2012年05期	
以心理健康教育为抓手增强高校学生思想政治工作的有效性	广西政法管理干部学院朱小根	核心期刊《教育与职业》2012年06期	
试论媒体舆情变化中的高校学生思想政治教育	广西民族大学蒙良秋	核心期刊《中国报业》2012年10期	

续表

论文题目	作者单位及作者	发表刊物及期数	备注
办公自动化环境下学生档案数字化管理的研究	广西师范大学档案馆秦芳远等	核心期刊《兰台世界》2012年14期	
对27号令增设"学生类"档案的理解与思考	广西大学行健文理学院方芳	核心期刊《兰台世界》2012年26期	
在日常教学中实现学生创新精神与实践能力的培养——广西基础教育学校教学改革试点的项目设计	广西基础教育学校教学改革试点项目专家组	核心期刊《人民教育》2012年02期	
小学品德课程改革与学生能力的培养	广西北海市海城区第二小学耿超美	核心期刊《现代教育科学》2012年06期	广西北海市教育科学"十一五"规划立项A类课题《班级心理辅导策略研究》阶段性成果之一
艺术高校提升学生艺术创新能力的策略研究	广西艺术学院潘晔、钟宏桃	核心期刊《广西社会科学》2012年10期	广西新世纪教改工程项目
学习生活质量:学生发展的本质与路径	广西师范大学唐荣德	核心期刊《教育研究》2012年11期	2011年度广西高等学校重点资助科研项目《研究生人文素质教育课程资源开发》阶段性成果之一
基于大规模学业水平测试的科学学习困难学生特点分析	广西师范大学曾平飞等	核心期刊《全球教育展望》2012年05期	
论英语专业学生批判性思维及批判性阅读能力的培养	广西财经学院廖乃帜	核心期刊《前沿》2012年03期	
七年级学生数学学习习惯和方法的调查研究	广西钦州学院黄岳俊等	核心期刊《教学与管理》2012年06期	广西教育科学"十一五"规划重点课题
基于改进的遗传算法的学生成绩预测模型	广西现代职业技术学院罗永国	核心期刊《科技通报》2012年10期	2011年新世纪广西高等教育教改工程项目课题
以学生为中心的本科人才培养思考	广西民族大学李枭鹰	核心期刊《中国高等教育》2012年20期	
从工科类学生的就业需求看专业翻译人才的培养	广西钦州学院班光语	核心期刊《中国人才》2012年08期	《工科专业大学英语翻译实践教学探索》阶段性成果之一
地方高校校报学生记者的培养问题与对策——以A师范学院为例	广西玉林师范学院毛家武、吴敏莲	核心期刊《新闻知识》2012年04期	
浅议高校校报学生采编队伍媒介素养的提升	广西财经学院蒋立宏	核心期刊《中国报业》2012年02期	2010年度广西财经学院校级课题立项项目
高校学生辅导员媒介素养及其提升策略	广西大学曾海艳	核心期刊《学术论坛》2012年05期	
高职学生就业能力影响因素的实证分析	广西国际商务职业技术学院李庆文	核心期刊《职教论坛》2012年28期	2011年广西高等学校优秀人才资助计划项目《基于学生就业能力的高职"双师型"教师培养机制研究》阶段性成果之一,广西国际商务职业技术学院科研项目《学生就业质量视角下的高职"双师素质"教师培养机制研究》阶段性成果之一
关于中职学生就业能力培养的思考	广西贺州市经济管理干部中等专业学校徐家沾	《现代阅读》(教育版)2012年10期	
中国南方少数民族学生体质特征聚类与因子结构分析	广西民族大学何江川、杨放	核心期刊《中国组织工程研究》2012年02期	广西哲学社会科学"十一五"规划2008年度研究项目《广西边远山区聚居少数民族体质与健康发展研究》阶段性成果之一
广西贫困地区2010年寄宿制学校学生营养状况分析	广西疾病预防控制中心方志峰等	核心期刊《中国学校卫生》2012年02期	

续表

论文题目	作者单位及作者	发表刊物及期数	备注
广西边远聚居少数民族学生体质特征因子分析	广西民族大学何江川、杨放	核心期刊《中国卫生统计》2012年05期	广西科学实验(中国—东盟研究)中心研究项目
高校学生党员后续教育的优化研究	广西工学院梁茜茜	核心期刊《教育与职业》2012年33期	2011年广西高校党建立项课题《高校学生党员后续教育与管理机制的优化研究》阶段性成果之一
高职学生党支部建设研究	广西建设职业技术学院李姿蓉	核心期刊《山西财经大学学报》2012年S4期	
论体育教学小学生创新能力	广西防城港市实验小学黄玉珍	《现代阅读》(教育版)2012年24期	
对南宁市城乡汉族小学生身体形态和身体素质的动态研究	南宁市第四十七中学韦建萍,广西教育学院李大春	《基础教育研究》2012年21期	
2008~2011年广西北海某库区移民安置点小学生身高体重调查	广西医科大学王鹭等	《应用预防医学》2012年05期	
农村小学生如何挖掘作文素材的教学探究	广西河池市天峨县纳直乡当里小学张凤琴	《现代阅读》(教育版)2012年11期	
广西陆川县中小学生视力调查结果分析	广西陆川县疾病预防控制中心黄燕	《中国社区医师》(医学专业)2012年25期	
贺州市八步区中小学生结核病筛查结果和影响因素分析	广西疾病预防控制中心崔哲哲	《中国热带医学》2012年06期	广西卫生厅自筹经费项目
2010年广西中小学生龋齿患病现状及流行趋势	广西柳州市疾病预防控制中心王萍	《职业与健康》2012年15期	
利用项目学习方式培养中小学生的21世纪技能——ThinkQuest Projects全球竞赛及获奖案例评析	广西师范大学谭妏连	《软件导刊》(教育技术)2012年03期	
北海市区中小学生语言使用情况调查与分析	广西广播电视大学陈朝珠	《东方企业文化》2012年08期	
中学生学源性心理障碍的成因分析及消除策略	广西柳州城市职业学院莫柳军	核心期刊《教学与管理》2012年03期	
中学生自我表露调查研究	广西民族师范学院王强	《广西民族师范学院学报》2012年02期	
当代中学生价值观现状研究	广西师范大学韦丽娟	《兰州教育学院学报》2012年09期	
中学生领导力培养的意义与策略	广西师范大学郎文静等	《教学研究》2012年04期	
中学生目标定向的发展趋势调查	广西师范大学莫文、罗善欢	《教育测量与评价》(理论版)2012年11期	
柳州市中学生日常饮食行为及体育锻炼现状分析	广西柳州市疾病预防控制中心王萍	核心期刊《现代预防医学》2012年04期	广西自然科学基金项目
山区中学生英语学习的社会角色位移困境及其化解	广西师范学院黄技、黄永珍	核心期刊《教育导刊》2012年03期	
初中语文教学中学生表达能力的培养	广西河池市金城江区东江镇初级中学韦希萍	《现代阅读》(教育版)2012年13期	

续表

论文题目	作者单位及作者	发表刊物及期数	备注
关于中学生数学发散思维的教学实践探索	广西南宁市西乡塘区石埠中学	《现代阅读》(教育版)2012年13期	
教学中学生编程技能培养的思考和改革	广西大学蒙祖强等	《高教论坛》2012年08期	2011年新世纪广西高等教育教学改革工程项目《当前就业形势下计算机应用型人才培养模式的研究与实践》阶段性成果之一
三种方案治疗中学生爆发甲型病毒性肝炎临床分析	广西医科大学第一附属医院王艳红等	《环球中医药》2012年05期	财政部、国家中医药管理局2009年中医药行业科研专项,中医药行业科研专项项目
高校体育教育实习中学生安全问题管理研究	广西民族大学周园	《中国电力教育》2012年25期	2011年度广西教育系统维护学校安全稳定工作立项项目
中职语文教学中学生职业素养的培育	广西电子技工学校刘群秀	《职业》2012年08期	
中学生传统礼仪教育初探	广西都安县第二高级中学蓝磊	《学周刊》2012年14期	
论用社会主义核心价值体系引领大学生科学发展	广西民族师范学院黄业育	核心期刊《学术研究》2012年05期	
多元文化背景下大学生社会主义核心价值体系教育路径探析	广西师范学院石丽琴、张春红	核心期刊《学校党建与思想教育》2012年34期	广西师范学院马克思主义理论研究基地研究课题《多元化背景下中国当代意识形态研究》阶段性成果之一
以社会主义核心价值体系引领大学生辨清错误社会思潮	广西民族师范学院李明辉	核心期刊《广西社会科学》2012年01期	
大学生社会主义核心价值体系认同教育路径探微	广西师范大学韦冬雪	核心期刊《广西师范大学学报》(哲学社会科学版)2012年04期	2012年国家社科基金西部项目《西部高校大学生社会主义核心价值体系认同教育研究》阶段性成果之一,博士后科学研究基金面上资助项目《少数民族大学生社会主义核心价值体系认同研究》阶段性成果之一
社会主义核心价值体系贯穿于大学生思想政治教育全过程的系统分析	广西财经学院杨勇、冯霞	核心期刊《广西社会科学》2012年03期	2011年国家社科基金课题
高校社会主义核心价值体系输导路径探究——社会主义核心价值体系贯穿于大学生思想政治教育全过程的思考	广西财经学院严萍昌	核心期刊《学术论坛》2012年09期	2011年国家社科基金课题《社会主义核心价值体系贯穿于大学生思想政治教育全过程的系统性研究》阶段性成果之一
新媒体时代大学生思想政治教育创新的途径	广西财经学院吴勇	核心期刊《学校党建与思想教育》2012年15期	2010年度教育部人文社会科学研究专项任务项目(高校思想政治工作)《当代大学生思想特点及成长成才规律研究》阶段性成果之一
以科学发展观引领大学生思想政治教育工作	广西医科大学莫税英	核心期刊《广西社会科学》2012年03期	

续表

论文题目	作者单位及作者	发表刊物及期数	备注
利用时政类图书做好大学生思想教育工作	广西工商职业技术学院莫秀凤	核心期刊《中国报业》2012年08期	新世纪广西高等教育教改工程项目《高职高专院校思想政治理论课“低碳教学”模式研究》阶段性成果之一，钦州学院教改课题《政法类专业人才培养模式创新与职业能力拓展互动的研究与实践》、《服务北部湾经济发展的政法类人才职业核心能力拓展研究与实践》阶段性成果之一，广西教育科学“十二五”规划委托重点课题《广西沿海地区高校特色实践教学体系构建研究与实践》阶段性成果之一
就业能力培养视角下的大学生思想政治教育创新	广西财经学院杨世鹏	核心期刊《学校党建与思想教育》2012年21期	
专业文化视域下的大学生思想政治教育工作对策研究	广西工学院陈克文	核心期刊《教育与职业》2012年18期	新世纪广西高等教育教改“十一五”课题《高等院校思想政治理论课教学载体建设研究》阶段性成果之一
从言语认同到行为自觉——继续教育类大学生思想政治教育中的言语行为策略探析	广西高校工委 唐春生，广西教育厅 覃安基	核心期刊《中国成人教育》2012年13期	
农村大学生思想政治教育的内在机制研究	广西师范大学赵春草	核心期刊《学校党建与思想教育》2012年15期	
高职院校党建与大学生思想政治教育的新特点及对策	广西建设职业技术学院王振丰	核心期刊《教育与职业》2012年11期	2010年广西高校党建立项研究课题《新时期高职院校学生党员发展质量的创新实践研究》阶段性成果之一
关于强化大学生政治信仰教育实效性若干问题研究	玉林师范学院李继兵，广西大学宁德鹏	核心期刊《学术论坛》2012年11期	教育部人文社会科学研究西部和边疆地区项目《当代大学生政治信仰现状及教育对策研究》阶段性成果之一
大学生党建工作“四进四落实”新模式略探	广西财经学院吴定伟	核心期刊《学校党建与思想教育》2012年03期	2010年度广西财经学院党建与思政课题立项项目《创先争优背景下的高校与民营企业基层党组织建立互动机制研究》阶段性成果之一
对新形势下大学生党建工作科学化的思考	广西财经学院张天锋	核心期刊《教育与职业》2012年26期	2010年广西高校党建立项研究课题《科学构建电子党务平台，探索高校党务工作网络化的新思路》阶段性成果之一
大学生流动党员教育管理机制的基本路径	广西财经学院吴定伟	核心期刊《学校党建与思想教育》2012年09期	2010年广西高校党建立项研究课题《新形势下大学生流动党员教育管理创新研究》阶段性成果之一
新形势下大学生学习型党支部建设的实践与研究	广西师范大学蒙红光	核心期刊《教育与职业》2012年12期	广西师范大学2010年德育重点课题《新形势下大学生学习型党支部建设的研究与实践》阶段性成果之一
新时期的大学生理想信念教育	广西师范大学漓江学院周德胜	核心期刊《教育与职业》2012年11期	
网络时代大学生价值观及其社会化引导	广西工学院刘静姿等	核心期刊《中国报业》2012年04期	
多元社会思潮对大学生价值观的影响与引导	广西大学邹再金等	核心期刊《前沿》2012年19期	2011年度广东省高等学校思想政治教育课题
大学生价值冲突的教育归因及消解对策	广西师范学院陆慧	核心期刊《学校党建与思想教育》2012年24期	广西马克思主义理论和研究建设工程研究基地2010年度课题《多元文化背景下社会主义核心价值体系教育的路径与方法研究》阶段性成果之一

续表

论文题目	作者单位及作者	发表刊物及期数	备注
大学生人生观教育应融入性别平等理念	广西经济管理干部学院黄约	核心期刊《学校党建与思想教育》2012年15期	广西教育科学"十一五"规划重点课题《基于参与式大学校园性别文化的理论创新与行动试验》阶段性成果之一
初中、高中与大学生的生命意义来源研究	广西大学张姝玥、林艳	核心期刊《中国特殊教育》2012年10期	国家社科基金项目《社会变迁中的青年生命意义与生命教育研究》阶段性成果之一，广西哲学社会科学"十二五"规划课题《广西高校稳定问题研究—高校学生自杀危机的预防、预警与干预》阶段性成果之一，广西大学科研基金项目《中学生学习倦怠的影响因素模型》阶段性成果之一
民族地区高校大学生人格教育的实证研究：跨文化视角	广西民族大学李玉雄	核心期刊《云南民族大学学报》（哲学社会科学版）2012年03期	
社会主义荣辱观：大学生社会实践人格完善的重要保证	广西经济管理干部学院潘俊英	核心期刊《广西社会科学》2012年03期	广西教育厅科研资助项目，教改资助项目
当代大学生的情感危机表征及社会协同治理体系建构——基于协同学理论维度的解释	广西大学祝慧等	核心期刊《前沿》2012年15期	2011年广西高校安全稳定立项研究课题《家庭、学校、社区相结合学生安全知识技能培养研究——基于协同学视角的考察》阶段性成果之一
大学生公共行为特点及影响因素的研究——以桂林市8所高校大学生的调查数据为例	广西师范大学李宇杰	核心期刊《思想教育研究》2012年06期	2010年度教育部人文社会科学研究青年基金项目《日常社会生活中大学生的公共行为特点对高校思想政治教育的影响》阶段性成果之一
奖惩敏感度量表中文版用于大学生的信效度分析	广西大学王恩界	核心期刊《中国学校卫生》2012年06期	广西教育科学"十一五"规范项目
从偶像到民星：媒介角色与大学生虚拟社会化	广西大学刘晓慧	核心期刊《传媒观察》2012年09期	教育部人文社会科学研究项目《从偶像丧失到角色颠覆——媒介化社会大学生对媒介角色认知与评价的社会学解读》阶段性成果之一
论高校媒体议程设置功能与大学生媒介素养的培养	广西财经学院周燕琳	核心期刊《中国报业》2012年02期	
高校服务广西新发展视阈下大学生媒介素养教育研究	广西师范学院旷晓霞	核心期刊《中国报业》2012年10期	2010年广西教育厅科研项目《高校服务广西新发展视阈下的大学生媒介素养培育研究》阶段性成果之一
网络媒介审丑对大学生社会化的影响	广西大学吴灏鑫等	核心期刊《现代传播》（中国传媒大学学报）2012年04期	教育部人文社科项目《从偶像丧失到角色颠覆——媒介化社会大学生对媒介角色认知与评价的社会学解读》阶段性成果之一
大学生领悟性社会支持与网络成瘾的关系：孤独感的中介作用	广西大学王恩界等	《青岛大学师范学院学报》2012年03期	广西教育科学"十一五"规划项目《广西高校大学生网络成瘾现状、原因及防治研究》阶段性成果之一
大学生网络消费安全支付的存在问题及对策	广西民族大学 刘志雄	核心期刊《经济导刊》2012年03期	2011年度广西教育系统维护学校安全稳定工作立项研究课题《大学生网络消费安全支付问题研究——以南宁市为例》（一般资助项目B类）阶段性成果之一
大学生网络同居现象的道德伦理考量	广西科技大学（筹）赵芸、潘清泉	核心期刊《学校党建与思想教育》2012年21期	教育部规划基金课题《网络舆情：大学生思想政治教育面临的问题和出路》阶段性成果之一

续表

论文题目	作者单位及作者	发表刊物及期数	备注
大学生宿舍人际相处主观影响因素分析	广西医科大学张瑜，广西师范大学李宏翰	核心期刊《中国学校卫生》2012年10期	
人本主义视野下的大学生人际交往焦虑的干预研究	广西工学院 赵芸	核心期刊《中国成人教育》2012年17期	广西工学院青年基金项目
大学生实习期间身份的法律分析	广西南宁职业技术学院陆碧霞等	核心期刊《中国青年研究》2012年11期	
大学生就业与专业的关联性研究	广西大学李海波等	核心期刊《中国成人教育》2012年17期	广西教育科学"十一五"规划立项课题——广西教育厅委托重点课题《大学生就业与专业的关联性研究》最终成果
论学习型大学生就业指导队伍建设	广西大学李海波	核心期刊《湖北社会科学》2012年08期	广西大学科研基金资助项目
基于核心竞争力视角的大学生就业力的培育	广西工学院胡芸	核心期刊《继续教育研究》2012年03期	国家社科基金《中国特色社会主义理论体系下思想政治教育话语学构建探研》阶段性成果之一
关于高职大学生就业定位问题的思考	广西电力职业技术学院何茂羽	核心期刊《学术论坛》2012年05期	
网络条件下地方高校大学生就业实习基地建设的实证分析——以广西大学机械工程学院为例	广西大学李海平	核心期刊《中国报业》2012年12期	
大学生创业教育社会支持体系研究	广西机电职业技术学院赖晓桦	核心期刊《当代教育科学》2012年09期	
大学生民生问题对高校思想政治理论课教学的影响研究	广西工学院付蓓等	核心期刊《学校党建与思想教育》2012年28期	2010年度广西教育厅科研立项项目《马克思主义中国化的信仰视角研究》阶段性成果之一，2010年度广西工学院教育教学改革立项项目《高校思想政治理论课"研究式"教学模式研究与实践》阶段性成果之一
以学科竞赛为支撑构建省级大学生科技创新交流平台	桂林电子科技大学郭庆等	核心期刊《实验技术与管理》2012年03期	2010年全国教育科学规划课题《地方工科院校工程应用型人才培养模式探索及实践》阶段性成果之一，广西教改项目《大学生创新实践平台的构建与实施》阶段性成果之一
大学生科技素养培养与广西农村经济社会的发展	广西教育学院林桂红	核心期刊《学术论坛》2012年03期	广西科学技术协会2012年度学术研究课题《广西农村经济社会发展与大学生科技素养培养研究》阶段性成果之一
广西大学生婚前医学检查认知情况分析	广西医科大学韦金梅等	核心期刊《中国公共卫生》2012年05期	
广西医科和非医科院校大学生禽流感KAPs调查	广西医科大学 黄颉刚等	核心期刊《现代预防医学》2012年14期	广西医科大学"未来学术之星"大学生课外科研课题项目
艺术类大学生隐形眼镜配戴认知及行为干预效果分析	广西医科大学徐珊、曾志励	核心期刊《中国学校卫生》2012年08期	广西研究生教育创新计划项目

法学·教育学·心理学

【法　学】 2012年，广西科研人员研究法学的著作主要有：周世中《马克思主义法学理论的探索与实践》，覃珠坚、张晓春《中国禁毒法规评介与适用》，蒋开科、何文凯主编《以法护航——防城港和谐崛起问策征文活动优秀论文集》，许秉元《如何提升法制新闻品位》，李乐平《商业银行信用的法制保障研究》，付健《西部旅游业可持续发展法律问题研究》等。

发表的论文，根据《中国知网》期刊不完全统计，通过对篇名中分别含有法学、法律、立法、宪法、行政法、民法、司法、刑法、刑事、诉讼、犯罪等关键词进行检索，2012年，广西科研人员发表有关法学研究的论文有381篇，全国27157篇，占1.4%。其中篇名中含有关键词“法学”的有29篇，全国1137篇，占2.55%；含有“法律”的有153篇，全国10147篇，占1.51%；含有“立法”的有29篇，全国2846篇，占1.02%；含有“宪法”的有8篇，全国669篇，占1.19%；含有“行政法”的有5篇，全国206篇，占2.43%；含有“民法”的有3篇，全国258篇，占1.16%；含有“司法”的有43篇，全国3114篇，占1.38%；含有“刑法”的有8篇，全国899篇，占0.89%；含有“刑事”的有32篇，全国2643篇，占1.21%；含有“诉讼”的有28篇，全国1995篇，占1.4%；含有“犯罪”的有43篇，全国3243篇，占1.33%。

广西科研人员发表有关法学研究的论文中，有70篇发表在核心期刊，占18.37%。发表在核心期刊的论文中，研究法律的有24篇，占34.29%。论文作者（以第一作者在广西为准）在高校有61篇（广西民族大学有14篇，广西师范大学有10篇，广西警官高等专科学校有6篇），占87.14%；在实践工作部门有7篇，占10%；在党校系统的有2篇，占2.86%。

发表的论文中，有部分是基金项目的阶段性成果：国家基金项目（包括国家社科基金、国家哲学社会科学基金、国家自然科学基金）的阶段性成果14篇，教育部项目的阶段性成果5篇；广西基金项目（包括广西社科基金、广西哲学社会科学规划课题、广西自然科学基金）的阶段性成果12篇，广西教育类项目（广西教育科学规划规划课题、新世纪广西高等教育教学改革工程、广西研究生教育创新计划项目）的阶段性成果18篇。

由此可见，研究法学的文章，研究法律主要从法学以及法学教育、专业、人才、文献和法律经济学、意识、问题、理论、制度、规制、监督、对策、责任、风险、援助、保护、保障、适用、效力、透视、体系、分析等方面入手，并对各种法（包括国际法、立法、宪法、行政法、民法、司法、刑法）及刑事、诉讼、犯罪等方面展开研究。作者多在高校。

出版的著作中，周世中《马克思主义法学理论的探索与实践》指出改革开放30多年来，中国法治事业面临着一系列理论上较为困惑、实践中无法绕开、必须面对的问题。这些问题大致可以分为两大类：一是在国际视野下如何理解中国的法治建设之路与西方法治之路的关系；二是在国内视野下如何理解全国统一法治体系与区域法治建设的关系。

张浩《法律体系的自治性》是研究法律体系的专著。指出法律体系的研究核心问题是其自治性问题。

覃珠坚、张晓春《中国禁毒法规评介与适用》为2009年广西警官高等专科学校教学改革项目、2010年新世纪广西高等教育教改工程项目、2011年广西高校特色专业及课程一体化建设项目的研究建设成果。该书比较全面系统地介绍了中国禁毒法规的历史进程和历史局限性。

蒋开科、何文凯主编《以法护航——防城港和谐崛起问策征文活动优秀论文集》是防城港市社科联与防城港市法学会联合主办主题为“以法护航——防城港和谐崛起问策”有奖征文活动的优秀论文集。是“立足当地、研究当地、服务当地”的法学理论成果，有现实指导和借鉴作用。

许秉元《如何提升法制新闻品位》是专门论述新闻品位的著作，对法制新闻报道、评论、解读、编辑和媒体慎言与善言等问题进行了理论与实践相结合的论述。作者把法制新闻评论作为一章专门论说，这在新闻类著作中是较为少见的。

李乐平《商业银行信用的法制保障研究》从法制保障的视角对商业银行的信用问题进行讨论。认为商业银行作为市场经济中处于金融供给地位的特殊市场主体，特别需要相关法律制度为其提供制度支撑，以保障和规范商业银行信用在正常的轨道上运行。

付健《西部旅游业可持续发展法律问题研究》以云南、陕西和广西三省区为例，对西部旅游业可持续发展中的法律问题进行研究，旨在探索一条西部旅游业可持续发展的法治之路。

发表的论文中，在法律理论问题上，兰艳等《法律行动理论的建构——基于哈贝马斯“交往行动理论”的阐释》认为基于哈贝马斯的交往行动理论及其法律商谈论，可以重新界定法律的基本特征，即法律具有互主体性、相对强制性与自治性，并通过立法商谈与商议式司法，建构一种全新的法律行动理论。

在研究法律经济学问题上，梁燕妮《法律经济学行为理论的前提、立场与融贯性——以婚姻家庭关系为例》选择以婚姻家庭关系为例，分析法律经济学的行为理论，论证法律经济学可以运用一套完整的行为理论一以贯之，探讨不同的问题，包括道德伦理的领域，以彰显法律经济学的独特视角。

在研究立法问题上，兰艳等《立法行为合法性的法哲学分析》指出理念论、实证论、语用论三种哲学观奠定了自然法、法律实证主义、法律商谈论三种立法主张。形式、内容和程序都只是法律合法性的必要条件而非充分条件，形式、内容和程序三者的统一才构成完整的合法性法律。

在研究司法问题上，李立景《传媒殖民司法：电视调解合法性批判》指出当下的电视调解节目既是一种全新的社会司法形态，也是一种全新的媒介形态。但电视调解存在诸多合法性困境，电视调解的规范化势在必行。

在研究刑事诉讼问题上，伍光红《越南刑事诉讼中的检警关系及其启示》指出越南现行检警关系模式赋予了检察院在审前阶段十分广泛的权能，检察院有权对侦查机关的人员及活动进行强有力的监督和引导。基于中国与越南相似的政治、经济条件和文化、历史传统、人文素质以及此前相近的司法体制，越南现行检警关系模式及其运行效果对我国的检警关系改革具有一定的参考价值。

在研究行政诉讼问题上，郭剑平《论我国行政诉讼案件协调制度的建立》指出完备的行政诉讼案件纠纷解决方式，是促进行政法治，保障行政相对人的合法权益，构建和谐社会的必然要求。行政诉讼案件协调制度的建立在我国具有实践的必要性和可能性。张显伟等《论行政机关间权限争议之诉讼机制解决》指出需要完善我国行政诉讼制度，创新行政审判机制，在审前程序中增设听证程序，以为法院裁判行政机关间权限争议提供有效的制度与机制保障。

有关“法学”方面的著作一览表

著作题目	作者单位及作者	出版社及出版时间	字数（千字）
马克思主义法学理论的探索与实践	广西师范大学周世中	法律出版社，2012年9月	687
法律体系的自治性	桂林电子科技大学张浩	中国政法大学出版社，2012年11月	180
中国禁毒法规评介与适用	广西警官高等专科学校覃珠坚、张晓春	中国人民公安大学出版社，2012年12月	450
以法护航——防城港和谐崛起问策征文活动优秀论文集	广西防城港市社科联蒋开科、何文凯	广西人民出版社，2012年5月	756
如何提升法制新闻品位	防城港日报社许秉元	光明日报出版社，2012年3月	180
商业银行信用的法制保障研究	玉林师范学院李乐平	西南交通大学出版社，2012年12月	232
西部旅游业可持续发展法律问题研究	广西师范大学付健	中国法制出版社，2012年12月	428

有关“法学”方面的论文一览表

论文题目	作者单位及作者	发表刊物及期数	备注
开启中国思想史上的法学知识轴心时代	广西大学魏敦友	核心期刊《杭州师范大学学报》（社会科学版）2012年05期	
“外儒内法”之再辩正——以明代的法律实践为中心的考察	广西财经学院朱声敏	《创新》2012年04期	
浅析制度实证主义法学派	广西师范大学李琪	《法制与社会》2012年09期	

续表

论文题目	作者单位及作者	发表刊物及期数	备注
村民自治主体的法学解析	广西河池学院韦少雄	核心期刊《人民论坛》2012年35期	
浅析经典时期的“法律平等观”——以自然法学派为例	广西民族大学杜伟	《法制与经济》（下旬刊）2012年04期	
经久不衰的自然法学——读《认真对待权利》之思考	广西师范大学欧婷	《湖北警官学院学报》2012年08期	
如何从法学理论角度来认识《动物防疫法》	广西动物卫生监督所姚源锋	《兽医导刊》2012年03期	
论成人本科法学教育的改革	广西教育学院鲍家志	核心期刊《成人教育》2012年03期	2011年新世纪广西高等教育教改工程项目《高校大学生法律素质教育改革研究与实践》阶段性成果之一
论成人本科法学教育的存在价值与目标定位	广西教育学院鲍家志	核心期刊《中国成人教育》2012年21期	2011年新世纪广西高等教育教改工程项目《高校大学生法律素质教育改革研究与实践》阶段性成果之一
诊所式教学法在地方一般院校法学教育中的运用	广西梧州学院肖义	《经济与社会发展》2012年10期	2011年度新世纪广西高等教育教学改革工程项目，梧州学院2010年院级教育教学改革工程项目
法律职业教育在独立学院法学教育中的现状研究——来自广西三所独立学院的调查报告	广西师范大学漓江学院李志锴、张艳梅	《法制博览》（中旬刊）2012年08期	2010新世纪广西高等教育教改工程《广西独立学院法学教育与法律职业教育互动研究》阶段性成果之一
面向东盟复合型法律人才培养与广西高校法学教育的应对	广西政法管理干部学院杜承秀	《经济与社会发展》2012年04期	新世纪广西高等教育教改工程项目《面向东盟复合型法律人才培养之理论研究及实践》阶段性成果之一
法学教育中的诚信教育	广西警官高等专科学校邵莉莉	《佳木斯教育学院学报》2012年06期	
论刑事模拟法庭实训课程体系的建构——以独立学院法学专业教育为视角	广西大学行健文理学院莫俊敏	《长江师范学院学报》2012年08期	广西高等教育教学改革项目《独立学院法律人才培养模式改革的研究与实践——以北部湾经济开发区为视角》阶段性成果之一
独立学院法学专业双语教学探索——以广西为例	广西师范大学漓江学院万慧	核心期刊《中国成人教育》2012年10期	新世纪广西教育教改工程项目《泛北部湾区域经济视野下广西独立学院法学专业双语教学模式探索》阶段性成果之一
法学相关专业高职毕业生对于英语的需求和使用情况调查分析——以我院毕业生为例	广西政法管理干部学院文燕等	《广西政法管理干部学院2010年学报》2012年04期	2010年新世纪广西教育教改工程项目《以职业为导向的高职法学相关专业英语教学体系的建设》阶段性成果之一
加强法学专业学生思想道德教育的思考	广西政法管理干部学院章海逢	《河南教育》（中旬刊）2012年08期	
法学相关专业高职英语课程构建的社会需求调查分析	广西政法管理干部学院陈婷等	《广西政法管理干部学院学报》2012年05期	2010年新世纪广西高等教育教改工程项目《以职业为导向的高职法学相关专业英语教学体系的建设》阶段性成果之一
基于CIPP模型的广西警察院校法学课程评估体系研究	广西警官高等专科学校魏佳，广西卫生职业技术学院刘蓓	《广西警官高等专科学校学报》2012年01期	2011年新世纪广西高等教育教改工程项目
论案例分析法在教育法学课程教学中的应用	广西大学何丽坤等	《教育教学论坛》2012年03期	
浅论我国当代高等法学教育教学的价值取向	广西民族大学邓崇专	《法制与经济》（中旬刊）2012年04期	2012年度广西高等教育教学改革工程项目《新世纪民商法教学之革新——能力素质模型培养教学模式》阶段性成果之一

续表

论文题目	作者单位及作者	发表刊物及期数	备注
法学案例教学之探讨	广西财经学院蒋德翠	《法制与经济》(下旬刊)2012年02期	
公安委培班法学实践教学分析——以广西警官高等专科学校为视角	广西警官高等专科学校潘伟等	《经营管理者》2012年22期	2011年度新世纪广西高等教育教改工程项目《"校局联盟学习与服务相结合"公安基层人才培养模式探索与实践》阶段性成果之一
复合应用型法学人才培养的改革路径思考	广西财经学院蒋德翠,广西师范大学漓江学院杨庆庆	《职业时空》2012年01期	2011年度新世纪广西高等教育教学改革工程项目《独立学院与法律实务机构联合培养应用型法学人才的探索与实践》阶段性成果之一
独立学院培养应用型法学人才的探索与实践	广西师范大学漓江学院杨庆庆	《佳木斯教育学院学报》2012年03期	新世纪广西高等教育教改工程项目(一般项目B类)《独立学院与法律实务机构联合培养应用型法学人才的探索与实践》阶段性成果之一
财经院校法学专业人才培养探析	广西财经学院陈思妤	《商品与质量》2012年01期	
独立学院法学类"双师型"教师培养机制研究	广西师范大学漓江学院李志锴	《法制与经济》(中旬刊)2012年12期	广西师范大学漓江学院校级课题《广西独立学院法学类"双师型"教师培养机制研究》阶段性成果之一
网络时代图书馆法学期刊的开发与利用	广西政法管理干部学院黄辉	《广西政法管理干部学院学报》2012年06期	
法律经济学行为理论的前提、立场与融贯性——以婚姻家庭关系为例	广西政法管理干部学院梁燕妮	核心期刊《求索》2012年09期	国家211工程第三期建设项目《转型期法治的理论、制度与实证研究》阶段性成果之一
大学生法律意识与法律精神培养研究	广西教育学院熊超	《重庆科技学院学报》(社会科学版)2012年05期	2011年度广西高等教育教学改革工程项目《高校大学生法律素质教育改革研究与实践》阶段性成果之一
护理人员法律意识现状及应对措施	广西藤县妇幼保健院梁柱先	《求医问药》(下旬刊)2012年06期	
浅谈法律意识在重症护理工作中的重要性	广西玉林市红十字会医院廖铭燕	《医学理论与实践》2012年09期	
广西劳务派遣法律问题研究	广西警官高等专科学校潘伟	核心期刊《学术论坛》2012年06期	广西法学会重点课题《广西劳务派遣法律问题研究》阶段性成果之一
泛北部湾区域国际航运中心法律服务体系之海洋环境保护法律问题研究	广西政法管理干部学院邓珊	核心期刊《广西社会科学》2012年12期	广西哲学社会科学"十二五"规划2011年度课题
广西会展业知识产权的法律问题研究	广西民族大学相思湖学院刘秋芷	《法制与经济》(下旬刊)2012年07期	
从黄光裕案看内幕交易民事赔偿的基本法律问题	广西师范大学赵晓志	《牡丹江大学学报》2012年03期	
探析我国小额贷款公司监管的法律问题	广西大学梁爽等	《现代交际》2012年05期	广西学位委员会、广西教育厅研究生创新课题项目《广西北部湾经济区中小企业融资平台构建之探索——以北部湾经济区小额贷款制度为突破口》阶段性成果之一
大学生宿舍法律问题困境与解读	广西警官高等专科学校潘霓	《太原城市职业技术学院学报》2012年06期	
银行员工涉嫌非法集资法律问题及对策	中国建设银行股份有限公司广西区分行杨静挺、邓智山	《区域金融研究》2012年05期	

续表

论文题目	作者单位及作者	发表刊物及期数	备注
法律行动理论的建构——基于哈贝马斯“交往行动理论”的阐释	广西财经学院兰艳等	核心期刊《学术论坛》2012年11期	国家社会科学基金西部项目《法律行为理论的法哲学进路》阶段性成果之一
关于市场监管下的商业秘密保护法律制度若干问题研究	广西警官高等专科学校魏佳，广西社会科学界联合会曹平	核心期刊《学术论坛》2012年11期	广西哲学社会科学规划项目《市场监管法研究》阶段性成果之一
国际争端解决机制的新发展——CAFTA争端解决机制的法律与实践	广西财经学院蒋德翠	核心期刊《云南行政学院学报》2012年06期	
我国劳动教养制度的法律困境	广西师范大学李燕	核心期刊《国家行政学院学报》2012年03期	
自然灾害视角下的西部生态修复法律制度探析	广西师范大学邓聪	《齐齐哈尔大学学报》（哲学社会科学版）2012年03期	2010年度国家社会科学基金西部项目《西部农业生态环境修复与改善法律机制研究》阶段性成果之一，2011年度广西研究生教育创新计划项目《西部防灾减灾和生态环境修复法律机制研究》阶段性成果之一
浅谈小额信贷的法律制度构建	广西大学陈宝莹	《经济与社会发展》2012年03期	
我国政府采购法律制度与GPA之冲突与衔接	广西财经学院陈妙英	《法制与经济》（中旬刊）2012年12期	
我国市场信息披露法律制度的特征及其完善	广西警官高等专科学校黄谟媛	《全国商情》（理论研究）2012年05期	
论广西国有土地出让法律制度的规范	广西财经学院张敏、陈妙英	《法制与社会》2012年12期	2010年度广西财经学院科研项目
我国金融控股公司经营模式的法律规制探析	广西工学院詹浩勇等	核心期刊《特区经济》2012年01期	
发达国家关联交易的法律规制	广西大学阮力	《经营管理者》2012年01期	
论“手机吸费”现象及其法律规制	广西大学颜笑、周海船	《黑龙江省政法管理干部学院学报》2012年03期	
浅谈金融服务中利益冲突问题及其法律规制	广西大学朱雯	《法制与经济》（下旬刊）2012年06期	
对大型供应商滥用相对市场优势地位的法律规制	广西大学杨昕	《法制与社会》2012年01期	
围绕“五区”建设 强化法律监督	广西人民检察院张少辰	核心期刊《人民检察》2012年02期	
社区矫正人员权利的法律监督保障	广西政法管理干部学院张继钢	《广西政法管理干部学院学报》2012年04期	
建筑市场监管法律化探究	广西警官高等专科学校魏佳	核心期刊《学术交流》2012年12期	广西哲学社会科学规划项目《市场监管法研究》阶段性成果之一
浅议对司法人员渎职犯罪法律监督机制的完善	广西梧州市人民检察院反渎职侵权局魏钟生、杜锡铭	《法制与社会》2012年22期	
微博舆论监督及其法律边界	广西师范学院王瑞等	核心期刊《新闻与写作》2012年04期	2011年度江苏省社会科学基金项目《微博舆论监督研究》阶段性成果之一
绿色贸易壁垒下我国的法律对策分析	广西师范学院秦晓辉	核心期刊《中国商贸》2012年08期	

续表

论文题目	作者单位及作者	发表刊物及期数	备注
街头流浪儿童的法律对策——以南方A市为实证研究	广西大学文立彬等	《黑龙江省政法管理干部学院学报》2012年06期	2011年广西研究生教育创新计划项目
劳务派遣中派遣单位和用工单位的法律责任探析	广西警官高等专科学校潘伟	《创新》2012年02期	2010年广西法学会重点课题《广西劳务派遣法律问题研究》阶段性成果之一
地方自治政府环境法律责任探究——以广西为例	广西教育学院熊超等	《广西教育学院学报》2012年04期	广西教育厅科研项目《广西地方自治政府环境法律责任研究》阶段性成果之一
高职学生顶岗实习存在的法律风险原因及对策分析	广西国际商务职业技术学院荣远兰	核心期刊《教育与职业》2012年26期	
水利施工企业劳动关系管理的法律风险防范	广西海河水利建设有限责任公司梁肖兰，广西金中大律师事务所刘斌	《中国外资》2012年02期	
云计算安全法律风险分析	广西政法管理干部学院李振汕	《网络安全技术与应用》2012年06期	
手机银行法律风险及应对	中国建设银行股份有限公司广西区分行农卫东等	《区域金融研究》2012年03期	
地方政府融资平台的法律风险及控制	广西国海律师事务所林敢，广西财经学院法学院陈白燕	《广西财经学院学报》2012年04期	
广西电网公司召开2012年度纠纷案件及法律风险研讨会	广西电网公司吴舟	《广西电业》2012年12期	
论我国法律援助制度的社会稳定功能	广西南宁市兴宁区人民检察院陈立毅等	《湘南学院学报》2012年06期	
发挥部门联动优势做大做强做优法律援助的实践与思考	广西司法厅王荣华	《中国司法》2012年02期	
大学生社区法律援助体系的构建	广西民族大学相思湖学院刘秋芷	《佳木斯教育学院学报》2012年07期	
全球化进程中少数民族文化资源开发的法律保护研究——以广西少数民族文化资源开发的法律保护状况为例	广西财经学院李海	《广西教育学院学报》2012年01期	2009年教育厅科研项目《广西民族文化资源开发与法律机制匹配性分析研究》阶段性成果之一
网络背景下个人信息法律保护的困境与出路	广西民族大学何永东	《法制与社会》2012年14期	广西民族大学研究生教育创新计划
民族民间传统文化的法律保护初探	广西财经学院张文安、蒋德翠	《法制与经济》(中旬)2012年06期	2009年广西教育厅科研项目《广西民族文化资源开发与法律机制匹配性分析研究》阶段性成果之一
网络名誉权的法律保护研究	广西民族大学付岩	《法制与经济》(上旬刊)2012年04期	
试论我国银行个人理财客户合法权益的法律保护问题	广西民族大学秦莉佳	《法制与经济》(下旬刊)2012年05期	
我国虚拟财产民事法律保护的理论困境与立法对策	广西法官学院邹尚忠	《湖南科技学院学报》2012年06期	
广西会展业知识产权的法律保护	广西民族大学相思湖学院 刘秋芷	《法制与社会》2012年23期	

续表

论文题目	作者单位及作者	发表刊物及期数	备注
21世纪初越南高等教育发展的法律保障——解读越南《高等教育法》	广西民族大学尚紫薇	《东南亚纵横》2012年04期	国家社会科学基金“十二五”规划2011年度教育学青年课题《中国—东盟高等教育区域性合作研究》阶段性成果之一，2010年广西教育厅资助科研课题《中国—东盟高等教育战略伙伴关系研究》阶段性成果之一
论从属性原则在欧盟成员国中的法律适用	广西政法管理干部学院邓宁	核心期刊《求索》2012年07期	
涉及民间借贷违法犯罪的法律适用问题	广西玉林市玉州区人民检察院杨姬	《法制与社会》2012年10期	
浅谈双倍工资罚则的法律适用	广西财经学院黄丽娜	《法制与经济》(中旬刊)2012年04期	
论电子文件证据的法律效力	广西民族大学陈勇、张文茜	核心期刊《浙江档案》2012年10期	教育部人文社会科学研究规划基金项目
设工程“黑白合同”法律效力问题研究	广西民族大学肖伟	《法制与经济》(中旬刊)2012年02期	
论高校内部规则法律效力的弱化	广西幼儿师范高等专科学校韦微	《大学教育》2012年05期	
浅析集体土地上房屋转让合同的法律效力认定	广西五象律师事务所黄雪英	《法制与经济》(中旬刊)2012年08期	
植入广告的法律透视	广西警官高等专科学校潘霓	核心期刊《山东社会科学》2012年02期	
物联网网络信息安全法律体系浅析	广西大学樊凡	核心期刊《中国物流与采购》2012年16期	广西哲学社会科学研究基金项目，广西自然科学研究基金项目
大学生实习期间身份的法律分析	广西南宁职业技术学院陆碧霞	核心期刊《中国青年研究》2012年11期	
对银行业监管“软法”的法律分析	中国银行业监督管理委员会广西监管局谭砚	《区域金融研究》2012年04期	
青少年法律信仰培植路径探析	广西现代职业技术学院陆孟兰	核心期刊《学校党建与思想教育》2012年17期	
论国际法与海权之于南海领土争端的意义	广西师范大学张罡华	核心期刊《东南大学学报》(哲学社会科学版)2012年01期	
关于海盗罪的国际法立法思考	广西师范大学陈茜倩	《法制与社会》2012年03期	
我国刑事责任立法研究	广西民族大学何立荣	核心期刊《江西社会科学》2012年06期	
人口较少民族权益保障之立法思考	广西师范大学谭万霞	核心期刊《广西民族研究》2012年03	广西人文社会科学发展研究中心《南疆和谐民族关系研究团队》阶段性成果之一
立法行为合法性的法哲学分析	广西财经学院兰艳等	核心期刊《江西社会科学》2012年10期	国家社会科学基金西部项目《法律行为理论的法哲学进路》阶段性成果之一

续表

论文题目	作者单位及作者	发表刊物及期数	备注
论东盟部分国家商事仲裁立法的新发展	广西大学李莉	核心期刊《特区经济》2012年02期	
中国档案立法的困境与方向	广西医科大学吕桂萍	核心期刊《兰台世界》2012年29期	
论我国海洋立法的现状、问题及完善途径	中共广西区委党校张辉	《桂海论丛》2012年04期	国家社会科学基金一般项目《美国重返亚洲的中国因素及中国的战略选择》阶段性成果之一
论西部民族地区的自治立法	广西民族大学谭洁	《广西政法管理干部学院学报》2012年02期	国家社会科学基金项目
跨省劳务派遣立法完善之我见——以广西为例	广西警官高等专科学校黄谟媛	《钦州学院学报》2012年01期	广西法学会重点课题《广西劳务派遣法律问题研究》阶段性成果之一
论少数民族自治地方的科学立法	广西师范学院陈文琼	《经济与社会发展》2012年06期	2010年度广西教育厅科研立项项目《广西少数民族区域自治背景下的村民自治法律问题研究》阶段性成果之一
试论高职宪法课程的多媒体教学方式	广西政法管理干部学院梁嵘	《广西政法管理干部学院学报》2012年01期	2010年新世纪广西高等教育教改工程项目《高职宪法课程定位、教材建设与教学方法研究》阶段性成果之一
高职院校宪法学案例式教学方法的困境与出路	广西政法管理干部学院王威	《广西政法管理干部学院学报》2012年06期	2010年新世纪广西高等教育教改工程项目《高职宪法课程定位、教材建设与教学方法研究》阶段性成果之一
行政法解释的特征探究	广西师范大学黄竹胜	核心期刊《广西师范大学学报》(哲学社会科学版)2012年05期	
论弱势群体的行政法保护	广西民族大学邵清清	《黑龙江省政法管理干部学院学报》2012年01期	
由管制到规制——信息时代行政法观念之变迁	广西政法管理干部学院廖原	《重庆行政》(公共论坛)2012年01期	江苏省法学研究课题《行政法视野中的服务型政府研究》阶段性成果之一
对高职行政法课程教学改革的新探索	广西经济管理干部学院卢艳宁	《东方企业文化》2012年16期	
高校《行政法与行政诉讼法》课程的教学思考——以行政管理专业为例	广西师范大学刘虹	《学理论》2012年17期	
浅析公安招录培养体制改革下公安院校民法课程教学方法的建设	广西警官高等专科学校 黄谟媛	《高教论坛》2012年02期	
案例教学法在民法教学中的创新运用	广西政法管理干部学院吕娜娜	《黑龙江教育》(高教研究与评估)2012年08期	2011年新世纪广西高等教育教改工程课题项目《案例教学法在民商法课程教学中的创新运用》阶段性成果之一
应用型法律人才培养的民法学教学目标创新之思考——广西师范大学法律人才培养创新实验区建设系列论文之十一	广西师范大学梁恩树	《大学教育》2012年01期	广西首批自治区人才培养模式创新实验区建设项目《应用型法律人才培养模式创新实验区》阶段性成果之一,广西教育厅新世纪教改工程"十一五"第五批立项课题《应用型法律人才培养模式创新实验区建设的研究与实践》阶段性成果之一,广西师范大学第七届A类教改课题《应用型法律人才培养模式创新实验区建设的研究与实践》阶段性成果之一
论我国司法解释体制的重塑——兼论司法解释判例化趋向	广西民族大学刘珊	核心期刊《政治与法律》2012年07期	

续表

论文题目	作者单位及作者	发表刊物及期数	备注
人民调解协议之司法确认程序再探——以程序运行为中心	广西师范大学胡辉	核心期刊《广西社会科学》2012年05期	教育部人文社会科学研究青年基金项目，广西人文社会科学发展研究中心“科学研究工程——特色研究团队培育工程”2011年第一期团队建设项目
司法强拆运行机制之可行性审视——基于实证分析的反思与重构	中共广西区委党校陈发桂	核心期刊《湖北行政学院学报》2012年01期	
网络主流民意的吸收与司法公正实现的制度逻辑	中共广西区委党校陈发桂	核心期刊《理论与改革》2012年04期	
藏族习惯法司法适用的方式和程序研究——以四川省甘孜州地区的藏族习惯法为例	广西师范大学周世中、周守俊	核心期刊《现代法学》2012年06期	国家社科基金项目《民族习惯法在民族地区司法审判中的适用研究》阶段性成果之一，广西文科中心项目《南疆民族和谐研究团队》阶段性成果之一，广西高校人才小高地创新团队项目《民族法学与南疆和谐民族关系构建创新团队》阶段性成果之一
对在先使用的普通未注册商标的司法保护	广西南宁市中级人民法院唐荣娜	核心期刊《人民司法》2012年03期	
对我国公民环境权益保护路径的思考——基于司法实践的角度	广西教育学院熊超	核心期刊《广西社会科学》2012年02期	广西教育厅课题
传媒殖民司法：电视调解合法性批判	广西民族大学李立景	核心期刊《新闻界》2012年12期	国家社科基金项目《新媒体生态下权利纠纷解决的法学与传播学关系研究》阶段性成果之一，教育部规划基金项目《权利的媒介救济——新媒体时代纠纷解决的媒介化范式研究》阶段性成果之一，广西哲学社会科学“十二五”规划2011年度项目《新闻监督与司法公正法律问题研究》阶段性成果之一，广西高等学校优秀人才资助计划项目《纠纷解决的媒介化范式研究》阶段性成果之一，广西民族大学人才引进项目《大众传媒与纠纷的解决》阶段性成果之一
电视司法化：“看得见的正义”？——基于正当程序视角的分析	广西民族大学李立景	核心期刊《理论导刊》2012年11期	国家社科基金项目《新媒体生态下权利纠纷解决的法学与传播学关系研究》阶段性成果之一，教育部规划基金项目《权利的媒介救济——新媒体时代纠纷解决的媒介化范式研究》阶段性成果之一，广西哲学社会科学“十二五”规划2011年度项目《新闻监督与司法公正法律问题研究》阶段性成果之一，广西高等学校优秀人才资助计划项目《纠纷解决的媒介化范式研究》阶段性成果之一，广西教育厅项目《新媒体时代的表达自由与名誉权、隐私权保护》阶段性成果之一，广西民族大学人才引进项目《大众传媒与纠纷的解决》阶段性成果之一
美国司法审判中的政党政治因素及其启示	广西工业和信息化委员会卓英子	核心期刊《国家行政学院学报》2012年03期	
民族地区环境问题的刑法思想初探——以壮族“那文化”为视阈	广西财经学院李海、史强	核心期刊《学术论坛》2012年01期	2009年广西教育厅科研项目《广西民族文化资源开发与法律机制匹配性分析研究》阶段性成果之一

续表

论文题目	作者单位及作者	发表刊物及期数	备注
从一新发案例看刑法修正案(八)第三十七条	广西政法管理干部学院吴莲	《广西政法管理干部学院学报》2012年01期	
刑法上严格责任探析	广西民族大学陈真真	《法制与经济》(中旬刊)2012年02期	
论我国刑法中危险驾驶罪的客观构成要件要素	广西财经学院史强	《福建警察学院学报》2012年04期	
"吃空饷"的刑法思考	广西警官高等专科学校阮积嵩	《广西警官高等专科学校学报》2012年02期	
刑法解释的限度探析	广西民族大学盘利斌	《法制与经济》(中旬刊)2012年02期	
刑事和解"检调对接"的实践与探索	广西民族大学杨凤宁等	核心期刊《广西民族大学学报》(哲学社会科学版)2012年02期	
论反恐刑事特别程序的构建	广西警官高等专科学校蔡霞	核心期刊《广西社会科学》2012年04期	
论检察机关刑事审判监督的有效性——以赵作海案为视角	广西工业职业技术学院廖腾琼,广西人民检察院林世雄	核心期刊《学术论坛》2012年06期	
刑事归责要素的找寻与确立	广西民族大学邓崇专	核心期刊《广西师范大学学报》(哲学社会科学版)2012年02期	2010年广西教育厅科研立项项目《刑事责任归责体系的构建》阶段性成果之一
越南刑事诉讼中的检警关系及其启示	广西民族大学伍光红	核心期刊《云南民族大学学报》(哲学社会科学版)2012年05期	国家社会科学基金重大项目《法律文明史》子课题《亚非拉地区法研究》阶段性成果之一
刑事诉讼中的程序逆流问题初探	广西南宁市西乡塘区人民法院董笑君等	核心期刊《东南大学学报》(哲学社会科学版)2012年01期	
"冒险"行为的抑制与容许——基于刑事归责的考察	广西民族大学邓崇专	核心期刊《广西民族大学学报》(哲学社会科学版)2012年02期	2010年广西教育厅科研立项项目
论民事诉讼证明责任判决制度及其适用	广西政法管理干部学院杜承秀	核心期刊《学术论坛》2012年01期	中国法学会2010年部级法学研究课题《检察职权的定位及其实现机制研究》阶段性成果之一
论行政机关间权限争议之诉讼机制解决	广西民族大学张显伟等	核心期刊《学术研究》2012年11期	国家社科基金项目《行政权力的合理配置与依法行政研究》阶段性成果之一,广东省高等学校引进人才专项基金项目《科学发展观指引下的行政体制改革及其法治化研究》阶段性成果之一
论农村社会转型时期基层人民法庭小额诉讼的适用	广西师范学院黄琨、卢明威	核心期刊《理论与改革》2012年06期	广西教育厅研究项目《我国弱势群体权益法律保护的实证研究——兼论小额诉讼程序的构建》阶段性成果之一
论我国行政诉讼案件协调制度的建立	广西师范大学郭剑平	核心期刊《湖南科技大学学报》(社会科学版)2012年04期	国家社科基金项目《民族习惯法在民族地区司法审判中的适用研究》阶段性成果之一,广西文科中心项目《民族习惯法在民族地区司法中的适用研究》阶段性成果之一,《南疆民族和谐研究团队》阶段性成果之一
刑事诉讼中的程序逆流问题初探	广西南宁市西乡塘区人民法院董笑君等	核心期刊《东南大学学报》(哲学社会科学版)2012年01期	

续表

论文题目	作者单位及作者	发表刊物及期数	备注
刑事责任论的地位守护与实践解危——以维持四要件犯罪构成理论为视角	广西民族大学邓崇专	核心期刊《政治与法律》2012年01期	2010年广西教育厅科研立项项目《刑事责任归责体系的构建》阶段性成果之一
毒品犯罪若干问题调查研究	广西南宁市兴宁区人民检察院叶慧娟等	核心期刊《东南大学学报》(哲学社会科学版)2012年01期	
魏晋南北朝的犯罪代死与争死现象刍议	广西师范学院付开镜	核心期刊《北方论丛》2012年04期	
经济犯罪的特点与控制对策分析	广西民族师范学院梁利	核心期刊《人民论坛》2012年17期	
论"托关系"诈骗犯罪	广西警官高等专科学校吴闻	核心期刊《前沿》2012年20期	
未成年人犯罪前科影响力趋减分析	广西南宁市江南区人民检察院林中、刘邕麟	核心期刊《人民检察》2012年17期	
行贿犯罪档案查询机制应予完善	广西桂林市广播电视大学陈丽玲,广西桂林市人民检察院诸葛旸	核心期刊《人民检察》2012年20期	

【教育学】 2012年,广西科研人员研究教育学问题的著作主要有:李培福《没有围墙的大学:国家开放大学建设探究》,谭少元《现代远程开放教育教师专业化研究》,文红欣《幼儿园组织与管理》,刘力《协作与共赢——教师教育实践教学研究》,彭宁《民族地区职教师资培养模式的探索与实践》,毕燕《地方高校地理实践教学改革研究与实践》,李强《高效中层》,李继兵《中国当代高等教育探索者丛书:通识教育论》,卿臻《良师益友——高校优秀辅导员是怎样练成的》,高金岭《多维视域中的教育发展与变革》,李雪岩《中国外语教育品牌战略研究——基于路径选择的视角》,贾芝《现代英语课堂教学理论与实践》,欧以克《中国民族高等教育问题研究》等。

发表的论文,根据《中国知网》期刊不完全统计,通过对篇名中分别含有教育、教学、教师、学校管理、校园文化等关键词进行检索,2012年,广西科研人员发表有关教育学的论文有3686篇,全国184907篇,占1.99%。其中篇名中含有关键词"教育"的有1345篇,全国66019篇,占2.04%;含有"教学"的有2008篇,全国103149篇,占1.95%;含有"教师"的有288篇,全国14027篇,占2.05%;含有"学校管理"的有6篇,全国201篇,占2.98%;含有"校园文化"的有39篇,全国1511篇,占2.58%。

广西科研人员发表有关教育学的论文中,有486篇发表在核心期刊,占13.18%发表在核心期刊的论文中,研究教育的有244篇,占50.2%;研究教学的有160篇,占32.9%;研究教师的有72篇,占14.8%。论文作者(以第一作者在广西为准)在高校有459篇(广西师范大学有73篇,广西师范学院有56篇,广西工学院有38篇),占94.44%;在中小学校有7篇,占1.44%;在科研单位有1篇,占0.21%;在实践工作部门有19篇,占3.91%。

发表的论文中,有部分是基金项目的阶段性成果:国家基金项目(包括国家社科基金、国家哲学社会科学规划课题、国家自然科学基金)的阶段性成果39篇,教育部项目的阶段性成果47篇;广西基金项目(包括广西社科基金、广西哲学社会科学规划课题、广西自然科学基金)的阶段性成果22篇,广西教育类项目(包括广西教育科学规划规划课题、新世纪广西高等教育教学改革工程、广西研究生教育创新计划项目)的阶段性成果365篇。

研究教育学问题的论文中,主要从教育、教学、教师、学校管理、校园文化等方面研究,总论教育主要从教育学、教育史、思想、政策、管理、制度、发展、改革、技术、教育问题等方面研究,各类型的教育从幼儿、学前、中小学、基础、高等、师范生、职业、公民、成人、远程、农村、民族、认同教育等方面研究。作者多以高校为主。

出版的著作中,李培福《没有围墙的大学:国家开放大学建设探究》采用文献、实证、比较、访谈的研究方法,将视点主要聚集在国外开放大学的办学经验、学习型社会下开放大学的使命以及广播电视大学实施的现代远程教育实践等方面,尝试探究开放大学作为一所

6月8日，中国基本教学评价方式变革专题学术报告会在南宁举行。

（广西教育学会供稿）

真正意义上的大学所应重点关注的、与普通高校不一样的内涵。

谭少元《现代远程开放教育教师专业化研究》指出电大教师队伍在教育目标、师资来源、培养培训等方面与教师专业化标准存在的差距，并在此基础上提出了通过明晰发展目标、健全培养体系、培养“双师型”教师、加强校本培训、实施反思性教学、强化教育科研、开展创新性教学评价、重视组织支持等几条措施来促进电大教师专业化发展的策略建议。

文红欣《幼儿园组织与管理》以幼儿园管理现象及其规律为研究对象，阐释幼儿园管理的基本理论和基本原则，并对幼儿园各项管理提供可操作的方法等。

刘力《协作与共赢——教师教育实践教学研究》提出地方高师院校、城区中小学和农村中小学校共同参与的“二次置换”实践教学改革理念，并构建了地方高师院校、城区中小学、农村中小学三方联动、教师教育职前职后“三位一体”的实践教学模式框架，解决高师院校师范生教育实践能力不足及农村中小学在职教师素质提升问题，以全面提高师范生教育教学能力和中小学在职教师专业化水平，推进教育公平和均衡发展作为改革的最终目标。

彭宁《民族地区职教师资培养模式的探索与实践》针对职教师资素质的特殊性，改革建立在学科性专业基础之上的职教师资培养模式，提出培养“一体化双师型”职教师资的设想。

毕燕《地方高校地理实践教学改革研究与实践》从地理实践教学的理论出发，对广西师范学院资源与环境科学学院地理实践教学的改革进行了总结。

李强《高效中层》试图站在一名中等职业学校校长或一名学校中层管理部门干部来思考问题，处理中职学校的中层管理事务，反思中层干部管理能力的基本特质，以澄清提升职校整体管理水平基本要素。

李继兵《中国当代高等教育探索者丛书：通识教育论》通过对通识教育发展过程中的自由教育、博雅教育和通识教育三大阶段的价值取向、社会条件与重点案例等内容的分析，较为全面地理清通识教育在世界各国的发展模式和内涵差异，指出中国通识教育理论与实践方面的优势与不足，并为中国通识教育的后续发展提出了科学建议。

卿臻《良师益友——高校优秀辅导员是怎样练成的》对高校思想政治教育和学生管理工作的思考和经验归纳，是一部理论与实例相结合的研究专著，为高校辅导员工作提供了充足并可具有操作性的典型范例。

高金岭《多维视域中的教育发展与变革》汇集了作者十几年来在国内学术期刊发表的有关教育改革、教育管理、教育经济探微、民办教育研究以及国外教育观察等方面的学术论文。

发表的论文中，在研究教育政策问题上，陈路芳、肖耀科《论多民族国家与多元文化教育——台湾地区多元文化教育政策的启示》认为台湾的多元文化教育的某些经验值得借鉴，如扩大多元文化教育的主题、加强弱势族群的母语教育、加大课程改革力度、提高教师的多元文化素养等，其中，如何保持多元教育与一体化教育的某种均衡以增强各族群的中华民族认同感，特别值得关注。

在研究教育发展问题上，李雪岩等《西南边疆民族地区教育区域国际化发展研究——基于中国—东盟教育区域国际化视角》认为西南边疆民族地区教育区域国际化发展有地缘、区位、族缘、亲缘等方面的独特优势。要推动该地区的教育区域国际化发展，需要进行教育体制改革，并采取措施促进教育国际交流与合作，实施“教育免签证”，同时要重点实施“政府公派出国留学东南亚项目”和“政府公派出国学外语项目”。

在研究学前教育问题上，袁旭《广西县域农村学前教育及其发展机制的现状分析》提出应从把握学前教育办学体制改革的本质，加强政策跟进措施的研究，加强制度之间的联动三个方面推进县域农村学前教育的改革和发展。

在研究基础教育问题上，沈有禄、谯欣怡《印度基础教育投资政策存在的问题及均衡策略》指出印度近年来通过全国普及基础教育计划来增加中央及地方的教育投入，补贴落后地区，加大教育投资价值的宣传力度，增加中央政府分担比例，把接受基础教育作为公民的一项基本权利加以贯彻执行，在普及中推进基础教育的均衡发展。

在研究高等教育问题上，贺祖斌《高等教育系统的生态学阐释》指出高等教育系统除了具有一般系统所具有的整体性、层次性、结构性、功能性、变异性和相对稳定性等共同特征，还具有生态演替、生态区域等特征。罗双兰《解读〈美国高等教育视觉素养能力标准〉》认为美国大学与研究图书馆协会于 2011 年 10 月颁布了高等教育视觉素养能力标准，该标准综合不同专家观点形成，获得多方认可从而具有权威性，为大学生视觉素养能力评价提供了可操作的目标框架，对我国高校开展视觉素养教育极具借鉴价值。

在研究职业教育问题上，王海燕、沈有禄《西部地区中等职业教育与经济增长关系实证研究——基于中国 1990~2009 年的数据实证检验》运用 EVIEW6.0 分析软件，采用中国 1990~2009 年时间序列数据，在柯布道格拉斯生产函数的基础上，引入中等职业教育发展变量并建立生产函数扩展模型，分析我国西部地区中等职业教育与经济的关系。陆耀新《建设职教集团是职业教育科学发展的必由之路——以广西商务职教集团为例》认为建设职教集团是职业教育科学发展的必由之路。

在研究民族教育问题上，钟海青《论民族教育研究的社会责任》指出民族教育研究社会责任的实现路径是多元的，要扎实开展民族教育研究社会责任的教育，切实履行民族教育研究的学术责任，扎实开展民族教育问题研究，高度重视民族教育理论成果的应用，创新民族教育研究方法，规避民族教育研究成果的社会风险。

在研究认同教育问题上，韦冬雪《大学生社会主义核心价值体系认同教育路径探微》从大学生社会主义核心价值体系认同的形成表现为动态和静态两个方面探讨。

在研究教学问题上，于晓宇等《高中生物学遗传与变异实验课教学案例开发》探讨高中生物学实验的教学案例。

在研究教师问题上，谯欣怡、沈有禄《各地区普通中学代课及兼任教师配置差异分析》认为目前教育系统中还是有不少代课与兼任教师存在。对中国普通中学代课及兼任教师的总量分析研究。蒋士会、欧阳修俊《课程与教师的关系考辨》借鉴博弈方法论，吸收维持课程与教师关系动态平衡的合理因素，有助于构建课程与教师动态和谐的关系观。杨茂庆《聚焦于教育研究能力的教师教育模式探析》提出以专业为准、学养为基、研究为核、内化提升是基于教师教育研究能力发展的教师教育创新模式。

在研究高校思想政治教育问题上，李明辉《对当前高校思想政治教育的几点思考》提出当前高校的思想政治教育工作，一要增强其教育内容的针对性；二要增强其教育途径的实践性；三要优化其内外环境，增强教育的实效性。

在研究校园文化问题上，卿臻《论当前校园文化建设常见误区及完善措施》指出当前校园文化建设常见的误区，对这些误区提出完善措施，有望能给各大高校一些积极的意见，进一步完善我们的整体校园文化建设状况。

有关“教育学”方面的著作一览表

著作题目	作者单位及作者	出版社及出版时间	字数(千字)
没有围墙的大学：国家开放大学建设探究	广西广播电视大学李培福	广西教育出版社，2012 年 6 月	414
现代远程开放教育教师专业化研究	广西广播电视大学谭少元	吉林科学技术出版社，2012 年 12 月	350
幼儿园组织与管理	柳州师专文红欣	教育科学出版社，2012 年 7 月	350
协作与共赢——教师教育实践教学研究	广西师范学院刘力	北京师范大学出版社，2012 年 9 月	329
民族地区职教师资培养模式的探索与实践	广西师范学院彭宁	广西师范大学出版社，2012 年 9 月	245
地方高校地理实践教学改革研究与实践	广西师范学院毕燕	广西师范大学出版社，2012 年 9 月	177
高效中层	广西师范学院李强	北京师范大学出版社，2012 年 4 月	310

续表

著作题目	作者单位及作者	出版社及出版时间	字数(千字)
中国当代高等教育探索者丛书:通识教育论	玉林师范学院李继兵	高等教育出版社,2012年11月	256
良师益友——高校优秀辅导员是怎样练成的	广西国际商务职业技术学院卿臻	中国建材工业出版社,2012年6月	346
多维视域中的教育发展与变革	广西师范大学高金岭	安徽教育出版社,2012年12月	290
中国外语教育品牌战略研究——基于路径选择的视角	广西民族大学李雪岩	经济管理出版社,2012年6月	200
现代英语课堂教学理论与实践	广西民族大学贾芝	吉林大学出版社,2012年11月	150
中国民族高等教育问题研究	广西民族大学欧以克	广西师范大学出版社,2012年6月	230

有关“教育学”方面的论文一览表

论文题目	作者单位及作者	发表刊物及期数	备注
教育学视角下传统民间游戏与竞技的价值研究	广西民族大学蒋东升等	核心期刊《南京体育学院学报》(社会科学版)2012年01期	
教育学实践:生活中的教育学	广西师范大学顾洋	《基础教育研究》2012年21期	
论教育学的“行动”取向	广西师范大学柳谦	《当代教育论坛》2012年06期	
论“庙堂教育学”与“民间教育学”的整合	广西师范大学王彦、李吴瑕	核心期刊《国家教育行政学院学报》2012年06期	新世纪广西高等教育教学改革工程立项项目,广西教师教育重点课题
论地方高师院校教育学类专业“体验·实践”人才培养	广西师范学院李强	《广西师范学院学报》(哲学社会科学版)2012年01期	新世纪广西高等教育教学改革工程立项项目《知行合一,体验实践——教育学类专业实践性课程改革研究与实践》阶段性成果之一
档案与来华留学生教育——从中越两国互派留学生的教育史中得出的一点思考	广西民族大学杨保乐	《传承》2012年24期	
从杜威教育思想实践看中美基础教育之差异——以美国芝加哥大学实验学校为例	广西师范大学李冬梅	核心期刊《社会科学家》2012年10期	
顾拜旦教育思想对现代体育教学改革的启示	广西大学行健文理学院梁平安等	核心期刊《现代教育科学》2012年02期	
哈耶克教育思想及其对我国教育改革的启示	广西机电职业技术学院黄金来	核心期刊《继续教育研究》2012年05期	
践行陶行知教育思想,提高农村初中历史课堂教学效率	广西南宁市横县横州镇第五初级中学麻宁	《现代阅读》(教育版)2012年16期	
论韦拔群的农民教育思想和实践	广西职业技术学院刘光照	核心期刊《教育评论》2012年04期	
论德性之维中的体育教育思想——以柏拉图《理想国》为例	广西医科大学覃勇	《当代体育科技》2012年01期	
论孔子体育教育思想及其当代价值	广西大学行健文理学院梁平安、梁甲仁	《成功》(教育)2012年04期	

续表

论文题目	作者单位及作者	发表刊物及期数	备注
浅谈个体个性化的教育思想观念的转变	广西师范大学韩舒姝	《北方文学》(下月刊)2012年05期	
论多民族国家与多元文化教育——台湾地区多元文化教育政策的启示	广西民族大学陈路芳、肖耀科	核心期刊《云南社会科学》2012年02期	国家社会科学基金项目《我国少数民族文化政策与国家认同问题研究》阶段性成果之一
加拿大印第安人寄宿制教育政策的回顾与反思——兼谈我国民族地区寄宿制教育问题	广西民族大学陈路芳、肖耀科	核心期刊《社会科学家》2012年06期	国家社会科学基金项目《我国少数民族文化政策与国家认同问题研究》阶段性成果之一
推动民族教育科学发展 促进各民族团结进步——党的十六大以来我国民族教育政策的价值取向	广西民族大学尚紫薇	《中国民族教育》2012年01期	
全球化与教育政策:危机中的隐性变革	广西大学梁燕华	《商丘师范学院学报》2012年05期	
"两免一补"教育政策执行效果分析	广西师范大学孟洋、刘新芳	《科教导刊》(上旬刊)2012年07期	
"两免一补"教育政策落实情况优劣分析——基于广西X市调研	广西师范大学孟洋	《北方文学》(下旬刊)2012年03期	
马来西亚语言政策及其对中国外语教育政策的启示	广西医科大学邹长虹	《长春理工大学学报》2012年12期	广西哲学社会科学科研项目《中国与东盟国家语言政策、语言规划对比研究》阶段性成果之一
试析广西民办高等教育政策	广西民族大学唐海玲、黄香琴	《经济研究导刊》2012年21期	广西民族大学研究生教育创新计划
大学生流动党员教育管理机制的基本路径	广西财经学院吴定伟	核心期刊《学校党建与思想教育》2012年09期	2010年广西高校党建立项研究课题《新形势下大学生流动党员教育管理创新研究》阶段性成果之一
高校学生党员后续教育管理的问题与对策	广西师范学院刘君宇	《科教导刊》(上旬刊)2012年05期	2010年度广西高校党建立项研究课题B类项目《创新高校学生党员后续教育管理有效载体的实践研究》阶段性成果之一,2010年广西师范学院党建研究课题《结合学习型党组织建设,创新高校大学生党员后续教育载体和措施研究》阶段性成果之一
高校体育专业党建工作有效路径探究	广西民族师范学院韦光辉等	核心期刊《学校党建与思想教育》2012年09期	2011广西教育厅社科基金立项项目
广西中等职业教育管理体制的历史沿革与改革思考	广西教育厅李栋学,广西师范大学曾来	核心期刊《广西社会科学》2012年06期	
研究生社团在高校研究生教育管理中的作用研究	广西大学林勇灵	《教育教学论坛》2012年08期	2011年广西研究生教育创新计划资助项目
探究高职院校专职辅导员+兼职班主任"双引擎、立体化"的学生教育管理模式——以广西交通职业技术学院为例	广西交通职业技术学院戴晓云等	《轻工科技》2012年02期	交通职业教育教学指导委员会2011年交通运输职业教育科研项目
基于协同学理论视域下的高校学生情感教育管理体系创新	广西大学莫光辉、祝慧	《高等农业教育》2012年12期	广西教育厅2011年广西高校安全稳定立项项目《家庭、学校、社区相结合学生安全知识技能培养研究——基于协同学视角的考察》阶段性成果之一
从组织行为学的视野看高校教育管理干部队伍建设	广西师范大学黄琪、王家慧	《科教导刊》(上旬刊)2012年10期	

续表

论文题目	作者单位及作者	发表刊物及期数	备注
大学生厌学群体教育管理的路径新探——以独立学院为例	广西师范大学漓江学院刘艳兰	《传承》2012年10期	
新形势下成人教育管理改革的必要性及对策分析	广西职业技术学院林玉琼	《改革与开放》2012年10期	
中国教育制度漫谈	广西大学张弘	《文学教育》(中)2012年01期	
试论高校反腐倡廉教育制度的建设和落实	广西经济管理干部学院王希	《中国证券期货》2012年07期	
地方政府职业教育制度安排的绩效评价	广西师范学院黄艳芳	《继续教育》2012年02期	
论思想政治教育制度的制定和实施	广西工学院袁美荣	《大学教育》2012年01期	广西工学院科学基金项目
论思想政治教育制度的结构、特点及功能	广西工学院袁美荣	《广西教育学院学报》2012年03期	
我国文盲率与经济及教育发展水平关系实证研究	广西师范学院李帅等	核心期刊《广西社会科学》2012年11期	2012年“广西高校优秀人才资助计划项目
教育费附加对西部农村中小学教育发展问题的研究	广西经济管理干部学院伍鹏志	核心期刊《学术论坛》2012年07期	广西教育厅2011年度科研立项项目《广西农村人才培养创新机制与人才生态环境建设研究》阶段性成果之一
当代中国文化教育发展落后探因	广西师范大学刘宝强	核心期刊《山东社会科学》2012年02期	
西南边疆民族地区教育区域国际化发展研究——基于中国—东盟教育区域国际化视角	广西民族大学李雪岩等	核心期刊《学术论坛》2012年04期	国家社科基金特别委托项目《西南边疆民族地区青年归侨侨眷发展问题研究》阶段性成果之一
提升研究生教育与地方经济社会发展贴近度的思考——以广西壮族自治区研究生教育发展为例	广西师范学院温向莉	核心期刊《中国成人教育》2012年19期	
生态化:成人教育发展的新趋向	广西师范大学邓文勇等	核心期刊《职教论坛》2012年06期	江西省高校人文社会科学研究2012年度项目《高职院校发展的生态学研究》阶段性成果之一
终身教育理念对我国成人教育发展的启示	广西师范大学江飞	核心期刊《中国成人教育》2012年20期	
民族地区成人教育发展障碍探析及消解策略	广西师范大学霍玉文	核心期刊《中国成人教育》2012年03期	
公共文化服务语境下农村成人教育发展的新趋向	广西师范大学霍玉文	核心期刊《继续教育研究》2012年04期	广西人文社会科学发展研究中心“继续教育研究团队”《弱势群体与教育救济研究方向》阶段性成果之一
广西北部湾经济区跨境继续教育发展策略——欧盟教育一体化的启示	广西教育学院庞冠锋、唐晓萍	核心期刊《广西社会科学》2012年03期	广西哲学社会科学“十一五”规划课题
我国高职教育发展中的政策导向	广西警官高等专科学校俞保华、莫永成	核心期刊《成人教育》2012年03期	
东盟国家高等职业教育发展特点及其启示	广西经济管理干部学院袁媛、白景永	核心期刊《继续教育研究》2012年03期	2010年度广西教育厅科研立项项目《东盟背景下广西高等职业教育评估体系研究》阶段性成果之一
建设职教集团是职业教育科学发展的必由之路——以广西商务职教集团为例	广西国际商务职业技术学院陆耀新、周龙军	《中国校外教育》2012年第7期	

续表

论文题目	作者单位及作者	发表刊物及期数	备注
从就业角度谈档案学专业教育改革	广西建设职业技术学院陈素军	核心期刊《兰台世界》2012 年 17 期	
依托有效教育 实现教育改革新跨越	广西玉林市玉州区教育局莫东妮	核心期刊《人民教育》2012 年 02 期	
现代经济发展与教育改革刍议	广西建设职业技术学院唐玉辉	《教育教学论坛》2012 年 39 期	
新中国前 17 年我国高等教育改革及其影响探析——对 1949~1966 年高教改革的考察	广西大学朱平	《黑河学院学报》2012 年 04 期	
新形势高职教育改革的必要性及改革对策研究	广西职业技术学院沈文亮	《改革与开放》2012 年 22 期	
新形势下广西信息管理专业教育改革初探	广西工学院管理学院秦胜君、卢志平	《中国管理信息化》2012 年 16 期	
高师生教育技术能力培养策略与案例解析	广西师范学院林雯、赵团盟	核心期刊《中国电化教育》2012 年 05 期	新世纪广西高等教育教学改革工程“十一五”立项项目《基于“未来教师空间站”的教育技术公共课实践教学改革研究》阶段性成果之一
广西中小学教师教育技术培训现状调查与分析	广西教育学院钟大鹏，广西中小学教师继续教育指导中心汪军	《大学教育》2012 年 09 期	新世纪广西高等教育教学改革工程项目《基于 Moodle 的广西中小学教师教育技术网络学习平台的构建与应用研究》阶段性成果之一，新世纪广西高等教育教学改革工程项目《基于因特网环境下西部农村中小学教师教育技术能力远程培训模式的构建与应用研究》阶段性成果之一
高校教育技术应用困境与对策	广西师范学院黄韵等	《中国教育技术装备》2012 年 03 期	
高师生教育技术能力培养策略与案例解析	广西师范学院林雯、赵团盟	《中国电化教育》2012 年 05 期	新世纪广西高等教育教学改革工程“十一五”立项项目《基于“未来教师空间站”的教育技术公共课实践教学改革研究》阶段性成果之一
新世纪国外教育技术领域发展态势与特点研究——基于外文期刊数据的知识图谱分析	广西师范大学朱敬等	《现代教育技术》2012 年 03 期	2011 年河南省社会科学规划项目《我国教育技术学知识图谱及中外比较研究》阶段性成果之一
基于技术创新扩散理论的高校教育技术扩散过程模型构建	广西财经学院樊文强等	《现代教育技术》2012 年 02 期	中央高校基本科研业务费专项资金项目《我国高校网络教学技术采纳行为研究》阶段性成果之一
如何提高教师的现代教育技术素质	广西英华国际职业学院蓝振师、韦容	《计算机光盘软件与应用》2012 年 03 期	
民族院校艺术教育问题与对策探析——以广西民族大学为例	广西民族大学高文涛、岳宗霞	《艺术科技》2012 年 05 期	
文化大发展大繁荣背景下的农民教育问题研究	广西贺州市八步区委张誉夫	《市场论坛》2012 年 03 期	
高校本科层次推行亚导师制教育问题探析	广西师范学院胡增文	《经济与社会发展》2012 年 09 期	
职业学校“问题学生”教育问题初探	广西金秀县职业技术学校吴承福	《教育教学论坛》2012 年 11 期	
医学专业新生理想信念教育问题研究	广西医科大学吴熙威	《辽宁医学院学报》(社会科学版)2012 年 04 期	

续表

论文题目	作者单位及作者	发表刊物及期数	备注
论幼儿教育的新面向——基于义务教育视角	广西民族大学唐海玲	《理论观察》2012年01期	
关于新农村建设背景下农村幼儿教育理念的研究	广西民族大学黄军	《佳木斯教育学院学报》2012年10期	
幼儿教育活动细节的道德审视	广西幼儿师范高等专科学校莫源秋	《当代学前教育》2012年03期	
基于ASP的幼儿教育调查统计系统的设计与实现	广西师范学院罗成裕	《福建电脑》2012年11期	
论寓教于乐教学理念在幼儿教育中的运用	广西资源县机关幼儿园潘妍伶	《学周刊》2012年25期	
广西县域农村学前教育及其发展机制的现状分析	广西幼儿师范高等专科学校袁旭	核心期刊《学前教育研究》2012年07期	国家社科基金“十一五”规划教育学重点课题《区域内义务教育均衡发展实证研究》阶段性成果之一
促进广西学前教育蓬勃发展的财政政策思考	广西财政厅邓小莲	核心期刊《经济研究参考》2012年23期	
我国学前教育发展中的政府责任剖析——以南宁市为个案研究	广西建设职业技术学院罗辉	《创新》2012年02期	
公共产品理论视角下广西农村学前教育供给问题分析——以南宁市西明村为例	广西财经学院鄂尔江、罗永乐	《市场论坛》2012年01期	
小议学前教育“小学化”	广西教育学院潘启富	《基础教育研究》2012年15期	
提高广西学前教育专业学生口语表现力的应用研究	广西南宁市第四职业技术学校许雪梅	《教育教学论坛》2012年05期	
新形势下广西中小学教育教辅期刊发展困境与出路	广西民族大学卢俊林、周侯辰	《传承》2012年11期	广西研究生教育创新计划资助研究生科研创新项目
2012年广西中小学教育技术装备人员培训班圆满结束	广西图书馆学会秘书处	《图书馆界》2012年04期	
浅析广西中小学教育教辅期刊发展历程及其特点	广西民族大学卢俊林、周侯辰	《传承》2012年10期	广西研究生教育创新计划资助研究生科研创新项目
美国中小学教育财政公平模式研究	广西大学刘琼等	《科教导刊》(上旬刊)2012年11期	
印度基础教育投资政策存在的问题及均衡策略	广西大学沈有禄、谯欣怡	《比较教育研究》2012年02期	国家社会科学基金资助项目《教育机会分配的公平性问题研究》阶段性成果之一，中国博士后科学基金第三批特别资助项目《中国、印度基础教育发展与均衡政策比较研究》阶段性成果之一，中国博士后科学基金面上资助项目《中国、印度基础教育公平政策比较研究》阶段性成果之一
教育民主化视野下的法国基础教育改革	广西师范大学韩永敏、徐学莹	核心期刊《教学与管理》2012年36期	
我国基础教育改革评析	宜宾学院罗志彪，广西师范学院罗瑜	《河南科技学院学报》2012年10期	
在日常教学中实现学生创新精神与实践能力的培养——广西基础教育学校教学改革试点的项目设计	广西基础教育学校教学改革试点项目专家组	核心期刊《人民教育》2012年02期	

续表

论文题目	作者单位及作者	发表刊物及期数	备注
我国基础教育办学政策的委托代理关系研究	广西师范大学古翠凤	核心期刊《教育探索》2012 年 10 期	广西人文社会科学发展研究中心科学研究工程项目
从受援国到援助国:中外基础教育合作项目经验与国际教育援助启示——基于 SBEP 在广西壮族自治区执行的个案分析	广西师范大学徐莉	核心期刊《广西师范大学学报》(哲学社会科学版)2012 年 04 期	教育部人文社会科学研究课题《教育公平与女性观照:少数民族教育中的女性参与研究》阶段性成果之一,教育部社科司《广西义务教育学校少数民族女性领导成长模式研究——基于中英西南基础教育项目的理论和实践》阶段性成果之一
民族高等教育:一个特殊而复杂的研究领域——兼评欧以克教授的《中国民族高等教育问题研究》	广西民族大学李枭鹰	《民族教育研究》2012 年 05 期	
贫困地区农村家庭对高等教育的选择——基于 T 县的田野调查	广西机电职业技术学院黄金来等	核心期刊《教育理论与实践》2012 年 06 期	
高等教育学费差别定价在我国的实践与反思	广西工学院秦福利	核心期刊《黑龙江高教研究》2012 年 05 期	广西教育科学“十二五”规划课题《西部地区公办高校学费定价机制研究》阶段性成果之一
高等教育系统的生态学阐释	广西广播电视大学贺祖斌	核心期刊《黑龙江高教研究》2012 年 12 期	国家哲学社会科学基金项目《西部省级区域经济结构与区域高等教育发展研究》阶段性成果之一
信息技术发展对高等教育的影响探究	广西财经学院张兰芳	核心期刊《广西社会科学》2012 年 06 期	新世纪广西高等教育教学改革工程重点项目
探究西部少数民族地区成人高等教育生源新的增长点	广西师范学院李珏	核心期刊《成人教育》2012 年 03 期	2011 年新世纪广西高等教育教改工程重点项目《构建服务于中国东盟自由贸易区的成人教育人才培养模式探究》阶段性成果之一
高等教育大众化背景下优化教育投资体系的思考	广西工学院黎奇	核心期刊《中国成人教育》2012 年 06 期	2009 年广西教育厅科研项目《“绿色通道”制度对高校财务状况影响的研究及对策》阶段性成果之一
学分制下成人高等教育课程管理探微	广西师范大学郭中华、霍玉文	核心期刊《继续教育研究》2012 年 12 期	全国教育教育科学“十一五”规划 2010 年度教育部规划重点课题《成人高等教育学分制人才培养模式研究》阶段性成果之一
成人高等教育学分制的特殊性及其实现	广西师范大学霍玉文等	核心期刊《成人教育》2012 年 10 期	全国教育教育科学“十一五”规划 2010 年度教育部规划重点课题《成人高等教育学分制人才培养模式研究》阶段性成果之一,全国教育教育科学“十一五”规划 2010 年度教育部规划重点课题《中南地区成人高教学习成果互认与转换研究》阶段性成果之一
解读《美国高等教育视觉素养能力标准》	广西师范大学罗双兰	核心期刊《电化教育研究》2012 年第 10 期	全国教育科学“十一五”规划 2010 年度教育部重点课题《媒介读写文化的嬗变与对策:视觉素养教育的本土化策略研究》阶段性成果之一
基于电子白板的师范生教育技术能力培训——学习情境创设的“五要素”培训模式构建与应用	广西师范学院赵团萌、林雯	《中国教育信息化》2012 年 06 期	
“体验教学”促进师范生教育教学能力的培养——新课程背景下公共教育学、心理学课堂有效性探究	广西民族师范学院陈良	《科技信息》2012 年 18 期	

续表

论文题目	作者单位及作者	发表刊物及期数	备注
陶行知职业教育大群观思想初探——读《生利主义之职业教育》有感	广西师范学院叶锦义	核心期刊《职业技术教育》2012年04期	
发展职业教育支撑农村劳动力转移:比较优势的视角	广西银行学校杜睿云等	核心期刊《湖北社会科学》2012年01期	广西教育科学"十一五"规划2010年度A类重点课题《广西农村劳动力转移与职业教育发展研究》阶段性成果之一
我国中等职业教育师资培养学制改革刍议	广西工学院袁华、张晓玲	核心期刊《职业技术教育》2012年29期	广西教师教育2010年度重点课题《"双师型"职教师资培养的理论与实践研究》阶段性成果之一
论民族地区中等职业教育的文化使命	百色学院常军胜,广西师范大学刘远杰	核心期刊《广西师范大学学报》(哲学社会科学版)2012年05期	广西教育厅委托项目《中等职业学校学生资助政策实施情况专项课题研究》阶段性成果之一
西部地区中等职业教育与经济增长关系实证研究——基于中国1990~2009年的数据实证检验	广西大学王海燕、沈有禄	核心期刊《职业技术教育》2012年01期	教育部人文社会科学研究青年基金资助项目《中等职业教育投入机制创新研究——基于教育券的视角》阶段性成果之一,国家社科基金资助项目《教育机会分配的公平性问题研究》阶段性成果之一
高等职业教育动态评估:探索与展望	广西经济管理干部学院白景永	核心期刊《继续教育研究》2012年07期	2010年度广西教育厅科研立项项目《东盟背景下广西高等职业教育评估体系研究》阶段性成果之一
高等职业教育如何为地方经济发展服务	广西建设职业技术学院罗丽玲等	核心期刊《职教论坛》2012年05期	广西教育科学"十一五"规划课题《高职院校人才培养与地方经济发展相适应的研究》阶段性成果之一
英国职业教育课程开发制度及其启示	广西壮族自治区人民政府王春秋等	核心期刊《职教论坛》2012年16期	教育部职教中心研究所与英国大使馆教育处合作课题《中高职课程衔接:理论与实践》阶段性成果之一
美国公民教育对于我国思想政治教育的启示	广西师范大学李宇杰	《佳木斯教育学院学报》2012年05期	
学习型社会背景下成人教育的改革及其发展	广西师范大学漓江学院尹红红	核心期刊《成人教育》2012年03期	
网络淘课与我国成人教育的改进	广西经济管理干部学院罗迪	核心期刊《成人教育》2012年06期	
浅谈高职院校成人教育工作的开展	广西建设职业技术学院姚琦、韦玉轩	核心期刊《教育与职业》2012年09期	广西建设职业技术学院院级课题《成人高等学历教育管理模式研究与实践》阶段性成果之一
刍议当前农村成人教育的实施	广西师范学院逯长春	核心期刊《继续教育研究》2012年04期	
北部湾经济区开发开放成人教育大有作为	广西师范学院黄德凯	核心期刊《成人教育》2012年04期	
信息技术背景下远程教育教师专业发展探析	广西财经学院张兰芳	核心期刊《广西民族大学学报》(哲学社会科学版)2012年05期	新世纪广西高等教育教学改革工程重点项目《高校计算机基础教育课程体系的改革研究与实践》阶段性成果之一
关联规则在远程教育教学评价中的应用	广西广播电视大学肖志明	核心期刊《中国远程教育》2012年09期	2011年度广西教育厅科研立项项目《开放大学教学质量与评价体系研究》阶段性成果之一
基于远程教育的农村劳动力职业培训策略研究	广西师范学院梁春贤	核心期刊《安徽农业科学》2012年26期	

续表

论文题目	作者单位及作者	发表刊物及期数	备注
二维码技术在远程教育中的应用	广西广播电视大学黄河	核心期刊《山东社会科学》2012年02期	
广西远程教育劳模学员群体特征研究	广西广播电视大学陈玉明	《广西广播电视大学学报》2012年04期	广西教育厅科研立项项目
德国远程教育综述	广西广播电视大学赵啸海	《广西广播电视大学学报》2012年01期	2009年新世纪广西高等教育教改工程项目
农村教育在希望的田野上生长	广西平果县希望小学周标亮	《中国德育》2012年23期	
一扇通向理解中国边境民族教育的窗口——评《中国边境民族教育论》	广西民族大学欧阳常青等	核心期刊《中央民族大学学报》(哲学社会科学版)2012年06期	
广西边境地区民族教育面临的问题及对策	广西民族大学欧以克	核心期刊《民族教育研究》2012年01期	
论民族教育研究的社会责任	广西民族大学钟海青	核心期刊《民族教育研究》2012年06期	国家社会科学基金"十二五"规划2011年度教育学一般课题《跨境民族教育研究》阶段性成果之一
大学生社会主义核心价值体系认同教育路径探微	广西师范大学韦冬雪	核心期刊《广西师范大学学报》(哲学社会科学版)2012年04期	2012年国家社科基金西部项目《西部高校大学生社会主义核心价值体系认同教育研究》阶段性成果之一,博士后科学研究基金面上资助项目《少数民族大学生社会主义核心价值体系认同研究》阶段性成果之一
论马克思主义幸福观的科学性及其认同教育	广西农业职业技术学院陈成志	核心期刊《学术交流》2012年03期	
试论学校视域中的认同教育	广西民族大学欧阳常青、何玉艳	《湖南师范大学教育科学学报》2012年06期	
基于MIQE指南的qPCR相对定量法实验教学探讨	广西中医学院第一附属医院贺毅等	核心期刊《实验室研究与探索》2012年09期	国家自然科学基金青年基金项目,广西中医学院第一附属医院青年科研基金项目
高中生物学遗传与变异实验课教学案例开发	广西师范大学于晓宇等	核心期刊《生物学通报》2012年07期	国家自然科学基金项目,广西自然科学基金项目
节约环保型开放性化学实验教学开展的探索研究	广西师范大学陈理灿等	核心期刊《实验技术与管理》2012年07期	国家自然科学基金
图片在课程教学中的应用初探	广西农业职业技术学院胡子有等	核心期刊《安徽农业科学》2012年33期	2009年国家精品课程"果树生产技术"建设项目
汉语学习的层阶与汉语教学的适切性	广西师范大学韩明	核心期刊《广西师范大学学报》(哲学社会科学版)2012年02期	全国教育科学"十一五"规划2010年度课题立项教育部重点课题《面向东南亚对外汉语教育模式的创新研究》阶段性成果之一
语文知识:性质、构成与教学意蕴	广西钦州学院李永妃	核心期刊《语文建设》2012年16期	广西哲学社会科学"十二五"规划一般课题《社会主义核心价值观与学生社群的价值认同研究》阶段性成果之一,广西教育科学"十二五"规划重点委托课题《语文课程中的价值观教育资源开发研究》阶段性成果之一,2012年度新世纪广西高等教育教学改革工程项目《高师中文类课程价值观教育的研究与实践》阶段性成果之一

续表

论文题目	作者单位及作者	发表刊物及期数	备注
关于研究性教学的几点思考	广西师范大学唐健、李敏华	核心期刊《教育与职业》2012年03期	
高校教学方法改革探析	广西工学院许淑慧	核心期刊《广西社会科学》2012年07期	广西教育科学"十一五"规划2008年度重点课题
高校思想政治理论课实践教学研究述评	广西柳州职业技术学院欧勇芬	《经济与社会发展》2012年10期	2010年新世纪广西高等教育教改工程项目(一般项目A类)《工学结合背景下的高职思想政治理论课实践教学体系的构建与实施研究》阶段性成果之一
关于广西高校教师教学发展现状的思考	广西工学院刘子君等	核心期刊《前沿》2012年23期	新世纪广西高等教育教学改革工程重大项目《高校教师教学能力提升的研究与实践》阶段性成果之一
改革地方院校课程教学模式和内容,培养学生工程与创新能力——以广西大学化学反应工程教学为例	广西大学王琳琳等	核心期刊《实验技术与管理》2012年08期	新世纪广西高等教育教学改革工程"十一五"立项项目,新世纪广西大学高等教育教学改革工程立项项目,广西大学实验教改项目
顶岗支教实习与师范生教学技能的关系研究——基于广西三所本科高师院校的问卷调查	广西师范大学李红惠	核心期刊《河北师范大学学报》(教育科学版)2012年02期	
印度基础教育教师资源配置差异分析	广西大学沈有禄、谯欣怡	核心期刊《上海教育科研》2012年03期	国家社科基金项目《教育机会分配的公平性问题研究》阶段性成果之一,中国博士后科学基金第三批特别资助项目《中国、印度基础教育发展与均衡政策比较研究》阶段性成果之一
各地区普通中学代课及兼任教师配置差异分析	广西大学谯欣怡、沈有禄	核心期刊《教学与管理》2012年06期	国家社科基金项目《教育机会分配的公平性问题研究》阶段性成果之一,中国博士后科学基金第三批特别资助项目《中国、印度基础教育发展与均衡政策比较研究》阶段性成果之一,中国博士后科学基金面上资助项目《中国、印度基础教育公平政策比较研究》阶段性成果之一
各地区普通小学代课及兼任教师配置差异分析	广西大学谯欣怡	核心期刊《继续教育研究》2012年03期	国家社科基金项目《教育机会分配的公平性问题研究》阶段性成果之一
高校思想政治理论课教师队伍软实力建设	广西师范学院曾令辉	核心期刊《高校理论战线》2012年03期	教育部人文社会科学研究专项任务项目(高校思想政治理论课)《高校思想政治理论课青年教师队伍研究》阶段性成果之一
聚焦于教育研究能力的教师教育模式探析	广西师范大学杨茂庆、孙杰远	核心期刊《教育研究》2012年第12期	广西教育科学重点研究基地重大课题《广西教师教育人才培养模式创新研究》阶段性成果之一
高校教师科研合作影响因素研究:以广西为例	广西大学王春雷	核心期刊《科技进步与对策》2012年21期	教育部人文社会科学西部项目
透视高校教师招聘中的"出身论"现象	广西大学任初明	核心期刊《教育探索》2012年02期	教育部人文社会科学研究西部和边疆地区项目,教育部人文社会科学青年基金项目
课程与教师的关系考辨	广西师范大学蒋士会、欧阳修俊	核心期刊《广西师范大学学报》(哲学社会科学版)2012年05期	教育部人文社会科学研究2009年度一般项目(西部和边疆地区项目)《整体、持续、有效:民族贫困地区农村中小学推进新课程的特殊性研究——以广西龙胜县为例》阶段性成果之一,广西人文社会科学发展研究中心"科学研究工程"2011年度一般项目《民族贫困地区农村中小学持续有效推进新课程改革的复杂性研究》阶段性成果之一

续表

论文题目	作者单位及作者	发表刊物及期数	备注
基于云模型的高校教师综合能力评价方法	广西经济管理干部学院伍华健等	核心期刊《统计与决策》2012 年 17 期	广西自然科学基金资助项目，广西教育厅科研课题，广西教育厅科研课题
广西新建本科院校教师专业发展现状研究	广西民族师范学院黄健毅	核心期刊《教育与职业》2012 年 36 期	广西教育科学"十二五"规划 2011 年度自筹经费一般课题《广西新建本科院校教师专业发展研究》阶段性成果之一，广西民族师范学院教育教学项目 2010 年一般项目《新建本科院校教师专业发展研究——以广西民族师范学院为例》阶段性成果之一
学校管理中量化手段和效率追求不确当性分析	广西师范大学卢宝祥	核心期刊《教育学术月刊》2012 年 02 期	
以人为本的小学学校管理模式	广西天峨县实验小学黄景贵	《现代阅读》(教育版) 2012 年 08 期	
浅谈校长在学校管理中的领导艺术	广西大新县桃城镇第四小学赵江珍	《教育教学论坛》2012 年 23 期	
学校管理的基本理路	广西河池学院黄勇樽、罗伏龙	《中国农村教育》2012 年 10 期	
浅谈学校管理工作	广西崇左市江州区江州镇中学黄文伟	《现代阅读》(教育版) 2012 年 11 期	
学校管理创新与人本要素的有效挖掘	广西贵港市覃塘区覃塘镇龙凤小学韦振宏	《现代阅读》(教育版) 2012 年 05 期	
国家开放大学建设中的挑战与路径选择	广西广播电视大学李培福	核心期刊《继续教育研究》2012 年第 3 期	广西教育科学"十二五"规划 2011 年度课题《构建广西开放大学的理论和实践研究》阶段性成果之一
对当前高校思想政治教育的几点思考	广西民族师范学院李明辉	核心期刊《教育探索》2012 年 04 期	
以社会主义核心价值体系引领大学校园文化建设	广西民族师范学院李明辉	核心期刊《长白学刊》2012 年 02 期	
高职院校特色校园文化建设研究——以校企文化对接与融合为视角	广西建设职业技术学院王振丰	核心期刊《学术论坛》2012 年 06 期	2010 年广西高校党建立项研究课题《新时期高职院校学生党员发展质量的创新实践研究》阶段性成果之一
对新形势下高职院校构建具有职业特色校园文化的探讨	广西机电职业技术学院刁爱华	核心期刊《教育与职业》2012 年 26 期	
高校校园网络对校园文化建设的作用探讨	广西工学院刘静姿	核心期刊《中国报业》2012 年 06 期	
和谐社会视域下的广西高职院校校园文化建设	广西师范学院马翠凤	核心期刊《教育与职业》2012 年 08 期	
民族院校特色校园文化建设的理性选择	广西民族大学张龙、欧以克	核心期刊《民族教育研究》2012 年 06 期	
试论当前校园文化建设常见误区及完善措施	广西国际商务职业技术学院卿臻	《长春教育学院学报》2012 年 07 期	
农村校园文化建设应注重"丰"、"实"、"活"	广西师范学院赵宏	核心期刊《教学与管理》2012 年 15 期	
发展视阈下高校校园文化与城市文化互动研究	广西钦州学院许珍	核心期刊《中国成人教育》2012 年 18 期	

【心理学】 2012年，广西科研人员研究心理学问题发表的论文，根据《中国知网》期刊不完全统计，通过对篇名中分别含有关键词“心理学”、“心理”进行检索，2012年，广西科研人员发表有关心理学研究的论文有319篇，全国17021篇，占1.87%。

广西科研人员发表有关心理学研究的论文中，有39篇发表在核心期刊，占12.2%。发表在核心期刊的论文中，论文作者（以第一作者在广西为准）在高校有38篇（广西大学有5篇，广西工学院有4篇），占97.4%；在实践工作部门有1篇，占2.6%。

发表的论文中，有部分是基金项目的阶段性成果：国家基金项目（国家社科基金、国家哲学社会科学规划基金、国家自然科学基金）的阶段性成果4篇，教育部项目的阶段性成果5篇；广西基金项目（包括广西社科基金、广西哲学社会科学规划课题、广西自然科学基金）的阶段性成果3篇，广西教育类项目（包括广西教育科学规划课题、新世纪广西高等教育教学改革工程、广西研究生教育创新计划项目）的阶段性成果10篇。

研究心理学的论文中，主要从心理学视角和格式塔、积极、认知、社会、教育、受众、大众、管理、教育、文化、旅游、锻炼、色彩、环境、学习、教学、写作、语言、艺术、职业、政治等心理学及心理发展、问题、需求、分析、调查、干预、疏导、辅导、咨询、治疗、调适、护理、契约、资本、应激、档案、成因、状态、素质、障碍、挫伤、压力、机制、支持、心理健康教育等方面研究。作者多在高校。

发表的论文中，在研究大众心理学问题上，黄家裕《大众心理学社会建构论的CIAO模型及其批判》指出大众心理学（简称FP）是关于普通人如何解释、预测日常心理及行为的科学。力图从社会建构论的角度解释FP，首先要了解社会建构论的思想及其相关脉络，然后考察其局限性。

在研究心理问题上，郑明怀《大学生村官不同心理期的心理特点、问题与调适》指出大学生村官的心理发展变化有其特殊的规律，加强对其心理特点的研究和心理问题的调适，有利于大学生村官的成长，也有利于大学生村官计划的进一步完善。朱小根《建立高职学生心理档案若干问题的思考》通过心理档案可促进学生加强自我了解，有利于学生自我的不断完善，有利于教师对学生系统性的动态管理，为学生的职业选择提供依据。

在研究心理诉求问题上，阙真《论广西彩调发展与心理诉求的关系》指出不同阶段的彩调艺术呈现出人们不同的心理特点，观众不同的心理追求又推动着彩调艺术的发展变化，二者联系非常密切。

在研究心理应激问题上，黎静等《海带多糖对心理应激大鼠血管内皮依赖性舒缩功能的影响》目的研究海带多糖对心理应激大鼠血管内皮依赖性舒张和收缩功能的影响。

在研究心理分析与治疗问题上，《一例大学生社交恐怖症的心理分析与治疗》通过对一例社交恐怖症进行资料采集、心理行为分析与治疗过程的记录和分析，反映了咨询师关于心理咨询与治疗的观念以及对相关治疗原理、方法的理解与应用。

在研究心理机制问题上，郭猛《诚信教育传播的心理机制研究》探讨教育受众的心理机制，满足受众选择性心理，使受众自觉接受诚信教育并内化为诚信行为，从而增强诚信教育的育人功能。

有关“心理学”方面的论文一览表

论文题目	作者单位及作者	发表刊物及期数	备注
心理学视角下的课堂提问艺术	广西大学罗德红、吴守卫	核心期刊《中国教育学刊》2012年02期	
基于心理学视角的高职院校班级管理工作探析	广西经济管理干部学院韦卫红	《科教导刊》（上旬刊）2012年04期	
基于心理学视角的旅游资源开发探讨	广西师范大学常莹	《旅游纵览》（下旬刊）2012年10期	
论格式塔心理学对新闻学专业论文选题的启示	广西师范学院曹正文	《广西师范学院学报》（哲学社会科学版）2012年03期	广西教育厅研究生创新计划《新闻传播学科研究生毕业论文系统性选题的创新意义》阶段性成果之一
积极心理学在大学生挫折耐受能力培养中的应用	广西大学周璋斌、江帆	核心期刊《山西财经大学学报》2012年04期	广西研究生教育创新计划资助项目《导师在研究生思想政治教育中的机制研究》阶段性成果之一

续表

论文题目	作者单位及作者	发表刊物及期数	备注
谈谈如何运用积极心理学提高班级管理效率	广西百色市平果县高级中学欧江毅	《现代阅读》(教育版)2012年14期	
论积极心理学对运动心理学研究的启示	玉林师范学院林炜鹏,广西幼儿师范高等专科学校黄艳兰	《玉林师范学院学报》2012年02期	
在中职班主任工作中积极心理学的运用	广西梧州财经学校李远强	《广西教育学院学报》2012年03期	
试论积极心理学在思想政治教育运用中的价值及其实现	广西钦州学院卜路平	《长江师范学院学报》2012年10期	
积极心理学视野下促进教师心理健康的价值抉择	广西师范大学黎柠宁、余欣欣	《兰州教育学院学报》2012年05期	广西教育科学“十二五”规划课题《积极心理健康教育师资队伍建设与课程资源开发》阶段性成果之一
积极心理品质:教师职业幸福感的基石	广西师范大学余欣欣,桂林市第四中学李山	《广西师范大学学报》(哲学社会科学版)2012年02期	广西教育科学“十二五”规划课题
从认知心理学视角刍议情绪型犯罪的防范对策	广西警官高等专科学校周佳	《法制与经济》(下旬刊)2012年07期	
康复期精神病患者认知心理治疗的远期效果对比观察	广西河池市第四人民医院韦德会等	《中国健康心理学杂志》2012年02期	河池市软科学科研课题
多元教学方法的实践探索——以《社会心理学》教学为例	广西大学潘柳燕、王恩界	《广西教育学院学报》2012年01期	
高校社会心理学课程教材建设分析	广西大学王恩界、张晓明	《高教论坛》2012年02期	新世纪广西大学高等教育教改工程项目《以培养创新能力为目标的应用心理学实验课程改革研究与探索》和《基于“本土化”的〈社会心理学〉课程体系与教学方法改革的研究与实践》阶段性成果之一,新世纪广西高等教育教改工程重点项目《适应社会需求的专业和课程结构改革的研究与实践》阶段性成果之一
新老“晒书”的同异及社会文化心理考辨	广西师范学院杨绪明	《广东技术师范学院学报》2012年01期	教育部人文社会科学研究青年基金项目《当代汉语新词族研究》阶段性成果之一,广西教育厅项目《网络新词语的衍变动因及其文化心理价值研究》阶段性成果之一
“职客”及其社会文化心理考辨	广西师范学院杨绪明	《广西师范学院学报》(哲学社会科学版)2012年03期	教育部人文社会科学研究青年基金项目《当代汉语新词族研究》阶段性成果之一,广西教育厅项目《网络新词语的衍变动因及其文化心理价值研究》阶段性成果之一
社会心理干预对社区精神病病人维持药物治疗的影响	广西梧州市第二人民医院邹燕梅	《当代护士》(中旬刊)2012年07期	
关于高职高专《消费心理学》课程教学改革的思考	广西外国语学院潘俊	《大学教育》2012年08期	
基于女性消费心理的企业营销对策研究	广西国际商务职业技术学院甘丽桦	《企业导报》2012年15期	
高职院校学生的不良消费心理	广西经济职业学院谢晨舒	《商业文化》(下旬刊)2012年05期	
受众心理学视阈下的《中国好声音》	广西大学韩晶	核心期刊《传媒观察》2012年11期	

续表

论文题目	作者单位及作者	发表刊物及期数	备注
教辅期刊受众心理的嬗变	广西教育学院 陈响中	核心期刊《编辑学刊》2012年04期	
大众心理学社会建构论的CIAO模型及其批判	广西财经学院黄家裕	核心期刊《山东师范大学学报》(人文社会科学版)2012年01期	2011年度国家社科基金项目青年项目,中央高校基本科研业务费专项资金资助
浅谈管理心理学在企业思想政治工作中的应用	广西建工集团第三建筑工程有限责任公司熊萍	《企业导报》2012年08期	
教学艺术的本质、理论基础和研究方法论——教育学和心理学关系的视角	广西大学罗德红、吴守卫	核心期刊《南京师大学报》(社会科学版)2012年02期	
从教育心理学角度探讨高职英语教学	广西工商职业技术学院黄英	核心期刊《成人教育》2012年02期	
构建生命课堂 促进学生发展——"教育心理学"课程改革实践研究	广西大学宋凤宁	《经济与社会发展》2012年12期	
儿童游戏与儿童自主发展探究——基于文化心理学的视角	广西师范大学黎雪	《科教文汇》(上旬刊)2012年10期	
高职旅游心理学精品课程建设的改革	广西经贸职业学院高嫌嫌	核心期刊《职教论坛》2012年08期	
国外锻炼心理学研究的科学知识图谱分析	广西体育高等专科学校钟宏等	《体育科技》2012年02期	
女学生体育运动心理障碍及其消解	广西大学刘旭明	核心期刊《教学与管理》2012年27期	广西大学校级科研基金项目
浅谈排球比赛中影响发球的心理因素	广西工学院鹿山学院李丽丹	《成功》(教育)2012年03期	
浅谈色彩心理学在高校辅导员工作中的运用	广西职业技术学院傅佐东	《广西职业技术学院学报》2012年02期	
如何运用色彩心理学治疗少年学生的心理问题	广西民族大学附中农壹米	《艺海》2012年09期	
环境心理学在城市环境设计中的运用研究——以城市街道环境设施设计为例	广西工学院陈波	核心期刊《安徽农业科学》2012年10期	
论教师成长的心理环境	广西体育高等专科学校卢锦珍	《教育与职业》2012年36期	广西教育厅高校科研项目《广西边境地区中学体育教师专业成长环境研究》阶段性成果之一
电视采访环境对心理的影响	中共广西区委党校曾林	《青年记者》2012年32期	
大学生学习心理初探	广西财经学院谢骏	《商品与质量》2012年04期	
浅谈高职院校学生学习心理教育	广西工业职业技术学院凌燕英、罗桂全	《新西部》(理论版)2012年13期	
如何消除中学生数学学习的心理障碍	广西兴业县龙安镇泰村小学陈昭茂	《学周刊》2012年31期	

续表

论文题目	作者单位及作者	发表刊物及期数	备注
从学习者心理角度探讨网络课程界面设计	广西中烟工业有限责任公司洪苗	《计算机光盘软件与应用》2012年10期	
农村初中生厌学心理浅析	广西临桂县第一中学蓠桂珍	《教育教学论坛》2012年20期	
论大学英语课堂教学心理环境优化	广西师范学院玉开慧	《广西民族师范学院学报》2012年01期	
论中职学校服装表演专业音乐欣赏课程教学中欣赏心理的过程	广西纺织工业学校冯柱新	《轻纺工业与技术》2012年04期	
农村初中生写作中存在的心理障碍浅析	广西柳州师范高等专科学校宋汪洋	核心期刊《教学与管理》2012年06期	
论语言变异对中越边境壮岱族群跨界交往心理距离的影响	广西民族师范学院韦福安	核心期刊《广西社会科学》2012年02期	广西人文社会科学研究中心边疆问题研究专项
谈视觉艺术与青少年的心理健康	广西钦州学院鲁敏等	《湖北师范学院学报》(哲学社会科学版)2012年04期	
演唱中紧张心理的产生与调节	广西银行学校朱丽君	《现代阅读》(教育版)2012年17期	
企业年轻员工职业健康心理探析	广西科文招标有限公司柳州分公司邝坚	《大众科技》2012年06期	
网民政治心理引导与网络社会管理	广西工学院刘静姿	核心期刊《前沿》2012年08期	
从马克思主义唯物辩证法看儿童心理发展矛盾	广西师范大学莫丹	《才智》2012年11期	
儿童心理弹性发展的研究综述	广西师范大学赵伯妮	《青年与社会》2012年02期	
大学生村官不同心理期的心理特点、问题与调适	广西工学院郑明怀	核心期刊《领导科学》2012年05期	2009年度教育部人文社会科学研究青年基金项目《新型村官与完善村民自治研究》阶段性成果之一,2009年度广西教育厅一般项目《社会主义新农村建设与村官类型研究》阶段性成果之一
大学生心理问题预防和干预联动机制的构建	广西工学院赵芸	核心期刊《中国成人教育》2012年15期	广西工学院社会科学基金
心理问题多症状共存现象对大学生心理危机预防的启示	广西经济管理干部学院邓小琴	核心期刊《广西社会科学》2012年03期	广西经济管理干部学院2010年度科研项目
独立学院单亲家庭学生心理存在的问题及教育对策研究	广西民族大学相思湖学院曾宪达	《才智》2012年32期	
"空巢候鸟"老人的心理需求及对策	广西中医学院张慧清、吴清爱	核心期刊《中国老年学杂志》2012年13期	
论广西彩调发展与心理诉求的关系	广西师范大学阙真	核心期刊《广西师范大学学报》(哲学社会科学版)2012年03期	2008年度国家社会科学基金项目《广西彩调研究》阶段性成果之一
近年来我国大学生自杀心理剖析	广西师范大学杨宁坤、康永为	《当代青年研究》2012年07期	全国教育科学"十五"规划教育部重点课题《转型期大学生自杀现状实证调查与研究》阶段性成果之一

续表

论文题目	作者单位及作者	发表刊物及期数	备注
广西大学生与东盟留学生心理结构特征分析	广西民族大学柴萍、何江川	核心期刊《中国学校卫生》2012年01期	2008年广西哲学社会科学“十一五”规划项目，2011年广西民族大学学科建设经费资助项目
中学生学源性心理障碍的成因分析及消除策略	广西柳州城市职业学院莫柳军	核心期刊《教学与管理》2012年03期	
9种体质类型情志病证患者个性心理特征的多元logistic回归分析	广西中医药大学武丽等	核心期刊《辽宁中医杂志》2012年12期	
高职院校学生运动技能学习过程的心理分析	广西机电职业技术学院卓倪	《当代体育科技》2012年28期	
我国流动儿童心理研究文献综述——基于CNKI优秀硕士学位论文数据库(2001-2011年)的分析	广西师范大学谢文标	《广东青年职业学院学报》2012年02期	
警察主观幸福感的心理资本分析	广西警官高等专科学校尹彦等	《湖北警官学院学报》2012年11期	
安全生产心理分析与安全管理研究	广西玉林市供电局吴国尚	《广西电业》2012年Z1期	
急诊科护士心理问题分析和心理健康自我维护	广西医科大学梁艳	《吉林医学》2012年32期	
广西部分市、县退休干部心理健康状况的调查与思考	《广西日报》吴敏朝	《经济与社会发展》2012年08期	
广西医科大学本科生心理亚健康状况调查分析	广西医科大学唐峥华等	《广西医科大学学报》2012年06期	广西高等学校教学工程项目“十二五”规划第5篇立项课题
未婚早期人工流产女性的心理状况调查研究	广西医科大学第一附属医院 翟娟等	核心期刊《中国妇幼保健》2012年25期	广西自然科学基金课题
质性研究视角下的大学生心理健康状况调查	广西师范学院李晶晶、雷湘竹	《保健医学研究与实践》2012年01期	
关于对覃冰良同学的心理追踪调查研究	广西河池市天峨县高级中学韦达吉	《现代阅读》(教育版)2012年04期	
后勤服务对中职卫校学生心理健康影响的调查及对策研究	广西桂林市卫生学校唐新明	《中等职业教育》(理论)2012年09期	2008年度广西中等职业教育教学教改立项项目《中等职业卫生学校学生辍学成因分析及控辍实践》阶段性成果之一
提高临床实习医生男科疾病心理学干预技能的探讨	广西医科大学第一附属医院张迅、刘志飞	《内科》2012年02期	
刍议高校校园暴力事件的心理危机干预机制	广西经济管理干部学院廖善康	核心期刊《求实》2012年02期	2011年广西高校安全稳定B类立项研究课题《高校校园暴力的预防和应对研究》阶段性成果之一
心理干预在HIV、HCV合并感染患者中的应用	广西龙潭医院徐彩玲等	《齐鲁护理杂志》2012年22期	国家科技重大专项课题，广西医疗卫生重点科研课题
心理危机干预在高校维稳中的作用——基于一例哀伤辅导的质性分析	广西电力职业技术学院黎天业、黎世辉	《大学教育》2012年05期	2011年度广西教育系统维护学校安全稳定工作A类课题《广西高职院校心理健康教育品牌创建与维稳工作的互动研究》阶段性成果之一
心理干预对艾滋病与肺结核双重感染病人生活质量的影响	广西南宁市第四人民医院 李源等	《护理研究》2012年11期	广西卫生厅科研自筹资金项目

续表

论文题目	作者单位及作者	发表刊物及期数	备注
1例自杀倾向大学生的心理危机干预	广西师范大学方建东等	《牡丹江师范学院学报》(哲学社会科学版)2012年03期	广西人文社会科学发展研究中心“科学研究工程”专项项目
心理干预疗法对初次人工流产受术者负性情绪影响的研究	广西南宁市妇幼保健院高思民	《中国社区医师》(医学专业)2012年32期	广西计划课题基金项目
论班主任对90后中职生心理问题的疏导	广西纺织工业学校周文红	《轻纺工业与技术》2012年01期	2011年广西中等职业教育教学改革二级立项项目《90后中职生顶岗实习期心理危机干预体系的构建与实践》阶段性成果之一
高职院校家庭经济困难学生的心理帮扶问题浅析——从人文关怀和心理疏导的角度	广西职业技术学院周治	《广西职业技术学院学报》2012年06期	
企业员工的职业压力管理及心理疏导方法研究	广西警官高等专科学校李冬云	《校园心理》2012年04期	
心理疏导对脑血管病介入治疗患者的影响	广西南宁市中医院汪莉等	《微创医学》2012年05期	广西南宁市科学研究与技术开发计划项目
如何做好大学生心理疏导工作	广西工学院鹿山学院胡涛	《才智》2012年17期	
拓宽心理问题疏导思路 促进大学生和谐发展	广西经济管理干部学院林祖媛、邓小琴	《校园心理》2012年02期	广西经济管理干部学院社会科学基金资助项目
浅谈班级为本的高校心理辅导	广西外国语学院邬巧	《经营管理者》2012年24期	
广西高校团体心理辅导模式的构建	广西建设职业技术学院宋倩	《科教文汇》(下旬刊)2012年12期	
高职院校就业指导中存在的弊端与心理辅导的重要性	广西机电职业技术学院魏建新	《中国校外教育》2012年09期	
高校心理咨询职业化发展方向探讨	广西大学潘柳燕	《思想理论教育》2012年05期	
《精神卫生法》对边远地区高职院校心理咨询工作的影响研究	广西现代职业技术学院韦朝忠	《柳州师专学报》2012年06期	
对农村中小学心理咨询室无人问津现象的原因探究	广西桂平市金田二中黄芬	《教育教学论坛》2012年14期	
产后抑郁的心理治疗研究进展	广西凭祥市妇幼保健院许妹英	《国医药指南》2012年09期	
心理治疗联合文拉法辛缓释片治疗抑郁症疗效观察	广西桂林市社会福利医院唐锴等	《精神医学杂志》2012年02期	广西卫生厅科研立项课题
一例大学生社交恐怖症的心理分析与治疗	广西柳州职业技术学院兰珊珊	《经济与社会发展》2012年12期	
大学生心理调适与信息素养相关性的实证研究	广西财经学院银星严	核心期刊《教育与职业》2012年11期	
需要层次理论在乳腺癌患者心理护理中的应用	广西人民医院刘金霞等	《求医问药》(下旬刊)2012年11期	

续表

论文题目	作者单位及作者	发表刊物及期数	备注
胎儿畸形引产患者的心理护理体会	广西贵港市人民医院梁艺	《求医问药》(下旬刊)2012年11期	
外科手术病人的心理特点及护理	广西天等县人民医院赵瑞难	《大家健康》(学术版)2012年24期	
心理护理在基层ICU优质护理服务的体会	广西浦北县人民医院李兰进	《医学理论与实践》2012年01期	
未成年少女分娩55例心理护理	广西玉林市妇幼保健院赵璐	《临床合理用药杂志》2012年04期	
基于心理契约理论的中小企业和谐劳资关系的构建	广西师范大学李智	《商品与质量》2012年03期	
高职院校教师心理资本应用途径探讨	广西职业技术学院蒋贻杰	《创新》2012年05期	
心理资本与心理健康的关系综述	广西机电职业技术学院唐爱琼	核心期刊《学术论坛》2012年04期	2008年广西机电职业技术学院教改课题《学院大学生心理健康教育体系的研究与实践》阶段性成果之一
初中学生心理应激源与主观幸福感的关系	广西师范大学谢文标、余欣欣	《阜阳师范学院学报》(自然科学版)2012年04期	广西人文社会科学发展研究中心“科学研究工程”课题
海带多糖对心理应激大鼠血管内皮依赖性舒缩功能的影响	广西医科大学黎静等	核心期刊《中国动脉硬化杂志》2012年01期	国家自然科学基金项目,国家自然科学青年基金项目,广西教育厅博士研究生创新课题资助项目
海带多糖对心理应激大鼠血管舒张功能的保护作用	广西医科大学黎静等	核心期刊《中草药》2012年04期	国家自然科学基金资助项目,广西教育厅博士研究生创新课题资助项目
建立高职学生心理档案若干问题的思考	广西政法管理干部学院朱小根	核心期刊《兰台世界》2012年02期	
学生突发事件中受众传播期待的心理成因与对策	广西警官高等专科学校郭猛	核心期刊《传媒观察》2012年06期	2010年广西高校思想政治教育理论与实践研究课题《学生突发事件与辅导员处置能力研究》阶段性成果之一
企业员工自杀现象的心理归因及预防建议	广西政法管理干部学院朱小根	《广西政法管理干部学院学报》2012年02期	
信息支持对艾滋病合并结核病双重感染病人心理状态的影响	广西南宁市第四人民医院潘彩芳、许日波	《护理研究》2012年26期	广西卫生厅自筹经费科研项目
论警察心理素质的内容要求及提高	广西警官高等专科学校吴闻	《经济与社会发展》2012年08期	
离退休老人心理障碍分析及消除	广西师范大学潘伟华	《长春理工大学学报》2012年05期	2011年广西人文社会科学发展研究中心科学研究工程《高校离退休工作中的文化介入》阶段性成果之一
浅析羽毛球运动员比赛心理障碍	广西羽毛球队 李凯琳,南宁市体育运动学校刘珺	《法制与经济》(下旬刊)2012年08期	
浅谈心理杀伤的影响及对策	广西崇左市人民医院吴晓秋	《中国伤残医学》2012年09期	
浅谈基层医院急诊护理人员心理挫伤及防范	广西融水县人民医院曾亮芳	《大家健康》(学术版)2012年24期	

续表

论文题目	作者单位及作者	发表刊物及期数	备注
手术室护士的心理压力及对策	广西南宁市红十字会医院黄瑛	《中外医疗》2012年13期	
诚信教育传播的心理机制研究	广西警官高等专科学校郭猛	核心期刊《教育评论》2012年05期	全国教育科学“十二五”规划单位资助教育部规划课题《高校诚信教育长效机制建构与实践研究》阶段性成果之一
首发青少年精神分裂症心理防御机制与父母养育方式的相关性研究	广西桂林市社会福利医院刘军、周云	《精神医学杂志》2012年02期	
复发性流产抑郁患者的心理支持	广西医科大学第七附属医院莫炎锋、郭小桃	《北方药学》2012年07期	
近五年来贫困大学生心理健康研究综述	广西师范学院何世冰	《学理论》2012年36期	
基于发展性视角的我国中小学心理健康教育模式探讨	广西科技大学(筹)赵芸	《内蒙古师范大学学报》(教育科学版)2012年12期	广西教育科学“十一五”规划A类重点课题《初中生同伴交往对血液成就及行为的影响及干预研究》阶段性成果之一
以心理健康教育为抓手增强高校学生思想政治工作的有效性	广西政法管理干部学院矢小根	核心期刊《教育与职业》2012年06期	
团体心理辅导在高职新生心理健康教育中的运用	广西政法管理干部学院矢小根	核心期刊《教育与职业》2012年30期	
用以人为本的理念加强民警心理健康教育	广西警官高等专科学校梁莉	《广西警官高等专科学校学报》2012年06期	
体验式心理教育理论在思想政治教育中的运用	广西财经学院银星严	核心期刊《学校党建与思想教育》2012年11期	
构建高职院校心理健康教育课程体系研究	广西柳州医学高等专科学校蓝琼丽等	核心期刊《广西社会科学》2012年04期	广西教育科学“十二五”规划2011年度立项课题
基于心理健康教育课程提升大学生就业力的思考	广西师范大学吕兆华、何昭红	《广西青年干部学院学报》2012年01期	广西高等教育教学改革工程立项项目《“能力导向,正向支持”大学生心理健康教育行动》阶段性成果之一
基于网络环境的高校心理健康教育课合作学习模式探讨	广西科技大学(筹)赵芸	《长春师范学院学报》2012年10期	广西教育科学“十二五”规划2011年度课题
“3H”思想在大学生心理健康教育课程中的应用	广西民族大学相思湖学院陈新颖	《河西学院学报》2012年04期	2011年广西高校安全稳定立项课题《独立学院安全教育立体化模式的构建及应用研究》阶段性成果之一
“大学生心理健康教育”必修课学生满意度调查——以广西新建本科院校为例	广西财经学院余东芳	《中国电力教育》2012年16期	广西教育厅2011年高校安全稳定立项研究课题《大学生心理健康教育研究》阶段性成果之一

经济学

【"三农"问题研究】 2011 年广西科研人员研究"三农"问题的著作主要有:袁名泽《道教农学思想发凡(道教科学研究丛书之一)》,秦红增《乡土变迁与重塑——文化农民与民族地区和谐乡村建设研究》,徐杰舜《乡村人类学》,罗继红、韦宇红《少数民族地区建设社会主义新农村的财政支持体系研究》,谢沛善《农户贷款直通车》等。

发表的论文,根据《中国知网》期刊不完全统计,通过对篇名中含有"三农"、农业、农村、农民、农产品等关键词进行检索,2012 年,广西科研人员发表有关"三农"问题研究的论文有 697 篇,全国 48004 篇,占 1.45%。其中含有关键词"三农"的有 5 篇,全国 881 篇,占 0.57%;含有"农业"的有 163 篇,全国 16027 篇,占 1.02%;含有"农村"的有 434 篇,全国 22550 篇,占 1.92%;含有"农民"的有 53 篇,全国 5576 篇,占 0.95%;含有"农产品"的有 42 篇,全国 2970 篇,占 1.41%。

广西科研人员发表有关"三农"问题研究的论文中,有 155 篇发表在核心期刊,占 22.24%。发表在核心期刊的论文中,研究"三农"的有 2 篇,占 1.29%;研究农业的有 38 篇,占 24.52%;研究农村的有 80 篇,占 51.61%;研究农民的有 18 篇,占 11.61%;研究农产品的有 17 篇,占 10.97%。论文作者(以第一作者在广西为准)在高校有 134 篇(广西财经学院有 21 篇,广西民族大学有 18 篇,广西师范大学有 15 篇),占 86.45%;在科研机构有 5 篇,占 3.22%;在实践工作部门有 13 篇,占 8.39%;另中共广西区委党校有 2 篇,中学有 1 篇。

发表的论文中,有部分是基金项目的阶段性成果:国家基金项目(包括国家社科基金、国家哲学社会科学基金、国家自然科学基金项目)的阶段性成果 34 篇;教育部项目的阶段性成果 13 篇;广西基金项目(包括广西社科基金、广西哲学社会科学规划课题、广西自然科学基金)的阶段性成果 19 篇,广西教育类项目(广西教育科学规划课题、新世纪广西高等教育教学改革工程、广西研究生教育创新计划项目)的阶段性成果 18 篇。

研究"三农"问题的论文以总论研究"三农"及农业、农村、农民、农产品等为主。其中研究农业主要从农业经济、现代化、发展、科技、结构、信息、机械、保险、补贴、气象、装备、干旱、灌溉、环境、污染、人才培养、功能区划及现代、休闲、特色、生态、低碳、循环、反哺农业等方面展开;研究农村主要从农村改革、土地、金融、信用、人力资源、劳动力、学校、社区、医疗、商品、电子商务、区域发展、沼气、电网、公共事业、住房、基层以及新农村建设等方面展开;研究农民主要从农村居民、失地农民、农民工(包括农民工培训、就业、健康、权益保障、子女、市民化及城市、新生代农民工等)、农民企业家以及农民收入、增收、合作组织、政治参与、权力、教育、就业等方面展开。作者多在高校。

出版的著作中,袁名泽《道教农学思想发凡(道教科学研究丛书之一)》采用文献法、哲学诠释法和田野调查法等对道教农学思想进行了细致考察与系统研究,通过考察道教农学思想的产生渊源、发展阶段、内容特征、"农道双修"的实践层面、农道双向互动关系等,对道教思想在中国传统农学中的影响予以客观评价,反思其自然性、生态性等特性的现代意义。

秦红增《乡土变迁与重塑——文化农民与民族地区和谐乡村建设研究》指出民族地区和谐乡村社会建设包含两个层面:一是促进民族地区乡村社会整体协调发展,以实现中国社会和谐;二是缩小区域内农民群体差别,以实现民族地区乡村社会内部和谐。于是需要继续提升农民的自我发展能力,加强村落公共基础设施建设,架构村民社区认同的平台;要更加重视弱势群体关怀,妥善、有序地处理好乡村面临的养老、儿童教育、妇女发展、贫困户致富等问题。

发表的论文中,在研究"三农"问题上,梁玉《农村商业小额贷款公司持续服务"三农"的可能性分析》通过分析当下小额贷款公司支农的现状入手,深入分析小额贷款公司在持续支农方面具有的优势及面临的制约因素,并提出相应的对策和建议。

在研究农业问题上,王道波等《北部湾经济区农业生态环境态势分析》分析了北部湾经济区出现的一系列农业生态环境问题的原因,提出改善本区域生态环境的对策:全面实施绿色工程,加速林业尤其是水源林和防护林的建设,科教兴农与农业生态环境建设;加强农业规划与区域生态规划;大力发展生态友好型农业;建立并推广品牌农业。万玉文等《灰色预测模型在广西达开水库灌区农业灌溉用水管理中的应用》在分析现有灌溉用水量预测方法的基础上,运用灰色系统理论,以达开水库灌区 1967~2011 年农业灌溉用水量为样本,建立了 GM (1,1) 预测模型,对该灌区未来 5 年农业用水量进行外推预测,提出优化达开水库灌区灌溉用水管理的措施。

在研究农村问题上,聂勇等《关于农村小型金融机构金融风险控制的探讨》认为近几年来农村小型金融机构得到了快速发展,为农村经济发展发挥了非常积极的作用。然而,通过大量问卷调查和访谈发现这些金融机构也面临着金融风险困扰的问题。因此，研究如何控制金融风险，实现农村小型金融机构的可持续发展这一问题，具有重要意义。张新文、李修康《广西农村医疗救助发展现状与政策选择》对当前广西农村医疗救助中存在的问题进行了分析，结果表明：农村医疗救助存在对象界定不规范、救助标准偏低、救助程序繁琐、资金使用不合理等问题。在此基础上，研究了农村医疗救助的发展思路，即完善制度设计、健全筹资体系、提高基金监管有效性、加大舆论宣传和引导力度。黎昌珍、叶大凤《北部湾经济区农村公共政策供给的效用分析》分析了北部湾经济区发展的内源性与外源性动力，指出公共政策作为政府干预社会经济生活的基本手段，是政府生产的根本性公共物品。在此基础上研究了北部湾经济区农村经济发展和社会转型的条件，结果表明：北部湾经济区农村的经济与社会发展需要政府提供科学、合理与有效的"公共政策"。

在研究农民问题上，冯启明等《广西壮族自治区农村居民酒精依赖流行病学调查》目的了解广西年龄≥15岁农村居民酒精依赖的患病率和分布特征。结论：酒精依赖已成为广西农村地区重大的公共卫生问题，应针对农村地区老年壮族男性人群开展防治与康复研究工作。聂鑫等《农民关于基本农田保护及规划管制风险的认知研究》利用武汉市主要基本农田保护区江夏区161份农户的调查问卷，从农户视角分析现有制度存在的缺陷：基本农田保护的执行浮于政策。解决问题的方法是在基层加大基本农田保护相关知识的宣传力度和时效、制定合理的经济补偿制度、充分调动农户实施基本农田保护的积极性。苏晓云《贫困地区农民合作经济组织实证研究——基于广西凤山县的调查与思考》认为贫困地区农民合作经济组织的发展，对于该地区农民摆脱贫困具有十分重要的意义。针对农民合作经济组织存在的问题和困难，应当加强宣传并做好典型示范，提高农民群众和基层干部对合作经济组织的认识和重视程度；加大政府扶持力度，完善并落实各项政策；依托贫困地区已有的NGO、NPO项目基础，兴办农民合作经济组织。胡佳《互惠型农民专业合作社可持续发展模式研究——以广西防城港光坡镇X海产品养殖协会为例》认为互惠型农民专业合作社由非体制精英发起，基于地缘、血缘或业缘关系形成社员互惠关系，社员依托经济利益关联相互协作。以海产品养殖协会为例，互惠型农民专业合作社在农民生产过程中具有明显的发展成效。同时，互惠型农民专业合作社可持续发展的组织内外部约束性条件也不应忽视，需从协作意识、管理机制、扶持政策等方面完善其可持续发展模式。

在研究农产品问题上，施晟等《"农超对接"进程中农产品供应链的合作绩效与剩余分配——基于"农户＋合作社＋超市"模式的分析》利用在山东省、海南省和浙江省的调查数据，以西兰花从种植到销售全过程为例，分析了"农超对接"进程中农户、合作社、超市之间的合作绩效和合作剩余分配情况。研究发现，在"农户＋合作社＋超市"模式中，农户、合作社和超市三者进行了有效的合作，成功地提升了西兰花的市场价值。陶蕊等《农产品伤害危机后消费者信任修复策略研究——基于乳制品行业的实证分析》通过实验法收集数据，探讨农产品伤害危机事件后的消费者信任修复问题。聂勇《后金融危机时期我国农产品价格与通货膨胀的实证分析》为了探讨后金融危机以来我国农产品价格与通货膨胀之间的关系，该文借助Eview6.0分析软件，实证研究了农产品价格与通货膨胀的相互关系。研究认为：农产品价格对通货膨胀的影响是显著的，并呈正相关且互为格兰杰因果。林桂红《中国—东盟自由贸易区框架下广西农产品加工业的SWOT分析与对策》认为随着中国—东盟自由贸易区的建成，零关税给广西农产品加工业迎来了发展的机遇，但同时也面临着严峻的挑战。该文通过对广西农产品加工业的SWOT分析，提出加快发展广西农产品加工业的对策措施。

春耕 （何　明　摄）

有关"'三农'问题研究"方面的著作一览表

著作题目	作者单位及作者	出版社及出版时间	字数(千字)
道教农学思想发凡(道教科学研究丛书之一)	广西玉林师范学院袁名泽	广西师范大学出版社,2012年6月	430
乡土变迁与重塑——文化农民与民族地区和谐乡村建设研究	广西民族大学秦红增	商务印书馆,2012年6月	260
乡村人类学	广西民族大学徐杰舜	宁夏人民出版社,2012年5月	650
少数民族地区建设社会主义新农村的财政支持体系研究	中共广西区委党校罗继红、韦宇红	广西人民出版社,2012年8月	235
农户贷款直通车	广西财经学院谢沛善	东北财经大学出版社,2012年9月	140

有关"'三农'问题研究"方面的论文一览表

论文题目	作者单位及作者	发表刊物及期数	备注
农村商业小额贷款公司持续服务"三农"的可能性分析	广西财经学院梁玉	核心期刊《农业经济》2012年05期	国家社科基金西部项目《中西部地区农村小型金融机构发展与风险控制究》阶段性成果之一
电视"三农"报道应坚持什么	广西贵港市广播电视台宋显仁	核心期刊《中国记者》2012年01期	
媒体"三农"报道的得失——以《广西日报》为例	广西职业技术学院李毅坚	《柳州师专学报》2012年04期	
县域三农业务发展中的风险防范与管理	中国农业银行广西分行张喆等	《中国农业银行武汉培训学院学报》2012年05期	
切实加强"三农"工作 增加农产品供给和农民收入	广西农业厅陆小平	《广西经济》2012年01期	
加快绿色农业经济发展的思考	广西农业科学院陈露等	核心期刊《安徽农业科学》2012年10期	广西自然科学基金项目
财政支农政策对农业经济增长的影响效应研究	广西大学范晔等	核心期刊《扬州大学学报》(人文社会科学版)2012年06期	
2012年全国中青年农业经济学者学术年会会议纪要	广西大学曾艳华	核心期刊《农业经济问题》2012年08期	
以生态教育促民族地区农业经济的可持续发展——以广西为例	广西经济管理干部学院黄约、辛燕	核心期刊《生产力研究》2012年04期	2010年广西教育厅科研课题《探索北部湾生态文明与经济发展的综合模式》阶段性成果之一
加强与东盟农业合作 推动广西农业经济跨越式科学发展——广西与东盟农业合作研讨会综述	广西社会科学界联合会马秋云、钟智全	《东南亚纵横》2012年09期	
广西石山区农业经济发展现状及对策	广西大学黄勇贵等	《广西农学报》2012年02期	
利用沙塘镇历史优势和农业经济组建现代高等农业院校研究	广西师范大学漓江学院潘济华	《柳州师专学报》2012年06期	2011年度国家社科基金项目《'战时农都'在外来旱地农作物本土化进程中的作用》阶段性成果之一

续表

论文题目	作者单位及作者	发表刊物及期数	备注
上林县农业经济发展和趋势	广西南宁市上林县统计局李源	《中国城市经济》2012 年 02 期	
猪肉价格波动与我国工业反哺农业政策的反思	广西民族大学凡兰兴	核心期刊《农业现代化研究》2012 年 01 期	广西民族大学科研基金资助课题《完善工业反哺农业政策体系的思考》阶段性成果之一
广西农业现代化发展的金融支持研究	广西经济管理干部学院代洪丽	核心期刊《人民论坛》2012 年 20 期	
广西农业现代化测评与路径探析	广西财经学院滕明兰	《南方农业学报》2012 年 10 期	2011 年广西财经学院科研课题
论西部农业现代化与农村土地流转	中共广西区委党校凌经球	《桂海论丛》2012 年 06 期	国家社会科学基金项目《实施新一轮西部大开发战略跟踪研究》阶段性成果之一
加强农田水利建设 夯实农业发展基础	广西民族大学凡兰兴	核心期刊《湖北农业科学》2012 年 04 期	广西民族大学科研基金
广西立体生态农业发展研究——以百色市平果县果化镇立体生态农业示范基地为例	广西财经学院黄斌挺等	《市场论坛》2012 年 11 期	
越南的农业发展及改革	广西经济管理干部学院刘婷婷	《沿海企业与科技》2012 年 06 期	
国内外现代农业发展的成功经验及其对广西的启示	广西社会科学院程启原	《沿海企业与科技》2012 年 07 期	
广西外向型农业发展概况、问题及加快发展对策建议	广西种子管理总站黄子慧	《安徽农学通报》(下旬刊)2012 年 14 期	
广西喀斯特地区石漠化治理与特色农业发展研究	广西百色市委党校梁振芳	《现代农业》2012 年 12 期	
田东县现代农业发展存在的问题及对策	广西田东县农业技术推广中心潘启城	《现代农业科技》2012 年 05 期	
突出农科办学特色 服务现代农业发展	广西职业技术学院刘永华等	《农业研究与应用》2012 年 04 期	
农村合作银行金融创新与现代农业发展研究	广西柳城农村合作银行陈雪梅	《改革与开放》2012 年 17 期	
TOPSIS 模型在农业科技成果综合评价中的应用	广西水利电力职业技术学院张忠海、方崇	核心期刊《安徽农业科学》2012 年 17 期	
广西农业科技创新与知识产权保护环境建设研究	广西财经学院赵录贵、周影	核心期刊《安徽农业科学》2012 年 30 期	广西科协资金支助调研课题
完善广西农业科技成果转化资金项目管理研究	广西经济社会技术发展研究所黄柳林	核心期刊《广西社会科学》2012 年 06 期	
广西金光农场现代农业科技示范园区发展建议	广西农垦国有金光农场陈,广西甘蔗研究所黄吉森	《宁夏农林科技》2012 年 01 期	
广西农业科技成果转化模式研究	广西经济社会技术发展研究所黄柳林、廖勇	《企业科技与发展》2012 年 12 期	
依靠农业科技创新 推进广西农垦发展	广西农垦局杨伟林	《中国农垦》2012 年 06 期	

续表

论文题目	作者单位及作者	发表刊物及期数	备注
完善农业科技进步机制，推进现代化农业建设	广西大学马存等	《科协论坛》（下旬刊）2012年05期	
四川构建农业科技创新产业链的经验及启示	广西壮族自治区人民政府发展研究中心卢婕等	《广西经济》2012年10期	
简论农业结构调整与市场建设	广西民族大学樊端成	核心期刊《江苏商论》2012年10期	广西民族大学科研基金资助项目
广西农业结构调整不能忽视杂粮生产	广西民族大学樊端成、凡兰兴	《农村经济与科技》2012年09期	广西民族大学科研基金资助重点课题
基于工作流的农业信息系统研究	广西工学院杨毅等	核心期刊《广东农业科学》2012年01期	广西教育厅科研项目
广西农业信息网站的建设与研究	广西大学王显梅，广西职业技术学院黄智刚	《科技创新与应用》2012年26期	
广西农业信息服务的分析与思考	广西财经学院赖振丹	《农村经济与科技》2012年10期	
浅谈提升高职院校农业机械课程教学效果的几点体会	广西农业职业技术学院廖丽等	《广西农业机械化》2012年03期	
浅谈农业机械设计的环保节能	广西建工集团海外工程有限责任公司唐永武	《现代装饰》（理论）2012年07期	
浅析农业机械的发展现状及维修保养	广西梧州市藤县藤州镇农业服务中心梁淑君	《吉林农业》2012年09期	
财税政策扶持农业保险的研究	广西财经学院李萍	核心期刊《农业经济》2012年01期	
农业保险的发展、挑战与创新——全球天气指数保险的实践探索及政府角色	中国保险监督管理委员会广西监管局陈晓峰	《区域金融研究》2012年08期	
广西农业保险发展现状分析与思考	广西财经学院陈晓婷	《沿海企业与科技》2012年07期	
生态环境保护视野下完善我国农业补贴政策的思考	广西工学院熊冬洋	核心期刊《经济研究参考》2012年65期	2012年度广西教育厅科研项目《广西农业面源污染治理的财税政策研究》阶段性成果之一
中国农业补贴政策分析	广西民族大学相思湖学院刘微微、王丹	《中小企业管理与科技》（上旬刊）2012年12期	
自动农业气象观测系统功能与设计	广西气象减灾研究所薛红喜等	核心期刊《应用气象学报》2012年01期	公益性行业（气象）科研专项《农业气象观测自动化系统研发》阶段性成果之一
刍议农业气象的灾情评价策略	广西宜州市气象局覃永烈、谢俊	《广东科技》2012年11期	
广西大石山区农业干旱灾害综合风险管理战略	广西水利电力职业技术学院肖飞鹏等	核心期刊《干旱地区农业研究》2012年03期	国家自然科学基金项目
基于灰色灾变理论的右江灌区农业干旱趋势分析	广西水利电力职业技术学院黎志键等	核心期刊《湖北农业科学》2012年23期	广西教育厅科研项目，广西水利厅科技专项基金项目
苏丹东卡哈拉农业灌溉项目主泵站主机设备技术供水系统设计	广西南宁水利电力设计院郭耿林等	《人民珠江》2012年02期	

续表

论文题目	作者单位及作者	发表刊物及期数	备注
灰色预测模型在广西达开水库灌区农业灌溉用水管理中的应用	广西水利电力职业技术学院万玉文等	核心期刊《节水灌溉》2012年09期	国家自然科学基金项目，广西教育科研项目，广西高校科研项目，广西水利科技专项基金
北部湾经济区农业生态环境态势分析	广西大学王道波，北京航空航天大学北海学院周晓果	核心期刊《广东农业科学》2012年05期	国家自然科学基金《北京航空航天大学北海学院校园植物资源信息系统的构建》阶段性成果之一
我国农业生态经济环境面临的问题及对策	广西大学孙毅	《北京农业》2012年03期	
控制农业面源污染的财税政策研究	广西工学院熊冬洋	核心期刊《财会月刊》2012年05期	
桂林市农业面源污染现状及治理对策	广西桂林市农业环保站蒋宝琼	《现代农业科技》2012年02期	
广西“十二五”农业源污染中水主要污染物研究	广西环境保护宣传教育中心孙婷	《农业灾害研究》2012年03期	广西环保厅科研专项《“十二五”广西主要污染物减排潜力研究》阶段性成果之一
广西农业物流创新型人才培养模式研究	广西机电职业技术学院梁军	核心期刊《中国物流与采购》2012年11期	2010年新世纪广西高等教育教改工程项目《基于北部湾物流人才需求的新员工培养模式研究》阶段性成果之一
农业广播电视学校转型之路初探	广西师范大学霍玉文	核心期刊《成人教育》2012年01期	
广西农业功能区划研究	广西农业区划委员会办公室陆耀邦等	核心期刊《中国农业资源与区划》2012年01期	
推进土地制度改革 创新发展现代农业	广西农业厅韦吉田	《农村工作通讯》2012年15期	
实施“四大工程”构建江州区现代农业体系	广西崇左市江州区人民政府赵斌	《传承》2012年23期	
广西玉林市发展休闲农业和乡村旅游的资源与前景	广西玉林农业学校邓庆文、邱先强	《中国热带农业》2012年01期	
广西发展民族特色休闲农业旅游的分析	广西生态工程职业技术学院黄圣霞	《柳州师专学报》2012年04期	
台湾发展休闲农业对广西的启示	广西壮族自治区人民政府发展研究中心卢婕	《广西经济》2012年11期	
供电服务到位助推特色农业发展——广西田东供电公司服务百渡村特色农业侧记	广西百色市供电局韦臻	《广西电业》2012年12期	
高校区域特色专题数据库建设探讨——以广西大学“区域特色农业病害数据库”建设为例	广西大学贺文爱等	《农业图书情报学刊》2012年05期	广西大学科研基金资助项目
创新科技服务方式 发展现代特色农业——以广西横县为例	广西农业科学院麻小燕、李小红	《广西农学报》2012年03期	广西科学研究与技术开发计划项目
融水山区特色农业外来有害生物危害调查及防控措施	广西融水县植保站蓝继新等	《中国热带农业》2012年02期	
广西发展循环经济型生态农业的路径与对策	中共广西区委党校董友涛	《改革与战略》2012年02期	中共广西区委党校、广西行政学院2011年度校（院）级课题成果
城郊生态农业旅游研究综述	广西大学贾照雪	《经营管理者》2012年02期	

续表

论文题目	作者单位及作者	发表刊物及期数	备注
发展生态农业促进循环经济发展	广西农垦国有旺茂总场叶吉儒	《东方企业文化》2012 年 05 期	
贺州市农业企业化经营与生态农业建设研究	广西贺州市八步区农业技术推广站黎祖文	《长江蔬菜》2012 年 24 期	
生态农业产业化中的绿色管理研究探析	广西师范大学郑雅元	《企业导报》2012 年 10 期	
发展低碳农业的政府扶持路径选择	广西财经学院韦宁卫等	核心期刊《中国财政》2012 年 08 期	
发展低碳农业是保障农产品质量安全的有效途径	广西来宾市农产品质量检测中心黄艳锋	《中国农技推广》2012 年 10 期	
广西合浦东园循环农业链研究	广西民族大学刘银妹	核心期刊《广西民族大学学报》(哲学社会科学版)2012 年 06 期	广西教育厅项目
淮山地套养青蛙生态循环农业模式技术探讨	广西贺州市八步区农业技术推广站黎祖文	《长江蔬菜》2012 年 22 期	
流通领域反哺农业存在的问题与对策	广西民族大学凡兰兴	核心期刊《江苏农业科学》2012 年 10 期	广西民族大学科研基金项目
跳出农业反哺农业:意义与路径	广西民族大学凡兰兴	核心期刊《特区经济》2012 年 01 期	
可持续发展战略在农村的实践分析	广西民族师范学院梁利	核心期刊《农业考古》2012 年 04 期	
利用统一战线解决农村改革发展问题的六点思考	广西灵山县委党校邓立统	《社科纵横》(新理论版)2012 年 02 期	
农村土地流转中的乡村责任	广西大学汤玉权	核心期刊《安徽农业科学》2012 年 23 期	2010 年度教育部人文社会科学研究青年基金项目
我国农村土地制度创新的现实与思考	广西南宁市社会科学院王兆林	《创新》2012 年 01 期	教育部人文社会科学研究 2007 年规划基金项目《统筹城乡发展中农村土地制度创新研究》阶段性成果之一
论西部农业现代化与农村土地流转	中共广西区委党校凌经球	《桂海论丛》2012 年 06 期	国家社会科学基金项目《实施新一轮西部大开发战略跟踪研究》阶段性成果之一
隆安县农村土地流转现状与对策研究	广西隆安县文学艺术界联合会雷英章	《中共南宁市委党校学报》2012 年 01 期	
桂中地区农村土地整治重大工程施工阶段存在的问题与对策	广西来宾市兴宾区农业局杨武兴	《现代农业科技》2012 年 07 期	
愿耕者有其田,弃耕者权益得到保护”——农村土地流转中的困难和问题及应坚持的原则	广西壮族自治区人民政府发展研究中心崔忠仁	《广西经济》2012 年 07 期	
农村土地流转涉及相关权证的衔接研讨	广西国土资源规划院覃育庆	《现代物业》(上旬刊)2012 年 06 期	
农村山林确权及纠纷处理机制探讨	广西柳州市委党校吴啸虎	《理论视野》2012 年 08 期	
我国西部地区农村金融可持续发展研究	广西经济管理干部学院党文	核心期刊《生产力研究》2012 年 02 期	广西教育厅 2011 年科研立项项

续表

论文题目	作者单位及作者	发表刊物及期数	备注
金融生态理论视域下农村金融新体制构建探讨	广西经济管理干部学院党文	核心期刊《特区经济》2012年01期	
广西田东县农村金融改革的实践	广西银监局苏保祥	核心期刊《中国金融》2012年15期	
基于DEA的新型农村金融与县域经济增长的实证研究——来源于2009~2011年广西村镇银行的数据	广西财经学院聂勇	《广西财经学院学报》2012年02期	国家社科基金西部项目《中西部地区农村小型金融机构发展与风险控制研究》阶段性成果之一,2011~2013年广西高等学校优秀人才资助计划
农村金融与农村经济协调发展中的政府行为——基于广西田东县农村金融改革视角	广西百色市委党校旷红梅	《桂海论丛》2012年03期	
浅论发展新型农村金融机构的意义	广西师范大学周劲波、振阔	《徽商贸职业技术学院学报》(社会科学版)2012年04期	国家社会科学基金重点项目,广西教育厅科研项目,广西人文社会科学发展研究中心科学研究项目,广西师范大学教育发展基金项目《桂林高新技术产业集群创新模式研究》阶段性成果之一
我国农村金融发展与农民收入关系的实证研究	广西师范大学陈苏丽、钟陈	《吉林工商学院学报》2012年04期	
国外农村金融体制对我国的借鉴及启示	广西经济管理干部学院李晓健	《沿海企业与科技》2012年04期	2011年度广西教育厅科研项目《西部大开发建设中的广西农村金融体制创新研究》阶段性成果之一
关于我国农村金融体系发展与借鉴研究	广西经济管理干部学院谭遥	《经济与社会发展》2012年05期	广西教育厅2011年科研项目《西部大开发建设中的广西农村金融体制创新研究》阶段性成果之一
广西农村金融发展现状与展望	广西种子管理总站黄子慧	《农村经济与科技》2012年07期	
对广西农村金融供求的调查与思考——以陆川县古城镇为例	广西财经学院王啟菊、明兰	《市场论坛》2012年06期	
广西农村金融体制改革探索	广西国际商务职业技术学院黄少容	《时代金融》2012年35期	
关于农村小型金融机构金融风险控制的探讨	广西财经学院聂勇等	核心期刊《财政监督》2012年14期	国家社科基金西部项目《中西部地区农村小型金融机构发展与风险控制研究》阶段性成果之一,2011年广西高等学校优秀人才资助计划项目
组建统一农村商业银行是广西农村合作金融机构发展的必然趋势——借鉴台湾地区信用合作社和农会信用部发展经验	广西农村信用社联合社吴晓玲	《企业科技与发展》2012年07期	
钦州市区农村信用合作联社 大力支持中小企业发展 努力服务地方经济社会	广西钦州市区农村信用合作联社潘瑞隆	《小企业管理与科技》(中旬刊)2012年08期	
从政府与高校视角谈农村人力资源开发对策	广西大学饶晰、艺芳	《改革与开放》2012年19期	
广西农村卫生人力资源现状及对策	广西医科大学朱晓宇等	核心期刊《中国卫生经济》2012年05期	广西研究生教育创新计划项目

续表

论文题目	作者单位及作者	发表刊物及期数	备注
发展职业教育支撑农村劳动力转移:比较优势的视角	广西银行学校杜睿云等	核心期刊《湖北社会科学》2012年01期	广西教育科学"十一五"规划2010年度A类重点课题《广西农村劳动力转移与职业教育发展研究》阶段性成果之一
基于远程教育的农村劳动力职业培训策略研究	广西师范学院梁春贤	核心期刊《安徽农业科学》2012年26期	
因地制宜实施边民就业培训工程 强化措施促进边境城乡经济发展——广西百色市实施边境村屯农村劳动力就业培训工程纪实	广西百色市人力资源和社会保障局	《人事天地》2012年06期	
农村学校饮用水水质风险评估与应急管理体系的建立及其应用研究	广西疾病预防控制中心唐振柱等	《中国预防医学杂志》2012年05期	广西卫生厅计划课题资助项目
影响广西农村学校教师教育技术能力与培训绩效的因素分析及对策研究	广西师范大学李宁	《中国教育技术装备》2012年09期	
自组织变革:农村学校变革的未来之路	广西师范大学罗蕾	《现代教育》2012年01期	
促进广西农村学校教学信息化发展的策略研究	广西师范学院袁俊、欧黄海	《广西师范学院学报》(自然科学版)2012年02期	广西教育科学"十一五"规划课题
农村学校开展有效教育的实践研究	广西南宁市第四十五中学王尚谋	《现代阅读》(教育版)2012年10期	
创新农村学校特色办学之路	广西北海市铁山港区营盘镇能村小学陈积利	《华夏教师》2012年06期	
多民族地区农村社区整体性治理研究	广西西江集团林聪	核心期刊《学术论坛》2012年06期	教育部2011年度人文社会科学研究项目《边疆多民族地区基层整体性治理研究——以广西和云南五县(市)为样本》阶段性成果之一
广西少数民族农村社区重性精神障碍综合防治模式的实践与效果评价	广西医科大学韦波等	核心期刊《中国全科医学》2012年22期	"十一五"国家科技支撑计划项目,广西科学研究与技术开发计划项目
贫困农村农民培训模式的创新——以广西农村社区学习中心为例	广西大学吕玲丽等	《广西经济管理干部学院学报》2012年03期	
广西浦北县农村社区高血压流行病学调查分析	广西浦北县人民医院赵英艺等	《广西医学》2012年12期	广西科学研究与技术开发计划项目
农村社区老年痴呆的致病因素及预防对策分析	广西崇左市宁明县城中镇第一卫生院钟文	《求医问药》(下旬刊)2012年08期	
广西某市新型农村合作医疗高额住院病例费用基本特征分析	广西医科大学任美璇等	核心期刊《中国卫生经济》2012年01期	广西卫生厅重大课题
加强新型农村合作医疗管理工作的思考——以某市新农合专项检查为例	广西来宾市财政局唐君莲	《财政监督》2012年27期	
新型农村合作医疗维持性血液透析患者的心理护理	广西浦北县人民医院劳月莲等	《中国医药科学》2012年12期	

续表

论文题目	作者单位及作者	发表刊物及期数	备注
广西农村医疗救助发展现状与政策选择	广西民族大学张新文，南宁职业技术学李修康	核心期刊《安徽农业科学》2012 年 02 期	国家社科基金项目《我国西部农村扶贫与社会政策研究》阶段性成果之一，广西教育厅科研项目《广西公共事业民营化改革模式研究》阶段性成果之一
广西农村医疗服务机构中医药服务人力资源现状调查与分析	广西中医药大学第一附属医院易伟愿等	《广西中医药大学学报》2012 年 03 期	国家中医药管理局中医药政策研究项目
对来宾市农村医疗机构疫苗监管工作的调查与分析	广西来宾市食品药品监督管理局陈小序、樊贵城	《中国药事》2012 年 03 期	
渠道创新视角下的农村商品流通模式	广西柳州师范高等专科学校高柳珍，广西师范大学吕文鹏	《改革与战略》2012 年 05 期	广西人文社会科学发展研究中心《泛北部湾发展研究团队》阶段性成果之一
我国农村电子商务新模式初探	广西大学杨克斯、吴江雪	核心期刊《中国商贸》2012 年 31 期	
农村区域发展专业实践教学基地建设模式的研究与实践	广西财经学院滕明兰	核心期刊《广东农业科学》2012 年 10 期	新世纪广西高等教育教学改革工程项目，广西财经学院 2011 年教改项目
财经类院校农村区域发展专业实践教学质量监控与效果评价	广西财经学院滕明兰	核心期刊《广东农业科学》2012 年 04 期	新世纪广西高等教育教学改革工程立项项目，广西财经学院 2011 年教改项目
试论农村区域发展专业的特色	广西财经学院李伯兴	核心期刊《继续教育研究》2012 年 09 期	新世纪广西高等教育教改工程项目《农村区域发展专业建设特色培育研究与实践》阶段性成果之一
财经类院校农村区域发展专业学生实践能力培养途径探析	广西财经学院张云兰、谭建新	《宁夏农林科技》2012 年 04 期	新世纪广西高等教育教学改革工程立项项目
农村沼气发展方式转变的路径分析	广西财经学院李伯兴，广西纺织工业学校李林蔚	核心期刊《安徽农业科学》2012 年 23 期	广西自然科学基金项目
我国农村沼气服务的 20 种模式	广西农业科学院林涛等	《中国资源综合利用》2012 年 12 期	世界银行贷款广西生态家园项目应用研究课题
基于 TOPSIS 的农村电网现代化综合评价研究	广西水利电力职业技术学院龙艳红等	核心期刊《中国农村水利水电》2012 年 05 期	
农村电网线损管理要点分析	广西水利电业集团有限公司博白供电分公司李海生	《企业科技与发展》2012 年 24 期	
国内外农村公共事业建设的经验及对广西的启示	广西交通职业技术学院林灵，广西社会科学院粟庆品	核心期刊《安徽农业科学》2012 年 12 期	广西重大课题研究《广西加快农村公共事业建设研究》阶段性成果之一
城乡统筹视角下的农村公共事业研究	广西社会科学院粟庆品	核心期刊《学术论坛》2012 年 05 期	
农村公共事务治理中政府与农民关系错位的调适路径分析	广西师范大学赵春草	核心期刊《河南师范大学学报》(哲学社会科学版)2012 年 05 期	
全面推进广西农村住房政策性保险工作研究	广西财政厅范世祥等	核心期刊《经济研究参考》2012 年 05 期	
巩固和加强广西农村基层政权组织建设的财政思考	广西财政厅周研英等	核心期刊《经济研究参考》2012 年 29 期	

续表

论文题目	作者单位及作者	发表刊物及期数	备注
红色文化:桂越边疆民族地区农村基层党建工作的重要依托	广西民族师范学院钟国云、陈欢	核心期刊《学术交流》2012年11期	广西人文社会科学发展研究中心“边疆问题研究”专项课题,广西民族师范学院科研项目
农村基层党组织在村民自治中的定位——广西百色市加强农村基层党建工作的思考	广西师范学院陈文琼	《湖北文理学院学报》2012年07期	2010年度广西教育厅科研立项项目
论村务公开、财务公开与农村基层反腐败	广西师范大学刘晓华、汤志华	《宜春学院学报》2012年09期	广西人文社科发展研究中心2010年一般科研项目课题《村民自治与当代广西政治文明发展研究》阶段性成果之一,广西人文社科发展研究中心特色研究团队建设项目《民族地区社会主义新农村建设综合研究团队》阶段性成果之一
农村基层党组织党员发展的问题与对策——基于基层政改的视角	广西民族大学周岑银	《经济与社会发展》2012年05期	2011年度广西研究生教育创新计划资助项目
新时期农村基层民主政治建设的思考	广西民族大学黄军、李金莹	《法制博览》(中旬刊)2012年10期	
论加强桂越边疆民族地区农村基层党建的特殊意义——以广西崇左为例	广西民族师范学院钟国云等	《黑龙江史志》2012年02期	广西民族师范学院科研项目,广西人文社会科学发展研究中心专项课题《边疆问题研究》阶段性成果之一
当前农村基层党内民主建设存在的问题及原因——以广西壮族自治区部分乡镇为例	广西大学王克平等	《科教导刊》(中旬刊)2012年07期	2011年广西研究生教育创新计划项目课题
专业合作经营与新农村建设——基于广西贵港市农村的调查	广西师范大学肖富群、钟瑞添	核心期刊《吉首大学学报》(社会科学版)2012年02期	广西人文社会科学发展研究中心一般项目
新农村建设土地利用和谐模式运行机制研究	广西师范学院韦燕飞	核心期刊《农业经济》2012年05期	广西教育厅项目《广西城市土地利用用空间决策GCGE模型构建及应用研究》阶段性成果之一,广西教育厅项目《广西新农村建设土地利用和谐模式构建与运行机制研究》阶段性成果之一,广西青年科学基金项目《一般均衡模型与Gis集成的广西城市土地利用空间决策模型研究》阶段性成果之一
中越边境地区新农村建设瓶颈问题的探讨——源于广西凭祥市的调查报告	广西经济管理干部学院滕腾,广西凭祥市委党校农贵程	核心期刊《经济研究参考》2012年23期	
让律师参与农村纠纷调解——发挥律师在社会主义新农村建设中的作用	广西师范学院康治余、刘顺珍	《广西师范学院学报》(哲学社会科学版)2012年01期	
广西新农村建设用地政策标准和程序研究	广西土地学会农丰收、刘光柱	《南方国土资源》2012年05期	
村委会在新农村建设中的功能探析——以广西武鸣县林渌村为例	广西民族大学马敏	《中小企业管理与科技》(上旬刊)2012年02期	
西部新农村建设中公共物品供给模式分析——以广西鹿寨县里六自然村为例	广西大学公共管理学院韦双莉,广西城市职业学院邓建翔	《现代商贸工业》2012年16期	

续表

论文题目	作者单位及作者	发表刊物及期数	备注
西部山区新农村建设过程中村容整洁问题探析——以广西天峨县燕来村为例	广西财经学院鄂尔江	《经济研究导刊》2012 年 21 期	
广西新农村建设地域性园林景观设计的若干思考	广西建设职业技术学院黄熙	《大众文艺》2012 年 11 期	
可持续发展理念下的广西石山地区新农村建设探讨	广西师范学院王山、金玲	《内蒙古农业大学学报》(社会科学版)2012 年 06 期	
广西某县部分农村居民饮用地下水水质健康风险评价	广西柳城县疾病预防控制中心宋宁生,鹿寨县疾病预防控制中心郭防	《职业与健康》2012 年 06 期	
广西农村居民收入结构对消费支出的影响	广西财经学院滕明兰、曹鑫	核心期刊《江苏农业科学》2012 年 06 期	广西自然科学基金青年项目
广西少数民族农村居民健康档案联网共享研究	广西经济管理干部学邓宝瑚	核心期刊《兰台世界》2012 年 02 期	2011 年度广西教育厅科研项目立项项目《广西少数民族区域农村居民健康档案资源共享与应急模式研究》阶段性成果之一
广西农村居民消费现状及其与收入关系研究	广西财经学院曹鑫	核心期刊《广东农业科学》2012 年 11 期	广西自然科学基金青年项目
广西玉林市农村居民卫生服务需要、需求与利用的调查研究	广西医科大学韦波等	核心期刊《中国全科医学》2012 年 25 期	美国中华医学基金会资助项目
广西壮族自治区农村居民精神分裂症患病率及影响因素分析	广西医科大学冯启明等	《中国慢性病预防与控制》2012 年 05 期	国家自然科学基金项目,广西科学研究与技术开发计划项目
"十一五"期间广西农村居民消费结构变动的实证分析	国家统计局广西调查总队何永东等	《广西经济》2012 年 02 期	
城市化进程中失地农民住房安置研究——以南宁市为例	广西大学张协奎、李泽君	《中国房地产》2012 年 16 期	广西哲学社会科学"十一五"规划项目,广西房地产及住宅研究会科研项目
论经济社会发展与农民工培训	广西水利电力职业技术学院刘延明、李春萌	核心期刊《中国职业技术教育》2012 年 09 期	广西教育厅新世纪教改工程"十一五"第四批立项项目
广西农民工培训与人才培养的衔接分析	广西经济管理干部学院胡丽华	核心期刊《安徽农业科学》2012 年 01 期	广西教育科学"十一五"规划 2010 年度课题《中国—东盟自由贸易区建成背景下广西第三产业人才的培养模式创新研究》阶段性成果之一
农民工培训校本教材《初级家用电子电器原理与维修》整合初探	广西电子技工学校林爱玲	《职业》2012 年 06 期	
广西富川县计生农民工就业不言愁	广西富川县人口计生局胡兴稳、廖鸿	《人口与计划生育》2012 年 05 期	
促进农民工返乡创业 推进社会管理创新	广西大学朱莹	《学理论》2012 年 04 期	广西研究生创新计划项目
西部农民工返乡创业研究:基于 SWOT 分析法角度	广西师范大学周劲波、丁振阔	《湖南财政经济学院学报》2012 年 05 期	国家社会科学基金重点项目《中小企业动态国际创业模式绩效机制研究》阶段性成果之一,广西教育厅科研项目《广西地区企业创业带动经济增长的作用机制研究》阶段性成果之一,广西人文社会科学发展研究中心科学研究项目《广西新创企业国际化成长机制研究》阶段性成果之一,广西师范大学教育发展基金项目《桂林高新技术产业集群创新模式研究》阶段性成果之一

续表

论文题目	作者单位及作者	发表刊物及期数	备注
广西农民工工伤保险现状及对策	广西社会保险事业局田清	《人事天地》2012年12期	
广西农民工权益保障问题探讨	广西人力资源和社会保障厅钟华东，广西大学唐玲	《人事天地》2012年06期	
赋权与增能：农民工弱势地位改变的根本途径	广西师范大学李俊俊	《重庆文理学院学报》(社会科学版)2012年01期	
浅析农民工社会资本存量及其重构	广西师范大学朱锡君	《商》2012年09期	
农民工子女义务教育供给困境与对策探析——一种基于公共经济学视角下的教育现象分析	广西师范学院席润粉	《黑龙江教育学院学报》2012年03期	
建立农民工随迁子女教育经费保障机制	广西民族大学尚紫薇	核心期刊《中国财政》2012年03期	
公共图书馆对农民工子女进行知识援助的必要性分析	广西民族大学张腾跃	《绥化学院学报》2012年03期	
辅食添加干预对农民工婴幼儿生长发育的影响	广西柳州市肿瘤医院古旗、高铭云	《广西医学》2012年11期	广西医药卫生科研课题
支持农民工市民化的财政政策研究	广西财政厅黄力明	核心期刊《经济研究参考》2012年47期	
农民工市民化过程中的问题与对策研究	广西师范大学郭志芳	《群文天地》2012年18期	
论城市农民工的社会适应问题	广西师范学院黄志强、容溶	《广西师范学院学报》(哲学社会科学版)2012年01期	广西师范学院项目《南宁城中村农民工身份认同研究》阶段性成果之一
城市农民工违法犯罪问题成因分析	广西警官高等专科学校周俊	《中国管理信息化》2012年17期	
新生代农民工培训的障碍因素分析及对策探究	广西师范大学霍玉文	核心期刊《河北师范大学学报》(教育科学版)2012年03期	广西人文社会科学发展研究中心“继续教育研究团队”《弱势群体与教育救济研究》阶段性成果之一
市民化进程中的新生代农民工养老保险制度问题探究	广西民族大学陈舒超、谢彦	《广西财经学院学报》2012年04期	
新生代农民工市民化趋势及其机制创新研究	广西建设职业技术学院罗辉	《河池学院学报》2012年04期	2011年度广西南宁市社会科学重点研究项目《南宁市新生代农民工市民化问题研究》阶段性成果之一
新生代农民工融入城市的理性审视	中共广西区委党校罗继红	《桂海论丛》2012年05期	国家社科基金项目《构建和谐社会过程中边缘人口研究——以北部湾(广西)经济区为例》阶段性成果之一
职业教育类型化与就业促进初探——以新生代农民工群体为研究对象	广西警官高等专科学校赵桂生	《商品与质量》2012年S3期	
农民企业家成功因素研究——基于40位农民企业家案例的内容分析	广西工商职业技术学院陈政赵	核心期刊《安徽农业科学》2012年11期	
广西农民人均纯收入与人均生活消费关系研究	广西水利电力职业技术学院韦弘	核心期刊《广西社会科学》2012年06期	广西教育厅科研项目

续表

论文题目	作者单位及作者	发表刊物及期数	备注
完善分配制度 促进农民发展	广西民族大学凡兰兴	核心期刊《中国农学通报》2012年05期	广西民族大学科研基金资助课题《构建和完善工业反哺农业体系的思考》阶段性成果之一
广西农民收入影响因素实证分析	广西大学吕玲丽等	核心期刊《西南农业学报》2012年04期	广西科技厅软科学项目
国家粮食直补政策与农民收入关系辨析	广西百色学院焦小英	《黑龙江粮食》2012年06期	
切实加强"三农"工作 增加农产品供给和农民收入	广西农业厅陆小平	《广西经济》2012年01期	
广西财政支农对农民增收的效应研究	广西民族大学刘志雄	核心期刊《江苏商论》2012年04期	
制约民族地区农民增收的影响因素研究——以广西为例	广西民族大学刘志雄	核心期刊《中国经贸导刊》2012年23期	2011年度广西民族大学校级立项一般项目《民族地区农民增收的公共财政支持研究——以广西为例》阶段性成果之一
"中等收入陷阱"下广西农民增收问题探讨	广西农业干部学校卿军	《广西农学报》2012年03期	
从机制体制改革入手全面强化农民增收手段	广西农业厅陈德文	《广西农学报》2012年03期	
抓好牛品改 促进农民增收	广西武鸣县仙湖镇水产畜牧兽医站潘庆壹等	《畜牧与饲料科学》2012年07期	
着力发展订单农业 促进农业增效、农民增收	广西政协彭钊	《村委主任》2012年04期	
贫困地区农民合作经济组织实证研究——基于广西凤山县的调查与思考	广西师范大学苏晓云	核心期刊《毛泽东邓小平理论研究》2012年05期	国家哲学社会科学基金项目《可持续生计方法解决西部地区贫困问题研究》阶段性成果之一
两类农民合作经济组织不同发展模式研究	广西师范大学欧阳慧	《经营管理者》2012年05期	
农民合作经济组织是农民利益的保护伞	广西师范大学旷爱萍	《中国集体经济》2012年24期	广西人文社会科学发展研究中心"科学研究工程"项目《新农村建设中广西农民合作经济组织的发展研究》阶段性成果之一,广西教育厅科研项目《农业现代化进程中的广西农民专业合作社发展研究》阶段性成果之一
南宁市农民专业合作组织发展模式及效用的调查	广西农业职业技术学院许文林	核心期刊《安徽农业科学》2012年07期	
市场逻辑下农民组织化发展的实践路径	广西大学谢舜、蒋永甫	核心期刊《广西民族大学学报》(哲学社会科学版)2012年02期	广西哲学社会科学"十二五"规划2011年度课题《广西民族地区农民组织化发展对策研究》阶段性成果之一
互惠型农民专业合作社可持续发展模式研究——以广西防城港光坡镇X海产品养殖协会为例	广西民族大学胡佳	核心期刊《广西民族大学学报》(哲学社会科学版)2012年06期	国家社科基金项目《民族地区基层政府社会管理模式创新比较研究》阶段性成果之一,广西民族大学科研基金资助课题
广西农民专业合作社的发展现状及对策	广西种子管理局冯健冰	《广西农学报》2012年06期	
农民政治参与的扩展与乡镇人大制度的完善——竞争性选举的路径	广西大学汤玉权	《人大研究》2012年09期	2010年度教育部人文社会科学研究一般项目(青年基金项目)《完善与农民政治参与积极性不断提高相适应的乡镇治理机制研究》阶段性成果之一
浅析西部地区农民政治参与存在的问题及对策	广西科技大学〔筹〕鹿山学院张明、潘宇倩	《科技视界》2012年28期	

续表

论文题目	作者单位及作者	发表刊物及期数	备注
我国农民阶层的平等权研究	广西财经学院王春凤	核心期刊《安徽农业科学》2012 年 12 期	
中国农民精神共同体历史演进及形成路径	广西钦州学院丁越华	核心期刊《人民论坛》2012 年 05 期	广西教育厅科研项目《广西北部湾经济区农民生产方式转型与城乡关系变迁研究》阶段性成果之一
文化大发展大繁荣背景下的农民教育问题研究	广西贺州市八步区委张誉夫	《市场论坛》2012 年 03 期	
新时期农民教育培训的实践与探讨	广西上思县农业机械化技术学校谭影航	《现代农机》2012 年 06 期	
被征地农民的就业培训体系建设	广西桂林电子科技大学张美华	《经营管理者》2012 年 14 期	
中国农民旅游研究综述	广西大学凌常荣	核心期刊《学术论坛》2012 年 08 期	
农民关于基本农田保护及规划管制风险的认知研究	广西大学聂鑫等	核心期刊《湖北农业科学》2012 年 12 期	国家自然科学基金项目,国家社会科学基金项目
第五代电影传播与农民启蒙主体(一)——以电影《菊豆》为例的符号学分析	广西师范学院颜小芳	核心期刊《电影文学》2012 年 15 期	
第五代电影传播与农民启蒙主体(二)——以电影《秋菊打官司》为例的符号学分析	广西师范学院颜小芳	核心期刊《电影文学》2012 年 16 期	
“农超对接”进程中农产品供应链的合作绩效与剩余分配——基于“农户＋合作社＋超市”模式的分析	广西发展和改革委员会施晟等	核心期刊《中国农村观察》2012 年 04 期	国家社会科学基金重大项目《全面建设小康社会的社会主义新农村建设:全国十县百村实证研究》阶段性成果之一,浙江大学汤永谦学科建设发展基金 APRU 博士生国际交流合作项目《农产品流通超市化与小农户适应全球化研究》阶段性成果之一
农产品伤害危机后消费者信任修复策略研究——基于乳制品行业的实证分析	广西大学行健文理学院陶蕊等	核心期刊《农业经济问题》2012 年 10 期	国家自然科学基金项目《农产品伤害危机事件对产业集体品牌资产的损害与品牌补救研究》阶段性成果之一
后金融危机时期我国农产品价格与通货膨胀的实证分析	广西财经学院聂勇	核心期刊《农业经济》2012 年 01 期	国家社科基金西部项目《中西部地区农村小型金融机构发展与风险控制研究》阶段性成果之一,2011-2013 年广西高等学校优秀人才资助计划项目
中国—东盟自由贸易区框架下广西农产品加工业的 SWOT 分析与对策	广西教育学院林桂红	核心期刊《中国经贸导刊》2012 年 12 期	国家软科学项目《中国—东盟相互投资的制度安排问题研究》阶段性成果之一
基于低碳经济的农产品冷链物流流程再造研究	广西工学院汽车郭红霞,柳州市桂中海迅物流有限公司邵铭	核心期刊《安徽农业科学》2012 年 08 期	2011 年广西柳州市软科学研究课题《柳州市钢铁物流产业发展研究》阶段性成果之一,2008 年广西教育厅科研项目《柳州农产品物流解决方案研究》阶段性成果之一
农产品价格波动:全力促进农产品流通	广西民族大学凡兰兴	核心期刊《江苏商论》2012 年 04 期	广西民族大学科研基金资助重点课题
广西特色农产品网上零售的现状及对策建议	广西经济管理干部学院梁海跃	核心期刊《安徽农业科学》2012 年 05 期	
中国—东盟自由贸易区框架下广西农产品加工业的 SWOT 分析与对策	广西教育学院林桂红	核心期刊《中国经贸导刊》2012 年 12 期	国家软科学项目《中国—东盟相互投资的制度安排问题研究》阶段性成果之一

【区域经济研究】 2012年,广西科研人员研究区域经济的著作主要有:杨小平《区域经济金融研究》,韦茂才《桂西资源开发新思路》等。

发表的论文,根据《中国知网》期刊不完全统计,通过对篇名中含有区域经济、县域经济、边境贸易等关键词进行检索,2012年,广西科研人员发表有关区域经济研究的文章54篇,全国2110篇,占2.56%。其中篇名中含有关键词"区域经济"的有38篇,全国1447篇,占2.63%;含有"县域经济"的有13篇,全国617篇,占2.1%;含有"边境贸易"的有3篇,全国46篇,占6.52%。

广西科研人员在区域经济研究发表的论文中,有14篇发表在核心期刊,占25.9%。发表在核心期刊的论文中,研究区域经济的有10篇,占71.43%;研究县域经济的有3篇,占21.43%;研究边境贸易的有1篇,占7.14%。论文作者(以第一作者在广西为准)在高校有12篇(广西大学有4篇),占85.72%;在中学有1篇,占7.14%;在实践工作部门有1篇,占7.14%。

发表的论文中,有部分是基金项目的阶段性成果:国家基金项目(包括国家社科基金、国家哲学社会科学基金、国家自然科学基金)的阶段性成果9篇,教育部项目的阶段性成果3篇;广西基金项目(包括广西社科基金、广西哲学社会科学规划课题、广西自然科学基金)的阶段性成果4篇,广西教育类的阶段性成果(广西教育科学规划课题、新世纪广西高等教育教学改革工程、广西研究生教育创新计划项目)的阶段性成果3篇。

研究区域经济的文章在广西主要从区域经济、县域经济、边境贸易等方面研究。其中区域经济主要从区域经济学、发展、一体化、合作、增长、人才培养、可持续竞争力、环境、影响及特色区域经济等方面研究,县域经济主要从县域经济问题、增长、差异、发展、视角下等方面研究。作者多在高校。

出版的著作中,杨小平主编《区域经济金融研究》汇编2011年度获一二三等奖的广西金融学会重点课题报告(24篇)和特约稿,对金融实践具有现实指导意义,能更好地促进广西金融干部的思想交流,促使广西金融干部积极探索行之有效的改革措施,为金融改革和发展服务。

韦茂才主编《桂西资源开发新思路》精选2011年"广西加快桂西资源富集区开发与建设"理论研讨会优秀论文83篇。论文作者用创新的眼光来谋划桂西资源富集区的资源开发和发展思路,为加快桂西资源富集区的科学发展、跨越发展、实现更大突破提供智力支持。

发表的论文中,在研究区域经济合作问题上,刘主光《跨国次区域经济合作区与自由贸易区的分析——以GMS和CAFTA为例》通过对跨国次区域经济合作区与典型传统的区域经济一体化组织—自由贸易区的分析比较,认为跨国次区域经济合作会在很大程度上促进相应的区域经济一体化合作的新发展。

在研究中国—东盟区域经济问题上,胡超、王新哲《中国—东盟区域经济深度一体化——制度环境与制度距离的视角》指出制度环境及双边国家间的制度距离对中国—东盟七国间的贸易具有显著影响。当前各国间较大的商务制度环境差异意味着后自贸区时代通过加强国家间的双边合作和政策协调,以及自身市场化改革、转型,通过缩小国家间的制度距离进而促进区域经济向深度一体化迈进具有较大的空间。

在研究县域经济问题上,李红等《边缘省区县域经济差异的空间格局演化分析——以广西为例》以县域为研究单元,人均GDP为测度指标,运用ESDA-GIS方法对1997~2010年处于全国经济边缘的广西区内空间差异格局进行分析,从历史发展基础、地理区位、开放开发政策和空间邻近效应等方面讨论边缘省区经济空间差异的动因与政策启示。

有关"区域经济研究"方面的著作一览表

著作题目	作者单位及作者	出版社及出版时间	字数(千字)
区域经济金融研究	人民银行南宁中心支行杨小平	广西人民出版社,2012年7月	500
桂西资源开发新思路	广西河池市委党校韦茂才	广西人民出版社,2012年10月	520

有关"区域经济研究"方面的论文一览表			
论文题目	作者单位及作者	发表刊物及期数	备注
桂学研究的区域经济学研究理论和方法	广西师范大学王艳、张利群	核心期刊《广西社会科学》2012年06期	广西人文社会科学发展研究中心"科学研究工程——特色研究团队培育工程"项目
基于区域经济学理论的招商引资模式初探	广西南宁市投资促进局杨宙飞，广西发展和改革委员会何斌	《市场论坛》2012年06期	
浅析区域经济学教学方法的改革与优化	广西师范学院赵菊花、颜蔚兰	《商业经济》2012年22期	《适应广西产业新发展的区域经济学课程改革与实践研究》阶段性成果之一
面向北部湾的《区域经济学》课程改革新探	广西广播电视大学方仁	《产业与科技论坛》2012年10期	广西教改课题《服务北部湾区域经济的成人本科工商管理专业课程改革研究与实践》阶段性成果之一，校级课题《服务北部湾区域经济的成人本科工商管理专业人才培养模式研究》阶段性成果之一
中国转型时期的区域经济发展问题与对策探讨——第六届中国经济理论与管理前沿论坛暨中国区域经济发展研讨会综述	广西师范大学蒋团标等	核心期刊《经济理论与经济管理》2012年09期	
缩小我国区域经济发展差距的税收政策研究	广西工学院熊冬洋	核心期刊《税务与经济》2012年04期	
电子商务对区域经济发展的影响及策略研究	广西贺州市委党校冼康	《当代经济》2012年15期	
论区域金融结构差异与区域经济发展	广西大学曹亚楠等	《海南金融》2012年02期	
对接区域经济发展和产业结构调整构建高职院校人才培养质量保障体系——以广西职业技术学院电气自动化技术专业为例	广西职业技术学院黄永杰	《轻工科技》2012年01期	
金融结构差异与区域经济发展探讨	广西大学曹亚楠	《青海金融》2012年01期	
城郊休闲游与区域经济发展水平的关系分析——以广西南宁市为例	广西师范学院简王华、徐伟玲	《广西师范学院学报》（自然科学版）2012年01期	
湛江在区域经济发展中的地位比较	广西经贸职业技术学院陈娟娟等	《武汉职业技术学院学报》2012年05期	广东省湛江市2010年科技攻关项目《湛江区域物流中心构建和发展研究》阶段性成果之一
浅议面向区域经济发展的高职学生职业素养的培养	广西机电职业技术学院甘庆玉、张小衡	《中国校外教育》2012年18期	
服务区域经济发展的外语实践创新基地建设探究	广西科技大学（筹）赵足娥、李彤	《高等函授学报》（哲学社会科学版）2012年08期	2011年新世纪广西高等教育教改工程重点项目《适应北部湾区域经济发展需求的外语实践创新基地建设研究》阶段性成果之一
广西档案开放与区域经济发展适应性分析	广西民族大学覃玲丹	《云南档案》2012年06期	2011年广西民族大学研究生教育创新项目
高职电气自动化技术专业服务区域经济社会发展研究	广西工业职业技术学院刘昌亮等	核心期刊《教育与职业》2012年23期	
再生金属产业与区域经济和谐发展的实践与探索	广西有色金属集团李赋屏	《当代广西》2012年01期	
广西柳州职业教育服务区域经济现状与发展对策	广西工艺美术学校韦成杰	《轻工科技》2012年03期	

续表

论文题目	作者单位及作者	发表刊物及期数	备注
区域经济安全式发展系统探究	广西师范学院段叶青、杨大屯	《中国外资》2012 年 14 期	
包容性增长视域下的中国—东盟区域经济一体化	广西民族大学陆利香	核心期刊《学术论坛,》2012 年 08 期	广西民族大学中国—东盟研究中心重大招标课题,广西哲学社会科学项目
加强中国与东盟旅游产业合作对策研究——基于当前国际背景下旅游合作在区域经济一体化中的重要性视角	广西南宁市政府发展研究中心曹丽,广西民族博物馆刘治福	《东南亚纵横》2012 年 10 期	
中国—东盟区域经济深度一体化——制度环境与制度距离的视角	广西民族大学胡超、王新哲	核心期刊《国际经贸探索》2012 年 03 期	国家社科基金青年项目,广西哲学社会科学项目,广西民族大学中国—东盟研究中心重大招标课题项目,广西民族大学应用经济学学科建设项目
跨国次区域经济合作区与自由贸易区的分析——以 GMS 和 CAFTA 为例	广西大学刘主光	核心期刊《亚太经济》2012 年 01 期	广西大学基金项目《中国—东盟自由贸易区与其框架下的跨边界次区域经济合作比较》阶段性成果之一,国家社科基金项目《新形势下中国—东盟区域经济合作研究》阶段性成果之一,教育部社科基金项目《基于 GP 模型的多中心跨境合作机理研究——以北部湾及粤港湾区为例》阶段性成果之一
基于协同理论的中国—东盟边境地带跨国区域经济合作开发研究	广西大学黎鹏	《广西大学学报》(哲学社会科学版)2012 年 06 期	国家自然科学基金项目,教育部哲学社会科学研究重大课题攻关项目,广西社科规划项目
产业协调政策对中国—东盟区域经济合作的博弈分析	广西财经学院欧阳华	《广西财经学院学报》2012 年 04 期	2010 年度国家社科基金资助项目《新形势下中国—东盟区域经济合作研究》阶段性成果之一
投资政策对中国—东盟区域经济合作的影响研究	广西财经学院欧阳华	《河北科技大学学报》(社会科学版)2012 年 04 期	国家哲学社会科学基金重大项目,国家社会科学基金资助项目
共建经贸合作区 增强区域经济合作新动力	广西商务厅韦朝晖等	《东南亚纵横》2012 年 11 期	
泛北部湾区域经济合作为广西县域经济的发展带来的良机	广西师范大学袁柳等	《市场论坛》2012 年 01 期	广西研究生教育创新计划项目《泛北部湾民族经济交往变迁研究》阶段性成果之一
抢抓机遇 进一步深化区域经济开放合作	中共广西区委党校黄建英	《广西经济》2012 年 10 期	
社会资本与区域经济增长:一个理论分析框架	广西大学金丹	核心期刊《河北经贸大学学报》2012 年 06 期	
社会资本与区域经济增长:基于中国区域视角的实证分析	广西大学金丹	核心期刊《软科学》2012 年 09 期	
建设泛北部湾区域经济增长极——基于北部湾经济区的 SWOT 分析	广西师范大学覃雪香、孟琳琳	《西部经济管理论坛》2012 年 04 期	
广西区域经济增长趋同与分异研究——基于广西 14 个城市的实证分析	广西财经学院王洪涛	《创新》2012 年 04 期	广西财经学院 2009 年度科研立项项目
CAFTA 区域经济对接视角下 FDI 对广西经济增长的实证分析	国家开发银行广西分行赵娟	《市场论坛》2012 年 04 期	
农业劳动力再配置对区域经济收敛的影响——马斯科莱尔—拉赞模型的扩展研究和中国经验实证	广西财经学院李静	核心期刊《经济经纬》2012 年 06 期	

续表

论文题目	作者单位及作者	发表刊物及期数	备注
广西北部湾经济区区域经济可持续竞争力研究	广西师范大学杨迺裕	核心期刊《广西社会科学》2012年07期	
区域经济社会语言环境建设——以广西北部湾经济区为例	广西玉林师范学院外语学院汤燕瑜，广西广播电视大学陆云	《经济研究导刊》2012年11期	广西哲学社会科学规划项目
区域经济环境下的网络化课堂教学研究——以北部湾经济区为例	广西大学行健文理学院农佳	《三峡大学学报》（人文社会科学版）2012年01期	广西教育科学“十二五”规划2011年度课题
柳州物流能力与区域经济影响分析	广西科技大学（筹）胡玲玲、黄良芳	《物流工程与管理》2012年11期	柳州市应用技术研究与开发计划课题，广西科技大学（筹）鹿山学院社科类项目《第三方物流仓储管理应用RFID的关键问题研究》阶段性成果之一
基于主成分分析法的广西区域经济开放影响因素研究	广西师范大学鲁梦龙	《湖南商学院学报》2012年04期	
区域经济基础对广西北部湾经济区发展现代物流业之影响力分析	广西外国语学院何荣友等	《中国—东盟博览》2012年09期	2012年广西南宁市社科联资助社会科学研究项目《南宁市建设区域性国际物流中心的问题与对策研究》阶段性成果之一
构建特色产业区域经济 加快行业中小企业发展	广西玉林市二轻工业联合社丘玉树、黄英河	《中国集体经济》2012年20期	
广西发展县域经济的问题及对策研究	广西中医药大学第一附属医院陈建红	核心期刊《经济研究参考》2012年70期	
基于DEA的新型农村金融与县域经济增长的实证研究——来源于2009—2011年广西村镇银行的数据	广西财经学院聂勇	《广西财经学院学报》2012年02期	国家社科基金西部项目2011~2013年广西高等学校优秀人才资助计划《中西部地区农村小型金融机构发展与风险控制研究》阶段性成果之一
2011年广西县域经济增长10.1%	广西统计局廖鸣霞	《广西经济》2012年07期	
边缘省区县域经济差异的空间格局演化分析——以广西为例	广西大学李红等	核心期刊《经济地理》2012年07期	国家自然科学基金项目，教育部人文社会科学基金项目，广西研究生科研创新项目
基于生态文明建设背景下的天峨县域经济发展	中共广西区委党校李广义	《经济与社会发展》2012年08期	2010年度国家社科规划基金（西部）项目《中国环境伦理学的实践性品格研究》阶段性成果之一，2010年度广西教育厅基金资助项目《广西少数民族生态伦理文化的传统理念与现代践行研究》阶段性成果之一
广西县域经济发展的科技推广问题及对策研究	广西大学邵雷鹏、方文	《现代商贸工业》2012年04期	广西大学研究生创新课题
用县域经济大发展推动实现赶超跨越目标	中共广西区委余远辉	《传承》2012年17期	
广西电网：倡导绿色电能 助推县域经济发展	广西电网公司向建军	《广西电业》2012年12期	
泛北部湾区域经济合作为广西县域经济的发展带来的良机	广西师范大学袁柳等	《市场论坛》2012年01期	广西研究生教育创新计划项目《泛北部湾民族经济交往变迁研究》阶段性成果之一
浅析基本外向型经济是否适合县域经济的发展——以湖南醴陵市为例	广西师范大学周怡	《企业导报》2012年13期	
思想大解放才能推进县域经济社会大发展	广西灵川县委袁国华	《传承》2012年07期	
县域经济视角下广西民族地区农村青年城乡就业意愿研究	广西工学院徐枞巍等	核心期刊《广西社会科学》2012年02期	
县域经济视域下城镇化可持续发展研究——以广西为例	广西师范学院胡海龙、罗俊懿	《经济论坛》2012年10期	

续表

论文题目	作者单位及作者	发表刊物及期数	备注
广西防城港市边境贸易的最新研究	广州城建职业学院莫运禚,广西梧州高中莫晚成	核心期刊《特区经济》2012年05期	
广西防城港市边境贸易与经济增长关系的实证分析	广西师范大学黎升	《企业技术开发》2012年23期	
国际经济与贸易专业本科生模拟实训的存在问题及优化——兼谈中越边境贸易模拟实训	广西民族大学刘志雄	《中国证券期货》2012年08期	广西民族大学商学院应用经济学学科建设经费资助项目《中越边境贸易模拟实训教学研究》阶段性成果之一

【旅游研究】 2012年,广西科研人员研究旅游问题发表的论文,根据《中国知网》期刊不完全统计,通过对篇名中含有旅游等关键词进行检索,2012年,广西科研人员发表有关旅游研究的论文有264篇,全国11025篇,占2.39%。其中篇名中含有关键词"广西旅游"的有8篇,全国15篇,占53.33%。

广西科研人员发表有关旅游研究的论文中,有66篇发表在核心期刊,占25%。发表在核心期刊的论文中,研究"广西旅游"的有1篇,占1.5%。论文作者(以第一作者在广西为准)在高校有65篇(广西民族大学有18篇,广西大学有10篇,广西师范大学有9篇),占98.5%;在实践部门有1篇,占1.5%。

发表的论文中,有部分是基金项目的阶段性成果:国家基金项目(包括国家社科基金、国家哲学社会科学基金、国家自然科学基金)的阶段性成果20篇,教育部项目的阶段性成果13篇;广西基金项目(包括广西社科基金、广西哲学社会科学规划课题、广西自然科学基金)的阶段性成果7篇,广西教育类项目(广西教育科学规划课题、新世纪广西高等教育教学改革工程、广西研究生教育创新计划项目)的阶段性成果7篇。

研究旅游问题的文章,主要从旅游业、体系、资源、经济、发展、创新、教育、人才、产品、开发、管理、电子商务、规划、合作、产业、景区、企业、竞争力、旅游者以及各种类型旅游(包括文化、低碳、生态、乡村、城市、区域、休闲、红色、民俗、体育、民族、入境、会展旅游等)研究。作者多在高校。

发表的论文中,在研究旅游体系问题上,阳震青、彭润华《旅游移动支付风险评价指标体系构建》结合旅游移动支付系统对安全的特殊需求,通过专家调查与主成分分析方法归纳出评价旅游移动支付风险的指标体系。曾鹏、罗艳《中国十大城市群旅游规模差异及其位序规模体系的比较》通过分析,发现十大城市群的旅游规模基本符合位序规模分布;经济发展水平是影响十大城市群旅游规模及位序规模分布的重要因子;中国十大城市群之间的旅游规模存在着非均衡性差异。

在研究旅游发展问题上,刘宏盈等《日本动漫旅游发展模式及其对广西的启示》通过对比日本与广西开发动漫旅游情况的比较,提出了广西应在政府引导下,以民族文化为特色、打造动漫品牌,促进广西动漫旅游发展的思路。杨莎莎、廉超《中国经济发展差异与旅游发展差异的比较研究》通过运用泰尔指数模型,测算出我国六大经济协作区的经济发展与旅游发展的地区间差异、地区内差异及其区内差异,从而探寻我国经济发展与旅游发展的空间变化关系和变化规律。陈俊安《我国房车休闲旅游业发展与展望》分析了当下我国与发达国家在房车休闲旅游业存在的差异及其形成的原因,并预测我国房车休闲旅游业的未来发展前景与发展趋势及发展中要解决的突出问题。

在研究旅游创新问题上,郭峦、杨志红《旅游创新系统的概念、特征及其构建意义》在前人研究的基础上,提出了旅游创新系统的概念,并与一般制造业、其他服务产业的创新系统相比较,归纳出旅游创新系统的独特特征,最后阐述了构建旅游创新系统的意义。

在研究旅游电子商务问题上,黄爱莲《论旅游电子

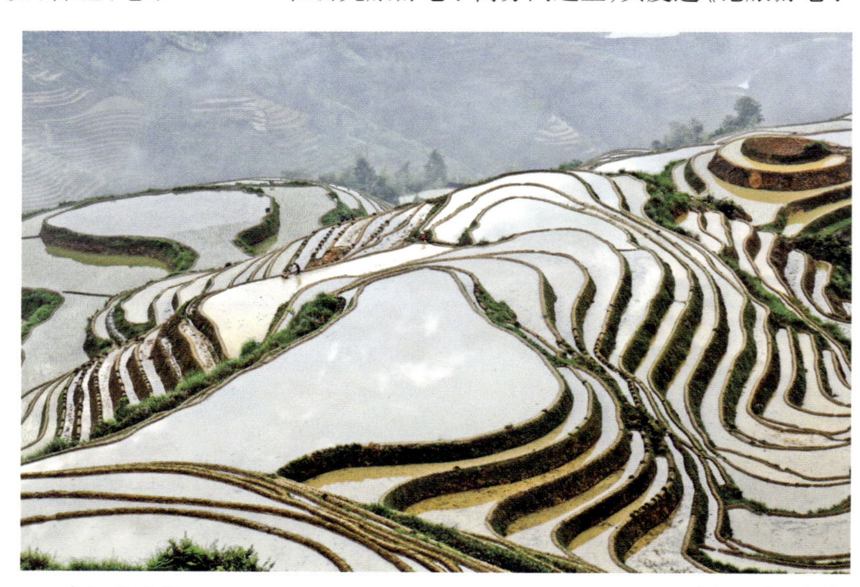

广西龙胜梯田　　（何　明　摄）

商务的本质与发展方向》通过对三个概念及其特征进行梳理，尝试性提出旅联网是智能化的集大成者，是旅游电子商务的发展方向，也是复合商务的本质所在，而旅联网的发展需要旅游企业联动以构造新的商业模式。

在研究旅游企业问题上，魏佳等《旅游企业对少数民族文化的保护责任——以西部旅游景区为例》就西部旅游企业对少数民族文化保护的法理界定、法律关系内容及法律对策等方面进行研究，以期实现西部旅游可持续发展与少数民族文化开发、利用、保护的和谐发展。

在研究文化旅游问题上，李伟山、孙大英《论中越边境跨境民族文化旅游带的开发》认为在中越国际旅游合作区建设不断推进的背景下，应该拓宽中越两国旅游合作的视野，以跨境民族文化为切入点，对中越边境的跨境民族文化旅游带进行整合开发。

在研究生态旅游问题上，李雪岩等《西南民族地区森林生态旅游的人文品牌战略思考——兼论东南亚游客入境游服务贸易品牌战略》指出西南民族地区要做好人文型森林生态旅游的主题定位，并在旅游利益分配、集体林区的景区建设、森林资源保护、吸引东南亚游客入境游等方面采取必要的措施。

在研究城市旅游问题上，杨莎莎、裴金平《广西北部湾经济区城市旅游规模差异的演变分析》提出加强制度创新、完善制度规划体系；完善城市旅游设施体系建设，加强旅游从业人员的专业培训；加强区域旅游发展合作，加强城市旅游资源的共享；引导企业加强旅游产品结构的优化，加强城市旅游形象宣传等一系列缩短广西北部湾经济区城市旅游规模差异的政策建议。李雪岩《体验营销视角下的“北海老街”旅游品牌探索》提出要重塑“北海老街”这个旅游品牌，需要在做好旅游设施等方面的基础工作的同时，还需要从体验营销的视角来丰富疍家文化、南珠文化等文化内涵。

在研究区域旅游问题上，刘宏盈《基于旅游线路的区域旅游流网络结构特征研究》利用社会网络分析法，通过搜集相关数据资料，基于旅游线路视角对泛北部湾区域的旅游流网络空间结构进行分析，深入探究泛北部湾区域旅游空间网络结构特征，并在此基础上就推进泛北部湾区域旅游业合作发展提出了相应建议。

赵巧艳《“资本—策略”视角下居民参与民族旅游的路径：以龙脊景区为个案》认为民族旅游中社区参与和居民参与是两个不同的层面，基于此可构建相应的理论分析框架。桂林龙胜龙脊景区个案，在人类学调查基础上，可通过七个典型例子证明分析框架的适用性。

有关“旅游研究”方面的论文一览表

论文题目	作者单位及作者	发表刊物及期数	备注
广西文化产业与旅游业融合发展研究	广西师范大学覃雪香、徐晓伟	核心期刊《广西社会科学》2012年08期	教育部人文社会科学研究青年基金项目，广西人文社会科学发展研究中心“科学研究工程”项目，广西师范大学博士基金项目
旅游业低碳化途径探析	广西师范大学马艺芳	核心期刊《广西师范大学学报》（哲学社会科学版）2012年02期	广西哲学社会科学“十二五”规划立项项目，广西人文社会科学发展研究中心“科学研究工程”基金项目，广西师范大学博士科学研究启动基金项目
旅游业对民族地区经济包容性增长的促进作用	广西大学林轶	核心期刊《商业研究》2012年12期	教育部人文社会科学研究项目基金资助项目
我国房车休闲旅游业发展与展望	广西民族师范学院陈俊安	核心期刊《学术交流》2012年09期	
通道经济视阈下广西北部湾经济区旅游业发展的研究	广西经济管理干部学院莫晨宇	核心期刊《生产力研究》2012年02期	广西哲学社会科学“十二五”规划2011年度课题《广西北部湾经济区通道经济发展战略研究》阶段性成果之一
旅游业在边疆民族地区区域发展中的效应分析——以广西为例	广西师范学院陈乔等	《江西农业大学学报》（社会科学版）2012年02期	教育部人文社会科学研究一般项目，广西教育厅科研项目
广西旅游业结构变迁中的生产率增长效应分析	广西师范大学吴寿平	《内蒙古财经学院学报》2012年01期	广西研究生教育创新计划项目
上思县旅游业存在问题和发展策略研究	广西大学曹婷婷	《沿海企业与科技》2012年08期	
火车票实名制对桂林旅游业的影响	广西师范大学漓江学院陈建文	《旅游纵览》（行业版）2012年02期	
城乡一体化视角下阳朔旅游业发展研究	广西师范大学张海辉	《企业技术开发》2012年23期	

续表

论文题目	作者单位及作者	发表刊物及期数	备注
桂林绿色产业与经济增长关系的实证分析——以旅游业为例	广西师范大学魏华杰、张欣欣	《经济论坛》2012 年 06 期	广西研究生教育创新计划项目《漓江流域人地系统优化与绿色产业发展研究》阶段性成果之一
依托福寿文化打造永福养生旅游业	广西大学行健学院陶虹	《法制与经济》(中旬刊)2012 年 05 期	广西社科规划课题《广西福寿文化产业发展研究》阶段性成果之一
广西会展旅游业发展探讨	广西经济管理干部学院梁堃	《经营管理者》2012 年 08 期	广西经济管理干部学院青年项目《发展现代产业体系—广西会展经济发展战略研究》阶段性成果之一
旅游移动支付风险评价指标体系构建	广西师范大学阳震青、彭润华	核心期刊《企业经济》2012 年 11 期	教育部人文社会科学研究项目《旅游移动支付风险评价及其对游客信任的影响》阶段性成果之一,教育部人文社会科学研究项目《旅游移动电子商务服务质量评价及其对游客忠诚的影响》阶段性成果之一,国家社会科学基金项目《移动用户生成内容环境下旅游者信息行为分析与我国旅游营销模式创新研究》阶段性成果之一
中国十大城市群旅游规模差异及其位序规模体系的比较	桂林理工大学曾鹏等	核心期刊《统计与决策》2012 年 24 期	国家社会科学基金资助项目,广西人文社会科学发展研究中心《泛北部湾发展研究团队》阶段性建设成果之一
旅游酒店微博营销的考核指标体系	广西师范大学张晞,桂林理工大学刘洁	《企业活力》2012 年 02 期	国家旅游局规划项目《旅游酒店微博营销模式研究》阶段性成果之一
桂林国家旅游综合改革试验区旅游法制体系建构	广西师范大学莫凌侠	核心期刊《社会科学家》2012 年 11 期	广西人文社会科学发展研究中心 2010 年度一般项目,2012 年度广西高校科研重点资助项目
广西高职院校旅游专业“一体三翼”实践教学体系的构建	广西经济管理干部学院林菁、王希	《企业科技与发展》2012 年 20 期	2011 年新世纪广西高等教育教改工程项目《基于北部湾经济区人才需求的高职院校“一体三翼”实践教学体系研究》阶段性成果之一
大新县下雷地区旅游资源特色及开发新理念	广西机电工业学校傅中平等	《南方国土资源》2012 年 12 期	广西科学基金资助项目
融安县水体旅游资源概述与持续经营利用探析	广西鹿寨县国营林场凤鸿丽	《南方园艺》2012 年 06 期	
旅游资源开发若干法律问题研究——以桂林市为例	广西师范大学谢镭	《法制与社会》2012 年 16 期	
广西旅游资源的一个重大优势—族源文化	广西科技情报所张岳	《经营管理者》2012 年 10 期	
保定市旅游资源分类、评价与开发设想	广西师范大学李建新	《市场论坛》2012 年 12 期	
广西医疗旅游资源的开发整合研究	广西师范学院杨梅、玉林市第一人民医院徐芝兰	《企业科技与发展》2012 年 24 期	2010 年度广西教育厅科研立项项目《医疗旅游在广西的发展途径研究》阶段性成果之一
柳州市君武森林公园旅游资源开发与旅游容量控制研究	广西生态工程职业技术学院王娜	《广西农学报》2012 年 01 期	广西生态工程职业技术学院教科研项目
新疆三个民族地区旅游经济实证研究	广西财经学院周英虎	《南宁职业技术学院学报》2012 年 02 期	
近年国内旅游经济管理信息化的研究进展	广西广播电视大学方仁	《沿海企业与科技》2012 年 08 期	
广西现阶段旅游经济与就业增长两者相互关系的定量分析	广西师范学院周莹婷、甘永萍	《商》2012 年 21 期	
日本动漫旅游发展模式及其对广西的启示	广西民族大学刘宏盈等	核心期刊《江苏商论》2012 年 01 期	国家社会科学基金项目,广西教育厅立项项目

续表

论文题目	作者单位及作者	发表刊物及期数	备注
中国经济发展差异与旅游发展差异的比较研究	广西桂林旅游高等专科学校杨莎莎，广西师范大学廉超	核心期刊《统计与决策》2012年04期	国家社会科学基金项目，广西教育厅科研资助项目，广西人文社会科学发展研究中心项目《泛北部湾发展研究团队》阶段性成果之一
中国西南—东盟无障碍旅游圈构想下的广西旅游发展策略	广西医科大学朱平华	《经济与社会发展》2012年01期	
中越边境旅游发展的PEST分析	广西北投建设投资有限公司吕兢	《东南亚纵横》2012年07期	
自然保护区的环境管理与旅游发展问题研究	广西大明山国家级自然保护区管理局覃琼芳	《农业与技术》2012年09期	
基于利益相关者角度对中国旅游发展问题研究	广西师范大学漓江学院张艳梅、李志锴	《生态经济》（学术版）2012年01期	
马山县农业旅游发展对策研究	广西大学李维祥、文军	《沿海企业与科技》2012年01期	
国内外旅游创新研究综述	广西大学郭峦	《创新》2012年02期	国家社科基金项目《西部边疆民族地区旅游创新系统建设研究》阶段性成果之一，广西大学拔尖创新团队建设计划项目《西南边境省区旅游创新系统建设研究》阶段性成果之一
旅游创新系统的概念、特征及其构建意义	广西大学郭峦、杨志红	核心期刊《商业时代》2012年36期	国家社科基金项目《西部边疆民族地区旅游创新系统建设研究》阶段性成果之一
基于信息技术的旅游服务创新探讨	广西师范大学杨立彪、王艳	《广西财经学院学报》2012年01期	2011年度国家旅游局科研立项课题（面上项目）《旅游酒店微博营销模式研究》阶段性成果之一
广西中职旅游教育的问题与对策	广西二轻技工学校麦芳	《科技创新与应用》2012年14期	
高校旅游管理专业教育与就业问题研究	广西民族大学吕本勋等	《市场论坛》2012年11期	广西民族大学校级课题
新建本科院校旅游管理专业产学研合作教育模式研究——以广西民族师范学院为例	广西民族师范学院潘冬南	《大学教育》2012年11期	广西民族师范学院教育教学研究项目
我国旅游人才培养缺陷及模式创新研究	广西大学凌常荣	《教育教学论坛》2012年01期	广西大学教育教学改革工程立项项目
广西北部湾经济区紧缺国际化旅游人才开发对策研究	广西师范大学陆军	核心期刊《特区经济》2012年05期	广西人文社会科学发展研究中心项目《旅游研究团队》阶段性成果之一
民族地区旅游专业国际应用型人才培养研究	广西民族大学刘宏盈	核心期刊《特区经济》2012年11期	广西教育厅立项项目，广西教育科学“十二五”规划课题
试论旅游管理专业的人才培养	广西师范大学漓江学院石丽播	核心期刊《教育与职业》2012年35期	2011年度新世纪广西高等教育教学改革工程立项项目（一般项目A类）《以实践能力培养为导向的独立学院旅游管理专业课程教学改革研究与实践》阶段性成果之一
广西旅游英语人才现状分析及培养对策	广西外国语学院莫利民	《产业与科技论坛》2012年15期	广西外国语学院新世纪教改工程课题立项项目《基于广西旅游特色的高职旅游英语课堂实训教学改革研究》阶段性成果之一
民族文化旅游产品文化失真对消费者行为影响的实证检验	广西师范大学吴晓山	核心期刊《统计与决策》2012年22期	2010年教育部人文社会科学研究青年项目，2011年广西人文社会科学发展研究中心“科学研究工程”项目
北部湾地区旅游产品设计平台研究	广西桂林电子科技大学叶德辉等	核心期刊《制造业自动化》2012年07期	2009年度广西教育厅科研项目《面向北部湾开发的工业设计创新工作室建设研究》阶段性成果之一，广西教育厅教改项目《工业设计专业工作室制的教学改革与研究》阶段性成果之一

续表

论文题目	作者单位及作者	发表刊物及期数	备注
我国高端旅游产品开发及对策研究	广西师范大学孙海娜	《商场现代化》2012年20期	
广西北部湾经济区休闲体育旅游产品开发策略研究	广西体育高等专科学校胡英清等	《当代体育科技》2012年01期	广西教育厅科研规划研究课题
论地方资源向旅游产品转化之策略	广西工学院鹿山学院段东	《商场现代化》2012年22期	
西部地区旅游开发成功经验与启示	广西民族师范学院陈俊安	核心期刊《特区经济》2012年01期	广西人文社会科学发展研究中心"边疆问题研究"专项课题,广西民族师范学院科研项目
低碳视角下的峡谷旅游开发研究——以广西靖西通灵大峡谷为例	广西师范学院廖钟迪	核心期刊《国土与自然资源研究》2012年01期	2012年度广西教育厅科研项目
自然保护区旅游开发与周边社区利益协调研究——以广西龙虎山自然保护区为例	广西大学李星群等	核心期刊《国土与自然资源研究》2012年03期	国家教育部人文社科课题《民族地区自然保护区社区民生问题研究—以广西为例》阶段性成果之一,广西社科课题《广西林业系统自然保护区少数民族发展问题研究》阶段性成果之一
北部湾经济区旅游开发合作发展模式研究	广西防城港市人民政府侯线红	核心期刊《中国商贸》2012年14期	
借助民族特色旅游开发 就地解决"留守"问题	广西国际商务职业技术学院韦雪豫	核心期刊《中国商贸》2012年21期	
广西民族饮食文化资源旅游开发探析	广西工学院陆文丽	《企业科技与发展》2012年09期	广西工学院硕士科研基金项目
对崀山旅游开发的几点思考——从旅游区位来分析崀山旅游开发	广西现代职业技术学院刘荟芳	《中国证券期货》2012年12期	
上思县森林旅游开发途径思考	广西大学陆焕玲	《科协论坛》(下半月)2012年07期	
桂林民族风情旅游开发状况调查研究—以龙胜、恭城为例	广西师范大学吴中焕	《商品与质量》2012年S5期	
高职旅游管理专业普通话口语技能教学改革	广西生态工程职业技术学院黄翠鸾	《科技视界》2012年10期	广西生态工程职业技术学院课题《提高高职旅游管理专业学生普通话口语技能策略与方法的研究》阶段性成果之一
旅游管理本科实践课程设置的思考	广西财经学院栾坤	《旅游纵览》(行业版)2012年02期	
本科旅游管理专业校外实习基地建设的实践与思考	广西大学行健文理学院韦瑾	《科教导刊》(中旬刊)2012年10期	新世纪广西高等教育教学改革工程立项项目《"涉外+实践"独立学院旅游管理专业人才培养模式研究》阶段性成果之一
旅游管理专业《导游实务》课程教学方法探讨——以贺州学院为例	广西贺州学院叶海燕	《旅游纵览》(行业版)2012年04期	2011年广西教育厅教改课题《实践性教学背景下新建本科院校旅游管理专业人才培养模式创新研》阶段性成果之一,广西教育科学"十二五"规划课题《应用型人才培养模式下地方院校旅游专业实践教学研究》阶段性成果之一,贺州学院重点学科项目
旅游电子商务市场现状及网络营销模式设计	广西桂林市财贸金融学校刘姣兰	核心期刊《商业时代》2012年18期	
论旅游电子商务的本质与发展方向	广西大学黄爱莲	核心期刊《商业时代》2012年16期	国家自然科学基金项目,广西哲学社会科学规划项目,广西科技厅软科学项目
农村信息化建设背景下的乡村旅游电子商务推进模式	广西师范大学农朝幸	《农村经济与科技》2012年08期	
本科旅游电子商务"三位一体"教学改革策略	广西大学苏振、李秋莹	《中国电力教育》2012年10期	

续表

论文题目	作者单位及作者	发表刊物及期数	备注
旅游电子商务与社会化营销	广西桂林电子科技大学李壮阔、丁熠杰	《现代营销》(学苑版)2012年07期	
经济发展水平与旅游规划实施成功的关系	广西大学苏振、李秋莹	《经济研究导刊》2012年15期	
基于古村风貌保护的乡村旅游规划——以广西贺州市龙井村为例	广西旅游规划设计院於涤非	《旅游纵览》(行业版)2012年05期	
旅游规划中游憩景观研究	广西西江开发投资集团有限公司李惜	《才智》2012年10期	
加强中国与东盟旅游产业合作对策研究——基于当前国际背景下旅游合作在区域经济一体化中的重要性视角	广西南宁市人民政府发展研究中心曹丽，广西民族博物馆刘治福	《东南亚纵横》2012年10期	
北部湾经济区推进中国与东盟深化旅游合作探析	广西社会科学院杨亚非、覃海珊	《新西部》(理论版)2012年05期	
论日本旅游产业演进对旅游公共政策形成的影响	广西大学苏振等	核心期刊《商业时代》2012年18期	教育部人文社会科学研究项目，广西大学科研基金资助项目
广西旅游产业结构变迁研究	广西师范学院毕燕等	核心期刊《国土与自然资源研究》2012年06期	教育部人文社会科学研究一般项目《海岸带城市区域发展与空间结构互动演变关系研究》阶段性成果之一
贵广高铁影响下的桂林旅游产业发展对策	广西工学院刘军昭、张永亮	《科技情报开发与经济》2012年16期	
欧洲旅游产业演进对旅游公共政策的影响	广西大学苏振、李秋莹	《经济研究导刊》2012年07期	教育部人文社会科学研究项目，广西大学科研基金资助项目
广西旅游产业转型升级的战略思考	广西师范大学李宏斌	《桂海论丛》2012年06期	
广西旅游产业结构变迁研究	广西师范学院毕燕等	《国土与自然资源研究》2012年06期	教育部人文社会科学研究一般项目《海岸带城市区域发展与空间结构互动演变关系研究》阶段性成果之一
成立桂林旅游产业投资基金的可行性分析研究	广西师范大学冯雪君、张朝峰	《企业导报》2012年08期	广西研究生教育创新计划项目
广西A级旅游景区空间分布结构差异与优化	广西民族大学刘宏盈等	《河北师范大学学报》(自然科学版)2012年05期	广西科学实验(中国东盟研究)中心课题，广西教育厅立项项目，广西民族大学引进人才科研启动项目，广西民族大学青年基金项目
民族自治县旅游景区发展中的民俗文化体验建设——以广西金秀莲花山景区为例	广西大学刘婷婷，广西外国语学院温丽玲	《市场论坛》2012年09期	
"三维"旅游景区发展潜力评价模型研究	广西民族大学刘宏盈	《许昌学院学报》2012年06期	
《旅游景区管理》教学内容改革的探讨	广西师范学院张志宏	《法制与经济》(下旬刊)2012年07期	
浅谈园林景观设计中的色彩搭配在旅游景区中的运用	广西博驰规划设计有限公司熊绍煜	《科技信息》2012年18期	
旅游企业对少数民族文化的保护责任——以西部旅游景区为例	广西警官高等专科学校魏佳	核心期刊《社会科学家》2012年01期	国家社科基金西部项目《西部旅游业可持续发展法律问题研究——以广西、云南、陕西为例》阶段性成果之一
我国旅游企业体验营销策略间的关系构建	广西财经学院梁儒谦	核心期刊《中国商贸》2012年04期	
旅游企业网络营销策略探析——基于小米手机网络营销的比较	广西师范大学欧阳岚	《旅游纵览》(行业版)2012年04期	

续表

论文题目	作者单位及作者	发表刊物及期数	备注
浅析后金融危机时期我国旅游企业的财务管理策略	广西大学董莉	《中外企业家》2012年05期	
民族地区乡村微型旅游企业经营影响因素研究	广西大学李星群、文军	《桂林航天工业高等专科学校学报》2012年02期	教育部人文社科研究规划基金项目《广西乡村微型旅游企业发展问题研究》阶段性成果之一
中国31省市旅游竞争力时空演变分析	广西师范大学王烨等	核心期刊《经济地理》2012年06期	国家旅游局科研项目，广东省广州市哲学社会科学规划课题
移动终端旅游服务应用与对策研究——基于大学生旅游者的调查	广西民族大学吕本勋、马园梅	核心期刊《中国商贸》2012年35期	广西民族大学青年基金项目
论中越边境跨境民族文化旅游带的开发	广西民族大学孙大英	《广西民族大学学报》（哲学社会科学版）2012年05期	国家社科基金项目《民族文化创意与区域旅游发展：西南边疆民族地区的研究视角》阶段性成果之一
浅析广西贺州客家文化旅游节的现状与发展	广西师范大学陈利娜	《大众文艺》2012年12期	
论南宁民俗节庆文化中民俗主义问题——以香火龙民俗文化旅游节为例	广西师范学院李柳赟、许燕滨	《文学界》（理论版）2012年05期	广西研究生教育创新计划项目《都市语境中的南宁民俗节庆文化研究》阶段性成果之一
论桂林在开发民族文化旅游中的龙头作用	广西工业职业技术学院潘兆光，广西大学陈红玲	《南宁职业技术学院学报》2012年04期	2005年度国家社科基金专项资助西部地区研究项目《广西与周边国家合作开发民族文化旅游推动兴边富民和安邻、睦邻、富邻研究》阶段性成果之一
广西少数民族档案在文化旅游中的价值	广西医科大学庞铭辉	《云南档案》2012年06期	
技术嵌入视野下的低碳旅游景区建设研究	广西大学行健文理学院曹世武等	核心期刊《科技管理研究》2012年06期	福建省社会科学规划合作项目《旅游安全的科技支撑力研究》阶段性成果之一
低碳旅游视野下的桂林旅游企业竞争力研究	广西师范大学黄玉斌、曾其龙	《广西财经学院学报》2012年02期	
桂林市低碳旅游的发展建议与对策	广西师范大学宁振峰等	《绿色科技》2012年06期	
西南民族地区森林生态旅游的人文品牌战略思考——兼论东南亚游客入境游服务贸易品牌战略	广西民族大学李雪岩等	核心期刊《林业经济》2012年05期	2011年度教育部人文社会科学研究青年基金项目，国家社科基金特别委托项目"西南边境项目"，广西民族大学国际贸易硕士点建设经费资助项目，2010年度广西民族大学中国—东盟研究中心招标课题《CAFTA建成后中国与东盟经贸关系研究》阶段性成果之一
广西生态旅游研究综述	广西师范学院张九菊等	《咸宁学院学报》2012年01期	
国际旅游岛背景下海南生态旅游发展的可行性研究	广西师范学院陈乔、徐洪琼	《焦作大学学报》2012年01期	广西教育厅科研项目《欠发达地区旅游业就业带动作用的区域差异研究》阶段性成果之一
北海山口红树林湿地生态旅游发展对策研究	广西交通职业技术学院段金华、梁承龙	《大众科技》2012年06期	
广西大明山国家级自然保护区生态旅游的现状与开发建议	广西大明山国家级自然保护区邓金春	《内蒙古林业调查设计》2012年04期	
生态建筑工程装饰设计探析——以广西北部湾世外茶园生态旅游建设项目为例	广西民族大学相思湖学院周凡，广西艺术学院曾涛	《武汉工程职业技术学院学报》2012年01期	广西民族大学相思湖学院院级科研课题
广西十万大山生态旅游可持续发展研究	广西大学顾业连等	《沿海企业与科技》2012年09期	
上思县森林生态旅游可持续发展对策研究	广西生态工程职业技术学院黄圣霞	《河池学院学报》2012年06期	广西防城港市社科联研究课题《上思县森林生态旅游资源挖掘及展示研究》阶段性成果之一

续表

论文题目	作者单位及作者	发表刊物及期数	备注
浅淡广西桑蚕生态旅游开发	广西蚕业科学研究院乐波灵、李燕飞	《广西蚕业》2012年02期	
广西东湖乡村旅游综合体开发研究	广西师范大学陆军	核心期刊《特区经济》2012年04期	广西人文社会科学发展研究中心项目《旅游研究团队》阶段性成果之一
乡村旅游经营模式的选择——以广西为例	广西大学周武生等	核心期刊《农业经济》2012年11期	
乡村旅游与民族经济发展的关系研究——以广西融安县为例	广西生态工程职业技术学院黄翠莺	核心期刊《安徽农业科学》2012年08期	广西旅游局2010年组织开展的广西乡村旅游资源调查项目
广西发展乡村旅游现状分析及对策探讨	广西蚕业科学研究院黄梅梅	《绿色科技》2012年02期	
我国乡村旅游发展的模式分析	广西师范大学程坦	《旅游纵览》(行业版)2012年05期	
浅谈对法国乡村旅游文化的解析	广西大学冯凯	《东方企业文化》2012年08期	2011新世纪广西高等教育教改工程项目
乡村旅游产业吸引力提升研究——以桂林灵川江头洲村为例	广西大学陈刚等	《中外企业家》2012年05期	
桂林市大圩镇乡村旅游发展策略研究	广西师范大学黄琪康	《商品与质量》2012年05期	
阳朔乡村旅游初探	广西大学赵赞	《现代商业》2012年15期	
广西北部湾经济区城市旅游规模差异的演变分析	广西桂林旅游高等专科学校杨莎莎，广西师范大学裴金平	核心期刊《桂林理工大学学报》2012年02期	国家社会科学基金项目
我国城市旅游宣传口号设计误区的思考	广西财经学院马东跃	核心期刊《中国商贸》2012年30期	
体验营销视角下的“北海老街”旅游品牌探索	广西民族大学李雪岩	核心期刊《中国经贸导刊》2012年17期	2010年度国家软科学研究计划立项项目
基于旅游线路的区域旅游流网络结构特征研究	广西民族大学刘宏盈等	核心期刊《人文地理》2012年04期	国家社会科学基金项目，广西教育厅立项项目，广西民族大学引进人才科研启动项目
区域旅游目的地竞争优势的空间聚类分析——以浙江省为例	广西财经学院陈思源	核心期刊《地域研究与开发》2012年01期	广西自然科学基金项目，教育部人文社会科学研究西部和边疆地区项目，广西高校优秀人才资助计划
中国—东盟区域旅游一体化机制探析	广西大学程成等	核心期刊《特区经济》2012年07期	广西大学科研基金项目，广西哲学社会科学“十一五”规划项目，2010年度教育部哲学社会科学研究重大课题攻关项目
广西休闲旅游经济发展模式研究	广西教育学院闭勇华，广西华蓝设计集团有限公司周秋鸿	核心期刊《中国商贸》2012年06期	
“水上居民”传统民俗体育与特色滨海休闲旅游的开发——以北海疍家为例	广西桂林航天工业高等专科学校陈惠娜等	《体育成人教育学刊》2012年01期	广西教育厅科研项目
发展我国休闲旅游的若干思考	广西师范大学崔芬芬	《中国—东盟博览》2012年07期	
休闲旅游服务质量、关系质量与顾客行为意向关系研究	广西师范大学张琳	《中国—东盟博览》2012年07期	
红色旅游在青少年思想政治教育过程中的运用——以福建省龙岩市红色旅游景区为例	广西医科大学温丽华、段丽君	《传承》2012年22期	

续表

论文题目	作者单位及作者	发表刊物及期数	备注
城市空间产业型更新模式初探——百色市龙景区红色旅游休闲示范区规划策划	广西华蓝设计集团有限公司研究院徐洪涛、孙永萍	《华中建筑》2012年03期	
广西红色旅游资源开发研究	广西生态工程职业技术学院黎森	《河池学院学报》2012年02期	
桂林兴安县红色旅游资源整合开发的思考与对策	广西生态工程职业技术学院梁林	《广西农学报》2012年06期	
凤山县中亭红色旅游景区植物景观与绿化美化规划研究	广西博驰规划设计有限公司杨素球	《科技信息》2012年20期	
百色市红色旅游景点信息的XML描述实现	广西百色学院程丽玲、谭军	《价值工程》2012年34期	广西教育厅科研项目
民俗资源与民俗旅游文化产业开发——桂台民俗事像开发利用交流考察若干思考	广西师范学院黄桂秋	《广西师范学院学报》(哲学社会科学版)2012年01期	
柳州乡村民俗旅游开发研究	广西工学院鹿山学院段东、张蓉	《产业与科技论坛》2012年01期	
伊岭岩民俗旅游文化开发研究	广西师范学院赵早	《现代商贸工业》2012年03期	
析青海酒文化在民俗旅游开发中的运用——以西宁市湟中县慕家村为例	广西师范学院吕妍	《科教导刊》(中旬刊)2012年11期	
休闲体育旅游研究分析	广西体育高等专科学校胡英清等	核心期刊《中国商贸》2012年28期	
探析广西体育旅游经济的发展态势及前景	广西大学行建文理学院梁平安	核心期刊《中国商贸》2012年05期	
我国民族传统体育与体育旅游的经济发展研究	广西河池学院苏建波	核心期刊《中国商贸》2012年10期	
广西北部湾经济区滨海体育旅游市场营销现状与对策研究	广西民族师范学院覃盛栋等	《青年与社会》2012年02期	
桂林体育旅游整体营销方案策划的思考	广西师范大学冯海丽等	《搏击》(体育论坛)2012年01期	
区域整合视角下广西北部湾发展休闲体育旅游的分析	广西体育高等专科学校胡英清等	《商场现代化》2012年09期	广西教育厅科研规划研究课题
“资本—策略”视角下居民参与民族旅游的路径:以龙脊景区为个案	广西师范大学漓江学院赵巧艳	核心期刊《中央民族大学学报》(哲学社会科学版)2012年03期	国家社科基金项目《结构嵌入与西部地区农村劳动力转移就业研究——基于广西、贵州的微观数据》阶段性成果之一
民族旅游:两种传统文化承受力比较研究	广西经济管理干部学院李湮	核心期刊《广东社会科学》2012年05期	
基于人本理念的广西民族旅游经济发展	广西民族师范学院郭霄星	《广西民族师范学院学报》2012年06期	广西师范大学广西人文社会科学发展研究中心“边疆问题研究”专项资助课题《边疆民族经济生态与经济主体研究》阶段性成果之一
振兴桂邕古玩市场 发展广西民族旅游经济	广西社会科学院杨昌雄	《沿海企业与科技》2012年10期	
民族旅游村寨景观的优化管理探析	广西广播电视大学方仁	《知识经济》2012年16期	
广东入境旅游流西向扩散距离衰减规律研究	广西民族大学刘宏盈	核心期刊《经济地理》2012年11期	广西科学实验(中国—东盟研究)中心课题,广西民族大学青年科学基金项目
山东入境旅游经济结构分析及优化研究	广西民族大学刘宏盈等	核心期刊《商业研究》2012年11期	广西民族大学青年科学基金项目,广西科学实验(中国—东盟研究)中心课题

续表

论文题目	作者单位及作者	发表刊物及期数	备注
广西入境旅游市场提升战略研究	广西大学阳国亮等	《生态经济》(学术版)2012年01期	国家社会科学基金项目《北部湾旅游可持续发展战略研究》阶段性成果之一,广西哲学社科基金项目《北部湾海洋旅游资源整合与创新对策研究》阶段性成果之一,广西大学科研基金项目《北部湾海洋旅游资源整合与海洋旅游发展对策研究》阶段性成果之一
中国入境旅游结构分析	广西大学王春雷、王丹	《市场论坛》2012年04期	
湖南省入境旅游与城市化水平的关系研究	广西师范学院徐洪琼等	《贵州商业高等专科学校学报》2012年03期	
广西入境旅游区域发展差异分析	广西师范大学姜尧、谭丽林	《中南林业科技大学学报》(社会科学版)2012年06期	
近十年来广西入境旅游发展演变研究	广西民族大学刘宏盈	《河南城建学院学报》2012年06期	广西科学实验(中国—东盟研究)中心课题
会展旅游安全管理概念模型构建——以中国—东盟博览会为例	广西大学刘民坤、范朋	《广西大学学报》(哲学社会科学版)2012年06期	

历史学·文化学

【广西历史研究】 2012年,广西科研人员研究广西历史问题的著作主要有:梧州市政协、梧州市委宣传部、梧州市社科联选编《广西纪念辛亥革命100周年学术研讨会论文集》,文丰义、盘福东《抗战丰碑:八路军桂林办事处》,武鸣县史志办《百年武鸣图集(1912~2012)》,柳州市委党史研究室《柳州剿匪》和《黑夜里的战斗——柳州革命斗争回忆录》,周长山《图说靖江王城史》,南宁市地方志办公室《南宁历史人物传略》等。

发表的论文,根据《中国知网》期刊不完全统计,通过对篇名中含有太平天国、中法战争、辛亥革命、桂林抗战、桂系等关键词进行检索,2012年,广西科研人员发表在这几方面的论文有14篇,全国455篇,占3.07%。其中篇名中含有关键词“太平天国”的有5篇,全国64篇,占7.81%;含有“辛亥革命”的有1篇,全国374篇,占0.27%;含有“桂林抗战”的有2篇,全国4篇,占50%;含有“桂系”的有6篇,全国13篇,占46.15%。

广西科研人员发表有关广西历史研究的论文中,有6篇发表在核心期刊,占42.86%。发表在核心期刊的论文中,研究太平天国的有1篇,占16.67%;研究辛亥革命的有1篇,占16.67%;研究桂系的有4篇,占66.66%。论文作者(以第一作者在广西为准)在高校有6篇(广西师范大学有4篇,广西民族大学有2篇),占100%。

发表的论文中,有部分是基金项目的阶段性成果:国家基金项目(包括国家社科基金、国家哲学社会科学基金、国家自然科学基金)的阶段性成果6篇,教育部项目的阶段性成果2篇;广西基金项目(包括广西社科基金、广西哲学社会科学规划课题、广西自然科学基金)的阶段性成果1篇。

研究广西历史问题的文章主要从太平天国、中法战争、辛亥革命、桂林抗战、桂系等方面展开研究,另外从广西地方史、人物史、地理和家族史及古代文献、石刻、遗址、文物等方面展开研究。作者多以高校为主。

出版的著作中,梧州市政协、梧州市委宣传部、梧州市社科联选编《广西纪念辛亥革命100周年学术研讨会论文集》收录2011年9月9日在梧州召开的广西纪念辛亥革命100周年学术研讨会的图片和论文。

文丰义、盘福东编著《抗战丰碑:八路军桂林办事处》以史运和传记的叙述形式和文字配图录的图文并茂方式,述说八路军桂林办事处的历史功绩和对桂林抗战文化的领导作用。

武鸣县史志办编纂《百年武鸣图集(1912~2012)》反映武鸣100年来政治、经济、文化、社会各方面的发展变化情况。

柳州市委党史研究室编辑《柳州剿匪》是大柳州范围第一部关于“柳州剿匪”的书籍,以翔实的历史资料,真实地再现了柳州市区及所属的柳江县、柳城县、鹿寨县、融安县、融水县和三江县境内的惊心动魄、波澜壮阔的剿匪斗争历程。

柳州市委党史研究室编辑《黑夜里的战斗——柳州革命斗争回忆录》收录的回忆文章均为柳州解放前的地下党员、外围组织成员根据自己的亲身经历而撰写,包括新民主主义革命时期各个时段的革命事迹,是一部中共柳州地方史,是对全市人民特别是青少年进行爱国主义教育的好教材。

周长山《图说靖江王城史》以图文并茂的形式充分展现了靖江王城所在区域南朝以来,包括唐、宋、元、明、清、民国以至中华人民共和国各时代的历史遗存,是桂林的一部实物史书,全面系统地介绍了明靖江王城的历史,是全面了解和认识靖江王城历史文化较为重要的文本。

南宁市地方志办公室编纂《南宁历史人物传略》以市辖行政区划为记述范围,记述时限上溯秦汉,下迄2000年,为444位人物立传,以记述南宁籍对历史发展有重要影响的人物为主,同时记述外地籍对南宁历史发展产生重要影响的人物。

发表的论文中,在研究太平天国问题上,林志杰《论太平天国对辛亥革命的作用与影响》指出太平天国留下的宝贵经验和惨痛教训,成为了资产阶级民主革命派以”三民主义”为核心内容的思想策略的重要来源。太平天国对辛亥革命产生了重要的作用和影响。

在研究桂林抗战问题上,李建平《桂林抗战文艺的繁盛景观及其效应》指出桂林抗战文艺的繁盛,促成了桂林“文化城”的美誉。

在研究新桂系问题上,黎瑛《新桂系时期广西公务员选拔机制探析》20世纪二三十年代,新桂系当局在“行新政,用新人”的理念下,选拔的制度化和现代公务员制度的建立,使广西公务员的年龄结构和学历结构有了很大改变,公务员队伍呈现出知识化、年轻化的特点。

在研究广西历史问题上,唐晓涛《明代中期广西“狼兵”、“狼人”的历史考察》从明中期桂西土兵东进大藤峡地区建立武靖州的进程去考察“狼兵”、“狼人”之称出现的历史过程,指出“狼兵”或“狼人”的出现,实际上是明代中期广西地方动乱、土司势力和王朝户籍赋役制度三者错综复杂关系的缩影。

在考证广西地名问题上,覃凤余《民族交融的印记——柳州地名历史层次寻踪》指出地名是历史的活化石,地处广西中部的柳州市是多民族杂居之地。其早期居民是当地的壮族及其先民,秦汉以后,内地汉族各民系先后进入柳州居住。从不同的地名,可窥探不同民族或民系留下的历史文化印记。

在考证广西遗址问题上,黄全胜等《广西桂平罗秀古代冶铁遗址群初步研究》采用金相、扫描电镜及能谱分析等研究方法,对广西桂平罗秀汉唐时期4处冶炼遗址的17个炉渣和1个黏附有炉渣的鼓风管等冶金遗物样品进行了成分和显微组织检测分析。结果表明,该遗址为炼铁遗址,炼铁渣均属铁硅系铁橄榄石型,采用块炼铁冶炼方法。

在对文物考证问题上,吴小玲《南海一号与宋代广西北部湾的对外交往》认为南海一号所反映的经由中国南方沿海的对外交往是宋代中国海外交往总特征的体现,而广西北部湾沿海港口特别是钦州的对外交往是宋朝海外交往繁荣发展的一个局部缩影,其客观影响应可与当年的汉朝海上丝绸之路相提并论。

有关“广西历史研究”方面的著作一览表

著作题目	作者单位及作者	出版社及出版时间	字数(千字)
抗战丰碑:八路军桂林办事处	八路军桂林办事处纪念馆文丰义,桂林博物馆盘福东	中央文献出版社,2012年12月	300
百年武鸣图集(1912~2012)	武鸣县史志办	广西人民出版社,2012年11月	300
柳州剿匪	柳州市委党史研究室	广西人民出版社,2012年11月	320
黑夜里的战斗——柳州革命斗争回忆录	柳州市委党史研究室	广西人民出版社,2012年11月	350
图说靖江王城史	广西师范大学周长山	广西师范大学出版社,2012年11月	150
南宁历史人物传略	南宁市地方志办公室	广西人民出版社,2012年10月	320

有关“广西历史研究”方面的论文一览表			
论文题目	作者单位及作者	发表刊物及期数	备注
论太平天国对辛亥革命的作用与影响	广西民族大学林志杰	核心期刊《广西民族大学学报》(哲学社会科学版)2012年05期	
论太平天国的舆论管理	广西职业技术学院陈克	《广西职业技术学院学报》2012年06期	
论太平天国舆论的特点	广西职业技术学院陈克	《广西职业技术学院学报》2012年02期	
论太平天国舆论的分期	广西职业技术学院陈克	《广西职业技术学院学报》2012年04期	
论太平天国金田时期的舆论场	广西职业技术学院陈克	《广西职业技术学院学报》2012年05期	
桂林抗战文艺的繁盛景观及其效应	广西社会科学院李建平	《重庆社会科学》2012年08期	国家社会科学基金艺术学项目《桂林抗战艺术史》阶段性成果之一
桂林抗战文化研究的丰碑——读魏华龄《桂林抗战文化史》有感	广西师范大学钱宗范	《广西文史》2012年02期	
抗日民族统一战线下的桂林抗战音乐	广西民族师范学院舒翠玲,广西艺术学院李莉	《歌海》2012年06期	广西教育厅《中国共产党和广西20世纪上半叶音乐》阶段性成果之一,广西艺术学院科研课题《广西20世纪上半叶音乐》阶段性成果之一
新桂系时期广西公务员的薪俸待遇	广西师范大学黎瑛	核心期刊《广西社会科学》2012年04期	2009年国家哲学社会科学基金特别委托项目西南边疆项目,2010年广西优秀人才支持项目
从国家—社会视阈看新桂系时期广西政府能力	广西师范大学黎瑛等	核心期刊《学术论坛》2012年02期	
新桂系时期广西公务员选拔机制探析	广西师范大学黎瑛	核心期刊《广西社会科学》2012年12期	国家哲学社会科学基金特别委托项目西南边疆项目,广西优秀人才支持项目
新桂系集团与广西侨务发展变迁关系研究	广西师范大学张坚	核心期刊《广西民族研究》2012年02期	2010年广西人文社会科学发展研究中心一般项目《民族地区破解特殊困难和提升自我发展能力的侨牌策略研究》阶段性成果之一
试论新桂系时期广西的体育事业	广西师范大学唐咸明	《桂林师范高等专科学校学报》2012年03期	
民族建设话语与新桂系的民族政策	广西民族师范学院韦福安	《广西民族师范学院学报》2012年04期	
明代中期广西“狼兵”、“狼人”的历史考察	广西民族大学唐晓涛	核心期刊《民族研究》2012年03期	国家社科基金项目《民间信仰与地域社会转型:太平天国历史根源的社会史考察》阶段性成果之一,广东省优秀博士论文资助项目《会党组织与地域社会:以广西浔郁地区为中心》阶段性成果之一
试析影响广西共产党早期组织创立的因素	广西民族师范学院钟国云	核心期刊《广西社会科学》2012年02期	
民国后期的竞选活动分析——以1946年广西省参议会议长竞选为中心	广西民族师范学院王晓军	核心期刊《广西师范大学学报》(哲学社会科学版)2012年01期	广西高校优秀人才资助计划项目
元明时期上思黄姓土司之乱与封建中央政权的处置态度	广西师范大学蓝武	《广西文史》2012年02期	

续表

论文题目	作者单位及作者	发表刊物及期数	备注
明代桂西土司的“城头/村”组织及赋役征发	广西民族大学唐晓涛	核心期刊《广西民族大学学报》(哲学社会科学版)2012年06期	教育部人文社会科学重点研究基地重大研究项目《明清帝国的建构与西南土著社会演变》阶段性成果之一,教育部哲学社会科学研究重大课题攻关项目《7~16世纪中国南部边疆与海洋经略研究》阶段性成果之一,广西人才小高地特聘专家项目《中国南方与东南亚民族研究》阶段性成果之一
清代广西巡抚年表及小传	广西师范学院杨东甫	《广西文史》2012年01期	
蒋冕的历史政治作为	广西财经学院朱声敏	《广西地方志》2012年04期	
民国初年陆荣廷治桂施政述评	广西师范大学谭肇毅	《广西文史》2012年02期	
爱国人士、桂剧奠基人唐景崧	广西社会科学院顾绍柏	《广西文史》2012年02期	
宋代广西著姓人物探析	广西师范学院黄权才	《广西文史》2012年03期	
清代寓桂人物别集提要	柳州市地方志刘汉忠	《广西地方志》2012年01期	
《清代寓桂人物别集提要》(续)	柳州市地方志刘汉忠	《广西地方志》2012年04期	
金榜题名时 进士绝命日——清末南宁进士谢煌的悲剧人生	广西文史研究馆谢汉俊	《广西文史》2012年03期	
民族交融的印记——柳州地名历史层次寻踪	广西大学覃凤余	核心期刊《广西民族研究》2012年01期	国家社科基金项目《广西壮语、汉语方言语法语料库》阶段性成果之一
陆谭时期的南宁成熟建设与近代南宁城市文化的形成	广西民族大学廖建夏	《广西文史》2012年02期	
桂林西湖的历史地理考察	广西师范大学闻海娇	《桂林师范高等专科学校学报》2012年04期	
广西历史地理知识若干问题考订	广西师范学院黄权才	《广西地方志》2012年05期	
清代广西全州龙水蒋氏书香世族初探	广西桂林图书馆蒋莉辉、吕立忠	《河池学院学报》2012年03期	
《岭外代答》与南宋广西饮食民俗	广西民族大学温玉珍	《安徽文学》(下旬刊)2012年05期	广西民族大学研究生教育创新计划
元代档案文献辨伪成就评述	广西民族大学郑慧	《档案学通讯》2012年02期	
魏濬广西史事笔记二种述略	广西师范学院杨东甫	《广西文史》2012年02期	
论明代桂林石刻诗歌	广西教育学院何婵娟	《柳州师专学报》2012年01期	广西桂学研究会课题《桂北石刻文学研究》阶段性成果之一,广西教育学院2011年课题《桂柳石刻文学研究》阶段性成果之一
广西环江红山古代冶炼遗址初步考察	广西广播电视大学黄全胜等	核心期刊《中国矿业》2012年06期	广西教育厅科研项目,广西高校优秀人才资助项目
广西桂平罗秀古代冶铁遗址群初步研究	广西广播电视大学黄全胜等	核心期刊《中国科技史杂志》2012年04期	国家自然科学基金项目,广西高校优秀人才资助计划项目
广西罗城古代炼锌遗址群初步考察	广西广播电视大学校黄全胜,罗城县文管所梁兴权	核心期刊《广西民族大学学报》(哲学社会科学版)2012年05期	广西教育厅科研资助重点项目,广西教育厅科研资助项目,广西高校优秀人才资助计划项目
广西百色革新桥遗址石器制作工艺研究	广西文物考古研究所谢光茂、林强	《南方文物》2012年04期	

续表

论文题目	作者单位及作者	发表刊物及期数	备注
论广西辛亥革命遗址的保护与开发利用	广西师范大学漓江学院唐凌	《广西文史》2012 年 01 期	
广西合浦县汉代出土文物与海上丝绸之路	广西博物馆吴伟峰、吴娱	《福建文博》2012 年 03 期	
南海一号与宋代广西北部湾的对外交往	钦州学院吴小玲	核心期刊《广西民族研究》2012 年 01 期	广西人文社会科学发展研究中心 2010 年度开放基金课题《广西北部湾开放开发史》阶段性成果之一
融水摩崖确证司马光书家人卦	广西师范大学杜海军	《光明日报》2012 年 12 月 10 日	

【文化研究】 2012 年，广西科研人员研究文化问题的著作主要有：李建平《2012 年广西蓝皮书：广西文化发展报告》，李启军《理论穿行：从文艺审美到影视文化》，李忠敏《宗教文化视域中的卡夫卡诗学》，于琦《齐泽克文化批评研究》，陈元中《中国共产党执政文化建设研究》，钟乃元《唐宋粤西地域文化与诗歌研究》等。

发表的论文，根据《中国知网》期刊不完全统计，通过对篇名中含有文化、桂学等关键词进行检索，2012 年，广西科研人员发表有关文化研究的论文有 839 篇，全国 50368 篇，占 1.67%。其中篇名中含有关键词“广西文化”的有 26 篇，全国 35 篇，占 74.29%；含有“桂学”的有 10 篇，全国 12 篇，占 83.33%。

广西科研人员发表文化研究的论文中，有 221 篇发表在核心期刊，占 26.34%。发表在核心期刊的论文中，研究“广西文化”的有 4 篇，占 1.8%；研究“桂学”的有 3 篇，占 1.36%。论文作者（以第一作者在广西为准）在高校有 197 篇（广西师范大学有 60 篇，广西民族大学有 36 篇，广西大学有 21 篇），占 89.14%；中学有 1 篇，占 0.45%；在科研机构有 10 篇，占 4.525%；在实践工作部门有 10 篇，占 4.525%；在党校系统有 3 篇，占 1.36%。

发表的论文中，有部分是基金项目的阶段性成果：国家基金项目（包括国家社科基金、国家哲学社会科学基金、国家自然科学基金）的阶段性成果 52 篇，教育部项目的阶段性成果 34 篇；广西基金项目（包括广西社科基金、广西哲学社会科学规划课题、广西自然科学基金）的阶段性成果 28 篇，广西教育类项目（包括广西教育科学规划课题、新世纪广西高等教育教学改革工程、广西研究生教育创新计划项目）的阶段性成果 26 篇。

在研究文化问题的文章中，主要从文化学、哲学、发展、建设、产业（包括创意产业）、产品、传播、服务、差异、冲突、认同、多样性、自觉、软实力、遗产（包括非物质文化遗产）以及专业、政治（包括廉政文化建设）、法治、组织、网络、布洛陀、传统、儒家、基督教、图书馆、音乐、电影、文学、体育、饮食、稻作、服饰、地域、园林、建筑、花山、岭南、城市（包括西江、桂林等）、海洋、历史（包括党史）、民俗、家族、民间、企业、国家、公共、档案、多元、跨文化、桂学等方面研究。作者多在高校。

出版的著作中，李建平主编《2012 年广西蓝皮书：广西文化发展报告》对 2011 年度的广西文化事业和文化产业现状和发展作了多层次多角度的描述和研究，是了解广西文化事业的发展态势，研究广西的文化产业发展进程的重要的研究报告集。

李启军《理论穿行：从文艺审美到影视文化》从审美变奏、当代日常生活审美化论纲、文艺活动的历史性与“美的规律”的历史展开、庄子的审美人生观、左江崖画中“大人”形象的生态审美学解读、儒家人格美理想与梁漱溟的“君子”形象、英雄崇拜与电影叙事中的“英雄情结”、开创影视明星的符号学研究、从影视改编看大众传媒时代古典文学名著的艺术生命之根等方

10月25日，广西第四届“魅力北部湾”群众文化理论研讨会在防城港举行。（广西群众文化学会供稿）

面进行了研究，具有较高的学术价值。

李忠敏《宗教文化视域中的卡夫卡诗学》对卡夫卡的诗学和他在宗教文化领域中的研究。卡夫卡的宗教思想是在充分汲取既有的宗教文化资源，并融入他个人的特殊体验的基础上形成的，这些思想影响着他的诗学原则的建构。

于琦《齐泽克文化批评研究》对齐氏文学与文化批评进行全面阐释与深入探讨，运用了跨学科的研究方法，除讨论文学与文化理论外，兼及哲学、政治学与精神分析等领域的理论反思。

发表的论文中，在研究文化哲学问题上，邓伯军、谭培文《意识形态：一种文化哲学的解读》指出文化发展作为人类特有的创造性活动，构成意识形态发展的精神能量系统，推进意识形态的文化自觉、文化自信和文化自强。

在研究文化产业问题上，赵巧艳《文化产业政策与文化包容性发展的协同》指出为使文化产业政策与文化包容性发展相协同，需要采取以下措施：深化文化体制改革，实施差别化的文化事业和文化产业政策；文化产业政策更多地向西部地区和传统文化的发展诉求倾斜；建设包容性的文化发展平台，保障倾斜性的文化产业政策落到实处。

在研究民歌文化产业问题上，马树春《民歌文化产业集约化发展策略研究——以广西为例》认为民歌文化产业要想做大做强做久，就必须转变发展方式，优化产业结构，推动产业集聚，形成规模经济，提高集约化经营水平，最终才能成为国民经济支柱性产业。而组建文化产业战略联盟就是集约化发展的主要途径，包括组建创意联盟、创作联盟、演出联盟、制作联盟等。

在研究文化服务问题上，郭星《实现流动人口文化服务均等化问题探讨》探讨了实现流动人口文化服务均等化的重要意义、存在问题及解决路径，从而为实现我国流动人口享受文化共享服务提供有益的启示。

在研究文化冲突问题上，谢凌凌《大学管理中的文化冲突及调谐》认为现代大学内部高度分化、异质化的组织文化构成大学管理的重要文化背景，往往会引发大学管理中的文化冲突。大学的管理者需要从努力建构人文主义的学术文化、选择和落实“外儒内道”的行动策略、打造“和而不同”的大学组织文化格局等方面着手以促进大学文化的调谐。

在研究廉政文化问题上，唐秀玲、秦馨《廉政文化建设中公民重法守法意识的培育》认为公民重法守法意识的培育是加强廉政文化建设的重要内容。公民法律意识的淡薄有着不同的表现和特点，廉政文化建设应针对性地开展工作。

在研究电影文化问题上，李晓滢《后殖民视角下电影片名的英译与文化输出》通过研究华语电影片名的四种翻译方法以及在后殖民主义视角下电影片名的不同译法对于中国文化输出的力度，提出使用恰当的电影片名翻译方法能够更为有效地输出中国文化。

在研究稻作文化问题上，申扶民、李玉玲《稻作文化与梯田景观生态探析——以广西龙脊梯田为例》认为稻作文化塑造了独特的梯田景观，该文以龙脊梯田为例，从生态的视角探析稻作文化与梯田景观之间的内在关联。

在研究园林文化问题上，刘涛《景借文传的中国古典园林之文化》认为中国古典园林与中国传统文化之间有着盘根错节的联系，特别是与传统诗词文化结下了不解之缘，中国古典园林的一个显著特点就是文人造园，因此“文借景成，景因文传”道出了园林与诗文的关系。

在研究建筑文化问题上，石承斌《贺州龙井古村民居建筑的文化透视》认为龙井古村民居的建筑文化是建立自物质建筑基础上的精神属性总和的反映。

在研究花山文化问题上，罗瑞宁《花山文化与广西当代文学互动关系研究引论》探析花山文化与广西当代文学的互动关系可以进一步理顺“花山精神”实质及其与“广西当代文学精神”的互通性，揭示花山精神对于广西当代文学思想启迪和精神支撑的作用，进一步挖掘“花山精神”的创造潜力，发展繁荣本地区民族文艺创作。

在研究桂林文化问题上，李江《论焦菊隐桂林文化城时期的戏剧理论和导演艺术》探讨焦菊隐在桂林文化城时期的戏剧理论和导演艺术。

在研究党史文化问题上，刘绍卫《党史文化的意识形态整合功能及对策》指出党史文化以马克思主义为理论基础，坚持人民群众的历史主体地位、共产主义的崇高理想信念和集体主义的核心价值原则，具有丰富的文化内涵。

在研究民间文化问题上，陈媛、刘鑫森《民间文化社团的意识形态功能探析》通过组织各类文化实践活动，民间文化社团可以实现其有效维护和巩固国家政权的合法性、增强大众的意识形态认同感以及促进社会和谐等意识形态。

在研究多元文化问题上，陈路芳、肖耀科《论多民族国家与多元文化教育——台湾地区多元文化教育政策的启示》提出台湾的多元文化教育的某些经验值得借鉴，其中如何保持多元教育与一体化教育的某种均衡以增强各族群的中华民族认同感，特别值得关注。廖国一、白爱萍《多元文化的交融：泛北部湾历史文化圈》认为泛北部湾的中国与越南、马来西亚、新加坡、印尼、菲律宾和文莱等东盟国家在古代经济文化交流过程中就形成了朝贡贸易文化圈、铜鼓文化圈、方孔钱文化圈、陶瓷文化圈等多重文化圈,它们共同构成了泛北部湾历史文化圈。泛北部湾历史文化圈为当今泛北部湾的经济合作奠定了良好的历史基础。

在研究跨文化问题上,杨海晨等《论体育人类学研究范式中的跨文化比较》采用文献资料调研与逻辑分析法,认为体育人类学的发展史可以说就是一部体育人类学跨文化比较的演进史。提出跨文化的历史诉求应是为了促进对他者文化的理解。欧阳灿灿《再论跨文化变异与误读——以20世纪中上叶中国接受俄苏文论为例》认为跨文化理论如译介学、误读理论与接受学充分褒扬接受者的改写、误读与变异所带来的意义与价值,但从中国接受外来文化与文学的这个案例来看,这样的态度似乎有失全面与客观。

有关"文化研究"方面的著作一览表

著作题目	作者单位及作者	出版社及出版时间	字数(千字)
2012年广西蓝皮书:广西文化发展报告	广西社会科学院李建平	广西人民出版社,2012年6月	530
理论穿行:从文艺审美到影视文化	广西民族大学李启军	广西师范大学出版社,2012年5月	240
宗教文化视域中的卡夫卡诗学	广西民族大学李忠敏	中国社会科学出版社,2012年5月	204
齐泽克文化批评研究	广西师范大学于琦	中国社会科学出版社,2012年6月	428
中国共产党执政文化建设研究	广西民族大学陈元中	人民出版社,2012年9月	330
唐宋粤西地域文化与诗歌研究	广西民族大学钟乃元	民族出版社,2012年12月	400

有关"文化研究"方面的论文一览表

论文题目	作者单位及作者	发表刊物及期数	备注
一部融入文化学的中共党史学术新作——《从中国特色革命理论到中国特色社会主义理论研究》评析	广西师范大学陈雄章	《当代广西》2012年12期	
意识形态:一种文化哲学的解读	广西师范大学邓伯军、谭培文	核心期刊《毛泽东邓小平理论研究》2012年10期	国家社科基金项目《和谐社会核心价值认同的利益机制研究》阶段性成果之一,国家社科基金项目《当代中国文化的发展价值及其实现路径研究》阶段性成果之一
文化发现与发现文化	广西民族大学徐杰舜	核心期刊《学术探索》2012年01期	
文化信仰与文化自觉刍议	广西工学院谭竺雯	核心期刊《人民论坛》2012年29期	
文化发展与文化安全的对立统一关系辨析	广西师范学院谢宵男、覃明兴	《文化学刊》2012年04期	
新媒体与文化发展的困境及路径思考	广西师范学院颜小芳、晏青	《重庆邮电大学学报》(社会科学版)2012年03期	教育部人文社会科学一般项目
强化少数民族地区乡村文化发展的精神塑建	广西贺州学院李晓明	《老区建设》2012年06期	教育部2010年人文社会科学规划项目《南岭走廊瑶族手抄古籍文献整理与研究》阶段性成果之一,广西哲学社会科学"十一五"规划2008年度课题《桂东古村落文化资源保护与旅游开发策略研究》阶段性成果之一
浅谈多元文化时代的文化发展	广西大学陈飘飘等	《广西社会主义学院学报》2012年05期	
学习贯彻十七届六中全会精神 促进安全文化发展	广西南宁市安全生产监督管理局苏英明	《安全生产与监督》2012年02期	

续表

论文题目	作者单位及作者	发表刊物及期数	备注
思想道德建设与科学文化发展研究	广西工学院黄超	《广西民族师范学院学报》2012年05期	广西教育科学"十一五"规划课题，广西教育厅科研项目
方志文化发展改革浅探	广西地方志办公室陈曼平	《中国地方志》2012年03期	
发挥大学文化建设在社会主义文化建设中引领作用的几点思考	广西职业技术学院黄祐、蒙贵恩	《广西职业技术学院学报》2012年01期	
新形势下统一战线服务社会主义文化建设的路径分析	广西社会主义学院杨绪强	《河北省社会主义学院学报》2012年03期	
民主党派服务社会主义文化建设初探	广西社会主义学院刘蕙香	《重庆社会主义学院学报》2012年02期	
探讨事业单位文化建设的新思路	广西科学技术情报研究所朱荣静	《企业科技与发展》2012年21期	
加强党内文化建设 树立党员"四种"形象	广西交通规划勘察设计研究院肖志英，中国石油广西南宁销售公司贝鹏程	《企业科技与发展》2012年12期	
高校班级文化建设问题与对策	广西工学院朱广生、莫京兰	《世纪桥》2012年03期	2010年度广西工学院科学基金项目《加强和改进班级文化建设，积极推进大学生思想政治教育》阶段性成果之一
论民族地区文化产业发展与经济发展方式的转变——以广西为例	广西财经学院丁智才	核心期刊《广西社会科学》2012年02期	广西哲学社会科学规划项目
文化产业知识产权融资模式探究	广西师范大学梁君、郑兴波	《改革与战略》2012年04期	教育部人文社会科学研究青年基金项目《西部地区文化产业升级机制与路径研究——基于波特钻石模型的视角》阶段性成果之一，广西师范大学博士基金项目，广西人文社会科学发展研究中心"科学研究工程"项目
文化产业风险投资发展对策浅析	广西师范大学梁君、郑兴波	核心期刊《财会通讯》2012年20期	教育部人文社会科学研究青年基金项目《西部地区文化产业升级机制与路径研究——基于波特钻石模型的视角》阶段性成果之一，广西师范大学博士基金项目，广西人文社会科学发展研究中心项目，《泛北部湾合作研究团队建设》阶段性成果之一
文化产业的商业模式创新对策探讨	广西师范大学方晓超	核心期刊《商业时代》2012年29期	《西部地区文化产业升级机制与路径研究——基于波特钻石模型的视角》阶段性成果之一，广西师范大学博士基金项目，广西人文社会科学发展研究中心项目，《桂商研究团队建设》阶段性成果之一
文化产业政策与文化包容性发展的协同	广西师范大学漓江学院赵巧艳	核心期刊《探索》2012年02期	国家社科基金项目
少数民族地区文化产业发展研究——以广西三江侗族自治县为例	广西三江县委党校邓兰英	《经济与社会发展》2012年03期	
民歌文化产业集约化发展策略研究——以广西为例	广西百色市委党校马树春	《百色学院学报》2012年01期	国家社科基金一般项目《西部民歌文化资源产业化研究——以广西为例》阶段性成果之一
基于地域资源视角论桂西北农村文化产业发展	广西现代职业技术学院于瑞强，河池学院谢艳娟	《哈尔滨学院学报》2012年11期	广西教育科学"十一五"规划课题，广西河池学院引进人才科研启动费项目，广西教育厅2012教改重点项目课题，2012年度国家社会科学基金一般项目

续表

论文题目	作者单位及作者	发表刊物及期数	备注
我国文化创意产业国际合作的研究	广西民族大学梁丽杰	《经济与社会发展》2012年07期	
广西文化创意产业投融资问题及对策研究	广西师范大学赵瑞娟、黄晓敏	《中国集体经济》2012年16期	广西人文社会科学发展研究中心项目《广西文化软实力发展研究团队》阶段性成果之一
广西文化创意产业发展的战略分析	广西师范大学贤成毅、汪迎波	《广西大学学报》(哲学社会科学版)2012年04期	广西人文社会科学发展研究中心项目
高校广告教学如何参与地方文化创意产业——以广西财经学院为例	广西财经学院魏加晓、邬镇宁	《新闻世界》2012年02期	
关于文化创意产业区位选择的研究	广西大学尚纹玉、陈一鸣	《产业与科技论坛》2012年19期	
中国文化产品评价体系探讨	广西社会科学院刘建军	核心期刊《学术论坛》2012年02期	
巴赫金对跨文化传播理论的思索和贡献	广西艺术学院简圣宇	核心期刊《新闻界》2012年03期	
高校诚信文化传播模式初探	广西警官高等专科学校郭猛	核心期刊《山西师大学报》(社会科学版)2012年03期	全国教育科学"十二五"规划单位资助教育部规划课题
新传媒时代面向东盟的跨文化传播人才培养研究	广西艺术学院罗幸	核心期刊《广西社会科学》2012年11期	
现代化下的中华文化传播	广西艺术学院郭阿诺	《大众文艺》2012年07期	
从天琴形制的三个发展阶段看族群文化传播	广西民族师范学院黄新宇	《四川民族学院学报》2012年06期	教育部人文社会科学研究西部和边疆地区项目《壮傣文化跨国传播研究——以广西西南部布傣族群与东南亚傣族文化传播研究为例》阶段性成果之一
实现流动人口文化服务均等化问题探讨	广西柳州职业技术学院郭星	《经济与社会发展》2012年11期	
县域图书馆参与公共文化服务体系建设的实践与思考	广西博白县图书馆朱其珍,广西师范大学褚兆麟	《经济研究导刊》2012年14期	
论高职院校图书馆在南宁城市公共文化服务体系中的定位与作用	广西国际商务职业技术学院刘海新、赵海鹰	《黑河学刊》2012年04期	
论英汉文化差异对电影片名翻译的影响	广西财经学院李劼全	核心期刊《电影文学》2012年02期	
中西语言文化差异体现及成因探析	广西交通职业技术学院唐小翠	《柳州师专学报》2012年03期	
从中西文化差异看导游词翻译	广西师范大学蒙丽芳	《文学教育》(中)2012年01期	
东盟各国商务谈判中的文化差异及应对策略	广西民族师范学院邓英凤	《群文天地》2012年10期	广西民族师范学院科研项目
国际商务谈判教学中跨文化差异的模拟实践	广西大学杨永红、张湘江	《广西教育学院学报》2012年05期	2012年广西高等教育教学改革工程项目《基于提高职业岗位适应力的本科国际贸易实务课程体系的教学改革与实践》阶段性成果之一
论国际商务英语谈判中如何应对文化的差异	广西工商职业技术学院黄英	核心期刊《中国商贸》2012年16期	

续表

论文题目	作者单位及作者	发表刊物及期数	备注
大学管理中的文化冲突及调谐	广西财经学院谢凌凌等	核心期刊《当代教育科学》2012年15期	2012年国家社科基金项目《完善中国特色现代大学制度研究》阶段性成果之一,2012年度教育部人文社科研究项目《大学学术权力运行风险及其防范机制研究》阶段性成果之一
广府人的族群迁徙与文化认同	广西民族大学徐杰舜	核心期刊《广西民族大学学报》(哲学社会科学版)2012年03期	
从课程教育向文化认同转换的高校思想政治教育目标视野研究	广西工学院梁远海	核心期刊《广西社会科学》2012年02期	2011年广西教育厅高效安全稳定立项研究课题,2010年广西教育厅高校党建课题
试析广西与越南留学教育交流中的文化认同	广西师范大学钟珂	《教育教学论坛》2012年34期	2009年度国家社会科学基金项目《构建认同——北部湾经济合作的可持续性研究》阶段性成果之一,广西人文社会科学发展研究中心《泛北部湾历史文化研究团队》阶段性成果之一
技术:历史、遗产与文化多样性——“第二届中国技术史论坛”会议综述	广西民族大学吴致远等	核心期刊《中国科技史杂志》2012年02期	
文化多样性视角下的性别平等	广西民族大学吕俊彪	核心期刊《云南民族大学学报》(哲学社会科学版)2012年01期	广西高校优秀人才资助计划项目
文化多样性背景下民族院校学习型党组织建设刍议	广西民族大学周丽华、吕俊彪	核心期刊《学校党建与思想教育》2012年10期	2010年度广西高校党建研究课题立项项目《民族院校建设学习型党组织的长效机制研究》阶段性成果之一
倡导班级文化自觉 引领学生健康成长	广西南宁市第三中学李杰、徐建华	核心期刊《教学与管理》2012年10期	
弘扬城市精神关键在于增强市民的价值认同与文化自觉	广西教育学院罗勇岐	核心期刊《广西社会科学》2012年06期	
文化信仰与文化自觉刍议	广西工学院谭竺雯	核心期刊《人民论坛》2012年29期	
文化自觉视野下高校思想政治教育的拓展与创新	广西科技大学(筹)朱其东、叶宗波	核心期刊《广西民族大学学报》(哲学社会科学版)2012年05期	2009年新世纪广西高等教育教学改革工程“十一五”规划重点资助课题《构建提高大学生思想政治教育实效性动力系统的研究与实践——以文化自觉和现实关怀为视角》阶段性成果之一,2008年广西哲学社会科学“十一五”规划课题《高等院校理论武装工作创新研究》阶段性成果之一
以文化自觉与文化自信提升文化软实力——评吕余生等著《广西北部湾地区历史文化资源保护与开发研究》	广西师范大学张利群	核心期刊《学术论坛》2012年01期	
文化软实力视阈下的“广西精神”研究	广西师范学院曾艳红	核心期刊《广西社会科学》2012年09期	
提高文化软实力目标下民族地区思想道德建设论析	广西工学院张发钦,广西民族师范学院韦国善	核心期刊《学校党建与思想教育》2012年16期	教育部人文社会科学研究青年基金项目《科学发展视阈下民族地区文化软实力建设与评价研究》阶段性成果之一
民歌中的文化寻根现象与文化软实力初探——以中越边境的旦歌为例	广西民族师范学院何明智	《广西社会主义学院学报》2012年01期	广西教育厅科研立项项目,广西民族师范学院重点项目

续表

论文题目	作者单位及作者	发表刊物及期数	备注
发掘文化软实力为经济社会发展服务——广西北部湾地区历史文化资源保护与开发研讨会综述	广西社会科学院王绍辉	《经济与社会发展》2012年01期	
发挥文化软实力若干问题的探讨	广西师范大学钱宗范	《江南论坛》2012年05期	
提升文化软实力　建设文化强市	广西柳州市委陈刚	《传承》2012年03期	
八景文化空间与八景诗画的文化遗产价值	广西师范大学朱国佳等	核心期刊《广西师范大学学报》(哲学社会科学版),2012年05期	
加快文化遗产事业发展的探讨——以广西为例	广西师范大学廖国一、王林	《桂海论丛》2012年04期	
论红色文化遗产与广西新兴城市文化发展	广西民族文化艺术研究院许晓明	《广西民族师范学院学报》2012年04期	
当代民间文化的遗产化建构——以广西宝赠侗族祭萨申遗为例	广西师范大学徐赣丽、郭悦	核心期刊《贵州民族研究》2012年02期	
非物质文化遗产保护与全球化背景下的资源博弈	广西民族大学吕俊彪、向丽	核心期刊《广西民族研究》2012年01期	广西高校优秀人才资助计划项目
旅游在非物质文化遗产传承中的作用	广西大学阳国亮、邓莹	《旅游论坛》2012年03期	
“后申遗时代”的非物质文化遗产保护与乡村人文重建	广西师范大学覃德清、杨丽萍	《江南大学学报》(人文社会科学版)2012年01期	国家哲学社会科学课题《非物质文化遗产保护与壮族民歌习俗传承现状的跨学科调查和研究》阶段性成果之一,广西“人文强桂”工程项目,广西文科中心南疆民族和谐关系研究团队资助课题
试论东南亚非物质文化遗产概况及其传播和发展	广西大学李星萍	《南宁职业技术学院学报》2012年05期	国家大学生创新性实验计划项目《中国—东盟文化交流语境下广西壮剧的传承与发展》阶段性成果之一,广西社科基金项目《东南亚非物质文化遗产及其在广西的传播》阶段性成果之一
高校图书馆对地方非物质文化遗产传承与保护作用的探讨	广西国际商务职业技术学院古珊	《知识经济》2012年08期	
专业文化视域下的大学生思想政治教育工作对策研究	广西工学院陈克文	核心期刊《教育与职业》2012年18期	新世纪广西高等教育教改工程“十一五”课题《高等院校思想政治理论课教学载体建设研究》阶段性成果之一
政治文化涵化:改土归流新论——以广西龙州县域土司社会为例	广西博物馆蓝韶昱	核心期刊《广西社会科学》2012年01期	
卢梭《社会契约论》对我国政治文化建设新趋向的启示	广西大学谢国雄	《经济与社会发展》2012年07期	
政治文化视域下的暴君——以越南前黎朝“卧朝王”黎龙铤为个案	广西民族大学王柏中等	《广西民族师范学院学报》2012年01期	国家社科基金一般项目《10-19世纪越南国家宗教祭祀制度研究》阶段性成果之一
廉政文化建设中公民重法守法意识的培育	中共广西区委党校唐秀玲,广西师范学院秦馨	核心期刊《新视野》2012年02期	国家社会科学基金项目
高校院系廉政文化建设薄弱的表现及其探解	广西师范大学何旗等	核心期刊《华中师范大学学报》(人文社会科学版)2012年04期	
关于加强企业廉政文化建设的探索与实践	广西柳州市供电局赵红	《广西电业》2012年01期	

续表

论文题目	作者单位及作者	发表刊物及期数	备注
廉政文化建设存在的问题及对策	广西梧州市委党校许文	《中共银川市委党校学报》2012年06期	
以廉政文化建设推动党风廉政建设工作	广西南宁市江南公路管理局唐元忠	《科技与企业》2012年21期	
试论中国特色社会主义法治建设对世界法治文化的贡献	广西大学杨永波等	核心期刊《河北法学》2012年07期	
组织文化理论在高校学习型基层党组织建设中的应用	广西体育高等专科学校蓝敏萍,中共广西壮族自治区高等学校工作委员会胡春柳	核心期刊《学校党建与思想教育》2012年30期	广西教育厅2010年度高校党建A类重点课题项目
组织文化视野下图书馆员的专业发展	广西大学庞蓓	《图书馆界》2012年03期	
CUBA组织文化研究	广西师范大学唐健等	《运动》2012年09期	广西师范大学第七届教育教学改革项目
论网络文化的后现代特征	广西师范学院谢永新	《广西民族师范学院学报》2012年04期	
网络文化对大学生德育的影响	广西工学院黄超	《梧州学院学报》2012年05期	广西教育科学"十一五"规划课题,广西教育厅科研项目
科学引领 积极推动——张声震对布洛陀文化研究的引领与推动	广西社会科学院黄铮	《广西民族研究》2012年02期	
论基础研究在布洛陀文化保护开发中的意义	广西民族大学陆晓芹	《广西大学学报》(哲学社会科学版)2012年03期	
布洛陀文化开发与利用的优势与机遇	广西师范大学蓝武	《广西民族师范学院学报》2012年01期	
布洛陀文化传承视野中的民俗体育探析——以广西田阳县敢壮山歌圩为个案	广西民族大学覃明路等	《体育研究与教育》2012年02期	广西民族大学重点科研项目
由外源及内发:民族传统文化重构反观——以金龙布傣天琴文化的发展为例	广西民族大学秦红增、宋秀波	核心期刊《吉首大学学报》(社会科学版)2012年01期	广西研究生教育创新计划资助项目
中国传统文化元素在广告设计创意中的体现	广西工商职业技术学院李莹	《大舞台》2012年06期	广西教育科学"十二五"规划2011年度A类(资助经费重点课题)《高职广告艺术类专业加强人文素质教育的创新与研究》阶段性成果之一
中国传统文化与周恩来思想政治工作理论	广西科技大学(筹)覃雪梅	《湖北民族学院学报》(哲学社会科学版)2012年03期	
试论中国传统文化中的尚空思想	广西师范学院刘玲	《广西民族师范学院学报》2012年01期	
修己安人:党性修养对传统文化的继承与超越	中共广西区委党校陈林杰	《创新》2012年05期	
从书牍名篇看中华传统文化	广西师范学院王凤年	《广西师范学院学报》(哲学社会科学版)2012年01期	
百年中国儒家文化的传播与现代转型	广西财经学院黄瑛	核心期刊《湖南科技大学学报》(社会科学版)2012年06期	
儒家文化在中国20世纪现代转型中的复杂命运和演变历史	广西财经学院黄瑛	核心期刊《名作欣赏》2012年17期	湖南省社科规划基金重点项目《当代中国文学的文化走向研究》阶段性成果之一

续表

论文题目	作者单位及作者	发表刊物及期数	备注
论越南现代作家吴必素的儒家文化情结	广西民族大学黄可兴	《广西民族大学学报》(哲学社会科学版)2012年03期	2011年广西民族大学科学研究项目
浅析儒家文化对越南社交礼仪的影响	广西大学金梓芳	《文学界》(理论版)2012年11期	
论基督教在广西壮族地区的传播及文化冲突	广西师范大学刘祥学	核心期刊《宗教学研究》2012年02期	2010年国家自然科学基金项目《壮族地区人地关系过程中的环境适应研究》阶段性成果之一,2011年国家社会科学基金重点项目《中国历史民族地理研究》阶段性成果之一
新建本科院校图书馆文化建设的实证研究——以广西壮族自治区为例	广西财经学院唐野琛	《图书馆》2012年03期	广西教育科学“十一五”规划课题《广西新建本科院校图书馆建设校园文化的现状与对策研究》阶段性成果之一
公共图书馆文化自觉之践行	广西图书馆金建英	《图书馆界》2012年05期	
区域音乐文化资源在广西基层中小学音乐教育中的传承	广西艺术学院庞婉芳	《艺术探索》2012年05期	
以优美的旋律感化孤独,以动人的乐韵滋润心田——谈家庭音乐文化氛围对孤独症儿童社会性发展障碍的干预	广西艺术学院刘进	《大众文艺》2012年12期	
多元音乐文化在北部湾区域的应用	广西钦州学院薛可	《大舞台》2012年02期	广西钦州学院一般立项项目《广西北部湾区域多元音乐文化开发与利用》阶段性成果之一
地方高校音乐文化教育的探索与实践	广西梧州学院骆宗勤	《大舞台》2012年11期	2009年广西教育厅科研项目,梧州学院2009年院级科研项目《边远地区地方高校音乐文化对提高大学生人文素质的研究》阶段性成果之一
普及音乐文化,提高音乐审美体验	广西师范大学杨慧芳	《大舞台》2012年12期	
浅析电影《金陵十三钗》的跨文化交际障碍——以西方媒体报导《金陵十三钗》时所突显的文化冲突为例	广西大学柯威	《电影评介》2012年04期	
后殖民视角下电影片名的英译与文化输出	广西大学李晓滢	核心期刊《电影文学》2012年05期	2010年国家社会科学基金项目《斯皮瓦克理论研究》阶段性成果之一,广西大学科研基金资助项目《对话与融合——文化对比与翻译研究》阶段性成果之一
从电影《美丽新世界2:埃及任务》透视法国式幽默与文化	广西大学冯凯	核心期刊《电影文学》2012年13期	2011年新世纪广西高等教育教改工程项目
报告文学:一种时代的“文化战车”——中国当代报告文学发展史的文化考察	广西民族大学李运抟	核心期刊《学习与探索》2012年04期	
琴棋书画:汉族文化印象文学与历史的对话	广西民族大学徐杰舜、徐桂兰	核心期刊《社会科学家》2012年07期	
文学教育:诗言志说的一个文化侧面	广西师范学院贺根民	核心期刊《山西师大学报》(社会科学版)2012年06期	教育部人文社科规划基金项目
文化启蒙倾向的实践——寻根文学思想文化内涵研究	广西教育学院程志军	《广西教育学院学报》2012年01期	

续表

论文题目	作者单位及作者	发表刊物及期数	备注
从《花茶》探析菲华文学中的亲情文化	广西师范学院祁薇	《文学教育》(中)2012年08期	
中国现代小说的文化特征谫论	广西师范学院宾恩海	核心期刊《南方文坛》2012年03期	
东南亚儿童文学中的汉文化元素	广西大学梁卿等	《东南亚纵横》2012年09期	
广西少数民族传统体育文化的社会功能	广西大学朱奇志	核心期刊《武汉体育学院学报》2012年03期	广西教育科学"十一五"规划课题
中越边境民俗体育文化探析——以广西龙州金龙板烟布傣舞凤为个案	广西民族大学陈支越	核心期刊《沈阳体育学院学报》2012年02期	
民族体育文化传承对推动体育经济产业发展的研究	广西师范学院赖福芬,广西体育高等专科学校刘敏	核心期刊《前沿》2012年04期	2011年广西教育科学规划课题立项项目
唐代休闲体育文化研究	广西师范大学曾宇	核心期刊《人民论坛》2012年17期	
啦啦操在高校校园体育文化建设中的作用探析	广西玉林师范学院凌颖	《体育世界》(学术版)2012年01期	
试论民族传统体育与社区体育文化的融合	广西教育学院陆世斌	《体育科技》2012年04期	
论体育人类学研究范式中的跨文化比较	广西桂林电子科技大学杨海晨等	核心期刊《体育科学》2012年08期	国家社会科学基金重点项目,国家社会科学基金青年项目,国家社会科学基金青年项目
一种值得永久传承的饮食文化——广西桂林米粉文化内涵及传说故事解读	广西师范学院唐娟	《广西师范学院学报》(哲学社会科学版)2012年02期	
广西民族饮食文化资源旅游开发探析	广西工学院陆文丽	《企业科技与发展》2012年09期	广西工学院硕士科研基金项目
中、越、老、泰等国壮泰族群的饮食文化	广西民族大学范宏贵	《广西民族师范学院学报》2012年02期	
越南独特的饮食文化	广西外国语学院尹全芳	《文学界》(理论版)2012年04期	
广西平乐县油茶饮食文化创意性开发研究	桂林理工大学汤雪莹,广西民族大学甘升	《市场论坛》2012年07期	
稻米与广西饮食文化	广西民族大学王哲	《现代农村科技》2012年24期	
稻作文化与梯田景观生态探析——以广西龙脊梯田为例	广西民族大学申扶民、李玉玲	核心期刊《广西民族研究》2012年02期	国家社科基金项目《广西西江流域生态文化研究》阶段性成果之一
明、清服饰文化比较	广西桂林电子科技大学吴红艳	《现代丝绸科学与技术》2012年03期	
印尼巴迪克的服饰文化特征研究	广西大学王红	《广西民族师范学院学报》2012年02期	广西社科基金项目《东南亚非物质文化遗产及其在广西的传播》阶段性成果之一
浅析外来服饰文化对中国20世纪服饰演变的影响	广西艺术学院石云	《美术大观》2012年07期	
文化变迁研究的佳作——评《濒临消失的广西少数民族服饰文化》	中共广西区委党校杨军	《湖北民族学院学报(哲学社会科学版)》2012年01期	

续表

论文题目	作者单位及作者	发表刊物及期数	备注
第七届全国艺术学学会年会暨“地域文化与艺术”学术研讨会综述	广西艺术学院简圣、梁冬华	《艺术百家》2012年01期	
地域文化与旅游纪念品开发探析	广西财经学院马东跃	《企业活力》2012年09期	
少数民族地域文化与演艺项目的良性互动探索——以《印象·刘三姐》为例	广西艺术学院余婧，广西大学邓军	《艺术探索》2012年04期	广西哲学社会科学研究课题《“印象·刘三姐”与广西民族文化传承发展研究》阶段性成果之一
柳州园博园城市展园设计的地域文化表达研究	广西工学院鹿山学院苏引江	《绿色科技》2012年11期	
从上海世博会展馆设计谈地域文化在室内设计中的运用	广西建设职业技术学院罗智	《广西城镇建设》2012年05期	
论地域文化对舞蹈创作的影响	广西师范大学吕扬	《大学教育》2012年02期	
桂西北地域文化传承与动画创新发展的建构	广西现代职业技术学院于瑞强	《绵阳师范学院学报》2012年07期	广西教育科学“十一五”规划课题，河池学院引进人才科研启动费项目
寻找具有地域文化语言的雕塑材料	广西贺州学院吴琳	《大舞台》2012年01期	《城市雕塑映照地域文化与城市意象研究》结题论文
探索景观建筑中的民族地域文化	广西华蓝设计集团有限公司仲勇	《中国科技投资》2012年33期	
景借文传的中国古典园林之文化	广西师范大学刘涛	核心期刊《艺术百家》2012年02期	
贺州龙井古村民居建筑的文化透视	广西师范大学石承斌	核心期刊《广西民族研究》2012年04期	
花山文化与广西当代文学互动关系引论	广西民族师范学院罗瑞宁	核心期刊《广西社会科学》2012年06期	广西哲学社会科学“十二五”规划2011年度项目
群众文艺是创建特色岭南文化示范市的基石	广西玉林市群众艺术馆马廷丰	《传承》2012年23期	
城市文化与高校文化互动发展研究	广西大学李继兵、宁德鹏	核心期刊《学校党建与思想教育》2012年14期	
南宁高校文化与城市文化互动发展的对策探讨	中共广西区委党校王春林	《创新》2012年03期	
陆谭时期的南宁城市建设与近代南宁城市文化的形成	广西民族大学廖建夏	《广西地方志》2012年04期	
关于城市文化背景下城中村改造档案收集工作的思考	广西民族大学王静茹	《河北水利》2012年02期	
论西江文化发展战略与对策	广西民族文化艺术研究院史晖	《歌海》2012年05期	
论西江文化的底蕴、精神、生态与战略地位	广西民族文化艺术研究院何荣智	《歌海》2012年06期	
用传统视觉艺术铭刻桂林文化史——书画篆刻艺术家林汉涛访谈录	广西师范大学黄伟林等	《贺州学院学报》2012年01期	
论焦菊隐桂林文化城时期的戏剧理论和导演艺术	广西师范大学李江	核心期刊《南方文坛》2012年04期	国家社会科学基金艺术学项目《桂林抗战艺术史》阶段性成果之一
把握历史机遇 推动桂林文化建设繁荣发展	广西桂林市文化局张执雪	《传承》2012年03期	
试论乡村文化景观的意义及其分类、评价与保护设计	广西大学欧阳勇锋、黄汉莉	核心期刊《中国园林》2012年12期	

续表

论文题目	作者单位及作者	发表刊物及期数	备注
论广西北部湾经济区现代海洋文化建设	广西财经学院戎霞、丁智才	核心期刊《广西社会科学》2012年06期	广西高校科研资助项目
文化给力新发展——试论海洋文化与西部民族地区和谐社会构建	广西师范大学郑剑玲	核心期刊《人民论坛》2012年36期	广西研究生创新基金项目
北部湾海洋文化发展策略探究	广西师范大学俞成、孟雅琼	《玉林师范学院学报》2012年01期	
利用影视动漫产业发展广西海洋文化	广西民族文化艺术研究院刘倩玲	《歌海》2012年05期	
广西海洋文化开发利用研究	广西民族文化艺术研究院黎学锐	《歌海》2012年06期	
广西海洋性文化遗产研究	广西民族文化艺术研究院杨丹妮	《歌海》2012年05期	
北部湾海洋文化网络传播的信息优化策略	广西财经学院戎霞、丁智才	《创新》2012年03期	
历史文化名村空间文化意境塑造	广西华蓝设计集团有限公司李军	核心期刊《规划师》2012年10期	
百越古道的历史文化考察	广西民族大学陈一榕	核心期刊《广西民族研究》2012年01期	
广西建设民族团结进步模范区的历史文化基础及实现途径	中共广西区党委刘绍卫	核心期刊《广西民族研究》2012年03期	2012年国家社会科学基金项目《中国共产党在民族地区文化建设的历史考察与经验研究》阶段性成果之一
历史文化名镇的"旅游兴镇"发展调查——以广西扬美古镇为例	广西师范大学王义君	《重庆科技学院学报》(社会科学版)2012年17期	
填补桂林历史文化研究空白的精品——何开粹、宿富连主编《桂林历代楹联宝典》一书评析	广西师范大学钱宗范	《中共桂林市委党校学报》2012年01期	
干将莫邪传说的文化元素探析	广西民族大学唐贤秋	核心期刊《广西社会科学》2012年08期	
真实而生动 细腻而厚重——评《南宁历史文化丛书》(第二辑)	广西文联林万里	《创新》2012年06期	
党史文化的意识形态整合功能及对策	中共广西区委刘绍卫	核心期刊《广西师范大学学报》(哲学社会科学版)2012年06期	2011年度国家社科基金项目《中国共产党维护民族团结及历史经验研究》阶段性成果之一,2012年国家社科基金项目《中国共产党在民族地区文化建设的历史考察与经验研究》阶段性成果之一
与党史文化息息相关的楹联文化	广西桂林理工大学附属小学林仕谋	《传承》2012年15期	
广西民俗文化词英译案例评析	广西大学麦红宇、关熔珍	核心期刊《广西民族大学学报》(哲学社会科学版)2012年01期	广西教育科学"十一五"规划2010年项目《基于后殖民翻译理论视角下的高校英语专业翻译教学研究》阶段性成果之一
论清代临桂龙氏家族的文化与文学	广西师范大学王德明	核心期刊《南方文坛》2012年04期	2011年度教育部人文社会科学研究规划基金项目《清代粤西文学家族研究》阶段性成果之一,广西哲学社会科学"十二五"规划2011年度课题《明清时期广西的文学家族与家族文学研究》阶段性成果之一

续表

论文题目	作者单位及作者	发表刊物及期数	备注
民间文化社团的意识形态功能探析	广西民族大学陈媛	核心期刊《学术论坛》2012年12期	国家社科基金项目《当代马克思主义意识形态中国化的理论创新研究》阶段性成果之一,《依托社区文化社团推动当代马克思主义大众化研究》阶段性成果之一,2011年广西高等学校优秀人才资助计划项目《民间组织发展与国家意识形态安全研究》阶段性成果之一
唐宋粤西民间文化景观与诗歌创作	广西民族大学钟乃元	核心期刊《广西民族大学学报》(哲学社会科学版)2012年02期	广西教育厅科研项目
新型网络环境下的企业文化重构——以P公司网络环境为例	广西经济管理干部学院李宁	核心期刊《企业管理》2012年08期	
创建和谐企业文化 助推内控能力提升	中国联通广西分公司阮聪	核心期刊《经济研究参考》2012年16期	
区域性金融机构建立包容性企业文化探讨	广西北部湾银行研究课题组	《中国外资》2012年13期	广西北部湾银行课题《区域性金融机构建立包容性的跨企业亚文化市场营销机制研究》阶段性成果之一
企业文化探析	广西北部湾职业技术学校刘幸福	《现代商贸工业》2012年14期	
广西建工集团企业文化建设探讨	广西建工集团联合建设有限公司韦世团	《技术与市场》2012年07期	
企业文化与标准化建设双促进	广西金嗓子有限责任公司江佩珍	《中国标准化》2012年11期	
和谐企业文化的哲学内涵	广西师范学院袁德栋等	《群文天地》2012年08期	
跨国公司文化管理浅析——以霍夫斯泰德文化维度理论为导向	广西大学覃安基等	核心期刊《人民论坛》2012年26期	
国家文化安全问题研究综述	广西师范大学谭培文等	核心期刊《广西社会科学》2012年12期	湖南省哲学社会科学基金项目,南华大学博士科研启动基金项目
公共文化投入与GDP关系的协整分析	广西师范大学梁君、陈显军	核心期刊《商业时代》2012年07期	2011年教育部人文社会科学研究青年基金项目《西部地区文化产业升级机制与路径研究—基于波特钻石模型的视角》阶段性成果之一,广西师范大学博士基金项目,广西人文社会科学发展研究中心项目《桂商研究团队建设》阶段性成果之一
公共文化消费与GDP关系的协整检验	广西师范大学梁君、陈显军	核心期刊《商业时代》2012年13期	2011年教育部人文社会科学研究青年基金项目《西部地区文化产业升级机制与路径研究—基于波特钻石模型的视角》阶段性成果之一,项目,广西师范大学博士基金项目,广西人文社会科学发展研究中心《桂商研究团队建设》阶段性成果之一
我国公共服务型档案馆建设研究——从档案文化休闲视角	广西民族大学王晓雪	核心期刊《档案与建设》2012年02期	
论多民族国家与多元文化教育——台湾地区多元文化教育政策的启示	广西民族大学陈路芳、肖耀科	核心期刊《云南社会科学》2012年02期	国家社会科学基金项目《我国少数民族文化政策与国家认同问题研究》阶段性成果之一

续表

论文题目	作者单位及作者	发表刊物及期数	备注
文化多元化视域下高职学校思想政治教育有效性探讨	广西现代职业技术学院覃秋燕	核心期刊《成人教育》2012年02期	
多元文化背景下大学生社会主义核心价值体系教育路径探析	广西师范学院石丽琴、张春红	核心期刊《学校党建与思想教育》2012年34期	广西师范学院马克思主义理论研究基地研究课题《多元化背景下中国当代意识形态研究》阶段性成果之一
多元文化的交融：泛北部湾历史文化圈	广西师范大学廖国一、白爱萍	核心期刊《学术论坛》2012年01期	国家社科基金项目《构建认同——泛北部湾经济合作的可持续研究》阶段性成果之一，广西人文社会科学发展研究中心项目《泛北部湾历史文化研究团队》阶段性成果之一
论跨文化传播中文学剧本的电影改编方式	广西师范学院刘浩轩	《东南传播》2012年12期	
跨文化视角下的中西商业文化差异探析	广西财经学院廖乃帜	《河南商业高等专科学校学报》2012年02期	
论体育人类学研究范式中的跨文化比较	广西桂林电子科技大学杨海晨等	核心期刊《体育科学》2012年08期	国家社会科学基金重点项目，国家社会科学基金青年项目，国家社会科学基金青年项目
再论跨文化变异与误读——以20世纪中上叶中国接受俄苏文论为例	广西师范大学欧阳灿灿	核心期刊《广西社会科学》2012年01期	国家社科基金"十一五"规划项目，广西师范大学博士科研启动基金资助项目
国际贸易中提升跨文化交际能力的解决方案	广西工学院韦少华	核心期刊《中国商贸》2012年06期	
桂学研究的区域经济学研究理论和方法	广西师范大学王艳、张利群	核心期刊《广西社会科学》2012年06期	广西人文社会科学发展研究中心"科学研究工程——特色研究团队培育工程"项目
孙伟与桂学之开创	广西师范大学袁君煊	核心期刊《广西社会科学》2012年05期	
桂学的跨文化比较研究理论与方法	广西师范大学王艳、张利群	核心期刊《广西民族研究》2012年04期	广西人文社会科学发展研究中心"科学研究工程——特色研究团队培育工程"项目
加强桂学研究，增强文化自觉与自信——在"桂学讲坛"启动暨桂学网站开通仪式上的致辞	广西教育学院容本镇	《广西教育学院学报》2012年03期	
桂学的学科性质——桂学的学科性质和特色研究系列论文之一	中共广西区委党校陈学璞	《广西教育学院学报》2012年05期	
桂学的学术品格——桂学的学科性质和特色研究系列论文之二	中共广西区委党校陈学璞	《广西教育学院学报》2012年06期	
论桂学视野下广西当代大型戏剧的美学特征及改革之路	广西大学叶婵	《广西教育学院学报》2012年02期	2010年广西研究生教育创新计划资助项目《"桂学"视野下的广西当代戏剧研究》研究成果
从总体性层面把握广西文化特质——广西桂学研究会赴云南文化考察思考	广西桂学研究会赴云南文化考察团	《广西教育学院学报》2012年05期	
桂学研究方法论初探	广西师范大学张利群	《广西教育学院学报》2012年03期	
晚清临桂词派的词学地位及其词坛影响——"临桂词派"的桂学研究之一	广西师范大学张利群	《河池学院学报》2012年06期	

学术动态

学术活动

【"绩效管理与执行力"专题讲座】 1月5日在百色举行。百色市委、市人民政府主办。自治区绩效考评领导小组办公室主任农生文主讲。市委常委、纪委书记张俊雄主持。市政协副主席黄宗道、蔡文姬等到场聆听报告。报告会以视频形式举行,各县(区)设分会场,共有1000多人参加。农生文在讲座中认为,行政机关内部抓好执行力,外部抓好群众满意度,是做好绩效管理工作的首要环节。各机关部门要明确目标、责任主体、时间节点,确保各项重大决策部署落实到位,及时向公众公开相关政务工作,听取群众意见,以提高人民群众对政府部门的满意度。要强化督查检查,进一步完善、创新督查机制体制,加大接受群众评议的力度,提高督查的科学化水平。要建立健全绩效管理领导体制、工作机制,强化考核结果的应用,将考核结果与部门机构改革、编制管理、财政预算绩效管理有机结合起来。

【泛北中国区域农村经济社会发展调研】 1月28日至2月17日,广西人文社科发展研究中心"泛北部湾合作研究团队"与中国社科院世界经济与政治研究所联合开展调研活动。联合调研组由中国社科院世界经济与政治研究所涂勤主任和广西人文社会科学发展研究中心泛北部湾合作研究团队首席专家刘澈元教授带队,中国社科院高凌云博士、宋锦博士、泛北部湾合作研究团队成员温玉卓老师及8名硕士研究生作为成员参加调研。为使调研更具针对性和实效性,调研组经认真比较、协商,选取桂林市荔浦县、全州县作为泛北中国农村样本区域,根据近年来中国农村发展的主要现状与趋势设计了内容丰富的问卷,实施了此次大型调研活动。调研组先后深入荔浦县青山镇、双江镇、杜莫镇和全州县龙水镇、绍水镇、凤凰乡近20个行政村(社区),对300户35岁左右的青年农民夫妇进行一对一问卷调查,详细了解该区域农民的家庭构成、生产经营、收入来源、消费结构、务工经历、社会保障、生育意愿、性别比例、风险意识、社会信任及其对城市(镇)化的看法,获得了泛北中国区域研究的第一手素材。以此次调研为契机,调研组还与荔浦县、全州县相关部门就联合开展地方经济社会发展课题研究进行了深入沟通,在一些涉及县域经济社会发展问题研究上达成了初步合作意向。同时,调研组也借助此次合作与中国社科院世界经济与政治所建立的合作关系和合作模式,深入探讨了开展以泛北部湾合作与发展为主题、以可持续合作为目标的合作可行性,为建立更为稳固、更具实效的合作模式奠定了基础。

【藏桂社科联工作交流座谈会】 2月4日在南宁举行。自治区社科联主办。2011年5月26日,西藏自治区社科联正式挂牌成立,标志着全国31个省、自治区、直辖市全部建立了社科联。西藏自治区社科联主席王学阳一行5人与广西社科联党组书记、主席王士威,副主

2月4日,藏桂社科联工作交流座谈会在南宁举行。(朱汝胜 摄)

席张瑞枝等领导参加座谈。广西社科联介绍了近年来围绕自治区党委、政府中心工作,围绕经济社会发展热点、难点问题开展课题研究、学术研讨、社科普及活动、基层社科联建设、学会管理、队伍建设等方面的做法、经验和取得的成绩,重点介绍了"广西发展论坛"、"广西青年学术年会"、"广西社会科学界学术年会"、"广西社科界专家学者活动日"、"广西社会科学优秀成果评奖"、"西部省区市社科联协作会议"、《专家建言专报》等学术活动载体和编写科普读物、创建科普基地、广西十月科普联合大行动、编纂出版《广西大百科全书》、编辑出版优秀专家文集、创办中国—东盟大讲坛等科普载体,以及建立的学术活动、科普活动、社科评奖、支持团体会员工作等机制制度,学会管理,社科联组织建设,特别是高校社科联、县级社科联组建等。西藏社科联对广西近年来社科工作取得的成绩高度赞许,同时就西藏社科联成立的背景、经过以及西藏社会科学事业发展的实际情况等进行了介绍。双方表示,今后要加强合作和交流,充分发挥各自优势,共同开创社科工作新局面,为社科事业发展繁荣作贡献。

【广西社科界学习弘扬雷锋精神研讨会】 3月2日在南宁举行。自治区党委宣传部、自治区社科联主办。主题是:雷锋精神的时代价值。自治区党委宣传部副部长李海荣,自治区社科联党组书记、主席王士威,副主席姚兵,以及广西社会科学院研究员钟启泉,广西教育学院党委副书记、广西伦理学学会会长卫荣凡,广西中国—东盟文化研究会会长陈学璞,广西妇干校校长、教授黄筱娜,广西先进文化发展促进会会长、研究员杨炳忠,自治区党委讲师团常务副团长、副编审刘波等共50多名领导、专家学者与会。大家围绕雷锋精神,从雷锋精神的本质内涵及其核心、雷锋精神的时代意义、新形势下雷锋精神的创新形式、雷锋精神与社会主义核心价值体系建设、雷锋精神与学术道德规范建设、雷锋精神与广西民族文化强区建设、雷锋精神与广西精神、学雷锋活动如何实现常态化、学雷锋活动常态化的载体、从我做起学习雷锋精神等方面,研讨了雷锋精神和学雷锋活动。《广西日报》3月4日作了宣传报道,3月6日在理论专版刊发了社科专家发言摘要;广西社科联网站和《广西社科联通讯》刊发了研讨会综述。

【关爱女性健康知识讲座】 3月2日在百色举行。百色市妇联主办,右江民族医学院附属医院承办。广西妇产科学会常委、右医附院妇产科主任雷志英教授主讲。市妇联党组书记、主席梁秋伶,右医附院党委书记农乐根出席讲座并讲话,市妇联副主席岑化荣主持讲座,市直各单位和右医附院女干部职工共450余人聆听讲座。雷志英以鲜明的图文资料,丰富的临床经验,全面具体地介绍了各种妇科疾病的防治知识,从各种妇科病的发病原因、发病症状到预防措施,通俗易懂,指导性强,引导和帮助广大妇女干部确立健康生活新理念,增强自我保健意识。

【"以社科管理创新推进文化大发展大繁荣"座谈会】 3月16日在南宁举行。广西社会科学院、自治区社科联主办。两家单位相关领导及部门负责人20多人参加。自治区社科联党组书记、主席王士威主持,党组副书记、副主席汤竹庭作小结,广西社会科学院党组书记、院长吕余生作总结,副院长刘建军致辞。广西抗战文化研究会会长、广西社会科学院文史研究所所长李建平等专家发言。与会专家就广西社科系统如何增强文化自觉、文化自信,如何进行科研组织与管理创新,科研方法与手段创新,学术传播平台创新,如何以"有为"获"有位"等问题进行了深入的探讨。会议认为,作为哲学社会科学工作者,必须要有文化自觉与文化自信。要深入研究和总结中华民族文化发展过程中的优秀传统,进一步解放思想,自觉和勇于探索当代中国马克思主义理论和实践,推动外来优秀文化与中国文化相结合,深入挖掘广西独具特色的民族文化,使之具有民族性和时代性,更好地指导广西文化产业的发展,引领文化风尚。要以广西经济社会发展中的重大现实问题为主攻方向,以自治区党委、政府有关文化改革发展的重大课题为抓手,通过广西社会科学优秀成果评奖的平台,狠抓哲学社会科学精品工程,积极探索优秀成果转

3月16日,"以社科管理创新推进文化大发展大繁荣"座谈会在南宁举行。
(钟永锋 摄)

化路径，推出一批经得起历史和实践检验的精品成果。社科系统必须进一步解放思想，进一步推进科研管理体制改革，建立更加科学而全面的成果评价体系，继续推进人事管理体制机制改革，建立创新团队，培养学科带头人。要继续深入开展调研，探索新形势下社科类社团管理的新思路、新办法，积极推进研究机构开放和社科类社团研究人员流动，形成内外联合、协同攻关、“产学研”一体化的运行机制。要进一步加大社会科学宣传和普及力度，扩大社会影响力。要积极争取党委和政府的支持和重视，完善社科事业发展的相关政策和加大社科经费的投入力度，解决社科发展瓶颈问题。《中国社会科学报》转载了社科联网站报道的会议信息。

【第三届中欧基础教育课程发展论坛】 3月27日在桂林举行。教育部基础教育课程教材发展中心与荷兰国家课程研究与发展中心指导，广西师范大学主办，教育部广西师大基础教育课程研究中心、广西师范大学教育科学学院承办，广西人文社会科学发展研究中心、广西师范大学教师教育学院协办，联合国教科文组织国际教育局、欧洲教育发展研究机构联合会给予特别支持。来自荷兰、法国、芬兰、瑞典等8个欧洲国家的代表，国内基础教育课程研究中心专家和中小学校长、教育管理者和教师代表以及广西高中新课改专家共400余名中欧课程专家、管理者和实践者参加。论坛围绕“中国和欧洲基础教育课程发展：下一个十年”的主题，共设“教师专业发展”、“大学与中小学合作共同体”、“学校和地方课程建设”、“学业质量绿色指标体系”和“基于证据的课程研究和课程能力建设”6个分论坛。

【布洛陀文化学术研讨会】 3月28日在百色市田阳县举行。百色市委、市人民政府和广西壮学会主办，田阳县委、县人民政府承办。百色市委常委、宣传部部长、副市长范力出席并讲话。广西壮学会副会长廖明君研究员主持会议。自治区原副主席、广西壮学会名誉会长张声震，贵州省政协原副主席、贵州省布依学会会长王思明，中央民族大学原副校长、教授、博士生导师梁庭望，云南省文山州原州长、云南省壮学会副会长卢昌泰，广西社会科学院原副院长黄铮，广西政协常委、科教文卫体委员会副主任吴学斌，广西壮学会会长、广西民族问题研究中心主任覃彩銮以及来自北京、云南、贵州、海南、广西和泰国、越南等地的领导、专家学者近100人出席会议。会上，与会领导、专家和学者围绕如何传承和弘扬布洛陀文化、塑造布洛陀形象、建设布洛陀大殿、设计布洛陀雕塑群及壁画、打造敢壮山景区麽经文化长廊、抢救麽经和培养麽经人才等问题踊跃发言，对壮民族文化的发展提出宝贵的意见和建议。

【2011年东盟形势分析会】 3月31日在广西民族大学举行。由广西民族大学东盟学院、广西科学实验（中国—东盟研究）中心、教育部东盟（区域）研究中心主办。会议就东盟10国2011年的社会发展情况、存在问题以及2012年东盟的整体情况和发展趋势进行分析讨论。中国改革开放论坛马加力教授，中国太平洋经济合作全国委员会杨泽瑞教授，中国社科院亚太与全球战略研究所王玉主教授、许利平教授，中国现代国际关系学院马燕冰教授，中国东南亚研究会副会长兼秘书长、厦门大学李一平教授，云南大学人文学院李晨阳教授，海南省海口经济学院沈世顺教授等8位东南亚专家参会。与会专家讨论认为，2011年虽有泰柬边境冲突、越南奠边府地区的苗族动乱、印尼亚齐等地区的恐怖活动、缅甸少数民族地方武装与政府军的冲突、南海地区争端等热点及敏感问题存在，但东盟整体局势基本保持平稳。会议指出，东盟一体化正加快建设，2015年东盟共同体的形成势在必行，东盟作为一个区域组织的影响和作用正在增强，中国必须强化与东盟及其成员国之间的关系，促进中国—东盟关系向更高、更好的层次发展。

【“红城讲坛——企业税收风险管理”专题讲座】 4月6日在百色举行。百色市委宣传部主办，市地税局承办。广西大学商学院教授梁淑红作题为“企业税收风险管理”专题讲座。市委宣传部、市委讲师团团长黄秋琴出席。中直、区直、市（区）直各企事业单位的负责人和财务会计人员以及百色市地税局中层以上领导干部等180余人聆听了讲座。梁淑红教授对企业税收风险的产生、企业税收风险的管理以及企业税收风险的管理措施等知识进行了全面、深入地阐述，其理论紧密联系实际，通过大量的事例和数据，为企事业单位的税收风险管理提供了重要的借鉴意义和参考价值。

【桂林旅专举办泰国川登喜皇家大学第一届语言文化交流合作项目开班仪式】 4月9日在桂林旅专举行。桂林旅专校长助理周江林、国际教育交流学院院长张显春、副院长张海琳，泰国川登喜皇家大学旅游与服务学院院长 Pornchanit Kaew-nate，旅游与服务学院教师 Sutima Onkaew 和 Ratchanok Nipawan、及全体泰方学生、国际教育学院的师生代表出席。

泰国川登喜皇家大学语言文化交流合作项目是桂林旅专扩大对东盟的教育交流与合作，是国际教育交流学院认真贯彻学校2012年工作要点，主动开展教育国际交流的成果之一。川登喜大学旅游与服务学院的航空乘务、酒店管理和旅游管理等3个专业的10名学生及2名教师在桂林旅专进行为期一个月的汉语对话、旅游汉语、空乘汉语、中国文化体验等一系交流活动。中泰两校将在此项目基础上，开展多种形式的师生交流活动、以及赴泰国“专升本”等项目，不断深化两校的合作。

【“红城讲坛——万名党员干部群众深入学习和大力弘扬广西精神”专题报告会】 4月11日在百色举行。百色市建设学习型党组织和学习型领导班子活动领导小组主办。自治区党校副校长、教授唐秀玲作专题报告。市委常委、宣传部部长、副市长范力主持报告会。市政协副主席韦启良出席报告会。报告会以视频形式进行，各县（区）设分会场。市四家班子正副秘书长，市人大、政协各专工委领导，百色学院的班子领导，驻百色军警代表、市直（含中直、区直）各单位的领导、党员干部职工，各县区四家班子领导及县区直单位领导、党员干部群众等近万人聆听报告。唐秀玲在报告中翔实、深刻地解析了广西精神的内涵精髓，并就学习中应把握的重点内容进行了阐释，对百色市广大干部群众进一步深入学习和大力弘扬广西精神、传承百色起义精神具有重要的指导意义。

【海峡两岸管理科学与工程学科与专业建设研讨会】 4月16日在广西财经学院举行。台北海洋技术学院、广西财经学院、广西大学、广西民族大学等4所高校和广东粤建设计研究院、广西华蓝设计集团规划院、南宁市园林规划设计院、广西物流与采购联合会、广西新月物流汇电子商务有限公司以及广西财经学院科研处、管理科学与工程学院负责人等60多名代表与会。广西财经学院副院长夏飞为台北海洋技术学院院长刘廷楊颁发广西财经学院客座教授证书。

研讨会上，台北海洋技术学院院长刘廷楊分别从行政、教师、学生层面就如何更好的建设优质师生关系作主题发言。他认为，教师们要经常进行理论的更新，构建专业基础理论；加强师生互动，对学生进行创新思维启发，培养学生较强的自学能力；加强团队的合作，同时强调学生应采取积极主动的方式，加强与教师的沟通交流。广西大学、广西民族大学等与会专家结合各自学校具体情况进行了主题发言。与会人员就当前高校人才培养、学科建设、专业设计等问题展开了热烈的研讨。会议相关成果为提高、推动广西高校学科建设水平和质量、促进产学研合作提供了有力的理论支撑。

【2012年广西第一次社科专家活动日】 4月26~27日在南宁举行。自治区社科联主办，广西社会科学学术团体发展促进会承办。主题为：解放思想 赶超跨越。广西区直部分学会、协会、研究会、促进会以及有关高校、科研机构专家学者共30多人参加。自治区社科联党组书记、主席王士威作总结讲话，党组副书记、副主席汤竹庭主持，副主席姚兵出席。广西电力职业技术学院党委书记陈俊伟教授，自治区党校经济学部主任张家寿教授，广西先进文化发展促进会会长杨炳忠研究员，广西中国—东盟文化研究会理事长陈学璞教授，广西民族大学教授刘国彬，广西大学教授王建平，广西社会科学院壮学研究中心主任赵明龙研究员、文史所副所长覃振锋研究员，广西市场经济研究会副会长王德明教授，自治区统计局李美才研究员，广西经济社会发展战略研究会会长黄承研究员，广西高等教育学会秘书长曹方研究员，广西书画艺术研究会一级作家王云高，自治区党委政策研究室副处长杨勇诚等10多位专家学者围绕主题，分别从领导干部如何带头解放思想，广西社科界如何在“解放思想 赶超跨越”中有所作为、如何打造社科重点工程、提高社科成果质量以及优秀社科成果转化率等方面进行发言。与会者还就如何加强基层民主建设，在新形势下如何充分发挥老教授的作用等方面进行交流与探讨。会议认为，当前，在“解放思想 赶超跨越”大讨论活动中，广西社科界应积极主动融入其中，围绕中心，服务大局，拿出“敢为天下先”的勇气和精神，充分发挥智囊团和思想库的作用，为广西改革开放向纵深推进提供强有力的理论支撑。广大的社会科学工作者应在敢于正视自己不足的同时，要有学者的胆识和自信，深入调研，以扬弃的态度对待传统，以超前的思想推动政策的改变，实现社科成果的转化。社科联应充分发挥“联”的作用，整合资源，联合攻关，打造社科精品工程。社科联还应为成立广西社科研究基地作出不懈的努力，为广大的社科工作者找到一个名副其实的“家”。

【中国·隆安“那”文化（稻作文化）民俗研究座谈会】 4月29日在南宁市隆安县召开。座谈会由中国社会科学院中国边疆史地研究中心、中央民族大学壮侗学研究所、隆安县委、隆安县人民政府和广西骆越文化研究会联合主办。出席研讨会的专家有中央民族大学原副校长、博士生导师梁庭望教授，民族出版社副总编、博士生导师黄凤显教授，中国社会科学院中国边疆史地研究中心主任助理、博士生导师于逢春研究员等一批全国知名学者。会议由于逢春主持。会议收到论文17篇。

近年来，对隆安县古稻作文明的研究取得了突破性的成果。发现了一批新石器时代的大石铲文化遗址，

4月29日，中国隆安那文化民俗研究座谈会在隆安举行。

（广西骆越文化研究会供稿）

与大石铲稻作文化有关的牙璋、玉戈、玉琮、玉龙等高等级的王族礼器，特别是发现了一批与大石铲文化相同时期的骆越古文字石器、玉器、骨器等文物，挖掘出具有标志性意义的稻神祭民俗等非物质文化遗产。这些丰富的古稻作文化遗存充分证明壮族先民古骆越人在6000年前的大石铲文化时期就创造了灿烂的古稻作文明，跨入了文明的门坎。

通过对这些研究成果的交流和研讨，专家们一致认为隆安的"那"文化（稻作文化）在世界稻作文化中具有突出的地位。梁庭望先生指出，隆安是壮族地区稻作文化集中展示的最大亮点，在壮族乃至江南稻作文化中具有突出的地位，在中国稻作文化展示的厚度中与享誉全国的浙江河姆渡稻作文化遗址平齐，在某种意义上，这个亮点的意义超过敢壮山。

【全国研讨修改《教育硕士专业学位教育合格评估指标体系》第三次工作会议】 5月4日在桂林举行。广西师范大学承办。教育专业学位教育指导委员会有关委员、教育硕士研究生培养院校有关专家参会。会议由全国教育专业学位教育指导委员会秘书处秘书长、北京师范大学教育学院院长张斌贤教授主持。此次研讨会旨在对原有修改意见的基础上对《教育硕士专业学位教育合格评估指标体系》进一步的修改完善，对一级指标、二级指标、三级指标逐项逐条进行斟酌商榷。会上，与会专家对指标体系结构的调整、概念的界定、字词的运用等进行了讨论。此次讨论会所最终确定的《教育硕士专业学位教育合格评估指标体系》内容在提交至全国教育专业学位教育指导委员会由委员们进一步完善后上报国务院学位办，并在下一轮评估时开始执行。

【桂林旅专举办"学习胡锦涛总书记在纪念中国共青团成立90周年大会上重要讲话精神"座谈会】 5月7日在校行政楼召开。校团委主办。校党委林娜书记、蒋伟副书记、学工部饶莉啦部长、葛剑副部长、校团委周红艳书记、各院系分团委书记、青年学生党员、学生干部代表等共50余人参加。会议由周红艳主持。

座谈会上，蒋伟副书记进一步解读了胡锦涛总书记在纪念共青团成立90周年大会上的重要讲话精神。他认为，总书记的讲话，一是揭示了青年运动基本规律；二是对广大青年寄予殷切希望和要求；三是对共青团组织提出四点要求；四是对各级党委、各级党组织提出了要求。他强调要将总书记的讲话精神落到实处。要求学校各级团组织要遵循青年运动的新规律，不断努力提高自身建设，把握正确的政治方向，努力提高服务学生的工作能力；广大青年学生要学习贯彻总书记提出的五个坚持思想，刻苦学习，勇于创新，为团旗增辉添彩，用青春、智慧和汗水谱写旅专光辉灿烂的新篇章。

在座师生就讲话精神，结合学校发展以及自己的学习、工作、生活实际，表达学习体会。与会者认为，青年学生具有活力，广大团干、团员要坚持"党有号召、团有行动"，在各项工作中发挥模范作用，要加强对共青团工作的研究，保持团组织的先进性；共青团员要找准定位，坚定信念，跟党走；作为青年学生，应把个人价值同学校发展联系起来，刻苦学习，勇于创新，在提升专业素质、能力素质的同时，诚实守信，敢于担当，高尚品行，以饱满的热情，投身祖国建设和学校发展中去，为社会进步和学校发展贡献自己的青春才智。

林娜书记希望从事共青团工作的职能部门和广大团干在开展工作的时候，要更加尊重青年发展的规律，更加精心设计活动载体，有效整合各方面的资源，为青年的成长进步搭建更广阔的舞台。同时，对学校广大青年学生提出了四点要求：一是要坚定理念，服务社会；二是要刻苦学习，勤于实践，不仅从课堂上学习，更从实践中学习；三是磨砺意志，勇于创新，找准优势，扬长避短；四是老实做人，踏实做事，要用长远的眼光看问题，"扑下身子做事"。通过大学学习，成就自己，成为国家建设和社会发展的栋梁之才。

【"北部湾经济区保税物流体系与人力资源支持"调研活动】 5月8~12日，广西人文社会科学发展研究中心"面向东盟开展国际经济合作的北部湾经济区保税物流体系"和"北部湾经济区跨越发展的人力资源支撑体系"两个"'人文强桂'社会服务行动工程"项目组,依托泛北部湾合作研究团队,联合组建调研组赴北海、防城港、钦州、南宁四市,开展以“保税物流体系构建”与“人力资源支撑体系构建”为主题的专题调研,既为团队研究提供第一手资料,也为四市推进该两项工作提供政策咨询和智力支持。通过为期5天的调研活动,联合项目组对北部湾经济区四市保税物流体系现状,其对各地参与国际经济合作的重要作用,产业发展中的人力资源现状、需求、未来发展等均有了深刻的认识。相关交流座谈中,调研组成员还对各市的发展提出了既符合实际又具独特视角的政策建议,得到各地相关部门领导的普遍认同。同时,也为项目组进一步收集资料,进行持续研究夯实了基础。

【“红城讲坛——万名党员干部群众弘扬广西精神、传承百色起义精神”专题报告会】 5月15日在百色举行。百色市建设学习型党组织和学习型领导班子活动领导小组主办。市委党校调研员、副教授苏进祥应邀到场作“传承百色起义精神 奋力赶超跨越”专题报告。市委常委、宣传部部长、副市长范力主持报告会。报告会以视频方式进行,市直(含中直、区直)各单位领导、干部职工及右江区四家班子分管领导等在主会场聆听报告,各县设分会场,组织党员干部听取报告。苏进祥结合百色经济社会发展实际,围绕百色起义的历史地位,百色起义精神的内涵精髓、学习中应把握的重点内容,作了翔实全面的解读。范力要求广大干部群众要认真领会报告精髓,认真思考,把“弘扬广西精神、传承百色起义精神”活动与开展创先争优活动结合起来,与开展解放思想大讨论活动结合起来,与推动当前工作结合起来,真正做到学用结合、学以致用,为百色经济社会发展贡献自己的力量。

【先进性别文化建设研讨会】 5月17日在南宁举行。自治区妇联、广西妇女理论研究会主办。中华女子学院院长张李玺、《中国妇女报》社长贲理彪、自治区妇联党组书记、主席王革冰出席。自治区党校副校长、广西行政学院副院长唐秀玲主持。来自广西各高校的专家学者、各地市妇联领导、各地市党校教师等近100人参加。收到论文159篇,经过专家组评选,评出一等奖8篇、二等奖20篇、三等奖30篇,优秀组织单位13个。其中顾凤威撰写的《先进性别文化:社会主义核心价值体系建设的重要课题》等8篇论文先后刊发于《中国妇女报》理论版。中华女子学院院长张李玺在讲话中肯定了广西妇女理论研究会在妇女研究问题、研究特色、研究成果、研究队伍等方面所取得的成就,希望广大研究者能相互交流和学习,共同提高研究水平和能力。研讨会上,广西师范学院顾凤威教授、广西大学乌尼日教授、来宾市妇联主席廖燕玲等8名代表发言,围绕构建“先进性别文化”从多方面、不同角度探讨妇女发展的理论和实践问题,对促进妇女事业的发展进行有益的探索。自治区妇联主席王革冰作总结讲话,她强调广西妇女的理论研究要在方向和重点上突出构建以马克思主义妇女观为指导,以男女平等为核心内容的先进性别文化理论体系,积极开展“先进性别文化”建设行动,深入研究广西妇女生存发展中面临的新情况、新问题,大力开展跨界、跨学科、多层面的探讨研究,积极寻找解决妇女发展问题的方法,促进妇女全面协调发展。

【“20世纪30年代的广西建设”学术研讨会】 5月22日在桂林举行。广西师范大学和广西史学会共同主办,广西师范大学出版社和广西师范大学历史文化与旅游学院承办。校党委书记王枬在开幕式上致辞。研讨会由广西史学会副会长、广西师范大学历史文化与旅游学院教授唐凌主持。研讨会上,来自中国社会科学院、北京大学、南京大学等全国各地数十位史学专家以及广西区内各高校、史学研究单位的学者参会。40位两岸知名学者和与会人员就“20世纪30年代的广西建设”这一主题进行了多角度、深层次的交流和探讨。中国社科院近代史研究所研究员雷颐、北京大学历史文化资源研究所副所长陈坡、南京大学历史系教授申晓云等近20位专家代表分别从“从绚烂到平淡:影像中的白崇禧将军”、“抗日战争中的白崇禧将军”、“社会控制与秩序重建——白崇禧与三十年代的广西建设”等角度发言,就研讨会的主题进行了深入的交流与探讨。著名作家白先勇先生作题为“父亲白崇禧的一生”的专题报告。会上播放了三段视频,分别展示了白崇禧率军抗战、晚年离世以及在桂林庆祝祖母90岁生日的珍贵影像资料。随后,白先勇先生配合图片资料,结合刚出版的《父亲与民国》,分别从“北伐”和“抗战”两个方面回顾了其父白崇禧的一生。

【晚聚习与领导力拓展研讨会】 5月23日在自治区党校举行。自治区党校主办。自治区党校常务副校长黄学权出席并以“晚聚习:党校学员领导力提升的演练场”为题作了讲话,副校长陈林杰主持。研讨会进行了研讨发言及问答互动。与会人员从“晚聚习”与党校教学改革、“晚聚习”实现学员从领导到领袖境界的跃升、学员工作处在“晚聚习”活动中的作用、“晚聚习”是学员领导力拓展的载体、“晚聚习”与领导干部人文修养和“晚聚习”与学习型组织等视角,深入分析领导力拓展的规律、内容与特点,以及自治区党校拓展学员领导力的战略布局、具体内容、方式方法和保障等。

【第五届广西图书馆采访工作研讨会】 5月24日在南宁举行。广西图书馆学会理事长徐欣禄、学会秘书长秦小燕以及来自广西公共、高校和专业系统图书馆的相关领导和人员150多人参会。徐欣禄在会上致辞，指出图书采访工作是图书馆的基础工作，其水平的高低直接影响着图书馆馆藏的数量和质量，影响着读者需求的满足程度和图书馆的服务水平，随着国家对公共文化服务的重视，各图书馆的经费投入明显增加，对图书馆的藏书建设提出了更高的要求。研讨会邀请武汉卷藏信息技术有限公司总经理杨春芳作主题为“馆藏数据分析在图书馆采访工作中的运用”的主旨发言。她通过对图书馆馆藏数据的整合与分析，归纳同类图书馆的馆藏共性、整体馆配市场的竞争格局，不同出版社的馆配分布等，并对一个馆的实例进行了解析。会上，北京理工大学出版社、中国社会科学出版社、外语教学与研究出版社、社会科学文献出版社、国防工业出版社、中华书局代表发言介绍各自出版社情况和最新的出版信息。

【第五届广西校园文化论坛——网络文化时尚与校园文化建设学术研讨会】 5月24~26日在宜州举行。广西社科联、广西先进文化发展促进会和广西写作学会主办，河池学院承办。广西先进文化发展促进会会长杨炳忠、广西写作学会会长容本镇主持。广西社科联主席王士威出席会议并讲话。河池学院院长覃伟年、广西著名作家凡一平等近100名专家学者参会。与会专家就当前网络文化时尚在校园文化建设中的地位与流行文化时尚对学生的影响展开了深入探讨。杨炳忠研究员认为，在网络普及的时代背景下，网络文化安全和健康发展已成为发展和繁荣社会主义文化的一个重要方面；网络文化已不可阻挡地给校园文化建设，给广大的青少年的学习、生活乃至他们的社会化带来巨大而深刻的影响，因此探讨和研究网络文化与校园文化建设的相关问题，显得迫切而重要。广西师范大学博士生导师张利群教授指出当下城市文化、网络文化和校园文化相互交错影响的关系，网络已经生长成为一种独立的新的文化形态，它对大学文化、城市文化建设的影响更为明显。自治区党校陈学璞教授、广西艺术学院卢志红教授、自治区工业与信息化委员会黄少雄副研究员、广西民族大学苗军教授、广西妇女干部学校黄筱娜教授、广西大学王建平教授分别就“大学生网络文化与高校网络党建”、“文化消费主义中存在的炫富时尚”、“大学校园网络的建设问题及如何加强校园网络的管理”、“网络对当下我们日常语言的建构问题”、“从女性主义的视角看当前网络文化”、“健康而理性的校园网络文化建设”等问题发表了自己看法，对校园文化建设所起的促进作用给予了积极的肯定。论坛共征集论文46篇，评出一等奖3篇，二等奖5篇，三等奖7篇。《广西日报》等媒体进行了报道。

5月24日，第五届广西校园文化论坛在宜州召开。 （陶志红　摄）

【玉林师范学院第三届教育实习研讨会】 5月25日在玉林师范学院举行。玉林师范学院主办。玉林师范学院副院长杨超有、玉林及贵港市教育局领导与会。研讨会由玉林师范学院教务处处长李伟中主持。杨超有在研讨会上作了题为“落实教师教育课程标准，加强教育实践环节，为基础教育培养卓越教师”的主题发言。他介绍了玉林师范学院师范生教学技能培养的情况、近年来学院对教育实习工作方式进行改革的情况以及对培养基础教育优质教师的设想。贵港市教育局副局长磨志仁，以及实习基地代表东环小学副校长刘洁群发表了精彩的演说。他们一致表示，要把玉林师范学院的教育实习工作当成自己分内的工作，要尽最大的努力支持和配合玉林师范学院开展教育实习工作。在分组讨论阶段，与会代表积极发言。通过讨论，代表们一致赞同玉林师范学院的“卓越人才”培养计划，并提出了很多宝贵的建议。

【中国—东盟学术论坛】 5月26日，中国—东盟学术论坛之社会文化专题在广西民族大学举行。广西民族大学主办。云南民族大学、厦门大学、广西大学、广西民族大学等高校专家学者参会。广西民族大学人事处处长黄奇良主持。加拿大英属哥伦比亚大学亚洲研究所研究员彭文斌和广西区党校《桂海论丛》常务副主编任浩明担任评议人。广西民族大学泰语系游辉彩副教授作题为“试论泰国民族性格形成的三大原因”的专题报告，阐述自然环境、社会环境、宗教文化对泰国民族性格特征的影响。越南语系刘志强副教授分享了他对历代《职贡图》的研究成果。参加论坛的专家学者分别从民族学、文化学、历史学等学科视角出发，阐述了中国—东盟的历史文化联系渊源、比较，探讨了中国—东盟之间的宗教信仰、道德伦理、民族性格、区域人文等。

【广西地方志理论研讨会】 5月30日在桂林举行。由广西地方志协会和桂林市地方志编纂委员会办公室共同举办。研讨会收到研讨论文34篇，论文探讨内容涉及二轮修志总纂、资料搜集、志书的地方特色和时代特色、地方志队伍建设等方面。7位作者在大会宣读论文。经广西地方志协会评审领导小组评审，3篇获一等奖，6篇获二等奖，9篇获三等奖。研讨会上，方志出版社编审、会议特邀嘉宾夏红兵以《桂林市志(1991~2005)》为例，针对志鉴稿进入出版阶段后应如何总纂，从内容、校对、设计、装帧等方面进行了业务辅导。参加这次研讨会的有自治区地方志办公室顾问、自治区政协常委、广西地方志协会会长蓝日基，广西地方志协会副会长文崇礼，广西地方志协会秘书长施均显，广西11个设区市的地方志办公室主任，自治区地方志办公室的有关专家，桂林市各县及城区志办人员。

【第八届中美教育研讨会】 5月30日在桂林举行。美国非洲裔美国人研究协会和广西师范大学共同主办。来自美国8所高校的15名教授和广西师范大学部分学院的教师代表共30余人参加。每年举行一次的研讨会旨在加强广西师范大学与美国高校之间的学术交流和科研合作。研讨会上，12名专家学者作了主题发言，内容涉及语言教学、教学法、成人教育、非裔美国人的历史与文化研究、美国残疾人现状研究、国际合作与交流、文学等。

【“百色讲坛——中国的国防与安全形势”专题讲座】 5月31日在百色举行。百色市委、市人民政府主办。国防大学战略教研部教授、博士生导师徐焰应邀到场主讲。市委副书记张虹，市委常委、纪委书记张俊雄，市政协副主席黄运志到场听取讲座。市委常委、组织部部长欧波主持讲座。报告会以视频形式进行，各县(区)设分会场。各县(区)四家班子领导及县(区)直单位领导、党员干部群众等近2000人聆听报告。徐焰用生动的语言、翔实的史料、独特的视角，从世界政治舞台上出现多元化的总体趋势、我国周边的安全环境及面临的内外挑战、以信息化为中心加强国防建设、增强海权观念并在南海维权、国防建设的经验和使命等方面深刻分析了世界战略格局的发展变化和我国当前的安全形势，阐述了世界军事变革趋势和我国国防的发展战略。

【全国财政协作课题《促进新一轮扶贫攻坚的财税政策研究》第一次研讨会】 5月31日至6月2日在北海举行。该课题协作单位主办。财政部科研所综合财政研究室、广西财政学会、广西财政厅政策研究室、山西财政学会、山西财科所、江西财政学会、江西省财政厅政策研究室及西藏财政厅政策法规处等多个单位代表参加。会议认真总结近年来中国扶贫工作取得的主要成绩，客观分析中国新一轮扶贫攻坚面临的新形势和主要的制约因素。讨论修改由牵头单位广西财政学会、广西财政厅政策室拟定的课题提纲，确定课题写作框架和分工，明确分报告的提交时间。

【“红城讲坛——增强新闻意识，提高与媒体打交道的能力”专题讲座】 6月1日在百色举行。百色市建设学习型党组织和学习型领导班子活动领导小组主办。自治区党委外宣办、政府新闻办主任牛献忠应邀作专题辅导。市委常委、宣传部部长、副市长范力主持讲座。各县(区)党委、政府新闻发言人，市直各有关单位新闻发言人，市直宣传文化系统副处级以上干部，市委宣传部全体干部职工近200人听取讲座。牛献忠运用大量具体典型的案例，从互联网时代的舆论环境与执政新课题、如何重建党政—媒体—公众舆论新格局、危机事件处置中的舆论策略等3个方面，深刻分析了当前党和政府在应对各种突发事件和舆论引导的形势，阐述了在新的条件下加强网络舆论引导的重要意义，全面分析了目前政府在应对突发事件和网络舆论引导存在的问题，并详细介绍了网络舆论引导和管理的先进经验和做法。

【《〈刑事诉讼法〉修正案》研讨会】 6月5日在南宁举行。广西政法管理干部学院主办，学院法律系承办，科研处协办。广西政法管理干部学院院长韦军、副院长叶晖、法学专家、法学教师及学生100多人参加。自治区高级人民法院刑二庭副庭长管小平、自治区人民检察院副处长贾文宇博士、广西律师协会副会长黄玉华律师、广西刑事辩护委员会副主任韦泓安等应邀参会。研讨会由学院科研处处长、法学教授欧锦雄主持。与会专家学者与实务部门的法律工作者围绕研讨会主题和具体议题进行热烈的交流与研讨。与会者就修改后的《刑事诉讼法》对律师刑事辩护产生的影响，以及技术侦查与权利保障、监视居住与权利保障、检察监督与权利保障等有关问题展开了充分的讨论。与会者认为，修订后的《刑事诉讼法》在技术侦查、监视居住及其检察监督的规定中，在兼顾惩治犯罪和保障人权方面及私权利的保护和公权力的约束方面，既有可喜的进步，也有更多值得期待的地方。

【东兴开发开放试验区产业发展座谈会】 6月6~7日在防城港市东兴市举行。来自广西大学商学院和林学院、广西民族大学、广西经济管理干部学院、自治区党校等专家学者38人与会。会议代表6日在东兴市调研，7日同东兴市工商业和市政府相关部门的官员共同就东兴市产业发展问题进行座谈。会议综述《发挥优势先行先试》在《广西日报》(6月26日)上发表。

【"红城讲坛——百色市'学用政策抓落实，强化执行促跨越'活动"专家辅导报告会】 6月12日在百色举行。百色市建设学习型党组织和学习型领导班子活动领导小组主办。自治区发改委金融办副主任李正友应邀在主会场作专题辅导。市委副书记张虹、市政协副主席蔡文姬在主会场聆听讲座。副市长赵桂兰主持讲座。报告会以视频形式进行，各县(区)设分会场。各县(区)四家班子领导及县(区)直单位领导、党员干部群众等近2000人聆听报告。李正友通过大量翔实的文字资料和例子，紧紧围绕"金融与地方经济专题"，生动阐述了当前金融政策形势、地方政府在推进金融企业发展中的角色定位。深入浅出地分析了当前广西金融监管格局面临和存在的问题，并就在新形势下地方政府如何组织协调配置政府资源来加大金融对实体经济的支持力度、拓宽融资渠道来解决企业融资难题等提出了对策和建议。

【玉林师范学院举办"家庭、孝道与公司控制权"学术讲座】 6月12日在玉林师范学院东区学术报告厅举行。北京大学法学院博士生导师、商法学泰斗蒋大兴教授主讲。玉林师范学院法商学院领导、玉林市16名资深律师以及法商学院全体师生聆听讲座。蒋大兴教授先以《国美电器控股权之争》为案例，就争夺的原因、过程以及民众对结果的反应引出了适合中国家族企业的公司治理模式、公司治理文化结构、什么是公司治理知识进路3个问题，从7个方面进行深度剖析，提出了一个关于"儒教主义"将是以最低的成本、最低的代价来取代西方公司中的"民主"乃至改变所有社会的"民主"的大胆设想。

【玉林师范学院举办"亲密关系——危险情感"学术讲座】 6月12日在玉林师范学院举行。中国华人心理分析联合会认证委员会负责人，中国华人心理分析联合会(CIFP)A级认证治疗师，国际分析心理学会(IAAP)获选会员，中国首批EAP(企业员工帮助)专业人士，南京大学许浚博士主讲。讲座以对话形式展开，与在场师生进行面对面的互动式交流。许浚博士就学生提出的有关婚恋情感、师生关系、家庭关系进行了详细的解惑。在对老师就收集学生第一手资料工作中面临的困境进行咨询时，许浚博士建议老师应与学生建立真诚的关系，老师在管理学生工作时要有明确的目的并符合学生的需求，同时针对学生出现的情绪化问题时采用沙盘游戏的方式调节学生的身心。此外，她还强调学生在处理父母关系方面应当做好自己该做的事情，做真实的自我。

【桂东南历史文化学术研讨会】 6月15日在玉林师范学院举行。由玉林师范学院与玉林市玉东新区管理委员会联合主办。中国史学会第六届理事钱宗范、客家研究院院长彭会资、中山大学中国语言文学系教授杨权、广西非物质文化遗产研究中心主任廖明君、广西民间文艺家协会副主席杨树喆、玉林文化时空研究会会长罗秀兴、玉林市党史办主任赵彦行等来自广西区内外的10余名专家与会，对桂东南历史文化进行学术研讨。玉林市委宣传部、市文化局、玉东新区管委会等部门领导出席会议。

【两岸人文社会科学与民间组织交流发展座谈会】 6月13~19日在台北举行。广西社会科学学术团体发展促进会主办。由自治区社科联部分团体会员的相关人员组成的广西社科交流考察团一行27人和台湾新北市家长志工教育成长协会董事长黄显淑女士、协会秘书长许克勤先生等协会负责人参加。黄显淑介绍该协会的基本情况和近年来开展的活动。新北市家长志工教育成长协会主要职能一是配合学校做好

6月19日，两岸人文社会科学与民间组织交流发展座谈会在台北举行。

（广西社会科学学术团体发展促进会供稿）

家长对学龄子女的养成教育，融合亲子和谐关系，促进健康发展。二是致力于做好国际联婚及其外配家庭子女教育工作。目前台湾有五分之一的家庭配偶有一方为外籍人员（外配家庭），对于做好各种文化背景不同的外配家庭及其子女养成教育问题对台湾经济社会的稳定发展意义重大。自治区社科联学会部主任、广西社会科学学术团体发展促进会副会长何明介绍广西社会科学学术团体发展促进会的基本情况，考察团部分组成人员分别介绍所在单位和社团组织的基本情况。会议就台湾义务教育、台湾学龄健康保护制度、国际联婚（外配家庭）、台湾生态保护、远程教育（空中大学）、台湾志工管理制度、台湾民间社团的运作方式等问题进行广泛的互动交流。与会者认为，大陆与台湾的社会组织（民间社团）均有着较强的互补性，今后双方应加强联系与沟通，共同促进两岸文化和社团组织的发展。

【广西生态文化与生态经济建设研讨会】 6月20日在梧州举行。广西可持续发展促进会主办。《广西生态文化建设研究》课题组主要成员与广西环保、旅游、农业、林业、妇联等相关部门的领导，以及企业家30多人参加。研讨会采取看与议相结合的方式，与会人员实地考察梧州茂圣茶叶有限公司的生态茶树园，通过多媒体视频交流梧州市推进生态文明示范区建设的成功经验。广西可持续发展促进会副会长、《广西生态文化建设研究》课题组组长蒙国莲教授作了“打造生态文化与生态经济和谐发展模式”的主题发言。与会者在经验分享和前瞻分析中着重围绕3个问题展开研讨：一是把生态文化与历史文化的融合作为推动生态文化建设的着力点；二是坚持以生态文化促进生态经济的发展；三是充分发挥妇女在生态农业与生态文化建设中的积极作用。特别对如何推进广西生态文化与生态经济和谐发展上提出了建设性的对策与建议。

【梧州市第二届金沙玉石文化研讨会】 6月23日在梧州举行。梧州市社科联与梧州市金沙玉文化协会主办。来自梧州市直机关有关部门和梧州各县（区）的金沙玉石专家等近80人参加。梧州市政协副主席黄荣森出席并致辞。会上，专家学者就如何打响梧州金沙玉石品牌、品鉴和收藏金沙玉等方面进行探讨研究。结合梧州本地实际，提出今后金沙玉石的发展应多从梧州历史文化的角度去研究开发金沙玉，充分挖掘和开发本地的历史文化和人文景观，将龙母文化、骑楼文化等文化融入到金沙玉的雕刻艺术中的建议。会后，与会人员现场参观鉴赏金沙玉石精品。

【首届桂台教师发展高峰论坛】 6月23日在桂林举行。广西教育厅主办，广西师范大学承办。来自台湾嘉义大学、台南大学、台湾师范大学、台湾教育大学、亚洲大学、中正大学、东华大学、莲花教育学院、台南市立建兴国中等18所大中小学及教育研究机构的18位专家学者，以及来自广西区内的广西师范大学、广西师范学院、广西民族师范学院、钦州学院、梧州学院、广西广播电视大学、广西教育学院及广西14个市的教育局领导、中小学教师代表近300名代表参加。论坛以“挑战与抉择：面向未来的教师专业发展”为主题，就桂台教师、校长和学者共同关注的教师职业发展标准、优秀教师专业成长、师范生培养模式、教师专业发展创新体系等五大专题内容进行交流与研讨。

【纪念援越抗美47周年桂林籍老战士座谈会】 6月26日在桂林举行。广西人文社会科学发展研究中心主办。座谈会邀请到援越抗美退伍老战士40多人，涉及援越部队铁道兵一支队、工程兵四支队、七支队、高炮六十二支队等多个兵种。他们以在越南战场的亲身经历向与会的师生诉说着历史及其背后鲜为人知的感人事迹。广西人文社会科学发展研究中心泛北部湾合作研究团队、泛北部湾发展研究团队、泛北部湾历史文化研究团队、越南研究团队的主要成员，以及校办、教务处、国际交流处相关负责人，历史文化与旅游学院、政治与行政学院的部分师生60余人参加座谈会。

【桂林文化与文化产业发展战略研讨会】 6月26日在桂林举行。桂林市社科联主办。桂林市委常委、宣传

6月26日，桂林文化与文化产业发展战略研讨会在桂林举行。

（桂林市社科联供稿）

部部长、副市长陈丽华，桂林市人大副主任石春莲，市政协副主席袁绪祥，广西西大旅游科学研究院院长、广西大学原党委书记阳国亮研究员以及桂林市社科联、驻桂林各高校、市属各社科学会、各县（区）社科联等单位的领导、专家学者和记者80多人参加。阳国亮研究员作主旨演讲，他认为，桂林文化资源禀赋，科技条件、市场空间、人力资本条件以及文化产业发展的现状在文化产业发展战略上可以采用"叠加推进"和"逆向整合"的战略。桂林文化产业的战略目标应确定为，5年打基础，10年完成文化商业化的任务进入内容产业发展阶段，文化产业成为桂林经济社会发展的新增长点和国民经济支柱产业，15年形成创意产业为主导的文化产业集群。与会人员围绕如何推动桂林文化与文化产业发展进行深入探讨，为桂林文化的大发展大繁荣献计献策。

【第六届中国经济理论与管理前沿论坛暨中国区域经济发展研讨会】 6月30日在桂林举行。由中国人民大学《经济理论与经济管理》编辑部主办，广西师范大学经济管理学院承办。来自中山大学、中国人民大学、中南大学、西南财经大学等30余所国内高校的50多位论文作者代表、广西师范大学经济管理学院全体教师、广西师范大学经济管理学院全体非毕业班在校硕士研究生200余人参加论坛。此次会议以"中国区域经济发展"为主题，中国社会科学院经济研究所副所长、《经济学动态》主编杨春学，中国人民大学《经济理论与经济管理》主编、首届国家级教学名师方福前，中国社会科学院研究员、《中国社会科学》杂志社经济室主任许建康，中国社会科学院研究员、《经济研究》常务副主编郑红亮，中国社会科学院研究员、《中国工业经济》副主编李海舰，广西人文社会科学发展研究中心"泛北部湾发展研究团队"首席专家、广西师范大学经济管理学院刘俊杰教授等6位专家学者围绕我国收入差距扩大、区域经济发展、经济结构调整、城市经济发展等热点问题发表精彩演讲。在"分组讨论"单元的5个分会场，与会者围绕"中国区域经济发展"这一主题，从"区域经济发展与转变经济发展方式"、"区域经济发展与经济结构调整研究"、"区域经济发展与促进城镇化研究"、"区域经济发展与管理创新研究"、"区域经济发展与企业家精神研究"、"区域经济发展与现代旅游业发展研究"等方面畅所欲言，对相关问题展开了深入探讨。

本届论坛收到来自全国各地的110余篇论文，入选会议论文55篇。广西师范大学经济管理学院教师詹新宇博士撰写的论坛述要在《光明日报》上发表。文章被人民网、光明网、新华网、《中国日报》、中国社会科学网、全国哲学社会科学规划办公室官网、搜狐网等著名网站全文转载，引起社会各界的广泛关注。

【"企业后勤管理创新课题组"赴首钢调研】 6月，广西人文社会科学发展研究中心"泛北部湾发展研究团队"成员组成的"企业后勤管理创新课题组"应首钢京唐钢铁联合责任有限公司（以下简称"首钢京唐公司"）的邀请，赴北京、唐山等地开展调研，课题组走访了首钢集团、唐山钢铁公司以及唐山市、曹妃甸开发区等相关部门，召开了首钢京唐公司后勤管理专题座谈，会上围绕超大型钢铁企业职工生活后勤社会化管理新问题及后勤管理体系构建等进行了深入研讨。

《首钢京唐公司职工生活后勤保障中长期发展规划》编制课题，是广西师范大学服务首钢京唐公司的第3个项目。2010年，课题组对首钢京唐公司后勤社会化管理模式创新进行了全面深入的研究，《千万吨级钢铁企业异地搬迁过程中后勤管理体系建设》报告获河北省企业基础管理创新优秀成果一等奖；2011年，课题组对首钢京唐公司企业管理实践及其创新进行了卓有成效的研究，不仅对其从北京迁入曹妃甸后管理上的"短板"提出了对策建议、对相关制度进行了一次全面的修编，并且作为阶段性成果反映公司制度建设、由广西师范大学教师主编的《企业办公室基础管理——首钢京唐公司办公室管理实践》一书，同年12月由江西人民出版社出版。

【2012年广西公共图书馆馆长高级研修班】 7月3~5日在南宁举行。广西图书馆主办，广西图书馆学会承办。来自广西县级以上97家公共图书馆以及部分高校图书馆的137位馆长参加培训。广西图书馆馆长徐欣禄主持，自治区文化厅党组书记、厅长余益中，办公室主任沈国明，社文处处长黄燕熙、副处长蒙毓刚等领导出席，厅党组成员、纪检组长李晓泉发表讲话。余益中、中国国家图书馆信息网络部总工程师王乐春博士、广西艺术学院曾晓泉和陈建国副教授、广西艺术学院申雪凤和曾晓泉副教授、广西幼儿师范高等专科学校陈金菊老师分别作关于"广西民族文化强区建设与图书馆作用"、"全媒体时代的数字图书馆建设"、"文化项目创意与策划方法"、"图书馆空间设计要素与方法"、"早期阅读与幼儿发展"的学术报告。

【"百色讲坛——中国宏观经济分析"专题讲座】 7月4日在百色举行。百色市委、市人民政府主办。北京大学经济研究所所长、教授、博士生导师睢国余主讲。市人大常委会副主任、党组副书记黄志伟，市委常委、政法委书记周武红，副市长、市公安局局长莫泰意，市政协副主席黄运志到场听讲。讲座以视频形式进行，各县（区）设分会场。市直（含中直、区直）各单位领导、干部职工及右江区四家班子分管领导等近2000人听取报告。睢国余教授运用生动的语言和鲜活的事例，立足国内外经济发展的复杂背景，从如何正确认识和把握中国改革开放的历史进程、当前宏观经济形势、未来经济发展走势等3个方面全面总结了我国改革开放30多年来所取得的巨大成就，分析了我国改革开放在不同时期的经济战略、方针、政策以及取得的辉煌成就和经验教训，展望了未来10年我国经济发展所面临的形势和走势。睢国余还对百色市今后的发展提出了对策和建议。他认为，百色今后的发展要走“工业强市、农业稳市、开放兴市、资源富市”的路子，做强主导产业，做大新兴产业，做优特色产业，做好传统产业，努力把百色打造成“富裕百色、活力百色、绿色百色、和谐百色”；要立足百色，依托西南，外引内联，融入全国，面向东南亚，走向全世界。

【《关于加快促农增收的实施意见》评审会】 7月6日在百色举行。百色市委、市人民政府主办。自治区农业厅厅长张明沛、自治区扶贫办副主任黄本和，自治区统计局副巡视员唐旭，自治区水产畜牧兽医局高级兽医师伍美炎，自治区林业厅营林处处长陆志星，自治区财政厅农业处调研员吴晓青，广西农科院蔬菜研究所博士、副研究员周生茂，广西大学农学院副院长、教授、广西芒果创新团队首席专家欧世金等领导和专家参加评审会。市委书记、市人大常委会主任赖德荣，市长谢泽宇，市人大常委会副主任杨明刚出席专家评审会。副市长罗试坚主持评审会。赖德荣代表市委、市政府对专家组深入百色农村进行调研，精心分析农村基层发展难题，力促农业发展的热情、严谨的工作态度表示衷心感谢。赖德荣强调，各级各部门要围绕百色长远发展的目标，怀着对农民的感情和改变农村落后面貌的热情切实做好促农增收工作。要不断完善实施方案，上下齐心协力，坚持不懈地按照既定的目标，以严谨的工作态度，把促农增收工作落到实处，从而促进农村面貌改变、农业发展、农民增收。张明沛在代表专家组作评审总结时指出，要实现农业跨越式发展，实现促农增收赶超目标，关键在于政策的制定、实施和落实，要细分步骤明确责任，突出重点狠抓落实；要全面制定好长中短的发展目标和步骤，突出发展特色农业产业，增加贫困山区农民的收入；要坚持可持续发展战略，积极做好农民纯收入结构的调整，大力提升农民经营性、工资性收入；要加大技术培训和科技投入，强化大农业和立体农业的协调发展，做好农产品市场的建设和服务。

【“红城讲坛——百色市促进农民增收”主题讲座】 7月6日在百色举行。百色市建设学习型党组织和学习型领导班子活动领导小组主办。自治区农业厅厅长张明沛作“百色市促进农民增收”主题讲座。副市长罗试坚，市直相关部门领导共100多人到场聆听讲座。张明沛指出，促农增收，就是要加快农业产业结构的调整转变，用科技支撑发展，用生态循环促进发展，走产业型、集约化的现代农业发展之路。他运用视频资料，采用大量来自基层调研的实例，论证了农业转变发展以及如何转变才能持续发展的道理，阐明了转变发展模式对现代农业以及对农业生产、农民生活和农村面貌改变的巨大促进作用。

【2012年广西中小学教育技术装备图书馆人员培训班】 7月7~23日在广西图书馆举行。自治区教育厅主办，广西图书馆学会承办。来自广西14个设区市的639名学员分三期5个班次进行培训。培训内容有：学会理事长徐欣禄“图书馆建设理念及发展趋势”、学会秘书长秦小燕“图书馆基础业务工作”、南宁市少儿图书馆馆长刘斌“中小学图书馆资源建设与服务”、南宁市第三中学图书馆馆长李家全“网络环境下中小学图书馆如何为教育教学服务”、南宁市少儿图书馆副馆长周明“中小学数字图书馆建设与应用”、广西图书馆期刊部韦宇宁“图书馆概论”、广西图书馆研究辅导部董惠霖“信息资源检索与利用”以及广西中小学教育技术装备中心李达领“广西中小学图书馆现状及政策环境”等。培训期间，学会组织学员分别到广西图书馆、广西大学图书馆、南宁市第三中学图书馆、南宁市第三十三中学图书馆以及南宁市少年儿童图书馆进行参观学习。

【河池学院2012年科研工作大会】 7月9~10日在河池学院举行。学院党委书记韦春北，院长覃伟年，党委副书记、纪委书记覃福珠，副院长郎耀秀、罗之勇、周鸿出席大会。

周鸿作题为“增强创新能力 提升内涵建设 服务地方社会 促进学院科研工作迈上新台阶”的工作报告，对两年来的科研工作进行了回顾总结，明确了科研工作的思路、定位及目标，同时提出了今后两年科研工作的主要措施：更新思想观念，确保达成统一认识；增强服务社会能力，促进成果转化，扩大社会影响；加强基地平台、人才队伍、自主创新能力的建设，使科研创新能力有明显提高；完善科研机制，提高科研管理能力；搭建科研平台，拓宽学术交流渠道等。会议确定了今后两年科研工作的总体思路：瞄准桂西北少数民族地区经济社会发展主方向，桂西北民族文化资源研究与特色自然资源研究开发并重，强化科技创新能力，提升学科建设内涵，加强科研成果管理，以更好的服务地方社会经济发展，促进学院科研工作迈上新台阶。

覃伟年对科研工作提出了6个方面的要求：一是要坚持“顶天立地”的科研工作思路，以“立地”为基础，以“顶天”为标志，要立足地方经济社会发展，充分利用地方资源，为地方服务，引领地方文化；二是要加强团队建设，加强学术梯队建设，凝聚科研团队，塑造科研精英；三是要更加重视课题立项后的工作，通过中期检查、成果鉴定、转化等方式加强这项工作；四是要进一步做好学生科技创新工作，争取更大成绩；五是要做好科研政策的调整完善工作；六是要更加重视实验室建设，充分发挥实验室在科研工作中的作用。在学科建设方面的工作主要是要做好硕士学位授予权建设单位及专业硕士学位试点的申报工作。

韦春北对今后的科研工作提出四点意见：一是科研工作要立足于推动学院发展大局，必须紧扣学院的中心工作，充分发挥科研的引领作用，促进学院各项事业又好又快发展。科研工作要为学院深化学科专业的改革与发展服务，为学院应用型人才培养模式的构建与实践服务，为学院师资队伍的建设与提升服务，为学院管理决策的制定与执行服务。二是科研工作要坚持“特色＋精品”战略。要把握好凝练和扩展研究方向、科学研究的重点两个问题。三是科研工作要自觉融入地方经济社会发展大潮。四是切实加强组织领导，建立和完善绩效考核制度。要高度重视，把科研工作摆在更加重要的位置，切实加强领导，充分发挥科研工作的基础性、先导性作用。

会议对2010~2011年科研工作先进个人及科研管理先进工作者进行表彰。会议对学院科研工作报告、学科建设经费管理办法、知识产权管理条例、科技成果管理办法、学术专著资助管理条例等会议材料进行讨论。

【壮语翻译专家工作会议】 7月11~14日在百色举行。中国民族语文翻译局主办，百色市人民政府协办。中国民族语文翻译局党委书记、局长李建辉，自治区民语委副主任杨启标，市人大常委会副主任杨明刚出席会议开幕式。北京、云南、广西等地的30多位壮语文工作及壮语文翻译工作的专家学者参加会议。会议期间，与会专家对300多条壮语新词术语进行审定，研究讨论新词术语翻译中不统一、不规范、有异议的问题，整合听取各方对新词术语翻译方面的意见和建议，进行翻译业务交流等。

【2012年广西第二次社科专家学者活动日】 7月13日在南宁举行。自治区社科联主办。主题为：学习贯彻中共广西第十届委员会第二次全会精神，探讨广西社科界如何弘扬广西精神。来自部分高校、广西区直学会及社科研究机构的专家学者共40多人参加。自治区社科联党组书记、主席王士威讲话，党组副书记、副主席汤竹庭主持，副主席刘家凯出席。广西社会科学院钟启泉研究员，广西教育学院党委副书记、广西伦理学学会会长卫荣凡教授，广西领导科学研究会常务副会长兼秘书长李光炎教授，广西哲学学会会长曾德盛研究员，广西财经学院副院长夏飞教授、聂勇副教授，自治区社科联刘新华研究员，广西审计科学研究所所长、广西审计学会秘书长田茂祥，广西民族大学教授袭永辉、高歌，广西经济管理干部学院教授官锡强，广西大学教授曾冬梅、梁戈夫，广西行政教育对外交流协会会长兼秘书长王宁湘教授等13位专家学者分别就广西精神的内涵、焦点、道德认同以及社科界如何宣传弘扬广西精神，推动广西哲学社会科学事业繁荣发展等方面进行发言。广西师范学院教授曾令辉、广西社会科学院东南亚研究所副所长刘建文副研究员等就如何学习贯彻自治区第十届委员会第二次全会精神作了专题发言。与会专家学者认为，广西广大的哲学社会科学工作者不仅要继续发挥社科理论优势的作用，积极开展广西精神宣传普及工作，更要发挥主人翁精神，将广西精神融入实践工作中，内化为强大的动力，共同营造广西社科界竞相繁荣的新氛围。中共广西第十届委员会第二次全会审议通过了《中共广西壮族自治区委员会关于贯彻党的十七届六中全会精神深化文化体制改革 推动文化大发展大繁荣 建设广西民族文化强区的若干意见》（以下简称《意见》）再次强调要全面贯彻“二为”方向和“双百”方针，坚持正确创作方向，繁荣发展哲学社会科学，实施哲学社会科学创新工程。社科界应积极行动起来，深入贯彻落实《意见》精神，充分发扬广西精神，在不断学习全国各兄弟省（自治区、直辖市）先进成果以及汲取国外先进经验的基础上，更加注重科研组织管理与机制创新，更加注重新方法、新思路的引进，不断创新科研方法与手段。更加注重开创学术传播平台的新局面，加大社科普及力度。更加注重现实问题研究，推出精品力作，积极探索优秀成果转化路径，将一大批经得起考验的先进成果转化为社会生产力，为实现富民强桂新跨越的宏伟目标作出积极的贡献。会议认为，新世纪以来，我们党更加重视哲学社会科学，把繁荣发展哲学社会科学放到提升国家综合实力的战略高度加以审视。2004年，中共中央下发了《关于进一步繁荣发展哲学社会科学事业的意见》，为我国哲学社会科学的大发展、大繁荣指明了方向。2006年，自治区党委下发《广西壮族自治区党委关于大力繁荣发展哲学社会科学的意见》，将广西哲学社会科学的发展推上了一个新的历史高度。2012年

7月13日，2012年广西第二次社科专家学者活动日在南宁举行。

（钟永锋　摄）

6月21日，中共广西第十届委员会第二次全会审议通过的《意见》对广西哲学社会科学事业的发展和社科工作作出了新的战略部署。社科联是党委、政府联系广大哲学社会科学工作者的桥梁和纽带，面对新的形势和发展机遇，不仅要动员和组织广大的哲学社会科学工作者为宣传弘扬和研究广西精神做大量的基础工作，更要发扬广西精神，推动社科联各项工作的开展。一要积极建言献策。要充分发挥"思想库"和"智囊团"作用，深入贯彻落实自治区第十次党代会精神，重点围绕"与东盟全面务实合作"、"加快转变经济发展方式"、"构建'两区一带'区域协调发展新格局"、"实施广西北部湾经济区优先发展战略"、"建设广西民族文化强区"、"加强和创新社会管理"等重大问题进行研究，为党委、政府科学决策服务，为广西经济社会发展服务。二要加强科研工作。要创新思路，狠抓落实，突出重点，抓住特色，培植精品，抓出亮点。三要加强组织建设。要进一步加强市、县（区）社科联建设，各级学会建设，打牢社科工作基础。四要加强队伍建设。要充分发挥社科联"联"的作用，打造立场坚定、团结协作、学风优良的高层次人才队伍，特别是学术领军人物和骨干力量，逐步形成哲学社会科学人才辈出、人尽其才的良好局面。五要加强社科联基础设施建设。随着广西经济社会的不断发展，建设专门的社科场馆成为必然要求。自治区社科联正努力争取将建设广西社科活动中心纳入《广西壮族自治区建设广西民族文化强区实施纲要（2012~2020年）》，争取启动社科活动中心项目的立项工作，在规划的期间内建成一个哲学社会科学学术研究交流中心、社会科学知识普及教育基地、哲学社会科学工作者之家、西部有影响的公益性社科文献中心，进一步夯实广西哲学社会科学繁荣发展的后劲。

【土地流转与农业现代化研讨会】 7月18~19日在富川举行。自治区人民政府发展研究中心、自治区社科联、自治区国土资源厅、自治区农业厅、自治区水利厅、自治区扶贫开发办、自治区烟草专卖局、贺州市人民政府主办。来自国务院发展研究中心、农业部、清华大学、中国人民大学、华南农业大学及自治区各市代表和科研机构的专家学者共150多人参加。研讨会入选论文43篇，其中21篇获研讨会优秀论文奖。自治区社科联党组书记、主席王士威主持，自治区人民政府副秘书长、发展研究中心主任杜新介绍研讨会基本情况，富川瑶族自治县县委书记廖立勇、贺州市副市长刘国学先后致辞，自治区社科联副主席姚兵宣读研讨会论文征集评选情况，富川瑶族自治县县长陈华介绍富川县土地流转工作进展的成效与经验。国务院发展研究中心巡视员谢扬、农业部经管与改革司巡视员关锐捷分别做主题报告，清华大学秦晖教授、中国人民大学孔祥智教授、华南农业大学傅晨教授、北京市农村经济研究中心原主任焦守田、中国特色镇发展论坛秘书长薛红星、自治区人民政府发展研究中心副主任崔忠仁，以及自治区财政厅、国土厅、农业厅、扶贫办、烟草专卖局、农机局的代表，部分入选论文作者先后发言。近年来，富川县委、县政府按照自治区"空间换时间、资源换产业、存量换增量"的战略思想，在推进农村土地流转过程中，坚持按照"规划先行、突出特色、注重规模、相对集中、效益显著"的原则，创新土地流转机制，确立农业优势产业，发展特色产业经济，做大做强农业龙头企业，积极创建农业品牌，探索出了一条"富川瑶族自治县农村承包土地流转新模式"。会议充分肯定富川瑶族自治县通过推进农村土地经营权流转促进农业产业发展的有效实践，并为今后土地流转新模式提出了许多建设性的意见和建议。

【百色市壮学研究工作座谈会】 7月19日在百色举行。百色市社科联主办。原广西政协百色地区工委副主任黄健衡出席会议并就百色壮学研究工作作具体指导。会议听取了市社科联主席苏祖纯就市壮学研究工作现状及发展方向的工作情况通报。会议认为，百色市作为壮族始祖布洛陀文化发祥地和核心区，致力于研究壮族历史文化起源、变迁、发展过程，研究壮族在长期发展中积淀下来的物质文化、精神文化的内涵、特征、功能及其发展规律，研究壮族社会、宗教、经济、教育、心理等方方面面具有重要的现实意义，更是宣传、弘扬与传承壮民族优秀传统文化的有效载体。作为壮族后裔和热心于壮学研究工作的专家学者、社科工作者要敢于担当，不辱使命，共同把百色市底蕴深厚的壮民族优秀传统文化转化为发展的引擎之一，为促进地方经济社会服务。

【百色市领导干部前沿知识讲座】 7月20日在百色市右江区举行。右江区委主办。清华大学教授张玉杰、北京大学教授姜荣国分别作“区域经济发展”、“领导干部的创新思维和领导智慧”主题讲座。右江区四家班子领导、区直各部门及乡镇街道等主要负责人共100多人聆听讲座。张玉杰教授从区域经济发展沿革、区域经济发展差距与统筹区域发展、区域产业结构演进的轨迹与特征、区域经济协调发展等方面作了专题分析和研究，并结合右江区实际，提出了一些具有针对性和操作性的建议。姜荣国教授从管理、领导行为等入手，深入分析领导的思维方式和领导智慧，指出优秀领导干部如何创新思维，锻炼领导艺术。讲座主题鲜明，两位教授提出了很多精妙精辟的观点，带来了许多新思想、新知识、新理念，并举用了大量新鲜实例、新型案例，加深了聆听讲座者对知识的理解和领悟。

【第二届中国百越古道文化论坛】 7月29~31日在百色市田东县举行。百色市人民政府、中央民族大学壮侗学研究所主办，田东县人民政府、广西民族大学民族研究中心、百色市社科联承办。百色市人大常委会副主任潘其弟，田东县委书记王军等市县领导出席开幕仪式。来自中国社会科学院、北京大学、中央民族大学、云南大学、广西民族大学、百色学院、广西区政府发展研究中心、广西博物馆、广西壮学会、广西骆越文化研究会和市社科联、各县（区）社科联等60位专家、学者、工作者参加。中央民族大学原副校长梁庭望教授，北京大学教授陈保亚，中央民族大学壮侗学研究所负责人、博士生导师李锦芳教授等国内著名专家学者围绕“田东与百越古道”这一主题，结合自己的研究成果和体会，从历史学、考古学、民族学、语言学、经济学等视角，对百越古道文化的内涵、特征、历史地位和影响以及弘扬百越古道文化精神与百越古道文化资源的保护开发等重大课题进行了深入探讨。

【“百色讲坛——读万卷书 行万里路”专题讲座】 8月3日在百色举行。百色市委、市人民政府主办。广西出版工作者协会副主席、自治区突出贡献专家彭匈主讲。市政协副主席曹东方主持讲座。讲座以视频形式进行，各县（区）设分会场。市直（含中直、区直）各单位领导、干部职工在主会场聆听报告，各县（区）设分会场，近2000人听取报告。彭匈从人文素养与国民素质、读书的理由与乐趣等12个部分展开阐述，紧扣“读万卷书，行万里路’这一主题，为在场者道明了读书这一知识积累、开阔眼界、提高文化素养的重要方式所具有的深刻意义。

【中国第四次人的发展经济学研讨会】 8月3日在四川省委党校举行。《改革与战略》杂志社、西南财经大学马克思主义经济学研究院和《光明日报》光明网主办，西南财经大学经济学院、广西人的发展经济学研究会协办。主题为：理论构建、实践构建与人的发展经济学大众化网络化。来自国家发改委、北京大学、清华大学、中国人民大学、南开大学、南京大学、西南财经大学、中南财经政法大学、中央民族大学、西北大学、天津师范大学、江苏省委党校、广西社会科学院、广西发改委、广西大学、广西民族大学、广西经济管理干部学院、《学术研究》杂志社、《光明日报》光明网等30余家单位近50名专家学者、科研人员参加。收到会议论文近50篇。西南财经大学经济学院原院长、马克思主义经济学研究院副院长、期刊中心主任李萍教授，西南财经大学经济学院院长、马克思主义经济学研究院副院长刘方健教授，《改革与战略》杂志社社长、总编辑巫文强研究员分别主持。西南财经大学副校长边慧敏致辞，刘冰雅代表《光明日报》光明网总编辑孙明泉参会主持《光明日报》光明网人的发展经济学网络频道上线仪式。美国佩斯大学副校长陈社英教授发来贺信。会议重点研讨人的发展经济学大众化网络化、理论建构、实践建构和全面自由发展的人在现实中的体现等问题。

【第五届广西歌王大赛研讨会】 8月7日在广西群众艺术馆举行。广西群众艺术馆主办，广西群众文化学会承办。广西群众文化学会会长罗征、副会长覃广周，广西山歌学会会长覃承勤、副会长覃九宏和陆登以及广西群众艺术馆相关人员参加。会上，参会人员认真总结了年内(5月）广西歌王大赛好的经验和不足之处，并就今后歌王大赛工作开展提出意见和建议。与会者认为，第五届广西歌王大赛选择在山歌文化浓厚的东兰县举办是一次成功的尝试。同时，今后歌王大赛应更注重比赛的设计、人才的培养和比赛资料的整理和归档，更好的传承山歌文化和打造广西歌王大赛文化品牌。在具体做法上可以尝试按年龄、语言分组的比赛形式，开办歌王培训班、整理出版歌王大赛歌集等。

【百色市行动学习课题比选会】 8月8日在百色举行。市行动学习活动领导小组主办。评审组对市国资委、发改委、工信委、旅游局、环保局、市政局、教育局、扶贫办等单位上报的课题进行评审。会上，各申报单位的课题负责人对课题的选题背景、研究方向、研究计划、预期成果等进行陈述，由评审小组现场提问、点评并提出修改意见。最后，经过评审小组认真评议和审定，市扶贫办的《百色市旅游扶贫结合试点项目》、市发改委的《新形势下百色市航空事业发展思路与对策研究》、市政局的《关于对百色市市区夜市烧烤、流动摊点进行规范设置的建议》等5个课题入选。

【滇桂黔石漠化片区扶贫开发理论研讨会】 8月16日在河池市凤山县举行。由河池市委、河池市人民政府、自治区社科联、广西市场经济研究会主办，河池市扶贫开发办公室、河池市委党校承办，凤山县委、凤山县人民政府协办。研讨会由河池市委常委、宣传部部长、副市长黎丽主持。河池市委副书记秦斌、自治区社科联副主席刘家凯研究员致辞。广西区人大教科文卫委员会主任委员、广西市场经济研究会会长张敦教授作会议总结。广西市场经济研究会副会长、广西大学区域发展研究院院长、广西大学原党委书记阳国亮研究员、贵州省黔西南州委党校副校长周玉华、广西财经学院胡江华副教授、贵州六盘水市委党校副校长封毅教授、河池市委党校韦荣锋、云南省文山州委党校赵丽英、广西区委党校李泽民副教授、凤山县委党校常务副校长李笃笛等先后在会上发言。128人与会。收到广西、云南、贵州三省区专家学者参会论文266篇，并评出优秀论文一、二、三等奖130名。会上，三省（区）专家学者就省际结合，区域联动；整合资源，协调推进；探索模式，持续发展等问题进行了广泛研讨。这次研讨会为深入贯彻落实中央扶贫开发工作会议精神，认真组织实施《滇桂黔石漠化区区域发展与扶贫攻坚规划》，探索坚持扶贫开发和石漠化综合治理相结合，水利建设、生态建设和石漠化治理“三位一体”协同推进，实现石漠化地区经济社会发展、扶贫开发与生态建设良性互动提供了理论和实践依据。

【桂林旅专2012’中国—东盟职业教育联展工作协调会】 为借助第九届中国—东盟博览会展示桂林旅专与东盟职业院校合作办学的成果以及桂林旅专职业教育学生技能代表性作品，8月16日，学校在成教楼召开2012’中国—东盟职业教育联展协调工作会议，副校长陈贵超、校长助理周江林、国际教育交流学院院长张显春、教务处副处长陈伍香、视觉艺术系书记罗汉儒、视觉艺术系主任韦剑华、商务系会展策划与管理教研室主任张红、国际教育交流学院外事办主任才巍等参会。会议由陈贵超主持。

协调会上，陈贵超通报了8月14日在南宁召开的广西中国—东盟职业教育学生技能作品展筹备工作会议情况，传达了自治区教育厅领导的讲话精神，明确了参展目标和任务，并对参展工作进行了部署。周江林介绍了桂林旅专中国—东盟职业院校合作办学的系列成果，对桂林旅专中国—东盟职业院校合作办学成果参展工作情况进行了总结，并就如何协调好中国—东盟职业院校合作办学成果展和职业教育学生技能作品展工作提出要求和建议。张显春介绍了中国—东盟职业院校合作办学成果展目前的筹备情况，对国际教育交流学院本次的参展任务进行具体介绍。陈伍香汇报了学校参加2012年中国—东盟职业教育学生技能作品展方案，通报了自治区教育厅对中国—东盟职业教育学生技能作品展的展位分配、布展要求和布展进度安排。罗汉儒和韦剑华分别对学生技能展具体情况和展位的个性化设计进行了介绍，张红教授对展位设计提出建设性意见。最后，与会成员对学校的参展作品、展位设计及其任务分工进行了深入细致的探讨。

【广西与东盟农业合作研讨会】 8月22日在南宁举行。自治区社科联、广西社会科学院主办，自治区社科联东南亚经济与政治研究中心、广西社会科学院东南亚研究所、广西东南亚研究会承办。主题为：广西与东盟农业合作。自治区农业厅、自治区社科联、广西社会科学院、广西农科院、广西大学、广西植物保护总站、广西丝绸集团公司等有关单位领导、专家学者共60多人

8月22日，广西与东盟农业合作研讨会在南宁举行。（朱汝胜 摄）

与会。自治区社科联党组书记、主席王士威出席并作总结讲话，广西社会科学院副院长刘建军出席并致辞。自治区社科联副巡视员、秘书长曹平主持。与会专家学者围绕主题，就广西与东盟农业合作的潜力、中国—东盟自贸区建成对广西蔗糖业的影响及对策、中国—东盟自贸区建成对广西农业的影响、东南亚蚕业发展与广西的机遇、南海周边国家渔业生产概况及广西的机遇等方面问题，畅所欲言，各抒己见，相互启发，提出建立健全农业合作协调机制、创建合作新平台、加强农业领域务实合作、建设有影响力的中国—东盟农产品物流中心和农产品专业批发市场等具有建设性和可操作性的意见和建议。通过研讨，为广西进一步拓展、深化与东盟农业合作提供了新的思路，进一步激发和调动了现代农业理论研讨合作热情和积极性。广西电视台、《广西日报》、广西新闻网进行了宣传报道，会议综述在《广西日报》、《东南亚纵横》发表。

【勤政廉政专题讲座】 8月23日在百色市右江区举行。右江区委、右江区人民政府主办。市委常委、纪委书记张俊雄主讲。右江区四家班子领导、右江区直各单位、各乡镇领导班子成员及各卫生院长、中小学校长等共500多人到场聆听讲座。张俊雄在讲座中强调，党员干部要认真遵守执行廉洁自律有关规定，做到“五要五保”，即：要爱岗敬业，以良好的履职责任和岗位业绩保住来之不易的工作地位；要学习创新，以丰富的现代知识与实践经验保有干事创业的能力水平；要清正守纪，以严格自律和践行“六戒”保守立党为公、执政为民的本色；要热爱家庭，以尊老爱幼和忠诚和睦保人生天伦之乐；要情趣高尚，以乐观精神和锻炼身体保自己的身心健康。

【“百色讲坛——博弈论与政府管理”专题讲座】 9月6日在百色举行。百色市委、市人民政府主办。浙江大学公共管理学院教授、管理学博士蒋文华应邀到场作题为“博弈论与政府管理”的专题讲座。副市长罗试坚在主会场主持专题讲座。副市长赵桂兰、市政协副主席黄运志、市人大常委会党组成员黄五同等在主会场聆听讲座。讲座以视频形式进行，各县（区）设分会场。市直（含中直、区直）各单位领导、干部职工及右江区四家班子分管领导等在主会场聆听报告，各县（区）设分会场，近2000人听取报告。蒋文华围绕博弈的定义、博弈论的主要原理、常见的博弈策略以及政府管理中常用的博弈思维方式等内容进行讲解，并联系当今国内社会热点与难点问题，对典型案例进行深入剖析。整个讲座内容丰富，具有很强的针对性和指导意义，有助于全市各级领导干部逐渐摆脱思维定式，学会用“博弈”的理念思考问题，明确目标，找到方法，解决难题。

【桂林抗战艺术史与当代文艺发展研讨会】 9月12日在南宁举行。广西抗战文化研究会、广西社会科学院文史研究所联合主办。广西抗战文化研究会副会长兼秘书长王建平主持。来自南宁、桂林等地30多名专家学者与会。广西抗战文化研究会名誉会长、广西历史学会常务副会长黄铮研究员，广西师范大学教授张利群，广西美术出版社编审苏旅以及广西大学王建平教授作主题发言。会议结合广西抗战文化研究会会长李建平研究员等专家完成的国家社科基金艺术学课题《桂林抗战艺术史》，探讨桂林抗战艺术发展史实、过程、贡献和对当代文艺发展的作用，总结抗战艺术史经验，传承抗战精神，促进当代文艺发展等问题。

【“新形势下的社会心理学科研、科普与社会服务”研讨会】 9月15日在广西医科大学举行。广西社会心理学会主办。来自有关高等院校、政府机关、医院、企业、新闻媒体的专家学者和心理咨询从业人员等共90人参加。收到论文和调研报告17篇。广西社会心理学会会长吴中任主持会议。广西医科大学副校长张志勇致辞，广西社会心理学会副会长宋凤宁作总结。广西医科大学唐峥华教授作题为“美国医学心理学研究新动态”的专题报告；柳州监狱何敦严警官作题为“犯罪心理学的思考”的专题报告，广西大学周永红教授作题为“社会心理学新视点”的专题报告。自由发言阶段，与会者就“留守儿童帮扶”、“扶贫教育”、“公益服务建设”“推进建立心理咨询师督导制度”、“推动社会心理学会的高效运转”等社会现实问题进行了激烈的研讨。

【2012年广西第三次社科专家学者活动日】 9月18~19日在崇左举行。自治区社科联主办。主题为：学文件、强素质、促发展——贯彻落实两个3号文件（中共中央《关于进一步繁荣发展哲学社会科学事业的意见》、自治区党委《广西壮族自治区党委关于大力繁荣发展哲学社会科学的意见》）精神。来自广西有关高校、城市社科联，广西区直学会、科研机构的专家学者共40多人参加。自治区社科联党组书记、主席王士威出席并讲话，党组副书记、副主席汤竹庭主持，副主席姚兵，副巡视员、秘书长曹平出席。广西社会科学院钟启泉研究员，广西抗战文化研究会秘书长王建平教授，广西老社会科学工作者协会会长莫珍英，广西人才学会副会长蒋承雄，广西社会科学学术团体发展促进会会长刘新华研究员，广西人的发展经济学研究会副会长兼

9月19日，2012年广西第三次社科专家学者活动日在崇左举行。

（何　明　摄）

秘书长官锡强教授，广西科学社会主义学会会长张月泉教授，广西市场经济研究会副会长王德民教授，自治区社科联秘书长曹平研究员，广西统计学会秘书长李美才研究员，广西先进文化发展促进会会长杨炳忠研究员等先后发言。与会者重新学习了两个3号文件精神，就新形势下如何进一步结合自身实际深入贯彻落实两个文件精神，加强特色学科、新兴学科建设，进一步解放思想、转变社科发展方式，促进优秀社科成果转化，加强自身修养、培养社科人才，加强社会科学立法工作，加强学术交流、科研管理，改善激励机制等问题进行深入探讨和交流。与会专家认为，作为社科工作者，不仅要认清形势，抓住科研科普工作的重点，审时度势地开展工作，更要在传承的基础上创新，在深入调研的基础上得出结论，出精品力作，提真知灼见的对策建议，真正肩负起时代赋予的历史使命，为各级党委、政府的科学决策服务，为繁荣发展哲学社会科学事业作出积极的贡献。会议要求，一要深入学习领会两个3号文件精神，进一步认识繁荣发展哲学社会科学的重要性。社会科学包罗万象，涉及政治、经济、社会生活的各个方面，做好社会科学工作，对促进经济社会发展具有重要的作用。二要正视存在的问题，找出制约广西哲学社会科学繁荣发展的原因。只有头脑清醒，知所不足，才能对症下药，奋发有为。三要认清形势，把握机遇，推动广西哲学社会科学事业进一步繁荣发展。两个3号文件提供了政策依据，当前经济社会发展提供了有利条件，即将召开的党的十八大将提供更好的机遇。年内，要争取在广西进行贯彻落实两个3号文件的督查；各级社科联、学术团体和专家学者要充分发挥作用，整合资源，形成合力，大胆创新，争取出更多的精品力作，出更多的优秀人才；要加强社科成果的转化，充分发挥社科界在富民强桂新跨越中的独特作用，不断推动广西哲学社会科学事业的繁荣发展。

【勤政廉政专题报告会】 9月19日在百色市靖西县举行。靖西县委主办。市委常委、纪委书记张俊雄主讲。靖西县1300多名党员干部聆听报告。张俊雄从近几年来百色市纪检监察机关查办的案件中进行剖析，深刻阐述了勤政廉政的重要性。他强调，党员干部一定要解放思想，勤政廉政，牢记党和人民赋予的神圣职责，谨记廉洁奉公不当贪官，秉公办事不当昏官，勤奋务实不当懒官，拼搏进取不当庸官，敢抓敢管不当软官，以实际行动和工作实绩推动加快建设“五个百色”的步伐。

【桂林旅专举行弘扬广西精神暨桂林市优秀成功女性进高校启动仪式首场励志报告会】 9月19日，“共享成功　梦想起航”——弘扬广西精神暨桂林市优秀成功女性进高校启动仪式首场励志报告会在桂林旅专行政楼举行。报告会由桂林市妇女联合会、桂林市教育局、桂林旅游高等专科学校主办，桂林旅游高等专科学校承办。出席报告会的有市人大副主任石春莲，桂林市妇联主席秦伟，灌阳县委书记沈荔芳，中国农业银行桂林分行党委书记、行长高钦，桂林旅游高等专科学校党委副书记蒋伟、副校长黄国良，及成功女性代表，新闻媒体记者，桂林旅专女大学生代表。

蒋伟在报告会上致辞。市人大副主任石春莲在报告会上讲话。她强调指出，弘扬“团结和谐、爱国奉献、开放包容、创新争先”的广西精神和女性“自尊、自信、自立、自强”精神，进一步加强女大学生思想道德建设，是当下高等院校女大学生提高综合素养的现实要求。希望通过报告会，充分发挥优秀成功女性的感召力和示范作用，以优秀成功女性的感人事迹引导女大学生自觉践行社会主义核心价值，为当代女大学生择业就业搭建平台、提供帮助，最终为实现富民强桂新跨越建功立业。

广西三正国际拍卖有限公司董事长谢玉华以“创业成就人生，坚持创造未来”为题作报告，总结她的五点创业感悟：一是要以诚信为本，二是要与时俱进，三是要有人性化的管理，四是营造幸福的家庭，五是要积极用爱心回报社会。指出女大学生都是天之骄子，社会的栋梁，她给女大学生提出四点建议：一要认清自己，给自己找到正确定位；二不要好高骛远；三要做一行、爱一行、干好一行；四要注重自我修养，注重品位提升。广西绿太阳农业科技有限公司总经理，桂林市女企业家协会与科技人才代表欧燕女士以“巾帼创业，不让须眉”为题作报告。她提出“自强自立，坚持不懈，敢为人先，与时俱进”是其成功的秘诀。以真抓实干、开拓进取的风格而闻名的灌阳县委书记沈荔芳以“做有信心、负责任、善跨越的新时代女性”为题与女大学生们分享了她的基层工作经历。她建议广大女性，一要交好的朋友，做好自己的人生选择；二要把学习当做丰富人生羽翼的工具，不断学习，不断突破自我。

【全国高师院校财务管理研究会五届二次理事会暨财务管理研讨会】 9月22~25日在桂林举行。全国高等师范院校财务管理研究会主办，广西师范大学承办。自治区财政厅副厅长席鸿康，自治区教育厅副厅长杨伟嘉，研究会会长、华中师范大学副校长黄永林出席会议开幕式并分别讲话，教育部资金监管事务中心、中国教育会计学会原副秘书长陈锡生教授宣读教育部财务司发来贺电。来自北京师范大学、华东师范大学、华南师范大学、天津师范大学等单位财务处负责人代表共160多人参会。在专家报告阶段，对外经贸大学校长施建军教授作了题为“大学财务监督问题的思考”的专题报告，黄永林作题为“新形势下中国教育投入与高校财务管理若干问题的思考”的专题报告。广西师范大学校长梁宏、校党委副书记王源平分别主持报告会。在分组讨论阶段，与会代表分别就“高校内部控制有关问题”、“科研及项目经费管理”、“高等学校财务制度及会计改革”、“预算经费支出的绩效评价”等专题进行交流和深入探讨。与会代表认为，高校财务管理工作是学校改革和发展的保障，要推进高校财务管理工作，必须在坚持以科学发展观为统领、紧密联系各高校财务管理工作改革发展的实际情况，建立以效益为中心的财务管理机制，健全以安全、规范的财务管理制度，加强财务管理工作监督才能创新新形势下财务管理工作的新思路和新方法，从而实现高校财务管理工作又好又快的发展。通过此次会议研讨，为全国师范院校学习兄弟院校的先进财务管理经验提供了一个很好的交流平台，也为与会代表共同探讨新形势下高师院校财务管理工作的新思路和新方法提供了一个难得的契机，促进了全国高师院校的交流与合作，深化了与会学校财务部门对财务管理工作的认识。

【第四届法国卢浮宫中国选区组委会艺术交流会】 9月28日在桂林举行。广西师范大学美术学院与广西中华文化促进会共同主办。广西师范大学副校长、著名画家白晓军教授，法国美术家协会主席、著名画家米歇尔·金先生，执行主席伊莎贝勒女士，以及中外艺术家、美术学院相关专业的教师、研究生近80人与会。交流会上，法国专家简要介绍法国卢浮宫画展相关情况，中外专家就绘画创作、水彩画的继承与发展、东西方绘画不同时期的流派、高等美术教育等问题展开了交流和深入探讨。

【《加快陆路东盟南（宁）崇（左）经济带发展对策研究》课题评审会】 9月28日在南宁举行。自治区社科联东南亚经济与政治研究中心主办。来自自治区发改委、自治区工信委、广西社会科学院、广西民族大学、广西师范学院等单位的专家对《研究报告》进行评审。自治区社科联副巡视员、秘书长曹平介绍课题立项的背景、意义和实施过程。自治区社科联东南亚经济与政治研究中心副主任马秋云主持。广西社会科学院区域发展研究所副研究员、博士杨鹏代表课题组就研究意义、研究方法、结构安排等方面向评审组做介绍。与会专家在认真听取课题组汇报、审阅《研究报告》的基础上，经过充分讨论和评议，表决通过评审。认为该《研究报告》从发展机遇和发展基础、战略意义和战略路径、融入北部湾、园区发展、对策建议以及建设保障等方面对加快南崇经济带发展进行了比较全面系统的研究，对加快陆路东盟南崇经济带发展具有重要的现实意义；全面分析了融入北部湾的必要性和重要性、有利条件以及重要内容，提出了加快形成“主轴”、辐射带动“两翼”的园区发展格局，符合加快南崇经济带建设的基本现实和发展要求；从加快南崇经济带发展的现实需求出发，在组织推进、园区建设、边境口岸、基础建设、产业转型升级、建设保障等方面提出了具体的对策措施，对于加快南崇经济带发展具有较强的决策参考价值；思路清晰、框架合理、内容丰富、资料翔实、重点比较突出、研究方向比较明确，达到了课题研究的基本要求和主要目的。会议要求，将根据与会专家提出的意见对《研究报告》作进一步修改和完善；认真整理有关成果，以《专家建言专报》的形式报送自治区有关部门，提高研究成果的社会关注度及成果转化率。

【第十二届中华人民共和国史学术年会】 10月10日在南宁举行。由当代中国研究所、中华人民共和国国史学会、南宁市委、南宁市人民政府、广西地方志办公室联合举办。中华人民共和国史学术年会，是当代中国研究所于2001年起设立的一项学术会议制度。会议由该所联合中华人民共和国国史学会（国家一级社会团体）及会议所在地的相关部门合作主办，旨在促进国史研究的繁荣和发展，面向全国党史、国史、军史学界征文，基本上选择围绕党和国家当前中心工作的问题作为会议主题。该届年会以“当代中国的历史发展与党在社会主义初级阶段的基本路线”为主题，为纪

10月10日，第十二届中华人民共和国国史学术年会在南宁举行。

（广西地方志协会供稿）

念邓小平在党的十二大上的开幕词发表30周年，“南方谈话”发表20周年，以及迎接党的十八大召开而举行。研讨会共入选论文74篇，集中围绕党在社会主义初级阶段的基本路线，分别从政治、经济、文化、社会、国防、外交和党的建设等方面，深入研究和总结了当代中国特别是改革开放30多年来的发展历程和宝贵经验。中共中央组织部原部长、中华人民共和国国史学会顾问张全景，中国社会科学院副院长、当代中国研究所所长、中华人民共和国国史学会副会长李捷，中国社会科学院原副院长、当代中国研究所原所长、中华人民共和国国史学会常务副会长朱佳木，军事科学院战略与战争理论研究部原副部长、少将齐德学，自治区副主席李康，南宁市委副书记、南宁市市长周红波，广西地方志办公室主任李秋洪等领导，以及来自全国各地的100多位国史研究专家学者与会。会议期间，自治区党委书记、自治区人大常委会主任郭声琨，自治区主席马飚，自治区党委常委、秘书长余远辉，自治区党委常委、组织部部长周新建会见了前来出席第十二届国史学术年会的中央组织部原部长张全景等一行。

【“泛北部湾合作研究团队”调研活动】 10月10~12日，广西人文社会科学发展研究中心泛北部湾合作研究团队赴贺州市开展《桂台(贺州)客家文化旅游合作示范区综合发展的政策设计与实施方案》项目调研。此次调研全过程采用访谈形式，意在通过对示范区管委会及相关部门领导、客家文化研究者的深度访谈，获得对客家文化及其产业化路径的理性认识，为示范区的发展献计献策。调研小组一行4人在泛北部湾合作研究团队首席专家刘澈元教授带领下，对示范区管委会、贺州市政府办公室、招商局、旅游局、文化局、台湾事务办公室、文联领导(客家人)及客家文艺创作者、客家居民等进行逐一访谈，涉及的内容包括示范区在自治区构建多区域合作格局和贺州经济文化发展中的定位、示范区发展的障碍和困难、示范区的发展走向、示范区应争取的政策、示范区对台招商引资、桂台客家文化合作领域、引进人才的作用空间、面向东盟发展客家旅游业、促进客家文化与贺州旅游进一步结合的构思与政策指向、客家文化产业化的路径等。通过此次调研，项目组对贺州客家文化的特质有了更深入的认识和了解，进一步明晰了示范区开展桂台文化旅游合作的政策走向，同时，对如何促进桂台客家文化旅游合作有了更充分的认识，为高质量完成课题研究报告准备了丰富的素材。

【第十三届中西南地区公安政法院校侦查学术研讨会】 10月10~13日在南宁举行。广西警官高等专科学校主办，广西公安厅刑侦总队协办。中西南地区公安政法院校代表和北京大学、中国人民公安大学、中国刑警学院、中国人民武装警察部队学院专家学者共50人参加。广西公安厅副厅长梁宏伟、广西警官高等专科学校校长刘建昌出席。广西警官高等专科学校副校长谭建华主持。北京大学法学院博士生导师张玉镶教授作首场专题学术报告。广西公安厅刑侦总队政委朱永辉就近年广西公安刑侦工作情况作专题发言。会议主要探讨侦查工作中的难点热点问题，对侦查学术理论与实践提出建设性的意见和建议。与会者通过多场学术报告会和专题发言，实现了交流及探讨，对侦查学有了新的认识，得到了新的启发，产生了新的思路，深化了研讨会的内涵。会议取得共识：作为社会科学重要组成部分的侦查科学必须重视其基础理论研究，侦查学术工作者要注重调查研究，要从实践中发现解决问题，并在理论研究和调查实践的基础上创新侦查学理论体系。收到会议论文115篇，入选73篇，出版了《侦查学论丛》(第13卷)一部，会议评选出优秀论文8篇。

【“桂商研究团队”调研活动】 广西人文社会科学发展研究中心“桂商研究团队”应藤县统战部、工商联等部门邀请，于10月11日赴该县进行调研。团队成员分成三组，分别对藤县钛白粉、旅游、陶瓷、农业、林业、航运等6个特色产业进行专题调研，团队成员通过与相关职能部门负责人座谈，实地走访主管部门和重点企业等方式收集到第一手资料。此次调研的研究成果将对藤县的上述6个产业进行系统梳理，并对其未来的发展提供重要的政策参考。据悉，该成果将作为藤县为迎接“中国共产党第十八次全国代表大会”纪念特刊的一个重要内容予以出版。此次调研取得的另一个重要成果是在藤县设立培训基地事宜取得实质性进展，团队首席专家陆奇岸教授与该县统战部、工商联等部门负责人达成广泛共识并确立合作意向。培训班将分为3个层次，分别针对企业高管、企业中层以及处于创业阶段的企业家。

【玉林师范学院举办“外语学习与文化交流”专题讲座】 10月12日在玉林师范学院举行。我国著名语言学家、北京师范大学外国语学院博士生导师周流溪主讲。周流溪教授在讲座中强调外语教育要服务于培养国际化人才，外语学习要立志高远，坚持个人发展与国家发展的一致性。希望外语学者要抓住机遇，通过自身努力，拥有胸怀祖国、放眼世界的赤子之心；要认真学习古今中外文化交流历史，总结经验，以史为鉴；要了解文化多样性和语言的多样性，具备正确的文化观。

【联合国世界旅游组织执行主任索丹·索莫基莅临桂林旅专作主题演讲】 10月12日，世界旅游组织执行主任索丹·索莫基一行莅临桂林旅专，并在行政楼就旅游业的相关问题作主题演讲。校领导林娜、蒋伟、黄国良、谢明，等陪同索丹·索莫基一行考察校园，并听取了索丹·索莫基的精彩演讲。

索丹·索莫基简要介绍了联合国世界旅游组织成立的背景和担任的职能。他以生动的事例和翔实的数据，深刻解读了旅游业的兴起历程和发展前景。他认为，旅游产业是一个能提供广阔就业机会的行业和产业，也是发展相当迅猛的一个行业和产业。尤其是中国，近年来旅游业更是飞速发展，带活了全世界的旅游市场，刺激了正处于低迷的全球经济。当然，旅游也是一个相当脆弱的行业和产业，比如“9·11”事件、国际金融危机、重大自然灾害等等，迅速地波及了旅游业。旅游产业与生态环境密切相关。发展旅游产业与生态环境保护存在一定的对立性，但我们不能因为发展旅游业而破坏环境。我们提倡发展绿色经济，走环境友好型的旅游发展模式，减少旅游对环境的伤害，实现旅游的可持续发展。索丹·索莫基认为，科学技术进步的发展一直在改变着旅游的业态和发展模式。比如，科技进步带来了地面和空中交通的飞速发展，人们旅游变得更加便捷和顺畅；互联网的兴起，让旅游步入电子时代，人们实现了网上购票。科技进步不仅带来了旅游的革新，也刺激了旅游业的竞争，拓宽了旅游业的市场空间。

【桂林旅专举办旅游与教育国际论坛】 10月13日，第六届联合国世界旅游组织/亚太旅游协会旅游趋势与展望国际论坛·旅游与教育论坛在桂林旅专行政楼多功能报告厅举行。出席论坛的嘉宾有香港理工大学酒店与旅游管理学院副院长宋海岩、福建华侨大学旅游学院院长郑向敏、湄公河旅游协调办公室主任Mason Florence、北京时代一峰公司高级经理Sam Woollard。桂林旅专领导林娜、杨杰、蒋伟、黄国良、陈贵超、谢明及学校师生代表参加论坛。论坛由杨杰校长主持。

宋海岩教授以“款客教育改革”为主题作精彩的报告。宋教授分析了“瑞士洛桑酒店教育模式”、“康奈尔大学酒店教育模式”、“萨利大学酒店教育模式”三大酒店人才培养模式，他认为，酒店旅游行业重心正从欧美地区转向亚洲，中国旅游院校应结合亚洲哲学文化，开发出适合亚洲酒店旅游的教育模式。

郑向敏教授的演讲主题是“旅游专业学生能力培养理念与‘四高’办学模式”，他分析了旅游院校人才能力与企业人才使用的尴尬、错位状况，以及旅游人才、企业和院校的旅游业3个环节之间的矛盾，并提出相应的解决方案。他认为，企业、院校和人才之间应建立密切的合作关系，改变传统的理念与模式，寻求合作共赢，达到“高比例就业率、高行业停留率、高职位就业率、高行业发展率”的目标。

Mason Florence在论坛上作题为“如何将湄公河区域打造为单一目的地”的报告。他认为，大湄公河区域所覆盖的6个国家的旅游资源应该及时进行整合，促进合作共赢。GMS目前正在进行的“6个国家一条河流”项目已经推出“茶马古道游”、“南方经济走廊”等主题旅游，以及富有宗教色彩的“宗教旅游”等，集中力量打造品牌旅游“湄公发现之旅”。GMS坚持与政府、私营企业等合作，尤其与亚洲开发银行、研究院、学院、媒体等的合作将大湄公河次区域经济推向新的发展阶段。他表示，在6国合作项目中，中国扮演着非常重要的角色。

Sam Woollard作了题为“旅游社交媒体营销与科研”的报告，指出社交媒体、网站和新技术发展对旅游业非常重要。他认为，中国旅游人数每年同比增长21%，中国旅游业乃至出境旅游正飞速发展，然而，旅游营销推广的不足，造成许多可开发地区不为人知。与之相对的，80%的中国人借助社交媒体分享旅游经验，越来越多的人借助社交媒体分享旅游体验，微博也受到年轻一代、商务人才等各类人群的欢迎。由此可见，中国的网络渗透率惊人，而社交媒体也成为最重要、最有影响力的媒体渠道。另外，移动产业的快速发展，智能手机的普及也成为网络营销的助力。因此，网络营销成为旅游必要也是必须的手段。

【“百色讲坛——干部健康知识”专题讲座】 10月15日在百色举行。百色市委、市人民政府主办。北京中医药大学医学副教授、硕士生导师、北京天人医易中医药研究院院长曲黎敏到场主讲。市领导张俊雄、欧波、黄建宁、赵桂兰、曹东方、黄运志等到场听取讲座。各县干部通过视频方式收看了讲座。讲座中，曲黎敏教授以通俗易懂的方式，就南北方地域的差别，从中医学理论的角度，详细讲解了高血压、高血脂、冠心病等疾病的预防办法以及养生保健知识。

【第八次全国应用伦理学研讨会】 10月20~21日在广西民族大学举行。由中国社会科学院应用伦理研究中心与广西民族大学联合主办，广西伦理学学会和广西民族大学政治学与国际关系学院承办。研讨会以“国际伦理”为主题。来自全国24个省市的70余所高校和研究机构共130多名专家学者参会。

广西高工委宣传部部长李美清、广西社科联学会部主任何明、广西伦理学会会长卫荣凡出席并分别致辞。广西民族大学校长谢尚果出席开幕式并致欢迎辞。谢尚果校长从学科建设、办学特色、对外交流等方面向与会专家学者介绍了广西民族大学的基本情况。

中国社科院哲学所副所长余涌研究员认为研讨会以“国际伦理”为主题是针对当今国际各种富于挑战性的热点问题所存在的道德价值冲突的探讨，讨论范围涵盖基础理论、热点问题和思想资源等问题，是一次全国性的大讨论，是一次开拓性的、拾遗补缺的大讨论。

【2012’泛珠社科专家论坛】 10月22日在海口举行。福建、江西、湖南、广东、广西、海南、四川、贵州、云南九省（区）社科联主办，海南省社科联承办。主题为：加强公共政策协调，不断深化泛珠区域合作。近60名专家学者参加。广西社科联副主席刘家凯率队出席，科普部主任刘俊代表自治区社科联课题组就基本公共服务均等化政策协调问题作大会发言。与会专家学者围绕论坛主题，就生产要素流动政策协调、旅游公共政策协调、文化产业政策协调、基本公共服务政策协调、流动人口服务管理政策协调等问题，针对泛珠三角区域各省区在科学发展中的热点、难点问题，以不同的专业眼光、从不同侧面进行交流与探讨。论坛认为，“泛珠三角区域合作与发展社科专家论坛”自2004年创办以来，已先后在广州、福州、成都、昆明、长沙、南宁、厦门、海口等地先后举办，就泛珠三角区域合作与发展的全局性、前瞻性、战略性问题进行深入研讨，努力探寻泛珠三角区域合作与发展的新思路、新方向、新途径，形成了一批具有理论价值和实践意义的成果。论坛要求，要用好这个重要的学术交流平台，不断深化交流与合作，拿出更多有理论高度、学术深度、实际用度的成果，为各省区政府实施“区域合作与发展”战略提供更好的理论支撑，充分发挥社科界在泛珠三角区域合作与发展中的积极作用；要进一步深化泛珠区域合作，加强政府间公共政策协调，扫除行政壁垒，优化政策环境，加快建设统一开放、竞争有序的市场体系，提供更为丰富、更为有效的公共产品，防止区域内福利水平差距过大，促进泛珠区域共同繁荣。

【中国心理学会心理学教学工作委员会与人格心理学分会2012年学术年会】 10月22~24日在桂林举行。中国心理学会心理学教学工作委员会与中国心理学会人格心理学分会联合主办，中国心理学会临床与心理咨询分会协办，广西师范大学教育科学学院承办。此次学术年会的研讨主题是：心理学人才培养教学改革计划和文化繁荣下人格心理学的新使命。学术年会上，中国心理学会副理事长、陕西师范大学副校长游旭群教授作了“我国教师职业心理健康标准及测评体系研究”主题报告，辽宁师范大学副校长李红教授作了“科研与创造——兼论心理学高层次人才培养”的主题报告。学术年会分3个会场就认知与教学、人格与社会、心理健康与咨询进行了分组报告和讨论。此外，中国心理学会心理学教学工作委员会召开工作会议，与会委员对心理学教学工作委员会的工作定位，高层次心理学人才培养，以及心理学课程建设、教材建设等问题进行了深入的讨论。

【“红城讲坛——以科学发展观推动文化强市建设”专题报告会】 10月25日在百色举行。百色市建设学习型党组织和学习型领导班子活动领导小组主办。自治区新闻出版局、版权局党组书记、局长于瑔应邀作专题报告。市委副书记张虹，市委常委、组织部部长欧波出席报告会。市委常委、宣传部部长、副市长范力主持报告会。报告会以视频形式进行，各县（区）设分会场。市四家班子正副秘书长，市人大、政协各专工委领导，百色学院班子领导，驻百色军警代表、市直（含中直、区直）各单位的领导、党员干部职工，各县（区）四家班子领导及县区直单位的领导、党员干部群众等近万人聆听报告。于瑔在报告中深刻诠释了党的十七届六中全会精神的内涵，并紧密结合百色实际，通过大量事例，全面阐述了加强文化建设的重大意义，以及国家建设文化强国、自治区建设民族文化强区和百色市建设文化强市、各县（区）建设文化强县的密切关系。整场报告具有较强的思想性、前瞻性、战略性，为百色市找准建设文化强市的着力点、增加各项工作的文化含量提出了宝贵的意见和建议。

【广西第四届“魅力北部湾”群众文化理论研讨会】 10月25日在防城港市举行。自治区文化厅主办，广西群众艺术馆、防城港市文化体育新闻出版局、南宁市文化新闻出版局、北海市文化新闻出版局、钦州市文化新闻出版局承办,防城港市群众艺术馆、南宁市群众艺术馆、北海市群众艺术馆、钦州市群众艺术馆、广西群众文化学会协办。各主承办单位领导及 30 名论文作者代表参加。与会者围绕泛北部湾公共文化服务体系建设、文化馆免费开放、非物质文化遗产保护、群众文艺创作等议题进行研讨。研讨会共征集论文 93 篇,经专家组评审,评出一等奖 8 篇、二等奖 15 篇、三等奖 25 篇。

【玉林师范学院举办“曾国藩与晚清社会”学术讲座】 10 月 25 日在玉林师范学院举行。河北师范大学历史文化学院教授、博士研究生导师、中国义和团研究会副会长、中国太平天国史研究会常务理事董丛林主讲。学院 500 多名师生聆听讲座。董丛林将讲座分为三大板块,并加以史料解读曾国藩与晚清社会的关系。他从曾国藩的生平说起,为大学生们展现了一个重礼教、有决心的曾国藩;同时系统阐述了曾国藩创办湘军,缔造湘系的创举以及练军时遇到的困难,进而分析湘系和淮系的关系。他认为湘系具有的政缘性和地缘性结合、军政结合、内外层结合的独特之处。最后概括指出湘军对晚清社会形成的重要影响。

【建设民族文化强区的理论与实践学术研讨会】 10 月 26 日在南宁举行。广西老社会科学工作者协会主办。广西老社会科学工作者协会会员、专家学者共 100 多人参加。收到论文 27 篇。广西老社会科学工作者协会名誉会长、自治区老领导韦纯束、侯德彭出席并讲话。与会者就广西建设民族文化强区的有关理论和在实践中所要解决的主要问题进行研讨。提出要用先进文化理念武装各族干部群众,要努力实现文化惠民,要努力打造广西文化品牌,要加快文化产业发展,要培养造就高素质文化人才队伍;各级党委政府应抓好计划落实、资金落实、人员落实,扎实有效推进文化强区建设。

【玉林师范学院举办“题同释异:中国近代农民何以贫困”学术讲座】 10 月 26 日在玉林师范学院举行。南开大学历史学院教授、博士生导师李金铮主座。李金铮教授在讲座中列举了中国近代农民贫穷的典型事例,从而引出中国近代农民贫困的事实,系统阐述了马克思主义学者和非马克思主义学者在分析农民贫穷原因的不同观点。李教授层层递进,就“什么是贫困,农民为什么贫困,怎样解决贫困”3 个问题,从单一论、多议论、双议论等方面分别讲述了多位专家学者分析的角度和提出的观点,概括性地指出导致农民贫困的因素有:帝国主义的侵略、本国封建势力的压迫。

【“广西民族音乐舞蹈研究团队”调研活动】 10 月,广西人文社会科学发展研究中心“广西民族音乐舞蹈研究团队”专家林冬、周楼胜率队前往广西河池地区调研,深入研究毛南族两大“族宝”—傩文化和花竹帽。毛南族是我国 22 个人口较少民族之一,其人口大多数聚集于广西河池地区,尤其是以环江毛南族自治县为主。毛南族的傩文化和花竹帽近年来处于濒临失传的境地,为了做好课题研究,为广西少数民族地区特有民族民间艺术文化的保护和传承工作作出应有贡献,调研组通过实地仔细的调查和走访,深入考察傩文化和花竹帽,以及与之相关的毛南族诗歌、散文、小说、师公戏等特色文化。考察过程中,师生们观看了在当地著名作家谭亚洲先生家举行的毛南族传统还愿仪式并将仪式三天三夜的全过程进行录制。调研过程中,师生们还采访了当地著名傩面具雕刻家方振国先生,记录了老艺术家雕刻面具的过程,为整体研究毛南族文化积累了宝贵的第一手材料。

【“红城讲坛——绩效考评工作理论与实践”专题讲座】 11 月 2 日在百色举行。百色市建设学习型党组织和学习型领导班子活动领导小组主办。自治区绩效办副主任黄小奇、自治区绩效办考评一处处长韦新忠作专题讲座。市委常委、纪委书记张俊雄到场听取讲座并讲话。报告会以视频形式举行,各县(区)设分会场,共有 1000 多人参加。黄小奇通过与各市比较分析出百色市在绩效考评中所占有的优势以及存在的劣势,并针对百色市绩效管理中所存在的问题提出了改进的意见和建议;韦新忠就绩效考评各个环节和具体工作进行了详细讲解。

【广西大学生村官创业 YBC 模式推介及研讨会】 11 月 3 日在百色举行。自治区党委组织部主办。自治区党委组织部副部长梁海萍主持会议并作讲话。市委副书记张虹在会上讲话。瀛公益基金会副秘书长高永及广西 14 个市的组织部部长和百色青年创业促进会相关负责人等 100 多人出席。梁海萍要求各级各部门要进一步回顾总结近几年来大学生村官的工作情况,认真梳理,细致分析,摸清底数,总结经验,为下一步工作制订好计划和方案;要进一步认真对照中央、自治区党委的要求,查找自身存在的差距和困难,制定目标,攻坚克难,促进大学生村官 YBC 模式有序推进;要进一步根据相关文件精神,结合自身实际情况,真抓实干,抓好各项相关工作的落实。张虹表示,百色青年创业服务工作启动以来,解决了青年创业过程中方向不清、资金缺乏、经验不足等难题，为青年创业提供了切实的帮助。百色市将一如既往把青年创业服务工作当作一件大事来推进好、落实好；进一步整合资源，充分发挥各方力量，争取为青年创业服务工作提供更多的支持和帮助。

【《自贸区建成后广西与东盟文化产业合作研究》课题评审会】 11月5日在南宁举行。自治区社科联东南亚经济与政治研究中心主办。广西社会科学院、广西民族大学、广西师范学院、广西先进文化发展促进会、广西妇女干部学校等单位的专家组成评审组对《研究报告》进行评审。自治区社科联副巡视员、秘书长曹平主持会议。自治区社科联东南亚经济与政治研究中心副主任马秋云代表课题组介绍课题的研究意义、研究方法、框架安排等。与会专家在听取课题组汇报情况、审阅《研究报告》的基础上，经过充分讨论和评议，表决通过评审。认为该《研究报告》选题切中广西文化产业发展重大问题，考察了广西在中国与东盟各国关系格局中的重要地位和综合优势，具体分析自贸区建成对双方文化产业合作的影响、双方文化产业合作现状以及条件、存在问题等方面内容。从自贸区建成后广西与东盟文化产业合作的现实需求出发，在完善合作机制、创新合作方式、确定合作重点、搭建合作平台、创造文化精品、打造文化品牌、加快园区建设以及力推重大项目等方面，提出了切实可行的文化产业发展思路与可操作性的对策建议，有一定的前瞻性、针对性和实用性，符合广西与东盟文化产业合作的基本现实和发展要求，对于加强广西与东盟文化产业合作具有较高的决策参考价值；该《研究报告》思路清晰、框架合理、内容丰富、资料翔实、重点比较突出、研究方向比较明确，达到了课题研究的基本要求和主要目的。课题组表示将根据与会专家提出的意见建议，对《研究报告》作进一步修改和完善后，报相关部门作决策参考。

【桂林旅专举办弘扬广西精神主题报告会】 11月5日，广西高校首场弘扬广西精神主题报告会在桂林旅专行政楼举行。由自治区高校工委和自治区教育厅主办。报告会由中共广西区委党校副校长、行政学院副院长唐秀玲主讲。出席本次报告会的领导和嘉宾有自治区高校工委宣传部部长、教育厅思政处处长李美清，桂林旅专党委书记林娜，校长杨杰出席报告会。报告会由蒋伟副书记主持。

唐秀玲教授从“广西精神”提出的必要性、“广西精神”内在丰富的文化资源和深刻底蕴、“广西精神”的起源生成与实践发展、弘扬“广西精神”的重要性4个方面作精彩报告。“团结和谐、爱国奉献、开放包容、创新争先”的广西精神，体现了广西各族人民历史、传承和发展的内在特质，弘扬“广西精神”是时代发展和广西赶超跨越的客观要求。精神是人类文明演进的强大动力。广西精神表述语的提炼升华是广西各族人民的共同愿望，是推动区域科学发展的客观需要，是促进广西社会主义大发展大繁荣的内在必然，是促进广西赶超跨越的迫切要求。唐秀玲认为，团结和谐是广西精神的根本标志，爱国奉献是广西精神的显著特征，开放包容是广西精神的鲜明特质，创新争先是广西精神的重要特点。我们要深入解读广西精神的实质、内涵和意义，营造学习实践广西精神的良好氛围，更好地凝聚广大师生的智慧和力量，激发广大师生推动广西教育事业改革发展的热情和干劲，为富民强桂新跨越做出更大的贡献。唐秀玲强调，要大力弘扬广西精神，首先要做到坚持解放思想，不断丰富和发展广西精神；其次要进一步学习宣传，让广西精神进脑入心；第三要落到实处、努力践行，让广西精神转化为推动科学发展的现实力量；第四要完善制度健全机制，让广西精神成为习惯力量，奋力推进广西精神建设，从而实现广西富民强桂新跨越。

【2012’六堡茶产业发展高峰论坛】 11月7日在梧州举行。论坛由2012’中国茶叶学会年会暨六堡茶博览交易会组委会主办。主题为“倡导健康饮品，振兴历史名茶”。中国工程院院士陈宗懋，安徽省政协副主席、安徽农业大学副校长、中国茶叶学会副理事长夏涛，中国茶叶学会理事长、中国农科院茶叶研究所副所长江用文等专家学者出席论坛。梧州市领导吴浩岭、李桂珍、彭健铭、陈澄波参加论坛。副市长彭健铭主持论坛。来自全国各地的资深茶界专家学者围绕“名茶与健康”的主题，从茶产业发展的各个方面作了精彩发言，为梧州市六堡茶产业的健康发展指明了方向。陈宗懋院士在论坛上作了主题发言。

【玉林师范学院举办“共和国领袖与道家文化”专题讲座】 11月8日在学院东校区知行楼举行。四川大学博士生导师、老子研究学院院长詹石窗教授主讲。讲座中，詹教授讲述了道家从孕育期到制度期的发展历程。他根据自己多年的研究成果并结合史实，探讨了共和国领袖与道家文化的不解之缘。同时从生态安全、治国安民、地方经济发展等层面解读道家文化的价值。见解独到，与会人员深受启发。

【全国部分党校对外培训协会第二届理事会暨对外培训工作交流研讨会】 11月10日在南宁举行。全国部分党校对外培训协会主办，中共广西区委党校承办。来自全国31家省级、副省级和市级党校的领导和代表共80多人参加会议。中共广西区委党校常务副校长、广西行政学院常务副院长黄学权出席并致辞。全国部分党校对外培训协会首任会长、中共陕西省委党校副校长秦国刚代表全国部分党校对外培训协会讲话。中共广西区委党校、中共四川省委党校、中共上海市委党校、中共宁夏区委党校、中共安徽省委党校、中共江西省委党校代表分别在大会上发言。会议讨论商定了第三届理事会举办地点、单位,选举产生新一届全国部分党校对外培训协会会长单位、会长。

【桂林旅专举办“建设生态文明 推进广西生态旅游发展”主题报告会】 11月19日,邀请自治区文联主席潘琦到桂林旅专作“建设生态文明推进广西生态旅游发展”主题报告会。桂林旅专校领导林娜、杨杰、蒋伟、黄国良、陈贵超及各系教师代表、学生代表参加。报告会由校党委书记林娜主持。

潘琦主席结合党的十八大提出的“大力推进生态文明建设,努力建设美丽中国”展开报告会,从4个方面阐述了建设生态文明推进广西生态旅游发展的研究和见解。一是生态文明建设。生态文明建设分为3个层次,分别是要有文明的生态观(珍惜自然、保护生态、人与自然和谐相处)、要坚持科学文明的发展方式、要有绿色健康的生活方式。他表示应做好经济、政治、文化、社会、生态五大建设;二是关于生态旅游。他从维护自然环境、保护当地人民的生活环境、生态可持续发展3个方面阐述生态旅游的基本内涵;三是我国生态旅游发展现状。他介绍了中国首届生态旅游讨论会上确定的四点:确定了生态旅游的定义、如何在生态旅游中开发、中国生态旅游资源的综合评价和利用的总体规划、生态旅游路线及优点。还介绍了中国著名生态旅游的九种类型,并表示,生态旅游发展要考虑为后代人类造福;四是关于广西生态旅游的建议思路。他提出了五点建议:(1)广西生态旅游发展一定要搞好规划和可行的发展战略。立足广西区情,全面规划,统一开发,合理布局,形成特色。(2)一定要注重维护当地人民利益。(3)一定要强调合理开发利用现有资源。做到人无我有、人有我精、人精我特,提高参与生态旅游人的素质。(4)采取多种手段加强生态旅游的管理。从管而有理、管而讲理、管而服理、管而处理4个层次剖析管理方式。(5)加强广西生态旅游的统一领导。建议可将生态旅游列入旅专学子们学习的重要课程,做好人才理念培养,更好的发展广西生态旅游。

【2012年广西第四次社科专家学者活动日】 11月21日在南宁举行。自治区社科联主办。自治区社科联部分常委及各部室中心负责人,有关广西区直学会、科研机构、高校的专家学者共40多人参加。主题为:广西社科界学习贯彻党的十八大精神。自治区社科联党组书记、主席王士威作小结讲话,党组副书记、副主席汤竹庭主持,副主席姚兵、刘家凯,副巡视员、秘书长曹平出席。广西社会科学院院长吕余生研究员,自治区政协文史委副主任、广西大学原党委书记阳国亮研究员,广西社会科学院原副院长钟启泉研究员,广西国际共运史学会会长、广西民族大学相思湖学院院长陈元中教授,百色市社科联主席苏祖纯等12位专家发言。与会专家学者就如何建设哲学社会科学创新体系,党的十八大后社科界应该重点关注的问题,党的十八大报告的理论创新等进行了讨论和交流。大家认为,党的十八大报告既是政治宣言又是行动纲领,内涵丰富、思想深刻,充满自信、创新、智慧和力量,提出了一系列重大的理论创新观点,把党的理论创新事业推到了一个新的高度。一是对我们党的指导思想作出了新的更加完整的表述,提出“科学发展观同马克思列宁主义、毛泽东思想、邓小平理论、‘三个代表’重要思想一道,是党必须长期坚持的指导思想”。报告还对深入贯彻落实科学发展观的第一要义、核心立场、基本要求、根本方法等作了深刻阐述。二是丰富了“现代化”的理论体系,对现代化布局提出了“五位一体”。从党的十六大提出的“三位一体”(经济建设、政治建设、文化建设),到党的十七大“四位一体”(经济建设、政治建设、文化建设和社会建设),这次拓展到“五位一体”(经济建设、政治建设、文化建设、社会建设、生态文明建设),这是总揽国内外大局、贯彻落实科学发展观的一个新的部署。三是提出“为全面建成小康社会而奋斗”。从党的十七大提出的“建设”到“建成”,一字之变,却是我们党自信的政治宣言,让世界看到了一个更加自信、繁荣、强大的中国。四是提出2020年居民人均收入要实现倍增。从党的十六大提出国内生产总值(GDP)从2000年到2020年实现GDP翻两番,党的十七大提出人均GDP翻两番,到这次明确提出居民的收入要在10年的时间里实现倍增,这是一个重大的突破,充分体现了以人为本和民富优先,给人民极大的鼓舞。五是把保障社会公平正义摆到了更加突出的位置,强调发展成果“更公平”惠及人民,提出“权利公平、机会公平、规则公平”,这是“以人为本”理念的进一步深化和细化,是将以更大力度改善民生和加强社会建设的明确信号。六是首次将党的“纯洁性建设”列为党建主线之一,这是党建理论的创新,有利于全面推进党的建设新的伟大工程。关于党的建设总体布局五大重点建设的顺序,党的十七大报告的表述是思想建设、组织建设、作风建设、制度建设、反腐倡廉建设。党的

十八大报告将反腐倡廉建设的位置从第五位调整到第四,凸显了反腐败在党的建设中的重要地位。七是首次提出“四化”同步的观点,即工业化、信息化、城镇化和农村现代化“四化”同步发展。这是我们党总结本国社会主义市场经济建设中的经验,汲取一些发展中国家特别是拉美国家在经济发展中由于忽视社会公正而导致两极分化和社会动荡的教训,对推动经济可持续协调发展、实现现代化的途径做出的重大调整。八是将社会管理与民生并列为社会建设的重要内容。从党的十七大报告提出“加快推进以改善民生为重点的社会建设”,到党的十八大报告“在改善民生和创新管理中加强社会建设”,突出了社会管理创新和改善民生两个重点,社会管理首次与改善民生并重。九是首次提出实行党代会代表提案制。这是在新的历史条件下发扬党内民主的一种重要手段,对于保证党和国家的重大路线方针政策的制定、实施,与党员群众建立一种良性的沟通渠道,保证党和国家路线方针政策的正确性、可行性具有重要的意义。十是对社会主义核心价值观进行了新概括,用24个字对社会主义核心价值观进行了概括。分别从国家、社会、个人3个层面进行,从国家层面看,是富强、民主、文明、和谐;从社会层面看,是自由、平等、公正、法治;从公民个人层面看,是爱国、敬业、诚信、友善。社会主义核心价值观的提出和概括,深化了我们党对社会主义的认识,对于推进社会主义核心价值体系建设,具有十分重要的意义。与会专家提出,广西是全国为数不多的沿海省区,具备建设海洋经济大省区的条件。广西电力职业技术学院党委书记陈俊伟教授提出了关于广西建设海洋经济大省区的对策建议:一是整合资源,全力打造竞争力强的港口群;二是产业联动,加快发展现代综合物流产业;三是抓住关键,重点建设临港工业集聚区;四是发挥优势,积极打造临海能源基地;五是持续发展,扎实做大海洋渔业基地;六是放眼长远,坚实奠定海洋科技基础;七是突出特色,重新振兴滨海旅游产业;八是营造环境,加快建设沿海特色城市群;九是打造核心,大力实施海洋人才战略。与会者表示,作为社会科学工作者,必须坚定信念,要有充分的理论自信,体现当代中国马克思主义的理论优势,深刻回答现实热点、理论难点和群众的思想疑点问题,引领社会思潮,推动理论创新。会议要求,广西社科界一定要把学习、研究、宣传党的十八大精神作为重大职责和紧迫任务。一要带头引领,做学习宣传贯彻党的十八大精神的排头兵。二要准确领会和系统掌握党的十八大的精神实质和深刻内涵。三要以学习贯彻党的十八大精神为契机,推动哲学社会科学事业进一步繁荣发展。第一,要深入学习宣传贯彻党的十八大精神,坚持用中国特色社会主义理论体系指导社会科学工作。第二,要着眼长远,以改革创新精神谋划和推动工作。要把党的十八大精神同贯彻落实党中央、自治区党委关于繁荣发展哲学社会科学两个3号文件精神结合起来,进一步加强社科联组织、基础设施、阵地建设,加强学术研究、学术创新,加强社科宣传普及,提高优秀社科成果转化率,充分发挥桥梁纽带和“思想库”、“智囊团”作用,推动哲学社会科学事业繁荣发展,为实现富民强桂新跨越、全面建成小康社会提供强大的理论支撑、精神动力、智力支持和文化条件。

【东南十一省属重点师范大学第十七次纪检监察工作研讨会】 11月21~22日在桂林举行。广西师范大学承办。自治区高校工委副书记、高校纪工委书记、教育厅纪检组组长秦敬德介绍了广西高等教育发展现状及广西高校党风廉政建设情况。广西师范大学党委书记王枬出席会议并介绍广西师范大学的发展现状。会议由广西师范大学党委副书记、纪委书记王源平主持。会上,与会代表就各自学校党风廉政建设和反腐倡廉工作的经验做法进行了交流,并就新形势下加强高校纪检监察队伍建设、实际工作中遇到的问题等进行了研讨。

【“百色讲坛——法治的中国之道”专题讲座】 11月23日在百色举行。百色市委、市人民政府主办。广西大学法学院法学和哲学教授、硕士研究生导师、博士魏敦友应邀作专题讲座。市委常委、政法委书记周武红主持讲座。讲座以视频形式进行,各县(区)设分会场。共1000多人参加。魏敦友教授将哲学与法理学融为一体,以中西方的传统文化与哲学发展作比较,从历史、理论、方法3个方面全面地阐述如何构建中国特色的法律体系。他在讲座中结合党的十八大报告中强调的提高领导干部运用法治思维和法治方式深化改革、推动发展、化解矛盾、维护稳定的能力进行了解读。报告对依法治国的论述立意深远,操作性强。在全国上下掀起学习十八大精神热潮之时,讨论法治的中国之道,具有非常重要的现实意义。

【广西社会科学普及立法工作座谈会】 11月24日在南宁举行。自治区社科联主办。主要议题是:深入学习贯彻党的十八大精神,中央和自治区关于加强社会科学工作的文件精神以及国家、自治区关于科普工作的法律法规,共同推动广西社会科学普及工作纳入法制化轨道,为社会科学普及建立起长效的工作机制。自治区政协文史和学习委员会副主任、广西大学原党委书记阳国亮教授，自治区人民政府发展研究中心副主任崔忠仁研究员，自治区优秀专家寿思华、杨炳忠、李建平等知名专家学者共20人参加。会议认为，2005年9月《广西壮族自治区科学技术普及条例》施行以来，在传播科学思想、倡导科学方法、弘扬科学精神方面取得卓有成效的成绩。但该条例没有将社会科学普及纳入其中，也没有明确社科联组织为科普工作的主要社会力量。随着经济社会不断发展，人们对社会科学普及工作的需求与要求越来越高，社会科学普及法制化建设已显得十分迫切。全国部分省市区已经将社会科学普及工作上升到法律层面，纳入法制化轨道，有的正在积极推进社会科学普及法制化进程。与会专家认为，自治区社科联提出的把社会科学普及纳入法律范畴非常必要，完全赞同将社会科学普及工作上升到法律层面，纳入法制化轨道。社会科学普及有法可依，社会科学普及工作有法律保障，必将对社会科学普及的深入推进和长效开展，对全自治区人民人文社会科学素养的提升发挥更加深远的积极作用。

【中国学位与研究生教育学会师范类工作委员会2012年学术年会】 11月25~27日在桂林举行。中国学位与研究生教育学会师范类工作委员会主办，广西师范大学研究生学院、党委研究生工作部承办。本届年会主题为“研究生教育的质量保障”。来自清华大学、北京大学、西南大学、首都师范大学、华东师范大学、东北师范大学、华南师范大学、北京师范大学、中央民族大学、中央音乐学院、北京体育大学等全国各地60所高校研究生管理部门的120名学位与研究生教育管理人员参加。教育部学位管理与研究生教育司综合处处长卢晓斌、自治区教育厅副厅长黄宇、自治区学位办主任孙国友应邀出席会议。中国学位与研究生教育学会师范类工作委员会副主任兼秘书长石中英对本届年会进行总结。他强调此次大会提出的主题切实反映了现阶段我国研究生教育改革发展的形势和任务。研究生教育质量的保障是一个比较复杂的系统，在这个复杂系统中，关键部分是研究生培养单位，而“以校为本”的研究生质量保障体系的建构也许是今后一段时期内我国研究生质量保障工作的重要环节。与会代表分别从研究生培养机制改革与实施办法解读、以校为本的质量保障体系建构、免费师范生攻读教育硕士政策实施的问题与探索等3个分主题作了大会报告与交流。

【广西家庭教育论坛】 11月26日，自治区文明办、自治区教育厅、自治区妇联、广西家庭教育研究会在广西妇女大厦联合召开2012年广西家庭教育研究会年会暨广西家庭教育论坛。自治区妇联主席王革冰、自治区教育厅副厅长白志繁出席并讲话。广西家庭教育研究会理事、会员及广西内外的家庭教育专家、家长约130人参加。论坛上，武汉大学社会学系教授、全国家庭教育专家讲师团专家、湖北省家庭教育研究会副会长、湖北省家庭教育研究会报告团团长周运清和中国家长教育研究所所长、北大公学家庭管理学院院长、美国玛赫西管理大学教授、清华大学客座教授、美国美中教育研究会副会长齐大辉两位专家作主旨发言。广西广播电视大学副校长陆云，家庭婚姻情感培训师、家庭教育指导师陈秋芸，南宁市关心下一代研究所所长、广西家庭教育研究会理事李英庆，河池市金城江区关工委主任韦茂森分别围绕“家庭教育在培育社会主义核心价值观的重要作用”、“在亲密关系中成长”、“教子有方”、“为人父母与有效的家庭教育”等内容作了精彩发言。

【“当代世界社会主义的理论与实践——民族、民生、民主”学术研讨会】 11月27~28日在桂林举行。广西师范大学马克思主义学院承办。桂林市委副书记石东龙，中央党校科社部教授胡振良，辽宁师范大学党委书记曲庆彪，广西师范大学校长梁宏，副校长陈洪江和钟瑞添出席开幕式。开幕式由中央编译局副局长王学东主持。王学东、钟瑞添、曲庆彪结合党的十八大报告精神，分别从当代世界社会主义的理论与实践的民族、民生、民主等方面进行阐述，向与会专家学者作了主题发言。在两天的会期里，与会代表们进行了多场专题讨论活动，分别从“当代社会主义的新理论和新实践”、“社会主义的民族化与社会主义建设中的民族问题”、“民主的价值与社会主义民主的探索”、“社会主义民主建设的经验教训”等不同角度，深入进行了交流与探讨。

【河池学院党的十八大精神专题学习会】 11月28日在河池学院举行。学院党委书记韦春北，院长覃伟年参加学习会。思想政治理论课教学部主任韦文广教授为全体中层干部深入解读党的十八大报告。

韦文广着重从6个方面对党的十八大主要精神进行了深入讲解。一是明确了科学发展观的历史地位。科学发展观是中国共产党的重要理论创新，是中国特色社会主义的理论体系最新成果，是中国共产党先进性在理论上的具体体现，是马克思主义关于发展的世界观和方法论的集中体现。作为指导发展中国特色社会主义的强大思想武器，在解决发展观视角由“物”向“人”转变、解决现代化进程中人与人、人与自然关系等7个方面对以往进行突破。二是完善了中国特色社会主义的内涵。党的十八大报告明确指出“我们坚定不移高举中国特色社会主义伟大旗帜，既不走封闭僵化的老路、也不走改旗易帜的邪路”。中国特色社会主义内涵包含道路、理论体系和制度3个方面。中国特色社会主义道路是实践形态，决定着未来发展方向；中国特色社会主义理论体系是理论形态，是我们的行动指南；中国特色社会主义制度是制度形态，是全面建成小康社会的根本保障。三是构筑了中国特色社会主义战略新布局。党的十八大提出了“五位一体”的战略新布局。四是概括了中国特色社会主义核心价值观。从国家层面、社会层面、公众层面3个方面对核心价值观进行分析，指出不同的层面有不同的价值认同。五是确定了全面建成小康社会的奋斗目标。包括经济持续健康发展、人民民主不断扩大、文化软实力显著增强、人民生活水平全面提高、资源节约型环境友好型社会建设取得重大进展等五个方面内容。六是作出了重大战略部署。从“两个加快”：加快完善社会主义市场经济体制、加快转变经济发展方式；“三个注重”：更加注重党的领导方式和执政方式、更加注重健全民主制度丰富民主化形式、更加注重发挥法治在国家治理和社会管理中的重要作用；“建设社会主义文化强国”；“五有”、“六举措”；“全面提高党的建设科学化水平”对党的十八大报告中经济建设、政治建设、文化建设、社会建设、生态文明建设和党的建设内容进行了解读。

【全国行政学院2012年科研工作会议】 11月29日在广西行政学院举行。国家行政学院科研部主办，广西行政学院承办。国家行政学院科研部主任许耀桐、广西行政学院副院长唐秀玲以及来自全国47家副省级城市、省级行政学院科研部门的60余位代表参会。会议主题是：认真学习和全面贯彻落实党的十八大精神，以研究十八大报告中提出的基本理论、基本战略、基本部署为重点，紧密联系各地政府工作与经济社会发展的实际，围绕政府管理改革与创新等重大问题，组织全国行政学院系统进行深入研讨并以此为中心开展科研工作和合作。许耀桐作了题为“乘着党的十八大强劲东风，加快全国行政学院科研合作发展”的主题报告。

11月29日，全国行政学院2012年科研工作会议在南宁召开。

（自治区党校供稿）

【家庭教育论文评比活动】 11月至12月，为加强家庭教育理论研究，总结推广家庭教育经验，同时为2012年家庭教育年会及专家论坛提供有研究价值的意见、建议，自治区妇联、广西家庭教育研究会在广西开展家庭教育优秀论文征集评选活动。此次活动共收到论文311篇，评出获奖论文83篇，其中一等奖6篇、二等奖15篇、三等奖25篇、优秀奖37篇。

【“广西文化软实力发展研究团队”调研活动】 11月，广西人文社会科学发展研究中心“广西文化软实力发展研究团队”一行5人赴宜州市开展为期2天的调研活动。此次调研活动得到了河池市政府和宜州市政府的大力支持和帮助，调研小组在河池市委常委、宣传部部长、副市长黎丽，市长助理张洪石的带领下，与河池市文广局局长杨卫群，宜州市委常委、副市长韦茂明等领导一起，先后考察了刘三姐乡小龙村小龙屯、宜州市南山寺、石别镇清潭街等多个文化建设基地，对宜州市地域鲜明的特色文化有了深入的了解。随后，调研小组与黎副市长及当地相关部门的领导进行了座谈交流，对宜州文化资源开发、乡村文化建设以及旅游品牌的打造与提升等问题进行了深入的研讨。调研小组负责人、团队主要成员张艺兵研究员认为，要提升宜州市的魅力，扩大宜州在广西乃至全国的影响力，必须坚持主打“刘三姐”文化品牌和壮族文化品牌，注意把彰显刘三姐文化和壮族文化的旅游景点、民居建筑、饮食文化、民族服饰、民族歌舞、民族村落等连为一体，让游客从各个方面体验绚丽多彩的刘三姐文化及壮族文化，这样既保护和发展地方特色文化和少数民族文化，又能促进农村经济的发展和农民生活水平的提高。通过此次活动，团队成员初步了解了宜州市文化资源潜力及其开发现状，掌握了第一手资料，并与宜州市达成进一步开展文化调研和旅游开发研究的初步协议，为全面展开对宜州市乃至河池市的文化调研打下了坚实的基础。

【高中历史新课程改革研讨会暨教研员论坛】 12月1日在桂林举行。广西师范大学历史文化与旅游学院承办。广西师范大学党委副书记唐仁郭教授,中央民族大学历史系原主任陈梧桐教授,广西高中历史新课改专家组组长、桂林中学校长林忠,历史文化与旅游学院周长山教授,广西新课改历史学科专家组成员、历史特级教师、各地市(县)历史教研员、教学管理和研究人员等近100人参加开幕式。陈梧桐教授以"新课程标准解读与教材分析"为题和与会人员进行探讨。在互动交流中,陈教授强调,在新课改革下,学生居于主体地位,老师起到主导作用,应让原来固守的学习方式变"被动"为"主动",用创新理念解读新课改,适应新课改。陈教授介绍了新一轮基础教育课程改革的历史背景,指出了《历史课程标准(实验稿)的制定》存在的问题,并进一步明确初中历史课程的基本性质。

【名师名校长高峰论坛】 12月1日在桂林举行。广西师范大学教育科学学院主办。论坛以"文化传承与学校教育创新"为主题,桂林市十八中校长马劲、贵港市港北区新世界学校校长唐玲、南宁市武鸣高中书记谢显恒、南宁市人民路东段小学校长雷竺翠、百色市实验小学教师何耀平以及广西师范大学副校长钟瑞添、化学化工学院黄都、友成基金会社区发展中心主任乔栋、教育科学学院院长孙杰远参加论坛并发言。与会专家就学校文化积淀和学校精神的塑造、校长在文化传承过程中的角色与责任、如何打造品牌教育等方面进行阐述。此次论坛引发了各名师名校长对校园文化建设的反思,提出了在实践中发展和传承校园文化的问题,对中小学以及大学文化的建构与传承具有重要的意义。

【广西会计学会2012年学术年会】 12月1日在南宁举行。会议由广西会计学会主办,广西财经学院承办。广西财政厅总会计师范世祥、广西财经学院校长席鸿建、财政部会计资格评价中心副主任朱海林、广西会计学会会长李崇玉、中国会计学会副秘书长许育红、广西社科联学会部主任何明、《会计之友》杂志社总编笑雪等120位财会领域的理论和实务工作者与会。会议由广西财政厅会计管理处处长、广西会计学会秘书长宁旭初主持,李崇玉会长、席鸿建校长分别致辞。

年会上,范世祥总会计师作了题为《贯彻落实十八大精神 深化会计人才培养 开创我区会计理论繁荣与发展的新局面》的讲话,他要求,广西会计学会今后要结合广西会计理论工作实践,重点做到打造"四个平台",实现"四个突破"。一是打造学术交流平台,在丰富学会活动方式上实现新突破;二是打造深度课题研究平台,在形成具有广西特色的理论研究成果上实现新突破;三是打造多层次的会计人才培养平台,在促进会计队伍整体建设上实现新突破;四是打造组织建设和会员服务平台,在促进学会可持续发展上实现新突破。朱海林副主任作"会计改革与会计人才建设"的专题报告,阐述了我国会计改革过程中遇到的问题和面临的挑战,指出会计人才建设在我国会计改革中的重要性。许玉红在讲话中对广西会计学会务实的工作态度表示赞赏;同时介绍了当前企业财务会计和内部控制实施中存在的问题;对会计理论如何服务于会计实践,会计学会应如何发挥作用等问题提出了富有建设性的观点。

广西财经学院李家瑗教授、广西财经学院会计与审计学院胡国强院长主持学术研讨会。学术年会收到学术论文138篇,评选出优秀论文一等奖2篇、二等奖3篇、三等奖5篇、优秀奖27篇。有9位论文获奖者在会上参加交流发言。

【桂林市社科界学习贯彻十八大精神,打造桂林国际旅游胜地,建设美丽桂林座谈会】 12月4日在桂林举行。桂林市社科联主办。桂林市委常委、宣传部部长、副市长陈丽华,市人大副主任石春莲,市政协副主席王德明以及市社科联、市属各社科学会、各县(区)社科联等单位领导、社科界专家学者和记者100多人参加。会议围绕学习贯彻落实党的十八大精神,国家发改委正式批复《桂林国际旅游胜地建设发展规划纲要》,打造桂林国际旅游胜地,建设美丽桂林这个主题进行交流和座谈,发挥社科界人才资源优势,共商打造桂林国际旅游胜地大计,共谋建设美丽桂林之策。

【河池学院师范类专业人才培养模式改革研讨会】 12月7~8日在河池学院召开。河池学院副院长罗之勇参加研讨会。会议分专题报告、分组研讨两个阶段进行。

会议听取了广西教育厅人事处覃艳娟处长作"广西教育事业发展创新及教育行政干部专业发展的思考"的专题报告。结合广西中长期教育改革与发展规划纲要、广西学前教育3年行动计划、广西关于进一步提高义务教育巩固率工作方案、广西普通高中课程改革实施方案和国外基础教育先进的教育教学模式等,就基础教育对师范类专业学生的专业素质和综合能力的新要求提出许多建设性意见,对师范类专业人才培养方案修订优化工作具有参考意义。

宜州一中校长黄立平、宜州实验高中校长覃继胜和宜州二中副校长陈伟强分别作了:新课标背景下对中学"理科教师"、"文科教师"专业素质与综合能力的新要求和"有效教学与教师专业素质发展的思考"的专题报告。他们结合新课程标准和有效教育的实施情况及自身在实践中的教学经验，阐述了师范类专业毕业生所应具备的思想素质、专业素养和综合能力，为师范类专业调整人才培养计划提出了可行的意见和建议。

在分组研讨会上，各教学系(院)领导、相关专业老师以及一线中学校长对河池学院师范类的专业人才培养方案展开了讨论，围绕卓越教师培养工作及师范类专业人才培养存在的问题，师范类专业在教程设置、教学模式、实习实践等方面如何改革，如何加强学生专业素质、实践能力和创新能力的培养等问题展开进行。

罗之勇副院长作总结讲话。他强调，深化师范类专业应用型人才培养模式改革，必须按照科学发展观的要求，全力推进学院的协调、内涵、特色、开放和可持续发展；学院必须全力成为基础教育改革的开拓者、引领者、合作者和参与者；必须深入研讨《教育部关于大力推进教师教育课程改革的意见》和《教师教育课程标准》，做好课程教学设置优化，强化教育实践课程、抓好专业基本功的训练；必须打造高水平的师资队伍，不断深化师范专业人才培养模式改革、推进师范院校与中小学合作育人、协同育人。

【广西房地产及住宅研究会2012年学术年会暨广西北部湾经济区房地产发展学术研讨会】 12月9日在南宁举行。广西房地产及住宅研究会主办。广西房地产及住宅研究会会长、广西大学副校长张协奎，广西地产集团总经理谢胜修，自治区社科联科普部主任刘俊，广西民间组织管理局副局长刘宏，广西中大股份有限公司总裁邬文康，广西大学商学院副院长陆善勇等60多位嘉宾和会员代表参加。张协奎教授主持。邬文康研究员、陆善勇教授、朱仁友教授、邬丽萍教授、林剑教授级高级工程师等5位专家分别作题为"从党的十八大看未来房地产走势"、"从改革看中国房地产发展"、"公共租赁房租金定价模式"、"房地产市场分析与北部湾投资机会"以及"南宁市保障性住房建设现状、影响及趋势"的主题报告。与会专家围绕会议主题就中国及广西北部湾经济区房地产发展走势、公共租赁房、保障性住房以及北部湾投资机会等相关问题进行深入研讨。

【李甫春民族研究学术成果研讨会】 12月9日在南宁举行。由广西市场经济研究会和广西民族发展研究会联合主办。来自广西社科联、广西社会科学院、广西高校、广西民族问题研究中心等单位66位专家学者与会。研讨会由广西市场经济研究会副会长王德民主持，广西社科联主席王士威、广西社会科学院院长吕余生、广西社会科学院党组成员黄信章分别致辞。研讨会围绕李甫春学术贡献、人格魅力、治学经验等议题进行了深入讨论，先后有10位专家学者在大会发言。王士威主席在致辞中指出，李甫春先生多年来执著追求，在民族研究方面取得丰硕成果，他对国家对民族有高度的责任感，对广西各族人民群众有感情，善于抓住研究特色，从而取得成功。他希望专家们用更多的精神和注意力为推进广西的发展做好研究，争取有更大的作为，共同繁荣发展广西哲学社会科学，进而推进广西文化大发展大繁荣，发挥思想库、智囊团的作用。

【广州·百色经贸合作交流会】 12月11日在百色举行。百色市委、市人民政府主办。广州市政协党组书记、主席苏志佳，广州市政协原主席、中国扶贫基金会副会长陈开枝，广州市政协党组副书记、副主席平欣光，广州市政协秘书长何继青，广州市政协经济委员会主任、广州市政协常委陈斯达等广州市政协经贸考察团全体成员；百色市委书记、市人大常委会主任赖德荣，市人大常委会副主任、党组副书记黄志伟，市委副书记张虹，市委常委、宣传部部长、副市长范力，市政协副主席李廷荣、黄宗道、黄建平等参加。张虹主持会议。会上，与会的广州企业家与百色市相关部门负责人、企业代表就如何加强在铝产业、生物医药、轻工业、旅游业、名特优农产品等方面的合作进行深入交流。广州市企业家认为，百色市资源丰富，加强与百色市的合作有极大的互补优势和广阔的发展前景，合作的空间很大。1996年以来，广东省、广州市站在践行邓小平理论的政治高度，带着改革开放的先进理念，怀着对百色老区各族人民兄弟般的深厚感情，把帮扶当作一种真情、一种责任，不仅有政府帮扶，组织大量社会力量帮扶。16年来，广州市共无偿援助百色近7亿元。帮扶形式从最初对农村贫困人口的帮扶延伸到企业帮扶、教育帮扶、科技帮扶、文化帮扶、信息帮扶。9月24日，广州、百色两市本着"真情帮扶、优势互补、互利共赢、友好协作"的原则，签订了《"十二五"时期广州·百色扶贫协作协议书》，进一步深化各领域的交流与合作。此次苏志佳率广州市企业家到百色市开展经贸考察活动，主要目的是根据《"十二五"时期广州·百色扶贫协作协议书》精神，在双方协议的基础上，通过考察，共同研究深化两地之间的交流，进一步推动广州与百色经贸交流合作向实质性阶段发展，共同确保两市帮扶协议及经贸交流合作取得更大的成果。

【滇黔桂三省区五县交流学习宣传党的十八大精神经验交流会】 12月11日在百色市西林县举行。西林县委主办。来自云南省广南县、贵州省册亨县和广西田林县、隆林各族自治县、西林县与会代表30多人参加。经过相互交流，各县的与会人员一致认为，西林作为三省区结合部，加强与周边县密切合作宣传党的十八大精神很有必要，也是一项创新举措，对于深入推进三省区五县各项工作具有重大现实意义和深远历史意义。会议讨论了滇黔桂石漠化片区扶贫攻坚工作并达成共识，提出“区域发展带动扶贫开发、扶贫开发促进区域发展”的基本思路，要求准确把握党的十八大精神，顺利推动滇黔桂石漠化片区新一轮扶贫攻坚工作。要加强三省区区域协作，以构建跨省区域“大党建”工作模式学习宣传贯彻党的十八大精神，以各类文艺团体为依托，互派文艺演出队，充分利用农闲、集市和传统节日，举办城乡群众共同参与的歌咏、舞蹈、壮戏、灯会、器乐、健身游艺等深受群众欢迎的方式交流学习宣传党的十八大精神，实现滇黔桂三省区文艺队伍优势互补，互相促进。

【广西学校团干部到县级团委挂职工作(百色)片区交流会】 12月11日在百色举行。共青团广西区委主办。来自南宁、崇左、来宾及百色市的挂职团干部共40多人参加。会上，挂职团干部们认为，选派学校团干部到县级团委挂职工作是对各级团组织工作整体水平的一次检验，是对团干部工作作风的一次检验，更是对团干部工作艺术的一次检验。在今后的挂职工作中，将牢牢把握挂职工作要求，把挂职锻炼作为了解社情民意，熟悉基层情况的“体验之旅”，作为驾驭复杂局面、处理复杂问题的“求知之旅”，作为磨炼意志、积累经验、增长才干、施展抱负的“收获之旅”。交流会结束后，南宁、崇左、来宾及百色市的挂职团干部实地参观广西建通工程咨询有限责任公司、百色市青年创业促进会办公室、右江区永乐林下鸡养殖场及永乐乡大学生村官团支部。

【“加快海洋经济建设，推进广西区域发展”专题讲座】 12月12日在南宁市委党校举行。广西市场经济研究会副会长兼秘书长王德民教授主讲。南宁市直单位科级(含副科)党政领导干部250多人聆听讲座。专题讲座包括四方面内容：一是党的十八大报告关于建设海洋强国的论述及海洋经济的相关概念；二是广西海洋经济发展及面临的挑战；三是广西发展海洋经济的总体要求；四是广西发展海洋经济保障措施及政策建议。

【广西钱币学会2012年钱币理论研讨会】 12月14日在中国人民银行南宁中心支行举行。研讨会优秀论文作者、广西钱币学会学术委员会委员、各市钱币学会秘书长共40人参加。广西钱币学会副会长、广西博物馆原馆长蒉启善出席会议。中国人民银行南宁中心支行党委委员、广西钱币学会会长李彬到会并讲话。广西钱币学会副会长兼秘书长、广西钱币博物馆馆长黄卫宁，副秘书长黄正亮分别主持会议。研讨会收到论文70篇，选出优秀论文30篇，12名优秀论文作者在会上分别就中国古代货币、中国近代货币、人民币及反假货币、外国货币、金融票证及其他研究等专题进行了大会交流发言，与会代表就交流内容进行了探讨答辩，会议学术气氛浓厚而热烈。

【全面建成小康社会背景下经济社会发展与人的发展学术研讨】 12月15日在广西师范学院举行。广西人的发展经济学研究会、广西师范学院马克思主义学院、广西高校重点人文社会科学研究基地广西师范学院马克思主义哲学研究中心、广西马克思主义理论研究和建设工程广西师范学院研究基地联合主办。来自武汉大学、广西大学、广西民族大学、广西师范学院、广西经济管理干部学院、广西发改委、广西日报社、南宁市社会科学院等单位的专家学者及广西师范学院部分学生近200人参加。收到论文近40篇。广西师范学院政法学院党支部书记李传珂，广西师范学院政法学院院长曾令辉教授，广西人的发展经济学研究会会长、《改革与战略》杂志社社长、总编辑巫文强研究员，广西人的发展经济学研究会监事长陆壹东，广西师范学院政法学院副院长黄志强教授分别主持会议。广西人的发展经济学研究会名誉副会长、广西师范学院副厅级调研员黄少琴教授和巫文强在开幕式致辞；武汉大学哲学学院汪信砚教授，广西人的发展经济学研究会副会长、广西大学马克思主义经济学研究中心副主任李欣广教授作主题报告；广西人的发展经济学研究会副会长兼秘书长、广西经济管理干部学院官锡强教授作研讨会总结。与会代表分别从“人学理论创新与人的发展、资本逻辑与人的发展、教育发展与人的发展、网络虚拟社会与人的发展、社会关系发展与人的发展、生态文明建设与人的发展及国民收入、人口老龄化、研究方法”等视角，结合党的十八大报告精神对人的发展问题进行讨论发言。

【广西马克思主义理论研究和建设工程基地座谈会】 12月18日在自治区党校举行。自治区党委宣传部主办，自治区党校承办。自治区党校、广西社会科学院、广西大学、广西师范大学、广西民族大学、广西师范学院等6个研究基地的负责人(兼)和联络员(兼)出席会议。座谈会以党的十八大精神为指导,对2012年广西马克思主义理论研究和建设工程基地工作进行总结交流,并对2013年的工作进行部署。座谈会由自治区党委宣传部理论处处长吴海清主持,受自治区党委宣传部副部长李海荣委托,吴海清作了讲话。他肯定了广西各研究基地在马克思主义理论研究和宣传方面所取得的突出成绩,并就如何做好广西马克思主义理论研究和建设工程基地2013年的工作进行了部署。强调今后要采取措施,落实解决各研究基地建设面临的资源整合、课题结项、经费投入等问题,进一步把各基地建设成为广西马克思主义理论人才培养、科学研究、理论宣传和学术交流的重要平台。

【广西审计学会资源环境审计专题研讨会】 12月19日在南宁举行。广西审计学会主办。主题为:总结广西资源环境审计实践的经验,研究资源环境审计在国家治理免疫系统中的定位和作用,探索资源环境审计的客观规律,促进资源环境审计职能得到更充分有效的发挥。广西审计系统的获奖论文作者,评选论文的专家学者和自治区审计厅、广西审计学会的领导等55人参加。收到论文53篇,论文的内容涉及资源环境审计的内涵和概念、类型和特点、组织方法、技术方法,资源环境审计对象的运行和管理,资源环境审计的绩效分析标准和方法等多个领域。学会学术委员会对53篇论文进行评选,评出一等奖3篇、二等奖6篇、三等奖9篇、优秀奖10篇,对在征文活动中工作积极、成绩突出的3个市审计学会授予优秀组织奖。广西审计学会副会长朱林玉主持会议。自治区审计厅厅长、广西审计学会会长黄必贵在会上强调,要站在科学发展的高度来正确认识新形势下做好资源环境审计工作的重要性,强化"国家治理"功能体系研究,不断探索资源环境审计的基本规律,努力提高资源环境审计队伍的能力和水平。自治区社科联副主席姚兵在致辞中肯定广西审计学会举办资源环境审计专题研讨会的有益做法,希望学会以此为契机,不断深化资源环境审计的应用对策性研究,为广西资源环境审计事业的科学发展提供更多更好的、更有针对性的理论服务和智力支持。获一、二等奖的论文作者在会上发言。他们交流了各自从事资源环境审计工作的经验,分析了当前广西资源环境审计工作存在的突出问题及其深层次原因,提出了构建资源环境审计大格局、促进资源环境审计在国家治理免疫系统中发挥预警作用、推动广西资源环境审计工作水平跃上新台阶等见解。

12月19日,广西审计学会资源环境审计专题研讨会在南宁召开。

(广西审计学会供稿)

【南丹土司文化研讨会】 12月20~21日在河池市南丹县举行。由河池学院和河池市社会科学界联合会主办,南丹县委、县人民政府承办。20多位广西区内外专家学者与会,就南丹土司文化的源流与内涵,以及如何挖掘南丹土司历史文化资源,打造特色文化品牌和发展旅游产业等进行研讨。

研讨会上,中国土司历史文化研究所所长、湖南吉首大学成臻铭教授,广西师范大学蓝武教授,广西民族大学黄家信、胡牧军、玉时阶、容志毅教授,河池学院施铁靖、谭为宜、谢铭教授等专家学者进行了发言。南丹是中国实行土司制度最早、时间最长的地方,有着近千年的土司文化历史,境内已发现较有价值的土司遗址和文物30多件。在研讨会上,专家们对我国土司文化的研究现状及其存在的问题进行了广泛研讨,对南丹土司的源流进行了学术梳理,对南丹土司文物的保护、挖掘、搜集,土司文化的开发等问题提出了具体的建议,有与会者提出在南丹县建立一个壮族土司文化城,并结合原有的文化资源,走出一条文化产业化开发的新路子,以带动当地的经济和社会的发展。研讨会共收到相关论文35篇。

【广西高校学报研究会年会】 12月21日在玉林举行。来自广西高校的60多名代表与会议。这次年会对广西40多家高校学报办刊质量进行了评审,并进行编辑培训和深化期刊体制改革的研讨,同时传达了教育部社科司有关领导关于高校学术期刊转企改制的调研情况报告,共商广西高校学报事业发展大计。玉林师范学院副院长简金宝出席并讲话。会议对广西高校学报进行质量评比,《玉林师范学院学报》等获

2012 年度“广西高校优秀学报一等奖”。

【岑氏“一门三总督”学术研讨会】 12 月 22 日在百色市西林县举行。西林县委、西林县人民政府主办。西林县委宣传部、西林县社科联承办。来自中央民族大学、中国社会科学院、中国管理科学研究院、山西大学、中山大学、浙江大学、暨南大学、四川大学、贵州大学、广西历史学会、广西师范大学、广西民族大学、广西社会科学院、广西民族研究中心等科研院校有关领导、专家学者 70 多人参加会议。会上,专家学者从不同角度近一步解读岑氏“一门三总督”,特别是对岑氏办学兴教所作的贡献及岑氏“一门三总督”历史名人资源等方面进行了深层次的挖掘整合。会议共收到专家学者关于“岑氏一门三总督”研讨会论文 40 多篇。

【广西未成年人素质教育与实践理论研讨会】 12 月 24 日在南宁举行。自治区社科联、共青团广西区委联合主办,广西教育学会、广西书画艺术研究会、广西民联教育研究院、广西新闻摄影学会承办。广西各有关单位和入选优秀论文作者共 50 多人参加。自治区社科联副主席姚兵出席并讲话。广西高等教育学会秘书长、《高教论坛》主编曹方教授宣读自治区社科联和共青团广西区委《关于表彰广西未成年人素质教育与实践理论研讨会获奖论文的决定》。自治区社科联学会部主任何明主持。玉林师范学院冯菊香、广西行政管理学会韦绍行、德保县教育局黄志平、广西民族大学覃冯、广西广播电视大学杨宇、广西老社会科学工作者协会蓝晨、南宁市一中黄小慧、梧州市新闻学会邱洁玲等论文作者代表先后发言。与会者就如何在教学实践过程中对未成年人进行素质教育、未成年人媒介素养教育、如何预防未成年人犯罪、留守儿童问题研究、如何加强未成年人思想道德建设、民族地区如何加强未成年人民族团结素质建设、新课标下如何实施素质教育等问题进行了交流与探讨。研讨会收到论文 194 篇,经专家组评审,评出入选论文 52 篇,其中一等奖 3 篇、二等奖 7 篇、三等奖 14 篇、优秀论文 28 篇。

12月24日，广西未成年人素质教育与实践理论研讨会在南宁举行。

（钟永锋　摄）

【第四届广西社会科学界学术年会】 12 月 26 日在南宁举行。自治区社科联主办。来自自治区社科联各会员单位、广西区内各高校及研究机构等单位的专家学者 160 多人参加。主题为:科学发展、富民强桂。年会收到论文(含研究报告)398 篇,内容涵盖政治、经济、文化、社会、哲学、管理、法律、教育等领域。经专家组评审,评出入选论文 150 篇,其中一等奖 5 篇、二等奖 15 篇、三等奖 30 篇。自治区社科联党组书记、主席王士威,副主席姚兵,副巡视员、秘书长曹平等领导出席。与会专家学者围绕年会主题,围绕自治区党委、政府中心工作,进行了深入的理论研讨和学术交流,提出建议与对策。会议要求广西哲学社会科学工作者,要准确领会和系统掌握党的十八大精神实质和深刻内涵,把学习贯彻党的十八大精神与贯彻落实自治区第十次党代会、自治区党委十届三次全会精神紧密结合,加强学术研究、学术创新和理论创新,加快优秀社科成果转化,为实现富民强桂新跨越和加快“五区”建设提供精神动力、思想保证、理论支持和文化条件。

【百色市政协理论研究会成立大会暨第一次百色人民政协理论与实践研讨会】 12 月 27 日在百色举行。百色市政协主办。市政协主席周炳群,副主席李廷荣、韦启良、黄运志、吴俊军、黄宗道、黄建平、蔡文姬,市政协秘书长杨明福出席会议。自治区政协研究室主任彭燕萍到会指导。会议听取研究会筹备工作汇报,审议通过研究会章程,审议通过研究会第一届理事会选举办法,选举产生研究会第一届理事会。周炳群任名誉会长,杨明福任会长。会议表彰一批政协理论与实践研究优秀论文。

【第四届广西思维科学论坛】 12 月 29 日在南宁举行。广西思维科学学会主办。广西师范学院黄志强教授,广西民族大学黄俊教授,广西社会科学院岑贤安研究员，广西师范学院莫尔高教授，湖北大学博士生导师张震英研究员，自治区社科联科普部主任刘俊副研究员，《学术论坛》社长、总编罗运贵，自治区政协人资委办公室副主任翟北平等20多名专家学者与会。广西思维科学学会副会长兼秘书长杨辉主持，副会长黄俊教授作会议总结。广西思维科学学会名誉会长、自治区社科联原副主席刘新华研究员致辞，广西思维科学学会会长、广西师范大学尹鑫教授作题为“学习党的十八大精神，创新社会管理思维”主题发言。自治区社科联学会部袁梅花副研究员作关于学科发展问题发言。

论坛围绕党的十八大报告和“科学思维与社会管理”主题，从科学思维与创新社会管理、科学思维与民生发展、科学思维与社会服务、科学思维与学科发展等方面进行广泛的讨论和交流。刘新华研究员认为，加强和创新社会管理，首先要做到思维创新，切实转变社会管理理念，牢固树立以人为本、服务为先的理念，寓管理于服务之中，努力实现管理与服务的有机统一。其次，加强和创新社会管理，要切实解决当前最突出的两个矛盾，一是分配不公、两极分化，二是权力腐败。尹鑫教授认为，加强和创新社会管理，是一项复杂的系统工程，更是考验我们基层工作人员的试金石，必须统筹经济发展、民生改善、社会稳定等问题稳步推进。创新社会管理需要强化服务理念，改变传统的“社会管理就是管控”的理念偏差，各级领导干部必须始终坚持以人为本、执政为民，以人民群众期盼为念，着力解决好人民群众最关心最直接最现实的利益问题。提出融合式思维方式，也即社会管理创新都要尽量采取非强制的方式、协调解决的方式和自治自律的方式来实现社会管理。黄志强教授作题为“古圣先贤的深邃思维探讨”发言，认为中国古圣先贤思维首推“厚德载物”理念，并对中西价值观进行比较，认为西方思维是竞争性思维，中方思维是和谐性思维。莫尔高教授作题为“民生与社会管理关系的思考”发言，认为民生主要表现在社会问题和经济问题，在政治层面要体现社会公平和正义，要强化制度设置的公平。岑贤安研究员认为，思维要跟得上时代的需要，改善民生需要改变社会管理思维方式，逐步推进民主进程。翟北平副主任认为，思维指导行动，创新社会管理思维方式需要适宜的空气和土壤。罗云贵研究员在题为“市场竞争与社会管理”发言中认为，对中国现阶段收入和分配的差距需要一分为二辩证的看待，社会公平更重要的是需要起点和过程的公平，而非结果的公平。

2012年度自治区社科联资助学会开展学术活动一览表

序号	申请单位	活动名称
1	广西人才学会	广西人才学会纪念成立30周年学术研讨会
2	广西翻译协会	新时代语境下的中国翻译研究与教学学术研讨会
3	广西国际税收研究会	税务稽查体制改革研讨会
4	广西社会科学学术团体发展促进会	广西社会科学学术团体发展促进会年会暨社科类学术团体发展与创新研讨会
5	广西会计学会	广西会计学会2012年学术年会
6	广西生态工程与生态文化研究会	林业生态工程与生态文化产学研协同创新研讨会
7	广西档案学会	2012年广西档案工作者年会
8	广西书画艺术研究会	美在大明山广西名家书画摄影展暨学术交流活动
9	广西钱币学会	2012年广西钱币理论研讨会
10	广西创新与创业研究会	第二届广西创新与创业研究学术论坛
11	广西写作学会	新文体的兴起于发展研讨会
12	广西伦理学学会	第八次全国应用伦理学讨论会
13	广西酒店管理学会	酒店业现状与发展展望
14	广西经济法学会	广西经济法学会2012年学术年会暨广西第八届经济法理论研讨会
15	广西房地产及住宅研究会	广西北部湾经济区房地产发展学术研讨会
16	广西人的发展经济学研究会	资本逻辑与人的全面自由发展
17	广西行政教育对外交流协会	学习雷锋精神——爱岗敬业与礼仪修养
18	广西纪实摄影协会	中国国际平遥艺术展——纪实摄影理论研讨与创作作品交流
19	广西可持续发展促进会	广西生态文化建设研讨会

续表

序号	申请单位	活动名称
20	广西妇女理论研究会	先进性别文化建设研讨会
21	广西民族贸易旅游研究会	民族团结进步示范区建设学术研讨会
22	广西抗战文化研究会	桂林抗战艺术与广西文化建设研讨会
23	广西卫生法学会	《侵权责任法》与医疗侵权责任防范处理高层研讨班
24	广西壮学学会	2012年布洛陀文化学术研讨会
25	广西社会心理学会	学会换届选举暨改善亲子关系预防未成年人犯罪研讨会
26	广西速记速录协会	“2012广西院校速录教学研讨会”暨广西速记速录协会年会
27	广西科学社会主义学会	“理想信念与社会主义核心价值体系”理论研讨会
28	广西国史学会	知青文化与广西和谐社会建设学术研讨会
29	广西历史学会	贺州历史文化学术研讨会
30	广西产业与技术经济研究会	广西先进制造业发展研讨会
31	广西创造学会	党的十八大创新问题研讨会
32	广西美学学会	广西大学生生态美育学术研讨会
33	广西红木文化研究会	红木文化研讨会
34	广西比较经济学学会	新时期民间社会组织党建工作研讨会
35	广西行政管理学会	如何提升办公室工作人员也无素质 建设高素质文秘队伍研讨会
36	广西瑶学学会	瑶族地区瑶医药发展论坛
37	广西毛泽东哲学思想研究会	广西精神与文化兴桂战略研讨会

科普活动

【河池学院2012年度国家社科基金申报培训会】 1月9日在河池学院举行。自治区社科规划办主任徐高潮作专题辅导，河池学院副院长周鸿主持会议。徐高潮从广西申报国家社科基金项目过程中存在的问题谈起，从如何提高申报质量，拓宽申报渠道，提高申报立项率等方面作了详细的介绍，建议大家要认真学习项目申报指南，根据自身的研究基础和优势选题，做到选题新颖、规范、适中，正确理解和掌握论证的内容、要求和方法。还针对申报过程中存在诸如选题不当、课题论证质量差，前期基础薄弱、相关研究成果少、课题组力量不强、研究团队结构不合理、申报材料填写不当等问题进行了详细说明。培训会上进行了互动交流，解答大家在国家社科基金项目申报过程中遇到的问题。

【医院危机管理专题讲座】 2月8日在百色市举行。百色市人民医院主办。广西医科大学副校长、第一临床医学院、第一附属医院院长赵劲民主讲。百色市直医疗单位、各县（区）医院、保健院等单位领导200余人聆听讲座。赵劲民详细阐释了什么是医院危机，危机产生的原因，以及如何处理医院危机等内容。他在讲座中认为，我国医患关系紧张，很大一部分是由于医患之间缺乏正确的沟通所致，并通过全国各地活生生的医疗纠纷案例给与会人员做了深刻的分析。他指出，医护人员要在努力提高业务水平和服务质量的同时，加强学习医患沟通技巧，增进医患交流，不断提高患者满意度，创造和谐的医患关系。

【广西市县领导干部金融与工作培训班】 2月14~18日在南宁举行。自治区党委组织部、自治区金融办、自治区工信委、自治区党校主办，人民银行南宁中心支行、广西银监局、广西证监局、广西保监局协办。广西各市、县（市、区）人民政府分管金融、工业工作的领导，各市金融办主任、工信委主任，国家级工业园区管委会主任、自治区级工业园区管委会主任共260多人参加学习培训。自治区党委常委、自治区常务副主席黄道伟作开班讲话，强调培训班旨在帮助大家掌握新知识，拓展新视野，启迪新思维，提高驾驭市场经济的能力，提高执政能力和水平，更好地承担起发展金融业和工业的重任，加快实现富民强桂新跨越。要求充分认识举办这次金融与工业培训班的重要意义，增强加快金融业和工业发展的紧迫感和使命感，增强运用金融手段促进经济发展、工业发展的本领，推动广西金融业和工业科学发展、跨越发展，为加快实现富民强桂新跨越作出新的更大贡献。自治区人民政府副秘书长黄胜杰，自治区党委组织部副部长莫达流、自治区金融办主任赵德明，自治区工信委主任束华，自治区党校常务副校长、广西行政学院院长黄学权出席开班仪式。培训班采用专题讲座、学习交流、互动教学、分组讨论等教学形式，邀请中国人民银行货币政策委员会副秘书长金玫主讲“经济金融形势分析及我国金融宏观调控政策解读”、广西银监局副局长郭鸿主讲“缓解中小企业融资难问题的思路和对策”、广西证监局副局长洪琳主讲“如何做好企业发行上市工作”、深圳证券交易所副研究员兰邦华主讲“地方政府如何利用资本市场推动区域经济发展”、自治区工信委主任束华主讲“‘十二五’广西工业和信息化发展思路与对策措施”、自治区金融办副主任李正友主讲“地方政府如何推动金融业发展”、人民银行南宁中心支行副行长关守科主讲“用好金融优惠政策、促进地方经济和谐发展”、杭州市金融办主任奚素勤主讲“主动谋划、创新推进，积极构建多元化的投融资体系”、广西保监局局长朱衍生主讲“如何利用保险参与社会管理”、国家工信部中小企业司司长郑昕主讲“加快中小企业发展的思路和对策”、中国航天科技集团公司总工程师杨海成主讲“两化融合的实现途径和对策选择”。

【桂林旅专举行“解放思想，赶超跨越”为主题的新学期干部培训专题报告会】 为认真贯彻落实自治区党委《关于在全区开展“解放思想，赶超跨越”大讨论的实施意见》精神，提升桂林旅专干部队伍的政治素质、党性修养和管理能力，促进学校的科学发展、和谐发展和跨越发展，2月25日，桂林旅专邀请自治区党委组织部处长陈川在新校区多功能报告厅作专题报告。报告会由校党委书记林娜主持，全体校领导及党委委员出席报告会，科级以上干部、党总支委员、党支部书记及委员、辅导员、职能部门工作人员参加报告会。

第一个专题报告是“贯彻落实《中国共产党高校基层组织工作条例》，努力提高党的建设科学化水平”。陈川处长从《条例》修订的时代背景、修订过程、主要内容、精神实质、贯彻落实和建设措施6个方面进行解读。他强调，中央修订《中国共产党高校基层组织工作条例》，目的是加强高校党建工作和党的基层组织建设，关键是坚持党对高校的领导，充分发挥高校党委的领导核心作用，为在新的历史条件下办好社会主义大学，推动高等教育事业发展，提供坚强政治保证和制度保障。我们一是要抓好学习宣传，以到位的思想认识、良好的舆论氛围来贯彻落实；二是要抓好制度完善，以配套的制度规范、具体的实施细则来贯彻落实；三是要抓好队伍建设，以优良的干部素质、旺盛的工作热情来贯彻落实；四是要抓好监督检查，以深入的现场督导、严格的工作考评来贯彻落实。

第二个专题报告是“常用公文写作与干部能力素质培养”。陈川处长从“鼓其志、知其理、得其道、习其术、明其路”5个方面，结合自己的写作经验和为人之道，以鲜活的案例为大家讲述了写好公文与提高工作能力的关系。他提到，邓小平同志曾用“拿笔杆是实行领导的主要方法，领导干部要学会拿笔杆”来教育广大领导干部。可见，学会写公文，对于广大干部而言，是一种基本的要求和能力素养。

林娜书记高度肯定了本次培训。她指出，本次讲座非常精彩、实用、具有较强的针对性，希望大家及时总结讲课内容，认真反思自己的工作不足，努力提高自身的能力素质，具体说来，一是要准确、全面、系统地理解《中国共产党高等学校基本组织工作条例》的主要内容和精神实质，认真贯彻落实，促进桂林旅专基层党建工作上一个新台阶，加快学校基层党建工作的科学化、民主化和制度化进程。二是要培养好学、善学、勤学和博学的态度，在工作中做到严谨、认真、敬业，实现学校和谐、稳定和跨越发展。

【自治区管理干部农业科技创新专题研讨班】 3月2~15日在自治区党校举行。自治区党委组织部、自治区党校主办。来自广西各市、县(区)的47名学员参加学习。自治区党委副书记、党校校长危朝安作开班讲话。自治区副主席陈章良为学员作题为《农业发展与粮食安排》的报告。研讨班安排18次专题课程，1次互动教学课程，2次小组研讨，1次现场教学。培训课程涉及国家农业政策解读、广西与东盟国家的合作与发展、广西农业科技创新的机遇与挑战、生物能源产业与经济低碳化、农业信息化与现代农业、物流与农产品供给保障等。

【桂林旅专举行“解放思想、赶超跨越”大讨论活动动员会】 3月2日，桂林旅专在行政楼多功能报告厅举行“解放思想、赶超跨越”大讨论活动动员会，校领导林娜、贾玉成、蒋伟、黄国良、容作信、陈贵超、周江林，党委委员刘克生、饶莉啦、谢明以及全校科级以上领导干部、副高以上专业技术人员参加会议。会议由陈贵超副校长主持。

林娜书记在会上作“解放思想、赶超跨越”大讨论活动动员讲话。林书记强调，学校现处在发展关键阶段,开展“解放思想、赶超跨越”大讨论对学校具有特殊重要意义。“解放思想、赶超跨越”是坚持党的思想路线不动摇的必然要求,是贯彻落实自治区第十次党代会精神的重大举措,是推进学校各项事业跨越发展的重要保障。大讨论活动的目标任务就是要围绕实现广西富民强桂新战略的目标规划,立足加快学校赶超发展、建设广西旅游教育新高地的任务要求,紧密联系学校实际,进一步增强解放思想的针对性和时效性。着力解决不愿解放思想、不敢解放思想、不会解放思想的问题;解决不认真研究政策、不善于运用政策的问题;解决精神状态不佳、领导科学发展的能力不强的问题;解决宗旨意识淡薄、工作作风不实的问题;解决执行力不强、工作效率底下问题。要把进一步解放思想作为今后工作新的切入点和新的推动力,统一思想、振奋精神、鼓舞斗志、凝聚力量,用新观念研究问题、用新举措开创新局面、用思想大解放引领发展大跨越,为加快实现富民强桂新跨越、加快学校科学发展提供强大的精神动力。她对开展大讨论活动提出具体要求:一要深入推动思想大解放,破解阻碍跨越发展的思想观念和体制机制问题;二要积极参加“千名干部入村进校下基层”活动,创建旅游扶贫助农和基层工作新方式;三要积极开展“学用督查落实年”活动,抓好学用政策、促进跨越具体落实工作;四要积极开展“广西精神进校园”活动,争做“广西精神”的践行者和宣传者;五要积极开展服务“五区”建设活动,为广西跨越发展提供人才和智力支撑。

【广西检察教育工作培训班】 3月13~14日在百色市平果县举行。自治区人民检察院主办。广西各市检察院副检察长、政治部主任,百色市检察院系统相关领导、干部近100人参加培训。自治区人民检察院党组成员、副检察长蒙永山出席并讲话,百色市委常委、政法委书记周武红致辞。蒙永山在讲话中指出,“十一五”期间,广西检察机关围绕“强化法律监督、维护公平正义”检察工作主题,提高了检察人员整体素质和法律监督能力。蒙永山要求与会人员,总结经验,乘势而上,从全局和战略的高度,深刻认识加强检察教育培训工作的重要意义,大规模推进检察教育培训工作,用今明两年的时间对广西4780名基层检察人员进行轮训。要牢固树立“大教育、大培训”、“培训出人才、培训出效益”和“以需求为导向、以能力为核心”等现代培训理念。要确立标准,突出重点,大力加强正规化岗位培训。努力做好育才造才,梯次跟进,深入开展检察人才培训工作,拓宽培训途径,本着“小而精”、“管用”的原则,开发一批贴近实际、讲述生动、特色鲜明、形式多样的精品课程和特色教材,增强教育培训针对性、实效性和科学性,全面提高检察队伍思想政治素质、业务素质和职业道德素质,为检察事业科学发展提供坚强的思想政治保证、人才保证和智力支持。南宁、百色、柳州等6个市检察院先后作了经验介绍。

【桂林旅专举办2012年第一期全国饭店总经理岗位职务培训班】 3月14~24日在南宁举行。由桂林旅专和广西中旸酒店管理有限公司共同举办。来自广西各地市、县(区)的饭店总经理和部门经理共24名学员参加培训。桂林旅专继续教育学院院长黄进、广西酒店管理学会副会长吕玉荣出席开班仪式。继续教育学院组织具有丰富经验的师资进行授课,培训课程主要有:饭店企业文化与团队精神、酒店市场营销管理、饭店管理原理、酒店工程设备管理与节能增效、酒店形象策划与品牌建设、领导心理与领导艺术、酒店整体运作与管理实务、酒店人力资源开发与管理等。培训班主要采用理论授课、经验交流和实地考察等多种培训方式。

【桂林旅专举办心理健康与压力管理策略知识讲座】 3月15日在桂林旅专举行。桂林旅专学生工作处大学生心理健康教育与咨询中心邀请广西高校心理咨询专家、广西师范大学心理中心副主任、硕士研究生导师何昭红教授开展心理辅导讲座。学生工作部部长饶莉啦、副部长葛剑,全体辅导员(班主任)以及2011级学生干部、班级心理委员代表共300余人聆听讲座。讲座由饶莉啦主持。何昭红教授对心理健康概念、心理健康意义、增进心理健康途径和方法以及去除压力原因、改变观念、平衡生活、培养应付技能等方面全面阐释心理健康与压力管理应对策略。

【处级女领导干部“素质能力提升”(清华大学)研讨班】 3月15~20日在清华大学举行。百色市委主办,百色市妇联承办,清华大学协办。市委副书记张虹,市委常委、组织部部长欧波出席开班仪式并讲话。张虹要求学员们珍惜机会、勤学善思,转换角色、虚心求教,学用相长、追求卓越。此次研讨班是百色市首次专门为女性领导干部“量身定做、单打一锤”的培训,是遵循女性干部成长规律,符合女性特点,兼顾普遍性和个性化培训的一种尝试,体现了市委对女干部培养培训工作的高度重视,是干部队伍建设之需,更是女干部的自身成长之要。

【第三届广西群众艺术馆、文化馆业务干部专业技能比赛】 3月27~28日在南宁举行。自治区文化厅主办,广西群众艺术馆承办,广西群众文化学会协办。来自广西各地文化局、群众艺术馆的15个代表队共226人报名参赛。比赛分7个专场进行评比:声乐(器乐)比赛、舞蹈比赛、戏剧曲艺比赛、小品比赛、美术比赛、书法比赛、摄影比赛。由主办单位组织专家组对各类节目及美术书法作品进行分类评比,当场亮分,评出各类单项奖和团体奖。每类比赛单项奖设一、二、三等奖若干名,颁发证书和奖金;设优秀奖若干名,颁发证书。评出团体优胜奖若干名,颁发奖牌、证书。本次赛事增加了专家讲座环节:在往年的现场点评基础上,以讲座的形式,针对各比赛项目,邀请评委、专家上课,使选手能够全面、系统地对专业知识进行学习与交流,使比赛的平台得到延伸和拓展。

【"创卫"档案管理暨健康教育培训会】 4月11日在百色举行。市创建国家卫生城市工作指挥部主办。自治区健康教育所所长、主任医师梁绍伶到场进授课,市创建国家卫生城市工作指挥部各成员单位和百色市、右江区各相关单位的健康教育专(兼)职人员和档案管理员共187人。梁绍伶围绕健康教育知识,解读《国家卫生城市标准》,强调各行业、单位要把健康教育工作列入重要内容来抓,加强领导,做到职责到位、工作落实到位,要对照标准,按要求按质量完成健康教育各项工作。培训会还就"创卫"档案工作解读《百色市创建国家卫生城市工作台账档案管理》的通知要求,就如何做好规范收集、科学管理档案资料,做到档案资料真实、准确、完整、有序归档进行培训。

【推进文化改革发展专题讲座】 4月12日在南宁举行。广西老社会科学工作者协会主办。广西老社会科学工作者协会副会长、自治区党校党史党建教研部主任黄飚教授主讲,广西老社会科学工作者协会会员共61人参加。黄飚教授联系国内外实际和形势,全面诠释推进社会主文化改革发展的指导思想、目标任务、重要方针和重大举措,对于发展面向现代化、面向世界、面向未来的、民族的科学的大众的社会主义文化,培养高度的文化自觉和文化自信,提高全民族素质,增强文化软实力,弘扬中华文化。

【百色市政法系统后备干部培训班】 4月23日在南宁开班。自治区党校、百色市委政法委和百色市委组织部联合主办。全市政法系统66名优秀中青年干部参加培训。培训班期为7个月,主要采取集中学习、挂职锻炼、研讨交流等"三段式"培训形式进行。培训班以党的十七大和十七届四中、五中、六中全会精神为指导,以政法干警如何树立科学发展观、强化宗旨信仰、提高执法司法能力建设、领导科学和管理知识、维护社会和谐稳定、创新社会管理、党风廉政建设等知识为重点,通过课堂讲授式、案例式、体验式等教学措施,同时推行"干警村官"工作机制,使学员牢固树立社会主义法制理念,不断提高个人理论知识和业务能力,提高服务群众的水平和能力,进一步维护好社会的和谐稳定。

【广西群众文化理论写作培训班】 4月27~28日在南宁举行。自治区文化厅主办,广西群众艺术馆、广西群众文化学会承办。来自广西各市、县(区)群众艺术馆、文化馆群众文化理论工作者共45人参加。自治区文化厅办公室原主任李武斌、广西群众艺术馆调研编辑部赵兴文副研究馆员、刘牧虹副研究馆员分别就群众文化理论写作基本要领、免费开放课题研究和调研编辑业务工作内容及文化信息交流与报送三方面内容授课。期间,培训班全体学员参加了在广西群众艺术馆举行的广西—天津文化馆免费开放工作座谈会。座谈会上,学员与天津的同仁就免费开放和公共文化服务理论等内容进行交流。

【"美丽家园"2012广西·天津公共文化服务交流年活动】 4月28日在广西博物馆举行。广西文化厅、天津市文化广播影视局主办,广西群众艺术馆、天津市群众艺术馆、广西群众文化学会承办。活动内容主要由天津赴广西交流活动和广西赴天津交流活动两大板块组成。每个版块由采风调研活动、业务干部交流活动、美术书法摄影作品展览活动和交流成果出版等活动组成。交流年活动于10月在天津闭幕。活动内容包括文化馆(站)免费开放、公共文化服务课题调研、群众文化培训与辅导等诸多领域的交流与合作,含盖经验交流与学习、新课题内容探究与合作。

【广西家长学校骨干培训班】 广西家庭教育研究会举办。年内共举办两期:一是4月23~27日,举办0~3岁儿童早期家庭教育骨干教师培训班。通过采用"教师引领+案例分析+实训演练+活动体验"的参与互动式教学方式和基础课程大班方式培训、拓展演练小班形式加以指导。广西14个市县的家长学校、家庭教育指导中心、农村留守流动儿童工作示范点(基地)负责人、家庭教育讲师团成员、家庭教育业务骨干以及自治区、市、县(市、区)、乡(镇)四级妇联的儿童工作者约100人参加家庭教育骨干培训。二是9月17~22日与自治区文明办联合举办家庭教育骨干培训班,培训学员100人。培训内容主要有"家校合作育英才"、"家庭教育中的儿童心理"、"家庭教育的误区分析"等。培训期间,解读了《中国妇女发展纲要(2011~2020)》、《中国儿童发展纲要(2011~2020)》、《广西妇女发展规划

(2011~2020)》、《广西儿童发展规划(2011~2020)》;分别就“更新理念,改进方法,统筹推进城乡妇女发展工作”、“妇女儿童与维权”展开专题讲座。

【百色市中小企业经营管理人员培训班】 5月4~5日在百色举行。百色市工信委、国资委联合主办,百色福地金融投资公司承办。浙江大学资深教授、浙江省经信委专家前来授课,全市70多家企业和单位共123人参加。授课专家教授深刻剖析了宏观经济背景下的企业经营管理策略、当前全球产业结构、企业家与企业成长、企业自主创新与创新型企业,浙商现象与经济转型升级企业应对策略等。

【广西应急管理与政务公开研讨班】 5月10~13日在广西行政学院举行。自治区应急办、自治区政务中心管理办、广西行政学院共同举办。来自广西各市、县(区)分管应急管理、“一服务两公开”工作的副县(市、区)长及自治区直、中直有关部门人员近300人参加。自治区副主席梁胜利作开班讲话。广西行政学院常务副院长黄学权主持开班式。自治区人民政府应急办专职副主任韦树奉,自治区人民政府政务服务中心管理办公室专职副主任钟穗,广西行政学院巡视员张庆宪出席。梁胜利强调重点抓好六项工作,大力推进“一服务两公开”:一是进一步深化政务公开,二是加强政务服务中心基础设施建设,三是严格推进政务服务事项集中办理,四是进一步完善政务服务中心运行机制,五是稳步推进政务服务向基层延伸,六是全面推进政务服务中心与公共资源交易中心合并的一体化管理模式。培训班既邀请国内权威的应急管理理论专家授课,也邀请公安部、国土资源部、卫生部、国家安监总局等国家有关部门有丰富实践经验的领导授课,取得了良好的培训实效。

【广西师范大学“爱心慢走”活动】 5月25日在桂林举行。“5·25‘关爱彼此·健康你我·感恩社会’爱心慢走暨‘希望教师’联合劝募行动”活动,是广西师范大学为推进感恩教育和心理健康教育而推出的新举措。该活动由广西师范大学教育发展基金会、校学生工作部(处)、校新闻中心、校公体部共同发起,从5月25日起在广西师范大学育才校区大田径场、雁山校区体育馆以及王城校区同时举行。学校领导、师生对该活动的开展大力支持,校长梁宏、校党委副书记唐仁郭及各职能部门负责人于5月30日在育才校区大田径场参加了爱心慢走公益活动。此次联合劝募资助活动落地为国家贫困县桂林市资源县,为期一年,具体项目主要有“希望教师”乡村校长及骨干教师能力提升项目、“千梦千寻——圆农民工子女心中梦想”项目、“希望教师”研究生支教团项目和“希望教师”大讲坛项目。爱心企业向此次活动所倡导的公益项目捐赠为10元/人·次,同时,只要关注学校和教育发展基金会的官方微博,并转发活动信息或发表评论,爱心企业也会向此次活动所倡导的公益项目捐赠1元/次。据统计,从26日晚上八点到27日晚上八点,3个校区已有717人参与“爱心慢走”活动,共募集资金7212元。

【百色市直机关党组织书记培训班】 6月4~6日在百色举行。百色市直属机关工委主办。市直属机关党组织的近100名负责人参加培训。市委常委、秘书长黄建宁作题为“增强责任感和使命感,不断提高机关党建科学化水平”开班专题辅导。黄建宁从当前新形势以及百色的实际情况深刻阐述了抓好机关党建工作的重要性,提出要拓展新领域,构建机关党建工作新格局;锻造新队伍,展示机关党组织新形象;创设新载体,打造机关党建工作新品牌;建立新制度,完善机关党建工作新机制等建议,同时结合多年基层工作经验和国际、国内形势及百色市实际进行辅导。培训期间,学员们还接受《解放思想,赶超跨越》、《回顾党的光辉历程,坚定中国特色社会主义理想信念》、《加强机关队伍建设,全力服务党的中心工作》、《长期执政条件下密切党同人民群众联系研究》等专题辅导。

【岑建光先进事迹报告会】 6月20日、9月7日分别在百色、南宁举行。百色市林业局、自治区林业厅分别主办。岑建光生前同事黄世荣、德保县委宣传部干部陈仁宝、岑建光女儿岑艾娜饱含深情地讲述岑建光的感人故事。市(区)直林业系统的干部职工以及森林公安民警共800多人聆听报告。岑建光是德保县森林公安局原政委、二级警督、共产党员。2012年3月8日晚,他主动请缨参与木材被盗案件的追查,不幸在执行任务中被不法分子围攻殴打,因伤势过重光荣牺牲。他以血肉之躯为铿锵盾牌,用生命守护绿色家园,展现了新时期一名普通共产党员对森林事业的无限忠诚。岑建光被德保县委追授为“德保县优秀人民警察”、“德保县优秀共产党员”等称号。

【自治区管理干部生态文明建设专题培训班】 6月27日至7月6日在自治区党校举行。自治区党委组织部、自治区党校主办。来自广西各市、县(区)的57名学员参加培训。自治区党委组织部副部长、老干部局局长陈虹作开班讲话,自治区党校副校长陈林杰作培训班小结。培训班安排4个模块15个专题的学习以及1次活动教学、分组研讨、学员论坛。此次培训内容涉及生态文明建设与绿色发展理念、当代科技发展新趋势、经济社会发展与环境保护、生态文明与发展模式转型、生态文明建设的理论与实践、发展广西生态旅游的战略思考等。

【桂林旅专举办中职学校骨干教师(电子商务专业)培训班】 7月9~20日在桂林举行。来自广西各市、县(区)中等职业学校34名学院接受培训。桂林旅专副校长谢明,校长助理周江林,继续教育学院党总支书记麻名佳、院长黄进、副院长杨丽娟出席开班仪式。继续教育学院针对本期培训学员的专业特点,组织具有深厚专业理论知识和丰富实践经验的师资进行授课,培训课程主要有电子商务系统设计与管理、电子商务发展前沿分析、物流管理、电子商务教学法、网络营销、电子商务概论、网页图形图像设计、中职学生心理健康、阿里巴巴网络实践、电子商务专业教学研究论文撰写等。采用课堂讲授与实践操作相结合,实地调研和经验交流等方式进行教学。

【中国残联系统领导干部培训班】 7月10日在百色举行。中国残联主办。中国残联党组成员、人事部主任相自成率队的中国残联系统领导干部培训班成员共40多人参加。培训期间,百色市委党校教授为学员重点讲解百色起义的历程和百色起义精神对百色人民的鼓舞作用和取得的成效。学员们通过了解百色起义历程等历史资料,进一步增进百色起义革命精神的认识。培训班采取课堂教学与现场教学相结合的方式,组织学员参观红七军军部旧址、百色起义纪念馆,瞻仰了百色起义革命烈士纪念碑,举行庄严的重温入党誓词活动。

【广西师范大学专家学者应邀作客《广西历史文化大讲堂》】 自2011年7月以来,广西师范大学文学院、历史文化与旅游学院的多位专家学者先后应邀作客广西首档大型展示本土历史文化的系列专题节目《广西历史文化大讲堂》。其中有文学院李乃龙教授主讲的《骂皇帝的进士·晚唐诗人曹邺》、《柳宗元与柳州》,王德明教授主讲的《临桂词派》,杜海军教授主讲的《范成大与广西文明》,孙建元教授主讲的《语言学家王力》,陈小燕教授主讲的《有文化的广西语言》,李江教授主讲的《文化战略家欧阳予倩》,刘铁群教授主讲的《桂林文化城》,历史文化与旅游学院周长山教授主讲的《千载灵渠》,刘祥学教授主讲的《抗倭英雄瓦氏夫人》、《三藩之乱在广西》,谭肇毅教授主讲的《广西中共党组织的建立》、《广西战役与全境的解放》、《百色起义与"小长征"》,周建明教授主讲的《鉴真和尚在桂林》等。主讲人从广西历史溯源、文化名片、历史名人、历史事件与广西革命故事等方位讲述广西悠久而灿烂的历史文化,在社会上引起了较大反响。《广西历史文化大讲堂》由自治区党委宣传部、自治区广播电影电视局、广西电视台联合主办,除在广西电视台都市频道首播外,广西电视台科教频道、广西人民广播电台等媒体的黄金时段进行重播;《南宁晚报》特地开辟专栏进行内容介绍。自开播后以厚重的文化内涵和高雅的文化品位而深受观众好评,并获得全国科教类2011年十大品牌电视栏目及2011年度全国优秀科教电视节目评析知识讲坛类三等奖。广西电视台与广西师范大学出版社签署战略合作协议,《广西历史文化大讲堂》全部节目播出后,将由广西师范大学出版社负责书籍及音像制品的出版发行。

【百色市乡镇监察室主任培训班】 8月7~10日在百色举行。市纪委主办。市委常委、纪委书记张俊雄出席培训活动并讲话。市、县(区)纪委,市、县(区)监察局相关干部,乡镇纪委委员约200人参加培训。培训要求,要着力于统筹整合工作力量,进一步提升对政令畅通监督检查的水平与实效;要着力于开展提效能优环境考核评议,进一步提升政风行风建设的水平与实效;要着力于构建岗位风险应对测评机制,进一步提升廉政风险防控管理的水平与实效;要着力于促廉项目深化落实,进一步提升惩防体系建设的水平与实效;要着力于基层廉洁履职阶段性工作,进一步提升执行《规定》的水平与实效;要着力于开展保持党的纯洁性主题活动,进一步提升反腐倡廉宣教的水平与实效;要着力于突破案件工作薄弱环节,进一步提升查办案件的水平与实效;要着力于基层纪检监察队伍素质建设,进一步提升履职执纪的水平与实效。

【百色市国资监管企业办公室业务培训班】 8月15日在百色举行。百色市国资委主办。来自市国资系统120多人参加。培训课程涵盖办公室人员公文写作与处理、公务接待礼仪、新闻宣传报道和突发事件应急管理等内容。应邀授课的老师紧密联系工作实际,采取多种教学方式,深入浅出、生动形象地为各监管企业办公室人员讲授了有关知识,为改进企业办公室工作方法、提高办事效率将起到积极的推动作用。

【百色市层文艺骨干业务培训班】 8月15~17在百色市田阳县举行。百色市文化和新闻出版局主办,市群众艺术馆和田阳县文体局联合承办。来自全市文化馆(站)干部、社区业余文艺骨干及文艺爱好者共100余人参加。培训班邀请自治区经验丰富的教授专家授课,培训内容包括群众文化活动组织与策划、社会活动中公关礼仪及协调能力的应用、合唱的指挥与技巧、群众文化辅导基础知识以及广场舞培训等。

【喜迎党的十八大廉政书画展】 8月16日在广西博物馆举行。自治区文化厅主办，广西群众艺术馆、广西博物馆、广西群众文化学会承办。书画展从2012年5月启动至8月，面向广西文化系统单位的书画爱好者、离退休老干部、部分市直书画家协会会员等征集。共征集书画作品204件217幅。其中，书法作品149幅、国画作品69件、油画3件、漫画8件，以及宣传画、版画等各类作品。书画展按作品内容设置展览，分为“神圣使命”、“时代风范”、“古韵正声”、“高远境界”、“陇原清风”五个部分。组委会对参赛作品进行评奖，评出组织奖11名，美术一等奖4名、二等奖8名、三等奖16名、优秀奖30名，书法一等奖各4名、二等奖8名、三等奖16名、优秀奖31名。

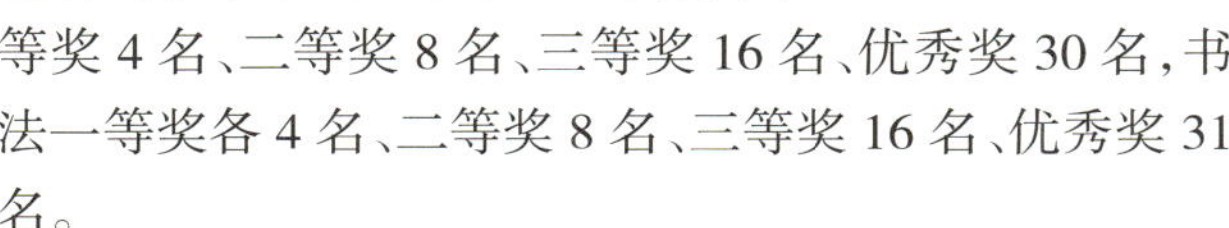

8月21日，河池学院社科普及基地挂牌。（刘　俊　供稿）

【广西教育局长、中小学校长国学培训班】 8月19日在桂林举办。该培训班在自治区教育厅支持和指导下，由香港冯燊均国学基金会资助、广西师范大学国学堂承办。来自广西各地的教育局长、中小学校长共100名学员通过为期一周的集中培训，深入理解我国优秀传统文化，提高自身的国学素养，为后续开展推广国学工作奠定坚实基础。此次培训分为集中培训和自学推广两个阶段，历时一年，学员通过一周的集中培训和后期的自学推广，不断丰富国学修养，同时以多种形式在所在学校进行国学推广。此举是自治区教育厅为进一步提升广西国民人文素养，加强对基础教育战线尤其是各市县教育局负责人和学校负责人的国学知识培训，以形成推广国学的领导网络，在广西中小学中全面推广国学的有效措施。集中培训阶段的培训内容包括国学素养课、教法课、讨论课。在形式上将以集中学习、主题讨论为主，辅以分散自学和导师辅导的方式，以此提高学员推广国学的水平和能力。

【自治区社科联与河池学院社科联共建社会科学普及基地】 8月21日在河池学院举行挂牌仪式。自治区社科联副主席姚兵，河池学院党委副书记、纪委书记覃福珠出席签约仪式，并在共建社会科学普及基地协议书上签字。覃福珠在签约仪式上强调，学院今后要抓住社科普及基础，在自治区社科联的指导下，结合学院发展的特点，根据社会发展的需要，充分利用社科基地这一平台，不断拓宽思维，开阔视野，进一步抓好科普工作，加大基地建设力度，加强部门的协调与合作，扩大与地方经济社会和文化的交流与合作，精心组织，合理规划，提升层次，提高质量，突出特色，让更多的教师与学生积极参与社科普及工作，切实增强社会科学的吸引力和影响力，提高师生的科研能力和水平，推动基地建设和社科普及工作深入进行，使学院的教育教学和科学研究工作更上一个新的台阶。姚兵对共建基地提出了指导意见和具体要求。他指出，自治区社科联与高校共建社会科学普及基地是一种新尝试、新载体，是社科联工作的重要组成部分，目的是搭建科普平台，开展科普活动，普及社科知识。他希望河池学院利用科普基地这一载体，充分发挥学院师资、人才、资源和硬件的优势，联系社会发展实际，加强基础应用研究，积极开展社会科学普及工作，通过举办社会实践、专题讲座、学术研讨等一系列内容丰富的科普活动，提高青年教师的科普意识，增强大学生的科普能力，总结科普经验，办出自身特色，推动科学发展，促进社会和谐，为地方经济社会和文化发展作出更大的贡献。

【百色市领导执政能力培训班】 8月22~24日在百色举办。百色市国家税务局主办。百色市各县（区）税务局领导班子成员、市局机关干部和右江区国税局的中层领导共201人参加培训。国家税务总局法规司司长李万甫、辽宁省税务专科学校付立红副教授、广西公安厅网络安全保卫支队副支队长覃恪等到场围绕讲座主题“依法行政与工作标准化、行为规范化、手段现代化、成效最优化”进行授课。

【广西应急管理培训基地建设专题研讨班】 8月22~26日在南宁举行。自治区人民政府应急管理办公室、广西行政学院主办。广西各地市人民政府应急管理办公室专职副主任、行政学院院长共28人参加。广西行政学院巡视员张庆宪主持开班仪式，自治区人民政府应急办专职副主任韦树奉出席开班仪式。专题研讨班安排专题讲座、分组讨论、实地考察等教学内容。培训期间，邀请广西区内外专家讲授的课程有："广西应急管理概况和广西应急体系'十二五'规划"，"应急管理培训的现状与发展"等。学员们讨论了《广西应急管理培训基地建设实施方案》。通过专题学习、实地参观、专题座谈，学员们对如何建设市级应急管理培训基地有了新的认识和体会。

【广西煤矿矿长资格认证培训班】 8月29日至9月7日在右江矿务局有限公司举行。自治区工信委主办。自治区安监局副局长叶建进等资深专家、讲师担任此次培训班授课老师。来自广西各煤炭企业的矿长、副矿长等82人参加。培训主要围绕企业安全文化建设、安全生产法律法规、煤矿"三化"建设、开采技术、典型案例分析、现场急救、煤矿安全管理与培训等内容进行集中授课。培训结束后，自治区工信委统一进行笔试和面试，两项合格者才能通过煤矿矿长资格认证。

【自治区管理干部西部经济强区建设专题培训班】 9月3~12日在自治区党校举行。自治区党委组织部、自治区党校主办。来自广西各市、县(区)的88名学员参加培训。培训班紧密结合中央和自治区的有关精神，紧紧围绕建设西部经济强区这一主题，学习研讨如何理解和把握建设西部经济强区的重大意义、如何以科学发展观和自治区第十次党代会精神为指导，坚持把加快转变经济发展方式贯穿始终、突出经济结构战略性调整、着力打造"三基地一中心"，如何使加快构建现代产业体系、加快推进农业现代化和社会主义新农村建设、加快新型城镇化跨越发展、加快"两区一带"协调发展、加快改革开放合作步伐、加快提升基础设施支撑能力、加快科技进步与创新等重大举措真正落到实处。培训班共设计4个模块14个专题报告、1次互动教学、2次分组讨论、1次学员论坛。

【桂林旅专举办大湄公河次区域(GMS)第二期高级旅游管理人才培训项目班】 9月9日在桂林举行。由亚洲开发银行主办，桂林旅专承办。24名来自中国、柬埔寨、缅甸、老挝、越南、泰国六国的国家旅游局、文化部、自然资源与环境部，以及高等院校等单位的中高层官员和学者参加为期13天的培训。桂林旅专校长杨杰、校长助理周江林、国际教育交流学院院长张显春，亚洲开发银行特聘教授、培训项目课程负责人 Trevor Sofield 以及中外项目团队成员出席开班仪式。开班仪式由国际教育交流学院副院长张海琳主持，杨杰校长、Trevor Sofield 分别致辞。培训活动采用丰富多彩的教学内容和方法，通过专题讲座、小组讨论、现场访谈等，从旅游业的发展视角及发展概念，向学员多角度、多渠道传授包括旅游发展策略研和湄公河流域国家旅游规划管理的知识和理念，加强政策落实及项目实施的执行能力等进行综合培训。

【漓江画派研究院首届高研班开班典礼】 9月12日在广西艺术学院桂林校区举行。出席典礼的有中国美协副主席、致公党中央副主席、广西政协副主席、广西艺术学院院长、漓江画派研究院院长黄格胜教授，桂林市委统战部部长叶兆泉以及桂林市有关部门的领导。漓江画派研究院首届高研班黄格胜、郑军里两位导师工作室的40余名学员、漓江画派画家代表等参加典礼。漓江画派研究院是广西艺术学院在桂林设立的一个作为后备人才培养的重要基地。该研究院将积极利用广西艺术学院的资源优势为画派的发展建设提供学科、学术、理论和人才等资源的支持，推动画派的稳步发展，服务于自治区的战略部署，为广西加快建设民族文化强区作出应有的贡献。首届高研班部分学员已获教授职称或博士学位，有部分学员是国内有一定影响的中国画家。开班典礼结束后，首届高研班的画家们随导师到平乐榕津、阳朔杨堤、灵川大圩等地进行为期10天左右的写生活动。

【处级领导干部"现代农业发展"专题培训班】 9月17~21日在广东省华南农业大学举行。百色市委、市人民政府主办。百色市各县(区)分管、联系农业工作领导，市直各涉农单位领导共50人参加。本次培训安排发展现代农业促进新农村建设、现代农业发展的现状和趋势及其对策建议、农业产业化经验与农业现代化、农村公共服务建设、农业产业化进程中的公共服务体系及其绩效评价研究、现代农业产业化与转变经济发展方式等6个专题的内容，期间组织学员赴广州、中山、珠海等地考察农业发展项目。

【百色工业园区企业主要负责人及安全管理员培训班】 10月25~29日在百色举行。百色市工业区管理委员会和市安监局联合举办。来自园区25家企业的22名企业负责人、46位企业安全管理员参加培训。培训结合园区企业的特点和在安全生产上急需解决的问题进行，做到理论联系实际，活学活用，增强培训的针对性和实效性。企业安全管理员通过培训、考试合格后，才能取得安全资格证，持证上岗。

【广西师范大学"背包计划"社会公益活动】 10月27日在桂林市龙胜各族自治县举行。广西师范大学历史文化与旅游学院的21名研究生代表，携师生们捐赠的1400多件衣物、65本书籍、1500本作业本、600多支笔以及体育用品等共30多个大编织袋的物资，奔赴龙胜和平乡小寨村希望小学，给那里的孩子们送去学院全体师生的爱心，同时拉开历史文化与旅游学院“一书一爱一梦想”之“背包计划”活动的序幕。此次“背包计划”爱心公益活动获得共青团龙胜县委的大力支持，活动所带去的爱心物资全部送到了小寨村希望小学。

【千姿百色·辉煌十年——喜迎党的十八大百色撤地设市十年发展成就大型图片展】 11月1日在百色举行。百色市委、市人民政府主办，市委宣传部承办。市委书记、市人大常委会主任赖德荣出席开幕仪式。市长谢泽宇在开幕式上致辞。市委副书记张虹主持开幕式。自治区人大常委会原副主任张慕洁、韦家能、陈光明，广西军区原副政委黄深根，周炳群、黄志伟、李政、张俊雄、韦瑞灵、范力、欧波、周武红、李祚标等市四家班子领导，部分曾在百色工作的领导和在外工作的百色籍领导等出席开幕式。此次图片展共分为前言(序展)、情系百色、富裕百色、幸福百色、魅力百色、生态百色、和谐百色和县区发展8个部分，展出图片450幅，生动地展示了撤地设市10年来百色市在经济建设、政治建设、文化建设、社会建设、生态文明建设以及党的建设等方面取得的巨大成就。

【桂林市象山区联达广场科普宣传活动】 11月1日在桂林举行。自治区社科联，桂林市社科联，桂林市象山区委、区政府等单位联合主办。桂林市人大常委会副主任石春莲、市政协副主席容作信等市领导参加活动并致辞。科普宣传活动以“科学发展 富民强桂”为主题，采取展板宣传、发放资料、知识问答和设置咨询点、现场指导等形式向广大群众、社区居民宣传与人民群众息息相关的法律、教育、心理健康、家庭理财、社会保障、食品安全、劳动者权益等方面知识。共制作宣传展板86块，发放宣传资料8000余份，接待咨询群众1000余人(次)。

【百色市绩效办考评业务培训会】 11月13日在百色举行。百色市绩效办主办。市委常委、纪委书记张俊雄在会上作动员部署。市委常委、常务副市长韦瑞灵主持会议并就做好相关工作提出明确要求。新抽调的市绩效考评办工作人员和市巡视督考办工作人员共100多人参加培训。会议强调，新抽调工作人员要提高认识，切实增强工作责任感，以更加求真务实的工作作风、更加扎实有效的工作措施，把绩效考评工作组织好、开展好、落实好；要明确职责，认真做好对应县区的绩效沟通，当好绩效工作的“联络员”，负责好本县区绩效考评指标的跟踪督查，当好绩效工作的“督查员”；要加强学习，领会好绩效考评指标体系的评分细则和目标要求，熟练察访核验的标准和程序，确保尽早进入工作角色和工作状态。会议要求，新抽调工作人员要尽快熟悉工作业务，尽快进入工作状态，尤其是要熟悉自治区绩效考评的评分细则和评分方法；要严格按照自治区绩效考评的工作要求，认真对照评分标准，及时准确地汇报督查中发现的问题，并采取有力措施，指导各县区各部门有效开展工作；要切实增强工作责任感，服从工作安排，以高度负责的态度开展工作，不走过场，不流于形式，确保工作按时按质按量完成。

【“游·漓”教学研究第一回展】 11月15日在桂林举行。广西师范大学主办。为展现当代实验艺术的新面貌，体现广西师范大学美术学院教育的创新精神，融汇校内外189件师生作品的“游·漓”——实验艺术教学研究第一回展暨实验艺术教学创作研讨会在桂林市美术馆展出，广西师范大学副校长白晓军教授、北京宋庄著名当代艺术家栽子等40余名专家学者在研讨会上作精彩发言。为期两天的广西师大美院“游·漓”——实验艺术教学研究第一回展，作品以独特方式表达开放的艺术观念，展览承载了美术学院当代艺术教育的思路和理想，开辟了师生的现代教育平台，拓展了学生实验艺术创作思维，激发了师生践行当代艺术的豪情，诠释了美术学院培养造就复合型人才的办学理念和学术视野。

【桂林旅专举办青海省旅游行业管理高级研修班】 11月21日在桂林举办开班仪式。由青海省人才办、青海省人力资源保障局主办，青海省旅游局协办、桂林旅游高等专科学校承办。培训班39名学员分别来自青海省旅游局及各市、州、县旅游局的行政管理人员。青海省旅游局人事处副处长朱咏梅、青海省人事厅调研员王公民、桂林市旅游局副局长庞铁坚、桂林旅游高等专科学校副校长陈贵超等出席开班仪式。本期培训班为期9天，培训内容涉及旅游行业理论知识、领导艺术和旅游景点实地考察项目，理论课程主要包括广西旅游发展规划、桂林旅游发展趋势、旅游规划应用、旅游电子政务、旅游目的地营销和领导心里与艺术等。

【河池学院2012年“国培计划”农村骨干教师培训班】 10月15日至11月24日在河池学院举行。河池学院领导及相关系(院)负责人出席典礼，来自宜州市、罗城仫佬族自治县、环江县、大化县、东兰县等五县(市)196名学员参加培训。河池学院院长覃伟年出席并讲话。他强调指出，希望通过此次培训，使学员们在现代教育理念、教育技术、专业理论和专业实践能力等方面得到提升,逐步从一般经验型教师向教学研究型教师转变,从一般的教书匠向学习型教师转变,从普通的中学教师向基础教育的专家转变。通过培训培养出“种子”教师,为推进中小学素质教育和教师培训发挥骨干示范作用打下良好基础,对基础教育的发展及教师的成长都有重要意义。他对学员们及培训工作提出三点希望:希望学员做好带头示范作用,以良好地工作业绩回馈党和国家的政策支持;希望大家建立与学院的长久联系,互惠互进,不断提高;希望培训工作在全院各师范类专业全面铺开,使得学院更能为河池的教育事业的发展作出更大贡献。培训内容主要有:现代教育理念、教育技术、专业理论和专业实践能力等。

【广西法律援助业务培训班】 11月27日在百色举行。自治区司法厅主办,百色市司法局承办。来自广西14个设区市的司法局分管领导和法律援助中心工作者60多人参加培训。此次培训组织与会人员学习人民调解案件纳入法律援助案件的相关内容、新《刑诉法》的颁布实施对刑事法律援助工作的影响及今后工作的创新思路,不断提高法律援助工作人员业务水平,这对于推动广西法律援助工作深入开展,维护广西社会和谐稳定将起到积极的作用。

【广西食品安全应急管理培训班】 11月28日至12月1日在自治区党校举行。自治区食品安全办公室、自治区党校主办。来自自治区食品安全办公室及成员单位的有关人员,自治区食品安全事故应急处置专家咨询委员会、广西各市、县食品安全办的负责人共170人参加培训。自治区党校巡视员张庆宪出席开班典礼并致辞。培训班安排的课程有:国务院食品安全办应急管理司钟秀明司长主讲的“如何做好食品安全应急管理工作”,国家行政学院应急管理培训中心王彩平博士主讲的“突发事件中的舆情管理与媒体沟通”,自治区食品安全办专职副主任李勇强主讲的“广西食品安全事故应急预案解读”,自治区政府应急管理办公室周运逵处长主讲的“广西应急管理形势与对策”以及自治区党校应急管理培训部专门为本次培训班开发设计并由盘世贵副主任、副教授主讲的“食品安全事故应急处置桌面推演”。本次培训班旨在提高广西各级食品安全委员会成员单位及有关领导对我国、广西食品安全重要性的认识,提高领导干部处置食品安全突发事件的能力;贯彻落实《中华人民共和国突发事件应对法》、《中华人民共和国食品安全法》及有关实施办法的规定,建设广西食品安全良好环境。

【广西领导干部学习党的十八大精神研讨班】 11月29~30日在自治区党校举行。自治区党委主办。自治区在邕在职省级干部,各设区市、区直各正厅级单位党政主要领导集中学习研讨。自治区党委书记、自治区人大常委会主任郭声琨作首场报告,自治区党委副书记、自治区主席马飚主持研讨班开班仪式,自治区党委副书记、党校校长危朝安作研讨班总结讲话,自治区党委常委、组织部部长周新建主持结业仪式。郭声琨在首场宣讲报告中强调,深入学习贯彻党的十八大精神,把思想和行动统一到党的十八大精神上来,是当前和今后一个时期首要的政治任务。他号召广西上下紧密团结在以习近平同志为总书记的党中央周围,高举中国特色社会主义伟大旗帜,为全面建成小康社会、实现富民强桂新跨越、夺取中国特色社会主义新胜利而努力奋斗。郭声琨对广西贯彻落实党的十八大精神提出了明确要求与工作思路。他指出,学习贯彻党的十八大精神,学习领会是前提、是基础,贯彻落实是根本、是关键。我们必须在迅速掀起学习宣传党的十八大精神热潮基础上,紧密联系广西实际,切实把党的十八大精神贯彻到富民强桂新跨越的各项工作中,落实到推进改革发展稳定的具体行动上,真正做到学以致用、用以促学、务求实效。报告会暨开班式结束后,自治区在邕在职省级干部,各设区市、区直各正厅级单位党政主要领导集中在自治区党校分组学习研讨,研读党的十八大有关文件原文,并结合宣讲报告,就广西如何结合实

11月30日,广西领导干部学习党的十八大精神研讨班在南宁举行。

(自治区党校供稿)

际贯彻落实党的十八大精神展开热烈讨论。自治区领导郭声琨、危朝安、沈北海、温卡华、陈武、石生龙、周新建、范晓莉、车荣福、刘新文、梁胜利、蓝天立、彭钊，自治区高级人民法院院长罗殿龙，自治区人民检察院检察长张少康等分别参加分组研讨。

【社区新闻宣传与写作培训活动】 12月1日在桂林举行。广西人文社会科学发展研究中心“桂林市社区文化指导员派遣行动计划”项目组深入桂林市毛塘社区，由项目主要成员之一、广西师范大学党委宣传部张俊显老师为社区宣传骨干们进行了新闻宣传与写作的专题培训。张俊显通过播放视频资料，引用“元芳，你怎么看”、“莫言获了奖，醉了红高粱”等网络用语，让大家形成对当代社会文化的新环境的认识，引起听众兴趣。随后，从专业角度讲述关于“新闻”、“媒体”、“媒治”时代等概念。张老师简明扼要地将新闻写作基本特点、新闻结构、如何写好导语等重点内容一一讲解，课堂气氛活泼轻松，让在场百余名社区宣传工作人员受益匪浅。

【百色市领导干部学习贯彻党的十八大精神培训班】 12月3日在百色举行。百色市委主办。中央政策研究室国际局巡视员于培伟作专题辅导报告。市委书记、市人大常委会主任赖德荣作开班动员讲话。开班仪式由市委副书记、市长谢泽宇主持。培训班以视频形式举办，主会场设在百色人民会堂，各县（区）设分会场。培训班为期2天，采取专题辅导、分组学习、交流发言等形式进行，周炳群、黄志伟、张俊雄、韦瑞灵、范力、欧波、周武红、黄建宁、李祚标、潘其弟、姚美兰、阙建林、李建文、莫泰意、罗试坚、赵桂兰、陶荣铅、李廷荣、曹东方、韦启良、黄运志、黄宗道、黄建平、蔡文姬等市四家班子领导和市“两院”主要领导，市人大、市政府、市政协秘书长，市四家班子副秘书长、办公室副主任，市人大、市政协各专工委领导，各县（区）党委、政府主要领导，市直各单位副处级以上干部，市直重点企业副处级以上干部，驻市、驻县市直单位和企业负责人共1000多人在主会场参加培训。于培伟用大量翔实的理论文献、历史资料、现实案例和数据，从理论与实际、历史与现实、国内与国际相结合的角度，对党的十八大报告中提出的8个方面的新思想、新观点、新论断进行了解读，对全面深入贯彻科学发展观的根本要求，对夺取中国特色社会主义新胜利，对全面建成小康社会和全面深化改革开放的奋斗目标，对经济建设、政治建设、文化建设、社会建设、生态文明建设“五位一体”的战略布局，进行了深入浅出的阐述和辅导。同时结合实际，就百色如何学习贯彻好党的十八大精神提出了建议。辅导紧扣主题、把握精神，启发思维、理清思路、鼓舞干劲，理论性、实践性、针对性很强，对百色市领导干部进一步理解和准确把握党的十八大精神具有很大的启发，对深入贯彻落实党的十八大精神，推进“五个百色”建设具有很强的指导意义。

【广西党校系统学习贯彻党的十八大精神专题培训班】 12月12~13日在自治区党校举行。自治区党校主办。自治区党校常务副校长黄学权作总结讲话，副校长胡建华作开班讲话，副校长陈林杰主持学习研讨。来自广西区内各市级党校、自治区直属机关工委党校、南宁铁路局党校、柳钢党委党校分管教学或科研的校领导和骨干教师以及自治区党校党史党建教研部全体教师、各教研部教师代表和有关处室领导共80多人参加培训班。黄学权就进一步学习宣传贯彻党的十八大精神提出要求：一是要充分认识深入学习党的十八大精神的重大意义。二是要以高度的责任心承担起十八大精神教学、研究和宣讲任务。三是要切实增强教学、研究和宣讲工作的吸引力和实效性。四是要以党的十八大倡导的改革创新精神为动力，全面加强党校自身建设。培训班旨在让党校系统的教师在学习贯彻党的十八大精神中先学一步，学深一层，在提高自身认识水平的同时，更加充分发挥党校自身独特优势和理论宣传主渠道、主阵地作用，为全社会兴起深入学习党的十八大精神热潮作出应有的贡献。培训班安排了《我党十八大述评—十八大精神解读》、《真心为民，实干兴邦聚人心—学习贯彻十八大精神的“心”视角》、《社会主义核心价值体系建设与文化强国》等课程，培训达到了预期目的。

【百色市统战工作专题研讨班】 12月13日在百色举行。百色市委统战部主办。自治区党校王介明教授为学员们作学习宣传贯彻党的十八大精神专题辅导报告。市委常委、统战部部长李祚标出席开班仪式并讲话。全市统战系统领导干部100多人参加。此次专题研讨班旨在通过学习研讨党的十八大精神，进一步在全市统战系统、广大党外人士和全体统战成员中统一思想，凝聚共识，为巩固壮大统一战线、促进经济社会科学发展夯实坚强的政治基础，提供广泛力量支持。

【高职高专教育管理能力提升高级研修班】 12月15日在桂林举行。广西师范大学高师培训中心承办。广西师范大学副厅级调研员刘健斌、自治区教育厅人事处处长覃艳娟、北京农业职业学院教务处崔坤教授及相关领导出席开班仪式，相关专家及来自广西各高职高专院校的教学管理干部 110 人参加。为期 3 天的研修班采用专家讲学、经验交流相结合的方式进行培训。自治区教育厅高教处处长莫少林、安徽机电职业技术学院院长亓四华教授、柳州职业技术学院院长石令明教授、广东轻工职业技术学院艺术设计学院院长刘境奇教授、广西师范大学职业技术师范学院院长文萍教授先后为学员们授课，专家们分别从高职高专高素质中层干部的成长路径、高职设计教育品牌的铸造与教学创新、教育教学管理中的心理学等多个方面研究和探索了高职高专院校管理人才和管理能力的培养问题。研修班旨在促进高职高专院校管理人员适应当前新形势发展的需要，树立适应现代教育新要求的管理理念，提高综合素质，研究与探索高职高专院校人才培养模式，适应市场的需求，确保人才培养的质量，从整体上提高高职高专院校管理水平和效率，促进高职高专教育的发展。

【百色市 2012 年新闻宣传骨干培训班】 12 月 28~29 日在百色举行。市委宣传部主办。来自百色市各县(区)和市直部门的新闻骨干人员共 130 多人参加。培训要求，各级新闻宣传工作者要以强烈的责任心，向有经验的行家里手学习，增强新闻宣传策划、重大题材的挖掘和采写的能力，提高新闻宣传工作水平；老宣传干部要在学习之余发挥“传帮带”的优良传统，把好的工作经验传授给新人，年轻宣传干部在虚心学习的基础上，将新思想、新观念、新作风展示出来，为百色市新闻宣传工作注入新活力；要发扬理论联系实际的学风，进一步理清做好新闻工作思路，提高围绕中心、服务大局开展宣传工作的能力，为百色市经济社会快速发展营造良好的舆论氛围。

2012年自治区社科联科普科研活动（项目）资助一览表

一、“科学发展、富民强桂”广场科普活动

项 目 名 称	承办单位
广场科普活动日	北海市社科联
“科学发展、富民强桂”来宾广场科普活动	来宾市社科联
“科学发展、富民强桂”梧州广场科普活动	梧州市社科联
社科知识进社区活动	百色市社科联
教育消费维权活动	防城港市社科联
“科学发展、富民强桂”柳州广场科普活动	柳州市社科联
“科学发展、富民强桂”钦州广场科普活动	钦州市社科联
“科学发展、富民强桂”桂林广场科普活动	桂林市社科联
贺州市十月社科知识广场普及活动	贺州市社科联
“科学发展、富民强桂”崇左广场科普活动	崇左市社科联

二、“科学发展、富民强桂”报告会

项 目 名 称	承办单位
弘扬广西精神和来宾精神，为实现“富民强桂”和“富民强市”新跨越宏伟目标而奋斗	来宾市社科联
弘扬广西精神，传承百色起义精神，推进“五个百色”建设	百色市社科联
学习宣传党的十八大精神报告会	百色市社科联
“五区”建设解读	梧州学院社科联
旅游文化在社会主义新农村建设中的作用	防城港市社科联
玉林岭南文化特色示范市建设的路径	玉林市社科联
加快海洋经济建设，推进广西区域发展	广西市场经济研究会
弘扬广西精神，发挥老区传统	河池市社科联
加快东靠步伐，实现贺州工业崛起	贺州市社科联
知恩报恩，成就人生	崇左市社科联

三、“科学发展、富民强桂”系列科普讲座

项 目 名 称	承办单位
“科学发展、富民强桂”讲座	北海市社科联
网络常识及防骗技巧	来宾市社科联
“崇礼修德，明节守廉”感恩教育和道德建设	百色市社科联
南新经济走廊——南崇经济带发展	广西行为科学学会

续表

项　目　名　称	承办单位
西江语言文化研究的多维视角	梧州学院社科联
社会主义新农村农家乐旅游文化与饮食健康文化的关系	防城港市社科联
广西社科研究态势及方法	柳州市社科联
效率:行政程序法之价值理念和基本原则	玉林师范学院社科联
提升法律素养,增强维权能力	广西经济管理干部学院社科联
加强和创新广西城市基层社会管理	广西中国—东盟文化研究会

四、“学习党的十七届六中全会和自治区第十次党代会精神”十家谈

项　目　名　称	承办单位
深入学习党的十七届六中全会和自治区第十次党代会精神	梧州市社科联
文化与科技融合:机理、模式、路径及广西的实践	广西师范大学社科联
“百越古道,横山文化”研讨与开发系列讲座	百色市社科联
加快社会主义文化建设,促进社会主义文化大发展大繁荣	梧州学院社科联
做好文化产业,促进文化事业发展	防城港市社科联
吹响中华文化复兴强国和广西民族文化强区的号角	广西经济管理干部学院社科联
学习党的十七届六中全会精神,努力做好优秀传统文化的保护与继承	贺州市社科联
河池文化产业发展	河池市社科联
深入学习贯彻党的十七届六中全会精神,促进广西文化大发展大繁荣	贺州市社科联
文化引领、富民兴边	崇左市社科联

五、社科知识进十三村

项　目　名　称	承办单位
北海市银海区亚平村	北海市社科联
宾阳县思陇镇六岑村	南宁市社科联
武宣县五台民族文化新村	来宾市社科联
藤县新庆镇龙山村	梧州市社科联
田林县旧洲镇者务村	百色市社科联
防城港市港口区勒山村	防城港市社科联
融安县大将镇东潭村大潭屯	柳州市社科联
玉林市玉州区城北街道谷山村	玉林市社科联
灵山县檀圩镇三合水村	钦州市社科联
资源县河口乡葱坪村	桂林市社科联
金城江区五圩镇朝觉村	河池市社科联
富川瑶族自治县麦岭镇麦岭村	贺州市社科联
龙州县上金乡云江村	崇左市社科联

六、自治区社科联重点科普读物

书　名	承担单位
现代礼仪七字经	梧州市社科联
孝道创新三字经	广西创造学会
广西海洋文化简明读本	钦州学院社科联
广西奋力推进“五区”建设干部读本	广西市场经济研究会
《行政强制法》的原理与实务指导	广西民族大学社科联

七、自治区社科联研究课题

课　题　名　称	承担单位
广西构建现代文化产业体系研究	广西经济社会发展战略研究会
广西文化产业与其他产业融合发展研究	广西师范大学社科联
广西增长中的产业协调发展研究	钦州学院社科联
广西经济带与经济圈建设的带动作用研究	广西金融工程学会
经济社会转型中广西金融创新发展研究	广西国际商务职业技术学院社科联

论点撷萃

吴云、刘俊、丘雪薇（自治区财政厅副厅长、自治区社科联科普部主任、自治区人民政府发展研究中心研究员）：**广西构建现代文化产业体系战略思路** 从建立市场经济体制以来，广西与全国一样，现代文化产业体系不断扩大发展。以第一类文化体系衡量，生产与服务文化体系已进入发展阶段。以第二类文化体系衡量，相对独立性、劳务性文化体系已进入发展阶段；组合性、创意性文化体系已开始起步。广西与全国面上情况相比，文化产业体系虽然进入全面发展阶段，但与直辖市情况及沿海发达地区相比，创意性、组合性这些附加值性高、带动性强的文化体系建设还比较薄弱，以及其他传统文化体系还存在技术层次低、效益低等问题。以创意性、组合性文化产业体系为例，主要情况见下表：

表1：广西组合性文化体系构建情况

组合性文化产业体系名称	建设进展情况	建设存在问题
文化旅游产业组合体系	近年来，以山水、园林、宗教旅游、海滩旅游、跨境旅游、红色旅游、历史名人故居旅游为主的民族歌舞文化旅游、民风民俗文化旅游、田园生态文化旅游、地理探秘文化旅游、考古文化旅游等组合性文化产业体系在14个设区市不断扩展，桂林、梧州、防城港、百色、崇左等市已建立全国广西相关示范基地。以这些区域为主，文化产业组合体系初步构建起来，发挥带动农业、旅游业作用。	目前文化产业组合体系在广西配置不均，类型不多，产品不精，资源与市场开发不充分，全区性经济带动不明显。
国际文化会展产业组合体系	近年来，在中国—东盟博览会推动下，以国际商品会展服务业为主体，与设计艺术、表演艺术相结合的文化会展产业组合体系在北部湾地区得到加快发展。充分发挥宣传城市、推介产品、促进招商、扩大贸易的开放开发带动作用。	目前国际文化会展产业组合体系规模小、分布窄、未形成大范围的开放开发带动效应。
国际文化食品产业组合体系	近年来，在中国—东盟博览会推动下，以食品产业为主体，与国际风味文化、雕刻艺术文化相结合的国际文化食品产业组合体系在北部湾地区得到加快发展。充分发挥带动旅游业重要作用。	目前国际文化食品产业组合体系规模小，分布窄，特色不强，未形成大范围的开发带动效应。
其他文化产业组合产业体系	近年来，在中国—东盟博览会和西部大开发战略推动下，多产业多艺术性文化产业组合体系不断被挖掘，使相关文化产业组合体系进入发展阶段。	目前其他文化产业组合产业体系因投入和人才不足，发展后劲和带动能力不强。

表2：广西创意性文化体系构建情况

创意性文化产业体系名称	建设进展情况	建设存在问题
动漫创意性文化产业体系	目前，广西以桂林、南宁高新产业园区为主，动漫创意性文化产业体系正在不断开辟。如桂林市达57家，其中的云尚动画制作公司已获国家认证。2010年，全部动漫企业总产出7.59亿元，增加值2.98亿元，营业盈余1.88亿元，使创意文化体系起步。	缺乏专业产业园和外来投资，技术层次低，规模小，与国内直辖市和东部沿海地区相比有较大发展差距。
设计创意性文化产业体系	目前包装设计、服装设计、工业设计、建筑图纸、模型设计、平面设计、装潢设计、营销策划 、经营设计、个人形象设计、展示设计、展会策划 、城市形象设计、品牌策划 、企业识别系统(CIS)设计、视觉识别(VI)设计、演唱会策划、体育比赛策划、其他赛事策划、电视节目策划 、电影策划 、公关事件策 、活动策划、庆典策划 、投资策划 、上市策划、投标策划、谈判策划、区域经济策划等创意文化体系在广西14个设区市已遍布，为提高相关产业的生产经营增加值和开拓市场发挥出推动作用。	缺乏专业产业园和专业人才，技术层次低，规模小，与国内直辖市和东部沿海地区相比有较大发展差距。

相对其他产业，广西发展文化产业有特色战略意义：一是文化产业是做大做强做优广西产业的重要组成部分，文化产业总量增加，将使广西产业总量增加、区域竞争力增强、经济质量进一步优化。二是文化产业有情感和经济联结引力功能，在国际国内可形成一种无形“软实力”，推进双方联系感情，和谐一致，联系经济合作。同时作为文化产业，有传播快，影响广特点，可与周边东盟国家（包括泛珠三角地区）较快较好产生区域情感和凝聚力，在带动区域合作，推动其他产业向东盟“走出去”和“引进来”形成特有带动功能。三是文化产业是一项迈向高新产业行列有朝气的产业，在开发应用中将会打造系列高附加值产业贡献经济增长。四是文化产业艺术强，与其他产业组合提高其他产业附加值，由此增强开拓市场能力，带动相关产业发展，促进就业等。五是文化产业可从艺术、教育、设计、歌剧、影视、娱乐方面提升国际区域城市层次，由此发展具有技术档次的文化产业可提升国际区域城市层次，进一步带动区域开放开发。

广西应借助以建成中国—东盟自贸区和举办博览会、泛北部湾论坛机会，以及地方文化资源、基础产业等综合条件，考虑运用战略性措施扩大构建有特色的广西现代文化产业体系。一是以传统文化产业为基础扩大构建现代文化产业体系。一方面，要推动文化事业向市场转轨，提高投资、竞争能力，提高总产量和创造经济效益；另一方面，要加强对传统文化产业改造，提高艺术、技术水平，以及产品开发能力，使传统文化产业成为具有质量性、国际性、带动性的现代文化产业。进一步壮大现代文化体系规模，在开拓国内外文化市场和农村文化市场，提升国际区域性城市地位，带动广西相关产业规模发展，提高整体经济实力发挥相应作用。二是以打造高附加值文化产业为主方向扩大构建现代文化产业体系。一方面，要加强引导外资和民间资本投资开发，构建创意性、设计策划性现代文化产业体系，壮大高附加值文化产业规模，提高文化产业总量。另一方面，要向高、新、广文化创造进军，适应国际化需要和城市品位提高要求。还要与其他产业（包括工农业生产和服务业经营）组合一体，提高其他产业附加值和市场开拓力，带动其他产业国际低化，提高整体经济实力。三是以东盟市场为主方向扩大构建国际化文化产业体系。一方面，要通过博览会和泛北部湾论坛磋商，双边政要访谈签订合作协议，以及予以相关企业金融财税支持等措施，推动以东盟为主市场的国际化文化产业体系扩大构建，提高文化产业总量；另一方面，要利用东盟资源与市场开发文化产业，构建国内特色文化产业体系，提高地区文化产业竞争力；还要加强研发相适应的产品，进一步沟通东盟侨胞和其他群体情感，扩大构建有国际区域特色的组合性文化产业体系，发挥提升广西文化产业影响力、凝聚力、国际区域性城市地位作用。四是以开发文化资源为主方向扩大构建现代文化产业体系。

王清荣、周明忠、吴学东、秦胜忠（桂林市委政研室调研员、高级经济师；桂林市社科联主席、副研究员；桂林市委政研室副主任、经济师；民建桂林市委副秘书长）：**广西文化资源的特色与民族文化特质**　广西文化资源种类繁多，特色鲜明。一是以漓江、花山等为代表的山水文化资源。从历代文人墨客的山水诗词到纵览千年的各类石刻，从徐霞客的八桂足迹到现代人的广西游记，从千百年的传说到近、现代漓江画派的创立、发展，都体现了广西山水文化的独特魅力。尤其是在600多千字的《徐霞客游记》中，描述和记载的广西部分就达到210千字，给广西山水文化留下了十分丰厚的一笔。二是以“柳江人”遗址的白莲洞、百色盆地旧石器时代遗址等为代表的历史、宗教文化资源。远古文化和古代文明在八桂大地星罗棋布，灿烂悠久的历史文化，是广西文化资源的精华所在。三是以壮、瑶、苗、侗等少数民族为代表的民族民俗文化资源。广西每年有大小节庆300多个，可谓风情八桂，百节之乡。广西各民族丰富多彩的物质精神文化，风格迥异的民俗文化，铸就了广西博大精深的民族民俗文化资源宝库。四是以红军长征突破湘江烈士纪念碑园、百色起义（红七军军部）纪念馆和桂林抗战文化

王清荣发言　（刘　俊　摄）

城等为代表的红色文化资源。五是以合浦海上丝绸之路为代表的海洋文化资源和以灵渠为代表的古代水利文化资源等。广西这些特色鲜明的民族文化资源，在中华民族文化大家庭中占有重要的一席之地。从上述可见，由以漓江为代表的广西山水所衍生的山水文化是广西文化的根与魂，以百越文化为代表的民族民俗文化是广西文化的内核与特质。独特的山水风光与丰富的人文景观珠联璧合，构成了绚丽多姿、多元融合的广西民族文化特质，主要体现在山水文化、历史文化、民族民俗文化、海洋文化和红色文化之中，具有巨大的审美价值和开发利用价值，这不仅是广西建设民族文化强区的核心基础，也是加快广西文化产业发展的优越条件。

广西民族文化具有三个显著特点：一是多元性。由于独特的地理环境，广西在历史上没有形成过国家，因此在其文化生态的形成过程中，受周边多种文化生态的影响尤其是深受中原文化生态的影响，加之多民族聚居，形成多种文化并存的生态，即多元性。二是兼容性。多元文化的并存，使广西的文化不像一些具有源头资格的文化那样固守自我及排斥外来文化，而是兼收并蓄，博采众长。三是包容性。广西文化杂交的几率要比其他省区高，杂交的优势不仅使传统文化的生命力更旺盛，而且容易催生文化的新品种，新的文化观点、文化事件、艺术样式容易脱颖而出。纵观广西历史，既有晚清时期的临桂词派在全国文坛产生了一定的影响，又有现代雷沛鸿教育改革对中国现代教育影响较大，更有桂林抗战时期的西南剧展在国内外引起轰动。尤其是近年来，广西文化奇迹连连：南宁国际民歌艺术节成为中国节庆文化的品牌；大型山水实景演出《印象·刘三姐》轰动世界，成为中国文化产业的典范；学术上，出现了桂学；绘画艺术方面，创新发展了全国瞩目的“漓江画派”。这些文化事件发生在经济整体水平相对落后的广西，虽有偶然性和突发性，但又有其必然性。广西民族文化与广西人文精神有着天然联系，后者寓于前者之中，是广西民族文化的精髓。古代广西人文精神的特性是团结爱国，当代广西人文精神的特性是多元融合。正是这种多元融合的特性，形成了“团结和谐、爱国奉献、开放包容、创新争先”的当代广西人文精神。这一精神全面深刻地揭示了广西的人文特质、民族特质，是一个有机的整体。这是广西人民在漫长的历史长河中积淀和孕育而成的特有精神品质，是中华民族精神在广西的具体表现，是广西人民崇高理想信念、高尚道德追求、优秀政治品格、良好精神风貌的结晶。

马树春（百色市委党校常务副校长、教授）：**广西民族文化遗产有效地传承和发展，焕发生机，必须做到整体性保护与产业化开发辩证统一**。对民歌文化遗产进行“生产自救”，不仅有利于其保护传承，也有利于其可持续发展。1. 延展化创意。(1) 内涵式延伸。即在项目创意时，以传统的民歌文化内涵为“原点”，在纵向上加以延伸，做到古为今用，推陈出新。(2) 功能性拓展。即在项目运作时，以传统的民歌文化功能为“基点”，在横向上加以拓展，实现品牌增值，力求效果最大化。须要增强产业意识，扩大民歌功能，即把传统歌谣的教育作用、娱乐作用与现代社会的经济建设有机结合起来，实现文化经济一体化，把文化产业做得有声有色。2. 精品化创作。只有“精品制作”，才能赢得市场，持续发展。一是实行文人化创作。二是实行名人化创作。通过外援加盟制度，邀请国内著名词曲作家加入创作，做到“不求所有，但求所用”，并借此产生“名人效应”。这种创新做法，可以有效弥补广西音乐创作人才之不足，对于提升广西音乐创作水平、提高广西音乐知名度、增强作品吸引力都大有裨益。3. 审美化展演。为吸引观众，民歌节不仅要做到内容上古今中外大联唱，而且形式上要“老歌新唱”、“一歌多唱”、“边舞边唱”，力求多种演绎，凸现多样风格。体现“时尚化”、“个性化”和“原生态”。4. 市场化运作。一是经营主体企业化。二是资金筹措多元化。只有建立以政府投入为导向、企业投入为主体、金融机构投入为支撑、外资和民间投入为重要组成部分的多元化的投融资机制，才能保障民歌产业化所需资金。三是产业发展链条化。只有实现“一体多元”的链条式发展，才能使民歌产业做大、做强、做久。此外，产业化开发还包括“立体化传播”这一举措。因为，在全球化、信息化社会，知名度不仅是吸引力，而且也是生产力。民歌节之所以越办越红，并使南宁成为“天下民歌眷恋的地方”，就与其一直以来充分借助各种媒体来宣传造势而“乘着歌声的翅膀”分不开。

吴双、陈洪波（广西师范大学历史文化与旅游学院）：**建立花山岩画生态博物馆的可行性**　生态博物馆是博物馆界在博物馆改革中产生的一种新思想、新运动。它是对自然和文化遗产进行整体保护的一种新型博物馆模式，是指在原生态中保持原有的文化习俗、生活方式，使文化的承载者、创造者和传承者与其所处的环境密不可分，从而保持一种原汁原味的原生态文化景观的新型博物馆模式。与将文物在博物馆建筑内进行展示的传统理念不同，生态博物馆是以某一特定环境下的“活态”文化为展示内容，更注重文化遗产在其原生地的实时及动态展示，让来到博物馆的人能够亲身感受到原生态的文化遗产，从而可以很好的呈现出被保护遗产的文化精髓之所在。花山岩画作为独特的文化遗产，具有自然环境的不可移动性与文化上的代表性，而生态博物馆的核心内容正是关于对自然资源和文化的保护与利用。因此，花山岩画作为有物质载体的文化遗产仍然可以采用生态博物馆这一先进模式对其进行保护和再开发。生态博物馆的整体规划对环境保护具有积极意义。城乡工业化浪潮带来的城市垃圾与建筑垃圾对环境的破坏是致命的，但结合花山岩画区域内原有居民点建立生态博物馆可以很好的解决这一难题，是对人文环境和生态环境协调发展的积极探索，有很大的可行性。2008年第29届北京奥运会开幕式上，花山岩画作为中华文化的代表惊艳亮相，震撼世界。在全球经济发展中，旅游业是充满生机和活力的新兴产业。建立以花山岩画为核心的生态博物馆，可以有力地带动当地旅游业的发展，同时提升当地居民生活水平，从而实现人文价值与经济价值的双赢。

丁智才（广西财经学院文化传播学院副院长、教授）：**民族文化产业是广西文化产业发展的重点** 从总体上看，现阶段广西文化产业大多呈现较快增长的是根据民族地区的文化实际和文化特色，大力发展民族文化产业。在这方面，云南是个先例。作为一个西部经济欠发达多民族地区，云南大打民族特色牌，把丰富的民族文化资源比较优势切实转化为经济优势，在文化产业发展方面走出了一条独具特色的创新道路。2007年云南文化产业增加值占GDP比重的5.55%，超过了国民经济支柱性产业的标准。云南“十二五”规划中提出着力培育100亿元的文化企业集团，力争到2015年，文化产业增加值占全省GDP的比重达8%左右。文化产业发展的“云南现象”应给广西以深刻启示。从生产要素的标准看，民族文化也是广西真正的优势资源。广西地处华南、西南与东盟交汇处，是中华文化圈和东南亚文化圈的交汇点。作为中国五大少数民族自治区之一，广西文化的主要特点是多样性的民族文化。各个民族、各种文化在这里长期共存，构成了一个世界少有的多民族群体、多文化形态共生带，形成了“十里不同俗，百里不同音”的文化特色和多种类型的经济形态。各民族在长期的历史进程中，创造并传承着丰富多样、多姿多彩、特色鲜明的传统文化，有着众多光辉灿烂的民族文化遗产，蕴含着巨大的开发潜能和优势。根据这些多民族、多形态的文化和经济状况，广西应将民族文化产业作为发展的重点。通过民族文化产业化培育新的经济增长点，改善产业结构，促进经济发展方式的转变，提高广西的区域竞争力；同时保护地区生态环境，改善民族民间文化生态，维护民族团结和边疆稳定；最终实现广西社会经济文化的可持续与和谐发展。转变文化产业发展方式，是推进民族地区文化产业发展的根本举措。要促进民族文化产业由原始粗放型向规模化集约型转变，由数量扩张型向质量取胜型转变，由低附加值向高附加值转变。同时，广西还要研究本地区民族文化的多样性，根据文化资源的禀赋和特点，着力突出文化产业民族特色，在文化产业样式和种类日渐趋同的态势下，做到“人无我有”、“人有我特”。要优化文化资源配置，打造民族文化品牌建设。通过梳理本地民族文化资源，加强对文化品牌的策划；要把目标瞄准市场，不断寻找资源与市场的“结合点”，用现代艺术眼光孕育高水准的文化创意，推动

9月10日，第十四期广西发展论坛在南宁举行。（刘俊 摄）

各类文化品牌的形成;要加大对重点文化产业项目和品牌建设的投入,重点扶持那些民族个性鲜明、地域特色突出、技术含量高、附加值高、社会需求广阔、能形成较长产业链的文化品牌,使其充分发挥辐射带动作用。近年来,广西依托以壮族为代表的少数民族文化资源,打造了《印象·刘三姐》、南宁国际民歌艺术节等一系列知名民族文化品牌,建设广西文化产业园、刘三姐演艺城等一批文化产业园区,推出了民族音乐《桂花雨》、壮族歌剧《壮锦》、电影《寻找刘三姐》等各类文艺佳作,扩大了广西文化的知名度和影响力。只有这样,民族地区文化产业才能形成自身的特殊优势,更具竞争力和影响力。

张经武(广西财经学院文化传播学院讲师):**南宁城市特色文化定位** 从城市文化定位理论、城市文化品牌营销理论、城市形象CIS理论和城市形象传播理论出发,根据真、新、精、简、明的定位原则,南宁城市文化特色可以概括为3个方面:绿域、壮都和中国—东盟友好城,即“绿城壮都友好城”。南宁特色文化定位的原则是:真、新、精、简、明。真,就是要实事求是地从南宁的文化资源实际去定位。南宁最具区别性特征的文化资源应该是绿色生态资源、壮族文化资源和中国—东盟商贸与文化交流资源.抓住这三方面的资源去定位南宁的特色文化应是明智之选。新,是说南宁市特色文化的定位要体现出“只此一家别无分店”的创新性。精,就是要求定位内容宜少不宜多,要用最少的概括抓住城市核心文化特色。简,就是要求定位所使用的概括语要尽量简洁,越易记越好。明,就是要求定位所使用的概括语表意要具体明确。笔者认为南宁最具特色有三:(1)绿城。南宁位于北回归线以南,阳光充足,雨量充沛,霜少无雪,气候温和,夏长冬短,年平均气温在21.6℃。独特的地理位置造就了南宁“绿城”的物质基础,截止2011年下半年,南宁全市森林覆盖率43.65%,城市建成区绿化覆盖率40.36%,绿地率35.10%,人均公园绿地面积12.95平方米。这些数据在全国省会城市中位于前列。“半城绿树半城楼”,“草经冬而不枯,花非春而常开”,这些诗句都是对绿城南宁的礼赞。截止2011年,南宁已经先后获得“全国卫生城市”、“全国绿化模范城市”、“中国优秀旅游城市”、“国家园林城市”、“联合国人居奖”、“国家森林城市”等国内外大奖。这些奖励都是对南宁优良生态环境的褒奖和肯定。(2)壮都。南宁市是一个以壮族为主体、多民族聚居的首府城市。主要居住着壮、汉、瑶、苗、侗、仫佬、毛南、回、京、水、彝、仡佬等12个世居民族。此外,还居住着满、布依、蒙古、傣、黎、傈僳、拉祜、俄罗斯、土、高山、土家、朝鲜、白、藏、纳西等39个民族。根据《南宁市2010年第六次全国人口普查主要数据公报》,南宁市壮族人口339.04万人,占南宁市总人口的50.9%。壮族是中国第一大少数民族,而南宁是壮族人口最密集的城市,所以南宁理应就是壮族文化的聚集区和理想展示地。据此出发,将南宁文化特色之一定位为“壮都”,是顺其自然、合情合理的。为此南宁的民俗活动、城市建设和景观设计、文化开发都应重点考虑壮族元素。壮族的稻作文化、龙母文化、歌圩文化、铜鼓文化、壮锦文化、绣球文化等文化元素应该成为南宁城市文化符号中的重要部分。(3)中国东盟友好城。南宁具有独特的区位优势,它处于中国与东盟友好交往的前沿,是中国东盟友好交往的核心城市。中国/广西-东盟有文化交流合作的悠久历史。东盟诸国,在历史悠久的时代,就已经和中国有交流对话与合作。它们都受到中国文化的辐射、影响,这种文化因子深深地融入到民族的血液中;东盟国家事实上相当一部分国家、民族(含华侨华人)也属于中华文化圈(儒家文化),在文化上和中国同宗同源。历史表明,中国和东盟国家不仅一衣带水,而且同气相求、同声相应,友谊团结、互助合作。中国—东盟自贸区的建成,中国—东盟博览会永久落户南宁,这些事实都是中国—东盟友好历史的继承和发扬。在民族根系上,壮族是中国最多的少数民族。壮族文化丰富多彩,壮族先民以自己的聪明才智创造并享有的稻作文化、铜鼓文化、织锦文化、山歌文化、圩市文化等为中华民族文化宝库增添了光彩,对东南亚文化也产生了深远的影响。将南宁定位为“中国—东盟友好城”,就意味着南宁将建设成为中国—东盟友好的桥头堡,南宁要成为中国—东盟文化贸易往来的标杆和模范,南宁要成为国内外游客管窥中国—东盟关系的参照,南宁要成为吸引大量东盟游客的旅游目的地,南宁要成为吸引东盟十国留学生的留学目的地,南宁还应成为满足国内外游客了解边疆文化和东盟文化的前沿城市。

综上所述,可以把南宁概括为“绿城壮都友好城”,既朗朗上口,又易诵易记,既符合南宁实际,又抓住了南宁的区别性特征,适合于城市形象品牌营销和传播。

王华、黄可人(中国人民银行来宾市中心支行经济师;广西科技大学):**制约广西文化产业与金融业融合的瓶颈因素及解决对策** 制约广西文化产业与金融业融合瓶颈的主要因素:一是广西文化产业信用状况与金融机构信贷要求存在着较大差距,获取金融机构信贷支持存在一定难度。二是文化企业资产抵押品与银行金融机构传统的资产抵押约束条件错位。这种情况下,文化企业尤其是中小企业很难获得融资支持，进一步增加了文化企业贷款的难度。三是文化体制改革起步晚，难以从资本市场上直接融资。四是金融业对文化产业的关注度不够，缺乏适合文化企业特点的信贷产品。要解决这些问题，建议：(1)注重金融与文化产业政策的协调配合，优化信贷结构，加大金融对文化产业的信贷支持力度。银行金融部门应制定相应的约束政策，对文化产业的贷款增速不低于同期全部贷款增速，贷款增量占比不低于上年原有水平，确保银行业金融机构对文化产业项目和文化企业的信贷投放力度。(2)创新信贷模式，开发适合广西文化产业的信贷产品。根据文化企业的融资需求特点，加强对新型融资抵质押方式的研发和推广，要逐步转变以房产、机器设备为抵押的传统担保思路，积极试办知识产权、专利权、商标权、著作权、版权等无形资产抵押贷款、企业联保互保贷款、企业专利权质押贷款等信贷产品，并合理确定贷款期限，制定适应文化创意产业特征的信贷政策。具体来说，比如：对具有稳定经营业绩的文化企业，可进行收益权质押贷款。对于具有优质商标权、专利权和著作权的文化企业，可通过权利质押贷款。对于印刷、出版、广播影视制作等相关文化企业，可发放融资租赁贷款，对于具有较高成长性的文化企业，可进行股权质押贷款。尽可能满足文化企业，尤其是中小文化企业融资需求。(3)文化企业本身要积极加快建立现代企业制度的步伐，创造条件与金融业进行融合对接。(4)努力拓展融资渠道，鼓励符合条件的文化企业进入资本市场直接融资。重点选择和扶持一些具备实力的广西文化企业直接上市融资，鼓励符合条件的文化企业通过银行间债券市场发行企业债、集合债和公司债等方式从资本市场融资，鼓励上市公司参股、控股、兼并、收购文化企业，促进文化企业通过各种方式进入资本市场，不断提高文化产业直接融资比重。(5)尽快出台相关政策，激励民间资本进入文化产业领域。

罗永生（来宾市委宣传部）：**打造广西少数民族文化精品 必须坚持“四个要”**　一是要牢固树立精品意识。要瞄准时代最高的水准，既要有较高的学术和艺术定位，又要符合广大民众的审美接受心理。二是要大力弘扬创新精神。只有创新，才能取得更好更快的发展。塑造精品，是创新的基础。尊重历史，是创新的前提。创新，是对传统作辩证的、科学的分析，一方面要继承民族文化历史积淀中的精华，同时又要对各种民族文化因素进行适应现代经济社会生活的创新性构架和创新性整合，实现具有时代特征的创新，以适应现代经济社会生活之需要，发挥时代效应。通过创新，使民族文化精华在现代生活中得到继承和发展。社会实践，是创新的源泉。如果离开了各民族群众的社会实践，文化就会成为无源之水、无本之木，人们不可能从事任何有价值的文化创造。三是要始终坚持从实际出发的原则。必须做到“三贴近”。即“贴近生活、贴近实际、贴近群众”。还必须在“特”字上做文章。“特”指民族文化特色。首先，要求作品要突出民族特色和地域特点，并将民族特色和地域特点进行巧妙的和有机的融合。如获文化部创新奖的《印象·刘三姐》就是典型的范例。《印象·刘三姐》把“刘三姐”（民族特色）与桂林秀美山水（地域特点）进行巧妙地嫁接和有机的融合，大写意地将刘三姐留给人们印象中的经典山歌、民族风情、漓江渔火等元素创新组合，融入于山水，还原于自然，让自然风光与人文景观交相辉映，创造出天地人合一的境界。其次，要求我们认真总结近年来文化精品打造的好经验、好作法，“立足广西实际，积极推进文艺全面创新，创作更多彰显广西气派、弘扬时代精神、群众喜闻乐见的文艺精品。”再次，必须“量力而行，尽力而为”。量力而行，就是要尊重一定历史时期广西所具有的经济、政治、文化、社会条件，不能盲目追求脱离实际的过高标准。要做到尽力而为，就要力避急功近利的短视行为，勤钻研，善打造，遵照文化艺术规律办事，增强社会责任感，秉持崇高理想，恪守职业道德，以精益求精的态度创作更多思想性艺术性相统一的精品佳作。四是要建设文化“桂军”，造就高层次领军人物和高素质专业文化工作者队伍。

罗永生发言　（刘　俊　摄）

科研成果

新著选介

年鉴·志书

【广西年鉴·2012】 逐年编纂连续出版的资料性工具书。自治区地方志编纂委员会主办,广西年鉴社编辑出版的地方性综合年刊。广西人民出版社 2012 年 12 月出版。全面系统的记录 2011 年广西经济和社会发展的基本情况、重大成就和深刻变化。与 2011 年卷相比,本卷基本框架保持稳定。其基本内容分为综合情况、动态信息和辅助资料三大部分。综合情况部分设特载、特辑、概况 3 个专栏。动态信息部分设政治、法制、军事、经济、产业、人口·资源·建设·环保、教育·科学、文化·卫生·体育、民族、社会生活、市县概况、人物等 12 个部类。辅助资料有大事记、调研报告、统计资料和附录。为便于读者分类阅读和检索,该书内容均做条目化处理,书后配有索引。目录上,部类与分目层级采用中英双语。

【南宁年鉴·2012】 逐年编纂连续出版的资料性工具书。南宁市人民政府主办,南宁市地方志办公室主持编纂。分为综合情况、动态信息、辅助资料和检索系统四大部分,设类目 39 个,统计图表 65 个,随文配图 402 幅,为大 16 开精装本。首次采用四色印刷,对封面、封底和内文编排、版式设计等进行改版。设置"两会一节"、南宁与东盟等凸显南宁地方特色与年度特点的类目,增设贯彻落实党的十八大精神、南宁速度、惠民工程、创建"国家环保模范城市"、南宁历史文化街区保护与利用、美丽乡村等彩页专版,全面展示南宁实施"科学发展赶超跨越落实年"活动和构建广西"首善之区"所取得的新成就。获第六届全国年鉴编校质量检查评比一等奖。

【柳州市社会科学年鉴·2012】 柳州市社会科学界联合会编。广西人民出版社 2012 年 2 月出版,324 千字。是一部地方性社科读物,着重记述 2011 年柳州市社会科学的发展状况、学术动态、社科界的重大活动与社科理论研究的最新成果,为推动柳州市"二次创业、升级转型、聚集人气、做大城市、建设更加美好的柳州"提供理论支持。

【柳州年鉴·2011】 逐年编纂连续出版的资料性工具书。柳州市人民政府主办,柳州市地方志编纂委员会办公室编,广西人民出版社 2012 年 3 月出版,1240 千字。全面、系统地记述 2010 年柳州市政治、经济、文化等方面基本情况。2011 卷设 36 个篇,新增广西柳州汽车城建设,市、县、乡领导班子和村(社区)"两委"集中换届工作,中国(柳州)国际水上狂欢节,首届广西园林园艺博览会,首届中国—东盟(柳州)汽车、工程机械及零部件博览会等专栏。

【广西财政年鉴·2012】 逐年编纂连续出版的资料性工具书。自治区财政厅主管,自治区财政厅政策研究室和广西财政学会主办。主编黎基钦。广西人民出版社 2012 年 10 月出版,877 千字。全面、系统、客观地记载 2011 年广西财政工作的基本情况和主要政策法规,指导广西财政工作,为社会各界了解和研究广西财政事业提供基本资料。内容分九部分,即财政经济概况、重要财经文献、自治区财政工作概况、地市财政工作概况、财政机构与人员概况、财政大事记、附录、统计资料、财经法规选编。

【(光绪)《鬱林州志》(影印本)】 广西古籍旧书编辑委员会、广西地方志编纂委员会办公室、玉林市地方志编纂委员会办公室共同整理。广西人民出版社 2012 年 9 月出版。广西古籍旧书府州县志系列之一,是继《(乾隆)鬱林州志》原刻影印本之后出版的第二部《鬱林州志》。该影印本采用广西桂林图书馆藏的光绪二十年后重印本为底本,逐页影印,未做校补。清《(光绪)鬱林州志》由当时前后两任鬱林知州冯德材、全文炳修,进士文德馨、牟懋圻等纂,含舆地略、建置略、经政略、职官表、选举表、宦绩录、人物列传、纪事编、艺文编等九纲,共二十卷,首一卷,舆图二十三幅。在乾隆五十七年(1792)州志的基础上,完善体例,考订正误,详细记述了鬱林州历代建置沿革、重大兵事、星野、气候、禨祥以及醇朴的民俗、丰富的物产、工雅的艺文、精巧的铜鼓等内容。

【广西通志·工会志】 自治区地方志编纂委员会编,自治区总工会承修。广西人民出版社2012年10月出版,1050千字。该志是第一轮《广西通志·工会志》的续修志书,记述1994年至2005年广西工人和工会工作的情况。该志设8篇,分别是:工会组织与职工队伍、工会建设、参加国家和社会事务管理、权益维护、职工经济技术活动、宣传、教育、文体、对外交往、财务、经审、企事业、先进、表彰。卷首置彩图、全书概述,后设大事纪略、附录、索引及后记。

【广西通志·地质矿产志(1988~2000)】 自治区地方志编纂委员会编,自治区国土资源厅承修。广西人民出版社2012年11月出版,1360千字。该志是第一轮《广西通志·地质矿产志》(1992年7月出版)的续修志书,重点记述1988年至2000年广西地质矿产事业改革、发展的历史和现状。该志分地质勘查、矿产资源开发、环境地质、地矿科技教育文化卫生、管理、先进集体和先进单位、人物7篇,前有概述,后有大事纪略、附录、索引和后记。

【志在广西】 钟毅著。广西人民出版社2012年11月出版,120千字。该书用报告文学的形式系统展现了广西方志发展的历史脉络,重点描写了广西第一轮新方志的编修成果及广西方志人的工作、生活、情怀,是了解广西方志和方志人、研究广西方志文化不可多得的一部作品。

【广西通志·检察志(1994~2008)】 自治区地方志编纂委员会编,自治区人民检察院承修。广西人民出版社2012年12月出版,900千字。该志是第一轮《广西通志·检察志》的续修志书,力求客观全面地反映1994年至2005年广西检察事业发展变化的情况。该志设13篇,分别是:机构、队伍、侦查监督、公诉、反贪污贿赂、反渎职侵权、职务犯罪预防、监所检察、控告申诉检察、民事行政检察、检察技术、法律政策研究、外部监督、检察宣传、行政、党群、人物与先进集体。卷首置彩图、全书概述,后设大事纪略、附录、索引及后记。

【桂林市叠彩区志】 桂林市叠彩区地方志编纂委员会编。广西人民出版社2012年12月出版,1342千字。是广西三级地方志书系列之一。该书设32章,前设概述,后置大事记、附录和索引,记事内容源至事物发端,下限至2006年,按志书体例记述了该时限内桂林市叠彩区自然、经济、社会等各方面的情况。

【广西地方志大事记】 广西地方志编纂委员会办公室编。广西人民出版社2012年12月出版,175千字。该书采用编年体和纪事本末体相结合的形式记述了广西自有方志始的西晋至2011年,广西地方志事业的重要事件、重要会议和重要活动、历代广西方志、新编广西三级志书和省级综合年鉴及其他重要地情文献和方志著述。

民　族　学

【舞祭——广西民间祭祀舞蹈田野考察与研究】 黄小明(广西师范大学音乐学院教授)等著。广西师范大学出版社2012年1月出版,200千字。祭祀舞蹈作为民族大众生活中的一个组成部分,在一定程度上反映了一个民族的历史和经济文化状况,并体现出该民族的心理素质、性格特征、审美意识与精神风貌,它也是区别于其他民族的一种标志。

【永不远去的歌谣——广西北部湾各族民歌选】 韦妙才(钦州学院文传院副教授)编著。大众文艺出版社2012年4月出版。该书为广西教育厅科研项目"广西北部湾各族民歌的收集整理与研究"(批准号:200705MS071)的最终成果。该书收集编选了广西北部湾沿海三市(钦州、北海、防城港)四民族(汉族、壮族、京族、瑶族)的三种民歌(情歌、仪式歌、童谣),计1800余首。这些民歌,反映了三市各族百姓的婚恋情感生活、民间民俗事相以及教育儿童学习语言的初始方式。该书内容丰富,形式多样,基本保留了本地区民歌的原生态状貌。

【千年追忆——云南壮族历史表述中的侬智高】 罗彩娟(广西师范学院政法学院副教授)著。广西师范大学出版社2012年6月出版,278千字。该书采用田野调查法和历史文献分析法对云南马关壮族历史记忆和文化表述中的侬智高这一历史人物进行研究。分别从实践和表述两个层面来审视当地壮族如何纪念和表述侬智高。在实践层面,一年一度的六月节仪式是马关县部分壮族同胞纪念侬智高的仪式实践,仪式里的细节与人们关于侬智高的社会记忆紧密相连,在六月节制作花米饭以及祭祀侬智高的具体场景都有它们具体的象征意义。人们极力把自己的祖先追溯到依智高的士兵身上,依智高成为保护神而被当地壮族搬上神台加以供奉。在表述层面,马关壮族人记忆中的六郎节是明清时期壮族侬人与汉族关系良性互动的反映,纪念杨六郎是壮族侬人感激汉族"恩人"的体现;"六郎鬼"的记忆折射了民国时期汉族残杀壮族侬人的历史事实;当下"民族英雄"依智高的主流话语出现则反映了壮族在现代民族-国家中民族地位的提升,杨六郎逐渐淡出人们的记忆。该书认为依智高并非自古以来就是壮族的民族英雄,而是与具体的历史背景和地理环境紧密相关,不同地区将会有不同的对依智高事件的表述。

【壮族巫信仰研究与右江壮族巫辞译注(上·下册)】 黄桂秋(广西师范学院民族民间文化研究所研究员)著,黄桂秋、覃建珍、韦汉成采录译注。广西民族出版社 2012 年 8 月出版,1610 千字。该书是广西重点文化工程"壮学丛书"出版项目之一种,包括"壮族巫信仰研究"和"右江壮族巫辞译注"两大部分。研究部分 400 千字,由黄桂秋撰写;译注部分 1200 千字,由黄桂秋、覃建珍、韦汉成采录译注。巫信仰研究部分共设 14 章,论述涉及壮族巫信仰的历史渊源、巫师的生成类别、巫事礼仪功能、巫辞的传承形态及文化内涵、巫师神灵、招魂、上花园巫路,以及壮族各地巫师、巫事个案考察研究等等。巫辞译注部分所收录的壮族巫辞约 12000 原句,均从广西右江壮族通灵类巫师举行的各种巫事仪式现场采录,按巫事的功能和巫辞的内容分为巫神祭辞、巫仪诵辞和巫坛歌辞三大部分,各部分又按照巫事仪式分为若干类和辑。译注整理体例采用三对照,即拼音壮文原句、国际音标注音、汉文对译,篇末为汉文意译的方法。每一章巫辞前面附有文字说明或题解,具体包括仪式说明、唱诵时间、地点、事由、场面、现场人物、唱诵巫师、采录译注人等等。

【侗族大歌】 吴霜(广西艺术学院音乐学院副院长,音乐学系主任,副教授)、潘林紫(广西艺术学院音乐学院副教授)、杨柳成(广西艺术学院音乐学院副教授)、陆璎(接力出版社音乐编辑)合著。北京科学技术出版社 2012 年 9 月出版,204 千字。该书是广西国家级非物质文化遗产系列丛书。针对自 1953 年以来,学者们对侗族大歌的研究已取得了丰硕的成果,然而在这些成果中却较少涉及广西侗族地区的大歌音乐及相关文化的现状。该书在相关内容的设计中着重选用和撰写了部分有关广西三江侗族地区大歌形态和传承情况等内容,意于补充、完善侗族大歌的系统研究,以期填补空白。全书主要内容分为五个章节,分别对侗族大歌的文化渊源、民俗风情、音乐形态、审美意识、传承发展等方面进行了介绍,对侗族大歌进行了全面系统的研究。

【广西融水苗族服饰的文化生态研究】 尹红(广西艺术学院艺术设计学系主任,副教授)著。中国美术学院出版社 2012 年 10 月出版,150 千字。该书依据民族学、民俗学、文化人类学、社会学、文化生态学等相关理论及方法,通过实地调研广西融水苗族服饰及其地域文化特色,以纵向历史文化传承、横向民族文化涵化以及民族内部文化生态的现状调研为主线来对融水苗族服饰艺术及其文化生态进行了综合、整体、系统的分析研究。主要内容包括:广西融水苗族服饰的生成环境、广西融水杆洞屯苗族服饰的田野调查、广西融水苗族服饰纵向文化传承研究、广西融水苗族服饰横向文化涵化研究、广西融水苗族服饰的民族文化生态系统、广西融水苗族服饰文化生态的失衡、广西融水苗族服饰文化的保护等。

【广西民族发展报告】 赵明龙(广西社会科学院壮学研究所所长)主编。广西人民出版社 2012 年 12 月出版,402 千字。该书在对民族地区大量实地调查的基础上,以广西地方世居民族的发展和民生为主要内容,侧重反映各世居民族近年的发展情况,特别是反映各民族现今的真实发展状况和发展趋势。2009 年《广西民族发展报告》蓝皮书出版第一卷,时隔三年,再次出版《广西民族发展报告》第二卷。该书的主要内容分为总报告、理论研究篇、民族地区报告篇 3 个部分,汇集了 25 篇文章。与其他民族类图书相比,该民族蓝皮书

苗族歌舞 （黎克平 摄）

有三方面的特色，一是关注重大现实问题，二是追踪民族发展亮点，三是正视民族发展问题。在理论研究方面，该书有少数民族地区城镇化道路探索、“兴边富民”战略实施、扶贫开发战略、桂西地区有色金属开发、右江河谷农业现代化发展、广西桉树人工林开发与少数民族权益保护、红水河发展战略、泛南宁民族旅游圈等研究。在追踪民族发展亮点的同时，该书对民族地区经济总量小，发展不平衡；资源开发与生态文明建设矛盾日益突出；库区矿区资源开发地少数民族生产发展生活改善缓慢；硕士研究生等高层次人才培养中少数民族比例和地厅级领导岗位少数民族干部配备比例偏低；一些民族优秀传统文化得不到有效传承和弘扬，面临失传和断层等突出问题进行讨论，提出有针对性对策和建议。

历　史　学

【（明）《东溪日谈录》（影印本）】 柳州市地方志编纂委员会办公室影印。广西民族出版社2012年4月出版。明代重要的理学著作。柳州人周琦撰，是柳州乡贤著述收录于《四库全书》唯一的一部，共18卷，属子部儒家类著作，分性道、理气、祭祀、学术、出处、物理、经传、著述等十三谈，于弘治八年（1495年）完稿后未付刊刻，以钞本流传，至嘉靖年间出版。近年，柳州市地方志办公室在开展地方文献调查时发现不全的一部嘉靖刻本藏于吉林省图书馆。2012年，柳州市地方志办公室将嘉靖刻本和《四库全书》两个版本汇为一编，作为《柳州乡贤著述影印丛刊》之一。

【（清）《百景诗笺》（影印本）】 柳州市地方志编纂委员会办公室整理。凤凰出版社2012年4月出版。广西画家陈瀛藻于同治九年（1870）绘制，画中配以流寓文人孙耘的诗作。全册50页共100面，百图绘百景，配百诗，是目前发现的广西文人笺谱的唯一遗存品。《百景诗笺》影印本的所有笺页都采用宣纸印刷，版图及册装开本均依照原刻本的规格和形式，书衣和函册也相应采用传统式样，由扬州市邗江古籍印刷厂严格按照故貌印刷。

【广西商业会馆研究】 唐凌（广西师范大学历史文化与旅游学院教授）等著。广西师范大学出版社2012年9月出版，360千字。此书从历史的角度，以整体与专题结合的方式，向人们展现17~20世纪广西边疆经济开发中会馆的作用，引发人们对民间力量的重视与思考，探索商业史新的叙述方式。

【南宁历史人物传略】 南宁市地方志办公室组织编纂。广西人民出版社2012年10月出版，320千字，为《南宁古籍文献丛书》系列中唯一一部人物传记。以市辖行政区划为记述范围，记述时限上溯至秦汉，下迄2000年，为444位人物立传，以记述南宁籍对历史发展有重要影响的人物为主，同时记述外地籍对南宁历史发展产生重要影响的人物。

【百年武鸣图集（1912~2012）】 武鸣县史志办编纂。广西人民出版社2012年11月出版，300千字。收录图片1000多幅，以图片叙述为主，设“百年政治”、“百年经济”、“百年文化”、“百年社会”、“现代风采”5个版块，反映武鸣100年来政治、经济、文化、社会各方面的发展变化情况。

【图说靖江王城史】 周长山（广西师范大学历史文化与旅游学院教授）等著。广西师范大学出版社2012年11月出版，150千字。由靖江王城与独秀峰结合而成的靖江王城区，是桂林市人文景观与自然景观完美结合的最佳体现。该书以图文并茂的形式，全面系统地介绍了明靖江王城的历史。具体内容包括：靖江王城与桂林城的发展变迁、靖江王府的兴废、历代靖江王略传、靖江王城历代文物鉴赏，并旁及诸多历史文化问题，如靖江王与广西社会等，是全面了解和认识靖江王城历史文化的较为重要的文本。

【（明）《戴钦诗文集》（影印本）】 柳州市地方志编纂委员会办公室整理。京华出版社2012年12月出版。编录明代柳州诗人戴钦所著《鹿原集》、《玉溪存稿》。其中，《鹿原集》十卷，明钞本，为明代天一阁旧藏，后为清代沈德寿“抱经楼”所有，现藏中国国家图书馆，孤本。《北京图书馆古籍珍本丛刊》、《四库全书存目丛书》辑入。《玉溪存稿》八卷，民国时期黄华表编辑《广西丛书》时据嘉靖原刻本重刊。今存朱印校样本，上有黄华表墨笔校字，今藏桂林图书馆，为孤本。

【抗战丰碑：八路军桂林办事处】 文丰义（八路军桂林办事处纪念馆研究员）、盘福东（桂林博物馆研究员）编著。中央文献出版社2012年12月出版，300千字，200幅图。该书分为七个部分：序：永远的丰碑；引子：南国红色抗日指挥部；上篇：历史选择；中篇：履行使命；下篇：特殊部队；附录与后记。以史述和传记的叙述形式和文字配图录的图文并茂方式，述说八路军桂林办事处的历史功绩和对桂林抗战文化的领导作用。

【南宁新百年图录（2001~2005）】 南宁市地方志办公

室组织编纂。广西人民出版社 2012 年 12 月出版，120 千字。是继《南宁百年图录(1901~2000)》出版后第二部图录。分为 17 章，收录图片 1200 幅，以图片叙述为主，反映"十五"期间南宁市自然、政治、经济社会等各方面的新成就、新风貌。

经 济 学

【现代保险市场营销】 唐金成(广西大学大学商学院教授)著。清华大学出版社 2012 年 2 月出版，479 千字。该书是一部系统全面研究现代保险市场营销理论与实践的专著。作者从中国保险市场的实际出发，以最新保险法规条例作指导，在广泛学习、比较和借鉴吸收国内外市场营销理论及其新成果的同时，密切联系中国保险市场及其营销实践，不断发展创新，形成了新颖独特的中国保险市场营销理论体系。阐述了现代保险市场营销概论、保险营销主体与营销体制研究、保险市场营销管理研究、保险需求与投保行为分析、保险营销战略与策略、保险产品组合与优质服务策略等理论；研究了保险营销组织及其设计、保险营销经理与营销会议、保险营销团队建设与管理等组织运作理论；探讨了现代保险推销准备、推销技巧及保后服务理论。

【基于新型工业化道路的广西工业结构优化升级研究】 戴魁早(广西师范大学经济管理学院教授)等著。广西师范大学出版社 2012 年 5 月出版，200 千字。该书通过对工业结构优化升级与新型工业化道路之间的内在关系进行深入系统理论研究后发现，工业结构的优化升级应以新型工业化道路为战略性向导，基于新型工业化道路的工业结构优化升级应以自主创新、技术进步为中心环节，工业结构优化升级过程中应该实现资源节约、环境保护以及人力资源得到充分利用；进而构建了一个基于新型工业化道路视角的工业结构优化升级的理论分析框架。在此基础上，以理论分析框架为依托，结合广西的工业化实际，实证考察了自主创新、环境保护与资源节约、人力资源充分利用与广西工业结构优化升级的关系，初步系统地回答了如何以新型工业化的三大战略导向(自主创新、环境保护与资源节约、人力资源充分利用)来促进广西工业结构的优化升级。

【微博营销——Web2.0 时代的营销变革】 张晞(广西师范大学经济管理学院学院副教授)等著。广西科学技术出版社 2012 年 5 月出版，209 千字。该书通过背景环境、理论渊源、政策导向、公众舆论、用户调研、旅游酒店案例等不同方面来对微博营销进行分析和研究，并从企业微博管理机制、推广机制、主题讨论、产品推广、客户服务、突发事件应对机制等方面来构建一套较详的微博营销理论和实践体系。

【中国企业国际战略联盟的理论与实证】 潘思谕(广西大学商学院教授)著。经济管理出版社 2012 年 6 月出版，195 千字。该书从企业和项目的微观视角，运用价值链理论、投资项目管理理论、战略联盟理论以及层次分析法、德尔菲法、平衡计分卡和计划评审技术，深入研究中国企业国际战略联盟(ISA)的决策过程、组建过程和运作过程，结果表明：①中国企业组建 ISA 的主要动因是：获取关键资源、开拓国外市场、增加市场力量、学习先进技术与管理经验、降低国际化经营风险；②中国企业组建 ISA 之前，必须进行系统的可行性研究，以提高联盟决策的正确性；③联盟组建小组包括中国企业内部人员和外聘专家；联盟伙伴的选择应遵循兼容性、能力、承诺、信誉和联盟意愿原则；④在联盟的运作过程中，必须利用各种途径，采取有效措施，尽可能多地创造价值，并对其进行科学、公平与合理的分配，以提高联盟的稳定性和绩效；⑤在中国企业 ISA 的组建与运作过程中，必须进行有效的风险管理，采取各种有效措施进行风险识别、分析、应对与监控。

【综合收益会计研究】 陈彬(广西大学商学院教授)著。中国财政经济出版社 2012 年 6 月出版，255 千字。该书是一部系统研究综合收益会计的专著，指出传统会计收益确认的理论基础及其局限性，分析了综合收益的理论基础以及综合收益的确认、计量和报告；着重从列报方式、列报内容、重分类问题、每股收益和期内所得税分摊等 5 个方面详细梳理了 IASB（国际会计准则理事会）和 FASB（美国财务会计准则委员会）2004~2011 年关于业绩报告联合研究的成果，并进一步从会计信息与经济学两个角度对 IASB 和 FASB 关于综合收益报告准则的变迁进行了分析和评价，提出从基本准则和具体会计准则两方面改进我国综合收益报告的设想。

【广西中小企业及其融资问题研究—基于中国—东盟自由贸易区背景】 赵迪琼(南宁职业技术学院副教授)著。广西人民出版社 2012 年 6 月出版，200 千字。该书以中国—东盟博览会在南宁召开给广西带来的机遇为视角，选取了中国—东盟自由贸易区为背景来研究广西的中小企业及其融资问题，以广西中小企业发展与融资问题为分析基础，以融资渠道、融资结构、融资困境、融资担保、融资扶持政策、融资对策建议为分析研究框架，在分析现实问题的同时，借鉴了国外在中小企业融资担保、法律支持、政府扶持等方面的大量经验，对解决广西中小企业融资难的问题具有积极的启迪和借鉴作用，促进广西中小企业的发展和广西区域经济发展。

【中国南宁房地产发展报告(2012)南宁蓝皮书】 李晓东(广西比较经济学会副会长，广西机电职业技术学院教授)等著。广西人民出版社2012年6月出版，900千字。该书是广西第一部专门研究房地产问题的蓝皮书。全书通过对2011年度南宁市的房地产业发展情况、房地产估价行业发展状况、房地产租赁市场情况、房地产税费情况、公共建筑能耗与节能、物业管理等情况的研究分析以及对广西北部湾经济区房地产状况的专题研究，概述了南宁房地产的发展状况，对广西和南宁市房地产理论及行业发展有积极意义。

【供应链上游段VMI模式研究】 杨怀珍(桂林电子科技大学副教授)著。电子工业出版社2012年6月出版，300千字。该书选取供应链上游段VMI模式为研究对象，采用博弈论、运筹学和计算机仿真等方法，结合库存管理等领域的理论，对供应链上游段VMI模式的利益分配机制、流程优化效果及应用实务进行了系统性研究，在此基础上进行了案例分析。

【国际文化合作的经济分析——以中国与东盟区域为例】 李红(广西大学商学院教授，博士生导师)等著。中国社会科学出版社2012年7月出版，369千字。作为国家自然科学基金项目“自由贸易与跨境通道对地缘经济区的重塑”和国内用经济学分析国际文化合作的初探之作，该书尝试结合文化经济学、空间经济学等构建国际文化经济学理论框架，拓展传统的国际文化交流研究，通过中国与东盟区域文化合作的数据和实例，从文化交流、贸易和产业合作等层面实证研究国际文化合作的经济与知识关联规律及对区域文化经济地理环境的重塑。该书共8章、60多个图表、近500条脚注，具有学术性和资料性，为国际区域一体化深度发展提供理论、策略及文化支撑。

【区域经济金融研究】 杨小平主编。广西人民出版社2012年7月出版，500千字。该书汇编2011年度获一、二、三等奖的广西金融学会重点课题报告(24篇)和特约稿，对金融实践具有现实指导意义，能更好地促进广西金融干部的思想交流，促使广西金融干部积极探索行之有效的改革措施，为金融改革和发展服务。

【地方政府性债务管理研究】 王朝才、刘家凯(自治区社科联副主席，研究员)主编。广西人民出版社2012年7月出版，198千字。该书是全国协作课题“创新地方政府债务管理研究”的总报告和广西壮族自治区、武汉市、西安市、乌海市等分报告的汇编。提出了应进一步健全地方政府性债务管理相关法律法规体系和组织体系、强化政府债务风险管理和信息披露制度、建立政府债务预算制度、优化债务结构、建立有序的政府债务偿债机制、完善发债路径等建议，对提高地方政府债务管理水平具有现实意义和参考作用。

【一个城市的发展探索】 周明忠(桂林市社科联主席)主编。广西师范大学出版社2012年8月出版，360千字。该书收集2010~2011年桂林市哲学社会科学规划研究课题《打造桂林“临苏工业长廊”策略研究》、《桂林高新技术产业集群创新发展研究》、《培充“中国桂林国际旅游”会展品牌研究》、《桂林国家旅游综合改革试验区财税金融政策支持研究》、《桂林与东盟旅游合作路径研究》、《构建桂林区域文化产业圈对策研究》、《桂林新型农民培育机制研究》的研究成果。

【城市群资源整合与协调发展研究——以广西北部湾城市群为例】 张协奎(广西大学副校长，教授)等著。中国社会科学出版社2012年8月出版，496千字。该书是国家社会科学基金项目《广西北部湾经济区城市群资源整合与协调发展研究》和广西自然科学基金项

绿色北海 (邓超斌 摄)

目《广西北部湾经济区城市整合协调发展及其与资源环境关系研究》的研究成果,并得到广西大学“211工程”三期重点学科建设项目的资助。以北部湾城市群为研究对象,着重探寻北部湾城市群产业整合、港口整合、基础设施整合和区域行政协调的有效模式与发展对策。主要内容包括:第一,全面分析影响城市群资源整合与协调发展的各种因素,进而提出城市群产业协同互补机制、基础设施共享机制和区域行政协调机制以及城市群资源整合与协调发展总机制框架。第二,通过分析北部湾城市群产业整合现状,提出了北部湾城市群产业整合的连接式、点面式、共享式和网络式模式。第三,通过论证北部湾港口物流系统现状,提出了北部湾港口整合的“紧密型”模式及“地主港”模式。第四,通过分析北部湾城市群基础设施整合现状,提出北部湾城市群基础设施整合采用“平面整合”、“立体整合”两种模式,最终实现无缝对接。第五,通过研究北部湾城市群区域行政协调模式,提出进一步加大区域行政协调力度。

【先进制造模式下企业成本管理系统构建研究】 胡国强(广西财经学院会计与审计学院教授)等著。西南财经大学出版社2012年8月出版,430千字。该书是一部系统研究先进制造模式下企业成本管理系统的专著,以先进制造模式下产品成本“筑入”属性为主线,以分析现行成本管理模式的困境为切入点,运用工学和管理学的相关理论和方法构建先进制造模式下的成本管理系统的理论研究平台,分别对成本战略规划子系统、成本战术策划子系统、成本运营控制子系统和成本决策信息支持子系统进行了构建。该书为成本管理研究提供了一个新的视角。

【创新市场与国家兴衰】 吴欣望(广西师范大学经济管理学院教授)等著。社会科学文献出版社2012年10月出版,285千字。该书提出“创新市场”,对其历史演变进行考察,并在此基础上构建起“创新市场理论”,用来解释经济发展与国家兴衰。该书对英国、德国、美国、日本、印度五国的创新市场及其市场结构的演变进行了历史考察。发现如果一国创新市场的市场结构更具竞争性,那么该国就会经历创新繁荣和较快经济增长,否则会导致经济增长缓慢。因此,创新市场的市场结构特征是决定一国创新繁荣和中长期经济增长的关键因素。该书对创新市场的形成、发展及其对典型国家近现代经济增长的影响的考察表明,教育体制、科研体制、产业格局、对外经济政策、金融体制和专利制度等都会对创新市场及其结构产生影响,从而影响到一国经济表现。该理论很好地解释了20世纪“英国病”、日本“失去的20年”和美国“新经济”等现象。

【桂西资源开发新思路】 韦茂才(广西河池市委党校常务副校长)主编。广西人民出版社2012年10月出版,520千字。河池市委书记黄世勇为该书作序。该书精选了2011年11月由自治区人民政府发展研究中心、广西市场经济研究会、河池市委党校、罗城县委联合举办的“广西加快桂西资源富集区开发与建设”理论研讨会优秀论文83篇。论文作者来自广西党校系统、高等院校及社科联等社会各界。论文根据《国务院关于进一步促进广西经济社会发展的若干意见》,坚持理论与实践相结合,用创新的眼光来谋划桂西资源富集区的资源开发和发展思路。

【广西财政热点研究·2012】 自治区财政厅编。广西民族出版社2012年10月出版,1330千字。该书收集2011年广西财政重点调研课题获一、二等奖的研究成果,这些研究成果对指导财政实践工作具有较强的现实指导意义,能更好地促进广西财政系统干部的思想交流,促使财政干部积极探索行之有效的改革措施和途径,为财政改革和发展服务。

【现代财产保险】 唐金成(广西大学大学商学院教授)著。清华大学出版社2012年12月出版,657千字。该书是一部系统全面研究现代财产保险理论与实践的专著。作者从中国财产保险市场的实际出发,以最新保险法规以及行业条例作指导,在广泛学习、比较和借鉴吸收国内外相关理论及其新成果的同时,密切联系中国财产保险市场及其业务实践,不断发展创新,形成了新颖独特的中国财产保险理论体系。系统阐述了现代财产保险导论,现代财产保险合同以及基本原则理论,现代财产保险经营理论的等基本理论;深入研究了现代火灾保险、运输保险、工程保险、农业保险等有形财产保险的实务运营;精心探讨了现代责任保险、信用保险、保证保险等无形财产保险的理论和运作。

社 会 学

【农村独生子女与性别平等——基于江苏、四川两省的实证研究】 肖富群(广西师范大学法学院教授)著。广西师范大学出版社2012年5月出版,260千字。该书运用调查研究的方法,以独生子女政策为背景,以非独生子女及其父母为参照,从生育选择、家庭地位、教育获得、职业发展4个方面,回答了生育独生子女能否改善日常生活中的性别关系这一问题。研究发现：生育独生子女不能明显改善父母的性别关系，但生育独生子女能明显促进子女的性别平等，农村独生子女具有明显优势。独生子女政策下父母生育数量减少、子女占有家庭发展资源的份额增加，是子女辈的性别关系得到明显改善的重要社会机制。该成果获第四届中国妇女/性别研究优秀博士论文二等奖（全国妇联颁发）。

【广西公安机关人民警察胜任力模型研究】 魏佳（广西警官高等专科学校副教授）著。广西民族出版社2012年12月出版，240千字。2011年广西高校优秀人才资助计划项目、2011年广西高等学校科研资助项目的研究成果。该书内容综合了定性研究和定量研究等各种研究方法，从各角度对广西公安机关人民警察胜任力进行深度研究。

政治学·哲学·马克思主义

【毛泽东农民合作组织思想与实践研究：基于“组织起来”的思索与考察】 苏晓云（广西师范大学政治与行政学院学院副教授）著。中央编译出版社2012年4月出版，281千字。该书将毛泽东农民合作组织思想与实践置于世界现代化进程中农民合作组织运动的背景之下，立足于中国革命和建设的实际，系统梳理新中国成立前后毛泽东农民合作组织思想的形成和系统化及其相关实践，深入分析毛泽东农民合作组织思想的逻辑与历史、价值诉求与现实考量，并对照当下“三农”问题的实际，彰明毛泽东农民组织思想的重要启示。

【中国—东盟多元政治体制下政治合作研究】 徐秦法（广西大学国防教育学院教授）著。人民日报出版社2012年5月出版，230千字。该书从历史与现实的角度出发，在经济全球化、区域一体化的背景下，探讨中国—东盟自由贸易区的成立，能否成为继欧盟及北美自由经济体之后的又一新兴经济体，论证如何发挥政治与经济的互动关系，达到与其他经济体形成三足鼎立之势，从而平衡世界政治经济格局。该书立足于中国与东盟国家多元政治体制下的政治合作，分析各种类型的政治体制，以及各国的政治体制历史沿革、内容和特点，并在此基础上，结合当前中国与东盟的实际情况，阐述进一步推进中国与东盟政治合作的必要性、重要性和可行性，提出双方合作的方式，并对合作的效果进行展望。

【领导干部每天读点心理学】 王磊荣（广西大学商学院副教授）编著。中国纺织出版社2012年10月出版，272千字。该书站在领导者的角度，揣摩下属心理，从而实施有效的管理策略。丰富翔实的职场案例，更容易将读者带入其中，令领导从自身的视角看到职场中运用管理心理学的必要。该书从掌控全局、分析本质、听话听音、修炼内心、挖掘人心、知人善用、有效沟通等多个方面解读领导应掌握的管理心理学的奥秘，帮助领导提升管理能力，高效执行管理决策。

【中国化马克思主义妇女理论与实践研究】 乌尼日（广西大学行健文理学院教授）著。中国社会科学出版社2012年12月出版，210千字。该书试图建构一个比较完善的“中国化马克思主义妇女理论与实践”的理论体系。因此，在专著中比较全面地概括马克思主义妇女观的基本内涵，特别是用历史唯物主义的视角，阐述中国化马克思主义妇女理论的来源和主要进程，较为全面地总结几代中国共产党人对马克思主义妇女理论的继承和发展，并结合中国的实际，创造性地实现马克思主义妇女理论的中国化，形成中国化的马克思主义妇女理论。在此基础上，该书建构的理论框架为：马克思主义妇女观的来源及内涵、中国化马克思主义妇女理论的来源及形成、中国化马克思主义妇女理论与妇女地位、中国化马克思主义妇女理论与妇女的社会作用、中国化马克思主义妇女理论与妇女权利、中国化马克思主义妇女理论与妇女的全面发展、多元社会语境下中国化马克思主义妇女理论面临的挑战与回应。该书从实践性的角度，揭示构建和谐社会与妇女发展的关系，指出中国妇女在健康、教育、就业、参政、文化等领域亟须解决的实际问题，呼吁社会的高度关注，切实改善两性和谐的社会环境。

【全球化、现代化与马克思主义中国化的互动关系】 靳书君（广西师范大学政治与行政学院副教授）著。人民出版社2012年12月出版，217千字。全球化、现代化是理解马克思主义中国化的基本历史视野，马克思主义中国化是全球化、现代化发展的理论建设工程，马克思主义中国化成功应战全球化挑战的结果便是中华文明的现代化。该书认为，所谓马克思主义符合中国的实际需要，从最深层的理论逻辑来说，就在于马克思主义国别化的思想径路符合全球化条件下中国现代化发展重构市场、社会和国家结构关系的需要。中国马克思主义者把探索中国特色的市场化道路作为马克思主义中国化的主题，通过社会整合寻求马克思主义中国化的主力，在国家重建中把党建设成马克思主义中国化的主体，科学解答了各种前马克思主义的中国化主张无法解答的依附性问题和后发展问题。通过马克思主义主题、主力、主体的中国化，进入中国社会经济结构的深层，重新定位市场、社会、国家的结构关系；推动全球化参与方式从负面到正面、从自在到自为、从单向到双向，以及现代化发展方式从片面到全面、从外生到内生、从被动到主动的转变。

法　学

【以法护航——防城港和谐崛起问策征文活动优秀论文集】 蒋开科（防城港市社科联主席）、何文凯主编。广西人民出版社2012年5月出版，756千字。该书是防城港市社科联与防城港市法学会联合主办主题为“以法护航——防城港和谐崛起问策”有奖征文活动的优秀论文集。是防城港市广大法学、法律工作者发挥专业特长，关注和思考防城港市的和谐发展，使法律法规在各个领域、各行各业的实践中得到更有效的运用，为实现防城港新的跨越发展保驾护航的思考，是“立足当地、研究当地、服务当地”的法学理论成果，有现实指导和借鉴作用。

【马克思主义法学理论的探索与实践】 周世中（广西师范大学法江学院教授）等著。法律出版社2012年9月出版，687千字。改革开放30多年来，中国法治事业取得了举世瞩目的成就。然而，不容回避的是，中国法治事业也面临着一系列理论上较为困惑、实践中无法绕开、必须面对的问题。这些问题大致可分为两大类：一是在国际视野下如何理解中国的法治建设之路与西方法治之路的关系；二是在国内视野下如何理解全国统一法治体系与区域法治建设的关系。

【法律体系的自治性】 张浩（桂林电子科技大学副教授）著。中国政法大学出版社2012年11月出版，180千字。该书认为法律体系问题是一个复杂而且重要的问题，不少法学家对此问题有过研究。从一些比较具有代表性的法学家的著作来看，这些研究在某些方面虽然已经取得了比较深入的研究结果，但是在不同程度上存在着许多问题。具体体现在两个方面：一方面是将法律体系的研究技术化、琐碎化，将原本应该是前瞻性、基础理论性以及总体反思的法律体系研究变成了一个在现有立法体制之下的对于实证性法律体系的修修补补；另一方面的表现就是与此相反，将法律体系的研究在相当大程度上扩展到更大的范围中，从经济、社会、政治、文化等角度来观察和分析法律体系。这两种研究路径都有其合理性和科学性的一面，但是缺陷也是明显存在的。第一种方法只见树木不见森林，抓不住法律体系问题核心。第二种方法没能注意到法律体系的规范性特征。基于此，法律体系的研究核心问题应该是其自治性问题。

【中国禁毒法规评介与适用】 覃珠坚（广西警官高等专科学校教授、编审）、张晓春（广西警官高等专科学校副教授）合著。中国人民公安大学出版社2012年12月出版，450千字。2009年广西警官高等专科学校教学改革项目、2010年新世纪广西高等教育教改工程项目、2011年广西高校特色专业及课程一体化建设项目的研究建设成果。该书内容体现了理论与操作相适应、全面与重点相结合、结构层次形式分明、要素衔接逻辑严密的原则，比较全面系统地介绍了中国禁毒法规的历史进程和历史局限性，对目前中国禁毒刑事实体法律适用理论观点进行了较为全面的论述，对中国现行禁毒刑事行政法律法规适用规程作了较为具体的描述。

【西部旅游业可持续发展法律问题研究】 付健（广西师范大学法学院教授）等著。中国法制出版社2012年12月出版，428千字。该书认为，旅游业是西部各省区的支柱产业之一，旅游业对环境资源的依存程度很高，其快速发展导致的旅游资源开发与利用中的盲目性问题和保护缺失问题，使得许多旅游资源受到不同程度的破坏。该书以云南、陕西和广西三省区为例，对西部旅游业可持续发展中的法律问题进行研究，旨在探索一条西部旅游业可持续发展的法治之路。

宁夏影视城　　（何　明　摄）

【商业银行信用的法制保障研究】 李乐平(玉林师范学院法商学院教授、博士)著。西南交通大学出版社2012年12月出版,232千字。该书从法制保障的视角对商业银行的信用问题进行讨论。商业银行作为市场经济中处于金融供给地位的特殊市场主体,特别需要相关法律制度为其提供制度支撑,以保障和规范商业银行信用在正常的轨道上运行。法制保障则是维护商业银行信用可持续发展的最重要手段。鉴于商业银行信用的多样性和专业性特征,为商业银行提供保障的法律制度必须与这种多样性与专业性紧密结合起来,符合商业银行信用的运行和发展规律,促进商业银行信用资源公正而有效率的配置。

新　闻　学

【大传播丛书:专业新闻报道研究】 冯菊香(玉林师范学院文传学院副教授)著。线装书局2012年3月出版,180千字。该书分11章研究专业新闻报道,具体包括:时政新闻报道、经济新闻报道、农业新闻报道、法制新闻报道、科技新闻报道、环境新闻报道等,展示了我国专业新闻报道领域自20世纪90年代以来的变化和发展,旨在从实践层面对专业新闻报道领域的问题和对策进行研究和探讨。

【如何提升法制新闻品位】 许秉元(防城港日报社编辑)著。光明日报出版社2012年3月出版,180千字。在书中,作者从有利于构建和谐社会的高度,就如何增强法制新闻传播能力、提升法制新闻品位、结合实例作了比较具体的分析,提出了自己的见解,对法制新闻报道、评论、解读、编辑和媒体慎言与善言等问题进行了理论与实践相结合的论述。作者把法制新闻评论作为一章专门论说,把法制新闻解读作为一章加以研究,是该书特色之处。

【传媒符号学:后麦克卢汉的理论转向】 胡易容(桂林电子科技大学副教授)著。苏州大学出版社2012年4月出版,220千字。四川大学"符号学—传媒学"研究中心推出的符号学开拓丛书系列专著。该书主题是传播与媒体研究的符号学范式。上篇以麦克卢汉为原点,剖析了"媒介技术学派"的路径及其与符号学的内在关联;下篇从符号学角度探讨传播与媒体研究,介绍了国内外的演技态势并初步探索了传媒符号学的理论起点。在新的传媒语境与学科背景下,传播学正在发生一轮新的符号学传向——"传媒符号学"正在成为传播学研究的一种重要理论范式。

【融合媒体的受众采纳行为研究】 刘强(广西师范大学经济管理学院副教授)著。上海交通大学出版社2012年6月出版,143千字。随着媒介融合逐步进入市场融合阶段,受众对新媒体的采纳行为越来越受到研究界的重视。该书基于媒体融合的动态进程,分析驱动融合进程的关键因素,通过对关键驱动因素——技术和需求的发展趋势比较分析,探索发现未来媒体形态即融合媒体,从而进一步分析融合媒体的关键性特征结构,并选取确定该研究的具体融合媒体研究对象。该研究以TAM模型为基础,结合感知娱乐理论、创新性理论以及前期对融合媒体特征结构的研究结果,提出整合理论框架。通过结构方程建模,对调查数据进行统计分析,探索受众融合媒体采纳行为的内在机制。

【媒介生态与地域性传播——中国地市报生存发展态势研究】 陈亚旭(广西师范学院新闻传播学院教授)著。广西师范大学出版社2012年6月出版,260千字。该书把中国地市报生存发展放在媒介生态环境的视角之下进行分析探讨,从媒介生态位、媒介生态环境空间、媒介生态种群、媒介食物链、媒介生态能量和媒介生物钟等方面入手,把地市报作为一个有生命的活体进行剖析。同时,运用热力学的原理,从生物能量学的角度,分析了地市报的能量聚集、耗散和转换,从中探寻地市报的"脱困"、"腾飞"之道。该书在研究我国地市报媒介生态环境的同时,对地市报的媒介素养教育、商品化趋势、数字化发展、三网融合的冲击以及国外区域性报纸比较等方面的问题也进行了较为系统、全面的探究。

文化学·艺术学

【广西当代文艺理论家丛书(第一辑)王建平卷】 王建平(广西大学文学院教授)著。广西人民出版社2012年4月出版,300千字。该书为自治区党委宣传部、自治区文联立项支持出版的《广西当代文艺理论家丛书》(第一辑)20卷中的一本。收录作者从1990年至2010年间出版或发表的文艺类著述中选出的52篇论文和评论,涉及文学、电影、电视文艺、广播文艺、戏剧、舞蹈和音乐等艺术,分"文学论坛"、"影视世界"、"广播天地"和"舞台空间"等4个栏目编成,在内容上突出"广播影视"和"广西元素"两个特色。所收录的一些文章被《新华文摘》和中国人民大学《复印报刊资料》摘录和转载。

【理论穿行:从文艺审美到影视文化】 李启军(广西民族大学教授)著。广西师范大学出版社2012年5月出版,240千字。该书由文艺审美篇和影视文化篇两大部分组成。从审美变奏、当代日常生活审美化论纲、文艺活动的历史性与"美的规律"的历史展开、庄子的审美人生观、左江崖画中"大人"形象的生态审美学解读、儒家人格美理想与梁漱溟的"君子"形象、英雄崇拜与电影叙事中的"英雄情结"、开创影视明星的符号学研究、从影视改编看大众传媒时代古典文学名著的艺术生命之根等方面进行了研究。该书选取18篇论文,主要是新世纪以来作者对文艺、审美、明星、人生等的断续思考。

【生态神学视野下的福克纳研究】 蔡永庆(广西民族大学副教授)著。中国社会科学出版社2012年5月出版,220千字。威廉·福克纳是美国20世纪最重要的小说家之一,其作品内涵的丰富性和文体的复杂性给研究者带来不可抗拒的魅力和挑战。已有的福克纳研究已做了大量工作,但在整合性研究上尚有拓展的空间。该书将福克纳的小说置于生态神学视野中进行较为系统的研究,全面考察其小说的表现形态,揭示其小说艺术的整体特征和意义。福克纳对二元模式和宰制理性的批判,对人的受造身份的诉求,对生态共同体的盼望,为当下处于生态危机时代的人们提供了丰富的思想资源,而他的盼望也正是当下人类必须迈向的目标。在写尽了人类因贪婪和掠夺而带来的种种颓败之后,福克纳没有放弃对人类的信心。作为一位将写作视为"深陷在人类精神的痛苦与汗水中的一辈子的劳作"的作家,他必须相信人因其灵魂而不朽,相信人类能够认识到自己的责任,并能以怜悯、忍耐、牺牲、奉献的精神承担起这种责任。这是该书对福克纳的创作进行理解与研究的起点。

【宗教文化视域中的卡夫卡诗学】 李忠敏(广西民族大学研究员)著。中国社会科学出版社2012年5月出版,204千字。该书由走入宗教文化视域、存在论与人的"两重性"、巴别塔与卡夫卡的世界图像、"不可摧毁性"与不可抵达的追寻、延缓叙事与人的精神历程、"写作乃祈祷的形式"等六部分组成。作为20世纪奥地利的犹太裔德语作家,卡夫卡的影响已远远超越了地域、族群、语言、时代的界限。"卡夫卡式"不但成为理解世界及人的境遇的普适模式,而且其作为诗学原则也得到了当代世界文学的呼应。现有的卡夫卡研究虽对卡夫卡进行了全方位、多角度的阐释,但仍有一些问题尚待澄清,即卡夫卡的宗教思想,以及这种宗教思想与其诗学原则之间的关联。卡夫卡身处世俗化进程占主导的文化语境,其天性却表现出探寻根基的倾向。他的宗教思想是在充分汲取既有的宗教文化资源,并融入他个人的特殊体验的基础上形成的,其中包括对人的存在的辩证思考,对人的神性本质的肯定,对建立在本质体认基础上的聚合的期望。这些思想影响着他的诗学原则的建构。

【齐泽克文化批评研究】 于琦(广西师范大学国际文化教育学院副教授)著。中国社会科学出版社2012年6月出版,428千字。该书在解读齐泽克文本的基础上,以其后—后结构主义理论特征为线索,对齐氏文学与文化批评进行了全面阐释与深入探讨,同时也对其理论整体加以系统考察与全面总结。运用了跨学科的研究方法,除讨论文学与文化理论外,兼及哲学、政治学与精神分析等领域的理论反思。作为一部探讨理论问题的专著,该书研究视野广阔,且多有创新之处。作者立足于英文原著,征引了大量齐氏文本与西方学界最新研究成果,结论扎实可靠;没有把他局限于拉康理论语境与后马克思主义思潮来讨论,而是视之为原创性的、向马克思主义回归的左翼思想家,力图呈现出一个更丰富、客观与真实的齐泽克。

【2012年广西蓝皮书:广西文化发展报告】 广西社会科学院编,李建平主编。广西人民出版社2012年6月出版,530千字。该书为《2012年广西蓝皮书》中的一本,由广西社会科学院组织广西的专家学者撰写,对2011年度的广西文化事业和文化产业现状和发展作了多层次多角度的描述和研究。全书由总报告、理论研究、文化事业、文化产业、社会科学、市县文化、个案研究、大事记8个部分组成。既有全面反映2011年广西文化建设和产业发展情况的总报告,又有相关专家对广西公共文化服务、对外文化交流、演艺产业、农村文化建设、广播影视产业、新闻出版产业等行业或产业现状作的全面而有深度的总结和发展对策建议,还有关于社会科学研究,关于广西文化符号影响力、广西人民广播电台、桂林愚自乐园等文化企业、文化专题等个案的分析,提出了切实可行的发展对策。

【钦州坭兴陶烧制技艺】 帅民风(广西大学艺术学院教授)、毛文青(广西职业技术学院副教授)著。北京科学技术出版社2012年7月出版,204千字。该书从坭兴陶的历史渊源、成型技艺与雕饰手法、烧制技艺、无釉窑变色彩的形成与分类、艺术风格与流派、名品鉴赏与收藏、保护与传承等7个方面深入探讨了坭兴陶的独特的烧制技艺,揭示了坭兴陶形成无釉窑变的原因,并运用三象造形观点评析了坭兴陶艺术的独有形意神韵,指出这一古老的烧制技艺是十分值得珍惜传承的非物质文化遗产,是广西钦州地域文化的代表,有着与本土文化血脉相连的关系。

【远古的追忆(壮族创世神话古歌研究)】 蒙元耀(广西民族大学教授)著。民族出版社2012年7月出版,765千字。该书选取红水河一带有关盘古、雷王、布伯、伏羲兄妹等壮族创世神话古歌文本11份,将其注解成五对照形式，通过祭祀这一独特的视角来研究壮族创世神话所蕴含的文化特质，以此讨论壮族的民间信仰、哲学理念、道德观、价值观和人生观等，并由此探究壮汉两个民族的渊源关系以及伏羲作为中华远古文化符号的象征意义。该书认为，对于神话，就如同人类乐意憧憬未来一样，人们也非常愿意回望久远的洪荒时代，探究世界与人类的起源。创世神话是人类童年的回忆。追忆人类的童年，自然要研究民族的创世神话。每个民族因自身生存的环境不同，谋生方式不一样，他们各自的创世神话也不尽相同。搜寻各民族的创世神话，研究各民族关于世界与人类起源的不同说法，往往能从中悟出先哲们关注的核心问题。并能从创世神话这古歌这一文学形式，不仅可以窥探壮族先民的思想意识，同时也可以理解现今壮族人民普遍性格的形成原因。

马来西亚舞蹈　　　　（何　明　摄）

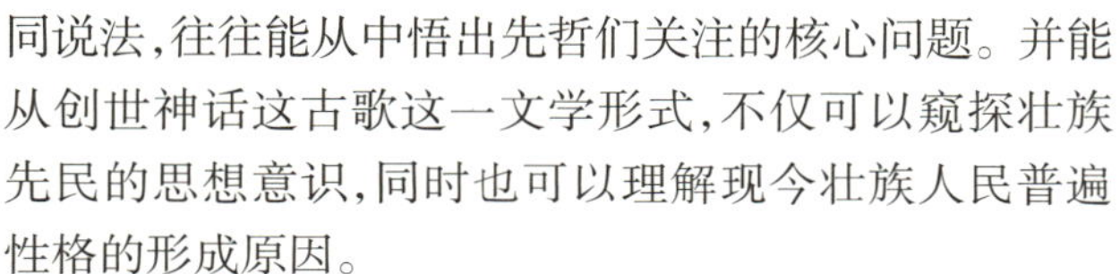

【四书名篇赏析】 李寅生（广西大学文学院教授）编著。科学出版社 2012 年 8 月出版，424 千字。“四书”是指《论语》、《孟子》、《中庸》、《大学》四部书，是儒家传道授业的基本教材。其中《论语》、《孟子》分别是孔子、孟子及其学生的言论集，《大学》、《中庸》则是《礼记》中的两篇。千百年来，“四书”在我国广泛流传，其中许多语句已成为脍炙人口的格言警句，被誉为东方的“圣经”。该书摘选了“四书”中的名篇，加以注释、赏析，力求用现代人的视点来解释这部对中国人人格心理铸造具有重要影响的典籍，以使读者更好地了解中国传统文化的精华。

【黄格胜艺术评传】 李永强（广西艺术学院中国画学院讲师，广西美术家协会会员）著。广西美术出版社出版 2012 年 9 月出版，160 千字。该书是广西艺术学院学术著作资助项目（项目编号：ZZ201205）成果，本书记录了黄格胜学艺的艰辛历程，对其逆境自学、初试锋芒、四考广艺及其求学于黄独峰先生进行了介绍，全面研究了黄格胜的绘画艺术创作，对黄格胜代表作《漓江百里图》的创作背景进行介绍并深入研究，阐释了黄格胜对漓江画派发展的贡献以及他的中国画教育思想。在书中收录了一些名家对黄格胜绘画艺术的研究文章。

【东盟艺术】 黄小明（广西师范大学音乐学院教授）著。广西师范大学出版社 2012 年 9 月出版，180 千字。近年来，跨国民族研究已成为当下研究的热门课题。广西是处于中国与东盟的中心位置，具有很重要的地位和作用。广西已经成为东南亚进入中国的门户，更是中国与东南亚民间文化交流的平台，中国与东盟的合作已形成良好的态势。每个国家都有各自独具特色的民间艺术，艺术是无国界的，艺术是各国人民交流的最好形式，通过民间艺术架起与东南亚交流的桥梁。民间艺术的交流已成为当前与东南亚各国对话、旅游、经济的重要平台，对东南亚民间艺术的研究，将进一步促进双边跨国的文化交流，达到长期、持久、稳定的保持和平友好睦邻关系和经济发展。

【东盟民俗】 蔡昌卓（广西师范大学国际文化教育学院教授）等著。广西师范大学出版社 2012 年 9 月出版，405 千字。该论著从东盟的民俗方面入手，将东盟各国的民俗文化及编者们多年的潜心研究所得，通过图文并茂的方式展现出来，力求做到富有知识性、科学性和可读性。该书是目前国内较全面而系统研究东盟国家民俗文化的书籍。

教　育　学

【PPT 制作新手指南针】 亢琳（广西大学艺术学院副教授）著。印刷工业出版社 2012 年 1 月出版，356 千字。该书是一部适合广大 PowerPoint 2010 的爱好者作为入门学习的工具书，从基本操作入手，讲解文本幻灯片、图片幻灯片、幻灯片动画、演示文稿色彩设计等知识，采用图解、视频讲解双模式，通过详细的操作演示引导读者逐步了解和掌握 PowerPoint 2010 的各项技术与实战技能。主要内容为初始 PowerPoint 2010、入门

PowerPoint 2010、制作文本幻灯片、制作图片幻灯片、在幻灯片中绘制图形、添加幻灯片动画、幻灯片表格的应用、幻灯片图表的应用、幻灯片版式和设计模板的应用、插入声音和视频、SmartArt 图形的应用、演示文稿色彩设计、演示文稿的放映和打包、创建交互式演示文稿等。

【声乐演唱与训练】 张晓农(广西大学艺术学院院长,教授)编著。广西美术出版社 2012 年 3 月出版, 300 千字。该书系统地论述了声乐艺术,深入浅出地诠释了声乐艺术内涵,较为全面地介绍了声乐演唱形式、声乐演唱风格及声乐演唱体裁。该书以声乐艺术作为审美教育的手段,通过对大学生进行声乐艺术的鉴赏和熏陶,使之掌握艺术审美经验,受到美的感染,具备良好的审美素质,从而达到身心全面和谐地发展。

【高效中层】 李强(广西师范学院教育科学学院教授)。北京师范大学出版社 2012 年 4 月出版,310 千字。该书试图抓住提升职业学校中层管理者执行力的现实需求,讨论职业学校中层干部的角色定位、沟通技巧、目标管理、时间管理、授权管理、激励手段、团队建设、权变智慧、角色能力以及自我超越等,试图为职业学校中层干部的培养、培训等工作给予可能的导向。以行动导向的职业教育学校管理逻辑为框架,以职校管理队伍的中坚层级为立足点,统领整个职业学校的管理工作的诸多方面,将中层管理干部的职业能力需求、角色定位、时空管理、自我激励等维度一一展开。该书编写分为 10 章 37 节,每章开头引用名人名言作为题记引入主题,各章节主体内容采用理论阐发和具体实例列举相印证,全面体现职业教育的应用性、可读性、研习性等特征,增强了实用性。

【高校大学生思想政治工作及其管理】 曹迎(玉林师范学院校办主任,教授)著。同心出版社 2012 年 5 月出版,字数 250 千字。该书主要围绕高校大学生思想政治工作及其管理的方方面面,研究分析了目前高校学生思想政治工作的背景、现状及价值,并依据作者多年的学生管理经验,运用社会学、心理学、管理学等理论系统讲述了如何对高校大学生进行思想政治方面的教育及管理,对当代高校大学生思想政治工作及其管理的重要性、紧迫性、有效策略等进行了较为深入的研究。

【普通高校毕业生就业支持体系研究】 梁远海(广西工学院党委副书记,纪委书记,教授)著。中山大学出版社 2012 年 5 月出版,270 千字。全书共七章。该书立足当前高校毕业生就业的实际,在以往相关研究的基础上,运用政治学、经济学、社会学、心理学、管理学等多学科相关理论,通过国内外情况比较、过去与现在比较、高校之间比较等比较研究方法,把高校毕业生就业放在一个体系内进行全面、系统、深入的研究,从高校毕业生就业的政策支持、组织支持、指导与服务支持、信息服务支持、市场体系支持、援助帮扶支持、风险防范和权益保障支持等 7 个方面对高校毕业生就业支持的完整体系分别进行研究分析。该书对高校毕业生就业问题的理论和实践思考,对进一步做好高校毕业生就业工作具有一定的理论价值和现实的指导意义。

【没有围墙的大学:国家开放大学建设探究】 李培福(广西广播电视大学纪委副书记,纪委监察室主任)著。广西教育出版社 2012 年 6 月出版,414 千字。该书采用文献、实证、比较、访谈的研究方法,将视点主要聚集在国外开放大学的办学经验、学习型社会下开放大学的使命以及广播电视大学实施的现代远程教育实践等方面,尝试探究开放大学作为一所真正意义上的大学所应重点关注的、与普通高校不一样的内涵。在宏观层面上,从厘清开放大学的理念、章程及定位等问题着手;在微观层面上,深入探究现代信息技术条件下开放大学的教学资源、学分银行、支持服务及质量保障等方面的问题。结合这两方面的分析,希冀对人们探索开放大学的建设与发展有所启迪。

【良师益友——高校优秀辅导员是怎样练成的】 卿臻(广西国际商务职业技术学院副院长,教授)著。中国建材工业出版社 2012 年 6 月出版,346 千字。该书是作者多年来对高校思想政治教育和学生管理工作的思考和经验归纳。全书分两部分:第一、二章系统阐述了高校辅导员工作的核心理念、理论基础、研究员则等内容,形成了符合高校辅导员工作特点和规律的研究规范与标准;第三至八章分别从思想引导、学习指导、生活辅导、心理辅导、日常管理和就业辅导 6 个方面进行了详细的理论剖析和实例研究,为高校辅导员工作提供了可具操作性的典型范例。

【幼儿园组织与管理】 文红欣(柳州师范高等专科学校教育与心理科学系副教授)著。教育科学出版社 2012 年 7 月出版,350 千字。该书是“十二五”全国学前教育专业问题导向式教学(PBL)规划教材;以幼儿园管理现象及其规律为研究对象,阐释幼儿园管理的基本理论和基本原则,并对幼儿园各项管理提供可操作的方法等。幼儿园管理主要涉及两大方面的问题:一是研究幼儿园内部管理活动的过程及其规律;二是揭示幼儿园与其生存和发展环境中主要因素之间的内在联系。该书以培养学前教育一线实用型人才为出发点，以就业为导向。通过本书学习，可使学前教育专业学生认识到幼儿园管理的特点和基本规律，理解和掌握现代幼儿园管理的基本理论；掌握幼儿园管理的基本方法和技术；形成分析和解决幼儿园管理中实际问题的能力，为学生将来从事学前教育管理工作打下良好的基础。该书编写有以下特色："以问题为导入，建构知识导图，强化互动教学，并设计拓展模块"等。该书目前在全国各高校学前教育专业中使用。

【服务广西海洋经济发展探索——钦州学院涉海学科专业群构建研究】 黄家庆(钦州学院副研究员)著。广西人民出版社2012年9月出版，290千字。作为新世纪广西高等教育教学改革工程2011年重大项目"服务广西海洋经济发展的涉海学科专业群建构的研究与实践"的研究成果，该书从当前广西高等教育和社会经济发展的具体情况出发，以科学理论为指导，以调查研究为基础，以形势判断为依托，运用正确的科学理论和大量的事实依据，充分论证了广西高校涉海学科专业群构建的重要性与必要性，结合钦州学院多年来涉海学科专业(群)的发展情况，从人才培养模式、发展战略规划、师资队伍建设、实习实践基地建设、体制机制保障、质量管理模式等方面论述了涉海学科专业(群)建设的主要问题和基本对策。

【地方高校地理实践教学改革研究与实践】 毕燕(广西师范学院资源与环境科学学院教授)著。广西师范大学出版社2012年9月出版，177千字。如何实现创新型人才培养的目标，不断创新本科生实践教学体系，既是当前高等教育人才培养的需求，也是提高教育教学质量的核心问题。该书从地理实践教学的理论出发，对广西师范学院资源与环境科学学院地理实践教学的改革进行了总结。全书分上、下两篇，共14章。其中，上篇主要是理论研究，主要是对地理实践教学的重要性、地理实践教学师资队伍与条件平台、地理实践教学体系与教学方法、地理实践教学管理模式及运行机制改革、地理实践教学质量评价体系构建、地理实践教学改革成果与辐射示范作用等进行理论探讨与思考。下篇是实践探索，主要结合广西师范学院资源与环境科学学院的专业实践教学体系，从自然地理综合实习、人文地理综合实习、3S技术实习、地理教育实习、网络地理野外实习等自然、人文、信息技术、教育教学实习及网络地理野外实习的主要内容、实习基地的建设等进行了实践探讨。此外，对近年来广西师范学院资源与环境科学学院开展的地理创新人才培养、地理"产学研一体化"人才培养模式、地理"教科培一体"人才培养模式的探索进行梳理。

【协作与共赢——教师教育实践教学研究】 刘力主编(广西师范学院党委书记，教授)。北京师范大学出版社2012年9月出版，329千字。该书聚焦于广西基础教育改革与发展的基本现实，关注地方基础教育教师能力培养诉求及能力再生问题，跳出传统"高师院校—

2012年"名师论坛"暨全国特级教师小学课堂展示活动在玉林举行。 (广西民联教育研究院供稿)

实习学校”单向式实践教学的思维范式，根据教师教育一体化理论，提出地方高师院校、城区中小学和农村中小学校共同参与的“二次置换”实践教学改革理念，并构建了地方高师院校、城区中小学、农村中小学三方联动、教师教育职前职后“三位一体”的实践教学模式框架，解决高师院校师范生教育实践能力不足及农村中小学在职教师素质提升问题，以全面提高师范生教育教学能力和中小学在职教师专业化水平，推进教育公平和均衡发展作为改革的最终目标。全书理论明确，思路清晰，既有理论的深度研究，又有实践的操作探讨，对其他高师院校的教育实践教学改革具有一定的参考价值和借鉴意义。

【民族地区职教师资培养模式的探索与实践】 彭宁主编（广西师范学院副院长，教授）。广西师范大学出版社2012年9月出版，245千字。该书针对当前广西中等职业学校“双师型”师资培养的现状和存在的问题，回顾了我国中等职业教育师资培养的历程，分析了新时期广西中等职业教育的发展趋势以及以广西为例的民族地区中等职业教育的师资队伍现状，针对职教师资素质的特殊性，改革建立在学科性专业基础之上的职教师资培养模式，提出了培养“一体化双师型”职教师资的设想；通过剖析职教师资培养模式，比照了广西师范学院已有9个职师专业的教学改革方案，阐释了民族地区高师院校在职教师资培养方面的实质进展。在上述基础上，根据职业教育师资的素质要求和培养规律，提出了地方高师院校培养“一体化双师型”中职师资的理想路径：以高师院校为主体、以中等职业学校和企业为两翼的“教、研、培”职教师资合作教育教学模式。该书能够融理论价值与实践价值于一体，不仅对广西中等职业教育的发展和广西中等职业教育师资队伍的建设具有指导意义，而且对全国其他民族地区中职师资的培养目标、培养特点和培养途径也具有一定的借鉴意义。

【广西特有民族民间舞蹈原生元素教学组合】 黄小明（广西师范大学音乐学院教授）等著。广西师范大学出版社2012年9月出版，200千字。《民族民间舞》课程在全国舞蹈院校和高校舞蹈课程中一直都是以四大民族藏、蒙、维、朝为主要内容，后来发展有傣、苗、彝等民族，但中国其他一些少数民族民间舞蹈未能进此课程。《广西民族民间舞》课程是广西高校舞蹈的特色课程，但教材也一直是空白，原来的教学内容主要教授壮族、瑶族两个民族舞蹈，其他民族很少涉及。而广西有11个少数民族民间舞蹈，资源丰富，特色鲜明，但没有得到充分的运用。本书通过开发利用广西特色的民族民间舞蹈资源富矿，抓住广西地域性、民族性的特点，以《广西民族民间舞》课程为试点，依托广西民族地区的民族艺术文化资源，结合田野调查与采风，重点收集广西5个特有民族民间舞蹈（壮、瑶、京、仫佬、毛南）。

【中国当代高等教育探索者丛书：通识教育论】 李继兵（玉林师范学院党委书记，教授，博士）著。高等教育出版社2012年11月出版，字数256千字。该书以历史起源、流变沿革与发展变化为主线，以哲学分析为基础，案例解剖为手段，以史论结合为方法，系统研究通识教育不同发展时期的哲学基础、价值追求和课程结构及其组织构架。全书通过对通识教育发展过程中的自由教育、博雅教育和通识教育三大阶段的价值取向、社会条件与重点案例等内容的分析，较为全面厘清通识教育在世界各国的发展模式和内涵差异。进而对我国（含港台地区）各著名高校通识教育的实践现状进行系统归纳并予以解读，指出了中国通识教育理论与实践方面的优势与不足，并为中国通识教育的后续发展提出了建议。

【现代远程开放教育教师专业化研究】 谭少元（广西广播电视大学工会常务副主席，副教授）著。吉林科学技术出版社2012年12月出版，350千字。该书从教师、专业、专业化、教师专业化、教师专业标准等相关概念的界定入手，根据电大教育的特点、电大教育的对象、电大教育的培养目标以及现代远程开放教育对电大教师提出的要求，从专业知识、专业能力、专业道德、专业精神、专业权威性和教师自主性等方面对电大教师专业化的内涵进行了详细的阐释。并指出了电大教师队伍在教育目标、师资来源、培养培训等方面与教师专业化标准存在的差距，并在此基础上提出了通过明晰发展目标、健全培养体系、培养“双师型”教师、加强校本培训、实施反思性教学、强化教育科研、开展创新性教学评价、重视组织支持等几条措施来促进电大教师专业化发展的策略建议。

【多维视域中的教育发展与变革】 高金岭（广西师范大学研究生学院教授）著。安徽教育出版社2012年12月出版，290千字。该书汇集了作者10多年来在国内学术期刊发表的有关教育改革、教育管理、教育经济探微、民办教育研究以及国外教育观察等方面的学术论文，反映了该作者在教育领域的学术成就和成长轨迹。

文　学

【文学·时空·比较——王志明文学论文集】 王志明

（玉林师范学院副院长，教授）著。西南交通大学出版社 2012 年 1 月出版，347 千字。该书汇集作者多年来的学术成果，主要研究领域是文学时空问题。

【菲茨杰拉德小说叙事研究】 胡国威（广西师范学院文学院副教授）著。中国戏剧出版社 2012 年 2 月出版，225 千字。该书是国内第一部从叙事学角度研究菲茨杰拉德小说的专著。通过借鉴经典叙事学在形式研究方面的重要成就，同时吸收后经典叙事学在读者反应和文化意识形态研究上的特长，较为全面和深入地探讨菲茨杰拉德小说的叙事艺术。第一章探讨菲茨杰拉德小说的叙事时间，彰显菲氏小说叙事中富有创意的时间处理方式及其蕴含的人文内涵；第二章分析菲氏小说中叙述主体的设置策略；第三章探讨菲氏小说叙述视角的设置特点；第四章分析菲氏小说的叙事声音，着重从后经典叙事学的角度将“声音”置于整个叙事交流情境中，阐释其意识形态内涵；第五章则对菲氏两部最有影响的长篇小说作了专题研究。

【女性文学】 陆衡（钦州学院教授）著。西南交通大学出版社 2012 年 8 月出版，247 千字。该书力图从教学实际出发，吸收国内外女性文学研究的最新成果，将理论介绍与文本解读相结合，既系统阐述了女性主义的基本流派与基础理论，又立足于对具体经典作品的独立分析，覆盖了女性文学的重要代表作，客观地反映了女性文学在文学史上的地位和价值。具体内容有女权运动、女性主义流派、西方女性文学批评发展概况、中国女性文学批评发展概况、女性主义理论经典赏析、外国女性文学经典、中国女性文学经典的介绍与赏析等。该书集知识性、实用性和系统性于一体，有效地解决了女性文学课程容量大课时少的难题。

【广西现当代散文史】 刘铁群（广西师范大学文学院教授）著。广西师范大学出版社 2012 年 10 月出版，200 千字。该书对广西现当代 100 多年来的散文创作进行系统地梳理，对各时期的重要散文家进行深入的研究并对其艺术价值进行评价。另外该著打捞出了一批被忽视的散文家，具有一定史料价值。

【王夫之《诗广传》诗学思想研究】 袁愈宗（广西师范大学文学院副教授）著。中央编译出版社 2011 年 12 月出版，230 千字。以“诗言志”论、诗情论、“修辞立其诚”论、“神”论、言意论、文质论为主要内容阐述《诗广传》的诗学思想。其中“诗言志”论和诗情论属于本质论，“修辞立其诚”论和“神”论属于理想论，言意论和文质论属于构成论。

语　言　学

【语言学概论】 关永平（广西师范大学外国语学院副教授）著。广西师范大学出版社 2012 年 3 月出版，501 千字。该书从语音学、音位学、形态学、文字学、句法学、语义学、语用学、方言学、社会语言学、历时语言学、语系、语言学发展史、应用语言学、认知语言学及语言哲学等角度，从对比历时与共时的视角，对西方语言学的重要理论及观点进行了研究与讨论，旨在揭示语言的共性及语言学的跨学科性这两个语言学研究中最根本的特质。

【东盟十国英语语言变体研究】 关熔珍（广西大学外国语学院副院长，教授）著。中国社会科学出版社 2012 年 5 月出版，185 千字。该书对东盟的 10 个国家的“非标准英语”即英语语言变体现象进行专题研究，从多元化和后殖民的文化视角出发，揭示各国的文化特性、民族心理以及社会因素等对英语本土化的影响所造成的英语变体现实，同时揭示了在英语的世界变体背后，事实上是民族语言特色在英语中的凸现。在语言变体研究的基础上，探讨了东盟 10 国的英语语言变体现象对英语的语言教学、口笔译翻译教学以及文化教学方面的启示，借此探讨中国本土英语的教学和发展，促进英语教育对社会经济发展的贡献。

【南朝的门阀贵族与文学研究】 （日）佐藤正光（日本东京学艺大学校长助理，教育学部教授）著，李寅生（广西大学文学院教授）译。三秦出版社 2012 年 8 月出版，180 千字。该书是一部系统研究中国南朝门阀贵族与文学的专著，探讨南朝门阀贵族文学所产生的理论基础、内容、特点等，指出了南朝贵族文学思想中的积极成果，以及对后世的影响。中日两国文化交流频繁，但日本学者的论文、论著在中国出版的却不多。佐藤先生对中国文化和文学有着较深的兴趣，他把中国文学当作自己国家的文化来进行深入的研究，视觉比较独特，选择的角度也与众不同。

其　　他

【广西社会科学专家文集·王枬集】 王枬（广西师范大学教育科学学院教授）著。线装书局 2012 年 3 月出版，20 千字。该书为个人文集，由 21 篇文章组成，主要包括三部分：一是旅游教育研究；二是民族教育研究；三是教师教育研究。

【少数民族女性人才资源开发研究——以广西为个案】 徐学莹(广西师范大学教育科学学院教授)等著。广西师范大学出版社2012年3月出版,280千字。该书是在国家社科基金课题"少数民族与民族地区人才资源开发战略研究——以广西壮族自治区少数民族妇女人才资源开发为例"结题成果的基础上修改而成。该书以广西为个案,阐述了广西少数民族女性人才资源开发的研究定位与构思,对少数民族女性人才资源开发进行了多学科的理论分析,呈现了对广西少数民族女性人才资源结构的实证研究、多民族聚居地少数民族女性人才资源开发的区域调查结果以及少数民族女性人才自我开发的叙事研究,提出了广西少数民族女性人才资源开发的对策与战略。该书的研究丰富了少数民族女性研究,为广西少数民族女性人才资源开发的对策和实施提供了参考。

广西壮族女性风采　　（黎克平　摄）

【当孔子遇到上帝】 陈泰和(桂林电子科技大学副教授)著。广西师范大学出版社2012年5月出版,300千字。该书是穿越中西文明思想和比较的作品集第一部,是对处于转型期中国的软实力探讨,包括对价值观、道德素养、法治社会的建设等元素的剖析和再建。笔者通过系列穿越作品集抛砖引玉,开辟对思想道德法治民主的新领域的争鸣和构想。

【道教农学思想发凡(道教科学研究丛书之一)】 袁名泽(玉林师范学院政史学院副院长,教授,博士)著。广西师范大学出版社2012年6月出版,430千字。该书是教育部人文社会科学重点研究基地重大项目"道教科技文献的整理与思想研究"阶段性成果。该书采用文献法、哲学诠释法和田野调查法等对道教农学思想进行了细致考察与系统研究,力图展示道教与中国传统农学的历史关系脉络,构建道教农学思想的理论框架,通过考察道教农学思想的产生渊源、发展阶段、内容特征、"农道双修"的实践层面、农道双向互动关系等,对道教思想在中国传统农学中的影响予以客观评价,反思其自然性、生态性等特性的现代意义。

【社会科学知识宣传小剧本集】 广西社会科学界联合会、柳州市委宣传部、柳州市社会科学界联合会编。接力出版社2012年6月出版,120千字。该书根据新形势下柳州经济社会发展对哲学社会科学的宣传、普及提出的新要求,以小剧本形式阐释党的创新理论,解读党的方针政策,普及经济、法律等各类社会科学知识,开展社会主义核心价值观体系宣传,引导干部群众学习科学理论,掌握科学方法,树立科学思想,弘扬科学精神。

【行为科学在广西】 何品荣(广西经济管理干部学院副院长,广西行为科学学会会长)主编。漓江出版社2012年8月出版,320千字。该书是总结和展示广西行为科学学会20年来发展历程的重要文献。主要内容分为:图片专集、学会沿革、总结表彰、学术活动、科研成果、会长风采、大事记、附录等。该书详细记述和反映1988~2008年期间广西行为科学学会的创建和发展历程,其特点是内容翔实,脉络清晰,信息量大,图文并茂,具有较高的文献价值,对行为科学在广西的理论研究与应用具有积极的推动作用。

【中医往事:1910~1949,民国中医期刊研究】 沈伟东(广西师范大学杂志社编审)著。商务印书馆2012年9月出版,151千字。此书以独特的视角,从编辑出版的视角,深入揭示作为媒介的期刊在中医存废、中西医论战、中医理论探讨和中医前途命运等议题中所发挥的建设性作用。该书将民国医刊全面的田野作业,通过多个视角,不同人物的言说连缀起来,相互求证,被学界称为一部民国期刊史、一部民国中医地图。

【当代民间常用文书写作方法】 陶志红(广西大学文学院副研究馆员)、王建平(广西大学文学院教授)编著。广西社会科学界联合会2011年度重点科普读物项目。广西科学技术出版社2012年10月出版,264千字。该书系统地介绍了书信文书、柬帖文书、匾幛文书、公启文书、对联文书、演说文书、传志文书、笔记文书、契据文书、法律文书等文书及其写作方法,既吸收了以往的民间文书研究成果,又从新的时代、新的实际出发,注入了新的内容和形式,具有传统与现代、继承与创新、普及与提高、运用与义理等相结合的特点。

【柳州社会科学研究文集(2009~2011)】 柳州市社会科学界联合会编。广西人民出版社2012年12月出版,300千字。该书收录2009~2011年柳州市社科理论工作者撰写的哲学社会科学研究论文41篇。这些论文从不同角度,多层面就柳州市经济建设、文化及社会事业发展等方面的热点、难点和焦点,进行系统的分析和研究,为解决有关经济社会发展中出现的问题提出了相应的思路和对策措施,其中的不少观点具有一定的实用价值和学术价值,对柳州经济社会的科学发展具有一定的参考价值。

论文摘要

哲学

【论马克思主义大众化中的"代言"与"立言"共轭】 陈立言(广西大学政治学院)撰。国家社科基金项目。发表于《广西社会科学》2012年第7期,6.3千字。该文认为,在马克思主义大众化工作中,"代言"与"立言"的内涵、功能不同,语境各有特殊性。"代言"与"立言"如在内容、主体和时间上实现共轭,可实质性地提升马克思主义大众化工作的信度与效度。构建马克思主义大众化"代言"与"立言"共轭关系可在改变课题相关思维、调整言语行为角色、改变考核评优标准等方面下工夫。

【宋明理学在广西的传播方式】 孙先英(广西大学文学院)撰。国家社科基金项目。发表于《广西社会科学》2012年第11期,8.4千字。该文认为,理学在广西的传播最早可追溯到二程平南受学于周敦颐,经历了发生、停滞、发展和成熟几个不同历史阶段,传播的方式多种多样,有兴学、讲学、撰写和刊刻学记、书籍、人际交往、碑刻和谕俗文等,通过这些方式,把理学渗透到广西民众生活的方方面面,从而影响着他们的价值判断。

【胡塞尔论"再回忆"】 肖德生(广西大学哲学系)撰。国家社科基金项目《胡塞尔时间意识现象学研究》阶段性成果之一,广西高等学校科研项目《胡塞尔意向性理论研究》阶段性成果之一。发表于《哲学研究》2012年第12期,11千字。该文认为,"再回忆"是胡塞尔意识现象学的一个核心概念,对其的哲学追问构成了胡塞尔对直观行为领域分析的重要内容之一。该文试图通过对"再回忆"与感知、滞留、图像论这3个向度的比较,重构胡塞尔"再回忆"意向性的结构与构造,指明"再回忆"的独特意向特征及其在意识生活中所起的作用。

【马克思主义大众化研究中的若干问题探讨】 黎学军(广西大学政治学院)撰。国家社科基金青年项目《中国马克思主义哲学史学史研究(1979–2010年)》阶段性成果之一,广西高等学校一般资助科研项目《"阶级"的考察》阶段性成果之一。发表于《南昌大学学报》(人文社科版)2012年第1期,6.8千字。该文认为,马克思主义大众化研究图景的边框已被学人们粗略地勾画了出来,从丰富多彩的研究成果中提炼出3个问题进行专题讨论。马克思主义众化研究应该更多地关注普通大众的喜怒哀乐,应以大众之眼看待马克思主义大众化。人们通常认为的"大众"似乎充满了惰性,但如果跳出社会分层的视角转而以文化的视角看待大众,更能发现大众的首创精神。一些蹈常袭故的研究方法及某些所谓的"定论"应与时俱进地更新知识体系。

【西汉儒学的意识形态化及其原因分析】 吴全兰(广西师范大学政治与行政学院)撰。2011年度国家社科基金项目(西部项目)《西汉意识形态及其当代价值研究》阶段性成果之一。发表于《广西师范大学学报》(哲学社科版)2012年第1期,12.9千字。该文认为,先秦时期思想自由、开放,人们可以各抒己见,没有所谓的权威、标准,各种思想学说纷杂并存。而古代的思想家又普遍认为思想的混乱必然导致社会的混乱,因此希望统一思想。一直到西汉汉武帝之前,社会上还没有形成大家共同遵循的统一的主流思想。董仲舒"罢黜百家,独尊儒术"的建议被采纳,儒学取得独尊地位,从先秦百家之一的学说一跃而成为官方的主流的意识形态。儒学之所以能成为官方的意识形态并被广泛接受,主要有几个原因:儒学的文化渊源最深远、社会影响最深广;儒学能为西汉的王权统治提供合法性依据;儒家有助于维护君主权威和社会秩序;儒学理论能在一定程度上解答当时的现实问题。

【从"论心"到"显己"——由《春秋繁露》看汉儒对身体政治性之发现】 聂春华(广西师范大学文学院)

撰。教育部2011年人文社科研究一般项目，广西哲学社科“十二五”规划2011年度项目，广西人文社科发展研究中心2011年度项目。发表于《河北师范大学学报》(哲学社科版)2012年第3期，6.8千字。该文认为，先秦儒家之身体观体现为由个体修养向道德政治的进展，汉儒则须以现实存在的专制政体作为思考身体的前提。以《春秋繁露》为例，董仲舒从3个方面构建其身体观：与天命相关的圣王身体观、以气化和谐为宗旨的中和养生观以及以度爵而制服为原则的服制观，这3个方面集中体现了汉儒在专制政体下对身体政治性维度之发现，并由此构成儒家思想中一种相当重要的传统，即关于身体的政治想象。

【哲思与审美观照中的道教造像艺术】 张明学(广西师范大学美术学院)等撰。教育部人文社科项目《道教绘画史研究》阶段性成果之一，中国博士后科学基金资助项目《道教艺术美学思想研究》阶段性成果之一。发表于《福建师范大学学报》(哲学社科版)2012年第3期，12千字。该文认为，道教造像以立体的视觉形象传达道教思想观念，是道教思想观念的具象化与审美化表达。具有如下几个特点：道教造像多样的形式特征开显出终极之“道”的神妙与奇异，单一的本色映射出终极之“道”的朴素。它们往往又与日月天光、山体岩石融为一体，以鲜明的在场言说着“我”即“万物”、“万物”即“我”之“物我无分”、“万物齐一”的道教理念。另外，道教造像在漫长的时间之流中葆有永恒的姿态，彰显“道”之永恒与不朽。作为神灵神仙形象的摹写，道教造像呈现出“神圣性”与“世俗性”交融的审美风貌，这一审美风貌由道教文化自身的特点所决定的。

【基于马克思主义中国化思考全球化和民族化的互动关系】 靳书君(广西师范大学政治与行政学院)、潘沁(桂林电子科技大学公共事务学院)撰。教育部人文社科研究专项任务项目，广西人文社会科学发展研究中心“科学研究工程”项目，中国博士后科学基金项目。发表于《理论月刊》2012年第6期，7.6千字。该文认为，全球化和民族化都是全球社会基本矛盾运动的产物。全球化是现代生产方式矛盾运动的结果，规定着世界历史发展的时代特征，为先进生产力和生产关系、上层建筑的跨国联姻创造了前提，使落后民族可以通过革命或改革追赶世界先进水平，给民族传统以时代性提升。民族化是现代生产方式所要求的全球性上层建筑，对世界历史发展进行政治设计和文化牵引，特别是非西方、非资本的民族国家探索本国特色发展道路的理论和实践，矫正着全球化进程中的不公正、不合理问题。马克思主义中国化和全球化良性互动，挣脱了中国数千年的历史循环怪圈，使中华文明获得时代性升华，并推动全球化向更公平、更合理的方向发展，为中国先进生产力和先进文化的发展营造有利环境。

【马克思主义中国化对现代化后发展难题的破解】 靳书君(广西师范大学政治与行政学院)撰。教育部专项任务项目《马克思主义话语体系中国化研究》阶段性成果之一，中国博士后科学基金项目。发表于《毛泽东邓小平理论研究》2012年第3期，8.6千字。中国人民大学书报资料中心复印报刊资料《马克思列宁主义研究》2012年第6期全文转载。该文认为，中国马克思主义者把探索中国特色的市场化道路作为马克思主义中国化的主题，通过社会整合寻求马克思主义中国化的主力，在国家重建中把党建设成马克思主义中国化的主体。通过马克思主义主题、主力、主体的中国化，进入中国社会经济结构的深层，重新定位市场、社会、国家的结构关系，破解中国的后发展难题，推动现代化发展方式从片面到全面、从外生到内生、从被动到主动的转变。

【论推动当代中国马克思主义大众化的民间路径——基于公民社会发展的视角】 陈媛(广西民族大学马克思主义学院)等撰。国家社科基金《依托社区文化社团推动当代中国马克思主义大众化研究》阶段性成果之一，广西马克思主义理论研究与建设工程基地委托课题《依托民间文化社团推动当代马克思主义大众化研究》阶段性成果之一。发表于《教学与研究》2012年第11期，12.5千字。该文认为，大众存在形态是当代中国马克思主义大众化路径选择的主体依据。在计划经济体制下，社会组织以行政化的单位为基础，单位大众是大众的主体存在形态，以此为基础的马克思主义大众化可以采取自上而下的“精英化大众”路径来实现。当代中国社会结构的深刻转型重构了大众的存在形态，统一于中国共产党和国家体系内的单位大众发生了分化，市场经济体制的建立形成了以经济利益为目标的市场大众；公民社会的发展形成了以促进个人发展、实现互助为追求的民间大众。单位大众、市场大众和民间大众构成了当代中国大众存在的立体结构。由此，推动当代中国马克思主义大众化需要突破自上而下的传统路径，构建以民间大众形态为基础的“大众化大众”的民间路径，形成自上而下路径与自下而上路径的协同作用机制。

【党对中国现代化的伟大探索——计划经济与市场经济的唯物史观透视】 朱继胜(广西民族大学法学院)撰。国家社科基金项目。发表于《理论月刊》2012年第4期，8.9千字。该文认为，人类迄今只发明了两种组织扩大再生产的方式:计划经济以政府权力来组织扩大再生产,市场经济以资本力量来组织扩大再生产。新中国成立之初,党选择计划经济来建设中国现代化,这是党对中国现代化探索的第一个伟大成果。经过资本"祛魅"与社会主义的"生成主义"阐释,党将社会主义与市场经济相结合,实现了人类历史上一次伟大的制度创新,这是党对中国现代化探索的第二个伟大成果。从计划经济到市场经济,是一脉相承与伟大创新的关系,统一于中国现代化的历史实践。

【马克思主义大众化的语言哲学解读】 邓伯军、谭培文(广西师范大学政治与行政学院)撰。国家社科基金项目《和谐社会核心价值认同的利益机制研究》阶段性成果之一,教育部人文社会科学研究专项任务项目《马克思主义话语体系中国化研究》阶段性成果之一。发表于《马克思主义研究》2012 年第 8 期,9 千字。中国人民大学书报资料中心复印报刊资料《马克思列宁主义研究》2012 年第 12 期全文转载。该文认为,在践行马克思主义中国化、时代化、大众化的过程中,语言发挥着至关重要的作用。有必要从语言哲学高度,以语言的指称和意义的关系为中心,厘清马克思主义大众化语言体系转变的学理内涵。马克思主义语言体系是在西方社会历史实践中约定俗成地指称外部对象,马克思主义语言体系的大众化转变势必指涉指称的转变问题;马克思主义语言体系的意义也是在主体以语言把握其所指的对象的过程中获得的,而马克思主义语言体系的大众化转变势必指涉意义的变迁问题。

【马克思利益理论的文本解读】 邓伯军、李长成(广西师范大学政治与行政学院)撰。国家社科基金重点项目,国家社科基金项目。发表于《理论月刊》2012 年第 9 期,10 千字。该文认为,利益范畴在马克思的经典文本中经历了一个渐次深入的发展过程,实现了由意识形态批判的政治哲学范畴向拜物教批判的经济哲学范畴的转变。在《关于林木盗窃法的辩论》等早期文本中,马克思虽然已经认识到了利益问题的重要性,但还是依据黑格尔的理性原则,对思想、道德和法律奴隶般地屈从于物质利益进行了批判。在《德意志意识形态》等中期文本中,马克思区分了特殊利益和共同利益,完成对利益的普遍性抽象,利益成为马克思重要的意识形态批判的政治哲学范畴。在《资本论》等中后期文本中,马克思把利益与政治经济学辩证结合在一起,利益转化为劳动价值分析的经济哲学概念。

【意识形态作为社会矛盾的一种补偿形式——对意识形态的起源、本质和作用的考察】 卢永欣(广西大学公共管理学院)撰。国家社科基金项目。发表于《理论月刊》2012 年第 6 期,8.5 千字。该文认为,意识形态必有其生发的深层社会根源,这一根源就是社会矛盾。社会矛盾包括人与自然、人与人、人自身的矛盾。针对社会矛盾这一结构性创伤,人类需要寻找弥补创伤的观念形式,此即意识形态。人的超越本性和想象能力对意识形态起着促生作用。意识形态是社会矛盾的一种补偿形式,这从神话、宗教和现代意识形态中可以清楚地领略到。在现代社会,意识形态常从事实解释、价值目标、实现策略等方面,展现着应对社会矛盾的方略,这更体现了意识形态如何作为社会矛盾的补偿形式。由此,意识形态的起源、本质和作用得以考察。

【还马克思真面目——评伊格尔顿的《马克思为什么是对的》】 黄世权(广西师范学院文学院)撰。发表于《国外理论动态》2012 年第 4 期,7.3 千字。中国人民大学书报资料中心复印报刊资料《马克思列宁主义研究》2012 年第 4 期全文转载。该文认为,作为西方学术界颇具影响力的马克思主义者,剑桥、牛津大学的大教授伊格尔顿,为一般大众写了一本相对通俗的读物——《马克思为什么是对的》。这本书对于资本主义的成就和社会主义的实际困难都作出了实事求是的评价,他由此建立的对马克思始终是对的坚定信念,对于我们这一具有世界历史意义的伟大事业是一种热情的鼓励,也是善意的提醒。

伦 理 学

【诚信教育传播的心理机制研究】 郭猛(广西警官高等专科学校)撰。全国教育科学"十二五"规划单位资助教育部规划课题《高校诚信教育长效机制建构与实践研究》阶段性成果之一。发表于《教育评论》2012 年第 5 期,4.4 千字。该文认为,诚信教育是一种特殊的诚信传播活动,受众心理机制是影响诚信教育传播效果的重要因素。该文探讨教育受众的心理机制,满足受众选择性心理,使受众自觉接受诚信教育并内化为诚信行为,从而增强诚信教育的育人功能。

【优化大学生诚信生态环境研究】 秦琳(广西师范大学)、罗宗火(广西大学)撰。国家社科基金项目《高校大学生思想政治教育热点难点及对策研究》阶段性成果之一。发表于《社会科学家》2012 年第 12 期,7.5 千字。该文认为,大学生诚信生态环境呈现失衡之趋势。探究大学生不诚信行为的归因并厘清大学生诚信生态环境构建的重要性和可能性,有助于建构出优化大学生诚信生态环境的对策。大学生诚信道德的培养应遵循“自律”和“他律”相结合的原则;把诚信教育融入校园文化中;家庭、学校、社会三方形成教育合力;学习借鉴西方诚信教育经验。只有多部门、多层面地建立高校诚信体系,才能长效优化大学生诚信生态环境。

【论道德的民族性与超民族性】 唐贤秋(广西民族大学政法学院)撰。发表于《伦理学研究》2012 年第 1 期,9.1 千字。中国人民大学书报资料中心复印报刊资料《伦理学》2012 年第 6 期全文转载。该文认为,道德的民族性与超民族性,是民族化道德主体所表现出的两种相互联系的道德属性。道德的民族性强调道德主体的民族道德差异性。道德的超民族性则突出道德所具有的超越不同民族主体自身特点而为不同民族所共有的属性。道德的民族性与超民族性是一种辩证关系。正确理解道德的民族性与超民族性,有利于我们正确处理中华民族这一大家庭下的各民族道德之间以及中华民族道德与世界民族道德之间的关系。

【论语精神与审计人员职业道德的有机融合】 甘卓霞(广西物资集团有限责任公司)撰。发表于《会计之友》2012 年第 9 期(上),4.6 千字。中国人民大学书报资料中心复印报刊资料《审计文摘》2012 年第 11 期全文转载。该文认为,论语精神旨在启发每个人内心深处的道德精神,通过分析刘家义审计长总结的十二字审计人员职业道德,分层次结合论语精神进行剖析,明确审计人员应有的核心价值观。

【大学生网络同居现象的道德伦理考量】 赵芸(广西科技大学社会科学学院)、潘清泉(广西科技大学管理学院)撰。教育部规划基金课题《网络舆情:大学生思想政治教育面临的问题和出路》阶段性成果之一。发表于《学校党建与思想教育》2012 年第 21 期,3.4 千字。该文认为,网络日益深入人们的生活,给人们带来了巨大的影响,也给传统的婚姻观念带来巨大的冲击,网络同居就是其中的重要内容,并已成为了部分大学生的潮流新宠。本文论述了大学生网络同居的概念界定和现状及特点。在此基础上,在社会伦理视角下分析大学生网络同居产生伦理道德问题并提出了对策。

【高校诚信教育机制创新研究】 尹彦(广西警官高等专科学校)撰。全国教育科学”十二五”规划单位资助教育部规划课题《高校诚信教育长效机制研究与实践》阶段性成果之一。发表于《教育评论》2012 年第 4 期,4.8 千字。该文认为,诚信教育是高校德育工作的基础和内容,加强和改进诚信教育是高校德育工作的题中应有之义。高校要根据大学生身心发展规律和接受特点,针对诚信教育机制的不足,积极探索高校诚信教育长效机制的创新路径,加强和改进诚信教育,增强诚信教育的科学性、针对性和实效性。

社　会　学

【休闲:人类的一种审美化生存状态】 梁振南、梁晓音(广西经济管理干部学院)撰。国家社科基金项目《休闲的美学视界》阶段性成果之一。发表于《广西师范大学学报》(哲学社科版)2012 年第 1 期,7.4 千字。该文认为,休闲是人类的一种审美化生存状态。其表现在:自然生命的律动;自然生命的本真;自由生命的徜徉;和谐生命的濡养。

【中国慈善事业政策的变迁及启示】 吴显华(广西工学院社科系)等撰。国家社科基金项目,教育部人文社科重点研究基地重大项目,广西工学院博士科研启动基金项目,广西工学院 2011 年科学基金项目。发表于《前沿》2012 年第 7 期,6.1 千字。该文认为,新中国成立以来,我国慈善事业政策经历了“整顿—禁锢—正名—倡导”的曲折变迁过程,慈善事业政策变迁具有随着国家形势和政策环境的变化而变迁的特点,国家意识形态和经济社会形势变化是推动慈善事业政策变迁的重要原因。为了更好地促进我国慈善事业发展,就必须进一步优化我国慈善事业政策:政府必须逐步放松对慈善组织的管制;重新定位政府在发展慈善事业中的角色,即政府与慈善组织之间应该是合作伙伴关系;慈善事业政策的制定与调整必须结合实情和遵循政策变迁的规律。

【水库移民公众参与研究】 欧辉明(广西水利电力勘测设计研究院)等撰。国家社科基金重点项目。发表于《人民黄河》2012 年第 3 期,8.4 千字。该文认为,水库移民公众参与对于库区经济发展及社会良性运行、协调发展有着重要意义。采用“自下而上”的视角并借鉴“过程—事件”分析模式,在移民安置计划过程、移民搬迁过程、收入恢复过程三大阶段的公众参与内容、形式等层面描述了 A 水库昌平县移民公众参与的现状。针对水库移民公众参与的未来发展提出:应完善公众参与的相关法律法规,加强公众参与的制度化、程序化建设,重视并发挥非政府组织在公众参与中的作用,使村民自治与公众参与共同发展,合理引导、正确认识移民的公众参与意识。

【广西农村医疗救助发展现状与政策选择】 张新文

(广西民族大学管理学院)、李修康(南宁职业技术学院人事处)撰。国家社科基金课题《我国西部农村扶贫与社会政策研究》阶段性成果之一,广西教育厅科研项目《广西公共事业民营化改革模式研究》阶段性成果之一。发表于《安徽农业科学》2012年第2期,6.7千字。该文认为,通过对当前广西农村医疗救助中存在的问题进行分析,结果表明:农村医疗救助存在对象界定不规范、救助标准偏低、救助程序繁琐、资金使用不合理等问题。在此基础上,研究了农村医疗救助的发展思路,即完善制度设计、健全筹资体系、提高基金监管有效性、加大舆论宣传和引导力度。

【基于核心竞争力视角的大学生就业力的培育】 胡芸(广西工学院社科系)撰。国家社科基金《中国特色社会主义理论体系下思想政治教育话语学构建探研》阶段性成果之一。发表于《继续教育研究》2012年第3期,3.6千字。该文认为,目前帮助大学生顺利就业已经成为全社会关注的焦点。要想顺利就业,大学生必须拥有一定的优势,即核心竞争力,高校要全力打造大学生的核心竞争力。对于大学生而言,拥有了核心竞争力就等于拥有了很好的就业力。大学生核心竞争力包括良好的实践能力、扎实的专业能力、独特的异质性、可持续的发展能力和良好的个性品质。

大学生就业形势报告会在南宁举行。　　（广西教育学院供稿）

【群体公民行为塑造:基于柔性激励的战略人力资源实践耦合模型】 黄瑛(广西大学商学院)撰。国家自然科学基金项目《小型团队领导者工作绩效及其前因变量关系模型探索式研究》阶段性成果之一。发表于《中国工业经济》2012年第10期,15.7千字。该文认为,基于对群体公民行为内涵的不同诠释,探索中国情境对管理实践和群体公民行为的影响,分析柔性激励融入人力资源实践对群体公民行为各维度的积极作用。从战略人力资源实践的层面,剖析中国情境下群体公民行为的塑造机理,构建和验证基于柔性激励的战略人力资源实践(SHRP)耦合模型。通过SHRP的驱动、保障及执行力3个子系统的互动,共同塑造群体公民行为,并形成基于柔性激励的SHRP与群体公民行为的耦合。其中,长期雇佣政策对中国情境的群体公民行为塑造有特殊意义,而跨边界绩效管理在中国组织SHRP中需要得到进一步完善。

【创业机会差异成因探析与未来研究展望——基于发现观和创造观融合的视角】 毕先萍、张琴(广西大学商学院)撰。国家自然科学基金地区项目《技术进步、制度变迁与创业机会:基于欠发达地区的理论与实证研究》阶段性成果之一,广西大学基金项目《广西促进全民创业政策研究》阶段性成果之一。发表于《外国经济与管理》2012年第5期,12千字。该文首先在分析创业机会的属性、成因及其演进等的基础上,提出了必须融合机会研究的发现观和创造观才能系统分析创业机会差异成因的观点;然后基于机会发现观和创造观构建了一个"机会创造—机会发现—机会开发—开发绩效"的整合研究框架,并且根据这一框架阐述了机会创造、机会发现、机会开发、开发绩效和反馈等问题;接着运用该整合框架全面阐释了不同创业机会差异的几个典型事实;最后总结了本研究的创新之处,并对未来相关研究进行了简要展望。

【中国社会消费水平差异与旅游发展水平差异的比较】 杨莎莎(桂林旅游高等专科学校)、廉超(广西师范大学)撰。国家社科基金资助项目,广西教育厅科学技术研究项目,广西人文社科发展研究中心"泛北部湾发展研究团队"项目。发表于《统计与决策》2012年第5期,7千字。该文认为,通过对我国六大经济协作区间的地区总差异、地区间差异和地区内差异以及地区的绝对差异和相对差异在社会消费水平差异和旅游发展水平差异方面进行研究,揭示了我国六大经济协作区之间社会消费水平差异和旅游发展水平差异的共同变化规律,并从缩减我国社会消费水平差异与旅游发展水平差异角度提出了促进我国地区旅游业健康稳定协调可持续发展的政策建议。

【中国道路中的低福利现象反思】 廖和平(广西师范大学政治与行政学院)撰。国家社科基金项目《和谐社会核心价值认同的利益机制研究》阶段性成果之一，国家社科基金项目《可持续发展理论与解决西部地区贫困问题研究》阶段性成果之一，国家社科基金项目《西汉意识形态及其当代价值研究》阶段性成果之一，广西师范大学青年基金项目《网络文化对高校德育的影响及其对策研究》阶段性成果之一。发表于《前沿》2012 年第 5 期，9 千字。该文认为，中国道路中存在低福利现象，原因主要有政府对以经济建设为中心路线理解的偏颇导致的观念错误、对社会福利的认识错误、市场经济中政府定位不清、城乡二元户籍制度和城乡经济差距拉大，低福利现象对中国道路的危害性较大，影响人们对中国特色社会主义道路的信任，可能导致陷入"中等收入水平国家陷阱"，影响中国道路在世界的吸引力，导致社会的"原子化"，寻致提高实现消除贫困目标的难度，必须采取措施消除中国道路中低福利现象，使中国道路顺利进行。

【环境道德、消费者社会义务与生态文明消费模式】 许进杰（玉林师范学院法商学院）撰。教育部人文社科研究项目《资源性供给紧约束条件下的居民消费模式研究》阶段性成果之一。发表于《现代经济探讨》2012 年第 10 期，6 千字。该文认为，自 18 世纪工业革命以来，人们日常生活领域中存在的"消费至上"、"不消费就衰退"、"消费越多越幸福"等不合理的消费观念和消费方式，在促进经济快速增长的同时，也加剧了全球性的资源耗损和环境危机。环境道德是消费者社会义务的道德基础和制度期待。在 21 世纪生态文明社会，抑制和克服这种不合理的环境道德观念和消费行为模式，修正和完善消费者在经济活动中的道德责任和社会义务制度，从道德责任和法律义务两个层面构建生态文明消费模式和确立消费者社会义务，无疑是建设生态文明，促进资源可持续消费和环境可持续发展，最终实现人的全面发展和社会全面进步的辩证理性和应然之举。

【贺州市新型农村社会养老保险制度的调查研究】 覃双凌（广西财经学院）、邓文勇（广西财经学院）撰。2012 年教育部人文社科研究规划项目《西南民族地区新型农村社会养老保险制度可持续发展研究》阶段性成果之一，2011 年广西哲学社科"十二五"规划项目《广西新型农村社会养老保险制度研究》阶段性成果之一。发表于《经济研究参考》2012 年第 59 期，6.2 千字。该文通过对贺州市新农保的集资能力、经办管理服务能力、农民对新农保的需求等方面进行调查，研究分析存在的问题，并提出相应对策建议。

【民族地区自然保护区周边社区民生问题研究——以广西为例】 李星群（广西大学商学院）撰。教育部人文社科研究规划基金《自然保护区周边社区民生问题研究—以广西为例》阶段性成果之一。发表于《广西民族研究》2012 年第 1 期，6 千字。该文认为，解决好广西自然保护区周边社区民生问题，需要通过正确处理好自然资源保护与社区民生问题的关系，加大保护区专项资金投入，建立差异化补偿机制，探索不同的社区发展模式，促进自然保护区与社区关系的和谐。

【惠农和社会保障政策：运行逻辑与减贫效应——以农村最低生活保障制度为例】 汤玉权（广西大学公共管理学院）等撰。教育部人文社科重点研究基地重大项目《贫困农民的代际更替与脱贫机制研究》阶段性成果之一，教育部人文社科青年基金项目《完善与农民政治参与积极性不断提高相适应的乡镇治理机制研究》阶段性成果之一，教育部人文社科青年基金项目《新型城乡关系背景下的农村社区建设研究》阶段性成果之一。发表于《求实》2012 年第 6 期，7 千字。该文认为，基于农村发展战略的重大调整和国家整体经济实力的显著提高，中国政府的惠农政策和社会保障政策体系中的大部分都在 21 世纪初集中出台或在全国范围内推开，从而极大地推动了农村减贫进程，促进了农村经济社会全面发展。同时，这些惠农政策和社会保障政策在目标群体瞄准、政策目标定位、政策衔接、财政支持结构等方面也积累了具有借鉴意义和推广价值的成功经验。

【毛泽东社会研究方法探析】 韦诗业（桂林电子科技大学公共事务学院）、旷晓霞（广西师范学院党委宣传部）撰。教育部人文社科研究青年基金项目《中国共产党意识形态资源开发利用问题研究》阶段性成果之一。发表于《前沿》2012 年第 22 期，5.4 千字。该文认为，毛泽东在长期运用马克思主义指导中国革命和建设的实践过程中，发展并形成了具有中国特色的社会研究方法体系，为中国共产党正确认识和改造中国社会提供了科学的方法指引。这些社会研究方法是毛泽东思想的有机组成部分，主要包括矛盾分析法、历史研究法、调查研究法和抽象研究法等。

【社会政策过程中公众参与角色的变迁及其社会意义】 谢舜、盛志宏（广西大学公共管理学院）撰。发表于《江汉论坛》2012 年第 8 期，8.2 千字。中国人民大学书报资料中心复印报刊资料《公共行政》2012 年第 12 期全文转载。该文认为在社会政策过程中，公众应当既是政策制定过程中的参与主体，也是政策执行中政策目标指向的客体。如果以“嵌入性—利益相关者”这一概念来描述公众与社会政策制定—执行过程的关系，则建国以来公众参与社会政策的角色先后经历了非嵌入的受益者、非嵌入的受损者和嵌入的利益相关者这3个阶段。公众参与社会政策的角色转变展示了国家与社会相互建构的历史、现状，也预示着国家与社会相互建构的未来趋向。

【户籍制度改革对流动人口收入的影响研究】 魏万青(广西大学公共管理学院)撰。发表于《社会学研究》2012年第1期，15.6千字。中国人民大学书报资料中心复印报刊资料《人口学》2012年第3期全文转载。该文认为，以往关于户籍制度对收入的影响的诸多研究基本上遵循的是工资差异分解模型的思路。然而，将外来人口和本地市民的工资收入差异进行分解，无法克服样本选择性与遗失关键变量带来的偏误。该文基于中国家庭收入调查数据，采用新近发展的倾向得分匹配方法来控制样本选择偏误，并采用自抽样法(Bootstrap)法进行统计推断，以克服小样本偏误，试图回答户籍限制对流动人口收入的影响。研究结果发现：①户籍制度对流动人口收入影响非常显著，克服选择性偏误之后的负向效应要高于普通回归结果和代理变量回归结果；②户籍限制对倾向得分较低的流动人口的收入效应是正向的，对倾向得分较高(能力较高)的流动人口产生影响为负；③这一不利影响随着市场化进程推进变得更显著。

【我国大学生创业制度环境的历史发展】 宣杰(广西师范大学)、黄少波(桂林电子科技大学)撰。2009年度国家社科基金西部项目。发表于《学校党建与思想教育》2012年第35期，3.4千字。该文认为，我国大学生创业制度的产生与发展与国家的高等教育制度改革并行推进，并以国家整个创业制度大环境为依托。在创业制度大环境发展的开放激励期，大学生创业制度的小环境才开始产生和逐步发展，难免产生制度滞后的现象。应重视并以马克思制度环境理论指导大学生创业制度环境的建构。

【人类学语境中的“民间信仰与中国社会研究”】 覃琮(广西师范大学法学院)撰。广西人文社科发展研究中心“南疆和谐民族关系研究团队”项目。发表于《民俗研究》2012年第5期，14.5千字。中国人民大学书报资料中心复印报刊资料《宗教》2012年第6期全文转载。该文认为，在人类学的语境中，民间信仰的概念界定虽具动态性，但却有约定俗成的研究范畴。基于此，关于民间信仰与中国社会研究，主要涉及以下3个相关议题：民间信仰与现代化；民间信仰领域的国家与社会关系；民间信仰与地方社会的互构。学者们在不断拓展民间信仰研究内容的同时，也在寻求研究范式的转换，这表明在人类学语境中，民间信仰研究已有共同的问题、方法和学术取向，初具学术范式的意义。但是，在“非遗”之后的民间信仰研究要获得进一步学术推进，必须不断探索新的分析框架，深化问题意识。

民　族　学

【关于当前若干热点民族问题的理性分析】 周健(自治区民族事务委员会)撰。发表于《广西民族研究》2012年第2期，12.2千字。中国人民大学书报资料中心复印报刊资料《民族问题研究》2012年第12期全文转载。该文认为，自西藏拉萨“3·14”和新疆乌鲁木齐“7·5”事件发生之后，一些学者在报刊上发表文章，提出了许多新观点，有的则对一些现行的民族政策和民族工作方法提出了质疑甚至否定。作者以一个长期在一线从事民族工作的实际工作者的身份对民族区域自治制度(政策)、“第二代民族政策”、民族问题去(非)政治化、少数民族优惠照顾政策、民族融合问题、推广使用普通话与保障少数民族使用本民族语言文字权利、少数民族是否是国家的包袱、加强宣传教育和切实贯彻落实国家民族政策等当前若干热点民族问题进行了理性思考和分析。

【民族融合：当前促进还是将来实现——民族理论前沿研究系列论文之四】 陆鹏(自治区党校区情调研室)等撰。教育部人文社科重点研究基地2007年度重大项目立项课，国家社科基金课题，中央民族大学“211工程”三期民族理论与政策重点学科建设项目，中央民族大学“985工程”三期中国特色民族理论与政策重点学科建设项目。发表于《黑龙江民族丛刊》2012年第4期，15千字。中国人民大学书报资料中心复印报刊资料《民族问题研究》2012年第11期全文转载。民族融合，当前促进还是将来实现？这是一个值得深入探讨的重大理论和实践问题。该文拟在梳理引发这一问题争鸣的背景和过程的基础上，呈现各方观点，并站在马克思主义民族理论的立场和观点上，对这一争鸣进行理论分析和阐释。

【认同与区分——民族服饰的族群语意表达】 徐赣丽(广西师范大学文学院)、郭悦(广西师范大学杂志社)撰。广西人文社会科学研究中心《南疆和谐民族关系研究创新团队》阶段性成果之一。发表于《民族学刊》2012年第2期，13千字。中国人民大学书报资料中心

广西民族服饰 （何　明　摄）

复印报刊资料《民族问题研究》2012 年第 7 期全文转载。该文认为，民族服饰通常被视作一个民族十分重要的外在标识，体现并强化着族群内部的认同及与他族的区分。然而，在一些多民族杂居或不同民族相邻而居的地区，族属的不同很难通过服饰的形质来判断，但这并不意味着他们之间失去了认同的依据。一方面，想象中的差异帮助他们确认彼此间的距离；另一方面，事实上的共通之处又使他们保持友好和谐的关系。于是，在族际交流的情形下，服饰的“大同小异”更多地成为处理“自我”与“他者”关系的一种生存策略。

【民族政策对民族关系的影响——以广西壮族自治区 S 县为例】 赵锦山（广西师范大学法学院）撰。广西人文社科发展研究中心项目《多民族聚居区社会分层与民族关系研究》阶段性成果之一。发表于《中南民族大学学报》（人文社科版）2012 年第 2 期，7.2 千字。中国人民大学书报资料中心复印报刊资料《民族问题研究》2012 年第 6 期全文转载。该文认为，民众对 S 县的民族关系和民族政策总体评价较高；在民汉通婚家庭中，优惠政策影响子女的民族身份选择，但作用有限；汉族的民族认同略低于苗、瑶、侗、壮四族，但各族对中华民族的认同很高；民族优惠政策使社会底层的壮族和汉族群众产生某种程度的相对剥夺感。为此，要注重各民族的利益协调，民族优惠政策应有助于少数民族能力提升，促进深层次的民族团结。

【略论百越民族及其后裔的葛织工艺】 谢崇安（广西民族大学民族学与社会学学院）撰。2010 年度国家社科基金项目。发表于《贵州民族研究》2012 年第 4 期，6 千字。该文认为，葛是与苎麻等植物不同的纺织原料。古代越族发明的葛纺织工艺可以追溯到新石器时代，此后，它在历史进程中得到不断地发展。古越人及其后裔生产的各种葛织工艺品闻名天下，成为历代王朝的地方贡品。直到清朝以后，由于棉织业的发达等因素的影响，传统的葛织工艺，在东南、岭南等地区才走向衰落绝迹，只是在西南民族地区还有一些遗留。

【壮族与客家的文化互动与融合】 袁丽红（广西民族问题研究中心）撰。国家社科基金项目《在互动中走向和谐——壮族与客家关系研究》阶段性成果之一。发表于《广西民族研究》2012 年第 2 期，11 千字。该文认为，随着壮族与客家交往的增多，两者之间的文化互动越来越普遍，在语言、风俗习惯、宗教信仰等方面均相互包容，甚至相互吸收。在壮族与客家杂居地区，两者已经出现了文化上的融合，而且这种融合不是单方面的，而是“你中有我，我中有你”，壮族的客家化与客家人的壮化同时并存。

【明代广西壮族土司土兵“供征调”及其社会影响述论】 蓝武（广西师范大学历史文化与旅游学院）撰。2008 年度国家社科基金项目《华南边陲传统民族社会的国家认同——以壮族土司制度为实证》阶段性成果之一。发表于《广西师范大学学报》（哲学社科版）2012 年第 2 期，6.7 千字。该文认为，土司制度下的土兵是封建国家武装力量的一个有机组成部分。明代封建中央王朝频繁征调广西壮族土司土兵从事各种军事活动，一方面对加强边疆防卫、稳定社会秩序和巩固多民族国家的统一起过一定积极作用，另一方面也加重了广西地方政府的财政负担，影响了广西社会生产力的发展，并导致社会混乱、民众生活更加困苦以及土司土兵征戍制度的变更。

【现代国家话语下的族群认同变迁——以广西龙州县金龙镇板外屯壮族傣人侬人为例】 周建新、严月华（广西民族大学）撰。国家社科基金特别项目《边界、边民与国家：中国西南边境六十年(1949~2009)》阶段性成果之一，广西首批特聘专家项目。发表于《广西民族研究》2012 年第 1 期，13.3 千字。该文认为，族群认同的变迁与民族国家的现代化进程密不可分。位于广西西南部边境村落的傣人和侬人，从历史上两族群之间界线明晰到今天的“傣依不分”,其族群意识的变迁深深烙上了现代国家话语的痕迹。同时,族群特有的内在文化认知作为一种排异的力量始终在发生作用。本文着力呈现国家语境下傣人和侬人的关系及演变,深入探讨现代民族国家如何通过自身的话语表述,将不同文化特质的族群个体纳入到统一的政治和经济体之中,而当地的族群成员又是如何接受或拒绝这些表述的。

【中华民族艺术本体及其文化内涵——广西凌云泗城壮族巫调之文化解说】 陆建业(广西艺术学院)撰。发表于《艺术百家》2012 年第 3 期,20 千字。中国人民大学书报资料中心复印报刊资料《文化研究》2012 年第 8 期全文转载。该文认为,不同时代、不同民族的艺术本体样式,无不体现着其民族、地域、时代、观念、意识。艺术本体承载着人类社会文化思想和价值取向,饱蘸着各不同民族文化精神追求的向度,是展示社会文化状貌的窗口。因此,值艺术学学科升格为门类学科之际,从艺术学学科学理建构的角度出发,重视和关注民族艺术本体的文化研究,是艺术学学术建设不可或缺的根本和核心之一,亦是艺术家及艺术学理论家共同努力建构我国完整的艺术学学科体系的必经之路。该文意从广西凌云泗城壮族巫调本体之文化特征,阐述民族艺术本体之社会文化内涵及其社会文化价值,完善和充实凌云泗城壮族巫调音乐文本之理论阐述,还原民族民俗艺术本体之文化内涵状貌。

【壮族节日文化的重构与创新】 覃彩銮(广西民族问题研究中心)撰。国家社科基金课题《壮族传统节日的文化创新研究》阶段性成果之一。发表于《广西民族研究》2012 年第 4 期,11.1 千字。该文认为,自古以来壮族传统节日自成系列,内涵丰富,源远流长,具有鲜明的稻作文化色彩。壮族称过节为“吃节”,因而,节日是壮家人畅饮的盛宴、祭祀的盛典、娱乐的平台、交友的良机,凝聚着壮民族深厚的情结,承载着壮家人对人寿年丰、平安生活的追求与期待,储存着丰富的历史文化信息,铭刻着壮民族历史文化发展的印记,具有调节身心、振奋精神、促进团结、增强信心、丰富文化生活和传承民族文化的功能。在现代化进程中,需要加强对其节日文化的保护与传承,实现节日文化的重构与创新。

【空间记忆与族群认同——云南省马关县壮族的“侬智高”纪念实践】 罗彩娟(广西师范学院政法学院)撰。国家社科基金项目《壮族的族群认同与国家认同研究》阶段性成果之一。发表于《中南民族大学学报》(人文社科版)2012 年第 2 期,8.4 千字。该文认为,干栏房是壮族为适应自然环境而创造出来的房屋;龙山是壮族供奉神灵的神圣之地。在云南省马关县,干栏房和龙山皆因壮族历史人物侬智高而被赋予了新的意义。其中,干栏房“楼上住人,楼下圈畜”的居住形式被当地人解释为纪念侬智高上吊去世时的“上不着天,下不着地”的形象;当地壮族侬人每年六月前往龙山祭祀侬智高,六月节因之成为当地最重要的节日。分别作为居住空间和祭祀空间的干栏房与龙山,是当地壮族对侬智高事件集体记忆的载体,更是人们对侬智高的一种纪念实践。马关县壮族通过干栏房和龙山两种壮族文化要素来传承人们对侬智高的历史记忆,从而加强了壮族的族群认同。

【族群交往:壮剧生成与传承的文化生态】 陈丽琴(广西民族大学文学院)撰。国家社科基金西部项目,广西高校优秀人才资助项目,广西民族大学生态审美与民族文艺学研究基地项目。发表于《广西社会科学》2012 年第 2 期,8.4 千字。该文认为,壮族在历史发展过程中,与相邻的族群发生了文化上的交流与融合,这种与他族文化上的交融成为民间艺术的共时生态,在横向上深刻影响了壮族民间文艺的形式与风格。壮剧是在汉族戏曲等艺术形式的直接影响下而陆续形成、发展的,在剧目、音乐、表演、技法、乐器等方面,壮剧都大量地吸收了汉族戏曲的艺术滋养,并与本民族传统艺术融为一体,逐步得到丰富和发展。

【精英阶层转型与农村基层民主政治建设的推进——以桂北地区苗族村寨为例】 蒋霞(桂林电子科技大学),何海龙(广西师范大学)撰。国家社科基金西部项目《华南边陲的民族向心运动与族际关系和谐建构的人类学考察》阶段性成果之一。发表于《黑龙江民族丛刊》2012 年第 3 期,6.2 千字。该文认为,苗族社会中,村寨精英以其与众不同的影响力成为权威人物,在村寨中发挥着特殊而重要的作用。围绕推进农村基层民主政治建设,桂北地区苗族村寨完成了从传统寨老向村党支书、村委会主任为主体的精英阶层的转型;通过分析苗族社会的精英构成和他们参与公共事务的积极性,以及对社会秩序的稳定和增强民族团结方面的影响力,探寻当地社会和谐稳定发展的驱动因素和农村基层民主政治建设的方向。

【海洋文化精神的诗性表达:京族史诗研究】 王红(广西大学文学院)撰。教育部社科基金项目,广西教育厅社科基金项目。发表于《广西社会科学》2012 年第 3 期,7.8 千字。该文认为,京族史诗呈现了京族含蓄包容与刚健雄浑并举的海洋文化精神，是京族历史、民族精神、社会文化生活百态以及京族人思考人生、社会、自然宇宙的百科全书，体现出艺术工具论、艺术本体论、艺术形式论的多重属性。而从其精神内涵、形成方式、艺术形式看来，人生如诗、生活如诗、民族如诗是京族史诗潜在的核心命题，此种生命存在形态、艺术创作形式和人文精神，不仅是民族文化瑰宝，而且是中国古典文化的完善和补充，亦是当代文化发展的借鉴与给养。

【族群离散与认同重构——以中尼边境地区达曼人为例】 周建新、杨静（广西民族大学民族学与社会学学院）撰。国家社科基金特别委托项目西南边疆项目《边界、边民与国家》阶段性成果之一，广西首批特聘专家岗位项目《中国南方与东南亚民族研究》阶段性成果之一。发表于《广西民族大学学报》（哲学社科版）2012 年第 5 期，11.7 千字。该文在介绍达曼人的历史与现状基础上，探讨跨国离散族群在面对生存与发展的困境时，如何做出选择，并且在文化适应和族群关系调整等方面，顺应发展大势，积极响应国家政策，进行自我调整与重新定位，进而最终实现自我的国民意识和族群意识重构。

【侗族栖居之所的时空印痕与居所哲学观】 张泽忠（广西民族大学文学院）撰。国家社科基金项目《侗族建筑艺术的“创造性转化”研究》阶段性成果之一。发表于《广西民族大学学报》（哲学社科版）2012 年第 5 期，13.8 千字。该文认为，以蜚声海内外的侗族居所建筑为例讨论 3 个方面的问题：(1)“积木以居”与“作为艺术的建筑术的萌芽”；(2) 居方之所的自我表征与造型物的圣化品格；(3) 居所序列的审美特性与生存环境的生成性。讨论的目标是，基于“辨物居方”与“居安其所”的生态环境生成性与共创性这一本源性根由，分析居所序列与时空维度之间存在的哲学性关系问题。

【民间规约的诗性展演：侗族款词研究】 王红（广西大学文学院）撰。教育部社科基金项目。发表于《吉首大学学报》（社会科学版）2012 年第 6 期，10.2 千字。该文认为，侗族款词是以民族古歌形式表达的乡规民约，是民间文艺和民间规约的复合体。它以“百科全书”的身份在广度上蕴涵了侗族的社会横向全景，并在深度上以“活化石”的姿态表征着侗族历史的纵向发生、承继与发扬。不仅如此，侗款呈现的文化底蕴、律法思想和表意机制，揭示了侗族文化中人与自然的和谐属性和共处原则，以此为基础生成的艺术精神和律法思想，及其两者悖论而统一的独特属性，又反过来支撑着民族的独特性与恒定性。因此，侗款在艺术与法律的领域，在处理人类自由与规约、情感与理性、人本与法本关系时凸显出和谐性、有效性与持续力，它以一种成功的文化精神模态昭示了人类社会、艺术创作发展的又一探索方向与行进模式。

【彝族传统文化中的农业知识与实践】 平锋（广西艺术学院民族艺术研究所）等撰。2011 年度国家社科基金项目《西南少数民族国家级非物质文化遗产保护研究》阶段性成果之一。发表于《黑龙江民族丛刊》2012 年第 4 期，12.9 千字。该文认为，彝族进入农耕阶段后，在长期的生产实践中形成了独具特色的农耕文化；通过彝族古籍、神话、传说等内容来阐述彝族先民有关农业的起源、农作知识、农作物的产生、农具的产生等方面的农业知识，并从农事祭祀、农事禁忌两个方面来看彝族在现实实践中对传统农业知识的运用。

【仫佬族及其民歌艺术刍论】 陈贻琳（广西财经学院）撰。国家社科基金西部项目《边疆民族地区文化产业发展与少数民族特色文化保护研究》阶段性成果之一。发表于《前沿》2012 年第 15 期，6.1 千字。该文认为，仫佬族是广西独有的少数民族，以其民歌为代表性传统民族文化。仫佬民歌分为“随口答”、“古条”和“口风”3 种基本形式，每一种山歌都有其特定的内容和用途，但从根本上说，唱仫佬歌是仫佬人凝聚族群的有效途径，同时，仫佬歌也体现了仫佬民族对汉民族——中华主流民族文化的接受和认同。

【社会性别视角下俐侎人的育儿习俗探析】 徐莉、石林红（广西师范大学教育科学学院）撰。教育部人文社科研究课题《教育公平与女性观照：少数民族教育中的女性参与》阶段性成果之一。发表于《广西师范大学学报》（哲学社科版）2012 年第 5 期，6.5 千字。该文认为，俐侎人对待男女两性的社会性别期待从孩子未出生就开始了，他们将这种期待融入当地的育儿习俗中。俐侎人对待男女两性儿童在求子习俗、生育和养育 3 个环节上有具体差异，其育儿习俗中的孕育、生育、养育过程中处处折射出当地人“男女有别”、“男尊女卑”的传统社会性别观念。要转变俐侎人的社会性别观念需要男女两性的共同努力，男性应该抛开性别偏见，而女性应该提高自身的觉醒意识，转变传统的角色认同。

【神圣与世俗——广西一个山地瑶族师公的信仰和生活】 罗宗志（广西民族大学民族学与社会学学院），刘志艳（广西恭城瑶族自治县嘉会乡人民政府）撰。2012 年度教育部人文社会科学研究规划基本项目《信仰之手——广西盘瑶巫师群体权力研究》阶段性成果之一。

发表于《宗教学研究》2012年第1期,8千字。该文认为,瑶山生态独特,生产方式滞后,滋生了鬼神观念。鬼神要作祟人间,于是作为沟通人与鬼神灵媒的巫师出现了。师公是瑶族社会的高级巫师,他们在生产生活、疾病生育、婚丧嫁娶中扮演着重要的角色。以往瑶族宗教研究,多集中于对瑶族信仰的特质、经典及仪式的研究,而对于师公群体的研究迄今仍付阙如。基于此研究现状,以广西大瑶山一位庞姓瑶族师公作为研究对象,对他的信仰与生活进行民族志研究,尝试从一个新的视角来理解瑶族的宗教。

【瑶族民歌的创作特征】 杨胜慧(广西柳州职业技术学院),黄薇薇(贺州学院)撰。2011年度教育部人文社科研究一般项目《瑶族民歌的地域差异研究》阶段性成果之一。发表于《民族文学研究》2012年第4期,7.4千字。该文认为,瑶族能歌善舞,在民众中流传着大量的民歌,从民歌的题材上大致分为:创世歌、祭祀歌、信歌、生产歌、恋歌、盘歌、婚丧风俗歌等;从歌种与体裁可分为:勉语群体歌、布努语群体歌、拉珈语群体歌等。这些歌种不仅曲调丰富,旋律优美,更令人赞不绝口的是瑶族人那口头即兴创作的旋律、歌词,以及独特的演唱风格。

政　治　学

【试析中国社会主义现代化的特殊规律】 闭伟宁(广西大学公共管理学院)撰。国家社科基金项目《广西社会现代化与社会稳定研究》阶段性成果之一。发表于《社会主义研究》2012年第2期,7.3千字。该文认为,准确剖析中国社会主义现代化的历程及其特点,有利于正确把握当前社会发展的状况,增强人们对社会发展前景的信心。该文对建国以来社会主义现代化建设过程进行了比较系统、深入的考察和分析,指出由于社会内部各种条件的限制和外部环境的压力,中国的社会主义现代化形成了比较独特的运动规律。这种规律的基本内容是中国社会主义现代化的整体过程表现出从被动走向主动、从后发走向跨越、从隔离走向互动、从失调走向和谐的特点。

【中国发展模式内涵探析】 张荣洁(广西大学政治学院)等撰。2011年度国家社科基金项目《科学发展研究》阶段性成果之一。发表于《江汉论坛》2012年第4期,8.6千字。中国人民大学书报资料中心复印报刊资料《中国特色社会主义理论》2012年第7期全文转载。该文认为,中国发展模式是改革开放以来所形成的适合中国国情、取得了巨大成功、在实践中不断完善的发展理念、方式、原则、经验和结果等的总称。中国发展模式有着丰富的内涵,它是以人为本的发展模式、全面的发展模式、竞和性的发展模式、包容性的发展模式、低代价的发展模式。从唯物辩证法的角度看,中国发展模式是中国成就和中国问题的统一、特殊性和普遍性的统一、确定性和不确定性的统一、实然和应然的统一、传承和创新的统一、内源性和开放性的统一。通过与欧美发展模式、前苏联发展模式和阿拉伯发展模式的对比分析,可对中国发展模式的内涵及其意义予以更科学的把握。

【中国特色社会主义制度实施与中国特色社会主义理论体系的科学发展】 梁远海、李宪伦(广西科技大学)撰。国家社科基金项目。发表于《广西社会科学》2012年第9期,6.4千字。该文认为,中国特色社会主义制度实施与实践,既是中国特色社会主义理论体系指导下的社会实践成果,也是中国特色社会主义理论体系的社会实践来源,是实现中国特色社会主义理论体系科学发展的必然结果。这一结果揭示着加强中国特色社会主义制度实施要素建设,处理好制度体系之间相互衔接、相互联系基本关系,发挥中国特色社会主义制度实施的优势,是推进中国特色社会主义理论体系下新一轮中国特色社会主义制度实施与建设的实践要求,决定并推进着中国特色社会主义理论体系与时俱进地发展。

【中国特色社会主义理论体系实践性之现实维度】 曾德盛(广西社会科学院哲学所)撰。国家社科基金项目《中国特色社会主义理论体系实践特色研究》阶段性成果之一。发表于《学术论坛》2012年第8期,6.9千字。该文认为,马克思主义是严格以客观事实为根据的科学,客观现实是其理论的立足点。马克思主义的实践性在于它适应现实需要,从现实出发,并正确反映现实。同样,中国特色社会主义理论体系之所以是科学和具有鲜明的实践性,就因为它是建立在客观现实基础之上的。当代世情和当代中国的国情、党情是中国特色社会主义理论体系三重现实维度。

【大学生社会主义核心价值体系认同教育路径探微】 韦冬雪(广西师范大学马克思主义学院)撰。2012年国家社科基金西部项目《西部高校大学生社会主义核心价值体系认同教育研究》阶段性成果之一,博士后科学研究基金面上资助项目《少数民族大学生社会主义核心价值体系认同研究》阶段性成果之一。发表于《广西师范大学学报》(哲学社科版)2012年第4期,8.8千字。该文认为,大学生社会主义核心价值体系认同的形成表现为动态和静态两个方面。动态过程是一个由认知认同—情感认同—行为实践的过程;静态体现为一种认同结果:即表层认同或深层认同。因此,要提高大学生对社会主义核心价值体系的认同,一是要充分发挥高校思想政治理论课的主渠道作用,提高大学生对核心价值体系的认知认同;二是开展丰富的校园文化活动,培养大学生对核心价值体系的情感认同;三是加强社会实践活动,强化大学生对核心价值体系的行为实践;四是优化社会环境,固化大学生对核心价值体系的认同。

【关于“学习型”的分析与思考】 谢春红(广西大学政治学院)等撰。国家社科基金项目《建设马克思主义学习型政党研究》阶段性成果之一。发表于《科学社会主义》2012年第4期,5.2千字。该文认为,“学习型”是当下一个热门话语。廓清“学习型”的来龙去脉,明晰“学习型”的真正内涵和中国意义,是当前建设学习型政党、学习型社会的一项基础性理论工作。基于对“学习型”的语词来源、创制背景、发展历程、价值追求等问题的历史考察,结合中国的话语习惯和文化传统,从“一种社会认知概念、一种思维范式转换、一种‘发展’的隐喻”这3个不同的视角来理解“学习型”,有助于深化对“学习型”内涵的认识,避免现实建设中的主观主义和形式主义,使当前的建设活动朝着更符合“学习型”的本质要求和人类的理想追求的方向迈进。

【改善民生是中国特色社会主义理论体系的基本问题】 蔡卫华、谭培文(广西师范大学政治与行政学院)撰。国家社科基金项目,教育部人文社科项目。发表于《广西社会科学》2012年第5期,8.4千字。该文认为,当代民生问题的基本内容包括民生与物质生活、精神文化生活、政治生活之间的关系。改善民生是中国特色社会主义理论体系的基本依据和核心内容,以改善民生为基本立足点,推动人的全面发展则是其价值目标。改善民生的实践是检验中国特色社会主义理论体系真理性的一个重要标准。

【以党建“三步曲”带动研究生思想政治教育机制的创新】 顾慕娴、邹再金(广西大学)撰。2010年度教育部人文社会科学研究项目。发表于《广西社会科学》2012年第7期,6.6千字。该文认为,当前研究生思想政治教育矛盾具体表现在研究生的思想政治教育重视度、思想政治状况和思想政治教育机制三个方面。对此,应深刻把握党建与研究生思想政治教育关系的内在逻辑,以党建“三步曲”带动研究生思想政治教育机制的创新:坚持党建“一条链”,科学地制定研究生思想政治教育的管理机制;坚持党建“二靠前”,前瞻地设置研究生思想政治教育的目标机制;坚持党建“三贴近”,务实地落实研究生思想政治教育的工作机制。

【关于强化大学生政治信仰教育实效性若干问题研究】 李继兵(玉林师范学院)、宁德鹏(广西大学政治学院)撰。教育部人文社会科学研究西部和边疆地区项目《当代大学生政治信仰现状及教育对策研究》阶段性成果之一。发表于《学术论坛》2012年第11期,6千字。该文认为,准确把握当代大学生政治信仰教育变化的趋势和特点,加强大学生政治信仰的塑造,用科学的方法进行政治信仰教育。通过理论教育与社会实践相结合、显性教育与隐性教育相结合、整体教育与层次教育相结合,不断提高当代大学生政治信仰教育的实效性。

【国家政权建设背景下的行政控制——南京国民政府“乡村自治”的实践路径、历史困局及当代启示】 张东雁(广西大学)撰。广西大学科研基金项目《近代中国乡村建设的路径比较研究》阶段性成果之一,教育部人文社科研究规划基金项目《集体产权视角下的农地流转机制主体创新研究》阶段性成果之一。发表于《湖北行政学院学报》2012年第3期,8.6千字。该文认为,20世纪20、30年代,南京国民政府以法律形式将乡村自治确定为国家政治制度。由于国民政府以“行政控制”为实践路径,严重背离了地方自治的制度精神,导致政府与农村社会之间缺乏良性互动与有效合作。农村社会的排拒使“乡村自治”制度最终在多数地方流于形式。南京国民政府“乡村自治”已经成为历史的烟云,但它留下的历史教训如此丰富并值得我们深思。

【乡村威权型治理:一个概念性框架及其解释】 廖业扬(广西民族大学政治学与国际关系学院)等撰。2011年广西民族大学项目《科学发展观视域下的乡村发展型风险治理研究》阶段性成果之一,教育部人文社科青年基金项目《新时期我国公共政策议程设定转型与群体性事件治理研究》阶段性成果之一,四川省社科规划青年项目《基于公共政策议程设定转型的群体性事件治理》阶段性成果之一,四川大学985工程三期创新基地项目《社会公正与公共危机控制》阶段性成果之一。发表于《行政论坛》2012年第7期,12.1千字。该文认为,乡村威权型治理作为一个理论研究的分析性概念,对于解释当下中国乡村治理存在的诸多重大问题和治理困境,较之其他相近的概念,似乎有更好的解释力和说服力;作为实践层面的乡村威权型治理,是改革开放以来中国乡村治理的主导样态和体制实态。集权型政治传统的深层影响、执政党在革命年代的领导体制及其行政范式的余风、人民公社全能体制的历史惯性等制度性资源和政治遗产是这一体制的主要成因。

【"诺思悖论"与政府的角色冲突】 刘仁春(广西师范大学政治与行政学院)撰。国家社科基金项目《社会分化背景下阶层和谐的公共政策研究》阶段性成果之一,广西师范大学博士科研启动基金项目。发表于《行政论坛》2012年第5期,9.7千字。该文认为,政府的规范目的是追求公共利益,但组成政府的微观主体还会有自己的利益。新制度主义的"诺思悖论"揭示了政府在追求公共利益和追求自身利益之间的角色冲突和内在矛盾性。在现实中,只要政府权力不受控制,组成政府的微观主体就可能放弃公共责任,追求自身利益的最大化,从而不仅不是公共利益的代表者和维护者,反而可能成为公共利益的威胁。只有加强民主法治建设,规范和限制政府权力,才可能保证政府按照公共利益的要求履行职责,管理公共事务。

【乡镇党委公推直选模式的比较与思考】 陈元中、郑颖瑜(广西民族大学)撰。教育部人文社会科学研究规划基金项目《公推直选的制度创新与政治效应研究》阶段性成果之一。发表于《湖北行政学院学报》2012年第4期,8千字。中国人民大学书报资料中心复印报刊资料《中国共产党》2012年第12期全文转载。该文认为,近十年来,公推直选的试点工作在党的基层组织逐步推行,各试点组织在实践中探索出了公推直选的不同模式,主要有:"单选"式、"同选"式、"倒选"式和"顺选"式。这些方式各有优劣,应当客观分析其利弊,加强理论研究、制度建设和实践探索,使其不断完善,并因地制宜地择优选用,发挥其优势和功能。

【虚拟社会环境下党组织学习机制研究】 曾令辉、陈敏(广西师范学院)撰。教育部人文社科研究专项任务项目(马克思主义中国化、时代化、大众化)《网络环境下学习型党组织建设理论与实践研究》阶段性成果之一。发表于《学校党建与思想教育》2012年第19期,5.2千字。该文认为,虚拟社会作为一种新型社会形式,为进一步拓展和优化学习型党组织提供了新的学习和活动场域。建立适应虚拟社会环境下的学习型党组织,关键在于要建立适应虚拟社会环境特点和规律的学习机制,包括学习动力机制、学习资源共享机制、学习合作与协同机制、学习参与协作机制。

【党工共生:后发国家的法团主义实践】 韩虓宇(广西桂林理工大学马克思主义学院)撰。2012年教育部人文社科研究规划基金项目《中国共产党长期执政背景下忧患意识教育研究》阶段性成果之一。发表于《人民论坛》2012年第27期,3.4千字。该文认为,频繁的劳资冲突迫使工会考虑转变,多元主义在中国并无太多现实价值,具有法团特征的新加坡党工共生模式不仅有效缓解劳资矛盾,更使政府在处理劳资关系、维持社会和经济稳定上居于积极、主动位置,其中加强国家力量、明确建制目标是发挥法团结构效能的关键。新加坡党工共生模式对于当下中国工会的转型有着一定借鉴意义。

【多民族地区政策执行主体优化研究】 林聪(广西西江集团党委)撰。教育部项目《边疆多民族地区基层整体性治理研究——以广西和云南五县(市)为样本》阶段性成果之一、《整体性治理视域下的边疆多民族地区基层治理研究》阶段性成果之一、《基于整体性治理的政府组织协调机制研究》阶段性成果之一、《政府组织整体性协调机制研究》阶段性成果之一。发表于《学术论坛》2012年第4期,4.8千字。该文认为,政策执行主体是政策执行的关键因素。目前,我国的政策执行存在多种弊端,这些弊端将成为政治体制改革的重要阻碍,此现象在西部的多民族地区也是如此。在西部多民族地区,政策执行主体的政治态度、行为习惯和利益需求等都在某种程度上对政策的有效执行造成影响,因此有必要对政策执行主体进行必要的优化。

龙胜各族自治县之龙胜山寨。 (何 明 摄)

【和谐社会核心价值认同的辩证分析】 谭培文(广西师范大学政治与行政学院)撰。国家社科基金项目,广西社科基金项目。发表于《道德与文明》2012年第1期,9.2千字。该文认为,推进和谐社会核心价值体系的建设,关键在于价值认同。社会主义市场经济体制为核心价值认同提供了可能性,但市场经济的多元利益主体的利益取向给价值认同带来一定难题。为了增强社会主义核心价值认同的实效性,必须正确处理利益认同和思想认同的辩证关系,坚持以利益认同为前提和基础,突出思想认同对利益认同的引领作用,通过利益认同推进思想认同,从而实现对社会主义核心价值体系的价值认同。

【执政道德:中国共产党政党功能调适的素质保障】 朱前星(玉林师范学院)等撰。广西高校优秀人才资助计划项目《社会整合目标取向下中国共产党政党功能调适研究》阶段性成果之一,高层次人才科研启动基金项目《社会整合取向下的公民法律权利与政治》阶段性成果之一,广西哲学社科规划项目《边疆政治学境阈下中国共产党的社会整合研究》阶段性成果之一。发表于《湖南行政学院学报》2012年第1期,6千字。中国人民大学书报资料中心复印报刊资料《中国共产党》2012年第5期全文转载。该文认为,执政道德是指执政党在执掌政权的过程中经由内心信念,依靠社会舆论进行调节,以善恶作为评价标准的行为规范总和。执政道德是执政党执政行为公平正义性的基本保障。中国共产党自成立以来,特别是执政以来,由革命而建设,由在野而执政,由冲突而整合等等,其自身所处的社会环境有了巨大变化,中国共产党在领导中国社会主义改革开放进程中需要根据时代和形势的变化对自身的功能进行调适。只有加强执政道德建设,才能为中国共产党政党功能调适提供素质保障。

【以制度创新激发创先争优的可持续动力】 汤志华(广西师范大学马克思主义学院)撰。2010年广西马克思主义理论研究与建设工程项目《提高党建科学化水平研究》阶段性成果之一。发表于《桂海论丛》2012年第6期,7.6千字。中国人民大学书报资料中心复印报刊资料《中国共产党》2012年第5期全文转载。该文认为,做好做实创先争优关键在于激发基层党组织和广大党员的可持续动力,激发其可持续动力的根本就是要建立健全创先争优活动的党内激励机制群,并使之成为常态化的长效机制。其中教育学习机制是基础,示范引导和权利支撑机制是动力,激励约束和责任保障机制是关键。

【转型时期农村党组织的功能转换困境及对策】 刘绍卫(广西区党委党史研究室)撰。国家社科基金项目《建设马克思主义学习型政党研究》阶段性成果之一。发表于《甘肃理论学刊》2012年第1期,9.1千字。中国人民大学书报资料中心复印报刊资料《中国共产党》2012年第4期全文转载。该文认为,农村基层党组织建设是执政党农村工作的基础工程,是党在农村全部工作的组织者和实践者,是推动党建设新的伟大工程的重要组成部分,在我国现代化建设中占据着极为重要的地位。根据农村基层党组织发展现状,从整合利益关系,扩大党的覆盖面、加强民主政治建设和党员队伍建设、改进管理方式,坚持核心价值体系引领等方面探讨了农村基层党组织适应新形势下的社会转型的有效途径。

【基于耗散结构理论的科学人文思想政治教育方法发展模型】 蒙健堃(玉林师范学院)撰。教育部社科研究规划课题《人文教育与科学教育相融合的思想政治教育研究》阶段性成果之一。发表于《系统科学学报》2012年第1期,10.5千字。该文将耗散结构理论的演化发展观引入思想政治教育方法发展的观测和研究中,探讨具有动态的、演化意义的科学人文思想政治教育方法发展模型。

【地方政府行政审批制度创新行为及其限度】 张华(广西民族大学管理学院)等撰。中山大学三期"985工程"项目《当代中国政府与政治重大转型问题研究》阶段性成果之一,国家社科基金重点项目《我国地方政府大部制机构改革模式跟踪研究》阶段性成果之一,广东省哲学社科规划一般项目《珠三角大部制政府机构改革模式研究》阶段性成果之一。发表于《中国人民大学学报》2012年第5期,14.5千字。该文认为,行政审批制度变迁过程中存在目标函数不同的行动集团,包括核心行动者和执行者。地方政府核心行动者利用行政服务中心这一制度装置对变迁过程实施控制,并采取适当的行动策略,从而突破碎片化行政审批体制下的制度进入壁垒,掌握制度创新的主动权,推动制度创新。只有实现制度创新角色的转换并进行深刻的政治体制改革,打破原有利益格局,才能建立起与市场经济体制相适应的行政审批制度,但其前景并不乐观,存在很大的不确定性。

【社会主义核心价值体系贯穿于大学生思想政治教育全过程的系统分析】 杨勇、冯霞(广西财经学院思想政治理论课教学部)撰。2011年国家社科基金课题。发表于《广西社会科学》2012年第3期,7千字。该文认为,把社会主义核心价值体系贯穿于大学生思想政治教育全过程，对大学生进行科学、准确和合理的理想信念教育和价值体系输导，是培养社会主义合格建设者和可靠接班人的关键环节。系统建构“把社会主义核心价值体系贯穿于大学生思想政治教育全过程”的过程协同理论并形成具有可控性的操作程式，始终是增强和提高“把社会主义核心价值体系贯穿于大学生思想政治教育全过程”针对性、操作性和实效性的核心问题。高教系统所具有的建设性与创造性的调适能力不仅表现为对高教管理与教学活动中的事件作出简单回应和调整，而且是由调节、修正、改造和改变环境或系统本身，或者力图突破管理者与教育者自身技能、资源的局限而对环境与系统两者同时实施改变。

【社会主义是可持续发展的必由之路】 李荷英（河池学院政法学院）等撰。国家社科基金青年项目《社会政治制度与可持续发展》结项成果的导言。发表于《马克思主义研究》2012 年第 3 期，8.2 千字。该文认为，环境问题是“天灾”，贫富分化是“人祸”。天灾人祸的根源是由资本的逻辑所主导的财富及其副产品（环境问题）在人间的分配；资本主义生产方式与人的发展和生态环境根本对立。可持续发展必然是在对资本主义生产方式的否定中才能实现。消灭剥削、消灭私有制，社会主义是可持续发展的必由之路。只有社会主义才能救中国，只有社会主义才能发展中国，这是历史的结论，也是对未来中国的启示。中国共产党人提出的科学发展观，是马克思主义社会发展学说的新形态。走社会主义道路是历史发展的必由之路，与贯彻落实科学发展观具有内在的一致性。

【当代中国民生政治建设提速的制度创新之路——基于马克思主义中国化的视野】 黄骏（广西民族大学政治学与国际关系学院）撰。教育部 2010 年人文社科规划基金项目《马克思主义越南化问题及中越两国马克思主义本土化的比较研究》阶段性成果之一。发表于《理论探讨》2012 年第 2 期，6.5 千字。该文认为，当代中国民生政治建设的提速，呼唤着新一轮制度创新的到位跟进。在马克思主义的中国化进程中，毛泽东、邓小平和今天的中央领导集体一直都在为中国社会主义民生问题的解决探索出一条成功之路。当代中国民生政治建设提速的制度创新，必须着眼于由管理型政府到服务型政府的政府职能重新定位，在政策制定制度的创新中强调多元社会主体的真正共同参与，同时也要更加注重政策监督和纠偏制度的创新。

【CAFTA 框架下的中国—东盟非传统安全问题合作研究】 张才圣（广西师范大学政治与行政学院）撰。国家社科基金 2012 年度青年项目《国际格局变化背景下我国边疆民族地区文化安全问题研究》阶段性成果之一。发表于《广西师范大学学报》（哲学社科版）2012 年第 3 期，8.1 千字。该文认为，中国与东盟已在经济安全、打击恐怖主义以及公共卫生安全等非传统安全领域展开了积极合作。但是 CAFTA 框架下的中国—东盟非传统安全合作领域还存在待拓宽、合作的渠道还不够畅通、现有的合作机制不够完善、常设性合作机构存在缺失等问题。因此，深化 CAFTA 框架下的非传统安全合作，共同应对各种非传统安全的挑战，构建更为和谐的双边及多边关系，是中国—东盟目前亟待解决的问题。

法　　学

【传统族群知识利益流失轨迹分析——兼论搭建传统知识利益协调机制之正当性】 蒋鸣湄（广西民族大学法学院）撰。广西民族大学科研项目一般项目，教育部人文社科研究一般项目。发表于《广西社会科学》2012 年第 6 期，5 千字。该文认为，原生态下传统族群因知识利益在个体协作中得到互有回报的分享而积淀为共同文化利益。随着经济环境与包括知识产权制度在内的政策制度的变迁，使围绕东巴纸造纸术等传统知识所展开的社会关系呈现出利益分配不均衡的局面，传统族群知识权益受到剥削。因此，法律应搭建新的传统族群能够享有的知识利益保障与回馈体系。

【民权保障：基层维稳机制有序运行的逻辑起点——基于维稳与维权关系的分析框架】 陈发桂（自治区党校）撰。国家社科基金项目《构建和谐社会过程中的边缘人口研究——以北部湾（广西）经济区为例》阶段性成果之一，2011 年度广西哲学社科规划课题《广西基层维稳运行机制的理性化建构问题研究》阶段性成果之一。发表于《福建论坛》（人文社科版）2012 年第 9 期，9.6 千字。该文认为，基层维稳视阈下的“民权保障”包括公民的经济权利保障、社会权利保障与政治权利保障。在基层维稳过程中我国公民的各项权利目前仍存在不同程度的缺失甚至被公权力公然侵害的发展态势，这是造成基层维稳机制无序运行的根源。基层维稳机制有序运行属于社会管理创新的范畴，社会管理创新不仅仅是基层政府治理方法上的变革，核心应当是通过依法保障公民权利，使基层政府与社会公众之间的关系，能通过权力与权利的良性互动而相互制约，基层政府与社会公众之间的矛盾，能通过权力与权利的制衡得以消解。要保证基层维稳机制的有序运行，其逻辑起点应当从“保障民权”入手，谋求建立一个动态的、均衡的"政府维稳与公民维权"的良性互动关系，以夯实党在基层的执政基础。

【廉政文化建设中公民重法守法意识的培育】 唐秀玲（自治区党校），秦馨（广西师范学院政法学院）撰。国家社科基金项目。发表于《新视野》2012年第2期，6.8千字。该文认为，公民重法守法意识的培育是加强廉政文化建设的重要内容。公民法律意识的淡薄有着不同的表现和特点，廉政文化建设应针对性地开展工作。为此，在开展公民重法守法意识教育中，应该体现监督意识和自律意识并重、简约概括与详细具体并重、析疑解惑与普遍宣传并重等思路，同时应形成适合廉洁教育的方法体系，以有力推进中国特色廉政文化建设。

12月5日，广西检察机关检察委员会规范化建设理论研讨会暨经验交流会在南宁举行。（广西检察官协会供稿）

【越南刑事诉讼中的检警关系及其启示】 伍光红（广西民族大学法学院）撰。国家社科基金重大项目《法律文明史》子课题《亚非拉地区法研究》阶段性成果之一。发表于《云南民族大学学报》（哲学社科版）2012年第5期，8.4千字。该文认为，越南现行检警关系模式赋予了检察院在审前阶段十分广泛的权能，检察院有权对侦查机关的人员及活动进行强有力的监督和引导。基于中国与越南相似的政治、经济条件和文化、历史传统、人文素质以及此前相近的司法体制，越南现行检警关系模式及其运行效果对我国的检警关系改革具有一定的参考价值。

【人民调解协议之司法确认程序再探——以程序运行为中心】 胡辉（广西师范大学法学院）撰。教育部人文社科研究青年基金项目，广西人文社科发展研究中心"科学研究工程——特色研究团队培育工程"2011年第一期团队建设项目。发表于《广西社会科学》2012年第5期，7千字。该文认为，以程序运行为中心，人民调解协议之司法确认程序应当明确定位为非讼程序；程序启动后应当否认一方当事人的撤回权；审理形式以书面审理为主；审查方式则以形式审查为主；确认期限的重点则在于保障法定期限获得良好的执行。

【论中国转型社会司法权之功能定位】 张军（广西大学法学院），曾静（广西崇左市中级人民法院）撰。国家社科基金项目。发表于《广西民族大学学报》（哲学社科版）2012年第5期，9.6千字。该文认为，从历史、制度和实践层面对不同时期的司法权及其功能进行归纳和梳理，分析了中国转型社会的特点、转型社会司法权及其功能发挥面临的公正性与效率性、民主性与专业性、被动性与能动性的价值冲突，提出从宪政与人权、全球化与国际合作以及司法判决的价值等层面对转型社会的司法功能进行合理定位，以期对当下进行的司法改革有所裨益。

【论我国行政诉讼案件协调制度的建立】 郭剑平（广西师范大学法学院）撰。国家社科基金项目《民族习惯法在民族地区司法审判中的适用研究》阶段性成果之一，广西人文社会科学发展研究中心项目《民族习惯法在民族地区司法中的适用研究》阶段性成果之一、《南疆民族和谐研究团队》阶段性成果之一。发表于《湖南科技大学学报》（社科版）2012年第4期，7.4千字。该文认为，完备的行政诉讼案件纠纷解决方式，是促进行政法治，保障行政相对人的合法权益，构建和谐社会的必然要求。行政诉讼案件协调制度的建立在我国具有实践的必要性和可能性。行政诉讼案件协调制度的建立面临司法实践可能有悖行政诉讼法立法目的、协调和解缺乏法律依据和效力、当事人的抵触心理直接影响协调的成效等问题，应通过确认行政诉讼案件协调作为法定结案方式、限定行政诉讼案件协调所适用的范围、确立行政诉讼案件协调应当遵循的法律原则、规定行政诉讼案件协调的模式和程序、明确行政诉讼案件协调协议的效力和救济等措施来推动行政诉讼案件协调制度的建立。

【电视司法化："看得见的正义"？——基于正当程序视角的分析】 李立景（广西民族大学法学院）撰。国家社科基金项目《新媒体生态下权利纠纷解决的法学与传播学关系研究》阶段性成果之一，教育部规划基金项目《权利的媒介救济——新媒体时代纠纷解决的媒介化范式研究》阶段性成果之一，广西哲学社科“十二五”规划2011年度项目《新闻监督与司法公正法律问题研究》阶段性成果之一，广西高等学校优秀人才资助计划项目《纠纷解决的媒介化范式研究》阶段性成果之一，广西教育厅项目《新媒体时代的表达自由与名誉权、隐私权保护》阶段性成果之一，广西民族大学人才引进项目《大众传媒与纠纷的解决》阶段性成果之一。发表于《理论导刊》2012年第11期，8.7千字。该文认为，以帮忙类、调解类为代表的电视纠纷解决节目的风生水起，在预示着一种新生的具有媒介现象与法律现象双重属性的电视替代性纠纷解决机制兴起的同时，又因电视直接介入纠纷解决使其自身陷入伦理困局。以现代法治的基石——正当程序视角批判性地分析观照电视司法化，倡导建构传媒介入纠纷解决的正当程序是一条可选择的破解困局的理论路径。

【论电子文件证据的认定、收集及审查】 陈勇、蒙宇涛(广西民族大学管理学院)撰。教育部人文社会科学研究规划基金项目。发表于《浙江档案》2012年第11期，3.9千字。该文认为，电子文件证据作为法律证据在诉讼及仲裁中使用，必须对其进行认定、收集、审查。对电子文件证据的认定，应从电子文件证据的证据能力和证明能力两方面进行认定；对电子文件证据的收集要明确收集的主体和要求；对电子文件证据的审查应审查其是否合法、真实、完整、与待证事实有无联系、与其他证据有无综合。

【论行政机关间权限争议之诉讼机制解决】 张显伟(广西民族大学)等撰。国家社科基金项目《行政权力的合理配置与依法行政研究》阶段性成果之一，广东省高等学校引进人才专项基金项目《科学发展观指引下的行政体制改革及其法治化研究》阶段性成果之一。发表于《学术研究》2012年第11期，14.4千字。该文认为，尽管从我国现行行政诉讼法之立法规定中，可以推论出”可将行政机关间权限争议纳入诉讼机制解决”之逻辑结论，但直接的法律依据不足。因此，需要完善我国行政诉讼制度，创新行政审判机制，在审前程序中增设听证程序，以为法院裁判行政机关间权限争议提供有效的制度与机制保障。

【侗族款文化与现代法治的冲突及互补】 周世中、陈家达(广西师范大学法学院)撰。国家社科基金项目《民族习惯法在民族地区司法审判中的适用研究》阶段性成果之一，广西人文社会科学发展研究中心《南疆民族和谐研究团队》阶段性成果之一，广西高校人才小高地创新团队《民族法学与南疆和谐民族关系构建》阶段性成果之一。发表于《广西师范大学学报》(哲学社科版)2012年第2期，12.2千字。该文认为，侗款文化是我国侗族地区的特色文化。侗款文化的核心侗款在本质上是民间法、习惯法，能够起到社会控制的作用。侗族款文化虽然包含了很多积极因子，但是由于民间法、习惯法本身与现代法治之间存在一定的冲突，因而侗族款文化与现代法治之间并不完全吻合，两者之间存在习惯法与国家法冲突的一切表征。当然，这种冲突与矛盾并非不能化解。如果能够有效地化解两者的矛盾冲突，则能够进一步发挥侗族款文化的积极意义，与现代法治形成互补作用，促进少数民族地区法治的实现。

【广西人民广播电台改革创新与产业发展研究】 王建平(广西大学文学院教授)、陶志红(广西大学文学院副研究馆员)撰。发表于《沿海企业与科技》2012年第7期，8千字。该文对广西人民广播电台2009年至2011年的文化体制机制改革创新与发展进行了梳理和研究。指出该台通过构建平台体系，提升宣传能力，扩大传播范围；借助媒体合作，拓展外宣渠道，加强节目落地；共同举办活动，增进双方友谊，促进外宣发展等举措，实现“走出去”工程建设的新突破。通过进行企业化的体制机制改革，创新管理模式，落实工作举措，突出产业功能，推进制播分离，实现市场运作，促进产业化的大发展。

经　济　学

【中国—东盟贸易结构不平衡及对策研究】 欧阳华(广西财经学院经济与贸易学院)撰。2010年度国家社科基金项目《新形势下中国—东盟区域经济合作研究》阶段性成果之一。发表于《开放导报》2012年第3期，5.5千字。该文认为，近年来我国与东盟的贸易总额保持快速增长，但商品结构、地区结构、区域结构、方式结构、主体结构等方面存在诸多不平衡现象。外贸结构的失衡，导致我国的出口商品科技含量低，进出口市场的集中度过高，影响我国对外贸易增长方式的转变和外贸产业结构的调整升级。为此，必须优化我国与东盟的贸易结构，增加各自的竞争优势。

【专利商业化激励：理论、模式与政策分析】 陈朝晖(广西工学院管理系)、谢薇(广西工学院电子信息与控制工程系)撰。国家自然科学基金项目。发表于《科研管理》2012年第12期，9.8千字。该文认为，对专利商业化激励，奖励理论认为应加强对发明创造的直接激励，前景理论强调后期商业化激励的持续性，由此形成了两种不同的激励模式。该文以ODA法案及相关政策为研究对象，分析了商业化激励政策的演变，得到如下结论：注重商业化市场保护的"市场权"与注重技术创新保护的"专利权"，共同构成了紧密衔接和相互支持的激励框架，较好解决了市场失灵导致的商业化激励不足。同时，要增进专利商业化的激励绩效，还应重视中小企业的作用，实现"推动"与"拉动"之间、专利生产与商业化之间的动态均衡。

【经济增长能带来共同富裕么——基于香港地区收入分配状况的研究】 甘鸿鸣（广西大学商学院）撰。2011年度教育部哲学社会科学研究重大课题攻关项目，2011年教育部人文社会科学研究规划基金项目，广西大学人才项目。发表于《特区经济》2012年第5期，4.9千字。该文认为，库兹涅茨倒U假说揭示的工业化国家（地区）收入分配差距"先上升，后下降"的倒U型运动轨迹在很多国家（地区）的发展经验中都无法得到验证，包括香港。作为亚洲四小龙之一，香港经济已保持了近半个世纪的持续快速增长，然而我国香港地区的收入分配状况不仅没有随着经济增长而获得改善，反而是不断恶化。造成香港社会贫富悬殊的原因有很多，主要包括缺少全面的社会保障体系，为追求经济增长实行不利于中低层群体的人才引进制度、工资制度和税收制度，市民教育程度底下，政治民主发育不足，特殊的产业结构以及经济过度的自由化等等。香港经验给我们带来的启示是不能片面追求经济增长，全民的共同富裕不会伴随着经济增长自动到来，改善收入分配状况，涉及对各种国家政策、经济制度和政治制度全面改革。

【文化权力视角下的中越边境旅游商品变迁——以广西东兴红木制品为例】 刘建民（广西民族大学民族学与社会学学院）撰。2011年广西《中国南方与东南亚民族研究》特聘专家岗位资助，教育部重点研究基地重大项目，广西民族大学"中国—东盟研究中心创新团队"项目。发表于《云南民族大学学报（哲学社科版）》2012年第6期，7.4千字。该文认为，边境旅游商品是文化互动的典型代表。首先，边境旅游商品受主流市场消费影响。作为稀缺资源交换的贸易本质，边境旅游商品不是内生性资源，而是迎合市场需要的外部资源引入。其次，边境旅游商品带有区别于主流市场的本地性文化特征。随着东盟自贸区建设和发展，广西边境旅游和边境贸易已构成多元化的区域性经济合作，旅游商品不仅作为旅游的内生性属性，还延伸为边境城市经济发展结构调整的目标。东兴作为边境贸易旅游城市，其红木制品经过了从旅游小商品到高档家具、从小集市销售到超级商场销售的转变。在这种转变中，阶层文化、文化互动、符号消费及其以经济资本和文化资本为核心的文化权力起着巨大的作用。

【基于深圳中小板的家族企业与创新投入关系的实证研究】 关勇军（广西工学院财经学院）、瞿旻（广西工学院财经学院）撰。广西哲学社会科学青年项目，国家自然科学基金。发表于《中国科技论坛》2012年第7期，7千字。该文认为，企业组织类型会影响创新投入，家族企业作为一种特殊的企业组织类型，其拥有特质和创新投入之间的关系是不确定的。该文从代理成本，资源禀赋，风险承受能力等方面分析了家族企业的特质对研发强度的影响，并以深圳中小板2006~2009年的数据为样本，得出了我国深圳中小板家族企业比非家族企业的研发强度要高的研究结论。

【欠发达区域承接外资产业条件实证分析】 刘澈元、徐晓伟（广西师范大学经济管理学院）撰。广西人文社会科学发展研究中心"泛北部湾合作研究团队"项目，广西人文社会科学发展研究中心2010年一般项目，教育部人文社会科学研究规划基金项目。发表于《经济地理》2012年第7期，9千字。该文认为，基于对产业集聚与产业转移关系在不同类型区域的体现与运用的认识，在预设观点和理论推理的基础上，分别以昆山和北部湾（广西）经济区为案例，从经验解释和实证分析角度研究了两类区域在产业集聚形成过程中的条件呈现。研究表明，在产业转移与产业集聚的互动关系上，市场演化形成产业集聚的情形在中国区域发展过程中并不多见，而外部嵌入式产业集聚则是中国区域发展中占据主流地位的产业集聚模式。尤其是对于欠发达区域，承接产业转移一般先于产业集聚而存在。因此，承接产业转移应是欠发达区域产业集聚形成的重要条件。

【广西巴马盘阳河沿岸长寿资源的游憩价值评价——基于修正的区域旅行费用法】 刘亚萍（广西大学商学院）等撰。国家自然科学基金《基于CVM法的环境资源经济价值评价与影响机理研究》阶段性成果之一，国家社科基金项目，广西教育厅项目基金。发表于《资源科学》2012年第5期，10.4千字。该文认为，基于修正的区域旅行费用法对巴马盘阳河沿岸长寿资源的游憩价值进行了评价。论文的主要贡献在于：一方面，一是采用调查样本中询问获知的直接花费和旅游天数作为划分费用区间的基础，可以消除按地理区域划分游客圈所带来的平均价格偏差；二是对于长期滞留者即30天以上游客，改变计算机会成本为计算他们在当地的平均食宿费用，可消除长期滞留游客机会成本计算的偏差；三是在汇总游憩价值时，只统计专程到巴马游览或休闲的游客，可以解决由于计入多目的地游客所带来高估评估价值的问题。另一方面，依据所建立对数函数模型评价结果为：2009年巴马长寿资源的游憩价值至少是18.54亿元人民币；同时，根据消费者剩余估算模型以及旅行费用与滞留天数和年龄的相关性分析，可以推断本文中所建立的函数模型符合现阶段巴马游客构成的客观实际，并可表明巴马长寿资源的经济价值更符合于休闲疗养旅游业的发展。

【科技型中小企业融资问题研究展望——基于融资环境改善与融资策略互动关系的视角】 叶志锋（广西科技大学财经学院）等撰。国家社科基金项目，柳州市软科学课题，广西工学院博士基金项目。发表于《会计之友》2012年第31期，3.9千字。该文认为，科技型中小企业融资难问题不仅与企业外部的融资环境问题有关，也与企业自身的融资策略有关。文献回顾表明从融资环境改善与融资策略选择的互动关系视角研究科技型中小企业融资问题还较少见到，文章提出了考察科技型中小企业融资环境改善与融资策略选择”相容性”的主要研究内容。

【产业结构高级化促进经济发展方式转变的机理及实证分析——以广西北部湾经济区为例】 赵锋（广西财经学院），王鹏（自治区林业厅政策法规处）撰。广西哲学社科规划项目《广西北部湾经济区转变经济发展方式研究》阶段性成果之一，国家社科基金青年项目《节能减排视角下欠发达资源富集区产业转型与可持续发展研究》阶段性成果之一。发表于《学术论坛》2012年第11期，5.1千字。该文认为，产业结构高级化既是经济发展的本质要求，更是突破资源与环境瓶颈约束的必然选择。文章在阐释产业结构高级化与经济发展方式转变科学内涵的基础上，分析了产业结构演变对经济发展方式转变的作用机理，并对广西北部湾经济区进行了实证研究。

【广东省人均收入增长收敛的空间计量分析】 丁嵩、李红（广西大学商学院）撰。国家社科基金项目，国家自然科学基金项目，教育部人文社科基金项目，广西研究生科研创新项目。发表于《地域研究与开发》2012年第5期，8千字。该文运用探索性空间数据分析方法，以人均GDP为指标，对广东省2000~2010年21个地市的人均收入增长进行收敛分析。结果表明：地市尺度的收入水平存在显著的全局正相关性及空间异质性，且空间相关性呈现整体强化的趋势，说明若以标准β－收敛模型进行估计结果势必出现偏误与不一致，故有必要采用空间计量分析省区内收入增长的地区差异。进而，通过空间计量估计，发现空间误差模型是比较合适的模型。与标准β－收敛模型相比，收敛方向虽然没有发生变化，但是却从不太显著的收敛趋势转变为显著的收敛趋势，且收敛速度明显上升，说明在制定省区内部区域政策时应充分重视区域间的空间相互作用与溢出效应，从而实现缩小区域发展差距的目标。

【CAFTA框架下广西北部湾经济区物流产业发展战略研究】 柯颖（广西大学商学院）、于玲玲（广西大学商学院）撰。国家自然科学基金项目《基于模块化三维框架的产业价值网形成演化机理与发展战略研究——以北部湾产业群为例》阶段性成果之一，教育部人文社会科学研究规划基金项目《CAFTA价值网下北部湾经济区模块化生产网络自主构建战略研究》阶段性成果之一。发表于《经济问题探索》2012年第3期，9.4千字。该文认为，随着中国—东盟自由贸易区的正式建成，广西北部湾经济区物流市场规模迅速扩大，物流产业的战略地位日益突出。本文基于北部湾物流产业的发展现状，对CAFTA框架下广西北部湾经济区发展物流产业面临的优势、劣势以及机遇、挑战作了SWOT分析，据此从产业布局、基础设施、企业、信息、管理体制、人才等方面提出相应的战略对策。

【国际贸易商品价格的进出口国议价能力评析——以中国和东盟为例】 王中昭（广西大学商学院）撰。教育部哲学社会科学重大课题攻关项目《中国—东盟区域经济一体化研究》阶段性成果之一。发表于《当代财经》2012年第12期，12.5千字。该文认为，商品价格是影响国际贸易发展的内在因素，而议价能力则是商品综合竞争力的外在表现。构建双边异质随机前沿的贸易商品合约价格模型，旨在探讨国家层面的国际贸易商品价格议价能力的实质。研究结论表明：国际贸易商品价格的议价能力具有不对称性，出口国的议价能力比进口国更具强势，更容易获取由商品议价所带来的利益。议价能力呈现出两大特征：一是出口国所获取的商品议价剩余逐年提高，相反地进口国所获取商品议价剩余逐年递减；二是经济相对落后的东盟小国，出口和进口商品价格的议价能力差异不大，经济发展越好的国家，其出口商品议价能力就越强并获取的利益更多。只有少数国家能获取贸易商品议价部分的较高剩余，大多数国家仅获取议价部分的较低剩余。关税对商品议价的效应较为明显，平均来看，中国和东盟的国际贸易商品合约价格水平下降有0.503%是由关税下降所带来的。

中国—东盟博览会会场 （何明 摄）

【旅游业对民族地区经济包容性增长的促进作用】 林轶（广西大学商学院）撰。教育部人文社会科学研究项目基金项目。发表于《商业研究》2012 年第 12 期，7.5 千字。为了探讨旅游业在民族地区经济“包容性增长”中的作用，该文总结了民族地区的经济发展特点，对民族地区经济发展的现状和存在的问题进行了研究，对旅游业的本质特点进行了对比分析，发现旅游业在民族地区经济包容性增长中具有产业辐射带动功能、扶贫功能、要素集聚功能、经济结构优化功能等功能优势，旅游业是实现民族地区包容性增长的一个重要战略。因此，发展旅游业在促进民族地区“包容性增长”过程中必须注意正确处理旅游利益相关者之间的关系，最大限度实现机会的平等，避免单纯的追求经济效应，实现经济、社会、环境效益的相互协调。

【工业化、出口、经济增长与环境压力的实证考量】 冯烽（广西财经学院信息与统计学院）等撰。国家自然科学基金项目，教育部高等学校博士点基金项目，教育部人文社科基金项目。发表于《统计与决策》2012 年第 21 期，5.4 千字。该文以中国 1983~2010 年的人均工业废气排放量作为环境污染指标，人均工业能耗、人均出口量与人均实际 GDP 为解释变量构建了半参数库兹涅茨曲线模型。结果表明，中国的环境污染主要来自于工业化生产；出口加剧了环境的压力；人均实际 GDP 与环境压力二者之间不符合 EKC 假说；剔除工业化与出口因素影响后人均实际 GDP 与环境压力呈斜“U”型，其边际效应曲线呈“N”型，2007 年后的人均实际 GDP 对环境压力为正的边际效应且迅速增加。

【标准掌控与全球价值链治理研究】 黄锦华（广西财经学院）等撰。国家自然科学基金《全球价值链背景下“中国制造”的国际竞争力的评价及升级策略研究》阶段性成果之一。发表于《技术经济与管理研究》2012 年第 6 期，7 千字。中国人民大学书报资料中心复印报刊资料《创新政策与管理》2012 年第 9 期全文转载。该文认为，对标准与全球价值链的研究有助于更好地理解全球经济的变迁，以及发展中国家在其中的作用与地位。在国际金融危机后危机时代及贸易保护主义兴起的背景下，标准作为新型贸易壁垒被各国频繁使用。标准对全球价值链的影响主要体现在它能将复杂的信息形式进行编码，从而减少价值链行动者的交易成本。特别是当全球价值链越来越趋向于“购买者驱动”时，主导企业可以通过被广泛接受的标准及相关认证程序，向其直接供应商传递复杂的产品质量要求。通过执行标准，可以提高信息的编码性，并使企业间的治理从相对的层级型转向更为模块型或市场型的关系，从而减少主导企业的协调。发展中国家只有积极参与全球标准的制定，培育主导企业，才能在未来的竞争中处于有利地位。

【意识形态动员力与我国经济社会发展支撑力】 曾家华（广西社会科学院哲学研究所）撰。2012 年度国家社科基金项目《中国特色社会主义理论体系中“应对风险挑战思想”研究》阶段性成果之一。发表于《学术论坛》2012 年第 10 期，8 千字。该文认为，意识形态具有强大的软实力功能，对经济社会发展起到重要的支撑作用，越来越成为各国政党用以争夺广大民众的重要手段。我国意识形态建设的首要目标就是通过树立广大群众的理想信念来凝民心、聚民力，为经济社会发展提供持续的支撑力。在意识形态面临各种新问题、新挑战，特别是西方敌对势力不断对我实施“西化”、“分化”图谋的形势下，我们必须坚持不懈加强意识形态建设，旗帜鲜明地坚持马克思主义的指导地位，反对意识形态多元化，充分发挥马克思主义主流意识形态的动员力和凝聚力功能，为我国经济社会长期稳定发展提供强有力的支撑。

【漓江流域土地利用生态风险评价】 何东艳（广西师范学院资源与环境科学学院）等撰。国家自然科学基金项目，中央分成水资源费资助项目。发表于《广西师范大学学报》（自然科学版）2012 年第 4 期，约 10 千字。该文以漓江各子流域作为基本评价单元，在土地利用的基础上，利用构建的多风险源、多受体、多风险效应因子的区域综合生态风险评价模型对漓江流域进行土地利用生态风险评价,结果表明:①高生态风险区主要集中分布在人口密集、工业集中的桂林市主城区周边的各子流域,这些流域内的风险源强,受体暴露度和生态风险效应的值均比较高,区域人类活动是区域生态风险加剧和蔓延的主要影响因素;②低生态风险区主要集中在流域上游溶江周边,这些子流域内的植被覆盖度和水面率都比较高,而人类活动干扰相对较弱,应加强土地资源的合理有效利用和生态环境保护,在防止生态环境进一步恶化的同时有效改善当前环境状况;③生态风险总体水平较低,其中较低生态风险区占 44.09%,流域总体可降低生态风险潜力很大。

【中国—东盟运输服务贸易一体化的现状、水平与发展前景】 陈秀莲(广西财经学院经济与贸易学院)撰。国家社科基金项目《新形势下中国—东盟区域经济合作研究》阶段性成果之一。发表于《国际贸易问题》2012 年第 8 期,9.6 千字。该文认为,通过分析中国—东盟运输服务贸易的现状和一体化水平,发现中国与东盟国家运输服务贸易在硬件建设上获得了较大的进步,但软件一体化的建设较晚;中国与东盟各国的运输服务贸易增长很快,但长期处于逆差的状态;中国—东盟的运输服务贸易一体化水平较高,且中国对东盟进口的密集度大于出口的密集度,未来一体化有上升的趋势。展望未来,由于中国与东盟国家近年来物流基础设施的发展、自由贸易区的如期建立、双边货物贸易的发展、物流水平、设施和环境有所改善等因素客观上决定了中国与东盟国家未来的运输服务贸易一体化将进一步深化。

【基于不完全信息博弈模型的中小企业融资分析】 李智(广西大学商学院)等撰。国家社科基金重点项目《开放经济的内外双均衡协调发展研究》阶段性成果之一,广西大学博士科研启动基金项目《基于国际货币体系演进视角的货币国际化研究》阶段性成果之一。发表于《商业研究》2012 年第 2 期,7.6 千字。该文认为,引入中小企业预期贷款成本和银行信贷规模因素,构建了不完全信息条件下中小企业与银行的博弈模型,提出预期贷款成本大于从其他途径获得贷款成本是中小企业做出不向银行贷款决定的原因;信贷规模减小使中小企业获得贷款的可能降低,利率负担增大将会降低中小企业的还款意愿。

【中国—东盟区域经济深度一体化——制度环境与制度距离的视角】 胡超、王新哲(广西民族大学商学院)撰。国家社科基金青年项目,广西哲学社科项目,广西民族大学中国—东盟研究中心重大招标课题项目,广西民族大学应用经济学学科建设项目。发表于《国际经贸探索》2012 年第 3 期,10.3 千字。该文认为,通过关税的不断减让,中国—东盟区域经济一体化取得了快速发展,但是伴随关税的持续降低,其对贸易的促进作用终究有限。后自贸区时代实现中国—东盟区域经济的深度一体化需要寻求新的突破口。基于一国制度环境及国家间的制度距离会对贸易成本尤其是交易成本产生影响的理论分析,以 2002~2009 年中国—东盟七国双边贸易的面板数据进行了实证检验。结果表明,制度环境及双边国家间的制度距离对中国—东盟七国间的贸易的确具有显著影响。当前各国间较大的商务制度环境差异意味着后自贸区时代通过加强国家间的双边合作和政策协调,以及自身市场化改革、转型,通过缩小国家间的制度距离进而促进区域经济向深度一体化迈进具有较大的空间。

【跨国次区域经济合作区与自由贸易区的分析——以 GMS 和 CAFTA 为例】 刘主光(广西大学商学院)撰。广西大学基金《中国—东盟自由贸易区与其框架下的跨边界次区域经济合作比较》阶段性成果之一,国家社科基金《新形势下中国—东盟区域经济合作研究》阶段性成果之一,教育部社科基金《基于 GP 模型的多中心跨境合作机理研究——以北部湾及粤港湾区为例》阶段性成果之一。发表于《亚太经济》2012 年第 1 期,9.1 千字。该文认为,作为区域经济一体化的一种新形式,跨国次区域经济合作区与传统的区域经济一体化组织有诸多不同。文章通过对跨国次区域经济合作区与典型传统的区域经济一体化组织—自由贸易区的分析比较,认为跨国次区域经济合作会在很大程度上促进相应的区域经济一体化合作的新发展。

【法律和政策视角下中国与东盟合作领域的扩展及其机制分析】 杨丽艳(广西师范大学法学院)撰。广西人文社会科学研究发展中心“中国—东盟法律制度团队”项目、“科学研究工程”项目《FTAS 的投资争端条款研究》阶段性成果之一,广西哲学社会科学“十二五”规划项目《中国—东盟自贸区(FTA)投资争端解决机制研究》阶段性成果之一,教育部项目《RTA 协定中投资机制研究》阶段性成果之一,国家社科基金项目《国际投资争端解决机制最新发展及中国对策研究》阶段性成果之一。发表于《广西师范大学学报》(哲学社科版)2012 年第 5 期,15 千字。该文认为,中国—东盟自贸区为浅层次一体化(Shallow Integration),这种状态对于经济合作的深度是有限的,对于双方关系的促进也是有限的。双方应采取扩大合作战略并且以深层次一体化(Deep Integration)方式来进行,扩大合作的领域应该是中国与东盟的知识产权领域、海洋和海事领域、新能源领域、环境保护领域、非传统安全领域、共同惩治跨境犯罪以及劳务领域合作。合作的方式可采取软硬法相结合、法律和政策相结合等途径。

【投资基金管理人不当行为与处罚研究】 滕莉莉、岳桂宁(广西大学商学院)撰。教育部人文社会科学项目《基于多重分形理论的基金投资风格漂移风险测度与控制研究》阶段性成果之一。发表于《开放导报》2012年第3期,5千字。该文认为,为了保护基金持有人的利益,欧美国家对投资基金管理者不当行为的法律约束,比证券市场的对等交易更为严格。中国基金业在发展过程中存在契约精神缺失、经济主体对政府信用过度依赖、法律监管不完善等问题,达不到履行信托责任的基本要求。因此,除了依靠法律对基金管理人不当行为进行约束,还要利用出资人对自身利益保护的内在要求,在法律层面对适当的基金治理结构进行规制,减少不完全契约的不确定性。

【中国—东盟区域旅游一体化机制探析】 程成(广西大学)等撰。广西大学科研基金项目,广西哲学社会科学“十一五”规划项目,2010年度教育部哲学社会科学研究重大课题攻关项目第22号招标课题。发表于《特区经济》2012年第7期,6千字。该文认为,现阶段,中国和东盟各国的旅游发展水平不一、各有特点,彼此之间存在有一定的竞争性,从而表现出旅游市场分隔,旅游供给分割,双边合作多于多边合作,缺乏制度性安排的合作机制,跨多国旅游线路少、缺乏跨国旅游便利化措施,旅行社直接对接不足,缺乏国际性旅游人才,交通标准和规格存在差异,旅游通道对接障碍等制约瓶颈。为此,亟待建立信任机制、信息交互机制、旅游利益补偿和旅游行为约束机制,构建跨国旅游联盟发展机制和合法化的制度规范机制,以消除这些瓶颈制约,实现旅游发展的制度化、长期化,推动中国—东盟区域旅游一体化进程。

【广西旅游产业结构变迁研究】 毕燕(广西师范学院)等撰。教育部人文社会科学研究一般项目《海岸带城市区域发展与空间结构互动演变关系研究》阶段性成果之一。发表于《国土与自然资源研究》2012年第6期,4.8千字。该文认为,旅游产业结构是衡量一个国家或地区旅游综合发展水平的重要指标。该研究运用地理集中指数、空间聚集度等分析方法,以近10年的数据为对象,探讨广西旅游核心产业规模、状况和空间分布变迁过程。结果显示:广西旅游收入增长速度超过广西国民经济增长速度,旅游产业对广西国民经济的发展起到促进作用;旅游资源十分丰富,但空间分布不均;旅行社数量增加迅速,其地理集中指数下降,空间分布趋于合理;旅游宾馆饭店规模扩大,星级结构欠合理;旅游交通快速发展,综合利用有待提高。

【贸易、投资与环境问题关系刍议】 张建中(广西财经学院经济与贸易学院)撰。教育部人文社会科学研究项目。发表于《广西社会科学》2012年第3期,5.8千字。该文认为,贸易、投资自由化和便利化导致的生态环境问题已成为区域经济合作中不可回避且亟待解决的重要问题。基于贸易、投资与环境问题产生的根源及特点,从政治经济学、博弈论和协同论三方面深入剖析贸易、投资与环境问题的关系,研究表明,在区域经济合作过程中是可以实现贸易、投资与环境协同发展的。

【博弈架构下我国食品安全问题研究】 王志远(广西民族师范学院政治与公共管理系),黎昌珍(广西大学公共管理学院)撰。国家社科基金项目,教育部人文社科研究项目,广西民族师范学院引进人才资助项目,云南财经大学引进人才资助项目。发表于《安徽农业科学》2012年第15期,7.5千字。该文界定了商品真假(食品是否安全)的一般内涵,分别对单商家、双商家、多商家商品出售进行了博弈分析,表明在无相关约束机制下,商家出售假货(问题食品)是博弈的必然结果,会使食品安全问题日益突出。提出了解决食品安全问题的博弈路径:需引入健全有效的监管机制,改变原有的博弈结构,食品安全问题自然会得到解决;另外,道德机制的引入,使全社会流淌着道德的血液,是解决该问题的一个低成本甚至无成本的补充措施。

【广西产业“负成本”低碳转型探讨】 秦艳(广西财经学院管理科学与工程学院)撰。国家社科基金青年项目,广西教育厅科研立项项目,广西财经学院2011年度校级课题。发表于《广西社会科学》2012年第5期,6.3千字。该文认为,广西产业竞争力,需要同步推进产业“负成本”低碳化转型。因此,有必要在原有产业发展政策的基础上构建促进广西产业“负成本”低碳转型的政策框架。广西产业“负成本”低碳转型政策框架的核心是低碳技术能力提高,低碳技术的开发和能力建设需要跨部门或跨行业的相互合作,同时需要制定针对创新和技术变革的产业配套政策。

【产品合作创新的契约选择研究】 田巍(广西财经学院工商管理系)撰。教育部人文社会科学研究基金项目,广西自然科学基金项目。发表于《科技管理研究》2012年第6期,6.7千字。该文认为,利用委托代理理论,在分析现有产品共同研发模式基础上，对信息不对称下主导企业创新努力可有成本的证实、伙伴企业创新努力可有成本的证实、双边道德风险三种情况下企业间合作产品创新的契约形式和适合条件进行了分析，对不同契约下各方的创新努力程度和合作创新收益进行比较，并基于参与各方不同创新贡献能力下的契约选择进行分析。

【西南民族地区森林生态旅游的人文品牌战略思考——兼论东南亚游客入境游服务贸易品牌战略】 李雪岩（广西民族大学）等撰。2011年度教育部人文社科研究青年基金项目，国家社科基金特别委托项目“西南边境项目”，广西民族大学国际贸易硕士点建设经费资助项目，2010年度广西民族大学中国—东盟研究中心招标课题《CAFTA建成后中国与东盟经贸关系研究》阶段性成果之一。发表于《林业经济》2012年第5期，9.5千字。该文认为，西南民族地区有丰富的森林生态旅游资源，但目前该地区的森林生态旅游开发并不理想，其主要原因是产品单一。森林生态旅游开发要上新台阶，需要更加重视在森林中孕育出来的、与森林共生共长的丰富的人文旅游资源，其中包括少数民族文化资源、跨国民族文化资源和“侨”文化资源，紧密结合这种人文旅游资源，走出一条森林生态旅游的人文品牌道路。为此，做好人文型森林生态旅游的主题定位，并在旅游利益分配、集体林区的景区建设、森林资源保护、吸引东南亚游客入境游等方面采取必要的措施。

广西东兰江平风光　（东兰县社科联供稿）

【农地资源社会价值评估实证研究】 杨小雄（广西师范学院资源与环境科学学院）等撰。教育部人文社科研究项目。发表于《广西师范大学学报》（哲学社科版）2012年第6期，6千字。该文认为，农地社会价值不同构成部分有各自特点，在实践上具有可操作性的评估方法是分别评估其社会保障价值和粮食安全保障价值。将该方法运用于钦州市市辖区耕地资源的社会价值评估研究，结果表明：钦州市市辖区耕地资源社会价值高于农地征收补偿现行标准。这说明现行农地征收补偿标准难以体现农地资源的客观价值，在农地征收中显化农地资源的社会价值对于保护失地农民利益、实现土地资源的优化配置有积极作用。

【毛泽东“推广”农村人民公社的价值诉求】 苏晓云（广西师范大学）撰。广西人文社会科学发展研究中心项目《广西农村合作经济组织研究：变迁与创新》阶段性成果之一。发表于《现代哲学》2012年第6期，20千字。中国人民大学书报资料中心复印报刊资料《毛泽东思想》2012年第6期全文转载。该文认为，农村人民公社曾经是中国农村最重要的组织形式、制度体系和中国乡村社会的存在方式。当年毛泽东极力“推广”人民公社并将它设计为一种独具特色的制度模式，凝结着他对中国农村发展的深远思考和价值诉求。这种诉求在于，通过全新的制度安排，集工、农、商、学、兵于一体，统筹农、林、牧、副、渔，建立一套较完整的组织结构和运行机制，寻求一条既能避免资本主义弊端，又能改造传统小农社会，使广大农民共同富裕起来的、中国自己的农村现代化乃至整个国家现代化的道路。

【基于审计视角的地方政府性债务管理探讨】 袁洁、夏飞（广西财经学院）撰。发表于《财政研究》2012年第2期，4.7千字。中国人民大学书报资料中心复印报刊资料《审计文摘》2012年第6期全文转载。该文认为，目前，我国地方政府性债务管理中普遍存在缺乏统一规范的管理，缺乏防范债务风险的法律法规，缺乏偿债意识，以及缺乏科学的预警机制和评价体系等问题。该文提出了建立健全相关法律法规，赋予地方财政部门对债务的统一监管权，加强全过程动态监管，建立偿债准备金制度，加强跟踪审计监督及完善审计评价体系等解决地方政府性债务管理问题的对策建议。

【强化内部控制管理，聚焦企业效益提升】 沈丹、杨军（中国联合网络通信有限公司广西分公司）撰。发表于《财务与会计》（理财版）2012年第3期，5千字。中国人民大学书报资料中心复印报刊资料《财会与会计导刊（实务版）》2012年第6期全文转载。该文认为，内部控制可以提高会计信息的质量，保护资产的安全和完整，确保有关法律法规和规章制度的贯彻执行。有效的内部控制措施是提高企业管理水平和防止舞弊的重要基石。但当前一些企业的内控制度设计并没有渗透到公司的各项业务过程和各个操作环节，因而未能实现立体交叉、多角度、全方位的风险预防监控；同时，部分企业的内部控制措施也存在诸多不足。

【日本动漫旅游发展模式及其对广西的启示】 刘宏盈（广西民族大学管理学院）等撰。国家社科基金项目，广西教育厅立项项目。发表于《江苏商论》2012年第1期，5.9千字。该文认为，随着动漫产业的蓬勃发展，动漫旅游正在全球范围内逐渐兴起。该文剖析了日本动漫旅游发展的成功模式及经验，将对广西动漫旅游的发展起到借鉴作用。通过对比日本与广西开发动漫旅游情况的比较，提出了广西应在政府引导下，以民族文化为特色、打造动漫品牌，促进广西动漫旅游发展的思路。

【差异性金融结构“互嵌”式“耦合”效应——基于泛北部湾区域金融合作的实证】 范祚军（广西大学商学院）等撰。教育部哲学社科研究重大课题攻关项目，教育部人文社科重点研究基地重大项目，教育部新世纪优秀人才资助项目。发表于《经济研究》2012年第12期，18千字。该文认为，基于金融功能观的视角，不同模式的金融结构“互嵌”式合作有助于提升金融体系的整体功能。基于金融合作在开放性区域经济合作过程的支撑和推动地位，有必要研究不同金融结构在协调发展或融合过程中所产生的效应问题。借助技术演进模型，通过考察不同金融结构模式在不同经济发展阶段下的效果，并在此基础上分析区域合作背景下市场主导型和银行主导型两种金融结构交叉融合的效应，证明在区域市场一体化进程中，两种金融结构的相互渗透及合作能够对区域经济发展起到正的效应。

【旅游创新系统的概念、特征及其构建意义】 郭峦、杨志红（广西大学商学院）撰。国家社科基金项目《西部边疆民族地区旅游创新系统建设研究》阶段性成果之一。发表于《商业时代》2012年第36期，7千字。该文认为，旅游创新系统的研究是旅游可持续发展研究中的重要命题之一，但是对旅游创新系统的概念和特征的系统的理论研究不为所见。该文在前人研究的基础上，提出了旅游创新系统的概念，并与一般制造业、其他服务产业的创新系统相比较，归纳出旅游创新系统的独特特征，最后阐述了构建旅游创新系统的意义。

【国有经济改革与中国经济波动的平稳化】 詹新宇（广西师范大学经济管理学院）等撰。教育部人文社科研究青年基金项目，中国人民大学科学研究基金（中央高校基本科研业务费专项资金资助）项目。发表于《管理世界》2012年第3期，20千字。该文认为，中国国有经济改革自2000年起迈入“战略性调整”阶段；同时，中国经济出现了由“高位波动”到“波幅收窄”的平稳化趋势。基于以上特征事实，文章引入国有、民营两类厂商经营目标的异质性，对标准RBC模型进行了扩展，模拟结果不仅解释了2000年以前中国经济的“高位波动”现象，又较好地解释了2000年以来出现的“波幅收窄”新特征。理论分析和模型模拟都表明，改革开放以来，国有经济改革深入推进所导致的国有经济双重经营目标（利润目标和规模目标）相对权重的变化，是导致2000年前后中国经济波动特征发生转折性变化的重要冲击源。其政策性启示是，继续推进已处于攻坚阶段的国有经济改革，对实现中国宏观经济平稳性增长具有重要意义。

【区域旅游目的地竞争优势的空间聚类分析——以浙江省为例】 陈思源（广西财经学院工商系）撰。广西自然科学基金项目，教育部人文社科研究西部和边疆地区项目，广西高校优秀人才资助计划项目。发表于《地域研究与开发》2012年第1期，5千字。该文基于两维图论聚类方法，将主成分分析与两维图论聚类分析有机结合，建立区域旅游目的地竞争优势综合评判模型。首先，建立区域旅游业竞争优势的评价指标体系；接着，利用主成分分析方法对区域旅游竞争优势进行综合评估，并将其应用于浙江省旅游竞争优势评价；最后，以各个旅游目的地的主成分因子为分类对象，采用两维图论聚类法，对各地的旅游竞争优势进行空间聚类分析。研究结果表明，主成分分析与两维图论聚类分析有机结合研究区域旅游目的地的竞争优势是可行的，两维图论聚类能较好地反映区域旅游竞争优势和空间相关性，其结果将有助于决策者制定区域旅游发展战略。

【中国十大城市群“能源—环境—经济”综合核算体系评估实证研究】 曾鹏（桂林理工大学管理学院）、陈芬（广西师范大学经济管理学院）撰。国家社科基金项目，广西人文社会科学研究发展中心“泛北部湾发展研究团队”项目，广西教育厅广西师范大学西南城市与区域发展研究中心项目。发表于《中国科技论坛》2012年第8期，7.8千字。该文认为，中国十大城市群在不断适应区域经济一体化，完善其政治、经济、文化职能的同时，在“能源—环境—经济”这一核算体系中还存在着较大的差异，通过构建城市群“能源—环境—经济”综合核算评估指标体系，采用因子分析与聚类分析相结合的综合集成评估方法，对中国十大城市群“能源—环境—经济”综合核算体系进行实证研究，归纳总结出中国十大城市群不同发展程度的差距和类型，结合“能源—环境—经济”的综合协调发展方面，提出尽快缩小城市群之间的发展差距的相关措施。

【论政府绩效管理与绩效审计】 罗文洁（广西财经学院）等撰。发表于《审计与经济研究》2012年第2期，6.6千字。中国人民大学书报资料中心复印报刊资料《审计文摘》2012年第5期全文转载。该文认为，通过对我国政府绩效管理框架的描述以及政府绩效管理体系下政府行为对审计目标、审计范围和审计质量等方面的影响分析得出：政府绩效管理与绩效审计之间存在密切联系，且这种联系是多向的、混合的，有时甚至还是负向的。为此，针对我国绩效管理方式、政府行为给绩效审计造成的不利影响，提出改进我国绩效审计的若干政策建议。

【博弈论视角下审计人员和被审计对象关系】 王珊珊（广西财经学院会计与审计学院）撰。广西财经学院2011年度课题。发表于《会计之友》2012年第1期（上），4.7千字。中国人民大学书报资料中心复印报刊资料《审计文摘》2012年第4期全文转载。该文认为，构成一个博弈关系需要4个要素：博弈的参加者、各博弈方可以选择的全部策略、进行博弈的次序和博弈方的得益。从审计三角关系来看，审计人员和被审计管理层之间的博弈对审计关系的平衡起着重要的作用。作为理性的决策者，审计人员和被审计的管理层都会从自身的角度考虑得益最大化。从博弈论的角度来分析我国现有的审计关系，对构建和谐的审计关系、实现更大的社会效益有着重要的意义。

【小额贷款公司接入征信系统工作探析】 廖霄梅（广西工学院）撰。国家社科基金项目，广西教育厅科研项目。发表于《中国商贸》2012年第21期，6.7千字。该文认为，为加快农村金融改革，完善农村金融体系，提高农村金融服务水平，中央鼓励地方小额贷款公司发展。近几年来，小额贷款公司发展迅猛，成为金融服务体系中的重要组成部分。本文分析了小额贷款公司接入征信系统的必要性，指出目前小额信贷公司接入征信系统工作中面临的困难，并提出相关的对策建议。

【北部湾城市群基础设施与经济协调发展研究】 张协奎、姜丹（广西大学商学院）撰。国家社科基金项目，广西自然科学基金项目，广西大学科研基金项目。发表于《特区经济》2012年第8期，4.8千字。该文从基础设施的不同功能出发，以经济性、生活性、社会性来划分北部湾地区城市群的基础设施指标，运用VAR模型实证分析了1990~2009年北部湾城市群基础设施与经济发展之间的关系。结果表明，经济增长与基础设施之间有正向协整关系，其中社会性和经济性基础设施对经济增长显示正向协整关系，生活性基础设施与经济增长是负向协整关系。

【关于农村小型金融机构金融风险控制的探讨】 聂勇（广西财经学院金融与保险学院）等撰。国家社科基金西部项目《中西部地区农村小型金融机构发展与风险控制研究》阶段性成果之一，2011年广西高等学校优秀人才资助计划项目。发表于《财政监督》2012年第14期，5.9千字。该文认为，近几年来农村小型金融机构得到了快速发展，为农村经济发展发挥了非常积极的作用。然而，通过大量问卷调查和访谈发现这些金融机构也面临着金融风险困扰的问题。因此，研究如何控制金融风险，实现农村小型金融机构的可持续发展这一问题，具有非常重要的意义。

【农村商业小额贷款公司持续服务“三农”的可能性分析】 梁三（广西财经学院）撰。国家社科基金西部项目《中西部地区农村小型金融机构发展与风险控制究》阶段性成果之一。发表于《农业经济》2012年第5期，6.3千字。该文认为，小额贷款公司作为小额信贷的金融创新形式，近年来发展迅速。商业小额贷款公司在努力实现自身可持续性发展的同时能否真正持续惠及“三农”成为了当前广受关注的问题，也成为判断商业小额贷款公司改革是否成功的标志之一。通过分析目前小额贷款公司支农的现状入手，深入分析了小额贷款公司在持续支农方面具有的优势及面临的制约因素，并提出了相应的对策和建议。

【我国农户粮食灾害保险中的政府作用研究——来自全国31个省市721个行政村的调查】 贺俊刚（广西经贸职业技术学院）等撰。上海财经大学千村调查《中国粮食安全》阶段性成果之一，国家社科基金重点项目《经济发达地区率先构建新型工农关系、城乡关系战略研究》阶段性成果之一，新世纪人才计划项目。发表于《农村经济》2012年第12期，8.7千字。该文认为，农户粮食灾害保险是我国农户粮食生产过程中急需解决的问题之一。基于对全国31个省4个地区721个村的调查发现：立法滞后导致了我国农户粮食灾害保险建设“先天不足”，市场供给结构畸形及缺乏调控致使我国农户粮食灾害保险行业发展乏力,政府宣传深度与广度不够导致农户粮食灾害保险意识淡漠,政府定位模糊制约了我国农户粮食灾害保险事业的发展。鉴于此,提出如下政策建议:加快我国保险法规建设和粮食的社会保险试点;确立政府在农户粮食灾害保险中的重要提供者或参与提供者角色;加速建立与健全农业灾害保险;发挥农户粮食灾害保险基金的作用;提高农户粮食灾害参保意识。

【企业危机准备的防范、预警与应急规划】 罗贤春(广西民族大学管理学院)撰。国家社科基金项目。发表于《商业研究》2012 年第 3 期,9.8 千字。该文认为,每个企业都必须为随时可能到来的危机做好准备,从发展定位和任务认知角度规划危机防范,从信号侦测和警报解析角度规划危机预警,从应急计划和模拟训练角度规划应急方案,从而建立起企业危机准备的三维规划框架,使企业从危机规避到应对都有明确的指导,使其商业计划得以持续。

【中国 15 个副省级城市的政府财政能力比较研究】 罗艳(广西师范大学经济管理学院)等撰。广西人文社会科学发展研究中心“泛北部湾发展研究团队”项目,2011 年度国家社科基金项目《中国—东盟自由贸易区带动下的西部民族地区城镇化布局研究》阶段性成果之一。发表于《领导科学》2012 年第 26 期,8.2 千字。该文认为,政府财政能力的含义十分丰富,对其进行评判是一个非常复杂的过程。通过运用多层次因子分析和聚类分析的方法,研究财政汲取能力、财政支出水平和财政支出效益这 3 个方面因素对政府财政能力的影响,对中国 15 个副省级城市的政府财政能力进行分析和归类,并对它们之间的差异进行比较研究。结果表明:中国 15 个副省级城市之间的政府财政能力存在着非均衡性差异,经济发展水平和效率因子始终是政府财政能力的主导影响因素,政府财政能力的强弱是由多重因子共同决定的。

【“农超对接”进程中农产品供应链的合作绩效与剩余分配——基于“农户 + 合作社 + 超市”模式的分析】 施晟(自治区发展和改革委员会)等撰。国家社科基金重大项目《全面建设小康社会的社会主义新农村建设:全国十县百村实证研究》阶段性成果之一,浙江大学汤永谦学科建设发展基金 APRU 博士生国际交流合作项目《农产品流通超市化与小农户适应全球化研究》阶段性成果之一。发表于《中国农村观察》2012 年第 4 期,19.8 千字。该文利用在山东省、海南省和浙江省的调查数据,以西兰花从种植到销售全过程为例,分析了“农超对接”进程中农户、合作社、超市之间的合作绩效和合作剩余分配情况。研究发现,在“农户 + 合作社 + 超市”模式中,农户、合作社和超市三者进行了有效的合作,成功地提升了西兰花的市场价值。通过建立农户亩均西兰花净收入影响因素的计量模型发现,销售渠道的选择对农户亩均西兰花净收入具有显著影响。选择“卖给合作社,且合作社卖给超市”这一销售渠道的农户获得的亩均西兰花净收入,显著高于选择“卖给合作社,但合作社未卖给超市”和“不通过合作社销售”两种销售渠道的农户获得的净收入。在“农超对接”进程中,信息获取能力和风险控制能力决定了农产品供应链中不同行为主体对合作剩余的分配。其中,农户获取西兰花销售中的价格溢价;合作社获取其社会网络资源的经济租金;超市拥有市场营销活动的剩余索取权,并获取超额利润。

【中国—东盟自由贸易区贸易、投资与中国环境协同发展程度的实证分析】 张建中(广西财经学院管理科学与工程学院)撰。国家社科基金西部项目,教育部人文社科研究项目,广西教育厅科研项目。发表于《生态经济》2012 年第 9 期,7.7 千字。该文首先回顾了现有协同发展程度的测算方法,然后基于贸易和投资综合发展指数构建了中国—东盟自由贸易区贸易、投资与中国环境协同发展程度的测算方法并对其进行应用。实证分析表明,中国—东盟自由贸易区贸易、投资与中国环境协同发展程度较高的行业包括服装皮革制造业、木材家具制造业、金属制品业、交通设备制造业、电器器材制造业和通信设备制造业等 6 个行业;协同发展程度较低的行业包括采掘业、造纸业、石油炼焦业、化工原料制造业、非金属矿物制品业和金属冶炼业 6 个行业。

【关系型信贷“软信息”与中小企业融资绩效——基于广西中小企业样本数据的实证分析】 杨毅(广西工学院财经学院)撰。国家社科基金项目《西部地区中小企业融资绩效研究》阶段性成果之一。发表于《财会月刊》2012 年第 23 期,4.9 千字。该文认为,我国中小企业主要通过银行贷款这一途径进行融资。通过对广西 207 家获得贷款的制造业中小企业进行实证研究,分析企业资质、财务结构及“软信息”对中小企业融资绩效的影响。

【边缘省区县域经济差异的空间格局演化分析——以广西为例】 李红(广西大学商学院)等撰。国家自然科学基金项目,教育部人文社科基金项目,广西研究生科研创新项目。发表于《经济地理》2012 年第 7 期,

10.6千字。该文认为，以县域为研究单元，人均GDP为测度指标，运用ESDA-GIS方法对1997~2010年处于全国经济边缘的广西区内空间差异格局进行分析，发现其县域经济已初现较为显著的空间自相关，发展差异呈现出先扩大后缩小的趋势，但总体空间集聚水平仍较低。在局部差异方面，高—高类型区集中在桂南县域及柳州、桂林中心城区，低—低类型区集中在桂西及桂中县域。受空间相互作用影响，边缘省区内核心—外围结构显著。经济热点区在保持总体格局相对稳定的情况下有进一步向桂南沿海的北部湾经济区集聚的趋势。经济增长也具有较强空间关联特征，热点区和冷点区快速跃迁，增长的空间差异缓慢缩小。进而，从历史发展基础、地理区位、开放开发政策和空间邻近效应等方面讨论了边缘省区经济空间差异的动因与政策启示。

【广西新鲜果蔬冷链物流发展现状及建议】 覃毅延、唐连生（广西民族大学商学院）撰。国家自然科学基金项目，国家软科学研究项目，2010年广西高校质量工程专项基金项目。发表于《中国经贸导刊》2012年第3期，5千字。该文认为，广西新鲜果蔬产品区域化、规模化生产趋势越来越明显，新鲜果蔬卖难现象经常发生。该文分析了新鲜果蔬冷链物流的特点及广西发展新鲜果蔬冷链物流的现状和必要性，提出了完善广西新鲜果蔬冷链物流网络、壮大新鲜果蔬冷链物流各环节主体、加快新鲜果蔬冷链物流标准化等建议。

【需求驱动下的经济增长及增长中的价格水平波动——基于投资与消费本质属性分析框架的阐释】 纪明（广西师范学院经济管理学院）撰。2011年教育部人文社科研究规划基金项目《开放条件下中国经济增长的需求约束及突破机制研究》阶段性成果之一，2010年广西教育厅科研课题《产业集群、经济发展与就业增长的互动作用研究》阶段性成果之一。发表于《经济与管理研究》2012年第1期，16.4千字。中国人民大学书报资料中心复印报刊资料《国民经济管理》2012年第4期全文转载。该文认为，基于投资与消费本质属性的理论框架和实证分析表明：(1)消费需求是经济增长的最初需求动力，对经济增长的驱动作用由强变弱再变强，受消费需求导向的投资需求对经济增长的驱动作用由弱变强再变弱；(2)均衡增长状态下，产出与投资、消费同步增长，价格水平基本稳定；(3)相对于消费需求而言，投资需求的“投资滞后性”和“投资惯性”的存在使投资常与消费非同步增长，导致经济失衡和价格水平规律性波动，即经济发展早期阶段的价格水平上升多为消费需求拉动，经济发展中后期阶段的价格水平上升多为成本推动，而结构性价格水平上升会随着消费结构升级而成为一种常态；(4)1978年以来，中国经济增长的总体态势良好，但长期高投资率导致的强“投资惯性”致使当前产能过剩及通货膨胀预期并存，对中国经济持续稳定增长形成较大威胁。政府应通过以消费结构升级为导向扩大投资，努力提高农村居民收入水平，推进农村居民消费结构升级和稳定粮食价格等措施进行化解。

【中美商业银行跨区域经营及管制制度变迁比较研究】 欧阳青东（广西财经学院金融保险学院）等撰。国家社会科学基金项目《中小银行跨区域发展的经济效应评估及监管政策研究》阶段性成果之一，教育部人文社会科学规划基金项目《城市商业银行跨区域经营的风险控制与效率提升研究》阶段性成果之一，广西“十一五”教改规划项目《基于3P模式的广西高等教育发展与应用型金融保险国际化人才培养模式与实践》阶段性成果之一，广西北部湾银行课题项目《城商行跨区域发展的风险控制与效率提升研究》阶段性成果之一。发表于《南方金融》2012年第8期，7.9千字。中国人民大学书报资料中心复印报刊资料《金融与保险》2012年第12期全文转载。该文认为，跨区域经营是商业银行规模发展到一定阶段以后的必然结果，是商业银行扩大规模、降低风险和提高经营效率的重要方式之一。该文比较分析了中美商业银行跨区域经营管制制度变迁的背景、保护对象、利益驱动因素及可能产生的影响，认为金融全球化趋势使放松银行地域经营管制成为必然，而且放松地域管制有利于增强银行业竞争、提高资源配置效率、降低银行风险和提高银行的企业价值。

【试论实施省管县财政体制改革模式的选择——以广西为例】 张劲松（广西民族师范学院）、唐俊（桂林电子科技大学）撰。国家社科基金项目。发表于《武汉大学学报》（哲学社科版）2012年第2期，6.3千字。该文认为，以广西为例，“省管县”财政体制改革中，先是对“省管县”财政体制改革中的4个基本概念，即“行政省管县”、“财政省管县”、“扩权强县”和“强县扩权”的关系进行梳理和分析，得出省管县比市管县具有更高行政效率的结论。

【西南地区创业风险投资环境评价与策略研究】 粟庆品（广西社会科学院）撰。国家社科基金项目《创业风险投资发展研究——以西南地区为例》阶段性成果之一。发表于《特区经济》2012年第6期，7.6千字。该文认为，西南地区加快发展创业风险投资具有重要的战略意义。该文通过建立西南地区创业风险投资环境评价模型，并进行实证分析，针对西南地区创业风险投资环境评价指数的薄弱环节，提出了拓宽“进入渠道”、“退出通道”等五大发展策略，以期为西南地区各级党委和政府在加快创业风险投资进程决策时提供参考。

【国际货币的空间分布及其成因】 李智（广西大学商学院）等撰。广西大学博士科研启动基金项目，国家自然科学基金项目，国家社科基金重点项目。发表于《商业研究》2012 年第 1 期，12.1 千字。该文认为，运用各时期的历史数据分析不同国际货币体系下英镑与美元的空间分布状况及其成因，利用 GIS 方法描述英镑在各个历史时期的空间分布状况，发现无论在国际金本位、布雷顿森林体系还是牙买加体系下，国际贸易资本流动的相互依存格局是国际货币实现空间拓展的主要原因，而在位货币的网络外部性效应将延缓在位国际货币的空间收缩。上述分析的政策含义在于现阶段推进人民币国际化可能得不偿失，人民币国际化应走谨慎、渐进的国际区域化之路。

【我国城市群发展的差异化战略分析】 舒银燕（广西财经学院）等撰。发表于《中央财经大学学报》2012 年第 8 期，7 千字。中国人民大学书报资料中心复印报刊资料《区域与城市经济》2012 年第 11 期全文转载。该文认为，城市群是城市化和经济发展的一种地域单元或空间形态。城市群的形成和发展具有阶段性规律，依次会经过城市分散、极化、扩散及成熟 4 个阶段。不同阶段城市群内城市规模结构、城市之间分工协作程度等特征不同。因此，在不同经济发展水平的区域，城市群发育程度不同，就应选择差异化发展战略。我国东中西部城市群所依托的区域经济基础的差异导致各区域城市群的发育程度不同。该文提出应根据其各自所处的发展阶段，东部地区城市群发展的战略重点是优化城市之间的产业分工，而西部地区城市群发展则应重点培育中心城市、完善城市规模体系的对策与建议。

【新时期中国城市化质与量协调发展研究】 毛蒋兴、郑雄彬（广西师范学院资源与环境科学学院）撰。广西高等学校优秀人才支持计划项目。发表于《规划师》2012 年第 7 期，11.5 千字。中国人民大学书报资料中心复印报刊资料《区域与城市经济》2012 年第 11 期全文转载。该文认为，城市化是一个综合动态的发展过程，包含城市化的质与量两个方面。当前，中国城市化发展过程中量的发展明显快于质的提高，城市化进程处于亚健康状态，城市化的质与量不平衡发展已经成为中国城市化推进过程中主要的问题之一。新时期中国城市化发展道路应进行调整，坚持城市化质与量协调发展的新道路，促进我国城市化进程的健康发展。

【物联网环境下物流配送一贯化作业管理模式新探】 林君暖（广西经济管理干部学院信息管理系）撰。国家社科基金项目。发表于《南宁职业技术学院学报》2012 年第 4 期，约 4 千字。中国人民大学书报资料中心复印报刊资料《物流管理》2012 年第 10 期全文转载。该文认为，物联网作为一种新兴技术，对物流配送有重要影响。针对物流配送作业中存在订单处理不规范、货物盘点效率低、仓库装卸搬运人力需求高、配送线路不合理、实时跟踪货物配送情况能力差等问题，构建基于物联网环境下物流配送一贯化作业管理模式，实现从订单处理、配货理货、搬运装卸、储存、运输送货、送达服务等连贯化的智能配送作业过程，加快货物在物流过程中的流通速度，减少人工操作失误，对提高物流配送效率和降低物流成本具有重要意义。

南宁市一景 （何 明 摄）

【审计在 XBRL 下的新信息形式要求】 庞大莲、高婕（广西大学商学院）撰。国家自然科学基金项目，广西哲学社会科学规划项目。发表于《商业会计》2012 年第 15 期，5.7 千字。中国人民大学书报资料中心复印报刊资料《审计文摘》2012 年第 10 期全文转载。该文认为，XBRL 是可以采用各种格式将企业网上财务报告编制和发布、数据交换和对财务报表所含信息分析的一种标准方法，它彻底改变了财务信息发布、使用和分析的方式。XBRL 的运用将给审计带来极大影响，基于 XBRL

的网络审计等新的手段和形式将被广泛运用。本文在介绍 XBRL 及其基本应用的基础上，初步探讨了审计在 XBRL 环境下与之相匹配的新信息形式。

【产业专业化、多样化对城市群经济增长的影响】 邬丽萍（广西大学商学院）撰。国家自然科学基金项目，教育部人文社科项目，广西哲学社会科学规划项目，广西大学“211 工程”四期《中国—东盟经贸合作与发展研究学科群》建设项目。发表于《财经理论与实践》2012 年第 5 期，7.8 千字。该文认为，产业专业化、多样化分工与分工交易经济是研究城市群形成与发展的重要路径。已有研究往往忽略了区域经济发展水平的差异以及城市群中各城市的功能定位，鉴此，构建专业化与多样化分工要素的城市经济增长模型。结果表明，以广西北部湾城市群为研究进行实证对象能更好地解释产业专业化与多样化对城市群及其内部各城市经济增长的影响。

【区域资源环境安全综合评价方法与实证——以桂西北喀斯特山区为例】 吴良林（广西师范学院资源与环境科学学院）等撰。国家自然科学基金项目，广西科学研究与技术计划。发表于《国土与自然资源研究》2012 年第 5 期，6.3 千字。该文改变前人的平均权资源环境安全评价方法，提出了具有 4 个层次 19 个要素指标的区域资源环境安全评价指标体系，采用层次分析法和线性加权综合评价模型进行区域资源环境安全状态进行评价。结果表明，桂西北喀斯特山区资源环境安全指数仅为 0.77，处于不安全状态，有 81.8% 的县市、76.9% 的国土面积处于不安全状态，其不安全区域分布与喀斯特分布具有高度的空间耦合性。研究区大多数指标安全值均很低，有 14 个指标值处于很不安全状态，占总指标数的 73.7%，有 8 个指标值接近于零，即 42.1% 指标处于极端不安全状态。评价指标具有良好的指示功能，为区域资源环境安全调控和管理策略的制定提供很好的依据。

【小型创业企业高层团队成员变动问题及对策】 潘清泉（广西工学院）、韦慧民（广西大学）撰。国家自然科学基金项目，教育部人文社科研究西部和边疆地区项目。发表于《中国人力资源开发》2012 年第 5 期，4.5 千字。该文针对小型创业企业高层团队成员变动对企业发展的积极与消极影响，提出基于发展观的高层团队成员退出与进入综合管理模型，深入分析了支撑小型创业企业持续成长的高层团队人力资源发展策略。

【北部湾经济区农村公共政策供给的效用分析】 黎昌珍、叶大凤（广西大学公共管理学院）撰。国家自然科学基金项目，新世纪广西高等教育教改工程项目《〈公共政策学〉课程教学改革的研究与实践》阶段性成果之一。发表于《安徽农业科学》2012 年第 30 期，4.6 千字。该文分析了北部湾经济区发展的内源性与外源性动力，指出公共政策作为政府干预社会经济生活的基本手段，是政府生产的根本性公共物品。公共政策有效供给所形成的农村地区发展能力、经济增长、环境保护和持续发展等，对刺激农村消费、扩大内需和拉动经济增长具有明显的带动作用，具有很强的“乘数效应”。在此基础上研究了北部湾经济区农村经济发展和社会转型的条件，结果表明：北部湾经济区农村的经济与社会发展需要政府提供科学、合理与有效的“公共政策”。

【广西农用地整理条件分区及其模式分析】 刘谐静（广西国土资源厅土地整理中心）等撰。教育部博士学科点专项科研基金项目，村镇区域发展综合评价技术研究项目。发表于《农业工程学报》2012 年第 3 期，7 千字。该文认为，农用地整理条件分区可为科学开展整理工作提供指导。基于整理潜力、生态环境、自然条件和社会经济条件 4 种因素构建评价模型，综合多项资料定量分析各因素因子状况，进而借助 GIS 平台，通过聚类分析与构建分区规则的方法，对广西农用地整理进行条件分区；运用该成果，以不同地域条件的需求为依据，分析出不同农用地整理模式的集合以及分布状况。研究表明，桂中和桂南地区整理潜力较高、各方面条件较好，是未来农用地整理的重点区域，适合较大规模低成本的高标准农田建设，非重点区域内坡耕地治理和生态防治是其重点，投资成本较高，桂林市与玉林市可尝试进行引入民间资本的一般规模中等成本整理模式。

【论非经营性国有资产的制度改革】 黄莹（广西大学法学院）等撰。国家社科基金项目。发表于《社会科学战线》2012 年第 1 期，17 千字。该文认为，非经营性国有资产的流失是当前的社会焦点之一，涉及公务消费和国有资产两大领域。制度不当和欠缺是非经营性国有资产流失的根本原因，因而必须对现行的非经营性国有资产进行制度改革。制度改革的核心问题是如何配置、如何消费非经营性国有资产，应在国家层面上明确和统一配置依据、配置标准、配置方式等，并有效控制公务消费的过程。非经营性国有资产制度改革应当在行政法和财产法两个方面展开，制定《公务消费法》以规范公务消费从而清晰非经营性国有资产消费的正当、合理、科学的界限，修改《物权法》以落实非经营性国有资产的物权从而追究侵害非经营性国有资产的民事责任。

【基于倾向分数配对方法探讨企业社会责任行为与改善财务绩效】 邓德军、肖文娟(广西大学商学院)撰。国家社科基金项目。发表于《软科学》2012年第2期,9.6千字。该文以被深圳社会责任指数收录的61家制造业公司为样本,将其定义为社会责任企业,未被收录的深市制造业公司定义为非社会责任企业,并采用倾向分数配对方法,控制公司规模、财务状况、管理能力及公司治理等特征变量的影响,进而研究企业社会责任行为是否可以改善财务绩效的问题。研究结果表明,社会责任企业的财务绩效显著优于非社会责任企业,企业社会责任行为可以改善财务绩效。

【论城乡收入差距对居民福利的影响——基于公共品溢出效应的讨论】 王春雷(广西大学商学院)、黄素心(广西民族大学商学院)撰。国家社科基金青年项目《区域经济均衡发展机制研究》阶段性成果之一。发表于《经济体制改革》2012年第2期,8.1千字。该文从公共品溢出的视角讨论城乡收入差距对居民福利的影响。理论模型表明,城乡收入差距的扩大并不一定导致居民福利差距的扩大。原因是随着城乡居民收入差距的扩大,城乡公共品供给数量的差距会被进一步拉大。由于城市公共品具有比农村公共品更大的溢出效应,当这种溢出提高到某一程度后,城乡居民间的福利差距反而会缩小。

【广西城市化水平与速度数量分析及预测】 曾艳华(广西大学商学院)等撰。国家自然科学基金项目,教育部人文社科基金项目。发表于《广西社会科学》2012年第5期,6.8千字。该文对广西城市化水平与速度进行数量分析发现:当前广西的城市化水平远低于全国平均水平,在西部地区处于中下水平,并且滞后于工业化和非农化水平,同时还滞后于常态下的城市化水平;近年来城市化以年均1.2个百分点左右的速度增长,基本适合广西的经济发展水平和趋势。基于时间序列预测法,估计广西城市化进程还将保持较快发展趋势,城市化率将以年均1个百分点左右的速度继续推进。

【论中国管理咨询企业的国际化发展阶段与策略】 潘思谕(广西大学商学院)、宋晟欣(广西大学商学院)撰。广西哲学社会科学"十一五"规划项目《基于价值链的企业跨国经营战略联盟研究》阶段性成果之一,国家自然科学基金项目《企业逆向施诊及关键成功因素研究》阶段性成果之一。发表于《特区经济》2012年第8期,6.8千字。该文认为,中国管理咨询业的国际化发展是大势所趋。通过对中国管理咨询企业进行SWOT分析,结合企业国际化发展模式理论和阶段理论,提出中国管理咨询企业应选择"渐进式"的国际化发展模式、"由内向国际化到外向国际化"的发展路径,指出中国管理咨询企业的四种国际化运作策略:跟随客户策略、与客户联盟策略、与外资咨询公司联盟策略和混合经营策略。

【论旅游电子商务的本质与发展方向】 黄爱莲(广西大学商学院)撰。国家自然科学基金项目,广西哲学社会科学规划项目,广西科技厅软科学项目。发表于《商业时代》2012年第16期,4.2千字。该文认为,商务、电子商务、旅游电子商务是相互联系、相互递进的关系。通过对3个概念及其特征进行梳理,提出旅联网是智能化的集大成者,是旅游电子商务的发展方向,也是复合商务的本质所在,而旅联网的发展需要旅游企业联动以构造新的商业模式。

【论日本旅游产业演进对旅游公共政策形成的影响】 苏振(广西大学商学院)等撰。教育部人文社科研究项目基金,广西大学科研基金项目。发表于《商业时代》2012年第18期,6.9千字。中国人民大学书报资料中心复印报刊资料《旅游管理》2012年第9期全文转载。该文认为,日本是东亚地区战后经济发展最快的国家,其旅游公共政策的调整过程对我国有着重要的启示意义。从历史的发展来看,日本旅游公共政策经历了"入境导向—国内导向—出境导向—出入境导向—入境导向"的整个过程。这与经济快速发展推动旅游产业演进密切相关。

【论社会管理创新视角下政府审计人才结构优化——以广西为例】 朱萍(广西财经学院)撰。发表于《会计之友》2012年第7期(上),4.3千字。中国人民大学书报资料中心复印报刊资料《审计文摘》2012年第9期全文转载。该文认为,审计干部队伍结构优化是政府审计可持续创新的基础。在对广西审计机关干部队伍进行深入调研的基础上,提出了审计机关干部队伍结构的合理目标、结构优化的对策和建议。

【中小五金制造企业实施作业成本法应对成本飙升】 党晓峰(贺州学院人文与管理系)撰。浙江省2010年新世纪A类课题《适应绍兴纺织业需要的"复合型"成本会计人才培养体系创建研究》结题成果之一。发表于《财会月刊》2012年第5期,5.9千字。中国人民大学书报资料中心复印报刊资料《财务与会计导刊(实务版)》2012年第9期全文转载。该文通过分析中小五金制造企业采用作业成本法的有利条件,在进行真实案例研究的基础上,论证了中小五金制造企业利用作业成本法的必要性和可行性,并提出相应的对策建议。

【《太上妙法本相经》农学思想考论】 袁名泽(玉林师范学院)等撰。国家哲学社科基金项目《道教农学思想史纲要》阶段性成果之一,教育部重点研究基地重大项目《道教科技文献的整理与思想研究》阶段性成果之一,四川大学中央高校基本科研业务费研究专项(哲学社科)项目——学科前沿与交叉研究重大项目《道教与科技交叉研究》阶段性成果之一。发表于《宗教学研究》2012年第1期,9千字。中国人民大学书报资料中心复印报刊资料《经济史》2012年第4期全文转载。该文认为,《太上妙法本相经》是南北朝道教重要经典之一,其敦煌本是《敦煌道藏》中少见的一篇涉及古代西北地区农业生产的文献,其中蕴涵的农学思想主要体现在:顺物道而行的农业哲学观;因时因地而作的"时宜"、"土宜"观;以勤劳为本的农事观;工具和过程相结合的农业技术观;注意可持续发展的农业生态观。这些农学思想对我国传统农业尤其是西北地区的农业生产产生了深刻的影响,对现代农业也有十分重要的借鉴意义。

【互惠型农民专业合作社可持续发展模式研究——以广西防城港光坡镇X海产品养殖协会为例】 胡佳(广西民族大学管理学院)撰。国家社科基金项目《民族地区基层政府社会管理模式创新比较研究》阶段性成果之一,广西民族大学科研基金资助课题。发表于《广西民族大学学报》(哲学社科版)2012年第6期,9.3千字。该文认为,互惠型农民专业合作社由非体制精英发起,基于地缘、血缘或业缘关系形成社员互惠关系,社员依托经济利益关联相互协作。以海产品养殖协会为例,互惠型农民专业合作社在农民生产过程中具有明显的发展成效。同时,互惠型农民专业合作社可持续发展的组织内外部约束性条件也不应忽视,需从协作意识、管理机制、扶持政策等方面完善其可持续发展模式。

【"资本—策略"视角下居民参与民族旅游的路径:以龙脊景区为个案】 赵巧艳(广西师范大学漓江学院经济管理系)撰。国家社科基金项目《结构嵌入与西部地区农村劳动力转移就业研究——基于广西、贵州的微观数据》阶段性成果之一。发表于《中央民族大学学报》(哲学社科版)2012年第3期,12.5千字。该文认为,民族旅游中社区参与和居民参与理应是两个不同的层面,从社区参与到社区增权的理论发展脉络也反映了这一观点。因此将研究的视角延伸到社区内部——居民具有理论和实践的必要性。民族旅游中居民的参与决策可以用布迪厄实践理论中的"资本—策略"组合加以解释,基于此可构建相应的理论分析框架。桂林龙胜龙脊景区个案,在人类学调查基础上,可通过7个典型例子证明分析框架的适用性。

【民族地区科学发展与特色休闲产业开发:基于马克思休闲思想的分析】 黄松(广西师范大学历史文化与旅游学院)撰。国家社科基金项目。发表于《广西民族研究》2012年第2期,6.3千字。该文认为,马克思休闲思想为休闲研究提供了理论归旨,休闲研究为马克思人的全面发展理论提供了实践支撑。论文以马克思休闲思想为指导,以人的自由全面发展为目标,从根本上把握休闲的动机与核心诉求,优选出民族文化体验、自然山水观光、新农村观摩、民族生态养生、越野探险运动、修学采风创作六种特色休闲业态作为民族地区休闲产业发展的重点培育对象。

【北部湾城市群可持续发展的物流支撑分析】 张协奎、邬思怡(广西大学商学院)撰。国家社科基金项目,广西自然科学基金项目,广西大学科研基金项目。发表于《特区经济》2012年第6期,5.4千字。该文认为,广西北部湾城市群建设和可持续发展需要一个发达的现代物流体系作为支撑。广西北部湾物流业应定位于区域现代物流的复合模式,通过"极化、扩散"效应,调节和平衡市场供需结构以及推动其向网络模式发展,广西北部湾物流业将对城市群可持续发展提供有力的支撑。为提高广西北部湾城市群的物流服务能力,需要从物流的基础设施系统、信息技术网络系统和政策支持系统三方面共同建设广西北部湾城市群的物流服务支撑体系。

【新时期广西农地"开荒"的社会问题思考】 朱奇志(广西大学体育学院)撰。国家社科基金项目《广西社会现代化与社会稳定研究》阶段性成果之一。发表于《学术论坛》2012年第5期,6千字。该文认为,土地是农民最基本的生产资料,是农民赖以生存的基础。土地问题关乎着国家长治久安,历来受到统治者的高度重视。建国以来,特别是改革开放之后,农民的生产积极性得到了很大的提高,加之农村人口的剧增与城市化、工业化的发展,农地的"开荒"现象更为普遍,这在一定程度上提高了农民的生活水平,同时也因为这一时期开荒的盲目性、缺乏监管和相关法律不完善等原因,引起了诸如使用权纠纷、社会公平、环境破坏等许多社会问题。

研究这些问题的成因与特点对解决农村土地问题，促进农村社会的和谐与稳定具有重要的意义。

【城市合同：法国区域治理的经验与启示】 李宜强（广西财经学院财政与公共管理学院）撰。国家社科基金青年项目。发表于《城市问题》2012年第7期，6.1千字。该文认为，在以多中心、平等治理及和谐关系为特征的城市合同治理方式的推动下，法国构建了世界上较为成熟与成功的善治模式，体现了当今社会对善治的系列要求。法国区域治理所采用的城市合同治理模式，具有以下三点启示意义：即有计划、有步骤的市场分权是实施城市合同的必要条件和有效途径；跨界治理机构的协调参与是城市合同有效进行的保障；城市合同是有效处理区域公共治理主体间利益矛盾冲突关系的基础。

【农民关于基本农田保护及规划管制风险的认知研究】 聂鑫（广西大学公共管理学院）等撰。国家自然科学基金项目，国家社科基金项目。发表于《湖北农业科学》2012年第12期，9.7千字。该文认为，利用武汉市主要基本农田保护区江夏区161份农户的调查问卷，从农户视角分析现有制度存在的缺陷。结果表明，农户作为基本农田保护的直接和主要参与者，其对基本农田保护相关知识的了解相当匮乏，对于基本农田保护的意愿也并不明显，因此基本农田保护的执行浮于政策。解决这一问题的方法是在基层加大基本农田保护相关知识的宣传力度和时效、制定合理的经济补偿制度、充分调动农户实施基本农田保护的积极性。

【审计取证数据接口的功能布局与实现方法】 李春友（广西财经学院）、苏红丹（广西财经学院）撰。发表于《财会月刊》2012年第13期，5千字。中国人民大学书报资料中心复印报刊资料《审计文摘》2012年第7期全文转载。该文认为，信息化审计取证是会计数据交换的一个重要应用领域。在当前会计信息交换理论和技术条件下，其关键问题是数据接口的功能布局与实现方法如何更方便有效地满足审计取证的需要。目前主要有双接口、直接抽取和独立接口等布局模式，该文以AO2008系统下的一个应用案例说明了独立接口布局的一种实现方法。

【企业异质性对产业空间集聚的影响研究】 何斌（自治区发展和改革委员会经济研究所）等撰。2010年国家教育部重大攻关课题《战略性新兴产业发展研究》阶段性成果之一。发表于《贵州财经学院学报》2012年第4期，5.2千字。该文认为，以Baldwin和Okubo的异质性企业自由资本模型为基础，探讨企业生产率的异质性影响产业空间集聚的微观机制。研究表明：产业空间集聚程度与资本支出规模、贸易自由度和迁移企业的生产率密切相关。因此，政府在引导企业的空间选择行为时应综合考察区域的资本支出规模、企业生产率的差异与贸易开放程度等因素，合理引导企业进行迁移，促进区域协调发展。

【FPI、FDI与中国经济增长——基于SVAR的经验研究】 傅东平（广西师范学院经济管理学院）等撰。教育部人文与社科西部和边疆地区项目《推动广西利用国际技术溢出效应研究》阶段性成果之一。发表于《经济问题》2012年第5期，6.6千字。该文利用SVAR模型，研究了外国直接投资和外国证券投资对中国经济增长的影响。结果显示FPI、FDI与中国经济增长呈现正相关关系，FDI的作用显著，FPI的作用不显著。同时，FDI和FPI之间存在一定的交替关系，FDI拉低了FPI，而FPI则在短期内对FDI有促进作用。

【垂直专业化、层次国际竞争力与中国制造业发展态势】 梁运文、张帅（广西大学商学院）撰。教育部哲学社科重大研究课题攻关项目《中国—东盟区域经济一体化研究》阶段性成果之一，国家自然科学基金项目《CAFTA“南南竞争”价值链下广西“高端嵌入”发展战略研究》阶段性成果之一，广西哲学社会科学规划项目和广西高校优秀人才计划项目。发表于《世界经济研究》2012年第5期，12.8千字。中国人民大学书报资料中心复印报刊资料《产业经济》2012年第8期全文转载。该文认为，基于“垂直专业化→层次国际竞争力”过程传导的研究视角，从静态和动态两方面分析了中国制造业垂直专业化(VSS)、生产率(PR)、贸易竞争力(RCA)、产业利润(ACR)四者间传导关联的统计分布特征，并从“过程传导”的角度对中国制造业15个行业的发展态势进行了定位分析。研究发现，中国制造业中能形成“垂直专业化→生产率→贸易竞争力→产业利润”过程传导良性循环的行业不多，产业发展驱动力过程传导中存在较为明显的递减、时滞甚至断裂效应。有效地进一步培育和提升中国制造业各行业国际竞争力的策略在于克服现有“垂直专业化→层次国际竞争力”过程中的“传导短板”。

【垂直专业化与研发投入——来自中国高技术产业的经验证据】 戴魁早（广西师范大学）撰。国家社会科学基金重大课题，教育部人文社会科学研究项目。发表于《财经研究》2012年第5期，11千字。中国人民大学书报资料中心复印报刊资料《产业经济》2012年第8期全文转载。该文根据1995~2010年中国高技术产业细分行业的面板数据，在考虑新产品需求、市场化进程等因素的情况下，实证分析了垂直专业化对研发投入的影响及其行业差异。研究结果显示，垂直专业化对我国高技术产业的研发资本投入和研发人力投入均具有正向促进作用，而且中国加入世贸组织后这种促进作用更大；垂直专业化对研发投入的影响存在行业差异性，在垄断程度较低、技术密集度较高和外向度较高的行业中，垂直专业化对研发投入的促进作用更加显著。

【旅游酒店微博管理机制】 刘洁（桂林理工大学管理学院）、张晞（广西师范大学经济管理学院）撰。国家旅游局规划项目《游酒店微博营销模式研究》阶段性成果之一。发表于《企业活力》2012年第3期，5.6千字。中国人民大学书报资料中心复印报刊资料《旅游管理》2012年第7期全文转载。该文认为，当前很多旅游酒店微博存在着内容单调、缺乏互动、反应迟缓等问题，导致微博营销效果不彰。为了解决这些问题，旅游酒店需要建立一套有效的微博管理机制，包括微博组织协作机制、微博内容管理机制、微博互动交流机制和微博服务监测机制。

文　化　学

【广西面向东盟的文化“走出去”模式探析】 王春林（自治区党校文史部）撰。2011年度国家社科基金项目。发表于《学术论坛》2012年第7期，6.3千字。该文认为，实施文化“走出去”已成为提升我国在东盟国家的国际话语权和文化软实力的战略举措。该文总结了近年广西在中国—东盟自由贸易区建设中实施文化“走出去”的基本模式与途径、基本特点，并针对存在的不足提出了进一步完善文化“走出去”模式的措施建议。

【广西文化产业与旅游业融合发展研究】 覃雪香、徐晓伟（广西师范大学经济管理学院）撰。教育部人文社科研究青年基金项目，广西人文社会科学发展研究中心“科学研究工程”项目，广西师范大学博士基金项目。发表于《广西社会科学》2012年第8期，7千字。该文认为，加快广西文化产业与旅游产业的融合发展，是展示“创新争先”的广西精神、建设广西旅游强区的重要途径，是促进广西文化产业大发展，提升广西文化“软实力”和壮大广西经济文化发展的现实要求。为此，应从战略的高度规划广西文化产业与旅游业的融合发展，重视对文化旅游人才资源的挖掘及引进，加快文化产业的体制改革和机制创新，加强文化旅游的多元投资和主体市场建设。

【再论跨文化变异与误读——以20世纪中上叶中国接受俄苏文论为例】 欧阳灿灿（广西师范大学文学院）撰。国家社科基金“十五”规划项目，广西师范大学博士科研启动基金项目。发表于《广西社会科学》第1期，6.3千字。该文认为，从20世纪中上叶中国对俄苏文论的总体接受情况来看，中国在接受俄苏文论的过程中虽然有关怀现实、反思现实等值得肯定的方面，但其基本特征是接受者从自身现实语境、主观倾向与文化传统出发去接受俄苏文论，所带来的主导倾向是文学的意识形态化与工具化。跨文化理论如译介学、误读理论与接受学充分褒扬接受者的改写、误读与变异所带来的意义与价值，但从中国接受外来文化与文学的这个案例来看，这样的态度似乎有失全面与客观。

印象·刘三姐　（何　明　摄）

【旅游企业对少数民族文化的保护责任——以西部旅游景区为例】 魏佳（广西警官高等专科学校）等撰。国家社科基金西部项目《西部旅游业可持续发展法律问题研究——以广西、云南、陕西为例》阶段性成果之一。发表于《社会科学家》2012年第1期，9.8千字。该文认为，现行西部旅游开发模式下，大量少数民族文化被开发用于吸引旅游者，在一定程度上催动了

民族文化旅游的发展。与此同时,西部旅游景区的大量旅游企业对少数民族文化进行竭泽而渔式的开发和旅游者在旅游过程中给少数民族文化造成的旅游性消耗及现代文化的渗透现象,也给少数民族文化的保护带来极大负面影响。在此现状下,必须就西部旅游企业对少数民族文化保护的法理界定、法律关系内容及法律对策等方面进行研究,以期实现西部旅游可持续发展与少数民族文化开发、利用、保护的和谐发展。

【论中越边境跨境民族文化旅游带的开发】 李伟山、孙大英(广西民族大学管理学院)撰。国家社科基金项目《民族文化创意与区域旅游发展:西南边疆民族地区的研究视角》阶段性成果之一。发表于《广西民族大学学报》(哲学社科版)2012 年第 5 期,9.2 千字。该文介绍了中越边境跨境民族文化旅游带的概况,深入分析和论证了中越边境跨境民族文化旅游带进行合作开发的重要意义、可行性以及开发策略。认为在中越国际旅游合作区建设不断推进的背景下,应该拓宽中越两国旅游合作的视野,以跨境民族文化为切入点,对中越边境的跨境民族文化旅游带进行整合开发。

【文化产业知识产权融资模式探究】 梁君、郑兴波(广西师范大学经济管理学院)撰。教育部人文社科研究青年基金项目《西部地区文化产业升级机制与路径研究——基于波特钻石模型的视角》阶段性成果之一,广西师范大学博士基金项目,广西人文社会科学发展研究中心“科学研究工程”项目。发表于《改革与战略》2012 年第 4 期,7 千字。该文认为,目前我国文化产业知识产权融资还处于初级探索阶段,主要存在包括法律、技术和人才等层面的融资约束、知识产权交易平台不健全以及产业价值链不完整等不利因素。应进一步完善知识产权融资市场,充分结合文化产业的特点与优势,多方面开展利用知识产权融资模式,大力促进文化产业的发展。

【走向共生的民族文化发展与教育选择】 孙杰远(广西师范大学教育科学学院)撰。2010 年教育部新世纪优秀人才支持计划项目《走向共生的民族文化发展与教育选择》阶段性成果之一。发表于《教育研究》2012 年第 9 期,5.6 千字。该文认为,民族文化变迁和发展是一个永恒必然的过程,文化主体和文化自身所具有的共生特质决定了民族文化发展的价值和内涵趋向。民族文化传承与发展是教育的基本任务和功能,教育应当调谐主流文化与少数文化的冲突,文化隐含的民族认同与国家认同差异间的叠合问题,萃取民族文化营养,深化学校教育变革,实现民族文化发展乃至民族统合的共生目标。

【民族传统节庆文化开发价值的综合评价体系构建】 吴晓山(广西师范大学历史文化与旅游学院)撰。2010 年教育部人文社科研究青年项目,2011 年广西人文社会科学发展研究中心“科学研究工程”项目《旅游研究团队》阶段性成果之一。发表于《商业时代》2012 年第 17 期,5.5 千字。该文认为,对民族传统节庆文化资源开发价值予以综合评价,是其成功开发的前提,也为保护传统文化提供理论依据;其目的并不在于去评价民族传统节庆文化本身之优劣,而在于进行综合评价以了解其所蕴含的不同价值,掌握其开发的相关条件,达到有效保护、成功开发的目的。本文运用德尔菲法及层次分析法,从民族传统节庆文化自身价值、地方社区文化活力以及区域旅游业发展环境等 3 个方面构建起民族传统节庆文化资源开发价值评价指标体系,并进行实证分析。

【中国—东盟跨境民族文化产业发展与合作——基于文化距离的探究】 覃玉荣(广西大学外国语学院)撰。教育部人文社科研究规划基金项目。发表于《广西社会科学》2012 年第 11 期,5.4 千字。该文认为,文化距离是各国不同文化特征的差异程度,它对跨境文化产业或公司人员的适应、跨境文化产业或贸易交易、跨境文化企业或公司进入模式的选择以及深层文化理论、价值观产生影响。地理空间的比邻、共同文化认同理念、丰富的民族文化资源是中国与东盟跨境民族文化产业发展和合作的基础。我国特别是西南少数民族地区应充分利用自身优势发展与东盟跨境民族文化产业合作。

【东中西部文化产业发展比较研究】 陈显军(广西师范大学经济管理学院)等撰。教育部人文社科研究青年基金项目《西部地区文化产业升级机制与路径研究——基于波特钻石模型的视角》阶段性成果之一,广西人文社会科学发展研究中心“科学研究工程”项目和“桂商研究团队建设”项目,广西师范大学博士基金项目。发表于《改革与战略》2012 年第 7 期,6.5 千字。该文认为,国家“十二五”规划明确提出把文化产业打造成国民经济的支柱性产业。虽然我国的文化产业初具规模,但是由于经济发展水平和资源要素禀赋的不同,东中西部在文化产业上的发展阶段和发展方式上的区域不平衡状况明显。从整体看,东部是我国文化产业发展最好的地区,形成了以市场为主导的模式;中部作为东西部地区的连接,文化产业的发展处于二者之间,形成了兼具东西部特点的发展模式;西部凭借自身特有的条件，文化产业的发展形成了资源、产业加政府为主导的模式。文章从以上三者各自的实际情况出发，深入探讨了各自存在的问题，并提出了相应的对策建议。

【稻作文化与梯田景观生态探析——以广西龙脊梯田为例】 申扶民（广西民族大学文学院）、李玉玲（广西民族大学政治与国际关系学院）撰。国家社科基金项目《广西西江流域生态文化研究》阶段性成果之一。发表于《广西民族研究》2012年第2期，9.2千字。该文认为，稻作文化塑造了独特的梯田景观，以龙脊梯田为例，从生态的视角探析稻作文化与梯田景观之间的内在关联。一方面，稻作活动在遵循生态规律的基础上，再造了真善美相统一的梯田人文自然景观，形成具有高度鉴赏价值的景观生态艺术；稻作文化衍生出与梯田生态环境相契合的人文景观，主要表现为别具一格的干栏建筑以及民俗节庆活动。另一方面，传统稻作文化的式微和梯田景观的观光产业化，引发梯田生态承载力的压力以及生态异变，由此埋下的生态隐忧值得关注。

【论多民族国家与多元文化教育——台湾地区多元文化教育政策的启示】 陈路芳、肖耀科（广西民族大学管理学院）撰。国家社科基金项目《我国少数民族文化政策与国家认同问题研究》阶段性成果之一。发表于《云南社会科学》2012年第2期，9.6千字。该文认为，多元文化教育政策在我国台湾已经实施了近20年，在原住民教育、移民教育、两性平等教育、母语教育和课程改革等方面都取得了令人瞩目的成绩，同时也存在课程设计不够合理、师资培育不足、公众多元文化意识淡薄、多元文化教育易被台独分子用于削弱中华民族认同感等隐忧。台湾的多元文化教育的某些经验值得借鉴，如扩大多元文化教育的主题、加强弱势族群的母语教育、加大课程改革力度、提高教师的多元文化素养等，其中，如何保持多元教育与一体化教育的某种均衡以增强各族群的中华民族认同感，特别值得关注。

【多元文化的交融：泛北部湾历史文化圈】 廖国一、白爱萍（广西师范大学历史文化与旅游学院）撰。国家社科基金项目《构建认同——泛北部湾经济合作的可持续研究》阶段性成果之一，广西人文社会科学发展研究中心"泛北部湾历史文化研究团队"项目。发表于《学术论坛》2012年第1期，8.2千字。该文认为，泛北部湾的中国与越南、马来西亚、新加坡、印尼、菲律宾和文莱等东盟国家在古代经济文化交流过程中就形成了朝贡贸易文化圈、铜鼓文化圈、方孔钱文化圈、陶瓷文化圈等多重文化圈，它们共同构成了泛北部湾历史文化圈。泛北部湾历史文化圈为当今泛北部湾的经济合作奠定了良好的历史基础。

【论体育人类学研究范式中的跨文化比较】 杨海晨（桂林电子科技大学体育部）等撰。国家社科基金重点项目，国家社科基金青年项目。发表于《体育科学》2012年第8期，31.7千字。该文采用文献资料调研与逻辑分析法，对体育人类学的跨文化比较的沿革进行了溯源。研究认为，体育人类学的发展史可以说就是一部体育人类学跨文化比较的演进史。它萌芽于对欧洲封建神权统治提出挑战的文艺复兴时代；形成及发展于殖民扩张中；在两次世界大战期间出现争鸣并达成一些共识；战后到全球化前期出现学科化与体制化趋势；进入全球化时代后，通过反思使跨文化比较趋于整合。就如何进行体育人类学跨文化比较研究进行了思考：提出应遵循可比性、整体性、主客位性等原则；在研究方法上应综合考虑类型比较法、历史比较法及模式比较法等方法；应选取具有相似表现形式的项目，根据地缘或渊源进行研究。提出跨文化的历史诉求，应是为了促进对他者文化的理解。

【以民族文化产业提升西南边疆民族地区对东盟的传播能力】 丁智才（广西财经学院文化传播学院）撰。2011年国家社科基金一般项目《提升我国西南边疆民族地区对东盟的传播能力研究》阶段性成果之一。发表于《广西民族研究》2012年第4期，7.6千字。该文认为，加快中国西南边疆民族地区对东盟的传播有利于营造有利国际舆论环境，建构良好国家形象。通过文化输出的传播力量可深化对东盟的传播效果。在当前文化变革期，文化不能脱离文化产业这样具体的文化形态而存在，文化产业成为文化传播的有效途径和必然趋势。西南边疆民族地区民族文化资源丰厚，民族文化产业应成为其对东盟文化传播的主要载体，要以民族文化产业提升西南民族边疆地区对东盟的传播能力。

【文化大发展背景下"文化产业"学科体系的建构】 李志雄（广西师范学院）撰。发表于《现代传播（中国传媒大学学报）》2012年第5期，4.1千字。中国人民大学书报资料中心复印报刊资料《文化创意产业》2012年第5期全文转载。该文认为，我国文化大发展大繁荣的号角已经吹响，高校需要从战略高度认识到加快人才培养的重要性和紧迫性，当务之急是要重视"文化产业"学科体系的建构、规划和具体建设。

【全球化时代民族文化传播中的涵化、濡化与创新——从广西龙州布傣“天琴文化”谈起】 秦红增（广西民族大学民族学与社会学学院）撰。教育部哲学社科研究重大攻关课题，教育部重点研究基地重大项目。发表于《思想战线》2012年第2期，11千字。该文借助于“天琴文化”个案，结合民族志表达，从全球与地方、现代与传统的整合视角，可探讨全球化时代民族文化传播中的涵化、濡化等问题。创新以建构独立的、符合时代精神的民族文化体系，乃是民族文化传承、传播、永续的根本前提，而要做到这一点，就必须持有开放、坚守两个法宝。惟其如此，民族文化才可自觉繁衍、生生不息。

【重塑乡村生活意义与乡土文化价值】 李晓明（贺州学院广西东部族群文化研究基地）撰。教育部人文社科规划项目《南岭走廊瑶族民间手抄文献发掘整理与研究》阶段性成果之一。发表于《长白学刊》2012年第4期，5.5千字。该文认为，社会精英和主流话语长期对中国传统乡村生活与乡土文化的批判、蔑视和排斥，直接导致了传统乡土文化的凋敝和对乡村生活意义的消解。市场化改革进程中，由于乡村经济收入偏低，广大乡村已成为人们急于逃离之地，乡村生活也已失去了其独特的文化精神内涵，乡土文化自我更新的能力不断弱化。如何重塑乡村生活的意义与传统乡土文化的价值，以实现乡村民众本体性价值与社会性价值的双重回归，促进乡村社会的和谐发展，已成为亟须解决的重要问题。

教　育　学

【从简化到复杂：比较教育范式研究】 杨素萍（广西师范学院教育科学学院）撰。教育部2011年度人文社会科学项目《比较教育范式研究》阶段性成果之一。发表于《外国教育研究》2012年第6期，7.4千字。该文认为，在归纳主义的背景下，牛顿经典力学和简单范式的巨大成功，使得人文社会科学也仿照简单范式的方法、原则，探求各自领域的普遍性、必然性的规律。比较教育学也不例外。它从诞生之日起，就一直在简化思维即历史主义和实证主义的范式下徘徊不前。这种思维方式在当时虽然有助于比较教育的发展，但从长远来看，简化范式本身所固有的缺陷使其无法解决比较教育研究所面临的困境。只有转变思维方式，从实体走向关系或生成，即从复杂性的视角重新审视比较教育研究，才是解决这一问题的出路。

【大学管理中的文化冲突及调谐】 谢凌凌（广西财经学院管理科学与工程学院）等撰。2012年国家社科基金项目《完善中国特色现代大学制度研究》阶段性成果之一，2012年度教育部人文社科研究项目《大学学术权力运行风险及其防范机制研究》阶段性成果之一。发表于《当代教育科学》2012年第15期，6.9千字。该文认为，现代大学内部高度分化、异质化的组织文化构成大学管理的重要文化背景，往往会引发大学管理中的文化冲突。这种文化冲突通常表现在大学行政管理主客体以及领导层与下属之间的科层主义文化与民主自治文化之间，以及学术文化内部不同学科亚文化之间的文化冲突。大学的管理者需要从努力建构人文主义的学术文化、选择和落实“外儒内道”的行动策略、打造“和而不同”的大学组织文化格局等方面着手以促进大学文化的调谐。

【固守与创新：高考改革的必然抉择】 周剑清（广西师范大学文学院）撰。全国教育科学“十二五”规划2011年度国家社科基金教育学科重点课题《高校招生考试制度改革研究》阶段性成果之一。发表于《广西师范大学学报》（哲学社科版）2012年第1期，6.6千字。该文认为，高考改革是一个争论纷繁的话题，但其改革的步伐从未间断，从考试科目、命题方式、招生方式到招生体制；另一方面，高考的改革由于历史的依赖、传统的依赖以及社会公平的诉求这3个方面的制约，始终在统一考试、分数至上这一“黄金标准”下悄然而为。高考改革如何在改革中坚守教育公平？途径有二：一是坚持统一高考，二是坚持招生制度的改革。

【意义、必要与可能：“过程方法”在高职课程质量保障中的应用】 韦家朝（广西师范学院）、蒋远豪（广西师范大学漓江学院）撰。国家社科基金项目《高校课程结构调整与大学生就业问题研究》阶段性成果之一。发表于《现代教育管理》2012年第7期，4.3千字。该文认为，提高课程质量是高职教育发展的核心任务。“过程方法”是建立现代质量保障体系的关键，它可以改变高职课程质量保障的落后观念与实践，使高职课程质量保障遵循教育客观规律，是培养全面发展人才的必由选择。

【初中、高中与大学生的生命意义来源研究】 张姝玥、林艳（广西大学教育学院）撰。国家社科基金项目《社会变迁中的青年生命意义与生命教育研究》阶段性成果之一，广西哲学社会科学“十二五”规划课题《广西高校稳定问题研究—高校学生自杀危机的预防、预警与干预》阶段性成果之一，广西大学科研基金项目《中学生学习倦怠的影响因素模型》阶段性成果之一。发表于《中国特殊教育》2012 年第 10 期,6.7 千字。该文认为,通过开放式问卷收集初中生、高中生和大学生生命意义来源资料,对资料进行登录、编码,采用类属分析方法对文本资料进行归类,发现不同阶段学生的生命意义来源有一定的相似性,被学生们提到较多的生命意义来源有:社会关注、亲情、目标追求、成就、友情、自主性、满意充实和兴趣休闲。最后通过卡方检验对 3 个不同阶段学生的生命意义来源进行对比,探索 3 个群体在各生命意义来源上的差异。

【广西县域农村学前教育及其发展机制的现状分析】 袁旭(广西幼儿师范高等专科学校)撰。国家社科基金"十一五"规划教育学重点课题《区域内义务教育均衡发展实证研究》阶段性成果之一。发表于《学前教育研究》2012 年第 7 期,5.5 千字。该文认为,机制是教育发展问题研究的三大主题之一。以广西 12 个国家教育体制改革试点县为研究对象,从规模、结构、质量及效益维度分析了试点县学前教育的发展状况,从政策法规、经费筹措、行政管理等维度分析了其发展机制。结果发现,县域农村学前教育发展的各项制度还有待于进一步完善;乡镇中心幼儿园建设经费基本有保障,但运作经费还不足;管理上还比较混乱,管理制度建设不足。应从把握学前教育办学体制改革的本质,加强政策跟进措施的研究,加强制度之间的联动 3 个方面推进县域农村学前教育的改革和发展。

【新加坡现代大学制度建设的背景与前提初探】 王喜娟(广西民族大学教育科学学院)撰。国家社科基金"十二五"规划 2011 年度教育学青年课题《中国—东盟高等教育区域性合作研究》阶段性成果之一。发表于《黑龙江高教研究》2012 年第 10 期,7.8 千字。该文认为,新加坡经济与社会发展的成功,主要归功于它对教育的重视及有效地实现了教育与经济发展之间的平衡。2005 年以来新加坡政府开始对大学进行自治改革,着力于建立现代大学制度。这是新加坡政府应对全球化与市场化带来的机遇与挑战的重要举措,同时一系列的以"自治"和"竞争"为核心理念的教育改革更为新加坡现代大学制度的建立奠定了基础。

【西部地区中等职业教育与经济增长关系实证研究——基于中国 1990~2009 年的数据实证检验】 王海燕、沈有禄(广西大学教育学院)撰。教育部人文社科研究青年基金项目《中等职业教育投入机制创新研究——基于教育券的视角》阶段性成果之一,国家社科基金项目《教育机会分配的公平性问题研究》阶段性成果之一。发表于《职业技术教育》2012 年第 1 期,5.9 千字。该文认为,运用 EVIEW6.0 分析软件,采用中国 1990~2009 年时间序列数据,在柯布道格拉斯生产函数的基础上,引入中等职业教育发展变量并建立生产函数扩展模型,分析我国西部地区中等职业教育与经济的关系。通过对方程和变量进行 Johnsen 协整检验和 Granger 因果检验发现,西部地区中等职业教育与经济增长存在长期稳定的关系,但其对西部地区经济增长的影响程度比较弱,发展西部中等职业教育仍任重道远。

【战略性资源:大学竞争力构建的根基——基于资源基础理论的视角】 任初明(广西大学)撰。教育部人文社科研究西部和边疆地区项目《西部民族地区地方高校核心竞争力培育与提升研究》阶段性成果之一。发表于《现代教育管理》2012 年第 8 期,5.6 千字。该文认为,大学是一个资源集合体,资源是大学竞争力构建的根基,大学的竞争力源于大学的战略性资源。大学拥有的战略资源总量通常决定着大学的整体竞争力,大学战略资源的异质性成为大学竞争力的源泉,大学战略资源的稀缺性使资源的优先获得者具有先发竞争优势,核心战略资源的不可完全模仿和不可完全替代使大学能够保持持久的竞争优势。

【课程与教师的关系考辨】 蒋士会(广西师范大学教育科学学院)等撰。教育部人文社科研究 2009 年度一般项目《整体、持续、有效:民族贫困地区农村中小学推进新课程的特殊性研究——以广西龙胜县为例》阶段性成果之一,广西人文社会科学发展研究中心"科学研究工程"2011 年度一般项目《民族贫困地区农村中小学持续有效推进新课程改革的复杂性研究》阶段性成果之一。发表于《广西师范大学学报》(哲学社科版)2012 年第 5 期,5.6 千字。该文认为,审视教师与课程关系的发展历史,可将课程与教师的关系大致分为:课程与教师分离观,大课程小教师观,教师即课程观,教师创生课程观。对课程与教师关系的分析有利于厘定教师职责,明确课程分析,重赋课程与教师角色的意义。借鉴博弈方法论,吸收维持课程与教师关系动态平衡的合理因素,有助于构建课程与教师动态和谐的关系观。

【英国职业教育课程开发制度及其启示】 王春秋(自治区人民政府办公厅)、史庭宇(柳州市第一职业技术学校)撰。教育部职教中心研究所与英国大使馆教育处合作课题《中高职课程衔接:理论与实践》阶段性成果之一。发表于《职教论坛》2012年第16期,5.5千字。该文通过介绍英国职业教育课程的开发原则、开发机构、开发特征、开发过程及方法,总结出英国职业教育课程的特点,为我国正推行的职业教育课程改革提供一些参考。

【各地区普通小学代课及兼任教师配置差异分析】 谯欣怡(广西大学教育学院)撰。国家社科基金项目《教育机会分配的公平性问题研究》阶段性成果之一。发表于《继续教育研究》2012年第3期,3.3千字。该文经研究发现,截至2008年,广东、广西、山西、四川、云南、贵州、陕西、河南是我国普通小学代课及兼任教师人数最多的地区,且小学代课及兼任教师绝大部分分布在农村地区。但2008年与2003年相比其在城镇分布比例提高,而农村则有下降的趋势。小学代课及兼任教师占所有教师比例2008年为4.19%,农村部分为5.30%,城镇为2.61%。农村中,广东、青海、甘肃、广西、山西是代课及兼任教师占总计教师数比例最大的地区,均超过10%,其中广东竟高达13.55%。小学代课及兼任教师占总计教师的比例除城镇部分外绝大部分地区都呈下降趋势,农村下降幅度高于合计的,合计又高于城镇的。小学代课及兼任教师数在民办学校中的分布比例2008年仍高达7.53%,且在浙江、上海、山东、河南、福建的分布比例最高,浙江达64.68%。其各种比例在各省区间的离差程度较大。

【学分制下成人高等教育课程管理探微】 郭中华、霍玉文(广西师范大学成人教育学院)撰。全国教育教育科学"十一五"规划2010年度教育部规划重点课题《成人高等教育学分制人才培养模式研究》阶段性成果之一。发表于《继续教育研究》2012年第12期,5.2千字。该文认为,成人高等教育推行学分制改革必然引起课程管理的相应变化,厘定成人高等教育课程管理的概念,明晰成人高等教育课程管理的内容,探索成人高等教育课程管理的特点,才能在学分制下对成人高等教育课程进行有效的管理,这是成人高等教育成功推行学分制的重要保证。

【成人高等教育学分制的特殊性及其实现】 霍玉文(广西师范大学成人教育研究所)等撰。全国教育科学"十一五"规划2010年度教育部规划重点课题《成人高等教育学分制人才培养模式研究》阶段性成果之一,全国教育科学"十一五"规划2010年度教育部规划重点课题中南地区成人高教学习成果互认与转换研究项目资助阶段性成果之一。发表于《成人教育》2012年第10期,6.8千字。该文认为,学分制"以人为本"的教育理念及其教学管理体系在成人高等教育领域的推广与应用产生了较好的耦合效应,并呈现出一定的特殊性。这种特殊性主要体现在成人高等教育课程、选课、教师(导师)及学制等方面。认知这一特殊性并推动其实现,将有助于深化和发展成人高等教育学分制,提高人才培养质量,并由此推进成人高等教育持续发展,为终身教育体系建构和学习型社会

3月29日,玉林市骨干教师教育技术应用培训班开班。 (广西民联教育研究院供稿)

建设做好基础工作。

【高校思政课教学实效性的提升理念、策略与方法】 林春逸（广西师范大学）撰。2012年全国高校优秀中青年思想政治理论课教师择优资助计划课题项目《社会主义核心价值体系融入高校思想政治理论课教学全过程的理论研究与实践》阶段性成果之一，广西新世纪教改工程项目《高校思政课研究性学习与实践性教学改革的实践与探究》阶段性成果之一。发表于《学校党建与思想教育》2012年第9期，5.3千字。中国人民大学书报资料中心复印报刊资料《思想政治教育》2012年第12期全文转载。新世纪新阶段，判断高校思想政治理论课教学实效性的根本标准是什么？如何才能自觉坚持这样的标准？如何进一步提高高校思想政治理论课教学实效性？该文试图就新世纪新阶段高校思想政治理论课教学实效性提升问题从理念、策略、方法等方面进行探究。

【多元智能视角下的中学英语课堂词汇教学活动设计】 潘景丽（钦州学院外国语学院）撰。中国基础教育英语教学研究基金项目《基础教育英语课堂教学活动研究》阶段性成果之一。发表于《兴义民族师范学院学报》2012年第2期，6.2千字。中国人民大学书报资料中心复印报刊资料《中学外语教与学》2012年第11期全文转载。该文针对中学英语课堂词汇教学活动中存在的学生词汇学习兴趣不高、课堂活动比较单一、词汇教学活动不能很好地结合语境进行等问题，运用加德纳提出的多元智能理论为具备不同优势智能的学习者设计多元的、有针对性的英语课堂词汇教学活动，提供给学生更多的学习机会，以有效地提高英语词汇学习效果，迎合新课标对英语词汇教学的要求。

【一样的教学规律，不一样的历史课堂——《商鞅变法》课堂教学实录】 黄卫华（广西玉林市玉州区第九中学）撰。发表于《人民教育》2012年第13/14期，3.8千字。中国人民大学书报资料中心复印报刊资料《中学历史、地理教与学》2012年第11期全文转载。该文教学内容选自川教版《中国历史》七年级上册，课型方式以"要素组合方式为主，通过充分调动学生各种感官，顺应学生的学习生理、心理特点，让学生全神贯注地投入学习，并适时进行动静转换，避免产生疲劳，从而提高学习效率。

【高等职业教育层次上移：现实与前瞻】 张宁东、蓝洁（南宁职业技术学院）撰。发表于《教育与职业》2012年第18期，6.5千字。中国人民大学书报资料中心复印报刊资料《职业技术教育》2012年第11期全文转载。该文认为，高等职业教育层次上移是完善现代职业教育体系的现实需求，其与高职"专升本"既有区别也有联系。目前，高职院校独立试办高职本科专业、高职院校与本科院校合作试办高职本科专业是推进高职层次上移的两种主要探新模式。反思我国教育体系发展的现状，高等职业教育层次上移面临学位体系的断层、专业设置的隔离、门第思维的羁绊等障碍。面对客观的阻力，在已有专科层次的高职院校中举办本科以上层次的职业技术教育，发展与学术型学士学位平行的"技术专业学士学位"是实现高等职业教育层次上移、构建现代职业教育体系的科学发展路径。

【中等职业学校地区经费配置差异分析】 沈有禄（广西大学教育学院）撰。教育部人文社会科学研究青年基金面上资助项目《中等职业教育投入机制创新研究——基于教育券的视角》阶段性成果之一，国家社科基金资助项目《教育机会分配的公平性问题研究》阶段性成果之一。发表于《职教通讯》2012年第13期，14.6千字。中国人民大学书报资料中心复印报刊资料《职业技术教育》2012年第11期全文转载。该文认为，中等职业学校生均教育经费至2009年达到近8000元，低于普通高职高专而高于普通高中，近一半的地区的生均经费值要高于全国平均水平。生均经费"中部塌陷"现象比较明显，京津沪地区要远高于东部地区，东部又高于西部，西部又高于中部。在2007~2009的三年里，中部河南、安徽、湖北、江西四省几乎总是处于全国最后5位，而北京、上海、海南、浙江、天津、西藏、新疆都是在全国位列前位的地区。青海、上海、广西、重庆、云南、陕西、浙江、四川、新疆这些地区的生均预算内事业经费中公用经费所占的比例是较为合适的，其人员经费与公用经费的比例大致在7 ∶ 3左右。生均预算内经费全国各地区间的离差程度较大，达0.5以上，全国总的离差水平要大于京津沪、东、中、西部地区的；而生均基建经费的地区间的离差水平要明显高于生均教育经费、生均事业经费、生均人员经费和生均公用经费的该值。

【科学探究类生物学选择题的编制】 付雷、袁丫丫（教育部广西师范大学基础教育课程研究中心）撰。发表于《生物学教学》2012年第2期，5.1千字。中国人民大学书报资料中心复印报刊资料《中学政治及其他各科教与学》2012年第8期全文转载。该文认为，可以从学生做过的实验、自己开发的实验、生活中的现象和研究文献中获取试题素材。编制试题的流程包括对原始素材的加工、设问的考虑和试题的打磨等环节。对于科学探究的考查，可以从提出问题、控制变量设计对照实验、根据证据得出结论等角度入手。

【小学英语教学的变化——一项四省一市的小学英语教学现状调查】 潘清(桂林旅游高等专科学校)撰。发表于《英语教师》2012 年第 3 期,5 千字。中国人民大学书报资料中心复印报刊资料《小学英语教与学》2012 年第 7 期全文转载。该文认为,英语课程在我国各地小学阶段已经陆续开设了 10 年。为了解这 10 年以来小学英语课程的发展变化,通过问卷形式对黑龙江、天津、安徽、陕西和广西等省、市、自治区共 17 所小学的英语教师和学生调查,研究结果发现,小学英语教材发展迅速,教学设备有了较大提高,师资配备良好,教师的素质较高,小学生学习英语的兴趣较浓,积极性较高等,通过对研究结果进行分析,对小学英语的未来发展提出建议,并提出尽快提高农村小学英语教师的学历水平和教学水平,除了国家重视,加大投资的力度以外,还应该利用互联网、骨干教师培养项目、城乡教师互相交流或互相结对等方式进行。

【"物体颜色"探究性教学设计研究】 唐军毅(防城港市实验高中)、赵光平(广西师范大学科学教育研究所)撰。发表于《物理教师》2012 年第 2 期,3.8 千字。中国人民大学书报资料中心复印报刊资料《中学物理教与学》2012 年第 5 期全文转载。该文调查发现,有高达 99%的学生没能正确理解物体颜色概念。针对此学习难点,该文设计了一个探究性教学活动:首先提出一个有关物体颜色的问题,让学生进行预测,暴露出他们有关物体颜色的前概念,再让学生进行实验观察,让学生在实验事实面前产生概念冲突,引发探究欲望,在不断猜想、实验检验和质疑、反驳交流中,最后确定出一种合理的对物体颜色的解释。

【七年级学生数学学习习惯和方法的调查研究】 黄岳俊(钦州学院)等撰。广西教育科学"十一五"规划重点课题。发表于《教学与管理》(理论版)2012 年第 2 期,4.8 千字。中国人民大学书报资料中心复印报刊资料《初中数学教与学》2012 年第 6 期全文转载。该文认为,基础教育新课改实施以来,有了阶段性成效和实质性进展,但也遭遇到了巨大挑战和批评,就是低效和无效问题。因此,当前呼唤优化、有效和高效学习成为基础教育研究的热点话题。通过研究大量优秀学生的学习品质,发现高效学习必须具有的品质:良好的学习习惯、有效的学习方法和积极的学习情感。

【农村小学语文教师专业发展现状调查与对策】 韦芳(河池学院教师教育学院)撰。广西教师教育学科教学团队建设项目《教育学科教学团队》阶段性成果之一。发表于《教育与教学研究》2012 年第 1 期,8.2 千字。中国人民大学书报资料中心复印报刊资料《小学语文教与学》2012 年第 5 期全文转载。该文通过对农村小学语文教师专业发展现状的调查,分析当前农村小学语文教师专业发展存在的问题,提出农村小学语文教师专业发展的对策与建议:建立教师成长的管理机制、教学科研激励机制是教师专业发展的保障;构建学习型教研组织、开展校本教研是教师专业发展的平台;博览群书、厚实积淀是教师专业发展的基础。

语　言　学

【关于越南语中汉语借词的分类问题】 韦树关(广西民族大学外国语学院)撰。国家社科基金项目《东南亚语言汉语借词研究》阶段性成果之一。发表于《广西民族大学学报》(哲学社科版)2012 年第 3 期,13 千字。该文认为,在王力先生关于越南语中汉语借词分类法的基础上,提出自己的分类法,即从历史层次角度,分为上古汉语借词、中古汉语借词和近现代汉语借词;从借词在汉语中的通用范围角度,分为通语借词和方言借词;从借入途径角度,分为书面语借词和口语借词。

【交际法的语言社会化价值】 陈耀恒(广西师范大学外国语学院)撰。教育部大学外语项目。发表于《东北师大学报》(哲学社科版)2012 年第 2 期,4.6 千字。该文认为,交际能力的发展需要认知与交际二者互动。在交际功能中,相互触发、相互作用。交际法的互动观突出强调交际的枢纽作用,正是交际驱动了语言社会化的过程。交际驱动了个体的语言社会化,而语言社会化又会加速全面的社会化,包括认知、道德、情感、社会技能等的发展。在交际中发展语言能力,由此也实现充分社会化。

【广西宾阳平话与壮语"吃"类词的接触与借贷】 康忠德(广西民族大学文学院)、莫海文(广西师范学院外语学院)撰。教育部人文社会科学研究项目《西南地区(广西)民族语言转用情况研究——以人口较多民族语言壮语为例》阶段性成果之一。发表于《广西民族大学学报》(哲学社科版)2012 年第 4 期,8 千字。该文认为,以语言调查所掌握材料和语言接触理论为依据,将分布于百越之地广西宾阳平话和壮语的"吃"类词进行对比研究,探讨两者的对应关系和联系。认为,壮语与汉语之间具有同源关系,但在语言分化以后则表现为接触关系;单个词的语音对应现象固然可以证明语言的接触现象,有词族对应的语言现象也并非全然都是同源词。

【东南亚汉语教材使用现状调查研究】 韩明（广西师范大学文学院）撰。全国教育科学“十一五”规划2010年度课题立项教育部重点课题《面向东南亚对外汉语教育模式的创新研究》阶段性成果之一。发表于《国家教育行政学院学报》2012年第3期，8.5千字。该文认为，随着东南亚地区汉语学习者的增加，面向东南亚地区的汉语教材也越来越值得研究和开发。以调查问卷的数据分析为基础，对东南亚地区的汉语教材进行了全面而又科学的分析和研究，并提出建设性意见，以期对东南亚地区汉语教材的进一步开发作出贡献。

【汉语方言的语法化音变存在屈折词缀阶段】 艾红娟（广西大学文学院）撰。教育部人文社科研究项目《广西粤语平话表体范畴的语法化音变研究》阶段性成果之一，教育部人文社科研究项目《山东方言表体范畴的语法化音变研究》阶段性成果之一，广西教育厅科研项目《广西汉语方言表体范畴的语法化音变研究》阶段性成果之一。发表于《齐鲁学刊》2012年第6期，4.5千字。该文认为，Hopper&Traught提出了具有普遍意义的语法化“斜坡”。其中屈折词缀阶段很多人认为在现代汉语中不存在。但随着方言调查的深入进行，我们发现现代汉语中同样存在屈折词缀阶段，但表现与英语有所不同。

【思想政治教育话语研究“形而上”方法在辞学研究中的应用】 朱其东（广西工学院）等撰。国家社科基金项目《中国特色社会主义理论体系下思想政治教育话语学构建探研》阶段性成果之一，教育部2009年度人文社科研究西部和边疆地区规划基金项目《思想政治教育“为什么话语”新体系构建探研》阶段性成果之一。发表于《学校党建与思想教育》2012年第16期，5.5千字。该文认为，思想政治教育辞学研究是思想政治教育理论研究的高级形态，是思想政治教育话语学术理论研究上升为辞学主词研究的“形而上”方法和逻辑结果。文章在论证思想政治教育话语学术研究与思想政治教育辞学研究关系的基础上，就思想政治教育话语研究的“形而上”方法在辞学研究中的应用和辞典的编撰，进行了思想政治教育词源平台建设的论证分析与探讨。

【语篇零翻译：名与实】 覃成强（广西大学）等撰。国家社科基金项目《语用预设的认知语用研究》阶段性成果之一，陕西省教育厅专项科学研究项目《英汉科技小品文中的隐喻：对比与翻译》阶段性成果之一，西安外国语大学基金项目《零翻译的范畴和理据》阶段性成果之一。发表于《外语学刊》2012年第5期，6.6千字。该文首次提出语篇零翻译的概念。语篇零翻译是译者综合考虑各种因素后采取的翻译措施，既是具体的翻译方法，也是实用的翻译策略。语篇零翻译具有哲学方法层面的理据，也有实践层面的印证。语篇零翻译的具体模式有3种：(1)移译语篇结构；(2)省略语篇内容；(3)移译语篇中的多个词语。

【明喻成语中的双喻体概念整合】 陈洁、谢世坚（广西师范大学外国语学院）撰。国家社科基金项目《隐喻认知视角下莎剧的修辞研究》阶段性成果之一，广西师范大学科研项目《英汉明喻习语的认知机制研究》阶段性成果之一。发表于《广西师范大学学报（哲学社科版）》2012年第6期，7.6千字。该文认为，英语明喻习语通常由一个喻体构建，汉语明喻成语可以通过两个喻体识解本体。双喻体成语的主要结构类型为“喻词—喻体1—喻词—喻体2”。多数喻体语义相似，少数相关或相反，明喻提取喻体的相互联系对本体进行识解。典型的喻本整合类型是兼具照映网络性质的双畴网络整合。整合方式按喻体的语义关系及结构特征构成“糅合—截搭”连续体，更多的成语处于两者的中间地带。运用概念整合理论发掘双喻体成语喻体整合的认知机制，对于从汉语出发探寻习语构建及认知的普遍规律与民族差异，提升对明喻与隐喻、语言与认知关系的认识具有重要意义。

【壮语对平话的音系干扰与平话的音变规律】 李心释（广西大学语言学研究中心）撰。国家社科基金项目

4月25日，《壮汉词汇》修订培训班开班。（广西少数民族语文学会供稿）

《汉、壮语接触与广西平话变异研究》阶段性成果之一。发表于《语言科学》2012年第1期,2.7千字。该文认为,在汉、壮语接触中,平话在语音上受到壮语影响的性质属于音系干扰,其重要表现是平话声韵系统的简化及其与壮语的趋同;平话受壮语音系干扰所发生的音变有一定规律,表现为声韵分化规则的固化或“地方化”特征。

【东盟国家语言状况及广西的外语战略研究】 陈兵(广西大学外国语学院)撰。教育部2011年人文社科研究一般项目之规划基金项目《东盟国家语言状况及广西语言发展战略研究》阶段性成果之一。发表于《外国语》(上海外国语大学学报)2012年第1期,7.3千字。该文认为,东盟国家语言状况的发展流变有其特定的历史、社会和文化动因,运用社会语言学的多语理论模式解释、预测广西与东盟国家交流的语言问题与前景;从保障国家文化安全的角度,提出自由贸易条件下面向东盟的广西外语战略,调整并制定适合广西区域发展的外语教育政策刻不容缓。

文学、艺术

【真实:“花非花”——一个问题、两部小说、三点启发】 李仰智(广西师范学院)撰。国家社科基金项目《新题材历史小说的叙事范畴研究》阶段性成果之一。发表于《南方文坛》2012年第2期,16.9千字。中国人民大学书报资料中心复印报刊资料《中国现代、当代文学研究》2012年第8期全文转载。该文认为,新题材历史小说在历史与个体生命之间,历史言说的“真实”问题尤其引人思考。一个问题:“真实”如何从“历史的本体”到“历史的叙述”。 两部同名小说:人文关怀的在场与退场。面对虚构的真实,作者本身的人文立场、性别观念、创作意图等都对历史叙述有着重要的影响,不同的作家对同样的历史人物和历史资料会作出不同的阐释。三点启发:历史的真实性、个体生命存在、小说书写历史的单位。新题材历史小说“真实性”对历史写作的最大的启示是:个人是描述历史真实存在的重要刻度。

【论“语体”及文体的前“文体”状态】 胡大雷(广西师范大学文学院)撰。国家社科基金重大项目《中国古代文体学发展史》阶段性成果之一。发表于《文学遗产》2012年第1期,11.5千字。该文认为,文体在定型前的前“文体”状态,或是“语体”状态,或有着“意有所随”的种种伴随物或共生物。对文体形成时这类原生态状况的研究,有着这样几条途径及几方面的意义:探讨文学产生的原生态状况,如诗歌的口头的、集体的创作是怎么一回事;探讨伴随文学的语境、情景、场景,如“难”体发生时的种种伴随或共生;探讨“语体”及前“文体”状态如何向“文体”转换、演进的,如众人的讨论为什么会变成专题论文;探讨诸文体相参状态下会脱略什么、会增添什么,及如何向单纯文体演进;探讨“语体”及前“文体”状态的特征,是为了更深入把握文体进化的过程与规律。

【“国剧”的隐喻:关于《中国现代戏剧史稿》争论的文化指向】 张默瀚(广西艺术学院影视与传媒学院)撰。2011年教育部人文社科一般项目青年项目《中国当代戏剧论争史》阶段性成果之一,广西教育厅2011年高校社科资助项目《新时期三十年中国戏剧理论研究》阶段性成果之一。发表于《云南艺术学院学报》2012年第3期,5千字。该文认为,《中国现代戏剧史稿》的争论,在某种程度上是中国当代或者说是20世纪以来的文化保守主义和启蒙主义的论争,而发生在新世纪之初的这场争论在时间上,在争论的内容和方式上是中国一个多世纪以来的现代性和民族性冲突的缩影,也是新的历史时期的复杂的意识形态在艺术领域的典型凸显。

【桂林傩戏现状调查研究】 王建涛(广西师范大学文学院)等撰。2010年广西研究生教育创新计划项目《桂北傩戏的历史渊源与现状研究》阶段性成果之一。发表于《乐山师范学院学报》2012年第4期,6.6千字。中国人民大学书报资料中心复印报刊资料《舞台艺术(戏曲、戏剧)》2012年第5期全文转载。该文认为,桂林的傩戏,尤其是傩面具在宋代曾经闻名全国。解放后,随着破“四旧”的活动开展、表演老艺人的相继去世,桂林的傩戏逐渐呈现出边缘化、濒危化甚至灭绝化的趋势。傩面具的严重遗失、表演活动的失传等,这都给傩戏表演带来了十分严重的影响。开展加强宣传力度、革新傩戏内容、培养专门性文艺工作者等相关保护措施已迫在眉睫。

【中西方戏剧碰撞与交流的美学通融——论欧阳予倩整理、编创桂剧的艺术特征】 朱江勇(桂林旅游高等专科学校旅游外语系)撰。发表于《山西师大学报》(社会科学版)2012年第2期,6.1千字。中国人民大学书报资料中心复印报刊资料《舞台艺术》(戏曲、戏剧)2012年第5期全文转载。该文认为,欧阳予倩整理、编创的桂剧翻开了桂剧史上崭新的一页。增加人物对白、打破传统戏曲话语模式,塑造人物、注重人物的性格意志,活泼简洁的戏剧结构方式是欧阳予倩整理、编创桂剧的艺术特征；从中我们可以看到欧阳予倩的桂剧改革不仅是中国地方戏曲某个剧种的改革，而且是以桂剧为代表的中国戏曲和以西方戏剧为代表的话剧之间吸收与借鉴的典范，体现了中西方戏剧碰撞与交流下的美学通融。

【清代壮族文人的精神特质及其文学选择——以桂南作家群为中心】 谢仁敏（广西大学文学院）撰。国家社科基金青年项目《清末民初南洋华文文学研究（1881~1920）》阶段性成果之一。发表于《广西民族研究》2012年第1期，10.4千字。该文认为，以桂南作家群为中心考察发现，清代壮族文人的思想观念具有明显的矛盾性和复杂性：既强调忠义观念又有不屈的反抗意识；既显出积极的入世姿态又追求内心的淡然；既有较为顽固的守成思想又具纳新心态。此种思想特质的形成既跟文化语境相关，亦与民族性格有关，并直接体现于诗文之中：一是学杜，二是崇尚"性灵"。但壮族文人创作无论追步老杜还是崇尚"性灵"，并非跟风流行或膜拜诗坛偶像那么简单，而是经过无数探索、甚至付出失败代价后的必然选择，他们走的是一条最适合自身发展的道路——在汉文化与壮文化之间努力寻找到一个最佳的平衡点。

【论广西彩调发展与心理诉求的关系】 阙真（广西师范大学文学院）撰。2008年度国家社科基金项目《广西彩调研究》阶段性成果之一。发表于《广西师范大学学报》（哲学社科版）2012年第3期，10.1千字。该文认为，广西彩调剧承载着老百姓包括彩调创演人员和观众的心理诉求。从彩调演出发展的历史来看，3个阶段承载的心理诉求是不同的：一是喜乐心理，主要作用于自娱自乐阶段；二是求异心理，主要表现于走村串寨阶段；三是尚角、思变、消费心理，大多存在于固定剧场演出阶段。不同阶段的彩调艺术呈现出人们不同的心理特点，观众不同的心理追求又推动着彩调艺术的发展变化，二者联系非常密切。

【盐铁论争与西汉文学"崇文过武"主题的形成——以《盐铁论》为考察中心】 龙文玲（广西师范大学文学院）撰。2009年度教育部人文社会科学研究规划基金项目《西汉社会转型对后武帝时代文学的影响——以〈盐铁论〉的考察为中心》阶段性成果之一。发表于《学术论坛》2012年第1期，14千字。中国人民大学书报资料中心复印报刊资料《中国古代、近代文学研究》2012年第8期全文转载。该文认为，汉代文学社会批判主题的形成与嬗变与当时历史背景密切相关。应汉初吸取前朝经验稳定政权的时代要求，《新语》、《过秦论》等一批作品涌现，形成了"过秦"的文学批判主题。这一主题被武帝时期作家沿承。昭帝时盐铁会上，贤良、文学对武帝弊政给予猛烈抨击，不仅借批判秦政影射武帝之失，而且借褒扬文帝时政批判武帝扰民政治，更多直接批评武帝时政，延续并深化了汉初以来的"过秦"主题，并由"过秦"转向"崇文过武"，对此后汉代文学的社会批判思潮影响至深。不独昭显了古代文人参与政治的热情，更体现了独立的批判精神与深厚的忧患意识。

【论清代临桂龙氏家族的文化与文学】 王德明（广西师范大学文学院）撰。2011年度教育部人文社科研究规划基金项目《清代粤西文学家族研究》阶段性成果之一，广西哲学社会科学"十二五"规划2011年度课题《明清时期广西的文学家族与家族文学研究》阶段性成果之一。发表于《南方文坛》2012年第4期，7.5千字。该文认为，清代乾隆至光绪年间，在粤西（广西）临桂出现了一个以龙启瑞、何慧生、龙继栋等人为主要成员的文学家族。这一家族在文化特征及文学创作上有其自身的特点，在清代粤西的文学家族中具有相当的代表性。临桂龙氏家族因重教而科举，因科举而发家，因发家而富于文学，形成了一个代代相传，同中有异，异中有同，成就突出的文学家族，成为清代粤西文学家族中的佼佼者，为清代粤西的文学繁荣作出了重要贡献。直至今日，它仍然是广西人民引以为豪的骄傲。

【文学教育：诗言志说的一个文化侧面】 贺根民（广西师范学院文学院）撰。教育部人文社科规划基金项目。发表于《山西师大学报》（社会科学版）2012年第6期，6.4千字。该文认为，人文化成的诗教传统，展示了诗言志说鲜明的教育色彩。自先秦的文化教育发轫，至唐代的载道理路，诗言志说裹挟着或显或隐的实用追求。六朝以来的人本位意识的觉醒，逐渐拓展了诗言志说的理论框架，构建了一个包孕情感在内的复杂文化体系，从而形成诗言志说由外向内、内外兼取的文学教育趋向。

【论焦菊隐桂林文化城时期的戏剧理论和导演艺术】 李江（广西师范大学文学院）撰。国家社科基金艺术学项目《桂林抗战艺术史》阶段性成果之一。发表于《南方文坛》2012年第4期，11千字。该文探讨了焦菊隐桂林文化城时期的戏剧理论和导演艺术。焦菊隐在桂林期间，留下了大量关于抗战戏剧运动和旧剧改革的研究成果，导演过很多产生过巨大影响的话剧作品，是桂林文化城时期著名的戏剧理论家和造诣深厚的导演艺术家。

【浙西词派研究述略】 刘深(广西大学)撰。国家社科基金项目。发表于《广西社会科学》2012年第10期,7千字。该文认为,学界对浙西词派的研究大体分为清代同光时期、民国时期、上世纪70年代至今3个时期。总体上说,学界对浙西词派研究作出最大成就的是严迪昌的《清词史》,然而,也正因为《清词史》的影响,学界对浙西词派的研究还存在两大缺陷:个案研究成果较多而宏观研究成果较少;对于清代后期浙派的研究基本上是处于空白状态,对郭麐之后的浙派词人甚少关注。今后浙西词派研究可从浙西词派的分期、后期浙派词人的界定、词人唱和及词学异动、词人与时代文化、词集考察等5个方面进行宏观研究,为浙派研究提供新的资源和观念,以促进清词研究的深化。

【断裂的边界与现代性的吊诡——台湾1960年代女性叙事再观察】 陆卓宁(广西民族大学文学院)撰。发表于《文艺争鸣》2012年第3期,6千字。中国人民大学书报资料中心复印报刊资料《中国现代、当代文学研究》2012年第6期全文转载。该文认为,由不同的文化立场及审美意趣所构成的台湾1960年代的几类女性书写,并非一个边际不明、无可对话的写作群体,只是她们从不同的精神向度出发,"不谋而合"地会合在历史断裂的边界处,共时性地谋求一个特定的历史文化区域的文学现代性品格。其间,既有对于历史延续性的眷顾,也有处于历史断裂鸿沟的焦虑。但是,却始终从未放弃对于中国文学现代性的反思与建构。

台湾高雄夜市 (何 明 摄)

【略论越南占婆文学】 刘志强(广西民族大学外国语学院)撰。国家社科基金项目《18~19世纪越南古典文学名著研究》阶段性成果之一。发表于《国外文学》2012年第4期,8.1千字。该文认为,存在于公元2世纪至19世纪的占婆王国曾占据今日越南一半的国土面积,是一个深受印度文化影响的东南亚文明古国。由于占婆王国灭亡于19世纪,对其文化的研究多为学界所遗忘,其文学遗产亦然。该文论述了占婆文学发展的基本脉络、体裁以及印度罗摩故事对占婆的影响等。

【清文话中的文体分类观】 蔡德龙(广西师范大学文学院)撰。教育部人文社科研究青年基金项目,广西教育厅科研立项项目。发表于《南京大学学报》(哲学·人文科学·社科版)2012年第1期,12.6千字。该文认为,清代文话数目繁夥,其中关于文体分类学的讨论甚多。对于传统的演绎与归纳两种文体分类思路,清文话皆有承继,并极富智慧地将二者结合起来:既以门系类,提纲挈领,又做到条分缕析、细论文体,在归纳与演绎这两种相反的路向上并行,显示出总结期的集成气象。而对散文抒情功能的强调、将小说和戏曲等通俗文学纳入文体分类的视野,均透露着传统文体分类学向现代转变的消息。

【论中国文学核心价值体系构建的内在逻辑性】 张利群(广西师范大学文学院)撰。国家社科基金项目《文学批评核心价值体系构建及其评价制度建设》阶段性成果之一。发表于《学习与探索》2012年第3期,6.2千字。该文认为,中国文学核心价值体系具有内在逻辑性,因而应该通过对文学传统的继承与创新、文学取向的"多样化"和"主旋律"及文学评价标准的相对性与绝对性的辩证关系的认识来彰显这种逻辑性的合理性和必要性,从而构建由马克思主义指导思想、社会主义先进文化和文学人民性构成的核心价值体系,以引导文学沿着正确的方向向前发展。

【从对《文选》作品的接受入手难断其编者是谁】 力之(广西师范大学文学院)撰。国家社科基金西部项目《〈文选〉成书考说》阶段性成果之一。发表于《广西师范大学学报》(哲学社科版)2012年第5期,11.9千字。该文认为,《文选》所录者多为已有定评之精品,而对这些前代精品的接受并非限于"昭明太子及其身边"的刘孝绰、谢举、张率、王锡、张缅、王规、到洽、张瓒、王筠,故局限于这一范围的考察,对确定《文选》的实际编撰者所"提供新的视角和证据"没有太多的实际意义。况且,选不选某作品与写作时是否接受其影响，两者并非完全一回事。迄今为止，否定“萧统个人独力编纂《文选》”的种种理由，均难以成立。

【族群认同与文化认同的双重困惑——新加坡英语文学中的身份认同困惑初探】 刘延超（广西大学外国语学院）撰。2010年教育部人文社科研究西部和边疆地区青年基金项目《新加坡英语文学研究》阶段性成果之一，2009年广西教育厅科研基金项目《新加坡英语文学与新加坡国家认同研究》阶段性成果之一。发表于《广西师范大学学报》（哲学社科版）2012年第2期，6.8千字。该文认为，身份认同是文化研究中的重要课题。新加坡由于受历史、地理、政治、经济等多方面的影响，形成了独特的多民族和多元文化的国家，因而新加坡的身份认同问题，在某种程度上来说，具有文化标本的意义。文学作品作为一种意识形态，反映的是特定时代的精神风貌和文化心态。新加坡英语文学作为新加坡的主流文学创作，深刻地反映了新加坡人在身份认同过程中所表现的族群认同与文化认同的双重困惑。

【古典诗传统的再发现——1930年代新诗的一种倾向】 罗小凤（广西师范学院文学院）撰。2012年度教育部人文社科研究基金项目《1930年代新诗对古典诗传统的“再发现”倾向研究》阶段性成果之一，广西师范学院博士人才引进科研启动项目。发表于《文学评论》2012年第5期，14千字。该文认为，学界对新诗与传统之关系的探究一直锁定在论证新诗与传统之间是承续还是断裂的关系，或梳理新诗与传统之间的承续脉络。但事实上，二者的关系实质是一种“再发现”的关系。30年代诗坛曾掀起的一股以“晚唐诗热”为代表的回望古典诗传统的热潮便是再发现传统的典型代表，其中以废名、林庚、何其芳、卞之琳等为代表的一批诗人携带20世纪30年代诗人所特有的眼光和新诗建设的经验与需求重新考察、阐释古典诗传统，重新发现了传统中一些可资用于新诗建设的优秀元素，形成了对传统的再发现。这种“再发现”，既改变了传统的既有秩序与面貌，而形成了古典诗传统的新面貌，又启示了新诗建设，形成了对新诗自身的发现，构成30年代新诗的一种独特的诗学倾向。

【“广场”的隐喻叙事与政治透支——北岛诗歌的话语特征新论】 董迎春（广西民族大学文学院）撰。2011年国家社科基金项目《朦胧诗以来现代汉语诗歌的语言问题研究》阶段性成果之一，广西教育厅《20世纪80年代当代诗歌话语研究》阶段性成果之一。发表于《广西师范大学学报》（哲学社科版）2012年第1期，10.6千字。该文认为，北岛诗歌话语体现出较明显的隐喻特征，表现出明显人道主义与广场意识，是政治的一种隐喻叙事，但其对政治意识形态的过多介入，破坏了诗歌的审美与诗意，北岛作为代表的朦胧诗的影响因此也日渐衰微，最终被第三代诗取代。

历史、地理

【明代中期广西“狼兵”、“狼人”的历史考察】 唐晓涛（广西民族大学民族学与社会学学院）撰。国家社科基金项目《民间信仰与地域社会转型：太平天国历史根源的社会史考察》阶段性成果之一，广东省优秀博士论文资助项目《会党组织与地域社会：以广西浔郁地区为中心》阶段性成果之一。发表于《民族研究》2012年第3期，17千字。中国人民大学书报资料中心复印报刊资料《明清史》2012年第7期全文转载。该文认为，从明中期桂西土兵东进大藤峡地区建立武靖州的进程去考察“狼兵”、“狼人”之称出现的历史过程，认为正是由于桂西土司独特的内部组织、明中期大藤峡地区的动乱，以及官府对桂西土兵的定位及使用策略，在土兵与大藤峡地区的“民”和“猺獞”的政治经济关系中，“狼”由桂西土著山民而成为军事组织的类目、社会身份的标签，并逐渐成为一种族称。“狼兵”或“狼人”的出现，实际上是明代中期广西地方动乱、土司势力和王朝户籍赋役制度三者错综复杂关系的缩影。

【史料与史实：作为壮族族称最早来源的“撞军”考辨】 刘祥学（广西师范大学历史文化与旅游学院）撰。2010年国家自然科学基金项目《壮族地区人地关系过程中的环境适应研究》阶段性成果之一，国家社科基金重点项目《中国历史民族地理研究》阶段性成果之一。发表于《广西师范大学学报》（哲学社科版）2012年第2期，9.1千字。该文认为，史料不一定就等于史实，原因在于人们眼见的史料难免存在错误。史料的正误关系到史论能否成立，在征引之前应对史料加以必要的考辨。通过对《续资治通鉴》、《桂海虞衡志》及《溪蛮丛笑》中有关“獞”的史料进行详细的考证辨析，可以发现目前流行的壮族族称源于宋代“撞军”的说法，实际上所征引的史料系版本传抄过程中产生的谬误，应予以纠正。

【论明清时期广西的历史进程与政区响应——以“道”的演变为中心】 郑维宽（广西民族大学民族学与社会学学院）撰。教育部人文社科规划基金项目《从制度化到内地化：历史上中原王朝治理广西的时空过程研究》阶段性成果之一。发表于《广西师范大学学报》（哲学社科版）2012年第3期，9.5千字。该文认为，明清时期“道”从布政司、按察司的派出机构逐渐演变为一级准政区，是地方行政制度上的一大变化。广西“道”的设置演变，既具有与内地的一致性，又具有自身的特点。明王朝对广西经略的强化、清前期的改土归流和清末的边疆危机，导致广西“道”的设置和辖区频繁调整，充分反映出区域历史进程对政区设置演变的影响。以“道”为中心的政区设置的演变，对广西区域历史进程和边防建设也产生了积极作用。

【清政府对广西农村圩镇的管理机制】 宾长初（广西师范大学历史文化与旅游学院）撰。教育部规划基金项目《珠江中上游城镇体系形成与发展的历史地理学考察——以西江流域为个案》阶段性成果之一，广西人文社会科学发展研究中心《西江黄金水道历史与发展研究团队》阶段性成果之一。发表于《广西师范大学学报》（哲学社科版）2012年第5期，10千字。该文认为，圩镇是介于城镇与乡村的社区，是农村货物集散中心和城乡联系的纽带，兼具城镇与农村的社会特点。有清一代，政府通过设官驻军、立规定制以及利用民间力量，对广西的农村圩镇实行管理，凸显国家力量的存在，取得了一定的成效。

【民国时期广西县级政区的变更与增设论析】 曾凡贞（玉林师范学院政史学院）、覃卫国（广西师范大学党委办公室）撰。教育部人文社会科学研究青年基金项目《民国时期广西县政改革研究》阶段性成果之一。发表于《广西民族研究》2012年第1期，8千字。该文认为，旧、新桂系当局治理广西期间，县级政区的变更与增设，表现为改土属建制为流县，从老县析置新县，强化对瑶族聚居区统治而设新县3个方面。这一县政改革举措，是地方政府重新谋划县行政区域以强化统治，”开化”少数民族聚居地政治经济文化，及与地方势力特别是土司后裔势力之间博弈等多重因素驱动下的现实选择。

【广西桂平罗秀古代冶铁遗址群初步研究】 黄全胜（广西广播电视大学）等撰。国家自然科学基金项目，广西高校优秀人才资助计划项目。发表于《中国科技史杂志》2012年第4期，6.7千字。该文采用金相、扫描电镜及能谱分析等研究方法，对广西桂平罗秀汉唐时期4处冶炼遗址的17个炉渣和1个黏附有炉渣的鼓风管等冶金遗物样品进行了成分和显微组织检测分析。结果表明，该遗址为炼铁遗址，炼铁渣均属铁硅系铁橄榄石型，采用块炼铁冶炼方法。

【民族交融的印记——柳州地名历史层次寻踪】 覃凤余（广西大学文学院）撰。国家社科基金项目《广西壮语、汉语方言语法语料库》阶段性成果之一。发表于《广西民族研究》2012年第1期，6.8千字。该文认为，地名是历史的活化石。地处广西中部的柳州市是多民族杂居之地。其早期居民是当地的壮族及其先民，秦汉以后，内地汉族各民系先后进入柳州居住。从不同的地名，可窥探不同民族或民系留下的历史文化印记。

【石刻整理常见误录探因——广西石刻研究之五】 杜海军（广西师范大学文学院）撰。国家社科基金后期资助项目《桂林石刻总集辑校》阶段性成果之一，广西特聘专家专项经费资助项目。发表于《广西师范大学学报》（哲学社科版）2012年第5期，8.1千字。该文认为，石刻是我国文献的一种重要形式，是文化传播的重要方法和途径。学界对石刻的整理成果很多，也注重开发利用石刻的文献价值，但已有的整理成果中多有不足，比如常出现人物误录、格式误录、字形误录、误入（拆出）他碑、断章取义、疏略漏录、放弃辨识、误辨朝代、属地误录等问题。研究石刻整理常见误录原因，有利于学界对前人成果的利用，也有利于反省石刻整理中易发生的错误，以使再次整理石刻时尽量避免类似问题。

其　　他

【一种带时间轴的热门关键词云图的设计与实现】 曹红兵、胡昌文（广西大学图书馆）撰。2010年度国家社科基金项目《高校图书馆个性化服务系统开发研究》阶段性成果之一。发表于《图书情报工作》2012年第12期，9.9千字。该文认为，关键词云图是对关键词集合及其使用频次运用类似标签云图的可视化技术进行可视化展示的结果，在图书馆个性化服务中起着重要作用。在详细介绍标签云图相关研究成果的基础上，借鉴标签云图的设计，采用标准标签云图的设计思想和原则，并兼融第二代标签云图的设计理念，设计和实现一种基于高校图书馆 MELINETS Ⅱ系统的、带时间轴的热门关键词云图，以便从中了解读者兴趣和需求热点的变化趋势，为图书馆个性化信息服务提供参考依据。

【高校图书馆个性化电子图书荐购系统的设计和实现】 唐小新（广西大学图书馆）等撰。2010年度国家社科基金项目《高校图书馆个性化服务系统开发研究》阶段性成果之一，2010年度广西大学科研基金项目《东盟信息资源个性化服务研究》阶段性成果之一。发表于《现代图书情报技术》2012年第3期，7.8千字。该文认为，设计和实现一个基于图书馆 OPAC 系统中纸质图书流通日志记录的个性化电子图书荐购系统，该系统包含 3 个子模块：读者荐购模块、个性化电子图书荐购模块、荐购管理与信息推送模块。利用数据挖掘技术和分布式异构技术，将读者专业背景对应的电子图书书目数据发送到 OPAC“我的图书馆”中供读者荐购。该系统产生的荐购结果，不但能够应用于电子图书的荐购，而且也能应用于传统纸质图书的荐购和新书推荐服务，具有广泛的应用前景。

【挑战与创新：重新审视云图书馆构建的技术走向】 张兴旺等（桂林理工大学图书馆）撰。2011 年度广西教育厅科研项目《云计算环境下大规模数据处理关键技术的研究》阶段性成果之一。发表于《情报资料工作》2012 年第 4 期，11.8 千字。中国人民大学书报资料中心复印报刊资料《图书馆学情报学》2012 年第 10 期全文转载。该文分析了目前云图书馆在技术实现方面所存在的问题，阐述了云计算、智能识别、物联网、虚拟化、高性能计算及可信应用设计方法等在解决云图书馆信息平台构建中的契机，在此基础上提出了一种三级技术瓶颈、三种实体对象、七层架构层次的云图书馆技术实施体系，并围绕云图书馆提出的背景、技术概念、现有技术局限、云图书馆系统和体系架构及实施云图书馆需要解决的几个关键技术等问题展开了研究。

【科学思想、科研水平与社会实践——略谈高校学报编辑的学术素养】 吴庆丰、谢文海（玉林师范学院）撰。发表于《玉林师范学院学报》2012 年第 1 期，5.6 千字。中国人民大学书报资料中心复印报刊资料《出版业》2012 年第 7 期全文转载。该文认为，高校学报编辑在本质意义上是学术编辑，要具备深厚的文化底蕴，学识要渊博，积累要丰厚，既是精深的“专家”，也是广博的“杂家”。编辑同仁对此颇多论述，并形成了一个编辑学理论体系。本文着重从 3 个层面探讨高校学报编辑提高学术素养的问题，认为科学思想是照亮我们学术素养的明灯，科研水平是增强我们学术素养的底气，社会实践是丰富我们学术素养的源泉。

【媒体时代理论品牌建设的内涵解析和观念创新】 王宇（广西工学院）撰。2011 年教育部人文社科研究一般项目（西部项目、青年基金）《理论的品牌建设：马克思主义大众化进程中的高校思想政治教育资源的社会拓展》阶段性成果之一。发表于《前沿》2012 年第 7 期，5 千字。该文认为，在传媒对理论传播的影响日益加大的前提下，媒体时代理论传播的特点可以概括为理论需求满足的个体性、理论传播覆盖的全时空性、理论传播界面的可互动性 3 个方面，理论品牌的概念来源于对马克思主义大众化、对经济学品牌理论的借鉴和思考，借鉴品牌战略开发的规律，加强媒体时代的理论品牌建设应该树立 3 个意识：马克思主义理论传播的品牌意识、科学传播意识、理论传播的成本和效益意识。

【信息安全风险因素分析的模糊群决策方法研究】 黄景文（广西大学教育学院）撰。国家社科基金项目，广西高等学校优秀人才资助计划项目。发表于《山东大学学报》（理学版）2012 年第 11 期，9.1 千字。该文认为，引入模糊理论和群体决策方法对决策试验与评价实验室（decision making trial and evaluation laboratory，DEMATEL）分析方法进行扩展，探讨了一种新的信息安全风险分析方法，采用这种方法对信息安全风险的影响因素进行辨识，实现定性定量相结合的信息安全风险因素的分析与评估，为进一步进行风险分析并有针对性地制定安全策略提供决策依据

【浅析博客在高校共青团工作中的运用及价值——以广西师范学院博客团组织建设为例】 陈洪波（广西师范学院经济管理学院）撰。教育部人文社会科学研究 2011 年度一般项目《广西民族地区大众传媒对青少年道德影响的调查研究》阶段性成果之一。发表于《中国青年政治学院学报》2012 年第 1 期，4.2 千字。该文认为，广西师范学院共青团组织博客建设的工作表明，传统思想政治教育对青年的影响已受到网络文化的严重冲击，必须尊重工作对象的心理特点，积极运用互联网技术拓宽团的工作平台，建立学院、班级两级团支部博客，开辟网络思想政治教育新平台，增进团组织与工作对象的贴近度和互动性，创新团组织的组织文化。

【网络信息生态系统中信息资源配置仿真研究】 漆贤军（广西大学公共管理学院）等撰。2010 年度教育部“博士研究生学术新人奖”项目，2012 年度教育部人文社会科学青年基金项目《信息生态视角下网络信息资源优化配置研究》阶段性成果之一。发表于《情报杂志》2012 年第 5 期，5.4 千字。该文认为，为更好地探究网络信息生态系统演化规律，揭示信息资源配置机理，利用多主体仿真技术构建网络信息生态系统信息资源配置模型。采用多主体仿真平台 Netlogo 模拟，结果表明本文构建的仿真模型能够实现网络信息生态系统的动态平衡和网络信息资源优化配置。

【地方重点新闻网站的发展策略——以广西新闻网为例】 邹迎九（广西经济管理干部学院）撰。国家社科

基金项目《我国新闻信用制度建设研究》阶段性成果之一。发表于《新闻知识》2012 年第 4 期，5.9 千字。该文认为，广西新闻网通过准确合理的网站定位，强化网站内容建设，加大与网民的互动，不断提升服务社会与网民的能力，并以多维的视角进行网站经营的拓展，网站取得了令人瞩目的发展，已经成为我国西部沿边区域权威、具有全国影响力的地方重点新闻门户网站。

【简帛医药文献词汇学研究综论】 周祖亮（广西中医学院·基础医学院）、方懿林（广西大学文学院）撰。国家社科基金项目《秦汉简帛医学词汇研究》阶段性成果之一，教育部人文社科研究西部和边疆地区项目。发表于《时珍国医国药》2012 年第 4 期，7.5 千字。该文认为，简帛医药文献数量多，内容丰富，保存了大量不见于传世文献的医学信息和语言文字资料。从医药学、语言学角度对简帛医药文献词汇进行系统研究，具有较大的理论意义与实际应用价值。目前对简帛医药文献研究成果丰富，但对其词汇研究还存在不足。基于这种现状，对简帛医学词汇研究从医药学、语言学、与传世医籍词语的比较等三方面提出构想。

【知识转化角度下的集群国际化研究】 周劲波、曾艳（广西师范大学经济管理学院）撰。国家社科基金项目，广西教育厅科研项目，广西高等教育教改项目，广西师范大学教育发展基金项目。发表于《科学管理研究》2012 年第 2 期，7.4 千字。该文认为，以 SECI 知识转化模型中四种不同类型知识及其转化路径研究为基础，从知识转化的角度解释集群的国际化进程的内在机理，介绍了集群两种知识系统，集群内部知识系统、集群外部知识系统，并描述了两个知识系统之间不同类型知识在集群国际化进程中的转化及作用，即集群内部活动主体跨国母公司与集群外部活动主体跨国子公司之间的各类知识的转化对集群国际化的作用机制。

【从博览会看国内媒体对东盟国家信息传播的效果】 王珍莲（广西财经学院管理科学与工程学院）、徐一林（广西财经学院文化传播学院）撰。2011 年国家社科基金项目《提升中国西南民族地区对东盟的传播能力研究》阶段性成果之一。发表于《学术论坛》2012 年第 9 期，6.9 千字。该文认为，中国—东盟博览会逐渐形成集政治、外交、经贸、人文为一体的综合性博览会，内容涵盖政治会晤、青年交流、文化艺术展示等全方位交流合作领域，着力推动了中国与东盟在各个领域的实质性合作。通过对第八届中国—东盟博览会的参展商进行调查，整理和分析了有关事实和数据，对现状作了全面、细致的评析，并由此总结出现阶段西南地区媒体所面临的对外传播问题，提出了促进博览会信息有效传播的针对性建议。

【基于 Oracle 数据库的 MELINETSII 双机 RAC 集群系统的设计与实现】 胡昌文（广西大学图书馆）撰。2010 年国家社科基金项目《高校图书馆个性化服务系统开发研究》阶段性成果之一。发表于《图书馆学研究》2012 年第 3 期，8.1 千字。该文认为，针对传统的单服务器环境下图书馆自动化管理系统存在的不足，采用基于 Oracle 数据库的双机 RAC 集群技术，实现了图书馆自动化管理系统软、硬件上的容错以及动态负载均衡等高可用功能，并通过实例阐述关键技术和实现思路。

【网络化治理：一种资源依赖的视角】 蒋永甫（广西大学公共管理学院）撰。教育部人文社会科学研究一般项目《集体产权视角下的农地流转机制立体创新研究》阶段性成果之一。发表于《学习论坛》2012 年第 8 期，11 千字。中国人民大学书报资料中心复印报刊资料《公共行政》2012 年第 11 期全文转载。该文认为，网络化治理是建立在资源依赖基础上的一种新公共管理模式。在这种模式中，政府的核心职责不再集中于经济有效地利用公共资源提供公共产品和公共服务，而在于组织各种资源，创造公共价值。它主张在多样化的行动者之间建立一种“多中心的制度安排”，通过“合作”的策略活动，克服单个行动者自身资源不足的困境，充分利用网络中的资源，达成对公共事务的管理。不同类型的网络化治理结构，决定了权力、交易和协商三种不同的资源配置方式。

【中国新闻社广西分社面向东南亚的对外传播策略研究】 邢永川（广西大学新闻传播学院）等撰。国家社科基金项目《中国—东盟传媒合作：现状、问题与对策研究》阶段性成果之一。发表于《新闻知识》2012 年第 11 期，6 千字。该文认为，中新社广西分社是广西进行对外传播特别是对东南亚国家传播的一个重要阵地。对中国新闻社广西分社面向东南亚地区传播的作用、特点、存在的问题、未来的策略进行了初步探讨。

【大众心理学社会建构论的 CIAO 模型及其批判】 黄家裕（广西财经学院思想政治理论课教学部）撰。2011 年度国家社科基金项目青年项目，中央高校基本科研业务费专项资金资助项目。发表于《山东师范大学学报（人文社科版）》2012 年第 1 期，8.3 千字。该文认为，大众心理学（folk psychology，简称 FP）是关于普通人如何解释、预测日常心理及行为的科学。社会建构论认为，FP 是集体的构造物，是社会文化的产物，个人内化社会 FP 而获得心理归属能力。但按照社会建构论，则 FP 根本不存在。其心智阅读(Mindreading)机制在理论和经验方面也都会面临困难，难以解释错误信念测试的普遍性等经验现象。

【大学生村官不同心理期的心理特点、问题与调适】 郑明怀(广西工学院社会科学系)撰。2009 年度教育部人文社会科学研究青年基金项目《新型村官与完善村民自治研究》阶段性成果之一，2009 年度广西教育厅一般项目《社会主义新农村建设与村官类型研究》阶段性成果之一。发表于《领导科学》2012 年第 5 期，4.5 千字。该文认为，选聘高校毕业生到村任职是党中央作出的一项重大决策，对于加快推进社会主义新农村建设、培养造就对人民群众有深厚感情的党政干部后备人才具有深远的战略意义。但由于生活、工作环境的变化，大学生村官从不适应到适应农村一般要经历调整适应期、稳定成长期和成熟发展期 3 个阶段，在适应的过程中，他们会表现出不同的心理特点。大学生村官的心理发展变化有其特殊的规律，加强对其心理特点的研究和心理问题的调适，有利于大学生村官的成长，也有利于大学生村官计划的进一步完善。

【多主体参与的服务创新研究综述】 韦铁(广西大学)等撰。国家自然科学基金项目。发表于《技术经济与管理研究》2012 年第 7 期，7.8 千字。该文认为，随着现代服务业的快速发展，服务创新越发呈现“复杂化”的发展趋势，其中一个重要特征体现为服务创新主体由单一向多元化发展。越来越多的企业员工和管理者、顾客、供应商等来自不同背景的参与者参与到创新活动中，这种多主体参与的服务创新模式与传统创新模式有很大不同，它包含了更多的参与主体和更复杂的互动关系。本文从员工和管理者参与、顾客参与、供应商及其他主体参与 3 个层面对现有研究文献进行了评述，指出目前研究虽然对多种参与主体均有关注，但是更多的研究仍主要集中在顾客参与上。同时，研究对象仍主要是某一特定类型参与者，而较少考虑在一个多主体参与的创新情景下的研究。最后，该文从研究视角、研究范畴和研究方法等方面提出该领域进一步深入研究的思考和建议。

【小型团队领导者工作态度量表研究】 王宝荣(广西大学商学院)、郑聪(广西大学商学院)撰。国家自然科学基金项目《小型团队领导者工作绩效及其前因变量关系模型探索式研究》阶段性成果之一。发表于《商业研究》2012 年第 9 期，8.8 千字。该文认为，工作态度是影响工作绩效的一个重要变量，工作态度测量量表的开发在工作绩效与其前因变量关系的研究中是必不可少的。根据 Vroom 的期望理论，对工作态度及其维度进行了重新界定，试图解决工作态度与工作绩效各前因变量的独立性问题，并在此基础上开发了小型团领导者工作态度测量量表。试调数据的统计分析显示该量表具有良好的分半信度、聚合效度和区别效度，可用作小型团领导者工作绩效及其前因变量关系研究的工具。

【期望识别领导模型研究】 伊双清(广西工学院鹿山学院)撰。发表于《领导科学》2012 年第 4 期，4 千字。中国人民大学书报资料中心复印报刊资料《管理科学》2012 年第 8 期全文转载。该文认为，领导理论总体上可以分为三大类：领导特质理论、领导行为理论和领导权变理论。该文从领导者对下属绩效影响的因素这个角度出发，从任务价值、环境有利程度和下属特性值三个大的方面和由此派生的六个小的方面对领导影响下属绩效的过程进行研究，以期从新的角度来构建有效的领导理论，探讨如何提高领导理论的可操作性，加强领导理论对领导实践的指导作用。

调研报告摘要

社　会　学

【广西公共教育支出绩效评价研究】 广西财经学院课题组完成，课题负责人邓文勇教授。广西教育厅科学技术研究项目研究成果。2011 年 4 月结题，33 千字。该课题在阐述公共教育支出绩效含义及其评价方法的基础上，以广西公共教育支出为分析对象，构建了广西公共教育支出绩效评价指标体系，选择出广西公共教育支出绩效指标评价方式、评价标准与计分方法。运用公开发表的统计数据，对广西公共教育支出绩效进行了实证分析，针对实证分析的结果，从加大教育投入力度、调整和优化公共教育支出结构、建立公共教育支出绩效评价体系、完善自治区以下财政转移支付制度、合理配置义务教育公共资源等 5 个方面有针对性地提出了提高广西公共教育支出绩效的对策和建议，旨在为广西党委和政府、相关管理部门的决策提供参考，以达到促进广西教育健康有序发展的目的。

【广西毒品与艾滋病问题研究】 广西警官高等专科学校、广西医科大学、广西社会科学院联合课题组承担完成，朱其良(广西警官高等专科学校治安系主任，教授)、刘建昌(广西警官高等专科学校党委书记，教授)担任课题组组长。2008 年国家社科基金重大特别委托项目子课题。2012 年 12 月通过专家组鉴定，研究成果《广西毒品与艾滋病问题研究》于 2012 年 11 月出版，478 千字。该研究成果分析了广西毒品问题的历史与现状、广西毒品犯罪查缉问题和广西吸毒及其成瘾问题，以及广西艾滋病态势与成因、广西艾滋病防治战略、广西艾滋病防治干预措施和广西"四免一关怀"艾滋病防治政策，提出了广西毒品与艾滋病治理适用模式。

经　济　学

【柳州市城乡产业联动发展战略研究】 柳州市社会科学界联合会完成，组长邹继业(市社科联党组书记，主席，博士，副调研员)。2012 年 3 月通过专家组鉴定，22 千字。城乡产业联动有利于推进城乡一体化进程，是消除城乡二元经济结构、促进城乡协调发展的重要途径。该文立足于城乡一体化的背景，依据城乡产业联动的相关理论，回顾和总结了柳州市城乡产业联动发展的历史进程，运用 SWOT 分析方法对柳州市城乡产业联动的现状进行了深入分析，在借鉴国内外经验的基础上，从产业布局、交通发展、城镇化发展、人力资源等方面，提出了柳州市构建城乡产业联动与发展的战略举措。

【柳州总部经济发展研究】 柳州市煜华科技有限公司完成，组长韦[illegible](柳州煜华科技有限公司总经理，高级工程师)。2012 年 3 月通过专家组鉴定，20 千字。柳州市的经济总实力在广西乃至西南都处于前列，多年来一直引领着广西及周边地区的经济发展。但柳州市也面临着工业用地供给不足、生产资源缺乏、生产成本持续增高等问题的制约。因此，发展总部经济是柳州市经济持续发展的大势所趋，是柳州市产业破解资源瓶颈、降低生产成本的发展所需，是柳州市经济充分利用外部发展机遇的顺势而为。柳州总部经济发展思路：结构调整夯实产业基础；事例资源打造区域品牌；对外扩张发展总部经济。对策措施：制订总部经济发展规划、完善产业经济政策体系、改善总部经济发展环境、培育引进总部经济龙头、完善产业示范基地建设、大力发展生产性服务业、加强总部经济宣传力度、充分发挥金融资本作用。

【柳州优势产业"走出去"战略研究】 柳州市社科联课题组完成，组长郑志远(柳州市社科联调研员，副教授)。2012 年 3 月通过专家组鉴定，18 千字。作为广西的工业城市，柳州市坚持"三个同步"发展理念，加快转变经济发展方式。以汽车、冶金、机械三大支柱产业，化工、制糖、建材、造纸、日化 5 个优势产业，新能源环保、机电一体化、新材料、生物制药 4 个新兴产业为龙头的工业企业，已具备相当的技术水准、资金实力、人才优势和经营能力。随着市场竞争发展的需要，柳州的优势企业应当实施"走出去"战略，向国外扩张产能，通过寻找新市场新需求，努力开拓新的外贸需求增长点。

【柳州市中小企业为本地优势产业配套服务研究】 柳钢集团党校课题组完成，组长李昌荣(柳钢集团党校党务副校长，中学高级教师)。2012 年 3 月通过专家组鉴定，13 千字。该课题研究从理论上论证了柳州市中小企业为本地优势产业配套以及在经济社会发展中的地位和作用，深入分析了影响柳州市中小为本地优势产业配套服务的因素，提出加快发展柳州市中小企业为本地优势产业配套，将其纳入柳州市经济社会发展的规划体系制定产业配套规划，提高配套企业的技术装备水平，帮助配套企业引进人才，构建中小企业融资体系，搭建配套平台，提升整体素质和扶持配套中小企业自主创新，发展特色中小企业产业集群，建立健全中小企业服务体系。

【柳州县域经济产业分工及品牌建设研究】 柳州市自新社会帮教协会完成，组长李春雷(柳州市自新社会帮教协会会长)。2012 年 3 月通过专家组鉴定，10 千字。该课题研究从区域经济学原理出发，以柳州市县域经济统计资料为依据，依次从 3 个层级分析柳州市县域经济工业和农业的产业分工状况，挖掘县域经济的比较优势。以柳江汽配等为例说明县域产业品牌建设的途径，提出优化产业分工和推动品牌建设的若干建议。

【柳州市现代服务业现状及发展研究】 联合课题组完成，组长熊政(柳州市社科联纪检组长)。2012 年 3 月通过专家组鉴定，15 千字。现代服务业的发展水平是衡量一个国家和地区现代化水平的重要标志。柳州市的现代服务业有一定程度的发展，但仍是一块"短板"。要加快发展柳州市现代服务业，必须扩大规模，提高现代服务业增加值比重；发展生产性服务业，增强产业带动能力；调整结构，发展新兴业态，增强现代服务业发展后劲；完善机制，提高市场化程度，为现代服务业创造良好的发展环境；加快城镇化建设，扩大现代服务业发展空间;实施人才发展战略,为服务业发展提供智力支持。

【工业化、城镇化加速发展背景下柳州农民增收对策研究】 柳州市农业局课题组完成,组长郑清(柳州市农业局局长)。2012年3月通过专家组鉴定,18千字。随着我国社会经济发展,工业化、城镇化进程不断加快,农民增收已成为“三农”问题的关键所在,党的十七届三中全会明确提出到2020年农民人均纯收入翻番目标任务,自治区提出“十二五”期广西实施农民户均增收万元工程,柳州市政府启动实施“农民收入倍增计划”,各级政府已把促农增收作为政府工作的一个重要内容来抓。该研究课题通过对柳州市农民增收现状说明及制约因素分析,参考国内一些专家、学者在农民增收问题上的研究成果,借鉴国内国内外先进地区在促农增收方面的成功经验和做法,提出在工业化、城镇化背景下推进柳州市农民增收的对策建议及相应措施,为更好推动柳州市促农增收工作提供参考。

【柳州旅游目的地营销战略研究】 柳州市委党校课题组完成,组长李燕萍(柳州市委党校副科长,讲师)。2012年3月通过专家组鉴定,12千字。近年来,柳州市围绕“古龙城、新水都、风情市、夜柳州”发展理念,着力构建柳州市休闲旅游产品体系,在一定程度上整合了柳州旅游发展实力,提升了柳州旅游发展的竞争力。但是,一个成功的旅游目的地,不仅需要优秀的旅游产品,还需要科学的营销理念和营销手段。柳州市在旅游目的地营销过程中,还存在营销观念落后、营销目标单一、目标市场和产品雷同等问题,旅游目的地营销效果不理想。通过对柳州市旅游目的地营销的SWOT分析,提出了柳州市加强旅游目的地营销的战略选择与实施对策。

【柳州市乡村生态旅游资源开发研究】 柳州市中国特色社会主义理论研究会课题组完成,组长张陈呈(柳州市委党校副主任,讲师)。2012年3月通过专家组鉴定,10千字。课题对柳州市乡村生态旅游的发展现状进行概述,对柳州市乡村旅游资源开发带来的积极作用进行分析,指出柳州市乡村旅游资源开发中存在的相关问题,分析了柳州市乡村旅游资源开发与新农村建设的关系,提出柳州市乡村旅游资源开发的对策建议。

【广西城市住房供给模式及制度改革研究】 自治区社科联资助课题,张协奎(广西房地产及住宅研究会会长,广西大学副校长,教授)主持。2012年6月通过结题验收,49千字。该课题认为,目前中国城市住房供给模式和制度改革存在以下问题:针对高收入人群的住房供给,城市房价上涨过快,供给结构不合理,空置率高,市场融资渠道狭窄;针对中等收入人群的住房供给,保障性住房供应总量偏低,运行机制及政策性住房金融制度不完善;针对低收入人群的住房供给,廉租房供给数量少,覆盖面低。要解决以上问题,必须运用市场与政府两种调节工具,针对城市不同收入人群区别对待,建立政府提供保障性住房与市场提供商品房并重的住房供给模式,切实规范房地产市场,坚决抑制住房投机投资需求,促进房价合理回归;借鉴国际上住房保障制度较成熟国家的经验,加快保障性住房建设,鼓励合作建房,着力解决中低收入人群的住房问题;加大住房金融和土地政策对保障性住房和中小户型商品房建设的支持力度,完善多层次的城市住房供给结构。

【汇率政策与货币错配协动性及其传导机制研究】 王中昭(广西大学商学院教授)等完成。2012年11月经全国哲学社会科学规划办公室审核结项,162千字。2009年国家社会科学基金项目面上项目。该课题以汇率政策、货币错配理论、相关的模型体系为基础,以汇率对货币错配的传导机制和两者之间协动性为主线展开研究。一是研究汇率波动对货币错配的传导特性、传导效应以及传导机制问题。二是剖析汇率等影响因素与货币错配协动性关系的实质。三是分析国家层面和微观经济主体的货币错配风险问题。四是在理论和实证分析基础上,提出了货币错配条件下汇率机制的选择策略、依据和宏观金融政策调控的政策建议。主要研究成果体现在两方面:一是在模型和方法上,构建了汇率等影响因素与货币错配协动性关系的模型等合理和稳健的五大类模型。二是在结论和理论观点上,诠释了货币错配内涵和拓展了货币错配成因理论的视角,发现了汇率等因素对货币错配作用机理、传导效应和传导机制等相关结论和观点,得到了在不同类型货币错配条件下,中国和东盟国家汇率对货币错配传导效应及其差异性的研究成果。探索出汇率等因素与货币错配双边、多边综合协动性、冲击联动性的理论观点和延伸的政策启示。提出了货币错配风险评估方法和国家、微观经济主体货币错配风险的度量、弱化与防范方式。提出和论证了货币错配条件下汇率形成机制的选择策略、原则和依据以及宏观金融政策的调控措施。

【桂林文明城市持续建设对策研究】 杜文忠(桂林电子科技大学教授)等完成。2012年11月通过专家组评审,41千字。桂林市哲学社会科学规划研究重点课题。课题以科学发展为主题,以加强城市综合竞争力与软实力建设为主线,在借鉴国内外典型文明城市建设经验的基础上,比较全面分析桂林建设文明城市的进展与成效、存在问题和面临形势，明确桂林文明城市持续建设的指导思想、基本原则和发展目标，结合桂林实际情况，提出桂林文明城市持续建设的重点领域、核心任务和对策措施。

【桂林旅游产品创新开发研究】 黄松（广西师范大学教授）等完成。2012年11月通过专家组评审，44千字。桂林市哲学社会科学规划研究重点课题。课题利用ARCGIS软件分析桂林旅游产品空间布局，通过构建综合评价指标体系分析桂林旅游产品质量，综合应用GIS空间分析法、市场调查法、德尔菲法、层次分析法和灰色系统理论等方法，完成课题主要问题的研究。阐述课题研究的背景与意义，分析桂林旅游产品的空间布局，对桂林旅游产品质量进行综合评价，探讨旅游者对桂林旅游产品的认知度和满意度。

【桂林特大城市空间结构研究】 刘俊杰（广西师范大学教授）等完成。2012年12月通过专家组评审，27千字。桂林市哲学社会科学规划研究重点课题该课题。课题在大量的文献研究和实地考察的基础上，分析桂林城市空间结构的现状、城市空间结构优化面临的空间制约和问题，阐述桂林特大城市建设空间结构优化的总体构想、基本原则、空间职能结构定位和产业空间布局的优化，并提出建设桂林特大城市的政策措施。

【桂林漓江风景名胜区管理体制研究】 陆奇岸（广西师范大学教授）等完成。2012年12月通过专家组评审，23千字。桂林市哲学社会科学规划研究重点课题。该课题在客观全面分析桂林漓江风景名胜区管理体制现状特点、存在问题和面临形势的基础上，比较借鉴国内外典型风景名胜区管理的经验与做法，明确未来风景名胜区管理的指导思想和目标。结合桂林国家旅游改革试验区建设的实际要求，运用利益相关者分析方法，提出漓江风景名胜区管理体制构架的驱动机制和保障措施。

【加快桂林千亿元光伏产业发展对策研究】 陆奇岸（广西师范大学教授）等完成。2012年12月通过专家组评审，28千字。桂林市哲学社会科学规划研究重点课题。该课题在文献研究和实地考察的基础上，从战略高度分析桂林发展光伏产业的重要性，分析桂林发展光伏击产业的背景、发展现状，深入研究桂林发展光伏产业的优势和存在的突出问题，提出桂林发展光伏产业的指导思想、基础原则、发展方向、目标、主要任务和对策。

【加快构建广西现代产业体系】 韦艳南（广西社会科学院工业经济所助理研究员）、陈禹静、覃海珊、唐平、吕永权等完成。2012年12通过专家组鉴定，46千字。2012年度广西社会科学院青年课题。该课题研究认为，加快构建广西现代产业体系对于加快转变经济发展方式、促进经济持续健康发展、加快区域产业结构优化升级、提高自主创新能力具有十分重要的意义。研究成果回顾了广西现代产业体系发展的历程，通过与全国和国际发展经验的比较，得出广西现代产业体系发展格局的基本判断，在充分考虑到广西现代产业体系影响因素的前提下，借鉴日本、韩国和广东、上海、山东等发达国家和省份的经验，提出加快构建广西现代产业的思路、原则、目标、路径和现代产业体系的主体框架，并提出相关对策建议。

【我国沿海地区与北部湾经济区开放开发比较分析及对策研究】 陈禹静（广西社会科学院工业经济所助理研究员）、黄小青、云倩、韦艳南、毛艳等完成。2012年12通过专家组鉴定，55千字。2012年度广西社会科学院重点课题。该课题研究认为，面对沿海地区的竞相发展态势，北部湾经济区如何充分发挥自身作为中国—东盟自由贸易区前沿区域的区位、资源、政策等比较优势，抢抓机遇，走开放型经济发展道路，在多区域合作中发挥核心带动作用，这是急需解答的重大课题。研究从开放开发的一般理论出发，就北部湾经济区和其他沿海经济区在开放开发进度、政策、发展指标进行了综合比较，对广西北部湾经济区的优势、劣势、机遇和挑战进行了全面的分析，并深入东部沿海地区天津滨海新区、江苏沿海地区、辽宁沿海经济带、海南国际旅游岛实地调研，借鉴他们在开放开发中的创新举措和经验，提出今后加快广西北部湾经济区开放开发的总体思路，并分别从开放和开发两方面提出了相关对策建议。

【广西资源型工业发展研究】 吕永权（广西社会科学院工业经济研究所副研究员）、寿思华、蒋小勇、陈禹静、唐平、韦艳南等完成。2012年12月通过专家组鉴定，66千字。该课题研究认为，广西资源型工业的快速增长，为推动工业经济持续发展，促进经济社会又好又快发展作出了重大贡献，但是，必须正视其发展过程中面临资源环境约束的严峻事实，认识新形势下加快资源型工业转型升级的必要性，努力寻求破除或化解这种约束的途径，实现资源型工业从高能耗、高污染、高排放的增长模式转变成资源节约型、环境友好型的可持续发展模式，使资源型工业走上可持续发展道路。该课题全面分析了广西资源型工业总体发展情况、主要特点、存在的主要问题及原因,借鉴广西区外发展资源型工业发展经验,提出推动广西资源型工业科学发展的思路、基本原则、发展方向和重点,从11个方面提出促进广西资源型工业科学发展、可持续发展的对策与建议。

政 治 学

【基层政权在促进民族团结和社会和谐中的个案研究】 联合课题组完成,组长骆钰(柳州市城中区中南街道办事处副主任)。2011年3月通过专家组鉴定,10千字。该研究从基层政权和民族团结的问题概念入手,从民族差异性而产生的发展问题出发,论述基层政权对民族团结的意义与当下民族发展视野下社会和谐的内涵。结合相关案例,研究分析广西当下基层政权案例在促进民族团结的实际情况。

【基层党组织在维护社会稳定应对突发公共危机中发挥作用研究】 柳州市委党校课题组完成,组长莫波功(柳州市委党校讲师)。2012年3月通过专家组鉴定,11千字。该研究认为,应充分发挥基层党组织在维护社会稳定、应对突发公关危机中的作用,这是加强社会管理创新的重要手段和方式。柳州市在这一方面形成了具有柳州特色的做法,但是也存在较大问题,因此要加大贯彻落实科学发展观的力度,提高基层党组织在维护社会稳定中的作用,建立一支优秀的党员队伍,扩大基层党建的覆盖面,以此来更好地发挥基层党组织作用。

【南宁市推进学习型党组织建设的理论研究与实践探索】 南宁市党建学会完成,组长黄万求。2012年12月通过专家组鉴定,35千字。建设马克思主义学习型政党,是党的十七届四中全会向全党提出的一项重大战略任务。2010年2月,中共中央办公厅印发《关于推进学习型党组织建设的意见》(以下简称《意见》)之后,各级党组织把推进学习型党组织建设作为建设马克思主义学习型政党的基础工程抓紧抓好。课题组通过实地考察、专题访谈、文献研究、调查问卷以及召开座谈会等方式,对南宁市推进学习型党组织建设情况进行分析,从理论层面和实践层面上深入探讨建设马克思主义学习型党组织的基本规律,从而推动学习型党组织建设的进程。

【持续推进企业廉洁文化建设 不断提升企业竞争能力——对南宁市国有企业近年来廉洁文化建设的思考与建议】 南宁市监察学会课题组完成,组长陈琪。2012年12月通过专家组鉴定,25千字。课题组针对南宁市国资委组织28家企业形成的100多篇关于企业廉洁文化建设的调查材料进行分析研究,并查阅有关资料,对南宁市国有企业廉洁文化建设的成功经验、存在的若干问题,提出深入推进和不断提升南宁市国有企业廉洁文化建设的若干意见和建议,以深入推进南宁市企业廉洁文化建设,提升企业的竞争力,促进国有企业经济高速、健康、有效发展。

历 史 学

【中国共产党柳州地方历史发展研究】 中共柳州市党史研究室完成,组长覃琪涛(柳州市党史研究室副主任,中学高级教师)。2012年3月通过专家组鉴定,18千字。该课题回顾研究了中国共产党1926年在柳州建立至1978年的各个历史时期的斗争及建设工作,系统地总结了党在柳州的发展历史以及经验,并把这些经验放到中国共产党历史这个广阔的背景上去,以期深刻地理解和坚持发展各个时期的成功实践,并在此基础上重点研究中共柳州地方历史在不同时期的发展特点,从中共柳州地方历史各个时期、历史转折关头、建设实践提炼精粹,以为我们在建设社会主义和谐社会、建设更加美好的新柳州的伟大实践中提供有益的启示与借鉴。

社 会 学

【柳州市社区管理体制创新研究】 联合课题组完成,组长罗永光(柳州市社科联副主席,副研究员)。2012年3月通过专家组鉴定,15千字。柳州市社区管理已不适应新形势发展的需要,存在许多必待解决的问题,借鉴国内外社区管理的经验做法及得到的启示,探索柳州市社区管理体制改革的实现路径,创新柳州市社区管理的对策措施。

【完善城市区域功能配套设施建设研究】 联合课题组完成,组长王佳吾(柳州市社科联副调研员,副教授)。2012年3月通过专家组鉴定,12千字。该课题调研认为柳州完善城市区域功能配套设施建设能满足人民群众日益增长的物质文化生活需要;能促进城市产业发展,增加社会就业;能促进城市协调发展;能降低社会成本,提升城市竞争力;同时也是推进城市经济发展、提升城市综合竞争力、实现超大城市宏伟蓝图建设的一条重要途径。当前柳州城市区域功能配套设施建设存在布局不合理,设施建设滞后,设施建设标准低,设施运营成本高,设施建设资金缺乏等问题。通过提高对城市区域功能配套设施建设的认识，制定城市区域功能配套设施专项规划，高标准完善城区功能配套设施建设，加强对城市功能配套设施运营的管理，多渠道筹集城区功能配套设施建设资金等措施，可以有效完善柳州城市区域功能配套设施建设。

【柳州城市居民幸福指数调查研究】 柳州市政府发展研究中心课题组完成，组长谢名洋(柳州市政府发展研究中心主任，博士，教授)。2012 年 3 月通过专家组鉴定，17 千字。党的十七大提出的科学发展观，体现了以人为本、全面协调可持续发展的一种理性幸福观。国家在“十二五”时期更为注重民生，提出坚持把保障和改善民生作为加快转变经济发展方式的根本出发点和落脚点，使发展成果惠及全体人民。北京、广东、浙江等发达省市在“十二五”规划中明确提出了要“建设幸福城市”，更多地关注和保障民生并让人民过上幸福美好的生活。为了深入贯彻落实科学发展观和中央关于保障和改善民生的精神，柳州市委市政府结合本地发展实际，提出了“三个同步”的发展理念，把提高人民生活水平放在重要的位置。并在市委十届十四次全会上，提出把各项工作的落脚点放在全面提高人民群众生活水平上，更加关注民生，确保改革发展成果惠及广大人民群众。因此，如何提升居民幸福感，加快推进幸福柳州建设是课题研究的目的和意义。该课题围绕如何提升城市居民幸福指数，通过阐述幸福指数的内涵、分析国内外先进的经验，进而详细分析提升居民幸福指数建设幸福柳州的成功经验及影响幸福指数的因素，并提出相应的对策建议，为市委市政府推进幸福柳州建设提供科学的决策依据。

【南宁市社会保障性住房建设及融资模式研究】 南宁市社会科学交流研究会完成，组长张协奎。2012 年 12 月通过专家组鉴定，45 千字。经过 10 多年的不断发展与探索，我国保障性住房体系得到了很大的完善，已经初步形成了以公租房和廉租房为主、经济适用房和两限商品房等为辅的多层次城镇保障性住房供应体系。通过南宁市保障性住房建设和融资研究，对于解决南宁市中低收入人群的住房问题、缓解住房需求矛盾、保障广大人民的居住权利、促进社会主义和谐社会的建立和维护社会稳定具有重要作用。通过规范分析和实证分析相结合的方法，分析南宁市社会保障性住房建设现状和存在的问题。结合南宁市社会保障性住房建设与融资的实际情况，提出促进南宁市社会保障性住房建设与融资的对策建议。借鉴国内外保障性住房融资方面的有效经验，从特定的情况下提出相关的融资对策。

【医疗鉴定双轨制下的司法困惑——关于南宁市医疗损害诉讼中鉴定机构冲突问题的调研报告】 南宁市社会科学交流研究会完成，组长农会清。2012 年 12 月通过专家组鉴定，55 千字。2008 年以来，全国法院医疗损害赔偿案件收案数持续增长，成为全国性的民事审判工作难点。妥善处理医患纠纷的瓶颈不是如何适用法律，而在于如何认定事实，即“医疗行为有无过错”、以及“过错与损害结果之间有无因果关系”。由于涉案医疗行为具有高度专业性，法官需要借助鉴定结论来对这些“专门性问题”做出认定。在该领域内，目前有两类鉴定机构并存：一类是政府卫生部门下属的医学会，另一类是具有法医临床鉴定资质的社会司法鉴定机构。由于法律没有明确医疗纠纷的法定鉴定部门，而医患双方对上述两类鉴定机构各有偏好，其中，医方坚持要求医学会鉴定，患方则更信任司法鉴定。而在现行体制下，两种鉴定的公正性都面临着不同角度的质疑。医患纠纷缺乏令人信服的解决方案，对社会和谐构成了严重威胁。课题组借助南宁市青秀区辖区内大型医疗机构聚集、医患纠纷数量居全区之首、经验材料相对丰富等优势，对南宁市医患诉讼中的鉴定机构冲突问题进行调研，探寻合理解决医患纠纷之道。

【南宁市流动人口社会服务与管理研究】 南宁市党建学会承担完成，组长吴坚宁。2012 年 12 月通过专家组鉴定，30 千字。伴随着经济全球化、城乡一体化以及城镇化进程，大规模人口流动已成一种普遍的社会现象，尤其是党的十六大以来，我国流动人口进入了一个新的发展时期，学者们对流动人口管理进行了积极的探索，怎样做好流动人口服务管理工作仍然是一个值得深入研究的课题。该研究通过对我国流动人口管理的实践历程以及理论研究综述进行梳理，对当前南宁市流动人口的特征和作用进行分析。根据调研和对比分析，认为当前南宁市流动人口的管理主要是“管控”与“服务”并重的管理模式，并对此进行了详细的阐述，在调研和分析的基础上，提出了加强和创新南宁市流动人口社会服务与管理的对策措施。

文　化　学

【柳州市汽车文化产业研究】 柳州市社科联科普部完成，组长韦晓玲(柳州市社科联副主席)。2012 年 3 月通过专家组鉴定，13 千字。该课题阐述了汽车文化产业的理论构架和产业范畴，系统分析柳州市发展汽车文化产业的重要意义和产业基础，深入剖析柳州汽车文化产业的发展现状和存在问题，提出柳州市汽车文化产业发展方向和战略目标，并对如何加快柳州汽车文化产业发展提出对策建议。

教 育 学

【柳州市统筹城乡基础教育资源配置研究】 广西工学院课题组完成，组长韦廷柒(广西工学院社科部主任，教授)。2012 年 3 月通过专家组鉴定，12 千字。该课题组认为，改革开放以来，柳州市城乡基础教育取得很大发展。然而，当前柳州市城乡基础教育差距仍然较大，教育资源配置极不合理，严重地阻碍了柳州市城乡教育协调发展。改变当前柳州市城乡教育资源配置不合理问题，已是当前柳州市急需解决的主要问题。当前，坚持以邓小平理论、“三个代表”重要思想为指导，深入贯彻落实科学发展观，坚持教育平等等原则，以基础设施标准化建设和师资力量等教育资源配置为重点，建立健全推进基础教育资源均衡配置的体制机制，着力缩小城乡学校之间的教育差距，促进教育公平和社会和谐。争取到 2015 年，实现城乡教育资源配置在学校之间教育投入、教育教学设施、师资力量、管理水平、教育质量等方面基本均衡；到 2020 年，全市所有的基础教育学校办学条件基本达到自治区规定办学条件标准，实现城乡基础教育资源配置均衡发展。

【南宁市中小学生课业负担现状调查与对策研究】 南宁市教育学会完成，组长耿春华。2012 年 12 月通过专家组鉴定，40 千字。减轻学生课业负担、全面推进素质教育成为新课程改革的首要目标。当前南宁市中小学生课业负担给青少年身心健康成长造成了不可忽视的负面影响：一是体育锻炼时间随学段提高而减少，身体素质下降；二是睡眠时间不足、睡眠质量不高；三是课外活动时间得不到保障，个人兴趣爱好受到遏制。课业负担过重的形成发展有多种因素，包括社会因素、学校因素、家长因素和学生个体因素。具体有：一是考试制度自身的“先天不足”；二是教育评价单一化和片面化，学生无法获得成功体验；三是教师考核评价标准简单化，导致部分教师教学行为失当；四是家长对子女不适宜的期望；五是课堂教学效率低；六是学生缺乏学习兴趣，学习方法不当，学习效率低。针对上述因素，课题组认为可从以下 5 个方面进行努力：一是推进考试制度改革；二是构建多元化的评价体系；三是加强师资队伍建设，提高教师素质；四是转变教学方式，提高课堂效率；五是关注学生学习状态，实施积极教学，传递学习正能量。

【中学心理教师工作现状及改进策略】 南宁市教育学会完成，组长杨斌勇。2012 年 12 月通过专家组鉴定，35 千字。该研究深入调查了 65 名中学心理教师的基本情况和专业工作现状，调查内容涉及中学心理教师工作强度情况、学校人际环境状况、参加继续教育情况、工作压力与角色认同情况、工作待遇与参加校外活动情况、学校心理健康教育硬件建设情况、管理情况、中学心理教师心理咨询工作现状、开展心理辅导课教学情况和开展其他专业工作和业绩考核情况。探寻当前南宁市中学心理教师工作现状中存在的五大问题：中学心理教师的工作需要更多的政策支持；心理健康教育教研工作、教师团队建设需要进一步加强；学校心理健康教育管理和硬件建设不够规范；中学心理教师存在一定的职业倦怠；中学心理教师专业水平和继续教育有待加强。在实证调查研究与分析的基础上，针对南宁市中学心理教师的实际情况和工作中存在的问题，从政府和教育行政部门层面、学校管理层面、教研工作层面和中学心理教师自身层面四个方面对改进中学心理教师的工作提出了创新性、实效性的策略。

【聚力课型建模 彰显课堂“模”力——“新课程高中语文基本课型教学模式研究”研究报告】 南宁市教育学会完成，组长谢尔。2012 年 12 月通过专家组鉴定，65 千字。“教学建模”是学科教学论中的方法论，“分课型建模”是一种较为科学的教学模式研究思路，也是实践有效教学的可行之路。该研究立足于中学语文教学常态课堂，以课型建模为突破口，筛选了中学语文教学四种重要的基本课型，以行动研究为基本工作方法，凝心聚力对高中语文基本课型进行建模和实证的探索，为优化课堂教学、提高教学效能提供了可能。该课题所构建的高中语文四种基本课型模式有科学理论的指导，有课堂实例的支撑，有相对稳定的程式、鲜明的环节架构和具体的操作流程，具有针对性、概括性、操作性和启发性，为语文教学提供一种有一定科学依据的教法和学法体系，更好地指导高中语文教学实践。

法 学

【加强社会管理与依法治市研究——以柳州为例】 柳州市党建学会课题组完成，组长邓文杰(柳州市委组织部调研室主任、副研究员)。2012 年 3 月通过专家组鉴定，14 千字。创新社会管理是我国改革的新任务，社会法治化管理是创新社会管理的基本方向，依法治市是社会法治化管理的有力推手。柳州市在市委市政府的带领下，确定社会矛盾治理工作思路，依法理性解决社会矛盾的氛围基本形成，基层民主管理取得成效。但柳州市开展依法治市推动社会管理创新仍然存在一些问题。一是对社会管理法治化理论认识不够清晰；二是社会法治化管理组织领导有待加强；三是社会矛盾源头治理机制尚不完善；四是基层组织社会管理服务职能需要加强。

其　他

【柳州市哲学社会科学中长期发展战略研究】 联合课题组完成，组长蓝天强（柳州市社科联副研究员）。2012 年 3 月通过专家组鉴定，22 千字。柳州市社科联 2011 年度实施的哲学社会科学课题研究规划项目之一。课题组按照研究规划设计的大纲在深入调研的基础上，以党的十七大、十七届六中全会精神为指导，从理论上论述哲学社会科学的重要地位与作用，总结了柳州市新世纪以来哲学社会科学事业的发展，分析了柳州市哲学社会科学发展过程中存在的问题及其形成的原因，提出了未来一段时期柳州市哲学社会科学的发展思路，为开创柳州市哲学社会科学事业繁荣发展的新局面，实施文化强市战略提供相应的理论支持。

2012年中国人民大学《复印报刊资料》转载社科类广西作者论文一览表

题　目	作者	作者单位	原载	转载
关于当前若干热点民族问题的理性分析	周　健	自治区民族事务委员会	《广西民族研究》（南宁）2012.2	《民族问题研究》2012.12
马克思主义大众化的语言哲学解读	邓伯军 谭培文	广西师范大学	《马克思主义研究》（北京）2012.8	《马克思列宁主义研究》2012.12
乡镇党委公推直选模式的比较与思考	陈元中 郑颖瑜	广西民族大学	《湖北行政学院学报》（武汉）2012.4	《中国共产党》2012.12
社会政策过程中公众参与角色的变迁及其社会意义	谢　舜 盛志宏	广西大学	《江汉论坛》（武汉）2012.8	《公共行政》2012.12
毛泽东“推广”农村人民公社的价值诉求	苏晓云	广西师范大学	《现代哲学》（广州）2012.4	《毛泽东思想》2012.06
民族融合：当前促进还是将来实现	陆　鹏等	自治区党校	《黑龙江民族丛刊》（哈尔滨）2012.4	《民族问题研究》2012.11
网络化治理：一种资源依赖的视角	蒋永甫	广西大学	《学习论坛》（郑州）2012.8	《公共行政》2012.11
标准掌控与全球价值链治理研究	黄锦华等	广西财经学院	《技术经济与管理研究》（太原）2012.6	《创新政策与管理》2012.9
期望识别领导模型研究	伊双清	广西工学院鹿山学院	《领导科学》（郑州）2012.4（中）	《管理科学》2012.8
认同与区分——民族服饰的族群语意表达	徐赣丽 郭　悦	广西师范大学	《民族学刊》（成都）2012.2	《民族问题研究》2012.7
中国发展模式内涵探析	张荣洁等	广西大学	《江汉论坛》（武汉）2012.4	《中国特色社会主义理论》2012.7
户籍制度改革对流动人口收入的影响研究	魏万青	广西大学	《社会学研究》（北京）2012.1	《人口学》2012.3
马克思主义中国化对现代化后发展难题的破解	靳书君	广西师范大学	《毛泽东邓小平理论研究》（上海）2012.3	《马克思列宁主义研究》2012.6
民族政策对民族关系的影响——以广西壮族自治区S县为例	赵锦山	广西师范大学	《中南民族大学学报》（人文社会科学版）（武汉）2012.2	《民族问题研究》2012.6
执政道德：中国共产党政党功能调适的素质保障	朱前星等	玉林师范学院	《湖南行政学院学报》（长沙）2012.1	《中国共产党》2012.5
以制度创新激发创先争优的可持续动力	汤志华	广西师范学院	《桂海论丛》（南宁）2011.6	《中国共产党》2012.5

续表

题　目	作者	作者单位	原载	转载
生物制药创新中的专家型公司与核心公司研究——兼论我国生物制药区域产业创新平台建设	程跃等	广西大学	《中国软科学》(北京)2011.11	《创新政策与管理》2012.5
国外防止利益冲突的制度设计及其启示	王国林等	玉林师范学院	《领导科学》(郑州)2011.12(中)	《管理科学》2012.4
转型时期农村党组织的功能转换困境及对策	刘绍卫	自治区党委党史研究室	《甘肃理论学刊》(兰州)2012.1	《中国共产党》2012.4
还马克思真面目——评伊格尔顿的《马克思为什么是对的》	黄世权	广西师范学院	《国外理论动态》(北京)2012.1	《马克思列宁主义研究》2012.4
民族社会工作中的问题与策略之争	程中兴	广西师范大学	《贵州民族研究》(贵阳)2011.6	《社会工作》2012.4
党的执政文化建设与国家文化软实力发展	陈元中	广西民族大学	《中共福建省委党校学报》(福州)2011.12	《中国共产党》2012.3
论以人为本与马克思主义大众化的辩证关系	李继兵 田　莉	广西大学	《甘肃社会科学》(兰州)2011.5	《马克思列宁主义研究》2012.3
行政吸纳与村庄“政治”的塌陷——村民自治制度的运行困境与出路	蒋永甫	广西大学	《湖北行政学院学报》(武汉)2011.6	《中国政治》2012.2
非公有制企业职代会制度建设的分析与建议	邱少珠	自治区总工会干部学校	《北京市工会干部学院学报》(北京)2011.2	《工会工作》2012.1
选举与代际传承的紧张:村干部二代的产生逻辑——基于对湘中Z村的观察	郑明怀	广西工学院	《青年研究》(北京)2011.4	《中国政治》2012.1
中国民族关系发展大趋势论	徐杰舜	广西民族大学	《学术探索》(昆明)2011.10	《民族问题研究》2012.1
法律异化研究	周世中 陈雅凌	广西师范大学	《法律科学(西北政法大学学报)》(西安)2011.6	《法理学、法史学》2012.4
人类学语境中的“民间信仰与中国社会研究”	覃　琮	广西师范大学	《民俗研究》(济南)2012.5	《宗教》2012.6
论道德的民族性与超民族性	唐贤秋	广西民族大学	《伦理学研究》(长沙)2012.1	《伦理学》2012.6
从本体论的角度看生态美学的基本内涵与实践意义	朱寿兴	广西师范大学	《黔南民族师范学院学报》(都匀)2011.5	《美学》2012.3
中国古代博物学记事原则:宜物——以解读《山海经》中“建木”系壳斗科植物“甜槠”为例	黄世杰 赵乃蓉	广西民族大学	《广西民族大学学报》(哲学社会科学版)(南宁)2011.6	《科学技术哲学》2012.3
2012年高考地理试题“红黑榜”	冯士季等	广西师范大学	《基础教育课程》(北京)2012.9	《中学历史、地理教与学》2012.12
爱我所爱,无怨无悔	张　立	广西南宁市红星小学	《班主任》(北京)2012.7	《中小学学校管理》2012.12
高校思政课教学实效性的提升理念、策略与方法	林春逸	广西师范大学	《学校党建与思想教育》(武汉)2012.9(上)	《思想政治教育》2012.12
多元智能视角下的中学英语课堂词汇教学活动设计	潘景丽	钦州学院外国语学院	《兴义民族师范学院学报》(兴义)2012.2	《中学外语教与学》2012.11
学生真的理解图像吗	张　般 罗星凯	广西师范大学科学教育研究所	《基础教育课程》(北京)2012.7	《中学物理教与学》2012.11
“太平天国运动”的教学应对	李庆忠	广西师范大学	《中学历史教学》(广州)2012.4/5	《中学历史、地理教与学》2012.11
一样的教学规律,不一样的历史课堂——《商鞅变法》课堂教学实录	黄卫华	广西玉林市玉州区第九中学	《人民教育》(北京)2012.13/14	《中学历史、地理教与学》2012.11
高等职业教育层次上移:现实与前瞻	张宁东 蓝　洁	南宁职业技术学院	《教育与职业》(北京)2012.18	《职业技术教育》2012.11
中等职业学校地区经费配置差异分析	沈有禄	广西大学	《职教通讯》(常州)2012.13	《职业技术教育》2012.11
数学教学偏见的再思考	李小燕等	广西师范大学	《中学数学月刊》(苏州)2012.4	《初中数学教与学》2012.9
科学探究类生物学选择题的编制	付　雷 袁丫丫	教育部广西师范大学基础教育课程研究中心	《生物学教学》(上海)2012.2	《中学政治及其他各科教与学》2012.8

续表

题　目	作者	作者单位	原载	转载
近十年来我国中学化学学习策略论文的统计分析	许燕红 吴永明	广西师范大学	《广西教育》(中学教研)(南宁)2012.2	《中学化学教与学》2012.8
如何指导高中学生阅读物理课本	杨　军	来宾市第二中学	《中学教学参考》(理科)(南宁)2011.7	《中学物理教与学》2012.8
基于“学习参与度”的课堂观察与有效教学策略	李　杰 蒋启章	南宁市第三中学 贺州高级中学	《中学历史教学参考》(西安)2012.1/2	《中学历史、地理教与学》2012.8
直线与平面垂直判定”教学信息的打包优化——基于数学多元表征学习的教学设计理念	黄岳俊	钦州学院	《教学月刊》(中学版)(杭州)2012.4	《高中数学教与学》2012.8
小学英语教学的变化——一项四省一市的小学英语教学现状调查	潘　清	桂林旅游高等专科学校	《英语教师》(天津)2012.3	《小学英语教与学》2012.7
高中生英语学习动机及学习策略调查研究	项　毅 郑文伟	南宁市第二十中学	《基础教育外语教学研究》(北京)2012.2	《中学外语教与学》2012.7
“物体颜色”探究性教学设计研究	唐军毅 赵光平	防城港市实验中学 广西师范大学	《物理教师》(苏州)2012.2	《中学物理教与学》2012.5
七年级学生数学学习习惯和方法的调查研究	黄岳俊等	广西钦州学院	《教学与管理》(理论版)(太原)2012.2	《初中数学教与学》2012.6
农村小学语文教师专业发展现状调查与对策	韦　芳	河池学院教师教育学院	《教育与教学研究》(成都)2012.1	《小学语文教与学》2012.5
找位置——初中学生数学思维培养的切入点	马　劲	广西壮族自治区桂林市第一中学	《数学教学研究》(兰州)2011.11	《初中数学教与学》2012.3
巧立“文眼”——试论提高中学生语文阅读能力的方法	刘　娟 张德毅	钦州市浦北县寨圩中学	《中小学教学研究》(沈阳)2011.9	《初中语文教与学》2012.3
高中生几何应用题表征层次的实验研究	刘晓瞳等	广西师范学院	《数学教学研究》(兰州)2011.11	《高中数学教与学》2012.3
情感管理:提升高校辅导员队伍管理实效性的重要手段	赵　君 孙　巍	桂林理工大学	《学校党建与思想教育》(武汉)2011.11(上)	《思想政治教育》2012.3
中学优困生数学问题表征多样性的差异实验研究	姚志华等	广西师范学院	《当代教育论坛》(教学研究)(长沙)2011.9	《高中数学教与学》2012.2
幼儿园营养规范管理和食育、体育的尝试	李琼符 刘长秀等	广西卫生厅幼儿园	《广西教育》(南宁)2011.9(A)	《幼儿教育导读》2012.1
高考化学信息试题的特点及呈现特征的分析研究	吴永明 许燕红	广西师范大学	《教育探索》(哈尔滨)2011.9	《中学化学教与学》2012.1
初中生数学学习迁移能力的调查与分析	王秀冬等	广西师范学院	《数学教学研究》(兰州)2011.8	《初中数学教与学》2012.1
中国近现代高等教育发展的历史惯性	李　强 陈广超	广西师范学院	《湖北社会科学》(武汉)2011.8	《高等教育》2012.1
论教育学术的批判与解放品性——兼论新时期教育学术的根本性问题	王巨光	广西大学	《现代大学教育》(长沙)2011.5	《教育学》2012.1
桂林傩戏现状调查研究	王建涛等	广西师范大学	《乐山师范学院学报》2012.4	《舞台艺术(戏曲、戏剧)》2012.5
中西方戏剧碰撞与交流的美学通融——论欧阳予倩整理、编创桂剧的艺术特征	朱江勇	桂林旅游高等专科学校	《山西师大学报:社会科学版》(临汾)2012.2	《舞台艺术(戏曲、戏剧)》2012.5
盐铁论争与西汉文学“崇文过武”主题的形成——以《盐铁论》为考察中心	龙文玲	广西师范大学	《学术论坛》(南宁)2012.1	《中国古代、近代文学研究》2012.8
真实:“花非花”——一个问题、两部小说、三点启发	李仰智	广西师范学院	《南方文坛》(南宁)2012.2	《中国现代、当代文学研究》2012.8
断裂的边界与现代性的吊诡——台湾1960年代女性叙事再观察	陆卓宁	广西民族大学	《文艺争鸣》(长春)2012.3	《中国现代、当代文学研究》2012.6
论中古乐府歌辞的原生态状况	胡大雷	广西师范大学	《广西师范大学学报》(哲学社会科学版)(南宁)2011.4	《中国古代、近代文学研究》2012.3
从“不皆手著”到“耻一字不出己手”——论汉魏子书的发展过程	尹玉珊	广西师范学院	《广西师范学院学报》(哲学社会科学版)(南宁)2011.4	《中国古代、近代文学研究》2012.3

续表

题　目	作者	作者单位	原载	转载
当代数字媒介场中的文学生产方式变革	单小曦	广西师范大学	《社会科学辑刊》(沈阳)2011.5	《文艺理论》2012.1
中美商业银行跨区域经营及管制制度变迁比较研究	欧阳青东等	广西财经学院	《南方金融》(广州)2012.8	《金融与保险》2012.12
面向东盟的国际物流人才培养模式创新研究	秦小辉	广西民族大学	《中国物流与采购》(北京)2012.17	《物流管理》2012.12
完善中央对地方财政转移支付体系研究	范世祥等	广西财政厅课题组	《经济研究参考》(北京)2012.47	《体制改革》2012.12
朱权农学思想考论	袁名泽	广西玉林师范学院	《农业考古》(南昌)2012.3	《经济史》2012.5
论语精神与审计人员职业道德的有机融合	甘卓霞	广西物资集团有限责任公司	《会计之友》(太原)2012.9(上)	《审计文摘》2012.11
我国城市群发展的差异化战略分析	舒银燕等	广西财经学院	《中央财经大学学报》(北京)2011.8	《区域与城市经济》2012.11
新时期中国城市化质与量协调发展研究	毛蒋兴 郑雄彬	广西师范学院	《规划师》(南宁)2012.7	《区域与城市经济》2012.11
湖南省上市公司现状及对策分析	林沂等	中国工商银行柳州分行	《长沙理工大学学报》(社会科学版)2012.3	《投资与证券》2012.10
面向物流管理的移动Agent应用	邓　洁	广西工商职业技术学院	《物流技术》(装备版)(襄阳)2012.6	《物流管理》2012.10
物联网环境下物流配送一贯化作业管理模式新探	林君暖	广西经济管理干部学院	《南宁职业技术学院学报》(南宁)2012.4	《物流管理》2012.10
浅谈风险管理的"形神合一"——以中国联通风险管理实践为例	杨　军	中国联合网络通信有限公司广西分公司	《财务与会计》(理财版)(北京)2012.7	《财务与会计导刊(实务版)》2012.10
审计在XBRL下的新信息形式要求	庞大莲 高　婕	广西大学	《商业会计》(北京)2012.15	《审计文摘》2012.10
论日本旅游产业演进对旅游公共政策形成的影响	苏振等	广西大学	《商业时代》(北京)012.18	《旅游管理》2012.9
论社会管理创新视角下政府审计人才结构优化——以广西为例	朱　萍	广西财经学院	《会计之友》(太原)2012.7(上)	《审计文摘》2012.9
基于ASP技术的物流平台设计与实现	张丽勇	广西工商职业技术学院	《物流技术》(装备版)(襄阳)2012.5	《物流管理》2012.9
中小五金制造企业实施作业成本法应对成本飙升	党晓峰	贺州学院	《财会月刊》(武汉)2012.5(上)	《财务与会计导刊(实务版)》2012.9
《太上妙法本相经》农学思想考论	袁名泽等	玉林师范学院	《宗教学研究》(成都)2012.1	《经济史》2012.4
审计取证数据接口的功能布局与实现方法	李春友 苏红丹	广西财经学院	《财会月刊》(武汉)2012.13	《审计文摘》2012.7
垂直专业化、层次国际竞争力与中国制造业发展态势	梁运文 张　帅	广西大学	《世界经济研究》(上海)2012.5	《产业经济》2012.8
垂直专业化与研发投入——来自中国高技术产业的经验证据	戴魁早	广西师范大学	《财经研究》(上海)2012.5	《产业经济》2012.8
会计研究范式理论探讨	贺　琛	广西师范大学	《财会通讯》(武汉)2012.7(下)	《财务与会计导刊》(理论版)2012.8
旅游酒店微博管理机制	刘　洁 张　晞	桂林理工大学 广西师范大学	《企业活力》(郑州)2012.3	《旅游管理》2012.7
基于审计视角的地方政府性债务管理探讨	袁　洁 夏　飞	广西财经学院	《财政研究》(北京)2012.2	《审计文摘》2012.6
强化内部控制管理,聚焦企业效益提升	沈　丹 杨　军	中国联合网络通信有限公司广西分公司	《财务与会计》(理财版)(北京)2011.3	《财会与会计导刊》(实务版)2012.6
论政府绩效管理与绩效审计	梁　斌 罗文洁	广西财经学院	《审计与经济研究》(南京)2012.2	《审计文摘》2012.5

续表

题　目	作者	作者单位	原载	转载
银企关系对制造业中小企业商业信用可得性影响研究——基于江苏徐州和广西柳州典型样本的经验证据	杨毅等	广西工学院	《武汉理工大学学报》(社会科学版)(武汉)2011.6	《金融与保险》2012.4
中、日、韩、美与东盟贸易关联效应的实证分析	李　红 方冬莉	广西大学	《当代财经》(南昌)2011.12	《国际贸易研究》2012.4
博弈论视角下审计人员和被审计对象关系	王珊珊	广西财经学院	《会计之友》(太原)2012.1(上)	《审计文摘》2012.4
需求驱动下的经济增长及增长中的价格水平波动——基于投资与消费本质属性分析框架的阐释	纪　明	广西师范学院	《经济与管理研究》(北京)2012.1	《国民经济管理》2012.4
制度变迁视角下的中国—东盟国际会计趋同	梁淑红 翟羽佳	广西大学 广西建工集团有限责任公司	《广西大学学报》(哲学社科版)(南宁)2011.6	《财务与会计导刊(理论版)》2012.3
经济学视域下的公共政策分析:批判与反思	丁晓安	广西财经学院	《经济评论》(武汉)2011.6	《理论经济学》2012.3
中泰租赁会计准则比较探讨	池昭梅 庞　锋	广西财经学院	《商业会计》(北京)2011.30	《财务与会计导刊》(实务版)2012.2
AutoCAD 在工程造价审计工作中的灵活运用	潘羽珩	梧州市审计局	《审计月刊》(武汉)2011.11	《审计文摘》2012.1
政府重大投资项目审计体制创新的思考	黄必贵	广西壮族自治区审计厅	《审计月刊》(武汉)2011.11	《审计文摘》2012.1
基于系统观视角的团队边界工作研究评介	韦慧民	广西大学	《商业研究》(哈尔滨)2011.11	《企业管理研究》2012.2
对我国金融控股公司监管模式的思考	詹浩勇等	广西工学院	《海南金融》(海口)2011.9	《金融与保险》2012.1
后危机时期国际货币体系改革与人民币国际化战略调整	黄绥彪	广西大学	《学术论坛》(南宁)2011.9	《金融与保险》2012.1
第三方物流开展仓单质押业务的风险及防范	东　方	广西民族大学	《广西民族大学学报》(哲学社会科学版)(南宁)2011.5	《物流管理》2012.1
明代中期广西"狼兵"、"狼人"的历史考察	唐晓涛	广西民族大学	《民族研究》(北京)2012.3	《明清史》2012.7
论太平天国的正邪观	宾长初	广西师范大学	《广西师范大学学报》(哲学社会科学版(桂林)2011.6	《中国近代史 2012.5
传统中国秘密社会的"核心集团"与"核心区"——以白莲教"襄阳教团"的形成为中心	江田祥等	广西师范大学	《厦门大学学报》(哲学社会科学版)(厦门)2011.6	明清史 2012.3
日本怎样看待和介入"对岸之火"	张爱华等	广西师范学院	《江海学刊》(南京)2011.6	《中国近代史》2012.2
文化大发展背景下"文化产业"学科体系的建构	李志雄	广西师范学院	《现代传播(中国传媒大学学报)》(北京)2012.5	《文化创意产业》2012.5
马来西亚泛在图书馆的理念与实践及对我国的启示	欧阳剑	广西民族大学		《情报资料工作》2012.5
挑战与创新:重新审视云图书馆构建的技术走向	张兴旺等	桂林理工大学	《情报资料工作》(北京)2012.4	《图书馆学情报学》2012.10
民国怀旧老课本　经典重温再思考	沈伟东等	广西师范大学	《编辑之友》(太原)2012.6	《出版业》2012.9
中华民族艺术本体及其文化内涵——广西凌云泗城壮族巫调之文化解说	陆建业	广西艺术学院	《艺术百家》(南京)2012.3	《文化研究》2012.8
挑战与创新:重新审视云图书馆构建的技术走向	张兴旺等	桂林理工大学		《情报资料工作》2012.4
科学思想、科研水平与社会实践——略谈高校学报编辑的学术素养	吴庆丰 谢文海	玉林师范学院	《玉林师范学院学报》(玉林)2012.1	《出版业》2012.7
电子文件证据立法研究	陈　勇	广西民族大学	《档案》(兰州)2011.6	《档案学》2012.2
论数据挖掘技术在电子文件管理中应用的必要性与可行性	黄世喆 吴　震	广西民族大学	《档案与建设》(南京)2011.11	《档案学》2012.2

科研机构

自治区直属科研机构

【广西社会科学院】 自治区党委、自治区人民政府直接领导的综合性社会科学研究机构。内设机构17个，其中研究机构10个，分别为工业经济研究所、农村发展研究所、区域发展研究所、数量经济研究所、哲学研究所、民族研究所、东南亚研究所、文化研究所、社会学研究所、台湾研究中心。科研辅助机构2个，分别为信息中心和院刊编辑部。行政后勤管理部门5个，分别为办公室、人事处、科研处、党群处、后勤管理处。二层机构1个，即当代广西研究所。2012年末在职人员133人，其中科研人员87人(具有高级专业技术职务资格63人，中级23人)。有国家级突出贡献专家4人(含离退休人员，下同)，享受政府特殊津贴专家19人，广西优秀专家9人，广西有突出贡献科技人员6人，入选广西十百千人才工程第二层次人选6人。设有自治区"八桂学者"(泛北部湾合作与发展研究)岗位1个，现聘专家吕余生为自治区"特聘专家"(北部湾经济区开放开发研究)，现聘专家杨亚非。院长吕余生。

科研工作与成果　继续发挥作为自治区党委、政府重要的参谋和智囊团的作用。科研人员林忠伟撰写的调研报告《大石山区致富带头人奇缺问题对策与建议》、《当好贫困村党组织第一书记的对策建议》、《做大做强贫困村百香果产业的对策建议》获得自治区党委书记郭声琨、副书记危朝安等领导的批示，谭三桃撰写的《广西基层少数民族妇女政治参与现状调查及对策建议》获得自治区党委副书记危朝安的批示，杨亚非、黄小青撰写的《广西南珠产业可持续发展报告》获得自治区党委书记郭声琨、副主席陈章良的批示，与自治区人力资源和社会保障厅联合报送的《关于报送我区城镇化进程中新生代农民工问题调研情况的报告》获得自治区党委副书记危朝安、常务副主席黄道伟的批示，其中有的被批转自治区相关职能部门落实。年内，有两人获聘为自治区政府参事，3人获聘为自治区文史研究馆馆员。全年共承担国家社会科学基金西部项目3项，自治区党委、政府部门及本院委托课题9项，院内招标重点课题立项30项(中老年课题、青年课题各15项)，均完成结题、验收、评审等工作。出版广西蓝皮书《经济形势分析与预测》、《社会发展报告》、《文化发展报告》、《西江经济带发展报告》、《县域竞争力报告》、《农村发展报告》等6种及《广西北部湾经济区开放开发报告》和《泛北部湾合作发展报告》专题报告。出版科研成果4300万字，其中著作45部440万字，研究报告175篇540万字，论文218篇130万字，编辑出版科研成果40篇3194万字。编辑出版《学术论坛》、《经济与社会发展》、《东南亚纵横》、《沿海企业与科技》各12期，共700万余字；编发《中国—东盟简讯》12期；《社会科学与决策》、《读书·调查·思考》12期。年内，获广西第十二次社会科学优秀成果奖25项，其中一等奖2项、二等奖6项、三等奖17项。

学术交流平台建设　全年主办、承办或联合主办、承办的学术活动10多次，其中规模较大、层次较高、影响广泛的主要有首届中国沿边地区发展高层论坛、第七届两岸产业共同市场论坛、第七届泛北论坛、泛北部湾智库峰会、第五届中国—东盟智库战略对话论坛等。年内组织学术团队出访30多批(次)100多人(次)，接待到访国内外专家230多人(次)。

【广西地方志编纂委员会办公室】 广西地方志编纂委员会的常设办事机构，自治区人民政府直属正厅级事业单位。主要职责：负责向自治区人民政府提出三级地方志编纂规划的建议，负责组织、指导、督查自治区编修地方志、年鉴工作，审查验收三级地方志书、出版年鉴等。广西从事地方志(含年鉴、古籍整理，下同)学科研究的专门机构，与广西地方志协会合办学术期刊《广西地方志》，共同举办学术研讨会、组织地方志编纂与培训、科研、学术交流活动等。内设机构有：秘书处、通志工作处、市县志工作处、地情信息处(广西地情信息中心)、古籍整理处、年鉴处(广西年鉴社)。有直接从事地方志科研工作的专业技术人员32人(包括退休仍从事方志学研究者4人),其中具有高级专业技术职务资格14人,中级13人;在职人员中享受国务院特贴专家1人。主任李秋洪。

志书、年鉴、地情书编纂 (1)《广西通志》及相关地情书编纂出版工作取得新成绩。一是继续对尚未完成任务的《广西通志》60多个专志的组稿联系和检查指导,实现修志重心前移。年内审议《中共地方组织志》、《粮食志》、《审判志》、《价格志》等4部专志篇目;提前审读不同阶段的专志初稿10余部共600万字。二是评议志稿4部,即《地方税务志》、《金融志》、《照片志》、《外事志》,共500多万字。三是引进专家委员会审查验收机制,采用票决制审查验收《检察志》、《林业志》、《扶贫志》、《国家税务志》等4部专志送审稿。四是成书出版《电力工业志》(2012年5月版)和《工会志》(2012年10月版)、《检察志》(2012年12月版)。五是启动《广西通志(1979~2005)》6卷本、《广西通志·方志志》编纂工作。六是《广西通志·照片志》完成总纂并进入后期制作和出版;完成《广西高等院校志》组稿。(2)市、县、城区志及相关地情书编纂工作有新进展。一是评议和审查验收县(区)志11部。二是广西二轮市县(区)志编纂质量保证体系进一步完善,评审稿质量进一步提高,年内,在县(区)志审查验收工作中引进了专家委员会审查验收志书的机制。三是推进《广西高中志》组稿工作。(3)推进《广西年鉴》编纂工作。《广西年鉴·2012》编纂工作有序进行,年鉴新书及电子版年底付印。《广西年鉴·2012》在框架和内容的完善上进行创新,增加英文目录,增收自治区第十次党代会报告,改造数字广西考量指标,完善科学、社会生活大篇中相关分目概况的内容。年内,建立年鉴编纂评审工作平台。

地情资料工作 (1)加强图书建设与管理。年内,方志馆对馆藏图书进行全面排查,对缺藏的图书特别是全国三级志书进行重点采购,采购全国三级地方志书和其他地情书2300多册;完成了与各省、自治区的第一轮三级志书交换。检查原图书编目数据库中的图书数据,对原分类不规范的图书进行标签修改,对原有数据内容进行修改补充。另外,开放图书阅览,通过广西地情网,为社会各界提供地情资料服务。(2)加强网站和网络平台建设与管理。一是加强广西地情网建设与管理。加强节假日网站监管,确保网站安全和正常运行。二是推进地情资料数字化。加工上传广西地情网地情数据库志书及其他地情书25本(册),年内,第一轮三级志书全部数字化并上传网站。三是采集、发布地情信息、志鉴动态、新闻摘要等700多条;做好重大会议、活动的视频摄制采集,拍摄视频资料350多分钟,剪辑制作视频报道并上传广西地情网18篇;收集已出版的广西第二轮三级志书电子版10册。四是加快广西地方志系统网站群建设。继续实施方志文化惠民工程,建设县级子网站10个。(3)加强地情数据库建设。启动地情数据库建设,收集并初步整理方志文献、地情史料电子版、图(照)片、视频、音频等数据1000多G,为保存历史资料,为地情网建设和社会各界服务提供基础数据。(4)加强地情资源开发与利用。一是做好广西地情影像志摄制的协调及联络工作。完成《广西节庆志》取景,进入后期制作阶段;通过招标,由南宁三文影视文化转播有限公司摄制《广西名胜志》。二是完成编写《广西地方志大事记》,于12月出版。三是组织创作反映广西第一轮修志成果和广西方志人的报告文学《志在广西》,并将它改编为电视纪录片。

古籍整理 年内,继续明《(万历)广西通志》的校补校对工作;继续整理影印清《(嘉庆)广西通志》;继续整理影印广西古籍丛书府州县志系列。年初,影印出版清《(康熙)思明府志》。年内,对《(光绪)郁林州志》等旧志的存藏和版本情况进行了调查、摸底、鉴定。全书已拍摄完毕,正在修版。与日本尊经阁文库协商复制明《(崇祯)梧州府志》。

业务培训与交流 年内,举办广西地方志编纂培训班4期,包括《广西通志》业务培训班、广西市县志评审稿专题研讨班、广西地方志系统古籍整理暨网群建设培训班、年鉴组稿会及业务培训班。共培训修志人员300多人。接待山东、四川、新疆、浙江、安徽、贵州、北京、广州、深圳、黑龙江等省、区、市修志考察团10多批,共80多人(次)。组织单位工作人员分3批分别到云南、四川、青海、湖北等省进行对口交流,学习修志编鉴、地情网站建设和古籍整理等方面的先进经验。

调整广西第二轮三级地方志书编纂计划 为确保广西第二轮三级地方志书编纂任务如期完成,根据《地方志工作条例》的有关规定关于依法统一修志时限和志书上下限的要求,借鉴先进省市的工作经验,结合广西实际以及各地实施经济社会发展五年规划的情况,调整广西第二轮三级地方志书编纂计划。8月,以书面形式报自治区人民政府同意,自治区人民政府办公厅转发了《自治区地方志编纂委员会关于调整广西第二轮三级地方志书编纂计划意见》(桂政办发〔2012〕209号)。《广西通志》由原计划85部调整为74部,另外编纂《广西通志(1979~2005)》(六卷本),12月启动,计划2013年秋完成初稿。

5月30日，2012年桂林·广西地方志理论研讨会在桂林举行。

（广西地方志协会供稿）

地方志工作督查　为贯彻落实《地方志工作条例》、《广西壮族自治区实施〈地方志工作条例〉办法》及《广西壮族自治区人民政府办公厅转发自治区地方志编纂委员会关于调整广西第二轮三级地方志书编纂计划意见的通知》（桂政办发〔2012〕209号）精神，扎实推进《广西通志(1979~2005)》6卷本编纂工作，深入检查广西第二轮修志工作进展情况，进一步查找工作中存在的不足和问题，研究对策和措施，以加快推动广西地方志工作发展。按照自治区人民政府分管领导指示，分别于11月13日和15日以召集27个自治区直专志编辑室、14个设区市方志办负责人进行座谈的方式进行调研、督查。通过调研、督查，掌握情况，为下一步工作的顺利开展指明方向。

协助自治区人民政府召开广西地方志工作电视电话会议　为总结广西二轮修志以来广西地方志工作，部署2013和今后一个时期广西地方志工作任务，12月4日，组织召开广西地方志工作电视电话会议，2000余人与会，自治区副主席李康讲话。

举办广西省级地方志机构成立80周年纪念活动　出版发行《志在广西》、《广西地方志大事记》书籍和音像光盘，并在南宁市召开纪念会。

【中共广西壮族自治区委员会党史研究室】　隶属中共广西壮族自治区委员会。设秘书处、科研宣传处、宣传教育处、征研一处、征研二处、征研三处6个内设机构和机关党委。2012年末在职人员33人（具有高级专业技术职务资格8人，中级9人）。主任陈平。

工作会议　3月16日，在南宁召开“广西党史研究室主任工作会议”，贯彻传达学习贯彻中央和自治区党委对党史工作的指示以及全国党史研究室主任会议精神，总结2011年党史工作，对2012年党史工作作出部署。

科研工作与成果　年内，完成《中国共产党广西历史》（第二卷）第九次修改稿，吸收自治区直单位、各市委、社科专家、自治区老领导等意见共300多条，5万多字，并于年底形成送审稿并上报自治区党委审定。制定《中国共产党广西历史》第三卷编撰规划方案并报自治区党委。同时，组织编撰人员就《中国共产党广西历史》第三卷的编纂工作开展相应的资料征集和专题研究工作，对改革开放时期的“对越自卫反击战”、“文化建设”、“民族工作”、“思想解放”、“民族区域自治的完善”、“乡镇企业的发展”、“党的廉政建设”、“对外开放”等专题研究。完成收集专题等相关资料6万多字。完成中央党史研究室及自治区党委交办的关于党史资政以及党史宣传教育的专题文章。撰写资政报告《关于充分利用党史教育基地（革命遗址）加强党员干部党性教育的建议》上报自治区党委，获自治区党委书记彭清华批示。参与撰写《不断推进民族团结进步事业——关于建设民族团结进步模范区的思考》，该报告以自治区党委学习中心组名义在《人民日报》发表。完成《广西构建民族文化强区战略的研究报告》、《忠实践行广西精神的党史人物》、《广西革命遗址通览》等一批专题研究成果；推进《范长江在桂林》、《胡耀邦在广西》、《回忆人生》（自治区党委原书记赵富林同志回忆录，暂定名）的资料编撰工作；完成《模范广西》、《中国共产党民族工作的伟大实践·广西卷》初稿编撰工作；继续与自治区党委办公厅联合编撰《广西·中共广西地方组织志》；征编、印发《中共广西历史大事记》12期；在国家级、省级核心期刊发表《转型时期农村党组织的功能转换困境及对策》、《广西构建民族文化强区的历史考察及当代启示》、《中国共产党与新时期广西文化发展》、《党的民族团结政策在广西的光辉实践的典范意义》、《广西建设民族团结进步模范区的历史文化基础和实现途径》、《广西民族干部政策在广西成功实践和经验》、《邓小平民族理论的国家认同与整合新模式》、《党史文化的意识形态整合功能》、《十六大以来广西对外开放的实践与经验》、《大浪淘沙各千秋》、《邓小平与百色龙州起义》等党史学术论文。编辑出版的全国抗损A系列丛书《广西抗战时期人口伤亡和财产损失》获广西第十二次社会科学优秀成果奖著作类三等奖；2篇文章入选中央党史研究室举办的“党史文化论坛”征文活动；1篇论文参加“建设文化强区促进广西经济社会科学发展理论研讨会”并获一等奖；向中央党史研究室推荐著作类3部、论文类5篇，影视音像制品1种参加“全国党史部门优秀党史科研成果评选活动”。

党史纪念教育活动　完成电视文献纪录片《民族

和谐之路》的拍摄及邀请领导和专家审片等后期工作;与中组部党建读物出版社、中国人民革命军事博物馆、自治区党委组织部、自治区党委宣传部联合主办,广西交通投资集团承办的《万水千山——走进长征路》大型摄影展南宁巡展工作;与自治区旅游局共同签发《关于组织编纂中国红色旅游系列丛书广西卷的通知》;做好党的十八大召开前的党史宣传工作和十八大召开后的学习贯彻工作。11月2日,自治区党委宣传部、自治区高校工委在广西民族大学举行《旗帜——中国共产党在广西历史知识读本》首发式,自治区党委常委、宣传部部长沈北海出席并讲话.《广西日报》、广西卫视等作报道;研究人员在广西电视台《广西历史文化大讲堂》主讲《广西壮族自治区成立始末》、《邓小平在广西》等10个党史专题节目。

党史业务培训　组织人员参加中央党校、延安、井冈山和浦东干部学院的党史干部培训班。选派2人参加自治区直机关处科级党员干部进修班。10月14~19日,在自治区党校举办广西党史干部培训班,培训广西市县级党史部门的科级干部59人。选送15名干部参加广西区内外的培训。

年内,自治区、14个设区市和89个县(市、区)党委均常设党史研究(办公)室。14个设区市所辖县党史研究室独立常设机构58个,与地方志办公室合署28个,与档案局(馆)合署3个。年内,《传承》开辟"学习宣传贯彻党的十八大征文活动"和"富民强桂,建设'五区'"等专题,共出版24期,发行63600份。

自治区各部门科研机构

【广西社会科学院信息中心】 内设图书馆、网络部、信息研究开发部。2012年末在编人员9人(其中具有高级专业技术职务资格4人)。主任林智荣。

年内,在文献信息服务方面,共采编书刊2000多册,完成清华同方《中国期刊全文数据库》、万方《学位论文数据库》、中国人民大学《复印报刊资料》全文数据库、社会科学文献出版社皮书数据库、读秀(图书)知识库、百链云图书馆、2012年度报刊的订阅及服务工作。编辑出版内刊《广西社会科学院院讯》、《中国—东盟简讯》各24期。在网络服务方面,积极为各部门提供计算机软硬件技术服务,及时处理各类网络及电脑故障;按时对院内外网站进行信息更新,配合院有关部门做好各项信息发布及信息化工作。在科研方面,积极开展文献信息研究工作,为《广西年鉴·2012》编写文摘及大事记,为《广西社会科学年鉴·2012》撰写学科综述。主持完成广西社会科学院重点课题3项:《建立珠江流域生态补偿机制　促进桂粤港澳共同发展研究》、《广西北部湾经济区金融创新体系建设》、《中国与东盟国家的边境口岸经济与合作研究》,广西社会科学院委托课题2项:《地方社会科学院信息化建设的路径与策略研究》、《进一步推进新农保工作存在的问题及对策研究》。参与编著出版《泛北部湾合作发展报告·2012》(社会科学文献出版社,2012年8月出版)。

【广西社会科学院东南亚研究所】 广西研究越南、柬埔寨、老挝以及其他东盟国家政治经济文化等方面的专业研究机构,是广西东盟人才小高地战略人才研究基地。2012年末有研究人员14人(其中具有高级专业技术职务资格9人,中级5人),4名在读博士生。所长古小松。

4月11日,与崇左市政府联合举办第二届崇左市与东盟合作论坛,负责组织东盟参会嘉宾。8月1日,举办《越南国情报告·2012》出版新闻发布会暨上半年越南经济形势发展研讨会,广西区内研究东南亚问题的研究机构和教学部门的专家学者,实际工作部门有关领导,企业家参加《广西日报》、广西电视台、广西电台、北部湾电台对会议作宣传报道。9月17~18日,参与组织策划第五届"中国—东盟智库战略对话论坛"。年内,在国内学术交流方面,分别参加由中国社会科学院、北京大学、中国国际问题研究所、暨南大学、云南大学、广西民族大学等举办的研讨会,接待来自越南、老挝、柬埔寨、泰国、新加坡、马来西亚、菲律宾等国家的学术代表团,赴台湾郑成功大学、老挝社会科学院和柬埔寨皇家科学院进行交流。

年内,承担国家课题研究项目西南边疆项目3项,参与研究1项,承担国家社科基金课题2项,完成广西社会科学院院级重点课题5项,其他课题10项。科研人员出版著作《越南国情报告·2012》、《中国—东盟年鉴·2012》等。发表论文20多篇,其中在《广西日报》发表文章6篇,在《环球时报》发表文章7篇。出版《东南亚纵横》(CSSCI扩展版)12期,总字数1980千字,刊发论文167篇,其中被中国人民大学《复印报刊资料》全文转载2篇,索引164篇。

【广西社会科学院工业经济研究所】 内设企业管理研究咨询中心、工业规划发展研究中心。主要研究区域宏观经济与发展;研究和制定工业发展、工业化战略及对策措施;研究及编制区域性工业发展规划;进行关于产业经济理论与实践、工业产业科学合理布局、工业企业(项目)选点研究;企业改革与发展战略;企业管理、企业文化建设、劳动力资源开发与管理等问题研究和咨询服务;市场开拓与产品营销研究和咨询服务;为各级党委、政府进行有关工业发展和推进工业化决策提供依据、意见和建议,等等。主要职能涉及区域性宏观经济改革与发展、工业经济、工业企业改革与发展、推进工业化等领域,重要职责是为广西探索一条实现工业经济又好又快发展、加快推进新型工业化的可行路子。2012 年末有研究人员 7 人,其中具有高级专业技术职务资格 3 人;享受国务院政府津贴 1 人,广西优秀专家 1 人。常务副所长吕永权。

年内,科研人员主持或参加完成课题研究 13 项,研究报告 13 项,发表论文 16 篇,累计完成各类科研成果 90 余万字。主要成果有:研究报告《广西资源型工业发展研究》、《现代化新河池发展战略研究》、《2011 年我区物价调控政策和措施的效果评估及调整建议》、《加快构建广西现代产体系》、《我国沿海地区与北部湾经济区开放开发比较分析与对策研究》、《广西工业转型升级研究》、《光伏产业背景调查报告》、《中国社科院南宁东盟研究中心项目建议书》、《容县异型胶合板行业研究报告》、《武汉城市圈海吉星农产品集散中心项目策划方案》、《田东县关爱留守儿童实施方案》、《加强新社会组织从业人员统战工作的思路和建议》、《南宁—北海经济走廊发展战略研究》,等等。论文《人的发展经济学研究对象及其内容》、《毛泽东经济发展战略研究》、《试论毛泽东的文化大战略思想》、《印光、史怀哲和章太炎对〈感应篇〉的误读及其价值》等 4 篇在全国中文核心期刊发表,《努力促进城乡居民收入持续增长》、《建设西部经济强区的战略思考》、《借“三缘”优势撬动文化产业国际合作》、《更加注重科技创新》、《加快现代物流合作　增强国际合作枢纽作用》等 6 篇文章在《广西日报》发表,《有文化复兴的前提与可能吗?》、《退市制度、暴跌与创业板前景》等 6 篇文章在《证券时报》上发表。年内,编著《加快推进广西工业化战略新思路》获广西第十二次社会科学优秀成果奖著作类一等奖。

【广西社会科学院数量经济研究所】 重点研究数量经济学理论与应用的处级科研单位。研究范围涵盖宏观经济、区域经济、产业经济、行业经济等及相关的社会科学领域。主要任务是根据改革开放和现代化建设的需要,对广西经济社会发展中的重大现实问题进行综合分析、预测和对策研究,为自治区党政部门提供决策科学依据和咨询服务。2012 年末有科研人员 6 人,其中具有高级专业技术职务资格的 4 人,中级职称 1 人。所长陈洁莲。

年内,主持或参加合作研究课题 23 项,其中主持 15 项。承担研究课题主要有:《广西事业单位编制总量控制研究(一期)》、《广西 2012~2013 年经济发展分析与预测》、《北部湾国家海洋经济试验区建设构想》、《构想适应“M”型区域经济合作需要的外向型人才开发与管理战略研究》、《南宁市建设内陆开放型经济战略高地》、《我国沿海地区与北部湾经济区开放开发比较分析及对策研究》、《广西“十二五”时期重点行业人才需求分析报告》、《新兴城市(来宾)战略性新兴产业发展试验区建设问题研究》、《防城港冠亚再生资源加工利用及电子交易中心项目建议书》等。此外,承办的“2012 年广西经济形势研讨会”于 10 月 15 日召开。编辑出版《广西经济形势分析与预测 ·2013》蓝皮书,集结了学术界和政府各界对经济运行走势的分析意见。获得奖项的主要有:《广西高层次科技创新人才队伍与政策环境对策研究》、《全面建设小康社会进程:广西与全国比较及分析》、《美国田纳西河流域开发及广西西江流域发展新思路》分别获广西第十二次社会科学优秀成果奖一、二、三等奖;《广西“十一五”规划实施评估、“十二五”规划纲要目标和指标体系研究》获自治区人民政府决策咨询成果奖二等奖;《广西经济形势分析与预测 ·2012》蓝皮书获广西社科院蓝皮书评奖一等奖;《危机中的生机,困境中的希望:广西南珠产业可持续发展调研报告》获自治区党委书记郭声琨批示。年内,科研人员发表学术论文 12 篇。

年内,科研人员多次应邀参加国际学术交流活动,陈洁莲赴加拿大著名学府英属哥伦比亚大学任访问学者;姚华和黄小青分别参加广西高层次紧缺人才赴国外中期培训见习项目的现代物流专题和美国在自贸区建设中取得的经验专题,并借助出国进修的机会,与新加坡、美国等国学者开展统计学、区域经济学领域的学术交流。

【广西社会科学院农村发展研究所】 广西专门从事农村发展问题的学术机构。主要任务是以马克思主义理论为指导,吸收和借鉴国内外各种科学的研究方法和理论成果,探索农村经济和社会发展的规律。立足于广西农村经济社会发展的实际开展科研工作,着重从战略思维的视角对广西农村发展的热点难点问题进行研究,注重跨学科的重要理论和现实问题的探索,承担各级党委、政府,企事业单位委托的各种调查、研究课题,为其决策提供参考。并对外承担举办专题学术会议和学术讲座的任务。主要研究方向:农村经济形势分析与预测;农村公共政策问题;农村经济组织与制度;农村产业发展与现代农业;农村人力资源问题;城乡关系与城乡统筹；生态、环境和资源与可持续发展；农业和农村发展规划、农村贫困问题和发展策略；广西与东盟农业合作；桂台农业合作和边境问题等。同时，广西社会科学院可持续发展战略研究中心设在该所。2012年末有科研人员7人（其中研究员3人、副研究员2人、助理研究员1人）。所长杨亚非。

学术活动 5月23日，在农业部农业贸易促进中心、广西农业厅举办的全国农业系统"农产品国际贸易经理及管理人员培训班"作"中国—东盟自由贸易区框架下的农产品贸易"学术讲座。5月29日，在"广西农垦管区场级领导干部'现代农业经济专题培训班'"作"广西农业经济改革和发展战略"的学术讲座。8月22日，在自治区政府会议楼举办"《2012年广西蓝皮书·广西农村发展报告》新闻发布会暨广西农村发展形势研讨会"。12月27日，在南宁举办"学习党的十八大精神与加快广西农村发展与改革研讨会"。参加第五届"中国—东盟智库战略对话论坛"、"中国社科农经协作网络大会"等。

科研成果 年内，杨亚非主持完成广西社会科学院重点课题《美国战略东移对中国与东南亚关系的影响及对策研究》、自治区党委统战部课题《加强新社会组织从业人员统战工作的思路和建议》、自治区社科规划课题《广西农户生产经营行为的分化与差异性问题研究》、自治区人力资源与社会保障厅重大政策研究课题《广西城镇化进程中新生代农民工问题调研报告》和《广西农村劳动力转移就业问题研究》、防城港市政府专项课题《防城港市边境地区发展"十二五"规划》、《防城港市社会事业发展"十二五"规划》、《防城港市服务业发展"十二五"规划》、《防城港市节能减排"十二五"规划》、广西社会科学院委托课题《广西推进农业"接二连三"的对策研究》、《构建广西农产品现代流通模式问题研究》等课题；袁珈玲主持并完成国家社科基金西南项目《中越北部湾海域划界后广西渔民生存发展与社会稳定问题研究》、《青秀区都市型现代农业发展战略研究》等课题；翁乾麟主持完成自治区民委委托的《广西回族的特殊需求的现状与问题研究》、《伊斯兰教界在建设广西民族团结进步模范省区中的作用——广西伊斯兰教的现状及组织机构调查》。另外，其他科研人员还参与另外7项课题的研究工作。还组织完成《广西农村发展报告·2012》编纂出版。发表《提高农民就业能力是破解我国"三农"问题主要切入点的理论思考》、《农地整理与流转推进农业适度规模经营的路径选择》、《广西与台湾经贸合作的驱动因素与战略目标及产业模式选择》、《北部湾经济区推进"走出去"战略的效应分析与路径选择——基于中国与东盟经贸合作的视角》、《北部湾经济区推进中国与东盟加强防灾减灾国际合作的战略选择》、《把农业科技摆上更加突出位置》和《广西粮食综合生产能力影响因素及其对》等22篇论文。

9月，杨亚非被自治区人民政府聘为政府参事。年内，有1人作为2012年度广西财政资助的出国留学人员，在美国宾西法尼亚州立大学农业经济与农村社会学系进行为期12个月的访学。

【广西社会科学院文史研究所】 文学、历史学和民族文化研究机构。内设文学所、企业文化研究中心、《沿海企业与科技》杂志社3个机构。重点研究中国文学、广西地域文化和民族文化、企业文化和抗战文化的理论与实际问题。以李建平为学术带头人的中国文学研究是该所的基础研究重点方向。2012年末有科研人员8人（其中具有高级专业技术职务资格7人）；享受国务院特殊津贴专家1人，广西优秀专家1人。所长李建平。

7月13日，在南宁举办"《2011年广西蓝皮书·广西文化发展报告》出版座谈会"，23人参加。李建平就《2012年广西蓝皮书·广西文化发展报告》的编撰情况作介绍，广西社会科学院院长吕余生就编好《广西蓝皮书·广西文化发展报告》发表意见。与会专家就广西文化发展现状和进一步编好《广西蓝皮书·广西文化发展报告》进行研讨。

年内，完成的主要课题有：2009年度国家社科基金艺术学项目《桂林抗战艺术史》、广西社科规划项目《广西审美文化与文艺发展研究》、2012年广西社会科学院重点课题《民族文化强区建设实施路径研究》、《广西文化产业新业态新增长点研究》。编辑出版《2012年广西蓝皮书·广西文化发展报告》，与广西抗战文化研究会合作主编《抗战文化研究》第6辑，两书共870千字。科研人员发表论文25篇，共110千字。出版《沿海企业与科技》杂志12期。

【广西社会科学院壮学研究中心】 内设有《壮学丛书》办公室，负责《壮学丛书》项目日常事务，同时设民族经济研究所、民族旅游研究所。以研究壮学、少数民族经济与文化、跨国族群为主，侧重研究壮族和其他少数民族经济与文化、中国—东南亚壮泰族群为主；民族经济所侧重于民族区域发展研究、社会经济调查、项目移民、减贫和社会评价等；民族旅游所侧重于研究民族文化与旅游开发、旅游规划、大型文化活动的策划。2012年末在职人员7人，科研人员6人（其中具有高级专业技术职务资格4人）。主任赵明龙。

科研活动 2月29日，在南宁承办"2012广西文博产业发展论坛"，100名专家学者、文博产业经营者参

加，并围绕民族传统文化与民族文化强区建设、文化博览业运营管理与文化产品创意开发、古玩书画艺术品文化产业发展与前瞻 3 个主题进行讨论。3 月，潘文献赴陆川县开展陆川水库移民后期扶持政策的评估调查工作。4 月，莫小莎研究员带领《凌云县“十二五”扶贫规划》课题组对凌云进行实地调研。5 月，赵明龙研究员参与《中老壮佬民族生活方式比较研究》课题组赴老挝万象、万荣、占巴色、波里坎赛等省开展佬族田野调查。5 月、6 月，杨昌雄副研究员赴桂林、金秀、三江、南丹等地开展实地调研。7 月，赵明龙参加在台湾高雄举办的桂台沿海产业合作研讨会。9 月，赵明龙等参加中国—东盟智库战略对话论坛。11 月中下旬，赵明龙带领研究人员陈红升、覃娟、张健、潘文献以及老专家李甫春从广西友谊关到达越南河内，先后考察岘港、会安、美山、芽庄、胡志明市、金边、暹粒、曼谷、普吉、马六甲、吉隆坡及新加坡，完成“南宁—新加坡旅游走廊”课题的实地调研工作。12 月，赵明龙赴贵州、云南矿区库区开展国家社科基金项目田野调查。

科研成果　年内，新立项各类课题 12 项。其中，广西社会科学院重点课题 3 项，分别是赵明龙的《传统优秀民族文化元素在广西城市建设中的应用》，覃娟的《广西新十年连片扶贫开发问题研究》和张健的《经济全球化背景下广西民族文化保护与传承研究》。莫小莎承担的国家西南边疆课题《广西中越国际河流开发、保护、利用问题研究》完成结题，赵明龙等 4 名研究人员参与的《中越壮岱族群文化比较研究》完成初稿，赵明龙协助主持的中老合作课题《中老壮佬民族生活方式比较研究》正式启动，自治区政协委托课题《壮族百年实录》由研究人员负责的经济、文化部分全部完稿，完成由自治区民委委托的《广西实施国家“十二五”少数民族事业规划实施意见》（代拟稿）。

年内，科研人员编辑出版《广西民族发展报告》1 部，300 千字。完成调研报告 12 项，260 千多字；发表论文 25 篇，247 千多字。完成待发表的论文、调研报告等 21 篇（项）。获广西第十二次社会科学优秀成果奖三等奖 2 项，即赵明龙等合著的《中国南方少数民族的变迁》，覃娟等人合作的研究报告《广西与全国其他自治区实施民族区域自治政策比较研究》。

【广西社会科学院社会学研究所】　广西社会科学院二层机构。主要研究社会舆论、社会管理、青年社会学、青少年犯罪学、城乡社会学、婚姻家庭社会学、社会心理学、民族社会学和发展社会学等。2012 年末有科研人员 7 人，其中研究员 2 人、副研究员 3 人、助理研究员 2 人。副所长周可达（主持工作）。

年内，承担的国家课题 5 项（《农民工融入城市问题研究》、《广西少数民族妇女政治参与报告》、《网络监督及其规范研究》、《经济发展方式转变背景下的广西社会热点与公众社会心态研究》、《滇黔桂石漠化区生态移民的社会融入问题研究》）。完成国家社科基金课题 1 项（《改革开放以来少数民族妇女参与政治与决策的实证研究》）。承担广西社科规划课题：《农民工与广西基本公共服务均等化研究》及自治区软科学课题《广西重点工业产业科技需求分析及战略研究》、《科技支撑广西现代服务业发展》、《广西重点工业产业科技需求分析及战略研究》等。

年内，派员参加“2012 年世界艾滋病防治网络年会”、“亚太地区医疗卫生人才论坛”等学术交流活动。科研人员出版专著 1 部，完成研究报告 17 篇、发表论文 5 篇。

【广西社会科学院台湾研究中心】　内设政治研究室、经济研究室、综合研究室等附属机构。主要研究方向是对台湾政治、经济形势和台湾与东南亚及台湾诸方面的问题进行深入研究和跟踪，对广西与台湾在经济、文化、科教等诸方面开展交流合作问题进行深入探讨，开展对台湾问题的区域比较研究，即广西与台湾问题的比较研究、海峡两岸诸问题的比较研究等。2012 年末有科研人员 10 多人（其中具有高级专业技术职务资格 8 人）。主任古小松。

年内，组织参与由自治区政府主办的“两岸产业高峰会议——2012 年桂台经贸文化合作论坛系列活动”，包括组织完成为自治区领导草拟、审议 4 篇讲话稿的筹备工作，参与论坛主议题的设计和两岸产业共同市场研讨会的策划和筹备工作，参与组织广西社会科学院首次单独组团赴台湾交流活动，与台湾两岸共同市场基金会、台湾大学、中华经济研究院等研究机构进行座谈，并编辑《两岸产业高峰会议——2012 年桂台经贸文化合作论坛暨第七届两岸产业共同市场研讨会文集》。

年内，主持完成广西社会科学院重点课题《桂台合作的绩效与创新合作机制研究》、广西社会科学院委托课题《东南亚台资企业与陆资企业比较研究》、自治区侨务办公室委托课题《文莱华侨华人情况研究》。相关研究人员参与完成广西社会科学院重点课题《广西利用侨资状况研究》。开展广西社会科学院基础研究课题《台湾文化发展研究》。研究人员与广西社会科学院东南亚研究所共同主持完成自治区新闻出版局委托课题《东盟国家数字出版产业发展报告》。参与完成广西社会科学院重点课题《科研档案规范化管理研究》、广西社会科学院委托课题《广西社会科学院科研工作思路研究》。参与的国家社会科学基金西部项目《广西与周边国家合作开发民族文化旅游　推动兴边富民和安邻、睦邻、富邻研究》(05XMZ004)结项,并以专著形式《中国广西与周边国家民族文化之旅》由民族出版社出版。研究人员参与书籍《中国—东盟年鉴·2012》、《泛北部湾合作发展报告·2012》的研究撰写和编辑工作。在《东南亚纵横》、《中国—东盟简讯》等刊物上发表论文4篇。科研人员参与《东南亚纵横》杂志的编辑工作;与广西社会科学院信息中心、东南亚所科研人员共同参与《中国—东盟简讯》的编辑工作。此外,配合有关部门参与组织了4项桂台学术交流活动,接待9名台湾学者和外国学者。

【广西人文社会科学发展研究中心】 简称广西文科中心。自治区党委、政府依托广西师范大学,投入总额3500万元(2009~2012年)建设经费建设的自治区级科学研究中心。中心以特色团队建设为核心、解决问题为纽带、社会需求为导向,彰显"人文强桂"的核心价值理念与建设之魂,围绕"高地(力争将中心打造成为高校人文社会科学研究的高地)"+"基地(努力将中心建设成为高校人文社会科学服务地方发展的示范基地)"的建设目标,推出"团队"+"问题"的科研运作模式,坚持辐射带动、开放合作。11月9日,由自治区教育厅高校科研管理处组织,评估验收专家组对广西文科中心进行评估验收,评估验收结果为优秀。

广西文科中心下设8个研究机构:桂学研究院、泛北部湾研究院、客家研究院、广西科学发展研究院、文化软实力研究院、西江黄金水道研究院、教师教育研究院、桂商研究院;1个研究中心:泛北部湾区域研究中心;重点培育、建设的特色团队30个(依托广西师范大学建设的特色团队24个,辐射广西各高校建设的特色团队6个)。着重开展"桂学研究"、"泛北部湾区域研究"、"南岭民族走廊研究"、"珠江中上游文明与可持续发展研究"、"南疆民族地区科学发展及文化软实力研究"等特色领域研究。2012年末,研究中心有科研人员1377人,其中具有高级专业技术职务资格731人。主任陈雄章。

学术活动 年内,举办学术活动15次,其中影响较大有:10月31日,邀请国内社会学者、南京大学风笑天教授为师生们作题为"社会科学研究与科研项目申报"的讲座,介绍社会科学研究的先进理念、科学研究方法、程序和技巧。年内,还围绕"抗美援越"主题举办2次座谈会,围绕"服务广西基础教育新课改——广西师范大学的行动与策略"等主题举办12期"人文强桂"学术沙龙。

学术交流 内年,广西文科中心领导和特色团队骨干专家出访或参加由国内外研究机构或大学举办的学术研讨会或学术交流活动20多人(次)。主要有:3月10日,陈雄章教授与"桂商研究团队"成员一行4人参加在北京举办的"首届全球桂商发展论坛暨北京广西企业商会成立5周年庆典"活动;9月29日,副主任陈小燕教授与"泛北部湾合作研究团队"首席专家刘澈元教授参加中国社会科学院亚太与全球战略研究院在北京举办的"ASEAN+3 connectivity : Perspectives and Prospects"(东盟与中、日、韩互联互通:前景展望)国际学术会议;11月18~20日,"泛北部湾历史文化研究团队"一行10人赴防城港市参加"陈济棠学术研讨会";"中国—东盟法律制度研究团队"首席专家杨丽艳教授先后赴美国华盛顿DC参加第106届美国国际法年会、赴曼谷参加泰国中央知识产权和国际贸易法院主办的"法律界和工商界:为建立东盟经济共同体而努力"论坛以及在美国纽约举行的周末国际法学术会(INTERNATIONAL LAW WEEKEND),并都作专题发言;12月7~9日,中心联合广西大学、广西民族大学等单位的科研管理部门在南宁举办"广西高校哲学社会科学协同创新座谈会";12月16日,受自治区哲学社科规划办邀请,陈雄章代表学校作为广西区内哲学社会科学管理工作典型单位在"2012年广西哲学社会科学规划骨干培训班暨社科规划课题管理经验交流会"和"2012年广西·江西社科规划经验交流会"上作经验介绍。年内,接待学术团体来访10多批50多人(次)。

队伍建设 通过"科学研究工程"、"'人文强桂'社会服务行动工程"建设,助推所依托高校——广西师范大学的人文社会科学拔尖人才与研究团队的成长。年内,力推的"民族地区教育发展研究"、"广西文化产业发展与文化软实力研究"在广西师大设立八桂学者、特聘专家岗位;中心研究人员李天雪、岑学贵等9人晋升教授。

科研工作 年内,科研人员获各类项目33项(含1项国家社科基金重点项目、1项国家社科基金重大招标项目、国家社科基金一般项目、青年项目、西部项目共21项、教育部人文社会科学年度项目11项)。实现了学校国家社科基金重点项目、重大招标项目零的突破,成为2012年度广西唯一同时获得国家社科基金重点项目、重大招标项目的高校。

此外,广西文科中心通过开放基金项目、特色研究团队建设等举措在广西高校进行前期扶持与培育,使相关院校在高级别科研项目申报上进展顺利,2012年共获得国家社会科学基金项目4项:如,承担中心2010年度开放基金项目的广西大学李庆林、广西民族大学韦树关获2012年度国家社科基金一般项目;中心研究团队骨干成员——广西师范学院侯宣杰获国家社科基金青年项目;承担中心2010年"边疆问题研究"专项课题的广西民族师范学院的韦福安获国家社科基金西部项目。

年内,出版首期“人文强桂”系列丛书,包括《广西古代诗文史》、《基于新型工业化道路的广西工业结构优化升级研究》等7卷8本专著。科研人员牵头完成的科研成果中有47项获广西第十二次社会科学优秀成果奖一、二、三等奖,其中二等奖20项、三等奖27项。

【广西发展和改革委员会经济研究所】 内设办公室、综合研究室、前沿跟踪研究室、地区经济研究室和文化研究开发部及《市场论坛》杂志社等业务机构。主要工作是参与自治区国民经济社会发展规划、计划研究编制及跟踪评估;组织开展自治区国民经济发展重大问题、发展战略研究、参与及组织开展自治区经济社会发展有关重大政策法规研究起草和制订;参与及进行广西经济运行状况与质量监控监测,监测广西重大产业及产品的国内外市场动态;完成自治区党委、政府和自治区发改委交办的其他任务。2012年末有科研人员15人,其中在职科研人员中具有高级专业技术职务资格的5人、中级6人。聘用广西区内外高等院校、科研机构教授、研究员、博导10人,返聘离退休专家9人。国务院特殊津贴专家、广西优秀专家1人。所长蒋升湧。

课题研究　主持完成《广西矿产资源产业发展状况与对策研究》等课题设计与研究。参与《广西壮族自治区培育发展经济强县“十二五”规划》的调研和写作。易地扶贫搬迁安置的调研全程参与,并承担广西5个县的易地扶贫搬迁安置可行性研究报告。参与《滇桂黔石漠化片区区域发展与扶贫攻坚广西实施规划(2011~2015年)》的前期调研工作。完成《河池市循环经济发展“十二五”规划》、《滇桂黔石漠化连片特困区河池片区发展与扶贫攻坚规划》、《滇桂黔石漠化广西片区百色市区域发展与扶贫攻坚规划》及上林、隆安、田林、田东等23个石漠化片区县级区域发展与扶贫实施规划的编制工作;完成大化、三江、龙州、靖西、罗城等5个县依托城镇化实施易地扶贫搬迁示范工程等可行性研究报告。

学术动态　年内,蒋升湧多次带领研究人员参加自治区党委、政府重大决策研究、咨询与座谈。尤其是完成的《2012年1~4月广西经济形势分析与预测研究》中的部分观点为自治区党委、政府采纳。

年内,与广西宏观经济学会共同编辑出版《市场论坛》12期、《广西重要产品国内外市场动态监控》12期(内部刊物)、《宏观经济信息》4期(内部刊物)。

【广西财政厅政策研究室】 内设综合室、调研室、编辑室和广西财政学会秘书处。承担广西重大财政、财务、税收政策调研、指导和跟踪分析的有关工作,为财政经济改革与决策提供意见和建议;研究广西财政中长期发展规划;组织开展财政政策宣传工作;组织开展财政、财务与会计、税收、国有资产管理政策理论调查研究及相关经济问题研究;组织开展民族地区财政研究和专题调查研究;制定财政厅重点财政调查研究活动计划并组织实施和进行评审验收;负责广西财政学会秘书处的日常工作;组织开展学术交流和财政理论研究成果评选活动;承担《中国财政年鉴》广西部分及《广西通志·财政志》、《广西年鉴》、《广西社会科学年鉴》等的财政部门撰稿任务;指导各市财政调查研究工作;负责财政科研资料的搜集、整理分析及图书资料管理工作。2012年末在编人员16人(其中高级专业技术职务资格6人、中级10人)。主任刘进。

政策研究　年内,开展“五个财政”重点政策研究。围绕自治区财政厅党组“发展财政、民生财政、和谐财政、绩效财政、透明财政”的“五个财政”理财思路,着重对“五个财政”建设的现实背景、建设目标体系、重点工作内容及工作措施进行较系统的研究,为开展“五个财政”建设的宣传和贯彻落实提供决策参考。结合自治区财政厅2012年工作要点,围绕现实财政管理与改革的热点问题,开展政策研究,分别对新一轮扶贫攻坚、财政支持经济发展、加强民生项目财政资金监管、财政出资国有企业贡献、农民工市民化、强农惠农、重大产业发展专项资金使用等问题进行研究,分析存在的问题,提出政策建议。作为“财政精神”提炼活动领导小组办公室成员,主要负责“财政精神”提炼活动的组织策划工作。从8月开始,开展“财政精神”有奖征文及大讨论活动、“财政精神”表述语投票与专家评选、“财政精神”提炼活动工作情况汇报、“财政精神”征文评审等一系列活动的组织与策划工作。另外,组织参与广西“财政精神”征文比赛,获二等奖1篇。

科研成果　年内,牵头撰写的课题《支持农村金融创新的财政政策研究》获全国财政协作研究课题一等奖,参与撰写的课题《财政支农效应研究》获全国财政协作研究课题二等奖,吴胜泽撰写的《从财政能力均等化到公共服务供给均等化——基于中央对地方转移支付制度绩效的实证研究》获第五次全国优秀财政理论研究成果三等奖,胡德期参与撰写的《广西财政支出绩效管理研究》获广西第十二次社会科学优秀成果奖二等奖,张俊军撰写的《美国高科技园的启示及广西园区经济发展建议》获广西第十二次社会科学优秀成果奖三等奖。在2011年度广西财政系统重点调研课题评审中,撰写或参与撰写的课题获优秀成果一等奖4篇、二等奖10篇。与广西财政学会协办《经济研究参考》(地方财经),年内出版12期,刊发论文300多篇,共2400千字。

【广西审计厅科学研究所】 主要工作职能是组织开展审计科研、审计宣传工作，承担广西审计学会秘书处的工作。2012年末有科研人员12人，其中在该所工作的6人（具有高级专业技术职务资格的1人、中级3人）。所长田茂祥。

队伍建设 10月11～12日，与广西审计学会在南宁举办广西审计理论研究骨干人才培训班，65人参加。聘请自治区社科联、广西财经学院、《当代广西》杂志社等单位的专家学者授课。与广西审计学会选派1名骨干人员参加中国审计学会组织的审计理论研究骨干人才培训，选派1名骨干人员到法国参加绩效审计理论研究培训。协助广西审计学会扩充广西审计理论研究骨干人才库，对人才库全部人员按相关审计专业研究方向进行分类管理并为其购置审计专业文献。派员参加审计署审计科研所举办的全国审计科研所所长培训班、自治区地方志编纂委员会办公室举办的《广西通志》专志编纂人员培训班、自治区社科联举办的广西社科联系统信息员培训班学习等。

学术活动 10月28日至12月28日，与广西审计学会人员到广西14个设区市开展有关科研课题和学会工作的调研活动，了解部分市审计学会完成年度立项课题的进度情况和目前各市审计学会的发展情况。12月19日，协助广西审计学会在南宁举办学会资源环境审计专题研讨会。

学术交流 年内，派员参加各种学术交流活动。如派出2名论文作者参加审计署5月25日至26日在北京召开的第二届全国审计青年论坛，提交《国家治理视角下的审计问责边界》、《浅谈当代中国青年审计人审计核心价值观的培育与践行》2篇论文在论坛上进行交流；派出研究所领导、论文作者参加宁夏审计厅作为承办方于8月15～17日在银川召开的第十一次西部审计理论研讨会，提交论文《国家治理视角下的政府投资项目审计》在会上进行交流。

审计科研 年内，做好年度课题立项的可行性研究论证工作，报自治区审计厅审定立项课题；与广西审计学会组织完成19个广西审计重点课题的研究任务，独立组织完成其中的《地理信息系统审计实用化研究》等11个课题。完成2012年课题论文的收集、编辑、审核、鉴定等工作。审核推荐广西审计机关5篇优秀审计论文参加审计署组织的全国审计机关2010～2011年度优秀审计论文和研究报告评选活动，贺州市审计局吴春生、姚伯雄合作撰写的《论基层审计机关财政审计面临的问题与对策》获优秀审计论文二等奖，自治区审计厅黄绪全撰写的《水环境审计探讨》、自治区审计厅雷俊生撰写的《政府审计风险的程序规制》获优秀审计论文三等奖。组织广西审计干部参加审计署举办的第二届全国审计青年论坛和自治区社科联举办的第十四期广西发展论坛等论文征集活动并提交论文。

审计宣传 年内，与广西审计学会编辑出版《广西审计》（双月内刊）6期。向《广西财经学院学报》（双月刊）“审计专栏”审核推荐登载审计专业文章14篇。组织完成《中国审计年鉴·2012》、《广西年鉴·2012》、《广西社会科学年鉴·2012》等年鉴中广西审计条目的编撰工作。继续开展《广西通志·审计志(1993～2007)》的编纂工作，使修志工作进入深度审核修改志书文稿的关键阶段，至年末完成该志书文稿（内部讨论第三稿）的编印工作并提交有关领导审阅。

【广西统计研究所】 隶属自治区统计局。主要职责是组织开展统计理论、统计方法制度及相关经济和社会发展问题的研究。承担广西统计学会秘书处工作。2012年末在职人员5人（其中具有高级专业技术职务资格的1人、中级1人）。所长方春。

统计科研 年内，抓好统计科研的组织和管理工作。一是组织广西各地、各有关单位参加第十一届全国统计科研优秀成果奖评选、广西第十二次社会科学优秀成果奖评选活动，分别将5篇成果推荐参加评审。二是组织广西各地、各有关单位认真开展2012年度全国统计科研计划项目申报工作，组织完成5个以上项目申报工作，获得4个立项课题，其中1个重点项目课题，3个一般项目课题。三是组织开展统计监测评价分析和课题研究工作。完成《中国地区经济监测报告·2012》广西地区篇、重点城市篇的资料整理编写和专题篇推荐上报工作；完成《中国信息化发展指数统计监测年度报告·2012》广西部分的监测评价分析报告，对广西2011年度信息化发展、规划执行情况进行了评估分析。组织开展《广西人口发展战略课题研究》重大立项项目之一的《基于“六普”人口数据的广西人口发展态势研究》等课题研究工作。

学术交流 为总结和交流统计工作实践经验，于8月下旬组织召开广西统计学会桂西北片区服务业统计工作研讨会，主题是服务业统计工作方法探讨，30人参加。收到论文19篇。会上进行论文交流和表彰。

统计宣传和培训 一是贯彻落实国家统计局有关做好报刊宣传工作的文件精神，采取有效措施，部署国家统计局《统计研究》和《调研世界》2012年度宣传征订工作。二是组织开展基层统计人员业务培训工作。为学习宣传和贯彻执行新《统计法》，进一步加强统计法制建设，利用统计学会的平台，与自治区统计局有关处室合作，先后举办两期统计法规知识培训班，共有

300多名来自广西各市、县、乡镇的基层统计人员参加培训。

此外,完成国家统计局科研所和自治区统计局布置的各项工作任务,包括参与和组织开展纪念新中国政府统计机构成立60周年系列活动,筹备“广西统计发展光辉历程展示”活动等。做好广西统计学会秘书处日常工作,组织参加中国统计学会举办的各项学术研讨活动,开展科研、科普等工作。

【广西地方税收科学研究所】 隶属自治区地方税务局。主要职责是开展税收理论、税收政策制度及经济问题的研究。内设《广西地税年鉴》编辑部、《广西通志·地方税务志》编辑部、图书资料室。承担税收科研和广西地税系统调研计划的研究制定、组织落实科研成果的考评、推广工作;负责编辑出版期刊《广西地税调研》;负责有关年鉴、地方志等的组稿编辑工作;负责办理广西国际税收研究会秘书处、广西地方税收研究会秘书处相关事务。2012年末在编人员7人(其中具有高级专业技术职务资格3人)。所长汪星明。

税收科研工作 根据当前经济税收形势和全局工作重点,确定年度重点研究课题,下发广西地税系统并送有关高等院校、科研院所,并由各课题组自行申报选题。2012年共有68个课题组中标,其中自治区局机关和直属单位29个,各市局31个,高等院校和科研院所8个。年内,税科所联合自治区地税局稽查局,牵头组织“地税稽查管理体制研究”课题的研究工作,并将研究成果提交政府主要领导决策参考。参与国家税务总局重点课题《运用税收手段推动西部地区扶贫开发研究》工作,按时完成了研究报告。

参与学术交流活动 先后选派人员参加国家税务总局科研所、中国国际税收研究会、中国税务学会在黑龙江、甘肃、新疆、陕西等地召开的学术交流活动。

编辑出版工作 年内,编辑出版《广西地税调研》正刊10期,增刊3期,发表经济、税收各类科研论文180多篇1000多千字。《2011年广西地税系统优秀科研论文系列丛书》(1~5),编校总字数1600多千字,编辑出版《广西地税年鉴》2011年卷,完成《广西地税年鉴》2012年卷的编辑校对和《中国税务年鉴》、《广西财政年鉴》、《广西年鉴》的组稿工作。完成《广西通志·地方税务志》第一轮修志的组稿、初编工作,并召开《广西通志·地方税务志》(1994~2008)评稿会。

年内,获得“2011年度自治区地税局机关先进基层党组织”荣誉称号。

【广西少数民族语言文字工作委员会民族语文科研处】 直属自治区少数民族语言文字工作委员会(简称“自治区民语委”)。承担研究、起草广西少数民族语言文字管理工作的政策措施和法规条文;承担广西少数民族语言文字规范化、标准化、信息化和科研工作;承担广西少数民族语言文字遗产的抢救、保护和传承工作;承担广西少数民族语言文字工具书的编纂和出版工作;承担广西少数民族语言文字学术研究、交流活动的有关工作;承担广西少数民族语文学会的日常工作。2012年末有在职人员6人。处长黄如猛。

调研和科研工作 开展广西世居少数民族语言文字使用状况调查。该调查是自治区民语委2011至2012年重点项目之一,同时也是国家民委的试点工作之一。调查内容包括政策梳理,民族语文规范化、标准化、信息化建设情况,民语工作机构、团体的历史沿革和现状调查以及民族语文的使用现状及语言态度等。通过举办培训班,开展入户调查、编写统计软件,录入数据并统计分析等方式进行,2012年底形成调查报告呈报上级部门。

语言文字抢救、保护和传承工作 开展广西世居少数民族濒危语言有声数据库建设试点工作。少数民族濒危语言有声数据库建设是国家民委试点项目之一,经调查论证,将“仡佬语多罗方言”列为广西少数民族濒危语言有声数据库的试点建设项目。

语言文字编纂工作 继续修订《壮汉词汇》。该修订工作是加快民族语文规范化、标准化、信息化建设的重要内容。该项目得到教育部的重视和支持,并列为教育部“十二五”自筹科研项目。

业务培训 一是广西少数民族濒危语言有声数据库建设方面:3月,召开有声数据库建立筹备工作座谈会,上海师范大学潘悟云教授出席;9月,举办广西少数民族濒危语言有声数据库建设业务培训班,由中国社会科学院民族学与人类学研究所黄行教授、中国农业大学教师许峰、广西大学教师潘立慧授课。二是《壮汉词汇》修订方面:4月组织54位修订人员进行培训,阐明工作细则和修订要求;10月,组织相关修订人员召开座谈会,强调修订体例、操作规范以及增加收词和义项。

学术交流 6月,协助组织召开全国信息技术标准化技术委员会壮文信息技术工作组成立会议。7月,全体在职人员参加在宁明县举办的广西民语委上半年工作汇报会。11月,参加在平果县举办的广西民族语文学会年会暨学术研讨会。7月,派员到百色市参加中国民族语文翻译局壮语文室举办的2012年壮语翻译专家工作会议。8月,派员到中央民族干部学院参加第五期全国民族语文翻译工作业务骨干高级研修班。11月,派员到内蒙古呼和浩特市参加“第十一次全国民族语文翻译工作会议暨全国民族译协会长、秘书长工作会议”。

【广西民族文化艺术研究院】 隶属自治区文化厅。内设民族文化研究中心、民族艺术研究中心、文化产业研究中心、《民族艺术》杂志社、《歌海》杂志社、信息资料中心、行政办公室等机构，创办有南宁创艺艺术职业学校。工作职能：围绕文化行政部门的中心工作，开展民族文化艺术科学基础理论研究；积极参与民族文化艺术实践，研究民族文化艺术生产与管理规律、建设发展战略；收集、整理、保护、研究以及开发利用民族民间文化艺术资源，建立并完善档案管理及信息咨询服务系统；开展非物质文化遗产、文化产业、公共文化服务研究及实践；推动对外文化艺术交流与传播，借鉴世界优秀文化艺术成果。人员编制38人，2012年末有在职人员33人，其中具有高级专业技术职务资格8人；享受国务院特殊津贴专家5人、文化部优秀专家1人、广西优秀专家1人。院长廖明君。

年内，主持和参与研究各类课题16项，编写出版著作17部，发表论文32篇，集体获奖3项。

【广西民族问题研究中心】 隶属自治区民族事务委员会。设有民族理论民族政策、壮学、民族历史文化、民族关系、民族发展等5个研究部和《广西民族研究》期刊编辑部、资料信息部、行政事务部等8个部。重点研究广西壮、瑶、苗、侗、仫佬、毛南、回、京、彝、水、仡佬等11个世居少数民族的社会、政治、经济、历史、文化方面的理论和实际问题，开展广西与东南亚民族的关系研究，组织参与和协调自治区民委重大课题的调查研究、学术交流、民族工作的决策咨询、论证、文献整理、编辑等各项重要工作。2012年末有在职科研人员11人(其中具有高级专业技术职务资格7人、中级4人)。主任俸代瑜。

学术交流　3月25日，组织学术考察队一行10人前往青海省西宁市，与青海民族大学民族学、社会学学院的专家学者，就彼此共同关心的学术问题进行交流。10月16日，组织《广西民族研究》编辑部及其相关人员，与《广西民族大学学报》编辑部人员，就如何更好地组稿、编稿、提高刊物质量，如何将刊物再上一个台阶进行交流与探讨。12月20日，组织学术考察队到北京，与《民族研究》编辑部和《中央民族大学学报》出版社的相关人员等，就如何进一步办好有民族特色的刊物等问题进行交流与探讨。

科研工作　年内，首次以委托方式组织开展2012年度民委系统的调研工作，共计4大类28个子课题。委托广西大学、广西民族大学、广西师范大学、自治区党校、广西社科院、广西民族学会、广西壮学学会等近20个高校、科研机构、社会团体的专家、学者组成的课题组承担实施。主持开展2011年广西民委系统调研报告评比和获奖成果汇编工作，收到参评调研报告157篇，评出一等奖8篇、二等奖16篇、三等奖24篇、优秀奖31篇，并汇编成册出版。指导和协调广西民委系统的调研工作，下发《自治区民委关于印发2012年度民委系统工作调研指南的通知》，确定“广西少数民族和少数民族聚居区经济发展情况调研”等30个调研选题。积极参与自治区党委主持实施的“广西民族团结进步事业发展专题研究”的项目工作；俸代瑜作为评审专家多次参加课题讨论，提出许多建设性意见和建议；覃彩銮、黄金海等，直接参与专题报告理论研究与撰写工作。组织设立2012年度中心级研究课题，对9项课题予以立项，内容涉及民族区域自治制度、民族文化、民族教育、民族关系、民族人口、民族特色产业等；各课题承担人先后分批深入到县、乡、村进行田野考察与调研。

年内，出版《广西民族研究》4期，共1430千字。科研人员合作出版专著、编著3部，撰、编写书稿5部，发表论文10篇，调查报告8篇，共3000千字。完成《中国民族·汉族卷》、《中国少数民族人口丛书·瑶族·毛南族·仫佬族卷》、《生态重建的文化逻辑》、《在互动中走向和谐》等专著的出版和撰写。此外，完成《壮族土司资料集成·左江卷》、《广西世居民族研究目录索引汇编》、《壮族通史》(增订版)等书稿的编纂和撰写。

年内，获国家社科基金项目1项，资助经费15万元，国家社科基金项目结项2项；获广西第十二次社会科学优秀成果奖二等奖2项。在2011年广西民委系统调研报告评比中，获一、二、三等奖各2篇，优秀奖1篇。《广西民族研究》部分文章被中国人民大学《报刊复印资料中心》全文转载4次；在4年一度的北大中文核心期刊综合评比中，位于民族学类核心期刊第2位；入选全国首批百种重点资助期刊，每年资助40万元，是广西首批唯一入选的学术期刊，也是全国民族学类入选的3种期刊之一。

【广西人口研究所】 挂靠自治区党校(行政学院)，为独立的处级机构。主要研究方向：人口老龄化与老年人口、民族人口、劳动力人口、人口与发展、人口政策。在自治区党校为党政领导干部开设人口经济学等人口学课程以及人口问题研究等专题课。2012年末有研究人员2人，均为教授。所长莫龙。

科研课题　2012年在研课题4项，分别是国家社科基金课题《人口老龄化对中国人口发展战略的制约与影响》、国家人力资源和社会保障部留学回国人员课题《应对老龄化挑战：中国和加拿大的比较研究及其对广西的启示》、广西哲学社会科学规划课题《广西城市社区老年服务体系研究》、自治区党校校(院)级年度咨政类重大课题《广西农村劳动力就地就近转移就业问题研究》。年内，研究人员完成所承担的国家社科基金课题，以优秀等级结项。提出的重要观点和对策建议受到中央领导的重视。副所长韦宇红完成广西哲学社会科学规划课题并通过结项，鉴定等级为优秀。该课题2006年立项，成果形式为研究报告，共有4个阶段性成果以论文形式公开发表，最终成果获自治区党校著作出版资助，由广西人民出版社于2012年9月出版。

9月，莫龙和韦宇红在完成上述国家社科基金课题的基础上，通过进一步修改、完善和补充，完成了研究报告和论文集《中国人口：结构与规模的博弈——人口老龄化对中国人口发展战略的制约及对策》。经国家社科基金组织专家评选，研究报告和论文集入选《2012年国家哲学社会科学成果文库》。

获奖成果 年内，莫龙的论文《中国的人口老龄化经济压力及其调控》获广西第十二次社会科学优秀成果奖二等奖。莫龙撰写的决策咨询研究报告《实现中国人口规模压力和老龄化压力战略平衡的政策建议》2011年8月刊发于国家社科基金《成果要报》，获中央领导批示。该研究报告于2012年12月获"全国党校系统第九届优秀科研成果奖"二等奖。

学术活动 10月中旬，加拿大魁北克大学经济学教授、博士生导师颜黎博士来访并与研究所研究人员进行学术交流，于10月12日给学校教研人员和中青班、县处一班学员作题为"全球国家风险的现状与我国的战略对策"的学术报告。

【广西教育科学研究所】 隶属自治区教育厅。为指导广西教育科学研究工作的职能机构。内设基础教育研究室、职业教育研究室、高等教育研究室、与广西教育科学规划领导小组办公室、办公室、图书资料室，与广西教育志编辑室及广西教育科学工作者协会合署办公。2012年末有研究人员9人，其中具有高级专业技术职务资格8人、中级1人。所长覃壮才。

重要调研工作 (1)开展《广西教育发展报告(2012)》研究工作。年内，成立课题研制小组，教育厅基教处、职成处、高教处、师范处、民族处、财基处、规划处、人事处、学位办、督导办、学生处、科研处、体卫艺处、语工处、国交处、考试院等相关业务处室领导参加撰写工作。(2)完成《广西教育数据分析(2011)》研制并出版，着手研制《广西教育数据分析(2012)》。研制工作中，在继承2011年广西教育事业数据分析的成功经验基础上，力求创新：一是在内容上重点选取领导和各界人士关心、关注的热点和重点问题，力求对广西教育事业起到宣传、推动作用；二是在数据上通过纵向对比，展现广西"十一五"期间教育事业发展取得的新成绩；三是在层次上力求体现国家、广西区、市3个层面，通过横向对比，呈现广西教育事业发展水平在全国中所处位置及广西各市发展情况。(3)完成《广西壮族自治区义务教育学校教学常规(试行)》前期研制准备工作。在14个市上报的教学常规材料(讨论稿)的基础上，结合广西义务教育学校的教学管理实际，研究制定《广西壮族自治区义务教育学校教学常规(试行)》大纲和总则。根据大纲和总则的要求，针对义务教育学校的教学工作，研究制定《广西壮族自治区义务教育学校教学常规(试行)》各章细则。(4)完成广西教育厅重点课题《广西乡镇普通高中现状调查与对策研究》课题研究。撰写1万多字的调研报告，呈送有关领导和处室审阅。自治区教育厅厅长高枫、副厅长白志繁作了批示。受教育厅人事处委托，牵头开展《"十二五"期间广西高素质创新型教育人才队伍建设研究》，受职成处委托，开展《广西中等职业教育吸引力研究》。(6)组织开展广西教育科研机构概况调查工作。为了全面了解广西教育科研机构的基本情况，以利于今后工作的顺利展开，对广西各市教科所(教研室)、县(市、区)教研室进行系统调研。(7)推动中小学生阅读提升实验研究。为了进一步提升学生素养，加强广西学生阅读能力，经过几个月的调研，决定与接力出版社合作开展该课题研究，一方面，向全国教育科学规划办公室申报《阅读提升：国际视域下分级阅读素养评价的实验研究》项目，课题材料已经上报全国教育科学规划办公室评审中。另一方面，在广西教育科学规划课题中列入该课题研究，下发《关于中小学阅读素养提升实验研究课题征集实验区的通知》(桂教办〔2012〕745号)，推动项目开展。(8)完成广西基础教育"创新育人模式"实验研究专项课题调研指导。为了有效提高基地实验学校教育科研水平，11月，组织研究人员到各实验学校进行调研指导，并提出有针对性和可操作性的意见和建议。

科研管理工作 (1)完成广西教育科学规划专项课题申报立项工作。一是拟发《关于组织申报广西教育科学"十二五"规划2012年度广西中等职业教育改革创新行动计划专项课题的通知》(桂教科学〔2012〕1号)，启动中等职业教育改革创新行动计划专项课题申报工作；拟发《关于公布广西教育科学"十二五"规划2012年度广西中等职业教育改革创新行动计划专项课题的通知》(桂教科学〔2012〕11号)，共设立47项课题为中职专项课题；根据《关于公布广西教育科学"十二五"规划2012年度广西中等职业教育质量提升项目专项课题的通知》(桂教科学〔2012〕28号)，设立6项为广西教育科学"十二五"规划2012年度广西中等职业教育提升项目专项课题。二是拟发《关于组织申报2012年度广西学生资助研究专项课题的通知》

（桂教科学〔2012〕4号），与教育厅资助办共同启动学生资助研究专项课题申报工作，拟发《关于公布广西教育科学“十二五”规划2012年度广西学生资助研究专项课题的通知》（桂教科学〔2012〕8号），共设立44项课题为学生资助专项课题。三是拟发《关于组织申报2012年度广西高校反腐倡廉研究专项课题的通知》（桂教科学〔2012〕7号），与教育厅纪检组启动广西高校反腐倡廉研究专项课题立项工作；拟发《关于公布2012年度广西高校反腐倡廉研究专项课题的通知》，共设立33项课题为倡廉专项课题。四是根据《关于公布广西教育科学“十二五”规划2012年度委托重点课题的通知》（桂教科学〔2012〕15号），设立7项课题为委托重点课题。五是根据《关于公布广西教育科学“十二五”规划2012年度广西教育科学重点研究基地重大课题的通知》（桂教科学〔2012〕25号），设立12项课题为广西教育科学“十二五”规划2012年度广西教育科学重点研究基地重大课题。六是根据《关于公布广西教育科学“十二五”规划2012年度广西基础教育“创新育人模式”实验研究专项误题的通知》（桂教科学〔2012〕23号），设立30项课题为广西教育科学“十二五”规划2012年度基础教育“创新育人模式”实验研究专项课题。七是根据《关于公布广西教育科学“十二五”规划2012年度广西考试招生研究专项课题的通知》（桂教科学〔2012〕24号），设立15项课题为2012年度广西考试招生研究专项课题。(2)完成全国教育科学规划课题申报工作。根据《关于组织申报全国教育科学“十二五“规划2012年度课题的通知》（桂教科学〔2012〕17号），完成初评及向上申报工作。(3)制定规划课题管理文件。下发《广西教育科学规划专项课题管理办法》（桂教科学〔2012〕5号），规范专项课题管理。(4)加强广西教育科学规划课题管理工作。截止2012年12月，共办理已立项的广西教育科学规划课题变更、成果鉴定、结题等事项共计300多项。(5)完成广西教育科学重点研究基地评估工作并下发相关课题。根据《关于开展广西教育科学重点研究基地申报工作的通知》（桂教科学〔2011〕7号）精神，经专家评定，初选出5所学校的教育科学重点研究基地作为候选基地。5月，对候选基地进行实地考察和评估，确定广西师范大学、广西民族大学、广西师范学院、玉林师范学院、百色学院为广西教育科学重点研究基地。6月，下发《关于公布广西教育科学重点研究基地名单的通知》（桂教科学〔2012〕14号）。支持重点研究基地课题12项，资助资金85万元。(6)完成申报广西基础教育“创新育人模式”实验研究专项课题工作。下发《关于申报广西基础教育“创新育人模式”实验研究专项课题的通知》（桂教科学〔2012〕4号），启动广西基础教育“创新育人模式”实验研究专项课题申报工作。(7)完成申报中等职业教育能力提升专项课题申报。下发《关于公布广西教育科学“十二五”规划2012年度广西中等职业教育质量提升项目专项课题的通知》，支持6所学校开展专业建设与就业创业相结合的研究。(8)开展国家社科基金中华学术外译项目申报工作。3月，拟发《关于组织申报2012年度国家社科基金中华学术外译项目的通知》（桂教科学〔2012〕2号），启动2012年度国家社科基金中华学术外译项目申报工作。(9)开展国家哲学社会科学成果文库申报。拟发《关于组织申报2012年〈国家哲学社会科学成果文库〉的通知》（桂教科学〔2012〕6号），启动了2012年〈国家哲学社会科学成果文库〉申报工作。(10)开展广西教育科学科研先进集体、先进个人评选、教育科学研究优秀成果评奖活动。根据《关于开展广西教育科学科研先进集体、先进个人评选活动的通知》（桂教科学〔2012〕27号）和《关于开展广西教育科学研究优秀成果评奖活动的通知》（桂教科学〔2012〕26号，启动优秀成果、先进集体、先进个人评选，于年底完成评选工作。

专题会议 4月24日，召开2012年度各市教育科学研究所所长（教研室主任）及部分高校教科院院长工作会议，14个设区市教科所所长（教研室主任）及广西大学、广西师范大学、广西民族大学、广西师范学院、玉林师范学院教科院（教育学院）院长与会。会议总结2011年度教育科研工作情况，部署2012年教育科学研究工作，研讨广西教育科学研究科研有关工作。3月30日，召开部分中职学校校长座谈会，广西机电工程学校等10所中职学校校长与会。与会者交流中等职业教育质量提升的措施与经验；讨论中等职业教育专业建设如何为振兴广西14个亿元产业和10个战略性新兴产业服务；探讨中等职业教育专业建设与教材建设等问题。11月20~22日，在桂林市召开2012年广西教育科学重点研究基地（高校）挂牌暨重大课题开题会。8月19~22日，在北海市召开广西义务教育学校教学常规研制总课题开题会暨专家论证会，广西14设区个市教科所所长（教研室主任）与会。

教育修志工作 年内，继续开展《广西高校志》、《广西高中志》、《广西通志·图志》、《中华人民共和国政区大典（广西卷·教育）》的编纂工作，继续进行《广西通志·教育志》编纂修改工作。

配合自治区教育厅各处室开展相关工作 (1)完成基础教育处委托项目《2011年广西普通高中毕业会考质量分析》工作。根据教育厅《关于组织2011年广西普通高中毕业会考质量分析工作的通知》精神，起草工作方案，负责2011年广西普通高中毕业会考评卷质量抽查和教学质量分析，组织广西30多位专家开展10

个学科的会考质量分析，各科提交了分析报告。(2)完成《广西教育发展与人力资源可持续发展研究》撰写工作。(3)完成《广西教育年鉴·2012》有关内容撰写工作。(4)完成基教处委托项目《农村义务教育学生营养改善计划国家试点县专项督查》的督查工作。(5)参与民族教育处课题“壮汉双语教育二类模式研究”工作。根据《关于召开壮汉双语教育二类模式研究专题研究讨论会的通知》)，讨论修改《壮语文课程标准》、《壮汉双语教育二类模式实施办法》、《壮汉双语教育二类模式壮语文课程设计方案》、《壮汉双语教育二类模式壮语文教材编写方案》、《壮语文课程教学评价》等5个文件。(6)参与民族教育处《广西民族团结进步模范区建设规划》设计。参加自治区少数民族语言文字工作委员会关于《广西民族团结进步模范区建设规划》少数民族语言文字工作内容的制定。(7)参与振兴广西高等教育主文件起草，并参与相关调研工作。(8)参与督导室组织的职业教育攻坚“回头看”和深化职教攻坚五年计划的督察。(9)配合教育厅完成学期开学检查工作和“解放思想，赶超跨越”大调研活动，并撰写总报告。

【北部湾人文研究中心】 隶属自治区教育厅。钦州学院建立的研究北部湾区域政治、经济、历史、文化、教育、钦州坭兴陶瓷艺术等问题的研究机构。设有北部湾方言与文学研究所、北部湾区域经济研究所、北部湾历史文化研究所、钦州坭兴陶瓷艺术研究所和北部湾政治与社会研究所等5个研究所。2012年末有科研人员75人，其中具有高级专业技术职务资格36人、中级39人；广西优秀专家3人。主任徐书业。

年内，承接2012年度国家社科基金项目2项，教育部人文社会科学研究青年项目1项，广西教育科学“十二五”规划2012年度课题5项，其他厅级社科项目30多项，获科研经费资助总额120多万元。据不完全统计，研究人员发表论文120多篇，其中有40多篇发表在中文核心期刊上。出版学术著作5部。5项成果获广西第十二次社会科学优秀成果奖三等奖。

【广西东南亚经济与政治研究中心】 隶属自治区社科联。主要职责：开展对东南亚经济与政治及相关问题的研究，编撰出版有关书刊，举办相关主题的研讨会，组织有关专家与东南亚等国家相关研究机构进行互访、交流学术问题，并开展咨询培训活动。2012年末有研究人员25人(含兼职研究员15人)，其中具有高级专业技术职务资格20人。主任韦树先。

年内，组织开展《加快陆路东盟南(宁)崇(左)经济带发展对策研究》、《自贸区建成后广西与东盟文化产业合作研究》、《广西北部湾经济区服务业发展对策研究》、《中国—东盟自由贸易区建成对广西蔗糖业的影响及对策》4项课题研究。4月至7月，结合课题先后到崇左、凭祥、钦州、北海等地开展调研活动，年内课题研究报告均通过专家组鉴定验收并结项。8月22日，在南宁承办“广西与东盟农业合作研讨会”，60多名专家学者与会，研讨会对蚕业、渔业、蔗糖业、生态农业等发展问题进行深入探讨。广西电视台、《广西日报》、广西新闻网等新闻媒体进行报道，会议综述在《东南亚纵横》刊物上发表。4月9~11日，赴崇左参加由国家商务部国际贸易经济合作研究院、自治区发改委、自治区商务厅、崇左市人民政府等主办的“崇左陆路东盟国际商务文化节”。9月17~18日，在南宁参加由中国社会科学院国际研究学部、广西社会科学院、广西国际博览事务局等主办的“中国—东盟智库论坛”。9月28~29日，在南宁参加由中华全国工商联、大湄公河次区域工商论坛联合主办的“大湄公河次区域资源合作开发与可持续发展研讨会”。11月20日，赴东兴市参加由中国国际经济技术交流中心、广西区政府发展研究中心、防城港市政府及越南广宁省工贸厅联合主办的“中国·金滩沿边开发开放合作论坛”。12月12日，在南宁举行兼职研究员聘任仪式，面向有关单位聘任第一批15名兼职研究员。

【广西体育科学研究所】 隶属自治区体育局。接受自治区科技厅和自治区体育局的双重领导，主要经费来自自治区科技厅。重点开展运动医学、运动生物力学、运动营养学、运动心理学、康复保健和国民体质等学术领域的研究。内设办公室、科研一室、科研二室、科研三室、《体育科技》杂志编辑部和《运动精品》杂志社。2012年末在职人员17人，其中专业技术人员15人(具有高级专业技术职务资格5人、中级8人)。所长黄志平。

年内，完成国家科技部“十一五”科技支撑计划重点课题《青少年健康体质综合评价关键技术的研究与应用》研究工作；完成国家科技部科技基础工作专项课题《中国运动员体能素质、身体形态参数调查及参考范围构建》广西子课题的研究工作；基本完成“广西优秀运动员信息管理系统”的建立；继续开展广西科技计划课题《广西优秀运动员肌肉功能监测分析与训练系统的构建》的研究工作；完成自治区科技厅2008年下达的广西青年基金项目《不同运动负荷对大鼠主要器官一氧化氮合酶基因表达影响的研究》的结题及成果申报工作。共承担自治区科技厅科研项目2项，其中结题1项。承担科技部子课题2项。参加国家体育总局国民体质监测中心组织的《2010年国民体质研究报告》编写工作。出版《运动精品》12期，刊发体育科研论文200余篇；出版《体育科技》4期，刊发科研论文160余篇。

【广西群众艺术馆】 自治区人民政府设立的公益性文化事业机构，是隶属于自治区文化厅的二层单位。内设行政办公室、音乐舞蹈部、戏剧曲艺部、美术摄影部、调研编辑部、活动策划部、后勤管理部、财务部、演出部、艺术创作生产部。编制98人。2012年末有工作人员99人。其中具有高级专业技术职务资格27人、中级24人。馆长罗征。

学术活动　年内，主办、承办的学术活动10多次，其中影响较大的有：3月，举办第三届群众艺术馆、文化馆业务干部专业技能比赛，广西各市群众艺术馆、文化馆226位业务干部参加比赛，分声乐类、器乐类、舞蹈类、美术类、书法类、摄影类，评出一等奖12名、二等奖30名、三等奖53名。7月，举办广西第六届少年儿童艺术比赛，比赛共分声乐类、舞蹈类、器乐类、美术类、书法类五项，声乐舞蹈类参赛节目289个，评出金奖57个、银奖86个、铜奖119个。器乐类参赛节目108个，评出金奖23个、银奖34个、铜奖42个。美术书法类参赛作品300幅，评出金奖8个、银奖9个、铜奖14个。10月，在防城港市举办广西第四届“魅力北部湾”系列活动，活动包括理论研讨会、文艺活动展演、美术书法摄影展等三大板块，其中研讨会收到论文93篇，评出一等奖8篇、二等奖15篇、三等奖25篇。活动展演节目14个，评出一等奖5个、二等奖7个；美术书法摄影展共征集到作品300余件。

年内，与天津市、海南省群众艺术馆举办津桂、琼桂公共文化服务交流年活动，分别互派干部挂职交流、开展理论研讨、调研采风创作、文艺演出交流等系列活动，开展群文理论、公共文化服务理论探索的经验交流，通过实际创作实践方式进行交流。探索以省级馆牵头带动市县馆共同参与并受益的“省际公共文化服务交流模式”。4月至11月，于天津市馆开展，两地分别举行开幕式、闭幕式系列活动，包括“异地对方”群众美术书法摄影作品展，互交人员实地调研采风、笔会创作交流等。12月，组织80多人的队伍赴海南进行文艺演出、交流学习，活动包括一个美术书画展、一台儿童剧《小麻雀》、一台歌舞节目等。

队伍建设　年内，根据馆内群文干部素质和人才结构的实际情况，加强自身人才队伍建设和广西群文队伍的建设。4月，举办广西群众文化理论写作培训班，培训学员46人。5月，举办广西文化馆、文化站戏剧骨干表导演培训班，培训学员150人，邀请表演艺术家李文启等4位专家授课。6月，举办广西文化馆（站）大型群众文化活动策划与实施培训班，培训学员共57人。9月，全馆98人参加“广西群众艺术馆《团队建设》”专题培训班，邀请国家行政学院公共管理部副主任胡冶岩教授，中央文化管理干部学院客座教授、北京群艺馆原馆长贾乃鼎研究馆员，中央文化管理干部学院信息中心主任苏峰教授授课。了解当前文化形式、群众艺术馆的管理与发展方向、群文队伍建设与管理等方面知识，为以后工作提供参考与铺垫。

科研工作　年内，发行《群文快递》10期、《文化新视野》4期、《群文决策参考》10期，及时向社会汇报馆内工作动态。3月，受自治区文化厅指派，调研并完成“广西边境文化长廊”调研报告，报告被自治区政府认可并采纳，提升成为实施“广西边境地区公共文化服务体系建设”的重要依据，形成《广西边境地区公共文化建设实施方案（草案）》。8月，申报获批2012年度国家社科基金艺术学科研课题《侗戏艺术传承研究》。10月，在广西第十六届群星奖音乐舞蹈类决赛中，自编并制作音乐的曲艺类渔鼓《家长里短》、小品类《嫁姑娘娶媳妇》、《疯狂彩票》获金奖。收集整理、深入调研申报国家级非物质文化遗产项目《瑶族医药》、《瑶族织绣技艺》、《瑶族做盘王》、《瑶族过山音》、《六堡茶制作技艺》、《三月三歌圩》、《壮族五色香糯米饭制作技艺》7项。完成自治区文化厅“广西国家级非物质文化遗产丛书”《藤县舞狮技艺》、《侗戏》的著述，并由北京科技出版社出版。

设区市科研机构

【南宁市社会科学院】 隶属南宁市人民政府。内设办公室、经济发展研究所、社会发展研究所、城市发展研究所、农村发展研究所、东盟研究所、科研管理所、《创新》杂志编辑部等8个所（部、室）。编制44人。2012年末在职人员39人（其中具有高级专业技术职务资格11人、中级14人）。院长胡建华。

年内，开展社科研究课题选题的征集工作，经向各县（区）各部门发函，共征集各类选题145个。经筛选编制课题库送南宁市领导圈定，市人民政府常务会议审议，同意《南宁市统筹城乡综合配套改革研究》、《南宁市构建现代产业体系研究》作为重大课题立项，重点课题立项5项，即《邕江沿岸综合开发研究》、《南宁市新兴产业园建设投融资对策研究》、《南宁市未成年人思想道德建设研究》、《南宁市农村居民养老对策研究》、《南宁市文化与旅游产业融合发展对策研究》。完成《南宁市统筹城乡发展中建设用地机制创新研究》、《南宁市文化体制改革问题研究》、《南宁市城市生活垃圾分类处理问题研究》、《南宁市城中村改造问题研究》和《南宁市社会管理创新问题研究》等8项重点课题并通过专家组评审。此外,《南宁市产城融合发展研究》、《深化事业单位人事制度改革》、《南宁市扶持微型企业发展对策研究》、《加强发展党员宏观调控、保证发展党员质量研究》、《南宁市加强廉政文化建设对策研究》、《南宁市优化投资结构对策研究》等6项院级课题完成研究工作,并通过专家组评审。承接一批由南宁市各县(区)或相关部门委托的课题,包括:《南宁市2012~2014年深化全国文明城市创建工作规划》、《南宁市循环农业发展对策研究》、《南宁市统筹城乡发展评价指标体系研究》、《加强南宁市公共文化服务体系建设研究》、《南宁市艾滋病防治科学研究与预防控制规划(2011~2015年)》、《广西优先发展生产性服务业对策研究》、《首府加强新时期流动党员的教育与管理研究》等10多项横向课题。

年内,出版《创新》杂志6期,刊发文章160篇,共1500千字。完成《2013年南宁蓝皮书》(经济卷、社会卷)的编辑出版工作。在广西第十二次社会科学优秀成果奖评选中,副院长余光辉的《论我国环境执法机制的完善——从规制俘获的视角》、东盟所所长林昆勇的《东南亚近代华人采锡业》、社会所副所长王兆林的《户籍制度改革中农户土地退出意愿及其影响因素分析》3篇论文分获二等奖。在南宁市第十一次社会科学研究优秀成果奖评选中,共评选出83项获奖成果,获15个奖项,其中研究报告二等奖2项、三等奖3项、优秀奖1项;论文二等奖3项、三等奖3项、优秀奖3项。

【南宁市地方志编纂委员会办公室】 隶属南宁市人民政府。2012年末在编人员18人(其中具有高级专业技术职务资格1人、中级3人)。主任王德宾。

制度创新　年内,实施地方志资料年报制度和地方志工作督查办法,解决资料收集瓶颈,促进南宁市地方志工作持续健康发展。2月,南宁市政府办公厅印发《南宁市地方志资料年报制度的通知》,正式启动实施地方志资料年报制度。市地方志办公室向各承报单位印发《关于开展地方志资料年报编写工作的通知》和资料年报编写提纲,要求各承编单位每年按时上报地方志所需的图文资料,为下一轮地方志编修奠定基础。5月,马山县实行地方志资料年报制度,成为南宁市县(区)首个实行地方志资料年报制度的县。9月,地方志资料年报上传平台在南宁地情网开通,进一步畅通地方志资料年报收集渠道。至年末,全南宁市报送2011年资料年报材料81份、2005~2010年资料年报材料5份。上林县、马山县将地方志编纂工作列入政府部门年度绩效考评范围。

编纂工作　年内,在多方调研和广泛征求意见的基础上,拟定《南宁通史》编纂方案报南宁市政府,8月20日,南宁市政府第22次常务会议审议通过。10月16日,与广西师范大学合作编纂《南宁通史》和《南宁简史》项目签字仪式在广西师范大学举行。12月4日,《南宁通史》和《南宁简史》编写提纲座谈会在南宁召开。与会人员有广西人文社会科学发展研究中心泛北部湾历史文化研究团队的专家、市直相关机构代表等。会议明确《南宁通史》编纂总体格调。12月5~8日,专家组对南宁历史名迹及有关人士进行实地考查、咨询,先后到孔庙、顶蛳山遗址、雷经天故居、阳关码头百年纪念雕塑、越南中央学舍区总部旧址、南宁国际会展中心、南南铝业、南宁高新技术开发区、南宁—东盟经济开发区等遗址和单位进行考察,为《南宁通史》和《南宁简史》编纂奠定基础。与南宁市社会科学院合作编纂《南宁新百年图录(2006~2010)》。加快推进第二轮《南宁市志》(1991~2005)编修,实施精细化管理。将通过三级评审的87部(新增"改革开放志")专志进行归类整合,按综合、政治、经济(上、下册)、文化分为四卷五册,采取分卷突破的办法每年编纂一卷。7月,完成政治卷的编辑加工、资料补充和分纂、总纂。9月,开始综合卷的编辑加工、资料补充。12月,实施精细化管理,分4个小组负责文字总纂、资料补充、图片整理与数据核对。首次利用志鉴编纂平台进行网上编修,提高工作效率。编纂出版《南宁年鉴·2012》、《南宁历史

1月12日,南宁市委常委、宣传部部长,副市长吕洁(前中)点击开通南宁地情网。
(南宁市地方志办公室供稿)

人物传略》、《南宁新百年图录(2001~2005)》、《南宁地情手册·2013》等地情书籍。

业务指导　年内,《武鸣县志》(1991~2005)通过自治区终审,《永新区志》原则通过自治区终审,完成对《城北区志》的复审;《百年武鸣图集》(1912~2012)公开出版发行;《西乡塘区年鉴·2011》首发出版。《良庆年鉴·2011》获第六届全国年鉴编校质量检查评比二等奖。加强地方志队伍建设,举办地方志业务培训班2期,市属承编单位200多名修志工作者参加培训。

读志用志　1月12日,与广西大学计算机与电子信息学院合作研发的南宁地情网(网址:www.nndqw.com)开通。网站设有10个一级栏目,27个板块;载录有第一轮《南宁市志》4卷,《南宁年鉴》11部,县区志书6部,其他地情书5部;完成《南宁府志》、《邕宁县志》、《邕宁一览》等《南宁市古籍文献丛书》古籍旧志系列的资料上传,基本形成覆盖南宁市的地情资料数据库。3月,志鉴编纂平台在南宁地情网开通,为广西地方志系统首个志鉴编纂平台。通过该平台,实现《南宁市志》、《南宁年鉴》网上编纂,《南宁年鉴·2012》编纂进度比往年提前1个月。至年末,南宁地情网点击率20多万人(次)。多次派出专家参加南宁市地名、路名专家咨询会,参加南宁市毛主席纪念堂陈列大纲研讨,参与南宁博物馆陈列大纲、南宁市城市规划展示馆布展文案评审等咨询活动;为南宁电视台、《南宁晚报》、《南宁日报》等媒体和市直相关部门、单位提供地情资料,接待上门咨询、查找资料的市民和各界人士19人(次)。

【柳州市地方志编纂委员会办公室】　隶属柳州市人民政府。为柳州市地方志编纂委员会的常设办事机构。主要负责组织、指导、督促和检查地方志工作;拟定地方志工作规划和编纂方案;组织编纂地方志书、地方综合年鉴;搜集、保存地方志文献和资料,组织整理旧志,推动方志理论研究;组织开发利用地方志资源。2012年末有在编人员9人(其中具有高级专业技术职务资格的2人、中级3人)。主任吴玛霞。

地方志工作　年内,柳州市委、市政府对柳州市地方志编纂委员会成员进行了调整,继续推进《柳州市志(1991~2005)》续修工作。完成《铁路运输志》、《制糖工业志》、《民主党派志》、《水路、陆路运输志》、《卫生志》等志稿的编辑和分纂。4月至6月,开展《柳州市志(1991~2005)》篇目研讨,提交论文《柳州市二轮修志篇目框架调整探讨》。12月,开展市级地方志督查,向29家未提交初稿或修改稿的单位下发自查通知,对柳州军分区、柳城县,柳州市教育局、规划局、财政局、旅游局等6家单位进行督查。继续开展年鉴编纂工作,《柳州年鉴·2012》进入审稿阶段。8月,召开《柳州年鉴·2011》发行会。县(区)志评审工作有新进展,先后完成《三江侗族自治县志(1991~2005)》、《融水苗族自治县志(1991~2005)》的审阅和市级评审,完成《柳州市城中区志(1991~2005)》和《柳州市鱼峰区志(1991~2005)》的市级复审。《柳州市鱼峰区志(1991~2005)》通过自治区终审。地情书资料书编撰有新成果,全年整理出版古籍3部:(明)《东溪日谈录》(影印本)、(明)《戴钦诗文集》(影印本)和(清)《百景诗笺》(影印本)。参与各类年鉴及资料的编写,先后完成《广西年鉴·2012》、《柳州社会科学年鉴·2012》、《广西社会科学年鉴·2012》相关条目的撰写,为《中华人民共和国政区大典》提供柳州市的资料,为《广西节庆志》收集、撰写奇石节、水上狂欢节图片及文字宣传资料。为提高各级人员修志业务水平,全年举办各级地方志业务培训班5期,培训柳州市辖县(区)志办及市级承编单位撰稿人员300多人(次);组织人员参加在桂林、南宁、南通等地举行的地方志理论研讨会,到云南、江西、宁夏等地学习考察等。

史志研究　年内,先后组织柳州市地方志系统人员参加第二届中国地方志学术年会、广西二轮修志理论研讨会、2012年广西市县志评审稿专题研讨班和"海南、广东、广西"三省区地方志论文研讨会等,共完成史志研究论文17篇,其中,《旧志地图的形态及文献价值》被收入首届中国地方志学术年会《方志文献国际学术研讨会论文集》(中华书局2012年9月出版);《试析贫困县县志扶贫篇章的编写》、《二轮修志中关于人口迁移记述的几点思考》入选第二届中国地方志学术年会,作者在大会发言;《荔子碑的文化之旅》在中国国家级核心刊物《中华文化画报》上发表;《齐心协办编志书,狠抓质量出精品》、《在"资用"两字上求索　提高志书的文化品位》入选广西论文研讨会,并在《广西地方志》刊出;《清代广西文人墨痕录七笔》、《清代广西文人墨痕录八笔》分别在2012年第2、3期《广西文史》上发表;《清代寓桂人物别集提要》及续篇分别在《广西地方志》2012年第1、4期发表。

【中共柳州市委党史研究室】　隶属中共柳州市委员会。主要工作任务是负责柳州地方党史资料的征研、党史书刊的编写和党史宣传教育。内设秘书科、征编科和科研宣传科3个科室。2012年末有工作人员10人(其中具有高级专业技术职务资格1人、中级4人)。主任熊忠香。

年内,进行柳州党史"听、看、走"("听"即课堂上听"党的革命历史","看"即到柳州市区18处新民主主义时期革命遗址参观"党的革命遗迹","走"即体验革命、重走"党的革命征程")宣教新模式的探索,共有

5000人(次)受教育。开设《龙城星火故事汇》柳州党史电视专栏,联合柳州市委宣传部、文明办,市教育局、广播电视台联合录制20集《龙城星火故事汇》柳州党史电视专题片。该片以柳州党史的重要事件、重要人物为题材,采用广大青少年喜爱的时尚动漫元素,在全市海选20名优秀少年儿童在电视荧屏上讲述《升旗》、《"地下"金库》、《柳州的刘胡兰》、《解放柳州》等20个曾经发生在柳州的真实革命故事,于7月至9月在柳州电视台、柳州电台、柳州广播电视网以及全国城市网络电视台播出,并制成DVD光盘公开出版发行。《龙城星火故事会》报送中央党史研究室参评全国党史部门党史优秀成果奖,获影视音像制品三等奖。联合柳州市教育局、团市委、市关工委下发《关于认真组织观看中国共产党党史教育电影〈没有共产党,就没有新中国〉的通知》,组织全市共1.5万人观看影片。构建传统与新兴媒体相结合的党史立体宣传平台。在管理维护党史网站的基础上,对网站页面进行改版,增设栏目,进一步丰富网站内容;开通广西首个党史官方微博,以图文形式快捷直观的宣传中共党史和柳州地方党史知识,传递柳州党史工作动态,把更多的党史研究成果推介给社会,实现党史资源共享。

年内,编辑出版《柳州剿匪》(320千字),收录40多幅历史照片;《黑夜里的战斗——柳州革命斗争回忆录》(350千字),收录文章55篇。

【桂林市地方志编纂委员会办公室】 隶属桂林市人民政府。主要负责宣传贯彻执行地方志工作的法律、法规、规章和相关政策;拟订地方志工作规划和编纂方案;组织编纂桂林地方志书和地方综合年鉴;指导县(区)志、市直部门志、专业志、行业年鉴的编纂;搜集、保存地方志文献和资料,组织整理旧志,推动方志理论研究;负责县(区)志、市直部门志、专业志的审查、验收工作;组织开发利用地方志资源。内设机构有:秘书科、地方志科、年鉴科、资料科。2012年末有专业技术人员20人(其中具有高级专业技术职务资格3人、中级17人)。主任唐群森。

年内,指导县(区)修志工作,组织开展调研活动,了解县(区)修志进展情况,研讨修志业务问题;组织各县(区)志办完成《广西年鉴·2012》文稿撰写任务,并以此为契机,以点带面,促进全市县(区)年鉴编纂工作开展。年内,编纂出版《桂林年鉴·2012》。

【梧州市地方志编纂委员会办公室】 隶属梧州市人民政府。内设联络指导科、编辑出版科。2012年末有工作人员10人(其中具有高级专业技术职务资格1人、中级4人)。主任覃成号。

年内,根据梧州市政府办公室下发的《关于印发梧州年鉴(2011)编纂方案的通知》(梧政办发〔2012〕40号),组织年鉴编纂工作。6月,资料收集基本结束,7月,进行编辑修改,10月,进行总纂。为提高年鉴编纂的质量,聘请4位专家审稿。年内,出版《梧州年鉴·2011》。

年内,继续推进《梧州市志》编纂工作。《梧州市志》全书拟设99章,涉及承修单位148个,原定编修上限时间为1993年起,下限为2005年止。1月,梧州市政府办公室下发《关于进一步加强梧州市第二轮地方志编纂工作的通知》,将下限时间调整至2010年,要求各有关单位加快进度,提高质量,确保完成第二轮修志工作任务。至年底,市本级第二轮《梧州市志(1993~2010)》已交初稿单位有116个,交稿率78.38%。5月,组织编纂由梧州市民政局牵头的《中国政区大典·梧州分卷》,至9月底,完成总纂工作,共300千字。7月,为更好的保存旧志与自治区地方志编纂委员会办公室合作,启动《梧州府志》(明崇祯版)整理影印工作,已完成书稿初样,并由广西民族印刷厂承印。《苍梧县志》共27篇,承修单位97个,交稿率80%;《岑溪市志》承修单位118个,交稿率70%;《藤县志》资料收集完成70%;《蒙山县志》51部分志,交稿率99%,并已对50部分志稿初步审阅。《梧州市万秀区志》共设32篇,158章,已完成市级复审,进行修改和补充资料;《梧州市蝶山区志》共设37章,完成初审后进行资料补充和修改。此外,根据自治区地方志编纂委员会办公室

12月19日,万秀区修志工作汇报会在梧州举行。　(梧州市方志办供稿)

要求，收集资料编写《广西年鉴·2012》梧州部分内容。

年内，组织修志队伍到自治区地方志编纂委员会办公室学习，到贺州市地方志办公室学习交流学习。先后接待玉林市、广东云浮、封开市的修志同行座谈交流修志工作。

【中共梧州市委党史研究室】 隶属中共梧州市委员会。内设秘书科、征编研究科。2012年末有工作人员7人。主任李红。

年内，编写出版《中国共产党梧州市委员会第一届至十二届委员、候补委员简介》地方党史研究工具丛书，全书收录中共梧州市第一次代表大会(1956年)至第十二次代表大会(2011年)选举产生及闭会期间任命的322名委员、候补委员简介情况。为进一步落实中共中央、自治区党委关于推进党史学习宣传教育，推动党史学习宣讲进企业、进农村、进军营、进学校、进机关、进社区工作的开展。年内，编写《中国共产党梧州历史简明读本》(1921~1949)初稿。

年内，组织市内党史专家、学者针对1949年11月至1978年12月在梧州发生的重大活动、重大决策、重大运动、重要会议、重要政策等方面的事情进行专题研究，编写《中共梧州地方历史专题研究(第二辑)》，征集到解放初期城市接管、剿匪肃特、农业生产合作社等时期的专题论文40多篇。为了充分发掘和开发利用梧州市创建广西第一个中共党组织的党史资源，发展红色旅游事业。年内，一是撰写论文《党在大革命时期党史文化遗产的发掘与开发保护——以广西梧州为例》参加全国“党史文化论坛”论文征集，并获自治区党史研究室推荐参加在浙江杭州举办的首届全国党史文化论坛论文评选活动。二是为大型书籍中国红色旅游系列丛书广西卷，撰写梧州市红色旅游简介稿件，主要描述梧州市红色旅游发展的情况，以及对经济、政治、文化和社会发展的影响和意义，并从历史地位和作用，历史脉络、史实和人物简介，红色故事等方面，重点推介13个红色景点景区。

【北海市地方志编纂委员会办公室】 隶属北海市人民政府。北海市地方志编纂委员会常设办事机构。主要职责有：负责向市政府提出地方志编纂规划的建议，负责组织、指导、督查市志、县区志及年鉴编纂工作。内设机构有综合管理科、编纂研究科、业务指导科。编制13人，2012年末实有10人，其中高级专业技术职务资格1人、中级5人。主任符丽明。

年内，完成《北海年鉴·2012》编纂出版工作。启动《北海图录》编纂工作，至年底完成收集各时期各行业图片600多幅并完成编辑送印刷厂排版。指导县区修志工作，加强与合浦县政府的沟通协调工作，解决合浦县修志中存在的一些问题和困难。经与铁山港区政府协调，该区修志工作得以加快，《北海市铁山港志》于12月由广西人民出版社出版，至此北海市辖三区第二轮修志工作全部完成。召开纪念市志办机构成立30周年座谈会，全体修志人员从机构变迁、机关建设、修志成果等多方位畅谈感想。据统计，市志办成立30年来，共出版市志、年鉴、地情书等多部，共2200多万字，指导县区志、部门志10多部，共计1000多万字。

【中共防城港市委党史研究室、防城港市人民政府地方志编纂委员会办公室】 分别隶属于中共防城港市委员会、防城港市人民政府，两室合署办公。内设党史科、地方志科、年鉴科和综合科，2012年末有在编工作人员11人。室主任黄有第。

年内，编辑出版《防城港市年鉴·2011》，并制成光盘；防城港市政府办以防政办发〔2011〕69号文印发了《防城港年鉴·2012》编纂方案，全面启动编纂工作；启动《中共防城港历史(1949~1978)》第二卷编写工作；编写《中共防城港地方历史大事记(1949~2012)》，其中，已完成了防城(1949~1993)、防城港区(1985~1993)、防城港市(1993~2011)部分初稿；上思部分也已编写；启动《历届党委重要文件汇编(1949~2011)》的编写工作。该书由办公室与防城港市档案局以及防城区档案局、上思县档案局合作编写；举办二卷培训班，以确保防城港市各县(市、区)二卷工作顺利开展；筹备建设防城港史志网，并于12月26日正式开通运行，网站的开通开启了防城港市党史和地方志信息的数字化、网络化建设，构筑了一个防城港地情和本地党的历史宣传的新阵地；配合自治区党史研究室拍制党史专题片《民族和谐之路》；协助自治区党史研究室做好《中国红色旅游系列丛书·广西卷》的编纂工作；《防城港市志》编修工作全面展开，资料的征集工作进展顺利，至年底，已经收集到95%志稿材料；与防城港市委宣传部、直属机关工委、团市委等部门联合举办知识竞赛。

【钦州市地方志编纂委员会办公室】 隶属钦州市人民政府。钦州市地方志编纂委员会常设办事机构。主要职能是拟定全市地方志编纂规划并组织实施；指导、督促和检查市辖县区的县志、区志、乡镇志和全市部门志的编纂工作，并对志稿进行审定验收；负责《钦州市志》、《钦州年鉴》和其他地情书的编纂工作；负责调查研究，积累资料，整理旧志，提供地情咨询服务；开展地方志理论研究，培训修志队伍，总结修志经验。内设秘书科、编辑出版科(年鉴编辑部)、联络指导科和地情古籍科。2012末年有工作人员14人，其中在编12人。

主任韦杰。

年内，市地方办扎实推进第二轮志书编修、年鉴编纂、古籍整理、地情书籍出版等工作，取得较大成绩。

第二轮修志工作　一是加强对《地方志工作条例》和《广西实施〈条例〉办法》的学习、宣传。5月18日前后，利用报刊、广播、电视、互联网等媒体开展形式多样的宣传工作，让社会各界了解地方志工作，形成全社会关心支持地方志工作的良好氛围。二是加大对第二轮修志工作的督查力度。通过对修志单位和县区的修志工作进行了两次督促检查，对全市的修志状况有了较全面的了解，引起各县区、各部门对修志工作的重视。截至2012年底，《钦州市志》143个承修单位，已基本完成初稿并交到市方志办的有142个。三是集中力量推进志稿的评议返修工作。市方志办集中人力、集中时间、集中精力对已收到的志稿进行评议，并及时将评议意见反馈给承修单位，以便进一步修改、补充和完善。2012年，已完成对60个分志的评议。

《钦州年鉴》编纂工作　年内，《钦州年鉴》的编纂有较大的创新。一是篇目有较大的调整，调整后的篇目更合理，更科学，容量更大。二是编辑方式有创新，分工更细，具体责任到人，保障了编辑出版工作的顺利开展。三是创新培训方式，按照栏目采取分期分批培训的方式对年鉴撰稿人开展了5期培训，收到较好的效果。

旧志整理工作　年内，按计划对清雍正《钦州志》进行整理重印。先后组织人员在本市档案馆和图书馆、自治区志办和图书馆、广东省、中山大学图书馆等地查找影印底本。经整理及撰写前言等前期工作完成，该书于10月付印。

钦州地情网建设　钦州地情网于上年开通后，市方志办举办了一期操作培训班，除市志办全体人员外，各县区志办还派员参加。经过一年的建设，现在钦州地情网上，可以查阅到相关的方志动态、钦州时政、旅游景点、民俗风情、县镇概况等内容。

【中共钦州市委党史研究室】　隶属中共钦州市委员会。内设秘书科、征编科、出版科、宣传教育科4个职能科室。2012年末在职在编10人(其中具有高级专业技术职务资格1人，中级2人)。主任覃运生。

队伍建设　3月，在全市100多个单位明确党史分管领导和配备党史工作联络员，初步建立党史联络制度。8月，召开全市党史研究室主任暨党史联络员培训会议，明确联络员职责，对党史联络员进行业务培训。

编辑出版　年内，出版钦州党史年编首卷《中共钦州党史年编》(2011年卷)，分设大事要事、重要会议典藏等10个编目，800千字；编辑出版内部刊物《钦州市抗战时期人口伤亡和财产损失》、《中国共产党钦州市历届代表大会简介》和附有插图的《钦州大事速览》12期。编写的党史普及读本《钦州革命小故事》获“全国党史部门党史优秀成果奖”著作类三等奖。

党史宣传教育　年内，与钦州市教育局在全市中小学中开展百场党史宣讲进校园、《钦州革命小故事》读书征文比赛和党史知识竞赛活动等活动；共组织30多名专家学者和老同志到全市100多所中小学进行党史宣讲活动，征文比赛收到稿件590篇，分成人组、高中组、初中组、小学组进行评奖，并对钦州党史进校园活动先进集体、先进个人及100名钦州党史知识竞赛优胜者予以表彰，将《钦州革命小故事》读书征文活动评选获奖作品汇编成作品集，免费发放到市各中小学校。人民网、中国共产党新闻网、《广西日报》等对活动进行报道。

8月14日，钦州市党史研究室主任暨党史工作联络员会议在钦州召开。

（钦州市党史研究室供稿）

【贵港市地方志编纂委员会办公室】　隶属贵港市人民政府。内设综合科、编纂科。2012年末有在编人员9人。主任甘德富。

年内，积极推进第二轮地方志书的编纂工作，续修《平南县志(1988～2005)》已公开出版；《港南区志》、《港北区志》、《覃塘区志》启动编纂；《贵港市志》正在编辑加工。同时出版《贵港年鉴·2012》、《贵港市金融志》等。

【玉林市地方志编纂委员会办公室】　隶属玉林市人民政府。主要负责组织、指导、督促和检查地方志工作；拟定地方志工作规划和编纂方案；组织编纂地方志书、地方综合年鉴；搜集、保存地方志文献和资料，组织整理旧志，推动方志理论研究，组织开展业务培训；组织开发利用地方志资源。设科室2个。2012年在编人员8人（其中具有高级专业技术职务资格1人、中级3人）。主任黎成。

年内，《玉林年鉴·2010》参加第六届全国年鉴编校质量检查评比活动获特等奖，是广西唯一获此殊荣的设区市年鉴；3月，在广西年鉴撰稿人员培训班上作经验介绍。

编纂工作　一是全面完成《玉林年鉴·2011》编纂出版、发行工作。全书设类目32个，共列分目237个、条目1384个，收录统计表格70多张、图片894帧、字数11478千字。二是与广西地方志办公室共同整理影印出版《清（光绪）鬱林州志》，分一、二两册。三是继续做好《玉林市志》创修工作。四是完成《广西年鉴·2012》、《中国城市年鉴·2012》、《广西社会科学年鉴·2012》玉林市的撰稿任务。

地情网站建设　制订《玉林地情网站建设工作方案》，按照自治区地方志办的要求完成栏目设计、资料和图片收集及上传工作。

方志理论研究　年内，《加强领导，精心组织，开创年鉴工作新局面》、《略谈规范年鉴条目编纂》、《对志书资料搜集和资料组织工作的几点体会》等论文在桂林市召开的“广西地方志理论研讨会”上分获佳作奖、二等奖、三等奖。《浅谈编纂〈玉林年鉴〉的作法》、《略谈规范年鉴条目编纂》分别在2012年《广西地方志》刊发。《谈谈怎样更好地发挥志书功能》在2012年海南、广东、广西“三省（区）城市”地方志理论研讨会上作发言，并入编论文集。

市、县两级地方综合年鉴撰稿人员业务培训　4月26日，举办《玉林年鉴·2012》撰稿人员培训班，邀请自治区地方志办年鉴专家主讲，市地方志办公室作业务培训，200多人参加。5月12日，市地方志办公室派员在《北流年鉴》撰稿人培训班上作主题讲座，效果良好。

对外交流　全年开展两次。5~6月，分别组织编辑人员赴南宁、桂林、柳州、来宾、钦州、北海等市，就地方志书和综合年鉴编纂工作进行交流与学习。

【中共玉林市委党史办公室】　隶属中共玉林市委员会。内设秘书科、征编科。2012年末有工作人员10人。主任周慧。

队伍建设　年内，坚持和完善干部脱产进修、领导班子中心组理论学习、干部自学三位一体的理论学习格局，采取参加理论辅导、专题培训、以会代培、考察学习等形式进修全面培训。有16人（次）参加玉林市委组织部、市委宣传部、市纪委、机关工委、市人事局、市司法局等部门举办的党务、普法、纪检、学习会议精神等各种培训班的培训学习，20人（次）到广西区内外兄弟城市党史部门进行交流和考察学习，3人（次）参加自治区党史研究室组织的培训学习。以会代培举办2期玉林市级党史业务培训班，等等。

党史宣传　3月5日，组织业务骨干、党员积极参与玉林市直机关工委举办的“为民服务一条街”活动；在玉林城区人民中路开展党史宣传服务，接受群众对党史知识的咨询，并免费发送《广西党史》、《传承》、《玉林大事记》等党史资料杂志。配合各社区出版党史文化宣传专栏、组织群众举办文艺演出等，采取通俗易懂、喜闻乐见的形式，使广大群众在潜移默化中受到党史教育。4月初，组织党员到定点帮扶贫困村玉林市玉州区仁厚镇茂岑村开展党史书籍下乡活动，对农村党员干部群众宣讲党的历史经验和党的政策，引导广大农村党员干部群众饮水思源、致富不忘党的领导、争做新农村建设带头人。6月，与玉林市直机关工委联合举办“学党章、知党史、强党性”为主题的知识竞赛活动，内容包括《中国共产党历史》、《中国共产党玉林历史》、国情、区情、市情等，全市中直、自治区直、市直机关单位3000多党员干部参加。8月10日，组织业务人员到玉东新区茂林镇茂林村宣讲胡锦涛总书记“七一”重要讲话精神，并向当地党员群众发放胡锦涛总书记“七一”讲话宣传册。与玉林市教育局、市委团委、市关工委联合发文组织观看中国共产党党史教育电影《没有中国共产党，就没有新中国》，全市中直、自治区直、市直机关单位2000多党员干部群众观看。组织业务骨干以举办党史知识讲座和座谈会等形式，向市检察院、市直机关工委等机关党员领导干部讲授党的光辉历史。配合玉林市教育局组织各中小学校学生到地方革命纪念馆、烈士陵园开展“缅怀革命先烈、立志振兴中华”活动。党的十八大召开后，组织党员干部认真研读党的十八大文件和党章，通过召开座谈会、研讨会、开辟宣传专栏和学习园地等方式组织学习讨论，并组织党员到定点帮扶贫困村玉州区仁厚镇茂岑村开展党的十八大精神宣讲活动。配合玉林市委对桂东南抗日武装起义烈士纪念馆内陈列的党史陈列室布展内容进行扩展，在视觉、听学方面丰富了陈列内容，使党史知识通俗易懂，增强党史教育的现实性和针对性，同时配合玉林市旅游局积极探索红色旅游线路扩展。

科研工作与成果　3月，启动完成《玉林历届党代会》（暂名）一书编纂工作。7月，组织全市党史业务骨干参加自治区党史研究室举办的“党史文化论坛”征文活动，提交论文5篇，获中央党史研究室选用1篇。

年内，开展《中国共产党玉林历史》(第二卷)》的编写工作。组织专职编研人员采取走访、座谈等多种形式广泛征集资料，查阅历史档案，在认真分析研究的基础上，写出“新民主主义到社会主义的过渡”、“社会主义在探索中前进”、“‘文化大革命’时期”、“两年徘徊时期”等共250千余字的书稿。征集社会主义时期党史资料200多千字，继续加强新民主主义革命时期党史资料研究，开展党史专题研究。编写《玉林市党史大事记》季刊4期，共130千字。编写和补充修改《玉林市抗日战争时期人口伤亡和财产损失》资料集(B卷)和《广西玉林市革命遗址遗迹普查调查专题集》;其中，《玉林市抗日战争时期人口伤亡和财产损失》资料集(B卷)已定稿交广西人民出版社出版，全书250千字。完成自治区党史研究室布置的编纂《中国红色旅游系列丛书(广西卷)》和《胡耀邦同志在广西》的供稿任务，撰写文章2篇，采集图片20幅。协助广西陆军预备役步兵师第二团政治部做好史料征集工作，为《广州战区红色历史文化资源概览》一书提供相关史料及图片。

【中共百色市委党史办公室、百色市地方志编纂委员会办公室】 分别隶属中共百色市委员会、百色市人民政府。两室合署办公，设秘书科、业务一科、业务二科，其中秘书科负责日常行政工作，业务一科负责党史工作，业务二科负责地方志工作。编制9人。2012年末有工作人员10人。主任黄汉儒。

党史工作 (1)制订《市委党史办2011~2015年工作规划》，学习《中共广西壮族自治区委员会关于加强和改进新形势下党史工作的实施意见》(桂发〔2010〕32号)精神及《自治区党史研究室2011~2015年工作规划》，并以此为指导开展党史工作。(2)采取措施扩大《中国共产党百色市历史》的发行量。到2012年12月，《中国共产党百色市历史》发行量已经突破1000册。(3)审阅《中国共产党百色市右江区历史(1921~1949)》(第一卷)、《中国共产党田东历史》。

地方志工作 (1)修志工作。征集人物资料和广西通志各专志百色资料约120万字。至2012年末，《百色市志》资料稿收集大半，已有107个单位交来稿件，交稿率63%。(2)年鉴编写。2012年末，《百色年鉴(2009~2010)》编辑完成，送市政府审核，全书约1200千字。同时，《百色年鉴(2011~2012)》的编纂方案也报送百色市政府审核。(3)工作指导。年内，办公室领导带领各科人员到各县(区)进行修志调研，督查指导修志工作，主任黄汉儒参加田阳县、隆林各族自治县二轮修志推进会并作讲话。同时多次对《那坡年鉴(2008~2009)》进行编辑业务指导。(4)学术交流。办公室副主任潘桂玲参加广西地方志理论研讨会，所撰写的《浅谈加强百色少数民族地区修志人才队伍建设问题》在会上交流，并获佳作奖。罗生福科长参加第二届中国地方志学术年会，就所撰写的《关于农民入志问题的再思考》在大会做专题发言。

【中共贺州市委党史研究室、贺州市地方志编纂委员会办公室】 分别隶属中共贺州市委员会、贺州市人民政府，两室合署办公。内设秘书科、党史征编科、地方志编纂科、年鉴编纂科4个科室。负责中共党史编研、宣传和地方志编修、旧志整理、地方志开发利用等工作。2012年末在职在编人员9人(其中具有高级专业技术职务资格1人，中级4人)。主任黄观壮。

史志编修 年内，启动《贺州市志》编纂工作。上半年，成立由市长担任主任的《贺州市志》编纂委员会，并成立编辑部，落实编辑人员、办公场所、办公设备及开办经费等，12月4日，召开《贺州市志》编纂动员培训会，动员部署编纂工作。完成1100多千字的《贺州年鉴(2009~2010)》审核，并于8月出版发行;5月，启动《贺州年鉴(2011~2012)》编纂工作，年内完成1100多千字稿件的编辑。完成100多千字的《中国共产党贺县历史》审核;完成《红色印记——贺州市革命遗址遗迹》编纂工作并报送广西人民出版社审核。《中国共产党钟山历史》(第二卷)、《中国共产党富川历史》(第二卷)、《中国共产党昭平历史》(第二卷)启动编纂;《中国共产党昭平县历届代表大会》、《八步区年鉴·2010》、《富川年鉴(2010~2011)》、《平桂年鉴(2010~2011)》出版发行;旧志《富川县志(乾隆版)》整理出版。

史志宣传 年内，积极开展史志文化进机关、下基层活动，不断拓展党史宣传教育领域，普及党史、方志知识，努力实现史志“资政育人”作用。为各机关单位赠送《贺州年鉴》、《梧州地区志》及党史著作1000多套(册)，为新农村、扶贫村和生态文明村联系点赠送史志书籍200套(册)，不断增进机关干部及基层群众对党史知识和贺州地情市情的了解。协助自治区地方志办公室地情影像资料中心拍摄平桂管理区黄田镇大庙山庙会、黄田“二月二”等民俗节庆活动，并为《广西节庆志》组稿。通过拍摄及宣传民俗节庆活动，扩大贺州市淳朴民俗民风的影响力，为贺州创建“文化先进城”作贡献。

【中共来宾市委党史研究室、来宾市地方志编纂委员会办公室】 分别隶属中共来宾市委员会、来宾市人民政府，两室合署办公。主要负责编纂地方党史正本和党史资料丛书，编修本级地方志和年鉴业务工作，协助指导市直部门和各县(市、区)开展党史、地方志编修工作。2012年末定编8人，工作人员9人。主任罗旭彤。

史志编修　年内，出版22部党史编研成果。完成《中共来宾历史(1926.12~2008.12)》初稿编写，并根据自治区初审意见修改，形成600千字样文稿。出版发行《中国共产党金秀历史》、《中国共产党忻城历史》、《来宾拓荒牛——来宾市建市十年回眸》，编写《来宾建市以来党建创新成果汇编》。赠送《烽火来宾》给全市100多个单位作为党史学习教材。完成的《忻城县红色旅游资源开发利用初探》、《中共来宾市兴宾区地下党组织活动调研报告》、《金秀县加强史志业务学习，提高编史修志质量》等为各级党委、领导决策参考提供史料依据。

年内，完成《来宾市志》从先秦时期至2008年12月共计3500千字的初稿撰写；完成《武宣县完成志》1991年至2006年初稿，完成1997年至2011年补充稿资料；完成《金秀县志》三级评审并进行拾缺补遗工作；对《兴宾区志》进行统稿；完成《忻城县志》三分之二的统稿任务；完成《合山市志》初稿撰写；《象州县志》完成65%资料收集；全市第二轮修志工作均成立编纂委员会和编辑部，确定主编人员。《来宾年鉴·2011》完成总纂工作，《兴宾年鉴·2011》报送出版社审核，《合山年鉴(1999~2006)》完成50%资料收集，编纂《象州年鉴》。编纂出版来宾市庆重点项目——《来宾拓荒牛》，兴宾区编纂《兴宾历程》，象州县出版《象州史志》，武宣县出版《武宣县大事记期刊》，合山市出版《合山30年辉煌历程》等。

党史宣传　年内，围绕“党史研究成果服务现实工作”的目标要求，以推进“党史八进”（进机关、进企业、进农村、进军营、进学校、进社区、进家庭、进网络）工程为重要抓手，确保党史宣传教育深入人心，为党在新时期建设提供史实支持和培育忠诚于党的事业践行者。一是开展党史宣传教育进机关工程，市、县(区)共开展进机关活动80多场，向党员干部宣讲党史知识9000多人(次)，建立党史宣传教育进机关示范点6个。二是开展党史宣传教育进企业工程，全市史志系统到企业宣传党史30多场。三是在兴宾区平阳镇尖山村启动“党史宣传教育进农村”工程，全市各级党史部门积极主动下到农村开展党史宣传教育活动，全年共向农村赠送5000多册党史资料。四是开展党史宣传教育进军营工程，党史部门积极与当地驻军联系，进军营开展党史宣讲活动，赠送党史书籍充实部队图书馆建设。五是开展党史宣传教育进学校工程，组织党史研究人员到中小学校、高中等开展党史知识讲座近30场。六是开展党史宣传教育进社区工程，每个县建立一个社区党史宣传教育示范点。如象州县党史办深入中平社区，赠阅地方党史教科书——《中共象州县历史大事记》。七是开展党史宣传教育进家庭工程，在全市范围内建立8个党史学习教育示范家庭，向全市400多个家庭发放党史书籍组织学习。八是开展党史宣传教育进网络工程，广西第一个地级市网络党史宣传教育阵地“来宾党史网”为开展地方党史宣传教育提供一个全新的渠道，网站时时更新党史知识、要闻等，吸引广大党员、群众学习浏览，网站点击率已达到125万人(次)。

年内，在完成革命遗址遗迹普查的基础上，注重革命遗址遗迹的利用和保护，在6县(市、区)挂牌35个革命遗址遗迹宣传教育点，其中武宣县11个、合山市1个、象州县5个、忻城县7个、兴宾区6个、金秀县5个。选定在寺村镇、岭南镇、良塘乡等18个乡镇开展宣传教育基地建设，每个县建立1个以上乡镇宣传教育基地。象州县在寺村镇交趾村自治区人民政府原主席韦纯束旧居挂牌，兴宾区在良塘乡革命烈士纪念陵园挂牌，建立地情教育基地。全市挂牌入志的革命遗址遗迹和地情教育点30个。合山市通过在煤炭地质公园挂牌开展地情教育，使广大群众了解合山市作为广西“光热之城”所作出的贡献。全市修志部门还积极发动各乡镇、各村屯有条件的家族修族谱、家谱，充实地情资料库。

读志用志　年内，来宾市开展《地方志条例》颁布6周年宣传活动，大力宣传依法修志。通过召开座谈会、悬挂跨街横幅、设点咨询以及电视、电台、手机短信等形式广泛宣传，覆盖面15万人(次)。无偿向社会提供资料查阅咨询服务1300多人(次)。积极为中石油、中石化、广西高铁办、南宁铁路局和来宾住建局等单位提供地情资料，为项目建设服务；合山市委、市政府依据《合山市志》及《合山矿务局志》等志书资料证明，合山靠煤“吃”煤已近一个世纪，申报被列入全国第二批资源枯竭城市，促进产业转型升级，三年累计获得中央转移支付资金1.5亿元。

绩效考评　年内，来宾市创新党史、地方志工作考评督查机制，对全市党史、地方志系统实行“8+2+3”目标考核，即：市委、市政府每年对各县(市、区)地方志工作必检8项内容，要求创新2项工作，将党史、地方志工作延伸到3个乡镇，5年内党史、地方志工作覆盖全市所有乡镇。使方志工作有计划、有要求、有保障，形成“大方志”格局。全市共组建党史、地方志信息员队伍7支共460余人。通过目标绩效考核武宣县、兴宾区、金秀各族自治县获一等奖，象州县、忻城县、合山市获二等奖。通过考评，来宾市党史、地方志工作取得平衡发展，各项工作推进速度加快。

队伍建设　年内，干部职工在中共中央党史网、自治区党史工作情况交流、广西党史网、来宾市政务信息、《来宾日报》共发表文章100余篇。获中央党史研究室表彰3人；市委党史研究室获“来宾市直机关2010~2012年度创先争优先进集体”、“来宾市十佳学习型单位”、“来宾市公共机构节能先进单位”，获来宾市委、市政府表彰先进个人4人，各县(区)表彰10余人。全年参加自治区党史业务培训6人。

高等院校科研机构

【广西大学马克思主义理论研究和建设工程基地】 自治区级人文社科研究机构。设有领导小组、学术委员会、工作办公室。负责人梁颖。

2012年，成立广西大学博士教授“党的十八大精神”宣讲团，宣讲团成员12人。校党委书记梁颖任团长，党委副书记邓军任副团长，其他成员由学校长期从事党的建设及相关学科教育教学和研究工作的教授博士专家学者组成，宣讲团在校内外进行宣讲70余场。

年内，在报刊发表理论文章及学术论文10篇，出版专著3部。获广西马克思主义理论研究和建设工程基地资助经费10万元，资助6项立项的研究课题。

【广西大学财政金融研究中心】 内设区域金融研究所、国际金融研究所、财政税收研究所、保险研究所4个研究机构。从事关于区域金融热点问题、国际金融热点问题、财政税收问题以及保险学问题研究，形成了区域金融发展研究、中国—东盟金融研究、区域财政研究等3个研究方向。2012年末有教授16人、副教授15人，讲师3人，兼职教授(研究员)11人；享受国务院特殊津贴专家2人、教育部新世纪人才2人、广西新世纪十百千人才工程第二层次人选2人、八桂学者1人，自治区“泛北部湾区域经济合作”人才小高地首席专家1人、广西重点学科“应用经济学”首席专家1人、广西高校优秀人才1人、广西高校百名中青年学科带头人1人，全国哲学社会科学规划办公室国家社科基金项目评委2人。主任范祚军。

近年来，校内专职和兼职的骨干研究人员在2006~2012年期间完成及在研项目109项，其中国家社会科学基金重大项目1项，教育部哲学社会科学研究重大课题攻关项目1项，国家社会科学基金项目6项，国家自然科学基金项目2项，企事业单位委托研究项目61项；研究报告3篇，专著7部；发表学术论文258篇。范祚军教授撰写的《应对南海局势的经济金融战略思考与对策》专题报告，被《当代世界研究参阅资料》第129期收录，并被呈送中央领导参阅；《推进人民币东盟化，重塑东盟领域中国的核心影响力》被选入教育部人文社会科学成果摘报。唐金成教授的课题《广西甘蔗种植保险研究》被国家财政部采纳。与中国人民大学财政金融学院、中国人民大学商学院、中国人民大学财政金融研究中心、西南财经大学中国金融研究中心、中央财经大学金融学院、中央财经大学中国银行业研究中心、中南财经政法大学金融学院和财政学院、天津财经大学经济学院、武汉大学经济与管理学院、华中科技大学经济学院等高校、科研院所建立协作关系，取得高水平研究成果。

【广西大学古籍整理研究所】 内设广西地方古籍整理与研究、广西历史文化研究、索引与辞书编纂、古籍书画修复等4研究室。重点研究方向有广西地方古籍整理与研究、广西历史文化研究、《古今图书集成索引》的编制及研究、古籍书画修复。2012年末有科研人员26人(其中具有高级专业技术职务资格23人)，博士15人，其中1人是博士后；享受国务院特殊津贴专家1人，广西优秀专家1人，自治区有突出贡献科技人才1人。所长黄南津。

年内在研省部级以上课题10项，其中4项为国家级项目《类型学视野的上林壮语情态研究；广西壮族自治区国家通用语言文字使用情况调查研究》等。出版专著《西汉文学编年史》、《湘皋集(下)》(校注本)、《广西古代诗文发展史》等4部，发表论文21篇。

【广西大学经济发展研究所】 主要开展产业经济、房地产经济、区域发展与区域规划、经济体制改革与经济发展、国际经济合作、农村社区发展和金融市场运行等方面的研究。依托广西大学商学院开展工作。2012年末有科研人员36人(其中具有高级专业技术职务资格32人)。所长覃巍。

年内参与的学术会议主要有：10月20~21日，覃巍教授参加在重庆大学召开的“中国创新与企业成长(CI&G)2012年度会议”，与来自清华大学、重庆大学、电子科技大学、中国科学院等学校、科研院所代表40余人围绕创新、创业、企业成长、战略性新兴产业、基本科学的产业的技术创新等领域展开交流。11月17日，经济发展研究所梁权熙博士参加“中国会计学会财务管理专业委员会2012年学术年会暨第18届中国财务学年会”并在会上宣读学术论文。12月9日，经济发展研究所朱仁友教授(广西住宅与房地产研究会副会长)参加广西房地产及住宅研究会2012年学术年会暨广西北部湾经济区房地产发展学术研讨会，朱仁友作题为“公共租赁房租金定价模式”的学术报告；12月19日，覃巍教授参加广西劳动保障学会第七届会员代表大会，并作“继往开来努力创新　不断开创学会工作新局面”的工作报告。经会议选举，覃巍当选为广西劳动保障学会第七届理事会副会长。

年内，科研人员获省部级纵向课题5项，计划内横向课题8项。发表学术论文50篇，出版学术专著2部。获广西第十二次社会科学优秀成果奖二等奖2项，三等奖4项。

【广西大学旅游科学研究中心】 内设有旅游园林、旅游文化、旅游经济、旅游建筑等4个研究所。集旅游教学、旅游科研、旅游规划、旅游项目策划以及旅游企业管理咨询于一体的专业性旅游研究单位。融合旅游、建筑、园林、历史、文学、地理、经济、管理等8个学科，配置有旅游资源开发与规划、旅游企业战略管理、旅游服务技能培训、酒店与景区管理等团队。2012年末有专业科研人员48人，其中教授14人、副教授20人，讲师14人，具有博士学位15人、硕士学位23人。主任杨永德。

年内，获自治区级研究课题6项，计划内横向项目10项(科研经费220万元)。项目涵盖广西、湖南、江西、安徽、湖北、浙江等省(自治区)的市、县(区)的旅游发展总体规划、景区开发建设规划以及旅游项目可行性研究报告。科研人员出版专著4部，在《旅游学刊》、《人文地理》、《管理世界》等刊物上发表学术论文30多篇。

【广西大学经济与管理实验中心】 广西高校重点实验室，广西唯一的经管类国家级实验教学示范中心。2012年末有科研人员65人，拥有教授职称的占34%，副教授职称的占49%；拥有博士学位的占38%，硕士学位的占25%。主任阎世平。

年内，作为广西大学商学院实验教学和研究中心，承担工商管理类、经济学类共15个全日制本科专业，4个第二专业，12个硕士专业，以及EMBA、MBA、高校教师专业硕士、继续教育相关专业等各层次1万多名学生的实验教学任务。开出47门实验课程，300多个实验项目。在2012年广西高等教育自治区级教学成果评选中，“基于示范中心构建经管大类人才‘实践+拔尖’复合创新能力培养体系的改革与实践”获一等奖，“完善高校财务管理专业校内实训教学体系的研究与实践”，获二等奖。接待30批(次)200多人(次)的来访及交流。

年内，主持国家社会科学基金项目1项、国家自然科学基金项目1项、省部级项目7项、计划内横向项目11项、厅级项目8项、校级项目17项，出版专著10部、教材6本，发表论文178篇。

【广西师范大学外国语言文学研究所】 内设英语语言文学、英美文学、俄罗斯文学、翻译、英语教学、海明威、大学英语教学、日本语言文学、朝鲜语言文学、印尼语言文学等10个研究室。2012年在编研究人员170人，其中教授15人、副教授45人，讲师71人。所长何彦诚。

学术活动　年内，共举办各种学术讲座10多场，演讲者有来自国内外的专家学者，听众2000多人次。其中影响较大的有广东外语外贸大学的欧阳护华教授、北京外国语大学的陈国华教授、苏州大学的顾佩娅教授以及延边大学的金柄珉、金哲等多位著名学者。

学术交流　年内，对外学术交流范围和规模在不断扩大，其中国外学习交流主要集中在加拿大，一些入选西部地区人才培养特别项目的骨干教师，赴加拿大留学，为期半年。国内学术交流主要集中在出席一些研究机构或大学举办的学术研讨会，共14次。

队伍建设　一是进一步完善原有的科研团队建设，注重对年青研究人员的涵养培育。基于研究方向初步创建了外语与外语教育研究、翻译与文化传播研究、广西少数民族语言文化记录与保护传承研究等几个大的创新团队。二是引进人才。年内引进一位正高级职称、具有博士学位的研究人员，进一步充实和完善研究队伍的实力和学缘结构。

科研工作　年内，科研项目有了质的飞跃，各级别的项目立项总数16项，为历年最高，而且高水平项目立项有了重大突破，其中国家社科基金项目2项，教育部项目2项，省部级和厅级项目6项，整体水平创历史新高。科研人员发表科研成果133篇(部)，其中cssci和核心期刊文章21篇，专、译、编著22部。年内获广西第十二次社会科学优秀成果奖著作类三等奖1项，广西教学成果二等奖1项，广西师范大学教学成果特等奖1项、二等奖4项、三等奖3项。

【广西师范大学中国语言文学研究所】 挂靠单位文学院系教育部批准的“国家级优秀教学团队”、“国家文科基础学科人才培养和科学研究基地中国语言文学点”(国家文科基地)、“特色专业(汉语言文学)”。设有汉语言文学、对外汉语、编辑出版、文秘等专业。中国古代文学与文艺学系自治区重点学科，拥有中国古代文学博士授权点和文艺学、现当代文学、语言学、比较文学与世界文学、少数民族民间文学等14个硕士授权点。2012年末有在岗研究人员和教学人员92人。其中具有教授等正高级专业技术职务资格的36人，博士生导师11人，副高25人，中级14人，其他18人，拥有博士学位者41人。享受政府特殊津贴专家5人,教育部新世纪优秀人才支持计划1人,广西优秀专家3人,广西特聘教授2人。所长麦永雄。

年内,科研人员在线装书局、华中师范大学出版社、广西师范大学出版社等出版专著(译著)多部,主要有:胡大雷《南北文化与古典文学新论》、杜海军《广西古代诗文发展史下卷〈广西古代散文发展史〉宋代元明部分》、黄伟林《漓水清莲——桂林古代养正文化巡览》、刘铁群《广西现当代散文史》等。研究人员积极开展学术交流活动,邀请国内外著名学者、博士生导师莅临讲学,主要有:美国鲍尔州立大学教授詹姆斯·J·康纳利、纽约州立大学陈李凡平博士、韩国顺天大学教授金薰镐博士、中国现代文学馆吴义勤教授、华东师大陈建华教授、北京师范大学萧放教授、华东师范大学徐子亮教授、《南方文坛》主编张燕玲女士等。科研人员参加多种国际和国内学术研讨会,与国内外同行进行较为广泛的学术交流。

年内,科研人员在学科建设、科研立项、科研奖励和发表论著等方面取得突出成绩。中国语言文学一级学科获批设立博士后科研流动站。在国家级科研立项方面取得重要突破,获得国家社科基金重大招标项目《桂学研究》(胡大雷教授);2012年度国家社科基金课题立项3项:《广西疍家话调查研究及有声语料库建设》(白云教授)、《民族文化的村寨依托与保护研究》(徐赣丽教授)、《广西民歌非物质文化遗产传承与创新机制研究》(岑学贵副教授)。获得2012年度教育部人文社会科学研究规划基金项目等4项:《当代欧美诗学:范式转型与理论话语史论》(麦永雄教授)、《量词语义的类型学研究》(樊中元教授)、《身体、仪式与社会—广西红瑶生命仪式的身体人类学研究》(冯智明老师·教育部人文社会科学研究西部和边疆地区青年基金项目)、《文化建设视野下高校辅导员工作创新研究—基于全国高校辅导员年度人物案例分析》(杨森清老师)。研究人员获广西第十二次社会科学优秀成果奖二等奖4项、三等奖5项;共获科研成果228项,其中发表学术论文176篇,出版专著、教材18部等。

【广西师范大学成人教育研究所】 挂靠成人教育学院,由成人教育学院主要领导分管。主要职责:开拓和推进成人教育理论研究,加强成人教育学科建设;为学校与国内外成人教育界进行学术交流与合作提供平台和载体;服务于学校及广西的成人教育改革与发展、服务于民族地区终身教育体系构建、服务于民族地区学习型社会建设。2012年末有专职研究人员1人,兼职5人。所长黄瓅。

学术活动 年内,派员参加中国成人教育协会年会、中国成人教育协会成人高等教育理论研究委员会年会、第三届全国成人教育学专业研究生培养工作交流研讨会,派员参加由学校国际教育交流学院承办的第八届中美教育研讨会(The 8th Sino-American International Research Forum),并分别在上述会议或小组讨论中作学术报告;与桂林市八里街办事处共同举办农民工文化活动及培训学术研讨会。

队伍建设 人员构成采用专职和兼职相结合。在学院主要领导的分管下,专职研究人员具体负责研究所的日常工作,兼职研究人员,分担部分科研任务,例如课题立项论证、课题研究、外地调研、学术交流等。

科研工作 年内,教育部课题结题1项目;自治区教育厅"十一五"规划2007年招标课题结题1项;自治区教育厅"十一五"教育规划2008年一般课题结题1项;自治区教育厅"十一五"教育规划2009年课题结题1项。发表学术论文9篇,其中核心期刊3篇,其中1篇被中国人民大学《复印报刊资料》转载;主编著作1部;获广西第十二次社会科学优秀成果奖2项。

【广西民族大学中国—东盟研究中心】 广西高校人文社会科学重点研究基地、广西科学实验(研究)中心、教育部东盟(区域)研究中心。内设越南研究所、泰国研究所、印度尼西亚研究所、马来西亚研究所、实验室管理中心、信息分析中心、办公室。2012年末在职人员30人,其中科研人员22人,包括教授11名(其中广西八桂学者1人、客座教授5人)、副教授8人、讲师3人,学术委员会委员13人。主任黄兴球。

学术会议 年内,参与主办、承办多次全国性、国际性的学术会议:4月15日,在北京与北京大学合作举办"第二届中国研究生东盟论坛";5月10日,在北京与外交部合作举办"第二次东亚智库论坛:东盟的一体化建设问题";5月10~12日,在南宁与广西民族大学预科教育学院合作举办"中国—东盟预科教育研讨会";3月31日,"2011年东盟形势年度分析会"在学校召开,会议邀请众多国内知名的东南亚问题研究专家学者与会;11月16~19日,与国际木文化学会、中国林产工业协会合作举办第三届"中国—东盟国际木文化论坛";11月24~25日,在南宁与广西对外经济文化交流中心共同主办"全球视野下的东亚峰会及东亚的未来"国际研讨会,本次研讨会由中国外交部资助,来自中国、俄罗斯、日本、韩国、马来西亚、泰国、越南等国家的学者与会,围绕"东亚峰会的作用及战略重点"、"东亚峰会与其他机制的协调发展"、"东亚峰会进程中的智库与媒体作用"3个议题进行讨论;12月22~23日,在广西民族大学主办"2012年东盟形势及中国—东盟关系研讨会",来自中国社科院、厦门大学、海口经济学

院、云南社科院、云南大学等全国各地近30名东盟研究专家学者与会，就"2012年的东盟形势"和"2012年的中国—东盟关系"两大议题进行学术研讨。

学术交流 (1)"引进来"。邀请多位国内外知名学者来校交流：3月8日，日本早稻田大学越南籍教授陈文寿来校作学术报告；5月15日，教育部社科司张东刚副司长、民族教育司何光彩副司长应中国—东盟研究中心邀请，到学校作哲学社会科学研究及国家人文社会科学基地建设的专题讲座；5月22日，邀请外交部东盟处程霁副处长来校作题为"中国东盟关系现状分析"的讲座；5月28日，泰国皇太后大学文学院王伟民教授作题为"泰国华人移民史"的讲座；6月18日，广西八桂学者庄国土教授作题为"中国的南海战略及美国亚太战略解读"的讲座；9月26日，驻越原大使齐建国阁下作题为"美国战略东移及南海变局"的讲座；9月28日，广西八桂学者庄国土教授作题为"钓鱼岛争端与中日关系的走向"的讲座；10月25日，俄罗斯国立鄂木斯克师范大学政治学博士、贵州师范大学教授那传林先生作题为"面向21世纪的俄罗斯与东盟关系"的讲座；10月26日，郑州大学马克思主义学院院长、越南研究所所长、中国东南亚研究会副会长于向东教授作题为"越南海洋强国的梦想与现实追求"的讲座；10月26日，东盟学院首届研究生学术沙龙活动在国际教育综合大楼301室举行，学校八桂名师范宏贵教授、郑州大学于向东教授、广西社会科学院古小松研究员与学校部分师生就"越南研究"主题进行共同探讨；10月29日，中国—东盟法律研究中心秘书长、西南政法大学国际法学院院长、博士生导师张晓君教授作题为"中国—东盟自由贸易区建设的制度环境及其发展"的学术讲座；10月31日，浙江警察学院副院长寿远景教授率考察团到学校进行工作访问，就中国—东盟研究现状及学校中国—东盟研究中心的组织结构、研究队伍、经费保障、管理考核等工作内容进行调研；11月5日，由广西对外经济文化交流中心与东盟学院合作举办的"中日关系形势座谈会"在校举行，日本明治大学政治经济学部伊藤刚教授作题为Possible Japan-China Tensions over their ASEAN Policy的主旨发言；11月16日，云南省社会科学院研究员、博士生导师贺圣达教授在校作题为"东南亚历史和文化重大问题研究"的学术讲座；11月16日，第二届东盟研究学术沙龙活动在校举行。东盟学院常务副院长、中国—东盟研究中心主任黄兴球教授，云南省社科院前副院长贺圣达教授，外国语学院于雪涛副教授与东盟学院、外国语学院师生一起畅谈对缅甸的研究；12月22日，察哈尔学会秘书长柯银斌教授在校作以中国公共外交的发展与展望为主题的讲座；12月28日，北京大学杨百揆教授应邀作题为"儒家与中国传统文化"的学术讲座。(2)"走出去"。努力扩大对外学术交流范围和规模，中国—东盟研究中心研究人员多次受邀外出参加学术交流活动：1月1~2日，梁炳猛副教授参加在南宁召开的"首届中国—东盟儒、佛、道、易、医、武传统文化学术论坛暨中国—东盟传统文化与现代文明学术研讨年会"；5月5~11日，蒙翡琦老师赴泰国参加孔敬府泰中文化教育交流中心举办的"壮泰研究座谈会"；5月9~11日，黄兴球教授应外交部邀请，赴北京参加"东盟与地区合作研讨会"；7月28日至8月7日，伍光红副教授、滕成达教授到越南河内参加由中国社会科学院政治学研究所组织的与越南社会科学院中国研究院、哲学研究院、南方可持续发展研究院进行有关越南社会主义法权国家建设的理论与实践的学术交流和考察活动；8月24~26日，第一届泰中战略研讨会在泰国曼谷隆重召开，广西八桂学者庄国土教授与东盟学院常务副院长、中国—东盟研究中心主任黄兴球教授及八桂学者学术秘书高鲜菊参加了这次高规格、高级别的学术研讨会；9月22日，黄兴球教授接受凤凰卫视中文台采访；10月18~19日，周喜梅副教授赴柬埔寨金边参加柬埔寨外交部举办的"东盟+3"青年领袖论坛；11月11~13日，黄兴球教授赴广州、香港参加香港科技大学的学术活动，并作题为"中国与东南亚的文化关系"的学术讲座；11月15日，周喜梅副教授应邀赴重庆参加第二届"中国—东盟自由贸易区法律变革与合作"国际学术研讨会；11月21~22日，黄兴球教授赴越南参加由越南社会科学院中国研究所与浙江工业大学越南研究中心共同举办的"越中企业论坛"。

科研工作 (1)为推进东盟研究工作，面向国内科研机构、高校等单位公开招标征集了一批要求具有前瞻性、符合当前国家战略和广西发展战略需要的研究选题，于2012年下半年完成了校内外近50项公开课题、创新团队等的评选及资助工作。(2)中国—东盟研究中心2012年出版4部论文集即《第一届全国研究生东盟论坛论文集》、《第二届全国研究生东盟论坛论文集》、《东盟研究》(2011卷)、《东盟发展报告》(2012卷)；内部刊物《东盟参考》共出版11期；公开发表论文25篇；获得省部级立项项目3项、广西区民委立项课题项目1项、广西教育厅立项课题项目1项；获得广西第十二次社会科学优秀成果奖三等奖2项。

社会服务 6月30日至7月3日，为国家商务部项目——"非洲英语国家智库研讨班"近30名非洲学员提供培训，培训课程内容包括中国民族政策与扶贫减贫、广西少数民族文化资源保护与扶贫开发等，安排研讨班学员实地参观、考察，加深对中国民族政策与民族发展等领域的了解。7月16~26日，派员赴龙州给龙州胡志明博物馆的红领巾讲解员进行越南语培训，共培训加强班学生12名、初级班学生20名。11月29日，南宁市人大民族华侨外事宗教委员会派员到校学习培训，滕成达教授为培训班学员讲解了越南民族概况、越南民族问题和民族政策。

迎评工作　为了迎接教育厅对中国—东盟研究中心（广西科学实验中心）的检查，中心人员专门就迎接工作进行了部署：分工整理了迎评材料、撰写完工作汇报、设计了PPT及其他相关工作，于年底顺利通过广西教育厅的检查评估。

申报工作　遵照学校领导的指示启动“2011计划”申报工作，中国—东盟研究中心整合校内相关部门资源，上报《中国—东盟文化交流与发展协同创新中心实施方案》给广西教育厅。12月22日，“中国—东盟文化交流与发展协同创新中心”在学校揭牌成立。

【广西民族大学生态审美与民族文艺学研究基地】
中央与地方共建高校特色优势学科实验室项目，为“十一五”期间广西人文社会科学基地，是广西民族大学的特色优势学科之一，也是广西高校人文社会科学重点研究基地。负责人袁鼎生。

拥有以国务院政府特殊津贴获得者、博士生导师袁鼎生教授为学科带头人的学术团队，聚集黄晓娟、李启军、张泽忠等16位教授、7位副教授、7位讲师，其中具有博士学位的11人，具有硕士学位的19人，博士生导师1人，博士6人；其中文学创作一级3人，国务院政府特殊津贴专家2人，全国先进工作者1人，中宣部“四个一批”人才1人，广西优秀专家2人。获省部级教学成果奖6项，其中特等奖1项，一等奖3项；省部级科研成果奖21项，其中二等奖以上5项；东京国际电影节最佳艺术贡献奖1项，鲁迅文学奖1项，自治区政府铜鼓奖6项，全国少数民族文学骏马奖1项。年内，研究基地科研人员共发表论文300余篇，其中CSSCI来源期刊90多篇，中文核心期刊100余篇；主持或参与国家社科基金课题近10项，主持省部级科研课题16项、教改课题6项，主持校级科研课题19项、教改课题5项，与东南亚国家合作项目1项，与港澳台合作项目2项，项目经费合计150多万元。出版有影响的专著14部。获省部级科研奖14项，省部级教学奖3项。

学术交流　5月19日，邀请清华大学新闻与传播学院副院长兼影视传播研究中心主任尹鸿教授作题为“世界电影的发展趋势”的讲座。5月19日，邀请长江学者、中国传媒大学教授胡智锋作题为“中国电视内容生产的潮流与趋势”的讲座。5月21日，邀请四川大学博士生导师欧阳宏生教授作题为“中国电视的现状与发展趋势”的学术讲座。5月29日，袁鼎生教授作题为“学术三旋”的讲座。

科研工作　年内，在研项目10余项：包括袁鼎生教授的自治区教育厅广西人文社科基地课题《生态美学系列研究》、中央民族大学“985工程”课题《民族文学生态关系论：以壮族文学经典谱系生发为例》；申扶民教授的国家社会科学基金项目《广西西江流域生态文化研究》；龚丽娟博士的教育部人文社会科学研究青年基金项目《多民族视域中广西少数民族文学关系的生态研究》；范秀娟教授的广西财政厅出国留学资助项目《The Change of Zhuang' s Folk Songs in the Globalizing Contexts》等。获广西第十二次社会科学优秀成果奖6项，包括陈丽琴教授的《文艺生态学视野下的黑衣壮民歌》、刘华教授的《俄狄浦斯的眼睛——伯格曼与电影哲学》、黄秉生教授的《壮族文化生态美》、张泽忠教授的《侗族古谷文化的生态存在论研究》、黄晓娟教授的《论口传文学的精神生态与审美语境》、袁鼎生教授的《超循环：生态方法论》。获第九届广西文联文艺评论奖3项，包括陈丽琴教授的《壮族当代小说民族审美导论》、李建平教授的《抗日战争的历史呈现与影视剧创作——以桂林抗战文化为例谈谈抗日题材影视剧创作的历史把握》、董迎春教授的《中国地缘电影史的视域去蔽和流脉勘探——以多元化结构存在中广西电影生产作例的考察》。发表论文10余篇，包括陈丽琴教授的《族群交往：壮剧生成与传承的文化生态》、申扶民教授的《稻作文化与梯田景观生态探析——以广西龙脊梯田为例》、张泽忠教授的《侗歌艺术的标定性表演与程式化创作》等。出版著作4部，包括申扶民教授的《古典·现代·民族：美学与艺术论》、李启军教授的《理论穿行：从文艺审美到影视文化》、张泽忠教授的《侗族文化传统的审美生存研究》等。

学术活动　5月20日，由中国高等院校影视学会和广西民族大学主办，广西民族大学——生态审美与民族文艺学研究基地承办的“民族影视与影视民族性”高层论坛在防城港东兴市金滩拉开帷幕，来自全国各地的60余名专家学者就“民族影视与影视民族性”主题进行学术研讨。广西民族大学文学院副院长、影视文化产业发展研究所所长、研究基地李启军教授主持论坛开幕式。中国高等院校影视学会会长胡智锋教授认为，广西民族大学文学院承办此次论坛，为民大的影视学科建设和发展赢得了机遇，同时也为我国影视文化研究开拓了领域、丰富了内涵，可谓眼光高远、意义重大。尹鸿、周星、李亦中、黄式宪等多位专家学者就我国民族影视尤其是少数民族影视的风格和特质、我国少数民族电影在世界电影格局中的位置和局限、民族影视如何借助声音等技术手段凸显其民族性、我国民族影视以及少数民族影视如何走出去等问题，紧紧围绕“民族影视与影视民族性”的主题展开研讨。

【广西民族大学广西非物质文化遗产研究中心】 由自治区文化厅与广西民族大学合作共建的学术机构。设有“非物质文化遗产考察研究与保护对策”、“民族艺术与非物质文化遗产研究”、“非物质文化遗产与文化产业发展研究”和“中国—东盟非物质文化遗产比较研究”4个研究方向，采用“机构开放、人员流动、内外联合、竞争创新”的运行机制，结合中国民族民间文化保护工程、全国文化信息资源共享工程、国家级非物质文化遗产名录申报、广西非物质文化遗产名录建立等工作，通过文字、录音、录像、数字化多媒体等方式，围绕非物质文化遗产的重大理论和实践问题，组织各类文化单位、科研机构、大专院校的专家学者共同开展有关非物质文化遗产的认定、保存、传播、保护和利用等领域的研究，突出区域性与民族性，努力开创少数民族非物质文化遗产研究的新空间、新途径和新思路，为少数民族非物质文化遗产保护工作的可持续开展提供有力的学术支撑和智力支持，推动民族地区文化和社会发展，促进中国—东盟文化交流与合作。2012年末有科研人员36人，其中具有高级职称的有15人。中心主任黄晓娟。

学术交流　年内，研究中心积极邀请著名学者专家进行学术交流，研究中心成员多次举行学术座谈。3月27日，研究中心邀请越南文化艺术研究院院长阮志骈博士作题为“越南非物质文化遗产：保存与发展方向”的讲座。4月9日，邀请中央民族大学教授、民俗学博士生导师林继富作题为“中国民间故事采录与非物质文化遗产保护”的讲座。6月4日，邀请南京艺术学院文化遗产保护系主任、古籍鉴定专家孔庆茂教授作题为“中国民间宗教艺术”的学术讲座。11月10日，邀请中国社会科学民族文学研究所副所长、《民族文学研究》主编、中国少数民族文学学会副会长汤晓青教授，四川大学与新闻学院教授博士生导师、中国民俗文化研究所所长徐新建教授作题为“中国多民族文学与文化研究”的讲座。12月24日，邀请广西师范大学文学院教授、博士生导师杨树喆作题为“网络民间文学的兴起及其评价”的学术讲座。

科研工作　年内，在研项目有：张泽忠教授的国家社会科学基金重大项目黔湘桂边区汉字记录少数民族语言文献分类整理研究子课题《汉字记录民族语民歌、白话类民间文献的所及整理研究》；陈金文教授的教育部人文社会科学研究一般项目《壮族民间信仰的传说学管窥》等。获广西第十二次社会科学优秀成果奖2项，即陈丽琴教授的《文艺生态学视野下的黑衣壮民歌》获三等奖、范秀娟教授的《民间歌唱与乡土秩序——壮族传世情歌〈嘹歌〉研究》获三等奖。国家民族事务委员会社会科学成果奖著作类三等奖1项，即陈丽琴教授的《壮族服饰文化研究》。发表论文20余篇，包括蓝芝同教授的《弘扬密洛陀文化魅力，发展都安旅游特色产业》、吴兰教授的《论非物质文化遗产的新媒体传承方式》、钟乃元教授的《唐宋粤西民间文化景观与诗歌创作》等。出版著作有蔡勇庆副研究员的《生态神学视野下的福克纳研究》、张泽忠教授的《侗族文化传统的审美生存研究》、李忠敏教授的《宗教文化视域中的卡夫卡诗学》等。

【广西民族大学中国南方与东南亚跨境民族研究基地】 国家民委首批人文社科重点研究基地。2012年末基地有科研人员38人，其中校内22人，校内兼职5人，校外兼职11人；其中教授24人、副教授10人，拥有博士学位25人。基地主任周建新。

基地专注于中国南方与东南亚各国跨国民族的民族关系与社会发展问题研究，具有鲜明的民族性、区域性、国际性特色。(1)民族性。注重以跨国民族的民族关系与社会发展作为主要研究对象，密切结合中国南方民族历史与文化的特点，突显民族性。(2)区域性。着重关注中国南方少数民族与东南亚各国少数民族的历史文化渊源以及现实的民族关系和社会发展，具有较强的区域性特色。(3)国际性。基于广西与东南亚各国特殊的地缘关系和人文关系，以中越、中老、中泰、中缅跨国民族关系研究为重心，并逐渐拓展到其他东南亚国家的跨国民族关系与社会发展问题研究。本方向的学术研究注重与国际民族学人类学界的交流与合作，相关研究具有显著的国际性特点。

注重中国南方与东南亚民族的文化对比研究和跨境民族的文化研究。目前已展开对越南、老挝、菲律宾、印度尼西亚、泰国等国家的研究，对其他东南亚国家的研究也正在计划开展当中。

年内，基地出版学术著作10部，发表论文41篇，科研立项28项，科研成果获奖20项。

【广西民族大学瑶学研究中心】 隶属学校领导的、跨院系的实体性研究机构。2006年5月被批准为广西高校人文社会科学重点研究基地。中心下设瑶族历史文化与民族关系研究所、瑶族经济社会发展与现代化研究所、瑶族文化艺术保护与开发研究所、瑶族与东南亚相关民族研究所。拥有一支作风好、业务专、年龄、职称、学历结构合理的专兼职研究队伍。有教授(研究员)20人，硕士、博士14人；国家有突出贡献中青年专家1人，享受政府特殊津贴专家8人，广西优秀专家4人，广西有突出贡献科技人员2人。中心主任玉时阶教授。

中心目前主要承担自治区政府重大课题“瑶学丛书”的编辑出版工作。中心的目标是：以学校民族学、中国少数民族史、马克思主义民族理论与政策、专门史、民族艺术等硕士点，及自治区重点学科民族学和国家外语非通用语种本科人才培养基地为依托，整合国内外瑶学研究的精英力量，建成在国内外学术界有较大影响的研究中心、资料中心、学术交流中心、咨询服务基地、人才培养基地，为瑶学走向全国、全世界作出应有的贡献。2012年，自治区财政厅给“瑶学丛书”追加经费300万元。2012年，“瑶学丛书”立项12项课题；出版了《花蓝瑶社会变迁》、《金秀瑶族村规民约》；玉时阶教授获广西第十二次社会科学优秀成果奖二等奖1项，并参加了中越两国在越南老街省召开的“红河流域国际论坛第四届国际学术研讨会”与主管民族学学会在兰州召开的“中国民族学年会”。

【广西民族大学壮学研究中心】 自治区教育厅在广西民族大学设立的普通高校人文社科重点研究基地。目的是广泛团结和组织国内外研究壮族及相关民族学者，开展历史与现实方面的研究。在壮学研究中心学术委员会的指导下开展工作。重点研究方向是“壮族历史文化与民族关系研究”、“壮族经济社会发展与现代化研究”和“壮族与东南亚相关民族研究”。科研项目公开招标，承担壮学研究中心科研项目的国内外专兼职人员常年保持在30人左右。主任李富强。

年内，与中央民族大学壮侗研究所、田东县人民政府合作，组织召开“第二届百越古道文化研讨会”（7月28~30日），30多位学者参会。派员参加广西区内外学术研讨会4次，并宣读学术论文：即8月1~3日中央民族大学宣传部和中国文化创意产业学会在百色田东召开的“中国文化创意产业先锋论坛”；12月3~6日，国家教育部和贵州省人民政府主办、在贵阳召开的“中国东盟少数民族非物质文化遗产传承发展研讨会”；12月7日，广西民族传统文化研究会主办的“广西民族文化保护与发展学术研讨会”；12月21~23日，广西历史学会等在西林召开的“中国西林岑氏一门三总督研讨会”。

年内，完成与香港社区联合开展的“壮剧传承与社区文化发展实验性项目”第一期工作，并开启第二期项目的筹备工作。

主任李富强研究员参与完成了自治区党委、政府的《贯彻落实党的民族政策巩固发展民族团结进步事业——广西推进民族团结进步事业的实践与经验》项目研究，参加了自治区民委组织的专题调研。还应邀参加“广西历史文化大讲堂”的录制，应邀到自治区党校等学校作学术报告。

年内，在编人员发表论文4篇：李富强的《中国“民族”内涵及民族研究范式应有之转变：以壮族为例（一）》、《中国“民族”内涵及民族研究范式应有之转变：以壮族为例（二）》、《百越古道：一个历史的考察》、《国际文化经济合作研究的新视角——评〈国际文化合作的经济分析〉》。获省部级优秀成果奖3项：李富强的专著《乡土寻梦——中国现代乡土思想与实践》获广西第十二次社会科学优秀成果奖二等奖；李富强的论文《壮族是创造的吗？——与西方学者K.Palmer Kaup等对话》获国家民委社会科学研究优秀成果三等奖；雷冠中的论文《杨秀清、萧朝贵桂林告示考释》获广西第十二次社会科学优秀成果奖三等奖。1部书稿通过出版评审：《壮族传统文化的传承与发展研究》（李富强）通过了民族出版社和广西民族大学学术委员会评审，获得了广西民族大学出版资助。完成书稿2部：《现代背景下的壮剧沉浮：以民间艺人生活史为线索》（李富强）、《龙胜县文献十三种》。

【广西民族大学广西少数民族语言文学研究中心】 中央与地方共建的广西高校重点学术研究机构，是广西民族大学少数民族语言文学学科重点建设的学术机构之一。以壮侗民族语言文化、中国与东南亚壮侗语族语言比较、壮侗语和汉语比较、民族民间文学和民俗学研究以及非物质文化遗产研究等为研究方向。依托《百越论丛》和“壮侗语言文化网站”等学术平台展开科研活动。2012年末，中国少数民族语言文学学科获批作为“民族院校特色学科建设”子项目列入“民族教育特色建设工程”。拥有教授39人，副教授22人，具有博士学位教师34人，博士生导师3人。负责人黄晓娟。

学术交流　年内，研究中心组织多次学术交流活动，邀请著名专家学者进行学术交流。1月6日，邀请扬州大学文学院院长许建中教授畅谈中国古代小说、戏曲古籍整理。3月7日，研究中心蒙元耀教授与马卫华博士分别作“壮族创世神话古歌”、“民族诗学与民族交融”的专题讲座，引导学生学习了解壮族历史文化的发展。3月27日，邀请上海师范大学博士生导师潘悟云教授作题为“东亚语言与东亚文化”的讲座；邀请中央民族大学教授、博士生导师李锦芳作题为“华南地名的语言文化解读”的讲座；邀请澳洲墨尔本大学教授、博士生导师罗永现作题为“侗台语研究现状和前景”的讲座。4月5日，邀请澳洲墨尔本大学教授、博士生导师罗永现作题为“语言学方法论”的讲座。4月24日，研究中心刘华博士对中国政史观的中西差异作了论述，以“‘天下’与‘国家’——简谈比较文化的胸襟”

为主题的讲座;金丽教授介绍了"西方学者的壮族研究"课题。11月27日,邀请广西经济管理干部学院党委书记韦茂繁教授作题为"语言学与人类学——语言学与人类学的对话"的讲座。

学术活动　7月11日,由中央民族大学、广西民族大学、广西壮族自治区少数民族语言文字工作委员会联合主办,广西少数民族语言文学研究中心、广西少数民族语言文字工作委员会承办的第三届全国高等院校民族语文教学暨学术研讨会在桂林召开,来自北京、黑龙江、四川、新疆、云南、湖北、贵州、广西等省区的专家、学者以及优秀研究生共60余位代表与会,共同就民族语文教学相关的问题进行深入的研究与讨论,指出了民族语文教学中存在的诸多问题,并提出了应对的策略。广西民族大学副校长袁鼎生致欢迎辞,广西语言学会会长韦茂繁、广西教育厅民族教育处处长韦兰明、中央民族大学中国少数民族语言文学学院副院长钟进文、广西少数民族语言文字工作委员会副主任王泉忠等领导专家出席开幕式并讲话。开幕式由研究中心黄平文教授主持。云南民族大学教授刘劲荣、黑龙江大学教授赵阿平、中央民族大学教授钟进文、西北民族大学教授傅千吉、研究中心教授蒙元耀分别作了题为"'中国少数民族语言文学'专业招生实行民族语言口语测试的重要性和必要性分析——以云南民族大学为例"、"高校民族语文教学资源的整合与有效利用——以满语教学为例"、"坚守本土化的民族语课程体系建设"、"藏语作为第二语言教学的现状及模式研究——以西北民大为例"、"如何培养学生一专多能的综合素质"的主题发言,从各自的研究领域和工作职责出发,对民族语教学进行了宏观和微观的分析和研究。从少数民族语言文学专业的办学模式参考、民族语教学的课程体系和教材建设问题研究、具体民族语言的教学实践、民族语言本体的描写研究、民族语汉语双语教学问题研究、民族语教学与外语教学对比研究等几个方面进行发言。还从不同的角度探讨了民族语教学和外语教学的异同,为民族语教学在教学方法和教学理念上提供了借鉴。

科研成果　年内,获立项课题有:国家社科基金项目1项,即陆卓宁教授承担的《海峡两岸当代少数民族文学比较研究》。承担厅局级科研项目5项,包括李惠玲老师的《清词中心背景下的岭西词人研究》、张永刚教授的《晚明文人与党争》、董迎春教授的《20世纪80年代诗歌话语研究》、魏继洲教授的《广西散文形式审美研究》及罗树杰、俸代瑜、蓝芝同教授的《广西瑶族特殊需求研究》。发表论文60余篇,包括蒙元耀教授的《西江流域的语言分布》、康忠德教授的《广西宾阳平话与壮语"吃"类词的接触与借贷》等。出版著作10余部,包括蒙元耀教授的《远古的追忆》、张永刚教授的《明末清初党争视阈下的钱谦益文学研究》、韦顺莉教授的《张舜徽版本学成就刍议》、张泽忠教授的《侗族文化传统的审美生存研究》等。获广西第十二次社会科学优秀成果奖10余项,包括吕书宝教授的《金童玉女与西王母传说形象流变》、范秀娟教授《民间歌唱与乡土秩序——壮族传世情歌〈嘹歌〉研究》、杨宁宁教授《论茶马古道的文化内涵》、陈金文教授《试论民俗学的独立学科价值》等。获第九届广西文联文艺评论奖4项,包括陈丽琴教授的《壮族当代小说民族审美导论》、张柱林教授《小说的边界:东西论》、李建平教授《抗日战争的历史呈现与影视剧创作——以桂林抗战文化为例谈谈抗日题材影视剧创作的历史把握》、董迎春教授《中国地缘电影史的视域去蔽和流脉勘探——以多元化结构存在中广西电影生产作例的考察》。获国家民委第二届民族问题研究优秀成果奖2项,即蒙元耀教授的《汉语同源词研究》、陈丽琴教授的《壮族服饰文化研究》。获第14期广西发展论坛优秀论文奖1项,即蓝芝同教授的《推进非时政类报刊转企改制振兴我区文化产业》。

【广西师范学院城市与区域发展研究所】　城市与区域规划、城市地理学和城市与区域可持续发展专门研究机构,依托城市规划、人文地理学、区域科学等专业优势,立足广西和北部湾经济区开展科学研究、决策咨询和教育工作。具体研究方向包括:城市规划与区域规划研究、小城镇规划研究、区域发展研究、土地资源管理研究、区域经济学和区域可持续发展研究等。主要为各级政府制定区域和城市发展战略、区域和城市经济社会发展总体规划、空间规划和各类专项规划提供专业化服务;为企业科学决策与经营管理提供咨询服务;在人文地理学和土地资源管理学两个专业培养城市与区域规划、土地管理和区域科学等方面的硕士研究生。2012年末有研究人员18人,其中教授4人、副教授4人,中级10人;广西"新世纪十百千人才工程"第二层次人选1人;广西高校中青年学科带头人1人。所长毛蒋兴。

年内,承担在研课题10余项,出版编著1部,发表论文20余篇,获得省部级奖励多项,其中《广西主体功能区划研究》获广西区政府决策咨询奖一等奖;《广西农业功能区划研究》获中国农业区划学会优秀成果一等奖。

【广西师范学院区域经济研究所】　以区域开放与区域合作、区域工业化与城镇化、区域财政与金融、区域物流经济等为重点研究方向。研究所是区域经济学硕士学位授权点，在读硕士研究生 15 人。2012 年末有研究人员 24 人，其中具有高级专业技术职务资格 22 人，中级 2 人，博士 10 人。所长韦海鸣。

学术交流　研究所重视对外联系与同行的学术交流。多次邀请广西区内外区域经济研究领域知名专家学者来校讲学，举办学术讲座 16 场。并积极参与“中国空间经济学 2012 年年会”等学术会议，促进了研究所学术水平、知名度及影响力的提高。

人才培养　研究所重视学术队伍建设和人才培养工作。2012 年 2 名研究人员晋升副教授职称，4 名研究人员完成博士阶段学习，派出多位老师参与各种类型的进修学习。在区域经济学硕士学位点建设方面，加强研究生教育与培养，通过举办研究生学术创新论坛等方式使研究生在区域经济领域的科研能力得到较大提高。2012 年毕业硕士研究生 4 名，外国留学生 2 名。

科研成果　2012 年主持国家教育部课题 1 项，即《西部民族地区群体性突发事件的扩散路径与控制对策研究》；广西重大课题研究招投标项目 1 项；广西教育厅重大项目 2 项；其他课题 6 项，并承担《广西北部湾经济区同城化体制机制研究》等各类横向课题多项。出版专著 2 部，发表论文 40 多篇，核心期刊 10 多篇，多篇论文被人大复印资料收录。研究主要集中于广西北部湾经济区发展、区域轨道交通与物流发展、区域可持续发展、区域旅游经济等方面。论文《广西北部湾经济区空间整合分析》获广西第十二次社会科学优秀成果二等奖，专著《广西小城镇可持续发展研究》、论文《广西入境旅游发展的区域差异及影响因素分析》、论文《需求变动与经济增长：理论解释及中国实证》获广西第十二次社会科学优秀成果三等奖。

【广西师范学院心理教育科学研究所】　以各级学校青少年儿童的心理发展与教育和各类教师的专业发展与队伍建设为主要研究领域，为广西基础教育和高校发展服务。2012 年末有研究人员 20 人，其中具有高级专业技术职务资格的 10 人，中级 12 人。所长曾玲娟。

年内，邀请华南师范大学郑希付教授、博士生导师到学院为师生作“幸福的艺术”的学术报告。曾玲娟教授参加广西青少年心理学会成立大会，并担任该会副理事长。先后派遣老师与学生在南宁市望州南社区、共南小学、南宁市 17 中、南宁市 19 中等开展教育教学及社会实践活动。

年内，心理教育科学研究所和广西师范学院教科院一起承担了 2012 年对广西农村小学骨干教师国培计划中“小学心理健康教育”学科的培训任务，对 50 名来自广西各地农村小学骨干教师进行了历时 15 天的心理健康教育方面的专题培训。另外，承担自治区教育厅壮汉双语学校教师心理健康培训，有近百名教师受训。

年内，科研人员主持或参与各级各类课题 10 多项，其中广西教育科学“十五”规划 3 项，自治区教育厅课题 10 多项。

【广西师范学院东南亚语言与文化研究中心】　由广西师范学院领导，广西师范学院国际文化与教育学院管理的、以研究为主的科研机构。主要开展对东南亚国家语言文化的科学研究活动、举办有关东南亚国家语言文化研究的学术会议或学术研讨会、举办有关东南亚语言文化研究的学术讲座、开展与东南亚国家的国际学术交流与合作等工作。机构管理人员由国际文化与教育学院相关人员兼任。2012 年末有兼职科研人员 10 人，其中具有高级职称 6 人。中心主任杨绪明。

学术活动　本年度主办学术活动 2 次，分别为：10 月 11 日，泰国总商会邻国经济合作发展委员会主席维猜・维他亚坛那功先生与泰国东方大学教师初萨・素维蒙撒天先生就“泰语学习——就业与发展”进行全程泰语讲座，并就学生的泰语学习及未来发展空间等问题给予详细解答；11 月 26 日，举行泰国语言文化中心开幕一周年庆祝系列活动——中泰壮语言文化研讨会，广西民族大学范宏贵教授、泰国川登喜皇家大学 Partoon 博士、广西师范学院黄桂秋研究员、广西师范学院杨王国博士分别作了专题学术报告，中泰研究人员就中泰壮的语言、文化作了深入的交流。

年内申报各级各类科研项目 10 项，出版学术著作 7 部，发表学术论文 20 篇。

【广西师范学院高等教育研究所】　在学校直接领导下，全面负责学校教育教学改革与研究、课题管理和成果推广应用的职能机构。2012 年末有专职研究人员 8 人，其中博士 3 人，硕士 5 人。兼职研究人员 7 人。所长彭宁。

教育科学研究　年内，围绕广西高等教育教学改革发展中的重大问题，结合学校实际，主动承担多项课题研究任务，主持或参与了《地方高师院校教师教育职前职后“三位一体”实践教学模式探索与实践》、《民族地区职教师资培养模式的探索与实践》、《教师教育专业实践教学改革研究与实践》等课题；其中，《地方高师院校教师教育职前职后“三位一体”实践教学模式探索与实践》获 2012 年广西高等教育自治区级教学成果奖特等奖、《民族地区职教师资培养模式的探索与实践》获 2012 年广西高等教育自治区级教学成果奖一等奖。承担自治区教育厅委托的多项课题研究任务，主持了《民族地区师范生培养模式和政策创新研究》、《广西高中课程资源库建设研究》、《广西中学生生涯规划教育现状与推进策略研究》等误题，为自治区政府重大教育决策和教育宏观管理工作堤供科学依据和信息服务。

课题管理　年内，组织广西教育科学"十二五"规划课题、广西教师教育课题的申报工作，获2012年度课题立项10项，广西教师教育研究专项课题11项。年内，全校获新世纪广西高等教育教学改革工程重大项目2项、重点项目5项、资助项目12项。确立了校级教学改革工程立项项目31项。全年共有30项自治区级、校级项目通过专项检查和结题验收。

教研活动　承担了2012年"国培计划——置换脱产研修项目"，共派出200名师范生赴南宁隆安县、上林县等地城镇中小学以顶岗的方式顶替因教师到农村参与顶岗任教而空缺的岗位，开展"二次置换"的顶岗实习支教新模式的探索。与此同时，学校采取集中研修和"影子教师"相结合的方式对置换出的180名农村中小学骨干教师进行高级研修培训。在教师教育职前职后一体化建设方面进行了积极的改革与探索。

年内，全校教师主持和参与研究的省部级以上教研教改课题40项，取得教研教改资助经费共58.5万元。

【广西师范学院古籍整理研究所】　重点研究方向是中国古典文献和广西地方古文献。2012年末有研究人员10人，其中，具有高级专业技术职称8人，获博士学位6人，享受国务院政府特殊津贴的专家1人。所长杨东甫。

年内，全所科研人员出版学术著作1种(《茶文观止》，杨东甫著)，获第十二次社会科学优秀成果奖三等奖1项，发表论文30篇(其中6篇发表于核心期刊)。研究所与文学院古代文学教研室联合申报设立的中国古典文献学硕士学位授权点有4名研究生毕业并取得硕士学位，同时招收新生4名。

【广西师范学院民族民间文化研究所】　少数民族文化艺术、民间文学和民俗风情研究机构。1985年7月成立。前身为1980年9月成立的南宁市师范学院中文系民族民间文学教研室。内设民俗学专业硕士点和民间文学教研室。2007年8月，民俗学被评为自治区级重点学科。2009年10月，经广西壮族自治区文化厅的批准，在本所机构和成员的基础上，建立"广西非物质文化遗产民俗文化研究中心"，一个机构两面牌子。2012年末有专职研究人员5人，兼职研究人员5人。专职人员中，具有高级专业职务资格的3人，具有博士学位1人，硕士学位3人。所长三光荣、黄桂秋。

科研工作　自建所以来，共完成国家级社会科学研究重点课题10项，其中该所单独完成4项，与兄弟单位合作6项。完成省部级重点课题6项。获广西最高奖——"铜鼓奖"4项，其他省部级奖5项。年内主要继续从事以下项目的研究工作：国家社科基金项目《中越边境地区文化多样性与和谐社会构建研究》、《广西少数民族宗教信仰与和谐社会构建研究》(上述两项于本年度上半年结题)；省部级课题《广西彝族活态文化调研与保护》、《中国东盟博览会发展报告》、《壮族巫歌译注》、《广西民族文化产业研究生培养模式研究》。参加《中国彝族通史》编纂工作和广西壮、彝两个民族祭司经书译注工作。年内出版专著和各种通俗读物6部，发表学术论文12篇，调查报告3种。5月组织民俗学专业硕士点开展"广西高校校园文化与民族文化"问卷调查，就民族文化与校园文化关系问题发出并收回近万份调查卷，为开展此项研究奠定了良好基础。筹备2012年1月在广西宁明举行的中越边境文化交流暨学术研讨会，为会议主办单位——广西师范学院和广西民俗学会成功举办此次会议作好充分准备。

教学工作　年内继续承担众多门课程的教学任务。其中，《民俗学》专业硕士研究生课程有：《中国民俗学史》、《民间文艺学》、《南方习俗与现代化研究》、《民俗风情审美》、《民族文化艺术》、《社会文化人类学》、《民族文化产业经营》、《文化宣传策划》等。承担本科生课程有：《民间文学概论》、《民俗学概论》、《歌谣学》、《民俗旅游文化》、《大学语文》等。还有部分硕士研究生导师跨专业和学科，承担宗教学硕士研究生的部分课程，承担汉语言文学专业部分本科生的教育实习指导和毕业论文写作指导工作。

【广西师范学院哲学研究所】　挂靠广西师范学院政法学院。设有经济哲学、管理哲学、文化哲学、社会发展理论4个研究室。重点研究马克思主义哲学当代性、大众化，马克思主义哲学与当前广西经济社会发展问题，经济学的逻辑前提、文化哲学本体论、哲学价值观，少数民族地区边疆文化，社会发展的现代化理论及模式等问题。2012年末有研究人员18人，其中具有高级专业技术职务资格的15人，中级3人；广西优秀专家1人，广西有突出贡献科技人员1人。所长黄志强。

年内，举办的学术报告会主要有：5月11日，黄义英教授的"孔孟世界中的秩序与哲学"；5月17日，莫尔高教授的"历史哲学的理论与实践"；5月22日，傅真放教授的"我国社会阶段理论与社会稳定问题"；5月24日，自治区妇联主席王革冰的"性别文化与先进性文化"；5月31日，广西大学魏敦友教授的"新道统哲学的基本构想”;10月6日,中山大学郑永廷教授的“马克思主义理论前沿问题探究”;10月18日,曲阜师范大学杜振吉教授的“马克思主义哲学的学术规范与评价问题”;11月2日,武汉大学申建林教授的“民主在中国”;11月13日,黄志强教授的“宗教哲学的核心问题”;12月7日,北京工商大学林永和教授的“心理健康与哲学视野”;12月12日,清华大学刘书林教授的“青年人才的全面发展”等。参与全国、自治区会议有30多人。

年内,科研人员出版专著2部,发表哲学类的学术论文75篇,其中核心期刊31篇,中国人民大学《复印报刊资料》转载文章12篇;撰写书稿2种。获得各级科研立项12项,经费50万余元,获各级奖励8项。

【广西马克思主义理论研究和建设工程广西师范学院研究基地】 2006年8月15日经自治区党委宣传部批准设立,广西首批马克思主义理论研究和建设工程研究基地之一。广西师范学院党委书记、马克思主义哲学学科带头人于琛教授担任研究基地首任主任。2012年末有研究人员40人,其中校内33人、校外7人;校内的33人中具有正高职称12人、副高职称15人,具有博士学位10人、硕士学位16人。研究基地主任于琛。

研究基地依托马克思主义理论一级学科,积极汇聚区内外马克思主义理论研究力量,着力宣传和研究马克思主义哲学的创新理论,用社会主义核心价值体系引领社会意识形态,研究和回答广西社会经济建设重大理论和现实问题,推动马克思主义理论学科和马克思主义理论研究人才小高地建设,为思想政治理论课教学提供理论支撑。经过建设,形成了马克思主义哲学原著研究、马克思主义文化哲学与文化广西建设研究、广西社会发展与现代化研究、人的发展与现代化研究4个特色鲜明的研究方向。

学术活动与培训　6月,研究基地举办首届广西高校思想政治理论课教学软件大赛,来自广西区内76所高校思想政治理论课的100多个作品参赛,大大提高了思想政治理论课教师教学软件制作水平。8月,研究基地举办广西高校思想政治理论课骨干教师培训班,来自广西区内外的思想政治教育领域专家、领导,以及广西高校思想政治理论课骨干教师等共130余人参加培训班和研讨会,共同探讨如何进一步深化广西高校思想政治理论课教学改革,提高大学生思想政治教育的针对性和实效性,从而更好地为大学生全面发展服务。为了更好提高师生的科研能力和水平,研究基地开设了“马克思主义理论讲坛”,定期邀请广西区内外知名专家学者举办学术讲座,年内共举办学术讲座78次。

科研项目与成果　年内,研究基地先后主持承担各类科研课题24项,其中,国家社会科学基金项目1项,教育部社科司项目2项,广西哲学社会科学规划课题4项,广西高校思想政治教育理论与实践立项研究项目4项,广西教育科研项目4项,横向委托项目4项,广西师范学院校级项目5项。公开发表论文57篇,出版著作、教材4部。

【广西师范学院青少年德育研究中心】 研究中心坚持以马克思主义、毛泽东思想、邓小平理论、“三个代表”重要思想、科学发展观为指导,认真贯彻落实中共中央、国务院《关于进一步加强和改进未成年思想道德建设的若干意见》,经过多年发展,围绕民族地区未成年人思想道德建设开展研究,立足于未成年人思想道德建设实际,坚持理论研究与实证研究相结合,形成了“少数民族地区文化与未成年人思想道德教育”、“中小学学习非智力因素干预与调适”、“未成年人家庭教育环境与方法”等具有研究优势和特色的研究方向。取得了显著社会效益,充分发挥思想政治教育学科优势和校外研究基地资源优势,构建了以高校思想政治教育、心理学教师和中小学德育教师为主体,以研究项目为纽带的开放式研究团队,形成了一支学历结构、职称结构、年龄结构、地缘结构、学缘结构合理的开放式的研究队伍。2012年末有研究人员36人,其中正高职称4人、副高职称9人,博士5人,硕士12人。研究中心主任曾令辉。

年内,研究中心先后承担各级各类研究课题9项。其中,承担《网络环境下学习型党组织建设理论与实践研究》等3项教育部高等学校社会发展研究中心专项课题;承担《东盟多元宗教渗透与我国西南地区意识形态安全研究》等4项广西哲学社会科学规划课题;承担《广西高校大学生思想政治状况滚动调查》等2项广西高校思想政治教育理论与实践立项研究课题;承担《柳城县名校长培育工程项目》、《小学班主任核心素质提升与名班主任培育研究》、《未成年人立体化道德教育》等5项横向课题。在省级以上刊物发表有关学术论文8篇,其中全国中文核心期刊6篇;承办“柳城名校长培育工程研讨会”、“广西高校思想政治理论课骨干教师培训会”、广西未成年人思想道德教育“立体化”实验区专题讨论会20余场。

年内,研究中心为更好推进“柳城县中小学名校长培育工程”项目的实施,充分发挥校外研究基地资源优势,先后在南宁市衡阳路小学、北湖路小学、五里亭第二小学、第十八中学、第三十五中学、第三十七中学等8所中小学设立研修基地,组织近50名中小学校长、教导主任进行研修基地研修。开展名校长指导培训

80多人(次),举办各类名校长专题培训活动20余场,从学校办学特色、学校治学理念、学校文化凝练等方面指导各乡镇中小学校长在研修基地进行调研。在南宁市西乡塘区继续开展“学校、家庭、社区、网络”立体化实验区建设,积极开展学习型家庭和书香家庭创建活动,定期举办家庭教育培训班、家庭德育沙龙和家庭教育报告会,帮助实验家庭更新家庭教育观念、方式和手段。在南宁市万秀村、北湖北社区等10个社区依托未成年人德育拓展中心,继续利用寒暑假和节假日开展未成年人社区实践活动。同时发挥研究中心教师在网络教育和研究的优势,指导实验区开展网络教育,通过开展文明上网等系列活动,培养未成年人的网络素养。

【广西师范学院语言研究所】 主要研究方向为汉语方言、少数民族语言、汉语史、汉字学、语言文字应用等。2012年末有研究人员8人(其中具有高级专业技术职务资格6人)。所长石勇。

年内开展的主要学术交流活动有:3月,邀请南京大学博士生导师柳士镇教授到校作学术报告。7月,参加中国社会科学院语言研究所在广西师范大学文科中心举办的汉语方言高级研修班。10月,参加北京师范大学举行的高等师范院校语言学课程教改研讨会。

年内,在研科研项目2项:《广西汉语方言的体范畴》、《训诂学在当代的拓展与应用》;出版著作2部:《老子反义词研究》、《戴钦诗文集校注》;发表论文13篇。

【桂林理工大学思想政治教育研究所】 2011年4月成立。以马克思主义理论与思想政治教育硕士点为平台,立足《思想道德修养与法律基础》课程,以大学生思想教育与管理研究、校园文化与大学生心理健康教育、高校党建为研究方向,坚持理论和实践相结合。2012年末有科研人员40余人(其中具有高级专业技术职务资格30余人)。所长赵君。

近年来,研究所承担国家社科基金项目《西部高校贫困生资格认定和有效资助模式研究》等2项、承担教育部《理工类高校马克思主义大众化实现机制与模式研究》等省部级课题20多项。承担《地方普通本科院校建立教学评估长效机制的研究与实践》等教改课题10项。在《高校理论战线》、《高校党建与思想政治教育》等刊物发表论文60多篇、教改论文30余篇,出版《新时期高校思想政治教育队伍建设实证研究》、《新时期高校党建的实践与探索》等专著6部、教材6部。赵君教授的《高校思想政治教育管理队伍建设论》专著获全国高校学生工作优秀学术成果特等奖。

【桂林理工大学马克思主义理论研究中心】 2011年3月成立。是从事马克思主义理论研究的科研机构,是马克思主义理论学科建设的重要载体。该中心以马克思主义学院马克思主义基本原理和中国特色社会主义理论概论教研室的教师为主体、由全校各学科从事马克思主义研究的学者组成。旨在适应时代发展要求,通过整合资源,搭建平台,加强马克思主义理论学科建设。中心以重大理论问题和实践问题为研究方向。2012年末有专兼职研究人员10余人。主任王青山。

中心先后承担省部级以上项目50余项,其中国家社科基金项目《西部高校贫困生资格认定和有效资助模式研究》、《泛北部湾区域生态文明共享模式与实现机制研究》2项;教育部人文社科项目《理工类高校马克思主义大众化的实现机制与模式研究》(一类课题)10余项;获教学科研奖项30余项,其中省部级以上15项。

年内,《中国共产党长期执政背景下的忧患意识教育研究》获得教育部人文社会科学研究项目立项。获科研经费100多万元。出版专著15部、教材9部,在国内外专业核心期刊上共发表学术论文200余篇。

【桂林理工大学社会工作研究中心】 2011年4月成立。以国家发展需要和社会需求为导向,以服务模式的创新为核心,以师生素质特别是能力素质的建构为重点,以形成自己的研究特色为追求,立足于本地,面向全国,运用社会工作方法和多学科交叉研究方法,探讨社会政策与社会工作专业化过程中的重要理论及实践问题,通过与国内外高水平大学的学术交流,有计划地开展社会工作实务培训,与社工机构、政府相关部门的密切合作,努力拓展社会工作专业的社会服务领域,提高社会工作专业学生服务社会质量和社会管理水平。2012年末有研究人员12人,其中教授3人、副教授4人,讲师5人。主任黄梅芳。

年内,中心多次组织学生开展青少年儿童社工活动,获得有关教育部门和学校认可,共青团桂林市委、共青团广西区委、团中央等官网对此进行了宣传报道。申报获得国家社科基金项目1项,国家教育部课题2项,广西教改重点项目1项,纵向课题1项,出版著作2部,发表论文40余篇。

【桂林桂工旅游规划设计研究院】 主要从事区域旅游规划或旅游景区的总体规划、详细规划、旅游策划与设计等相关业务。主要以桂林理工大学旅游学院及桂林理工大学相关学科为依托。2012年末有规划编制人员35人,其中具有博士学位占40%,硕士学位占75%,高级职称占70%。院长王金叶。

年内,先后获国家社科基金重点课题1项、国家自然科学基金1项和教育部人文社科课题1项，承担《巴马仁寿源景区旅游总体规划》、《广西红水河都安丽湾国际度假区旅游总体规划》和《广西红水河都安丽湾国际度假区修建性详细规划》等旅游规划和设计项目30余项，出版教材1部。获广西第十二次社会科学优秀成果奖6项，其中一等奖2项，二等奖2项，三等奖2项。

【桂林理工大学生态规划与工程研究所】 2004年4月成立。主要针对我国特别是西部地区生态环境保护的迫切需求，结合机构成员的研究专长和学科支撑，重点解决西部地区重大项目生态环境规划和评价、受损生态环境或生态系统的修复、生态工程和区域循环经济设计、旅游区生态系统管理等进行研究，为各级政府、相关机构、企业提供生态环境保护方面的技术支持，解决生态保护难题，促进经济社会可持续发展。2012年末有研究人员10人，其中具有高级专业技术职务资格的7人，中级3人，博士6人，硕士4人。所长王金叶。

年内，获国家自然科学基金项目2项，省部级项目6项，并承担10余项横向科研项目，到位经费100余万元。发表论文30余篇，撰写书稿2部，共100千字。

【桂林桂工景观工程研究院】 2009年5月成立。重点研究对景观规划与设计、景观工程、景观保护、景观管理等方面进行研究，突出区域性景观研究特色，形成规模、结构、质量、效益协调发展和可持续发展的研究机制，通过从事城市与区域景观研究和规划设计实践，推动景观规划设计学科的发展，为地方的环境建设和经济、社会发展服务。2012年末有研究人员16人，其中教授5人、副教授5人，讲师4人。负责人黄莹。

年内，研究院积极参与地方的景观工程实践与研究，完成广西北部湾滨海植物园项目可行性研究报告、广西北部湾滨海植物园修建性详细规划、梧州市下小河调蓄湖生态景观规划、贺江贺街段景观生态恢复规划、桂林理工大学雁山校区环境景观设计、蒙山县古榕公园景观设计和蒙山县湄江水系景观工程设计等项目。科研人员发表论文30余篇。

【广西艺术学院动漫研究中心】 广西高校人文社会科学重点研究基地。自治区第一批广西动漫人才培养基地。主要围绕民族元素与动漫艺术研究、建筑漫游动画及民族生态景观、广告动画及数字影像作品、少数民族动漫周边产品设计与包装等4个方向进行研究。2012年末在职研究人员19人，其中高级职称人数9人，中级职称10人。中心主任黄卢健。

学术活动 年内，中心加强与广西区内外企事业单位开展协同创新研究，先后与深圳模型设计公司、柳州蓝海科技公司、接力天高影视动画公司、南宁纳华文化发展有限公司、香港捷成洋行影视公司签订了相关合作协议，联合展开动漫研究，建立了科研教学实训基地。4月，邀请中国动漫集团副总裁栾林、赵婷、刘少韵等中国动漫名家到学院讲学。5月，邀请广西意图动画公司到校开展ZBRUSH动漫制作软件讲学。2012年上半年，基地陈雷老师与动画部分老师与广西人民广播电台私家车930频道合作拍摄制作多部微电影、宣传片。

科研工作 年内，获第三届全国大学生艺术展演二等奖1项，西部高校动漫作品联展二等奖2项；广西首届工艺美术作品奖11项，其中2项金奖、2项银奖、4项铜奖、3项优秀奖。广西反腐倡廉公益广告创意征集大赛一等奖1项；全国3D数字艺术大赛获广西赛区特等奖1项、一等奖2项、二等奖8项、三等奖1项和最佳学院组织奖。在国内核心刊物上发表学术论文10余篇。

服务地方成效明显，与广西人民广播电台合作，拍摄制作了广西首部喜剧微电影《悦来悦乐》第一集，完成了“930电台2012年度推广宣传动画片”的制作；与共青团广西区委合作，拍摄制作了宣传片《我们广西的年轻人》；与地方企业合作，制作完成了《贵港益盛园》、《西城中环》等多部房地产建筑动画。应邀参加自治区科技厅、文化厅及桂林市政府高新区举办第四届桂林国际动漫节，所展作品受到广泛关注。

【广西艺术学院阳太阳艺术研究中心】 广西高校人文社会科学重点研究基地。研究方向为中国画研究。主要依托广西艺术学院桂林中国画学院的师资力量开展科研工作。中心下设艺术创作室、阳山工作室等5个工作室。2012年末有学术研究骨干10人，其中教授7人，副教授3人。中心主任阳山。

学术活动 年内，先后举办“追寻太阳—纪念阳太阳诞辰103周年广西青年画家漓江写生作品展”等作品展10场次，创作作品得到了社会各界的好评。举办国内学术研讨会2次，邀请国内知名专家学者到校讲座6人(次)，参会人数100多人次。

科研工作 年内，承担自治区党委宣传部项目《广西近现代重大历史题材美术创作工程》、广西教育厅科研项目《广西近现代中国画发展与创新研究》等12项省级课题，在国内期刊发表学术论文10多篇，举办成果展6次，出版画册5部。

【广西民族民间音乐文化发展与传承基地】 隶属广西艺术学院。广西高校人文社会科学重点研究基地。主要开展民族艺术教育及非物质文化遗产保护的音乐学、民俗学、人类学、戏剧表演等方面的研究。2012年末基地主要研究人员38人，其中高级职称18人，中级职称人数8人。基地主任徐寒梅。

学术活动　邀请中国音乐学院博士生导师谢嘉幸教授、广西音乐协会副主席黄朝瑞到校讲学。派员参加国际学术会议1次，参加国内学术会议多次。与中国音乐学院合作赴希腊参加第30届世界音乐教育交流大会，为国际音乐教育学会吉普森音乐教育国际大奖资助项目《教孩子们唱自己家乡的歌——广西少数民族音乐传承》做展示汇报；参加中国多样性传统音乐文化的现代教育传承学术研讨会、第三届全国高等音乐艺术院校少数民族音乐文化传承研讨会；应邀赴上海音乐学院等单位举办讲座、开展授课与表演民歌等；中心研究人员赴广西三江、大化等地区开展田野调查，努力对广西具有特质的民族民间音乐文化资源，进行更细化的理论研究和收集整理；10名研究人员参加第六届中国原生民歌大赛活动，研究了中国民歌文化与歌唱技巧展示，并参加了专业培训与学术研讨活动。

学术交流　通过“娋妮”、“僚哥”、“芼呢”等3个独具广西特色原生民歌组合的打造及推出，在学术及展示领域上呈现了科研成果向教学资源转化的优势，既扩大了广西民歌的影响，又推动了广西民族民间音乐文化高等教育的传承与发展。其中“娋妮”组合屡获全国、广西民歌演唱赛多项奖，并被自治区文化厅、自治区民委授予“广西民歌传播大使”荣誉称号；“僚哥”组合获第三届全国高等艺术院校孔雀奖声乐大赛民间组银奖。根据研究成果编创民歌节目在“2012年在邕专家、高技能人才代表迎春茶话会”、“2012年广西知识产权宣传周”等少数民族音乐歌舞综合节目专场展示演出4场，作为特色节目参与“永远记住他们”、“同心颂”广西统一战线庆祝中国共产党第十八次全国代表大会胜利召开文艺晚会、“中国—东盟职业教育联展”、“八桂金曲——广西经典音乐作品音乐会”等舞台演出及民族音乐仪式迎宾20余场。创编和录制壮、瑶、苗、侗、京等各族代表性民歌《过桥风吹》、《木叶情歌》、《四月雨》演示光盘7张，实现了基地为地方政府政治与经济建设、为教育一线服务的目标。引发了媒体对“广西民族民间音乐文化传承发展基地”建设和民族艺术系办学模式的关注，天津卫视、浙江卫视、广西卫视、湖北卫视、《广西日报》、《南国早报》等传媒相继对相关内容及成果进行了追踪报道。

科研工作　承担国家社科基金西部项目《广西民歌传承人保护机制与方法研究》、广西科学研究与技术开发项目《广西民歌旅游文化产品研究与开发》等10多项。论文《论传统和声中的三度中音关系及其和弦连接》、《赫哲族和侗族民歌与民俗旅游资源开发跨区域综合研究》、《侗族民俗与民歌旅游资源开发的思考》、《广西民族声乐特色化教学研究》分别发表于《大舞台》等国内核心期刊。论文《原生民歌教学中出现的问题思考与对策》宣读于中国多样性传统音乐文化的现代教育传承学术研讨会。完成了学术专著《广西民歌·原生民歌卷一》、《桂南采茶戏》撰写工作。年内成果获“太极传统音乐奖”提名奖；“第二届《民族之声》全国歌手大赛”专业民族组金奖、“第六届原生民歌大赛”院校组铜奖、“第三届全国高等艺术院校孔雀奖声乐大赛”民间组银奖（金奖空缺）等国际、国家、省部级奖27项，两项单位优秀组织奖。其中编排《棵棵木棉红》、《蝴蝶歌》、《蓝天广朗朗》、《水淋淋》等作品分获“第六届中国原生民歌大赛”、“第三届全国高等艺术院校孔雀奖声乐大赛”、“红铜鼓”中国—东盟艺术教育成果展演、“第三届大学生展演活动艺术表演”等国家、省部级奖共18项。

【广西艺术学院造型艺术创作研究中心】　广西高校人文社会科学重点研究基地。以广西名画家为群体，在原有中国画、油画成就的基础上，通过研究中心的项目建设，加强版画、水彩、雕塑等其他造型艺术的创作与研究，强化广西美术品牌，为催生艺术精品营造氛围和提供平台，打造一批涵盖各种艺术形式、反映广西精神风貌的造型艺术精品。2012年末有研究人员13人，其中教授10人、副教授3人，博士4人，博士后1人。中心主任雷务武。

学术交流　举办“纸上欧洲—教师赴欧洲考察作品展”各级作品展28场（次），邀请中国美术学院王冬龄教授等多位国内专家到中心开展学术讲座15场（次），开展组织中心研究人员走进广西横县创作笔会等各种学术交流会10余（次）。

科研工作　年内，获科研项目33项，其中省级项目7项。获第十届全国水彩—粉画展优秀奖等国家级奖项15项，省级艺术奖项21项，其他奖19项。出版著作13部，发表论文41篇，其中核心期刊11篇。举办科研创作成果展8次，学术讲座15场。中心积极树立服务社会理念，承接自治区委托项目“广西重大历史题材创作项目”，取得丰硕成果，得到自治区领导的高度评价。为自治区政协设计制作木雕泥塑，为河池市、合浦县做雕塑项目。

【广西艺术学院漓江画派艺术研究中心】　广西高校人文社会科学重点研究基地。主要对漓江画派的发展历史、画派对比、艺术特征、画家个案、表现技法、创作经验等方面进行理论研究，一方面促进了漓江画派的发展，提高漓江画派的创作水平和学术水平；另一方面集中科研人才，提升广西艺术学院美术教师的科研水平，促进美术学学科建设，以培养更多的后备力量。2012年末有学术骨干25人，其中正高职称9人、副高职称14人，博士1人。研究中心主任刘新。

学术交流　年内先后在中国美术馆、南宁国际会览中心、广西艺术学院等地举办“家园——黄格胜国画展”等6场高水平创作成果展，成果展得到各级政府和业内同行的肯定；举办“漓江画派论坛——黄格胜艺术创作研讨会”、“画家与作文——黄格胜〈画旅文存·贰〉首发式暨学术研讨会”等4场学术研讨会。

科研工作　年内，承担全国教育科学规划课题《广西地域美术特色教育研究》等科研项目8项，获“第十届全国水彩—粉画展”等省部级科研创作奖6项。出版专著、文集3部，出版黄格胜教授专题片《漓水丹青》DVD。

【广西艺术学院中国—东盟华语有声语言研究中心】 广西高校人文社会科学重点研究基地。主要宗旨在于立足于广西和东盟地区独特的文化背景和特色，依托中国—东盟在经济、文化、教育交流的良好形势，大力开展对中国—东盟地区独具民族、地域特色的以华语有声语言为载体的非物质文化遗产的保护和研究，通过科学手段和现代化的影音设备对该地区众多具有民族和地域特色的各种艺术、技艺及礼仪、节庆和体育竞技活动等非物质文化遗产进行抢救性保护开发，将这些口述历史、口述技艺、口述传统等珍贵的第一手资料刻录成光盘资料进行分门别类地整理和保护，为进一步的发掘利用和未来的研究留下不可再现的第一手资料。同时对东南亚华语有声语言现状，东南亚华语媒体有声语言现状，东南亚广播电视媒体华语播音调查研究，中国台湾、新加坡主播、主持人管理制度、培养模式调查以及越南、泰国、马来西亚主播、主持人管理制度、培养模式调查研究等。2012年末有研究人员16人，其中高级职称11人。中心主任罗幸。

学术交流　年内，中心先后邀请来自武汉大学、新加坡等5名国内和东盟国家知识专家到校进行学术交流；派出10人次到泰国、柬埔寨等东盟国家进行学术交流。

科研工作　年内，承担各级各类科研项目8项，在核心期刊《中国广播电视刊》、《学术论坛》、《社会科学家》、《广西社会科学》等发表学术论文近20篇，获广西第十二次社会科学优秀成果奖等10余项。

【广西少数民族传统艺术研究中心】 广西艺术学院领导的广西高校人文社会科学重点研究基地。主要有广西少数民族传统音乐研究、广西少数民族服饰与服装研究、广西少数民族舞蹈研究3个研究方向。2012年末有研究人员35人，其中正高职称18人（院外3人），副高职称12人；博士4人。中心主任陈坤鹏。

学术交流　年内，召开学术交流会2次，邀请广西区内民族艺术方面的专家6名前来开展合作，共同研讨广西民间艺术数据典藏问题。邀请中央音乐学院博士生导师杨民康教授、云南艺术学院朱海鹰教授、广西民间舞专家于欣、清华大学美术学院教授肖文凌、复旦大学视觉艺术学院教授凌雅丽女士等国内知名专家来校讲学，拓宽了师生们的视野。同时，参加学术会议及进行学术调研活动历时12次。

科研工作　年内，承担科研课题15项（新增国家级1项，院级3项），其中《中国南方少数民族乐器与东南亚相关民族乐器比较研究》（2010）、《壮族歌圩的重构与塑造》（2012）两项为国家文化部和教育部项目；省级6项；厅局级2项。出版《京族独弦琴艺术》、《广西八音》、《壮族三声部民歌》、《桂南采茶戏》等4部著作；发表论文16篇（其中全国核心期刊4篇，为SCI收录）；科研成果获国际级金奖1项，国家级二等奖1项，获省级金奖1项、二等奖1项。

服务社会　研究中心与广西非物质文化遗产处合作的丛书编撰项目，具有非遗艺术普及性意义，为国家非物质文化遗产的保护提供大众性读物；为相关企事业单位提供业务咨询，如平果县政府嘹歌节、东兴市政府京族哈节、南丹县政府白裤瑶铜鼓节等，政府专门请研究中心从学术方面给予咨询与帮助；为当代艺术创作服务，研究中心收集、整理的民族民间艺术资料可作为音乐、美术、舞蹈创作及艺术设计的民族化素材，其研究成果可为其创作的民族化提供理论技撑。如陈坤鹏教授2012年7月，应东兴市政府之邀，制作了30台“竹制独弦琴”，民族风格浓郁，成为东兴2012年哈节的亮点。

【广西艺术学院中国—东盟艺术创作与展演研究中心】 广西艺术学院领导的广西高校人文社会科学重点研究基地。中心立足广西传统文化，面向现代化进程，深入了解各地宗教、民俗等历史文化背景，以创作新作品为载体，在提供更广阔的实践舞台的同时，向东南亚、乃至全世界推广既有民族特色、又代表着现代化发展方向的艺术研究成果与作品。2012年末有研究人员26人，其中高级职称18人。负责人张小春。

学术交流　年内，中心研究骨干先后赴泰国、柬埔寨和缅甸3个国家进行采风调研，与东盟国家艺术家们对东盟国家的舞蹈艺术进行深入探讨，并以此为素材创作了一批舞蹈作品。

科研工作　年内，中心承担各级各类科研项目5项，发表学术论文10篇，创作了一批优秀作品，并先后在大地飞歌等大型晚会上表演，节目得到了内业的普遍好评，深受广大观众喜爱。

【广西艺术学院广西文化创意研究中心】　广西高校人文社会科学重点研究基地。中心以“深化文化产业研究，构建政产学研用一体化平台，服务地方经济发展”的宗旨，充分发挥广西艺术学院的人力资源与智力资源优势，加强与各级政府部门的沟通，加强与国内外文化产业研究实体、行业协会以及企业界的合作，整合校内外研究力量，在学术研究、决策咨询、产品研发、产业运作、社会服务等方面开展一系列工作，坚持学术影响与社会效益并重，加强对广西优秀民族文化的继承创新，提升广西文化产业研究的学术水平和应用产品研发能力，为促进广西文化事业、文化产业核心竞争力和整体实力的不断壮大做出贡献。2012年末有研究人员18名，其中正高职称10人，副高职称6人；博士后1人，博士1人。负责人闵锐。

年内，承担自治区重点研究基地建设项目等各级各类项目6项，策划大型歌舞晚会10台。同时为广西区内企事业单位策划了一批文化创意项目。

【广西艺术学院中国—东盟传媒艺术研究中心】　广西高校人文社会科学重点研究基地。中心立足广西文化资源优势，努力拓宽广西与东盟各国之间文化艺术传播与交流渠道，提高国际影响力。研究方向为中国及东盟各国的传媒艺术与国家、民族、文化等的传播以及表现形式等。中心在与东盟各国相互汲取的基础上保持传媒艺术的生命力，进而凸显自己的特色，保持传媒文化的相互认知与交流，走向区域文化繁荣、经济发展、和平稳定。研究中心下设7个研究室。负责人汤晓山。

学术活动　年内，先后邀请来自新加坡、武汉大学等多名资深广告人、传媒专家到中心进行学术交流，同时承担了由教育部和自治区政府主办、自治区教育厅承办的2012中国—东盟职业教育联展暨论坛的场馆设计和布展工作，并组织师生参加职业教育学生作品展示和展演，获得来自教育部、文化部及自治区教育厅领导的好评。

科研工作　年内，共承担科研教改立项40项，其中教育部1项，省级10余项，院级10多项。共发表论文48篇，其中发表核心期刊20篇。

【广西艺术学院广西非物质文化遗产民歌研究展示中心】　自治区文化厅重点研究中心。中心以“保护为主、抢救第一、合理利用、传承发展”为宗旨，对广西非物质文化遗产的活态与式样性进行研究。2012年末有研究人员10人，其中教授6人、副教授2人。主任徐寒梅。

年内，科研人员承担国家社会科学基金项目《广西民歌传承人保护机制与方法研究》、广西科学研究与技术开发项目《广西民歌旅游文化产品研究开发与应用》等各级各类项目10项，撰写《天琴演奏法》、《民歌演唱艺术》等著作2部，发表学术论文8篇。

【广西民族师范学院广西边境地区社会发展研究所】　以边境社会管理问题、边境经济与旅游问题、边境民族体育与艺术问题、边境民族语言与文化问题、边境红色资源挖掘与开发、边境中小学基础教育问题及边境国家认同教育问题等一系列问题为研究重点。2012年末有研究人员45人(其中具有高级专业技术职务资格25人，中级20人)。所长韦国善。

年内，围绕广西边境地区社会发展中的重大问题，集中力量项目攻关。通过在校内公开征集选题并以开放形式向全体教师公开招标课题，通过竞标，有《广西边境地区突出问题的社会治理研究》等27个课题中标，其中重点课题7项，一般课题20项，资助总经费32万元。同时主持的国家级课题《中越跨界民族劳工的跨界流迁问题研究》1项，省部级项目《壮傣文化跨国传播研究——以广西西南部布傣族群与东南亚傣族文化传播为例》1项，厅级项目《广西边境幼教师资队伍现状调查及发展建设研究》、《广西边境幼儿园办园特色中的民族文化传承研究》等15项。获科研经费85万元。发表论文65篇。

【广西民族师范学院基础教育研究中心】　2012年末有研究人员20人(其中具有高级专业技术职务资格13人，中级2人)。主任易其顺。

年内，易其顺主持的《广西物理与科学学科教师教育创新示范平台建设项目》正式启动，并开展实质性的研究工作。黄健毅的全国教育科学“十二五”规划课题和卢奔芳的广西哲学社会科学规划课题《广西基础教育区域性均衡发展合理机制研究》课题的研究工作正进行当中。此外，结合“国培计划”邀请西南大学等国内重点师范大学的教育学专家到学院讲学，进一步加强与各学校同类机构的交流。组织老师深入中小学课堂，了解当前本地区基础教育的实际，与中小学教师一起开展教研活动。在各级各类刊物发表论文11篇，核心期刊3篇。

【玉林师范学院桂东南社会文化发展研究中心】

“十一五”广西高等学校重点建设研究基地(重点建设实验室)。主要研究方向为“桂东南社会文化发展研究”、“农村基础教育人才培养研究”、“实用文体写作人才培养研究”等。根据研究方向,中心立足于地方高校的使命和实际,充分发挥地方高校在地方文化发展中的引领作用,立足地方,把地方文化研究推向全国。整合多学科资源,形成一批融通性较强、水平较高的研究成果。积极打造一支校内优势团队与校外专业人员相结合的高水平研究队伍。成员多为高学历、高职称人员,科研水平较高,团队凝聚力强,易出成果;校外特聘研究人员专业基础好,实践经验丰富,能形成地方与高校的良性互动。2012 年末有科研人员 56 人,其中教授 27 人,博士 19 人,另有校外特聘研究员 30 多人。主任王志明。

研究中心占地 600 平方米,拥有摄影摄像实验室、非线性编辑实验室、广告设计实验室、录制中心、图书资料库等教学研开放性实验室和资源平台,仪器设备价值 210 万元。

年内主要工作及成果:

(1)发扬优势,立足长远发展,调整研究方向。一方面保持 3 个研究方向的研究协调发展,另一方面加大对桂东南社会文化发展研究。成立桂东南侨乡文化研究、桂东南民间音乐研究、桂东南地区产业知识产权保护研究、桂东南地域性文学研究、桂东南乡土画风研究等专题研究团队,并取得了初步进展。5 月 8 日,玉林师范学院校长谢尚果率法商学院院长蒋慧一行到玉林市科技局进行调研,标志着玉林市科学研究与技术开发计划项目《桂东南特色产业知识产权法律保护研究》的正式启动。年内,成员共获得纵横向科研项目 143 项,其中国家级社科基金项目 2 项、省部级项目 5 项、厅局级项目 41 项。获资助总经费 130 多万元,其中纵向项目 115.8 万元。国家社会科学基金项目中,蒋慧教授主持的《广西少数民族特色文化知识产权保护研究》项目,获国家社会科学基金一般项目立项,获资助金额 15 万元。孙庆彬老师申报的《华南少数民族古村落传统体育文化调查研究与数据库构建》项目获资助 15 万元。年内,成员出版著作、教材等 10 部,6 部著作分别是《通识教育论》(李继兵)、《文学·时空·比较——王志明文学论文集》(王志明)、《道教农学思想发凡》(道教科学研究丛书之一)(袁名泽)、《高校大学生思想政治工作及其管理》(曹迎)、《商业银行信用的法制保障研究》(李乐平)、《专业新闻报道研究》(冯菊香)等。成员共发表论文 100 余篇,其中核心期刊 46 篇。

(2)进一步建设高水平的地方文化研究资源库,开通网络交流平台。桂东南社会文化研究文献信息资源系统已初步建成,主要包含桂东南地区方志谱牒文献等图书资源和数据资源。数据库建成之后开始投入运行,为地方文化的研究提供帮助和支持,初显成效。

(3)扎实开展研究工作,建立研究基地。6 月 14 日,玉林师范学院音乐舞蹈学院在玉林兴业县蒲圹镇举行“玉林师范学院桂东南民间艺术研究基地”挂牌活动。玉林市文联、市群艺馆、蒲圹镇政府领导出席了挂牌仪式,会后进行了丰富多彩的文艺演出。该基地的创建,为音乐舞蹈学院师生研究桂东南民间艺术提供了一个重要的平台,也为地方文化与地方高校的联系提供了一个桥梁。

(4)促进国内外学术交流,引进前沿学术理念,扩大学术和文化影响力。举办全国、广西学术研讨会 3 次。6 月 15 日,由玉林师范学院与玉林市玉东新区管理委员会联合主办的“桂东南历史文化学术研讨会”在玉林师范学院召开。中国史学会第六届理事钱宗范、客家研究院院长彭会资、中山大学中国语言文学系教授杨权、广西非物质文化遗产研究中心主任廖明君、广西民间文艺家协会副主席杨树喆、玉林文化时空研究会会长罗秀兴、玉林市党史办主任赵彦行等来自广西区内外的 10 余名专家与会,对桂东南历史文化进行学术研讨。10 月 26 日,“近代中国乡村文化与实践学术研讨会”在玉林师范学院举行。梁伟江院长出席开幕式并讲话,李伟中副院长以及政史学院的师生出席会议,来自南开大学、西南大学、河北师范大学、贵州凯里学院、广西大学等学校的 20 多位专家学者与会。研讨会由学校副院长李伟中主持。研讨会上,南开大学历史学院王先明教授、西南大学卢作孚研究中心刘重来教授、南开大学历史学院李金铮教授、河北师范大学历史文化学院董丛林教授、南开大学周恩来政府管理学院宣朝庆教授、贵州凯里学院人文学院院长李斌教授、广西民族师范学院经济管理系主任韦福安教授以及玉林师范学院李伟中教授分别就各自有关近代中国乡村建设思想与实践的研究作了主题发言。10 月 27~28 日,“实践美学与中国当代美学发展”研讨会在玉林师范学院西校区召开,来自全国各地各高校的美学专家及美学爱好者 40 多人出席了研讨会。与会专家、学者分别以报告、座谈和辩论等方式深刻探讨了“实践美学与中国当代美学发展”等问题。中国当代美学几个重要流派的主要代表分别在研讨会上作报告。学校特聘教授、博士生导师、中华美学学会副理事长、新实践美学主要代表张玉能先生在研讨会上作了题为“实践转向与美”的精彩报告。“后实践美学”的主要理论代表、厦门大学博士生导师杨春时教授,“认知美学”的主要理论代表、吉林大学博士生导师李志宏教授和该校博士生导师、著名文艺理论家张锡坤教授，山东大学博士生导师、著名文艺理论家、当代中国马列文论研究专家马龙潜教授，浙江大学博士生导师苏宏斌教授等著名学者的精彩报告都引起了与会学者热烈讨论。

邀请或派出讲学交流30多人(次)。主要有:6月12日，北京大学法学院博士生导师、商法学泰斗蒋大兴教授在法商学院举办了一场题为“家庭、孝道与公司控制权”的学术讲座。6月12日，邀请南京大学教育学博士许浚作了“亲密关系——危险情感”为主题的心理讲座。5月15日，《光明日报》广西记者站站长、高级记者刘昆在校作题为“网络传播的当下态势及舆论引导艺术”的讲座，分析了网络传播的当下态势，并为如何在网络时代实现舆论引导“支招”。6月18日，邀请美国丹佛大学国际关系学院赵穗生教授作了一场题为“奥巴马总统的亚太转向与中美关系”的讲座。11月6日，邀请教育部“国培计划”专家、广西艺术学院陈玉丹教授为音乐舞蹈学院的国培学员和师生们作了一场包括“本土音乐教学设计”和“音乐课堂组织艺术”等内容的精彩讲座。11月8日，邀请四川大学博士生导师詹石窗教授作“道家养生与身心健康”为主题的学术讲座。

【梧州学院心理健康咨询中心】 中国心理卫生协会会员和广西心理学会会员单位。研究青少年心理健康教育问题，探索、研究青少年心理发展的重大理论和现实问题，通过深化对青少年心理发展的理论与实践研究，促进学校心理健康教育学科的建设。2012年继续开展“积极心理学”、“艺术治疗”在心理健康教育教学中的应用、如何做好大学生心理危机干预和“进城务工人员子女”等项目研究，主持和参与省级等各级相关科研项目17项。2012年末有研究人员11人，其中有高级职称6人、中级5人。国家职业资格二级心理咨询师2人，三级心理咨询师2人。负责人李红云。

心理健康咨询中心配备有专门的办公室、阅览室、心理咨询室、心理测量室、沙盘治疗室、宣泄室和团体辅导室等，专业化程度不断提高。开展了对2012级新生的心理普查工作，并针对普查筛选出来的有心理问题的学生建立了心理档案，并做好相关的辅导工作。咨询服务形式有个别咨询、团体咨询、网络咨询、QQ咨询、邮件咨询、电话咨询等。2012年共接待个别心理咨询人数为273人(次)；组织开展8次团体心理辅导活动，参与学生530人；重点排查出需关注的学生16人，组织心理危机干预7次。组织开展丰富多彩的心理健康教育活动:5~6月，组织以“心怀感恩　健康成长”为主题的梧州学院第九届大学生“5.25”心理健康教育活动月系列活动，举办第二届‘梦起航　心飞扬”大学生心理征文比赛活动；举办“感恩教育”优秀班级心理健康教育主题活动评选；组织1场持续两天的大型现场心理咨询活动，活动现场共发出心理问卷350份，现场参与的同学500多人；组织系列心理健康教育讲座与心理工作坊7场；通过板报、横幅、海报、电台、网络、学院报纸、印刷出版《心晴》第二期心理健康期刊等方式全方位多媒体宣传心理健康知识及活动月内容等，活动月参与人数8000多人。荣获2012年广西高校“感恩教育”心理健康教育主题活动优秀组织奖和活动优秀案例三等奖。全年共组织16场面向全院师生的心理健康知识讲座，包括《学会感恩》、《心身疾病与健康》、《学会交往》、《睡眠与身心健康》、《珍爱生命，健康成长》、《走向成功》等等，其中也包括对对班级心理委员和心协成员的培训等，受益学生2000多人次。10月至11月，组织梧州学院第六届校园十大“阳光学子”评选活动，并举办优秀学生事迹宣讲会，以阳光学子的先进事迹影响广大学子，营造一个积极、向上的校园氛围。11月至12月组织了“绽放自我　我心飞扬”大学生心理知识竞赛。编印《新生心理自助手册》给2012级每一位新生，指导各系建立起二级心理咨询工作室，建立健全“学校—系部—班级—宿舍”四级大学生心理健康教育网络。

积极为地方经济发展和社会稳定服务:指导拳头工作室成员和大学生心理协会成员开展对梧州市文澜路小学、钱鉴小学等进行团体心理辅导活动和个别心理咨询活动。参与对学院教师教育基地对学前教育和小学教育的国培计划培训、梧州市幼儿园教师学历水平培训、广西电网梧州市运行维护局干部心理辅导技能培训和梧州市青少年宫师资培训等。为梧州市蝶山法院未成年犯罪案件中17名未成年人进行心理评估及疏导，为民事法庭13对离婚家庭进行心理疏导工作等。

年内，为2011、2012级学生全面开设了作为公共必修课的大学生心理健康教育课程，依托校级和自治区级教改课题《在大学心理健康教育中应用“艺术治疗”的研究与实践》参加梧州学院2012年教学成果评选并获得一等奖，同时获得自治区教学成果评比三等奖。梧州学院心理健康咨询中心于2012年6月获广西高校2009~2011年度心理健康教育先进集体，负责人李红云教授获得广西高校心理健康教育工作先进个人。

【广西教育学院研究院】 2012年末有研究人员89人，其中正高职称31人，副高职称29人，中级职称30人。研究院院长陈洛。下设13个研究所。见下表。

广西教育学院研究院下属科研机构2012年情况一览表

机构名称	负责人	机构人员情况	研究领域	科研活动与成果
人力资源研究所	陈　洛	研究员5人，其中正高2人、副高1人，中级2人	区域人力资源开发	发表论文6篇
教育科学研究所	徐书业	研究人员16人，其中正高4人、副高6人，中级6人	基础教育改革、学校的变革与发展、心理健康教育等	发表论文10篇
高等教育研究所	卫荣凡	研究人员3人，均是正高职称	高等教育、高校教师师德以及高校竞争力	发表论文1篇；获广西第十二次社会科学优秀成果奖二等奖1项（独著），三等奖2项
跨境教育研究所	唐晓萍	研究人员3人，其中正高2人、副高1人	跨境教育	发表论文3篇
生态文化研究所	袁鼎生	研究人员6人，其中正高4人、副高2人	生态文化与旅游发展	发表论文6篇
心理研究所	潘　慧	研究人员6人，其中正高3人、副高2人，中级1人	积极心理学、经济心理学、青少年积极心理健康教育	发表论文7篇
信息科学与技术研究所	王兴辉	研究人员10人，其中正高1人、副高4人，中级6人	现代教育技术和信息技术学科	承担广西教育厅教改工程项目3个，发表论文8篇，获广西第十二次社会科学优秀成果奖三等奖1项
思想政治教育研究所	韦吉锋	研究人员10人，其中正高3人、副3人，中级4人	网络思想政治教育和少数民族先进文化	主持、参与省部级以上科研项目12项，发表论文5篇。
公共管理研究所	潘启富	研究人员5人，其中正高1人、副高3人，中级1人	高校的战略管理与社会公共事务管理	发表论文7篇
道德教育研究所	朱家安	研究人员4人，其中正高1人、副高2人，中级1人	道德教育、教育管理	有两个在研的厅级课题
课程与教学论研究所	罗国忠	研究人员10人，其中正高4人、副高2人，中级4人	中学生科学探究能力的评价进行研究	发表论文7篇，其中3篇发表在核心期刊；获广西第十二次社会科学优秀成果奖三等奖1项（独著）
特殊教育研究所	叶发钦	研究人员6人，其中正高2人、副高1人，中级3人	少数民族地区特殊教育研究研究	发表论文3篇
学校发展研究所	陈向阳	研究人员5人，其中正1人，副2人，中级2人	以学校发展为主题，涵括学校领导与管理、校长专业成长、教师专业成长、班主任专业成长，兼顾培训培养的教学任务等内容	发表论文《论现代学校发展的意涵》，建立研究所实验学校和实践基地并挂牌

【桂林航天工业学院航天旅游发展研究所】 为加强学校与旅游业界、政府对接，培养、锻炼旅游专业教师对外交流能力，承担政府或企业委托研究的横向课题而成立。研究方向为旅游产业的转型升级和旅游规划。研究所主要与有规划资质的公司共同承担景区规划、县域或市域规划，为相关旅游企业提供战略咨询、培训服务等。2012年末有科研人员8人。负责人罗敏。

年内主持和承担项目有：规划合同《恭城瑶族自治县大社山景区旅游控制性规划》、《桂林市发改委课题研究委托合同》、《北流市勾漏洞风景名胜区总体规划修编》等8项；创A合同《融安石门仙湖景区创AAA项目》、《恭城文武庙创AAA景区申报材料》等7项。

【桂林航天工业学院人力资源管理研究所】 是增进与国内外企事业单位和研究机构的合作研究与学术交流。服务社会和教学、为政府和企业提供人力资源的智力支持。研究方向为人力资源管理领域学术理论研究和应用研究，为国家机关、企事业单位人力资源管理提供决策参考，承担政府和企业的人力资源研究项目，为企业提供人力资源的咨询和培训服务。2012年末有科研人员8人。负责人王蕴。

年内承担的项目有：桂林航修厂《管理人员胜任能力研究》、中国化工橡胶桂林有限公司《企业人力资源优化》。获自治区级科研课题立项5项，自治区级教学改革工程项目立项8项。先后在贵州航天工业有限责任公司、桂林航天电子有限公司、广西国税局、桂林市职业鉴定中心进行学术讲座。

【桂林旅游规划设计研究院】 隶属桂林旅游高等专科学校。具有独立法人资格和旅游规划设计丙级资质的研究机构。2012年末有教授7人，副教授12人，讲师13人；博士5人，在读博士生6人，硕士5人。研究领域和方向：旅游资源开发、旅游项目策划、旅游景点设计、风景园林设计、环境景观设计、旅游环境保护、旅游市场营销、行业及地方旅游标准制定等。院长黄国良。

年内，为桂林市旅游局、灌阳县人民政府、忻城县人民政府、田林县人民政府、桂林纳兰旅游开发有限公司等企事业单位提供了《桂林漓江游船服务质量要求与星级评定标准》、《2012年桂林市国内旅游抽样调查》、《忻城县旅游发展总体规划》、《田林县旅游发展总体规划》、《灌阳农业观光与生态旅游总体规划》、《恭城西岭瑶乡乡村公园旅游开发项目策划及总体规划》等技术支持和服务。

【广西旅游科学研究所】 隶属自治区旅游局，挂靠桂林旅游高等专科学校。研究领域和方向：区域旅游业发展规划、旅游项目策划、旅游资源普查、乡村旅游开发、旅游景区开发总体规划设计、旅游企业管理咨询、旅游资源调查与评价、旅游地和旅游景区营销策划、旅游形象设计等。研究所下设8个专业研究室，即旅游形象及旅游礼仪研究室、旅游文化研究室、乡村生态旅游研究室、旅游环境及旅游地质研究室、酒店管理研究室、旅游工艺品设计研究室、旅游战略研究室、会展旅游研究室。2012年末有科研人员39人，其中正高专业技术职务资格9人、副高专业技术职务资格15人，中级15人。所长黄国良。

年内，新增广西科技厅科学研究与技术开发项目、广西教育厅科研项目、桂林市科学研究与技术开发项目等纵向科研项目30项，出版各类著作16部，发表学术论文90多篇。科研成果获广西第十二次社会科学优秀成果奖2项。

【桂林天地人旅游商品研究所】 隶属桂林旅游高等专科学校。研究范围为旅游工艺品研制开发、影视制作、舞台美术设计。2012年末有科研人员30人（其中具有高级专业技术职务资格9人，中级职称13人）。所长梁立新。

5月，参加2012中国旅游商品大赛，《印象桂林水墨漓江水晶系列旅游纪念品》获银奖；9月，参加第三届中国（桂林）国际旅游博览会，获得最佳组织奖。10月，参加国家美术展暨法国罗浮宫画展中国选区评选，《清水出芙蓉》获得银奖；年内，完成艺术作品60多件。

【广西政法管理干部学院东盟法律研究所】 学院民商法系设立的以东盟国家的法律文化、法制建设、法律传统及中国与东盟区域合作中的法律问题作为主要研究对象的基层科研机构。重点研究范围：中国与东盟及其东盟国家关系中的政治、法律因素研究；中国—东盟自由贸易区及其相关法律问题研究；东盟各国国内法及其比较研究；中国—东盟贸易、投资、服务、知识产权保护合作、争端解决机制、国际司法协助、国际商事仲裁等法律问题研究；东盟法律事务精品专业构建研究；东盟法律事务专业精品课程与特色课程研究等。研究所实施开放式的组织模式，以全球化及区域合作趋势为视角，突出法学理论与应用研究，并实行个人研究和团队研究相结合，支持跨学科研究。2012年末有科研人员9人。所长邓珊。

年内取得的主要成果有：完成广西“十一五”哲学社会科学研究规划课题《中国与东盟国家投资法律制度比较研究》，成果获评良好；完成广西“十一五”哲学社会科学研究规划课题并出版教材《东盟各国民法概论》；发表《中国与东盟国家外资法律环境比较研究》、《中国—东盟争端解决机制构建之我见》、《中越劳动法律制度比较与借鉴》、《离案金融的兴起与广西律师的机遇和挑战》、《北美自由贸易区动植物检疫措施制度研究》、《中国—东盟旅游服务贸易呼唤立法护航》、《中国—东盟自由贸易区规则的运用对广西经济贸易的影响》、《论东盟自由贸易区法律制度与启示》、《中国东盟“一轴两翼”区域经济合作之广西的功能与定位》、《中国与东盟国家外贸法律制度冲突与竞合》、《论加快对中国—东盟博览会标志知识产权立法保护》、《中国—东盟博览会知识产权保护初探》等30多篇学术论文。

社会科学界联合会

【广西壮族自治区社会科学界联合会】 2012年末有团体会员187个(其中自治区级学会、协会、研究会141个,设区市社科联13个,高校社科联29个,民办科研机构4个)。设办公室、学会部、外联部、科普部4个工作部门,下设编辑部、东南亚经济与政治研究中心及机关服务中心。编制40人。现任领导机构是第六届委员会,有委员213人,其中常务委员43人,特邀委员25人。主席王士威,秘书长曹平。

学术活动 2012年,积极推动和组织广西社科界紧紧围绕科学发展主题、加快转变经济发展方式主线和"五区"建设开展各种学术活动,取得了一系列理论成果,提出了许多有针对性和操作性的对策建议,为各级党委、政府科学决策提供理论参考,充分发挥了智力服务作用。如以"科学发展、富民强桂"为主题举办第四届广西社会科学界学术年会;分别以"解放思想、赶超跨越大讨论"、"学习贯彻自治区第十届委员会第二次全会精神,探讨广西社科界如何弘扬广西精神"、"学文件、强素质、促发展——贯彻落实两个3号文件精神"、"社科界学习贯彻党的十八大精神"为主题组织开展4次专家学者活动日活动;以"雷锋精神的时代价值"为主题与自治区党委宣传部联合召开广西社科界学习弘扬雷锋精神研讨会;以"民族文化强区与广西发展"为主题联合自治区文化厅、文联、民委举办第十四期广西发展论坛,与广西社科院联合召开"以社科管理创新推进文化大发展大繁荣"座谈会;与广西先进文化发展促进会、广西写作学会、河池学院联合召开"第五届广西校园文化论坛——网络文化时尚与校园文化建设学术研讨会";与自治区人民政府发展研究中心、国土资源厅、农业厅、水利厅、扶贫开发办公室等八家单位联合召开"土地流转与农业现代化——富川瑶族自治县农村承包土地流转新模式"研讨会;与广西社科院联合召开广西与东盟农业合作研讨会,与西南财经大学马克思主义经济学研究院、光明日报光明网联合召开中国第四次人的发展经济学研讨会;与河池市委、河池市政府、广西市场经济研究会联合召开"滇桂黔石漠化片区产业开发扶贫论文交流会";与共青团广西区委及广西教育学会、广西书画艺术研究会、广西民联教育研究院、广西新闻摄影学会共同举办第四届广西未成年人美术书法摄影大赛暨广西未成年人素质教育与实践理论研讨会等;围绕"西部经济强区、民族文化强区、社会和谐稳定模范区、生态文明示范区、民族团结和谐进步模范区"五区建设,资助37个学会开展37项学术活动,资助23所高校社科联开展40项学术活动。

课题研究 年内,立项开展《加快陆路东盟南(宁)崇(左)经济带发展对策研究》、《自贸区建成后广西与东盟文化产业合作研究》、《广西北部湾经济区服务业发展对策研究》、《中国—东盟自由贸易区建成对广西蔗糖业的影响及对策》、《推进泛珠三角九省区基本公共服务均等化公共政策协调研究》等课题研究;资助开展《广西构建现代文化产业体系研究》、《广西文化产业与其他产业融合发展研究》、《广西增长中的产业协调发展研究》、《广西经济带与经济圈建设的带动作用研究》、《经济社会转型中广西金融创新发展研究》等五项课题研究;完成《城市化进程中农民利益的保护》、《循环经济促进法理论与实践问题研究》、《中国—东盟自由贸易区背景下广西先进制造业发展研究》、《广西农村留守儿童与青少年教育研究》、《生态论视角下广西马克思主义大众化研究》、《广西发展低碳经济的路径与对策研究》、《广西资源富集地区资源可持续开发研究》、《广西海洋经济发展研究》、《劳动合同纠纷调解与仲裁制度研究》、《广西城市住房供给模式及制度改革研究》等10项2011年资助课题的结题工作;分别以"着力完善政府提供保障性住房与市场提供商品房并重的城市住房供给模式"、"大开发、大开放、大跨越构建广西现代特色文化产业体系"、"完善广西城乡公共产品一体化的发展机制"、"专家呼吁制定广西社会科学普及条例——自治区社会科学普及立法工作座谈会纪要"为主题编印4期《专家建言专报》。广西保险学会与广西保监局、广西大学联合开展的《广西甘蔗种植保险研究》的研究课题,有关将甘蔗纳入中央财政政策性农业保险保费补贴范围的建议被中央采纳,财政部下发的《关于进一步加大支持力度,做好农业保险保费补贴工作的通知》中,首次将甘蔗纳入中央财政政策性农业保险保费补贴范围。广西大学中国—东盟研究院

7月16日，自治区社科联六届七次常委会议在南宁召开。 （朱汝胜 摄）

科研成果"推进广西—东盟人民币双向信贷业务的政策建议"获得自治区党委常委、自治区常务副主席黄道伟批示，要求全套报送自治区党委办公厅、自治区人民政府金融工作办公室、中国人民银行南宁中心支行等部门具体阅研、办理。

基层社科联建设 2012年，成立调研组先后深入南宁、柳州、北海、崇左、梧州、贵港、河池、防城港、钦州等9个设区市和部分县（市、区）调研、指导县级社科联筹建工作，解决各市、县筹备成立县级社科联工作中遇到的困难和问题；9月召开广西部分市县级社科联建设工作汇报会，表彰县级社科联建设先进单位和先进个人，推动县级社科联成立工作。经努力，广西共有15个县（市、区）按照要求成立了社科联组织，使广西成立县级社科联的县（市、区）达到74个，占109个县（市、区）的67.8%。年内有钦州市、来宾市、崇左市所辖县（市、区）全部建立社科联，广西完成建立县级社科联任务的地级市达到8个。在抓成立县级社科联的同时，具体指导和帮助各县（市、区）社科联开展工作。12月，举办广西第四期县级社科联干部培训班，对2012年建立的县级社科联的干部和前三年未参加过培训的县级社科联干部进行培训，学习党中央和自治区党委繁荣发展哲学社会科学的路线方针政策、县级社科联工作知识等，提高县级社科联干部的政治素质和业务水平。推动已成立社科联的县（市、区）实现参照公务员法管理的报批手续。深入贵港市具体指导、推动成立贵港市社科联。分别深入广西国资委和广西物资集团调研，探索在企业建立社科联的可能性、必要性和可操作性。

学会建设 一是审批成立8个学会。年内，审批成立广西区域经济发展研究会、广西新农村建设促进会、广西区域科学学会、广西发展战略研究会、广西庐江文化投资促进会、广西婚姻家庭研究会、广西知青文化研究会、广西社会道德文化研究会，审批民办科研机构1个，即广西保利置业研究院等；吸收广西产业与技术经济研究会为团体会员，同意作为广西研究生联合开发促进会的业务主管单位。二是加强学会管理。年内，对社科联所属的学会进行了年检，并做好相应的初审和监管工作，进一步加强学会的规范化管理。三是深入基层调研。继续到广西区直学会进行调研的同时，先后到柳州、桂林、来宾市，资源、灌阳县调研，进一步了解和掌握自治区、设区市、县三级社科学会的状况，以便加强对学会的管理和指导。四是加强交流。组织社科联学习交流团赴陕西、新疆社科联学习交流，借鉴学习他们在学会指导和管理方面的经验。五是召开自治区社科联系统秘书长联席会议，邀请有关专家作专题辅导，总结交流各团体会员的工作经验，表彰先进学会和学会先进个人，发挥先进社团对所属团体会员的工作带动和示范作用。六是召开社科学会管理与发展工作座谈会，就学会的生存、管理与发展等问题进行交流和探讨。

平台建设 年内，分别出版12期《广西社会科学》、《改革与战略》，共刊发文章800多篇，700多万字。《广西社会科学》继续入选中文核心期刊目录(2011版)，《改革与战略》被评为2012年中国最具国际影响力学术期刊。编辑出版《广西社会科学年鉴·2012》、《中国—东盟年鉴·2012》、4卷《社会科学论丛》、6期《广西社科联通讯》、30部《广西社会科学专家文集》（累计出版100部）等，继续推进《中国少数民族大辞典》编纂出版工作，《仫佬族卷》已完成全部文字稿件，《毛南族卷》文字稿件写作已经完成过半，《京族卷》条目写作全面铺开。改版和加强了广西社科联网站建设工作，及时、准确、全面地反映了社科联的工作情况和经验，进一步发挥了信息导向和监督作用。

社科普及 一是积极组织社科界参加全国、广西科技活动周及十月科普大行动等各种科普活动。组织广西保险学会以"3G移动勘查技术让车险理赔更快更准确"为题，参加2012年1月广西科技活动周科普展示竞赛活动并获三等奖；组织广西钱币学会参加全国科技活动周广西活动，印发人民币知识宣传手册2000册；以在河池市举办的"2012年自治区社会科学普及十月大行动启动仪式暨河池市金城江文化广场科普活动"作为启动，资助团体会员在广西范围内举办10场广场科普活动、10场"科学发展、富民强桂"报告会、10场"科学发展、富民强桂"系列科普讲座、10场"学习党的十七届六中全会和自治区第十次党代会精神"十家谈、社科知识进13村等系列活动。举办7期中国—东盟大讲坛。资助出版《现代礼仪七字经》、《孝道创新三字经》、《广西海洋文化简明读本》、《广西奋力推进“五区”建设干部读本》、《行政强制法的原理与实务指导》等5种重点科普读物，完成2011年资助出版10种重点科普读物中的7种。二是建立社会科学普及基地。分别与梧州学院社科联、河池学院社科联、柳州师范高等专科学校社科联共建3个新的社会科学普及基地。三是创新社科普及的形式和内容。联合自治区文化厅、自治区关心下一代工作委员会、中国社会福利基金会学雷锋基金管委会等，在广西科技馆举办《不朽的丰碑 永远的榜样——雷锋事迹大型原创摄影作品暨弘扬雷锋精神书画展》。全国人大原副委员长顾秀莲发来贺电，15位省、部、将军级领导，广西区直单位干部职工、部队官兵、大中专院校师生、市民共500多人参加开展仪式，总参观人数达3万多人。广西区内各大新闻媒体对这些科普活动进行了充分的宣传报道，对推动马克思主义大众化和社会主义核心价值体系建设，倡导科学精神，提高广大干部群众的社会科学素养，发挥了很好的作用。

对外交流　先后接待广东、西藏、江苏、北京等省区市社科联同行来访，与来访的兄弟社科联进行深入的工作交流，学习借鉴他们的工作经验。组织专家学者参加西部省区市社科联第五次协作会议，会上作题为《总结经验，与时俱进，再创社科联工作新局面》工作经验交流发言；参加泛珠三角区域合作与发展社科专家论坛，会上作《推进泛珠三角九省区基本公共服务均等化公共政策协调研究》专题发言。参加全国社科联协作会议、全国第十四次社会科学普及工作经验交流会，西藏自治区哲学社会科学界联合会第一次代表大会。组织两个“广西社科学术交流团”分别赴南非、土耳其、阿联酋和美国、加拿大开展学术交流活动；组织学会领导干部到陕西、新疆兄弟省区社科联交流学习学会管理、学会发展工作经验，组织基层社科联领导干部到福建、浙江兄弟省社科联学习交流县级社科联建设和高校社科联建设工作经验。

社科评奖　年内，组织开展广西第十二次社会科学优秀成果奖评选工作。在总结历届评奖成功经验和广泛征求专家学者、社科工作者意见的基础上，对宣传发动、成果收集、成果分类、通讯评审、集中评审、终审、复评、公示、报批等各个评选工作环节进行了完善，制定了评委对参评成果打分的最低分制度，相对减少了评委对参评成果打分差距人为拉大的倾向。在整个评选过程中严格程序，遵循公平、公正、公开原则，确保了获奖成果质量，确保了评奖工作的权威性。本次评奖最终参评成果2605项，比第十一次增长26%；根据《〈广西壮族自治区社会科学优秀成果评选奖励办法〉第十二次评奖实施细则》规定，获奖比例由历次的20%降至17%，虽然获奖比例降低了，但本次获奖项目仍达439项，比第十一次增加了26项。经过努力，单项获奖成果的奖金额比第十一次增加1倍。

督查活动　年内，把开展《中共中央关于进一步繁荣发展哲学社会科学的意见》（中发〔2004〕3号）和《自治区党委关于大力繁荣发展哲学社会科学的意见》（桂发〔2006〕3号）（以下简称“两个3号文件”）的贯彻落实情况进行督查作为社科界开展“解放思想、赶超跨越”大讨论活动和“学用政策抓落实”活动的具体行动，建议并力争以自治区党委办公厅组织在广西对两个3号文件贯彻落实情况进行督查。建议得到了自治区党委领导的高度重视和大力支持，自治区党委办公厅从自治区党委督查室、自治区党委宣传部、自治区社科联、广西社科院抽调人员组成6个督查组，对各市党委、广西区直各有关单位贯彻落实两个3号文件情况进行督查，重点检查了两个3号文件下发以来哲学社会科学工作总体情况，包括哲学社会科学工作的创新做法、成功经验和工作规律，贯彻落实两个3号文件过程中遇到的主要困难和问题，以及新形势下推动广西哲学社会科学工作改革发展的对策和建议等。形成督查报告报自治区党委。通过督查，提高了对社会科学和社科联工作的认识，对两个3号文件在广西的更好贯彻落实起到了很好的促进作用。

机关建设　一是组织专题学习自治区党委十届二次全会审议通过的《自治区党委关于贯彻党的十七届六中全会精神　深化文化体制改革　推动文化大发展大繁荣　建设民族文化强区的若干意见》精神，进一步增强繁荣发展社会科学的责任感、使命感，对加强基础设施建设，加大科研力度，探索成果转化的途径和方式，创新科普方式方法，推动科普立法，加强组织建设，发挥团体会员作用，完善成果评奖和评选优秀专家等社会科学激励机制，发挥“联”的优势等方面，有了进一步的认识。二是重新整理了自治区社科联委员通讯联系方式，及时向委员寄送自治区社科联各类资料、文件，以及编辑出版的书籍，采取多种形式通报有关重要活动，不断加强与自治区社科联委员的联系。三是通过开展“学习型党组织”创建活动、“解放思想、赶超跨越”大讨论活动，组织开展专题理论学习和党的十八大精神专题学习，用中国化的马克思主义武装社科联机关干部职工的头脑，不断丰富知识，推动思想解放，党员领导干部的理论水平、领导水平和执行能力有新的提高，自治区社科联党组荣获2012年广西区直机关工委“学习型党组织”荣誉称号；通过深入开展创先争优活动，组织观看电影《没有共产党就没有新中国》、《缉毒警》等电教影片，组织党员到革命圣地延安“重温入党誓词”、“缅怀革命先烈”，组织机关党员参观“走进长征路大型纪实摄影展"、"广西创先争优大型图片展"等活动，激发了党员干部思想政治及工作热情；通过机关各党支部换届选举工作，成立编辑部党支部，夯实了基层党组织基础，更好地发挥了基层党组织的战斗堡垒作用；通过评选表彰优秀共产党员，为创先争优活动常态化树立典型；通过开展"献爱心、送温暖"、"服务群众我先行"活动，扩大了社科联的影响。四是扶贫工作、发展县域经济联系工作和结对共建工作取得新成效。协调相关部门帮助融安县起西村开展道路、水利、村小学、村委办公楼等基础设施建设，调整产业结构，改变发展方式，加强文化建设等，改善了当地的生产和生活条件；积极物色并推荐社科专家担任发展县域经济联系点桂林市雁山区政府顾问，到雁山区委、政府机关作专题讲座，开展专题调研活动；继续与南宁市演出公司开展结对共建活动，自筹3万元经费帮助该公司改善办公条件、慰问困难职工。

【南宁市社会科学界联合会】 2012年末有学会（协会、研究会）22个，个人会员27680人。内设机构2个（办公室、学会工作部），工作人员8人。现任领导机构是第五届委员会，有委员61人，其中常务委员10人。主席谭耀山，秘书长莫善宁。

学术活动 2012年，共召开各种学术研讨会、报告会3次，参会人数2000多人。9月23日，在南宁承办"2012年全国省（区）、市社科联中国—东盟博览会观摩会暨中国—东盟经济发展研讨会"，来自全国各省（区）、市社科联及高校的领导、专家学者、研究生代表等共100多人参加。收到论文251篇，评出获奖论文110篇，其中一等奖36篇、二等奖48篇、三等奖26篇。南宁市委常委、宣传部部长、副市长吕洁出席并讲话，南宁市人大副主任袁曼虹，南宁市政协副主席崔建国出席。海南省社科联专职副主席韩江帆、广西大学外国语学院教授覃玉荣、泰国留学生代表安安、缅甸留学生代表陈玉凤等分别发言。与会者围绕中国与东盟经济、社会、文化合作与发展进行探讨和交流。广西大学商学院教授李红，南宁市委党校副校长谭本基教授，南宁职业技术学院教授、南宁东盟经济发展研究会会长李俊强分别对文化类、社会类、经济类发言进行点评。

科普活动 全年举办大型社科知识普及活动4次，共1万多人次参加。5月25日，组织各学会、协会、研究会在南宁市友爱广场开展惠民科普宣传活动。展出展版50多块，发放资料2万多份，内容涵盖教育、住房保障、劳动保障、法律法规、心理咨询、健康养生、老年保健、东盟知识、税务、会计、知识产权等方面。40多位专家现场提供咨询服务。10月26日，组织市属教育学会、健康养生协会、精神文明理论研究会、财政学会等深入南宁市宾阳县思陇镇六岑村开展科普下乡活动，向村委会捐赠社会主义新农村建设图书200多册（套）、生活用品一批，发放宣传资料2000多份，免费为100多人次提供咨询服务，为60多人次进行健康体检，并与当地群众代表和村委会干部进行了座谈。11月16日，组织市属部分学会到马山县开展科普下乡活动，为当地群众免费播放社会科学宣教片，提供免费咨询等活动。12月18日，组织市教育学会、财政学会、健康养生协会、房地产研究会等在南宁市金湖广场开展科普宣传活动，42位专家在现场为群众提供咨询服务，发放宣传资料15000份，内容涉及教育、税务、健康养生、住房保障等方面知识。

社科评奖 年内，组织南宁市各有关单位申报自治区社科优秀成果评选，对每项申报成果进行审核，按要求做好初评和推荐工作，共推荐成果96项，内容涉及经济、社会、教育、法律等多个领域。共有14项成果获得自治区社科优秀成果奖，其中一等奖1项、二等奖3项、三等奖10项，获奖数量超过往届。

年内，立项课题42项，并全部通过结题验收。出版《南疆城市工业化发展模式——南宁市从工业园区到工业带城市发展方式转型研究》、《南宁市毕业生就业研究》、《南宁发展论坛》（第二卷）等著作3部。全

9月22日，2012年全国省区市社科联中国—东盟经济发展研讨会在南宁召开。

（南宁市社科联供稿）

年编发内刊《南宁社会科学》4 期、《学会动态》4 期、《专家建议》3 期。

【柳州市社会科学界联合会】 2012 年末有团体会员 88 个，个人会员 2 万人。内设机构 4 个（办公室、学会部、学术编辑部、科普培训部）。工作人员 15 人。现任领导机构是第五届委员会，有委员 122 名。主席邹继业，秘书长赵选忠。

学术活动　2012 年 6 月 12 日，与广西工学院、柳州市企联在柳州联合承办由广西社科联主办的中国・东盟大讲坛走进柳州活动，题为《这样管理最有效》。来自柳钢、柳州银行等企业的高管，柳州市社科界的学会、协会负责人和广西工学院的师生共计 2000 多人参加。7 月 12 日，召开“贯彻落实自治区党委《关于贯彻党的十七届六中全会精神　深化文化体制改革　推动文化大发展大繁荣　建设民族文化强区的若干意见》精神座谈会”。与会者就社科界如何进一步发挥作用，加强柳州市哲学社会科学工作，更好地为柳州经济社会发展服务，推动柳州文化大发展大繁荣等议题进行探讨。11 月 9 日，与柳州市发展研究中心联合举办“柳来河一体化”学术研讨会，约 30 人参加。与会者就“柳来河一体化”的战略意义、区域民族文化旅游资源整合、优先发展方向等议题进行探讨。

社科普及　年内，联合相关单位先后开展五月科技活动周社科知识宣传普及、十月科普大行动、科普下乡和举办“创建全国文明城、国家卫生城，建设更加美好柳州”知识竞赛及启动“美好柳州讲坛”等科普活动，向市民提供哲学社会科学、妇女维权、计划生育、法律维权、食品安全、健康养生、楹联文化、艺术品鉴赏、家庭理财、钱币知识、自新社会帮教知识、心理健康等专题义务咨询。在全年社科知识咨询宣传活动中，捐赠社科知识书籍 7000 册，发放宣传资料 18000 份，发放环保袋 2000 份。10000 多人参加竞赛活动，收到答题卡 11087 份。

年内，组织实施《柳州来宾经济一体化研究》等 16 项柳州市哲学社会科学重点课题，《柳州市建设高水平科研机构研究》等 6 项青年课题，《柳州农村居民精神文化生活调查研究》等 9 项自筹经费课题的研究；编撰出版《柳州社会科学年鉴・2012》、《柳州社会科学研究文选(2009～2011)》、《社会科学知识宣传小剧本集》等书 3 部；指导成立柳州职业技术学院社科联及市级学会 1 个；召开理论学术研讨会 4 次、开展科普活动 7 次。年内，获全国大中城市社科联先进单位、广西社科联系统舆情信息工作先进单位称号。

【桂林市社会科学界联合会】 2012 年末有团体会员 50 个，个人会员 1 万余人。内设机构 3 个（办公室、学会部、《社会科学家》杂志社）。工作人员 22 人。现任领导机构是第三届委员会，有委员 88 人，其中主席团成员 9 人。主席周明忠，秘书长廖润平。

1 月 10 日，召开“2012 年桂林市社科界迎春茶话会”，150 多人参加。桂林市委常委、宣传部部长、副市长陈丽华，市人大常委会副主任蒙永福，市政协副主席刘明昱出席。10 月中旬，协助自治区党委督查组对桂林市贯彻落实《中共中央关于进一步繁荣发展哲学社会科学的意见》（中发〔2004〕3 号）和《自治区党委关于大力繁荣发展哲学社会科学的意见》（桂发〔2006〕3 号）（以下简称“两个 3 号文件”）情况进行督促检查。督查组先后到桂林市社科联、广西师范大学、桂林电子科技大学、龙胜各族自治县通过听取工作汇报、召开座谈会、查阅相关资料、现场查看等方式进行了实地检查。桂林市委召开桂林市贯彻“两个 3 号文件”，推动哲学社会科学繁荣发展督查调研座谈会并向督查组汇报了桂林市贯彻落实“两个 3 号文件”情况。

学术活动　6 月 26 日，召开“桂林文化与文化产业发展战略研讨会”，90 多人参加。与会者围绕主题，为桂林文化的大发展大繁荣献计献策。会后，将研讨活动的理论成果辑成论文集《桂林文化与文化产业发展战略研究》公开出版。12 月 4 日，召开“桂林市社科界学习贯彻党的十八大精神，打造桂林国际旅游胜地，建设美丽桂林座谈会”，约 40 人参加。与会者围

7月12日，柳州市社科联召开学习贯彻自治区关于“推动文化大发展大繁荣　建设民族文化强区”文件精神座谈会。（柳州市社科联供稿）

绕主题进行交流和探讨，共商打造桂林国际旅游胜地大计。12 月 19 日，与广西儒学学会、桂林市儒学学会联合举办“学习党的十八大，繁荣社会主义文化——儒学与桂林文化事业的发展学术研讨会”，约 30 人参加。年内，所属学会举办的学术活动有：桂林市旅游饭店协会举办的“桂林首届米粉文化研讨会”，桂林市党的建设研究会召开的“学习贯彻宣传党的十八大精神座谈会”，桂林市抗战文化研究会举办的“桂林抗战艺术与钓鱼岛是中国固有领土学术研讨会”、“抗战文化精神传承研讨会”，桂林市企业家协会举办的“创新转型，跨越发展”学术讲座，桂林市经济学学会举办的“新经济形势下企业转型突破”学术论坛，桂林市审计学会举办的“内部审计质量管理学术研讨会”，桂林市检察学会协办的“第十二届广西检察理论研究学术年会”等。

科普工作　一是以桂林市社科普及基地为依托，积极参加全市科技、文化、卫生三下乡、桂林市“4·23”世界读书日启动仪式、五月科技周等科普宣传活动。二是作为“桂林百姓文化大讲坛”主办单位之一，完成 12 场（次）讲座嘉宾的联系和接待工作。三是组织开展“自治区社会科学普及十月联合大行动”活动。10 月 25 日，在资源县葱坪村开展“自治区十月科普大行动之社科知识进十村暨图书捐赠”活动，共捐赠图书 4000 多册。11 月 1 日，与自治区社科联，桂林市象山区委、区政府等单位在象山区联达广场共同举办以“科学发展　富民强桂”为主题的社科普及宣传活动。活动采取展板宣传、发放资料、知识问答和设置咨询点、现场指导等形式向广大群众宣传法律、教育、心理健康、家庭理财、社会保障、食品安全、劳动者权益等方面知识。共展出展板 86 块，发放宣传资料 8000 余份，接待咨询群众 1000 余人（次）。11 月 8 日，与桂林市文化局、桂林市茶文化研究会在桂林市訾洲公园联合举办桂林市首届茶文化周活动。

年内，组织开展《桂林“百姓大舞台”文化惠民模式创新研究》、《桂林文明城市持续建设对策研究》、《桂林旅游产品创新开发研究》等 7 项 2011~2012 年桂林市级社科规划重点课题的研究工作。公开征集桂林市哲学社会科学 2012~2013 年立项重点课题选题，专家评审组从征集到的 46 个选题中确定《加快推进桂林国家现代服务业综合改革新举措研究》、《桂林城区经济发展路径研究》、《桂林节庆文化与文化旅游产业互动机制研究》等 7 个课题为桂林市 2012~2013 年度哲学社会科学规划研究重点课题选题。2010~2011 年桂林市级社科规划研究重点课题辑成《一个城市的发展探索》一书出版。桂林市社科界全年共发表论文 320 余篇，完成研究课题 60 余项。

组织建设　一是加强指导，学会工作整体提高。年内，采取会议部署、跟踪指导、资助活动、经验交流等方式，推动市级学会工作开展。市级社科学会共举办学术研讨会 20 多（场）次，开展课题研究 30 多项，为各级党委、政府或企事业单位决策咨询服务 20 多次，开展或参与社会科学宣传普及活动 20 多（场）次。2012 年，市审计学会被评为“全国大中城市标兵学会”，市思想政治工作研究会、旅游学会、钱币学会被评为“全国大中城市先进学会”，市经济学学会和图书读者协会被评为自治区“先进学会”。二是突出重点，推进县（区）社科联建设。对县（区）社科联提出“三个一”工程、“五大项”重点内容和“五个一”具体工作目标。年内，各县（区）社科联吸纳、建立县级学会共 38 个，开展社科宣传普及活动 38 场（次），承接县（区）委委托的研究课题 19 个，16 个县（区）社科联编印了刊物和简报。指导 12 个县社科联整理材料上报自治区党委组织部，于 2012 年 11 月完成县社科联参公管理工作。组织各县（区）社科联主席赴河池、百色、崇左三市（县、区）社科联学习考察。9 月 25~26 日，在兴安县召开“桂林市 2012 年县（区）社科联工作经验交流会”。开展县（区）社科联及社科工作者先进评比活动。

9月26日，2012年桂林市县（区）社科联工作经验交流会在桂林召开。

（桂林市社科联供稿）

临桂县社会科学界联合会　2010 年 12 月 13 日成立。2012 年末有团体会员 14 个。内设机构 3 个（办公室、学会部、科研科普部），工作人员 5 人。现任领导机构是第一届委员会，有委员 13 人。主席陈秀忠，副主席兼秘书长陈家斌。1月9日，与临桂县文联、文体局、卫生局、农业局等单位在临桂县六塘镇联合开展“科技、文化、卫生”三下乡活动。5月12日，与临桂县民政局、地震局、国土局等单位在临桂县城金山广场开展“弘扬防灾减灾文化，提高防灾减灾意识”为主题的大型科普宣传活动。年内，组织开展《临桂县文化产业发展现状调查报告》等调研报告。撰写的调研文章《临桂县城乡环境月月变 幸福指数节节高》在《广西日报》发表。指导成立临桂县义江平话研究会。编辑出版《临桂名人文化读本》作为全县中小学生的乡土教材。编印《国学读本》，并以“经典阅读”为主题，举办“国学经典千人大诵读”活动，3000余名学生代表参加。编印内部交流刊物《临桂社科通讯》6期。

灵川县社会科学界联合会　2010年12月29日成立。2012年末有团体会员10个。内设机构3个（办公室、学会部、科研科普部），工作人员4人。现任领导机构是第一届委员会，有委员13人。主席褚君。5月，与县科技局、科协等单位开展五月科技活动周活动。6月，承办灵川县第五届读书月活动——“捐一本好书、读一本好书”书香满灵川活动。10月，组织所属会员协会参与全县“十月科普大行动”启动仪式。通过发放科普资料、摆放宣传展板、专家咨询、科普大篷车进校园等多种形式向群众宣传普及计生知识和诚信计生政策，宣传打击传销以及如何鉴别假冒伪劣农资商品等知识。共发放各类宣传资料7500多份，学生环保手册2000多本，展出各类展板67块。年内，承接完成县级研究课题《灵川县工业产业发展战略规划研究报告》，编写出版《漓江流域文化生态研究》，编印《灵川县社科联简报》12期。

全州县社会科学界联合会　2012年12月20日成立。2012年末有团体会员12个。内设机构1个（办公室），工作人员4人。现任领导机构是第一届委员会，有委员15人。主席龙安军，秘书长李宗和。

兴安县社会科学界联合会　2010年12月13日成立。2012年末有团体会员17个。内设机构3个（办公室、学会部、科研科普部），工作人员5人。现任领导机构是第一届委员会，有委员34人。主席赵时斌，秘书长周玉祝。9月15日，成立灵渠文化社会科学普及基地。9月25~26日，承办“2012年桂林市县（区）社科联工作经验交流现场会”。年内，先后与相关部门联合开展“弘扬广西精神”社会科学宣传普及活动、兴安县“2012世界读书日”活动、“学习胡锦涛7.23讲话精神”理论下乡宣讲活动。借助第六届米粉节之际，组织全县书画、摄影、奇石、收藏、作家等学会、协会举办会展活动及本土作家签名售书活动。编印《兴安纵横》专刊6期。

永福县社会科学界联合会　2010年12月17日成立。2012年末有团体会员8个。内设机构1个（办公室），工作人员2人。现任领导机构是第一届委员会，有委员11人。主席梁红，秘书长余世桂。年内，与县科协、工商局、农业局等单位先后在永福县永福镇、百寿镇、桃城乡开展科普宣传活动，组织县“呵护未来服务队”志愿者和县妇联、团委等到永福县堡里乡、百寿镇、永福中学开展宣传教育活动。与县报社联合在县报上开设“社科知识”专栏，开展40多期疾病预防、饮食等方面的科普知识宣传。编印《永福社科》（季刊）4期。

阳朔县社会科学界联合会　2010年12月20日成立。2012年末有团体会员11个。内设机构1个（办公室），工作人员3人。现任领导机构是第一届委员会，有委员13人。主席周有桂，秘书长赵梓辛。4月23日，联合县委宣传部，县教育局、文体局等举办以“阅读，让我们的世界更丰富”为主题的全民阅读活动。5月，与县委宣传部联合开展“解放思想 赶超跨越 提升阳朔文化软实力”调研征文评比活动，收到征文31篇，评出一等奖1篇、二等奖3篇、三等奖5篇、优秀奖8篇。5月和10月，分别组织开展社科知识进社区、进农村、进家庭活动，采取悬挂横幅，发放宣传单、宣传手册、宣传品，播放宣传光碟等方式进行，共发放资料3000多份，书籍800余册。9月16日，在阳朔县高田镇凤楼村委成立阳朔县首家农家社科书屋，并赠送300多册书籍。与阳朔诸葛亮研究会联合承办“第十九届全国诸葛亮文化研讨会”。主题为“诸葛亮与桂林”。年内，编印《社科动态》5期，《决策参考》2期。

灌阳县社会科学界联合会　2010年12月21日成立。2012年末有团体会员10个。内设机构1个（办公室），工作人员3人。现任领导机构是第一届委员会，有委员11人。主席谢明义。1月，与相关单位开展文化、科技、卫生、法律“四下乡”活动。组织会员单位在县城及9个乡（镇）利用圩日开展“科普一条街”宣传活动，赠送科普资料2万余份，接受群众咨询1万余人（次），到田间地头现场上培训课20余期，培训2000余人。3月，利用农历“二月八”传统农具文化节联合县科技、卫生、农业等相关30多个单位进行科普宣传活动。组织专业技术人员现场为群众解答生产、生活中遇到的各种技术问题，接受群众咨询。展出展版40多块、宣传挂画50多幅，宣传横幅20多条，接待群众咨询6000余人（次），发放各种资料2万多份。6月26日，以“国际禁毒日”为契机，联合县禁毒办、公安、工商、司法、卫生等相关单位组织开展以“青少年拒绝毒品”、“预防艾滋病，健康全家人”为主题的系列宣传教育活动，发放宣传资料，群发短信，制作禁毒标语进行宣传。10月15日，与县科协等单位联合开展“十月科普大行动”活动。年内,先后举办和承办“唐景崧与桂剧理论研讨会”、“中国桂林瑶族千家洞高峰论坛”。编印《灌阳社科简报》6期。

龙胜各族自治县社会科学界联合会 2010年12月13日成立。2012年末有团体会员21个。内设机构3个(办公室、学会部、科研科普部),工作人员2人。现任领导机构是第一届委员会,有委员13人。主席王建松,副主席兼秘书长陈燕燕。3月,与县委宣传部、县科协等单位开展文化、科技、卫生、法律“四下乡”活动,分别在全县10个乡镇的圩日开展科普宣传活动。4月23日,联合县委宣传部、县教育局举办“世界读书日,书香龙胜”全民阅读活动。5月10日,与县教育局联合举办第十九届“建设幸福中国”爱国主义教育读书活动中学生演讲、小学生讲故事比赛。5月31日,与县环保局在县初级中学联合举办“6·5世界环境日”环保知识讲座。9月25日,与县委组织部、宣传部和县科协在龙胜民族中心广场承办桂林市2012年十月科普大行动启动仪式。10月,组织专家深入县瓢里镇、伟江乡、江底乡进村入户指导农民发展经济致富调研,与县妇联、龙胜县小学、县老年大学联合主办爱心“敬老月”活动。年内,开展《龙胜少数民族节庆研究》和《龙胜民族文化研究》2个课题的研究。编印《龙胜各族自治县社会科学界联合会简报》10期。

资源县社会科学界联合会 2010年12月17日成立。2012年末有团体会员5个。内设机构3个(办公室、学会部、科研科普部),工作人员2人。现任领导机构是第一届委员会,有委员12人。主席李桥英,秘书长邹雨蕊。1月,联合龙胜各族自治县科协、文体局、卫生局等单位在县城十字街举行“文化、科技、卫生”三下乡活动。4月23日,参与组织全县第十七个“世界读书日”暨第五届读书月系列活动。10月24日,与自治区社科联、桂林市社科联、桂林市图书馆等单位在资源县河口乡葱坪村举行广西社会科学普及十月大行动“社科知识进十村”活动暨图书捐赠仪式。结合“解放思想、赶超跨越”大讨论活动,与县委宣传部开展调研文章评比活动,共收到调研文章60余篇,评出一等奖3篇、二等奖10篇、三等奖15篇。年内,编辑出版《探索与实践——资源县2011年理论调研成果汇编》一书,编印《资源县社科联工作简报》6期。

平乐县社会科学界联合会 2010年12月20日成立。2012年末有团体会员8个。内设机构3个(办公室、学会部、科普部),工作人员3人。现任领导机构是第一届委员会,有委员13人。主席邓锦华,秘书长陈芃岑。3月,与县科技局、司法局、文化局、卫生局等相关单位联合组织开展科技、文化、卫生、法律“四下乡”活动。组织社科工作者利用圩日深入到各乡镇开展一系列实用农技、法律法规、计生医疗、教育等方面知识的宣传、培训、咨询服务等活动。4月,在全县范围内开展“我谈广西精神”征文活动,共收到征文和理论学习体会文章共105篇,评出一等奖5篇、二等奖10篇、三等奖15篇。10月,组织所属学会、参加2012年平乐县“十月科普大行动”启动仪式,共展出展版15块,接受群众咨询1500人(次)。年内,组织《对平乐瑶族文化保护与开发的调查与思考》、《平乐县开展“解放思想、赶超跨越”大讨论活动的调研》等课题调研工作,撰写的论文《文化强县经济发展要把握三个“度”》参加桂林市社科联组织的“桂林文化与文化产业发展战略研讨会”并入选《桂林文化与文化产业发展战略研讨会文集》。编印《平乐县社科联工作简报》6期。

荔浦县社会科学界联合会 2010年12月16日成立。2012年末有团体会员8个。内设机构3个(办公室、学会部、科研科普部),工作人员2人。现任领导机构是第一届委员会,有委员19人。主席古翠兰。5月,举办以“大力弘扬科学精神,携手建设创新型荔浦”为主题的科技活动周活动,共发放宣传资料6万余份,展出科技展版67块,接受现场咨询4000余人(次)。10月,联合县科协、科技局等单位开展科普进农村、进校园活动;在荔浦县杜莫镇寨村开展“科普行动进农村”科普宣传活动,为该村赠送科普书籍;在荔浦县荔城黄寨小学开展科技大篷车进校园活动。组织宣讲团进企业、进机关、进农村、进校园、进社区开展党的十八大精神宣讲。年内,编印《荔浦社科》简报6期。

恭城瑶族自治县社会科学界联合会 2010年12月6日成立。2012年末有团体会员10个。内设机构3个(办公室、学会部、科研部、科普部),工作人员3人。现任领导机构是第一届委员会,有委员17人。主席刘先春,秘书长李振杰。3月,组织撰写《弘扬民族传统文化 深挖民俗旅游资源》、《加强文化馆人才队伍建设的思考》2篇论文参加桂林市社科联组织的“桂林文化与文化产业发展战略研讨会”,并入选《桂林文化与文化产业发展战略研讨会文集》。3月31日,组织社科专家学者一行6人深入县平安乡邓扒新村,针对民族地区经济发展进行现场调研。5月,与县科协、科技局等单位联合开展“社会科学走进新农村”科普宣传活动,组织社科工作者分赴全县9个乡(镇),以现场发放资料、解答疑问等多种方式进行科普宣传,发放科普宣传资料、光碟等1万余份。6月28日,组织县瑶学会、教育学会、党建研究会、计生协会等的20多名会员参加由桂林市委宣传部组织的理论学习恭城专场培训班。7月24日,配合桂林市社科联调研组,到县平安乡邓扒新村、莲花镇红岩新村及县住建局、发改局,就广西人文社科发展研究中心人文强桂社会服务行动工程

开展《广西旅游资源富集区城镇化转型研究》课题调研。10月18日，与县科协等单位在县城中心广场联合举行以“关注公众安全健康、建设和谐生态瑶乡”为主题的2012年全县“十月科普大行动”启动仪式，以讲座、演示、展览等形式向群众普及科学知识，并发放宣传资料2万多份。

桂林市象山区社会科学界联合会 2010年12月13日成立。2012年末有团体会员5个。内设机构1个(办公室)，工作人员1人。现任领导机构是第一届委员会，有委员12人。主席李开林，副主席兼秘书长邓小松。年内，联合象山区文化局、教育局、卫生局等单位开展科技、文化、卫生“三下乡”活动，与象山区人保局、科技局、科协、总工会、团委等单位组织开展“5.29青春期健康教育”活动、青春健康教育“三进”(进企业、进学校、进社区)活动。11月1日，承办桂林市社科联2012年自治区社会科学普及十月大行动之桂林市象山区联达广场科普活动。年内，撰写《加强象山区夜市建设，提升文明城市的品位》、《规范整治根雕市场，加快打造商贸强区》、《整体规划，分布实施，全面加快象山学前教育发展》、《关于象山区市容管理的现状、问题及建议》、《文化立市是桂林发展的必然选择》等5篇调查研究报告。

桂林市秀峰区社会科学界联合会 2010年12月13日成立。2012年末有团体会员3个。内设机构1个(办公室)，工作人员1人。现任领导机构是第一届委员会，有委员10人。主席黄宝生，副主席兼秘书长唐顺生。年内，组织社科专家对秀峰区委、区政府提出的秀峰区琴潭园区、桃花江旅游度假区、老城区和创新社会管理的“3+1”工作进行调研，撰写《以人为本促发展，因地制宜建家园——桂林市秀峰区在城市化进程中探索三种模式的调查和思考》一文并在《今日广西》杂志上发表。组织社科工作者撰写有关秀峰区桃花湾的文章，发掘整理桃花湾历史文化遗产，采集和编排文艺节目、文体活动30多个，并编撰成《桃花湾纪事》出版。协助编辑和拍摄电视警示片《谁在敲响警钟》，在秀峰区甲山街道7个村委进行播放。6月，组织举办“社会管理创新视野下的社区社会组织培育和发展”专题讲座，黄宝生主讲，200多人参加。12月，为配合秀峰区鲁家村申报广西名村名镇工作，编撰电视风貌片《都市里的世外桃源——鲁家村》。做好秀峰区区委、区政府的内部刊物《秀峰工作》部分栏目的编辑工作。

桂林市叠彩区社会科学界联合会 2010年12月13日成立。2012年末有团体会员6个。内设机构1个(办公室)，工作人员2人。现任领导机构是第一届委员会，有委员9人。主席秦文忠。年内，与叠彩区科协、教育局、卫生局等单位联合开展科技、文化、卫生“三下乡”活动，组织中老年书法家送春联下乡活动，邀请叠彩区气象局和计生局相关技术员到现场为农民开展气象和卫生等科普知识宣传。多次到辖区未成年人活动中心，开展快乐暑期科普活动及开展课题研究，完成《辖区“优师强校”教育探讨》、《江东花卉基地建设对策研究》、《辖区未成年人教育研究》等课题。与桂林市党建研究会联合开展“弘扬广西精神、创新基层党校教育”论文评比活动。与叠彩区文化局、文明办等部门联合到叠彩区四联村开展大河乡丰水梨宣传推介活动，与叠彩区发改、建设等部门联合开展重点项目推进调研活动等。年内，编印《今日叠彩》内部刊物4期。

桂林市高新区七星区社会科学界联合会 2010年12月20日成立。2012年末有团体会员5个。内设机构1个(办公室)，工作人员1人。现任领导机构是第一届委员会，有委员13人。主席艾启伦，副主席兼秘书长高枫。9月，与广西师范大学联合开展“文化辅导员进社区”活动。10月19~21日，与有关单位共同举办“大型户外国际动漫作品、儿童影片展播活动”。11月，以“解放思想、赶超跨越、喜迎十八大”为契机，组织到基层开展宣讲活动20多批(次)。筹备成立高新区历史文化高新产业展馆和航天育种园区两个社会科学普及基地。年内，完成课题《马克思主义通俗化大众化研究》，与有关部门联合出版《漓水清莲》(廉政读本)、《首届漓江动漫大赛作品集》，编发《漓东导报》6期，文化节会刊1期，文化节特刊1期。

桂林市雁山区社会科学界联合会 2010年12月19日成立。2012年末有团体会员12个。内设机构1个(办公室)，工作人员3人。现任领导机构是第一届委员会，有委员9人。主席唐华武，秘书长李康。1月25日，与雁山区委宣传部，雁山区文化局、农业局等部门联合开展文化科技卫生“三下乡”活动，发放资料8300余份，展出展板20多块。3月27日，与雁山区政法委、司法局、国土局、计生局等部门利用圩日联合开展科普活动，共发放资料1000多份。6月，与雁山区政法委联合开展宣传周活动，发放资料600多份。8~9月，围绕雁山区“三区”建设开展调研活动，形成20多篇调研文章。9月，邀请广西师范大学政治与行政学院院长林春逸教授作题为‘大力弘扬广西精神，奋力推进雁山‘三区’建设”的报告。

【梧州市社会科学界联合会】 2012年末有团体会员30个。内设机构1个(办公室)，工作人员4人。现任领导机构是第二届委员会，有委员43人。主席蔡伟波。

学术活动 2月23日，在梧州召开“海口市社科

联、梧州市社科联骑楼文化交流座谈会”，近30人参加，与会者就骑楼等古建筑在保护、开发、传承及商业运作方面进行交流和探讨。6月23日，在梧州与梧州市金沙玉文化协会联合举办“梧州市第二届金沙玉石文化研讨会”，近50人参加，与会者就如何进一步提高弘扬和宣传梧州金沙玉石文化进行交流与探讨。6月28日，深入岑溪市进行调研，了解岑溪市金砂玉的历史和现状，建议岑溪市要不断做大做强金砂玉文章，成为岑溪经济发展的新亮点。11月22日，与梧州市委宣传部联合召开“梧州市社科界学习贯彻党的十八大精神座谈会”，近30人参加，与会者结合各自的工作实际，交流在各领域学习贯彻党的十八大精神的心得体会，《梧州日报》刊登了社科界学习贯彻党的十八大精神专版。

科普工作　年内，利用梧州市社会科学普及基地开设“鸳江讲坛”，开展科普活动5次，3000多人(次)参加。8月4日，举办主题为“科学发展、富民强桂”的报告会，梧州市委讲师团团长刘继斌作题为“学习党的十七届六中全会和自治区第十次党代会精神”的报告。报告通过深入分析党的十七届六中全会召开的背景、主要内容，结合党的十七届六中全会提出的相关战略部署以及梧州实际，提出梧州在贯彻六中全会精神和自治区第十次党代会精神中如何深化文化体制改革，在文化产业、文化事业中如何作为等建议。10月13日，与梧州市文明办主办，市硬笔书法家协会承办的“梧州市首届硬笔书法艺术作品展”在梧州市万秀区文化馆开幕。展出梧州籍书法家和书法爱好者的作品共103幅。10月28日，与自治区社科联联合举办的2012年广西社会科学普及十月大行动之“科学发展、富民强桂”梧州广场科普活动在梧州市潘塘公园拉开帷幕，所属20多个学会以及梧州市各有关单位积极参与，为市民提供形式多样的惠民服务。11月15日，到藤县新庆镇龙山村中心小学开展科普活动，邀请广西“五一”劳动奖章获得者、广西特级教师张棣生为170多名师生上科学实验课，赠送学习用品一批。11月15日，“鸳江讲坛”邀请梧州市委政策研究室副主任张起到梧州学院作题为“现代礼仪”的讲座，分析讲解在日常学习生活、人际交往中应注意的礼仪要点。

社科评奖　年内，开展由梧州市政府设立的梧州市第一次社会科学优秀成果评奖活动，历时半年。一是制定了评奖活动的《实施细则》。二是在《梧州日报》、梧州电视台、零距离网刊登和发布《关于开展梧州市第一次社会科学优秀成果评奖活动的公告》，发动和鼓励梧州市社科工作者积极申报。三是组织评委对成果进行评选，评出优秀成果29项，其中一等奖4项、二等奖9项、三等奖16项。四是进行表彰。12月31日，由梧州市委、市政府召开全市社会科学优秀成果奖总结表彰会，对获奖成果进行表彰。

组织管理　年内，指导成立苍梧县社科联、梧州市流行音乐学会、梧州市黄金玉石珠宝协会、梧州市玉石文化协会。通过定期召开社团负责人会议，制定相关措施，把学会骨干培养为学科带头人和创先争优的模范。年内，深入学会调研8次，为基层学会解决实际问题，指导市赏石文化研究会利用自身资源打造了一条赏石美食特色商业街。

年内，完成课题《关于宋代梧州元丰监遗址保护与开发利用若干建议》的后续研究，课题《建立共青团市民学校　创新共青团组织参与社会管理新途径》进入梧州市委决策参考。编印《西江经济社会》(内刊)1期，公开出版《广西纪念辛亥革命100周年学术研讨会论文集》。

岑溪市社会科学界联合会　2012年末有团体会员3个，会员221人。编制5个，工作人员6人(含一个不占编制的党组书记)。现任领导机构是第一届委员会，有委员61人，其中常务委员11人。主席梁兆鸿。4月，围绕岑溪市创先争优活动，组织社科人员撰写论文50多篇，其中《“农事村办”是岑溪市创先争优活动的亮点》等多篇论文被中共中央党校出版社出版的《学习型组织建设与创先争优活动成果全书》收入。4月17日，深入岑溪市诚谏镇考察百岁老人生活情况，建议通过中国长寿之乡评审的契机，建立长寿研究机构，打造长寿品牌文化。5月，组织人员参加岑溪牛娘戏研

12月31日，梧州市社会科学优秀成果表彰会议在梧州召开。

（梧州市社科联供稿）

讨会，林汝德撰写的论文《论牛娘戏的源流沿革艺术特色和发展前景》获奖。5月23日，与岑溪市人口与计划生育局、住建局、国土局、公安局、卫生局、科技局等15个部门在岑溪市市区小广场开展科普活动。共发放《社科知识问答》等宣传资料8500余份，接受群众咨询2000多人(次)。

【**北海市社会科学界联合会**】 2012年末有团体会员(市直学会、协会、研究会)26个，其中业务主管的16个。内设机构2个(办公室、科研室)，编制5人，工作人员5人。现任领导机构是第四届委员会，有委员39人，其中常务委员15人。主席洪小龙，秘书长李文红。

学术活动 11月28日，与北海市委宣传部联合举办“北海市社科界学习贯彻党的十八大精神座谈会”，30人参加。北海市一县三区党委宣传部，市委党校、政策研究室、党史研究室，市政府经济研究中心、市地方志办公室、市社科联等单位的领导发言，市委宣传部副部长谢能作总结。年内，配合广西北部湾(北海)发展研究院开展工作，为上海社科院专家在北海开展课题研究、国情调研和学术交流提供服务，年内接待来访专家2批，配合开展北海三年跨越发展研究等重大课题的调研工作。

科普活动 年内，抓好与自治区社科联共建社会科学普及基地工作。组织开展科普讲座——北部湾讲坛、社科知识展览、社科咨询、科普知识进农村进社区进校园等一系列活动，科普展览先后进合浦石康、五中等地，展出深入学习实践科学发展观、社会主义核心价值体系、北海合浦海上丝绸之路始发港、画说《资本论》等专题展板66块，5000多人参观展览。11月20日，与自治区社科联共同主办，北海市银海区委宣传部协办的社科知识进农村活动在北海市银海区亚平村举行，100多人参加开幕式。赠送科普读物100本，展出展板46块，1000多人参观展览。11月23日，举办“2012’广场科普活动日活动”。开展计生、收藏、检察、艺术设计等15个学科的咨询活动，发放资料3000份，接受咨询200多人(次)，展出展板66块，3000人参观展览。11月29日，在北海市银海区咸田镇举办“科学发展、富民强桂——学习党的十八大精神报告会”，咸田镇镇和村委各级干部60多人参加，北海市委党校副校长、市社科联副主席王昌雄副教授主讲，同时展出展板20块。年内，与北海市委宣传部联合举办4场“北部湾讲坛”，主题分别为“中国城市发展模式与北海未来展望”、“用影像记录急剧变化的时代”、“学习贯彻党的十八大精神”等。

组织管理 年内，进一步加强对所属学术团体的服务管理和指导，组织所属学术团体开展社科宣传普及和咨询活动。在广场科普日活动中，有关学会、协会、研究会在广场开展计生、收藏、钱币、金融、保险等15个学科的咨询活动；组织有关学会会员、社科专家参加重点课题调研活动；资助市艺术设计协会举办“绘画艺术年度展”；支持市收藏研究会等开展学术活动；与市民政部门共同做好学会年审工作。指导成立了合浦县社科联；北海市辖三区社科联建设取得新的进展，北海市编委已发文同意市辖三区成立社科联，各核定编制1人，设副科长级专职副主席1人。

科研工作 年内，与北海市委宣传部联合开展课题研究工作，组织并资助社科工作者围绕北海三年跨越发展的实践和理论问题，完成《北海市实施三年跨越发展工程的主要成就与经验》、《增强北海产业支撑的实践及启示》、《增强北海文化支撑的实践及启示》、《北海市电子信息产业跨越发展的模式与特点》、《北海市委践行“真抓实干、把事干成、造福百姓”理念的调查与思考》、《北海市深化干部人事制度改革 服务跨越发展的做法及启示》、《提高北海城市综合管理水平对策研究》、《北海城乡一体化发展对策研究》8个课题。

年内，编辑出版《北海社会科学》(内刊)4期，刊

北海新城区 (邓超斌 摄)

发文章40多篇,共31万字。

【防城港市社会科学界联合会】 2012年末有团体会员28个。内设机构1个(办公室),工作人员8人。现任领导机构是第三届委员会,有委员43人,其中常务委员15人。主席林世勇,秘书长谌永平。

学术活动 5月20日,协助广西民族大学在防城港金滩举办"中国高等学校影视学会年会——民族影视与影视民族性高层论坛"。中国高校影视学会会长胡智锋教授等专家学者、与会代表共60余人参加。7月2日,举办《中国少数民族大辞典·京族卷》条目写作培训会,来自防城港市有关单位的30多位条目写作人员参加,中国少数民族大辞典系列广西编委会主任庞汉生,防城港市人大常委会副主任、《中国少数民族大辞典·京族卷》编委会主任苏维生出席并讲话。中国少数民族大辞典系列广西编委会副主任、主编许家康授课,中国少数民族大辞典系列编委会执行主编巫文强从写作应注意的具体问题给予指导。年内,完成《中国少数民族大辞典·京族卷》初稿的80%。8月23日,承办"港城精神研讨会",约30人参加,防城港市委常委、宣传部部长、副市长侯线红出席并讲话,与会者认为,在做好港城精神理论化的同时,还要做到港城精神的大众化,使之化为每一个市民的自觉意识,成为统一全市人民意志,协调全市人民行动的强大精神力量和城市符号。11月15日,召开全市社科系统学习党的十八大精神座谈会,全市县级社科联的全体人员及市直属学会的领导参加,市社科联主席林世勇就市社科系统如何深入学习、宣传、贯彻十八大精神作了动员和部署。

科普活动 9月24日,与防城港市工商局、教育局、消协,在防城港市高级中学联合举办防城港市广场科普活动——教育消费维权。主要内容有:举行"消费维权教育示范学校"揭牌仪式,消费维权进学校、进课堂讲座,现场食品安全及消费维权知识互动,现场开展假冒伪劣商品识别,发放消费维权宣传资料。9月25日,在上思县举办科普讲座,旨在学习贯彻党的十七届六中全会和自治区第十次党代会精神,上思县300多名科级以上领导参加,自治区政协文史委员会副主任、广西大学原党委书记阳国亮教授作题为"做好文化产业,促进文化事业发展"的报告。10月26日,在防城港市港口区簕山古渔村举办"社科知识进村"讲座,防城港市社科联、港口区社科联及簕山古渔村部分党员群众代表共100余人参加,防城港市人大常委会副秘书长奉仰崇应邀作有关旅游礼仪的讲座,当日,还向簕山古渔村图书室赠送了科普书籍。11月6日,与防城港市汉文化研究会在沙螺寮村、红沙新村各举办一场科普讲座,共400多人参加,光坡中心校校长邓华安、防城港市第一人民医院副主任医师刘永琳分别作题为"旅游文化在社会主义新农村建设中的作用"、"旅游文化与饮食健康"的讲座。

11月6日,旅游文化与饮食健康文化科普讲座在防城港举行。

(防城港社科联供稿)

上思县社会科学界联合会 2011年5月18日成立。2012年末有团体会员8个。内设机构1个(办公室),工作人员3人。现任领导机构是第一届委员会,有委员19人,其中常务委员9人。主席黄运官,秘书长廖港。3月,组织人员对全县社团情况进行普查,掌握社团基本情况。4月底,组织召开一次全县社科专家会议,征集"防城港市精神"表述语,为防城港市"港城精神"表述语征集小组到上思县召开征集座谈会做前期准备工作。9月25日,邀请自治区政协文史委员会副主任、广西大学原党委书记阳国亮教授为全县科级以上领导干部作题为"做好文化产业,促进文化事业发展"的报告。11月,进行"氧与健康绿色养生研讨会"征文活动,收到征文10篇。年内,以县委组织开展的"富民和谐百村(屯)行"活动为契机,开展"三送"、"四访"、"五帮"活动,实施"一对一"结对帮扶工作。组织小组村民召开现场办公会4次,帮助解决村民小组实际问题4个,化解矛盾纠纷13起,落实了帮扶资金1000元,发放政策宣传资料1200份,赠送书报资料2000份。

东兴市社会科学界联合会 2011年1月14日成立。2012年末有团体会员13个。内设机构1个(办公室),人员编制3人。现任领导机构是第一届委员会,有委员19人,其中常务委员9人。主席黄永驰,秘书长王国贤。5月30日,召开东兴市社科联第一届委员会第二次会议,东兴市委常委、副市长陆健文出席并讲话,东兴市社科联主席黄永驰代表市社科联第一届常

委会作工作报告，讨论通过《东兴市社科联学会管理办法》，补选市社科联第一届委员会委员、常委、秘书长、副主席。11 月 19~24 日，“2012’中国·金滩沿边开发开放合作论坛”在东兴举行，来自越南和国内的专家学者约 50 人参加，与会者就“创新合作、互利共赢”主题和主要议题“跨境经济合作区，互利合作新平台”、“建设跨境经济合作区，创新合作模式示范区”和“加快推进中国东兴—越南芒街跨境经济合作区建设之策”进行交流探讨。

防城港市港口区社会科学界联合会　2011 年 6 月 29 日成立。内设机构 3 个（办公室、学会部、科普部），工作人员 4 人。现任领导机构是第一届委员会，有委员 21 人，其中常务委员 9 人。主席严世存，秘书长李就仁。3 月 29 日，与港口区文体局等单位承办“港口区皇城坳皇城古迹保护与开发座谈会”。3 月 30 日，组织港口区钱币学会、计生协会、消费者协会、工商行政管理学会和青年志愿者协会到港口区企沙镇开展主题为“三月树新风，科普惠民生”科普活动。9 月 29 日，参与港口区“十月科普大行动”活动，在港口区桃花湾广场开展社科知识宣传活动。10 月 26 日，与防城港市社科联在港口区簕山古渔村联合举办旅游文化知识讲座，100 多人参加。年内，与港口区委宣传部联合开展理论调研活动，共收到论文 80 多篇。编印《港口区社科工作》2 期。

防城港市防城区社会科学界联合会　2011 年 8 月 16 日成立。2012 年末有团体会员 11 个。现任领导机构是第一届委员会，有委员 15 人，其中常务委员 7 人。主席骆万强，副主席兼秘书长姜慧。1 月，与防城区委宣传部，防城区文体广电局、科技局、计生局、农业局等到防城区那梭镇开展文化、科技、卫生“三下乡”活动，发放资料 5000 份，展出展板 6 块。5 月，配合防城港市、防城区科技局在防城区影剧院举办 2012 年全国科技活动周防城港市活动暨“发明创造进校园、进社区”科普知识宣传活动启动仪式，500 多人参加。7 月，组织老年人协会会员深入乡镇、单位、学校宣讲广西精神和防城港精神 4 场（次）。8 月，开展微型企业课题调研，完成调研报告《大力扶持微型企业，为实现“工业强区”目标夯实基础》，并报防城区区委。10 月，与防城区计生局在滩营乡那屋背村联合举行十月科普知识大行动社科知识进村暨人口计生知识宣传活动。12 月，组织老年人协会会员深入乡镇、单位、学校宣讲党的十八大精神 6 场（次）。

【钦州市社会科学界联合会】　2012 年末有团体会员 26 个，个人会员 3000 人。内设机构一个（综合部）。在编工作人员 6 人。现任领导机构是第三届委员会，有委员 45 人，其中常务委员 20 人。主席阮成武，秘书长马昌辉。

学术活动　1 月、5 月、8 月，分别组织“钦州社科工作学习考察团”赴防城港市，海南省、湛江市，防城港市那良镇刘永福故居“小三宣堂”等地进行学术交流和考察。11 月 22 日，召开“钦州市社科界学习贯彻党的十八大精神座谈会”。约 20 人参加。年内，与钦州市人口计生委等单位联合举办“第二届钦州湾人口发展论坛”征文活动，与钦州市政法委等单位联合举办“加强和创新社会管理，携手共创平安和谐家园”征文活动，并对征文进行评选，将获奖论文汇编成集。参与钦州市委宣传部牵头组织的“钦州市农村留守儿童教育问题”课题调研活动，协调相关部门开展调查研究。

科普活动　年内，开展“社会科学进基层”活动，在钦州市钦北区大寺中学、钦南区犀牛脚中心校分别举行“感恩教育”学生作文竞赛和“教师话师德”征文活动，开展“感恩教育”、“爱与教育”讲座。与钦州市各县（区）社科联新建社会科学普及基地 4 个。10 月，参加在灵山县举行“科学发展，富民强桂”十月广场科普大行动，到灵山县新圩镇三合水村开展“社科知识进十村”送书下乡活动，赠送书籍 3000 多册。年内，主席阮成武、副主席黎永进作为钦州市宣讲团成员，先后到钦州市市直部门、所辖县（区）进行宣讲。

组织建设　年内，审核批准成立钦州市审计学会、刘永福研究会、中共党史学会、艺术品收藏研究会、乌雷文化研究会、广西北部湾陈济棠研究会等 6 个市级学会。制定《学会管理办法》、《先进学会评选办法》，表

10月16日，2012年钦州·灵山“十月科普大行动”启动仪式在灵山举行。
（钦州市社科联供稿）

彰了钦州市财政学会、民俗学会、策划学会、国际税收研究会、国学研究会等6个先进学会，钦州市财政学会获自治区先进学会。年内，全市4个县（区）均成立了社科联，每个县（区）社科联配备专职2~3人，主席由县（区）委宣传部副部长兼任。年内，荣获“自治区县级社科联建设先进单位”。

年内，配合自治区党委两个3号文件督察组的督查工作。编印《钦州市首届社会科学成果汇编（2009~2010年）》，公开出版《2011年钦州市财政重点课题调研文集》，编印《钦州社会科学》4期，增刊1期（《钦州社会科学——诚信计生促和谐》），刊发论文98篇，65万字。指导钦州市钦北区社科联创办《钦北社会科学》（内刊）。向自治区社科联、《广西社会科学年鉴》和《广西社科联通讯》、《社会科学论丛》、广西社科联网站等提供各类文章37篇，采用21篇，被评为“自治区社科联系统舆情信息工作先进单位”。

【玉林市社会科学界联合会】 2012年末有团体会员52个。内设机构1个（办公室），工作人员1人。现任领导机构是第一届委员会，有委员43人，其中常务委员17人。主席黎波，秘书长兼办公室主任刘宁。

学术活动 9月23日，协办的“第九届中国（玉林）中小企业发展论坛”在玉林国际会展中心举行，主题为“中小企业的培育、生存和发展”，300多人参加，与会者就中小企业面临生产成本高、融资难、创新能力不强等问题进行交流与探讨。论坛发布了《促进中小企业健康发展（玉林）倡议书》，并从第九届论坛开始，每年发布《中国中小企业发展报告》。年内，科研人员参加全国性学术会议40人（次）。

科普工作 年内，配合举办“玉林领导干部知识讲座”、“玉林论坛”等10场报告会（讲座），受众2300多人（次）。与《玉林日报》合作，每周五在《玉林日报》开设《道德论坛》栏目，全年共52期。编发《玉林社会科学》4期，发表各类文章共30多万字。

年内，玉林市社科联6名常委完成18项科研成果，其中3项成果被玉林市委、市政府采纳或得到有关部门的重视。会员共出版著作20种，在省级理论刊物发表论文50篇，完成科研课题60项。

县级社科联建设 年内，指导博白县、玉林市玉州区成立了社科联，均定为正科级人民团体。

【百色市社会科学界联合会】 2012年末有团体会员36个，其中市级学会、协会、研究会24个，县级社科联12个。内设机构1个（办公室），工作人员6人。现任领导机构是第二届委员会，有委员42人，其中常务委员13人。主席苏祖纯，秘书长杨国志。

学术活动 7月，主席苏祖纯参加在青海省西宁市召开的“西部省（区、市）社科联第五次协作会”，接待桂林市社科联考察团。7月29~31日，与田东县人民政府、广西民族大学民族研究中心在田东县联合承办“第二届中国百越古道文化论坛”，60多人参加，百色市人大常委会副主任潘其弟出席并讲话，中央民族大学原副校长梁庭望教授，北京大学教授陈保亚，中央民族大学壮侗学研究所负责人李锦芳教授等发表演讲。8月，副主席陆毅带领百色市辖县（区）社科联、市直学会主要负责人共12人到黑龙江、吉林、辽宁等地学习考察。9月，主席苏祖纯、秘书长杨国志参加自治区社科联组织的学习考察团到浙江、福建等地学习考察。年内，组织86篇社科论文参加第十四期广西发展论坛、第四届广西社会科学界学术年会、广西未成年人素质教育与实践理论研讨会等自治区级研讨会，入选31篇，获一等奖1篇、二等奖4篇、三等奖9篇、优秀奖17篇；向《社会科学论丛》推荐论文25篇，采用15篇。

科普工作 一是精心制定社科普及工作计划。根据自治区社科联有关文件精神，结合百色实际，组织深入基层及有关单位调查与研究，制定2012年社科普及工作计划。二是申报科普活动项目，6项被自治区社科联纳入广西十月科普联合大行动项目。三是配合全国科技活动周百色活动的开展。

12月5日，玉林特色岭南文化示范市建设的路径报告会在玉林举行。

（玉林市社科联供稿）

组织开展五月科技活动周社科普及联合行动，组织社科工作者为群众提供咨询服务。同时，百色市各县（区）社科联均采取各种方式开展科普活动。四是组织开展十月科普大行动。10月15日，举办“科学发展、富民强桂”报告会——弘扬广西精神，推进“五个百色”建设主题报告会，百色市社科联主席苏祖纯主讲，百色市直有关部门领导干部共70多人参加。10月25日，举办“崇礼修德，明节守廉”感恩教育和职业道德教育主题讲座，百色市社科联主席苏祖纯主讲，60多人参加。11月1日，到扶贫联系点田林县旧州镇者务村开展社科知识进村活动，赠送有关科技种养、家庭教育、疾病预防、法律维权和党对农村的政策、法律法规等内容的读物3000多册，价值一万多元。11月1日，与百色市红十字会、疾病防疫控制中心、地震局联合组织百色市水利水电协会、计生协会、税务学会等的社科专家和科技工作者到田林县旧州镇开展社科知识进乡村活动，发放各类宣传小册子、宣传单和物品27600多份（件），接受咨询3500余人（次），内容涉及科技种养、法律维权、家庭理财、心理健康、社会保障、食品安全、劳动权益、优生优育、防病防疫等。11月12日，举办百色市社科界学习党的十八大精神报告会，邀请百色市委党校原常务副校长黄启学教授作专题辅导，80多人参加。11月13日，与田东县社科联联合举办“百越古道·横山文化”研讨与开发讲座，田东县社科联主席黄胜章主讲，田东县部分社科工作者代表、田东高中师生共300多人参加。五是抓好共建科普基地建设。严格按照自治区社科联关于共建社科普及基地的各项工作规章制度和要求开展社科普及活动，定期组织所属学会、协会、研究会开展市民喜闻乐见、丰富多样的社科知识专题讲座、专题报告会、知识竞赛、社科图书进村入校、社区、厂矿和企业等各类活动24场（次），受众13300多人次。六是编撰科普读物。6月出版科普读物《百岁老人告诉你》，收录百色57位百岁老人的生活起居和长寿之道。8月起，在《百色早报》开设《探访百色百岁老人》栏目，宣传普及长寿文化，倡导全社会关注、关爱高龄老人，共刊登15期。全年编辑出版《百色科学发展谈》（内刊）6期，刊发理论文章152篇、社科信息108条。

会员单位管理与服务　一是积极推进学会管理与建设工作。年内，采取会议部署、跟踪指导、典型引导等措施，推动市级学会开展工作。指导市观赏石协会、金融学会开展换届选举工作，指导所属学会开展课题研究、社科普及、形势宣讲等活动。年内，市级社科类社团共举办学术研讨会18场，组织课题研究16项，提供各种决策咨询服务30多次，开展社会科学普及活动10多次。二是指导各县（区）社科联有效开展工作，如结合实际制定课题研究计划；指导田东等县举办社科学术研讨会；指导办好社科综合性内部刊物，年内，德保、凌云两县创办内刊，实现了百色市辖12个县（区）社科联都办有内部刊物目标；指导各县（区）扎实开展“五个一”社科普及活动（举办一场社科知识讲座、开展一场学术研讨、邀请专家作一场专题报告会、开展一场社科咨询、开展社科读物进一村）。三是组织外出学习考察。

课题研究　年内，组织开展《百色文化发展研究》、《桂西资源富集区发展阶段特征、机遇和挑战探析——以百色市为例》、《经营模式创新是治理山区石漠化之本——以百色为例》、《依托地方红色文化资源　助推基层党风廉政建设——广西百色市党风廉政建设经验和启示》等课题研究。

百色市右江区社会科学界联合会　2012年末有团体会员3个。内设机构1个（办公室），工作人员9人。现任领导机构是第一届委员会，有委员16人，其中常务委员7人。主席吕兴东，副主席兼秘书长黄艳莲。2012年，开展“红城讲坛”系列专题讲座，举办“解放思想、赶超跨越”宣讲报告会1场，组织右江区宣讲团成员分赴各乡镇（街道）和右江区直各部门、百色市直各分局以及中小学有关单位开展宣讲活动15场，受众2万多人。开展乡镇（街道）党（工）委书记“辉煌右江区”形势政策宣讲活动9场，把“红城讲坛”延伸、覆盖到右江区9个乡镇（街道），开启百色市乡镇党委书记走上“红城讲坛”先例。参加“行动起来，向‘零’艾滋病迈进”科普宣传活动，向民众宣传、普及艾滋病防治知识。加强队伍建设，补选右江区社科联主席。做好百色市理论宣讲师资库推荐工作，其中右江区社科联副主席黄艳莲和右江区委党校高级讲师李妹英被确定为百色市理论宣讲师资库首批入选成员。为《右江区“23456”科学发展论文集》（2011~2012）征集论文49篇，确定重点调研课题17个；参加“民族民间文化挖掘采集工程及保护与开发利用工作专题调研”活动和第二届中国百越古道文化论坛学术研讨；推荐2篇论文参加广西第十二次社会科学优秀成果奖评选活动，推荐6篇论文参加“广西精神大家谈”征文活动。编发《右江社科通讯》3期，刊发文章83篇，共20多万字，《右江社科通讯》获百色市2012年度县（区）优秀期刊（内刊）三等奖。

田阳县社会科学界联合会　2012年末有团体会员5个。内设机构3个（办公室、学会部、科普部），工作人员4人。现任领导机构是第一届委员会，有委员19人，其中常务委员9人。主席杨智杰，副主席兼秘书长莫绳孟。2012年，开展“遵守交通法规，平安快乐生活”、“学习党的十八大，弘扬传统文化”、“科学过节、和谐过年”等主题科普宣传活动，5000多人（次）参加。组织编印《田阳社科通讯》（内刊）4期，刊载理论文章80多篇，25万多字。3月27~29日，协办由广西壮学学会、百色市人民政府主办的“2012年布洛陀文化研究与旅游开发学术座谈会”。推荐16项成果参加广西第十二次社会科学优秀成果奖评选、百色市创先争优活动理论研讨会等，1篇论文获百色市创先争优理论研讨会征文三等奖。10月，与县广电局联合拍摄和制作有关田阳百岁老人的电视专题片，介绍百岁老人的生活情况，揭示他们的长寿秘诀，连续播放一个星期。11月，创办《建言献策》简报，全年编印2期，为县委、县政府决策提供参考。年内，指导成立田阳县西部研究与发展促进会。

2月20日，百色市社科联工作会议在百色召开。（百色市社科联供稿）

田东县社会科学界联合会　2012年末有团体会员10个。内设机构3个（办公室、学会部、科普部），工作人员6人。现任领导机构是第一届委员会，有委员19人，其中常务委员9人。主席黄胜章，副主席兼秘书长廖美江。4月至5月，配合国务院新闻办做好电视纪录片《百越古道》摄制组在田东的实地拍摄工作。5月，完成“百越古道”商标注册材料申报工作。7月，承办百色·田东芒果文化节活动之一的“第二届中国百越古道文化论坛”，收到论文100多篇。年内，编辑出版《科学发展在田东》、《山上竹海》等文集，出版会刊《社科纵横》（内刊）1期。组织论文12篇参加广西第十二次社会科学优秀成果奖评选。指导县奇石协会在芒果文化节、春节期间举办奇石展览活动，每天参观人数达2000多人（次）。5月、10月，分别在县委党校、田东高中举办科普讲座，主席黄胜章作题为“百越古道文化与田东民族文化产业开发”的专题讲座。

平果县社会科学界联合会　2012年末团体会员9个。内设机构3个（办公室、学会部、科普部），工作人员4人。现任领导机构是第一届委员会，委员20人，其中常务委员5人。主席罗郅肯，副主席兼秘书长林庆华。2012年，召开各种学术讨论会7次，参加人数2000人，收到论文60篇。协助县委组织部、县民族局开展“平果县少数民族人才培养状况”、“平果县在职村官创业状况”调研工作。组织有关部门到平果县坡造镇开展科技咨询、义诊活动，发放宣传资料1000多份。协助有关部门开展预防艾滋病、防震减灾等科普活动，发放宣传资料5000多份。开展科普进校园活动，到平果县马头初中、协力中学、平果第五小学开展青少年“爱科学月”活动，2000多人参加。参与“十月科普大行动”活动，发放各种宣传资料20000多份。组织编印《城镇化知识读本》、《国际化知识读本》共500册发放给农民工。举办社科论文写作培训班，300多人参加。购买电脑、打印机捐助扶贫点太坪镇雁山村，并捐款2000元开展电脑基础知识培训。

德保县社会科学界联合会　2012年末有团体会员16个。内设机构1个（办公室），工作人员3人。现任领导机构是第一届委员会，有委员15人，其中常务委员7人。主席赵超，秘书长李荣报。2012年，一是深入开展“五个一”（一场社科知识讲座、一场学术报告、一场专题报告会、一场社科咨询、一场社科读物下乡进村）社科普及工作，为5所学校送去科普读物1500册。二是围绕争创“自治区理论学习先进县”目标，组织社科工作者深入调研，撰写理论文章，先后有48篇论文在《中国县域经济报》、《广西日报》、《当代广西》等报刊发表，其中5篇分别入编《探索与创新——广西思想政治工作优秀论文集（五）》和《社会科学论丛》，1篇获第十四期广西发展论坛征文三等奖。三是做好社科内刊《德保社科天地》和《多彩德保》编印工作。四是组织开展“德保壮族山歌传承与挖掘发展论坛”、“第八届中国生态旅游发展论坛”等学术活动。

靖西县社会科学界联合会　2012年末有团体会员5个。内设机构3个（办公室、学会部、科普部），工作人员3人。现任领导机构是第一届委员会，有委员19人，其中常务委员9人。主席冯政，副主席兼秘书长李鹏。2012年，完成县委交办的课题《靖西县壮族织锦传统手工技艺发展规划》，组织开展《发展靖西县中草药产业的思考》、《靖西提线木偶戏》、《靖西县城区历史文化、古建筑问题探析》等课题调研，3项调研成果在《右江日报》上发表。组织全县社科工作者撰写论文参加自治区、百色市的各种学术活动，8篇论文获奖，6篇论文分别被《社会科学论丛》、《百色科学发展谈》采用。

7月15日至8月31日，与县委宣传部联合举办“解放思想　推动靖西跨越发展”调研征文活动，共收到征文73篇，评出优秀调研报告、论文33篇。6月15日，到县实验小学开展青少年心理健康专题辅导课，10月15日，深入靖西县新靖镇开展“强农、惠农、富农”讲座。年内，完成党的十八大精神、“解放思想、赶超跨越”、广西精神、百色精神等宣讲活动5场。10月15日至12月5日，组织开展第三届青少年科技创新活动，共有59所中小学的32000名学生参赛，征集到作品388件，评选出3个优秀组织单位、83项优秀作品、5名优秀科技辅导教师。参与全国五月科技活动周、科普校园行、十月科普大行动、科技创新广场科普等系列活动，共制作科普版报17块，发放资料5000多份。编印《靖西社科纵横》（内刊）5期，刊发文章170多篇，共36万字。被百色市社科联评为“2012年度先进社科联”。

那坡县社会科学界联合会　2012年末有团体会员2个。内设机构1个（办公室），工作人员3人。现任领导机构是第一届委员会，有委员14人，其中常务委员7人。主席李素珍，秘书长梁显华。10月至11月，组织开展那坡县2012年社会科学普及活动月，举办宣传咨询活动9场，发放宣传读本、手册、资料2万多份，接受群众咨询1000多人（次）；举办科学种养培训班3期，社科知识讲座4场，教育报告会2场。编印《那坡社会科学》（内刊）3期，共3000多册。组织17篇论文参加第四届广西社会科学界学术年会、2012年广西未成年人素质教育与实践理论研讨会、第十四期广西发展论坛等学术活动，其中3篇入选第十四期广西发展论坛。

凌云县社会科学界联合会　2012年末有团体会员2个。内设机构1个（办公室），工作人员2人。现任领导机构是第一届委员会，有委员19人，其中常务委员9人。主席陈琦，秘书长黄武峰。年内，与县委组织部、宣传部，县科技局、科协等单位联合开展“社科知识进社区”、“社科知识进农家”科普活动，与县委宣传部联合开展“学习宣传党的十八大精神”宣讲活动，积极组织党员干部、国家公职人员参加百色“红城讲坛”在凌云开展的系列专题辅导讲座、凌云县扶贫专题讲座等。12月25日，深入扶贫联系点县加尤镇央里村开展学习宣传党的十八大精神宣讲活动。年内，开展各种宣讲活动30场（次）；编印《凌云社科纵横》（内刊）2期，刊发文章30篇；围绕“农村农业产业发展，农民增收”、“扶贫”等专题，组织开展工作调研，撰写80多篇调研文章，为县委、县政府提供决策参考；参与凌云县茶文化艺术节活动、凌云县享受少数民族自治县待遇20周年庆典活动等。

乐业县社会科学界联合会　2012年末有团体会员2个。内设机构1个（办公室），工作人员3人。现任领导机构是第一届委员会，有委员19人，其中常务委员9人。主席韦德良，秘书长顾桂源。2012年，与团县委，县妇联、工会、科协等单位联合开展“携手共建文明和谐新乐业”宣传活动，联合举办“解读党的十八大精神”活动。组织党员干部参加百色“学习胡锦涛总书记‘七·一’重要讲话精神”专题辅导讲座等。年内，共开展各种宣讲活动32场（次），受众4300多人（次）。编印《乐业社会科学》（内刊）4期，刊发文章40多篇，共13万字。组织8篇论文参与广西未成年人素质教育实践理论研讨会，其中1篇获优秀奖。

田林县社会科学界联合会　2012年末有团体会员3个。内设机构1个（办公室），工作人员4人。现任领导机构是第一届委员会，有委员20人，其中常务委员3人。主席杨秀德，副主席兼秘书长黄英萍。2012年，配合百色市社科联等单位联合开展“社科知识走进百姓生活”科普活动，配合田林县委宣传部下乡镇开展干群结对共建暨学习贯彻党的十八大精神活动。年内，开展各种宣讲活动3场（次），受众2500多人（次）。编印《田林社科》（内刊）2期，刊发文章33篇，共18万字。

隆林各族自治县社会科学界联合会　2012年末有团体会员3个。内设机构1个（办公室），工作人员3人。现任领导机构是第一届委员会，有委员17人，其中常务委员5人。主席黄双令，秘书长张顺付。5月11日，召开全县社会科学工作会议。5月12日，与县民政局、公安局、人社局、粮食局等单位在县休闲广场联合开展科普活动，发放资料1500份，接受咨询362人（次）。11月，与县卫生、安监、人防等部门深入到县新州镇民族、民权、民生、民强等村（社区）和者浪乡央腊、那隆等村开展防艾、安全、卫生等知识宣传。开展全县哲学社会科学优秀成果评奖活动，评出一等奖5项、二等奖10项、三等奖15项。组织做好重点课题申报工作，共有22个单位和个人申报，获立项9项，结题2项。11月16日，组织全县社科界骨干及社科工作积极分子集中学习党的十八大精神。12月3日，主席黄双令在全县宣传系统党员干部学习党的十八大精神专题会上作题为“如何提高党建科学化水平”的辅导报告。年内，指导成立县壮族民间文化学会；被百色市社科联评为“2012年度先进社科联”；《隆林发展论坛》（内刊）被评为百色市优秀社科刊物。

西林县社会科学界联合会　2012年末有团体会员3个。内设机构3个（办公室、学会部、科普部），工作人员4人。现任领导机构是第一届委员会，有委员21人，其中常务委员9人。主席农正光，副主席兼秘书长农显慧。2012年，开展“社科知识走进千家万户”科普活动，推进“红城讲坛”深入开展，与县委宣传部联合开展各种宣讲活动22场（次），受众3200多人（次）。主席农正光赴云南省广南县参加作桂滇两省(区)学习十八大精神学习交流会并作报告。年内,编印《西林社科通讯》(内刊)4期,刊发文章75篇,共35万字。组织论文36篇参参加自治区级各种理论研讨会、西林县庆祝建党91周年理论研讨会等,其中8篇在西林县纪念中国共产党成立91周年理论研讨会上获奖。

【贺州市社会科学界联合会】 2012年末有团体会员43个。内设机构1个(综合科),工作人员3人。现任领导机构是第一届委员会,有委员27人,其中常务委员8人。主席陈文珍。

科普活动 4月9日,与贺州市委宣传部、贺州供电局在贺州大会堂联合举办主题为"父母做对了,孩子才优秀"的大型家庭教育公益报告会,教育专家郑委教授主讲,贺州市未成年人思想道德建设工作领导小组成员单位、市直有关单位共组织1000多名家长参加。9月26日,参与主办的"2012年贺州市十月科普大行动暨健康生活科普行"启动仪式及科普广场活动在贺州市灵峰广场举行,30个市直单位参与科普宣传活动。10月15日,组织中国移动贺州分公司、广济医院、富川瑶族自治县社科联的人员到富川县麦岭村开展社科知识进村活动。年内,参与组织开展的社科普及活动10场(次)。

社科评奖 年内,组织开展贺州市第一次社科优秀成果评选活动,收到参评成果146项,经组织专家评审及在媒体公示等程序,32项成果获奖。

6月24日,贺州市社科联乔迁新址办公。

(贺州市社科联供稿)

组织建设 10月,全市五县(区、管理区)社科联申报列入参照公务员法管理单位获自治区组织部批复同意。年内,指导中国移动贺州分公司成立社科联,开创了广西在企业成立社科联的先河。

科研工作 年内,研究制订《贺州市哲学社会科学规划研究课题管理办法》(以下简称《管理办法》)(送审稿),9月27日,贺州市委召开市委常委三届第22次会议审议并原则通过,11月2日,《管理办法》正式印发。

年内,解决了办公场地、人员编制和财务等问题。6月24日,搬迁至贺州市科技局综合楼一楼办公;向财政部门申请开设独立的基本账户和零余额账户,独立开展财务工作;向市编委申请了1名机关后勤编制和2名公务雇员名额,招聘了2名公务雇员。

贺州市八步区社会科学界联合会 2009年12月成立,正科级群团组织,挂靠在八步区委宣传部办公。2012年末有团体会员6个,核准编制5名,在职在编工作人员5人。现任领导机构是第一届委员会,有委员15人,其中常务委员9人。主席刘永良(兼),秘书长周永江(兼)。3月至4月,参与贺州市、八步区举办大型社科普及活动,协同有关部门开展文化、科技、卫生"三下乡"活动,发放各类科普资料1.5万余册,授课20课时,解答农民咨询农牧业常识问题1000多个,为农民义诊500余人(次)。5月至6月,与相关部门联合开展青少年预防艾滋病知识普及活动。7月至10月,组织参加"法制宣传教育逐村行"大型宣传教育活动和"十月科普大行动"。10月,配合宣传部门发放"绿色电脑进西部活动"电脑65台。11月至12月,配合宣传部门组成宣传党的十八大精神宣讲团,深入机关、企业、农村、社区和学校开展党宣讲活动,共举办报告会20多场。年内,组织11篇论文参加贺州市第一届社会科学优秀成果评选;结合"广西精神大家谈"征文活动,征集文章133篇,遴选上送自治区8篇。年内,经八步区编委会批准,新增编制4个。

钟山县社会科学界联合会 2012年末有团体会员5个,个人会员50人。内设机构3个,工作人员7人。现任领导机构是第一届委员会,有委员15人,其中常务委员7人。主席李振,秘书长刘原丹(兼)。7月3日,围绕"弘扬广西精神、贺州精神"主题,对县内老干部60多人开展调研活动,并召开座谈会就如何加快钟山科学发展跨越发展进行交流与探讨。7月,借助广西电视台《欢乐乡村行》大型公益节目,组织土话山歌传唱国学活动,编撰《新编山歌唱孝经》、《中华百孝故事》等辅助读本。9月,配合县委宣传部精选20名道德典范,汇编成《树立道德典范 彰显时代精神——钟山

县"国学进万家"道德模范先进事迹读本》。10 月 12 日,在县气象局举行"十月科普大行动暨关注气象"科普活动。12 月 22 日,以"绿色中国行——走进钟山暨 2012 首届广西·钟山贡柑文化节"系列主题公益活动为契机,与县水果办联合举办"广西柑桔生产与销售研讨会"。年内,先后与县委宣传部联合组织"国学进万家"宣讲活动、胡锦涛总书记"7·23"重要讲话精神宣讲活动等共 49 场(次);编发《今日钟山》(内刊)6 期,编撰《乘国学东风　迎文化春天——钟山县创建文化先进城工作掠影》画册,制作《红色钟山》电视宣传片 6 集,组织会员撰写理论文章或调研报告 30 篇,在《贺州社会科学》(内刊)等报刊发表文章 20 篇;指导成立钟山县中华传统文化推广协会;协助以自治区社科联党组副书记、副主席汤竹庭为组长的督查组到钟山县开展两个 3 号文件的督查调研。年内,钟山县编委会讨论通过增加县社科联人员编制的议案,人员编制数从原来的 3 个增加到 7 个;经自治区党委组织部批准,列入参照公务员法管理事业单位。

富川瑶族自治县社会科学界联合会　2012 年末有团体会员 6 个。内设机构 1 个(综合职能科),编制 5 个,在编在职人员 4 人。现任领导机构是第一届委员会,有委员 7 人。主席钟小辉(兼),副主席兼秘书长李海燕。4 月至 5 月,协助广西社科院到富川开展《富川瑶族自治县瑶族文化规划》课题的调研活动以及资料收集工作。10 月,配合贺州市社科联开展社科知识进村活动,到县麦岭镇麦岭村开展科普活动,赠送书籍 1000 多册,与相关部门在全县开展青少年预防艾滋病知识普及活动。11 月,组织 9 篇论文参加贺州市第一次社会科学优秀成果奖评选;协助做好《贺州市瑶族文化资源产业开发》课题资料收集工作。12 月,派员参加自治区社科联举办的"广西第四期县级社科联培训班"。年内,组织各学会、协会、研究会组成科普工作队、宣讲团,开展科普下乡活动,宣传党的十八大精神,宣传社会科学知识等。

昭平县社会科学界联合会　2012 年末有团体会员 6 个。在编干部 7 人。现任领导机构是第一届委员会,有委员 15 人,其中常务委员 9 人。副主席高云山。8 月至 10 月,配合贺州市社科联做好《璀璨贺州》组稿和《贺州市瑶族文化资源产业开发》课题资料收集工作,向贺州市社科联提供昭平县自然、历史、文化、生态、民族、城市、交通、旅游等方面的情况材料。10 月,推荐 17 项成果参加贺州市第一次社会科学优秀成果奖评选活动,其中县委书记陈有辉的《昭平茶产业科技发展现状与对策建议》、县长刘秋梅的《关于中小城市发展循环经济的几点思考》分别获论文类二等奖和三等奖。12 月,配合县委宣传部到各乡镇、县直单位及各村(社区)开展党的十八大精神宣讲活动,推动党的十八大精神进机关、进企业、进校园、进社区、进农村。年内,在《贺州社会科学》(内刊)发表论文 9 篇。申报参公单位获批准,编制从 1 人增至 7 人。

【河池市社会科学界联合会】 2012 年有团体会员 47 个,其中县(市、区)社科联 11 个,市属学会、协会、研究会 36 个。核定编制 4 人,有工作人员 5 人。现任领导机构是第一届委员会,有委员 30 人,其中常务委员 17 人。主席周龙。

学术活动　12 月 19~21 日,由河池市社科联、河池学院主办,南丹县委、县政府承办的首届"南丹土司文化研讨会"在南丹召开。湖南吉首大学中国土司文化研究中心主任成臻铭教授,广西民族大学黄家信、玉时阶、容志毅教授和河池学院谭为宜教授等 20 多位专家学者及南丹县四家班子领导、县直单位领导和莫氏后裔等共 50 多人参加。收到论文 36 篇,评出获奖论文 22 篇,参会论文辑成《南丹土司文化研讨会专刊》。

社科普及　8 月,与河池市发展与改革委员会共同编纂的《河池展新姿　奋进十二五》画册由广西美术出版社公开出版。该书全面反映了河池撤地设市以来特别是"十一五"时期各行各业的发展成就和全市"十二五"时期经济社会发展规划。10 月 12 日,与自治区社科联、河池市金城江区委、金城江区政府共同举办"广西社会科学普及十月大行动启动仪式暨河池市金城江文化广场科普活动",河池市 50 多家社科团体、市直单位及企业参加,展出展板 100 余块,设咨询台 30 余张,发放资料 20 余种共 1 万多份,内容涉及金融、理财、保险、就业、心理、法律、税收、教育、计生等方面,接受群众咨询近 1000 人。11 月 2 日,邀请河池市委常委、宣传部部长、副市长黎丽作题为"河池文化产业发展"的讲座,市直各单位领导及广西现代职业技术学院师生等共 200 余人参加。11 月 14 日,与金城江区社科联等单位联合开展送书进村活动,将价值 3000 多元的图书赠送给金城江区五圩镇中心小学。年内,共举办"红水河讲坛"10 期,邀请广西礼仪文化交流协会、广西财经学院,河池市文联、职教中心,河池市委党校、广西现代职业技术学院、广西太平洋保险公司等单位的专家学者以及河池市委常委、宣传部部长、副市长黎丽就"魅力女性礼仪修养"、"关于文学的一些话题"、"热爱读书"、"广西精神与河池革命老区"、"保险知识普及讲座"以及"河池民俗与现代生活"、"河池文化产业发展"、"上将韦祖珍"等主题作专题讲座,共 1000 多人(次)参加。

科研工作　一是开展长寿生态课题调研。年内,深入都安菁盛乡实地调研,通过走访相关县直部门、农

2月25日，2012年河池市社科联工作会议在金城江召开。

（河池市社科联供稿）

户以及驻乡开发的广西大华城生态科技有限公司等，形成《都安菁盛乡长寿生态资源开发调研报告》，报告获“滇桂黔石漠化区产业开发扶贫现场研讨会”征文一等奖和“第十四期广西发展论坛”征文三等奖。二是与广西民族大学联合开展“广西民族传统农业及农耕文化调查”，采取田野调查方式，深入天峨县六排镇都隆村，与农户同吃同住，了解壮族的传统农业，现存的农耕组织以及流传至今的农耕文化等内容，形成调研报告。

优秀成果评奖　年内，起草《河池市社会科学优秀成果评选奖励办法》（征求意见稿），向市直30多个相关单位和部门、11个县（市、区）社科联以及市社科联一届委员会委员征求意见，汇总、修改完善后报市政府审议并获通过，6月，以河政发〔2012〕55号文件下发。市社科联根据该办法制定了河池市首届社科评奖实施细则，全市第一次优秀社科评奖工作进入筹备阶段。年内，推荐52项成果参加广西第十二次社会科学优秀成果奖评选活动，其中《仫佬族通史》、《岑毓英对西南民族地区文化教育初探——岑毓英研究之三》和《桂西北民族节庆活动及其理由开发探讨》、《布努瑶社会历史》、《区域创新评价——理论、方法与应用》等5项成果获奖。

会员单位的管理与服务　年内，加强与市直社科团体的交流沟通，引导他们开展活动。指导河池市金融协会、税务协会等进行换届工作，与河池市保险协会等共同举办科普讲座。在十月科普大行动期间，组织30个社科团体参加广场科普活动。年内，指导成立河池市长寿文化研究会、壮学学会。出台《河池市2012年县级社科联绩效考评办法》，对11个县（市、区）社科联各项工作（科普、学会、科研工作，舆情信息以及特色工作等）进行年度量化，并设定评分标准。12月底，根据各县（市、区）工作完成情况，进行绩效考评，东兰、大化、罗城等3县社科联被评为全市绩效考评一等奖，巴马、都安、金城江、宜州、南丹等5县（市、区）社科联获二等奖。

年内，《河池社会科学》（内刊）开设中共执政方略、河池论坛、民族民俗、文化教育、佳作转载等栏目，增大文化类和民族类文章的版面，全年共编印4期，刊发论文65篇。

河池市金城江区社会科学界联合会　2010年12月9日成立。2012年末有工作人员3人。现任领导机构是第一届委员会，有常委11人，主席韦立勋。1月17日，配合金城江区委宣传部到金城江区保平乡开展文化、科技、卫生“三下乡”活动，发放解读广西精神宣传资料3000多份。编印《践行广西精神》6000份，发放给金城江区干部职工。5月4日、6月15日，分别到金城江区保平乡古帝村、五圩镇朝党村开展“社科知识下乡村，共建社会主义新农村”主题实践活动，并给村干部、村民现场赠送社科类书籍。6月28日，在河池镇红七、红八军阅兵广场举办“追寻红色足迹　传承民族文化”红色经典诗文诵读大赛。10月12日，协助举办“广西社会科学普及十月大行动启动仪式暨河池市金城江文化广场科普活动”，组织计生、税务、科技等部门进行现场科普知识宣传。年内，编印《金城社科纵横》（内刊）一期。

宜州市社会科学界联合会　2011年6月22日成立。2012年末有团体会员14个。有工作人员4人。现任领导机构是第一届委员会，有委员17人，其中常务委员9人。主席温宜纯。2012年，主办“龙溪讲坛”2期，邀请河池学院中文系主任谭为宜教授、市委党校原常务副校长唐正湘分别作题为“弘扬广西精神　发扬老区传统”、“学习宣传贯彻党的十八大精神”的专题讲座。10月，参加宜州市2012年秋冬科普大行动活动，到社区、乡村和学校宣讲社科知识。12月7日，与宜州市文明办、文化旅游体育局、广电局、文联、龙头乡人民政府等单位到龙头乡龙头社区联合开展“宜州市学习宣传贯彻党的十八大精神·文化惠民——免费书写赠送春联”活动。共发放资料2000多份，赠送春联300多副，内容涉及经济、政治、社会、文化、生态、人文风情等。利用宜州党政网平台，开通“社科纵横”专题网页，开设最新动态、社科动态、学会工作、科普工作、发展论坛、历史研究、民族·民俗、图片新闻、社科联概况、最新公告等栏目，及时反映宜州市社科界动态。年内，出台《宜州市社会科学界联合会2012年课题调研工作方案》，完成《关怀关爱农村老党员问题的调研》、《宜州桑蚕茧丝绸循环经济发展调研报告》、《宜州市“万元村”——石别镇永定村种桑养蚕专业村调查报告》和《宜州市宣传文化人才队伍建设调研报告》、《关于启动再创广西文明城市活动的建议》等5篇调研报告;在《人民论坛》、《当代广西》、《河池日报》上发表《四破四立打造“中国丝绸新都》、《论“敢”与“怕”》、《组工干部要以锻造“四力”锤炼党性》、《新机制搭建党群连心桥》等4篇文章。参与组织“我为宜州跨越发展献计献策”主题征文活动,共收到征文108篇,评出获奖征文30篇,其中一等奖8篇、二等奖10篇、三等奖12篇。指导成立宜州市新闻工作者协会。

罗城仫佬族自治县社会科学界联合　2011年4月27日成立。2012年末有团体会员9个。工作人员3人。现任领导机构是第一届委员会,有委员19人,其中常务委员9人。主席韦如代。2012年,举办主题为“提高领导干部学习能力建设学习型领导班子”、“预防职务犯罪知识”、“学党史讲党性跟党走”、“新形势下构建河池城乡公共文化服务体系的思考”、“学习宣传贯彻党的十八大精神”等讲座6期。11月11日,联合县图书馆、新华书店将4000册图书赠送给县龙岸镇龙岸社区,内容涉及科学种养、常用法律知识、健康知识等。11月22日,在县民族文化广场举办科普活动,主要以板报的形式宣传普及社科知识。年内,在《河池日报》、《河池社会科学》(内刊)等刊物发表《以思想大解放促进罗城大发展》、《深挖民族资源　加强传承保护　打造仫佬族文化品牌》、《以社会主义核心价值体系为动力　推动罗城科学发展》和《加快发展仫佬族地区旅游业的对策思考》等7篇论文。编印《罗城社会科学》(开设执政方略、经济研究、民族民俗、文化教育、政治法律、旅游等栏目)1期,完成《中国少数民族大辞典·仫佬族卷》65个条目文稿撰写,共2万字。

南丹县社会科学界联合会　2011年3月25日成立。2012年末有团体会员4个。有工作人员4人。现任领导机构是第一届委员会,有委员15人,其中常务委员7人。主席苏洪流。2012年6月30日,深入县罗富乡六内村开展慰问困难党员、老党员、社科知识下基层活动,赠送图书架、阅览桌等相关物品,为该村建立了一个农家书屋,赠送图书1万多册。11月,参加由县委组织开展的“走基层、传精神、推发展、促和谐”暨“体验村屯道路·谋划交通发展”活动,为边远村屯传递党的十八大精神和谋划村屯道路建设等。12月1日,配合县委宣传部、县卫生局等部门到县金芙蓉广场开展防艾知识宣传活动,发放日历、宣传手册、环保购物袋等宣传物品1万多份,展出展板40多块,接受群众咨询200多人(次)。9月1日,与县中医院联合邀请广西中医药大学附属瑞康医院教授农泽宁到南丹讲授中医养生之道和相关保健知识,县直机关领导干部共500多人参加。10月26日,协助县直工委举办“机关办公文明礼仪知识讲座”,发放《南丹县机关党员干部礼仪手册》。12月19~21日,举办首届“南丹土司文化研讨会”,来自湖南吉首大学、广西师范大学、广西民族大学、河池学院的专家学者以及南丹县有关领导和莫氏土司后裔等共50多人参加,收到论文36篇。与会者就南丹土司的建置沿革、整治影响、传说探源和开发利用等问题进行交流与探讨。会议期间,与会人员考察了南丹土司文化遗址等。年内,在南丹县政府网开设“社科之窗”专栏,内容涉及科学动态、发展论坛、宣传普及、文化地理等方面。组织撰写理论文章,在《人民论坛》、《当代广西》、《广西日报》、《河池日报》等报刊发表《做好“五篇文章”推动南丹有色金属产业转型升级》、《如何实现富民强县新突破》、《以倒逼机制推动有色金属产业增量提质》、《做好三篇文章是建设黔桂走廊经济带的重点》等13篇论文,在《河池社会科学》(内刊)刊登《白裤瑶族源考究》、《试析广西村“两委”换届选举工作的着力点》、《浅谈土司制的形态》等30多篇论文。

天峨县社会科学界联合会　2011年4月1日成立。2012年末有团体会员3个。有工作人员1人。现任领导机构是第一届委员会。主席姚文忠。2012年,积极主动联系各级各部门,通过“五下乡”、广场宣传等活动平台,开展科普活动4场(次),发放各类宣传资料1000份。6月,副主席牙刚先后到县公安局、农业局、烟草管理局,天峨县高级中学等单位主讲新闻写作、新闻摄影、文学创作等知识讲座。7月1日,与县文联联合举办首期“人文之光”文学作品创作讲座,河池市文联主席潘红日主讲,全县700多名文学爱好者、学校师生参加。8月31日,与县委宣传部联合举办“唱响广西精神”文艺晚会,以群众喜闻乐见的表演形式广泛宣传广西精神,新华网、人民网、《广西日报》、《河池日报》等媒体进行报道。春节期间,与县委宣传部,县文体局、文联联合组织各协会举办春节书画摄影刺绣作品展,开展免费送春联活动。

东兰县社会科学界联合会　2011年3月18日成立。2012年末有团体会员2个(计生学会和铜鼓文化研究会)。有工作人员3人。现任领导机构是第一届委员会,有委员15人,其中常务委员7人。主席韦正勇。2012年7月,到县直部门和隘洞镇作党的十七届六中全会关于文化大发展大繁荣主题宣讲工作。年内,参与由县人民政府主办的大型画册——《典藏东兰》的编辑工作。围绕县委、县政府关于筹备纪念韦国清同志诞辰100周年活动和打造“长寿之乡”这两大中心工作,先后开展韦国清史料专题调研和东兰长寿资源

专题调研，并分别以专刊的形式在县社联主办的《东兰瞭望》（内刊）刊出。全年编印《东兰瞭望》4 期，

巴马瑶族自治县社会科学界联合会　2011 年 5 月 9 日成立。2012 年末有团体会员 9 个。有工作人员 3 人。现任领导机构是第一届委员会，有委员 19 人，其中常务委员 9 人。主席谭文胜。2012 年，围绕解放思想、提升执行力、弘扬“广西精神”等主题，组织有关人员深入机关、乡镇、农村、社区、学校、企业等开展理论学习和理论宣讲 20 余次，撰写宣讲材料 12 篇。开展大型的“十月科普宣传活动”1 次，组织司法、税收等单位或协会、研究会的人员到寿乡文化广场开展科普宣传活动。采取巴马网和幸福巴马微博交流讨论、网下微型座谈讨论、深入基层问计等办法，组织社科工作者开展政策理论研讨活动 3 次，座谈会 3 次，就解放思想、弘扬广西精神、治庸治懒治散、文化产业发展、再提炼巴马精神等进行研讨。举办两期“盘阳河讲坛”，先后邀请清华大学吴潜涛教授、河池市文联主席潘红日作“社会主义核心价值体系的若干问题”、“写作改变命运”的专题讲座。

凤山县社会科学界联合会　2011 年 12 月 22 日成立。2012 年末有团体会员 4 个。有工作人员 2 人。现任领导机构是第一届委员会，主席黄忠锦。2012 年，在《河池论坛》、《凤山人在线》宣传社科知识。组织凤山诗联学会创作骨干赴县中亭村进行文化扶贫工作 2 次，为中亭村的红色旅游景点题诗题词开展培训，主席黄忠锦还赠送书法、美术作品给中亭村文化活动中心，并为红色景点题诗。组织凤山诗联学会举办学术讲座活动，邀请罗伏龙等有关专家和诗人到凤山作学术讲课及培训 2 次，召开会议 2 次。在凤山县委党校举办讲座 4 次，副主席邓纯健、常委龙永敏、罗海波、李笃笛等分别主讲。组织社科工作者撰写理论文章，在《今日河池》（内刊）、《河池社会科学》（内刊）等刊物发表《浅谈凤山世界地质公园旅游开发及线路设计》、《盘阳河流域长寿探秘》等论文，组织 4 篇论文参加“滇桂黔石漠化区产业开发扶贫现场研讨会”并获二等奖。年内，出版《教苑探索教育教学论文集》。

都安瑶族自治县社会科学界联合会　2011 年 4 月 29 日成立。2012 年末有团体会员 10 个。有工作人员 3 人。现任领导机构是第一届委员会，有委员 19 人，其中常务委员 9 人。主席韦荣。2012 年，主席韦荣、兼职副主席罗捷作为县委组织的党的十八大精神宣讲团成员，进机关、学校、企业、社区开展巡回宣讲，共宣讲 25 场（次），受众 6200 多人。与县委宣传部，县文明办、科协联合组织都安县十月科普活动，共发放科普知识资料 2300 多份（册），接受群众咨询 147 人（次）。12 月，深入都安澄江乡万茂村举办“现代家庭教育”讲坛。年内，共组织、引导所属 9 个学会（协会）开展各种活动 32 场（次），参加活动的会员 500 多人（次）。全年开展课题调研 9 项，与河池市社科联课题组联合开展的调研课题《都安菁盛乡长寿生态资源开发调研报告》在《中国集体经济》发表，推荐的论文《“无土安置”开发扶贫模式的调研与思考——以都安为例》获得自治区社科联、广西市场研究会举办的“滇桂黔石漠化区产业开发扶贫现场研讨会”征文一等奖。筹编《都安社会科学》（内刊）。

大化瑶族自治县社会科学界联合会　2010 年 10 月 19 日成立。有工作人员 3 人。现任领导机构是第一届委员会，有委员 19 人，其中常务委员 9 人。主席韦敏。2012 年，深入基层开展科普活动 2 次，为农村捐赠科普读物 100 多册；举办“十月广场科普活动”3 次，共展出展板 10 块，接受咨询 500 人（次），发放资料 1800 余份；举办社科讲坛 6 期，分别邀请自治区政法委、纪委，自治区保密局等单位的领导主讲，内容包括着力提高社会管理科学化水平、国际形势与中国外交、保密技能、廉政建设知识、财政管理知识和计划生育知识等；组织开展课题调研，完成《大化瑶族自治县开发扶贫工作调研报告》、《大化瑶族自治县大石山区人畜饮工程建设大会战项目建设情况的调研报告》、《大化瑶族自治县库区移民后期扶持工作情况的调研报告》等，在《大化社科》、《大化时讯》上发表；举办理论研讨会 2 次，收到论文 64 篇；编印《大化社科》（内刊）2 期。

【来宾市社会科学界联合会】 2012 年末有团体会员 27 个。内设机构 2 个（办公室、学会部），核定参公事业编制 2 名，设科级领导职数 1 名，秘书 1 名。现任领导机构是第一届委员会，有委员 17 人。主席罗永生，副秘书长谭薇。

12 月 20 日，在来宾市召开第二次代表大会，罗永生代表第一届常务委员会作工作报告，大会审议并通过《来宾市社会科学界联合会章程》，选举产生来宾市社科联第二届委员会委员及其领导班子，邹凤豪当选主席，臧海恩当选副主席兼秘书长。来宾市委常委、宣传部部长、副市长韦凤云出席大会并讲话。

学术研讨与交流　3 月 20 日，创办综合性社科学术期刊《红水河论坛》（内刊），开设栏目有：“科学发展观”、“迎党的十八大召开·庆来宾建市十周年”、“社会管理”、“经济·法律”、“金融·保险·税务”、“宣传·教育”、“它山之石·专家建言”、“红水河文化”、“社科普及与动态”等，年内，编印 4 期。5 月 31 日至 6 月 1 日，与来宾市委宣传部在合山市联合举办“资源枯竭型城市科学发展问题暨弘扬践行广西精神和来宾精神”理

论研讨会,来宾市中国特色社会主义理论体系专家库的 10 多位专家和来宾市的理论骨干参加。与会者围绕合山市科学发展的深层次问题进行探讨和交流。5 月 5~10 日,主席罗永生率考察团一行 15 人赴陕西省延安市开展主题为“学习延安精神　弘扬广西精神”的学习考察活动。7 月 18~19 日,与柳州市社科联党组书记、主席邹继业一行到来宾市武宣县考察县级社科联建设情况,就县级社科联建设、柳来河一体化等问题进行交流探讨。8 月 10 日,主席罗永生率来宾市社科联系统一行 16 人到桂林市平乐县学习考察县级社科联建设工作。11 月 23~24 日,与来宾市委党校在来宾联合承办由广西领导科学研究会、来宾市委宣传部主办的“学习贯彻党的十八大精神　探讨领导科学新发展新任务暨广西领导科学研究会 30 年纪念”理论研讨会。国防大学原副校长、中国领导科学研究会副会长许志功中将,中央党校校刊社原社长、中国领导科学研究会副会长兼秘书长白占群,自治区党委原书记陈辉光,自治区政府原副主席、广西领导科学研究会会长奉恒高,自治区社科联主席王士威,自治区党校副校长唐秀玲教授等广西区内外的 100 多名领导、专家学者参加。评出优秀论文 58 篇,其中特等奖 5 篇、一等奖 3 篇、二等奖 9 篇、三等奖 16 篇、优秀奖 19 篇、纪念奖 6 篇。与会者探讨贯彻落实党的十八大精神的新方式新方法,回顾、总结了广西领导科学研究会 30 年来的历程和成就,对广西及来宾今后的建设和发展提出建设性的意见和建议。

社科普及　10 月 16 日,与武宣县委宣传部,武宣县社科联、科协等有关单位在武宣县举行“十月科普大行动”启动仪式,以报告会、科普讲座、社科知识进十村等多种形式开展科普活动,受到群众欢迎。年内,与来宾市委宣传部、讲师团共同举办 8 期“麒麟山讲坛”。

县级社科联建设　年内,指导忻城、金秀两县成立社科联,全面完成来宾市辖 6 个县(市、区)县级社科联建设任务,均由市、县(市、区)两级编委下文同意成立,做到“定性、定级、定编、定责”,开好第一次代表大会,协助市委组织部做好申报县级社科联为“参公”单位的有关工作。要求各县级社科联实现人员、经费、活动、办公场所“四到位”,建立科普基地,每年至少指导成立一个学会。8 月 9 日,组织各县(市、区)社科联干部到来宾市象州县参加业务培训班。年内,被评为 2012 年度广西县级社科联建设先进单位,主席罗永生被评为 2012 年度广西县级社科联建设先进个人。

年内,推荐 9 项成果参加广西第十二次社会科学优秀成果评选,其中 1 项获三等奖。主席罗永生撰写的《打造广西少数民族文化精品必须坚持“四个要”》获第十四期广西发展论坛优秀论文三等奖。向自治区社科联报送信息 45 条,被《广西社科联通讯》采用 15 条、自治区社科联网站采用 38 条,被自治区社科联评为“自治区社科联系统舆情信息工作先进单位”,谭薇被评为“自治区社科联系统舆情信息工作优秀信息员”。

来宾市兴宾区社会科学界联合会　2012 年末有团体会员 8 个。核定参公编制 2 名。现任领导机构是第一届委员会,有委员 16 人。主席莫益路,秘书长李立群。年内,开展的主要工作有:一是做好兴宾区委中心组理论学习的服务工作。根据自治区党委、来宾市委的统一部署,结合兴宾区实际,为兴宾区委中心组开展集中学习提供全程服务,并及时推广兴宾区委中心组的学习成果。二是与兴宾区委宣传部联合开展学习宣传贯彻党的十八大精神宣讲活动,深入机关、乡镇、村屯等开展宣讲活动 28 场(次)。三是做好科普工作。在良塘北合村和凤凰镇龙旺村挂牌成立了理论转化成果基地;在“十月科普大行动”中,与兴宾区科技局、科协等单位联合开展科普活动,在乡镇、社区举办讲座、报告会或组织知识竞赛、咨询活动;在主要新闻媒体开辟专栏宣传社科知识;在科技活动周中,与兴宾区科技局、团委等单位,利用“三求”惠农工程平台联合开展 2 次科普活动。四是加强学会管理。对所属学会、协会的基本情况进行摸底调查;指导各学会加强自身建设,开展学术研讨活动;推广先进学会的先进经验;共同组织开展各种科普宣传活动。年内,被市级以上媒体采用社科稿件 4 篇。

12月20日,来宾市社科联第二次代表大会在来宾召开。

(来宾市社科联供稿)

象州县社会科学界联合会　2012 年末有团体会员 13 个。内设机构 1 个(办公室)。核定事业编制 2 名。现任领导机构是第一届委员会,有委员 10 人。主席韦颖婷,秘书长陈桂秀。2012

年‘5·4’青年节前，与象州县委宣传部、团县委联合主办“弘扬广西精神、来宾精神、雷锋精神与青年责任”演讲比赛。5月18日，以全国科技活动周为载体，在象州县文化广场以设置社科知识咨询台、展出展板等形式宣传社科知识。5月29日，与县委宣传部联合邀请来宾市委党校教授在县电力公司给领导干部举办题为“三精神”和“感恩教育”专题讲座。9月，指导成立象州县“象文化”研究学会。10月，到县百丈乡开展“喜迎十八大 社科活动到乡村”活动。年内，向上报送信息5条。编印《象州论坛》第二期。自身建设得到加强，实现“四有”（有固定办公场所、有专职人员、有办公经费、开展有活动）。

武宣县社会科学界联合会 2012年末有团体会员13个。核定事业编制2名。现任领导机构是第一届委员会，有委员11人。主席汤振文，秘书长覃小庆。2012年3月5日，在武宣县召开第一届七次全委（扩大）会议。5月，参与举办科技活动周集中科普宣传活动，通过展牌、展板、发放科普宣传材料等形式，开展知识产权保护、法律法规等方面的知识宣传。10月16日，举办十月科普大行动系列活动：在武宣县城文体小广场举行十月科普大行动启动仪式，农业、科技、畜牧等30多个县直单位参加，通过展出展板、现场咨询、图书捐赠、发放资料等形式进行科普知识宣传，内容涉及法律、金融、医保、就业、心理健康、家庭教育等；邀请来宾市首批理论研究专家举办“富民强桂、富民强市”专场报告会；在武宣县职教中心举办主题为“网络常识及防骗技巧”的讲座；深入县三里镇武台新村开展“喜迎十八大，和谐新农村”社科知识进农村活动，赠送科普读物600多册（价值8000多元），内容包括种养、经济、文化等。年内，向上报送信息15条，《来宾日报》采用2条，广西社科联网采用13条。

忻城县社会科学界联合会 2012年末有团体会员2个。核定事业编制2名。现任领导机构是第一届委员会，有委员11人。主席樊绍光，秘书长罗璎诗。2012年7月6日，召开忻城县社会科学界联合会第一次代表大会，审议通过《忻城县社会科学界联合会章程》，选举产生第一届委员会及领导班子，举行忻城县社科联揭牌仪式。11月，召开学习宣传贯彻党的十八大精神座谈会1次。在“社科普及周”期间，在忻城县文化广场开展广场科普咨询等活动，接受咨询300人（次），义诊义疗200多人（次），发放科普资料1800余份，展出展板40多块。全年上报调研文章2篇，向自治区社科联上报信息9条。年内，实现人员、经费、办公场所、活动“四到位”。

金秀瑶族自治县社会科学界联合会 2012年末有团体会员4个。核定事业编制2名。现任领导机构是第一届委员会，有委员13人。主席杜绍康，秘书长韦玲琳。2012年8月2日，召开金秀瑶族自治县社会科学界联合会第一次代表大会，审议通过《金秀瑶族自治县社会科学界联合会章程》，选举产生第一届委员会委员及领导班子。年内，开展的主要工作有：一是开展学术活动。与金秀县文明办、教育局、科技局共同举办“建设幸福中国”爱国读书教育活动，组织征文、绘画比赛活动，征文评出一等奖15篇、二等奖20篇、三等奖35篇，画作评出一等奖15幅、二等奖25幅、三等奖36幅。组织社科工作者开展调研3次，形成调研报告3篇，其中《打造“世界瑶都”品牌，推动瑶族文化大发展大繁荣》收入经济日报出版社出版的《推动社会主义文化大发展大繁荣与各地实践探索》一书中。二是以县委中心组学习为载体，建立县领导干部专题学习日制度，先后3次邀请专家作辅导报告，如8月16日，邀请中国军事科学院世界军事研究员、情报资料室主任李辉光作国防知识专题讲座等。三是开展科普活动。11月，与县科技、司法、卫生等系统的单位在全县范围内组织开展“科技下乡”活动，以举办科普专题讲座、接受咨询、义诊、发放资料等形式进行，共开展进社区活动3次，进学校活动1次，举办培训班5次，发放资料9000多份，接受咨询200多人（次）。年内，编印社科联工作情况简报3期，报送的信息有4条被自治区社科联网站采用。

合山市社会科学界联合会 2012年末有团体会员9个。核定事业编制6名。现任领导机构是第一届委员会，有委员15人。主席覃建博，秘书长覃晓华。2012年7月，召开第一届委员会二次会议，回顾总结2011年以来合山市社科联各项工作，选举产生合山市社科联专职副主席，对会员进行调整。5月，承办来宾市“资源枯竭型城市科学发展问题暨学习践行广西精神、来宾精神”理论研讨会。6月1日，召开“合山市建市30周年经济发展理论研讨会”。8月9~12日，派5人参加由来宾市社科联组织的县级社科联干部全员培训班。十月科普大行动期间，在合山市新世纪广场组织开展科普活动。11月，与市教育局联合下发《关于组织参加“第四届广西未成年人素质教育与实践理论研讨会”的通知》，组织开展相关活动，向自治区社科联推荐美术作品49件，书法作品16幅，摄影作品6幅。年内，结合实际撰写调研报告或理论文章，在《来宾日报》、《来宾瞭望》（内刊）等刊物发表20多篇；向《来宾日报》、广西社科联网站、《红水河论坛》（内刊）等报送信息稿10多条，被广西社科联网站采用4条，《来宾日报》采用1条，《红水河论坛》采用2条；参与编印合山市内部刊物《光热城》，累计编印11期。年内，实现编制、人员、经费、办公场所四到位。

【崇左市社会科学界联合会】 2012年末有团体会员25个。内设机构1个(办公室),有工作人员2人。现任领导机构是第一届委员会,有委员25人,其中常务委员13人。主席苏川,秘书长黄德世。

科普活动 10月30日,与崇左市委宣传部、凭祥市委宣传部、凭祥市社科联等单位在凭祥市第一中学开展"文化引领、富民兴边"知识讲座和"知恩报恩、成就人生"感恩主题教育讲座,200多名师生参加。11月16日,在凭祥市休闲广场举办主题为"科学发展、富民强桂"的广场科普活动,设立咨询台8个,发放资料3000份,接受咨询2000余人(次)。11月16日,深入凭祥市友谊镇平而村开展社科知识进村活动,赠送科普读物3000多册。

组织建设 年内,指导凭祥市、宁明县、天等县、崇左市江州区、龙州县、扶绥县、大新县等7个县(市、区)成立社科联,完成县级社科联建设工作任务,被自治区社科联评为2012年度广西县级社科联建设先进单位。

社科激励机制 根据《广西壮族自治区人民政府关于印发〈广西壮族自治区社会科学优秀成果评选奖励办法〉的通知》(桂政发〔2007〕43号)精神及崇左市实际情况,组织起草《崇左市社会科学优秀成果评选奖励办法》,并经崇左市人民政府第3次常务会议和市委常委会议通过。2012年5月,出台《崇左市哲学社会科学优秀成果评选奖励办法》(崇政发〔2012〕18号),设立崇左社会科学优秀成果奖,每2年评选1次。

年内,配合自治区社科联到扶绥县、凭祥市等地开展《陆路东盟南崇经济产业带》课题调研工作;配合崇左市委宣传部完成崇左市2011年经济社会发展重大研究课题公开招标工作,与各课题组签订了协议书。

10月30日,凭祥市社会科学界联合会第一次代表大会在凭祥召开。

(庞立坚 摄)

【贵港市社会科学界联合会(未成立)】

桂平市社会科学界联合会 2012年末有团体会员19个。内设机构1个(办公室),工作人员1人。现任领导机构是第二届委员会,有委员33人。主席卢炤岳,秘书长植振锦。2012年7月,协助华东理工大学、自治区政府发展研究中心调研组开展《增强广西县域经济发展活力问题研究》的调研工作。8月,对桂平市工业园区建设情况进行调研,并形成《桂平市工业园区建设调研报告》。8月,完成市麻垌镇安文村委托编写的《桂平市麻垌镇安文村社会主义新农村建设十年发展规划》(2012~2022),并据此编写《桂平市安文村社会主义新农村综合建设项目建议书》。11月,编印科普文集《改革资鉴》,收编专家学者公开发表的短文131篇,内容涉及农民工现象、食品安全、官德与作风、爱国与治国等方面。年内,派员参加桂平市举办的"全国法制宣传日"法律知识宣传活动;参加市历史学会举办的文物展览活动以及市诗词学会的"绿榕轩吟诵茶话会"等活动。组织一批书画作品参加"第四届广西未成年人美术、书法、摄影大赛"活动,54幅书画作品获奖,其中金奖4幅、银奖8幅、铜奖12幅、优秀奖30幅;3篇论文获奖,其中三等奖1篇、优秀奖2篇。向《广西社科年鉴·2012》、《社会科学论丛》、广西社科联网站等提供稿件及信息。严小良获"自治区社科系统舆情信息工作优秀信息员"。

【广西大学社会科学界联合会】 2012年末有团体会员18个,个人会员1426人。现任领导机构是第四届委员会,有委员32人,常务委员13人。秘书长吕伟斌。

年内,共主办、承办全国中青年农业经济学者学术年会暨全国高等院校农林经济管理院长(系主任)联谊会、第四届中国少数民族信息传播与社会发展论坛(2012年)等9个人文社科类高级别学术会议;校学术基金共资助13人(次)参加社科类国际国内学术会议;共举办社科类君武大讲坛学术报告13场。12月6~7日,广西高校哲学社会科学协同创新座谈会在学校君武馆第二会议室召开,座谈会由广西大学、广西师范大学和广西民族大学联合发起,来自广西区内本科院校科研处、自治区教育厅科研处和思政处等单位的负责人共30多人参加,与会代表表示,要以党的十八大精神为指导,以实施《高等学校哲学社会科学繁荣计划(2011~2020年)》和《高等学校创新能力提升计划》为抓手,瞄准国家和地方急需、高水平和特色目标,围绕科学前沿、文化传承、行业、区域等领域构建四类协同创新载体,重点推进人才、学科、科研

12月18日，广西大学党委书记梁颖进行科学道德宣讲。

（广西大学社科联供稿）

创新三位一体的核心能力提升，实现高校人文社会科学的理论创新、组织创新、方法创新和学科体系创新，进一步推动广西高校人文社会科学的新发展、新繁荣。

科研项目及成果 年内，共承担各级各类人文社会科学研究项目177项，合同经费1328.3万元，到校经费1228.8万元。共组织申报广西第十二次社会科学优秀成果奖252项，有75项成果获奖，其中一等奖4项，二等奖22项，三等奖49项。范祚军教授主持撰写的《推进人民币东盟化，重塑东盟领域中国的核心影响力》一文入选2012年第1期《教育部人文社会科学研究项目成果摘报》。

【广西师范大学社会科学界联合会】 2012年末有团体会员26个，个人会员2000多人。内设机构6个，专职工作人员1人。现任领导机构是第四届理事会，有理事39人，其中常务理事17人。主席钟瑞添，常务副主席兼秘书长陈雄章。

学术活动 2012年，开展形式多样、内容丰富的各种学术交流活动，高端学术交流质量和实效性得到进一步提高。据不完全统计，主办、承办、协办国际学术会议3次，国内各级各类学术会议30次。例如，"第六届中国经济理论与管理前沿论坛暨中国区域经济发展专题研讨会"、"第二届全国种群生态学前沿论坛"、"全国数学教育研究会2012年国际学术年会"、"中国法学会比较法学研究会2012年年会"、"'当代世界社会主义的理论与实践——民族、民生、民主'学术研讨会"等。外出参加国际、国内学术会议592人(次)，其中参加国际学术会议10人，港台5人，提交会议论文251篇；邀请著名专家、学者讲学130人，其中国外专家15人，港台专家2人；应邀外出讲学70人，其中赴国外讲学5人。例如，中科院化学部程津培院士、张玉奎院士，世界知名哲学家大卫·R·格里芬教授，南京大学教授风笑天、中山大学教授郑永廷、中国工程院院士李圭白等。

社科普及 年内，依托与自治区社科联共建的社科普及基地开展系列科普活动：如5月25日举行的"5·25'关爱彼此·健康你我·感恩社会'爱心慢走暨'希望教师'联合劝募行动"。10月27日，与广西师范大学历史文化与旅游学院社科联分会在龙胜县联合举办"背包计划"社会公益活动，给龙胜各族自治县和平乡小寨村希望小学捐赠1400多件衣物、65本书籍、1500本作业本、600多支笔以及体育用品等物资。12月1日，广西人文社会科学发展研究中心"桂林市社区文化指导员派遣行动计划"项目组联合深入社区开展社区新闻宣传与写作培训活动，100多人参加。

科研成果 一是发表一批高水平学术论文。如广西师范大学文学院教授杜海军主持的国家社科基金特别委托项目《西南边疆历史与现实问题研究》之《广西石刻文献总集整理》的阶段性成果《融水摩崖确证司马光书〈家人卦〉》在《光明日报》(12月10日)国学版发表，佐证了《易经·家人卦》是由司马光书写，有效解释回答了《易经·家人卦》是否由司马光书写的这一文化史存案，在学术界引起较大反响；政治与行政学院教授谭培文主持的国家社会科学基金项目《和谐社会核心价值认同的利益机制研究》在《道德与文明》、《理论月刊》、《广西社会科学》、《马克思主义研究》、《广西师范大学学报》(哲学社会科学版)等中文核心期刊上发表系列论文7篇，等等。据中国人民大学人文社会科学学术成果评价研究中心、中国人民大学书报资料中心发布的"2012年度《复印报刊资料》转载学术论文指数排名"及《2012年度我国人文社会科学学术创新力分析报告——基于"复印报刊资料"转载学术论文指数的排名数据》，广西师范大学在全国高等院校学术论文转载总量综合指数排名第100名，是广西唯一入围百强的高校。二是获得一批高水平科研成果奖。全校共有65项成果获广西第十二次社会科学优秀成果奖，其中一等奖1项、二等奖23项、三等奖41项；有3项成果获得2012年国家民委第二届民族问题研究优秀成果奖。三是获得立项的课题多。共获得各级各类人文社会科学研究项目134项，经费共1778.71万元，其中，国家社会科学基金项目24项(包括国家社会科学基金重大招标项目和重点项目各1项，是广西高校中唯一一个既承担有国家社会科学基金重点项目又承担有国家社会科学基金重大招标项目的高校)，经费

5月29日，纪念毛泽东同志《在延安文艺座谈会上的谈话》发表70周年座谈会在广西师范大学举行。（广西师范大学社科联供稿）

422万元；教育部项目17项，经费128万元；国家民委项目1项，经费4万元；自治区社科联项目5项，经费3.1万元；自治区教育厅项目19项，经费65万；广西哲学社会科学规划重点项目1项，经费4万元；广西教育科学项目14项，经费39.8万元。

【广西医科大学社会科学界联合会】 2012年末有团体会员26个。内设机构1个(办公室)，工作人员5人。现任领导机构是第二届委员会，有委员28人。名誉主席仇小强，主席韦安光，秘书长严远东。

学术活动 2012年，共召开各种报告会、学术研讨会、学术交流会等20多次，共3000多人(次)参加。1月15日，召开广西医科大学2012年学生工作理论研讨会，校党委副书记韦安光、相关职能部门领导、育人督导专家代表出席。5月15日，自治区副主席李康到校作题为“深化医药卫生体制改革和医学生使命”的形势报告。自治区教育厅、人社厅、卫生厅、医改办、广西社科院等单位和驻邕机构的领导以及广西医科大学师生共1000多人参加。李康副主席就广西深化医药卫生体制改革的总体部署、相关政策、新医改方案、医疗卫生发展和人才队伍建设等方面作了详尽的阐述。9月15日，在南宁承办“广西社会心理学会学术年会”，主题为：新形势下的社会心理学科研、科普与社会服务。广西医科大学教授唐峥华结合自己的国外访学经历，作题为“美国医学心理学研究新动态”的报告，广西大学、广西民族大学、广西科技大学等高校的教授以及部分中小学教师，社会心理机构的相关人士分别发言。10月27日，由广西医科大学人文管理学院主办，广西社会工作协会协办的“2012年驻邕高校社会工作发展论坛”在广西医科大学举办。广西社会工作协会领导、驻邕高校社会工作专业师生代表、台湾地区社会工作实务专家、驻邕社会公益组织代表等共150人参加。台湾国立师范大学社会教育系教授郑胜分、台湾中华组织发展协会秘书长吴佳霖分别就“社会需要的人才”、“社会工作人才的培育经验”的主题发言。11月8~11日，“广西高校大学外语教学研究会2012年年会暨教学改革研讨会”在广西医科大学召开，广西55所高校的70多名外语教学领导和骨干教师参加。11月29日，由卫生部主办，卫生部人才交流服务中心、广西卫生厅和广西医科大学承办的“第一届亚太地区卫生人力资源论坛”在南宁召开，旨在促进亚太地区各国卫生人力资源领域的交流和合作。11月30日，复旦大学外国语言文学学院博士生导师蔡基刚教授应邀到校作主题为“高等教育国际化背景下的大学英语教学改革”的讲座，广西医科大学外国语学院全体教师参加。12月7日，由自治区高校工委、教育厅主办，广西医科大学承办的“广西高校宣讲团党的十八大精神报告会”在广西医科大学召开，广西医科大学中层以上领导干部、正高职称人员和部分教师员工代表共800人参加。

科普活动 4月21日，广西医科大学第一附属医院西院四个党支部及南宁市高新工业园区社区卫生服务中心、南宁市西乡塘区西乡塘街道办事处联合开展“和谐社区、幸福南宁”社区惠民活动，20名医疗专家与护理人员在南宁华城都市广场为300多名市民提供关于糖尿病、高血压、冠心病等慢性病及妇女儿童常见病的卫生知识咨询，孕产妇保健、计划生育、儿童喂养等优生优育知识指导以及其他相关学科的健康知识咨询。6月20日，南宁市青秀区人民法院“送法进校园、公开审理毒品犯罪案件”活动在广西医科大学举办，1000名学生和教职员工及家属参加。7月13日，广西医科大学第一附属医院举办“增强法律修养，依法廉洁从医”法律知识讲座。8月6日，广西医科大学第一附属医院主办“道德讲堂”，300多名2012年新职工参加。10月12日，广西医科大学附属肿瘤医院邀请南宁市青秀区检察院检察长郭魏作主题为“预防职务犯罪”的讲座，医院中层以上领导及院财务科、审计科、设备科、药剂科等重点科室全体工作人员共130余人参加。10月29日至11月1日，组织优秀发明专利成果参加第一届广西发明创造成果展览交易会，副校长赵永祥率科技处、药学院、药厂领导及学生400余人参加展览交易会。

年内，承接国家自然科学基金项目79项，其中面上项目5项，青年基金项目2项，地区基金项目72项，受资助经费总计3925万元；广西自然科学基金项目41项，受资助经费总计260万元；2012年新世纪广西高等教育教改工程项目19项，广西教育科学“十二五”规划8项，广西教育厅思政课题4项、“广西高校优秀人才资助计划”资助人选项目5项；立项校级社会科学课题30项，资助研究经费12万元，教改课题21项，资助经费22.9万元；组织申报大学生创新训练项目，获得各类项目91项。在全国临床技能大赛、全国授课比赛、广西高校教育教学软件应用大赛、课件制作大赛等赛事中获奖20多项。

【广西民族大学社会科学界联合会】 2012年末有团体会员24个，个人会员912人。内设机构4个（秘书处、学术交流部、普及咨询部、办公室）。现任领导机构是第三届委员会，有委员45人，其中常务委员14人。主席何龙群。

学术活动 2012年，先后主办或承办学术会议16场（次），其中国际学术会议8场（次），国内学术会议8场（次），参加人数2500人（次），派出会员到境外参加学术会议35人（次）；派出会员参加学术交流和社科考察70人（次）；邀请美国、英国、俄罗斯、意大利、德国、法国、澳大利亚、日本、韩国、越南、爱尔兰、泰国、老挝及中国香港、台湾的专家学者，北京大学、清华大学、同济大学、天津大学、中国人民大学中国社会科学院等高校和科研院所的专家学者到校进行学术交流（学术报告）和社科考察176人（次），举办学术报告会197场，参加人数共18400多人（次）。影响较大的学术活动有：5月举办的“第四届繁荣发展民族院校哲学社会科学高层论坛”，是60周年校庆期间举办的一次重要的全国性学术会议，来自34个单位的90人参加，收到论文39篇，教育部社科司、民族教育司，国家民委教科司、政策研究室的领导出席并讲话。此外还有“全球视野下的东亚峰会与东亚的未来国际研讨会”；“中国—东盟木文化国际会议”；“中国—东盟学术论坛”；“第二次‘东亚智库论坛’：东盟的一体化建设问题”；“新时代语境下的中国翻译研究与教学学术研讨会”；“首届全国民族典籍翻译研讨会”；“第三届全国高等院校民族语文教学暨学术研讨会”；“新文体的兴起与发展学术研讨会”；“中国—东盟预科教育比较研究学术研讨会”；第八届“全国应用伦理学年会”；“2012年东盟形势及中国—东盟关系研讨会”，等等。

年内，获得各级各类项目立项272项，获资助经费3342.55万元，其中，社科类科研项目立项144项，获资助经费2190.6万元。包括国家社科项目14项，资助经费223万元；省部级社科类项目27项（教育部人文社科各类项目7项；国家民委各类项目13项，广西社科规划重点课题1项，广西教育科学重点研究基地重大课题2项，广西教育科学规划2012年重点委托课题2项，广西软科学项目2项），资助经费103万元；厅局级及其他社科类项目64项（广西教育厅社科类科研项目51项，资助金额108.5万元；其他厅局级项目8项，资助金5.4万元；科研创新平台类项目5项，包括中国—东盟研究中心、广西教育厅“八桂学者”创新平台、面向东盟的国际商务信息技术重点研究基地、广西民族团结教育师资培训基地，以及广西教师教育基地，资助经费为860万元）；“中国与东南亚关系研究”八桂学者岗位1人，资助经费为20万元；“中国南方与东南亚民族研究”特聘专家岗位1人，资助经费为20万元，横向社科类课题33项，资助经费为772.2万元。年内，会员完成各级各类科研项目研究任务并获结题的项目200项，其中社科类项目147项（国家社科基金项目9项，国家民委项目9项，广西哲社规划课题19项，广西教育科学规划课题1项，广西教育厅社科类项目10项，其他各类项目99项）；出版著作58部，发表论文735篇，提交会议论文163篇，申请国家专利23件，获得授权13件。成果获省部级以上成果奖共67项：包括第六届高等学校科学研究优秀成果奖（人文社会科学）三等奖1项，全国民委系统调研报告奖三等奖1项，广西第十二次社会科学优秀成果奖54项，国家民委第二届民族问题研究优秀成果奖11项；2012年度全国民委系统优秀调研报告三等奖1项。

5月26日，中国—东盟学术论坛在广西民族大学召开，图为参加论坛人员合影。（广西民族大学社科联供稿）

【桂林电子科技大学社会科学界联合会】 2012年末有团体会员单位7个，个人会员40多人。内设机构1个，工

12月28日，广西湿地立法规立法保护研讨会在桂林电子科技大学举行。

（桂林电子科技大学社科联供稿）

作人员 3 人。现任领导机构是第二届委员会，有委员 29 人。主席孙宁。

2012 年，共举办社科类学术报告 23 场。主要有广西文联主席、广西桂学研究会会长潘琦的“加强桂学研究，促进广西经济文化发展”，暨南大学华文学院教授曾毅平的“汉语国际化论略”，北京师范大学教授余胜泉的“教育资源建设新发展”，台湾大学教授沈中华的“中国企业购并为什么和外国不同”，上海海事大学教授刘国辉的“国家社科项目申报——认知与感悟”，上海外国语大学教授梅德明的“教育语言学发展与我国外语教师语言学意识培养”，华东师范大学教授王馥芳的“如何撰写英语专业毕业论文”，中国美术学院传媒动画学院副院长苏夏教授的“规则限制下的‘游戏’——广告导演攻略”，等等。年内，会员参加省级以上学术会议 40 人（次），获得 2012 年广西教育科学规划专项课题 4 项。

【桂林理工大学社会科学界联合会】 2012 年末有团体会员 21 个，个人会员 350 多人。内设机构 1 个（秘书处）。现任领导机构是第四届委员会，有委员 17 人，其中常务委员 5 人。主席赵君，秘书长江云清。

学术活动 2012 年 5 月 7 日，举办学会先进集体、先进个人、优秀成果评比表彰暨学术年会活动，共评出社科突出贡献奖 6 人，先进学会 5 人，学会先进个人 26 人，优秀论文 39 篇。5 月 31 日，邀请自治区人力资源和社会保障厅副厅长韦刚强作题为“在全球大背景下的广西经济发展战略与人才开发思路”的学术报告。9 月 22 日，邀请教育部高等学校社会科学发展研究中心副研究员朱喜坤作题为“马克思主义理论学科建设的学术性与现实性之辩”的学术报告。12 月 8 日，学校社科联主席赵君教授应邀出席在厦门大学举行的由教育部人文社科百所重点研究基地清华大学高校德育研究中心主办的“第二届全国高校思想政治教育高端论坛”并作专题发言。年内，在桂林理工大学屏风和雁山校区共举办“桂工大讲坛”活动 182 场。

科研工作与成果 年内，承担各类课题 60 多项，社科项目总经费 500 多万元。其中国家社科基金项目 4 项，教育部人文社会科学研究项目 6 项。发表社科类学术论文 400 多篇。获得省部级以上社科成果奖 50 多项，其中广西第十二次社会科学优秀成果奖 12 项。

组织建设 学校社科联下设大学生社会联合会，拥有 28 个校级学生社团和 18 个院系级学生社团组织。年内，在广西大学生社会实践优秀成果奖和首届广西高校优秀大学生社团评选中，获得一等奖和二等奖各 1 项，青年志愿者协会获首届“广西高校十大明星社团”荣誉称号，剪纸协会获首届“广西高校优秀大学生社团”荣誉称号。在全国第三届大学生艺术展演活动中，获“优秀组织奖”。大学生剪纸协会环保行动获得中华环境保护基金会表彰。

【广西中医药大学社会科学界联合会】 2012 年末有团体会员 2 个（广西中医药大学思想政治教育研究会、广西中医药大学人文社科学院），个人会员 176 人。内设

5月17日，2012年桂林理工大学社科联工作会议在桂林举行。

（桂林理工大学供稿）

美国希望之城医学中心贝克曼研究所吴军博士在广西中医药大学作专题科研讲座。（广西中医药大学社科联供稿）

机构1个(办公室),工作人员2人。现任领导机构是第一届委员会,有委员26人,其中常务委员15人。常务副主席董塔健,副秘书长蒋闽义。

2012年,共召开各种学术研讨会、报告会9次,2000多人参加。获得立项的课题7项,会员发表论文31篇。

【广西师范学院社会科学界联合会】 内设学术交流部、科普工作部,兼职工作人员6人。现任领导机构是第三届委员会,有委员33人,其中常务委员19人。主席贺祖斌,副主席兼秘书长张再林。

学术活动 2012年,共开设面向学生的学术报告和知识讲座105场(次),共1万余人(次)参加。承办"第一届泛北部湾海洋环境论坛"等6次学术研讨会。

科普活动 年内,开展大型科普活动4次,为群众提供环保节能、法律、心理健康等咨询服务3000多人(次)。通过开辟"红领巾宣传栏"、"精神文明长廊"、"社区居民学校青少年学习乐园"等青少年科普教育阵地,并依托学校主阵地,开辟第二课堂,使科普活动能够有序地按常规进行。3月至12月,在南宁市万秀村星星小学、万秀小学、扶壮学校开展"广西师范学院课业实践拓展辅导项目"活动,开办青少年科普教育班,开设普法课,在社区内向青少年进行讲科学、爱科学、学科学的教育,引导他们自觉履行道德义务,遵守法律法规,树立科学的、正确的人生观、世界观、价值观。暑期,通过举办科技夏令营活动,组织青少年开展"读一本好书、看一部好影片、写一篇好读后感、参加一次有意义的社会活动、参观一个爱国基地"的"五个一"主题活动,加强对青少年群体的科普教育。广西师范学院政法学院的大学生还在南宁市明秀二区、明秀小区等社区开展预防艾滋病、预防青少年犯罪、戒除网瘾、"珍爱生命,远离毒品"等科普知识宣传活动。

科研工作与成果 年内,获得立项的纵横向科研项目共207项,获资助总经费2370.64万元,其中纵向科研项目116项,获资助经费172.15万元,包括国家社会科学项目3项、省部级项目28项、厅级85项;获横向课题91项,获资助经费2198.49万元。会员出版著作和教材29部,发表论文546篇,其中发表在核心期刊158篇。

7月5~8日,自治区主席院士顾问王颖、郭柏灵在广西师范学院开展学术交流活动。（广西师范学院社科联供稿）

【桂林医学院社会科学界联合会】 2012年末有团体会员18个,个人会员280人。现任领导机构是第二届委员会,有委员13人。主席宿富国,秘书长孔慧(兼)。

2012年,发挥医学院校专业优势,积极参加"广西社会科学普及十月大行动之桂林市象山区联达广场科普活动",组织医疗卫生咨询服务队为市民提供免费的健康咨询和义诊活动,展出展板3块,发放养生保健方面的宣传材料。年内,组织开展桂林医学院第一次社会科学优秀成果奖评选活动,经个人申报,部门推荐,校外专家评审,校社科联委员会通过,共有17项社科成果获奖;做好立项课题结题工作,经课题负责人申报，组织人员对课题进行结题鉴定，10项课题通过结题，并颁发结题证书。

【广西工学院社会科学界联合会】 2012年末有团体会员2个，个人会员300多人。现任领导机构是第二届委员会，有委员25人，其中常务委员13人。主席梁远海，秘书长朱其东。

学术活动　2012年，共举行各种形式的研讨会、座谈会、报告会、讲座80余场，参加人数3万多人(次)。10月至11月，与广西工学院学生处、党委宣传部联合主办第三届学生思想政治教育工作研讨会，主题为“在新形势下，如何提高学生思想政治教育工作的科学化水平”，以学生思想政治教育工作前沿研讨、学生干部队伍的建设、党的十八大精神的学习贯彻为研讨内容，以专家讲座、经验交流、素质拓展训练等形式进行，共举办6场学术讲座，广西工学院党委副书记梁远海等领导和师生共500多人参加。年内，影响较大的学术报告会或讲座有：5月30日，广西师范大学文学院院长杨树喆教授的“网络新民间文学的兴起及其影响与评价”；6月1日，武汉理工大学文法学院教授魏纪林的“知识产权与企业专利战略”；6月18日，广西师范大学教授尹鑫的“中国思维的传统与现代”；9月17日，华中师范大学文学院教授张玉能的“美学漫谈”；10月13日，中国人民大学文学院副教授高永安的“歌德学院与孔子学院之比较”；11月6日，广西师范大学教授黄瑞雄的“达到幸福的看世界方式”；11月23日，华中师范大学外国语学院院长张维友教授的“中文网络流行语的认知解读及翻译”；11月25日，韩国国立公州大学魏午基教授的“韩国的企业文化”；11月27日，中山大学党委副书记朱孔军教授的“构建学术共同体：大学的理想和我们的责任”，等等。

3月1日，广西工学院举行科学道德和学风建设宣讲教育活动启动仪式暨宣讲报告会。
（广西工学院社科联供稿）

科普活动　年内，共举办大型社科知识普及活动10余次，2万余人(次)参加。5月16日至6月16日，与广西工学院社科学院、大学生心理辅导中心联合主办“广西工学院第十届大学生心理健康教育活动月”，主题为“感恩教育”，旨在培养学生感恩情结和感恩意识，引导学生把感恩之心转化为报国之志、感恩之举，使感恩成为一种心态、一种习惯、一种行为。广西工学院党委副书记梁远海等领导和师生共500多人参加。活动月期间，发放资料5000余份，各系承办心理健康知识竞赛、讲座等一系列活动。

年内，获国家社科基金项目2项，资助经费200多万元。会员主持、参与各类社科类课题100多项，出版著作20部，发表论文600多篇，其中发表在核心期刊200多篇。30多篇论文获省部级、地厅(市)级社科、教学优秀成果奖，其中8项获广西第十二次社科优秀成果奖(二等奖1项，三等奖7项)。

【玉林师范学院社会科学界联合会】 2012年末有团体会员9个。现任领导机构是第二届委员会，有委员27人，其中常务委员9人。主席王志明，秘书长陈莉(兼)。

2012年12月6日，召开玉林师范学院社会科学界联合会第二次代表大会，审议通过玉林师范学院第一届社科联工作报告并选举产生第二届委员会委员及领导班子。

学术活动　一是举办学术研讨会。6月15日，与玉林市玉东新区管理委员会联合主办“桂东南历史文化学术研讨会”，来自广西区内外的10余名专家与玉林师范学院的教授、博士参加。10月26日，举办“近代中国乡村文化与实践学术研讨会”，来自国内多所知名高校的专家学者就各自有关近代中国乡村建设思想与实践的研究作主题发言。10月27~28日，举办“实践美学与中国当代美学发展研讨会”，来自全国各地有关高校的美学专家及美学爱好者共40多人参加。11月24日，举办“广西法理学研究会2012年学术年会”，主题是“依法治国与法治文化建设”，来自广西区内有关高校及自治区人大常委会法工委，自治区检察院、高级人民法院等单位的专家学者共60多人参加，等等。二是举办学术报告会或讲座。3月，开始继续开设教授论坛和博士论坛，共8位校内社科类专业学者开讲，5000多人(次)参加。校长谢尚果在法商学院博士教授论坛上作首场学术讲座(自治区社科联资助玉林师范学院社科联举办2012

年“科学发展、富民强桂”系列讲座之一)。此外,邀请专家到校作学术报告或讲座还有:5月12日,早稻田大学北京教育研究中心讲师、日语航海大副笈川幸司的“日语学习法”;5月15日,《光明日报》广西记者站站长、高级记者刘昆的“网络传播的当下态势及舆论引导艺术”;6月12日,北京大学法学院教授蒋大兴的“家庭、孝道与公司控制权”;6月12日,南京大学教育学博士许浚的“亲密关系——危险情感”;6月18日,美国丹佛大学国际关系学院教授赵穗生的“奥巴马总统的亚太转向与中美关系”;11月6日,教育部“国培计划”专家、广西艺术学院教授陈玉丹的“本土音乐教学设计”和“音乐课堂组织艺术”;11月8日,教育部国培计划专家、四川师范大学历史课程教学研究中心主任陈辉教授为“国培计划”学员作的“中学教师教育教学科研方法”;11月8日,四川大学教授詹石窗的“道家养生与身心健康”;11月16日,玉林市红十字会教学部培训师柳慧聪的“急救知识与技能”,等等。三是学术交流。年内,共派出30多人(次)参加校外大中型学术研讨会,向组织单位推荐论文20多篇。

科普工作　一是开展大学生“践行广西精神,争当实践先锋”主题暑期实践活动,共派出300人(次)参加大学生暑期社会实践工作,到机关、企业、学校、社区、农村,开展社会调查、科技下乡、文化服务、文明共建、挂职锻炼、勤工助学等实践活动,并建立一批大学生社会实践基地。二是开展各种主题教育活动。如学习雷锋精神主题教育活动、心理健康教育宣传活动、防治艾滋病健康教育宣传活动等。

科研工作与成果　全年获得纵横向科研项目143项,其中国家级社科基金项目2项、省部级项目5项、厅局级项目41项,获资助总经费130多万元,其中纵向项目115.8万元。会员出版著作、教材等10部,发表论文359篇,其中发表在核心期刊142篇。获得广西第十二次社会科学优秀成果奖6项。年内,校领导多次带队先后深入平南县、博白县、玉林市科技局、贵港市科技局等就文化和科技合作事宜进行洽谈。

【河池学院社会科学界联合会】 2012年末有会员300多人。现任领导机构是第二届委员会,有委员24人。主席韦广雄,秘书长谢铭。

学术活动　一是举办学术研讨会。如5月25日,在河池学院举行“第五届广西校园文化论坛——网络文化时尚与校园文化建设学术研讨会”;7月9~10日,召开“河池学院2012年科研工作大会”;12月7~8日,召开“河池学院师范类专业人才培养模式改革研讨会”;12月20~21日,在南丹县举行“南丹土司文化研讨会”;11月28日,召开“河池学院党的十八大精神专题学习会”;12月26日,举行“广西高校宣讲团党的十八大精神宣讲报告会”,等等。二是举办学术报告会或讲座。如3月5日,广西机电职业技术学院院长韩峻峰教授的“关于应用型人才培养的思考”;3月8日,钦州学院副院长徐书业教授的“当前新建本科院校的困境和出路”;3月9日,广西财经学院副院长蒙丽珍教授的“适应中国—东盟自由贸易区发展需要的经济管理类人才培养模式的研究与实践”;3月14日,国家财政部农发办处长陶传友的“走向成功”;3月16日,《广西社会科学》杂志社社长、总编梁培林的“学术研究与论文写作”;3月23日,广西写作学会副会长、广西先进文化发展促进会会长杨炳忠的“网络文学的现状和发展”;3月30日,河池学院中国语言文学系主任谭为宜教授的“文学经典与现实人生”;4月28日,中央民族大学教育学院院长苏德教授的“具有文化敏感性的民族教育政策研究——来自西部民族地区的个案”;5月18日,钦州学院党委书记银建军教授的“中华传统文化的主要特征”;6月1日,河池学院物理与电子工程系教授秦任甲的“谈大学生开展科研与撰写论文”;6月8日,河池学院中国语言文学系副教授、高级礼仪师农迎春的“行为礼仪的误区及其规范”;7月7日,中央民族大学教授、中国少数民族研究中心主任张海洋的“民族学学科与中国民族——从社会发展史到文化生态学”;9月28日,河池学院党委书记韦春北教授的“海岛　海洋　海权”;10月19日,河池学院副院长罗之勇的“人口较

12月6日,玉林师范学院社科联第二次代表大会在玉林召开。

(玉林师院社科联供稿)

少民族文化的保护与发展”;11月5日,广西师范大学马克思主义学院教授黄瑞雄的“谈谈思想政治理论课教师的素养”、“达到幸福地看世界方式”;11月9日,自治区新闻出版局、版权局党组书记、局长于瑮的“践行广西精神 构建和谐校园”;11月12日,上海师范学院教授王荣生的“以‘学的活动’为基点的教学”;11月19日,广西大学文学院院长李寅生教授的“如何阅读古典名著”和“如何考研”;11月23日,广西大学外国语学院原院长周仪教授的“The road to success in learning English”;11月23日,河池学院政治与法律系教授施铁靖的“如何评价历史人物”;11月27日,广西民族大学党委书记钟海青教授的“教师发展与师德师风建设”;12月7日,河池学院政治与法律系副教授欧德良的“断裂与脱节——近代中国社会变迁之殇(1842—1949)”;12月24日,河池市人大副主任、党组成员银建军教授的“广西世居少数民族文化生态”,等等。

科普工作　1月9日,召开“2012年度国家社科基金申报培训会”,自治区社科规划办主任徐高潮做专题辅导。8月21日,与自治区社科联共建的社会科学普及基地在河池学院举行挂牌仪式。11月24日,举办河池学院2012年“国培计划”农村骨干教师培训班,来自宜州市及罗城、环江、大化、东兰四县的196名学员参加,河池学院院长覃伟年及相关系(院)负责人出席。

科研工作与成果　7月7日,河池学院“广西世居少数民族研究中心”挂牌成立,中央民族大学、中国少数民族研究中心主任张海洋教授,河池学院党委书记韦春北,副院长罗之勇、周鸿出席挂牌仪式。年内,获得各类立项课题55项,其中2012年度国家社会科学基金一般项目、西部项目各1项,资助经费共30万元;2012年广西高等教育教学改革工程项目13项;2012年度广西高等学校科研项目36项(重点资助项目3项、一般资助项目4项、立项项目29项);广西教育科学“十二五”规划2012年度广西高校反腐倡廉研究专项课题1项;2012年广西高校思想政治教育理论与实践研究课题3项。获得2012年自治区级教学成果奖10项,其中一等奖2项、二等奖2项、三等奖6项。

12月20日,南丹土司文化研讨会在南丹召开。　(河池学院社科联供稿)

【广西财经学院社会科学界联合会】 2012年末有团体会员33个。现任领导机构是第二届委员会,有委员25人。主席韦良,秘书长邓文勇。

学术活动　一是举办学术研讨会。如4月16日,在南宁主办“海峡两岸管理科学与工程学科与专业建设研讨会”,台北海洋技术学院、广西民族大学等4所高校和广东粤建设计研究院、广西华蓝设计集团规划院、南宁市园林规划设计院、广西物流与采购联合会以及广西新月物流汇电子商务有限公司的代表60多人参加,广西财经学院副院长夏飞以及教务处、科研处、招就处、管理科学与工程学院负责人和师生代表出席。3月14日,在南宁主办“2012’中国—新加坡物流发展与人才培养研讨会”,新加坡物流管理学院、广西大学等9所高校和广西现代物流生产力促进中心、《现代物流报》、北京理工大学出版社以及广西财经学院教务处、科研处、国际教育学院和管理科学、工程学院负责人和师生代表参加,新加坡物流管理学院院长李正达教授、广西财经学院教授彭欣等4人作主题发言,广西财经学院管理科学与工程学院院长黄刚教授总结。12月12日,在广西财经学院协助召开“广西高校哲学社会科学研究骨干学习贯彻党的十八大精神座谈会”,广西各高校的有关领导及哲学社会科学研究骨干共50余人参加,自治区高校工委副书记莫锦荣出席并讲话。二是举办学术报告会或讲座。如3月20日,自治区政协委员、广西物流与采购联合会副会长、广西物资集团有限责任公司董事、副总经理林春平教授的“广西物流发展与物流企业运营模式探讨”;3月23日,自治区财政厅副厅长曾纪芬的“思维转变与素质提高”,150余名师生参加;5月27日,南宁市中弈衡房地产代理有限公司总经理叶柳荣、销售总监黄建铭的“宏观调控背景下南宁市房地产走势及房地产人才培养”,200多名师生参加;6月5日,广西就业局副局长何小民的“人才与时代相互辉映——《人才简史》之图景漫谈”,100多名师生参加;10月17日,桂林电子科技大学经济与管理学院信息管理与电子商务研究所所长邵培基教授的“商务智能(BI)在营销创新中的理论与应用研究”,80名骨干教师参加;10月18日,广西国际博览事务局局长郑军健教授的“中国—东盟合作现状与展望”;10月25日,广西农业厅厅长张明沛的“创新隐形理论,善谋智慧兴农”,200多名师生代表参加;11月5日,台湾屏东科技大学企业管理专家张宫熊教授的"站在历史的拐点上——2013全球经济展望与投资策略",80多人参加。11月6日,旅美法律学者周大伟教授的"中国法律职业群体的前世今生",150人参加;12月1日,陕西师范大学政治经济学院、马克思主义学院院长袁祖社教授的"'现代性'理论视域下当代思想政治教育的实践境遇及其文化逻辑",150多名师生参加;12月7日,中国社会科学院经济研究所所长、《经济研究》杂志主编裴长洪教授的"当前世界经济贸易形势分析",120多名师生参加。

科普活动　一是支持、资助开展各种赛事。如开展了一次财会人员书写规范化比赛、一次模拟面试大赛、一次"推销王"模拟推销大赛。二是积极支持、配合学校开展"三下乡"活动。7月12~15日,学院科普服务团34位队员在学院社科联副秘书长、科学技术协会副秘书长莫锡坤的带领下,在崇左市扶绥县东门镇开展科技、文化、卫生"三下乡"活动,主题为"科学文明促安康",发放资料6000多份,赠送图书300多册,并开展现场咨询,内容包括保健、毒品危害、交通安全、食品安全等。年内,共组织7支服务队共400多名师生分赴都安、田阳、来宾、大化、宾阳等10多个县(市、区)乡镇开展形式多样、内容丰富、主题鲜明的"三下乡"科普与社会实践活动,共发放各种宣传资料6万多份,捐款18000多元,捐物3000多件,赠送各种图书6000多册。三是加强学院科普基础设施建设,如改装宣传墙、栏等。

学术交流　4月13日,自治区国土资源厅原党组成员、纪检组长、广西土地学会理事长罗卫国一行到学院开展学术交流暨签署院会合作框架协议,200多名师生代表参加,副院长夏飞出席并讲话。年内,新增申报中外合作办学项目,与澳大利亚精英教育学院、美国中央华盛顿大学、法国克莱蒙费朗第一大学、泰国川登喜皇家大学签订合作办学协议书;与国外原合作大学巩固和开拓了新的合作项目,如中马项目本科改进了教学合作模式,开办ACCA创新实验班;完成中国—东盟博览会接待任务,接待来自老挝、泰国、马来西亚等国的9个团组共46名嘉宾。全年共接待来自美国、英国、法国、澳大利亚、泰国、马来西亚、越南等多个国家和地区来访团组33批,共计143人(次)。

科研工作与成果　12月7日,召开"2013年国家基金项目申报经验交流会",学院副院长蒙丽珍主持,科研处、信统学院负责人及各院、部骨干教师共70多人参加,中国人民大学经济学院教授陈彦斌应邀作国家级基金项目申报指导。年内,获得各级各类立项课题209项(含校级),项目经费共1364.59万元,其中省部级以上32项(国家级12项,省部级20项),资助经费455.1万元;厅级57项,资助经费243.2万元;横向课题56项,合同经费共646.29万元。年内,教职员工出版著作61部,发表论文1021篇,其中发表在核心刊物602篇,学科权威刊物26篇;被SCI收录6篇,EI收录15篇,ISTP收录5篇。

【百色学院社会科学界联合会】 2012年末有团体会员7个。内设机构1个(办公室),兼职工作人员1人。现任领导机构是第一届委员会,有委员22人。主席梁文化,秘书长梁冬丽。

学术活动　10月19日,在百色学院举办"左右江革命老区发展论坛",来自中国老区建设促进会及北京大学、南京大学、延安大学、井冈山大学等20所大学的专家学者就左右江革命老区的历史机遇、民生、特色优势产业发展等问题进行交流与探讨。10月24日,由百色学院、平果县人民政府主办的百色学院民族文化翻译研究中心成立暨"壮族嘹歌英译学术研讨会"在百色学院举行。12月21日,与西林县社科联等单位在西林县联合承办由西林县委、县政府主办的"2012年中国·西林岑氏'一门三总督'学术研讨会",来自中国社会科学院、中国管理科学研究所、广西社会科学院、广西历史学会、中央民族大学、中山大学、山西大学以及百色学院等单位的专家学者参加。年内,配合学院科研处,先后邀请意大利萨伦托大学David Katan,财政部刘铭达,中国社科院叶舒宪,四川大学徐新建,

10月18日,郑军健教授学术指导:中国—东盟合作现状与展望在广西财经学院举行。
(广西财经学院社科联供稿)

中央民族大学梁庭望、李锦芳，苏州大学汪榕培，广州大学蒋晓萍，广西大学吕伟斌、翁葵，广西师范大学黄瑞雄、何平静等专家到学院讲学。

科普活动 1月，组织学生开展“庆元旦 迎新春”书法比赛；组织师生参加百色市文联、书协、影协，百色市政协书画院、百色学院书画艺术研究院等单位组织的送春联和送全家福活动，在田阳县那满镇新立村举行。3月，组织学生参加百色市书法家协会2012年年会书法展比赛，14人获奖。4月，组织学生举办纪念“4·23世界读书日”书法比赛。5月，组织师生参观由中国书法家协会，百色市人大常委会、市政协主办的“民族团结和谐进步——布赫书法作品展”；组织师生参加中国印作者李建中、启功弟子纪伯成在广西九龙大酒店的讲学活动。6月，组织师生参加百色市庆祝建党90周年书法比赛，7名师生获奖；组织200多名师生作品参加“百色学院校园文化书画艺术摄影作品比赛”；组织4名师生参加“魅力大明山广西名家书画摄影展”；组织师生参加百色市“人口文化”书法比赛，15位作者作品入展，3名师生作品分别获二、三等奖。组织女生参加由自治区党委宣传部、自治区妇联、自治区文联、广西女书法家协会、广西女摄影家协会联合举办的以“喜迎十八大，巾帼风华六十载——放飞艺韵，抒展巾帼风华”为主题的第三届广西女性书画摄影手工艺作品展，1人获三等奖，2人获优秀奖，4人作品入展。7月，3名师生在广西首届榜书展大赛入展并获奖；组织4名师生参加“教育部廉政文化作品比赛”，1人获广西赛区二等奖；胡耀南为老挝师生55人上中国书法课。8月，组织师生参加自治区党委宣传部组织的“广西基层群众优秀书法作品展”。9月，参加百色市总工会书画摄影协会成立大会。胡耀南被大会推选为百色市职工书法协会副秘书长。10月，组织师生参加百色市撤地设市十周年书法作品展；组织师生参加百色市纪委书画摄影作品展，多名师生投稿并获奖。11月，组织师生参加“欧艺杯”书法大赛，胡耀南、周爱传作品入选11月6日《右江日报》第6版刊登的“百色市翰墨缘书法艺术研究会迎十八大书法作品”。12月，协助百色市纪委举办学习宣传党的十八大精神廉政书法美术摄影展。

年内，获得立项的项目有：国家社会科学基金项目3项，其中一般项目1项、青年项目1项、西部项目1项，资助经费总计45万元，立项数占学院申报该项目比例的10.7%，在广西高校中排名第7位。省部级项目4项，其中教育部人文社会科学青年项目2项，获资助经费14万元，广西自然科学基金项目2项，获资助经费9万元，立项情况与2011年持平。厅局级项目27项，其中自治区教育厅高校科研项目22项（重点项目2项、一般资助项目4项、立项项目16项），获资助经费共计20万元；自治区教育厅思政课题3项（重点项目1项、一般项目2项），获资助经费共计1.6万元；广西文科中心“科学研究工程”2012年度开放基金课题2项，获资助经费共计4万元。百色学院院级科研项目33项（社科类17项），其中重点项目5项、一般项目21项、青年基金项目7项，总经费共9.05万元。年内，承担的项目还有：中国语言资源有声数据库广西库建设项目1项（建设经费15万元），成为中国语言资源有声数据库广西库建设的6所牵头高校之一；横向项目2项（实现横向项目零的突破，获得经费12.5万元）。

【贺州学院社会科学界联合会】 2012年末有个人会员280多人。现任领导机构是第一届委员会，有委员13人。主席吴郭泉，秘书长朱其现。

学术活动 11月9~12日，在学院主办“第二届中国原生态民族文化高峰论坛”，来自全国相关高校和研究机构的68名专家学者参加。年内，共邀请广西区内外专家学者24人到学院举办学术讲座35场（次），派出科研工作者外出参加学术交流122人（次）。

科研工作与成果 2012年，继续对桂东特色资源开发与利用研究实验室和广西东部族群文化研究基地加大投入，全年共投入经费20万元，用于购置科研仪器设备、完善科研设施、培育项目和建设团队。学院学术委员会对原有的重点建设学科进行评估验收考核，对新申报的一批重点建设学科进行评审，“语言学及应用语言学”和“应用化学”晋级为学院重点学科，“教育学原理”等7个学科确定为新一批的重点建设学科，下拨学科建设经费21万元，用于学科建设与项目培育。继

2012年度百色学院社科联工作会议在百色举行。（百色学院社科联供稿）

续对获得博士学位的教师进行资助，共投入专项经费30万元，用于博士科研启动。年内，启动“广西文科中心扶持贺州学院教授培育工程专项项目”，投入专项经费28万元，资助学院14名文科类副教授开展科研工作。全年获得各级各类立项课题60项，获资助经费共252.5万元，其中国家自然科学基金项目1项，教育部人文社会科学一般项目4项，广西哲学社会科学规划课题4项，广西科学研究与技术开发计划课题3项，广西千亿元产业重大科技攻关工程项目3项，广西自然科学基金项目4项，广西教育科学“十二五”规划课题7项，广西教育厅科研项目25项，广西高校思想政治教育理论与实践研究课题2项，贺州市科学研究与技术开发计划课题4项，企事业委托项目3项。文科教师出版专著和教材等书12部，发表论文300多篇，其中发表在核心期刊80多篇，三大索引收录12篇。教师申请专利13项，学生申请专利3项，获得授权发明专利1项、实用新型专利6项。

【钦州学院社会科学界联合会】 2012年末有团体会员10个，个人会员280多人。内设机构1个，工作人员2人。现任领导机构是第二届委员会，有委员9人，其中常务委员5人。主席徐书业，副主席兼秘书长何光耀。

学术活动与科普 4月28日，在钦州学院召开广西哲学社会科学规划课题阶段性成果汇报会，钦州学院副院长、社科联副主席王国红教授，社科联副主席、科技处副处长何光耀副教授以及10名广西哲学社会科学规划课题的负责人参加。5月10日，防城港市社科联主席蒋开科一行4人到钦州学院，就联合承办“陈济棠生平研讨会”有关事宜进行商谈。5月29日，在防城港市召开北部湾人文研究中心2011~2012年度工作会议，30多人参加，钦州学院党委书记银建军，副院长、社科联主席、北部湾人文研究中心主任徐书业，副厅级调研员黄家庆出席。7月4日，在钦州学院与自治区社科联副主席张瑞枝、钦州市社科联主席阮成武等一行进行座谈。9月14日，与上思县思阳镇党委在思阳镇党校联合举办“创新社会管理”主题报告会，钦州学院科技处处长梁好翠教授、社科联副主席何光耀副教授，思阳镇领导干部、各村支部书记等共50多人参加，思阳镇党委书记黄耿主持，钦州学院社科部讲师、派驻思阳镇贫困村党支部第一书记马瑞主讲。11月18日，在防城港市与防城港市社科联共同协助举办由防城港市海外联谊会主办的“陈济棠生平研讨会”，来自广东、湖北、云南、香港等地以及广西区内的专家学者和特邀代表共90多人参加，钦州学院派出11名代表和工作人员与会。12月7日，与钦州学院大学生邓小平理论研究会在学院共同举办“学习党的十八大精神”专题讲座，钦州学院教授、钦州市关工委副主任颜昌廉主讲。年内，会员参加省级以上学术会议20人(次)。

优秀成果评选 10月，启动钦州学院第一届社会科学优秀成果奖评选工作，历时3个月。评委由院内专家担任，经过会议评审及公示评选结果等程序，最终确定优秀著作奖8部，其中一等奖1部，二等奖2部，三等奖5部；优秀论文奖28篇，其中一等奖2篇，二等奖9篇，三等奖17篇。

年内，承接2012年度国家社科基金项目2项，教育部人文社会科学研究青年项目1项，广西教育科学“十二五”规划2012年度课题7项，其他厅级社科项目50多项，获科研经费资助总额150多万元。资助出版著作3部，会员发表论文300多篇。在广西第十二次社会科学优秀成果奖评选中，5项成果获三等奖。

【梧州学院社会科学界联合会】 2012年末有团体会员18个，个人会员400多人。现任领导机构是第一届委员会，有委员7人，其中常务委员3人。主席杨奔。

学术活动 一是举办学术报告会或讲座。年内，在梧州学院共举办各种学术活动21场(次)。比较有影响的讲座有：1月5日，中国人民大学教授韩星的“孔子儒学与中华民族共有精神家园的重建”；3月27日，自治区科技厅成果管理与科学技术普及处处长、广西科技进步奖奖励委员会办公室主任黎卫红的“科技成果评价与成果报奖”；3月31日，华中师范大学历史文化学院院长谭克绳教授的“海峡两岸关系现状与发展”；5月25日，自治区科技厅党组书记陈大克教授的“科技创新与创新的广西建设”；5月28日，桂林理工大学国际贸易系主任谢延宇副教授的“全球生产网络，

9月14日，加强和创新社会管理专题讲座在钦州举行。（钦州市社科联供稿）

5月13日，第九届大学生心理健康活动月在梧州学院举行。

（梧州学院供稿）

知识转移与加工贸易转型升级”；5月28日，广西艺术学院教授龚小平的“歌唱艺术表现”；6月13日，自治区文联主席、广西桂学研究会会长潘琦研究员的“加强桂学研究，助推富民强桂”；10月31日，桂林理工大学副教授雷威的“林鸡血红碧玉的特点与市场现状”；10月31日，上海同济大学教授亓利剑的“CVD合成钻石鉴定技术与发展趋势”；11月1日，台湾花莲大汉技术学院副教授蔡印来的“中国传统文化与珠宝首饰”；11月17日，南开大学马克思主义教育学院教授丁军的“高校思想政治理论课教师科研的尝试与思考”；11月29日，梧州学院副院长、社科联主席杨奔教授的“西江语言文化研究的多维视角”；11月25日，梧州学院社科联副主席易敬源副教授的“‘五区’建设解读”和“加快社会主义文化建设，促进社会主义文化大发展大繁荣”；12月5日，中韩美合资企业——广州梦都美集团公司高级工程师蒋明的“市场开拓与领导（科学）决策”；12月15日，浙江大学副教授周景坤的“人力资源管理”；12月18日，广西广播电视大学副校长陆云教授的“高校英语教师专业发展”；12月28日，《广西社会科学》杂志社社长、总编梁培林的“核心期刊评定及投稿注意事项”，等等。二是开展学术调研。1月13日，梧州学院党委书记唐耀华、副书记陈爱民等深入藤县塘步镇（原赤水乡）大元村石厚屯考察灵济寺遗址，开展梧州作为古代岭南佛城地位研究。三是成立科研基地。1月14日，广西桂学研究会梧州学院研究基地成立，从西江历史文化研究作为突破口、切入点，重点研究西江流域的民俗文化、语言文化、钱币文化、民间文献、西江生态环境等。

科普活动 4月18日，中共梧州学院委员会和中共梧州市万秀区委员会加强社会公共服务，创新社会管理战略合作框架协议签约仪式暨“文明行动进社区，幸福关爱进家庭”主题活动启动仪式在万秀区南中社区珠玑广场举行，双方签订了《关于加强社会公共服务创新社会管理战略合作框架协议书》。5月25日，梧州学院计算机科学系学生党支部与梧州市万秀区南中社区党支部在南中社区举行以“心存感激，感恩老党员”为主题的座谈会。10月25日，组织大学生志愿者参加梧州市长洲区“2012年十月科普大行动”启动仪式，协助布置会场，维护会场秩序，参与活动讲解。11月15日，邀请中共梧州市委政策研究室副主任张起到学院作“礼仪知识讲座”。12月，第二届广西高校形势与政策课首席专家、学院党委书记唐耀华教授和梧州市5名思想政治理论课骨干教师作为梧州市学习贯彻党的十八大精神宣讲团成员，深入梧州市机关、企业、农村、高校宣讲党的十八大精神。12月14日，自治区社科联副主席姚兵、科普部主任刘俊到梧州学院参加自治区社科联—梧州学院社科联科普基地揭牌仪式，并与学院领导及相关教师进行座谈。12月25日，梧州学院财务处处长、高级会计师陈剑研究员应邀为苍梧县财务人员作题为“会计行为规范与财务廉政风险防范”的讲座。年内，3项成果获广西第十二次社会科学优秀成果奖，其中一等奖1项、二等奖2项。

【广西民族师范学院社会科学界联合会】 2012年末有团体会员13个。内设机构1个（秘书处），工作人员1人。

自治区社科联主席王士威到广西民族师范学院社科联指导工作。

（广西民族师范学院社科联供稿）

现任领导机构是第一届委员会，有委员 20 人。主席张劲松，副主席兼秘书长韦国善。

2012 年，共召开各种学术研讨会、报告会 21 次，5780 多人(次)参加。先后邀请自治区新闻出版局副局长黄健，天津大学教授汪波，广西散文家严风华、青年文学评论家王迅，广西大学教育学院谭贤政，广西大学商学院教授杨永德等专家学者到学院作学术报告。广西民族师范学院副院长张劲松教授、韦永恒教授，科研处处长韦国善教授、院长办公室主任陆汉军教授、政治与公共管理系王志远等分别作学术讲座。

年内，会员承担研究课题 68 项，出版著作 4 部，发表论文 118 篇。

12月7日，桂林航天工业学院第二届社科优秀成果表彰会暨2012年社科联学术年会在桂林召开。（桂林航天工业学院社科联供稿）

【桂林航天工业学院社会科学界联合会】 内设 6 个分会。2012 年末有个人会员 520 人。现任领导机构是第一届委员会，委员 14 人，其中常务委员 5 人。主席旷永青，秘书长叶桂郴。

学术活动 2012 年，主办和协办学术讲座 12 场，1000 人(次)参加。12 月 7 日，召开社科联 2012 年学术年会，100 多名代表参加。收到论文 47 篇，内容涉及哲学、党建、思想政治、高等教育、经济与管理、旅游与环保、文学和艺术等学科。12 月 28 日，邀请广西师范大学社会科学处处长陈雄章教授做国家社科基金项目申报辅导报告，全院文科类教师 100 余人参加。年内，举办学院社科优秀成果评选活动，收到参评成果 48 项，评出优秀成果 14 项，其中一等奖 2 项、二等奖 5 项、三等奖 7 项。

科研工作与成果 学院额人力资源管理研究所、航天旅游发展研究所、民族体育文化研究所、北部湾区域贸易研究所等 4 个科研机构，承担横向课题 1 项、纵向课题 5 项，获资助经费总额 10.5 万元。年内，协助科研处等相关部门组织申报社科课题 67 项(院外 35 项，院内 32 项)，获得资助经费 45.2 万元。出版教材(著作)5 部。成果获 2012 年广西高等教育教学成果奖二等奖 2 项、三等奖 1 项。

【桂林旅游高等专科学校社会科学界联合会】 2012 年末有会员 360 人(其中具有高级专业技术职务资格的 120 人，中级 160 人)。秘书处挂靠科技产业处，有工作人员 2 人。现任领导机构是第二届委员会，有常务委员 16 人。主席蒋伟，秘书长谢雨萍。

2012 年，新增纵向科研项目 30 项，为企事业单位提供技术支持和服务 7 项。出版各类著作 16 部，发表学术论文 200 多篇，研究咨询报告 10 份。完成科研成果鉴定 20 项，艺术作品 50 多件。成果获广西第十二次社会科学优秀成果奖 2 项。

【柳州师范高等专科学校社会科学界联合会】 2012 年末有个人会员 300 多人。内设机构 1 个(秘书处)。现任领导机构是第一届委员会，有委员 33 人。主席蓝凡华，秘书长伍新德。

学术活动 2012 年，邀请 4 位校外专家到校作讲

桂林旅游高等专科学校第三次科研工作大会在桂林召开。（桂林旅游高等专科学校社科联供稿）

柳州师专师生开展清洁乡村活动。（柳州师专社科联供稿）

座，分别是：9月12日，广西师范大学教育科学学院侯莉敏教授在“国培计划(2012)”——幼儿骨干教师置换脱产研修班上作的“学前教育改革与发展动态”；9月13日，重庆市教育科学研究院研究员徐宇给“国培计划”的学员们作的“幼儿园教学活动评价与反思”；9月13日，浙江师范大学学前教育系主任朱宗顺教授为“国培计划”的学员作的“幼儿园教育指导纲要”；10月22日，广西科技大学(筹)社会科学学院院长韦廷柒教授为师生作的“中国周边安全形势与战略思考”。年内，9位校内专家为师生作专题讲座，分别是：4月19日，财经系副主任刘健桂的“中小微企业的生存法则”；4月24日，中文系副教授覃伟林的“《解读〈老子〉——向〈老子〉学习做人的智慧》”；4月26日，财经系副教授韦忠恩的“网络侵权的特点与维权方式”；5月22日，外语系教师卢良海的“功能目的论在公示语翻译中的指导作用与实例分析”；9月14日，教育与心理科学系主任余少华副教授的“幼儿教师的心理健康”；10月16日，中文系副教授李小东的“让你的竞聘演讲精彩感人”；10月23日，公管系教授李乐军的“钓鱼岛危机与中国的和平发展”；10月24日，外语系教授吴文亮的“如何成为一名合格的少儿教师”；11月13日，财经系副教授韦忠恩的“高职高专如何打造就业竞争的‘差别优势’”。

科普活动 3月11日，学校心理健康教育与研究中心、化生系在学校团队素质拓能训练基地开展心理素质训练活动，项目有攀岩、森林探险、跨越“断桥”等。3月14日，学校学工处在学校举行2012年“学生资助宣传月”活动启动仪式，学校学工处副处长、学生资助管理中心主任李乃干对大学生资助政策进行讲解。3月20日，柳州市红十字会副会长覃国际应邀到学校开展急救知识培训。4月13日，在学校举办主题为“资助政策，助我成才”的学生资助知识竞赛。6月5日，学校办公室组织全校各行政部门、各教学系的兼职档案管理员共30多人开展档案业务知识培训。6月12日，在学校举办首期社会管理工作培训班，学校各党总支部书记(副书记)、直属党支部书记参加培训。10月30日，学校中文系党总支书记覃伟林副教授应邀在翠柳湖大讲堂作主题为“人品至上，请让您的人品熠熠生辉”的讲座。11月6日，学校财经系副教授程艳在南校区作主题为“大学生专业学习与职业资格证书考试的衔接”的讲座。11月27日，举办学习宣传贯彻党的十八大精神培训班开班仪式，学校中层正、副职领导干部，各党总支部书记、副书记、支委委员等共200人参加，学校党委书记蓝凡华出席并讲话，学校社科联副主席、社科部主任骆昭平教授和学校党委委员、副校长、学校社科联常务副主席卢祖送先后从不同的角度为学员解读党的十八大精神。11月29日，学校中文系青年志愿者在学校举行“舞动青春，飞扬红丝带”预防艾滋病知识宣传活动。12月4日，骆昭平在学校为学生作党的十八大精神宣讲报告。11月15日，学校化生系主任覃逸明教授在北校区为师生作题为“生态城市与生态城市规划”的讲座。12月18日，邀请自治区高校宣讲团成员、广西民族师范学院副院长韦日平教授到学校作党的十八大精神宣讲报告会。

年内，获得各类立项课题57项，其中广西教育厅各类研究项目7项，新世纪广西高等教育教学改革工程项目10项，来宾市教育科研课题14项，其他12项。会员主编或参编教材18部，发表论文380篇，其中发表在核心期刊50多篇，被SCI、EI、ISTP等索引收录4篇。

【桂林师范高等专科学校社会科学界联合会】 2012年末有个人会员300多人。内设机构1个(办公室)，工作人员2人。现任领导机构是第一届委员会，有委员18人。主席陈文开，秘书长谭勇民。

学术活动 4月23日，学校外语与旅游系与桂林导游公司在学校建立人才培训中心，开展旅游行业学术交流，并合办“漓江游船导游培训班”等项目。5月17日，邀请桂林旅游高等专科学校教授罗清德到学校作题为“关于教学成果奖申报的体会”的报告。5月31日，邀请桂林理工大学艺术学院副院长李君副教授在甲山校区作题为“音乐审美与心理健康”的讲座。6月21日，与桂林市法律志愿者组织在甲山校区联合举

4月23日，外语与旅游系挂牌暨漓江游船导游培训班在桂林举行。

（桂林师专社科联供稿）

办《劳动法》知识之“劳动争议与维权技能”专题讲座，广西劳动与社会保障专业委员会委员、广西明辨律师事务所律师、桂林市法律志愿者组织常务理事王荣主讲。

年内，教师共承接各级课题 59 项，其中省部级以上项目 34 项，市级项目 2 项，校级项目 23 项。出版著作 11 部，发表论文 340 篇。

【广西广播电视大学社会科学界联合会】 2012 年末有会员 722 人。内设机构 1 个（秘书处）。现任领导机构是第一届委员会，有委员 32 人，其中常务委员 6 人。主席崔践，秘书长时锦雯。

2012 年，承担各级各类人文社会科学研究项目 20 项，校级项目 20 项。教师公开发表学术论文 102 篇，其中发表在核心期刊 16 篇。成果获广西第十二次社会科学优秀成果奖一等奖 1 项、三等奖 2 项，获 2012 年度广西高等教育教学成果奖一等奖 1 项、二等奖 1 项。

【广西教育学院社会科学界联合会】 2012 年末有会员 340 多人。现任领导机构是第二届委员会，有委员 22 人，其中常务委员 5 人。主席唐晓萍，秘书长韦吉锋。

学术活动　2012 年，举办学术报告会 7 次，主要有：2 月 28 日，《中国人文社会科学学报》学会原理事长、《北京大学学报》（哲学社会科学版）原主编龙协涛教授的“如何办好特色栏目，以提高期刊影响力”；4 月 24 日，文艺评论家张燕玲的“回到经典”，300 余人参加；4 月 27 日，自治区文联主席、广西桂学研究会会长潘琦的“加强桂学研究，助推文化强桂”，800 多人参加；5 月 21 日，桂林电子科技大学教授刘绍忠的“语用翻译、论文写作文化观”；云南文山师范学院教授孟照彬的“中国基本教学评价方式变革”；10 月 25 日，学院党委书记、广西桂学研究会特聘研究员陈洛教授的“桂学研究的价值分析”，730 多人参加；11 月 1 日，苏州大学朱栋霖教授的“莫言和诺贝尔文学奖的意义”，200 多人参加；11 月 11 日，自治区人民检察院副检察长曾学愚的“法制与法治”，等等。

科普活动　3 月 8 日，在广西残疾人康复研究中心举行“广西教育学院特殊教育实训基地”揭牌仪式。3 月 15 日，在北校区开展“3.15 消费者权益日”法律宣传咨询活动，通过展出展板、接受法律咨询等方式，向师生宣传消费知识和法律知识。3 月 30 日，在学院举行学院教育技术研究所揭牌仪式暨 2012 年研究所工作会议。6 月 26 日，在学院举行广西未成年人心理健康辅导中心成立揭牌仪式。

年内，获得立项的省部级以上课题 8 项，厅级课题 22 项，院级课题 56 项。学院教职工出版各类书籍 55 部，其中专著 11 部，教辅教材 12 部，其他 32 部；发表论文 253 篇，其中发表在中文核心期刊 58 篇，EI 检索系统收录 4 篇。成果获广西第十二次社会科学优秀成果奖 5 项，其中二等奖 2 项、

9月15日，南宁经济技术开发区首届“圆梦大学行动”开学典礼在南宁举行。

（广西广播电视大学社科联供稿）

10月25日，"桂学讲坛"学术报告会在广西教育学院举行。

（广西教育学院社科联供稿）

济法学会领导、理事成员以及广西知名法学专家学者和代表共100多人参加。

科普活动 10月30日，在学院举办2012年广西社会科学普及十月大行动之"学习党的十七届六中全会和自治区第十次党代会精神"十家谈之一"吹响中华文化复兴和广西民族文化强区的号角"主题讲座，学院经济法研究所的全体会员和学院190多名师生参加。11月2日，在学院举办主题为"提升法律素养 增强维权能力"的讲座，学院社科部部分教师和学生共300多人参加。

年内，承接国家社科基金项目2项，国家语委"十二五"科研规划2012年度委托项目子项目1项，广西重大项目研究招标项目2项，广西自然科学基金项目1项，2012年新世纪广西高等教育教改工程项目9项，广西教育厅科研项目、广西教育科学"十二五"规划2012年度专项立项课题、广西教育厅思政课题、广西教育厅"广西高校优秀人才资助计划"资助人选项目等科研项目33项，共获科研经费资助总额100.9万元；院级课题13项，资助经费5.1万元。教师出版专著（编著）9部，主编教材7部；发表论文468篇，其中发表在核心期刊119篇，EI、SCI、ISTP等索引收录33篇。成果获广西第十二次社会科学优秀成果奖一等奖1项、二等奖5项、三等奖4项。年内，会员参加省级以上学术会议8次。

三等奖3项。年内，学院学报被广西新闻出版局授予2010~2011年度广西期刊提名奖。

【广西经济管理干部学院社会科学界联合会】 2012年末有团体会员28个。内设机构1个（办公室），工作人员5人。现任领导机构是第一届委员会，有委员27人，其中常务委员8人。主席韦茂繁，秘书长陈湘桂。

学术活动 2012年，共举办各种学术活动5次，共2000多人（次）参加。1月12日，广西科学社会主义学会在学院召开理论研讨会暨年会，广西科学社会主义学会会长、学院院长郑作广教授主持，广西科学社会主义学会副会长、自治区党校教授张月泉作题为"关于文化自觉与建设社会主义文化强国的几点思考"的专题报告。5月22日，召开广西经济管理干部学院第二届学术委员会第八次全体会议，对学院2012年度科研项目立项进行评审，13个项目获得立项，其中一般项目6项，青年项目7项。11月17日，在南宁主办"学校对接社会最后一公里"研讨与交流会，驻邕30多所高校的教务处负责人以及工商管理学院（系）的负责人参加。11月28日，邀请自治区文联主席、广西桂学研究学会会长潘琦研究员到学院"滨湖"论坛作题为"提高文化自觉，加强桂学研究，助推文化强桂"的学术报告，学院党委书记韦茂繁主持，900多名师生参加。12月15日，广西经济法学会2012年学术年会暨广西第八次经济法理论研讨会在学院召开，主题为"中国生态文明建设与中国经济法"，广西经

【广西政法管理干部学院社会科学界联合会】 2012年末有会员156人（其中具有高级专业技术职务资格53

11月28日，聘任潘琦为客座教授仪式暨"桂学"专题学术报告会在南宁举行。

（广西经济管理干部学院社科联供稿）

6月10日，北京大学博士生导师蒋大兴教授在南宁作学术报告会。

（广西政法管理干部学院社科联供稿）

人）。现任领导机构是第一届委员会，有委员 16 人，其中常务委员 7 人。主席韦军，秘书长欧锦雄。

2012 年，学院的专家学者为师生作系列学术讲座，反映良好。10 多位老师参加自治区级以上学术会议。承担省部级课题 2 项，自治区教育厅教改项目 15 项。会员出版专著和教材 7 部，发表论文 130 多篇。11 项成果获奖，其中省部级奖 4 项。

【南宁职业技术学院社会科学界联合会】 2012 年末有团体会员 11 个，个人会员 95 人。内设机构 1 个（秘书处），工作人员 3 人。现任领导机构是第一届委员会，有委员 22 人，其中常务委员 6 人。主席朱朝霞，秘书长唐锡海。

2012 年，获得各级各类立项课题 79 项，完成课题 70 项。会员出版著作 2 部，发表论文 420 篇，其中发表在核心期刊 56 篇。年内，获广西第十二次社会科学优秀成果奖三等奖 1 项，广西高等教育自治区级教学成果奖 11 项，广西职业教育教学优秀论文奖 40 篇。

2月27日，南宁职业技术学院“人文素质与论文写作”学术讲座在南宁举行。

（南宁职业技术学院社科联供稿）

【柳州职业技术学院社会科学界联合会】 2012 年末有团体会员 4 个（心理学会、语言学会、邓小平理论研究会和职业教育研究会），个人会员 237 人。内设机构 1 个（办公室）。现任领导机构是第一届委员会，有委员 60 人，其中常务委员 20 人。主席朱伟才，秘书长谭界忠。

学术活动　一是举办学术报告会和讲座。2012 年，学院博雅·六艺讲坛共邀请 6 位专家作学术讲座：5 月 4 日，学院党委书记朱伟才教授的“漫谈科举制度”，170 余名学生参加；5 月 11 日，学院副院长杨毅教授的“从德国制造看德国的教育与文化”，170 余名学生参加；5 月 18 日，柳州市教育局党委书记殷茁雄的“创新人才植根于科学与人文相融的沃土”，170 余名学生参加；6 月 8 日，柳州市人大常委会委员、人大教科文卫委员会主任委员吴丹的“文学艺术的魅力”，200 多人参加；10 月 26 日，学院副院长杨毅教授的“从德国制造看德国的教育与文化”，150 多名师生参加；11 月 30 日，院长石令明教授的“走进服装面料，探寻美丽密码”，150 多名学生参加。年内，应邀请到学院作学术讲座的还有：5 月 11 日，柳州市科技局知识产权科科长刘俐为学院机电工程系、电子信息工程系、汽车工程系以及环境与食品工程系等的教职工作题为“培育高校知识产权文化”的讲座；10 月 16 日，柳州市纪委副书记韦冠武的“认真履行职责，自觉筑牢党纪国法两道防线”专题讲座。二是进行学术交流。全年接待国内外 20 多个考察团共 200 多人到学院进行考察交流。如 4 月 27 日，北京信息职业技术学院通用能力发展中心领导和教师一行 7 人来到学院有关部门就公共课程建设和素质教育工作等问题进行交流探讨；12 月 17 日，德国柏林职业教育集团执行主席 Siegfried vogelsangi（福格臧）先生、董事长闫俊女士与柳州市人力资源与社会保障局刘洪涛副局长等一行到学院参观机电、汽车实训基地，等等。

科普活动　4月20日，与柳州市物流企业联合召开禁毒知识教育会议暨物流教学成果展示会。柳州市现代服务业管理局局长赵新嘉，柳州市禁毒办副主任朱江、黎剑平，柳州市道路运输行业协会会长韦黎明及部分柳州市物流企业代表，学院党委副书记阳旭，财经与物流管理系领导和物流管理专业教学团队教师参加。4月22日，在学院举办“绿色，健康生活”环保宣传活动，广西科技大学（筹）环境保护协会学生代表团、学院各系学生代表及青年志愿者代表共400余人参加，柳州市环保局副局长龚继冬、学院党委副书记阳旭出席开幕式。4月28日，由柳州市安全生产监督管理局、卫生局、人力资源和社会保障局、总工会等单位联合开展的《职业病防治法》宣传周启动仪式在学院举行，柳州市卫生局副局长郑琼泽、学院党委副书记阳旭出席。5月14日，以“心怀感恩，健康成长”为主题的柳州职业技术学院第九届“5.25”大学生心理健康教育宣传月系列活动启动，学院党委副书记阳旭、各系党总支书记及有关部门领导以及心理健康教育教学团队骨干教师、各系辅导员及学生代表出席启动仪式。12月4日，与柳州市鱼峰区司法局在学院共同举办柳州市首届“法治文化节”暨鱼峰区“法律进学校”活动启动仪式，160多学生参加，学院党委副书记阳旭，鱼峰区司法局局长秦建红、副局长韦海水以及鱼峰区各司法所所长出席，广西鱼峰律师事务所律师谭德智作法律专题讲座。12月7日，广西高校党的十八大精神宣讲团成员、广西师范大学马克思主义学院党委书记林春逸教授到学院作党的十八大精神专题宣讲报告，学院全体中层干部、副高以上职称教职工以及民主党派代表、学生代表共200人参加，学院领导朱伟才、石令明出席。

科研工作与成果　2月27日，在学院召开校企合作项目——广西首批服务业标准化试点融水雨卜度假村《融水雨卜民族风情旅游服务业技术标准》项目座谈会。3月31日，在融水与融水县政府举行战略合作框架协议签字仪式，学院院长石令明、副院长林若森，融水县长韦宏，副县长陆燕云以及融水县旅游局、民族局、文体局、科技局、经贸局、教育局、广电局等相关部门领导出席。4月26日，在岑溪市举行与岑溪市中等职业技术学校“2+3”中、高职教育合作办学签字仪式。10月8日，召开学院党建工作研究专项课题专家评审会，学院党委书记朱伟才主持。年内，承担的新世纪广西高等教育教学改革工程2011年重大项目《基于企业需求的高职校企合作理论研究与实践探索》鉴定为优秀。石令明担任负责人的《广西大学生创业教育研究与实践探索》等5个广西教育科学规划课题结题。13个项目获得2012年广西高等教育教学成果奖。1项成果获第四届广西社会科学界学术年会论文三等奖。副院长熊文华教授被评为柳州市“十佳哲学社会科学工作者”。

【广西国际商务职业技术学院社会科学界联合会】
2012年末有会员340人（其中具有高级专业技术职务资格106人）。设内部机构1个（秘书处），工作人员2人。现任领导机构是第二届委员会，有委员21人，其中常务委员8人。主席陆耀新，秘书长李永红。

学术活动　2012年，共举办各种学术活动20多场（次）。一是举办学术研讨会，如3月25日，承办第一届广西职业教育校企合作论坛；9月26日，在学院举办“中国报关协会专业教学研讨会”；10月12日，在学院召开“2012年中国对外经济贸易会计学会中南区理论研讨会”，中国对外经济贸易会计学会会长李凤亭等专家、代表共20多人参加；10月17日，在学院召开“海峡两岸高校信息能力建设提升研讨会”；3月至12月，举办多次“学术沙龙”系列学术研讨活动，就职业教育发展、校企合作、外商投资、国际服务贸易等主题进行交流和探讨，等等。二是举办学术报告会或讲座，如2月21日，自治区人力资源和社会保障厅副厅长刘建宏的“广西事业单位人事制度与绩效工资改革”；4月17日，自治区商务厅副厅长曹坤华的“国内外经贸形势”；6月，学院党委书记陆耀新的“校园文化建设系列专题讲座”（共5场）；5月15日，广西博览事务局处长覃维炳的“中国—东盟自由贸易区与广西发展新机遇”；12月17日，自治区商务厅处长朱垒的“广西与东盟各国重点领域的开放合作”；12月10日，共青团广西区委副书记刘玄启的学习党的十八大精神宣讲报告，等等。三是进行学术交流。全年共接待11个国内外学习考察团到学院进行学术交流，如3月27日，泰国春蓬府教育代表团一行10人到学院访问；5月23日，玉林师范学院副书记梁伟江一行45人到学院就大学生创新创业工作进行交流；9月22日，越南教育部副部长阮荣显率越南教育代表团到学院交流洽谈；11月3日，马来西亚国民大学代表到学院访问；11月23日，泰国川登喜皇家大学华欣分校校长苏拉蓬到学院访问，等等。

年内，共获厅级以上立项项目21项，其中自治区2012年新世纪广西高等教育教改工程项目12项，自治区教育厅科学规划办课题2项，自治区教育厅科研项目4项、重点课题1项，自治区高校高工委项目1项，自治区社科联课题1项。会员出版著作11部，发表论文256篇，其中发表在核心期刊23篇，EI收录论文1篇。

学术团体

（以成立时间为序）

【广西历史学会】 2012年末有团体会员10个，个人会员570人（其中具有高级专业技术职务资格340人，中级230人）。现任领导机构是第十一届理事会，有理事49人，其中常务理事27人。常务副会长黄铮，秘书长冼少华。

5月9～10日，在崇左市龙州县与广西社会科学院，龙州县委、县政府共同主办"龙州与近代广西"学术研讨会暨陆荣廷旧居陈列馆开馆仪式、庄蕴宽纪念碑的揭幕仪式和《国士无双庄蕴宽传》的首发式，来自中国社会科学院和广西史学界的50多名专家学者出席，收到论文30余篇。与会者就龙州在近代广西历史中的地位与作用等问题进行交流与研讨，并就龙州如何挖掘、利用好近代历史文化名人资源、打造边关历史文化名城，推进历史人文资源与龙州文化旅游的融合，促进龙州经济社会的发展提出建议。12月22日，与西林县委宣传部、百色学院、百色起义纪念馆等单位联合承办由西林县委、县政府主办的"中国·广西岑氏'一门三总督'学术研讨会"，来自北京、广东、浙江、云南、贵州、四川等地及广西区内的70多名专家学者出席，收到论文49篇。与会者从不同角度对岑毓英、岑毓宝、岑春煊"一门三总督"在近代中国历史上的地位与作用，对中国政治、经济、文化的影响和贡献，特别是岑氏办学兴教所作的贡献等进行交流与研讨。

5月9日，龙州与近代广西学术研讨会在龙州召开。

（广西历史学会供稿）

【广西哲学学会】 2012年末有团体会员4个，个人会员148个，其中具有高级专业技术职务资格102人。现任领导机构是第五届理事会，有理事10人，其中常务理事11人。会长吕余生，秘书长曾家华。

学术活动 年内，学会主办的学术活动主要有：3月24日，在南宁主办"当代中国马克思主义哲学的创新发展与实践"理论研讨会，代表有来自党政机关、高校、党校、科研院所、企业的领导和专家120多人；12月15日，与广西社会科学院、广西中国特色社会主义理论体系研究会在南宁联合举办"学习党的十八大精神——中国特色社会主义的理论与实践"研讨会，出席会议的有来自党政机关、高校、党校、科研院所、企业领导和专家约100人。会后由广西哲学学会具体组织编写了论文集。年内，学会参与的学术活动主要有：4月17日，派员参加由中宣部思想政治研究会、自治区宣传部在南宁主办的"党的十六以来党的思想政治工作创新"研讨会；6月15日，组织部分会员参加中国社会科学院在山西太原主办的全国社科院系统中国特色社会主义理论体系研究中心第十七届年会暨"文化建设与中国发展道路"理论研讨会；7月12日，派员参加由自治区党委宣传部、自治区文化厅、自治区社科院在南宁联合举办的"广西精神与广西跨越发展"理论研讨会；10月15日，会长吕余生研究员带领部分会员参加由百色市政府、百色学院主办的革命老区发展论坛，提交论文"教育是振兴革命老区经济的力量之源"；11月5日，派员参加由中国社会科学院和广西师范学院在南宁主办的西南片区经济发展论坛；12月7日，派员参加由中国辩证唯物主义研究会、中央党校哲学教研部、中国社会科学院哲学研究所、深圳市委党校、北京大学哲学系等单位在深圳联合主办的"马克思主义哲学与中国特色社会主义道路"理论研讨会，入选论文2篇。

科研成果 年内，会员主持、承担国家社科资金课题《中国特色社会主义理论体系的风险应对思想研究》、《中国特色社会主义理论体系实践特色研究》、《中越两国廉政建设比较研究》等8项课题研究；主持自治区党委宣传部委托课题《泛北部湾文化合作与北部湾经济区文化强区建设研究》、《党的创新理论与广西的

实践》、《新时期加强党的思想政治建设研究》3项课题研究；主持《广西建筑施工企业实施建筑意外伤害保险制度研究报告》、《广西北部湾经济区一体化发展政策研究报告》、《广西城乡文化一体化发展报告》、《加强广西大石山区贫困农村智力扶贫的对策研究》、《广西工业转型升级研究》、《广西精神的理论与实践研究》等30余项横向课题研究。除积极主持、参与课题研究外，会员积极撰写理论文章，年内在国内权威核心期刊和重要新闻报刊上公开发表论文50余篇理论文章。

3月24日，广西哲学学会第六次代表大会暨“当代中国马克思主义哲学的创新发展与实践”研讨会在南宁举行。

（广西哲学学会供稿）

【广西中共党史学会】 2012年末有团体会员15个，个人会员698人(其中具有高级专业技术职务资格91人，中级205人)。内设机构1个(秘书处)，工作人员1人。现任领导机构是第六届理事会，有理事73人，其中常务理事42人。会长陈平，秘书长向济萍。

科普活动　一是协助中央电视台、自治区党委宣传部、自治区党史研究室联合摄制电视文献专题片《壮乡和歌》。二是协助做好中组部党建读物出版社，中国人民革命军事博物馆，自治区党委组织部、宣传部，自治区党史研究室联合主办的《万水千山——走进长征路》大型摄影展在南宁的巡展工作。三是组织专家撰写的《旗帜——中国共产党在广西历史知识读本》被自治区党委宣传部、自治区高校工委作为广西高校学生地方党史知识读本。四是派出专家在广西电视台《广西历史文化大讲堂》主讲《广西壮族自治区成立始末》、《邓小平在广西》、《雷家三杰》、《雷沛鸿》、《长征中的桂籍将士》等党史专题。五是组织专家到5个广西区直机关宣讲5场广西地方党史报告会。

科研工作与成果　年内，协助自治区党委政策研究室撰写资政报告《关于充分利用我区党史教育基地(革命遗址)加强对党员干部进行党性教育的建议》，获自治区党委书记彭清华批示。参与撰写广西民族团结进步事业发展的专题报告——《不断推进民族团结进步事业——关于建设民族团结进步模范区的思考》。会员在国家级、省级核心期刊发表《转型时期农村党组织的功能转换困境及对策》、《广西构建民族文化强区的历史考察及当代启示》、《中国共产党与新时期广西文化发展》、《党的民族团结政策在广西的光辉实践的典范意义》等7篇论文。协助自治区党史研究室推荐一批优秀科研成果参加全国党史部门优秀党史科研成果评选活动，其中著作类3部，论文类5篇，影视音像制品1种。会员刘绍卫主持的《中国共产党在民族地区文化建设的历史考察与经验研究》课题获全国社科规划办批准立项，主持的国家级规划课题《关于中国共产党维护民族团结历史及经验》取得阶段性成果。会员庾新顺、梁宝渭、李伟宁等编辑出版的《广西抗战时期人口伤亡和财产损失》一书获广西第十二次社会科学优秀成果奖三等奖。组织会员参加中央党史研究室举办的“党史文化论坛”，报送论文16篇，有6篇论文入选，其中两人应邀参加在杭州举行的研讨会。

人才培训　10月，协助自治区党史研究室举办2012年广西党史干部培训班，59人参加，学会2名专家授课。年内，18人参加中央党史研究室举办的两期学习班。

年内，协办《传承》杂志24期，协助编辑印发《党史工作情况交流》6期共4000多份；协助做好广西党史网站建设。

【广西经济学会】 2012年末有团体会员3个，个人会员179人(其中具有高级专业技术职务资格57人)，工作人员5人。现任领导机构是第四届理事会，有理事15人，其中常务理事9人。会长詹宏松，秘书长蒋小勇。

科研成果　2012年，会员主持或参加完成课题研究20项，研究报告20项，累计完成各类科研成果120余万字。主要成果有：《彰显特色优势，推动科学发展——广西县域经济发展调研报告》、《广西县域经济发展问题研究》、《进一步推进广西县域经济发展的意见》(代拟稿)、《加快广西海洋渔业发展》、《挺进海洋，拓展空间，促进广西海洋渔业新跨越——关于加快广西海洋渔业发展的调研报告》、《加快海洋经济发展的决定》(代拟稿)、《关于提高人民收入和人均GDP赶上与全国2020年同步进入全面小康社会研究》、《建设柳州次中心城市战略问题研究》、《关于加快西江经济带发展，进一步推动广西赶超跨越的对策建议》、《宜州市发展战略研究》、《加快构建广西现代产业体系》、《广西资源型工业发展研究》、《我国沿海地区与北部湾经济区开放开发比较分析与对策研究》、《广西工业转型升级研究》、《人的发展经济学研究对象及其内容》，等等。其中，参与完成的《广西县域经济发展调研报告》

和《关于加快西江经济带发展 进一步推动广西赶超跨越的对策建议》、《关于加快广西海洋渔业发展的调研报告》受到自治区领导批示。1 项成果(《加快推进广西工业化战略新思路》)获广西第十二次社会科学优秀成果奖一等奖。年内,会员发表论文 16 篇。

年内,参加中国—东盟智库论坛·2012、桂台经贸论坛研讨活动、2012 年经济发展形势分析预测的研讨会、人的发展经济学研讨会、隋唐思想与信仰学术研讨会、第四届深圳学术年会(2012)主题研讨会暨广东智库联盟论坛,等等。此外,学会成员还以"十八大后的经济政策思考"为题参加广西民建区委第九期建华课堂。

【广西图书馆学会】 2012 年末有团体会员 76 个。设内部机构 2 个(秘书处、《图书馆界》编辑部)。现任领导机构是第九届理事会,有理事 81 人,其中常务理事 21 人。理事长徐欣禄,秘书长贾莹。

12 月 3 日,在南宁召开"2012 年广西图书馆学会第九次会员代表大会",来自广西公共图书馆、高校图书馆、科研单位资料室的 103 名业务骨干参加。理事长徐欣禄作《广西图书馆学会第八届理事会工作报告(审议稿)》,大会对《广西图书馆学会第八届理事会工作报告(审议稿)》进行表决,通过各项议程,选出新一届理事 81 名。同日,召开"广西图书馆学会九届一次理事会议",64 位新一届理事参加,选出常务理事 21 名,理事长 1 名,副理事长 4 名,秘书长 1 名,副秘书长 2 名,通过广西图书馆学会第九届工作委员会及《图书馆界》编辑委员会候选人名单、《广西图书馆学会会员会费标准及管理办法》。

学术活动 7 月 11~14 日,组织广西各县图书馆相关人员参加由中国图书馆学会在陕西省西安市神木县举办的"第四届百县馆长论坛",提交案例 9 个。其中,兴安县图书馆提交的《志愿者为图书馆免费开放服务》案例获三等奖,灵川县图书馆提交的《内外兼修 提升公共图书馆服务效益》获优秀奖。学会获"优秀组织奖"。10 月 17~18 日,与四川省、吉林省、江苏省、河北省图书馆学会联合主办的"川桂吉苏冀五省(区)图书馆学会第十三届学术研讨会"在江苏省常州市江苏技术师范学院举行。收到 417 篇会议征文,学会推荐的论文获一、二、三等奖各 7 篇。秘书长秦小燕、秘书董惠霖以及来自广西部分公共图书馆和高校图书馆的 19 名代表参加。12 月 3~6 日,广西图书馆学会 2012 年年会暨第 30 次科学讨论会在南宁召开,主题是"文化强国:图书馆的责任和使命"。来自广西各系统图书馆的 180 多名代表参加。收到论文 65 篇,评出正式论文 51 篇,交流论文 11 篇。广西民族古籍整理办公室主任欧薇薇作题为"广西少数民族古籍概况——兼论民族古籍界定和保护"的讲座,广西图书馆副馆长秦小燕、广西大学图书馆采访部主任莫霄分别作题为"2012 年中国图书馆年会亮点追踪"和"资源为王:复合图书馆资源建设的几点思考"的报告。

12月3日,广西图书馆学会第九次会员代表大会在南宁召开。 (广西图书馆学会供稿)

【广西教育学会】 2012 年末有团体会员 172 个(其中市级学会 14 个,会员学校 158 个),专业委员会 30 个。内设机构 2 个(秘书处、基础教育研究杂志社),工作人员 16 人。现任领导机构是第五届理事会。会长余益中,秘书长朱家安(代)。

2012 年 4 月,举办广西德育工作征文活动,收到征文 4000 多篇,评出获奖征文并予以表彰。7 月,承办广西中等职业学校骨干教师教育科研能力自治区级培训活动,北海市中等职业学校骨干教师 100 多人参加培训。9 月,组织 90 多位教师到大连瓦房店市,参加由中国伦理学会中华民族传统美德教育专业委员会举办的"中华民族传统美德创新模式教育研讨会",20 多位教师参加传统美德教育说课比赛,其中 15 位教师分获特等奖和一等奖。9 月,与自治区社科联等单位联合举办"广西未成年人素质教育与实践理论"征文活动。10 月,在桂林召开学刊工作研讨会,总结 2011~2012 年度杂志社工作,提出 2013 年工作设想。11 月,举办 2012 年

"名师大课堂"暨小学校本教研研讨活动在南宁举行。 (广西教育学会供稿)

秋季“名师大课堂”之初中课标修订背景下全国名师教学经典暨高效课堂建设活动。来自广西的初中语文、数学教师以及教研员共600多人参加。

年内，编辑出版《基础教育研究》24期，刊发文章710篇，共300千字。学会网站总计有38万人(次)登录浏览。

【广西语言文学学会】 2012年末有个人会员270人(其中具有高级专业技术职务资格160人，中级98人)。现任领导机构是第五届理事会，有理事34人，其中常务理事15人。会长梁扬，副会长兼秘书长杨东甫。

2012年，副会长胡大雷主持的国家社科基金重大项目《桂学研究》获得立项。杨东甫被自治区政府聘任为广西文史研究馆馆员，参与高层次文史研究工作和参政议政，担任编委和主要撰稿人的国家文化工程《中国地域文化通览》中的《广西卷》(全书由国务院参事室、中央文史馆主持编撰，广西卷由自治区副主席李康任编委会主任)完成交中华书局出版。组织会员参加广西第十二次社会科学优秀成果奖评选，梁扬的《嶺西五家詞校注》、杨东甫的《中国古代茶学全书》获著作类三等奖，副会长李建平的《从桂林抗战文学研究看史料发掘和思路拓展》、副会长胡大雷的《论中古时期文体命名与文体释名》获论文类二等奖，理事孙建元的《朝鲜李氏王朝时期转写汉字音中“正音”韵母音值的推定方》、理事杨宁宁的《论茶马古道的文化内涵》获论文类三等奖。年内，会员出版著作4部，发表论文80余篇。

【广西农村金融学会】 2012年末有团体会员19个。设内部机构1个(秘书处)，工作人员4人。现任领导机构是第八届理事会，有理事55人，其中常务理事8人。会长廖家旺，秘书长黄金强。

学术活动 10月19日，在桂林阳朔举办“2012年度重点课题评比交流会”，农行广西区分行领导、机关部室负责人，各二级分行、直管支行行长参加。收到调研报告28篇，内容涉及农行业务经营转型、基础管理提升、经营风险防控等问题，评出一等奖1篇、二等奖2篇、三等奖3篇。11月29~30日，在南宁召开“2012年度广西农村金融学会课题研讨会”，广西各地市农行办公室主任与会，收到论文63篇，内容涉及重点城市农行战略发展、优化业务产品结构、执行力建设、农户小额贷款风险防控等方面，评出特等奖1篇、一等奖2篇、二等奖3篇、三等奖4篇、优秀奖10篇。10月，与农行广西分行办公室联合举办“信息写作宣传培训班”，150余人参加，农业银行总行战略规划管理部宏观经济金融研究处处长、广西党建研究会特邀研究员、自治区直机关文明办主任、广西日报摄影部主任和广西作家协会会员、南国早报新闻中心主任等专家授课。

科研成果 年内，会员撰写的《广西分行关于走资本约束及资本节约型发展的调研报告》和《农村金融产品和服务创新相关问题研究》分别获中国农村金融学会和广西金融学会课题评比三等奖。向农业银行总行报送的关于广西分行支持推动田东县农村金融综合改革试点工作的信息稿件《抓好六个关键领域巩固提升主流银行地位》、《盘活“梅雁系”水电项目不良贷款的做法与启示》等2篇被《农业银行参阅件》刊用。

11月29~30日，广西农村金融学会2012年度课题研讨会在南宁召开。（广西农村金融学会供稿）

【广西会计学会】 2012年末有团体会员31个，个人会员205人(其中具有高级专业技术职务资格的800多人，中级2万多人)。设内部机构1个(秘书处)，工作人员4人。现任领导机构是第七届理事会，有理事117名，其中常务理事35名。会长李崇玉，秘书长宁旭初。

1月6日，在南宁召开2012年迎春茶话会，广西会计学会第七届理事会成员，自治区直各行业会计学会会长、秘书长，“十百千”部分学员代表等160多人参加。自治区财政厅总会计师范世祥出席并讲话。

学术活动 3月29日，召开七届二次常务理事会会议，审议通过2011年工作报告及各项提议，对学会工作进行探讨。12月1日，在南宁召开“广西会计学会2012年学术年会”，范世祥、广西财经学院院长席鸿建、财政部会计资格评价中心副主任朱海林、李崇玉、中国会计学会副秘书长许育红等120位财会领域的理论和实务工作者出席，收到论文138篇，评选出优秀论文一等奖2篇、二等奖3篇、三等奖5篇、优秀奖27篇，朱海林作题为“会计改革与会计人才建设”的报告，9位论文获奖者发言。

人才培养 5月11日，在南宁举办“申报高级会计师人员培训班”，内容包括高级会计师申报要求及业务自传写作、论文写作和考题分析等，自治区财政厅有关专家讲授，143人参加。6月，在江西九江举办3期“企

业、行政事业单位财会负责人及财会骨干”培训班，培训内容包括企业会计准则制定背景及报表准则系列、企业所得税政策解读等，江西财经大学教授讲授，广西企事业单位的400多名财务人员参加，

年内，编印《广西财务与会计》6期，刊发文章100多篇。

12月1日，广西会计学会2012年学术年会在南宁召开。（广西会计学会供稿）

【广西财政学会】 2012年末有团体会员15个，个人会员300多人（其中具有高级专业技术职务资格37人）。内设机构1个（秘书处），工作人员7人。现任领导机构是第六届理事会，有理事15人，其中常务理事29人。会长莫望云，秘书长刘家凯。

11月14日，在南宁召开学会六届五次常务理事会，自治区财政厅总会计师范世祥主持，莫望云介绍了2010~2012年广西财政学会组织开展课题调研、学术交流及书籍出版等工作情况。会议选举自治区财政厅政策研究室主任刘进担任学会常务副秘书长，主持学会全面工作；胡德期担任副秘书长，负责学会日常事务性工作。

年内，组织开展2011年广西财政系统重点调研课题评审验收工作，共收到财政重点调研课题149篇，其中自治区财政厅78篇，各市、县财政局及高校71篇。评出自治区财政厅本级重点调研课题一等奖15篇、二等奖25篇、三等奖25篇；各市、县财政局及高校重点调研课题一等奖15篇、二等奖20篇、三等奖25篇。围绕财政管理与改革的重点、难点和热点问题，从推进广西“五个财政”建设需要角度，拟定40多个调研课题供各级财政系统参考，并根据各地和自治区财政厅申报情况制定并下达2012年广西财政系统重点调研课题计划。与自治区财政厅政策研究室共同编辑出版《经济研究参考·地方财经》12期。

【广西民族研究学会】 2012年末有团体会员4个，个人会员310人（其中具有高级专业技术职务资格190人，中级87人）。内设机构1个（秘书处），工作人员7人。设有民族历史文化、民族经济与旅游、民族文化遗产保护、民族建筑、民族文化产业、民族考古、民族影视、民族古籍等8个学术专项委员会，每个委员会设2至3名主任委员。现任领导机构是第五届理事会，有理事80人，其中常务理事25人。会长俸代瑜，秘书长黄仲盈。

1月，在南宁与广西壮学学会联合举办2012年新春茶话会。在邕两学会会长、副会长、秘书长、理事以及相关专家学者代表共30多人参加。7月，协助自治区民委联系和召集广西大学、广西师范大学、广西民族大学、自治区党校、广西社科院、广西民族问题研究中心、广西民族艺术研究院、广西壮学学会、广西瑶学会、广西侗学会、广西苗学会、广西彝学会、广西伊斯兰教协会、广西少数民族语文学会、广西壮族作家创作促进会、壮族在线网站等单位和社团的相关专家学者，承担和完成了“2012年民族问题和民族工作”的选题和委托调研工作。10月，协助自治区民委编辑和出版自治区民委调研成果集《广西民族工作和民族问题研究报告》。12月，与广西壮学学会相关负责人在邕与西南民族研究学会负责人等进行学术交流，决定2014年西南民族学会年会暨学术研讨会在南宁召开，并就广西承办的西南民族研究学会年会暨学术研讨会的有关事项交换意见。12月，学会会长、秘书长赴京与中国人口出版社相关负责人进行合作交流，并就国家出版基金项目少数民族知识丛书的瑶族、毛南族、仫佬族和水族卷的撰稿及出版事项达成相关协议。学会的相关专家学者承担该套丛书中的瑶族、毛南族、仫佬族和水族等书稿的撰写工作。12月，协助自治区民委组织相关专家学者对2012年广西民委系统157篇调研报告进行评审，评出一等奖8篇、二等奖16篇、三等奖24篇、优秀奖31篇。

年内，获立项的课题有：国家社科基金课题（包括西部项目）5项；国家民委民族问题研究重点项目1项、委托项目1项；厅级课题20多项。出版专著12部，发表论文85篇。成果获广西第十二次社会科学优秀成果奖著作类一等奖1项、二等奖1项、三等奖3项；研究报告类一等奖1项；论文类二等奖4项。获国家民委第二届民族文艺研究优秀成果奖著作类二等奖2项，论文类三等奖2项。

【广西金融学会】 2012年末有团体会员58个。内设机构2个（秘书处、编辑室），工作人员10人。现任领导机构是第六届理事会，有理事155人，其中常务理事52人。会长杨小平，秘书长黄盛文。

学术活动 一是举办学术年会和学术报告会。如邀请中国社会科学院金融研究所副所长殷剑峰研究员

到广西大学作题为“动荡时代的全球化与中国经济”的学术报告，400 人参加；召开 2012 年学术年会，中国人民银行总行研究局卜永祥博士应邀作题为“中国金融业发展与改革‘十二五’金融规划”的主题报告。二是加强对各团体会员学术活动的指导。如派人参加河池市、桂林市、柳州市、来宾市、贺州市等金融学会的学术活动并进行指导。三是加强与国内同行的交流与合作。如派员参加四川金融学会换届会议，并与对方进行学术交流；与青岛金融学会就“金融支持中国—东盟自贸区发展”的主题进行交流探讨，并共同到北部湾经济区管委会进行调研；与安徽省阜阳市金融学会就边境金融发展、人民币在东盟国家的使用问题到大新、靖西、防城港进行考察等。

课题管理　2012 年，继续开展重点课题研究工作，在向各会员单位征集研究课题选题的基础上，4 月 13 日，召开广西金融学会学术委员会会议，讨论、确定重点课题，并印发《广西金融学会 2012 年度重点研究课题指南》（桂金会〔2012〕5 号）。8 月 23~24 日，在武鸣县召开“广西金融学会 2012 年重点课题中期报告会”，广西金融学会学术委员会学术委员及 2012 年重点课题执笔人参加，各课题主笔人汇报课题研究进展情况，有关专家进行点评，广西金融学会副会长关守科作总结。11 月，组织学术委员对 2012 年广西金融学会重点研究课题进行评审，评出二等奖 10 项，三等奖 14 项。12 月，召开学术年会对获奖课题组进行表彰。年内，将 2011 年重点课题研究优秀项目辑成文集《区域经济金融研究》（2011 年）出版。

年内，利用会刊《区域金融研究》，组织开展“农村金融体制改革”征文活动，收到符合条件的稿件 119 篇，评选一等奖 2 篇、二等奖 8 篇，三等奖 16 篇。

【广西人才学会】 2012 年末有团体会员 94 个，个人会员 636 人（其中具有高级专业技术职务资格 315 人，中级 260 人）。内设机构 9 个，工作人员 20 人。现任领导机构是第五届理事会，有事理 82 人，其中常务理事 28 人。会长黄业恩，副会长兼秘书长黄民权。

3 月 14 日，在南宁召开学会常务理事会，研究确定 2012 年重点工作。6 月 23 日，在南宁与广西电子商务协会联合举办广西第七届商务秘书半决赛和总决赛。7 月 6 日，在南宁召开“广西科技干部、职称改革老工作者联谊会”，70 人参加，自治区老领导侯德彭、会长黄业恩出席并讲话。12 月 15 日，在南宁召开“广西人才学会成立 30 周年纪念会暨学术研讨会”，100 多人参加，自治区社科联党组书记、主席王士威，自治区科技厅副巡视员宋文学出席并讲话，会长黄业恩作题为“广西人才学会 30 年回顾与展望”的报告，与会者就人才强桂等问题进行交流与探讨。12 月，学会专家顾问中心在南宁组织专家为自治区财政厅农业开发办公室评审通过农业开发项目 120 项，其中自治区财政厅安排项目 40 项，上报国家财政部项目 80 项。

【广西新闻学会】 2012 年有团体会员单位 96 个，分会 4 个。内设机构 3 个（办公室、编辑部、外联部），工作人员 7 人。现任领导机构是第四届理事会，有理事 179 人，其中常务理事 45 人。会长李启瑞，秘书长黄祖江。

2012 年，召开座谈会 2 次，共 60 多人参加。举办新闻评选活动 5 次。3 月，与广西律师协会联合举办“2011 年度广西律师业法治好新闻”评选活动。评出一等奖 3 件、二等奖 8 件、三等奖 13 件。5 月，与自治区旅游局共同组织 2011 年度广西旅游好新闻评选活动，评出一等奖作品 3 件、二等奖作品 15 件、三等奖作品 30 件，并在自治区旅游局召开“2011 年度广西旅游好新闻”颁奖座谈会。6 月，与自治区国土资源厅联合组织开展 2011 年度国土资源好新闻评选活动，评出获奖作品 38 篇，其中一等奖 3 篇、二等奖 6 篇、三等奖 9 篇、优秀奖 20 篇。6 月 29 日，在南宁开展“走基层、转作风、改文风”优秀新闻作品和优秀新闻工作者评选活动，评选出优秀新闻作品一等奖 5 件、二等奖 10 件、三等奖 20 件；优秀专栏 8 件；优秀专题 8 件；优秀新闻工作者 10 名。11 月 7 日，为庆祝第 13 届中国记者节，在南宁召开广西新闻战线开展“走基层、转作风、改文风”活动表彰大会，自治区党委宣传部、广西新闻战线“三教办”、广西各市委宣传部、各新闻媒体、专业报刊、新闻网站的领导及“走转改”活动优秀编辑记者代表、优秀新闻作品作者代表参加，自治区党委宣传部常务副部长唐华出席并讲话，王万程等 3 人被评为全国新闻战线“走转改”活动优秀编辑记者。年内，组织评选 2011 年度广西新闻奖，来自自治区党委宣传部、自治区直主要新闻单位、高校新闻学院、主要专业报、新闻期刊、电台、电视台等单位的领导和专家学者共 90 人组

4月23日，2011年度广西新闻奖评选会在南宁举行。

（广西新闻学会供稿）

成6个评委会，采取集中、分类等形式评选，评选出获奖作品698件，其中一等奖105件、二等奖204件、三等奖389件。

年内，编辑出版《新闻潮》12期，刊发论文300多篇。

【广西科学社会主义学会】 2012年末有团体会员14个，个人会员70人（其中具有高级专业技术职务资格的39人，中级31人）。内设机构1个，兼职工作人员3人。现任领导机构是第3届理事会，有理事27人，其中常务理事12人。会长郑作广，秘书长甘毛文。

8月17日，在大新县与大新县委联合召开"建设文化强区暨建设'五个大新'促进广西经济社会科学发展理论研讨会"，105人参加。收到论文110篇，评出优秀论文88篇，组织工作先进单位7个。广西科学社会主义学会会长、广西经济管理干部学院院长、教授郑作广研究员致开幕辞并作题为"文明以止　化成天下——建设文化强国战略的几点思考"的讲座，广西科学社会主义学会副会长、自治区党校副校长唐秀玲，大新县委书记蓝晓，崇左市政协主席卢阳春分别致辞。广西经济管理干部学院社科部主任黄伟先、大新县委党校常务副校长农贵平、自治区党委党史研究室副主任蓝永信、大新县委宣传部副部长廖德峰分别作主题发言。年内，郑作广、唐秀玲作为自治区党委组织的十八大精神宣讲团成员，多次到自治区直机关及基层宣讲十八大精神，会员李金庆、瞿磊、张辉等也应邀到有关单位作宣讲报告。据不完全统计，学会领导及专家先后上辅导课50次，听众达4500多人。

年内，会员出版著作6部，发表论文202篇。

1月12日，广西科学社会主义学会理论研讨会暨年会在广西经济管理干部学院召开。

（广西科学社会主义学会供稿）

【广西华侨历史学会】 2012年末有团体会员2个，个人会员139人（其中具有高级专业技术职务资格的36人，中级29人）。内设机构1个（秘书处），兼职工作人员2人。现任领导机构是第三届理事会，有理事61人，其中常务理事22人。会长李冠华，秘书长谭中杰。

5月、6月、12月分别就会务活动的开展、换届事宜及《八桂侨刊》办刊工作召开在邕常务理事会。

12月，成立广西侨乡文化研究中心，学会常务理事郑一省教授任主任，学会顾问向大有、范宏贵，理事罗梅和苏妙英被聘为"特约研究员"。年内，为自治区侨联开展的"广西华侨百年公益历史回顾图片展"提供历史素材和资料；为学会的专家学者进行侨史课题的田野调查工作提供服务。会员出席自治区级以上学术研讨会7次并提交论文，其中国际学术研讨会3次，在福建省档案馆、福建华侨历史学会12月在福州举办的"中国侨批·历史记忆"国际研讨会上，会员郑一省教授作题为"广西容县侨汇庄的经营模式及网络初探"的发言，并且担任"跨国网络与区域比较"讨论小组的点评人。年内，会员承担课题3项，出版著作2部，发表论文10篇。

【广西劳动保障学会】 2012年末有团体会员50个。设内部机构1个（学会秘书处），专职工作人员2人。现任领导机构是第七届理事会，有理事74人，其中常务理事21人。会长陈天生，秘书长田代强。

3月至10月，组织开展以"新机遇　新挑战　实现广西人力资源和社会保障工作新跨越"为主题的征文活动，收到论文84篇，内容涉及就业、社会保险、工资分配收入、人才队伍建设、公务员管理等领域。4月，配合自治区劳动和社会保障厅工伤保险处在南宁市高新区举办新修订的《工伤保险条例》普法宣传活动，展出展板8块，发放宣传资料500余份。9月，举办《社会保险法》高级研修班，200余人参加。12月，在南宁召开第七届会员代表大会，审议通过学会第六届理事会工作报告和学会章程，同意将广西劳动保障学会更名为广西人力资源和社会保障学会，选举产生第七届理事会理事、常务理事和领导机构，陈天生当选为会长。

12月19日，广西劳动保障学会第七届会员代表大会在南宁召开。　　（广西劳动保障学会供稿）

【广西美学学会】 2012年末有团体会员8个，个人会员148人（其中具有高级专业技术职务资格110人，中级38人）。现任领导机构是第五届理事会，有理事17人，其中常务理事7人。会长袁鼎生，秘书长李启军。

10月25日，在广西民族大学与广西民族大学文学院联合主办"广西大学生生态美育学术研讨会"。30人参加，学会秘书长、广西民族大学文学院副院长李启军教授主持。与会者从生态美育的本质、意义、具体实施方法以及广西在实施大学生生态美育中的条件等问题进行探讨和交流。

年内，会员获省部级以上科研课题3项。出版学术著作5部，发表论文50余篇。成果获广西第十二次社会科学优秀成果奖一等奖1项，中国高校影视学会第七届"学会奖"一等奖1项。会员参加各类学术会议300余人（次）。

【广西高等教育学会】 2012年末有团体会员49个，比2011年增加2个；18个专业委员会。内设机构2个（秘书处、《高教论坛》编辑部）。现任领导机构是第五届理事会，有理事61人，其中常务理事19人。会长车芳仁，副会长兼秘书长曹方。

12月28~29日，由广西高等教育学会主办，广西民族大学承办，广西民族师范学院、《高教论坛》编辑部协办的"广西高等教育论坛暨2012年度广西高等教育学会年会"在广西民族大学举行。主题是"创新教育理念，提升高等教育质量"。广西高等教育学会副会长、秘书长、副秘书长、常务理事和全体理事，各专业委员会主要负责人，各会员高校教务处、高等教育研究所（室）主要负责人等代表共120多人参加。车芳仁研究员主持，广西民族大学校长谢尚果教授致辞，自治区高校工委副书记秦敬德出席并讲话，中国人民大学原校长纪宝成教授应邀出席。

【广西价格协会】 2012年末有团体会员113个，个人会员289人（其中具有高级专业技术职务资格的76人，中级120人）。内设机构1个（秘书处）。现任领导机构是第七届理事会，有理事101人，其中常务理事30人。会长程华兴，秘书长安继烈。

业务培训　年内，配合自治区物价局各业务处、分局承办广西基层物价局长业务培训、收费员培训、成本监审培训、价格认证培训等工作，先后在广西各地举办培训班23期，共1500人参加培训。协助完成中国价格协会组织的"2012年度价格鉴证师执业资格考试"、"资产评估精算与电子表格应用培训"工作。

科研工作与成果　一是编印《2011年广西价格课题论文汇编》，收入广西物价系统2011年完成的课题成果50篇。二是安排广西物价系统的课题调研任务。年初下达2012年广西价格课题调研计划，确定《泛北部湾区域合作中的价格服务体系构建》和《发挥价格工作职能，促进我区环保型经济的可持续发展》为2012年重点调研课题，组成重点价格课题领导小组和各课题组。年末，验收全年课题。三是按照《广西价格课题评奖奖励办法》的相关规定，开展广西2011年度优秀价格课题论文评选，评出一等奖2篇、二等奖8篇、三等奖15篇。年内，推荐成果参加多种奖项评选，获中国价格协会价格调研优秀成果奖4项；2012年度广西发展改革系统优秀研究成果奖特等奖1项、三等奖2项。

年内，电价分会获"全国价格协会系统先进单位"，苏然荣、刘江获"全国价格协会系统先进工作者"。

12月28日，广西物价局和广西价格协会领导到协会会员单位调研工作。　（广西价格协会供稿）

【广西统计学会】 2012年末有团体会员10个，分支机构6个，个人会员600人。现任领导机构是第七届理事会，有理事133人，其中常务理事39人。会长邱祖强，秘书长方春。

学术活动与科普　8月，召开"广西统计学会桂西北片区服务业统计工作研讨会"，30人参加，收到论文19篇（会后编印成册）。与会者围绕服务业统计工作方法的主题进行交流与探讨。年内，举办两期统计法规知识培训班，共300多名来自广西各市、县、乡镇的基层统计人员参加培训。做好《统计研究》和《调研世界》2013年度宣传征订工作。

科研工作　一是组织会员参加第十一届全国统计科研优秀成果奖评选、广西第十二次社会科学优秀成果奖评选、2012年度全国统计科研计划项目申报、国际统计学会第59届世界统计大会论文征集、第二届统计科普征文、第十四次全国中青年统计科学研讨会征文等活动。二是加强统计监测和经济运行分析。年内，各会员单位密切监测经济运行形势，开展统计分析和经济分析，及时提供统计信息和决策咨询服务，突出抓好统计监测，特别是加强对GDP、固定资产投资、社会消费品零售总额、城乡居民收入、节能降耗等主要重要指标的监测，抓好经济运行分析，编报《广西经济运行情况专报》13 期、《统计分析》55 期、《统计信息》53 期，一批统计分析报告得到自治区领导批示。三是组织开展《2011 年度广西信息化发展指数统计监测分析研究》、《基于"六普"人口数据的广西人口发展态势研究》等课题研究工作。

【广西律师协会】 2012 年末有团体会员单位 468 个(其中市级律师协会 14 个，合伙律师事务所 283 个、国资律师事务所 75 个、个人律师事务所 96 个)，个人会员 5041 人(其中专职律师 4254 人、兼职律师 210 人、公职律师 213 人、公司律师 46 人、法律援助律师 318 人)。秘书处下设党组办公室、行政办公室、会员部、培训部、业务部、宣传部等 6 个工作部门，工作人员 16 人。设 10 个专门委员会与 13 个专业委员会。现任领导机构是第八届理事会，有理事 68 人。会长黄志文，秘书长严丽萍。

工作会议　1 月 4~5 日，在南宁市召开广西壮族自治区第八次律师代表大会，204 名律师代表和 34 名特邀代表参加。自治区党委常委、政法委书记温卡华，自治区副主席梁胜利、中华全国律师协会副会长欧永良，自治区司法厅党委书记、厅长赵波，自治区政府副秘书长郭文强，自治区高级人民法院党组副书记、副院长黄列格，自治区检察院副检察长蒙永山、自治区社科联副主席汤竹庭，自治区公安厅、广西法学会、广西警察协会、广西法官协会、广西检察协会、自治区民间组织管理局等单位的负责人应邀出席。赵波主持开幕式并致开幕辞，欧永良代表全国律师协会致辞，温卡华在开幕式上讲话，242 名律师代表进行律师诚信执业宣誓。大会选举产生第八届理事会，并由第八届理事会选举产生新一届会长黄志文。3 月 2~3 日，在南宁召开第八届理事会第二次会议，61 名理事参加，自治区司法厅党委委员、副厅长，广西律师协会党组书记卫福喜出席并讲话。

学术活动与调研　年内，各专业委员会组织开展各类业务活动 28 次，600 多人(次)参加。比较有影响的有：广西律师协会、柳州市工商行政管理局、广西柳工机械股份有限公司在柳州联合主办，知识产权专业委员会承办的"广西企业商标注册、管理、运用、保护实务专题研讨会"；广西律师协会与广西贵港商会联合举办、劳动法专业委员会承办的"广西中小企业劳动用工法律专题讲座"；广西金融工作办公室主办，广西律师协会与广西北部湾股权托管交易所、广西中小企业网联合承办的"泛北部湾中小企业融资创新论坛"(为第九届中国—东盟博览会、中国—东盟商务与投资峰会之系列论坛之一)；行政法专业委员会与南宁市高新区管委会共同举办的"南宁高新区行政执法主体资格研讨会"；环境与资源法专业委员会在北海市召开的"北部湾红树林生态环境保护执法专题研讨会"(会议期间，广西律师协会与广西山口红树林国家级生态自然保护区管理处签订了《公益性法律服务合作协议书》，这是协会首次与自然保护区管理机关签订长期性的公益法律服务协议)；广西律师协会主办，东盟法律专业委员会、涉外专业委员会、公司业务委员会、钦州市律师协会联合承办的"中国—东盟涉外公司法律实务研讨会"等。6 月至 7 月，协会领导及 20 多名律师联合自治区司法厅律管干部多次赴中—马钦州产业园区、南宁市五象新区、柳州市柳东新区开展调研，为广西重大项目建设和发展提供服务。10 月 18 日，自治区司法厅厅长赵波、副厅长王荣华率司法厅人员及律师一行 11 人赴中—马钦州产业园区开展法律服务需求调研。为解决制约行业发展的源头性、政策性问题，3 月，组织开展广西(重点是南宁市)律师事务所税赋情况调研。10 月，与自治区司法厅、物价局联合开展律师服务收费调研。11 月，与自治区司法厅律师管理处联合开展个人律师事务所调研。年内，制定律师法律服务业务指引(《广西律师提供著作权法律服务业务操作指引》、《广西律师提供商标法律业务操作指引》、《广西律师提供专利诉讼业务操作指引》)。开展广西律师刑事诉讼法律文书评选活动，共评出 8 篇优秀刑事诉讼法律文书。

学术交流　5 月 22 日，辛辛那提美中商会来访，双方进行座谈。10 月 12 日，英国托马斯·盖斯律师事务所经营合伙人、企业及商业法律服务部主管韦恩·托马斯，高级律师、私人(个人)法律服务部主管妮可拉·托马斯一行来访，双方进行座谈。7 月 30 日至 8 月 1 日，自治区司法厅副厅长卫福喜、广西律师协会会长黄志文带领广西律师代表团共 50 人，参加在云南昆明举办的主题为"践行使命　服务发展"的第五届西部律师发展论坛。9 月 26~27 日，副会长林敢带领广

12月15日，中国—东盟涉外公司法律实务研讨会在钦州召开。

（广西律师协会供稿）

西律师代表团共20人，参加在河南郑州举办的主题为“共创　共赢　共享”的中南六省（区）2012律师论坛，等等。

党建工作　2月，协会党总支、自治区司法厅律师管理处完成与原罗城监狱16户下岗职工的帮扶工作。6月，赴凭祥开展法律服务“边境行”活动，与凭祥市综合保税区签订《义务法律服务协议书》，与崇左市律协党支部签订《共建协议书》，协会党总支9个支部与崇左市9个律师事务所结成业务帮扶对子；为桂平禄全村扶贫捐款2万元。11月19日，协会党组召开学习贯彻党的十八大精神座谈会，自治区司法厅党委委员、副厅长、广西律师协会党组书记王荣华出席并讲话。12月7日，与自治区司法厅团总支联合举办“高举团旗跟党走”爱国主义教育主题实践活动。年内，协会党总支共与31个单位、个人结成帮扶对子；“警民共建民事调解室”活动深入开展；组织开展“万名党员律师为民服务百日活动”；广西万益律师事务所党支部在全国6个行业系统争先创优先进基层党组织表彰活动中受到表彰，被中组部评为“全国创先争优活动先进基层党组织”。

公益活动与科普　3月，组织开展“学雷锋　促和谐”系列活动，累计组织40余名律师参加“喜迎十八大　巾帼荟萃展风采”——实施“新两纲”广场宣传咨询、“弘扬雷锋精神　参与志愿服务”学雷锋新竹社区法律义务咨询、“学雷锋庆三八·巾帼律师结对帮扶促和谐”义务咨询等法律宣传活动。4月，组织律师参加“知识产权宣传周”义务法律咨询活动。与广西工商局、南宁市工商局、南宁市消费者协会、南宁市交警支队、南宁市仲裁委员会等单位共同组建汽车消费维权服务站专家委员会。与广西女子监狱签订《帮教协议书》，为女服刑人员捐赠励志图书500册。广西律师协会未成年人保护委员会开展送法进未管所活动、到南宁市明天学校为孤儿学生开展“爱心拍照”活动。8月26日（全国律师咨询日），与自治区司法厅、《南国早报》在南宁市民族广场联合举办“律师服务为民生，化解矛盾促和谐”全国律师咨询日活动暨南国法援律师大型义务咨询活动，接受咨询1000人（次），发放宣传资料4000份，展出宣传板报10块。10月28日，与自治区司法厅、自治区民政厅联合主办，南宁市司法局、南宁市民政局、南宁市律师协会联合承办的“广西律师担任社区法律顾问工作”启动仪式在南宁市民族广场举行，广西14个设区市同期开展了律师担任社区法律顾问活动，417家律师事务所与所在地的社区签订担任社区法律顾问的协议，同时，2000名律师走上街头开展义务法律咨询，当天，广西律师累计解答群众咨询7000人（次），发放宣传资料10000多份。12月4日（全国法制宣传日），组织律师参加由自治区依法治桂领导小组办公室、自治区司法厅，南宁市委、市政府主办的“12·4”全国法制宣传日的法制宣传活动。年内，继续与广西主流媒体联手办好公益法律服务团，《南国法援》公益律师团80名执业律师累计接待来访群众2000人（次），接听来电2500多个。4月28日，与《当代生活报》联合组建“当代生活报读者律师团”，该团拥有42名执业律师，提供社区法律咨询服务15次，开展法律讲座20次，累计接待来访群众1000人（次）。12月9日，与《南宁晚报》联合组建“能帮就帮”爱心志愿团，并在南宁凤岭北社区牵手广场举行成立仪式暨首次志愿服务活动。

4月28日，《当代生活报》读者律师团成立仪式在南宁举行。（广西律师协会供稿）

会员培训　年内，对会员实行专业化、分类化、经常化培训。全年举办国家级高级人才研修班1期，100人参加；大型专题培训班3期，共2800人（次）参加；小型业务讲座30期，2800人（次）参加；远程视频培训4期，共3480人（次）参加；青年律师培训班1期，60人参加。组织外出培训5期，189人（次）参加。2月，组织广西200名律师参加《行政强制法》专题学习。4月20~21日、6月16~17日，两次共组织广西2354名律师参加《刑事诉讼法修正案》集中培训。10月9~25日、11月19日至12月6日，分别举办2012年第1期、第2期申请律师执业人员集中培训班，共710人参加。10月27~31日，在南宁承办由自治区人力资源和社会保障厅、自治区司法厅联合主办的“中国—东盟贸易投资法律实务新动向高级研修班暨专业技术人才知识更新工程高级研修班”，来自内蒙古、西藏、重庆、广东、云南、贵州、广西等15个省（自治区、直辖市）的律师和相关单位代表共100名学员参加，商务部、中国法学会中国—东盟法律研究中心、广西大学、广西民族大学等单位以及新加坡、马来西亚等国家的专家学者授课。12月8~10日，与自治区党委统战部、自治区司法厅、广西社会主义学院联合举办“第二期统一战线与法制建设专题研讨班”，广西90多名律师参加。年内，实习人员面试考核工作进一步规范，面试考官库有30名考官，全年共举办7期实习人员面试考核，累计110名实习人员参加，107人通过考核。年内，组织开展了《涉外海事海商案例分析》、《水体污染案件诉讼代理》、《泰国外商投资法律制度》、《对越南贸易相关法律制度》、《专利与技术合同》、《知识产权的刑事辩护技巧》、《商标法》等专题培训。

会员管理与服务　一是加强律师诚信建设。如严格按照《广西律师协会会员诚信信息披露办法》的要求，对给予通报批评行业处分的律师，在广西律师协会网站曝光台予以披露。建立行风监督员常态联系机制。12月20日，组织召开律师行业行风监督员座谈会，自治区司法厅党委委员、副厅长王荣华，会长黄志文等领导及协会第一批律师行业行风监督员参加，并考察北京大成(南宁)律师事务所。二是做好律师维权工作。年内，共收到会员书面申请维权案件6件，协会采取多项措施依法维护律师合法权益。三是积极开展会员文体活动。1月，举办2012年广西律师行业迎新晚会。4月，举办首届自治区直律师事务所羽毛球、乒乓球比赛。5月，在玉林举办首届广西律师运动会。四是夯实律师执业风险防范屏障，关爱会员。继续为广西律师购买执业责任保险。开展行业互助，慰问救助身患重病的会员。1月，协会领导分赴广西14个设区市开展节前慰问及工作调研，送出慰问金10.2万元。7月9~10日，在南宁举行广西欠发达地区律师工作座谈会暨全国律协捐赠电脑发放仪式，惠及19个县20家律师事务所，改善了贫困县部分律师事务所的办公条件。年内，共慰问身患重病的会员3名，慰问因病逝世的会员家属5名，向2名会员拨付行业互助资金，在广西律师范围内开展捐款倡议活动2次，共计捐款10万余元。

宣传工作　4月3日，邀请《南国早报》记者对连续两年到贫困县做专职法律援助志愿者的广西民兴律师事务所陈森律师进行专访(4月5日《南国早报》第9版刊发)，陈森律师于4月7日入围“南国早报·公民楷模十大新闻人物”候选人。主动联系《广西日报》、《南国早报》、《广西法治日报》，就广西万益律师事务所党支部被授予“全国创先争优先进基层党组织”荣誉称号进行专题报道。与广西新闻工作者协会联合举办“2011年度广西律师业法治好新闻”评选活动，共评选出21篇好新闻作品。4月11日，在南宁召开“2012年广西律师协会与新闻媒体恳谈会”，表彰2011年度广西律师业法治好新闻作者和2011年度广西律师行业优秀特约通讯员，会议邀请16家新闻媒体的领导及新闻工作人员参加，自治区司法厅副厅长卫福喜出席并讲话。6月6~10日，组织“2012年采风活动”。6月中旬，与南宁电视台联合制作5分钟的广西律师行业党建工作宣传短片，开展党建宣传。10月至11月，与《广西日报》、《南国早报》、《广西法治日报》联手开展喜迎党的十八大胜利召开——律师工作系列宣传报道，推出一个专版和9篇关于律师工作专题的报道。年内，印发《关于进一步加强律师文化建设的实施意见》，创建办公区文化回廊，编印《广西律师》6期，《广西律师工作动态简报》18期，《广西律师工作通报》11期。全年在广西主流平面媒体报道信息78条(其中有2个专版)，网络信息21条，电视媒体信息15条。编印《2011年广西律师业新闻作品汇编》，分发给自治区党委、政府、人大、政协和各级政法机关。

年内，广西律师担任法律顾问4464家(其中政府法律顾问269家、企业法律顾问3411家、事业单位法律顾问467家、社会团体法律顾问132家、个人法律顾问99家、其他法律顾问86家)，担任民事诉讼代理27973件，担任行政诉讼代理1285件，办理非诉讼法律事务5303件，担任刑事诉讼辩护及代理12024件，接受咨询79648次，代写法律文书8338件，调解成功案件2231件，参加公益事业和社会活动50075次，办理法律援助案件7942件。

1月4~5日，广西壮族自治区第八次律师代表大会在南宁召开。　　(广西律师协会供稿)

【广西瑶学学会】 2012年末有个人会员252人(其中具有高级专业技术职务资格52人)。现任领导机构是第七届理事会，有理事48人，其中常务理事14人。会长盘承新，秘书长盘美花。

3月24日，在南宁举办“瑶族千家洞研讨会”，张有隽、玉时阶、农学冠等瑶学研究专家共20多人参会。张有隽作题为“瑶族千家洞研究与回顾”的主题发言。与会者就瑶族千家洞历史传说、瑶族寻找千家洞运动、瑶族千家洞文化等问题展开研讨。8月10日，与接力出版社、广西民族文化艺术研究院、广西非物质文化遗产研究中心、广西民族摄影学会等共同发起“守护我们的精神家园——抢救性记录瑶族文化遗产”公益行动。由中国民俗摄影协会梁汉昌等4人组成的公益摄制组，历时一个多月，深入广东、湖南、贵州、云南、广西等省（自治区）的20个县，行程2万多公里，拍摄各地瑶族遗存的传统服饰及其工艺、歌舞等非物质文化遗产，走访民间文化传承人，与当地文化名人座谈，向广大民众普及非物质文化遗产保护知识等。采访成果将汇集编入“中国民族服饰博物馆书系”之二——《山寨的彩虹——瑶族服饰》及国家重点图书出版项目《没有围墙的民族博物馆——瑶族》两部民族文献。11月24日，在南宁举办“广西瑶医药发展论坛”，瑶医和瑶学研究专家学者共50人参加。与会者就瑶医院的专业特色与瑶医门诊的服务管理、瑶药种植基地的现状、广西瑶族卫生特殊需求、瑶医药发展面临的主要困境与对策等问题进行研讨。11月24日，在南宁举办一年一度的瑶族盘王节座谈会活动，驻邕瑶族代表、兄弟民族代表共150多人参加。

年内，会员发表论文30多篇，编印《瑶学研究通讯》1期。获2010~2011年度广西社科联系统先进学会。

3月24日，瑶族千家峒学术研讨会在南宁举行。

（广西瑶学学会供稿）

【广西生产力学会】 2012年末有团体会员7个，个人会员78人（其中具有高级专业技术职务资格50人）。内设机构1个（秘书处），工作人员3人。现任领导机构是第八届理事会，有理事78人，其中常务理事10人。会长刘军，秘书长邱龙华。

调研活动 1月5日，围绕广西发展现代农业、创新农业经营机制等专题，学会名誉会长、自治区政协原副主席袁正中、徐文彦，学会会长刘军率领专家学者8人，深入广西农业科学院进行调研；6月，组织专家学者14人到来宾市、忻城县、象州县、合山市，就来宾市工会创新管理、桂中治旱和工矿企业的生产情况开展调研。8月，组织专家学者15人，深入玉林、贵港、河池、百色等市和有关企业了解农业产业化、工业现代化以及电网建设、热电联营等生产经营、生态环境、资金供求等有关问题进行调查研究。

学术活动 7月17日，联合来宾市人民政府、来宾市政府发展研究中心、来宾市科技局在来宾市举办“来宾市科技创新与品牌建设研讨会”。袁正中、徐文彦、刘军，自治区社科联原副主席、广西生产力学会常务副会长庞隆昌，来宾市市长杨和荣、副市长吴穆鹏等出席，60多位专家学者与会。会议着重就加强科技创新、培育发展品牌，价值链的重整推进科技创新与品牌建设，科技提升产业发展能力，科技创新品牌建设与园区科学发展，来宾市自主创新能力建设的对策等议题进行研讨。参会论文辑成《加快科技创新 培育特色品牌——来宾市“科技创新与品牌建设研讨会论文集》出版，共320千字。12月18~19日，联合自治区总工会在南宁举办学习党的十八大精神，开创广西工会工作新局面研讨会。来自自治区党校、广西社科院、自治区社科联以及各市总工会、自治区有关产业系统工会、自治区总工会有关直管基层工会的领导及专家学者共100多人参加。中华全国总工会书记处书记李滨生，自治区政协副主席、广西生产力学会名誉会长蒋济雄，自治区政协副主席、广西生产力学会名誉会长章崇任，自治区总工会党组书记、副主席吴玉斌，袁正中、徐文彦、刘军、庞隆昌出席。与会者认为，工会应围绕中心、服务大局，通过开展多种形式的劳动竞赛和全员职工技能培训，提升劳动者素质，发挥工人阶级主力军作用；通过加强组织建设，把广大职工特别是农民工、劳务派遣工组织起来；通过参与法律法规建设，推动收入分配公平、工资集体协商、民主管理工作，维护职工权益，促进和谐劳动关系；通过完善帮扶制度建设，推动送温暖、困难职工帮扶工作纳入政府公共服务体系。

【广西经济体制改革研究会】 2012年末有团体会员13个，个人会员138人（其中具有高级专业技术职务资格70人）。内设机构1个（秘书处），工作人员4人。现任领导机构是第五届理事会，有理事98人，其中常务理事40人。会长刘清平，秘书长梁卓平。

11月，在南宁召开“促进广西民营医疗机构健康政策征询会”，35人参加。年内，完成课题《促进广西民营医疗机构健康政策研究》并通过专家组鉴定，共45千字，形成内参供有关领导和单位决策参考。

【广西农业经济学会】 2012年末有团体会员14个，个人会员1700多人（其中具有高级专业技术职务资格60多人）。专职工作人员1人，兼职3人。现任领导机构是第五届理事会，有理事 25 人，常务理事 10 人。理事长韦吉田，秘书长莫荣旭。

12 月，在钦州举办广西农经干部培训班，230 多名农经干部参加综合素质培训，期间，举办首届广西农经系统气排球比赛。年内，组织 150 名骨干农民赴台培训，考察了台湾农会、农场、批发市场。

【广西伦理学学会】 2012 年末有团体会员 30 个，个人会员 175 人（其中具有高级专业技术职务资格的 63 人）。现任领导机构是第四届理事会，有理事 70 人，其中常务理事 24 人（含全国伦理学会理事 2 人）。会长卫荣凡，秘书长黄东桂。

10 月 20 日，在广西民族大学承办由中国社会科学院应用伦理研究中心和广西民族大学共同主办的“第八次全国应用伦理学讨论会”。研讨会以“国际伦理”为主题。来自全国 24 个省、市的 70 余所高校和研究机构的专家学者共 130 多人参加。会议期间，学会举行 2012 年年会，卫荣凡就 2013 年年会主题及会议地点征求意见，预告学会筹备换届工作事宜。与会者围绕国际伦理与人权伦理、文化冲突与普世伦理、人道主义干预的伦理问题从伦理学、心理学、教育学、生态学、政治学、社会学等不同学科、不同视角进行交流与探讨。

年内，获国家社科基金课题 4 项（分别为林春逸《当代中国文化的发展价值及其实现路径研究》，黄东桂《中越高校思想政治教育比较研究》，王光秀《中外比较视域下高校思想政治教育实践教学的新探索》，潘柳燕《心理健康教育的价值承载研究》）。会员出版著作（含学术著作、教材、思想教育读本等）3 部，发表论文 200 多篇（与伦理学相关的有 30 多篇），其中发表在核心期刊 100 多篇。

10月20日，2012年广西伦理学学会年会在南宁召开。
（广西伦理学学会供稿）

【广西档案学会】 2012 年末有团体会员 52 个，个人会员 838 人（其中具有高级专业技术职务资格的 192 人，中级 266 人）。下设档案学基础理论学术委员会、档案文献编纂学术委员会、档案整理鉴定学术委员会、档案保护技术委员会、企业档案学术委员会、档案信息化管理技术委员会等 6 个学术专业委员会。内设机构 2 个（办公室、广西档案用品服务中心），专职工作人员 4 人，兼职 2 人。现任领导机构是第四届理事会，有理事 64 人，其中常务理事 19 人。理事长黄明初，副理事长兼秘书长李泰城。

论文评选活动 4 月，启动广西档案学优秀论文评选活动，评选范围为 2010 年 1 月 1 日起至 2012 年 6 月 30 日期间在公开出版物上发表的档案学术论文。收到参评论文 86 篇。来自自治区档案局和广西民族大学管理学院的 13 名专家对参评论文进行初评。

学术交流 一是组织会员撰写论文参加中国档案学会档案工作者年会。共征集论文 41 篇，其中 5 篇获优秀论文奖，34 篇入选。组织 34 人赴成都参会，获优秀组织奖。二是组织会员出国学习考察。5 月 21~31 日，黄明初率广西档案编研工作代表团，应越南胡志明市友好组织联合会及柬埔寨王家研究院的邀请，到越南和柬埔寨进行访问。在越南，胡志明市友好组织联合会副主席潘龙、胡志明市越中友好协会秘书长陈抗战、阮文追学校校友会副会长陈建国等会见代表团，双方就合作开展《中越友谊的历史见证——桂林阮文追学校资料选编》的资料收集和编辑出版事宜进行协商，达成了共识和合作意向。在柬埔寨，代表团拜访了上世纪 50 年代曾在广西育才学校学习的柬埔寨校友，柬埔寨王家研究院（孔子学院）的领导会见代表团。

年内，组织会员参加自治区档案局开展的“党在我心中，兰台展风采”征文摄影比赛，选送的作品分别获得征文比赛特别奖和摄影比赛优秀奖。编发《广西档案》6 期，刊发文章 350 余篇。

10月31日，广西档案学会派员参加2012年全国档案工作者年会。（广西档案学会供稿）

【广西职工思想政治工作研究会】 2012 年末有团体会员 90 个。内设机构 1 个（秘书处），有专职工作人员 5 人，兼职 5 人。现任领导机构是第五届委员会，有理事单位 37 个。会长段伟庆，副会长兼秘书长吴双平。

精神文明建设　3 月，与自治区国资委创建办联合举办“纪念中国共产党成立 91 周年暨广西创先争优活动表彰大会”，190 多人参加。6 月，与自治区党委宣传部在南宁召开“广西企业文化建设推进大会”，自治区党委常委、宣传部部长沈北海出席并讲话。会议宣布柳工机械股份有限公司等 14 家企业成为广西企业文化建设第一批示范基地，表彰了企业思想政治工作和企业文化建设先进单位和先进工作者。7 月，与自治区党委宣传部和自治区文化厅、总工会、工商联联合举办“弘扬广西精神、唱响企业之歌”企业歌曲演唱大赛，广西 56 家自治区直属企业、中直驻桂企业、各市国有企业和非公企业参赛。自治区党委常委、组织部部长周新建，自治区党委常委、自治区常务副主席黄道伟出席颁奖晚会。9 月，在南宁市举办“自治区企业思想政治和企业文化建设工作培训班”，168 人参加。11 月，协助下发关于自治区直属企业学习宣传贯彻党的十八大精神的通知，制定学习贯彻党的十八大精神的宣讲工作方案、推进十八大精神进企业实施方案。年内，推荐的广西建工集团、广西交通投资集团、广西电网公司、柳钢集团、柳州五菱集团等 5 家企业获广西思想政治工作先进单位。开展国有及国有控股企业思想政治工作和企业文化建设评价指标体系实施细则试点工作。与广西大学联合组织企业开展国家心理咨询师执业资格培训认证，着力提升企业党务思想政治工作者做好心理疏导与心理健康教育的工作能力。开展首批自治区直属企业文明单位评选，授予广西北部湾银行等 22 家企业为首批“自治区直属企业文明单位”。制作板报参加广西区直机关组织开展的迎接党的十八大“展示机关文化风采，促进社会和谐”主题板报竞赛，获二等奖。组织广西投资集团代表自治区国资委参加第四届广西“我邀明月颂中华”——经典爱国诗歌配乐朗诵大赛决赛，获二等奖。组织广西城投集团代表自治区国资委参加广西“舞动广西”风采展示，获民族舞二等奖、健身舞三等奖。组织开展第二届自治区道德模范推荐申报工作，广西有色集团华锡集团黄可义获自治区见义勇为道德模范，广西交通投资集团南宁高速公路运营公司农凤娟获自治区诚实守信道德模范及广西唯一入选的 2012 年中央文明办组织评选的“中国好人”。组织成立广西企业摄影书画协会成立大会。组织举办“广西有色”杯首届广西企业摄影书画作品展。协助制定下发《关于自治区国资委监管企业履行社会责任的指导意见》。

科研工作　2012 年，紧密联系企业改革发展的实际，开展重点课题调研。完成 2012 年度广西职工思想政治工作研究会和广西企业文化建设协会论文评选工作，评出优秀论文一等奖 60 篇、二等奖 95 篇、三等奖 155 篇，印发了《关于表彰 2012 年度广西职工思想政治工作和企业文化建设获奖优秀论文的决定》。推荐 41 篇论文在《企业科技与发展》杂志发表。

4月23日，广西企业文化建设推进大会在南宁举行。
（广西职工思想政治工作研究会供稿）

【广西粮食经济学会】 2012 年末有团体会员 32 个，个人会员 1250 人。内设机构 1 个（秘书处），工作人员 10 人。现任领导机构是第五届理事会，有理事 57 人，其中常务理事 37 人。会长彭俊章，副会长兼秘书长巫连慧。

年内，开展的学术活动与科研主要有：一是组织会员参加自治区社科联开展的各种活动。征集专题论文 20 篇，向第十四期广西发展论坛报送 8 篇，向第四届广西社会科学界学术年会报送 12 篇。推荐 21 篇论文参加广西第十二次社会科学优秀成果奖评选。二是开展粮食经济理论研讨活动。在会刊《广西粮食》（内刊）设专栏，研讨粮食安全、放心粮油、科学保粮、经营管理、企业改革和粮食文化等论题，登载论文和调研报告 39 篇。7 月，协助召开“外用精细茶油产品研发”项目验收会。11 月，根据中国粮食经济学会的布置，组织开展以“国际粮情新变化与我们的对策”为主题的粮食经济理论研讨活动，报送中国粮食经济学会和社科论坛论文各 1 篇，派员参加全国理论研讨会。向《中国粮食经济》推荐论文或专题报道 5 篇，被采用 2 篇。向《社会科学论丛》推荐论文 11 篇，被采用 7 篇。三是开展 2007~2012 年广西粮食经济优秀论文评选活动。收到参评论文 69 篇，评出优秀论文一等奖 5 篇、二等奖 10 篇、三等奖 20 篇。四是做好《广西粮食》的编发工作。全年编印《广西粮食》6 期共 55 万字。分发给自治区党委、政府领导，各有关厅局和市县粮食局等单位。

年内，加快《广西通志·粮食志》的编纂进度，完成并通过专家审定志书篇目，累计收集汇编资料 60 多册、单行本资料 400 多份，资料文字约 300 万字，图片近千张。向《广西社科联通讯》(内刊)和《交流与发展》(内刊)推荐舆情信息3篇并被采用。协助所属会员单位广西粮油科学研究所推荐1名全国优秀科技工作者候选人。在广西粮食重点企业中发展6个新的团体会员。团体会员和各市粮食局推荐48名学会信息员。

7月19日,"外用精细茶油产品研发"项目验收会在南宁举行。（广西粮食经济学会供稿）

【广西翻译协会】 2012年末有团体会员1个,个人会员1070人(其中具有高级专业技术职务资格309人)。现任领导机构是第五届理事会,有理事93人,其中常务理事31人。会长黄天源,副会长兼秘书长卢保江。

3月,会员为中央两会提供壮语笔译和同声传译服务。10月中旬,与教育部MTI教指委、中国翻译协会翻译理论教学指导委员会、全国比较文学学会翻译研究会在北海联合举办"新时代语境下的中国翻译研究与教学学术研讨会",来自国内外的专家学者共180人参加。自治区人大原副主任甘幼玶、中国翻译协会常务副会长兼教育部MTI教指委副主任许钧出席。10多位专家作学术报告。

年内,出版论文集《翻译研究》,定期编发《广西译讯》(电子版),继续与西部13省(自治区)合作出版《译苑》和《中外社科论丛》各4期。

10月13日,新时代语境下的中国翻译研究与教学学术研讨会在北海举行。（广西翻译协会供稿）

【广西审计学会】 2012年末有单位会员27个,个人会员258人(其中具有高级专业技术职务资格的41人、中级150人)。内设机构1个(秘书处),有工作人员7人(其中专职1人,兼职6人)。现任领导机构是第六届理事会,有理事98人,其中常务理事37人。会长黄必贵,秘书长田茂祥。

学会建设　1月31日,在南宁召开学会第六届理事会第二次会议,审议批准学会第六届理事会2011年工作报告,调整了学会第六届理事会部分理事、常务理事。制定《广西审计科研项目管理办法》、《广西审计年鉴编纂管理办法》等6个管理制度,细化了广西审计科研项目管理、广西审计年鉴编纂管理等6项事务的具体流程,使任务图示上墙、责任落实到人。10月11~12日,与自治区审计厅在南宁联合举办广西审计理论研究骨干人才培训班,65人参加。自治区社科联、广西财经学院、《当代广西》杂志社等单位的专家学者授课。年内,从广西审计理论研究骨干人才库中选派1人参加中国审计学会于10月23~25日在湖南长沙举办的中国审计理论研究骨干人才培训班的学习,选派1人到法国进行为期20天的绩效审计理论研究培训。将获得广西审计学会举办的"资源环境审计专题研讨会"论文评选一等奖、二等奖的9名作者补选为广西审计理论研究骨干人才库,按财政审计、资源环境审计、投资审计、绩效审计等近10个研究方向对人才库人员进行分类管理。推动和指导来宾、钦州、贺州三市成立审计学会(广西14个设区市均成立了审计学会)。继续扶持基层审计学会科研工作,向自治区审计厅争取科研经费5万元,对14个设区市审计学会给予资助。指导和帮助柳州、桂林、百色3个市审计学会举办专题研讨会。

学术活动　10月28日至12月28日,组织4个调研小组分区域先后赴南宁等14个设区市开展有关科研课题和学会工作的调研活动,在每个市召开座谈会,了解各市审计学会的发展情况,听取意见和要求,促进承担课题研究任务的部分市审计学会加快课题研究进度,加强两级审计学会在学会工作方面的联系与协作。12月19日,在南宁举办"广西审计学会资源环境审计专题研讨会",自治区审计厅、自治区社科联、广西审计学会的领导和获奖论文作者代表等共55人参加。收到论文53篇,评出一等奖3篇、二等奖6篇、三等奖9篇、优秀奖10篇,3个市审计学会获优秀组织奖。自治区审计厅厅长、学会会长黄必贵就如何开展资源环境审计理论研究提出意见。自治区社科联副主席姚兵致辞。获一、二等奖的9名论文作者就资源环境审计多个领域的问题分别发言。

学术交流　年内，派员参加各种学术交流活动。如参加中国审计学会于2月1~2日在广东珠海召开的“全国省级审计学会秘书长会议”；参加自治区社科联分别于3月29日、4月25日、9月10日在南宁召开的“自治区社科联系统秘书长联席会议”、“自治区社科联系统舆情信息工作会议暨表彰会”、“第十四期广西发展论坛”，参加分别在南宁、崇左举办的2012年4次广西社科专家学者活动日活动。

科研与宣传　年内，会同自治区审计厅确定并组织完成19个广西审计重点课题的研究任务，独立组织完成其中的《区域环境审计研究》等8个课题。完成2012年课题论文的收集、编辑、审核、鉴定等工作。作为课题研究任务组织动员学会会员参加中国审计学会举办的“国家审计如何在加强文化建设中发挥作用研讨会”、“政策执行情况跟踪审计研讨会”和自治区社科联举办的“第四届广西社会科学界学术年会”、“第十四期广西发展论坛”等论文征集活动，部分会员提交了论文。在广西第十二次社会科学优秀成果奖评选活动中，学会会员申报的成果获论文二等奖1项、三等奖2项，获研究报告三等奖1项。会同自治区审计厅编辑出版《广西审计》（双月内刊）6期。在广西财经学《广西财经学院学报》（双月刊）“审计专栏”上刊发会员文章14篇。向中国审计学会、自治区社科联报送信息4则。完成《中国审计年鉴·2012》、《广西年鉴·2012》、《广西社会科学年鉴·2012》等年鉴中学会条目的编撰工作。继续协助自治区审计厅编纂《广西通志·审计志（1993~2007）》。年内，购置334本专业文献。

1月31日，广西审计学会第六届理事会第二次会议在南宁召开。（广西审计学会供稿）

【广西群众文化学会】 2012年末有会员381人。有工作人员6人。现任领导机构是第五届理事会，有委员43人，其中常务委员14人。会长罗征，秘书长赵兴文。

学术活动　4月，召开“广西—天津文化交流座谈会”。8月，举办“第五届广西歌王大赛研讨会”。10月25日，在防城港市举行“第四届‘魅力北部湾’广西群众文化理论研讨会”，收到论文93篇，评出一等奖8篇、二等奖15篇、三等奖25篇。自治区文化厅副厅长李民胜、会长罗征等出席开幕式。与会者围绕泛北部湾公共文化服务体系建设、文化馆免费开放、非物质文化遗产保护、群众文艺创作等议题进行研讨。

科普活动　一是举办各种培训班。3月，在来宾市兴宾区三馆联办文艺骨干小品培训班，100人参加。4月，举办广西群众文化理论写作培训班，46人参加。5月，举办广西文化馆、文化站戏剧骨干表导演培训班，150人参加。邀请我国表演艺术家李文启等4位专家授课，各专家用典型案例给学员讲授小品编导、艺术创作、曲艺创新、曲艺音乐创作等方面的知识。6月，举办广西文化馆（站）大型群众文化活动策划与实施培训班，57人参加。11月，协助举办2012年广西公共文化服务体系建设高级研修班，组织广西群艺馆（文化馆）有关干部赴山东、天津考察。二是协助开展对外文化交流活动。2月4~12日，协助自治区文化厅、广西群众艺术馆组织广西民族民俗文化展演团一行33人赴韩国开展2012年“欢乐春节”系列展演活动，包括原生态民俗表演、广西非物质文化遗产项目技艺展示、广西民间绘画艺术展览等。4月28日，在南宁协助举办由广西文化厅、天津市文化广播影视局主办，广西群众艺术馆、天津市群众艺术馆承办的“美丽家园”2012’广西·天津公共文化服务交流年活动暨天津市群众美术书法摄影作品展，拉开了广西·天津公共文化服务交流年的序幕，建立“津·桂文化交流年”，主要包括采风调研、业务干部交流、美术书法摄影作品展览和交流成果出版等。

科研工作与成果　一是开展课题研究。3月，受自治区文化厅委托，调研并完成《广西边境文化长廊调研报告》，被自治区政府采纳，促成将实施的《广西边境地区公共文化服务体系建设工程》。承担“广西国家级非遗项目名录丛书”《侗戏》、《舞狮技艺》课题研究及其著作撰述。《侗戏艺术传承研究》获“2012年度国家社会科学基金艺术学项目”立项。年内，在收集整理、深入调研的基础上，选送《瑶族医药》、《瑶族织绣技艺》、《瑶族做盘王》、《瑶族过山音》、《六堡茶制作技艺》、《三月三歌圩》、《壮族五色香糯米饭制作技艺》等申报国家级非物质文化遗产项目。二是文艺作品创作。10月，第十六届广西群星奖音乐舞蹈类决赛中，学会协助广西群众艺术馆自编并制作音乐的曲艺类渔鼓《家长里短》、小品类《嫁姑娘娶媳妇》、《疯狂彩票》获金奖，并准备参加全国群星奖比赛。小品《百常母亲节》、《疯狂的彩票》参加文化部公共文化司在天津市举办的“天穆杯”全国小品大赛，分别获金奖、银奖。话剧《老街》、儿童剧《鬼马小麻雀》参加大戏类比赛，获桂花银奖；小品《百常母亲节》、《疯狂的彩票》参加小戏小品类比赛，分别获桂花金奖和铜奖；杨建伟、黄勇等10多人获各类奖项。

8月7日，第五届广西歌王大赛研讨会在南宁召开。

（广西群众文化学会供稿）

【广西钱币学会】 2012年末有团体会员25个，个人会员650人（其中具有高级专业技术职务资格的56人）。内设机构4个（秘书处、学会综合科、《广西钱币》编辑部、学术委员会），工作人员9人。现任领导机构是第六届理事会，有理事51人，其中常务理事14人。会长李彬，副会长兼秘书长黄卫宁。

学术活动 一是举办学术研讨会。12月14日，在南宁举办"2012年广西钱币理论研讨会"，40人参加。评出优秀论文一等奖2篇、二等奖3篇、三等奖5篇、优秀论文奖20篇。二是进行学术交流。2月8日，梧州市委常委、宣传部部长、副市长黄振饶，全国政协委员、民革广西区委副主委、梧州市政协副主席陈澄波，人民银行梧州市中支副行长张泽红等一行6人到广西钱币博物馆就梧州"宋代元丰钱监"的保护和开发利用进行专题座谈。人民银行南宁中心支行助理巡视员、广西钱币学会会长李彬，广西钱币博物馆馆长梁雯等参加。2月22日，陈澄波、民革广西区委秘书长黄岱营等一行8人到广西钱币博物馆参观。年内，派员参加广西区内外各种学术研讨会，如5月17日，在广东深圳召开的"中国钱币与银行博物馆委员会2012年会暨学术研讨会"；8月16日在浙江杭州召开的"第九届中国铜元研讨会"；12月13~14日在北京召开的"中国钱币学会成立30周年暨中国钱币博物馆成立20周年"座谈会等。

科普活动 全年举办专题展览4次，近万人（次）参观，举办钱币沙龙活动10次，近1000人（次）参加。每月在学会活动园地（广西博物馆）开展一次钱币沙龙活动，对每一个钱币收藏专题开讲座，钱币专家轮流主讲，同时进行钱币交流活动。5月，配合"2012年全国科技活动周绿城科普广场"宣传活动，派出10位专家到现场宣传，义务为群众鉴定，接待群众近1000人（次），发放人民币反假宣传资料500份。6月11日，广西钱币学会与自治区社科联共建的社会科学普及基地"反假货币宣传工作站"成立。年内，出版《永历通宝钱考》一书；利用广西钱币学会网站扩大宣传面；编发《广西钱币》4期；向自治区社科联、民政厅、民间组织管理局、中国钱币学会报送信息稿件10篇；组织完成各相关年鉴中学会条目的编撰工作。

【广西先进文化发展促进会】 2012年末有个人会员216人（其中具有高级专业技术职务资格203人）。内设机构1个（办公室），工作人员4人。现任领导机构是第六届理事会，有理事46人，其中常务理事31人。名誉会长丁廷模、梁超然，会长杨炳忠，秘书长王建平。

年内，召开促进会理事会和常务理事会会议各1次，讨论召开学术研讨会事宜，评选优秀论文，研究和总结2012年学会工作，讨论规划2013年学会工作。

2月16日，参与自治区国土资源厅在靖西县举办韦寿增模范先进事迹陈列馆开馆仪式，学会9名专家负责撰写出版的《点亮信仰的明灯》一书作为珍品在馆内永久陈列。5月24~26日，与自治区社科联、广西写作学会在河池学院联合主办"第五届广西校园文化论坛——网络时尚文化与校园文化学术研讨会"，200人参加。收到论文40多篇，评选优秀论文一等奖5篇、二等奖10篇、三等奖15篇。20名专家学者发言。《广西日报》、《南宁日报》、《广西社科联通讯》等报道。年内，杨炳忠、陈学璞代表学会专家与自治区国土资源厅新闻中心负责人交流国土文化建设的意见；杨炳忠、陈学璞、王建平等多名专家在各地举行学术讲座；学会副会长、自治区科协副主席朱东，学会副秘书长、《南方科技报》总编江洪在"广西十月科普大行动"中组织先进文化进社区活动，1000人（次）参加。

年内，会员出版著作20部，发表论文150篇，完成调研报告10篇、课题10项。成果获国家"五个一工程奖"1项，获广西第十二次社会科学优秀成果奖一等奖

5月24日，第五届广西校园文化论坛在河池学院举行。

（陶志红 摄）

1项、二等奖5项、三等奖6项,获地市级一等奖5项、二等奖10项、三等奖15项。学会被评为广西社科联系统舆情信息工作先进单位。

【广西税务学会】 2012年末有团体会员30个。内设机构2个(学会秘书处、学术委员会),工作人员4人。现任领导机构是第四届理事会,有理事94人,其中常务理事29人。会长谢景开,秘书长章成伟。

5月16日,召开学会工作会议暨常务理事会会议,对2012年群众性税收调研活动进行研究,明确群众性调研课题。会后下发《关于2012年广西税务学会调研课题和有关事项的通知》。

学术活动 一是对外学术交流。4月12日,组织学会成员一行10人赴云南省税务学会考察学习,交流学会工作经验及相关课题调研经验。年内,分别与黑龙江、吉林、辽宁等省税务学会和广东省广州、珠海等市税务学会进行互相调研考察,交流工作经验。二是召开课题研讨会。10月18日,由南宁市国税局、南宁市税务学会主办的"宏观经济与税收政策研究研讨会"在南宁召开。收到论文28篇。与会者就经济税源发展、超市行业管理、企业自主创新税收管理等问题进行探讨与交流。12月18日,由崇左市国家税务局、崇左市税务学会主办的"优化纳税服务及税收队伍建设研究研讨会"在崇左召开。收到论文25篇。

科研成果 年内,根据中国税务学会安排的《宏观经济与税收政策的研究》《优化纳税服务及税收队伍建设的研究》两个课题,分别选择"促进广西糖业可持续发展的税收政策分析"、"当前经济形势下的税收研判和决策服务工作"两个专题开展调研并形成调研报告。出版《新形势下的税收视野——2011~2012年广西税务学会优秀论文集》。报送8项成果参加中国税务学会第六次全国税收学术研究优秀成果评选;推荐一批成果参加广西第十二次社会科学优秀成果奖评选。

年内,被自治区社科联评为2011~2012年先进学会,谢景开被评为学会先进工作者。

【广西宏观经济学会】 2012年末有团体会员62个,个人会员638人(其中具有高级专业技术职务资格的126人,中级478人)。设内部机构1个(秘书处),专职工作人员5人。现任领导机构为第四届理事会,有理事81人,其中常务理事25人。会长穆虹,秘书长蒋升湧。

科研工作与成果 年内,共组织及参与完成课题研究及规划60余项,出版著作10余部。包括:联合中国国土资源经济研究院参与组织完成《广西矿业经济发展规划》,组织完成《广西矿产资源产业发展状况与对策》专题研究报告,与国家发改委宏观院社会所合作编制《洛阳新材料国家高技术产业基地发展规划》,与中国国际工程咨询公司海外分公司合作编制《两广合作特别示范区规划研究》,参与完成自治区发改委《广西县域经济发展研究》、《广西培育发展经济强县"十二五"规划》、《滇黔桂石漠化连片特殊贫困区扶贫开发规划(2011~2020年)》以及《广西北部湾经济区行政管理体制创新研究》、《南宁—新加坡经济走廊建设研究》,组织会员完成河池市人民政府《滇黔桂石漠化连片特殊贫困区河池市扶贫开发规划(2011~2020年)》、《河池市循环经济发展"十二五"规划》、《来宾市铁路"十二五"规划》、《滇桂黔石漠化区广西片区百色市区域发展与扶贫攻坚规划》以及滇黔桂石漠化百色、崇左20余个片区区域发展与扶贫攻坚实施规划。年内,会员共发表论文300余篇。

优秀成果评选 组织开展2012年度广西发改委系统优秀研究成果奖评选工作,"《广西壮族自治区国民经济和社会发展第十二个五年规划纲要》学习读本"、《广西壮族自治区价格变动规律及调控对策研究》等3项成果获特别奖,《广西生态文明指标体系研究》、《广西梧州再生资源循环利用园区国家城市矿产示范基地发展探索》、《广西综合交通运输体系发展"十二五"规划》等5项成果获一等奖,《广西物流业发展中长期规划研究》、《广西战略性新兴产业发展"十二五"规划》、《广西县级医院综合改革研究》等8项成果获二等奖,《2011年度广西经济形势分析与对策研究报告集》等16项成果获三等奖,17项成果获佳作奖。

年内,与广西发改委经济研究所共同编辑出版《市场论坛》12期,编印《广西重要产业产品国内外市场动态监控》(内刊)12期,《宏观经济信息》(内刊)4册。

【广西行政管理学会】 2012年末有团体会员5个,个人会员1068人。内设机构3个(办公室、财务部、学术部),工作人员4人。现任领导机构是第五届理事会,有理事89人,其中常务理事36人。会长覃卓凡,秘书长罗斌。

学术活动 7月22日,与广西行政学院在南宁联合召开"依法行政 加强社会事务管理创新研讨会",200多人参加。自治区党校副校长唐秀玲出席。与会者就如何推进服务型政府建设、保障民生和改善民生、维护社会和谐稳定等问题进行交流与探讨。会议收到论文100多篇,评出一等奖8篇、二等奖16篇、三等奖24篇,其中15篇在"人民网"和"中国共产党新闻网"、"法制网"等网络上发表。

科普活动 分别于5月、10月在自治区党校举办“广西党政办公室工作人员新公文知识培训班”，共500多人参加。自治区人民政府发展研究中心副主任崔忠仁、自治区人民政府办公厅综合处处长刘剑红、自治区质量技术监督局处长罗松等分别授课。

【广西少数民族语文学会】 2012年末有个人会员292人(其中具有高级专业技术职务资格的82人,中级146人)。现任领导机构是第五届理事会,有理事46人,其中常务理事22人。会长杨启标,秘书长赵春金。

学术活动 一是举办学术研讨会。6月,协助召开“全国信息技术标准化技术委员会壮文信息技术工作组成立会议暨第一次工作研讨会”,与会专家就壮文及其他广西民族文字信息技术产品及其标准化现状与需求、壮文信息技术标准化的需求与可行性、方块壮字信息化成果展示与标准化需求可行性等问题进行研讨。7月,协助自治区民语委在宁明召开“自治区民族语广播影视工作座谈会”,研讨部署广西如何做好民族语广播影视工作。11月27~28日,在平果县召开“广西少数民族语文学会2012年年会”,来自广西各地的会员代表参加。收到论文20多篇。与会者就民族语文翻译现状、方块壮字的制作、壮文文学面临的新局面等问题进行交流与探讨。二是对外学术交流。5月,派代表参加由中国翻译协会民族语文翻译局、中国翻译协会民族语文翻译委员会主办的‘第十四次全国民族语文翻译学术研讨会”。9月,协助自治区民语委组织有关市、县民语部门负责人共43人赴西藏开展业务考察学习和交流,学习当地民族语文工作先进经验。

科研工作与成果 年内,组织开展自治区民委委托的《广西少数民族语文学会如何在建设民族团结进步模范区中发挥作用》课题研究。协助自治区民语委开展国家民委试点项目的《广西世居少数民族语言文字使用状况调查》,各市、县(区)民族语文工作部门负责人带队开展入户调查,收集整理各种资料,起草本地的调研报告,及时上报自治区民语委汇总,完成了入户调查数据录入和统计分析,民族语文政策梳理、民语工作机构和团体的历史沿革及现状等相关调研工作,形成调查报告。崇左、百色、防城港边境市、县(区)民语部门组织会员开展边境少数民族语言文化安全状况调研,了解边境地区少数民族语言文字使用状况,掌握境外势力利用少数民族语言文字对广西进行渗透的方式、途径及危害情况,提出对策建议。组织会员参与国家语委“十二五”科研规划项目的《壮汉词汇》修订,完成《壮汉词汇》软件修订工作和广西世居少数民族语言文字使用状况调查统计软件的编程研发并投入使用,协助自治区民语委召开不同级别、不同人员参加的会议和培训班,确定修订《壮汉词汇》的体例,开展修订工作并完成初稿。进一步完善了壮语文水平考试复习参考书、考试指南、考试试题和高、中、初3个等级的考试教材的编写等工作。

11月28日，广西少数民族语文学会2012年年会在平果召开。（广西少数民族语文学会供稿）

【广西党的建设研究会】 2012年末有分会24个。内设机构1个(秘书处),工作人员3人。现任领导机构是第五届理事会,有理事63人,其中常务理事30人。会长姜兴和,秘书长梁海萍。

调研活动 5月29日至6月3日,派员陪同中组部党建所副巡视员赵湘江一行3人到百色、玉林两市开展“基层一线党代会代表发挥作用问题”、“基层党建工作创新问题”调研。7月,参与广西非公有制企业和社会组织党建工作调研。7月4~9日,全国党建研究会副会长卢先福一行5人到广西就全国党建研究会2012年度重点课题《党的建设与加强和创新社会管理研究》进行调研,副会长阳国亮参加。7月17~19日,阳国亮一行3人就《党的建设与加强和创新社会管理研究》子课题《加强社会管理制度建设研究》赴北海市开展调研。

对外交流 8月6~8日,学会秘书处负责人参加中组部党建研究所在西宁召开的“地方党委换届工作经验交流暨课题研究成果研讨会”,并作题为“阳光换届　公道换届　和谐换届”的经验介绍。12月17日,学会秘书处负责人参加中组部在陕西咸阳召开的“基层一线党代会代表发挥作用问题研究经验交流暨课题成果研讨会”,并作题为“创新制度　强化保障　确保乡镇党代会基层一线代表作用发挥”的经验介绍。12月21日,广西三环企业集团股份有限公司党委作为“双强百佳党组织”代表参加在浙江宁波召开的“全国非公有制企业党建论坛暨全国党建研究会非公有制经济组织党建研究专业委员会委员会议”。

课题研究 2月,印发《广西党建研究会2012年度重点课题和自选课题目录》,包括4个重点课题目和24个自选课题,共收到各分会和各特邀研究员上报的

重点课题和自选课题报告198篇。5月，组织各分会撰文参加全国党建研究会非公有制经济组织党建研究专业委员会开展的“发挥非公有制企业党组织‘两个作用’”主题征文活动，推荐的《抓党建添活力，助发展促双赢》获优秀案例奖；《关于非公企业党组织在企业发展中的作用初探》、《加强非公企业党建工作促进非公企业健康发展》获调研成果优秀奖；《刍议非公有制企业党组织的定位、职能及作用路径》、《加强非公经济党建，推动非公组织发展》获征文优秀奖。年内，承担全国党建研究会2012年度1个重点子课题和3个自选课题，其中《加强社会管理制度建设研究》获重点课题子报告三等奖，《以十八大精神为引领　建立健全六大机制　推动创先争优常态化长效化》获自选报告二等奖，《广西加强发展党员宏观调控　保证发展党员质量的研究报告》获自选课题报告三等奖，全国党建研究会特邀研究员、广西区党校副校长、广西行政学院副院长唐秀玲牵头起草的《在干部教育培训中创设学风建设新载体——以广西壮族自治区党委党校开展“晚聚习”活动为例》获自选课题报告三等奖。

【广西领导科学研究会】 2012年末有团体会员12个，个人会员160人（其中具有高级专业技术职务资格141人、中级96人）。内设机构4（学术部、企业策划咨询服务部、秘书处、驻北海培训中心），工作人员5人。现任领导机构是第五届理事会，有理事61人，其中常务理事41人。会长奉恒高，常务副会长兼秘书长李光炎。

年内，共召开各种会议9次，其中研究会会员代表大会1次、常务理事会1次、会长碰头会3次、信息交流会4次。11月23~24日，在来宾市举行第六次会员代表大会。收到论文63篇，评出纪念奖6篇、特别奖5篇、一等奖3篇、二等奖9篇、三等奖16篇、优秀奖19篇。自治区党委原书记陈辉光，中国领导科学研究会副会长兼秘书长白占群，会长、自治区原副主席奉恒高，自治区社科联党组书记、主席王士威出席。国防大学原副校长许志功（中将）作关于“学习贯彻党的十八大精神”的专题报告，中国领导科学研究会副秘书长、国防大学教授丁士峰（少将）作关于“中国领导科学发展历程”的学术报告，李光炎（二级教授）作关于“执行与执行力”的学术报告。唐秀玲当选会长、陶建平当选为常务副会长兼秘书长。

11月24日，广西领导科学研究会成立30周年理论研讨会在来宾召开。　（广西领导科学研究会供稿）

【广西人口学会】 2012年末有单位会员135个，个人会员300人（其中具有高级专业技术职务资格的45人、中级20人）。内设机构1个（秘书处），兼职工作人员3名。现任领导机构是第四届理事会，有理事199人，其中常务理事42人。会长何劳，秘书长黄洪波。

召开联席会议　10月16日，协助广西人口计生委在贺州市举办“桂湘粤3省（自治区）14市流动人口计划生育区域协作联席会议”，湖南省永州、邵阳、怀化市，广东省肇庆、清远、湛江、茂名、云浮市，广西贺州、桂林、梧州、玉林、北海、柳州市等14个市人口计生部门的60多名代表参加。与会者就流动人口计划生育服务管理的成功经验及当前存在的主要问题和困难进行交流和探讨。14个市人口计生委（局）代表共同签订了《桂湘粤3省（区）14市流动人口计划生育服务管理区域协作框架协议书》，主要内容包括：加强区域合作，进一步深化14市毗邻区域之间信息及时互通，努力为流入人口提供与当地育龄人口同等的计划生育免费服务，积极帮助流入人口计划生育家庭排忧解难等。会议期间，与会代表深入贺州市八步区湖广大市场、平桂管理区沙田镇道石村、昭平县黄姚镇新寨村等流动人口计划生育服务管理现场点进行实地考察。

开展课题调研　暑期，开展“关爱女孩青年志愿者行动”调研活动，与广西大学、广西师范大学、广西民族大学、桂林医学院等4所高校联合组织44名师生赴南宁市西乡塘区、桂林市临桂县、百色市田东县、河池市都安瑶族自治县等4县（区）和部分乡村以及城乡结合部进行为期10天的调研。围绕村级经济和社会发展总体情况、人口计生情况、农村社会变迁情况、农村社

10月16日，桂湘粤3省14市流动人口计划生育服务管理区域协作联席会在贺州召开。　（广西人口学会供稿）

会性别不平等的现状等进行调研，通过问卷调查、走访农村干部和群众的方式进行现场调查，形成调研报告。在2012年国家关爱女孩青年志愿者行动调研报告评比活动中，广西的调研报告获得一等奖1篇（广西师范大学的《社会变迁下的农村生育性别偏好——基于桂林市临桂县四塘乡的调研分析》）、二等奖1篇、三等奖8篇；广西人口计生委、广西师范大学获优秀组织奖；广西大学、桂林医学院获组织奖。年内，还组织开展广西出生人口性别比偏高问题综合治理研究、广西诚信计生新机制研究、广西统筹城乡人口发展研究、广西人口出生缺陷干预研究等课题研究。

【广西家庭教育研究会】 2012年末有会员112人。现任领导机构是第四届理事会，有理事43人，其中常务理事15人。会长周爱平，副会长兼秘书长梁夏宁。

4月、9月分别举办家庭教育培训班，202人参加培训。11月至12月，与自治区妇联联合开展家庭教育优秀论文征集和评选活动。11月26日，与自治区文明办、教育厅、妇联在南宁联合召开"2012年广西家庭教育研究会年会暨广西家庭教育论坛"，130人参加。会议通过2012年广西家庭教育研究会工作报告，增替补26名会员。年内，继续开展"家庭教育大讲堂八桂行"活动，举办家庭教育知识巡讲704场，3.5万人受益。被评为2010~2011年度自治区社科联先进学会。

【广西地方志协会】 2012年末有团体会员195个，个人会员1189人。内设机构1个（秘书处），兼职工作人员3人。现任领导机构是第五届理事会，有理事82人，其中常务理事35人。会长蓝日基，秘书长施均显。

学术活动 一是举办学术研讨会。5月30日，与桂林市地方志办联合召开"2012'桂林·广西地方志理论研讨会"，收到论文34篇，内容涉及二轮修志总纂、资料搜集、志书的地方特色和时代特色、地方志队伍建设等8个方面，评出一等奖3篇、二等奖6篇、三等奖9篇，7位论文作者宣读论文。10月，与当代中国研究所、中华人民共和国国史学会、南宁市委、南宁市人民政府、广西地方志办公室在南宁联合举办"第十二届国史学术年会"，来自全国各地的70多位国史研究专家参加。二是进行学术交流。年内，与来访的山东、四川、新疆、浙江、安徽、贵州、黑龙江、北京、广州、深圳等省（区、市）的地方志学习考察团（共80多人次）进行交流。派出3批会员分别到云南、四川、青海、湖北等省进行对口交流，学习修志编鉴、地情网站建设和古籍整理等方面的先进经验。

地方志编纂、培训工作 协助自治区地方志办公室举办广西地方志编纂培训班，包括《广西通志》专志业务人员和网站建设培训班，市、县、城区修志和古籍旧志整理培训班，《广西年鉴·2012》组稿会暨撰稿人员培训班，共培训300余人。各驻会理事配合《广西通志》专志、市县志、年鉴指导工作上门举办针对性培训班共4期（次），共200多人（次）参加培训。年内，参与自治区第二轮三级地方志书评稿会15次，参与广西三级地方志审查验收，同时组织编纂出版各种年鉴、部门志和有关地情书，并着手进行古籍的抢救，参与全年三级地方志和地情书编纂工作。

年内，与自治区地方志办公室联合编辑出版《广西地方志》6期，刊发文章94篇（不含信息集萃），共70万字。为《广西社会科学年鉴·2012》提供文稿1万余字，1人被评为自治区社科联2010~2011年学会先进工作者。

12月4日，广西地方志工作电视电话会议在南宁召开。
（广西地方志协会供稿）

【广西经济社会发展战略研究会】 2012年末有团体会员3个，个人会员289人（其中具有高级专业技术职务资格96人）。现任领导机构是第五届理事会，有理事16人，其中常务理事6人。会长黄承，秘书长黄敏忠。

年内，组织专家开展东巴凤旅游扶贫攻坚课题研究，深入广西10多个工业园区进行调研。完成《广西海洋强区建设研究》、《广西加快建成国家级城市矿产示范基地对策研究》、《广西海洋经济发展研究》等课题工作。成果获广西第十二次社会科学优秀成果奖二等奖1项。

【广西国际共运史学会】 2012年末有分会6个，团体会员83个，个人会员29人（其中具有高级专业技术职务资格93人、中级17人）。内设机构1个（秘书处），工作人员7人。现任领导机构是第七届理事会，有理事37人，其中常务理事7人。会长陈元中，副会长兼秘书长刘国彬。

6月19日，在南宁举办"构建城乡统筹的基层党建新格局学术研讨会”，广西科学社会主义学会及广西民族大学、广西师范大学等高校的专家学者共30多人参加。与会者认为，构建城乡统筹的基层党建新格局，需要从工作规划、组织建设、资源配置、教育管理、互助服务、考核评价等方面推进一体化。9月18日，邀请暨南大学东南亚研究所所长、《东南亚研究》杂志社社长曹云华教授作题为“中国—东盟关系：相互依存与安全困境”的学术讲座。11月25日，在广西民族大学举办学习党的十八大精神报告会，190余名师生参加。刘国彬教授以“贯穿于党的十八大报告的一条红线——关于建设中国特色社会主义的几点认识”为主题，从建设中国特色社会主义走向成熟、阶段性目标、新举措、关键四方面解读党的十八大报告，并对党的十八大报告和党章修改中提出的新思想、新观点、新论断、新部署作系统深入地阐述和辅导。

年内，会员承担国家级社会科学课题4项、省部级社科研究课题39项；出版专著26部，发表论文260多篇（其中发表在核心期刊24篇）。

【广西保险学会】 2012年末有团体会员61个。现任领导机构是第七届理事会，有理事93人，其中常务理事32人。会长李火新，副会长兼秘书长张文汉。

学术活动与科研 3月，发动全体会员单位，围绕单位突出的热点、难点问题，申报理论研究课题，共收到20家会员单位的课题成果55篇。8月29日，在南宁召开“广西产险市场成本居高不下的原因分析与对策”专题研讨会，17家产险公司的代表发言。与会者从公司或广西市场的角度，分析研究广西产险市场经营成本居高不下的原因，提出相应的对策。8月30日，在南宁召开“广西寿险市场防范非正常集中退保风险的对策研究”专题研讨会，14家寿险公司的代表发言，与会者从公司的角度，分析研究广西寿险公司退保的原因以及造成的影响，提出相应的对策。会后，将两个专题会议纪要下发，论文汇编发送各会员公司参考。12月20日，在南宁召开“抓服务　提形象　促发展”保险理论研讨会。收到论文61篇，评出一等奖1篇、二等奖4篇、三等奖11篇、组织奖6个。与会者结合当前广西保险市场的特点、现状，探讨如何通过加强和改进保险服务，提升行业形象，努力促进广西保险业稳定快速发展。

科普活动 1月6日，代表广西社科系统参加“2012年广西科普周活动暨科普长廊展示竞赛活动”，太平洋产险广西分公司参展的“移动视频保险赔案查勘技术”获第三名。3月，制定“广西保险消费者教育与服务”活动方案，规划全年6个方面的12项教育与服务措施。5月26日，与河池市保险行业协会、河池市社科联联合举办“红水河”论坛，200人参加，学会理事、广西财经学院金融与保险学院叶安照教授作有关保险知识讲座。年内，编印《保险实用知识30问》（内刊）2000多册，为宣传工作提供资料。

网站建设 年初，设定网站“走向社会，走向市场”的目标，并逐步付诸实施。一是扩大网站宣传。在网站开设“最快时讯”栏目，以滚动播出的方式即时播出国际、国内最新时事要闻。10月，增加“聚焦保险”、“社会热点”、“保险消费提示”3个栏目。二是免费为商家做商业广告，并与商家网站链接，让更多行业外的网民进入网站。三是为保监局、会员公司开办一系列的网上宣传活动。年内，网站访问人数总量1699.78万多次，日均4.78万次，最高日页面点击量近28万次。

教育培训 年内，编制2012年培训课程，更新和丰富培训内容。利用网络平台，开展营销员后续网上在线培训，进行24小时监控。全年18524人（次）报名，培训通过13465人（次）。与中央电大奥鹏远程教育中心合作，承担北京大学等11所名校的远程专、本科学历教育，25人报名入学。

数据统计 年内，承担广西保险行业业务数据采集整理和发布工作，“每月一评比，每季一总结”。全年共收集整理和核对32家保险机构的714份报表，向12个地市保险行业协会发送报表35份。8个公司获得月度流动红旗；启动对保监局季度保险统计分析会的评比活动，11个公司获得加分奖励；在2012年度评比中，10个公司分别获得一至三等奖。

年内，编印《广西保险》（内刊）6期，刊发文章80篇，图片388幅，为公司提供彩色宣传专页48版。印数从2010年的1700多份增加到2300份。编发《保险参考资讯》（内刊）电子杂志39期，刊登资讯1500多篇。

【广西写作学会】 2012年末有个人会员435人（其中具有高级专业技术职务资格的68人、中级120人）。内设机构1个（秘书处），工作人员3人。现任领导机构是第六届理事会，有理事63人，其中常务理事43人。会长容本镇，秘书长蒋兴礼。

学术活动 5月25日，与自治区社科联、广西先进文化发展促进会在河池学院联合主办“第五届广西校园文化论坛——网络文化时尚与校园文化建设学术研讨会”，自治区社科联党组书记、主席王士威以及覃伟年、杨炳忠、容本镇、王志明、陈学璞、韦永恒、张利群等专家学者和学生共300人与会。6月，会员黄晓娟参加在土耳其比基尔大学召开的“世界比较文学学术研讨会”。10月27日，在南宁主办“新文体的兴起与发展学术研讨会”。11月15日，与《南方文坛》

杂志社在南宁联合主办"《南方文坛》优秀论文颁奖仪式暨校园文学座谈会",800 人参加。《广西日报》、《南宁日报》、广西新闻网等媒体进行报道。10 月,黄晓娟在越南河内国家大学所属外语大学作题为"中越女性文学比较研究"的学术讲座。12 月 15 日,陈学璞在广西图书馆举办的"八桂讲坛"作"深入学习贯彻党的十八大精神,加强和创新社会管理"的专题讲座,300 人参加。

科研成果 年内,主持或参与完成各类课题10项,其中国家重大课题招标项目子项目 1 项、国家社科项目 1 项、教育部人文社会科学研究艺术学青年基金项目 1 项、广西哲学社会科学重点课题 1 项、广西教育厅项目 3 项、广西民族大学博士引荐人才课题 1 项、广西桂学研究会第二批招标项目 1 项。会员出版著作 4 部(容本镇的《广西文艺理论家丛书·容本镇卷》、王建平的《广西文艺理论家丛书·王建平卷》、张利群的《广西文艺理论家丛书·张利群卷》、李大西的散文作品选《红尘中有你》)。成果获广西第十二次社会科学优秀成果奖二等奖 1 项,第九届广西文艺评论奖一等奖 1 项、三等奖 1 项,2012 年广西校园文化论坛一等奖 1 项。黄晓娟获第 14 批"广西新世纪十百千优秀人才"第二层次人选。

【广西民族发展研究会】 前身为广西民族贸易旅游研究会,2012 年 1 月改现名。2012 年末有个人会员 68 人(其中具有高级专业技术职务资格 35 人)。内设机构 1 个(秘书处),工作人员 4 人。现任领导机构是第五届理事会,有理事 48 人,其中常务理事 24 人。会长赵明龙,秘书长杨昌雄。

1 月 8 日,召开研究会第五次会员代表大会,70 多人参加,会议通过更名决议,选举产生新一届领导班子,赵明龙当选会长。

学术活动 2 月 27 日,承办"2012' 广西文博产业发展论坛",120 多人参加,收到论文 40 多篇,15 人发表演讲。12 月 9 日,与广西市场经济研究会在南宁联合举办"李甫春民族研究学术成果研讨会",50 多人参加,收到论文 11 篇,13 位专家学者作重点发言。年内,会员参加国内各种学术研讨会和调研座谈会 20 多次,提交论文 20 多篇。

调研活动 年内,会长赵明龙,副会长黄启学、苏进祥等人赴广西乐业、隆林等地进行民族文化调研。组织会员参与《广西民族发展报告》调研活动,相关研究人员分别赴广西桂林、阳朔、金秀、三江、南丹、田阳、右江区、靖西、那坡和隆林等地进行调查,为撰写广西民族发展报告收集资料。6 名会员在赵明龙的带领下,承担《南宁至新加坡旅游走廊建设研究》课题,赴越南、柬埔寨、泰国、马来西亚、新加坡及老挝等东盟国家实地考察,与当地国家智库、旅游部门座谈交流。

年内,会员完成研究报告 20 篇,出版专著 3 部,发表论文 173 篇。成果获广西第十二次社会科学优秀成果奖二等奖 2 项、三等奖 5 项。

赵明龙会长在文博会上发言。

(广西民族发展研究会供稿)

【广西毛泽东哲学思想研究会】 2012 年末有团体会员 46 个,个人会员 410 人(其中具有高级专业技术职务资格 174 人)。内设机构 1 个(秘书处),工作人员 2 人。现任领导机构是第七届理事会,有理事单位 42 个,理事 81 人,其中常务理事 45 人。会长李海,秘书长张文安。

12 月 29 日,与广西财经学院在南宁联合举办"学习贯彻落实党的十八大精神,建设文化强区,促进广西经济社会发展"研讨会暨 2012 年年会。学会会员单位代表 80 余人参加,收到论文 54 篇。广西财经学院院长席鸿建出席并致辞,自治区党校教授陈学璞作题为"毛泽东哲学思想与建设文化强国"的主旨报告。会议增补广西大学马克思主义学院等 21 个单位为理事单位,增选广西大学公共管理学院许素菊为副会长,增补广西大学马克思主义学院院长雷德鹏教授等 21 人为常务理事。

年内,获得厅级以上科研项目立项 5 项,在研科研

12月29日,学习贯彻党的十八大精神建设文化强区研讨会在广西财经学院举行。

(广西毛泽东哲学思想研究会供稿)

项目 11 项，会员发表论文 18 篇。

【广西妇女理论研究会】 2012 年末有团体会员 13 个，个人会员 327 人(其中具有高级专业技术职务资格 130 多人、中级 180 人)。内设机构 1 个(秘书处)，工作人员 3 人。现任领导机构是第五届理事会，有理事 84 人，其中常务理事 29 人。会长王革冰，副会长兼秘书长黄筱娜。

5 月 17 日，在南宁召开研究会第五次会员代表大会，来自广西各地市的 204 名会员代表参加。黄筱娜代表第四届理事会作工作报告，自治区副主席李康当选第五届名誉会长，自治区妇联主席王革冰当选第五届理事会会长，边疆、王栩、于璨、唐秀玲、陆云、孙小迎、黄筱娜当选为副会长，聘请李秋红、刘旭金为学术顾问。

学术交流　5 月 17 日，在南宁举行"先进性别文化建设研讨会"，来自广西各高校的专家学者、研究生，各地市妇联工作人员，各地市党校教师等共 90 多人参加。收到论文 159 篇，评出一等奖 8 篇、二等奖 20 篇、三等奖 30 篇，优秀组织单位 13 个。中华女子学院院长张李玺教授、广西师范学院教授顾凤威、广西大学教授乌尼日、来宾市妇联主席廖燕玲等作主旨发言。

科研成果　年内，在第三期中国妇女社会地位调查完成问卷调查的基础上，对广西的调查数据和结果进行交叉分析，撰写《第三期中国妇女社会地位调查(广西)主要数据报告》，协助自治区妇联召开"第三期中国妇女社会地位调查(广西)主要数据报告新闻发布会"。组织"先进性别文化建设"主题征文的部分优秀论文向《中国妇女报》投稿，8 篇获发表(唐红梅的《〈妇女发展纲要〉与先进性别文化的构建——社会性别意识在纲要中的发展》，韦冬雪等的《当代女大学生现代女性意识培养途径探微》，容骅的《对离婚案件中农村妇女权益保护的思考》，顾凤威的《先进性性别文化与社会主义核心价值》，关夏的《以生态文化建设推进生态文明建设》，罗萍等的《加强大学生先进性别文化教育初探》，徐莉等的《女孩的出生与成长：民族村落中生育习俗的社会性别观察》，莫小兰的《蓝靛瑶入赘婚的调查与思考——兼谈和谐性别文化的构建》)。主持完成《广西马克思主义研究与建设工程项目中国特色妇女解放道路研究》(省部级)、《社会主义新农村建设中广西农村妇女发展研究——以"妇女号基地"促广西农村妇女组织化发展》等课题 5 项，出版《中国化马克思主义妇女理论与实践研究》、《女性文学》等著作 12 部，发表《性别文化视域下我国女性高层人才发展的思考》、《性别文化中的冲突与嬗变》、《加强我国农村基层女性干部培训的思考》等论文和调研报告 38 篇。

5月17日，全国妇联副主席、书记处书记甄砚为自治区副主席李康颁发聘书。　　（广西妇女理论研究会供稿）

【广西国际经济贸易学会】 2012 年末有团体会员 18 个，个人会员 32 人。内设机构 4 个(教育培训部、国际交流部、法律服务部和企业服务部)，专职工作人员 2 人。现任领导机构是第六届理事会，有理事 50 人，其中常务理事 11 人。会长陆耀新，常务副会长兼秘书长李亦芝。

4 月 17 日，在南宁召开学会第六届会员代表大会，选举产生以广西国际商务职业技术学院党委书记陆耀新为会长的新一届学会领导班子，对学会章程进行修改。9 月 27 日，召开第一次常务理事扩大会，通过扩大学会业务范围、成立 4 个部(教育培训部、国际交流部、法律服务部和企业服务部)并确定分管领导等事宜。

年内，完成网站(www.gxiets.com)建设并投入使用，设置有学会概况、工作动态、政策资讯、教育培训、国际交流、法律事务、企业服务等版块，与中国国际贸易学会和全国各省(自治区、直辖市)国际贸易学会网站以及各团体会员单位网站链接。派员参加商务部、中国国际贸易学会在上海举办的 2012 年学术年会及相关的学术活动，派代表参加自治区社科联开展的学术研讨会和其他学术活动。

【广西老社会科学工作者协会】 2012 年末有个人会员 180 人(其中具有高级专业技术职务资格 78 人、中级 50 人)。内设机构 1 个(办公室)，工作人员 3 人。现任领导机构是第四届理事会，有理事 49 人，其中常务理事 34 人。会长韦英生、莫珍英，秘书长蓝晨。

2012 年，召开会长会议 2 次，常务理事会 4 次，会员大会 2 次，秘书长会议 6 次。

4 月 12 日，在南宁举办"推进文化改革发展"专题讲座，60 多名会员参加，协会副会长、自治区党校党史党建教研部主任黄飚教授主讲。5 月 15 日，组织会员参观广西规划馆，80 多人参加。8 月 14 日，组织会员南宁市到武鸣县双桥镇下渌村参观考察新农村建设，

70多人参加。8月17日,协助广西人口计划生委在武鸣县召开"黔桂人口计生工座谈会"。10月26日,在南宁举行"建设民族文化强区的理论与实践"学术研讨会,100多人参加,收到论文27篇,名誉会长、自治区老领导韦纯束、侯德彭出席并讲话。

年内,合作出版著作3部,编印个人诗文集2部,编印1部学术研究论文集(收入2010、2011年协会学术研讨会全部论文,共59篇,29万字),印制250册。1名副会长参加自治区党委宣讲团,到广西各地宣讲党的十八大精神。从会员2011年撰写的论文中选出18篇,推荐至自治区社科联《社会科学论丛》编辑部,全部刊用。推荐4篇论文参加"第十四期广西发展论坛"和"广西未成年人素质教育与理论实践研讨会",获二等奖1篇、三等奖2篇、优秀论文1篇。会员共撰写论文41篇,外出参加学术活动12人(次),应邀讲课、专题讲座、辅导报告12人(次)。被自治区社科联评为2010~2011年度先进学会。

8月17日,黔桂人口计生工作座谈会在武鸣举行。

(广西老社科工作者协会供稿)

【广西老年学学会】 2012年末有团体会员4个,个人会员930人(其中具有高级专业技术职务资格169人、中级206人),比2011年增加32人。内设机构1个(办公室),工作人员5人。现任领导机构是第五届理事会,有理事70人,其中常务理事21人。会长邵博文,秘书长齐白鸽。

5月至7月,由常务副会长赵业刚带队,组织调查组赴南宁市、桂林市、崇左市等地对建立学会组织机构、开展学术研究工作等有关情况进行调研,对学会所属分支机构(广西抗骨质疏松委员会)进行检查指导。7月10~13日,在玉林市召开"广西老年学学会工作(玉林)经验交流会",介绍了玉林市、柳州市、百色市、容县、北流市开展学会工作的经验和做法。会议期间,参观了容县老年学学会和老年大学。8月,组织参加"第五届中国十大寿星暨第三届中国十大百岁夫妻排行榜"推荐活动,广西各地推荐23名百岁老人,选报5名百岁老人参加全国排行。12月26日,齐白鸽参加中国老年学学会在北京钓鱼台国宾馆举办的"第五届中国十大寿星、第三届中国十大百岁夫妻排行榜揭榜活动"。学会推荐的巴马瑶族自治县的百岁老寿星罗美珍以127岁的高龄再次蝉联全国十大寿星榜首。10月23日,与广西医科大学老干处联合开展敬老节慰问活动,到广西医科大学走访慰问10位老党员、老红军、老教授、老职工,送去慰问金和慰问品。9月15~16日,组织参加中国老年学学会在南京举办的"全国心理和谐与社会关爱——老年心理健康与心理疾病预防高峰论坛",报送论文50多篇,15篇被评为优秀论文,学会获优秀论文组织奖,学会推荐的广西柳州市夕阳红医疗康复护理院获全国十佳先进集体称号。10月25日至11月2日,由学会常务副会长赵业刚带队,组织学会领导和工作人员赴云南、贵州、重庆等地学习考察开展老年学学会工作经验,开展"长寿之乡"评选的做法等。12月17~20日,在南宁召开"广西老年心理健康与心理疾病预防理论研讨会",来自广西各市老年学学会的领导和工作人员、学会的常务理事、专家学者、论文作者和各市老龄办的代表共70多人参加,收到论文92篇,评出优秀论文30篇(其中:一等奖5篇、二等奖8篇、三等奖17篇),对优秀论文的作者和组织单位给予表彰奖励。

【广西行为科学学会】 2012年末有团体会员74个,个人会员997人。内设机构4个(行为科学培训中心、秘书处、信息资料服务部、学习型组织研究中心);设分支机构10个(创造行为专业委员会、公共关系专业委员会、医学行为专业委员会、关心残疾人行为专业委员会、教学行为专业委员会、企业文化专业委员会、法学行为专业委员会、老年科学技术分会、企业行为专业委员会、旅游行为专业委员会),代表机构1个(玉林办事处)。现任领导机构是第六届理事会,有理事163人,其中常务理事83人。会长兼秘书长何品荣。

8月18~20日,副会长徐向东、副秘书长刘承勇、高少波参加在安徽合肥工业大学举行的"全国行为科学联席会2012年会暨第23届学术研讨会"并提交论文(何品荣、徐向东《基于提高企业竞争力的人力资源管理体系的探析》,高少波《网络条件下的企业思想政治工作探析》)。11月10日,在广西经济管理干部学院举办"2012年广西社会科学普及十月大行动之'科学发展　富民强桂'系列科普讲座之'南新经济走廊——南崇经济带发展'专题讲座",60多人参加。何品荣教授以及学会副秘书长农福庞讲师分别主讲,主要内容为:东盟、南新经济走廊和南崇经济带的关系;南崇经济带对于东盟及广西经济发展的作用;南新经济走廊和南崇经济带面临的挑战；南崇经济带的未来发展。12月11日，刘承勇参加在沈阳召开的“全国行为科学联席会会长、秘书长暨专家委员会会议”。

年内，何品荣主编的《行为科学在广西》由漓江出版社出版。

广西行为科学学会开展科普活动。

（广西行为科学学会供稿）

【广西广播电影电视协会】 2012年末有团体会员60个。内设机构2个（秘书处、史志编辑室），工作人员6人。现任领导机构是第五届理事会，有理事137人，其中常务理事58人。会长彭钢，秘书长郑永明。

2月28日，召开学会五届五次常务理事会，总结2011年度工作，对2012年度工作进行部署，审议通过人事议案，增补理事8人，常务理事9人，特邀理事1人，副会长3人；审议通过《关于广西广播电视学会更名为广西广播电影电视协会》的议案和《广西广播电影电视协会章程》（草案）。

优秀作品评选　2月至5月，组织开展2011年度广西广播电视奖作品评选，共收到广西各级广播电视机构送评的新闻、社教、广播文艺、播音主持、外宣、广播电视报、论文、广播电视网站、县级广播电视台站以及创新奖等9个类别的作品共1372件，经学会组织专家评选，评出获奖作品858件，其中一等奖125件、二等奖298件、三等奖418件、创新奖18件。年内，受广西新闻工作者协会委托，承担2011年度广西新闻奖广播电视类作品的评选工作，评委会从2011年度广西广播电视奖获奖作品中评出获广西新闻奖的作品330件，其中一等奖54件、二等奖98件、三等奖178件，在此基础上，推荐5件作品参评第21届中国新闻奖，广西电视台新闻评论《名不副实的“公考”培训班》获得电视新闻评论二等奖，广西人民广播电台的系列报道《“百色经验”树起全国中小煤矿新标杆》获得广播消息三等奖，《去年今年同一天，中缅互助一家亲》获得国际传播消息三等奖。在7月举行的2011年度中国广播影视大奖新闻节目复评中，广西有6件作品入围，其中广西人民广播电台的连续报道《鱼水情深的壮丽凯歌——记我区营救受伤空军飞行员》入围广播新闻大奖，现场直播《广西钦州保税港区开港仪式现场直播》，短消息《贫困地区马山县建起89个爱心厨房，孩子们吃上免费营养餐》入围提名奖。广西电视台、崇左电视台的短消息《“农事钟点工”田间淘金》、河池广播电视台的电视新闻专题《大山深处的坚守》、广西电视台综艺频道的新闻专题《“48小时”的困惑》（由中广协会法制节目委员会推荐）入围提名奖。年内，编撰出版《2011年度广西广播电视奖优秀作品选》（28万字）。推荐5篇作品参评第十二届全国广播电视学术论文评选，2篇获二等奖，3篇获三等奖。

队伍建设　6月至11月，由学会领导及广西人民广播电台、广西电视台专家组成的专家组利用双休日下基层授课，先后在钦州、贵港、崇左、梧州等市举办广播电视采编业务培训班共4期，培训市县采编人员400多人。

年内，出版《视听》12期，刊发论文295篇，共116.85万字。完成《壮族百年实录》、《广西科技发展史》、《当代广西》、《辉煌“十一五”看广西》等典籍广播电视部分的供稿任务，完成向《中国广播电视年鉴》、《广西年鉴》、《中国新闻年鉴》供稿工作，完成《中国广播电视年鉴》的年度发行任务，自治区广电局获得2011~2012年度《中国广播电视年鉴》工作先进单位称号，自治区广电局局长彭钢获得优秀组织工作者称号、史志编辑室谢向东被评为先进工作者。

【广西供销合作社会计学会】 2012年末有团体会员102个（其中具有高级专业技术职称资格7人），工作人员2人。现任领导机构是第五届理事会，有理事34人，其中常务理事11人。会长黎明，秘书长吴显振。

5月18日，在桂林召开学会理事会议，传达总社会计学会工作会议精神，对全年学会重点工作进行部署，并研讨总社准备出台的《供销合作社社有资产管理办法》。6月5~24日，吴显振带队进行2010~2011年中

5月23日，2012年广西供销合作社系统财会审计会计学会工作会议在南宁举行。（广西供销合作社会计学会供稿）

央新网工程资金的检查,深入南宁、梧州、贺州、桂林等市的有关单位以及市、县,通过听取汇报,抽查项目建设现场、资金使用和账簿核算情况,基本掌握资金的使用情况,并向财政部、全国总社上报检查报告。7月18日,在柳州召集8所直属院校的理事召开部门预算执行会议,研讨新形势下如何加快部门预算执行进度。9月27日,吴显振与部分理事参加总社在四川成都举办的"中国合作社农村金融服务发展论坛",吴显振代表广西发言。11月16~18日,在南宁举办"广西供销社系统《小企业会计准则》暨新网工程项目文本编制培训班",广西财经学院陆建英副教授讲授《小企业会计准则》颁布背景、与《小企业会计制度》对比、新旧会计处理衔接问题等;自治区联社财审处吴玉华讲授"新网工程"项目文本编制中存在的问题、编制方法;自治区联社财审处处长吴显振对执行新准则注意事项及社有资产监督管理等方面进行讲解;自治区财政厅商粮贸处处长黄高留对"新网工程"项目财政支出绩效评价工作进行部署。12月18日,在南宁召开学会常务理事会,研讨《广西供销社会计基础工作考评办法》、《广西壮族自治区供销社项目资金监督检查办法(试行)》。

年内,编印《广西供销社会计》(内刊)4期,发表各类文章57篇。

【广西检察官协会】 2012年末有团体会员15个,个人会员1123人(其中具有高级专业技术职务资格的30人、中级63人)。内设机构1个,工作人员4人。现任领导机构是第三届理事会,有理事65人,其中常务理事27人。会长张少康,秘书长邓炳辉。

年内开展的学术活动主要有:4月26~27日,由广西检察官协会、自治区检察院主办,桂林市人民检察院承办的"广西检察理论研究年会暨第十二届广西检察理论研究优秀成果奖颁奖大会"在桂林召开,主题为"诉讼监督与能动检察"。自治区人民检察院有关部门负责人、广西师范大学、桂林电子科技大学、广西大学的专家教授、《西南政法大学学报》编辑部主任和广西检察系统的代表共100余人参加,收到文章314篇,其中普通论文类136篇、案例研究论文类60篇、调查报告类118篇,评出普通论文和案例研究论文类优秀成果奖40项、专题调研类20项、组织奖4个。桂林市委、市政府、市政协、市人大等有关领导出席。6月7~8日,在凭祥召开"新刑事诉讼法与检察工作专题研讨会",特约专家、获奖作者代表共50人参加。12月14~15日,在梧州召开"广西检察机关检察委员会工作规范化建设理论研讨会暨经验交流会",特约专家、获奖作者代表共60人参加。

年内,编印《检察理论与实践》4期,编发文章128篇,约100多万字。会员发表3000字以上检察理论文章3900篇,其中在知名期刊发表(含专刊、增刊)56篇。7项成果获广西第十二次社会科学优秀成果奖。

6月7日,广西新刑事诉讼法与检察工作专题研讨会在凭祥召开。(广西检察官协会供稿)

【广西社会学学会】 2012年末有单位会员8个,个人会员121人。内设机构1个(学会秘书处),工作人员1人。现任领导机构是第6届理事会,有理事44人,其中常务理事23人。名誉会长邓壬富,常务副会长谢舜,秘书长闭伟宁。

11月16日,在广西民族大学召开学会年度大会暨广西社会学学科建设研讨会,邀请中央民族大学及湖北民族学院的专家学者参加,收到论文16篇。

年内,获得立项的课题有:国家社科基金一般项目2项,教育部人文社会科学研究一般项目2项。承担中国综合社会调查(CGSS)广西区调查;2012年中国综合社会调查老年问题调查广西区调查。会员主持或参与的国家部委课题及其他各级各类横向科研项目70余项,发表论文90多篇,多篇论文被人大复印资料、新华文摘等转载。

11月16日,广西社会学年会暨广西社会学学科建设研讨会在南宁召开。(广西社会学学会供稿)

【广西东南亚研究会】 2012年末有团体会员45个,个人会员302人。现任领导机构是第七届理事会,有理事35人,其中常务理事15人。会长古小松,秘书长农立夫。

4月,在崇左与崇左市人民政府联合举办"第二届崇左市与东盟合作论坛",负责组织东盟参会嘉宾。8

月，在南宁举办"《越南国情报告·2012》出版新闻发布会暨上半年越南经济形势发展研讨会"，广西研究东南亚问题的研究机构和教学部门的专家学者，实际工作部门有关领导，企业家共80人参加，《广西日报》、广西电视台、广西电台、北部湾电台进行报道。9月17~18日，协助举办"第五届中国—东盟智库对话论坛"。年内，分别参加由中国社科院、北京大学、中国国际问题研究所、暨南大学、云南大学、广西民族大学等教学和研究机构举办的研讨会。接待来自越南、老挝、柬埔寨、泰国、新加坡、马来西亚、菲律宾等国家的学术代表团，到台湾郑成功大学以及老挝社科院和柬埔寨皇家科学院等单位进行学术交流。

年内，承担各种课题(包括国家社科基金项目一般课题及西部课题)45项，会员出版《泛北部湾合作发展报告·2012》、《越南国情报告·2012》、《中国—东盟年鉴·2012》等著作，发表论文80篇，在《广西日报》等报刊发表文章22篇。

【广西商业经济学会】 2012年末有团体会员130个，个人会员184人(其中具有高级专业技术职务资格的75人)。内设机构1个(秘书处)，工作人员8人。现任领导机构是第七届理事会，有常务理事116人。会长黄云光，秘书长刘宁杰。

5月5日，在南宁召开学会第七次会员代表大会，总结第六次会员代表大会以来各项工作取得的成绩和经验，审议通过《广西商业经济学会章程》(修订稿)，选举第七届常务理事会和第七届领导班子。

年内，开展的学术活动主要有:2月22日，邀请全国人大代表、管理学家郭国庆教授到广西财经学院讲学。5月19日，与广西财经学院联合举办"第二届中国—东盟国际化商务人才培养模式创新与实践研讨会"，广西大学、广西民族大学等28所广西高校的专家学者，南宁市高新区管委会、南宁市民主建国会、中南大学出版社领导及有关外贸企业的代表等共200多人参加。9月24日，第九届中国—东盟博览会、第三届中国—东盟物流论坛在南宁举办，学会副会长黄刚教授主持"陆路东盟崇左看"专题研讨会，学会副秘书长张建中副教授作"新形势下中国—东盟外贸发展趋势及贸易政策调整"的主题发言。9月28日，与广西财经学院、自治区社科联、广西财经学院社科联共同举办"企业家论坛"。10月25日，学会执行会长、广西财经学院副院长夏飞教授，张建中出席由中国社会科学杂志社主办、江苏师范大学承办的"第六届中国社会科学前沿论坛"，夏飞作题为"应对南海安全的中国—东盟经贸发展战略及其政策调整"的演讲。10月10~30日，与广西财经学院工商管理学院及相关企业共同发起"企业商学院"培训项目，先后为广西百兴盛酒业有限公司、广西糖网食糖批发市场有限责任公司、广西上英集团有限公司、广西英德集团等多家企业定制化培训高层管理人员和一线员工，同时招收部分在校学生参与，为企业定制化培养员工。11月24日，由广西财经学院管理科学与工程学院承担的"广西高等学校特色专业——物流管理及课程一体化建设项目研讨会"在南宁举行。夏飞、广西玉柴物流有限公司党委书记农永坚、广西通信产业服务有限公司物流分公司副总经理张勇、广西九州通医药有限公司总经理张凡、广西新跃汇物流有限公司经理黄沪平、广西财经学院教务处副处长龚三乐教授等出席，夏飞致欢迎辞。11月25日，与广西财经学院和广西房地产业协会在广西财经学院联合举办"广西房地产人才培养高峰论坛"，有关专家学者以及广西地大集团、广西嘉和集团、广西建设房地产、广西宁铁腾龙房地产等5家企业领导出席。12月18日，由国家人社部主办，广西财经学院与广西商业经济学会承办的第十一期"DMC创业基础课程"研修班暨第七期人社部"创业指导师"培训班在广西财经学院开班。12月30日，派出多位代表参加湖南、湖北、广东等省兄弟学会的活动。

【广西城市金融学会】 2012年末有团体会员12个，个人会员150人(其中具有高级专业技术职务资格的109人)。内设机构1个(秘书处)，工作人员7人。现任领导机构是第五届理事会，有理事21人，其中常务理事5人。会长许桂北，秘书长潘福常。

年内，学会开展的学术活动、科研工作和学会管理工作主要有:一是开展一系列学术交流活动，引导员工加强对金融知识、职业道德、法纪法规的学习，积极参与自治区社科联、广西金融学会、广西银监会等组织的课题科研活动及学术研讨活动。二是加强科研工作，全年共完成调研文章68篇(其中总行重点调研课题5篇)，8篇调研报告和综合材料得到领导批示或报纸杂志采用发表。年内，充分利用行内《网讯》、《工作研究》等，展示和交流员工调研成果;编辑精选论文、调研报告，形成专题论文集;推荐多篇文章至《中国城市金融》、《城市金融报》、《区域金融研究》、《广西日报》、新华网、中国新闻网、广西新闻网等媒体上发表;编发《经营参考》内刊36期。工行广西分行行长黄再红撰写的论文《广西分行推进人民币跨境清算(结算)中心建设的探索与思考》获第十一届全国城市金融优秀调研报告"优秀奖"。三是加强日常管理工作。如健全完善学会管理制度，加强学会经费管理，抽派负责学会工作的人员参加总行学会组织的4期培训班，派员参加自治区政府、广西金融学会、自治区社科联组织的理论研究培训班。年内，学会被中国城市金融学会授予"2011~2012年度优秀团体会员进步奖"称号,潘福常被中国城市金融学会授予学会工作先进个人(学会从业纪念奖)。

【广西农村财政研究会】 2012年内设机构1个(秘书处),工作人员1人。现任领导机构是第四届理事会,有理事53人,其中常务理事23人。会长李代信,秘书长江庆深。

12月7日,在南宁召开研究会第四届会员代表大会,53人参加。会议审议通过第三届理事会工作报告,选举产生第四届理事会及领导班子。

年内,与自治区财政厅教科文处、农业处、政策研究室以及自治区社科联等相关单位的处室,联合开展《我国城乡一体化进程中的农民市民化问题研究》、《支持广西农业科技创新能力研究》、《广西集中连片特殊困难地区扶贫政策研究》等课题调研,形成研究报告,为自治区党委、政府提供决策参考。

【广西壮学学会】 2012年末有团体会员8个,个人会员500多人(其中具有高级专业技术职务资格230人、中级140人)。内设机构1个(秘书处),工作人员7人。设有民族史、民族文化艺术、民族文学、民族语言文字、壮族哲学与民族宗教信仰、壮族医药、壮族经济与旅游、国际学术交流与壮学论坛、壮族文化传播等9个学术研究专项委员会,每个委员会设2~3名主任委员。现任领导机构是第三届理事会,有理事80人,其中常务理事23人。会长覃彩銮,秘书长刘建平。

1月,在南宁与广西民族研究学会联合举行2012年新春茶话会,在邕两学会有关领导、常务理事以及部分专家共30多人参加。

调研活动 2月,覃彩銮研究员带队赴靖西县开展依智高遗址的田野考察活动。3月,自治区原副主席、学会名誉会长张声震率壮学考察团赴平果县博物馆考察感桑石刻。7月,副秘书长黄家信教授带领广西民族大学民族学专业2009级5名本科生、2名硕士生,到隆林各族自治县阿稿寨进行为期20天的人类学、民族学田野考察。8月,理事覃凤余教授带领广西大学文学院的数名硕士研究生分别对陆川、凤山、扶绥、东兰等县的汉语支系方言及壮语方言等进行田野考察。年内,理事许晓明副研究员到大新县榄圩、那岭乡以及德保、隆安、田阳等地进行"陇峒节"及歌圩、民间节日及信仰等进行田野调查。

学术活动 3月28~30日,与百色市人民政府联合主办,田阳县委、县人民政府承办的"2012年百色市布洛陀民俗文化旅游节"在田阳举行,来自云南、广东、湖南、贵州、福建等省,以及泰国、越南等东盟国家的嘉宾共40多万人参加活动。期间,举行布洛陀祭祀大典、"田阳布洛陀文化学术研讨会"等活动,50多位专家学者参加研讨会,提交论文30余篇。5月,理事覃凤余教授委托其学生黄阳在法国巴黎举行的"2012年国际东南亚语言研讨会"上,全文宣读她的论文《壮语方言源于分类词的定语标记》。8月,覃凤余应自治区民政厅区划地名处委托,在广西"政区大典及地名词典编纂"培训会上,作题为"广西地名层次"的主题演讲。10月,顾问潘其旭研究员在广西电视台"历史文化大讲堂"专栏,作题为"古道壮风怀赵翼"的学术讲座。12月,与广西民族研究学会部分负责人和西南民族研究学会的负责人在邕进行学术交流,就2014年广西拟承办西南民族研究学会年会暨学术研讨会的有关事项交换意见。

科研工作与成果 5月,覃彩銮,副会长廖明君、赵明龙以及理事黄金海等参与自治区党委主持实施的"广西民族团结进步事业发展专题研究"项目,分别撰写完成多篇专题性的理论研究论文与报告。7月,协助自治区民委,联系和召集广西大学、广西师范大学、广西民族大学、自治区党校、广西社科院、广西民族问题研究中心、广西民族艺术研究院、广西民族研究学会、广西瑶学会、广西侗学会、广西苗学会、广西彝学会、广西伊斯兰教协会、广西少数民族语文学会、壮族作家创作促进会、壮族在线网站等单位的专家学者承担和完成了"2012年民族问题和民族工作"的选题和委托调研工作。年内,获国家社科基金课题立项5项,地厅级课题立项20余项;国家社科基金结项4项(其中1项为西部社科基金)。会员出版专著40余部(其中广西非物质文化遗产名录丛书37部),发表论文100多篇。成果获广西第十二次社会科学优秀成果奖一等奖1项、二等奖9项、三等奖6项。

【广西监察学会】 2012年末有团体会员10个,个人会员317人(其中具有高级专业技术职务资格23人、中级29人)。内设机构1个(秘书处),有专职人员3人。现任领导机构是第四届理事会,有理事67人,其中常务理事28人。会长廖坚,副会长兼秘书长李嵩。

学术活动 3月,组织开展征文活动,主题是:党风廉政建设和反腐败工作面临的新情况新问题,今后反腐倡廉建设的总体思路、目标任务和应采取的重大举措;基层党组织建设、政权建设方面存在的问题。共收到论文103篇,评出获奖论文57篇,其中特别奖6篇、一等奖5篇、二等奖10篇、三等级15篇、优秀奖22篇,并对优秀论文给予奖励。12月中旬,李嵩参加中国监察学会在广东惠州召开的优秀理论研究成果交流会。年内,组织撰写论文,并择优报送3篇参加中央纪委监察部廉政理论研究中心和中国监察学会共同举办

的 2012 年度优秀理论研究成果(论文)评选活动,获三等奖 1 篇、优秀论文奖 2 篇。组织 3 篇论文分别参加自治区社科联举办的"第四届广西社会科学界学术年会"、"第十四期广西发展论坛"活动,1 篇获二等奖,并在学术年会上交流。

组织建设　年内,成立广西监察学会建设分会,发展崇左市监察学会为单位会员。7 月 6 日,桂林市监察学会派理事文舜庭参加"中国监察学会分支机构、单位会员秘书长培训班"学习。8 月,贵港市监察学会召开第一届第四次会员代表大会,选出新一届领导机构。

年内,编印会刊《研究与思考》(内刊)4 期,刊登自治区党委、自治区纪委监察厅领导的讲话、调研报告、论文等 20 多篇,纪检监察工作信息 11 条。

【广西警察协会】 2012 年末有团体会员 56 个。内设机构 1 个(秘书处),专职工作人员 5 人。现任领导机构是第一届理事会,有理事 82 人,其中常务理事 19 人。主席陆炳华,秘书长李勇,专职副秘书长唐巍。

12 月,召开协会第一届第 5 次全体理事会议,总结第 4 次理事会以来主要工作,部署 2013 年工作,增补理事 2 名、常务理事 1 名。

年内,开展的学术活动主要有:3 月,开展广西公安理论研究征文活动,共收到论文 338 篇,评出一等奖 3 篇、二等奖 7 篇、三等奖 20 篇、特别奖 2 篇,组织奖 5 个。组织会员参加中国警察协会、广西社科联、广西法学会等单位组织的各种学术活动,如第四届中国警学论坛、海峡两岸四地警学研讨会、第七届"中国泛珠三角合作与发展法治论坛"、广西加强和创新社会管理理论研讨会、广西未成年人素质教育理论与实践研讨会、第四届广西社会科学界学术年会、广西首届民族区域自治论坛、亚洲警察研究协会 2012 年年会等活动,协会副主席何炬,南宁市警协副主席戴建梁、副秘书长丁宁和阳朔县公安局民警丘克克等撰写的论文分别获奖。12 月,协助中国警察协会就筹建"中国—东盟警学论坛"进行前期调研工作。年内,接待广东、辽宁、云南、浙江等省警协和台湾、香港警察社团的来访,组织南宁、桂林、来宾、梧州、钦州、贺州、百色、崇左等市的警察协会领导分别赴外省学习考察。

年内,协会公安民警法律服务中心维权工作站共办理 10 起维权案件,为公安民警及家属免费提供法律咨询服务 130 多人(次)。广西 14 个设区市警察协会建立了日常办事机构,落实了专职工作人员,北流、陆川、阳朔三县和桂林市秀峰区等一批县级警察协会成立。全年编印会刊《警坛纵横》(双月刊)6 期。

【广西研究生联合开发促进会】 2012 年末有团体会员 10 个,个人会员 58 人。内设机构 2 个(办公室、财务部),工作人员 4 人。现任领导机构是第四届委员会,有理事 10 人,其中常务理事 3 人。会长刘耀宁,秘书长董明。

学术活动　5 月 11 日,在南宁市高新区大学生科技创业基地举办"在孵企业科技项目申报、企业人才管理报告会",主要针对新入驻的孵化企业申报科技项目、创业人才档案职称、劳动合同管理等问题进行辅导。来自创业基地 38 家公司的 126 名员工参加。7 月 20 日,举行以"捧回诺贝尔奖"为主题的"首届马克思主义三化非常讨论会",以评议人民网强国论坛《不能不问的问题》帖文汇编《思维变革论》为引线,探讨思维变革的重大意义,促进中华民族持续腾飞等问题,来自广西大学、广西民族大学、广西师范学院、广西财经学院等单位的专家学者共 48 人参会,收到论文 34 篇,评出获奖论文 12 篇,其中一等奖 1 篇、二等奖 2 篇、三等奖 3 篇。

业务活动　7 月 5~9 日,派出顾问团协助南宁高新区参加在北京举办,由国家科技部联合国家发改委、财政部、国土资源部、住房和城乡建设部主办的"国家高新技术产业开发区建设 20 年成就展"。年内,开展项目引进活动,协助南宁高新区多次派出小分队赴北京、上海、杭州、广州、深圳、大连等地挖掘项目,考察、对接洽谈一批实力强、质量高的企业和项目。开展科技企业孵化器建设的培训工作,共举办培训会 4 场,260 人参加,给钦州市科技各部门、钦州市高新区及相关工业部门进行题为《做专业孵化人,实现广西孵化事业新跨越》的专题培训会,得到好评。

科研工作与成果　1 月至 6 月,开展广西科技企业孵化器的调研工作。课题组成员赴南宁、柳州、桂林、北海、梧州、钦州等市调研,通过召开座谈会、深入有关单位查阅资料等方式,对广西科技企业孵化器的现状及改革情况进行调研,共召开座谈会 12 次,180 人参加。按照《自治区党委办公厅　自治区人民政府办公厅印发〈关于深化科技体制改革加快广西创新体系建

钦州市科技企业化器与高新技术产业发展专题报告会在钦州召开。　(广西研究生联合开发促进会供稿)

设的实施方案〉的通知》精神，按照国家科技企业孵化器考核体系的标准要求，在调研的基础上形成《2011年广西科技企业孵化器发展报告》，报告的全部数据在2012年广西科技企业孵化器工作年会上采用。年内，刘耀宁作为主要编写人，历时3个月，对广西各个科技部门进行调研，为自治区科技厅编写完成《全面加快广西科技企业孵化器建设实施方案》(桂政办发〔2012〕264号)。

【广西比较经济学学会】 2012年末有团体会员50个，个人会员315人(其中具有高级专业技术职务资格60人)。内设机构4个(办公室、学术部、外联部、财务部)，工作人员3人。现任领导机构是第三届理事会，有理事120人，其中常务理事69人。会长林卓群，秘书长黄山。

9月18日，《比较经济学》公选课课程开班仪式在广西机电职业技术学院举行，广西机电职业技术学院建筑工程系的部分教师和主修《比较经济学》公选课的学生共60多人参加开班仪式，会长林卓群、副会长李晓东教授、秘书长黄山参加。《比较经济学》课程使用的教材为林卓群和副会长李欣广教授等编著的《中国式比较经济学简论》和《中国式比较经济学基础研究》两部专著。11月26日，在南宁主办"新时期民间社会组织党建工作研讨会"，30多人参加。与会者探讨了民间社会组织党建工作的误区和难点，并从健全法律法规，创新管理体制、激励机制、活动方式、教育培训机制等方面对民间社会组织党建工作的创新提出建议。年内，分别组织专家学者深入上汽五凌集团公司、柳州顺行汽车配件厂、广西经贸集团公司、广西佳宁智能科技有限公司、广西天博科技有限公司、广西五星化工有限公司等企业开展调研活动；举办会员交流联谊会；协助会员单位和有关部门接待美国、加拿大、越南、柬埔寨等国家和香港、澳门、台湾地区的客商10人(次)，接待北京、上海、广东、深圳、福建、贵州等地的客商16人(次)，协助洽谈项目6个。李晓东教授主编的《中国南宁房地产发展报告(2012)南宁蓝皮书》由广西人民出版社出版发行。

11月26日，新时期民间社会组织党建工作研讨会在南宁召开。（广西比较经济学学会供稿）

【广西生产力促进会】 2012年末有团体会员29个(其中具有高级专业技术职务资格的16人)。内设机构3个(秘书处、财务处、驻北京联络处)，工作人员6人。现任领导机构是第七届理事会，有理事36人，其中常务理事19人。会长梁华腾，秘书长韦广平。

4月15日，在南宁召开促进会第七届会员代表大会，来自广西各地的49名会员代表参加。梁华腾代表第六届理事会作工作报告，讨论通过2012年工作计划，研究部署2012年工作，选举产生第七届理事会成员及领导班子。

年内，承担自治区部分厅局和部分市、县滇桂黔石漠化区(广西)区域发展与扶贫规划编制工作，完成《2012年广西工业发展报告(广西工业发展蓝皮书)》、《工业化率与城镇化率发展关系研究》、《广西工业与财税关联性及协调发展研究》、《广西工业和信息化前期研究课题成果汇编》、《广西重点产业龙头企业配套关系研究》、《广西蔗糖储备财政政策研究》、《广西壮族自治区煤矿机械化发展"十二五"规划》、《广西壮族自治区煤炭工业发展"十二五"规划》、《设立广西中小企业发展基金研究》、《广西政府支持中小企业发展成果研究报告》等15个课题。

4月15日，广西生产力促进会第七届会员代表大会在南宁召开。（广西生产力促进会供稿）

【广西朱熹思想研究会】 2012年末有会员685人(其中具有高级专业技术职务资格102人、中级78人)。内设机构7个(秘书处、联络部、学术部、经发部、客家文化研究中心，朱子后裔联谊会、《朱子论坛》编辑部)。现任领导机构是第四届理事会，有理事135人，其中常务理事35人。会长朱光葳，秘书长朱光穗。

2012年，召开研究会理事会1次，常务理事会4次，对工作进行阶段性检查和调整，提出各种建议。

1月，与博白客家联谊会，博白松旺镇政府共同举办"纪念抗日爱国将领朱为鉁诞辰120周年暨'勿忘国耻，振兴中华’抗日战争图片展”。8月，授予朱为鈖故居《朱子后名人古迹》牌匾。6月1日，与香港黄埔军校后代联谊会、广西桂花合唱团在博白县松旺中心小学举办以“热爱祖国、振兴中华”为主题的“六一”庆祝活动。8月，在博白县召开“第八届朱子后裔学子升学表彰资助大会”，对玉林市内朱子后裔学子升入高等院校和重点高中的优秀学子共80多人给予物质奖励，对家庭困难的学子给予经济资助。年内，在网络发出“救救朱光故居”的呼吁，10多个网站转发，博白县政协部分委员向博白县委、县政府提出《建议政府拨款尽快修复老一辈革命家朱光故居的提案》，争取到博白县财政拨出专款40万元修缮朱光故居。先后派员参加各种学术活动，如7月，应印度尼西亚朱子学研究会的邀请，派员前往印度尼西亚巨港市参加当地朱姓华人的庆典；10月，朱光葳到新加坡出席世界朱氏联合会的第26次运营工作会议；10月，朱光葳出席“温州市朱子学术研究会第二届第一次学术研讨会”。

年内，向博白县松旺镇中小学捐赠教学设备、书籍和办公设备一批。

广西朱熹思想研究会向博白县松旺中小学捐赠教学办公设备一批。　（广西朱熹思想研究会供稿）

【广西数量经济学会】 2012年末有个人会员150人（其中具有高级专业技术职务资格的44人、中级69人）。内设机构1个（秘书处），工作人员6人。现任领导机构是第三届理事会，有理事66人，其中常务理事36人。会长宋佰谦，秘书长陈洁莲。

学术活动　12月16日，在南宁举办“广西数量经济学会学术研讨会暨第四次会员代表大会”，100人参加。10月15日，在南宁承办“2012年广西经济形势研讨会”，约50人参加。年内，会员多次应邀参加国内外学术交流活动，如陈洁莲赴加拿大英属哥伦比亚大学任访问学者；姚华和黄小青分别参加广西高层次紧缺人才赴国外中期培训见习项目的现代物流专题和美国在自贸区建设中取得的经验专题，并借助出国进修的机会，与新加坡、美国等国学者开展统计学、区域经济学领域的学术交流；叶裕惠教授出席全国中青年农业经济学者学术年会并作“关于农村土地承包经营权流转的若干问题”的主题报告；毛艳参加中国青年企业家“南新走廊行”活动，赴越南、老挝、缅甸、泰国、柬埔寨、马来西亚、新加坡等国进行考察交流；多名会员多次参加广西市场经济学会、广西统计学会、广西经济学会、广西价格学会、广西可持续发展促进会等学术团体举办的学术研讨会，提交论文并在会上作交流发言。

科研成果　年内，主持或参加课题研究共35项。完成的课题有：《广西事业单位编制总量控制研究（一期）》、《南宁市建设内陆开放型经济战略高地》、《北部湾国家海洋经济试验区建设构想》、《广西2012~2013年经济发展分析与预测》、《构想适应“M”型区域经济合作需要的外向型人才开发与管理战略研究》、《我国沿海地区与北部湾经济区开放开发比较分析及对策研究》、《广西“十二五”时期重点行业人才需求分析报告》、《新兴城市（来宾）战略性新兴产业发展试验区建设问题研究》、《防城港冠亚再生资源加工利用及电子交易中心项目建议书》等。编辑出版《广西经济形势分析与预测（2013）》蓝皮书。会员发表论文20多篇。成果获广西第十二次社会科学优秀成果奖一等奖1项、二等奖2项、三等奖2项，获自治区政府决策咨询成果奖二等奖1项，广西社会科学院蓝皮书一等奖1项，1篇调研报告获时任自治区党委书记郭声琨批示。

【广西市场经济研究会】 2012年末有团体会员66个，个人会员876人（其中具有高级专业技术职务资格293人、中级466人）。内设机构6个（办公室、理论部、培训部、咨询服务部、法律服务部、综合发展部），工作人员27人（专职3人，兼职24人）。现任领导机构是第三届理事会，有理事213人，其中常务理事106人。会长张敦，副会长兼秘书长王德民。

5月4日，在南宁召开研究会会长（扩大）工作会议，27人参加。6月6~7日，在东兴召开“东兴开发开放试验区产业发展座谈会”，38人与会。8月16日，在凤山县召开“滇桂黔石漠化片区扶贫开发理论研讨会”，128人与会，收到论文和调研报告266篇，自治区社科联副主席刘家凯研究员出席并讲话。12月9日，在南宁召开“李甫春民族研究学术成果研讨会”，66人与会，自治区社科联党组书记、主席王士威出席并致辞。12月12日，在南宁举办“加快海洋经济建设，推进广西区域发展”专题讲座，250人参加。12月14日，在南宁召开“学习贯彻党的十八大精神暨2012年度理事会”，106人与会，广西大学原党委书记、广西市场经济研究会副会长阳国亮研究员做“党的十八大精神辅导报告”,王德民教授汇报2012年研究会的主要工作情况,副会长李克英作“关于增选理事会常务理事和理事的说明”。会议还研究讨论了2013年工作计划。

年内,出版著作《桂西资源开发新思路》。会员成果获广西第十二次社会科学优秀成果奖二等奖2项、三等奖5项。学会被自治区社科联评为2010~2011年度先进学会。

【广西抗战文化研究会】 2012年末有个人会员114人(其中具有高级专业技术职务资格69人、中级35人)。内设机构2个(秘书处、财务处),工作人员5人。现任领导机构是第五届理事会,有理事29人,其中常务理事21人。会长李建平,副会长兼秘书长王建平。

3月16日,参与承办由自治区社科联和广西社会科学院联合举办的“以社科管理创新推进文化大发展大繁荣”座谈会,李建平发言。9月12日,主办“桂林抗战艺术史与广西当代文艺发展研讨会”,探讨桂林抗战艺术发展史实、过程、贡献和对当代文艺发展的作用,名誉会长黄铮、副会长王建平以及广西师范大学教授张利群、广西美术出版社编审苏旅作专题发言。年内,开展和参与科普活动3次,召开理事会1次。

年内,完成各类课题16项,共320万字,包括国家社科基金项目2项(黄晓娟主持的《当代少数民族女性文学研究》,获得良好等级;李建平主持的2009年度国家社科基金艺术学项目《桂林抗战艺术》),广西哲学社会科学规划项目2项(王绍辉主持的《广西审美文化与文艺发展研究》,刘绍卫主持的《中国共产党领导广西实现四个模范的历史考察及经验研究》),广西社会科学院2012年院级重点课题2项(《建设民族文化强区路径研究》、《广西文化产业新业态新增长点研究》)。编撰出版《2012年广西蓝皮书·广西文化发展报告》。会员出版专著11部,发表论文93篇。会员成果获广西第十二次社会科学优秀成果奖二等奖1项、三等奖1项。出版《抗战文化研究》年刊第6辑(2012年版),汇集论文26篇,史料3篇,共34万字,编印《广西抗战文化研究会会刊》1期。黄晓娟入选第14批“广西新世纪十百千优秀人才”第二层次人才。

【广西新四军历史研究会】 2012年末有个人会员168人(其中具有高级专业技术职务资格3人)。内设机构3个(办公室、编辑部、学术委员会)。现任领导机构是第四届理事会,有理事32人,其中常务理事11人。会长区济文,常务副会长兼秘书长马忠桂。

2012年,召开研究会常务理事会12次、《铁军风采》杂志通讯员会议2次。出版《生命的追求》、《反内战起义　参加新四军》、《新四军地下战场》等著作3部,共85万字。编印《铁军风采》4期。

【广西卫生经济卫生统计学会】 2012年末有团体会员70个。内设机构1个(办公室),日常工作由在职的专家学者兼职完成。现任领导机构是第五届委员会,有委员97人,其中常务委员29人。学会顾问彭跃钢,荣誉会长龙莉莉,会长黄高明,秘书长倪建。

年内,共召开学会常务理事会议2次,其中,年初召开1次,对上一年度的工作进行总结,讨论2012年工作计划;年中召开1次,进行工作计划执行的中期检查。年内,组织或参与组织举办培训班2次,650人参加。推荐专业人员参加高层次学术研讨会、报告会3次,如10月召开的“中南六省(自治区)第26次卫生经济学术研讨会”,11月召开的“第一届亚太地区卫生人力资源论坛”等。继续开展《广西卫生资源配置标准研究(2011~2015年)》、《广西基层卫生机构政府财政投入结构效率的DEA分析及投入方向的优先级研究》、《省直管县财政体制下的基层公立医疗机构补偿机制研究》、《广西实施国家基本公共卫生服务规范项目的效果评价》等15项厅级以上课题的研究工作,负责《广西人文医学发展报告蓝皮书》的主要编撰工作。会员发表论文30篇。

【广西工商行政管理学会】 2012年末有团体会员91个。内设机构2个(秘书处、《广西工商》编辑部),工作人员5人。现任领导机构是第四届理事会,有理事62人,其中常务理事30人。名誉会长潘琦,会长兼秘书长刘学山。

年内,开展的主要工作有:一是加强学会组织建设。结合自治区工商局机构改革新“三定”方案,帮助和指导各级单位会员健全组织机构,调整充实人员,完善各项工作机制。二是开展工商行政管理理论研究活动。围绕流通环节食品安全监督、推进微型企业发展和消费者合法权益等专题,与自治区工商局机关业务处室,先后举办推进“七个工商”理论研讨会,开展推进微型企业发展专题调研活动和消费维权专题调研活动,举办广西工商系统第六届“学会杯”优秀调研文章评选活动(收到参评文章496篇,评出优秀调研文章70篇)。年内,学会被中国工商学会评为年度普及宣传工商行政管理理论成果先进集体一等奖和先进个人一等奖1名、二等奖1名、三等奖2名。三是办好会刊《广西工商》,开辟“红盾论坛”、“工商信息化建设”和“推进七个工商建设”研讨专栏,全年出版12期,共60万字。

【广西社会心理学会】 2012年末有团体会员12个,个人会员650人。内设机构3个(秘书处、学术科普部、社会服务部),工作人员7人。现任领导机构是第三届理事会会,有理事42人,其中常务理事11人。会长吴中任,秘书长曹钧盛。

9月15日,召开学会第三次会员代表大会,吴中任当选会长,唐峥华当选常务副会长,曹钧盛当选秘书长。会议决定成立秘书处、学术科普部、社会服务部,筹备建立学会网站,讨论修改学会工作制度及会费收取等事宜。

学术活动 年内,共召开社会心理学学术研讨会1次、报告会5次,共400多人参加。9月15日,在广西医科大学主办"新形势下的社会心理学科研、科普与社会服务"研讨会,来自有关高等院校、政府机关、医院、企业、新闻媒体的专家学者和心理咨询从业人员等共90人参加,收到论文和调研报告摘要17篇。吴中任主持,广西医科大学副校长张志勇致辞,副会长宋凤宁作总结。广西医科大学教授唐峥华、柳州监狱警官何敦严、广西大学教授周永红分别作题为"美国医学心理学研究新动态"、"犯罪心理学的思考"、"社会心理学新视点"的专题报告。与会者就留守儿童帮扶、扶贫教育、公益服务建设、推进建立心理咨询师督导制度等问题进行交流与探讨。

科普活动 1月2~3日,组织20人在北海市海城区第九小学进行为期2天的人际互动式团体心理辅导工作坊,涉及的内容有沟通模式对人际关系的影响、如何读懂人们的内心世界、人类行为的深层渴望是什么、如何提供心理支持、觉察自己的情绪,并为自己的情绪负责以及如何沟通、如何倾听等,通过活动提升成员的自信心、沟通能力、情绪管理能力、抗挫折能力、幸福感及团队凝聚力,该方法由田小芬推广。"六一"儿童节前夕,在柳州举办"帮助100名儿童圆梦主题活动",吴昕主任组织一批国家级亲子沟通培训师、国家级学习能力指导师给孩子们送礼物。9月27日,配合南宁市青秀区法院开展主题为"重塑自我,扬帆起航"的集中回访帮教活动,派出8名代表和未成年人家长进行座谈,了解孩子们的表现情况和出现的问题,并与各家长分析问题症结点,讨论并提供可能的解决办法,防止帮教对象再犯罪。

年内,出版著作《幼儿园组织与管理》(文红欣著),会员发表论文和报告8篇。

【广西思维科学学会】 2012年末有会员120人(其中具有高级专业技术职务资格56人、中级42人)。内设机构3个(办公室、财务科、发展部),工作人员2人,兼职3人。现任领导机构是第二届理事会,有理事52人,其中常务理事27人。会长尹鑫,副会长兼秘书长杨辉。

学术活动 12月29日,在南宁举办"第四届科学思维论坛",主题为"科学思维与社会管理"。与会者从科学思维与创新社会管理、民生发展、社会服务、学科发展等方面进行讨论和交流。年内,派员参加第十四期广西发展论坛、广西社科专家学者活动日等学术活动。

科研成果 年内,会员出版著作6部,完成调研报告9项、课题12项,发表论文160余篇。成果获广西第十二次社会科学优秀成果奖3项(著作类、调研报告类、论文类各1项二等奖)。

【广西管理科学研究会】 2012年末有团体会员98个,个人会员121人(其中具有高级专业技术职务资格15人)。内设机构5个(秘书处、财务部、研究院、信息化研发中心、房地产研究中心),工作人员5人。现任领导机构是第一届理事会,有理事36人,其中常务理事7人。会长苏全水,秘书长陈斌。

年内,承担完成玉林、梧州农业生产资料物流配送中心课题。组织会员中的政协委员开展民生课题调研,完成《关于规范广西城镇居住区及公共设施名称使用的提案》、《关于尽快出台广西慈善事业促进条例的提案》、《关于建立小微企业(中小企业)工业集中区的提案》,均由自治区政协提案委员会立案。与中国国际经济技术鉴定指导中心合作,在广西开展人力资源资质评价工作。

【广西创造学会】 2012年末有团体会员5个,个人会员684人(其中具有高级专业技术职务资格75人、中级20人)。内设机构4个(秘书处、学术部、宣传联络部、科技开发服务部),有工作人员12人,其中专职工作人员1人,兼职11人。现任领导机构是第二届理事会,有理事106人,其中常务理事47人。会长甘自恒。

12月15日,在广西大学政治学院召开"广西创造学会2012年学术年会:党的十八大创新问题研讨会"。学会正副会长、正副秘书长及理事代表、会员代表共70人参加。甘自恒教授,副会长、自治区科技厅知识产权局原处长蔡穗南分别主持,副会长、广西大学政治学院院长雷德鹏教授致辞。甘自恒,副会长、广西大学政治学院党委书记罗绍康教授,副秘书长、广西大学政治学院肖安宝,副秘书长、广西师范学院石丽琴,广西大学政治学院硕士研究生黄昊、徐飞,分别作题为"简论党的十八大报告的创新论述"、"科学发展观的创新特色刍议"、"转变经济发展方式与完善社会主义市场经济体制"、"积极培育和践行社会主义核心价值观"、"提高高校学生党组织建设科学化水平的实现路径"、"维护国家海洋权益,建设海洋强国"的发言并与代表互动交流。会议增选了8位理事。

【广西公共关系协会】 2012年末有团体会员58个，个人会员5人(其中具有高级专业技术职务资格的4人)。现任领导机构是第二届理事会，有理事19人，其中常务理事6人。会长邓东，秘书长邓顿。

7月26日，在兴业县大平山镇陈村举行“广西公共关系协会新农村基地建设项目培训班”，70多人参加。12月28日，将中央财政援助的支农实物200头土猪苗送到协会联系点陆川县温泉镇，分发给100户农家。年内，联合南宁市五塘镇友爱村等单位，在广西启动经济果树项目工程，给农户发放优质砂糖橘果苗2000多株，木瓜苗5000多株，火龙果、巨峰葡萄苗7600多株。先后深入到南宁郊区发动群众通过“公司+基地+农户”等种植推广模式，通过独资经营、股份合作、合资经营等方式实现果树基地建设。年内，召开协会理事会2次，常务理事会4次。协助编发《广西壮族自治区社会组织党组织建设年活动简报》28期。

【广西青少年研究会】 2012年有会员263人(其中具有高级专业技术职务资格13人、中级25人)。内设机构1个(秘书处)，工作人员3人。现任领导机构是第四届理事会，有理事64人，其中常务理事10人。会长邓劲夫，秘书长古雅丽。

年内，开展的主要活动有：一是组织专家学者在南宁、桂林、贺州等地为团干部、少先队辅导员及青年学生讲授《漫谈年轻干部的人际沟通艺术》、《怎样当好团干部》以及党的十八大精神等专题，共2000人参加。二是组织会员申报共青团广西区委关于共青团工作的调研课题。三是进行《东盟青年组织》、《关于建立预防未成年人犯罪体系的探索》等课题的调研。四是编辑出版《广西青年干部学院学报》，全年出版6期，发行6000册，刊发论文148篇，共840千字。年内，发展新会员3人。会员发表论文26篇。

广西青少年研究会学习贯彻党的十八精神研讨会在南宁召开。（广西青少年研究会供稿）

【广西经济法学会】 2012年末有团体会员10个，个人会员178人。现任领导机构是第二届理事会，有理事86人，其中常务理事43人。会长唐安邦，秘书长杨亦龙。

年内，开展的主要活动有：一是举办各种学术活动。如与自治区农业厅先后联合举办“广西湿地保护立法第三次专题讨论会”、“《广西湿地保护条例》(草案)修改第三专题讨论会”，召开“广西经济法学研究会2012年学术年会暨广西第八次经济法理论研讨会”。二是加强科研工作。全年完各类课题5项，其中包括国家社科基金项目1项(副会长付健主持《西部旅游业可持续发展法律问题研究》)、广西哲学社会科学“十一五”规划重点课题1项(副会长胡均民的《中国市场监管法新论》)。会员出版著作3部，撰写论文35篇(18篇论文公开发表)。成果获广西第十二次社会科学优秀成果奖一等奖1项、二等奖1项。三是组织专家参与地方立法工作。继续接受自治区林业厅的委托，组织学会的有关专家参加《广西湿地保护条例》的起草和论证工作。四是加强研究会的组织建设。在继续筹备设立广西经济法学会金融法研究会的同时，在桂林、梧州、北海、贺州等市落实成立市级经济法学会的发起人，开展筹备建立市级经济法学会的工作；指导并参与筹建桂林市法律顾问协会；继续抓好会员的发展工作，年内发展团体会员1个、个人会员2人。五是组织开展经济法宣传、咨询和普及活动。在2012年广西十月社会科学普及联合大行动中，组织和发动会员参加各地社科联组织的活动，向公民和企业宣传经济法律，提供经济法律咨询服务。名誉会长曹平、副会长付健，副秘书长廖柏明继续担任桂林市雁山区政府法律顾问，提供义务法律咨询服务。

12月15日，广西经济法学会2012年学术年会暨广西第八次经济法理论研讨会在南宁召开。（广西经济法学会供稿）

【广西学校壮汉双语教学研究会】 2012年末有团体会员158个，个人会员136人(其中具有高级专业技术职务资格的26人、中级93人)。内设机构1个(秘书处)，工作人员3人。现任领导机构是第二届理事会，有理事32人，其中常务理事16人。会长黄永和，秘书长零兴宁。

年内，开展的主要活动有：一是做好壮文教材编写、编译、审查工作。全年共编写翻译教材、课外读物等43种，其中编译课程标准教材人教版《语文》和《数学》10种、课程标准教材语文版《语文》5种、学前班课程教材《快乐壮文》2种、教师参考用书《语文》4种、学生练习册《语文》12种，编译出版《壮族经典民间故事》等10种壮文版课外读物。7月、11月，分别在环江毛南族自治县、乐业县召开壮文教材编审工作会议，组织专家审查2012年秋季和2013年春季壮文教材34种。二是做好壮汉双语师资培训工作。7月至12月，在广西民族大学、广西师范学院、广西教育学院、广西壮文学校等举办壮汉双语教师信息技术培训班、壮汉双语教师现代教育技术与课程整合培训班、壮汉双语教师心理健康教育技能和幼儿园教师培训班等11期，培训班采用专家授课、座谈讨论、参观考察等方式进行，对参加培训的教师、校长、教育局局长就信息技术教育、教育科研与学校特色发展、有效教学的组织与管理、心理健康教育技能等方面进行培训，共1000多人（次）参加。三是组织开展学术交流。8月，组织会员单位壮汉双语学校校长、教研员到云南省米弥渡县考察民族双语教育；9月，组织会员单位县教育局局长到青海省西宁市考察民族教育和民汉双语教学。四是做好壮汉双语教育宣传工作。如组织摄制教育文献纪录片《壮文》，并于11月16日正式出版发行，《广西日报》、人民网、新华网等媒体对首发式进行报道。

【广西新闻摄影学会】 2012年末有个人会员260人（其中具有高级专业技术职务资格10人）。内设机构3个（办公室、创作部、社会活动部），工作人员3人。现任领导机构是第一届理事会，有理事11人，其中常务理事7人。会长黄耀高，秘书长农如松。

年内，开展的主要活动有：一是组织摄影采风活动。如8月，《南国早报》开展“人生第一照”等系列活动，学会组织覃志先等50多名会员志愿者先后到隆林、扶绥、田林、隆安等县，共为200多人拍摄了人生“第一照”，并在现场打印照片，送到群众手中，在《南国早报》发表10多组新闻图片报道。年内，与广西民俗摄影协会联合组织“聚焦蒲庙民俗文化”摄影采风活动，来自广西各地的新闻摄影会员近200人参加，现场拍摄1000多幅作品，评出40多幅参加专题摄影比赛，同时举办1次群众性的广场摄影展览，一万多人参观；出版一本内部摄影画册，在会员之间交流。桂林市、梧州市会员先后组织50多名会员分别进行集体采访。二是开展免费培训活动。黄耀高、刘广铭等学会领导第三次专程到现场，和会员们深入工厂、农村、企业等单位进行现场采访，指导会员在现场如何发挥拍摄技巧。年内，黄耀高、农如松为水电工程系统、烟草专卖局等单位以及上林、钦州、百色有关单位基层摄影通讯员免费授课6次，300多人参加。会员张重胜利用学会召开年会之机，准备摄影器材，到现场和会员交流器材维护经验，并举办尼康图片摄影展示。三是完成第9次广西新闻奖（新闻摄影作品）的评选任务。受广西记协的委托，学会组织评委会，征集广西新闻摄影见报精品图片，共290多幅作品参评，5名会员作品获得一等奖。

广西新闻摄影学会开展文化下乡活动。

（广西新闻摄影学会供稿）

【广西学会学研究会】 2012年末有团体会员54个。内设机构1个（秘书处），工作人员5人。现任领导机构是第二届理事会，有理事28人，其中常务理事16人。理事长方芳，秘书长莫如平。

学术活动　年内，组织召开“2012年迎国庆座谈会暨理事扩大会议”，审议通过2012年研究会年度工作报告，选举新的理事长和副秘书长，审议通过增补会员事宜。协助自治区科协承办2期“广西专家论坛”（主题分别为：化学化工与可持续发展、广西防灾减灾与可持续发展），8场学术报告会（广西地理信息产业发展战略报告会、广西机械工业可持续发展学术报告会、广西食品工业发展现状及未来方向学术报告会、现代光电技术发展与应用学术报告会、最严格水资源管理制度学术报告会、土地整治与规划编制学术报告会、亚健康与健康长寿学术报告会、科技论文常用国家标准与常见结构格式学术报告会），1次学术研讨会（第四届华南青年地学学术研讨会暨广西地质学会第八届希望之星学术研讨会）。组织会员参加在河南郑州举办的“中西南学会学研究第30届年会”，推荐16篇论文参会交流。

科研成果　年内，编印《广西科技工作者建议》5期，其中《关于推进我区特色林产化工产业发展的建议》、《关于恢复和发展我区冬种绿肥生产的建议》先后获得自治区党委副书记危朝安、自治区副主席陈章良等领导4次批示。向自治区政协十届五次会议提交提案5件，其中《关于发展加工型果蔬种植业，缓解广西果蔬罐头原料严重短缺局面的建议》被评为重点提案，《关于抓住黄金机遇期，加快发展广西再制造产业的建议》被评为优秀提案。编印《2012年广西减轻自然灾害白皮书》。组织气象、地质、地震、水利等行业专家就近年频繁发生的自然灾害进行调查研究，编写出版《减轻自然灾害白皮书》。

【广西礼仪文化交流协会】 2012年末有单位会员35个，个人会员500人（其中具有高级专业技术职务资格13人）。内设机构3个（办公室、培训部、庆典活动部），工作人员10人。现任领导机构是第一届理事会，有理事45人，其中常务理事18人。会长潘玲，秘书长莫凡。

5月至10月，与广西俪人行文化传媒有限公司在南宁共同承办由中国—东盟博览会秘书处和共青团广西区委联合主办的中国—东盟礼仪形象大使大赛。广西共有1000多人参加比赛。5月至8月，进行初赛选拔，9月4~5日，在民歌湖广场举行半决赛，选拔50名选手进入总决赛。9月24日，在民歌湖广场举行总决赛，选出男女冠亚季军各3名、单项奖9名。自治区文明办主任杨征文、自治区党委统战部副部长李东兴、中国—东盟博览会秘书处副秘书长王雷、共青团广西区委副书记严霜出席总决赛晚会。年内，从大赛选手中选出120名礼仪志愿者为中国—东盟博览会服务。负责中国—东盟博览会开幕式的礼仪指导和礼宾服务工作。

【广西区域与城市经济研究会】 2012年末有团体会员4个，个人会员60人（其中具有高级专业技术职务资格45人）。内设机构1个（秘书处），兼职工作人员4人。现任领导机构是第三届理事会，有理事22人，其中常务理事11人。会长李敦祥，秘书长赵子健。

2012年，针对年度工作安排和学习党的十八大报告，召开2次常务理事会和2次理事会会议。年内，配合大新县等地方政府完成“十二五”规划编制的收尾工作，《大新县工业和信息化发展“十二五”规划》评审会被广西卫视新闻报道。与自治区工信委、桂林市工信委合作完成自治区工信委下达的桂林高新技术产业基地建设规划的调研与编制工作。与桂林市发改委合作完成建设桂林特大城市，提升城镇化水平的调研。学会领导李敦祥、李立民、苏方林，韦海鸣、赵子健等从自己的专业视角出发，分别为桂林理工大学、广西大学、广西师范大学、广西师范学院、广西财经学院的学生举办解读十八大报告讲座。

3月25日，广西区域科学学会第一次会员代表大会在南宁召开。（广西区域科学学会供稿）

【广西国际税收研究会】 2012年末有团体会员12个。内设机构1个（秘书处）。现任领导机构是第二届理事会，有理事79人，其中常务理事41人。会长刘铭达，副会长兼秘书长汪星明。

3月20日，召开研究会第二次会员代表大会，聘请新一届顾问，选举第二届理事、会长、副会长、秘书长。4月，开展研究会重点研究课题招标工作，19个课题组中标。10月25日，召开广西各市国际税收研究会、地方税收研究会秘书长座谈会，传达贯彻中国国际税收研究会第五次会员代表大会精神，部署安排各市国际税收研究会换届和地方税收研究会成立工作。年内，参与中国国际税收研究会全国性课题《促进产业结构调整税收政策的国际借鉴研究》、国际税收研究会学术委员调研课题《外国税收征管模式发展趋势研究》等省部级课题研究任务。编辑出版《广西国际税收研究会优秀论文集》，共70多万字。完成有关新加坡税收制度、环境、优惠政策及税制改革发展方向等方面资料共40万字的英文翻译、校对工作。获中国国际税收研究会先进研究会、自治区社科联2010~2011年度先进学会。

【广西社会调查研究会】 2012年末有团体会员73个，个人会员65人（其中具有高级专业技术职务资格17人）。现任领导机构是第一届理事会，有理事15人，其中常务理事6人。会长周可达，秘书长傅慧明。

2012年，会员作为课题组长承担的国家级课题5项（《农民工融入城市问题研究》、《广西少数民族妇女政治参与报告》、《网络监督及其规范研究》、《经济发展方式转变背景下的广西社会热点与公众社会心态研究》、《滇黔桂石漠化区生态移民的社会融入问题研究》）；承担广西哲学社会科学规划及广西软科学等省级课题4项（《农民工与广西基本公共服务均等化研究》、《广西重点工业产业科技需求分析及战略研究》、《科技支撑广西现代服务业发展》、《广西重点工业产业科技需求分析及战略研究》）。完成国家社科基金课题1项（《改革开放以来少数民族妇女参与政治与决策的实证研究》）。会员出版专著1部，发表论文26篇、研究报告 17 篇。年内，派员参加“2012 年世界艾滋病防治网络年会”、“亚太地区医疗卫生人才论坛”等学术研讨会。

【广西书画艺术研究会】 2012 年末有会员 59 人(其中具有高级专业技术职务资格 17 人)。内设机构 11 个(秘书处、书法篆刻委员会、中国画委员会、理论研究委员会、鉴赏收藏委员会、工艺美术委员会、交流中心、南宁创作基地、桂林交流创作中心、美术馆)，工作人员 2 人。现任领导机构是第一届理事会，有理事 30 人，常务理事 17 人。会长何明，秘书长蒋荣生。

6 月 6 日上午，《炎墨—甘武炎水墨作品展》开幕式在广西博物馆举行，展览展至 6 月 11 日。各界领导、嘉宾、书画艺术界的朋友 300 多人参加开幕式。自治区原副主席李振潜、自治区政协原副主席潘鸿权等领导和嘉宾为开幕式剪彩。甘武炎为本会常务理事，这次展览共展出甘武炎近年来创作的国画作品 140 多幅。同时，《炎墨—甘武炎水墨作品集》由广西美术出版社出版发行。作品集共收入甘武炎近期作品 98 幅，内容有花鸟、人物、山水等。2009 年在广西美术出版社美术馆举办的《写意风神—甘武炎大写意国画展》就深得书画艺术界的关注，深受欢迎。

6 月 19 日，《广西书画院书画家精品系列展——冯华春—泥古之迹》在广西博物馆开幕，冯华春为本会理事，这次展览共展出冯华春近期创作的书法、篆刻、国画作品 40 多幅，展出作品风格多样，集书、画、印一起展出说明了冯华春注意文化艺术综合素质的学习与磨炼，注意从其他文化艺术中吸取营养，注意“字”外工夫并取得一定成效，成绩斐然，得到书法界的好评。广西电视台、广西日报、南国早报等媒体对这次展览进行了报道。

6 月 30 日，魅力大明山—广西名家书画摄影展由南宁市政府主办、广西书画艺术研究会等单位协办，以“美在广西，绿色畅游；养生大明山，欢乐健康游”为主题的 2012 广西首届森林旅游节暨大明山国际山地养生旅游节在大明山风景区开幕，广西书法家协会主席韦克义，广西书画艺术研究会会长何明、常务理事黄卫保、理事王云高应邀出席开幕式并在开幕式上进行书画表演。在开幕式上，广西书画艺术研究会向南宁大明山风景旅游区管理委员会赠送书画摄影作品 50 幅。同时，由南宁大明山风景旅游区管理委员会主办，广西书画艺术研究会承办的《“魅力大明山”广西名家书画摄影展》在大明山云顶山庄多功能厅举行，这次展览共征选了全区书画摄影名家作品 60 幅。展出作品以“养生长寿，魅力大明山”为主题。

8 月 10 日至 12 日，本会陈国斌、何明赴福建省福州市与福建省三月三书社的书画家们交流、观看社员书画作品展，并和福建省的书画家、篆刻家、收藏家进行了广泛的交流。三月三书社是近十年来立足福建省、面向全国成长起来的最具综合实力的青年艺术群体之一。书社现有社员 15 人，均活跃在书画篆刻的创作、研究、教学及策划、编辑领域。通过交流，进一步加强了广西书画艺术研究会、福建三月三书社及广西、福建两地间书画家的交流与合作，增进友谊，共同为弘扬中国传统书画篆刻艺术，促进两方的发展作出了积极的贡献。

10 月至 12 月，由自治区社科联、共青年团广西区委联合主办，广西教育学会、广西书画艺术研究会、广西民联教育研究院、广西新闻摄影学会承办的“第四届广西未成年人美术、书法、摄影大赛”，经组织专家评审，59 件作品获金奖，124 件作品获 180 件作品获铜奖，310 件作品获优秀奖；26 位老师获优秀园丁奖。

12 月，承办了第四届广西未成年人美术、书法、摄影大赛暨广西未成年人素质教育与实践理论研讨会。

6月6日，炎墨—甘武炎水墨作品展在广西博物馆举行。
（何　明　摄）

【广西行政教育对外交流协会】 2012 年末有个人会员 52 人。现任领导机构是第一届理事会，有理事 7 人，常务理事 3 人。会长王宁湘，秘书长农飞。

3 月 13 日，在南宁举办“学习雷锋精神——爱岗敬业与礼仪修养”专题报告会，300 人参加，王宁湘教授针对职业道德意识滑坡的现象，对干警进行世界观、人生观、价值观教育。5 月 16~22 日，在北流市举办两期“提升员工素质”培训班，547 人参加培训。旨在进一步提高员工的思想品德修养，强化员工防范金融犯罪的责任意识，提升礼仪修养与团队执行力。年内，组织专家学者分别到有关单位进行专题演讲 200 多场。

【广西社会科学交流研究会】 2012 年末有个人会员 60 人。内设机构 2 个(办公室、财务室)，专职工作人员 3 人。现任领导机构是第 2 届理事会，有理事 16 人，其中常务理事9人。会长黄宁,秘书长庞继武。

5月20日,在南宁召开研究会第二届会员代表大会,审议通过2011年工作和2012年工作计划,选举产生了第二届理事会。黄宁当选会长,庞继武当选秘书长。

年内,与TimeOut出版集团旗下的《TimeOut·北京》联合编发《乐享·南宁消费指南》,固定栏目主要有城记、生活家、时尚消费、旅游、吃喝、文化和性情城市等,全年编发12期。

【广西中国—东盟文化研究会】 2012年末有团体会员3个,个人会员117人。内设机构1个(秘书处),工作人员4人。现任领导机构是第二届理事会,有理事63人,其中常务理事23人。理事长甘安顺,秘书长谢锦荣。

1月18日,召开研究会第二届会员代表大会,审议通过成立第二届理事会的议案。

学术活动 2012年,主办学术会议4次,会员参加或组织学术活动40余次。2月18~20日,组织专家学者到大化县进行调研。10月17日,研究会领导陈学璞、甘安顺、王建平、黄兴球、何颖参加"中国—东盟智库战略对话"。11月28日,陈学璞、甘安顺、王建平、何颖、谢平祥、王春林、张斌等参加"2012'中国—东盟文化论坛"。11月26日,与中国产业传统文化研究会在北京共同协办"纪念毛泽东主席诞辰118周年共和国将军部长书画名家笔会"。11月21~25日,在第九届中国—东盟博览会期间,与全国工商联古玩业商会中国产业传统文化研究会、中国管理科学研究院地方政府管理研究所联合举办"中国—东盟文化艺术品展示活动",并举办"2012'中国—东盟文化论坛",全国工商联原副主席王治国、中组部地方干部局原副局长田祥增、全国人大法工委巡视员家河山、广西社科联主席王士威和陈学璞教授等领导、专家发言。12月25~27日,由研究会主办、防城港市防城区政府承办的"中国—东盟文化论坛——面向中国—东盟自贸区的企业文化建设学术研讨会"在防城港举行,56个单位参加,出席代表70人。《广西日报》、《中国海洋报》进行报道。

科普活动 在十月科普大行动中,制作板报1期,派5人组成专家组,到南宁市朝阳广场开展活动。11月,在梧州举办"快乐作文岑溪行"演讲会,35所中学的6万学生参加。年内,中国—东盟大讲坛获首届广西全民读书活动"优秀项目奖",全年共举办9期。

年内,会员出版《东南亚知识概论》、《壮泰族群分化时间考》、《祖国六十年》《轻松挑战高分作文》等著作6部,发表论文43篇。《面向东盟的广西文化产业发展新格局》课题组成员陈学璞、李建平、何颖、王建平、王春林撰写的调研报告《广西加快发展文化产业应着重打东盟牌》、《广西申报世界遗产如何走出困境?》、《从广西南丹与贵州荔波看我区旅游业发展的差距》,先后分别得到自治区领导郭声琨、危朝安、黄道伟、沈北海、李康、高雄的批示。成果获广西第十二次社会科学优秀成果奖一等奖1项、三等奖1项。

【广西民联教育研究院】 2012年末有工作人员32人,其中具有高级专业技术职务资格的15人。院长刘浩。

3月24~25日,在玉林举办"2012年'名师论坛'暨全国特级教师小学课堂教学展示活动",3000名小学教师参加。3月27日至4月15日,举办玉林市"农村义务教育薄弱学校改造计划配置多媒体远程教学设备项目"骨干教师教育技术应用培训班,玉林市玉州区及陆川、北流、博白县等4个项目县(区)的1500多名骨干教师参加。3月至12月,与广西中小学教师继续教育指导中心联合举办"2012年全国'金钥匙杯'教育科研论文比赛"和"第二届广西中小学教师教育科研成果评比活动",共收到参赛成果4200多篇,评出获奖作品3360篇,其中一等奖605篇、二等奖1276篇、三等奖1479篇。5月26~27日,在玉林举办"2012年'名师论坛'暨中国教育名家报告会",4000多名教师参加。12月1日,在玉林举办"2012年'名师论坛'暨全国优秀班主任班级管理策略专题报告会",3000多位学校领导、班主任参加。12月22~25日,由中国教育学会数学教育研究发展中心小学数学教改研究会、华夏教学艺术研究会、全国反馈教学法研究会主办,广西民联教育研究院、广西民联教育教师培训中心承办的"第35届'创新杯'全国教学艺术大赛暨第十四期教学艺术高级研修班"在玉林举行,10多位教育界专家、80多位由全国20多个省(自治区、直辖市)推选出来的教坛新秀同台竞技,来自广西区内外的3000多位教师参加观摩学习和交流。12月24日,由自治区社科联、共青团广西区委联合主办,广西教育学会、广西书画艺术研究会、广西民联教育研究院、广西新闻摄影学会承办的

5月27日,2012年"名师论坛"暨中国教育名家报告会在玉林举行。（广西民联教育研究院供稿）

"广西未成年人素质教育与实践理论研讨会"在南宁召开，收到论文194篇，评出入选论文52篇，其中一等奖3篇、二等奖7篇、三等奖14篇、优秀论文28篇。

年内，组织专家学者赴东盟各国进行考察，编纂《东南亚各国人文研究》和《东盟研究》丛书。

【广西市场学会】 2012年末有团体会员20个，个人会员126人。内设机构1个(秘书处)，有工作人员6人。现任领导机构是第一届理事会，有理事63人，其中常务理事23人。会长蒋升湧，秘书长罗赟华。

年内，开展的主要活动有：一是进行广西经济形势分析研究。如完成《关于我区新阶段实现经济发展赶超跨越若干建议》、《广西2012年第一季度经济形势分析及对策研究》、《2012年上半年广西经济形势分析及对策研究》、《2012年第三季度广西经济形势分析及对策研究》、《2012广西经济形势分析及2013年预测研究》。二是承担或合作开展地方、行业规划编制和重大问题研究。承担完成一批由南宁、来宾、河池、梧州、贺州等市委托的课题研究和规划编制，如《南宁市青秀区现代产业发展战略研究》、《滇桂黔石漠化区(广西)片区河池市区域发展与扶贫攻坚规划》、《来宾市铁路"十二五"规划》、《广西河池市扶贫规划》、《河池市循环经济发展"十二五"规划》等起草编制和课题研究；联合完成河池市发改委委托的《滇桂黔石漠化连片特困区河池片区发展与扶贫攻坚规划(2011~2020年)》；与中国国土资源经济研究院联合完成《广西矿业经济发展规划》及相关专题课题研究；与国家发改委宏观院社会所合作编制《洛阳新材料国家高技术产业基地发展规划》等。三是做好《广西重要产业产品国内外市场动态监控》研究。监控的主要对象为糖业、铝产品、农业和农产品、汽车、石油、化肥、纸业和纸产品、钢铁产业。四是不定期为领导提供《宏观经济研究决策参考报告》。五是结合广西情况完成《充分发挥广西海洋特殊优势　加快实施"海洋强区"战略　支撑打造全国发展引擎——学习党的十八大报告体会之一》等一系列课题、报告。

年内，派员为自治区组织部培训中共十八大代表特别基层代表；参加2012年初在自治区人民政府召开的《2012年政府工作报告》征求意见座谈会，针对广西2011年工作总结、2012年经济社会发展总体思路、重点工作等方面提出的意见成为《政府工作报告》修改完善的参考。主持完成的《新阶段　新任务　新局面　新举措——广西2012年1~4月发展状况分析与对策措施研究》，主要观点被自治区政府采纳。做好《市场论坛》和《广西民营经济蓝皮书》编辑出版工作。完成调研报告6篇。科研人员出版著作1部，发表论文30多篇。成果获地厅级奖项二等奖1项、三等奖6项。

【广西金融工程学会】 2012年末有团体会员8个，个人会员89人(其中具有高级专业技术职务资格51人、中级38人)。内设机构1个(秘书处)，工作人员4人。现任领导机构是第二届理事会，有理事49人，其中常务理事34人。理事长黄晓虹，秘书长甘海源。

12月28日，在广西财经学院召开学会第二次代表大会，选举产生第二届理事会。建设银行广西区分行副行长魏振华以及20多家金融机构代表，广西财经学院金融与保险学院部分师生参加。广西财经学院党委书记王春明出席并讲话。

年内，开办学术讲座7场，其中"金融与保险学院暨投资理财人才培养创新实验区相思湖校区系列学术讲座"4场，荷兰中央银行经济学家Piet Buitelaar博士等国际学者和国内金融机构高管主讲。申报国家社科基金项目4项、自然科学基金项目2项，获社科立项资助1项；参加竞标广西重大招标课题3项，获立项1项。新增各级各类项目13项，包括国家社科基金项目2项、国家社科重大课题子课题2项，广西区政府重大课题1项、广西软科学项目1项，广西教改项目1项，厅级项目3项，横向课题5项。课题项目结题12项。会员出版著作3部(周建胜《广西资本市场：新视野与新发展》、黄荣哲《有限理性行为与中央银行宏观调控绩效》、刘金林《开发性金融实践——一种不可替代的金融力量》)，发表论文56篇。获各级各类奖励6项，其中省部级奖励3项，厅级奖励3项。

【广西城市发展研究会】 2012年末有团体会员35个，个人会员103人，其中具有高级专业技术职务资格31人，享受政府特贴专家6人，广西优秀专家20人，广西有突出贡献技术人员10人。内设机构5个(秘书处、教育培训部、《市长参考》及《广西社会组织》编辑部、城市研究咨询部、城市旅游发展部)。分支机构7个(城市酒店人才发展委员会、城市环境规划发展委员会、城市文化艺术发展委员会、房地产信息委员会、资源开发委员会、地方政府项目引进咨询委员会、政府采购信息委员会)。工作人员15人，聘用人员8人。现任领导机构是第二届理事会，有理事38人，其中常务理事5人。会长甘越帆，秘书长甘城东。

4月，邀请国画大家刘炳良到南宁举办个人画展。7月，协助广西海外艺术家联谊会承办由广西价格认证中心主办的"《书画价格评估师》资格证书培训班"，中国价格协会价格评估见证分会副会长、国家发改委价格专家咨询委员会委员、广西价格认证中心主任陈孟主讲，文化部文化市场发展中心艺术品评估委员会委员、《收藏家》杂志社常务副社长兼执行主编邓丁等授课。9月，协助广西收藏家协会和广西海外艺术家联谊会承办由广西价格认证中心主办的“《玉器价格评估师》资格证书培训班”。10月，协助南宁市青秀区党委、政府举办“多彩青秀·喜迎十八大书画艺术周”文化交流活动，通过展现台湾国画艺术精品，促进两岸文化交流。

年内，编印《市长参考》（内刊）12期、《广西社会组织》（内刊）12期。

10月15日，多彩青秀喜迎十八大书画艺术周在南宁举行。（广西城市发展研究会供稿）

【广西酒店管理学会】 2012年末有团体会员98个，个人会员115人（其中具有高级专业技术职务资格4人、中级2人）。内设机构2个（秘书处、财务部），分支机构1个（专家咨询委员会），工作人员12人。现任领导机构是第二届理事会，有理事32人，其中常务理事14人。会长林军，秘书长吕玉棠。

3月2日，在南宁邕州饭店举办“酒店团队沟通多维度破解专题讲座”，80人参加，苏州酒店管理学会会长陈胜，香港酒店联盟组合商社干事长、中国酒店业培训师姚小舟授课。3月14~23日，在广西阳光假日酒店举办“全国饭店总经理、部门经理岗位职务培训班”，30名酒店总经理、总监、部门经理参训，桂林旅游高等专科学校马景峰、温卫宁等教授围绕酒店企业文化与团队精神、酒店市场营销和网络营销、酒店工程设备管理与节能建设、酒店星级评定条例解读、领导心理与领导艺术、酒店人力资源开发与管理等内容进行授课。4月9~15日，组织广西酒店考察团共29位酒店投资商及职业经理人赴迪拜进行学习考察和交流。4月21日，在南宁振宁大酒店举办“酒店新兴网络营销渠道分析实战训练营”，58人参加，马景峰教授围绕酒店在线预订总体情况、酒店官方网站的运营困境、官方网站之外的网络营销渠道等内容进行授课。5月18~19日，在南宁举办“酒店客房精细化管理及服务质量提升培训班”，南宁圣展酒店、南宁金满地国际酒店、广西建设五象大酒店等26家酒店共57名客房主管参加。7月14~15日，与广西酒店联盟、南宁市中畅酒店职业培训学校在南宁联合主办“酒店主管素质提升培训班”，来自广西各地酒店的骨干人员共101人参加，广西北部湾国际港务集团新良港酒店营运总监张济强授课，他结合自身10多年的酒店工作经验，从理论到实践对主管岗位的职责、流程、技巧进行阐述。7月21日，在南宁乡村大世界举办“酒店业现状与发展展望研讨会”，60人参加，会议通过游戏、互动和案例讨论的方式进行。8月11~12日，在南宁王子酒店举办“酒店营销政策的制定与执行培训班”，28人参加，广西酒店管理学会讲师梁嵘波围绕酒店营销政策的制定、执行，酒店团队建设及营销团队管理、酒店客户管理等方面进行讲授。8月23~24日，在南宁圣展酒店举办“酒店内部控制与风险管理培训班”，33人参加，广西财经学院教师汤国梅就酒店财务管理、酒店营运资本投资决策与成本费用管理、酒店涉税管理等内容进行讲授。10月27~28日，在广西阳光假日酒店举办“酒店行政管理工作质量提升训练培训班”，来自30个单位的53名学员参加，广西大学教授胡玉兰就酒店与顾客的沟通原则、策略、方式和公文写作技巧等内容进行讲授。11月24~25日，在广西万里商务大酒店举办“打造酒店高绩效团队培训班”，46人参加，培训讲师李腾就提高团队的职业水平、执行力等内容进行讲授。12月16日，组织16人赴澳大利亚、新西兰学习酒店行业先进的销售方式、酒店管理及物业管理经验。

5月19日，酒店客房精细化管理及服务质量提升培训班在南宁开班。（广西酒店管理学会供稿）

【广西骆越文化研究会】 2012年末有个人会员174人（其中具有高级专业技术职务资格46人、中级56人）。内设机构1个（办公室），分支机构6个（稻作文化专业委员会、文物考古专业委员会、文化艺术专业委员会、民俗宗教专业委员会、旅游开发专业委员会、医药养生专业委员会），工作人员4人。现任领导机构是第一届理事会，有理事25人，其中常务理事6人。会长谢寿球，秘书长陆之登。

2012年初，组织专家深入大明山天坪进行田野调查，发现许多新的骆越古刻画文字，并完成《大明山天书考察报告》。4月29日，与中国社科院边疆史地中心和中央民族大学壮侗学研究所联合在隆安主办“‘那’文化（稻作文化）研讨会”，52人参加，与会专家一致认定隆安是我国稻作文明的重要发源地。7月7日，协助南宁市政府在大明山举办“大明山天书和古骆越文字鉴赏会”，邀请全国和广西10多位古文字专家对《大明山天书考察报告》进行学术评估，研讨大明山天书和60多件各种质料的骆越古文字文物。专家认为，古骆越人曾创造出我国最早的成熟文字，骆越古文字的出现与稻作文明的起源基本同步，这也证明了骆越文化的发祥地就在南宁的古骆越水流域，骆越文化的中心就在我国。7月至9月，在中央民族大学教授梁庭望的指导下，组织专家开展隆安稻神山文化考察工作，发现我国目前最大最早稻作祭祀遗址群和祭祀雕塑群，完成《稻神山文化考察报告》，论证了隆安是栽培稻的发源地。10月4日，中国科学院上海基因研究中心、中国水稻研究所、日本国立遗传所联合课题组在《自然》上发表题为《水稻全基因组遗传变异图谱的构建及驯化起源》的论文，从基因学角度证明分布于中国广西的普通野生稻与栽培稻的亲缘关系最近，表明广西很可能是最初的驯化地点。课题组负责人中国科学院上海基因研究中心主任韩斌还进一步确认这一地点就在南宁周边沿江地区，野生稻检测样品取自隆安，证明了广西南宁以隆安为中心的区域是世界栽培稻的发源地。

年内，推动武鸣骆越文化旅游节和骆越祭祖大典的举办；推动隆安稻作文化起源地文化品牌的打造和“那”文化旅游节的举办；开展宁明花山水城古都的项目研究，帮助宁明花山旅游景区完成宁明花山水城古都策划方案的编制，推动了花山旅游景区的开发；引进3000多万元资金拍摄会员梁越撰写的《瓦氏夫人》电视剧；完成《花山水城王都旅游项目策划方案》、《大明山天书考察报告》、《隆安县稻神山文化考察报告》，会员出版著作6部，发表论文35篇。

【广西六堡茶文化研究会】 2012年末有团体会员10个，个人会员73人。内设机构1个（秘书处），工作人员1人。现任领导机构是第一届理事会，有理事8人，其中常务理事5人。会长梁北雄，秘书长梁峰。

1月20日，在南宁召开总结会议，对研究会2011年度工作以及研究会运行情况、2012年工作思路和六堡茶的研究、咨询、学术交流、书刊编辑、学科建设、人才培养等工作展开讨论，并就如何为六堡茶产业发展而服务等方面提出建议。5月20日，召开常务理事会，安排下半年工作以及布置2012年研究会换届准备工作。

年内，通过开展系列广西六堡茶文化研究、推广等文化活动，普及六堡茶文化知识，开展六堡茶文化学术、技术、经验交流，开展六堡茶文化培训、举办茶文化服务性实体，保护民族茶文化遗产，进行资源调研、发掘、开发、创新，组织六堡茶文化精品创作、展示，编发会刊及六堡茶文化出版物，建立信息网等。覃并副会长代表研究会作为执行主编参与梧州市政府组织编写《六堡茶文萃》工作。团体会员梧州茶厂和梧州中茶在做好六堡茶生产经营的同时，收集整理和挖掘六堡茶的历史文化，在各种会议展览上宣传六堡茶，出版书籍，发表文章，还各自建立六堡茶历史文化陈列馆。通过举办北京大学EMBA班联谊及大讲堂系列活动，开展系列六堡茶文化传播及品鉴、推广和交流活动。在南宁和广西部分市、县及云南共建立5处六堡茶体验馆，传播推广六堡茶文化。覃并牵头到桂林茶文化周、中国旅游小姐全球大赛广西赛区及云南六堡茶体验馆等举行系列六堡茶文化推广活动。此外，还与香港卫视战略合作，通过中国旅游小姐全球大赛广西赛区系列活动推广六堡茶文化，其中，在广西赛区启动仪式活动中设计制作将六堡茶作为广西民族特色旅游产品通过12个身穿广西各民族服饰的旅游小姐中轮流走秀展示各款六堡茶的节目，并通过几十家媒体宣传。

4月29日，中国隆安那文化民俗研究座谈会在隆安举行。
（广西骆越文化研究会供稿）

广西六堡茶文化研究会南宁体验馆
（广西六堡茶文化研究会供稿）

【广西国史学会】 2012年末有团体会员7个，个人会员80人。内设机构1个（秘书处）。现任领导机构是第一届理事会，有理事19人，其中常务理事9人。会长、法定代表人冼少华，秘书长吴满玉。

12月24日，在南宁举办"知青文化与广西和谐社会建设学术研讨会"，来自广西区内史学界和知青代表30多人参加。与会者探讨了知青文化的基本内涵、主要发展阶段、各阶段的基本特征、社会影响以及知青文化的主要表现形式，着重探讨了当前的知青文化活动。

年内，完成《广西历史文化在当前文化建设中的地位与作用研究》、《跨境民族与广西边境地区国家安全研究》、《广西山区农村基层党组织执行力研究》等研究报告；参加自治区党委重大决策课题《广西资源型产业转型升级问题研究》调研与写作，成果被自治区党委采纳。编写的《中老友谊的历史见证——南宁"六七"学校资料选编》获广西第十二次社会科学优秀成果奖三等奖。对广西知青史资料进行搜集并进行初步整理，共收到知青回忆文章100多万字、历史照片100多幅。

【广西红木文化研究会】 2012年末有单位会员23个，个人会员85人（其中具有高级专业技术职务资格36人）。内设机构3个（秘书处、学术服务部、项目发展部），专职工作人员2人，兼职5人。现任领导机构是第一届理事会，有理事70人，其中常务理事26人。会长卢礼杰，秘书长黄山。

8月11～12日，在南宁主办"红木文化研讨会"，来自广西红木界的专家学者、红木经营者、红木爱好者、特邀嘉宾共30多人参加。研究会顾问、广西木材及木制品质量监督检验站、广西大学林产品质量检测中心负责人徐峰教授作题为"红木文化与红木美学"的主题发言。与会者就红木文化的传承与发展，红木的识别、红木的收藏与鉴赏，以及建立广西红木研发基地等问题进行研讨。会议还组织与会人员对大明山国家森林自然保护区的珍贵林木资源进行考察；到南宁市三塘镇南宁宝檀红木家具厂进行参观，现场调研。10月，组织会员单位和会员参加在南宁国际会展中心举办的"2012年中国—东盟博览会林产品及木制品展"和在凭祥市举办的"中国—东盟红木博览会"。年内，研究会领导多次带队在南宁、凭祥、东兴等红木和红木家具交易集散地，以及红木家具生产企业、商场进行考察调研，了解掌握红木市场动态；组织专家到中国林科院热林中心、广西三林林业有限公司、南宁市林科所等单位了解黄花梨等珍贵品种苗木的种植、移植和培育、生长状况。为会员单位和会员、红木爱好者提供市场动态和市场信息，开展红木质量检测、收藏鉴赏和导购咨询服务。

【广西生态工程与生态文化研究会】 2012年末有个人会员95人（其中具有高级专业技术职务资格的56人、中级12人）。现任领导机构是第一届理事会，有理事32人，其中常务理事15人。会长温远光，秘书长吕伟斌。

学术活动 5月11～12日，在广西马山县召开"广西马山县石山（石灰岩）地区造林绿化优良速生树种栽培技术推广示范技术培训及石漠化治理技术经验交流会"，河池市和百色市辖各县（区）林业局有关领导、林业技术推广应用技术员以及马山县白山镇民族村村民等共80多人参加，温远光教授主持，马山县副县长黄子江出席并讲话，温远光以及会员梁宏温教授、吴庆标副教授、中国林科院热带林业实验中心科技处处长卢立华、高工等就喀斯特石山区珍贵优良速生树种栽培技术、石漠化综合治理技术等内容作主题发言。会议期间，与会代表到马山县白山镇民族村弄着屯进行现场参观与培训。8月15～20日，由中科院西双版纳植物园与海南大学、广西大学等单位共同举办的"中国第四届热带森林生态学学术研讨会"在桂林举行，研究会组织10多名代表参会，温远光教授作题为"广西植被资源分布格局及空缺分析"的主题报告。10月14～16日，"第二届森林科学论坛——森林可持续经营国际学术研讨会"在北京举行，温远光教授在会上作题为"连栽对桉树人工林植被盖度、物种多样性及功能群的影响"的报告，其论文获得由中国林学会颁发的研讨会优秀论文奖。11月24日，广西生态学学会在广西靖西县召开第八届理事会换届大会暨2012年年会，温远光主持并当选广西生态学学会第一副理事长，会员招礼军副教授当选为副秘书长、庄嘉副教授当选为常务理事。

科普活动 5月中旬，温远光带领会员10余人赴马山县民族村弄着屯开展石漠化治理模式调研活动，举办第二期"石山造林绿化优良树种栽培技术推广示范培训班"，就石漠化治理的科学问题及石山区造林关

5月12日，广西马山县石山（石灰岩）地区造林绿化优良速生树种栽培技术推广示范技术培训及石漠化治理技术经验交流会在马山举行。

（广西生态工程与生态文化研究会供稿）

键技术等内容，对当地林业系统工作人员、村干部与群众等进行较系统的培训教学，并发放400余套的相关科普材料。11月，结合温远光主持的马山、平南、北流、昭平和贺州八步区第四次全国中药资源普查工作，分别在北流、昭平和八步三地举办3场中药资源普查培训班，培训300多人。

科研工作与成果　年内，各会员依托亚热带农业生物资源保护与利用国家重点实验室、中南速生材繁育国家林业局重点实验室以及各自学科的技术研发优势，广泛开展技术服务和技术应用活动。据不完全统计，会员承担各类科研项目20多项(其中国家自然科学基金项目4项)，获科研总经费450多万元；发表论文30篇(其中发表在中文核心期刊15篇)，SCI、EI、ISTP收录6篇。

【广西范仲淹研究会】 2012年末有个人会员131人(其中具有高级专业技术职务资格的24人、中级29人)。专职工作人员3人。现任领导机构是第三届理事会，有理事53人，其中常务理事29人。常务副会长范绍沛主持工作，秘书长范先海。

12月21~23日，范绍沛和范徽江参加在北京召开的“中国范仲淹研究会第二届代表大会暨范仲淹国际艺术论坛交流会”并当选为中国范仲淹研究会理事。12月29日，在南宁召开研究会第五届理事会，39人参加，自治区原党委书记陈辉光出席并讲话。会议通报了有关工作进展情况，对2012年的工作进行总结。范绍沛当选会长。通过了分组分工的方式。同意将会址迁至北海市大润发大楼。

【广西信用研究会】 2012年末有单位会员数40个，个人会员6000人(含诚信志愿者会员5830人)。设内部机构10个(办公室、财务部、会员部、法务部、研究中心、网络工程部、征信调查和监测监督部、会刊部、培训中心、诚信志愿者俱乐部)。现有理事17人，其中常务理事7人。会长兼秘书长杨良玉。

2012年，完成了《广西人防诚信志愿者分级分类培训管理暂行办法》、《广西人防专业化诚信志愿者组织培训大纲》、《CCEE9000.CSTCPSMCCCNS.V1.0人防志愿者版认证系统》二次开发、《人防志愿者组织分级分类注册管理系统演示平台方案》、《CCEE9000.CSTCPSMCCCNS.V1.0人防志愿者使用部分功能升级修订》、《广西人防诚信志愿者分级分类注册服务管理体系“十二五”发展纲要》、《广西诚信志愿者公益性捐赠管理办法》、《南宁市人防志愿者网开发成功上线运行》等成果，通过广州军区防空办公室和广西防空办公室验收，并被南宁市政府购买，被确定为自治区人防办年度亮点工作之一。完成中华信用网委托研究会研究升级开发的《2012年度南宁市全国文明城市“南宁市志愿者档案和志愿服务数据库管理平台”》。

【广西房地产及住宅研究会】 2012年末有团体会员2个，个人会员77人(其中具有高级专业技术职务资格20人、中级46人)。内设机构1个(秘书处)，工作人员1人。现任领导机构是第一届理事会，有理事32人，其中常务理事16人。会长张协奎，秘书长陈伟清。

12月9日，在南宁主办“广西房地产及住宅研究会2012年学术年会暨广西北部湾经济区房地产发展学术研讨会”，60多位嘉宾和会员代表参加。张协奎教授主持，邬文康研究员、陆善勇教授、朱仁友教授、邬丽萍教授、林剑教授级高级工程师等5位专家分别作主题报告。与会者就我国及广西北部湾经济区房地产发展走势，公共租赁房、保障性住房以及北部湾投资机会等相关问题进行研讨。11月2~5日，派员参加“第十四届中国管理科学学术年会”。年内，会员协助相关课题组承办多次小型专题研讨会，如广西城乡住房保障制度研讨会、广西城市住房供给模式及制度改革研讨会等。

年内，完成课题2项(广西哲学社会科学“十一五”规划课题《基于和谐社会建设的广西城乡住房保障制度研究》、自治区社科联资助课题《广西城市住房供给模式及制度改革研究》)，参与国家社科基金项目《促进西部地区房地产市场稳定健康发展研究》、广西大学“211工程”四期软科学研究项目《广西北部湾经济区协同创新战略研究》、南宁市社科联课题《南宁市社会保障性住房建设及融资模式研究》等课题研究。会员发表论文3篇。成果获广西第十二次社会科学优秀成果奖二等奖1项、三等奖1项。学会获自治区社科联2010~2011年度先进学会，陈伟清被评为学会先进工作者。

12月9日，广西北部湾经济区房地产发展学术研讨会在南宁举行。　　（广西房地产与住宅研究会供稿）

【广西比干文化促进会】 2012年末有个人会员258人。设办事处20个，内部机构9个(秘书处、宣传部、组织部、外联部、项目咨询部、学术研究部、维权部、财务部、监事部),工作人员2人。现任领导机构是第一届理事会,有理事119人,其中常务理事20人。会长林超群,秘书长林干文。

3月10日,在南宁召开每年一次的会员代表大会,各办事处代表及理事共208人参加。会议审议通过2011年工作报告及财务工作报告,通过2012年公益会费缴纳标准和拟新增人选,对2012年的工作提出总体要求和主要任务。4月24日是比干诞辰3104周年,促进会举办纪念活动,缅怀先祖。10月3日,组团到广东佛山南海林氏宗祠学习交流。10月4日,组团到福建石狮比干庙、晋江比干庙及泉州禄公祠参观学习。10月5日,派员到福建莆田参加"第二届九牧文化论坛暨纪念林披逝世1210周年大会",与来自海内外的比干后裔交流探讨、共谋发展。10月12日,组织参加在桂林永福举办的广西彩调文化艺术节,到彩调发祥地永福林村考察,参观当地八甲、二甲、四甲等林氏宗祠。12月9日,组织前往马来西亚柔佛州麻属西河堂、峇株巴辖、新山林氏宗祠访问、交流。12月11日,组织参加新加坡九龙堂林氏大宗祠家族自治会成立85周年庆典。12月15日,组织参加在泰国曼谷举办的第十四届世界林氏恳亲大会及泰国林氏宗亲总会成立50周年庆典活动。

3月10日,广西比干文化促进会第一届理事会第三次会议在南宁召开。 (广西比干文化促进会供稿)

【广西速记速录协会】 2012年末有团体会员2个,个人会员105人(其中具有高级专业技术职务资格2人)。内设机构5个(秘书处、会员部、培训部、学校部、咨询部),工作人员2人。现任领导机构是第一届理事会,有理事15人。会长范俭,秘书长陆光宁。

12月23日,在南宁主办"2012年广西速录教学研讨会",来自广西机电职业技术学院、广西国际商务职业技术学院、广西警官高等专科学校、桂林师范高等专科学校、贺州学院、广西经济职业技术学院、广西石化高级技工学校、南宁市第一职业技术学校等学校的老师和专家参加。年内,在南宁职业技术学院、广西民族大学、广西机电职业技术学院、广西经贸职业技术学院、广西师范大学、广西财经学院、柳州铁道职业技术学院、广西幼儿师范高等专科学校、南宁市第一职业技术学校等学校成立速记速录协会,开设各类专业讲座和培训,同时,对各高校会员进行专业培训,吸收各高校会员,加强会员之间的联系。年内,为第九届中国—东盟博览会、商务与投资峰会提供速录咨询服务。被评为自治区社科联2010~2011年度先进学会,副会长刘光柱被评为学会先进工作者。

【广西农村发展与改革研究会】 2012年末有会员50人(其中具有高级专业技术职务资格22人、中级28人)。内设机构1个(秘书处),工作人员4人。现任领导机构是第一届理事会,有理事25人,其中常务理事15人。会长杨亚非,秘书长袁珈玲。

学术活动 年内,共举办各种学术研讨会、学术讲座6次。8月22日,在南宁举办"《2012年广西蓝皮书·广西农村发展报告》新闻发布会暨广西农村发展形势研讨会",自治区26个厅局及涉农管理部门、科研院所、高等院校和民主党派等单位的领导和代表以及广西社科院干部职工共200余人参加,自治区副主席陈章良作关于广西农业农村发展形势的专题报告。5月23日,杨亚非在农业部农业贸易促进中心、广西农业厅举办的全国农业系统"农产品国际贸易经理及管理人员培训班"上作题为"中国—东盟自由贸易区框架下的农产品贸易"的学术讲座。5月29日,杨亚非在"广西农垦管区场级领导干部'现代农业经济专题培训班'"上作题为"广西农业经济改革和发展战略"的学术讲座。9月17日,参加中国社科院国际学部、广西社科院联合举办的"中国—东盟智库论坛",杨亚非作为广西方的特聘嘉宾作题为"加快中国—东盟互联互通的战略构想"的发言。10月13~15日,参加中国社科院经济学部、中国社科院农村发展所在北京举办的"中国社科农经协作网络大会",杨亚非作"农地整理与流转推进农业适度规模经营的路径选择——基于广西龙州县农地'小块并大块'成效的实证分析"的专题发言,中国社科院网站对发言进行报道。12月27日,在南宁举办"学习十八大精神与加快广西农村发展与改革"研讨会,30人参加。

课题研究与成果 年内,共完成各类课题6项,其中《我区城镇化进程中新生代农民工问题调研报告》先后获自治区党委副书记危朝安和自治区副主席黄道伟的批示;《筑牢"舌尖上的安全"防线,动物强制免费免疫存在的问题亟待解决——赴贺州市八步区的调研报告》获危朝安批示,要求送自治区主管部门阅研。会

员发表论文 19 篇，其中在《广西日报》连续发表“北部湾经济区推进中国与东盟国际区域经济合作的战略思考”系列论文 11 篇。成果获省部级三等奖 4 项，厅级一等奖 1 项、二等奖 3 项。

8月22日，会长杨亚非在广西农村发展形势研讨会上发言。（广西农村发展与改革研究会供稿）

【广西—东盟经贸促进会】 2012 年末有团体会员 56 个。内设机构 1 个（办公室），工作人员 4 人。现任领导机构是第二届理事会，有理事 9 人，其中常务理事 3 人。会长黄海波，秘书长梁安。

2012 年，召开 1 次理事会、2 次常务理事会，讨论东盟经贸理论研究与交流事宜。4 月 9~10 日，促进会领导出席“陆路东盟崇左看——首届国际商务文化节”活动，与东盟各国参会代表就中国—东盟陆路通道问题进行交流探讨。5 月 11~13 日，组织部分会员参加“2012 中国—东盟矿业合作论坛”，帮助会员企业与东盟国家企业互接。7 月 12~13 日，受邀参加“2012 年泛北部湾经济合作论坛”。9 月 21~25 日，组织会员 50 多人参加 2012 年中国—东盟博览会。

9月21日，2012年中国—东盟博览会期间，黄海波会长（左一）出席新加坡—广西交流活动。

（广西—东盟经贸促进会供稿）

【广西西大城市发展研究院】 2012 年末有研究人员 11 人（其中具有高级专业技术职务资格 3 人）。内设机构 1 个（秘书处），工作人员 1 人，兼职研究人员 6 名。现任领导机构是第一届理事会，有理事 5 人。院长张协奎，秘书长陈伟清。

2012 年，主办“广西北部湾经济区城市整合协调发展与资源环境关系研讨会”、“广西创新型城市发展战略研讨会”、“广西北部湾城市群竞争力提升对策研讨会”、“广西城镇化现状与发展对策研讨会”等。

年内，会员出版专著 1 部（《城市群资源整合与协调发展研究——以广西北部湾城市群为例》），完成国家社科基金课题 1 项（《广西北部湾经济区城市群资源整合与协调发展研究》），广西自然科学基金项目 1 项（《广西北部湾经济区城市整合协调发展及其与资源环境关系研究》），参与研究的课题有：《广西建设创新型城市发展战略研究》（广西软科学研究项目），《广西北部湾城市群竞争力提升对策研究》（广西人文社会科学发展研究中心“科学研究工程”开放基金课题），《广西北部湾经济区协同创新战略研究》（广西大学“211 工程”四期软科学研究项目），研究人员发表论文 7 篇。

【广西创新与创业研究会】 2012 年末有个人会员 87 人（其中具有高级专业技术职务资格 41 人、中级 18 人）。现任领导机构是第一届理事会，有理事 39 人，其中常务理事 8 人。会长陆柳荣，秘书长陆柳萍。

11 月 20 日，在广西大学主办“第二届广西创新与创业研究学术论坛”，主题为“坚持创新驱动，加快城市发展”，广西大学物理科学与工程技术学院副院长欧阳义芳教授、知识产权研究中心主任洪军教授，柳州华地工贸总经理黄永明以及来自有关高校、政府和企业各界的代表，广西大学“管理科学与工程”、“项目管理”等专业的 90 多名研究生和本科生参加，与会者就广西北部湾经济区的创新和创业问题进行探讨和交流。

【广西民族文化发展研究会】 2012 年末有团体会员 3 人，个人会员 52 人（其中具有高级专业技术职务资格 15 人、中级 9 人）。内设机构 3 个（办公室、调研部、剪纸艺术推广部）。工作人员 12 人。现任领导机构是第一届理事会，有理事 12 人，其中常务理事 6 人。会长莫兆钦，秘书长梁晴。

年内，继续与《红旗文稿》合作，协助求是红旗文稿广西调研基地开展广西政法系统调研工作，形成《广西政法专刊》。继续推动广西剪纸事业的发展，剪纸艺术推广部组织剪纸艺术推广活动，并积极组稿参加相关的比赛。

【广西骆越养生研究院】 2012年末有个人会员49人(其中具有高级专业技术职务资格5人)。内设机构3个(办公室、研究室、财务室),专职工作人员4人。现任领导机构是第一届理事会,有理事4人,其中常务理事2人。院长潘芳格,秘书长黄健。

6月30日,在大明山明顶山庄召开会员代表大会,38人参加,收到论文35篇,评出优秀论文20篇(其中一等奖2篇、二等奖5篇、三等奖8篇)。黄健主持,潘芳格、南宁市大明山管理局局长、党委书记罗世敏分别致辞,8位养生专家作专题报告。会议对拟由广西人民出版社出版的《大明山骆越养生》一书进行补充完善。6月30日至7月31日,在大明山举办"广西森林旅游节暨南宁大明山国际山地养生旅游节",派出30多位养生专家给游客讲解养生之旅,展出主题为名人养生之道、大明山养生天堂等的宣传板报。

年内,组织养生专家将多年来的养生实践经验进行分类总结,整理出17册近百万字的养生实践经验初稿。着重对骆越魂酒、骆越女王密苓酒、骆越合眼香酒等养生产品研究和开发。

【广西社会科学学术团体发展促进会】 2012年末有团体会员33个,个人会员50人(其中具有高级专业技术职务资格的16人、中级10人)。内设机构1个,工作人员7人。现任领导机构是第一届理事会,有理事7人,理事单位14个。会长刘新华,秘书长袁梅花。

年内,开展的学术活动与调研工作主要有:1月17~18日,在玉林召开"广西社会科学学会管理与发展研讨会暨广西社会科学学术团体发展促进会2012年年会",50人参加,与会者就如何加强对广西社科类学会管理,促进其健康可持续发展问题进行研讨,就修改完善"广西社会科学界联合会学会管理办法"、"广西社会科学界联合会学术活动资助管理办法"、"广西社会科学界联合会所属学会年度报表"、"学会管理评估考核表"等进行讨论。3月底,协助自治区社科联在南宁召开"自治区社科联系统秘书长联席会暨培训会",160多人参加。6月25日,协助自治区社科联学会部到广西社科院对有关学会情况进行调研,自治区社科联党组副书记、副主席汤竹庭出席调研座谈会并讲话。7月25~29日,协助自治区社科联学会部赴柳州、桂林、来宾三市社科联及资源、灌阳两县社科联进行工作调研。年内,共协助自治区社科联学会部举办4次主题鲜明的社科专家活动日。

年内,协助自治区社科联组织开展广西第十二次社会科学优秀成果奖评选活动。创办会刊《交流与发展》(内刊)。

【广西产业与技术经济研究会】 2012年末有团体会员3个,个人会员53人(其中具有高级专业技术职务资格11人)。内设机构3个(秘书处、办公室、研究部),工作人员5人。现任领导机构是第一届理事会。会长杨鹏,秘书长陈秋月(代)。

6月7日,在南宁与自治区工信委联合举办"广西先进制造业发展研讨会",32人参加。年内,承担或联合组织开展《国家战略视角下广西跨越式发展》(国家社科基金项目)、《2012年广西县域竞争力报告》、《广西北部湾经济区全面开放开发新阶段发展战略研究》、《加快推进广西战略性新兴产业发展研究》、《南宁市新兴产业园、现代工业园产业发展研究》、《加快陆路东盟南(宁)崇(左)经济带发展对策研究》等课题研究,完成《广西烟草产业发展"十二五"规划》、《广西沿海石化产业基地建设规划》、《广西壮族自治区工业和信息化发展"十二五"规划学习读本》、《广西工业设计城建设实施方案》、《南宁市食品加工工业"十二五"规划》、《梧州再生资源循环利用示范基地建设规划》、《崇左糖业循环示范基地建设规划》、《平南县培育发展特色强镇规划》、《百色市右江区工业发展"十二五"规划》、《广西糖果食品产业园概念规划》等规划编制工作。会员发表论文30多篇。

9月17日,社科学会管理与发展工作座谈会在南宁召开。 (广西社会科学学术团体发展促进会供稿)

6月7日,广西先进制造业发展研讨会在南宁召开。

(广西产业与技术经济研究会供稿)

【广西人的发展经济学研究会】 2012年末有团体会员9个,个人会员99人(其中具有高级专业技术职务资格54人)。内设机构1个(办公室),工作人员1人。现任领导机构是第一届理事会,有理事16人,其中常务理事5人。会长巫文强,秘书长官锡强。

学术活动 8月3日,在西南财经大学参与协办"中国第四次人的发展经济学研讨会",《改革与战略》杂志社社长、总编辑巫文强研究员主持并致辞,副会长李欣广、黄锡富,官锡强,会员寿思华研究员等参会并发言。12月15日,与广西师范学院马克思主义学院等单位在广西师范学院联合召开"全面建成小康社会背景下经济社会发展与人的发展学术研讨会",200人参加,收到论文40篇。广西师范学院政法学院党支部书记李传珂、院长曾令辉教授、副院长黄志强教授,巫文强,研究会监事长陆壹东分别主持,研究会名誉副会长、广西师范学院副厅级调研员黄少琴教授和巫文强分别致辞,武汉大学哲学学院汪信砚教授,研究会副会长、广西大学马克思主义经济学研究中心副主任李欣广教授作主题报告,研究会副会长兼秘书长、广西经济干部管理学院官锡强教授作总结。

科研成果与宣传 年内,会员出版《以产业整合打造区域竞争力——中国东盟合作战略与广西产业整合》、《玉侨玉商养廉记》、《生态文明消费模式研究——基于资源性供给紧约束的视角》、《广西林业产业区域竞争力评价研究》等专著5部,参与调研课题8项,发表论文61篇(人的发展经济学研究论文9篇)。其中,巫文强《浅谈人的发展经济学的社会基础与研究的基本方向》被《光明日报》摘篇,官锡强《基于"荷兰病"效应的桂西资源富集区的"资源诅咒"的新型工业化选择》获"广西加快桂西资源富集区开发与建设"理论研讨会优秀论文二等奖。年内,借助《改革与战略》,自治区社科联通讯、网站平台,广西大学马克思主义经济学研究中心"马克思主义经济学传真网"宣传人的发展经济学研究成果及研究会动态。《改革与战略》刊发会员有关人的发展经济学研究成果8篇,广西社科联通讯刊发6篇,广西社科联通讯、网站共采用刊发研究会报道14篇,被自治社科联评为2011年广西社科联系统舆情信息工作先进单位。

8月3日,中国第四次人的发展经济学研讨会在西南大学召开。 (广西人的发展经济学研究会供稿)

【广西世纪物联网研究院】 2012年末有会员15人(其中具有高级专业技术职务资格5人)。现任领导机构是第一届理事会,有常务理事5人。院长罗余勤。

12月12日,在南宁召开"广西物联网产业研究研讨会",200多人与会,无锡物联网产业研究院院长刘海涛及其团队参加。年内,牵头做好《物联网应用周刊》(内刊)编发工作。年内,申报省级以上科研项目2个。

【广西网媒文化促进会】 2012年末有团体会员15个,个人会员45人(其中具有高级专业技术职务资格的23人)。内设机构3个(办公室、财务部、编辑部),专职工作人员4人。现任领导机构是第一届理事会,有理事13人,其中常务理事5人。会长林德荣,秘书长潘丽娟。

5月13日,在南宁召开促进会理事会,讨论与广西金海潮广告有限公司关于挂名主办《风尚大典》的方案。5月28日,在南宁召开常务理事会,通过与南方都市网合作建立广西网媒网方案。7月,与漓江人饮业有限公司在桂林和阳朔两地联合举办"广西网媒网络作者走进桂林漓江人王府料理店和阳朔鲜花满屋客栈采风"主题活动,来自广西网媒网、南方都市网、广西城市网、广西新闻网、交通安全网、新浪网、中国旅途网、红豆社区、广西时空网,《GXCM风尚大典》时尚杂志等的人气作者共30余人参加。8月23日,与人民日报(民生周刊)杂志社在南宁共同主办"首届广西风尚大典颁奖礼主题活动",广西书法家韦克义、画家梁耀分别获书画界最具影响力奖;2011年"中国达人秀"获得总冠军的广西艺人卓君获年度广西人气明星奖,来自广西各地的精英企业和杰出个人分获2011年度风尚大典的各个奖项。10月12日,主办"2012广西网络媒体文化座谈会",与各地企业和企业家代表进行学术交流。12月23日,由人民日报网广西频道指导、促进会主办,《GXCM风尚大典》时尚杂志、广西网媒网承办,苏酒集团贸易股份有限公司独家冠名赞助,广西西林宫保府茶业有限公司等企业支持的"'双沟珍宝坊'2012首届广西风尚品牌年会暨双沟珍宝坊新品高端鉴赏会、《GXCM风尚大典》时尚杂志答谢会"时尚主题活动在南宁举行,对广西时尚领域精英企业和领军人物进行褒扬,广西跨世纪大酒店、南宁保时捷中心等10家企业获最具实力好品牌奖,新华雅苑名家字画艺术馆、广西南宁华美整形美容医院等16家企业获最佳风尚文化品牌单位。

【广西纪实摄影协会】 2012年末有个人会员60人(其中具有高级专业技术职务资格4人)。内设机构1个(办公室),工作人员2人。现任领导机构是第一届理事会,有理事28人,其中常务理事9人。会长火炎,秘书长李念平。

2月5日,在南宁召开协会理事会,10人参加,研究部署聚焦东兴大型拍摄活动事宜。火炎作协会工作情况汇报并提出年度工作计划。2月11~12日,与防城港市、东兴市摄影家协会在东兴联合举办"聚焦东兴——新春第一拍"大型拍摄活动,来自自治区和当地的摄影家共20人参加。协会在拍摄的上千幅作品中精选200幅,全方位反映了东兴市的经济、国防、文教、体育、卫生、科技、市民生活、旅游等各行各业的建设发展情况,真实反映了东兴的历史、民族、边境、民俗文化。7月10日,在防城港举办摄影知识讲座,火炎授课,100人参加。8月23~25日,应兴安县政府邀请,组织一批摄影家与当地摄影家在兴安县联合举办"聚焦兴安"大型拍摄活动,并在兴安县举办摄影展,在3天的展出中,有10万人(次)参观。9月19~22日,组织广西纪实摄影家17人赴山西平遥参加国际摄影展。年内,火炎一组作品《新桂林山水》参加全国摄影大赛,获"徐肖冰杯"典藏金奖。

2月12日,聚集东兴——新春第一拍活动在东兴举行。
(广西纪实摄影协会供稿)

【广西人力资源管理发展研究会】 2012年末有团体会员200个。内设机构2个(办公室、学会工作部),工作人员7人。现任领导机构是第五届委员会,有委员60人,其中常务委员15人。会长滙回开,秘书长李志明。

2012年,举办论坛2次,组织开展公益活动17次,召开会员大会1次。比较有影响的有:4月组织开展的"一样的天空一个家,用沟通创造未来"户外拓展活动,《南国早报》、《南宁晚报》等媒体报道;5月组织开展的"广西高校学生就业能力提升指导活动",《当代生活报》、《南国早报》等媒体进行报道,《广西新闻网》、《人民网》、《全国高校网络联盟》、《中国中小企业信息网》、《河北大学生网》、《钦州人才网》等网站转载报道。11月24日,在南宁举办首届"2012'中国·南宁人力资源管理高峰论坛",400人参加。中国科学院研究生院管理学院副院长、国家劳动和社会保障部职业技能鉴定中心专家组成员时勘教授讲授人力资源管理领域的最新理论和应用技巧。广西电视台、南宁电视台、广西新闻网、搜狐网、海峡经济网、罗湖人才网等媒体进行报道。

年内,建立和完善研究会网站(http://www.gxhrd.org)。吸纳单位会员140个,个人会员60名。

【广西公共政策研究会】 2012年末有团体会员4个,个人会员68人。内设机构3个,工作人员8人。现任领导机构是第一届理事会,有理事26人,其中常务理事18人。会长佘伯明,秘书长陈道远。

2月15日,在南宁召开研究会第一次常务理事会,对研究会年度工作要点和财务管理办法进行讨论,确定年度工作重点以及未来发展方向。会后,建立研究会QQ群。

5月,完成由崇左市工业和信息化委员会委托的《崇左市"十二五"工业园区发展规划》课题,针对崇左市工业发展现状给崇左市政府编制"十二五"工业园区的发展规划等文件。8月,完成由南宁市五象新区建设指挥部办公室委托的《南宁综合保税区设立的可行性研究报告》。10月,完成由马山县经济贸易和信息化局委托的《马山县工业和信息化发展"十二五"规划》编制项目,针对马山县6个重点产业、产业布局和园区建设、信息化应用、节能环保等方面为马山县政府建言献策,编制完成《马山县工业和信息化发展"十二五"规划》等文件。年内,参与自治区工信委委托的《设立广西中小企业发展基金研究》和南宁市工信委委托的《南宁市广告产业发展规划》等2个项目的研究工作;参与南宁市发改委招标课题和自治区政府招标项目的投标工作;完成《东兰县长寿养生产业规划》、《靖西县公共政策研究基地合作》的筹备工作。全年共主持或参与完成各类项目10项。

【广西可持续发展促进会】 2012年末有团体会员9个,个人会员210人。内设机构1个(秘书处),工作人员2人。现任领导机构是第一届理事会,有理事35人。会长李德敏,秘书长刘萍。

6月下旬,在梧州召开"广西生态文化与生态经济建设研讨会",环保、旅游、农业与林业等相关部门的领导与企业家和专家学者共30多人参加,会议采取看与议相结合的方式,与会者实地考察梧州茂圣茶叶有限公司的生态茶树园，通过多媒体视频交流梧州市推进生态文明示范区建设的成功经验，对如何推进广西生态文化与生态经济和谐发展提出建设性建议。

年内，组织专家学者开展《广西生态文化建设研究》，先后到玉林、北流、梧州、昭平、富川等地进行调研，撰写了《生态文化与广西发展》、《广西生态文化建设的对策》、《建立和完善广西生态文化建设保障机制》、《将社会性别纳入生态文化建设的主流》、《生态文化建设的重要视角》等系列论文，并在《中国妇女报》、《广西日报》、《广西工作》等报刊发表。

【广西新农村建设研究会】 2012年末有团体会员35个，个人会员55人(其中具有高级专业技术职务资格的8人)。会长李俊龙，副会长兼秘书长黄康。

3月1日，在南宁市召开第一次会员代表大会，李俊龙当选为会长，吴守宏、黄承、赵世权当选为副会长；聘中央保健局陈学忠为荣誉会长兼驻京办主任、自治区人大原副主任林灿为荣誉会长。

4月，组织编写《广西南宁市江南区江西镇刘村坡综合配套和社会主义新农村建设项目可行性研究报告》，5月，与南宁市经开区编制构建《广西亚热带药物园项目可行性研究报告》，9月，与南宁保税物流中心共同策划编写《广西东盟农产品加工物流产业园》。

【广西区域经济发展研究会】 2012年末有个人会员55人(其中具有高级专业技术职务资格40人)。专职工作人员2人。现任领导机构是第一届理事会，有理事15人，其中常务理事5人。会长吴炳贵，秘书长康普校。

2012年，组织专家对2011年的15项调研成果进行评审，对自治区发改委与自治区政府报送的调研课题评选出三等奖2项，对各市、县(市)报送的调研课题评出一等奖2项、二等奖3项。其中《广西先进制造业服务体系研究》获国家发改委学术研究成果三等奖，《北部湾银行建设问题研究》获自治区政府决策咨询三等奖，15人(次)获得广西社会科学优秀成果奖。编辑出版《城市群形成演化机理与发展战略——基于集聚经济三维框架的研究》，会员发表《产业专业化、多样化对城市群经济增长的影响》(发表于《财经理论与实践》)、《城市群空间演进与产业联动——以广西北部湾城市群为例》(发表于《经济问题探索》)等论文。

【广西发展战略研究会】 2012年末有个人会员433人(其中具有高级专业技术职务资格的411人)。内设机构5个(财务处、课题处、宣传处、发展处、秘书处)，工作人员7人。现任领导机构是第一届理事会，有理事39人，其中常务理事19人。会长江东洲，秘书长刘昊。

4月28日，在南宁召开第一次会员代表大会，200多名代表和嘉宾参加。同日，举办“首届广西发展战略论坛”，主题为“富民强桂新跨越”。来自北京师范大学、中央民族大学、中国农业科学院等广西区内外的200多名专家学者参加，收到论文54篇。8月9日，在南宁举办会员交流会，来自广西区内外高等院校、科研机构以及有关企业的专家学者和实际工作者共120多人参加，收到论文94篇。8月28日，在南宁举办会长交流会，探讨研究会发展策略问题。12月22日，在南宁召开学习党的十八大精神交流会，来自广西区内外的350名专家学者参加，收到论文37篇，与会者围绕如何学习贯彻落实党的十八大精神，推动广西科学发展、和谐发展、跨越发展等进行交流与探讨。

年内，收集整理会员的研究成果与理论文章，分别著作3部(《富民强桂新跨越——首届广西发展战略论坛文集》、《与专家教授面对面——广西发展战略研究会会员访谈(2012年)》、《广西发展战略研究会学习十八大精神文章选集》)。

【广西四海壮学研究院】 2012年5月成立。2012年末有个人会员11人(其中具有高级专业技术职务资格6人)。内设机构5个(行政办公室、壮学研究中心、民族建筑文化研究中心、壮医壮药研究中心、考古研究中心)，工作人员8人。现任领导机构是第一届理事会，有理事8人，其中常务理事5人。理事会主席张丹竹，院长兼秘书长李伟宁。

6月26日，召开第一次领导班子会议，讨论机构设置、招聘人员、制定规章制度、项目运营、聘请专家等事项。7月3日，创办壮学网(网址：www.zhuangxue.com)。9月23~27日，应靖西县的邀请，广西组织专家一行5人赴靖西开展民族历史文化考察，分别对靖西县文化设施、博物馆、宾山古人类遗址、旧州生态博物馆、龙邦边关、胡志明革命活动遗址、安德依智高南天国遗址、刘永福黑旗军遗址、三牙景区等进行

11月3~6日，广西四海壮学研究院专家考察团赴越南高平考察胡志明遗址。 （广西四海壮学研究院供稿）

实地考察，收集靖西历史文化材料。11月3~5日，率考察团赴越南高平省进行历时3天的文化考察。在此基础上，为靖西县编制《靖西县文化发展规划纲要(2013~2020)》。

【广西区域科学学会】 2012年末有个人会员70人(其中具有高级专业技术职务资格40人)。内设机构1个(办公室)，兼职工作人员3人。现任领导机构是第一届理事会，有理事17人。会长严志强，秘书长汪德荣。

3月25日，在广西师范学院召开第一次会员代表大会。中国区域科学学会、广西产业与技术经济研究会等学术团体发来贺信。会议通过学会章程、会费管理办法以及聘任顾问名单和法律顾问单位，选举产生第一届理事会理事。聘请广西新闻出版局党组书记、局长于瑮，广西师范学院党委书记刘力，广西电力职业技术学院党委书记陈俊伟，广西社会科学院副院长黄志勇，广西艺术学院党委副书记邓军，河池学院副院长周鸿，自治区发改委规划处处长唐爱斌，自治区农业区划委员会办公室主任李国平等8人为首批顾问，广西桂三力法律事务所为法律顾问单位。严志强教授当选为会长，黄鹄、韦海鸣、黎鹏、杨鹏、胡宝清、马璐、韦善豪、陈永清、黄品优等9人当选为副会长，高级经济师汪德荣当选为秘书长。会后，陈俊伟和严志强为学会揭牌。

年内，主持、参与"广西仫佬族特色文化资源产业化调研"，并获得国家社科基金项目立项；参与自治区发改委"区域协调发展和合作调研"，并参与广西重大招标项目"江海联动，促进广西区域协调发展"研究；完成自治区发改委委托课题《北部湾经济区同城化体制机制》研究；自治区工业化信息化委员会委托课题《广西工业园区发展支撑体系研究》；南宁市发改委委托课题《南北钦防同城化研究》；玉林市工业化信息化委员会委托课题《玉林新型装备制造业示范基地建设规划》；广西凭祥保税区委托课题《广西凭祥保税区产业发展定位研究》等。会员出版著作2部，撰写调研报告3篇，发表论文29篇。成果获得省部级奖一等奖1项、二等奖1项、三等奖3项。

【广西婚姻家庭研究会】 2012年7月成立。2012年末有个人会员71人(其中具有中级以上专业技术职务资格18人)。内设机构1个(办公室)，工作人员4人。现任领导机构是第一届理事会，有理事19人，其中常务理事8人。会长吴若梅，秘书长孙艳。

7月7日，在南宁召开第一届会员代表大会，审议通过研究会章程，选出理事19人、常务理事8人、监事2人、会长1人、副会长2人、秘书长1人。

科普活动 11月16日，理事邹丽娟举办"亲密之旅"婚恋智慧心理自我成长沙龙，围绕如何提升自己智慧，经营婚恋生活的话题与来访者展开互动，解开来访者心理困扰。11月18日，邀请深圳性格色彩专家王丹及吴丹红教授为会员做公益授课培训，旨在提升会员的业务能力。12月11日，理事韦老师在广西中医学院心理咨询专业大学生中开展婚姻家庭心理咨询辅导活动，由大学生进行角色扮演，为20名大学生做家庭系统排列演示治疗。12月29日，邹丽娟以"体验专业心理咨询，放松心情入眠"为活动主题，为市民提供心理咨询和催眠体验。年内，副会长陈一在广西电视台综艺频道《法治最前线》栏目担任婚姻家庭专职分析师，共参与30多期，就广西婚姻家庭的犯罪、暴力等方面，给电视观众和当事人提供帮助和心理援助；在广西电视台综艺频道《爱的就是你》栏目担任婚姻家庭调解员，参与12期节目，主要调解家庭矛盾、缓解冲突、帮助家庭成员和谐相处；在《健康博览》杂志担任《陈一说心理》、《陈一一一答》专栏作家，每月均有涉及广西婚姻家庭案例的心理和辅导分析案例；在《广西钦州广播电视报》担任《幸福魔方》专栏作家，每周均有涉及广西人婚姻家庭的案例分析；在广西工人报《创造者》专刊担任《人在职场》专栏作家，每周为广西职场的白领就"婚姻、家庭、恋爱、心理"等各方面作分析；在天涯网、红豆网、时空网等开办陈一的婚恋专栏，点击量超过10万人次；在《南国早报》就男孩变性问题、《当代生活报》就最新《中国婚姻家庭报告》分析、《大学生恋爱:爱情不是爱》等选题发表言论。会员林朝军为医科大学等高校大学生开办婚姻择偶公益讲座三场，受众300人(次)。邹丽娟举办公益沙龙《如何寻找你的另一半》活动，受众100余人(次)。

【广西地方税收研究会】 2012年3月成立。2012年末有团体会员3个。内设机构1个(秘书处)。现任领导机构是第一届理事会，有理事52人，其中常务理事30人。会长吴殿禄，秘书长汪星明。

4月，根据广西地方税收工作中的热点、难点问题，确定年度重点研究课题，面向广西地税系统及各地市地方税收研究会会员进行课题招投标，20个课题组中标。11月，经自治区地税局批准并与《广西经济》杂志社协商一致，在《广西经济》杂志社开设"地方税务与地方经济"专栏，用于刊登广西地税的宣传调研文章，设立专栏编辑部，负责组稿、采写、审核、编校等工作。年内，完成2012年度广西地方税收研究会优秀科研论文评审活动。制定了《广西地方税收研究会财务管理办法》。

社会科学教育

本科院校

【广西大学】 国家“211 工程”项目建设学校，教育部和广西共建省部级综合性大学，教育部中西部综合实力提升计划入选单位建设单位。校园占地面积 307 公顷，校舍总建筑面积 133.34 万平方米。教学科研设备总值 6.07 亿元，拥有各类藏书 544 万册，其中印刷型图书 332 万册，电子图书 212 万册。设有 30 个学院，学科涵盖哲学、经、法、文、理、工、农、管、教、艺等 10 大学科门类，有 97 个本科专业，36 个一级学科硕士点，186 个二级学科硕士点，8 个一级学科博士点，58 个二级学科博士点和 9 个博士后科研流动站。2012 年末在校生 38923 人，其中研究生 16200 人，本科生 22723 人。有来自 30 多个国家的留学生 1241 人，成人教育学历生 2 万多人。另外，设有 1 个独立学院—行健文理学院，有 791 名教职工，38 个专业，在校生近万人。有在职教职工 3600 多人，其中专任教师 2064 人，专任教师中有教授 472 人、副教授 761 人，博士生导师 206 人，硕士生导师 1468 人。有 2 个国家重点学科，1 个国家重点(培育)学科，6 个国家“211 工程”重点建设学科群，21 个自治区重点学科；有 1 个国家重点实验室和 1 个省部共建国家重点实验室培育基地，15 个省部级重点实验室、工程研究中心和研究基地，20 个自治区高校重点实验室和研究基地，2 个自治区科技创新金源单位。“广西亚热带生物工程人才小高地”、“英语翻译高级人才培养基地”、“广西工程防灾与结构安全人才小高地”3 个广西人才小高地，有“可再生资源综合利用与环境保护创新团队”、“计算机应用与软件新技术创新团队”、“泛北部湾区域经济合作研究创新团队”、“资源化工应用新技术创新团队”、“广西机械科学与技术创新团队”、“环境生物与控制创新团队”、“动物种质资源创新团队”、“水稻资源研究与遗传改良创新团队”、“运筹学与最优控制创新团队”、“北部湾经济区开放开发支撑条件研究创新团队”等 10 个广西高校人才小高地创新团队。校长赵艳林。

学校设有人文社会科学学院 12 个，分别是文学院、外国语学院、公共管理学院、商学院、法学院、继续教育学院、教育学院、艺术学院、政治学院、新闻传播学院、中加国际学院、体育学院。文科硕士点 45 个：马克思主义哲学、外国哲学、科学技术哲学、社会学、行政管理、教育经济与管理、公共管理硕士、政治经济学、国民经济学、区域经济学、财政学、金融学、产业经济学、国际贸易学、会计学、企业管理、旅游管理、农业经济管理、技术经济与管理、法律工商管理硕士、法学理论、宪法学与行政法学、刑法学、民商法学、诉讼法学、经济法学、环境与资源保护法学、国际法学、法律硕士(非法学)、法律硕士(法学)、文艺学、语言学及应用语言学、汉语言文字学、中国古典文献学、中国古代文学、英语语言文学、日语语言文学、外国语言学及应用语言学、马克思主义基本原理、马克思主义发展史、马克思主义中国化研究、思想政治教育、新闻学、传播学。

2012 年，随着重点学科和学科基地建设水平的提高，学校科学研究和科技开发能力不断增强，高级别的科研项目增多，科研经费快速增长，高水平的科研成果增加。年内，纵向科研项目和计划内横向科研项目立项合同经费 3.1 亿元，到校科研经费 2.205 亿元。获立项资助的国家自然基金项目 101 项，总经费 4647.6 万元。获国家社科基金项目 14 项，资助总金额 210 万元。获广西自然科学基金创新团队项目 1 个，广西自然科学基金杰出青年(重点项目)2 项，重大计划项目 1 项，总经费 1104 万元。其中，广西自然科学奖一等奖 1 项(非主持单位)、二等奖 1 项(主持单位)、三等奖 4 项(3 项主持单位)；广西科技进步二等奖 4 项(1 项主持单位)、三等奖 7 项(3 项主持单位)。组织申报广西第十二次社会科学优秀成果奖，申报成果 252 项，获奖 75 项，其中一等奖 4 项、二等奖 22 项、三等奖 49 项。申请专利 339 件，其中发明专利 259 件，获得授权专利 71 件，其中发明专利 44 件。转让实施 6 项专利技术，转

12月7日，广西高校哲学社会科学协同创新座谈会在广西大学召开。

（广西大学供稿）

让经费66万元；获软件著作权登记9件。通过鉴定（评审）科技成果17项，通过广西农作物品种审定委员会审定的农作物新品种11个。

广西大学公共管理学院　设有哲学、公共管理、社会学与社会工作3个系和MPA教育中心，设有中国—东盟社会组织与公共管理研究中心、广西大学农村发展研究中心、科学技术哲学研究所、社会发展问题研究所。拥有哲学（管理哲学方向）、公共事业管理、社会工作3个本科专业，公共管理和哲学两个一级学科硕士点、社会学二级学科硕士点、公共管理硕士（MPA）专业学位授权点，以及公共经济学二级学科博士点。2012年末在校本科生633人，全日制科学硕士研究生300人，公共管理专业硕士378人，行政管理和MPA研究生班学员587人，越南硕士留学生27人，中越合作培养学生14人，成教学生2000多人。有教职员工68人，其中专任教师59人。专任教师中，有博士学位的有29人、占49.2%；教授17人、占28.8%，副教授25人、占42.4%，讲师12人、占20.3%；博士生导师2人，硕士生导师37人、占62.7%。院长谢舜。

近年来，学院承担国家社会科学基金、国家自然科学基金17项，省部级课题30项，横向课题20项。出版学术专著、教材30多部（本），发表学术论文500多篇，其中在《中国行政管理》、《哲学动态》、《自然辩证法研究》等核心期刊发表论文60多篇，被《新华文摘》、中国人民大学《复印报刊资料》等转载多篇，获得各类科研奖励60多项，其中广西社会科学优秀成果奖一等奖2项，二等奖6项。

广西大学教育学院　设有国家大学生文化素质教育基地和广西大学生心理健康教育研究与培训基地。拥有教育经济与管理专业硕士点1个，应用心理学本科专业1个，教育技术学本科专业1个，以及应用心理学第二专业，成人教育的应用心理学专科脱产（函授）专业、应用心理学本科（专升本）专业。2012年末有全日制本科生235人、全日制在读研究生101人，第二专业学生220人，研究生班75人，成人教育应用心理学专科生157人。有教职工46人，其中专任教师36人（具有高级专业技术职务资格24人）。院长曾冬梅。

年内，教师承担国家级课题2项，省部级课题4项，自治区教育厅课题4项，广西大学课题14项，横向课题2项；出版著作2部，发表论文60篇。获得广西第十二次社会科学优秀成果奖二等奖3项，三等奖3项；获得广西教学成果奖一等奖1项，三等奖2项。

广西大学商学院　设经济学系、国际经济与贸易系、金融保险系、财政税务系、工商管理系、财务会计系、农业经济管理系、商务信息管理系、旅游管理系等9个系。设马克思主义经济学研究中心、经济发展研究所、糖业经济研究所、旅游科学研究中心、人才与人力资源开发管理研究所等12个科研机构。经济与管理实验中心是广西唯一的人文社科类国家级实验教学示范中心，设有国际商务实验室、财政金融实验室、工商管理实验室等11个实验室以及教学资源中心和中国—东盟电子资讯中心两个数字资源中心，有博士、硕士、本科、成人函授教育、研究生班、培训班等层次完整的教学体系，是广西目前唯一具有经济学博士学位授权点和EMBA（高级管理者工商管理硕士）授权点的单位。2012年末各类在校生10332人，其中来自越南、老挝、韩国、柬埔寨等14个国家的留学生225人；毕业本科生705人，科学硕士生173人，高级管理人员工商管理硕士（EMBA）54人，工商管理硕士（MBA）308人，函授生831人。有专任教师154人，其中具有高级专业技术职务资格121人，中级30人；具有博士学位教师57人，在读博士9人；享受政府特殊津贴专家1人，教育部优秀人才资助计划人选2人，自治区优秀专家1人，广西"新世纪十百千人才工程"第二层次人选5人。院长阎世平。

7月16~17日，与广西农业经济学会联合承办中国农业经济学会青年部、国务院学位委员会农林经济管理学科评议组、教育部高等学校农林经济管理类专业教学指导委员会主办的"2012年全国中青年农业经济学者学术年会暨全国高等院校农林经济管理院长（系主任）联谊会"。11月17日，承办中国会计学会财务管理专业委员会2012年学术年会暨第18届中国财务学年会。此外，邀请中国社科院经济研究所所长裴长洪教授、美国伊利诺伊大学方二教授、国肯塔基大学迈克尔·罗伯特·里德教授、美国莫海德州立大学James R· Masterson博士、英国爱丁堡大学艾希礼·劳埃德教授等到院进行讲学和学术交流。

年内，获立项课题有：国家社科基金项目1项，国家自然科学基金项目3项，教育部社科规划项目2项。获科研总经费788.6万元，其中纵向科研经费334.25万元，横向科研经费418.35万元。教师出版著作9种；发表论文300余篇。获广西第十二次社会科学优秀成果奖一等奖2项、二等奖6项、三等奖17项。

广西大学外国语学院　设英语、日语、东南亚语、大学英语、成人教育5个系部，有英语、日语、越南语和泰语4个本科专业和外国语言学及应用语言学、英语语言文学和日语语言文学3个硕士研究生授权点及翻译硕士专业学位授权点；设立外国语言文学研究所、外语教育研究所和日语语言文化研究所；有托福(TOFEL)、英国剑桥商务英语(BEC)考试、外语水平考试(WSK)、全国翻译专业资格考试、出国培训备选人员资格考试、全国外语翻译证书考试6个全国考试中心。2012年末有在编教师165人，其中具有高级专业技术职务资格66人；有博士学位12人；硕士生导师35人；校外导师10人；兼职(客座)教授23人；外籍教师8人。院长祝远德。

年内，与美国墨海德大学，加拿大Nipissing大学，日本三重大学、岐阜大学、熊本县立大学，泰国川登喜皇家大学、东方大学，越南国家大学等开展教师培训和交换学生合作项目，与自治区、南宁市政府及多家企事业单位有多项科研合作项目。年内，获国家级立项项目1项、省部级1项、厅局级3项、广西大学校级项目5项，计划内横向项目2项。教师出版著作11部，发表论文90多篇。获广西第十二次社会科学优秀成果奖三等奖1项。

广西大学艺术学院　设音乐学、美术学、舞蹈学、艺术设计四个本科专业。在编教师73人(其中教授4人，副教授13人，讲师26人)。院长张晓农。

3月16日，应广西艺术学院邀请，副院长叶萍、美术系副主任吕峰带领09级美术教育专业部分同学参加“广西艺术学院美术学院2012届本科毕业作品展”并进行学术交流。5月17日，与泰国朱拉隆功大学教育学院合作协议在学校君武楼举行，广西大学副校长陈保善，艺术学院院长张晓农、副书记梁斐、副院长叶萍及艺术学院教师一起，与朱拉教育学院的系主任Mr.Poonnarat pichayapaiboon及随行的教师进行了会谈并举行了签约仪式。5月21日，武汉音乐学院声乐教授李万进和武汉音乐学院声乐系主任余惠承教授应邀到学院进行民族声乐学术讲座，学院声乐教研室全体教师及相关专业学生参加。6月14日，学院学术带头人翁葵教授应邀到百色学院作题为“歌唱艺术的情感”的学术报告，百色学院副院长韦复生、科研处处长黄勇、艺术系书记韦玉林、主任覃金盾以及艺术系全体声乐教师和音乐表演专业的全体学生参加了学术讲座。11月初，张晓农教授应邀赴宁夏举办独唱音乐会和学术交流活动；同月，张晓农教授应云南师范大学邀请，作为教育部“国培计划(2012)”首席专家赴云南讲学。

年内，获立项的课题有：厅级课题1项，校级课题25项，各种横向课题3项。教师出版著作3部，发表论文41篇。获各类奖项8项。

广西大学政治学院　设2个教学系6个教研室及6个研究机构。有广西高校思想政治理论课教师培训基地1个。2012年末有教职工54人，其中专任教师47人，行政人员7人。教师队伍中有教授9人，副教授21人，拥有博士学位17人、博士率为36%，另有6名教师为在读博士研究生。广西教学名师2人，广西高校思想政治理论课教育教学指导委员会委员4人，广西思想政治理论课课程建设首席专家4人；广西高校思想政治理论课教学名师、优秀教师各1人。院长雷德鹏。

自2006年9月至2012年11月，学院教师主持各级各类科研课题76项；其中国家社科基金课题8项，省级科研课题20余项，科研经费151.65万元；其中纵向经费127.65万元。公开发表学术论文332篇；其中核心期刊(北大版)论文130篇；出版学术专著19部。共获得各级各类科研奖励53项，其中省部级科研奖励33项。近年来，先后承担各类社会培训，含课程培训10项；其中历时两年的全国妇联/李嘉诚基金“启璞计划”试点项目、广西村、两委、女干部培训先后培训女村官1597人。此外，学院承办3届广西高校思想政治理论课新任教师岗前培训班，共培训学员200余人，3次承办广西高校形势与政策课骨干教师培训班，共培训学员300余人(次)，承办3届广西高校思想政治理论课青年教师教学基本功大赛。

广西大学中加国际学院　国家级、自治区级复合型创业人才培养模式改革实验基地，广西首个国家级人才培养模式创新实验区。发挥广西大学学科专业齐全的优势，采用具有开放性、动态性特征的跨学科楔合式分流模式，与广西大学其他学院联合培养英语专业或“英语+专业”的复合型外向型创业人才。学生入校后前两年主攻英语，主要课程全部由来自以英语为母语国家的外籍教师讲授。同时，经学院批准，学生可按规定修读今后分流专业的相关基础课程。两年后，学生可以根据个人学习基础提出申请,经学院批准进入广西大学的各专业学习。2012 年末有在校生 1241 人。有专任教师 39 人,包括外籍教师 31 人和中方教师 9 人,其中具有高级专业技术职务资格 4 人、中级 3 人,另有兼职教师 19 人。院长覃成强。

年内,在研科研项目 11 项,其中国家级 1 项,澳大利亚政府资助项目 1 项,省部级 2 项,广西大学校级 7 项。

【广西师范大学】 广西壮族自治区重点大学,广西实施"人文强桂"建设工程主体单位和广西中小学师资队伍建设"21 世纪园丁工程"的技术支撑单位。有王城、育才、雁山 3 个校区,校园面积 4100 多亩。全校图书馆舍总建筑面积 3 万多平方米,馆藏纸质图书 272.64 万册,中外文期刊 5573 种,电子图书 15360GB,图书馆被确定为"全国古籍重点保护单位"。建有球类馆、武术体操馆、塑胶田径场等各类现代体育设施,总面积 10 多万平方米。学校是 CERNET 华南地区网桂林主节点依托单位。设有国家文科基础学科(中国语言文学)人才培养基地、国家大学生文化素质教育基地(联合)、中小学骨干教师国家级培训基地、教育部基础教育课程研究中心、教育部高校辅导员培训和研修基地、全国重点建设职业教育师资培养训练基地、国家社会体育指导员培训基地、国家体育总局体育文化发展中心研究基地、广西人文社会科学发展研究中心、广西高校师资培训中心、广西高校政工干部培训中心、广西马克思主义理论研究与建设工程研究基地、国务院侨办广西华文教育基地、国家语委语言文字应用培训基地等国家或自治区级人才培养和科学研究机构。国家文科基地在终期验收评估中获得优秀等级,是全国唯一被评为优秀的地方大学中国语言文学文科基地。2012 年末,学校有专任教师 1417 人,其中具有高级职称的 731 人,具有硕士(含)以上学位的 1162 人。校长梁宏。

年内,有 27 个二级学院(含独立学院——漓江学院),其中二级人文社会科学学院 12 个,分别是文学院、历史文化与旅游学院、政治与行政管理学院、经济管理学院、法学院、教育科学学院、外国语学院、美术学院、设计学院、音乐学院、职业技术师范学院、国际文化教育学院。拥有 3 个博士后科研流动站、2 个博士学位授权一级学科、12 个博士学位授权二级学科、22 个硕士学位授权一级学科、150 个硕士学位授权二级学科、11 个专业硕士学位授权点和 71 个全日制普通本科专业。有 18 个广西(高校)重点学科,学科专业涵盖哲学、经济学、法学、教育学、文学、历史学、理学、工学、农学、管理学、艺术学等 11 大门类,形成了学科门类较为齐全、师范与非师范性专业协调发展、教育层次完备的人才培养体系。

教育教学 深入开展"促进教育质量全面提高大调研大讨论活动",稳步推进"独秀本科生培养计划"项目,初步建立了以应用型人才培养为基础和主导、以复合型人才培养为拓展和延伸、以创新型人才培养为核心和担当的多层次、多类别、立体式本科人才培养体系。"女大学生素养"系列课程入选全国第一批精品视频公开课建设计划,取得了学校在"十二五"国家级"本科教学工程"中的新突破。研究生教育管理进一步规范,抽查"双盲"评审的研究生优秀学位论文总数占全区研究生优秀学位论文的 24%,连续七年名列广西第一。学校开展实践教学改革与强化工程,组织学生参加各级各类学科(技能)竞赛,年内,获国家级奖励 80 项(其中一等奖 24 项、二等奖 23 项、三等奖 20 项),自治区级奖励 842 项(其中特等奖 2 项、一等奖 36 项、二等奖 64 项、三等奖 97 项)。获第八届"挑战杯"中国大学生创业计划竞赛银奖 1 项,网络虚拟运营专项竞赛三等奖 1 项,成为广西唯一获得全国优秀组织奖的高校;第五届"挑战杯"广西大学生创业计划竞赛推送的 15 件作品全部获奖,其中一等奖 5 项、二等奖 2 项、三等奖 8 项。学生就业率稳中有升,截止 8 月 31 日,本科生就业率 93.26%,比 2010 年提高 2.4 个百分点,比 2011 年提高 1.6 个百分点,硕士研究生就业率 88.68%,学校被评为广西就业工作先进集体。

学科及平台建设 深入推进学科建设,学科平台不断拓展,学位点建设再创佳绩。新增中国语言文学和化学学科 2 个博士后科研流动站,实现继 2007 年马克思主义理论博士后科研流动站获得后的又一重大突破。在硕士研究生阶段自主设置"少年儿童组织与思想意识教育"(目录外)二级学科,应用经济学等 17 个学科顺利通过全国第三轮学科评估;广西人文社会科学发展研究中心在自治区教育厅组织的建设评估验收中被评为优秀,学校被确定为广西教育科学重点研究基地。

科研方面 年内,获国家社会科学基金项目 24 项,研究经费共计 422 余万元,项目总数和经费总额分别比上年增长 60% 和 114%,立项数名列广西第一,其中获国家社会科学基金重点项目和重大招标项目各 1 项,是 2012 年度广西高校中唯一同时获此立项的高校,实现了历史性突破。获各类科研成果 1868 项,其中广西第十二次社会科学优秀成果奖一等奖 1 项、二等奖 23 项、三等奖 41 项;国家民委第二届民族问题研究优秀成果奖著作类二等奖 3 项;教育部《高校社科文库》出版资助学术著作 1 项。全校教

师共出版著作115部，发表学术论文1626篇，获专利授权29项。

学校发挥教师教育传统优势，承担了3个层次、16个子项目的教育部“国培计划”，国培示范性项目由2011年的2个项目100人，增加到5个项目600人；承接重庆市农村义务教育初中语文教学名师异地置换脱产研修培训项目、广西基础教育名师名校长培养工程、广西区教育局局长研修班、广西中职校骨干教师培训、广西中职校校级领导培训等多个广西区内外培训任务，培训上万人次。年内学校共承担各类横向课题110项，项目经费3099.64万元，产生了较好的经济和社会效益，如学校泛北部湾历史文化团队承担的《南宁通史》、《南宁简史》项目获项目经费120万元；旅游管理研究团队《广西全州雷公岭国家矿山公园规划》、《〈广西灌阳市石林省级地质公园申报材料〉编制》共获项目经费95万元。

人才队伍建设　学校大力推进“人才强校”战略，坚持培养与引进并重，稳定与提高并举，着力培养、引进学术领军人物和优秀拔尖人才，年内，共引进教授、博士28人，硕士83人；送培博士毕业回校17人，博士后6人，接收具有海外学缘背景的高层次人才14人；利用青年教师助教计划与青年教师成长学校等平台，举办了科研基本功培训、说课比赛等活动，制订了《青年骨干教师成长支持计划》，注重加强青年教师培养。1个研究团队入选教育部“创新团队发展计划”，实现了学校在教育部创新人才团队上零的突破，成为广西第二个入选团队；1人入选教育部“全国高校优秀中青年思想政治理论课教师择优资助计划”，1人获“全国语文学习学科建设终身成就奖”，2人获广西“新世纪十百千”第二层次人才称号，5人入选“广西高校优秀人才资助计划”，10人入选广西财政资助出国留学项目；申报并获批二级教授岗位36个。

国际交流与合作　年内，与11个国家和地区的20所高校和教育机构签署22份合作交流协议以及招生代理协议，接待来自20个国家和地区的60余批来访团(组)共1200多人(次)。汉语国际推广和文化交流工作不断推进，选派60余名师生到泰国宋卡王子大学孔子学院担任汉语教师和汉语志愿者，同时接收100余名泰国教育官员、中小学校长、泰国本土汉语教师以及泰国中小学生来校开展各种语言文化及业务培训项目；选派2名专任教师和3名汉语志愿者到印尼玛琅国立大学孔子学院任教；选派220余名师生到20多个国家和地区进行学习交流及海外实习。依托广西华文教育基地，成功协助国务院侨办和广西侨办举办“首届广西华侨华人社团中青年负责人研习班”。加强越南学校纪念馆建设，筹建越南研究中心，成功举办第二届中国—东盟教育合作研讨会，并协办“首届中国—东盟职业教育联展暨论坛”。留学生规模不断扩大，2012年末，长短期留学生达1800余人，中外校际交流项目在校学生1086人。

6月26日，纪念援越抗美四十七周年桂林籍老战士座谈会在桂林召开。

（广西师范大学供稿）

【广西医科大学】 教育部批准有招收本科临床医学专业(英语授课)留学生资格的首批30所高校之一，广西政府重点建设大学。占地面积71万多平方米。技能培训中心是省级实验教学示范中心，总面积3000平方米，配备300多件高端现代化教学设备和多媒体教学录播监控回放系统。教学用计算机4163台，多媒体教室和语音实验室座位17003个。图书馆馆藏书刊116.72万册，电子图书15230 GB，数字资源23130GB。2012年末有全日制在校生14084人，其中高职生3709人，本科生7072人，硕士生2441人，博士生216人，留学生646人。有教职工(含附属医院教、医、研人员)3634人，其中正高职称446人、副高职称759人，学术型博士生导师96人，专业型博士生导师47人，学术型硕士生导师441人，专业型硕士生导师452人，专任教师1123人，“新世纪百千万人才工程”国家级人选2人，国家有突出贡献的中青年专家6人，教育部新世纪优秀人才支持计划入选者7人，享受国务院政府特殊津贴专家72人，广西“新世纪十百千人才工程”第二层次人选31人，广西“八桂学者”3人、“特聘教授”3人，中华医学会专业学会常委、委员46名，中华医学会系列杂志编委 36 名，广西医学会各专业学会主任委员 49 名，还有一批优秀人才被选为国家级和省级高校中青年学科带头人等人才工程重点培养对象。哲学社会科学专兼职教师共计 107 人（不包括行政管理人员），其中，教授 20 人（包括 12 名兼职教授），副教授 23 人。具有博士学位 11 人，具有研究生学历的教师占 70 % 以上。校长赵劲民。

学校拥有医学、理学、工学、文学、管理学、法学等六大学科门类，是国务院批准的首批硕士、第二批博士学位授权单位，共有博士学位授权一级学科 3 个、二级学科 28 个，硕士学位授权一级学科 10 个、二级学科 46 个，博士专业学位培养单位 1 个，硕士专业学位培养单位 3 个，博士后科研流动站 4 个。国家重点（培育）学科 1 个，省部共建教育部重点实验室 2 个，卫生部国家临床重点专科 9 个，国家中医药管理局重点专科 1 个，广西高校重点学科 10 个，广西重点实验室或培育基地 5 个，广西高校重点实验室 5 个，广西人才小高地 2 个。国家联合地方工程研究中心 1 个，教育部“长江学者和创新团队发展计划”创新团队 1 个，广西自然科学基金创新研究团队 2 个，广西科技创新团队 1 个，广西高校人才小高地创新团队 11 个。设有高职专业 13 个、本科专业 13 个，其中，国家级特色专业建设点 5 个，国家级人才培养模式创新实验区 2 个，国家级教学团队 1 个，省级优质专业 4 个，省级实验教学示范中心 7 个，省级教学团队 7 个，七年制临床医学专业等 4 个专业为省级人才培养模式创新实验区。获国家级教学成果奖二等奖 1 项，国家级质量工程项目 11 项、省级 72 项。学校高度重视科学研究，“十一五”以来，共获省级以上课题 1577 项，其中主持国家自然科学基金 280 项，获得项目和资金居于广西高校前列，获国家科技进步奖、广西科学技术进步特别贡献奖、广西科技进步奖等各类奖 127 项，申请并获得授权专利 14 件，发表 SCI 论文 661 篇，论文质量和学术影响力大幅提升。

学校拥有良好的教学科研仪器设备和教学公共设施。校园信息网络功能优良，“千兆(1Gbps) 为主干，百兆到桌面”，覆盖全校区及直属附属医院。学校现有 81 个临床教学实习基地（含 7 个社区卫生服务中心及全科医学实践教学基地），5 个校外研究生培养基地，1 个医学人文技能培训基地，11 所附属医院均为“三级甲等”医院，其中 3 所直属附属医院（第一附属医院、附属肿瘤医院、附属口腔医院）是广西规模最大的“三级甲等”综合医院或专科医院，引领壮乡高等医学教育、医学科学研究和医疗卫生服务的发展。“十一五”以来，学校本科生每年总体就业率均达 93% 以上，国家医师资格考试（临床执业医师）平均通过率高出全国平均水平 19.84%。

学校设有人文社会科学学院（系、部）5 个，1 个研究所，分别是人文管理学院、外国语学院、公共卫生学院、体育部、卫生事业管理研究所。人文类本专科专业有英语、社会工作、公共事业管理（社会医疗保障方向、卫生事业管理方向）、信息管理与信息系统、体育保健、心理学。硕士点有公共卫生事业管理。

人文管理学院　由 11 个教研室、2 个研究中心和 1 个技能培训基地组成。主要包括：社会工作教研室、经济学与社会医疗保障教研室、人文医学教研室、大学语文与文秘教研室、中国政治理论教研室、马克思主义基本原理教研室、中国近现代史纲要教研室、思想道德修养和法律基础教研室、艺术教研室、形势与政策教研室、大学生职业发展与就业指导教研室、广西医科大学人文社会医学研究中心、广西医科大学妇女研究中心和中国医师人文医学执业技能培训（广西）基地。其中“中国医师人文医学执业技能培训（广西）基地”是经中国医师协会批准，由广西医科大学、广西医师协会联合承办的培训机构，旨在提高医师的人文医学执业技能、规范医师职业道德与伦理，是至今广西唯一具有医师人文执业技能培训资格的机构。学院依托公共卫生事业管理硕士点，招收卫生经济管理、生命伦理与卫生政策、医学伦理与卫生法规、人文医学与卫生政策、人文医学与医患沟通、医院管理与卫生事业管理等方向的硕士研究生。设有社会工作、公共事业管理（社会医疗保障方向）2 个本科专业。近五年主持 30 余项省厅级科研课题，主编教材两部，参编教材 10 部，发表学术论文 150 篇。2012 年出版《广西人文医学发展报告蓝皮书》。

外国语学院　成立于 20 世纪 50 年代初。现为学校最大的公共课程学科。有在职教职工 27 人，其中教师 23 人，实验技术师 3 人，有高级职称 7 人（教授 2 人，副教授 5 人），中级职称 13 人。此外，常年聘请 4~5 名外籍教师担任各个层次教学的英语听力和口语课程。

拥有语言实验室 12 个，座位 672 个。其中 12 套数字化语言实验室是广西高校中较先进，功能较强大的语言实验室。此外，大外部装备有 4 套英语调频广播设备，1 套广播录音设备，29 台计算机以及其他辅助办公设备。1998 年外语电教实验室通过广西高校系统的实验室评估，2002 年通过教育部全国大学本科教学质量评估，2003 年通过广西高校大学外语教学工作评估，成绩优秀。年内，获各级各类课题 6 项。出版著作 2 部，论文集 1 部，发表论文约 40 篇。

公共卫生学院　广西培养公共卫生人才集专科、学士、硕士、博士、博士后于一体的唯一基地。教职工 78 人，其中教授 20 人，副教授和高级实验师 20 人。教师中具有博士学位的 17 人，硕士学位 36 人，硕士、博士学位教师比例为86%。师资队伍中有全国优秀教师1人,广西高校教学名师2人,广西"新世纪十百千人才工程"第二层次人选2人,硕士生导师23人,博士生导师13人。2012年本科在校生527人,专科生104人,在读硕士研究生84人,在读博士研究生28人,在研博士后2人。

学院设有预防医学、公共事业管理学和信息管理与信息系统(医学)3个本科专业,社区康复1个高职专科专业。有流行病与卫生统计学、医学信息管理等10个教研室,设有公共卫生与预防医学一级学科、流行病与卫生统计学、劳动卫生与环境卫生学、少儿卫生与妇幼保健学、卫生毒理学、营养与食品卫生学、社会医学与卫生事业管理学二级学科共7个硕士点;1个博士点:流行病与卫生统计学;1个博士后科研流动站:公共卫生与预防医学。近五年来,获国家及国务院各部门科研项目6项,美国国家卫生研究所(NIH)课题4项,国家自然基金12项,省级项目45项,课题项目总经费1928.2万元。获省部级科研成果奖12项,发表学术论文250多篇,其中SCI收录23篇,国家专利2项。参编、主编教材30部。

【广西民族大学】 国家民委和广西人民政府共建高校、"十二五"时期广西重点建设高校。有东、西2个校区,占地面积132.2公顷,建筑面积60万平方米。现有教学科研仪器设备值达14703万元,馆藏纸质文献总量157万册,电子图书250万册,中外文期刊11006种。2012年末有全日制在校生18924人,其中研究生1293人,本科生14191人,专科生1280人,预科生1510人,留学生629人。2012年毕业研究生452人、本专科生3823人、预科生1295人。有教职工1177人,其中正高职称166人,副高职称288人;具有博士学位204人,具有硕士学位443人;有享受国务院特殊津贴专家15人,具有博士生导师资格18人,国家级"新世纪百千万人才工程"人选1人,广西"新世纪十百千人才工程"第二层次人选9人,自治区优秀专家7人,广西有突出贡献科技人员3人,荣获广西高校"八桂学者"称号3人,广西高校人才小高地创新团队带头人1人,荣获"八桂名师"称号2人,荣获"自治区级教学名师"5人。校长谢尚果。

学校设有22个学院(含1个独立学院),学科涵盖了哲学、经济学、法学、教育学、文学、历史学、理学、工学、管理学、艺术学等10个学科门类。有66个普通本科专业,11个一级学科和66个二级学科硕士学位授权点,4个专业硕士授权点,2个博士后流动站科研基地。有国家级人才培养基地1个,自治区级重点学科5个,国家民委首批人文社会科学重点研究基地1个,教育部区域研究中心(培育中心)1个,广西理论研究和建设工程研究基地1个,自治区级重点实验室2个,自治区级实验教学示范中心5个,广西重点教学实验中心5个,广西科学实验(研究)中心1个,广西高校重点实验室(基地、中心)11个,广西高校校企校地创新平台5个,广西高校人才小高地创新团队3个,自治区"八桂学者"科技创新平台2个,博士后流动站科研(博士后创新实践)基地2个,自治区级实验教学示范中心5个,11个特色优势学科实验室建设项目进入中央与地方共建项目。此外,地方政府、科研机构、职能部门在学校设立或共建的各种基地(中心)10个,形成了一批培养高质量、高层次人才的学术平台。

学校积极开展科学研究,不断推进科技创新。2006年以来,承担国家级课题106项,省部级课题307项,国际合作科研课题3项。获省部级及以上奖励221项,其中国家级奖2项,省部级奖219项。人文社会科学研究成果获国家级奖励2项,省部级奖励213项;自然科学研究成果获一等奖1项,二等奖1项,三等奖4项。《广西民族大学学报(哲学社会科学版)》先后入选国家期刊奖百种重点期刊、教育部名刊建设工程、南京大学中文社会科学引文索引(CSSCI)选用期刊;其"人类学研究"栏目入选首批教育部名栏建设工程。

学校大力实施国际性大学发展战略。与15个国家、地区的98所高校和机构建立了实质性的交流与合作关系,与泰国玛哈沙拉坎大学、老挝国立大学、印尼丹戎布拉大学合作建立了孔子学院;是首批"国家外语非通用语种本科人才基地"、"东盟国家汉语人才培训中心"、"海外汉语教师来华培训项目"执行学校、"中国支持周边国家汉语教学重点学校"、"中国政府奖学金留学生接收高校"、"汉语水平考试(HSK)高等考点"、"汉语作为外语教学能力认定考试点"、"孔子学院奖学金生接收院校"和"国际汉语教师志愿者项目"培训和选拔院校;泰国教育部在学校建立了泰语水平测试点。。

在长期的办学过程中,学校砥砺出"厚德博学 和而不同"的校训,努力服务师生,紧密联系社会,形成了"民族性、区域性、国际性"的办学特色,累计为社会输送12万余名毕业生。先后多次荣获"党的建设和思想政治工作先进普通高校"、"全国民族团结进步模范单位"、"全国文明单位"、广西"民族团结进步先进集体"等荣誉称号。

东盟学院　成立于2010年5月,是广西高校人文社会科学重点研究基地,广西科学实验(研究)中心——中国—东盟研究中心以及教育部东盟(区域)研究中心均挂靠东盟学院。学院至2012年末在职人员30人,其中科研人员22人,包括教授11名(其中自治区八桂学者1名、客座教授5名)、副教授8名、讲

5月26日，中国—东盟学术论坛在广西民族大学召开。（广西民族大学供稿）

师3名，学术委员会委员13名。名誉院长李肇星，院长吴尽昭。

9月5日，东盟学院迎来第一批共8名国际关系专业硕士研究生，学院党支部及各领导、老师都对学院的这第一批学生高度重视，从生活、学习和思想方面对学生关怀备至，并安排专门的班主任管理、引导学生，使他们很快适应了东盟学院的学习生活。

年内，学院规划建设稳步推进。首先是得到国家及自治区相关部门领导重视，加强制度建设。9月22日，中国驻东盟大使杨秀萍阁下在出席第九届中国·东盟博览会期间，考察了东盟学院，并与专家学者及学院师生进行座谈。杨秀萍大使认真听取东盟学院建设情况汇报，对东盟学院建设工作取得的成绩表示肯定，并表示就存在的困难给予支持和帮助。在杨大使考察后，根据东盟学院建设领导小组会议的精神，在之前的思考与规划基础上，建立健全了东盟学院组织机构、东盟学院工作架构，对学院领导班子分工进行了新调整，拟定了学院中长期发展规划、人才引进与培养办法、中国—东盟研究中心（广西科学实验中心）开放课题管理办法、学院财务管理办法、教师岗位工作量计算办法等文件。其次是开展基地建设。3月22~25日，广西民族大学副校长、东盟学院学院院长吴尽昭教授及东盟学院常务副院长、中国—东盟研究中心主任黄兴球教授同赴浙江金华，参加教育部主办的第一次区域与国别研究培育基地工作会议。按照教育部区域与国别研究培育基地建设要求，12月，东盟学院负责的由教育部区域与国别（东盟）研究中心、广西科学试验（中国—东盟研究）中心、广西民族大学东盟学院联合主办学术刊物《东盟研究》征稿工作正式启动。该刊为年刊，每年5月底前完成组稿工作，设有“一体化追踪”、“热点分析”、“区域与国别”、“华人华侨”、“语言文化”、“中国学界”等栏目。此外，东盟学院积极整合校内相关部门资源，经过修改上报给自治区的教育厅《中国—东盟文化交流与发展协同创新中心实施方案》获得批准，12月22日下午，“中国—东盟文化交流与发展协同创新中心”揭牌成立。再次是加快完善人才队伍建设。8月份，学院先后在中国高校教师招聘网、硕博招聘网、中国研究生人才网、高校招聘在线4个高层人才招聘信息发布平台发布招聘信息，国内外高端人才积极投递简历。此外，为配合八桂学者团队做好信息平台建设，10月，招聘了5名具有小语种翻译能力的信息员，开展东盟图书资料整理及东盟信息收集等工作。第四是硬件建设初具规模。学院全面展开学院图书资料室建设工作，包括图书的整理、书架的采购与摆置、图书管理软件的购置与启用、图书资料室公章的刻制等，以及大量在库图书正式对外提供借阅服务，采购大量包括泰国、越南、文莱、马来西亚、新加坡、印尼、缅甸、老挝等10个东盟国家的图书资料，将近5.8万册，总价值将近400万元，较大地丰富和完善了学院的图书资料与信息平台建设。

年内，学院参与主办、承办全国性、国际性的主要学术会议有：4月15日，在北京与北京大学合作举办“第二届中国研究生东盟论坛”；5月10日，在北京与外交部合作举办“第二次东亚智库论坛：东盟的一体化建设问题”；5月10~12日，在南宁与广西民族大学预科教育学院合作举办“中国—东盟预科教育研讨会”；3月31日，“2011年东盟形势年度分析会”在南宁召开，众多国内知名的东南亚问题研究专家学者与会；11月16~19日，东盟学院与国际木文化学会、中国林产工业协会合作举办第三届“中国—东盟国际木文化论坛”；11月24~25日，由东盟学院及广西对外经济文化交流中心共同主办的“全球视野下的东亚峰会及东亚的未来”国际研讨会在南宁召开，本次研讨会由中国外交部资助，来自中国、俄罗斯、日本、韩国、马来西亚、泰国、越南等国家的学者汇聚一堂，围绕“东亚峰会的作用及战略重点”、“东亚峰会与其他机制的协调发展”、“东亚峰会进程中的智库与媒体作用”三个议题进行讨论；12月22~23日，东盟学院主办的“2012年东盟形势及中国—东盟关系研讨会”在南宁召开，来自中国社科院、厦门大学、海口经济学院、云南社科院、云南大学等全国各地近30名东盟研究专家学者与会，与会专家就“2012年的东盟形势”和“2012年的中国—东盟关系”两大议题进行学术研讨。此外,年内东盟学院进行了一系列学术交流活动,不断开展国内外合作与研究,积极参加国际和地区多边组织的学术活动,努力构建高层次对外学术交流平台:一是“引进来”。以东盟学院和中国—东盟研究中心的名义,邀请多位国内外知名学者来校交流:3 月 8 日,日本早稻田大学越南籍教授陈文寿来校作学术报告;5 月 16 日,中国教育部社科司张东刚副司长、民族教育司何光彩副司长应中国—东盟研究中心邀请,到学校做哲学社会科学研究及国家人文社会科学基地建设的专题讲座,并与学校师生座谈;5 月 22 日,邀请外交部东盟处程霁副处长来校作题为《中国东盟关系现状分析》的讲座;5 月 28 日,泰国皇太后大学文学院王伟民教授作题为《泰国华人移民史》的讲座;6 月 18 日,广西八桂学者庄国土教授作题为《中国的南海战略及美国亚太战略解读》的讲座;9 月 26 日,原驻越大使齐建国阁下作题为《美国战略东移及南海变局》的讲座;9 月 28 日,广西八桂学者庄国土教授作题为《钓鱼岛争端与中日关系的走向》的讲座;10 月 25 日,俄罗斯国立鄂木斯克师范大学政治学博士、贵州师范大学教授那传林先生作题为《面向 21 世纪的俄罗斯与东盟关系》的讲座;10 月 26 日,郑州大学马克思主义学院院长、越南研究所所长、中国东南亚研究会副会长于向东教授作题为《越南海洋强国的梦想与现实追求》的讲座;10 月 26 日晚,东盟学院首届研究生学术沙龙活动在国际教育综合大楼 301 室举行,我校八桂名师范宏贵教授、郑州大学于向东教授、广西社会科学院古小松研究员作客东盟学院,与学校部分师生就“越南研究”主题进行共同探讨;10 月 29 日,中国—东盟法律研究中心秘书长、西南政法大学国际法学院院长、博士生导师张晓君教授作题为《中国—东盟自由贸易区建设的制度环境及其发展》的学术讲座;10 月 31 日,浙江警察学院副院长寿远景教授率考察团到学校东盟学院进行工作访问,就中国—东盟研究现状及学校中国—东盟研究中心的组织结构、研究队伍、经费保障、管理考核等工作内容进行调研,学院(中国—东盟研究中心)组织接待并安排工作座谈会;11 月 5 日,由广西对外经济文化交流中心与东盟学院合作举办的“中日关系形势座谈会”在学校举行,日本明治大学政治经济学部伊藤刚教授作题为《Possible Japan-China Tensions over their ASEAN Policy》的主旨发言;11 月 16 日,云南省社会科学院研究员、博士生导师贺圣达教授作题为《东南亚历史和文化重大问题研究》的学术讲座;11 月 16 日晚,第二届东盟研究学术沙龙活动在学校举行。东盟学院常务副院长、中国—东盟研究中心主任黄兴球教授,云南省社科院前副院长贺圣达教授,外国语学院寸雪涛副教授与东盟学院、外国语学院师生一起畅谈对缅甸的研究;12 月 22 日,察哈尔学会秘书长柯银斌教授作以中国公共外交的发展与展望为主题的讲座;12 月 28 日,北京大学杨百揆教授作题为《儒家与中国传统文化》的学术讲座。二是“走出去”。努力扩大对外学术交流范围和规模,学院领导、教师及研究人员多次受邀外出参加学术交流活动:1 月 1~2 日,梁炳猛副教授参加在南宁召开的“首届中国—东盟儒、佛、道、易、医、武传统文化学术论坛暨中国—东盟传统文化与现代文明学术研讨年会”;5 月 5~11 日,蒙翡琦老师赴泰国参加孔敬府泰中文化教育交流中心举办的“壮泰研究座谈会”;5 月 9~11 日,黄兴球教授应外交部邀请,赴北京参加“东盟与地区合作研讨会”;7 月 28 日至 8 月 7 日,伍光红副教授、滕成达教授到越南河内参加由中国社会科学院政治学研究所组织的与越南社会科学院中国研究院、哲学研究院、南方可持续发展研究院进行有关越南社会主义法权国家建设的理论与实践的学术交流和考察活动;8 月 24~26 日,第一届泰中战略研讨会在泰国曼谷隆重召开,自治区八桂学者庄国土教授与东盟学院常务副院长黄兴球教授及八桂学者学术秘书高鲜菊老师参加了这次高规格、高级别的学术研讨会;9 月 22 日,东盟学院常务副院长黄兴球教授接受凤凰卫视中文台采访;10 月 18 日 ~19 日,东盟学院周喜梅副院长赴柬埔寨金边参加柬埔寨外交部举办的“东盟 +3”青年领袖论坛;11 月 11~13 日,黄兴球教授赴广州、香港参加香港科技大学的学术活动,并作题为《中国与东南亚的文化关系》的学术讲座;11 月 15 日,周喜梅副院长应邀赴重庆参加第二届“中国—东盟自由贸易区法律变革与合作”国际学术研讨会;11 月 21~22 日,黄兴球教授赴越南参加由越南社会科学院中国研究所与浙江工业大学越南研究中心共同举办的“越中企业论坛”。

科研工作成效凸显。为推进东盟研究工作,面向国内科研机构、高校等单位公开招标征集了一批要求具有前瞻性、符合当前国家战略和广西发展战略需要的研究选题,于 2012 年下半年完成了校内外近 50 项公开课题、创新团队等的评选及资助工作。年内,出版论文集 4 部:《第一届全国研究生东盟论坛论文集》、《第二届全国研究生东盟论坛论文集》、《东盟研究》(2011 卷)、《东盟发展报告》(2012 卷);内部刊物《东盟参考》共出版 11 期;公开发表论文 25 篇;获得省部级立项项目 3 项、广西区民委立项课题项目 1 项、广西教育厅立项课题项目 1 项;获得广西社科优秀成果奖三等奖 2 项。此外,积极主动开展各种培训活动。6 月 30 日至 7 月 3 日,为国家商务部项目——“非洲英语国家智库研讨班”近 30 名非洲学员提供培训,培训课程内容包括中国民族政策与扶贫减贫、广西少数民族文化资源保护与扶贫开发等，安排研讨班学员实地参观、考察，加深对中国民族政策与民族发展等领域的了解。7月16-26日，派员赴崇左市龙州县龙州胡志明博物馆讲解员进行越南语培训，共培训加强班学生12名、初级班学生20名。11月29日，南宁市人大民族华侨外事宗教委员会到东盟学院学习培训，东盟学院副院长滕成达教授为培训班学员讲解了越南民族概况、越南民族问题和民族政策。

法学院　有法学、知识产权学2个本科专业，有刑法学、诉讼法学、法律硕士专业学位3个硕士点，有在校硕士研究生151人，全日制本科生801人。有教职工33人，其中博士生导师2人，教授9人、副教授14人，讲师2人。设法学理论、诉讼法、刑法、宪法与行政法、民法与经济法、国际法等6个教研室，成立了广西知识产权发展研究院、东盟法研究中心、民族法研究中心，中国法学会“中国—东盟法律培训基地”以广西民族大学法学院为依托；民族法文化与社区治理协同创新中心获得广西高等学校创新能力提升计划立项支持；是南宁市律师协会培训基地及广西北部湾经济区法律服务中心；法学一级学科被列入自治区学位与研究生教育“十二五”规划。院长何立荣。

年内，法学院获得2012年度国家社科基金项目1项，2012年度教育部科研项目1项，2012年度广西高等学校科研项目1项，2013年度广西高等学校人文社会科学研究项目1项，2012年度广西民族大学重点科研项目3项。发表学术论文40篇，其中核心期刊23篇，出版专著1部。获国家民委第二届民族问题研究优秀成果奖三等奖1项，广西社会科学优秀成果奖二等奖2项、三等奖3项。

管理学院　现有教职工50人。其中，教授10人，副教授14人，中级职称20人；博士12人（其中在读博士5人），硕士28人。院长陈永清。

拥有一级学科硕士学位授权点1个（图书情报与档案管理），二级学科硕士学位授权点6个（行政管理、社会保障、档案学、图书馆学、情报学和电子政务），硕士专业学位点1个（公共管理硕士【MPA】）；全日制本科专业6个（公共事业管理、行政管理、工商管理、旅游管理、档案学、人力资源管理）；成人高等学历教育本科专业7个（工商管理、行政管理、旅游管理、档案学、财务管理、人力资源管理、酒店管理），专科专业6个（行政管理、工商行政管理、旅游管理、图书档案管理、酒店管理、物业管理）。2012年全日制在校生1914人，其中，国内全日制在校生1781人（本科生1596人，研究生185人），外国留学生133人（本科生68人，研究生65人）。成人本、专科生300多人，在职研究生班学员500多人。

年内，承担各级各类项目20项。公开出版专著5部，参与出版教材2部，发表学术论文103篇（含会议论文）。

民族学与社会学学院　成立于2003年7月。由原民族学人类学研究所、社会科学部的社会学、社会工作专业和教育学心理学教研室以及原政法系的历史学专业整合并组建。拥有民族学、历史学、社会学、社会工作和人类学5个本科专业，民族学、历史学一级学科硕士点2个，民族学、中国少数民族史、马克思主义民族理论与政策、中国少数民族经济、中国少数民族艺术、专门史、社会学二级学科硕士点7个，民族学博士点建设学科1个；国家级精品课程1门，自治区级精品专业1个，自治区级优质专业1个；设有9个教研室，4个实验室和1个民族博物馆。现有教职工45人，其中专任教师37名，教辅人员8人。在专任教师中，有教授（研究员）16人、副教授15人，博士16人，博士生导师1人，硕士生导师23人，广西有突出贡献科技人员2人，广西十百千人才广成人选1人，广西“八桂学者”1人，广西高校人才小高地1个，广西高校教学团队1个。院长周建新。至2012年9月，所（院）有全日制在校本科生、研究生756人。院长周建新。

民族学是广西首批重点学科，是研究中国华南、西南各民族与东南亚各民族的重要阵地，其中对壮族、瑶族与东南亚相关民族的教学和研究居领先水平。是广西民族大学的龙头学科，并被国务院学位委员会批准列为博士点建设学科。历史学是学校老牌学科，该学科突出民族特色和广西地方史特色，并融合师范性质，为广西培养了一批合格的教师和干部，是广西高等院校中设有历史学本科专业的3所高校之一。2005年，专门史硕士点的申报成功，进一步提升了历史学学科建设水平。社会学和社会工作是学院新兴学科，2002年，社会学和社会工作开始招收本科生，2007年社会学硕士点申报成功。

科研项目和科研成果一直居全校前列。近五年来，所（院）教师共承担了50多项国家及省部级科研项目，独自撰写或参与编写出版著作50多部，在各类刊物上发表学术论文、调查报告、译文400多篇。年内，学院承担省部级以上在研项目41项，其中国家级项目16项，省部级项目25项，科研经费390.32万元。

年内，学院积极开展对外交流活动，先后与10多个国家和地区进行课题合作、资料交流、人员互访讲学与考察活动。与日本大阪国立民族学博物馆、英国剑桥大学社会人类学系、老挝新闻文化部文化研究所、香港中文大学等国外或境外机构建立长期密切的合作关系。

【桂林电子科技大学】 全国四所电子科技大学之一，工信部和自治区人民政府共建高校，自治区重点建设高校。卓越工程师教育培养计划高校、国家大学生创新性实验计划高校、国家大学英语改革示范点高校。占地面积4771亩，分桂林国家高新技术开发区、桂林市尧山风景区、北海市银海区3个校区。图书馆馆藏纸质图书174万册、电子图书123万种、外文核心数据库26个、中文数据库45个、中外文期刊（含电子期刊）1.9万多种。具有先进的网络信息平台，各类公共服务设施齐全。学校现有22个教学单位，18个研究所，28个实验中心，并设有研究生院。学科专业涵盖工学、理学、经济学、管理学、文学、法学、艺术学等学科门类。拥有省部级重点学科15个，本科专业61个，联合培养博士点1个，一级学科硕士学位授权点11个，有工商管理硕士（MBA）、工程硕士2种专业学位类别授予权，11个工程硕士专业领域。经过50多年的建设与发展，学校已经成为一所以工为主，电子信息学科和国防军工特色鲜明、优势突出，多学科交叉渗透、协调发展，在区内外有一定影响力的大学。2012年末有全日制本、硕、博学生及专科生、留学生27018人，正式注册的非全日制学生13897人，信息科技学院（独立学院）现有学生7618人。现有国家级人才培养模式创新实验区1个，国家级大学生校外实践教育基地3个，国家实验教学示范中心2个，国家级特色专业5个，国家级精品课程3门，国家级双语教学示范课程1门，广西区级人才培养模式创新实验区3个，广西特色专业及课程一体化项目11个，广西实验教学示范中心8个，广西精品课程26门。现有专任教师1054人，其中正高级职称207人、副高级职称496人，高级职称人数占专任教师总人数的66.7%；博士学位教师276人，占专任教师总人数的26%；博士生导师30人。有国家级教学团队2个，自治区级教学团队9个，广西人才小高地2个，广西高校人才小高地7个。学校拥有全国唯一依托高校建设的“国家软件与集成电路公共服务平台”广西平台、省部共建教育部重点实验室1个、省部级重点实验室15个，广西工程技术研究中心1个，广西信息科学实验中心1个，广西人文社会科学重点研究基地1个；新建广西两个大学科技园之一的桂林电子科技大学科技园。中国绕月探测工程总设计师、国家最高科学技术奖获得者、中国科学院孙家栋院士为学校名誉校长。校长周怀营。

现有人文社会科学学院6个，分别为艺术与设计学院、商学院、外国语学院、法学院、公共事务学院。共设本科专业22个，硕士点8个。2012年，新增省部级人文社科类以上项目21项，经费203.6万元。获省部级以上奖励14项。在核心期刊发表论文1028篇，出版专著8部。

【桂林理工大学】 中央与地方共建高校。有屏风、雁山、安吉、空港4个校区，校园总面积4000多亩。设19个二级学院，有66个本科专业。2012年末有各类全日制在校生27000多人。是一所以工学为主，理学、管学、文学、经济学、法学、艺术学7大学科门类协调发展的多科性高等学校。有一级学科硕士授权点16个，有工程硕士、工商管理硕士、旅游管理硕士3个专业学位类别，其中已经获得11个工程硕士专业领域。地质资源与地质工程、材料科学与工程、环境科学与工程等3个学科列为新增博士学位授予单位授权学科；化学工程与技术、控制科学与工程、工商管理等3个学科列为新增博士学位授予单位立项建设支撑学科。2012年末有全日制在校研究生近2000人；有专任教师1300多人，其中，高级专业技术职务教师600多人，26名教授被国内重点院校聘为博士生导师。入选国家“千人计划”1人、中科院“百人计划”1人、国家“百千万知识产权人才工程”百名高层次人才培养人选1人、国家“十二五”863计划主题专家组成员1人，享受国务院特殊津贴专家13人，有教育部优秀教师资助计划2人、高等学校骨干教师资助计划2人、新世纪优秀人才支持计划2人，全国优秀教师、优秀骨干教师4人，国家

10月12日，广西师范大学博士生导师谭培文教授应邀到校讲学。

（桂林理工大学供稿）

专业教学指导委员会委员6人；省部级“十百千人才工程”人选16人，省部级学科、学术带头人42人，自治区八桂学者2人、特聘专家1人、八桂名师1人，广西优秀专家和突出贡献的科技人员10人；广西高校人才小高地创新团队7个、创新团队“八桂学者”4人、团队带头人3人，广西高校教学名师8人、杰出科技人才2人、优秀人才资助计划21人。学校从国内外重点大学和科研院所聘请知名专家、学者为讲座教授5人、客座教授140余人，其中有10多位长江学者和两院院士。校长解庆林。

2011年，学校入选教育部“第二批卓越工程师教育培养计划高校”，有4个学科领域列入教育部研究生层次卓越工程师培养计划；3个专业列入本科专业卓越工程师教育培养计划。2010年，学校获得推荐优秀应届本科毕业生免试攻读硕士研究生资格，成为广西第五所获得“推免”资格的高校。已成规模且管理规范的研究生教育体系成为学校办学实力和水平的重要标志。2012年末有国家级质量工程项目16项：资源勘查工程、水污染控制工程2个国家级教学团队；《基础地质学》、《测量学》、《水污染控制工程》、《普通化学》4门国家本科精品课程，数量名列广西高校第一，其中《基础地质学》是广西获得的首门本科精品课程；《管理学》国家级双语教学示范课程；《水污染控制技术》教育部精品视频公开课程；基础地质、水污染控制2个国家级实验教学示范中心；资源勘查工程国家级人才培养模式创新实验区；资源勘查工程、勘查技术与工程、化学工程与工艺、旅游管理、环境工程5个国家特色专业建设点。此外，有8个广西教学团队，29门广西本科精品课程，4个广西精品专业、重点专业，17个广西优质专业，7个广西实验教学示范（建设）中心。10项广西高等学校特色专业及课程一体化建设项目。

学校有“广西有色金属及特色材料加工重点实验室”国家重点实验室培育基地、“有色金属及材料加工新技术实验室”教育部重点实验室、“有色及贵金属隐伏矿床勘查教育部工程研究中心”。有6个自治区重点实验室，11个省级重点学科。

设人文社会科学学院6个，分别是管理学院、旅游学院、人文社会科学学院、马克思主义学院、外国语学院、艺术学院，共设15个二级学科硕士点，分别是产业经济学、企业管理、中国少数民族经济、旅游管理、马克思主义基本原理、思想政治教育、外国语言学及应用语言、公共经济与管理、环境设计艺术等9个。2011年，马克思主义理论获得一级硕士学科点。2012年招收本科生1620人，研究生221人；授予硕士学位192人；年末，在校本科生6714人，研究生540人；有专职教师334人，其中教授43人，副教授107人。

年内，教师承担研究纵、横课题520余项，共获科研经费8200多万元，其中纵向课题：国家课题53项，省部级课题80项，科研经费4880万元。完成研究课题25 项，出版专著教材10种，发表论文710篇。有12项科研成果获得省部级奖励。

【广西中医药大学】 中国5个少数民族自治区中唯一独立建制的高等中医药学府，是中国改革开放后第一批获得教育部授权开办研究生教育的中医药院校，是广西高校及西部12个省区高等中医药院校中最早获得教育部本科教学工作水平评估“优秀”结论的高校。占地总面积1600多亩，是一所以中医药为主，医学、理学、工学、管理学等与生命科学相关的多学科协调发展、产学研结合突出、具有鲜明中医药特色和广西民族医药特色的现代化中医药大学。学校拥有自治区科技“金源”单位、自治区中药研究创新团队、自治区中西医结合临床人才小高地、八桂学者以及特聘专家岗位等；拥有教学科研仪器设备价值12911.09万元，馆藏纸质图书116.78万册；拥有较完善的现代电子图书系统和计算机网络服务体系，所有教室均配备多媒体教学设备；学校建立了相对稳定的教学实践基地129个。设有14个二级学院及3个教学部、10所附属医院（其中2所直属附属医院，开放床位数2600多张，综合实力位居区内外同行前列）和1所附设中医学校、1家校办制药厂。2012年末有各类在校学生15000多人，其中全日制本专科生9800多人，研究生1000多人，港澳台学生及留学生260人。有各类在职正高职称（教授）206人、副高职称（副教授）520人，博士学位184人，硕士学位756人，博士研究生导师12人、硕士研究生导师496人。校长唐农。

有21个普通本科专业，3个国家级特色专业，5个一级学科硕士点，40个二级学科硕士点，1个博士后科研流动站联合培养基地。拥有6个国家中医药管理局重点学科，4个省级重点学科；5个国家临床重点建设专科，9个国家中医药管理局重点专科，13个广西省级重点中医专科；2个国家临床药理基地，4个国家中医药管理局中医药科研三级实验室，3个国家中医药管理局重点研究室，2个自治区重点实验室，3个广西高校重点实验室。学校近5年承担各类科研项目1995项，其中国家级85项，年均科研经费6136.60万元。获省部级以上科技奖励35项，其中国家中西医结合学会科学技术奖一等奖1项，自治区科技进步奖一等奖2项，省部级科学技术奖二等奖12项、三等奖20项。

【广西师范学院】 广西壮族自治区属全日制普通本科院校。有明秀、长岗、五合3个校区，占地面积1576

亩，校舍建筑总面积28万平方米，教学仪器设备总值达10202.04万元，全校纸质图书142万册、电子图书31万册；设有16个教学院、4个公共教学机构，43个科学研究机构、1个独立学院和1所附属实验学校。开设有54个普通本科专业，其中教育部高等学校特色专业建设点4个、自治区级精品专业1个、自治区级重点专业1个、广西高校优质专业9个、广西高校特色专业及课程一体化建设项目7个；拥有11个一级学科硕士学位授权点、8个二级学科硕士学位授权点和3个专业学位授权点，涵盖哲学、经济学、法学、教育学、文学、历史学、理学、工学和管理学等9个学科门类，形成了学科门类较为齐全、结构合理、优势互补的学科专业体系。学院地理学、教育学、化学等3个一级学科列入"十二五"自治区财政资助建设的博士学位授权点学科，数学、马克思主义理论、社会学等3个一级学科为学院自筹经费建设的博士学位授权点学科。有广西高校重点教学实验中心5个、自治区级实验教学示范中心3个、自治区级实验教学示范建设中心2个；自治区级人才培养模式创新实验区建设立项2个；自治区级精品课程21门、重点课程11门；14门课程被确立为广西教师教育精品课程。现有广西科技创新金源单位1个、省部共建教育部重点建设实验室1个、自治区重点实验室培育基地1个、广西高校重点学科5个、广西高校重点实验室3个、自治区级非物质文化遗产传承基地1个、广西高校人文社会科学重点研究基地1个。院长刘慕仁。

2012年末有各类学生27237人，其中全日制普通本科生11466人，专科生423人，硕士研究生1027人，研究生班学生约1500人，留学生497人，成人高等教育学历生12324人。2012年招收本科生3027人，研究生389人。毕业本科生2551人，研究生286人。2012年本科毕业生就业率达到92.67%，研究生就业率达92.43%。有在职教职工1200多人，其中专任教师770人，具有高级职称395人，具有博士学位120多人、硕士学位320人；享受国务院政府特殊津贴人员2人，教育部新世纪优秀人才支持计划1人，"八桂学者"2人，"八桂名师"2人，自治区有突出贡献科技人员2人，广西优秀专家3人，广西新世纪十百千人才工程第二层次人选7人，广西青年科技奖1人，全国优秀教师5人，全国师德先进个人1人，中国科协西部开发突出贡献奖1人，曾宪梓教育基金奖5人，广西高校教学名师3人。广西人才小高地创新团队3个、自治区级教学团队5个、自治区教师教育学科教学团队2个。

年内，共获社科类纵向研究课题77项，资助经费489.05万元；横向课题95项，资助经费2583.11万元。共发表论文1257篇，其中在核心期刊发表论文374篇；出版著作和教材40部。

【广西艺术学院】 文化部与广西壮族自治区人民政府共建高校，全国6所省（区）属综合性艺术院校之一，广西唯一一所国家独立设置的具有硕士授予权的艺术高校。有南宁市南湖校区、相思湖校区、西校区和桂林校区4个校区，占地面积700余亩。2012年末有全日制在校学生12533人，2012年毕业生2400人。有专任教师1007人，其中具有高级职称300多人。院长黄格胜。

设美术学院、设计学院、桂林中国画学院、音乐学院、舞蹈学院、人文学院、影视与传媒学院、民族艺术系、东盟艺术系、建筑艺术学院、造型艺术系、管弦系、国际教育学院、艺术教育学院、职业技术学院、继续教育学院、思想政治理论课教研部、公共课教学部和附属中等艺术学校等19个教学单位。现有艺术学理论、音乐与舞蹈学、戏剧与影视学、美术学、设计学、新闻传播学6个一级学科硕士授权点和35个二级学科硕士授权点，具有推荐优秀本科应届毕业生免试攻读硕士研究生的资格，同时还是高校教师在职攻读硕士学位、同等学历申请硕士学位、艺术硕士授予单位，形成了以本科教育为主，大力发展研究生教育，积极发展继续教育、国际教育和协调发展职业技术教育的高等艺术教育体系。

有4个国家级特色专业，1门国家精品课程，1个国家级人才培养模式创新实验区，1个国家级实验教学示范中心，1个国家级教学团队，"八桂学者"1个，自治区文化艺术创作人才小高地1个，4个自治区重点学科，9个广西高校人文社会科学重点研究基地，1个广西文化厅重点研究基地，6个广西创新人才培养教学团队，4个自治区重点教学实验中心，4个自治区精品专业、重点专业和优质专业，16门省级精品课程。

年内，共承担各级各类科研项目近100项，出版著作14部，发表论文580多篇，有获30余项艺术创作表演获省部级以上奖励。

美术学院　以美术学为核心学科，现有绘画、雕塑、美术学3大专业。开设版画、油画、雕塑、水彩、壁画、装饰插图、多媒体、美术史论和美术教育等专业方向。设5个教研室（油画教研室、版画教研室、雕塑教研室、综合造型教研室、基础教研室、）研究生部，17个工作室（导师谢森工作室、黄菁工作室、油画4个工作室、版画2个工作室、雕塑4个工作室，水彩、壁画、装帧插图、美术史论和美术教育各1个工作室 ）。具有扎实的科研基础和较强的科研能力。设有木版工作室、铜版工作室、石版工作室、丝网版工作室、雕塑材料工作室，微格教学实验室、CG美术实验室、陶艺实验室，并整合成立了美术实验教学示范中心。在2000年获得美术学硕士学位授予权。2012年末在校各类学生782人,其中研究生40人,本科生742人。院长雷务武。

年内,获2012年度科研项目立项30多项。教师出版著作3种,共22万字;发表论文56篇,共28万字。科研创作奖励10项。

设计学院　设有艺术设计学系、服装艺术设计系、动画系、出版传媒艺术设计系、陈设品艺术设计系、视觉传达设计系、民族旅游产品设计系、研究生部等8个教学一线的管理与实施的教学工作室;分研究生和本科两个层次:研究生学历设艺术设计、动画2个学科和艺术设计学;本科学历2个学科目前已设立会展策划与设计、环境艺术设计、景观艺术设计、室内艺术设计、装潢艺术设计、装帧艺术设计、视觉传达设计、公共艺术设计、旅游产品艺术设计、服装设计、服装与形象设计、动画设计与制作、网络媒体艺术设计等14个专业教育方向,本科层次的艺术设计已确定为自治区重点学科、国家级特色专业建设点。硕士研究生教育始于2001年,至今相继开设西南传统建筑、视觉传达、现代广告、民族服饰与服装、装帧艺术、装饰艺术、动画艺术语言研究、出版传媒艺术设计研究、流行服饰设计研究与民族图案装饰艺术等九个研究方向。2012年末在校各类学生1500人。有专任教师83人。院长柒万里。

年内,获2012年度科研项目立项11项。教师出版著作1种,共15万字;发表论文79篇,共39.5万字。科研创作奖励12项。

音乐学院　拥有音乐学自治区重点学科,硕士学位授予点,分本科生和研究生两个教学层次,涉及作曲与作曲技术理论、音乐表演、音乐学、录音艺术等4个学科门类。下设7系1部:音乐教育系、管弦系、声乐系、钢琴系、作曲系、民乐系、音乐学系、研究生部。设有交响乐团、民族管弦乐团及合唱团等教学实验团体。音乐实验教学中心2008年被评为自治区级实验教学示范中心,2009年10月通过终审答辩,成为国家级实验教学示范中心。2012年末在校生1600多人。有专任教师143人,其中具有高级专业技术职务资格55人,中级59人,其中多人获"全国学校艺术教育先进个人"、"全国优秀教师"、"曾宪梓教育基金会教师奖"、广西高校"教学名师奖"、"广西五一劳动奖章"等荣誉。院长林贵雄。

年内,获2012年度科研项目立项16项。教师出版著作2部,共38.5万字;发表论文109篇,共54万字。科研创作奖励28项。

桂林中国画学院　以中国画山水、人物、花鸟3个方向为主干学科,拓展有中国画、书法、中国画与水墨动画设计、中国民艺设计应用、中国书画装饰设计等多个专业方向。拥有广西高校重点人文社科研究基地"阳太阳艺术研究中心"等科研创作平台。2012年末在校各类学生700人。有专任教师38人,其中具有高级专业技术职务资格15人,中级20人。院长余永健。

年内,获2012年度科研项目立项8项。教师出版著作2部,共48万字;发表论文28篇,共14万字。科研创作奖励5项。

舞蹈学院　设有普通本科专业:舞蹈学(舞蹈理论),舞蹈编导(表演与表导方向),舞蹈表演(舞蹈表演与教育方向、国标舞表演方向、现代舞表演方向)3个专业及5个培养方向。舞蹈学硕士点开设舞蹈表演(中国古典舞表演与教学、民间舞表演与教学、国标舞表演与教学)、舞蹈编导(舞蹈编导)2个专业4个专业方向。学科建设成效显著,舞蹈学专业为自治区优质专业,舞蹈学学科为自治区级的重点学科。拥有广西高校重点研究基地"中国—东盟民族艺术创作与展演研究中心"。2012年末在校各类学生700人。有专任教师26人,其中具有高级专业技术职务资格7人,中级11人。院长张小春。

年内,获2012年度科研项目立项2项。发表论文7篇,共4万字。科研创作奖励3项。

人文学院　设有文化艺术管理系、文化产业系、文化遗产传承与保护研究所、艺术学理论研究所、中国壮族艺术研究中心、中国瑶族艺术研究中心、中国仫佬族毛南族京族艺术研究中心、东盟艺术研究所、中国海洋艺术研究所、中国艺术古籍文献整理研究所等教学科研机构。承担艺术学理论(一级学科)及文化艺术管理、文化产业管理专业的建设任务,培养文化艺术管理专

广西艺术学院相思湖新校区。　（何文干　摄）

业人才，同时承担全校本科学生及研究生的艺术基础理论课教学工作。2012年末在校各类学生600人。有专任教师20人，其中具有高级专业技术职务资格9人，中级10人。院长李普文。

年内，获2012年度科研项目立项5项。发表论文36篇，共18万字。科研创作奖励5项。

影视与传媒学院　设影视编导系、表演（舞台影视表演）系、戏剧影视美术设计系、广告学系、播音与主持艺术系5个系，设新闻传播学、戏剧与影视学2个一级学科硕士点，开设中英合作项目高职班数字媒体设计专业方向。拥有广西高校重点人文社科重点研究基地“中国—东盟传媒艺术研究中心”、“中国—东盟华语有声语言研究中心”等科研创作平台。2012年末在校各类学生1500人。有专任教师40人，其中具有高级专业技术职务资格20人，中级10人。院长汤晓山。

年内，获2012年度科研项目立项11项。发表论文29篇，共14.5万字。科研创作奖励16项。

【广西工学院】　自治区人民政府直属全日制普通本科高校。2012年3月，教育部批准广西工学院与柳州医学高等专科学校合并筹建广西科技大学。校园占地200多公顷，建筑面积80万多平方米。图书馆藏书200多万册（件），电子图书13000多GB，中外文纸质期刊3000多种，体育场馆面积6万多平方米。设人文社会科学、自然科学7大学科，61个本科专业，20个硕士点，2012年本科招生4000多人、毕业本科3500多人，年末在校本科生、研究生17000多人，独立学院鹿山学院9000多人，在读成人本专科生20000多人。在职教职工1800多人，专任教师1400多人，其中获硕士、博士学历的900多人，具有高级专业技术职务资格400多人。院长周德俭。

有人文社会科学学院（部）10个，分别是社会科学学院（思想政治理论教研部）、外国语学院（大学外语教学部）、财经学院、管理学院、艺术与文化传播学院（公共文化艺术教学部）、体育学院（公共体育教学部），共设20个专业。专任教师400多人，其中教授38人、副教授100多人，2012年招收本科生1000多人，本科毕业生400多人；年末在校生4000多人。年内，教师承担国家级课题研究4项，省部级课题研究30多项，地厅级80多项，出版教材12种，发表论文600多篇，其中发表在核心期刊论文200多篇。

【玉林师范学院】　2000年3月经教育部批准，由玉林师范专科学校、玉林市教育学院、玉林市高等职业技术学院及广西广播电视大学玉林分校4校合并升格为本科院校。2003年广西玉林商业技工学校并入。学校有东、西2个校区，校园面积1800亩，办学用房面积34万平方米。图书馆藏书181万册，电子图书5000GB（52.76万种），数据库13种，中外文报刊2057种。教学仪器设备总值近亿元，多媒体教室和语音室座位10443个，教学用计算机2760台。有省部级研究中心（实验室）3个。学校设人文社会科学和自然科学二级学院17个，学科涵盖经济学、法学、教育学、文学、历史学、理学、工学、管理学、农学和艺术学等10大学科门类，有50个普通本科专业（含15个师范类专业，24个应用型专业，3个工程类专业），27个高职（专科）专业。2010年成为广西2011~2015年新增硕士学位授予点立项建设单位。有广西高校重点建设实验室桂东南社会文化发展研究中心，自治区重点建设学科“华侨华人学”建设基地，自治区优势特色重点学科现当代文学。2012年末有全日制在校生15400人，高职生16000人。在编教师中具有正高职称86人、副高职称207人，具有硕士以上学位457人，具有硕导或博导资格31人，享受政府特殊津贴1人，广西高校百名中青年学科带头人2人，广西高校优秀人才16人，广西高校教学名师及骨干教师15人，拥有自治区级人才教学团队2个、自治区级专业教学团队2个。校长梁伟江。

设有人文社会科学专业的系（部、院）11个，分别是法商学院、政史学院、教育科学学院、体育学院、文学与传媒学院、外国语学院、音乐舞蹈学院、美术与设计学院、职业技术学院、国际教育学院、继续教育学院等。本科专业（含方向）26个，分别是经济学、法学、思想政治教育（师）、教育学、学前教育（师）、教育技术学（师）、小学教育（师）、体育教育（师）、运动康复与健康、汉语言文学（现代文秘方向）、汉语言文学（师）、对外汉语、英语（应用英语方向）、英语（师）、日语（应用日语方向）、广播电视新闻学、广告学、美术学（师）、舞蹈学（师）、音乐学（师）、艺术设计、历史学（师）、历史学（历史文化旅游方向）、市场营销、行政管理、应用心理学。专科专业（含方向）12个，分别是服装设计、会计电算化、市场营销、电子商务、旅游管理、烹饪工艺与营养、烹饪工艺与营养（餐饮营养方向）、商务英语、文秘（文秘与办公自动化）、文秘（涉外文秘）、影视动画、广告设计与制作（计算机辅助设计）。2012年招收本科生2589人，专科生500人，毕业本科生1802人，专科生427人。年末在校本科生8013人，专科生1391人。专任教师510人，其中教授37人，副教授119人。

年内，获科研课题立项148项，其中国家级课题9项，省部级课题14项；省部级以上项目共获资助科研经费470万元（其中国家级课题345万元；省部级课题125万元）。

年内，出版著作、教材等16部，其中专著6部；发表论文679篇(其中文科类420篇),其中被SCI收录49篇、EI收录42篇、ISTP收录13篇,在中文核心期刊发表176篇。丁祥艳教师专著《社会思潮评价论研究》被列入教育部《高校人文学术研究文库》出版资助项目,将由中国书籍出版社出版,为玉林师范学院教师社科类著作第一次获得《高校人文学术研究文库》出版全额资助。

【河池学院】 全日制普通本科院校,学院实行自治区与河池市共建、以自治区为主的办学体制。有东、西2个校区,校园占地面积40多万平方米。校舍建筑总面积28万平方米,教学科研仪器设备总值9000多万元,图书馆藏文献148万多册(含电子图书),校园网络覆盖东、西2个校区。学院生源来自全国19个省(自治区、直辖市),有全日制本专科在校学生近9500人,成人教育在校生1200多人。有教职工650多人,其中专任教师450多人,专任教师中副高及以上职称150多人,具有硕士及以上学位260多人。2012年面向全国19个省、区、市招生3000人(其中本科2700人,专科300人),毕业生1877人(其中本科1632人,专科245人)。院长覃伟年。

学院有人文社会科学系部8个,分别是中国语言文学系、政治与法律系、经济与管理系、外国语言文学系、体育系、艺术系、教师教育学院、思想政治理论课教学部;共设人文社会科学本科专业18个,涵盖文学、教育学、管理学、法学、历史学、经济学、艺术学等7大学科门类。

现有2个广西高校重点学科(文艺学、应用化学)、1个广西高校优势特色重点学科(中国现当代文学)、1个广西高校人文社会科学重点研究基地(桂西北少数民族非物质文化资源研究基地)、2个广西高校重点实验室(文学创作人才培养基地、桂西北特色资源研究与开发实验室)、2个广西高校校地校企共建科技创新平台(桑蚕研究中心、桂西北地方资源保护与利用工程中心)、3个自治区级教学团队(高素质多能型写作人才培养教学团队、电子技术实践教学团队、教育学科教学团队)、3门自治区级精品课程(力学、文艺理论、思想道德修养与法律基础)、1个自治区级实验教学示范中心(电工电子实验教学中心)、4个广西高校特色专业及课程一体化建设项目(行政管理、电子信息工程、生物科学、数学与应用数学);汉语言文学专业被教育部、财政部确立为全国第六批高等学校特色专业建设点;2011年10月,学院被确定为广西重点培育教师教育基地。经广西壮族自治区学位委员会批准,民族学、中国语言文学、化学工程与技术、控制科学与工程、马克思主义理论、教育学等6个一级学科被定为2011~2015年自治区重点支持的硕士学位授权点建设学科。2012年学院获广西区级教学成果奖一等奖2项,二等奖2项,三等奖6项。

年内,学院"中国语言文学"硕士学位授权点建设学科获2012年自治区财政专项资助经费15万元。师生承担研究课题55项,其中国家级课题2项、省部级课题14项、厅级课题39项,教师发表论文569篇,其中核心论文115篇,出版教材6部,字数106.3万字,出版专著2部,字数68万字。共获得科研经费60多万元,其中国家级课题经费30万元。

【广西财经学院】 是一所以经济管理类学科为主,文学、法学、理学、工学、艺术相互支撑、协调发展的地方性、教学型全日制普通本科院校和广西壮族自治区人民政府重点支持建设的十所高校之一。学校坚持"立足广西,面向基层,服务社会,辐射东盟"的办学定位,以本科教育为主,积极发展研究生教育,适度发展优质专科教育和留学生教育,培养知识结构合理,专业结构合理,专业基础扎实,具有创新精神和较强能力的高素质应用型专门人才。学校有明秀校区、相思湖校区、防城港校区3个校区。校园总占地面积134万平方米,教学科研仪器设备总值7564.86万元,拥有教学用计算机5268台,纸质藏书149.76万册,各类教室510间;校园网覆盖全校。相思湖校区坐落于南宁市相思湖新区高教园区内,交通便利。校区占地面积777亩,总投资约8.76亿元,可容纳学生1.6万人。建设项目是自治区成立50周年大庆重大教育项目,也是自治区统筹推进的重大项目之一。2012年9月,相思湖校区正式启用,入住首批新生6340多人。防城港校区位于防城港市江山半岛科教园区内,是学校与防城港市政府合作、举办全日制高职高专教育的一个校区。校区占地面积600多亩,设置国际商务、市场营销、金融与保险、会计电算化等共23个高职专科专业。2012年9月入驻首批新生1790多人。学校设置14个教学院(部),1个继续教育学院和3个教辅机构,25个科研机构,设党委办公室、院长办公室等23个行政机构。设置本科专业40个,专科(高职)专业26个,覆盖经济学、管理学、文学、法学、理学、工学等六大学科门类。2012年末拥有全日制在校生19686人,其中本科生占69.8%。有教职工1244人,其中专任教师874人,具有硕士以上学位教师554人,占专任教师比例为63.4%,高级职称占专任教师比例为35.6%。院长席鸿建。

学校坚持实施"质量立校"战略,牢固确立教学工作中心地位,积极组织实施"质量工程"建设。年内,获省部级以上教改工程93项,获国家教学成果二等奖1项,自治区级教学成果一、二、三等奖共18项。

学校坚持创新兴校，科研实力和服务经济社会能力不断增强。先后建成4个自治区级重点学科，3个自治区级重点实验室（研究基地），4个自治区级校地校企共建科技创新平台，3个自治区级优势特色重点学科，6个学科被确定为2011~2015年广西高校规划建设的专业硕士学位授权点学科；获各级各类科研项目800多项，其中国家级34项（其中获国家社会科学基金重大项目1项）；获省部级以上科研成果奖45项；学术交流活跃，学术氛围浓厚，服务经济社会发展富有成效，引起业内强烈反响，得到社会充分肯定。

学校坚持开放办学，积极拓展和加强国内外交流与合作，合作办学规模有新增长。年内有中外合作办学项目7个，在校生2065人；具有独立组织ACCA笔试考试资格并接收境外学生参考。

学校坚持践行“诚以修身，信以立业”的校训，持续开展校风、教风、学风建设，以培养和增强学生“四种能力”为导向，全面推进素质教育，毕业生就业率一直保持在90%以上，先后6年获“广西高校毕业生就业工作先进集体”。此外，学校先后荣获自治区文明单位、“五五”普法先进单位、和谐学校、卫生优秀学校和广西高校“安全文明校园”、广西高校大学生创业先进单位、广西高校资助贫困生工作先进单位以及南宁市社会治安综合治理先进单位等荣誉称号。

2010年，通过教育部本科教学工作合格评估，实现由专科教育向本科教育的转型。2011年，学校抢抓机遇，成功申报“服务国家特殊需求人才培养项目”，成为会计硕士研究生培养单位，是至今广西唯一一所具有会计硕士专业学位授权单位。2012年，中国—东盟金融与财税人才培训中心落户学校，相思湖校区、防城港校区先后启用并入驻首批师生，学校形成“两地三区”办学格局。

会计与审计学院　设会计系、审计系、财务系、资产评估系、会计教育系5个系。会计学科2006年被列为广西壮族自治区重点建设学科，审计专业2011年成为自治区特色专业。2012年MPAcc教育中心正式挂牌，首届MPAcc学生顺利入学，并顺利通过全国MPAcc教指委的调研和检查。2012年自治区会计人才小高地载体单位授牌，2项人才小高地建设项目获批，获资助经费12万元，另有12项研究课题获得立项，资助经费30万元。2012年出版专著1部，在三级以上刊物发表学术论文70余篇。举办广西会计学学术会议1次，研究所会议1次，专家诊断会议2次。课题立项中：省部级3项，横向10余项，经费100万元。外出参加学术会议40余人次，外请专家讲学5人次，内部教师讲座15人次。对4个科研团队进行了目标管理，每个学术团队凝练出了2~3个研究方向。2012年毕业本科生898人、会计学双专业双学位146人。东盟国际会计创新实验班学生于2009年到越南商业大学和泰国暹罗大学访学，学生就业率达到90%以上。现有教职工96人，其中教授11人、副教授31人、讲师48人，副高以上职称占教师人数的43%。教师中，广西高校百名中青年学科带头人1人，全国会计领军（后备）人才培训项目人选1人，广西十百千会计拔尖人才1人，广西五一劳动奖章获得者1人，广西会计先进工作者2人。院长胡国强。12月1日承办的广西会计学会2012学术年会，来自广西高校和企事业单位的120多位财务、会计、审计领域的理论与实务工作者出席会议，共同探讨学科热点问题。

金融与保险学院　设金融系、投资系、保险系3个系。设广西重点研究基地——广西金融研究院、中央地方共建——金融信息化平台、广西校地校企共建科技创新平台——广西高新技术产业投融资研究中心、省级学会——广西金融工程学会，以及校级研究基地——广西风险投资研究院、中国—东盟金融研究所、创业研究所等7个研究机构。拥有省级实验示范中心——证券投资实验示范中心、省级实践教学人才培养创新实验区——投资理财人才培养创新区，具有银行、保险、投资、创业四大实训室，设备先进，管理科学，是现代金融业人才培训的教育基地。有教职工41人，其中高级职称22人，博士11人，硕士28人。全院全日制在校生1080人。院长周建胜。

2012年完成研究并结项课题共12项，同时实现了新增各级各类课题项目13项，公开出版学术专著3部；广西社会科学优秀成果奖及其他奖项6项。

11月25日，广西房地产人才培养高峰论坛在南宁举行。

（广西财经学院供稿）

2012届毕业生290人，就业率96%以上，专业对口率80%以上。

【百色学院】 分东合、澄碧2个校区，主校区为东合校区。占地面积127.67万平方米，建筑面积19.51万平方米，运动场地面积4.22万平方米，实验室、实习场所2.36万平方米，固定资产总值12271.71万元，教学仪器设备总值3528万元。学校拥有校内实习、实训基地47个，校外76个。图书馆拥有各类藏书71.05万册，电子图书2000GB。在建的东合校区3栋学生公寓楼（面积1.33万平方米，可容纳2064名学生）于2012年7月竣工。此外，澄碧校区扩建工程项目在建，项目建设时间从2010年至2014年，总建筑面积20.29万平方米。2012年末，全日制在校生8700多人，各类学生总数1.2万多人。有在职教职工612人，其中专任教师423人。专任教师中，教授18人、副教授85人，具有高级职称教师占专任教师总数的24.3%；具有硕士以上学位的专任教师152人，占专任教师总数的37.07%。客座教授25人，特聘教授23人。院长卞成林。

学院设有11个系（部），拥有本科专业35个，涵盖经济学、法学、教育学、文学、理学、工学、管理学、艺术学等8大学科门类，形成了文学、工学、理学、管理学等4个主要学科。设有高职（专科）专业37个，涵盖了马克思主义哲学、民族学、语言学、材料科学、生物学等13个专业大类。

年内，获国家各类科学基金项目3项。出版专著、编著和教材共7部；发表论文共565篇，其中被SCI收录的论文7篇，被中文核心期刊收录的论文133篇。年内，学院获"广西普通高校毕业生就业工作先进集体"称号。《百色学院学报》被评为"第二届民族地区优秀学报"，"文学人类学研究"栏目被评为优秀栏目。

【贺州学院】 现有东、西2个校区，校园占地总面积1500多亩，校舍建筑总面积22万平方米。现有在职教职员工764人。专任教师553人，其中教授60人（含聘任）、副教授150人，博士25人（含在读），硕士256人。另有外籍教师5人。院长吴郭泉。

学院设有11个教学系（部），分别是中文系、外语系、数学系、人文与管理系、物理与电子信息工程系、化学与生物工程系、计算机科学与工程系、教育科学系、艺术系、体育系、思想政治理论课教学部。有24个本科专业、23个高职高专专业，学科专业涵盖了经济学、教育学、文学、理学、工学、管理学、哲学、法学、农学、历史学等学科门类。学院面向全国23个省（自治区、直辖市）招生。2012年末有全日制在校生10414人，留学生18人。

学院大力推进教育教学改革，努力提高人才培养质量，不断提升科研能力和水平。"十一五"期间，立项建设广西高教教改工程44项，广西教育科学研究8项；建设自治区级精品课程4门；出版教材5部，被评为自治区重点教材建设项目2项，确定为自治区级优秀教材立项1项；获自治区级教学成果二等奖1项、三等奖1项。学院于2008年获得学士学位授予权，被授予"国家级语言文字规范化示范学校"。

在科研方面，五年来获国家级科研立项4项，教育部项目7项，省级科研立项26项，自治区教育厅科研立项77项，广西师范大学"人文强桂"项目及广西人文社会科学发展研究中心课题立项12项，贺州市科研立项18项，获上级资助科研经费300多万元。科研成果获省级奖励4项，获贺州市科技进步奖3项。申请国家专利26项，获得授权8项。发表论文1500多篇，其中发表在中文核心期刊300多篇，被SCI、EI收录近30篇，出版专著8部。"桂东特色资源开发与利用研究实验室"被批准为广西高校重点实验室，"广西东部族群文化研究基地"被批准为广西高校重点人文研究基地。《贺州学院学报》被评为"全国地方高校优秀学报"。

学院以"理想信念教育"为主题，以实施"大学生素质拓展计划"为主线，以开展"桂东百家讲坛"、"红五月科技文化艺术节"为品牌，大力弘扬健康、向上、文明的校园文化。"红五月科技文化艺术节"被评为广西高校校园文化建设优秀成果；"桂东百家讲坛"邀请了中科院院士童庆禧等60多位著名人士前来讲学；创编舞蹈《我从瑶山来》荣获全国大学生艺术展演一等奖；艺术团应邀赴台参加了中国台北、韩国进行文化交流；五年来团组织或社团先后荣获自治区级奖励50多项。

【钦州学院】 自治区与钦州市共建、以钦州市管理为主的管理体制公立普通本科高等学校。发展目标定位为以社会需求为导向，以服务区域经济社会发展为宗旨，把学校建成适应区域经济社会发展特别是广西北部湾经济区发展需要的，特色鲜明的多科性、区域性教学型大学。有东、西2个校区，占地面积850亩。学校有各类藏书（纸质）72.3万册，电子图书32万册。有定期公开出版的专业刊物2个，即钦州学院学报（月刊）和钦州学院报。学校设海洋学院，商学院，中文与传媒学院，外国语学院，数学与计算机科学学院，物理与材料科学学院，资源与环境学院，美术创意学院，音乐学院，化学化工学院，体育学院，教育学院，继续教育学院13个二级学院，社会科学教育部、电大教学部2个教学部。2012年录取新生3345人，年末有全日制在校学生11000人，其中本科学生7822人，泰国留学生40多人。

2012年毕业生就业率为92%。有在职教职工796人，其中专任教师552人，高级职称168人；硕士学位以上306人，外籍教师4人，外聘院士2人，兼职教师58人；"双师型"教师140人。学校建设有钦州市北部湾人文研究、北部湾海洋保护与开发利用、北部湾教师教育等人才小高地，与钦州市力顺机械有限公司共建农机产品开发人才小高地。有省级精品课程12门、省级优秀教学团队2个、省级人才培养模式创新实验区1个、省级创新人才培养基地建设项目1项、省级实验教学示范中心2个；有广西校地校企共建科技创新平台1个（钦州坭兴陶瓷传承与开发），建成广西高校大学生创业示范基地1个。《坭兴陶艺术设计基础》《〈说文解字〉与民俗文化研究》《环境伦理学教程》等一批研究成果建设成为高校优秀教材。院长李尚平。

学校加强教学基础设施建设，办学条件明显改善。2012年，生均占地面积52.15平方米，生均学生宿舍7.57平方米。学生公寓被评为"广西高校示范性标准化学生公寓"，学校食堂被评为"广西高校示范性标准化食堂"，学校现有普通教室162间，学生座位8659个；语音教室8间，座位数412个；多媒体教室116间，座位数10128个；每百名学生配有多媒体教室和语音室座位共98个；有教学用计算机1203台。建成海洋科学实验教学中心、航海实验实训中心、轮机实验实训中心、陶瓷艺术设计实验教学中心等实验实训中心17个，与地方企事业单位和科研院所校外实践基地82个；教学仪器设备价值近亿元。建成"北部湾海洋保护与开发利用实验室"、"北部湾人文研究中心"2个广西高校重点研究机构；与钦州出入境检验检疫局共建中国西南地区国家级石油化工品检测实验室；利用1000万欧元意大利政府贷款建设"北部湾海洋研究和教育中心"。

专业设置 设有普通本科专业36个，专科专业35个。覆盖工学、管学、文学、理学、法学、农学、经济学、教育学、艺术学等9大学科门类，有广西高校优势特色重点学科1个（北部湾海洋资源保护与开发利用）；轮机工程、物流管理、艺术设计、化学工程与工艺等4个本科专业被确定为省级特色专业及课程一体化建设项目；海洋科学专业被确定为省级紧缺人才专业；汉语专业被确定为省级优质专业。

本科教学工作合格评估 年内，学校围绕教学工作合格评估要求，高质量、高标准搞好学校各项建设，明确办学定位和发展思路，加强学科专业建设，完善办学条件，改善师资队伍结构，改革人才培养模式，规范教学管理，完善教学质量管理体系，提高教学质量。12月，学校通过教育部专家组对本科教学工作合格评估。

人才培养模式 学校立足服务地方，积极探索培养应用型人才的新机制，探索产学研合作教育规律。牢固树立'教学为中心"的理念，以实施EEPO有效教育为抓手，抓好教学改革、人才培养模式及实践教学等教学改革。加强与广西沿海区域经济社会发展的融合，加强与广西沿海行业、企事业发展的融合，加大"订单式"培养人才力度，共建设了82个校外实践教学基地，其中7个基地被评为大学生校外实践教育校级重点基地，"钦州学院－广西嘉华钛业有限公司实践教学基地"为自治区级和国家级大学生校外实践教育基地。

加强产学研合作培养。组织学生参与到企业产品开发和设计，工学结合，开展创新活动，师生共获22项专利。学校与地方教育部门、中小学联合成立"钦州教师教育合作共同体"，开展"顶岗实习，置换培训"，创新教师教育模式，学校成为了广西重点培育教师教育基地。

打造学生创新创业平台，培养学生自主创业能力。有校级人才培养模式创新实验区8个，省级创新人才培养基地建设项目1项，省级人才培养模式创新实验区1个。建立大学生创新创业园，从177个创新创业项目中推选出53个项目进入创新创业园。2011-2012学年学生参与日常科技活动18326人次，有大学生创新创业计划训练项目177项，其中省级80项，校级97项。2012年，学校创新创业园被确定为广西高校大学生创业示范基地。

科研成果 年内，学院获4项国家级基金项目立项。其中国家级社科基金项目2项（《中国—东盟民族体育文化差异与融合发展研究》、《民族地区农民政治认同的特点、机制及规律研究》）；国家级自然科学基金项目2项（《微相吸附－光谱修正结合荧光光谱研究新型两亲含硅嵌段高分子表面活性剂与蛋白质的作用机理》、《月"芯区－刮削层－杂质溅射"简化耦合模型对EAST等离子体放电的定性研究》）。年内师生共申报专利25项，11项获得授权。发表论文520多篇，其中全国中文核心期刊发表110篇。获广西第十二次社会科学优秀成果三等奖5项，广西自然科学奖三等奖1项。

大学文化建设 年内，钦州学院将办学以来的优良传统和文化底蕴凝练成"博观内省，达道知行"的校训；把大学的功能和地方的历史传统以及人民的期盼，概括为"海涵春育，鹏举南天"的钦州学院大学精神。开展校园文化活动，打造素质拓展平台。结合"地方性、海洋性、国际性"办学特色开展校园文化活动，如"钦州学院唱、写、画、塑、看钦州"系列主题文化活动、高雅音乐会、泰国文化周、海洋文化活动月等。加强学生社团建设，现有数学建模协会、云汉诗社、海洋协会等学生社团58个，其中海洋协会获"广西高校十大明星社团"称号，大学生青年志愿者协会、邓小平理论研究会获“广西高校优秀大学生社团”称号。邓小平理论研究会、大学生书法协会分别获第二届全国高校校园十佳社团、全国高校优秀社团、全国高校校园百强社团称号。

创建北部湾大学　年内，在钦州学院基础上创建的北部湾大学筹建工作扎实推进。硬件建设方面：年内完成1600亩土地的征用工作，完成首期建设8万平方米填土工程与进场道路修缮和现场场地平整工程。软件建设方面：年内学校通过了教育部本科教学工作合格评估；被列为2013年新增硕士学位授权立项建设单位，启动了硕士点建设；积极推进重点学科、科研平台、重点实验室建设，分别与国家海洋局、广西科技厅共建省部级重点实验室。学校出台柔性引进人才政策，加快高层次人才的引进步伐，2012年引进各类人才102人，其中教授7人、副高级6人，博士研究生7人，硕士研究生65人，船长3人。

国际合作交流　年内招收培养泰国留学生38人，派出留学生76人。与越南太原经济与经营大学、泰国暹罗大学、泰国博仁大学、印尼穆罕默迪亚大学、印尼万隆理工学院、马来西亚博特拉大学、柬埔寨智慧大学、菲律宾安吉尔斯大学等8所院校签订合作协议。与泰国合作建立了对外汉语教学实践基地；派出教师赴意大利开展海洋科学研究合作，国际合作领域进一步拓展。

【梧州学院】　实行“区市共建，以市为主”的管理体制，是一所多科性地方全日制普通高等本科院校。学校有3个校区，校园面积近1000亩，另有扩建及预留用地1000多亩，校舍面积25.53万平方米。教学科研仪器设备总值5000多万元，馆藏图书近80万册。学校设有10个教学单位，其中人文社会科学系（部）8个，分别是经济系、工商管理系、外语系、中文系、艺术系、法律与公共管理系、教师教育系、公共基础部。设有35个本科专业，17个高职高专专业，涵盖工学、经济学、管理学、理学、文学、艺术学、法学、教育学等学科门类。工学、管理学、经济学是学校的优势学科。产业经济学为广西高校重点学科，国际经济与贸易专业为全国高校特色专业，旅游管理、艺术设计专业为广西特色专业。2012年有全日制普通本专科在校生11500多人（其中本科9125人），成人高等教育在读生近6000人，外国留学生91人。有专任教师557人，其中具有高级职称139人，获硕士以上学位274人，有博士研究生导师2人，硕士研究生导师5人，有1个自治区级教学团队、1个广西创新人才培养教学团队。院长李丰生。

学校获国家级本科教学工程项目3项、自治区级18项，立项自治区级教改项目49项。获教学成果奖11项，其中自治区级教学成果特等奖1项。学校是“广西大学生创业示范基地建设单位”，建有大学生综合发展中心、大学生微型企业孵化园、梧州市文化创意产业孵化园等大学生就业创业特色平台。

学校有人工宝石设计与检测实验室、粤港澳产业转移研究中心、西江研究院、软件开发中心、信号处理实验室、可行性研究中心、网络与信息安全研究所、组合数学研究所等特色科研平台。近年来，学校获校外科研项目200多项，其中国家级8项，省部级40多项。获专利授权6项、软件著作权3项、省部级以上科研成果奖4项。

年内，全校教师发表社科类论文452篇，其中中文核心期刊110篇，被CSSCI、SCI、ISTP收录30篇，出版专著16部。学校获社科类立项课题47项，其中国家级1项，省部级2项，市厅级44项，《勾漏粤语与壮语语法的比较研究》获国家社科基金西部项目立项，《太平天国文献俗字的整理与研究》获教育部人文社会科学研究青年基金项目立项，《高校财务管理廉政风险防范研究》获批为广西教育科学“十二五”规划2012年度高校反腐倡廉研究专项课题。学校的产业经济学实验室被评为自治区教育厅重点学科实验室建设项目，《培育“西江经济带”促进广西区域经济协调发展研究》获自治区人民政府决策咨询成果奖三等奖。获实用新型专利授权3项，广西高等教育自治区级教学成果奖二等奖4项、三等奖3项，第一届梧州市社会科学优秀成果

7月15日，西江研究院礼聘研究员仪式暨西江历史文化研讨会在梧州举行。（梧州学院供稿）

奖二等奖2项、三等奖6项。获社科类纵向项目经费76.8万元，横向项目经费54.7万元。

【广西民族师范学院】 自治区直属全日制师范类本科院校，教育部高职高专院校人才培养工作水平评估优秀学校。占地面积1089亩，建筑面积30万平方米。图书馆藏书79万册，电子图书61万册，中外文期刊3.6万册。体育场馆2个共1950平方米。设有10个教学系（部），开设有28个本科专业和36个普通专科学历教育专业。2012年末在校学生9821多人。在职教职工630人。专任教师450人，其中教授、副教授127人，博士、硕士学位教师212人；另有外籍教师3人，外聘客座或兼职教授12人。院长易忠。

人文社会科学系（部）6个，分别是中文系、外语系、艺术系、思想政治课理论教学部、政治与公共管理系、经济与管理系；共设有28个专业。专任教师266人（其中具有高级专业技术职务资格90人）。2012年招收全日制本专科生1529人，专科毕业生433人，年末在校生6360多人。年内，师生新承担研究课题98项，出版参编著作6部，发表论文189篇，其中核心期刊68篇。

【广西广播电视大学】 自治区人民政府主办、自治区教育厅主管，运用广播、电视、网络等信息技术从事现代远程开放教育的高等学校。广西电大系统由以广西电大总校为中心、18所设区市级电大分校为骨干、102个教学点为基础共同组成的广西最大的现代远程开放教育办学系统。校园占地面积12.60万平方米，校舍总建筑面积19.03万平方米。教学科研设备总值5665.31万元，拥有教学用计算机4452台，多媒体教室和语音实验室坐位5255个。拥有各类藏书79.76万册，电子图书1442GB。学校建有宽带校园网、功能完备的卫星电视、VBI、IP接收系统和双向视频教学系统，拥有应用计算机网络的在线教学平台、教务平台、办公平台和远程教育服务中心，新建完成“无线移动校园网”和2间“三位一体云教室”，已形成“天网地网融合、三级平台互动”的网上教学、管理和学习支持服务的现代远程开放教育体系，成为广西发展现代远程教育和终身教育的主要基地。现设有文、经、管、法、理、工、农、医等9个学科门类115个专业。2012年末，各类学万在籍学生6.3万人，其中开放教育3.67万人。开展“残疾人专职委员业务培训”、“会计电算化”、“注册资产评估师后续职业培训”等非学历继续教育培训项目13个，总计培训3800人（次）。有教职工1182人，其中专任教师623人，具有正高级职称17人、副高级职称194人。校长贺祖斌。

设有文经教学部、理工教学部、开放学院、继续教育学院与网络教育学院5个学院和中专校，有本科（专科起点）专业23个，专科专业53个（包括“一村一名大学生计划”专业17个）。总校在职教职工185人，其中专任教师140人（高级专业技术职务资格39人，中级86人）。年内，学校教职工新立厅局级项目19项、校级项目20项。出版专著编著2部，公开发表学术论文102篇，在核心期刊发表16篇。获广西第十二次社会科学优秀成果奖一等奖1项、三等奖2项，获2012年度广西高等教育自治区级教学成果奖一等奖1项、二等奖1项。

【广西教育学院】 自治区直属成人本科高等院校。学院占地面积4.74万平方米，建筑面积8.39万平方米，运动场地4101平方米，绿化用地1.62万平方米。截至2010年10月，学院教学科研仪器设备总值2324.92万元，拥有教学科研用计算机880台，语音实验室座位120个，多媒体教室座位2100个。馆藏一般图书34.7万册，数字资源量1.13万GB。自治区设在学院的机构有：广西中小学教师继续教育指导中心、自治区高中会考办公室、自治区课程改革办公室、广西教育学会秘书处、广西陶行知研究会。学院设有中文系、数学与计算机科学系、外语系、政治经济系、教育管理系、旅游与环境学系、信息科学与技术系、艺术系、文化传播学系、教育科学系等10个系，共36个普通专科专业、23个成人本科专业和18个成人专科专业。学院主要承担中小学教师培养与培训、中小学校长培训、教育行政干部培训、中小学教学研究、中小学教学参考资料出版发行等任务。2012年末，学院有各类在校生5895人，其中普通专科生3260人，成人本科生1850人，成人专科生785人，留学生30人。有专任教师226人，其中正高职称23人、副高职称74人；博士学位12人，具有研究生学历教师101人；兼职博导1人、硕士生导师7人，广西高校优秀人才3人；享受政府特殊津贴的专家4人。院长容本镇。

年内，学院教职工发表论文220篇，其中发表在中文核心期刊上论文48篇，EI检索系统收录论文3篇；出版书籍20部，专著9部，教辅教材23部。获立项项目17项，共获资助金额85.1万元。其中，首次获国家级自然科学基金项目立项目1项，资助金额46万元。获全国教育科学“十二五”规划2012年度教育部重点课题1项，资助经费3万元。获广西第十二次社会科学优秀成果奖4项，其中二等奖1项、三等奖3项。主办或承办国内外、自治区内学术会议9次，组织学术报告13次，参与师生6000余人（次）。

【广西经济管理干部学院】 自治区人民政府直属、自治区工业和信息化委员会主管的成人高校，是教育部批准的具有高等学历教育招生资格的高等院校，也是自治区企业经营管理人员培训基地。占地面积 564.75 亩（其中：现校区 324.55 亩，新校区 240.2 亩），校舍建筑总面积 24.27 万平方米，教学行政用房 10.4 万平方米，教学科研仪器设备总值 3458 万元，图书馆馆藏纸质图书 70.66 万册。设有会计系（财税金融系）、工商管理系、信息管理系、土木建筑系、贸易经济系、公共管理系、外语系、计算机系、文化与传播系和社会科学教学部、公共课教学部、继续教育部等 12 个教学系部，开设 35 个高等职业技术教育专业、14 个成人教育本科专业、31 个成人教育专科专业，涉及高职教育、成人教育全日制本专科、业余函授教育本专科等教育层次。"工商管理"专业被评为自治区高等学校优质专业，"物流管理"、"国际经济与贸易"、"会计电算化"等专业被评为广西高等学校特色专业及课程一体化建设项目，"市场营销学"、"网络营销"课程被评为自治区级精品课程。拥有"语言文字、文化信息研究中心"和"广西东盟企业经营管理人才研究中心"2 个自治区级高校人文社会科学重点（建设）研究基地，另有院、系两级学术机构 36 个；与教育部教育信息管理中心共建"全国物联网技术应用专业人才实训基地"和"全国农村信息化专业人才实训基地"2 个实训基地，建有物流管理、会计学、国际经济与贸易、人力资源管理、工商管理、信息管理与信息系统等 6 个重点建设本科专业实验室，以及物联网应用技术实验室、建筑装饰工程技术实验室等 27 个校内实验室和 2 个校内实训基地、105 个校外实习实训基地。2012 年末学院在职教职工 438 人，其中：专任教师 345 人，具有副教授（副高级）以上职称 162 人（正高级 48 人，副高级 114 人）；具有研究生学历或硕士、博士学位的 194 人（其中博士 20 人）；博士生导师 1 人；专职辅导员 44 人。兼职教师 104 人。院长郑作广。

年内，学院获得两项 2012 年度国家社科基金项目；中标两项 2011 年广西重大课题研究招标课题，一项成果获自治区人民政府决策咨询一等奖并被区人民政府采纳。在广西第十二次社会科学优秀成果奖评选中，共有 10 项成果获奖，其中一等奖 1 项、二等奖 5 项、三等奖 4 项。学报获 2012 年度"广西十佳学报"，蝉联"RCCSE 中国核心学术期刊（扩展版）"。学院主动服务于广西地方经济社会发展，积极为自治区人民政府及有关部门、地市决策和各级各类企业制定发展战略提供咨询和指导服务：参与了国家语委和自治区人民政府"广西有声语料库"建设工作，作为技术支持参与"广西地方志－方言志"续修工作，承担自治区民语委"少数民族语言使用状况调查"软件系统开发，组织完成了自治区工信委委托的"广西工业和信息化人才队伍建设'十二五'规划项目"，承接了自治区工信委委托项目"广西工业和信息化企业经营管理人才队伍建设专题研究"，完成自治区人口计生委委托项目"广西贫困家庭现状与发展扶助调查研究"，完成广西移动委托项目"物联网产品的市场分析与应用研究"等。学院还承担广西事业单位法定代表人第 26 期培训班、广西地税系统基层党组织党务干部培训班、广西烟草科级干部培训班、广西人口计生委培训班、南宁市烟草专卖局（公司）培训班等各项经济类、管理类人员培训任务，全年共培训学员 1524 人。2012 年公开刊物发表论文 522 篇（其中：院内教职工为第一作者的核心期刊共 124 篇，EI、SCI、CSCI、ISTP 等四大索引收录 32 篇，其他论文 366 篇）；公开出版专著（编著）10 部，教材 18 部（其中主编教材 9 部）

【桂林航天工业学院】 以工学为主，管理学、经济学、艺术学等各学科协调发展的应用型普通本科院校。学校占地面积 1123 亩，校舍总建筑面积 35.2 万平方米。设有工商管理系、信息工程系、机械工程系、电子工程系、汽车工程系、外语系、人文社会科学系、经济与贸易系、自动化系、建筑环境与能源工程系、传播与设计系、理学部、思想政治理论课教学部、体育部、继续教育学院、国际教育交流中心等 16 个教学单位。开设 12 个本科专业、47 个专科专业，其中省部级优质专业、教学改革试点专业、特色与优势专业 19 个，国家精品课程、省级精品课程及特色课程 23 门。建有各类实验室和实训基地 73 个，其中，中央财政支持的职业教育实训基地 1 个，自治区示范性高等职业教育实训基地 7 个，中央财政支持地方高校发展专项资金实验室 8 个，中央与地方共建高校专项资金特色优势学科实验室 10 个。2012 年末全日制在校生 10559 人，全校教职员工 770 人，专任教师 637 人，其中高级职称教师 215 人（教授 48 人），研究生学历教师 363 人（博士 6 名），具有行业背景或"双师型"教师占 30% 以上。院长张昌年。

设人文社会科学教学单位 9 个，分别是工商管理系、外语系、人文社会科学系、经济与贸易系、传播与设计系、思想政治理论教学部、体育部、继续教育中心和国际教育交流中心。普通高等专科教育共设 22 个。分别是会计、会计（税务筹划方向）、人力资源管理、工商企业管理（生产运作与质量管理）、涉外旅游、涉外旅游（旅游策划方向）、旅游管理、工程造价、酒店管理、商务英语、广告设计与制作、室内设计技术、影视多媒体技术、装潢艺术设计、营销与策划、航空服务、文秘、市场营销、国际贸易实务、物流管理、连锁经营管理、报关与国际货运。专任教师 247 人，其中教授 17 人、副教授 47 人。

普通高等专科教育文科专业2012年招生数2014人(含艺术类学生),其中本科生262名;毕业生1869人(含艺术类学生)。在校生5752人。成人高等教育共设17个社科类专业,2012年招生759人,毕业生153人,年末在校生2773人。

年内承担市厅级以上科研项目31项,获科研经费资助24.3万元。出版著作(教材)5部,发表论文266篇。

专科院校

【桂林旅游高等专科学校】 自治区直属全日制高等专科学校。桂林旅游高等专科学校创办于1985年,是我国最早建立的旅游高等院校之一。占地1885亩。2012年末在校生9400多人。专任教师500多人,副高以上教师占30.6%,研究生以上学历 教师占53.4%,开设52个专业(含方向)。校长杨杰。

学校是联合国世界旅游组织重点支持单位及其教育委员会附属成员单位、亚太旅游协会教育类会员单位,中国—东盟旅游人才教育培训基地,国家旅游局在西南地区设立的第一家旅游饭店及旅行社总经理、部门经理岗位资格考试定点单位、广西旅游人才培训基地。

学校设有广西旅游科学研究所、桂旅旅游规划设计研究院、天地人旅游商品研究所等科研机构,参与制定了广西乡村旅游、农家乐等6项评定标准,并完成《广西旅游"十二五"人才发展规划》等25项规划,设计开发"象山水月"等旅游工艺品并投入生产,为政府、行业发展提供决策依据,为地方旅游发展特别是旅游扶贫提供了智力支持。学校学报《旅游论坛》入选"2012中国国际影响力优秀学术期刊",是唯一入选的全国高职高专学报,也是唯一入选的广西高校学报。

学校有6个专业获得世界旅游组织国际旅游质量教育认证,是广西唯一获得认证的高校,世界旅游组织两任秘书长和三任执行主任先后到校考察。学校拥有多个教育部教改试点专业、自治区级精品专业、教改试点专业和优质专业,获得多项国家级、省部级教学、科研成果奖。

学校连续九年被评为广西高校毕业生就业先进单位,就业率和就业质量名列前茅。220多名学生到国外交流、实习、就业,与迪拜帆船酒店等世界顶级酒店建立了长期稳定的合作关系。学校是代表广西参加全国职业技能竞赛获得一等奖最多的高职高专院校,打造了"外文戏剧节"、"导游风采大赛"、"旅专讲坛"等享誉广西区内外的校园文化活动品牌。作为中国大学生棒垒球训练基地,获得8项全国赛事冠军,在最佳东方迈点网主办"酒店人最喜爱的十大品牌"评选中,名列"十大国内旅游院校"榜首。

联合国世界旅游组织的重点支持单位及其教育委员会附属成员单位,国家旅游局旅游饭店总经理、部门经理岗位证书培训定点学校、中国—东盟旅游人才教育培训基地、广西旅游人才培训基地、广西中职师资培训基地、中国大学生棒垒球训练基地、自治区首批职业教育攻坚示范性高等职业院校、自治区示范性高等职业院校。中国旅游院校五星联盟理事会会员单位,中国旅游协会理事单位,中国旅游协会旅游教育分会副会长单位,广西旅游协会副会长单位,广西旅游协会教育分会会长单位,广西棒垒球协会挂靠单位。教育部高职高专院校人才培养工作水平评估优秀学校。拥有骖鸾、雁山2个校区,校园总占地1885亩,校舍建筑面积约21万多平方米。教学仪器设备总值3203.65万元,图书藏量近120万册(纸质图书70万余册)。设有旅行社与导游文化研究所、大学生生涯发展指导与研究中心等研究所和桂旅旅游规划设计研究院、天地人旅游商品研究所、青葱岁月旅行社等校办产业。2012年,设有旅游与休闲管理系、酒店管理系、旅游外语系、导游系、商务系、视觉艺术系、艺术表演系、旅游交通运营与服务系、基础部、社科部、公共外语部、继续教育学院、国际

桂林旅游高等专科学校第三次科研工作大会在桂林召开。
(桂林旅游高等专科学校社科联供稿)

教育交流学院等教学单位，共设专业（含方向）57个。2012年末在校生9400多人；有教职工630多人，副高以上教师占30.6%，研究生以上学历教师占53.4%；有自治区级教学名师3名；自治区优秀教师1名；全国旅游系统先进个人1位；广西西部计划出国留学特别项目12名；广西财政资助出国留学2人；7人获广西高校优秀人才资助计划。

年内，有教育部教改试点专业1个，自治区级精品专业、教改试点专业和优质专业15个，获得世界旅游组织TedQual（旅游教育质量国际）认证专业6个；国家级精品课程2门、自治区级精品课程15门；中央财政支持的实训基地2个、自治区级示范性职业教育实训基地5个，建立了42个覆盖技能训练型、拓展创造型、仿真实战型的专业实践教学场所；职业技能鉴定工种48个；与130多家企业共同建立了长期的校外实训基地，先后与辽宁金通航空培训公司合作开办空乘专业、与台湾万钧集团合作开办“美葆翡翠珠宝首饰专业班”等。已形成了以实践教学体系为主线、以国际合作办学为平台、以人文素质教育为内涵的“三位一体”人才培养模式，构建了认知实习、基础技能训练、专业技能训练、职业综合能力训练的系统性实训体系。

年内，新增纵向科研项目30项，为企事业单位提供技术支持和服务7项。出版各类著作16部，发表学术论文200多篇，研究报告近10份，科研成果鉴定近20项，艺术作品50多件，科研成果获广西第十二次社会科学优秀成果奖2项。

【柳州师范高等专科学校】 来宾市人民政府主管的全日制普通高等专科学校。设南、北、西和来宾4个校区，占地86.6公顷，建筑面积30多万平方米。图书馆藏书66.2万册，中外文期刊2760多种。设26个职业技能鉴定站（点）。是自治区教育厅大学英语教学改革试点院校，全国中小学和幼儿园教师资格考试考点单位。设人文社会科学、自然科学系（部）11个，教育研究中心1个，专业39个。2012年全日制在校生5771人。在职教职工539人，专职教师346人（具有高级专业技术职务资格136人，具有硕士及硕士以上学位教师126人）。校长曾凡平。

有人文社会科学系（部）、研究中心9个，分别是中国语言文学系、外国语言文学系、体育与健康教育系、公共管理系、教育与心理科学系、财经系、艺术系、社会科学研究部和心理健康教育与研究中心；共设专业30个，其中自治区级优势专业2个，急需专业1个，特色专业1个。2012年招收学生1936人，毕业学生1801人。

年内，全校教职工共获得各类立项课题54项，其中省、市、厅级课题36项。发表论文480篇，其中发表在核心期刊上的论文75篇，被国际三大索引收录35篇。主编或参编教材22部。获得实用新型专利2项。获2012年自治区级教学成果奖一等奖1项，三等奖3项；“十一五”广西教育科学研究优秀成果一等奖1项，二等奖1项。

【桂林师范高等专科学校】 桂林市人民政府主管的全日制普通高等学校。分信义和甲山2个校区。前身是1938年创建的广西省立桂林师范学校。教育部高职高专院校人才评估优秀学校和国家级语言文字规范化示范学校，桂林市初中、小学校长、教师培训基地。2012年全日制在校生5860人，面向全国26个省、自治区、直辖市招生，学生就业率连续三年达到95%以上。学校占地面积430亩，校舍建筑面积178661平方米，教学仪器设备总价值4518.75万元，图书馆纸质藏书60余万册，电子图书9902GB。设人文社会科学、自然科学系（部）16个，共设专业42个。年内招收专科生1893人；毕业生2001人。2012年，在职教职工566人，其中专任教师369人（其中具有高级专业技术职务资格127人，研究生和硕士学位247人，博士学位8人）。校长义祥辉。

设人文社会科学系（部）8个，分别是政治经济系、中文系、外语与旅游系、音乐系、美术系、教育与管理系、公共艺术教学部和社会科学教学部；共设专业27个。其中音乐、美术两系，是广西培养基础教育艺术师资的主要基地。

年内，教师承担研究课题59项，其中省部级34项；共有社科类科研经费157万元。出版专著、教材11种，发表论文340篇。

学校的校训是“勤学慎思·明德笃行”，在长期的办学中秉承首任校长唐现之先生的“艺术兴学”主张，在广西专科院校中率先开设艺术类专业，并作为学校的特色专业重点建设，积淀形成了“艺术兴学”的办学特色。

【广西警官高等专科学校】 自治区全日制高等专科学校。占地面积41.17万平方米，校舍建筑面积26.56万平方米。教学科研仪器设备总值2630.7万元，拥有教学用计算机662台，多媒体教室座位4340个，计算机实验室和语音实验室座位900个，图书馆纸质藏书545625册，电子资源115404册，体育场（馆）5.08万平方米。设教学系部7个，教辅部门3个（教务科研处、图书馆、技术实验中心）。2012年末在校各类学生2963人，成人函授教育25人，西南科大网络教育20人。有教职工338人，其中教师319人（专任教师250人，兼职教师69人），有教授15人，副教授69人；具有研究生学位教师112人(研究生学历158人)。校长刘建昌。

年内,毕业专科生1353人(不含结业学生)。教师承担研究课题22项,其中省部级课题8项,厅级课题14项;完成课题42项,出版著作20种,发表论文285篇。

12月8日,南宁职业技术学院社科联组织开展南宁职业技术学院第一届社会科学优秀成果评奖活动。（南宁市职业技术学院供稿）

【广西政法管理干部学院】 是广西培养专科层次应用型法律人才的全日制成人高等学校。学院占地面积150亩,建筑面积68100多平方米,学院正在筹建仙葫校区1280多亩。图书馆藏书19.6万册,体育场馆4个。现有教职工360多人,其中有教授、副教授、高级讲师或其他高级职称的教学科研人员50多人。设有8个教学系部:法律系、民商法系、司法警察系、信息工程系、公共管理系、外语系、基础部、社科部,各系部下设教研室。2012年末在校学生4300人,其中全日制在校生3800多人。有一支素质较高、结构合理的师资队伍,相当一部分法律专业课教师是具有律师资格的"双师型"教师,他们既有扎实的专业理论知识,又有丰富的办案实践经验,保证了教学质量和人才培养规格。学院党委书记许其军,学院院长韦军。

学院开设法学、法律事务、律师助理、司法信息技术、法律文秘、东盟法律及应用、司法警务、法律英语、越南语、社区管理与服务、计算机网络技术、贸易法律及应用、涉外法律及应用、行政执行、刑事执行等19个专业。2012年内,全院共出版专著和教材7部,发表论文130多篇。承担省部级课题2个,承担教育厅教改课题15项。

【南宁职业技术学院】 由南宁市人民政府主办、自治区、南宁市共建的一所全日制综合性高等职业院校。2009年12月,学校通过教育部、财政部示范建设验收,成为全国首批28所、广西首家国家示范性高职院校。学校占地面积130多公顷,校舍建筑面积50余万平方米。学校坚持"砺志、崇实、强技、尚新"的校训,初步形成了"校政互动、校企互融、产学研创四位一体"的人才培养模式。开设有10个二级学院,60多个高职专业,其中室内设计技术、机电一体化技术、物流管理、酒店管理、应用泰国语、软件技术等6个专业为国家示范重点专业。学校有国家级教学成果奖2项,国家级精品专业1个、国家级精品课程9门,是目前广西唯一拥有国家级精品专业、唯一连续6年获得国家级精品课程的高等院校。2012年末,有全日制高职在校生16500多人,非全日制在校学生3200多人。学校拥有一支由国家教学名师和国家优秀教学团队为领军人物的专兼职"双师"素质教学团队。有国家优秀教学团队1个,国家教学名师1人;自治区教学名师3人,自治区优秀教学团队7个。在编在岗教职员工510人,其中专任教师333人。院长陈建新。

学校内设8个研究机构。科研队伍主要由专兼教师和研究机构人员组成,科研人员主要分布在机电、电气、软件技术、室内设计、环境艺术设计、服装设计、平面设计、动画设计、食品、人力资源开发、经济、金融、财会、策划、物流、商贸、旅游等专业。研究机构近几年为地方提供技术服务100多项。

年内,全院共出版专著和教材16部,发表学术论文411篇,其中发表在中文核心期刊学术论文55篇。承担各级、各类课题78个,已结题38项。

【广西国际商务职业技术学院】 自治区商务厅主管的国家公办全日制高等职业教育院校,广西唯一一所高职"国际商贸人才小高地"项目建设学校,教育部高职高专院校人才培养工作水平评估优秀学校,自治区示范性建设高职院校,自治区职教攻坚示范性院校。学院占地面积930亩,分明秀路校区、大学路校区和金陵校区3个校区,拥有中央财政支持实训基地2个,省级示范性实训基地7个,建立了134个校外实训实习基地。学院图书馆藏书70.1万册。设高职专业37个。2012年末在校生8200人。在职教职工487人,其中专任教师332人(教授23人,副教授83人)。院长李国淮。

设人文社会科学系(部)8个,分别是国际贸易系、应用外语系、财会金融系、市场流通系、旅游管理系、信息工程系、公共基础教学部、社会科学教学部。开设人文科学类专业34个，分别是国际商务、报关与国际货运、报关与国际货运（国际货运代理方向）、国际经济与贸易、商务英语、应用越南语、应用泰国语、应用柬埔寨语、旅游英语、应用英语（涉外事务管理方向）、应用英语（国际商务交际方向）、应用马来语（国际商务方向）、应用缅甸语、财务信息管理、会计与审计、会计（涉外会计方向）、会计（法务会计方向）、投资与理财、证券投资与管理、金融保险、营销与策划、市场营销、电子商务、电子商务（网络营销方向）、文秘（涉外秘书方向）、物流管理、连锁经营管理、商务管理、会展策划与管理、会展策划与管理（国际会展营销）、涉外旅游、酒店管理、涉外旅游（出境领队方向）、旅游管理（休闲管理方向）。

年内，公开发表学术论文256篇，其中核心期刊论文23篇，EI收录论文1篇。出版教材、编著、专著11部。

【广西工商职业技术学院】 国家教育部备案的国家公办全日制普通高等职业技术学校，为自治区示范性高等职业院校重点培育单位。占地面积22.1万平方米，校舍总建筑面积14.2万平方米。教学、科研仪器设备总值2321.41万元。拥有各类藏书26万册。设有财会系、经管系、工信系等3个教学系和公共基础部、社会科学部等2个教学部。学校共设有25个专业（含方向）。有6个自治区特色专业，2个中央财政支持高等职业学校专业建设发展项目，3个自治区示范性建设高等职业教育实训基地，1个国家职业技能鉴定所。2012年末有全日制在校生5496人（不含成人教育学员）。在职教职工283人，其中专任教师230人，具有高级专业技术职务人员70人，具有研究生学历或博士、硕士学位教师64人，“双师素质”教师93人。自治区级优秀教学团队1个，自治区教学名师1位，自治区级专家3位。外聘兼职教师141名。院长陈杰。

设人文社会科学系3个，分别为财会系、经管系、工信系，开设人文科学类专业（方向）25个，分别为工商企业管理、酒店管理、市场营销、市场营销（商务策划）、市场营销（职业经理人）、市场营销（房地产营销与策划）、营销与策划、国际经济与贸易、国际贸易实务（东南亚贸易）、财务管理、投资与理财、金融与保险、会计电算化、会计与审计、会计（税务会计）、会计（房地产会计）、会计（物流会计）、物流管理、连锁经营管理、报关与国际货运、电子商务、经济信息管理、文秘（文秘与办公自动化）、广告设计与制作、商务管理等。

年内，获地厅级以上科研级教改项目22项，完成项目研究20项。主、参编出版教材12本，公开发表学术论文共222篇，其中国际四大检(SCI/EI/ISTP/ISR)5篇，北大中文核心期刊有40多篇。获广西高等教育自治区级教学改革成果奖5项。

其他院校

【中共广西壮族自治区委员会党校、广西行政学院】 合署办公。校园占地面积475亩，建筑面积13万平方米。中共广西壮族自治区委员会党校（简称中共广西区委党校或自治区党校），是自治区党委直接领导的培训、轮训副厅级、县处级党员领导干部、理论干部和乡镇书记的学校。校长危朝安。广西行政学院是自治区人民政府直接领导的培训副厅级领导干部、县处级领导干部及其后备干部等国家公务员的学校，是自治区政府直属事业单位。院长黄道伟。

有处室24个，其中行政处室7个、教辅处室9个、教研部8个，研究所（中心、基地、室）6个。8个教研部分别是党史党建、哲学（社会学）、经济学、政治学（科学社会主义）、公共管理、文史、法学、领导力拓展教研部。6个研究所（中心、基地、室）分别是广西党校邓小平理论研究中心、自治区党校计算机培训中心、广西人口研究所、自治区党校民族研究所、自治区党校BFT培训中心、自治区党校马克思主义理论研究和建设工程基地。办有国内外公开发行的理论期刊《桂海论丛》。2012年末，全校（院）在编教职工267人，其中专职教师78人，高级职称87人，参照公务员管理的有78人。

年内开设的班次有四类：一是常规主体班。如中青年干部培训班、县处级领导干部进修班（一班、二班）、县处级公务员任职培训班、少数民族领导干部培训班、县处级女干部培训班等。二是厅级领导干部专题研讨班。如自治区管理干部自选培训专题研讨班、新任厅级领导干部廉洁从政学习班等。三是学历班。主要是研究生班，13个主要专业。研究生班开设专业有：中共党史（党建）、国民经济学、经济管理、公共管理、政治学、行政法学、社会学、文化管理等。四是社会培训班。与党政机关、企事业单位举办各类短期培训班。

年内，开办领导干部培训班主体班次25期，培训领导干部1595人。其中16期常规主体班培训干部876人，3期自治区管理干部专题培训班培训干部197人，2期新任厅级干部培训班培训干部212人，1期自治区金融与工业化培训班培训干部262人；1期广西密码工作专题研讨班培训干部49人。利用学校培训设施，承接外来办班会180多个，培训干部1.1万人。举办38个在职研究生班，在读研究生1676人。此外，举办各种层次的社会委托培训班46期，培训学员3034人。

为提升培训质量，进行了两个方面的努力：一是继续深化教学改革，努力提升教学质量。坚持以培训需求为导向，以党校"一个中心、四个方面"和行政学院"一个核心、三个重点"的教学布局为总体要求，结合广西实际，进一步优化课程设计，实行新课试讲和末位课程调整制度，规范教学基础建设，创新培训模式，强化教学管理。尤其是进一步加强理论教育、党性教育和公仆意识教育，及时开展党的十八大精神学习培训，并不断完善爱国主义教育、革命传统教育、警示教育和以"三同"为主要内容的群众观教育模式，进一步彰显办学特色；拓宽异地教学途径，首次组织主体班学员到国家部委进行异地教学，这在地方党校也属首次；提升外请报告质量和影响力，开设"高端讲坛"，邀请国内高层次领导和权威专家前来讲学，同时邀请自治区相关部门干部前来听课，相关厅局200多名处级以上干部到校参加听课，开放式办学迈出了新步伐；建设领导战略与决策实验室，创新模拟实训模式。二是创新学员管理方式，增强学员学习主动性。创新"高效班级学习团队建设"专题教学，让学员入学后迅速转变角色，增强团队意识；创新开展"领导经验分享"互动教学形式，深受学员欢迎；探索竞争性选举学员党支部委员会（班委会）和小组长方式，增强学员的责任意识；组织学员认真开展晚聚习活动，包括进行专题研讨的求是社区，富于挑战性的即席演讲、辩论赛，与党的十八大代表和先进人物交流的心湖沙龙，营造奋发向上氛围的国旗教育和优秀学习成果颁奖晚会等，丰富了学习形式；引导学员编印《新境界》（内刊）12期、出版学习版报4期，并鼓励学员在校园网学员论坛发表学习感悟文章，激发学习积极性。

7月30日，广西党校（行政院校）校长会议在自治区党校召开。

（自治区党校供稿）

年内，与阿富汗跨党派青年议员考察团、南非非洲人民国民大会政工干部考察团、美国乔治亚大学卡尔文森政府研究院、国家行政学院拉美国家公务员研修班、德国施拜尔公共行政大学专家团等进行了交流。全年共有11名教师到中央党校、国家行政学院、干部学院等院校参加培训学习，3名教师攻读博士学位，37名处级领导干部参加北京大学"领导力提升"专题培训班，组织90名教职工赴重庆开展"坚定理想信念，创新社会管理"专题培训、选派16名骨干赴香港金融学院参加"公共行政管理"培训，组织6批次29人次的教研和管理骨干赴澳大利亚、新西兰、俄罗斯、英国、美国、加拿大、日本和越南等国家进行学术考察和交流。

年内，获国家社科基金项目立项7项，全国党校系统调研课题立项4项，广西2012年度哲学社会科学规划雷锋精神重点课题立项1项，广西马克思主义理论研究与建设工程基地课题立项6项，校（院）级课题咨政类重大课题立项12项，校（院）级课题一般项目（学术研究类）立项19项，校（院）级课题一般项目（工作研究类）立项18项，著作（教材）出版资助申请25部，广西党校系统调研课题立项40项。出版编（专）著16部，发表学术论文227篇。获广西第十二次社会科学优秀成果奖11项。

【广西社会主义学院】 自治区党委领导的统一战线性质的政治学院，广西各民主党派和无党派人士的联合党校，广西统一战线人才培养基地、理论研究基地和方针政策宣传基地，党外代表人士教育培训的主阵地，党和国家干部教育培训体系的重要组成部分。占地面积3公顷，建筑面积3.4万平方米。图书馆藏书3.3万册，报刊200余种；体育场馆面积1500平方米。2012年末在职教职工78人，其中院内专兼职教师26人（教授3人，副教授7人），拥有博士学位2人，硕士学位15人；外聘兼职教授7人。院长陈自力（兼）。

年内，举办各类培训班41期，培训广西民主党派、工商联、无党派领导干部，各市、县党委统战部领导干部，处级人大、政府、政协党外领导干部，国有企业党外领导干部，宗教界和非公有制经济代表人士，自治区、市新的社会阶层中的律师代表，港澳社团骨干等各类学员2348人，较好发挥了广西统一战线教育培训主阵地作用。完成科研成果45项，其中在省级以上刊物发表论文32篇（核心期刊2篇）；承担和参与各级各类课题研究11项，完成广西哲学社会科学"十二五"规划项目等课题结项6项，获自治区统战理论研究课题优秀成果4项。

社会科学期刊

综合类期刊

【当代广西】 自治区党委主管、主办。社长、总编辑牙韩彰。常设栏目有:桂海潮声、指点八桂、本期专题、特别报道、半月速览、热点关注、政策解读、真知灼见、开阔视野、党建纵横、组织工作新视线、走南闯北广西人、人事任免、时代先锋、领导广角、清廉之光、经济看台、科教文卫、党员故事、法治天地、文化时空、三姐艺苑、以案说法、新书推介、三言两语等。

年内,出版正刊 24 期,3000 多千字。一批文章获全国党刊优秀作品奖、西部地区党刊优秀作品奖、广西新闻奖。

【桂海论丛】 中国期刊方阵“双效”期刊、2010~2011 年度广西社会科学优秀期刊、中国期刊网、中国学术期刊(光盘版)全文收录期刊、万方数据—数字化期刊群、龙源期刊网等来源期刊。自治区党校、广西行政学院主管、主办,社长黄学权,主编唐秀玲。常设栏目有:马克思主义研究、政治学研究、哲学研究、党建研究、经济学研究、公共管理研究、社会学研究、法学研究、文化研究、决策咨询研究等 11 个专题栏目。

年内,连续 2 期(第一、二期)推出“学习党的十七届六中全会精神”专栏,刊发文章 5 篇;第三期推出“解放思想、赶超跨越”大讨论专题栏目,刊发文章 2 篇;连续 3 期(第四、五、六期)推出“迎接党的十八大特稿”专栏,刊发文章 6 篇。

年内出版 6 期,刊发论文 163 篇,共 1385 千字。2 篇获广西第十二次社会科学优秀成果奖;刊发文章中省部级以上基金项目 71 项,占全年刊发文章的 43.55%,其中国家基金项目 36 项,占 22.08%,省部级基金项目 35 项,占 21.47%。

【学术论坛】 全国中文核心期刊,中国人文社会科学核心期刊,中国社会科学引文索引(CSSCI)来源期刊,2012 年版人大“复印报刊资料”重要转载来源期刊,中国学术期刊综合评价数据库来源期刊,第五、六届广西十佳社会科学期刊,2010~2011 年度广西期刊奖(社科类),中国期刊方阵双效期刊,中国期刊网、中国学术期刊(光盘版)全文收录期刊,《CAJ-CD 规范》执行优秀期刊。广西社会科学院主管、主办。社长、总编辑罗运贵。常设栏目有:马克思主义研究、哲学研究、政治学研究、经济学研究、金融学研究、区域经济研究、法学研究、文学研究、历史学研究、社会学研究、文化研究、教育学研究、书评等。

年内出版 12 期,刊发论文 579 篇,约 5392 千字。

【广西社会科学】 中文核心期刊、CSSCI 扩展版来源期刊、RCCSE 中国核心学术期刊、中国人文社会科学核心期刊、广西“十佳”社科期刊,中国知网、万方数据、维普资讯等全文收录。广西社会科学界联合会主管、主办。社长、总编梁培林。

坚持刊发精品文章,办精品杂志。设“中共执政理论”、“广西论坛”及社会科学各学科研究等主要栏目。

年内出版 12 期,刊发文章 513 篇,共 400 余万字。所刊发的文章基本都是社科课题研究成果、基金项目成果,共计 511 项,其中,国家社科基金 244 项,占 47.7%;省级基金 196 项,占 38.3%;校级基金 71 项,占 13.9%。被转/摘文章 8 篇,其中人大复印报刊资料 4 篇,《中国社会科学文摘》2 篇,《学术界·学术论点》1 篇,《教育科学文摘》1 篇,在全国综合性社会科学类期刊中排第 66 名。年内,在广西新闻出版局发布的广西学术理论类期刊编校质量检查中,刊物以最低差错率在参检期刊中排名第一。

【社会科学家】 全国中文核心期刊、中国人文社会科学核心期刊、中文社会学引文索引(CSSCI)扩展版来源期刊。中共桂林市委主管、桂林市社科联主办。主编黄晓伟。主要栏目有:名家访谈、名家特稿、博导新论、哲学与当今世界、文艺论丛、历史纵横、法学与法制建设、旅游时空、政治文明与构建和谐社会、经济新视野、管理学与企业发展、教育新探索、人文家园、语言与文化研究、区域发展与战略。

2012年，“名家访谈”栏目推出中国人民大学郑杭生教授的《社会管理与社会建设：历史、战略、未来》、上海交通大学徐新建教授的《“表述”问题：文学人类学的理论核心》、北京大学凌建侯教授的《回望巴别塔：巴赫金的诗学与文化理论》、北京师范大学童庆炳教授的《从“文化诗学”到“文化研究”》、兰州大学王学俭教授的《马克思主义理论研究的实践维度管窥》等。“名家特稿”和“博导新论”推出陆扬教授的《论后现代女性主义》、叶青教授的《得与失：刑事诉讼法再修改若干议题述评》、沈国兵的《美元走弱对中美双边行业4分位产品贸易的影响：经验研究》等一批知名博导学者的文章。在新推出专栏中发表有文学人类学的文章：《回顾与探索：大传统与小传统之再定义》、《中国少数民族发展探讨》、《现代海洋法研究的拓展与延伸》、《“十二五”时期出生性别比综合治理的困境与出路》。

年内出版12期，刊发论文420余篇，约2900千字。

【经济与社会发展】 中国期刊网、中国学术期刊（光盘版）、中国期刊全文数据库收录，中国学术期刊综合评价数据库来源期刊。广西社会科学院主管、主办，柳州市社科联协办。社长罗运贵，主编戴庆瑄。常设栏目有：马克思主义研究、哲学研究、经济学研究、区域经济研究、政治学研究、法学研究、社会学研究、文史研究、教育学研究、书评等。

年内出版12期，刊发论文513篇，约3736千字。

【东南亚纵横】 中文社会科学引文索引(CSSCI)来源期刊（扩展版）、中国核心期刊（遴选）数据库收录期刊、中国学术期刊综合评价数据库来源期刊、广西优秀社会科学期刊。广西社会科学院主管，广西社会科学院东南亚研究所主办。主编罗梅。常设栏目有：东南亚政治、社会、文化，东南亚经济，区域经济合作，中国与东南亚关系，中国—东盟自由贸易区，泛北部湾经济区合作研究，华侨华人，历史研究，中国与世界等。

7月25~28日，编辑部编辑马金案参加在贵州大学举行的“第五届中国—东盟教育交流周中国—东南亚区域研究研讨会”，向研讨会提交论文《努力打造为国内外研究东南亚问题展示成果的平台》，重点介绍《东南亚纵横》办刊情况。9月17~18日，编辑部参加由中国社会科学院国际研究学部、广西社会科学院、广西国际博览事务局和广西北部湾发展研究院在南宁主办的第五届中国—东盟智库战略对话论坛，并在2012年第10期发表由编辑部农立夫、罗梅、马金案执笔的《凝聚智慧 增进共识 推动合作——中国—东盟智库战略对话论坛·2012会议综述》。

年内出版12期，刊发论文187篇，约1980千字。被中国人民大学《复印报刊资料》全文转载5篇，索引文章164篇。年内，被自治区新闻出版局评为广西优秀社会科学期刊和“走出去”先进单位。

【创新】 中国核心期刊（遴选）数据库收录期刊，广西优秀社会科学期刊。南宁市社会科学院主管、主办。主编胡建华。常设栏目：特别推介、特稿、创新研究与实践、政治学、经济学、法学、社会学、管理学、文学、教育学、广西发展研究等。

年内出版6期，刊发文章160篇，共1500千字。

【广西大学学报（哲学社会科学版）】 中国期刊方阵双效期刊、全国高校百强社科期刊、广西十佳社会科学期刊，全国民族地区“十佳”学报。广西大学主管、主办。主编邓军。主要栏目有：中国—东盟研究、经济学、法学、管理学、社会学、新闻传播学、文艺学、语言文学、教育学。

2012年，加强了组稿工作，所刊发文章中，有课题支持文章占总数60.5%，其中省部级以上课题文章占45%，具有博士生导师资格作者13人（第一作者），占作者总数8.4%。刊发的论文超过一半围绕专题组稿，包括“北部湾经济研究”、“中国—东盟研究”、“三农问题”、“粮食安全专题”、“广西文化产业研究”、“女性话题”、“检察专题”、“罗马法专题”、“古代行政体制”等专题。刊登了张健雄的《从欧债危机欧元体制的结构性缺陷》，关伟的《基于贸易品视角的人民币汇率失衡与经济增长考证》，翟云岭的《抵押权物上代位性的再证成》，汪全胜的《论我国法的名称设置的规范化》，徐国栋的《为罗马公法的存在及其价值申辩》，申建林的《从代议走向参与—卡罗尔·佩特曼对参与式民主的追求》，梁淑红的《东盟会计服务相互认可协议的进展与障碍》等一批有影响的专业论文。其中汪全胜、梁淑红的文章被中国人民大学《复印报刊资料》全文转载。

年内出版6期（不含增刊），刊发论文155篇，共170千字。

【广西师范大学学报（哲学社会科学版）】 全国中文核心期刊，中国人文社科学报核心期刊，全国百强社科学报，广西十佳社科期刊，中国学术期刊综合评价数据库来源期刊，中国学术期刊（光盘版）全文收录期刊。广西师范大学主管、主办。主编钟瑞添。常设栏目有：经济研究、哲学研究、法律研究、美学研究、文学研究（含中国古代文学研究、中国现代文学研究、外国文学研究等特色栏目)、语言研究、教育研究(含课程研究、教学论研究、教育经济史研究等子栏目)、历史研究(含太平天国史研究、经济史研究、世界史研究等子栏目)等。新增专栏“民俗学研究”。

年内,专栏所刊发的论文特点:一是围绕发展中国特色社会主义和构建和谐社会时代主题,研究和宣传中国化马克思主义。二是围绕经济建设,开展社会主义市场经济研究、地方性经济研究。三是坚持创新性、开拓性和科学性相结合,创造文化精品。四是从学校学科建设的实际出发,注重突出师范性、地方性的特点,力求体现自己的特色。其中反响较好的有:“哲学”专栏张立达的《主体性:在内在性和外在性的张力中》(第1期),林春逸的《马克思的发展伦理思想及其当代价值》(第5期),朱耀平的《空间本性问题上的虚实之辩及其后现代转向》(第6期);“政治学研究”专栏刘建华的《论网络社会的政治权力转移》(第3期),喻包庆的《论当代中国的政治认同危机及其解决路径》(第3期),谭培文的《基于马克思利益概念视域的邓小平南巡讲话实质探索》(第4期);“法学研究”专栏蒋琼的《电子政务的法律现状、困境与出路》(第2期),邓崇专的《刑事归责要素的找寻与确立》(第2期);“文学研究”专栏周苇风的《论楚辞、楚歌的判断标准》(第1期),胡大雷的《〈尚书〉“笔”体考述——最早的书面文字与“文笔之辨”溯源》(第3期);“语言研究”专栏黎良军的《谨慎认定同音同形词》(第4期),贺卫国的《〈现代汉语词典〉ABB式状态词收录考察》(第4期);“教育学研究”专栏独创性较强的论文有周剑清的《固守与创新:高考改革的必然抉择》(第1期),孙杰远的《当代教师道德养成特征与发展策略》(第5期),高金岭的《教育领域现代产权理论应用的几个基础问题考察》;“历史学研究”栏目陈淑荣的《英国退还庚款余额动因分析》(第2期),董恩强的《胡适“大胆的假设,小心的求证”再认识》(第3期)。“历史研究”栏目下的子栏目“太平天国研究”的朱从兵《太平天国后期的六部制问题。“《文选》研究”栏目李乃龙的《论〈文选〉荐贤表——兼论表类的文体意义》(第5期),力之的《从对〈文选〉作品的接受入手难断其编者是谁》(第5期),林大志的《〈文选〉编者问题的重新思考》(第5期)。“桂学研究”栏目桂学研究团队广西文化符号影响力调查组的《广西文化符号影响力调查报告》(第4期),王德明的《论中国古代作家对广西的描写及其价值》(第5期),杜海军的《石刻整理常见误录探因——广西石刻研究之五》(第5期)。

年内出版6期,刊发论文177篇、书评3篇、学术动态综述1篇,约1500千字。刊物年度影响因子是0.70,被中国人民大学《复印报刊资料》转载文章4篇。

【广西民族大学学报(哲学社会科学版)】 全国中文核心期刊、中国人文社会科学核心期刊、中文社会科学引文索引(CSSCI)来源期刊,国家期刊奖百种重点期刊、国家社科基金资助期刊、中国期刊方阵双效期刊、教育部名栏·名刊入选期刊。广西民族大学主管、主办。主编谢尚果、执行主编秦红增。主要刊登哲学、社会科学、人文科学方面的学术理论文章。常设栏目有:人类学、民族学、中国—东盟研究、语言学、文学、法学、经济学、管理学、哲学、教育学、政治学、历史学等。

2012年,秉承“弘扬创新精神、提升学术品位”办刊宗旨,围绕学术前沿和社会焦点,推进学术研究的应用实践,服务国家发展,担当社会责任,特别推出了族群跨国互动、南岭壮学、族群迁徙、教育人类学、好客中国、村域发展6个主打栏目以及一系列人类学、民族学等专题栏目,其中有英国、老挝、泰国等国学者的文章。据“中国知网”统计,机构用户总计4040多个,分布近30个国家和地区;在“中文社会科学引文索引(CSSCI)来源期刊”民族学类期刊中位居第一,在“中文核心期刊”民族学类期刊中位列第三。被美国哈佛大学、日本东京大学、英国伦敦政治经济学院、韩国首尔大学等国际知名高校及中国香港中文大学、北京大学、中山大学、南开大学、南京大学、厦门大学、云南大学、中央民族大学等人类学系或研究机构所订阅,作为必读期刊。在中央财经大学,被认可为综合社会科学A类期刊;在南开大学,被认可为二级学科(人类学)的一类期刊;在中山大学,被认可为综合社会科学类二类期刊。11月,入选国家社科基金第二批学术资助期刊(批准号12QKB020),资助金额为每年度40万元。

年内出版6期,刊发文章207篇,约1600千字。

【广西师范学院学报(哲学社会科学版)】 首届全国百强社科学报,全国高校优秀社科期刊,RCCSE中国核心学术期刊(扩展版),《中国人文社会科学引文数据库》来源期刊,《中国核心期刊(遴选)数据库》收录期刊,《中国期刊网》、《中国学术期刊(光盘版)》全文收录期刊;获广西优秀社会科学期刊、广西高校“十佳学报”称号。广西师范学院主管、主办。主编黄少琴。主要栏目有:非物质文化遗产研究、马克思主义理论与民族地区发展研究、哲学研究、经济学研究、管理学研究、法学研究、文艺学研究、语言学研究、教育教学研究、传播学研究等。其中“非物质文化遗产研究”栏目是全国高校社科期刊特色栏目。2012年着力于面向全国扩展优质稿源渠道,加大服务地方社会经济发展的力度,重点建设非物质文化遗产研究以及马克思主义理论与民族地区发展研究、北部湾发展研究等富有地方特色的栏目。坚持质量第一原则，强调正确导向，突出学术性、规范性，严把审编校关。

年内出版6期，刊发学术论文148篇，约1300千字。

【玉林师范学院学报】 第六届广西优秀社科期刊，广西高校优秀学报一等奖。中国期刊网、中国学术期刊（光盘版）全文收录，是中国学术期刊综合评价数据库来源期刊，中国人文社会科学引文数据库来源期刊，中国核心期刊（遴选）数据库收录期刊。玉林师范学院主管、主办。主编李继兵。主要刊登哲学、社会科学和自然科学领域中具有一定学术水平和有创新性的学术论文。常设的主要栏目有：名家特稿、桂东南历史文化、泛北部湾论坛、法学、哲学、历史学、文艺学、文化研究、语言学、教育学和数学、物理、化学、生物、计算机、体育等。

年内，学报突出特色栏目，强化以太平天国史研究、泛北部湾论坛和桂东南历史文化研究为特色的办刊宗旨。年内出版6期，刊发论文200多篇，中国人民大学复印报刊资料中心全文转载4篇。

【河池学院学报】 中国期刊网、中国学术期刊（光盘版）、中国核心期刊（遴选）数据库收录期刊。年内被广西高教学会学报专业委员会评为“广西高校优秀学报”一等奖。河池学院主管、主办。主编覃伟年。

学报以关注学术前沿，注重文化积累，倡导知识创新，崇尚科学精神为办刊宗旨。主要栏目有：科学与人文研究、文学研究、广西现当代作家作品研究、语言研究、政治研究、法学、历史研究、民间文化研究、“刘三姐”文化研究、教育与管理、专业与课程建设、教学改革与实践、图书馆学、体育、旅游与经济、新闻出版等。年内出版6期，刊发论文180多篇，约1600千字。

【广西财经学院学报】 经济类学术刊物，中国学术期刊综合评价数据库、万方数据—数字化期刊群、中文科技期刊数据库、中国核心期刊（遴选）数据库、中国期刊网、中国学术期刊（光盘版）全文收录期刊。广西财经学院主管主办。主编唐拥军。办刊宗旨为“繁荣财经科学，发展财经教育，促进经济改革，服务地方经济”。主要栏目有“专家论坛、中国—东盟财经问题研究、广西财经问题研究、区域经济、理论探讨、财政税收、金融保险、贸易经济、财务会计、三农问题、旅游经济”等。2012年6月新开“民族文化产业研究栏目”栏目。

年内出版6期，刊出文章143篇，约19130千字。特色栏目共刊发文章41篇，其中“中国—东盟财经问题研究”栏目12篇，“广西财经问题研究”栏目21篇，“民族文化产业研究栏目”栏目8篇。所刊文章中，国家级基金项目23篇(2011年14篇，增长64%)，省部级项目23篇(2011年12篇，增长75%)，厅级项目12篇（不包括校级课题），省部级以上项目占总发文量32.2%。

【百色学院学报】 中国期刊网、万方数据库、中国学术期刊（光盘版）全文收录。百色学院主管、主办。主编唐拥军。期刊在坚持政治性和学术性的同时，突出刊物的个性——地方性和民族性，开辟了富有特色的栏目，如“文学人类学研究”“西南边疆语言与文化研究”、“邓小平早期思想及百色起义研究”、“民族文学研究”、“民族学人类学研究”等。同时开设文学、语言学、经济学、政治、物理、生化、数学、计算机、体育、艺术、图书馆、档案学等学科研究栏目。

年内出版6期，刊发论文167篇，约1500千字。

【贺州学院学报】 中国期刊网、中国学术期刊（光盘版）全文收录，中国核心期刊（遴选）数据库收录期刊。全国地方高校优秀学报、广西高校优秀学报。贺州学院主管、主办。主编吴郭泉。本刊以“坚持社会主义办刊方向和正确的舆论导向，坚持‘双百’方针，立足当地，服务教学与科研”为宗旨，积极传播先进科学文化，弘扬民族优秀科学文化，促进科学文化交流，关注学术前沿，倡导知识创新，服务地方经济，以政治性、学术性、地方性为办刊特色，重点打造“语言学”、“桂东文史研究”、“民俗学与人类学研究”、“文学与艺术”、“政治与政治学研究”、“桂学研究”等栏目。“语言学”栏目被评为“全国地方高校特色栏目”。常设栏目有：政治与政治学研究、桂学研究、民俗学与人类学研究、历史研究、法学研究、美学研究、桂东文史研究、文学与艺术、语言学、教育学、管理学研究、自然科学理论探索、实验与技术等。

年内出版4期，刊发论文154篇，约996千字。

【钦州学院学报】 中国期刊网、中国学术期刊（光盘版）全文收录期刊，中国学术期刊综合评价数据库统计源期刊，中国期刊数据库全文收录期刊，中国高校优秀编辑质量社科学报，全国高校优秀社科期刊，广西高校优秀社科学报。钦州学院主管、主办。主编李尚平。1月，经自治区新闻出版局批准改为月刊。学报社科版主要栏目有：邓小平理论研究、哲学研究、政治学研究、法学研究、经济学研究、文学研究、语言文字学研究、历史学研究、中国—东盟研究、北部湾文化研究、教育心理学研究、中国新诗研究、环境伦理学研究、教育教学研究等；自然版主要栏目有：海洋与船舶研究、数学研究、物理研究、计算机技术研究、生物与化学研究、体育研究、物流管理研究、经济研究、图书馆研究等。

年内出版8期,刊发文章217篇,约1500千字。

【梧州学院学报】 中国期刊网、中国学术期刊(光盘版)、中国核心期刊(遴选)数据库收录期刊。梧州学院主管、主办。主编李丰生。以发展先进文化,培育民族精神,推荐名家新论,追踪学术前沿,研究地方经济,促进学术创新与交流为宗旨。常设项目有:泛珠三角、经济与管理、政治与法律、文化与艺术、基础理论、应用研究、教育与教学等。

年内出版6期,刊发论文118篇,约1030千字,其中基金项目论文59篇,占50%。

【广西民族师范学院学报】 中国期刊网、中国学术期刊(光盘版)、万方数据—数字化期刊群、中文科技期刊数据库(全文版)》入选期刊。广西民族师范学院主管、主办。主编易忠。主要栏目有:花山文化论坛、文学研究、哲学文化研究、经济与法律研究、高等教育研究、基础教育研究、高校文化研究、历史与制度研究、翻译与外语教学、书评、广西文艺理论家论坛、人类学与广西文化研究、民族旅游研究、广西边境地区社会发展研究、思想政治研究、文化与艺术研究、桂西南民族文化研究、口岸地带研究、东南亚研究、图书情报学研究和自然科学研究等栏目。

年内出版6期,刊发文章238篇,共1548千字。

【桂林航天工业学院学报】 广西高校优秀学报,获全国高校科技期刊优秀编辑质量奖。桂林航天工业学院主办、广西航空航天学会协办,以反映科研和教学成果为主的学术理论刊物,1996年创刊,季刊。主编叶桂郴。以突出学术性与创新性,坚持航空航天特色,大力提倡学术争鸣与研究,扶持新人新作,传播高新技术信息,提高教育教学水平为宗旨。开辟有信息与电子工程、机电技术应用、计算机技术及应用、经济与管理、高校管理、教育与教学研究、数学研究与应用、英语园地、学术苑等栏目。

年内出版4期,刊发论文186篇,共800余千字。

【旅游论坛】 自创刊以来,始终坚持正确的政治方向和办刊宗旨。秉承开放办刊、质量第一理念,依托全国独立建制的旅游院校和世界闻名的风景名胜地,以广西建设旅游大省区的战略目标.密切关注旅游研究和旅游业发展的最新动态,致力于旅游新理论、新方法、新经验的传播应用和旅游研究最新成果的展示,旅游学术氛围的繁荣。

RCCSE中国核心学术期刊、《中文社会科学引文索引》(CSSCI)扩展版来源期刊和《全国报刊索引》核心期刊。据《中国学术期刊综合引证报告》公布的数据,《旅游论坛》2012年复合影响因子指标为0.908,综合影响因子为0.460,该数据目前在广西区内期刊当中处于领先地位。2010年全国高校优秀社科期刊,广西高校十佳学报。2012年,在中国学术期刊(光盘版)电子杂志社、中国科学文献计量评价研究中心与清华大学图书馆联合评选年度中国最具国际影响力学术期刊和中国国际影响力优秀学术期刊评选中,被评为“2012中国国际影响力优秀学术期刊”。年内,被中国人民大学人文社会科学学术评价研究中心和中国人民大学复印报刊资料中心评为复印报重要转载来源期刊。

年内出版6期,刊发论文142篇,共1420千字。

【柳州师范高等专科学校学报】 中国学术期刊(光盘版)全文收录期刊,中国期刊网全文收录期刊,中国学术期刊综合评价数据库来源期刊。广西优秀社科期刊,广西教育厅职称改革工作领导小组认定的广西高职高专教师系列职称评定人文社会科学类国内核心(优秀)期刊。柳州师范高等专科学校主管、主办。主编曾凡平。坚持“以特色求生存,以弘扬学术为己任,立足本校,面向全国,走向世界”的办刊理念。常设栏目有:美学与人类学研究、柳宗元研究、文学·语言、政治·经济·法律、哲学·历史·社会学、教育学·高等教育、理工学、基础教育等。

年内出版6期,刊发论文230篇,约1380千字。

【桂林师范高等专科学校学报】 中国期刊网、中国学术期刊(光盘版)、万方数据—数字化期刊群、中国核心期刊(遴选)数据库全文收录。中国学术期刊综合评价数据库、中国人文社会科学引文数据库来源期刊。桂林市教育局主管,桂林师范高等专科学校主办。主编义祥辉。主要栏目有:广西方言、政治、历史、经济、哲学、英语、汉语、文学、教育、艺术及自然科学研究等。其中“广西方言研究”栏目是重点栏目,在全国方言学界影响较大。

年内出版4期,刊发论文170篇,约1200千字。获全国民族地区优秀学报、优秀栏目、广西高校优秀学报奖。

【广西警官高等专科学校学报】 中国期刊网全文收录期刊、中国期刊全文数据库全文收录期刊、中国学术期刊(光盘版)全文收录期刊、中国学术期刊综合评价数据库来源期刊、中国期刊(遴选)数据库来源期刊、中国知网优先数字出版期刊。广西警官高等专科学校主管、主办。主编谭建华,执行主编覃珠坚。常设栏目有:警务研究、法学研究、教育教学研究等。

年内出版6期，刊发论文118篇，共887千字。其中，刊发基金项目成果36篇，占全年发文量31%。2012年差错率较低为广西高校学报排名第三，被评为2012年广西高校优秀学报。

【广西广播电视大学学报】 中国核心期刊（遴选）数据库、中国期刊网全文数据库、中国期刊网、中国学术期刊（光盘版）全文收录期刊，中国学术期刊综合评价数据库统计源期刊。广西广播电视大学主管、主办。主编苗剑。常设栏目有：远教研究、应用技术研究、教学研究、语言学研究、学术论坛、高职教育等；新增栏目：开放大学研究、知识管理。2011年，为使学报更好地服务广西电大的改革发展，学报开设了“开放大学研究”栏目为筹建开放大学开展研讨，并结合封二三图文进行宣传。

年内出版4期，刊发文章82篇，共440千字。

【广西教育学院学报】 具有国际标准刊号和国内统一刊号的中国期刊全文数据库全文收录期刊、中国学术期刊综合评价数据库统计源期刊、中国核心期刊（遴选）数据库收录期刊、全国高校优秀社科期刊、全国民族地区高校优秀学报、全国教育院校优秀学报、广西期刊提名奖获奖期刊、广西十佳学报、广西高校一等奖获奖学报。广西教育学院主管、主办。主编陈洛。主要栏目有：“桂学研究瞭望”、“政治学·法学·社会学聚焦”、“哲学·语言文学沙龙”、“思想政治教育论坛”、“高校教改之窗”、“数理化·艺术学·体育学拾贝”、“基础教育探究”等。

年内出版6期，刊发文章317篇，近2200千字。

【广西经济管理干部学院学报】 中国学术扩展核心期刊、中文核心期刊（上海图书馆评）、全国优秀社科学报、全国高校优秀社科期刊、全国高职成高核心期刊、全国高职成高十佳学报、广西优秀社科期刊、广西十佳学报。广西经济管理干部学院主管、主办。主编郑作广。主要栏目有：中国—东盟经贸论坛、社会保障研究、管理新视界、经济学前沿、“三农”问题研究、热点问题研究、休闲经济研究、观察与思考、区域经济、兴桂方略、高教研究。2012年新增“旅游研究”栏目。

12月在中国学术评价研究中心(RCCSE)发布的第三届(2013版)《中国学术期刊评价研究报告——RCCSE权威、核心期刊排行榜与指南》中学报再次被评为“RCCSE中国学术扩展核心期刊”。

年内出版4期，刊发论文75篇，约800千字。其中省部级、国家基金论文24篇。

【广西政法管理干部学院学报】 中国期刊网、中国学术期刊（光盘版）全文收录期刊，中国学术期刊综合评价数据库来源期刊，中国核心期刊（遴选）数据库收录期刊。广西唯一公开发行的专业法学理论期刊。中共广西区党委政法委主管，广西政法管理干部学院主办。主编陈家新。常设栏目有：法学论坛、问题研究、五洲瞭望、研究生论坛等。

年内出版6期，刊发文章192篇，约2130千字。刊载国家级社科基金项目成果8篇，省部级社科基金项目成果16篇，地厅级社科基金项目成果6篇，全部基金项目成果占到全年发文量18%。被中国人民大学复印报刊资料转摘2篇。

【南宁职业技术学院学报】 中国学术期刊综合评价数据库来源期刊，万方数据——数字化期刊群来源期刊，中文科技期刊数据库来源期刊，中国核心期刊（遴选）数据库收录期刊。南宁职业技术学院主管、主办。主编张宁东。主要栏目有：饮食文化研究、服饰文化研究、中国—东盟发展研究、南宁发展研究、职业教育研究、科技开发研究、旅游学研究、民俗学研究、经济学研究、管理学研究等。获2011年中国高职高专核心期刊，2011~2012年度广西高校优秀学报一等奖。学报编辑部获2012年度第二届全国高职院校学报研究会先进集体。

年内出版6期，刊发论文157篇，共1236千字。

【柳州职业技术学院学报】 中国期刊全文数据库全文收录期刊、《中国学术期刊（光盘版）》全文收录期刊、中国学术期刊综合评价数据库统计源期刊、首届《CAJ-CD规范》执行优秀期刊、中文科技期刊数据库收录期刊、全国职业技术学院优秀期刊、广西高校优秀学报。柳州职业技术学院主管、主办。主编熊文华。开设的栏目有：政治经济法律研究、高等教育研究、理工农学研究、语言文学艺术研究、新闻学研究、图书馆学编辑学研究、高教课程研究等。

年内出版6期，刊发论文161篇，约885千字。

【广西社会主义学院学报】 中国学术期刊综合评价数据来源期刊、中国核心期刊（遴选）数据库收录期刊，中国学术期刊（光盘版）、中国期刊网、万方数据—数字化期刊群、华艺CEPS中文电子期刊等国内知名电子期刊服务数据库全文收录。广西唯一面向全国公开发行的统战理论研究学术期刊。广西社会主义学院主管、主办。主编庞卡。以统一战线理论与政策研究为重点，兼顾政治、经济、文化、法律等领域的理论研究，着力突出统战性、理论性、宣传性、地方性办刊特色。常设栏目有：同心思想、中国特色社会主义理论研究、统战理论与实践、政党与政党制度研究、经济·文化·和谐"三大统战"研究、民族研究、宗教问题研究、中华文化·统战文化研究、观察与思考、法律与经济问题研究、干部培训研究等。

年内出版6期,刊发论文141篇,约117千字。

【广西青年干部学院学报】 广西青少年研究会会刊。中国期刊网、中国学术期刊(光盘版)全文收录期刊,万方数据—数字化期刊群全文收录期刊,中国核心期刊(遴选)数据库收录期刊,广西高校优秀学报,首届《CAJ-CO规范》执行优秀期刊。2013年4月,被武汉大学中国科学评价研究中心评为"RCCSE中国核心学术期刊(扩展版)"。共青团广西区委员会主管,广西青年干部学院主办,主编邓劲夫。以研究当代青年、探索青年工作特点及规律为办刊特色。主要栏目有:"理论研究·热点研究"、"青少年研究·大学生研究"、"教育教学研究"、"社会经济文化研究"、"国外青年"等。

刊物一直以"青少年研究·大学生研究"和"教育教学研究"两个栏目为核心,关注中国青年学、思想政治教育及教育教学领域的热点和难点问题,并从各个方面多角度考察现今青年及青年组织的现状,探究青年思想政治教育和心理健康教育等各类问题,并对如何开展青年工作提出了一系列的意见和建议。"国外青年"栏目,主要翻译介绍国外青年,特别是东盟青年生存情况,以期开阔广大青少年研究者的视野。而"理论研究·热点研究"栏目,主要刊发一些理论深厚、阐述严谨的关于马列主义、毛泽东思想、邓小平理论、"三个代表"重要思想和科学发展观及中共党创新理论的研究文章,帮助读者增强其理论素养。"社会经济文化研究"栏目,则紧紧围绕行政改革、社会民生、新农村建设、和谐社会的构建、政治参与、弱势群体、文化发展等社会焦点问题,开展深入地探讨。

全年共出版6期(双月刊),刊发论文148篇,约840千字。其中"理论研究·热点研究"论文24篇,占16%;"青少年研究·大学生研究"论文55篇,占36.6%,"教育教学研究"论文42篇,占28%,"社会经济文化研究"论文25篇,占16.6%;"国外青年"论文4篇,占2.6%。

专业类期刊

【广西经济】 中国期刊方阵"双效"期刊,广西优秀社科期刊。自治区人民政府发展研究中心主管、主办。社长丁焰辉,主编、副社长马仕生。主要栏目有:解读、特别报道、八桂宏观、地方思维、经济杂谈、企业之窗等。新辟栏目有:文化广西、管理创新、园区建设、绿色发展等。

2012年,坚持每月根据自治区政府对广西经济工作重点部署和安排确立主题,集中深度解读和研究广西经济发展面临的新形势、新情况、新变化、新趋势、新要求和新政策,深度报道和交流广西各部门、各区域、各行业的经济建设发展的新思路、新举措、新做法、新亮点、新成就和新经验,始终发挥着引领科学发展、和谐发展、率先发展和跨越发展的舆论导向作用。如,第1期根据自治区"两会"精神确定"新变化 新趋势 新要求"主题;第3期根据自治区扶贫工作会议,推出"新一轮扶贫攻坚"大型政策解读专题;第5、6期根据温家宝总理考察指导广西工作的重要部署,确定"打造西部经济加速发展的引擎"、"解放思想、转型升级"两大专题,以及第8期"加力稳增长",第11期"学习贯彻党的十八大精神 推动富民强桂新跨越",第12期"为全面建成小康社会开好局"。

年内出版12期,刊发文章300多篇,信息近600则,800千字。

【区域金融研究】 中国人民银行南宁中心支行主管,广西金融学会主办。主编关守科。主要栏目有:特稿、区域金融调控、区域金融监管、区域金融理论、区域金融市场、区域金融发展、区域金融实务、区域金融合作、东盟经济金融、区域经济纵横、交流平台、其他等。

年内出版正刊12期,刊发文章240篇,共1990千字。

【沿海企业与科技】 广西社会科学院主管,广西社会科学院企业文化研究中心主办。社长李建平,总编辑廖大宁。以服务沿海地区经济、科技和企业发展为宗旨,发表经济、科技和管理类论文为主。常设栏目有:经济纵横、企业发展与管理、科技论坛、技术与运用、区域发展研究、产业经济研究、企业文化研究、探索与思考。年内,新增"学习贯彻党的十八大精神"栏目,刊发3篇学习贯彻党的十八大精神文章。

年内出版12期,刊发文章510篇,共2600千字。

【改革与战略】 中国人的发展经济学专业学术平台期刊、中国学术期刊经济类核心期刊。自治区社科联主管、主办。社长、总编辑巫文强。主要栏目有:人的发展经济学研究、胡钧"资本论"讲坛、主流经济学反思、经济与制度研究、战略与管理、金融财税研究、农业与农村发展、区域发展、产业对策研究、企业发展论坛、国际经验与中国发展、就业与保障、研究动态与述评等。

8月3日，在四川成都主办中国第四次人的发展经济学研讨会，国家发改委、北京大学、清华大学、中国人民大学、南开大学、南京大学、西南财经大学、中南财经政法大学、中央民族大学、西北大学、天津师范大学、中共江苏省委党校、广西社科院、广西发改委、广西大学、广西民族大学、广西经济干部管理学院、学术研究杂志社、光明日报光明网等30余家单位近50名专家学者与会。收到会议论文近50篇。重点研讨了人的发展经济学大众化网络化、理论建构、实践建构和全面自由发展的人在现实中的体现等问题。光明日报光明网开通人的发展经济学网络频道。

年内，重点栏目胡钧“资本论”讲坛刊发文章5篇，人的发展经济学研究刊发25篇。

年内出版12期，刊发论文525篇，约4400千字。中国人民大学《复印报刊资料》全文转载3篇，索引收录172条，《光明日报》摘编1篇。入选2012年度“中国最具国际影响力学术期刊”，在本次评出的34种人文社科类中国最具国际影响力学术期刊中综合排名第22位。获广西第十二次社会科学优秀成果奖二等奖、第四届广西社会科学界学术年会优秀论文三等奖、全区社科联系统舆情信息工作一等奖各1人，通过出版专业技术资格中级考试3人，通过社会科学研究系列中级职称评定1人。

【广西地方志】 广西地方志办公室与广西地方志协会联合主办。主编李秋洪。中文社会科学引文索引(CSSCI)来源期刊、中国核心期刊(遴选)数据库收录期刊、中国知网发行期刊、中国学术期刊(光盘版)收录期刊和万方数据——数字化期刊群源期刊。

年内出版6期，刊发文章94篇(不含信息集萃)，约700千字。主要刊发文章有：特载6篇、广西首轮志书综评3篇、方家志论4篇、志鉴编修18篇、2012桂林·广西地方志理论研讨会论文选辑8篇、经验交流5篇、古籍考证8、工作探讨7篇、专题探讨2篇、用志视角4篇、史料研究12篇、八桂纵览10篇、广西大事记7篇等。

【广西民族研究】 国家社科基金资助期刊，中国民族类核心期刊，中国人文社会科学核心期刊，中文核心期刊，中文社会科学引文索引来源期刊，中国人文社科引文数据库来源期刊，中国学术期刊综合评价数据库来源期刊，中国学术期刊(光盘版)全文收录期刊。自治区民族事务委员会主管，广西民族问题研究中心主办。主编俸代瑜。以创新精神提升学术品位，以重点栏目打造期刊品牌，突出民族性、文化性、地方性、区域性；立足广西，面向华南，服务全国。以壮学、瑶学研究为本刊特色栏目；以民族理论政策、民族学、人类学为重点栏目。其他栏目还有：民族经济、民族历史文化研究、民族法学、民族考古、民族旅游、非物质文化及民族语言研究等。

年内出版4期，刊发论文135篇，共1430千字。

【八桂侨刊】 中国学术期刊(光盘版)、中国期刊网(CNKI)来源期刊。广西归国华侨联合会主管，广西华侨历史学会主办。代主编刘汉祥，执行主编苏妙英。主要栏目有：研究与探讨、侨史研究、华侨华人、侨务论坛、华文教育等。刊物坚持正确的办刊方向，倡导严谨的学风和朴实文风，突显华侨华人研究学术特色，尤其是紧跟华侨华人研究的学术前沿，通过历史人类学、民族学、政治学、民俗学等角度，以田野考察的方法展示广西华侨华人研究成果，即广西归侨侨眷的安置历史和现状、广西华侨农林的改革发展变化，为新时期侨务工作、华侨农林场所改制提供参考和启示。

年内出版4期，刊发文章58篇，500多千字。共刊发海内外作者撰写的探讨全球化背景下的新移民及其理论、华人社区、中国侨务公共外交以及广西广西归侨侨眷的安置历史和现状、广西华侨农林改革等各类文章60多篇，500多千字。其中，刊发了辛亥革命百年纪念的文章7篇，其中广西作者有向大有的《辛亥革命时期广西籍华侨归侨的作用和贡献》、李汉金的《广西籍华侨华人与辛亥革命》、郑一省的《华侨与辛亥革命时期的广西边境武装起义》等文章，从广西视角缅怀孙中山先生的伟大功绩，展现百年来广大广西籍华侨华人为中华民族的进步和昌盛作出的巨大贡献。据中国知网统计，据中国知网统计报告：国内有清华、北大、中国科学院及香港中文大学、台湾辅仁大学等；国外有剑桥、牛津、斯坦福、澳大利亚国立大学、新加坡国立大学、日本国会图书馆等3218机构用户，分布18个国家与地区。

【基础教育研究】 中国期刊网、中国知网全文收录，中国期刊数据库、中国学术期刊数据库统计源期刊。广西教育学会主管、主办，社长朱家安，总编刘红。主要栏目有：教育论坛、德育纵横、治校方略、班主任之家、名师论教、教师教育、教研园地、教学新探、心理健康教育、幼教天地等。

年内，重要选题有：学习贯彻《国家中长期教育改革和发展规划纲要(2010~2020)》、义务教育的均衡发展、义务教育管理体制问题、学校文化建设、民族地区教育、高中新课程改革、教师专业化发展、教师绩效工资政策、学前教育的思考等。

年内出版 24 期，刊发文章 710 篇。其中被中国人民大学《复印报刊资料》全文转载 21 篇，索引收录 230 篇；被上海图书馆《全国报刊索引》收录 564 篇。

【高教论坛】《中国学术期刊(光盘版)》全文收录期刊、《中国学术期刊综合评价数据库》来源期刊和首届《CAJ-CD 规范》执行优秀期刊。年内再次被评为 RCCSE 中国核心学术期刊。广西高等教育学会主管、主办。主编曹方。具有国际标准刊号和全国统一刊号的高教研究之一，是西部 12 省、市、区唯一公开发行的高等教育研究期刊。从 2002 年第 5 期起与山西、甘肃、重庆、福建等省市的高等教育学会联办，2007 年第 6 期起与山东、山西、甘肃、重庆、福建等省市的高等教育学会联办。主要栏目有：院校长论坛、党建与思想政治教育、项目论文、教育教学改革、师资队伍建设、高校管理、研究生教育、职业与成人教育、招生与就业、研究与探索、国外高教评介等。至 2012 年底，累计出版 158 期(不含增刊)，刊发论文 6782 篇。

7 月 23~25 日，《高教论坛》2012 年度编辑工作会议在广西北海市召开。广西高等教育学会会长、广西教育厅原副厅长车芳仁研究员出席会议并讲话，参加会议的编辑有：曹方教授、广西教育厅原职改办主任李菁、广西教科所副所长蒋国平研究员、广西示范大学纪检处处长何茂勋教授、桂林中医学院王金明教授、桂林理工大学规划处副处长徐建平教授、广西师范学院教务处处长梁梅教授、广西中医药大学高等职业技术学院院长邓远美教授、广西广播电视大学科研处副处长时锦雯教授、广西师范大学文学院院长杨树喆教授、广西大学梁京章、钦州学院教务处教务科长黄孙庆和《高教论坛》编辑部吕建萍等 14 人。

年内出版 12 期，刊发论文 484 篇，共 3168 千字。

【市场论坛】 中国期刊网、中国学术期刊(光盘版)、中国核心期刊(遴选)数据库等收录期刊。广西发改委主管、广西发改委经济研究所和广西宏观经济学会主办。社长蒋升湧。刊物以研究市场理论，探索宏观管理，寻求市场规律，传播市场信息，把握市场脉搏，为发展改革、宏观管理、理论研究服务，为企业服务为宗旨的综合经济管理类期刊。主要栏目有：发展改革、区域经济、“三农”探索、企业发展、财务管理、项目管理、金融市场、产业市场、营销市场、旅游市场、文化教育市场等。

年内出版 12 期，刊发文章近 500 篇，约 300 千字。

【出版广角】 全国中文核心期刊，中国期刊方阵“双效”期刊，第二届国家期刊奖百种重点期刊，第六届新闻核心期刊，中国期刊全文数据库、龙源期刊网、万方数据等全文收录。广西新闻出版局主管，广西出版杂志社主办。社长邓锟。杂志以做“中国出版产业观察期刊”为宗旨，被业内同行誉为“中国出版第一刊”，被公认为内容办得好、形式办得活、观点颇具权威性的出版业品牌期刊。

1 月，第 1 期重新改版。主要栏目有：特稿、专题、新观察、实务、对话、观点、阅读和资讯 8 大版块。其中“新观察”栏目下辟广角视阈、推广之路、数字时代、专栏 4 个子栏目，汇集了韬奋基金会理事长聂震宁、北京大学新闻与出版学院博士生导师肖东发以及各出版社社长、业内名家的文章。“专题”栏目聚焦出版行业大事、要事、实事，深入调查研究，积极建言献策，做到了多维视角、前瞻观察。

年内，杂志着力打造“专题”特色栏目，聚焦出版热点，注重思考的深度与广度，更加凸显“中国出版产业观察期刊”。如第 2 期专题“经典 · 永恒”关注近年来的经典再版现象，梳理当前经典出版现状，对经典热读的背后进行冷思考，为探索出一条良性的经典出版发展之路提供了思考路径。第 3 期专题“减法的博弈”，从出版结构性过剩、图书低价倾销、网络快餐阅读泛滥等一系列出版连锁性问题出发，指出中国出版正身处某些“浮华的怪圈”，并通过业内专家的撰文提出建议，希冀对出版产业的健康发展贡献微薄之力。第 4 期专题“民营实体书店：救与自救”，通过分析民营实体书店的生存模式、扶持政策、应对策略等一系列问题，讨论了民营实体书店未来发展之路。第 7 期专题“数字版权的中国式困境”对层出不穷的网络著作权侵权事件进行的思考，探讨中国式版权保护如何在公平合法正义基础上建立合理的版权制度，造就一种“双赢”局面。第 8 期专题“按需出版：纸质出版生命力的延续”对按需出版这一种新的出版实践展开思考，通过客观梳理中国按需出版的发展轨迹，分析影响按需出版发展的一系列因素，探讨按需出版的市场前景及发展优势和瓶颈，以求建立起出版社、发行机构、按需印刷服务商和现代物流企业多方合作共赢的新型发展模式。

年内出版 12 期，刊发文章 485 篇，约 7760 千字。

【南方文坛】 全国中文核心期刊，CSSCI 来源期刊，中国期刊方阵“双效”期刊，广西唯一的当代文艺理论和批评期刊。连续三届被评为“广西十佳社科期刊”，获 2010~2011 年度广西期刊奖、“集体二等功”一次及第五、第六届全国少数民族文学研究“园丁奖”，第一、第二届广西装帧设计优秀期刊，主编出版的《无边的挑战》获第四届鲁迅文学奖。自治区文联主管、主办。社长黄德昌，主编张燕玲。刊物以“人文理想、前沿批评”

为办刊宗旨。主要栏目有:今日批评家、批评论坛、当代前沿、理论新见、现象解读、个人锋芒、诗坛万象、打捞历史、对话笔记、最新文本、本土研究、绿色批评、艺术时代、文坛评述等。

年内,继续以杂志品质扩大品牌影响力。在坚持正确的政治舆论和学术导向下,继续敏锐关注当下文艺、文化现象,倡导独立的专业立场和批评精神。首先,大力推介新锐青年批评家,推出6位"70后""今日批评家",特设专栏"80后学者三人谈",推入新一代作者队伍成长为当下文坛批评的主力军。其次,精心经营品牌栏目,如"当代前沿"、"批评论坛"、"个人锋芒"、"现象解读"等,精心设置讨论话题如"报告文学的现状"、"文学经典化"、"新论儿童文学"、"岭南文化"、"谢冕的意义"、"经典坐标与当下创作",内容切近前沿的文学现象的论争,引起业内关注。第三,以大版面强化广西文艺的推介力度,把广西话题化入各栏目之中,着力经营"本土研究"栏目,如"广西诗歌"、"广西儿童文学"、"广西文化影响力"、"林焕平"、"黄格胜"、"潘大林"、"独秀作家群"等专题,"今日批评家"推出广西女评论家刘铁群,广西师院教授李仰智等。

年内,继续以活动扩大品牌影响力。继续开展和积极参与具有全国影响的学术活动,不断扩大作为"中国文坛批评重镇"的影响力。主要活动有:6月,在北海召开年度选题策划会;7月,与《人民文学》、宁波大学联合主办"经典坐标与当下写作"学术研讨会;10月,进行了《南方文坛》2012年度优秀论文奖的评选活动;11月,在桂林与广西师范大学联合举办《南方文坛》2012年度优秀论文奖颁奖仪式、与中国现代文学馆及广西师大联合主办第三届"今日批评家"论坛,同时召开《背景——独秀女作家作品集》首发式暨研讨会;12月,协办"常剑钧剧作学术研讨会"等等。这一系列的活动,继续扩大和提升了《南方文坛》已有的学术声誉和影响力。

4月23日《人民日报》发表的《2011年中国文学发展状况》(俗称年度蓝皮书)中对《南方文坛》给予了高度肯定。2012年中国作家网开创中国文学评论频道,以《南方文坛》为依托,以"今日批评家"栏目命名。

年内出版6期,刊发文章221篇,共190千字。

【图书馆界】 中国学术期刊(光盘版)、中国期刊网、中国科技期刊数据库、万方数据—数字化期刊群、龙源期刊网收录期刊。广西图书馆学会和广西图书馆联合主办。馆长徐欣禄,主编陈大广。致力于图书馆界的理论探索、学术研讨和工作经验交流,坚持理论与实践相结合。主要栏目有:理论探索、科研项目和工作研讨等。

年内出版6期,刊发文章172篇,共1152千字。

【文史春秋】 中国期刊全文数据库全文收录期刊,中国学术期刊综合评价数据库统计源期刊。广西优秀社科期刊。自治区政协主管,自治区政协办公厅主办。社长、总编辑赵亚明。办刊宗旨为"存史、资政、团结、育人"。主要栏目有:人物春秋、内幕秘闻、警谍风云、党史博览、领袖剪影、名人写真、史海钩沉、历史揭秘、百家讲坛、军事春秋、将星闪烁、民国人物、海外春秋、见证历史、委员风采、地方档案、文史随笔等。

年内出版12期,刊发文章160多篇,约900千字。

【民族艺术】 全国中文核心期刊(是全国综合性艺术类3份期刊之一)、中文社会科学引文索引来源期刊、中国人文社会科学核心期刊、RCCSE中国权威学术期刊、中文社会科学引文索引来源期刊(CSSCI)。被国内外诸多权威机构收藏(北京大学、中国社会科学院、台湾汉学研究中心、美国哈佛大学等。广西民族文化艺术研究院主办、中国艺术人类学学会及广西非物质文化遗产研究中心联办。主编廖明君。办刊方向为跨民族、大艺术、多学科。开设有"传说中国"、"宗教·艺术"、"神话·图像"、"学术访谈"、"文化研究"、"艺术探索"、"艺术考古"、"艺术·设计"、"艺术·文化"等栏目。年内,为具有较强学术实力且在某一领域有体系性研究的学者开设"艺术名家"、"学界名家"等栏目。2012年11月入选国家社科基金学术期刊资助名单。

年内出版4期,刊发文章117篇,约1080千字。

【歌海】 中国核心期刊(遴选)数据库、万方数据——数字化期刊群、中国学术期刊(光盘版)、中国期刊网、中国学术期刊综合评价数据库、中文科技期刊数据库(全文版)来源期刊。主编廖明君。坚持学术性、艺术性、民族性相结合的办刊宗旨,以音乐研究为主要对象,尤其致力于民族民间音乐领域的挖掘、探索及研究,主要有"仪式·族群·区域音乐"、"民族民间音乐研究"、"音乐探索"、"文艺研究"、"艺术教育"、"歌海撷珠"、"学苑撷英"等栏目。年内,杂志社邀请中国少数民族音乐学会参与联办,聘请专家主持栏目;在"歌海撷珠"栏目继续推出一系列广西各市县原创歌曲专栏,选登87首原创歌曲。

年内出版6期,刊发文章191篇,1100千字左右。

【艺术探索】 全国中文核心期刊、国家级中文核心期刊(艺术类)、全国高校优秀社科期刊、全国高校社科期刊特色栏目(《艺术史与民族艺术》栏目)、全国民族地区学报名栏(《艺术史与民族艺术》栏目)、全国民族地区优秀学报(期刊)。中国学术期刊(光盘版)、中国核心期刊(遴选)数据库全文收录。广西艺术学院主管、主办。主编黄格胜，执行主编李桂生。主要栏目有：艺术史与民族艺术、艺术理论与批评、艺术教育与文化管理、设计学、音乐与舞蹈学、美术学、戏剧与影视学、探索美术馆等。

9月24~25日，编辑部派员参加由全国高等艺术院校美术学报学会主办，衡阳师范学院美术系承办在湖南衡阳召开的“学院基础教学与美术学报暨第十届全国艺术院校美术学报年会”。11月，全国高等学校文科学报研究会第七次会员代表大会在河南郑州举行，执行主编兼编辑部主任李桂生当选为全国高等学校文科学报研究会第七届常务理事，并成为该研究会中唯一来自艺术院校的常务理事。12月，在2012年广西高校学报专业委员会年会暨评优颁奖大会上获评为“广西高校优秀学报”。

年内出版6期，刊发文章224篇，约1120千字。发表艺术作品129幅。

2012年中国人民大学《复印报刊资料》全文转载广西社会科学期刊文章统计

期刊名称	转载总数	排名
基础教育研究	22	1
南方文坛	18	2
出版广角	13	3
学术论坛	10	4
广西民族大学学报：哲学社会科学版	8	5
广西教育	7	6
社会科学家	6	7
广西民族研究	5	8
广西师范大学学报：哲学社会科学版	4	9
广西财经学院学报	4	9
广西社会科学	3	10
改革与战略	3	10
民族艺术	3	10
经济与社会发展	3	10
广西大学学报：哲学社会科学版	2	11
桂海论丛	2	11
东南亚纵横	2	11
广西经济	1	12
河池学院学报：哲学社会科学版	1	12
南宁职业技术学院学报	1	12
小学教学参考	1	12
广西师范学院学报：哲学社会科学版	1	12
广西社会主义学院学报	1	12
广西经济管理干部学院学报	1	12

主要城市社科信息

【南宁市】 2012年末有市直属社科研究机构8个，即中共南宁市委党史研究室、中共南宁市委政策研究室、南宁市人民政府地方志编纂办公室、南宁市人民政府发展研究中心、南宁市经济信息中心、南宁市社会科学院、南宁市教育科学研究所、南宁市财政科研所；院校科研机构21个。科研人员732人（其中具有高级专业技术职务资格254人，中级297人）。社科学术团体27个，其中市社科联1个，高校社科联7个，市属学会、协会、研究会22个，会员总数2.6万人。

3月28日，自治区社科工作调研组一行5人在自治区社科联党组书记、主席王士威的率领下，到南宁市检查指导县级社科联建设工作，南宁市委、市人民政府专门组织召开座谈会，市政府副市长杨民，市委组织部、市委宣传部、市编办、市人社局、市社科联等部门领导参加座谈会。座谈会上，杨民就近年来南宁市社科联工作以及县级社科联建设工作开展情况做汇报，市委组织部、市委宣传部、市社科联、市编办、市人事局等部门主要领导表示，将大力支持南宁市县级社科联建设工作，积极配合，大力推进市县级社科联建设工作。4月2日，南宁市健康养生协会在南宁开展最新儿童自闭症康复知识专题讲座，100多位自闭症患者及家属参加，广西电视台等新闻媒体进行了采访报道。4月11日，南宁市社科联党组书记、主席谭耀山，副主席赵天宝一行7人到宾阳县思陇镇六岑村开展调研工作。调研组一行在思陇镇工作人员的陪同下，到六岑村开展扶贫调研工作。调研组在听取了六岑村委主任凌楚初的介绍后，深入村民家中了解情况，看望慰问贫困群众。5月26日，南宁青少年健康服务学会在南宁市图书馆开展“成长家园·知行天下—农民工子弟学校图书捐赠活动”，农民工子弟学校海飞学校、万兴学校收到价值15000元的学生读物和科普书籍。9月23日，全国省（区）、市社科联中国—东盟经济发展研讨会在南宁召开。来自全国各省（区）、市社科联及高校的100多位领导、专家、学者、研究生代表参加会议。南宁市委常委、市委宣传部部长、副市长吕洁，南宁市人大副主任袁曼虹，南宁市政协副主席崔建国出席会议。南宁市委常委、宣传部部长、副市长吕洁在会上讲话。11月7日，南宁市社科联《南宁市农村扶贫开发工作新模式研究》课题组在组长赵天宝的带领下到宾阳县开展调研工作。调研组在宾阳县政府会议室召开座谈会，县扶贫办、发改局、民政局、教育局、人社局、农业局、统计局、交通局等部门领导参加座谈会。会议由县委办主任周罗东主持。

年内，共开展学术活动40多场（次），出版著作30多部，发表学术论文170多篇，完成研究报告360多项。

【柳州市】 2012年末市直属社科研究机构5个，即中共柳州市委党史研究室、中共柳州市委政策研究室、柳州市地方志办公室、柳州市人民政府发展研究中心、柳州市教育科学研究所；科研人员285人（其中具有高级专业技术职务资格42人，中级150人）。有社科学术团体90个，其中市社科联1个，高校社科联2个，市属学会、协会、研究会87个，会员总数约2万人。

5月3日，柳州城市职业技术学院社会科学界联合会成立暨第一次代表大会召开，同时柳州城市职业学院社会科学普及基地也正式挂牌。柳州市社科联主席邹继业出席大会。大会选举产生以范莉莎为主席，唐明生、苏敏等为副主席的社科联领导班子。8月，柳州市社科联学会部组织社科界学术团体首次开展学会沙龙活动。活动就如何开展学会活动充分发挥学会作用，推动柳州文化大发展大繁荣，建设广西文化强市提出要求。各学会在沙龙上畅所欲言，介绍了他们工作中的亮点和做法，谈到学会发展中的机遇和问题。约30多名学会参加。年内，市柳宗元文化研究会举办清明祭祀柳宗元活动；市心理咨询协会开展心理知识方面的公益讲座并免费进行心理咨询、普及心理健康知识；市硬笔书法家协会举办“首届中国·广西大书法系列活动”；市自新帮教协会为城中区司法局提供矫正方案以及心理咨询等服务；市美食联盟协会开展柳州菜品尝会、市龙文化研究会举办龙文化艺术节、市楹联学会承办“万聚杯”“龙城龙年征龙联”文化征评联；市语言文学学会开展“企业行”采访等活动。年内，成立柳州文化交流促进会。

【桂林市】 2012年有市直社科研究机构4个，即中共桂林市委政策研究室、中共桂林市委党史研究室、桂林市人民政府发展研究中心、桂林地方志编纂委员会办公室。院校社科研究机构18个，科研人员622人（其中具有高级专业技术职务资格215人，中级2240人）。享受国务院津贴的专家3人。社科学术团体83个，其中市社科联1个，高校社科联7个，县级社科联17个，市属学会、协会、研究会58个，会员单位总数62个。

年内，各科研机构、学术团体及有关单位召开各种形式的研讨会、座谈会、报告会以及举办各种讲座和培训班212场（次），2万多人参加。完成研究课题60多项，发表论文290多篇。

见桂林市社会科学界联合会。

【梧州市】 2012年末有市直属社科研究机构3个，即中共梧州市委党史研究室、中共梧州市委政策研究室、梧州市地方志办公室。院校科研机构1个，科研人员550人（其中具有高级专业技术职务资格113人，中级170人）。社科学术团体30个。其中，市社科联1个，高校社科联1个，市属学会、协会、研究会30个，会员总数5000多人。县级社科联4个。

3月16日，梧州市委宣传部、市社科联召开“宋代梧州元丰监保护与开发利用”座谈会，邀请自治区考古调查专家组座谈梧州元丰监遗址的保护与开发利用。市政协副主席陈澄波参加座谈会。自治区考古调查专家组对梧州元丰监遗址的保护与开发利用价值给予肯定，并建议充分合理利用遗址四周良好的地理环境，从钱币文化的角度，在遗址规划建设钱币主题公园、钱币博物馆、古玩城等一系列集文物保护和旅游开发于一体的项目，以实现文物保护与开发利用的双赢，促进文化产业和旅游业的发展。3月23日，梧州市邀请国家发改委产业协调司副司长夏农，为全市领导干部作“推动服务业大发展，促进产业结构优化升级”专题讲座。市委副书记全桂寿主持讲座。讲座上，夏农阐述了服务业有关概念、统计范围和主要分类，世界服务业发展趋势和主要特点等，提出要对经济结构进行战略性调整，就必须加快发展服务业，扩大总量、优化结构，拓宽服务领域，提高服务水平。4月15日，由中国医药工业科研开发促进会、中国医师协会心脑血管内科医师分会、中华预防医学会卒中预防和控制专业委员会共同主办，由中恒集团梧州制药（集团）公司承办的2012年全国心脑血管疾病高级论坛在梧州举行。该医疗领域的国内权威专家在论坛上作主题演讲，并主持学术研究、临床医疗技术和经验交流。北京天坛医院副院长王拥军和北京大学第一医院心内科及心脏中心主任、中华医学会心血管病学分会候任主任委员霍勇，梧州市副市长彭健铭，中恒集团董事长许淑清等领导和嘉宾出席论坛并讲话。来自全国各地的权威心脑血管疾病专家和主任级医师200多人参加论坛。10月17日，梧州市委副书记全桂寿，梧州学院党委副书记、纪委书记陈爱民分别向自治区督查组汇报贯彻落实中央、自治区两个3号文件精神情况，以及该市推进哲学社会科学工作发展的相关情况。10月17日，市检察院举行纪检监察业务培训，参训人员围绕检察机关党风廉政建设存在的薄弱环节进行座谈研讨，并就如何创新监督形式、加强内部监督和执法办案监督进行讨论。10月19日，梧州市2012年“十月科普大行动”暨“我爱西江母亲河”科普大篷车梧州西江沿江行启动仪式在藤县举行。市委副书记全桂寿出席仪式，并宣布科普活动正式启动。11月2日，来自全国各地珠宝玉石首饰行业的客商、专家学者们在第九届梧州国际宝石节人工宝石产业发展研讨会上把脉梧州宝石业，并根据2012年“加快产业基地发展、促进宝石产业升级”的会议主题，围绕如何进一步把梧州打造成为中国的宝石饰品制造基地、促进梧州人工宝石行业升级换代及上下游产业链的整体发展等献计献策。同日举行的第五届西江经济发展论坛之共建西江生态城镇群高峰论坛上，来自全国各地的多名知名专家、学者以“打造魅力西江，共建沿江生态城镇群”为

6月23日，梧州市第二届金沙玉石文化研讨会在梧州召开。

（梧州市社科联供稿）

主题作演讲，共同探讨西江流域城市和梧州的生态城镇群发展大计。11月7日，由2012年中国茶叶学会年会暨六堡茶博览交易会组委会主办的主题为“倡导健康饮品，振兴历史名茶”的六堡茶产业发展高峰论坛在梧州举行，来自全国各地的资深茶界专家学者品茶论茶，共同为六堡茶产业的发展把脉支招。中国工程院院士陈宗懋，安徽省政协副主席、安徽农业大学副校长、中国茶叶学会副理事长夏涛，中国茶叶学会理事长、中国农科院茶叶研究所副所长江用文等专家学者出席论坛。梧州市领导吴浩岭、李桂珍、彭健铭、陈澄波参加论坛。副市长彭健铭主持论坛。12月4日，自治区党的十八大精神宣讲团在梧州市召开党的十八大精神宣讲报告会。自治区宣讲团成员、自治区政府参事、自治区新闻出版局党组副书记、副局长黄健为梧州市广大党员干部群众作了题为“实现中华民族的伟大复兴”的宣讲报告，报告会以电视会议的形式召开。12月5日，广西检察机关检察委员会规范化建设理论研究暨经验交流会在梧州召开，研究和交流新形势下检察机关如何加强检委会规范化建设。12月19日，由梧州市委宣传部主办的2012年梧州市学习党的十八大精神理论骨干研讨班在市委党校开班。本次研讨班通过组织各地各单位理论工作者学习研讨党的十八大精神，帮助其掌握领会十八大精神实质，推动梧州市学习宣传贯彻党的十八大精神工作的开展。来自各县（市）区党委宣传部、市直各部门以及中直、区直驻梧各单位的理论和宣传工作者近150人参加培训。12月25日，由市科协、市水产畜牧兽医局联合举办2012年现代水产畜牧业发展论坛，来自梧州、玉林、贵港的农业专家、企业代表围绕“打造西江经济带特色农业，推进现代水产畜牧业发展”的主题，分析水产畜牧业发展形势，为该市提出借助科技发展，加强人才培养和开展学术研究，不断调整产业结构，完善和创新体系，提升产业发展竞争力等建议。市政协副主席陈澄波参加论坛。12月26日，梧州市气象局举行了梧州·全国气象科普教育基地挂牌仪式。该基地将充分利用梧州市的气象设备资源，开展科普教育，提高人们认识、了解、利用自然的能力，增强公众防灾减灾意识。

年内，各科研机构、学术团体及有关单位开展学术活动和科普活动10多次，3000多人（次）参加。发表论文20多篇。

【北海市】 2012年末有市直属社科研究机构6个，即中共北海市委政策研究室、中共北海市委党史研究室、北海市地方志办公室、北海市人民政府经济研究中心、北海市社会科学院、广西北部湾（北海）发展研究院。有团体会员（市直学会、协会、研究会）26个。

年内，各科研机构和学术团体举办理论研讨会26次，2800人（次）参加；举办社科知识宣传普及活动20次，参加人数2.5万人（次）；组织学术交流活动23次，参加人数1800人（次）；完成学术课题40项，出版著作5部。

见北海市社会科学界联合会。

【防城港市】 2012年末有市直属社科研究机构4个，即中共防域港市委政策研究室、中共防城港市委党史研究室、防城港市地方志办公室、防城港市人民政府经济发展中心。科研人员120人（其中具有高级专业技术职务资格28人，中级45人）。社科学术团体28个，其中市社科联1个，市属学会、协会、研究会24个，会员总数2500人。

4月6日，防城港市检察官协会召开全市检察调研工作会议，市检察院金明华检察长在会上作动员讲话，李庆章秘书长传达了广西检察理论研究会精神，通报近年调研工作情况，并对2012年检察理论研究作工作安排。市社科联主席蒋开科参加会议，并就协会工作作指导。会议还邀请广西民族大学李立景教授作检察学及其研究方法的讲学。6月12日，防城港市委书记刘正东主持召开五届16次市委常委会。会议通过了市委宣传部《关于请求确定“防城港精神”表述语的请示》，确定“敬海敬山敬人，开放开明开拓”为“防城港精神”的最终表述语。根据网络投票、单位组织投票等票选结果和广大市民的意愿，比照“防城港精神”备选表述语的深刻含义，结合研究论证，会议一致同意将“敬海敬山敬人，开放开明开拓”作为“防城港精神”的最终表述语。会议要求通过网络、报纸、电视等媒体以及标语、户外广告等形式向社会公布“防城港精神”，并围绕“防城港精神”进行宣传研究。11月18日，防城港市海外联谊会主持召开陈济棠学术研讨会。陈济棠先生侄孙、香港宝声集团董事长陈耀璋，华南农业大学教授陈佩琳等陈济棠家族后人，中山大学教授、博士生导师司徒尚纪、周兴樑，华中师范大学教授、博士生导师严昌洪，华南师范大学严昌洪，广西大学原党委书记、教授阳国亮，广西社会科学院院长吕余生，以及来自暨南大学、广西大学、云南大学、广西区党校、广东社会科学院、孙中山大元帅府纪念馆、陈氏文化研究会等20多所高校和科研机构的100多位专家、学者、嘉宾参加会议。防城港市委常委、统战部部长胡晶波出席会议并致辞。与会发言嘉宾围绕“治粤八年，确有建树”的主题，对陈济棠先生在治粤期间，特别是20世纪30年代，通过办实业、兴教育等系列措施，对两广地区的经济、教育、民生方面产生的影响进行了深入的探讨和交流。11月19日，北部湾经济合作组织第七次成员

9月24日，教育消费维权科普活动在防城港举行。（防城港市社科联供稿）

大会暨第十届广播电视网络交流与合作会议在该市召开，大会的主题为“携手合作，开拓东盟市场”。防城港市长莫恭明在会上致欢迎辞，副市长陈可猛在会上发言。大会总结2010~2012年北部湾经济合作组织工作情况与经费预算执行情况。湛江市、北海市、海口市、钦州市、茂名市、防城港市领导就共同探讨如何携手合作，开拓东盟市场，为北部湾各城市的合作与发展献计献策作了主题发言。大会还研究讨论并授匾同意广东省廉江市加入北部湾经济合作组织，并宣布了第八次成员大会举办城市、第四届北部湾城市形象大使大赛举办城市分别为钦州市和广东省徐闻县。会上，防城港市与5家成员城市（地级）市政府签署友好合作备忘录。11月20日，2012’中国·金滩沿边开发开放合作论坛在金滩开幕，来自中越两国多个权威研究机构的专家和学者就如何推进中国沿边开发开放试验区建设和跨境经济合作区建设进行深入研讨。在论坛上，来自中越两国权威研究机构的37位嘉宾分别围绕“跨境经济合作区、互利合作新平台”、“建设跨境经济合作区，创新合作模式示范区”和“加快推进中国东兴—越南芒街跨境经济合作区建设之策”等议题进行讨论交流，达成了一系列重要共识。专家学者认为，加快推进中国东兴—越南芒街跨境经济合作区建设是东兴国家重点开发开放试验区的重要组成部分，要着力在投资贸易、财税制度、金融服务、出入境、土地管理以及管理模式等方面先行先试，着力在跨境经济合作区范围内实现贸易便利化和投资自由化，在试验区局部形成突破和示范效应，为探索中国沿边地区开发开放合作新路子提供宝贵经验。12月7日，防城港市学习贯彻党的十八大精神宣讲骨干培训班开班。各县（市、区）委宣传部副部长及市宣讲团成员参加培训。市委常委、宣传部部长、副市长侯线红出席培训班并作讲话。12月19日，为贯彻落实《中共中央关于进一步繁荣发展哲学社会科学的意见》等文件精神，加强对哲学社会科学发展规划工作的领导，防城港市委决定成立防城港市哲学社会科学规划领导小组。领导小组由市委副书记刘俊任组长，市委常委、宣传部部长、副市长侯线红任副组长。领导小组办公室设在市委宣传部，办公室主任由市委宣传部副部长陈伟东担任，办公室常务副主任由市社科联主席林世勇担任。

年内，各科研机构、学术团体及有关单位开展学术活动和科普活动37次，3000多人（次）参加。发表论文40篇。

【钦州市】 2012年末市直属社科研究机构4个，即中共钦州市委政策研究室、中共钦州市委党史研究室、钦州市人民政府经济研究中心和钦州市地方志办公室。社科学术团体32个，其中市社科联1个，高校社科联1个，市属学会、协会和研究会26个，会员总数3000多人。县级社科联4个。

2012年，钦州市社科联在全市范围内认真抓好社科工作。一是深入指导县级社科联建设，县（区）社科建设工作已走上正轨。市与县（区）社科联共新建4个社会科学普及基地并一起开展“社会科学进基层”活动。二是搞好学术研讨、学术交流工作。市社科联与市人口计生委等部门联合举办第二届钦州湾人口发展论坛征文活动，与市政法委等部门联合举办“加强和创新社会管理，携手共创平安和谐家园”征文活动，将获奖论文汇编成集。三是社科优秀成果转化应用。年内，编印《钦州市首届社会科学成果汇编(2009~2010年)》。公开出版《2011年钦州市财政重点课题调研文集》。出版《中共钦州党史年编》(2011年卷)，分设大事要事、重要会议典藏等10个编目，80万字，出版内部刊物《钦州市抗战时期人口伤亡和财产损失》、《中国共产党钦州市历届代表大会简介》。出版附有插图的党史内刊《钦州大事速览》12期，每月1期。钦州市委党史研究室编写的党史普及读本《钦州革命小故事》获“全国党史部门党史优秀成果奖”著作类三等奖。钦州市地方志办公室加快推进第二轮志书编修、年鉴编纂、古籍整理、地情书籍出版等工作，充实钦州地情网。

年内，各科研机构、学术团体及有关单位开展学术活动和科普活动13次，10000多人（次）参加。发表论文1篇。

【贵港市】 2012年末有市直属社科研究机构3个，即中共贵港市委党史研究室、中共贵港市委政策研究室、贵港市地方志办公室。社科学术团体 32 个,其中市社科联 1 个,市属学会、协会、研究会、研究中心 31 个,会员总数 2071 人。县级社科联 1 个。

2012 年,市委批准成立贵港市社科联,确定社科联组织为正处级群团组织。年内,全市举办"前沿知识讲座"、中心组学习讨论会、学习报告会等 4945 场(次)。围绕贯彻落实党的十八大精神、广西精神、"三年目标任务行动计划"等重大主题,开展理论征文和研讨活动,全市县处级以上领导干部撰写工作研究论文和调研报告 560 多篇,其中在自治区党委宣传部出版的《解放思想实干强桂》和《引导力与软实力》两部书中被收录 5 篇。由市委宣传部编印的《向实践学习——贵港市领导干部推进学习型党组织建设暨党委(党组)中心优秀调研和理论文章文集》一书中收集县处级以上领导干部体会文章 48 篇。组织市委党校骨干教师组成宣讲团及发动 1000 多名新农村指导员到基层宣讲党的十七届五中、六中全会精神、胡锦涛总书记"七一"重要讲话精神,共宣讲 1000 多场(次),10 多万人(次)受听。党的十八大后,组建市本级和县市区一级共 6 个学习贯彻党的十八大精神宣讲团,分赴县市区、乡镇、村屯、企业、学校等宣讲,全市开展巡回宣讲、演出 300 多场(次),受众 3 万多人(次)。9 月 4~6 日,举办全市宣传干部培训班,市委宣传部全体干部,市直宣传思想文化系统单位领导和部分科级干部,县市区宣传部分管副部长和部分股长,各乡镇党委宣传委员以及各县市区、市直各单位新闻发言人共 200 人参加培训班。培训的内容主要有:舆情信息与调研报告撰写、突发公共事件新闻报道应急办法、网络舆情监控、弘扬和践行广西精神、中国宏观经济运行面临的机遇与挑战、深化拓展学习型党组织建设工作等。培训班邀请市委常委、宣传部部长、副市长黄志光,自治区党委宣传部网络宣传管理处处长刘伯贤,自治区外宣办处长韦文帝,自治区党委宣传部调研室主任陈柳青,清华大学高级研究员韩秀云等领导和专家学者作辅导报告。

年内,组织编印《党员干部理论学习·2012》、《党的十八大精神宣讲提纲》、《向实践学习》等学习辅导材料 4 部。各学会、协会、研究会、研究中心开展学术活动和科普活动 86 次,参加人数 17200 多人。科研人员参加全国性学术会议 20 人次,在各级刊物发表论文 92 篇,完成研究课题 12 项。

【玉林市】 2012 年末有市直属社科研究机构 4 个,即中共玉林市委政策研究室、玉林市委党史办公室、玉林市政府经济发展研究中心、玉林市地方志办公室。社科学术团体 54 个,其中市社科联 1 个,高校社科联 1 个,市属学会、协会、研究会 52 个,会员总数约 8000 人。县级社科联 5 个。

年内,开展理论宣传活动、"学理论,重调研"活动。做好第九届中国(玉林)中小企业发展论坛工作。做好玉林精神表述语征集提炼,四届市委常委会第 42 次会议上确定"敢为先、善创业、重务实、尚包容"为玉林精神表述语。组织开展学习宣传党的十八大精神系列活动。各级党委(党组)中心组开展党的十八大精神专题学习,市四家班子党员领导干部到基层开展党的十八大精神宣讲活动,在全市开展"万名干部进千村"宣讲党的十八大精神活动,成立学习贯彻党的十八大精神宣讲团深入县市区、单位宣讲。举办学习宣传党的十八大精神理论骨干培训班,开展论文征集活动,筹备举办学习贯彻党的十八大精神理论研讨会。围绕学习贯彻党的十七届六中全会精神和自治区第十次党代会、市第四次党代会精神,围绕统筹城乡发展、创建"六个示范"、开展"三个年"活动等中心工作和第四届药博会、第二届陶博会、广西第二届农交会、第九届玉博会等重大活动。开展"走基层、转作风、改文风"活动,收集优秀新闻作品编印《"走转改"民情日记》。开展广西精神宣传,举办广西精神主题演讲比赛、征文比赛和宣讲活动。建立网络舆情监控系统平台,监控舆情动态,疏导网上舆论。制定实施《关于创建特色岭南文化示范市的实施意见(2012~2020 年)》,加快市文化艺术中心建设,抓好村级公共服务中心、农家书屋、"村村通"广播电视工程建设,实施"百家博物馆"建设工程。推进公共文化机构免费开放,实施"文化惠民工程",开展广场文化活动、文化下乡活动,不断完善公共文化服务体系。加快文化产业发展,初步建立市文化产业项目库,启动评选第二批"玉林市文化产业示范基地",推荐文化企业参加自治区级文化产业示范基地评选。选送优秀作品参加广西第十六届"八桂群星奖"比赛、广西首届基层群众文艺会演。印发《中共玉林市委党史办公室 2011~2015 年工作规划》(玉办发〔2012〕31 号)和《玉林市委党史办公室 2012 年工作要点》(玉史发〔2012〕1 号),确立了当前和今后一个时期玉林市党史工作的行动纲领,为加强新时期的党史工作指明了方向。2 月 24 日召开全市党史办公室主任会议,七县(市)区党史办公室主任和业务干部参加了会议。会议传达全国、自治区党史研究室主任会议精神;总结 2011 年全市党史工作、部署 2012 年全市党史工作任务。全年完成《中国共产党玉林历史》(第二卷)》初稿的编写工作。编写《玉林市党史大事记》季刊 4 期,完成《玉林历届党代会》(暂名)一书编纂工作。组织全市党史骨干参加广西区党史研究室举办的"党史文化论坛"征文活动,共撰写提交论文 4 篇。举办"学党章、知党史、强党性"为主题的"七·一"党的知识竞赛活动,竞赛内容包括《中国共产党历史》、《中国共产党玉林历史》等及国情、区情、市情等，全市中直、区直、市直机关单位3000多党员干部参加。在第三次全国文物普查中，该市合计调查并登记录入不可移动文物966处(其中新发现560处，复查406处)，登记消失文物点179处。全市公布县级文物保护单位39处。组织市群艺馆、市博物馆、市图书馆分别在市文化广场、青年广场举办广场文化遗产宣传活动、非物质文化遗产保护宣传文艺晚会，共发放宣传资料3000多份，服务咨询人次500多人。对玉林市经济社会发展的实际情况和存在的焦点、热点、难点问题进行了深入调查研究。重点调研、起草《玉林市"十二五"循环经济规划》、《玉林市"十二五"现代服务业发展规划》、《玉林市"十二五"战略性新兴产业规划》、《海峡两岸(广西玉林)农业合作试验区条例实施意见》、《玉林市"十二五"突发事件应急体系规划》等市政府重点课题任务。其中，《玉林市"十二五"循环经济规划》、《玉林市"十二五"现代服务业发展规划》通过专家评审，形成《玉林市加快产业结构调整研究》、《玉林市关于策划"创业培训大行动"推进"全民创业年"的建议》、《玉林市关于加快谋划我市新型装备制造业发展的建议》等研究报告，完成《玉林市战略性新兴产业"十二五"发展规划编制构想和纪实》、《关于策划"创业培训大行动"推进"全民创业年"的建议》、《玉林市中小企业发展之产业战略思考》、《关于加快我市农村土地流转的建议》、《十八大后宏观经济政策走向预测》等8期《领导决策参考》。

年内，编辑出版《玉林年鉴·2011》；《容县年鉴》2010、2011年卷出版发行，2012年卷完成编辑工作；《博白年鉴·2004~2008》出版，《博白年鉴·2012》完成资料编辑工作；《陆川年鉴·2011》出版发行，《陆川年鉴·2012》完成50%的资料收集工作；《兴业年鉴·2010~2011》定稿付印；《北流年鉴·2010~2011》报审通过，《北流年鉴·2012》基本完成资料收集工作；《玉州年鉴·2008~2010》完成组稿、《玉州年鉴·2012》定稿付印。

【百色市】 2012年末有市直属社科研究机构3个，即中共百色市委党史研究办公室(同时挂百色市地方志编撰委员会办公室)、中共百色市委政策研究室、百色市人民政府发展研究中心。科研人员总数153人(其中具有高级专业技术职务资格的31人，中级78人)。社科学术团体40个，其中市社科联1个，高校社科联1个，县级社科联12个，市属学会、协会、研究会24个，会员总数约1.1万人。

学术活动 3月8日，国家统计局在百色市举行"全国城市社会经济基本情况统计年报会议"，200多人参加。国家统计局城市司副司长刘建伟、自治区统计局副局长黄卫东出席会议。副市长罗试坚在会上致辞。黄卫东、罗试坚分别介绍了广西和百色市的基本情况。3月22日，自治区纪委、自治区卫生厅在百色市举行"广西医德医风建设经验交流会"，150多人参加。自治区纪委副书记、监察厅厅长、自治区预防腐败局局长、自治区纠风办主任何开长，自治区卫生厅党组书记、厅长李国坚，市委书记、市人大常委会主任赖德荣，市委常委、纪委书记张俊雄，副市长赵桂兰等出席会议。3月28日，广西壮学会、市委、市政府在百色市田阳县举行"布洛陀文化学术研讨会"，100多人参加。市委常委、宣传部部长、副市长范力出席会议并讲话。广西壮学会副会长、研究员廖明君主持会议。自治区原副主席、广西壮学会名誉会长张声震，贵州省政协原副主席、贵州省布依学会会长王思明，中央民族大学原副校长、教授、博士生导师梁庭望，云南省文山州原州长、云南省壮学会副会长卢昌泰，广西社会科学院原副院长黄铮，广西政协常委、科教文卫体委员会副主任吴学斌，广西壮学会会长、广西民族问题研究中心主任覃彩銮等以及来自泰国、越南、北京、云南、贵州、海南、广西等地的领导、专家和学者出席。4月26日，市政府在百色市举办"百色玉林两市林下养鸡产业协作发展会议"，100多人参加。自治区水产畜牧兽医局巡视员、副局长粟永华，市长谢泽宇、市委副书记张虹、市人大常委会副主任杨明刚、副市长罗试坚、市政协副主席曹东方，玉林市副市长禤甲军出席会议。5月30日，市纪委、监察局在百色市举行"'幸福安康暖民心'政风行风建设展示与恳谈活动"，50多人参加。市委常委、纪委书记张俊雄，副市长赵桂兰出席活动。6月23日，靖西县委、县政府在靖西举办"中草药产业发展规划专家咨询会"，80多人参加。副市长赵桂兰，国家中医药管理局、中国中医科学院等单位的专家出席会议。6月26日，德保县委、县政府在百色市德保县举办"首届中国矮马产业发展大会暨马(驴)种质资源保护与利用培训会"，100多人参加。全国畜牧总站副站长郑友民，中国马业协会副理事长、中国农业大学教授韩国才，自治区畜牧总站站长陈家贵等出席会议。7月6日，市委、市政府在百色市举办"《关于加快促农增收的实施意见》评审会"，60多人参加。自治区扶贫办副主任黄本和，自治区统计局副巡视员唐旭，自治区水产畜牧兽医局高级兽医师伍美炎，自治区林业厅营林处处长陆志星，自治区财政厅农业处调研员吴晓青，广西农科院蔬菜研究所博士、副研究员周生茂，广西大学农学院副院长、教授、广西芒果创新团队首席专家欧世金，市委书记、市人大常委会主任赖德荣，市长谢泽宇，市人大常委会副主任杨明刚出席专家评审会。副市长罗试坚主持评审

会。7月11~14日，中国民族语文翻译局在百色市举行“壮语翻译专家工作会议”，30多人参加。中国民族语文翻译局党委书记、局长李建辉，自治区民语委党组成员、副主任杨启标，市人大常委会副主任杨明刚出席会议开幕式。7月19日，市社科联在百色市举行“百色市壮学研究工作座谈会”，10多人参加。原广西政协百色地区工委副主任黄健衡出席会议并就百色壮学研究工作作具体指导。7月29~31日，市人民政府、中央民族大学壮侗学研究所在百色市田东县举办“第二届中国百越古道文化论坛”，60多人参加，中央民族大学原副校长、教授梁庭望，北京大学教授陈保亚，中央民族大学壮侗学研究所负责人、博士生导师、教授李锦芳等国内著名专家学者出席并发表演讲，百色市人大常委会副主任潘其弟出席并讲话。8月8日，市行动学习活动领导小组在百色举办“百色市行动学习课题比选会”，30多人参加。《百色市旅游扶贫结合试点项目》、《新形势下百色市航空事业发展思路与对策研究》、《关于对百色市市区夜市烧烤、流动摊点进行规范设置的建议》等5个课题入选。9月24日，广州市委、百色市委联合在广州市举办“广州百色新一轮扶贫协作座谈会”，80多人参加。广东省委常委、广州市委书记万庆良，广州市市长陈建华，广州市人大常委会主任张桂芳，广州市政协主席苏志佳，广州市委常委、秘书长陈国，广州市委常委、副市长张骥，广州市政协副主席、广州市民政局局长孙峰；百色市委书记、市人大常委会主任赖德荣，百色市市长谢泽宇，自治区人民政府驻广州办事处主任徐励明，百色市人大常委会副主任、党组副书记黄志伟，市委副书记张虹，市委常委、秘书长黄建宁，副市长罗试坚，市政协副主席曹东方等两市领导出席会议。10月18日，百色市委在百色市举行“百色市贯彻落实中央、自治区两个3号文件情况汇报会”，20多人参加。以广西社科院党组成员、纪检组长黄信章为组长，自治区社科联外联部主任马文、广西社科院科研处副处长蒋斌为组员的自治区第六督查组全体成员出席会议，市委常委、宣传部部长、副市长范力出席并代表市委市政府汇报工作。10月18~21日，自治区地震局在百色市举办“2013年度广西及其邻近地区地震趋势会商会议”，80多人参加。自治区地震局巡视员龙安明、监测预报处副处长吴小龙、监测台网中心主任、研究员姚宏，以及来自自治区地震局各直属台站和广西14个设区市地震局、重点设防县地震局代表出席会议。11月1日，市委、市政府在百色市举行“庆祝撤地设市十周年座谈会”，200多人参加。广西军区副司令员张桃祥，市委书记、市人大常委会主任赖德荣在座谈会上讲话。市委副书记、市长谢泽宇主持座谈会。自治区人大常委会原副主任张慕洁、韦家能、陈光明，广西军区原副政委黄深根，周炳群、黄志伟、张虹、李政、张俊雄、韦瑞灵、范力、欧波、周武红、黄建宁、李祚标等市四家班子领导以及部分曾经在百色工作的领导和在外工作的百色籍的领导等领导出席座谈会。11月11日，市委、市政府在百色市举办“中国百色市—越南司局级党政干部座谈会”，50多人参加。越南奠边省委常委、省委宣传部部长阮元章等32人组成的考察团，中联部副局级参赞蔡国英，副市长赵桂兰出席。11月13日，市委老干部局、市老龄委在百色市联合举办“百色市直离退休老干部学习党的十八大精神座谈会”，30多人参加。市人大常委会原主任黄远征，原自治区人大百色工委副主任韩行鹏等出席。11月14日，市直属机关工委在百色市举行“百色市直领导干部学习党的十八大精神体会座谈会“，200多人参加。12月11日，市委、市政府在百色市举办“广州·百色经贸合作交流会”，100多人参加。广州市政协党组书记、主席苏志佳，广州市政协原主席、中国扶贫基金会副会长陈开枝，广州市政协党组副书记、副主席平欣光，广州市政协秘书长何继青，广州市政协经济委员会主任、广州市政协常委陈斯达等广州市政协经贸考察团全体成员；市委书记、市人大常委会主任赖德荣，市人大常委会副主任、党组副书记黄志伟，市委副书记张虹，市委常委、宣传部部长、副市长范力，市政协副主席李廷荣、黄宗道、黄建平等出席会议。张虹主持会议。12月11日，西林县委在西林县举办“滇黔桂三省区五县交流学习宣传党的十八大精神经验交流会”，100多人参加。11月19日，市委、市政府在百色市举

7月29日，第二届中国百越古道文化论坛在百色举行。

（百色市社科联供稿）

行"百色市传达学习党的十八大精神大会",各会场共2000人参加。党的十八大代表、市委书记、市人大常委会主任赖德荣在大会上作讲话。市委副书记、市长谢泽宇主持大会。黄志伟、张俊雄、韦瑞灵、欧波、周武红、黄建宁、李祚标等市四家班子领导出席会议,市"两院"主要领导,市长助理,军分区、右江民族医学院、百色学院领导班子成员,市直离退休副厅级以上干部,市人大、政府、政协秘书长,市四家班子副秘书长、办公室副职以上干部,市人大、政协各专工委副职领导,市直(含区直、中直)各单位副处以上领导,驻百色重点企业负责人,驻百色武警部队主官在主会场参加会议。12月3日,市委在百色市举办"百色市领导干部学习贯彻党的十八大精神培训班"。中央政策研究室国际局巡视员于培伟主讲。市委书记、市人大常委会主任赖德荣作开班动员讲话。开班仪式由市委副书记、市长谢泽宇主持。培训班以视频形式举办,主会场设在百色人民会堂,各县设分会场。培训班为期2天,采取专题辅导、分组学习、交流发言等形式进行,周炳群、黄志伟、张俊雄、韦瑞灵、范力、欧波、周武红、黄建宁、李祚标、潘其弟、姚美兰、阙建林、李建文、莫泰意、罗试坚、赵桂兰、陶荣铅、李廷荣、曹东方、韦启良、黄运志、黄宗道、黄建平、蔡文姬等市四家班子领导和市"两院"主要领导,市长助理,市人大、市政府、市政协秘书长,市四家班子副秘书长、办公室副主任,市人大、市政协各专工委领导,各县区党委、政府主要领导,市直各单位副处级以上干部,市直重点企业副处级以上干部,驻市、驻县市直单位和企业负责人共1000多人在主会场参加培训。12月13日,市委统战部在百色市举办"百色市统战工作专题研讨班",100多人参加。自治区党校王介明教授为学员们作学习宣传贯彻党的十八大精神专题辅导报告。市委常委、统战部部长李祚标出席开班仪式并讲话。12月11日,共青团广西区委在百色市举办"广西学校团干部到县级团委挂职工作(百色)片区交流会",40多人参加。12月22日,西林县委、县政府在西林县举办"岑氏'一门三总督'学术研讨会",70多人参加。中央民族大学、中国社会科学院、中国管理科学研究院、山西大学、中山大学、浙江大学、暨南大学、四川大学、贵州大学、广西历史学会、广西师范大学、广西民族大学、广西社科院、广西民族研究中心等著名科研院校有关领导、专家学出席。会议共收到论文40多篇。12月25日,市委统战部在百色市举办"百色市建设民族团结进步模范区座谈会",60多人参加。市委常委、统战部部长李祚标出席会议并讲话。12月27日,百色市政协在百色举办"百色市政协理论研究会成立大会暨第一次百色人民政协理论与实践研讨会",100多人参加。自治区政协研究室主任彭燕萍到会指导,市政协主席周炳群,副主席李廷荣、韦启良、黄运志、吴俊军、黄宗道、黄建平、蔡文姬,秘书长杨明福出席会议。会议表彰一批政协理论与实践研究优秀论文。

科普活动 1月5日,市委、市政府在百色市举办"绩效管理与执行力"专题讲座,各分会场1000多人参加。自治区绩效考评领导小组办公室主任农生文主讲。市委常委、纪委书记张俊雄,市政协副主席黄宗道、蔡文姬等出席主会场报告会。2月8日,市人民医院在百色市举行"医院危机管理专题讲座",200多人参加。广西医科大学副校长、第一临床医学院、第一附属医院院长赵劲民主讲。2月23日,自治区妇联在百色市举行"自治区妇联'下基层 访妇情 大宣讲'活动专题讲座",200多人参加。自治区妇联副巡视员、妇儿工委办公室主任班乐英主讲。2月28日,市委、市政府在百色市举行"弘扬广西精神、传承百色起义精神"活动启动暨万人签名仪式,2000多人参加。市委书记、市人大常委会主任赖德荣,市委副书记、市长谢泽宇,周炳群、黄志伟、欧波、周武红、黄建宁、姚美兰、阙建林、杨明刚、罗试坚、李廷荣、曹东方、吴俊军、黄宗道、黄建平等市四家班子领导,市中级人民法院院长黄坚、市人民检察院检察长文秋德,百色军分区领导,右江民族医学院、百色学院的领导在百色主会场出席启动仪式。市委常委、宣传部部长、副市长范力在百色主会场主持启动仪式。3月2日,市妇联在百色市举行"关爱女性健康知识讲座",450多人参加。广西妇产科学会常委、右医附院妇产科主任雷志英教授主讲。3月13~14日,自治区人民检察院在百色市平果县举行"自治区检察教育工作培训班",100多人参加。自治区人民检察院党组成员、副检察长蒙永山出席并讲话,市委常委、政法委书记周武红致辞。3月15~20日,市委在清华大学举行"处级女领导干部'素质能力提升'研讨班",56人参加。市委副书记张虹,市委常委、组织部部长欧波出席开班仪式。4月6日、4月11日、5月15日、6月1日、7月6日、10月25日、11月2日,市建设学习型党组织和学习型领导班子活动领导小组分别在百色市举办"红城讲坛"系列专题讲座,主题分别为"企业税收风险管理"、"万名党员干部群众深入学习和大力弘扬广西精神"、"万名党员干部群众弘扬广西精神、传承百色起义精神"、"增强新闻意识,提高与媒体打交道的能力"、"百色市促进农民增收"、"以科学发展观推动文化强市建设"、"绩效考评工作理论与实践",共2.3万多人(次)参加。4月11日,市创建国家卫生城市工作指挥部在百色举办"'创卫'档案管理暨健康教育培训会",178人参加。自治区健康教育所所长、主任医师梁绍伶到场授课。4月23日,市委政法委、市委组织部联

合在自治区党校举办“百色市政法系统后备干部培训班”,66人参加,培训时间为7个月。4月27~28日,自治区卫生厅在百色市举办“医院感染管理与持续改进培训班”,60多人参加。5月4~5日,市工信委、国资委联合在百色举行“百色市中小企业经营管理人员培训班”,123人参加。5月18日,市政府在百色市举行“食品安全治理创新专题讲座”,100多人参加。国家食品药品监管局食品安全监管司司长徐景和主讲。副市长赵桂兰主持讲座。5月31日、7月6日、8月3日、9月6日、10月15日、11月23日,市委、市人民政府分别在百色市举办“百色讲坛”系列专题讲座,主题分别为“中国的国防与安全形势”、“中国宏观经济分析”、“读万卷书 行万里路”、“博弈论与政府管理”、“干部健康知识”、“法治的中国之道”,共1.75万多人(次)参加。6月4~6日,市直属机关工委在百色市举办“百色市直机关党组织书记培训班”,100多人参加。市委常委、秘书长黄建宁出席并作开班辅导讲话。6月20日、9月7日,市林业局、自治区林业厅分别在百色市、南宁市举办“岑建光先进事迹报告会”,800多人参加。岑建光生前同事黄世荣、德保县委宣传部干部陈仁宝,岑建光的女儿岑艾娜饱含深情地讲述岑建光的感人故事。7月10日,中国残联在百色市举办“中国残联系统领导干部培训班”。中国残联党组成员、人事部主任相自成带队的中国残联系统领导干部培训班成员共40多人参加培训。7月20日,右江区委在百色市右江区举办“领导干部前沿知识讲座”,100多人参加。清华大学教授张玉杰、北京大学教授姜荣国分别作“区域经济发展”、“领导干部的创新思维和领导智慧”主讲。8月7~10日,市纪委在百色市举办“百色市乡镇监察室主任培训班”,200人参加。市委常委、纪委书记张俊雄出席并讲话。8月15日,市国资委在百色市举办“百色市国资监管企业办公室业务培训班”,120多人参加。8月15~17日,市文化和新闻出版局在百色市田阳县举办“百色市层文艺骨干业务培训班”,100多人参加。8月23日、9月19日,右江区委、靖西县委分别在右江区、靖西县举办“勤政廉政专题讲座”,2000多人参加。市委常委、纪委书记张俊雄主讲。8月22~24日,市国家税务局在百色市举办“领导执政能力培训班”,200多人参加。8月28日,自治区党委宣传部在百色市举行“周军先进事迹首场报告会”,1000多人参加。市委常委、宣传部部长、副市长范力主持,市政协副主席李廷荣出席报告会。8月29日至9月7日,自治区工信委在右江矿务局有限公司举办“广西煤矿矿长资格认证培训班”,80多人参加。9月12日,自治区党委宣传部、自治区文明办、自治区高校工委、共青团广西区委联合在百色市举办“广西‘全国道德模范高校(右医)巡讲活动’”,500多参加。9月17~21日,市委、市政府在华南农业大学举办“处级领导干部‘现代农业发展’专题培训班”,50人参加。9月26日,中国法学会在北京人民大会堂隆重召开“纪念中国法学会恢复重建30周年大会”。会上,百色市法学会获“全国先进集体”荣誉称号。10月25~29日,市工业区管委会、市安监局联合在百色市举办“百色工业园区企业主要负责人及安全管理员培训班”,68人参加。11月1日,市委、市政府在百色市举办“千姿百色·辉煌十年——喜迎十八大百色撤地设市十年发展成就大型图片展”,1000多人参加。自治区人大常委会原副主任张慕洁、韦家能、陈光明,广西军区原副政委黄深根,赖德荣、谢泽宇、张虹、周炳群、黄志伟、李政、张俊雄、韦瑞灵、范力、欧波、周武红、李祚标等市四家班子领导出席开幕式。11月6日,市委政法委在百色市举行“全市政法干警核心价值观教育实践活动先进事迹报告会”,1000多人参加。11月13日,市绩效办在百色市召开“绩效办考评业务培训会”,100多人参加。市委常委、纪委书记张俊雄在会上作动员部署。市委常委、常务副市长韦瑞灵主持会议并就做好相关工作提出明确要求。11月27日,自治区司法厅在百色市举办“自治区法律援助业务培训班”,60多人参加。12月10日,市委在百色市举办“自治区宣讲团党的十八大精神报告会”。自治区宣讲团成员、广西教育学院党委副书记、博士卫荣凡教授作主题报告。市委书记、市人大常委会主任赖德荣主持报告会并作讲话。黄志伟、张虹、李政、韦瑞灵、李祚标、王晓卓、姚美兰、阙建林、赵桂兰、陶荣铅、曹东方、黄宗道、黄坚等市四家班子领导、百色军分区军政主官、“两院”领导,市四家班子正副秘书长,市人大、政协各专(工)委正副职领导,市直(含驻百色中直、区直)各单位领导、党员干部,市学习贯彻党的十八大精神宣讲团成员,各院校师生代表,企业职工代表,劳动模范、道德模范代表,解放军、武警官兵代表,离退休老干部代表等1000多人到场聆听报告。12月28~29日,市委宣传部在百色市举办“全市2012年新闻宣传骨干培训班”,130多人参加。

年内,各科研机构、学术团体以及有关单位召开各种形式的座谈会、报告会、讲座以及培训班136次(期),参加人数达10万多人(次)。科研人员和会员参加自治区及全国性学术会议69人(次);共完成课题或专题研究50多项,在各级刊物上发表论文300多篇。

【贺州市】 2012年末有市直属社科研究机构3个,即中共贺州市委政策研究室、贺州市委党史研究室(贺州市方志办)、贺州市人民政府发展研究中心。社科学术团体50个,其中市社科联1个,高校社科联1个,县级社科联5个，市属学会、协会、研究会43个，会员总数2858人。

7月18日，自治区社科联党组书记、主席王士威到贺州市社科联开展工作调研。王士威要求社科联工作要紧密围绕“建设民族文化强区”来开展，通过抓好组织建设、社科平台建设、学会管理等工作，使社科工作实现全面创新。9月26日，由贺州市委组织部、宣传部、科技局、社科联、科协等单位联合举办的贺州市“十月科普大行动”暨“健康生活科普行”启动仪式，在贺州灵峰广场顺利举行。30多个市直单位踊跃参与，3000多名干部群众到场参加。10月12日，市委常委、宣传部长、副市长潘鸣，带领市委宣传部领导班子到市社科联考察工作并座谈。10月15日，贺州市社科联到富川瑶族自治县麦岭村组织开展“贺州市社科知识进村”活动。由水果种植专家、通讯专家、医疗专家等20多名专业技术人员组成的科普队伍，为麦岭村群众带去了贴近当地生活的社科知识。10月16日，以自治区社科联党组副书记、副主席汤竹庭为组长的第四督查组到贺州市，就贺州市贯彻落实《中共中央关于进一步繁荣发展哲学社会科学的意见》和《自治区党委关于大力繁荣发展哲学社会科学的意见》文件情况进行督查。10月底，贺州市五县（区、管理区）社科联申报列入参照公务员法管理单位获自治区组织部批复同意，顺利完成了县级社科联整体“参公”任务。11月1日，贺州市社科联在富川瑶族自治县县委党校举办“科学发展，富民强桂”报告会。报告会邀请贺州市委党校关景灵副教授担任主讲，主题为：加快东靠步伐，实现贺州工业崛起。共有来自县各级党政机关200多名代表参加。11月2日，贺州市委颁发《中共贺州市委办公室关于印发〈贺州市哲学社会科学规划研究课题管理办法〉》的通知（贺办发〔2012〕90号）。11月16日，为响应贺州市委在全市开展保持党的纯洁性活动，贺州市社科联积极组织全体干部职工，前往贺州市检察院参观“以案明纪”警示教育活动展览。11月20日，中国移动广西贺州市公司社会科学界联合会（以下简称“贺州移动社科联”）召开第一次代表大会。贺州移动社科联是贺州市第一家也是广西第一家企业社科联。贺州市社科联在中国移动贺州分公司举办了两场报告会，主题分别是“民族优秀传统文化与传承”和“文化强国之路”，市社科联主席陈文珍主席和市委宣传部副部长宋启愿分别担任主讲人，移动公司近百名员工参加报告会。当天，贺州市社科联还在中国移动贺州分公司办公大楼举办以“中国特色社会主义、社会主义核心价值体系、深入学习实践科学发展观、生态文明建设、哲学社会科学繁荣发展”等五大主题为主要内容的大型社会科普图片展览。12月7日，贺州市平桂管理区社会科学界联合会第一次代表大会在贺州市平桂管理区管委大会议室召开。这是贺州市最后一个成立的县级社科联。12月12日，应中国移动贺州市公司的邀请，著名收藏家马未都到贺州市鉴宝谈玉，贺州市党政机关领导和市民近800人参加。

年内，各科研机构、学术团体及有关单位开展学术活动和科普活动85次，4万多人（次）参加。发表论文、科研报告500多篇。

【河池市】 2012年末有市直属社科机构4个，即中共河池市委党史研究室、中共河池市委政策研究室、河池市人民政府发展研究中心、河池市地方志办公室。有社科学术团体48个，其中市社科联1个，县（市、区）社科联11个，市属学会、协会、研究会36个，会员总数1万人。

社科普及 组织“学习党的十七届六中全会精神”和“学习党的十八大精神”理论宣讲团，深入机关、企业、社区、学校、农村进行理论宣讲，共宣讲1200多场。创新理论武装工作新模式，积极挖掘培育学习新典型，《微博学理论》在自治区理论工作会议上作典型发言，并在自治区《学习型党组织建设》第142期刊登。在河池网、河池先锋网等网络开设理论纵横版块，在《河池日报》开设学习型党组织建设专栏，刊发有关新闻和文章。举办“红水河讲坛”10期，为全市领导干部理论学习、思想交流、工作探讨、增智受教提供了平台。开展“十八大”文艺系列演出，主要有“科学发展 铸就辉煌”行业文艺展演、“喜迎盛会 唱响河池”河池建市10年原创歌曲大型演唱会、“乡情乡音　喜迎盛会”农民文艺专场晚会、“喜迎盛会 舞动河池”河池市民族健身舞展示大赛等。组织参加广西第十六届“八桂群星奖”（广西群众文化活动最高政府奖）获金奖3个、银奖3个、铜奖1个；组织推荐11个节目入选广西基层群众文艺会演，其中获一等奖1个、二等奖1个、三等奖2个，河池市获优秀组织奖；广西民族文化艺术研究院主办的《歌海》杂志选登河池市“神韵河池”歌曲17首。推荐的歌曲《美丽的红水河》获广西第十二届精神文明建设“五个一工程”奖。典型宣传推出新榜样，先后推出曾馥平、蒙超英、龙瑞雄等三位全国有影响的先进人物。曾馥平同志先后被评为全国“十大科技扶贫标兵”和“全国优秀共产党员”。蒙超英被誉为“最美乡村医生”，她的先进事迹在中央电视台《新闻联播》栏目中播出。龙瑞雄被评为2012年全国优秀志愿者。国防教育取得新突破，多渠道筹资投入50多万元，创建全市首个综合性国防教育展厅，东兰县韦拔群纪念馆被国家国防教育办公室正式命名为国家国防教育示范基地。打造“金城大舞台”，组织开展10多场文化活

动，1.5 万多名群众参与。组织编写的《中华百孝故事》入选中宣部、中央文明办、新闻出版总署联合推介的“全国百种优秀思想道德读物”。充分利用新建成的广西旅游河池咨询服务中心、河池市非物质文化遗产展示中心和河池市旅游文化商品展示馆，打造青少年民族文化教育基地，共接待参观学习的中小学生 2 万多人。举行具有河池民族特色的“感恩教育”主题文艺演出，开展多场“感恩教育”宣讲活动，出版《河池市“感恩教育”演讲文集》、《河池市中小学生“感恩教育”主题征文比赛获奖作品选》等“感恩教育”系列读物，组织开展“感恩教育”主题演讲比赛、论坛、讲座等，全市共有 15 万多人参加。组织开展“广西精神大家谈”征文比赛、“弘扬广西精神 发扬老区传统”电视讲座活动等。在报纸、广播、电视、网络等媒体开辟宣传专栏，在户外悬挂宣传牌、宣传画和宣传标语，印发广西精神宣传单、挂历、宣传画、宣传山歌书籍 3 万多份(册)。举办河池市庆“八一”双拥文艺晚会、国防宣传日活动、“热爱人民军队，共筑钢铁长城”集体签名仪式和国防形势报告会等活动，发放国防宣传资料 1 万多份。举行全市青少年学生主题演讲比赛和讲故事比赛，选派金二小代表河池参加广西“我邀明月颂中华”爱国经典诗词诵读大赛荣获二等奖，市委宣传部获“第十八届青少年爱国主义读书教育活动组织优秀奖”。据统计，全市共有近 40 万名学生参加读书活动。

11月2日，河池市委常委、宣传部部长、副市长黎丽作题为“河池文化产业发展形势与任务”的讲座。（河池市社科联供稿）

文化体制改革　制定出台《河池市文化发展“十二五”规划》、《河池市 2012~2015 年文化产业发展行动计划》，构筑“一心两带六区四园”文化产业发展格局。组织创作大型民族音舞诗《铜鼓》，填补了河池无大戏的空白，荣获桂花金奖、优秀组织奖、最佳编剧奖、最佳导演奖和优秀表演奖 5 大荣誉。参加“第五届广西工艺美术大师评选”活动，3 位获“广西工艺美术大师”荣誉称号。成立河池市旅游文化研发中心，建成开放河池市非物质文化遗产展示中心、河池市旅游文化商品展示馆。9 个项目成功申报自治区级第四批非物质文化遗产代表性项目名录。铜鼓文化(河池)生态保护区通过国家文化部专家组评审，升格为国家级铜鼓文化生态保护试验区。2 月 17 日，在山西省太原市召开的全国文化体制改革工作会议上，河池市被中宣部、文化部、国家广电总局和新闻出版总署联合表彰，荣获“全国文化体制改革工作先进地区”荣誉称号，是广西唯一获奖的设区市单位。

文化产业发展　设立市文化体制改革和发展工作领导小组办公室；制定出台《河池市文化发展“十二五”规划》、《河池市 2012~2015 年文化产业发展行动计划》，构筑“一心两带六区四园”文化产业发展格局。实施文化产业和公共文化基础设施项目 147 项，完成投资 12.44 亿元。建设村级公共服务中心建设 118 个，总投资 2912 万元，开工率 100%。完成 20 户以下通电自然村村村通广播电视直播卫星设施 50486 套/户的发放安装，完成年度任务的 100%。全年放映电影片 18160 场次，观众 257 万人次。完成自治区下达的 322 个农家书屋建设任务，完成 13 个乡镇文化信息资源共享工程设备的招标。组织参加“首届广西工艺美术作品展评会”，10 余件作品分别获金、银、铜及优秀奖，参加“南宁礼物”征集大赛，获“最佳组织奖”。

对外宣传　共在《人民日报》、新华社、中央电视台、中央人民广播电台、《香港文汇报》、《广西日报》、广西人民广播电台、广西电视台等境内外新闻媒体刊播河池市正面宣传稿件 6000 多篇。发挥《河池日报》、河池广播电视台等主流媒体的舆论引领作用，宣传“五大工程”重大决策部署、工作成效和典型经验；利用本级媒体和协调中央、自治区媒体宣传党的十八大和河池撤地设市 10 周年活动；宣传报道先进典型，组织中央、自治区新闻采访团到河池市宣传报道曾馥平先进事迹、天峨纳邑新村建设、大石山区石漠化治理、大安乡“整乡推进”开发扶贫、罗城权力阳光运行等。

【来宾市】 2012 年末有市直属社科研究机构 4 个，即中共来宾市委政策研究室、中共来宾市委党史研究室、来宾市地方志办公室和来宾市人民政府发展研究中心；院校科研机构 2 个，即柳州师范高等专科学校社科教研部、中共来宾市委党校科研信息科。社科学术团体31个，其中市社科联1个，县(市、区)社科联6个，市属学会、协会、研究会24个，会员总数约1020人。

学术活动 4月、6月，来宾市分别两次召开全市戏剧作品研讨、签约会议，与广西区内著名作者签订了舞台艺术精品剧目——大型民族乐舞诗《红水河畔有人家》以及反映“三求”惠农工程题材的大型现代彩调剧《农伯何求》创作协议。4月中旬，来宾市在各县(市、区)和市直各单位组织开展以“爱读书、读好书、善读书”为主题的演讲比赛。4月23日，来宾市组织市新华书店及部分民营书店，在迎宾广场举行“世界读书日全民阅读活动”，为市民群众优惠售书。5月31日至6月1日，来宾市委宣传部、来宾市社科联在合山市举办“资源枯竭型城市科学发展问题暨弘扬践行广西精神和来宾精神”理论研讨会，专家们围绕合山市科学发展的深层次问题，围绕总结社会发展中的经验教训，进行探讨和交流。6月7日，广西生产力学会名誉会长袁正中率领广西生产力学会调研组一行莅临来宾市，对来宾投资区高新产业园、合山市地质矿山公园等地进行了实地察看，为来宾市的科技创新把脉开方。7月17日，来宾市委、市政府举办“科技创新与品牌建设”研讨会，邀请清华大学著名教授高晓东及自治区发展研究中心、广西社会科学院、广西经济杂志社及广西生产力学会等100多名专家参加研讨会。7月18~19日，柳州市社科联主席邹继业一行到来宾市武宣县考察县级社科联建设情况。来宾、柳州市社科联就县级社科联建设、柳来河(柳州、来宾、河池)一体化等问题进行了深入地交流、探讨。8月29日，广西统计学会桂西北片区服务业统计工作研讨会在来宾市召开。来自柳州市、桂林市、百色市、河池市、来宾市的代表共40人参加会议。广西统计学会副会长、自治区统计局副巡视员唐旭、自治区统计局服务业处副处长叶志杰莅会指导。本次研讨会共收到服务业统计研讨文章19篇。9月19日，广西第26届统计工作交流年会在来宾市召开，会议主题为“统计改革与统计服务”，各市统计局领导率相关人员36人与会。10月16日，广西弘扬广西精神现场会在来宾市召开，弘扬广西精神进校园、进农村的典型经验成为参观点，来宾市在广西现场会上作典型发言。10月16日，广西“解放思想、赶超跨越”大讨论活动经验交流现场会在来宾市召开，自治区党委常委危朝安、沈北海、石生龙、周新建出席会议；同日，来宾市社科联在武宣县开展十月科普大行动。10月18日，自治区党委宣传部副部长李海荣率督查组检查来宾市贯彻落实《中共中央关于进一步繁荣发展哲学社会科学的意见》(中发〔2004〕3号)和《自治区党委关于大力繁荣发展哲学社会科学的意见》(桂发〔2006〕3号)文件情况。11月23~24日，由广西领导科学研究会、来宾市委宣传部主办，来宾市委党校、来宾市社科联承办的“学习贯彻党的十八大精神 讨论领导科学新发展新任务暨广西领导科学30年纪念”全国性理论研讨会在来宾市举行。国防大学原副校长、中国领导科学研究会副会长许志功中将，中央党校校刊社原社长、中国领导科学研究会副会长兼秘书长白占群，自治区党委原书记、主席陈辉光，自治区人民政府原副主席、广西领导科学研究会会长奉恒高，自治区社科联主席王士威，自治区党校副校长唐秀玲等广西区内外100多名领导、专家学者参加。研讨会表彰了一批优秀论文。其中，表彰特等奖5篇、一等奖3篇、二等奖9篇、三等奖16篇、优秀奖19篇、纪念奖6篇。

年内，来宾市委党校以开展“解放思想、学用政策、力行‘六戒’、赶超跨越”活动为契机，加强党校系统校际交流，参加构建以柳州、来宾、河池、柳钢、宁铁、桂林、贺州等五地七所党校携手创建的“桂中北党校区域合作联盟”，通过教学、科研、管理等各方面的合作，推动柳来河一体化发展进程。全年共举办党员领导干部培训班、公务员培训班、党外代表人士培训班等各类培训班39期59个班次6265人，人数之多居广西同级党校之首。全校(院)教职员工共撰写科研论文60篇，发表15篇，其中国家级3篇、省级5篇、市级7篇。年内，获广西调研课题立项4个，市级重点课题中标2个，广西党建研究会课题10个。

主题教育活动 一是学习宣传和贯彻落实党的十八大精神。依托人才优势，组建党的十八大精神领导宣讲团、专家宣讲团、博士宣讲团、百姓宣讲团等“四大宣讲团”，依托党委(党组)理论中心组、党校课堂、中国特色社会主义理论体系研究专家库、麒麟山讲坛、红水河论坛、百姓讲堂、村级学用理论政策服务中心、“双万”活动等“八大平台”，实现了学习宣传活动在市、县、乡、村以及各行各业的全覆盖。二是推动弘扬广西精神、雷锋精神、来宾精神、十大感恩活动深入开展。首创“五上六进”工作举措和“1+3”工作模式，推动弘扬广西精神、雷锋精神、来宾精神、十大感恩活动深入开展。举办弘扬广西精神、践行来宾精神演讲活动1000多场次，影响巨大。“百姓道德讲坛进社区”、党员干部“我为百姓做好事”等主题活动受到广大干部群众的好评。编印发放弘扬广西精神、十大感恩山歌集、宣传册6000多份，荣获“自治区广西精神大家谈征文活动优秀组织奖”。三是大力开展学习培训。全市共印发《“解放思想”简明读本》、《2012’政策读本》等活动学习资料10700多册/套。邀请自治区有关部门领导到来宾市宣讲政策，相继组织举办全市“实施新一轮扶贫开发攻坚战”、学习贯彻党的十八大精神等政策解读专题讲

座、论坛 10 多场(次)。四是群众性精神文明创建丰富多彩,来宾文明网开通运行,“山歌唱好人、山歌颂党恩、山歌传礼仪”成为“来宾特色”,文明礼仪宣讲、中华经典全民诵读活动广受各界欢迎。

学会活动 年内,市党建学会为加强干部选拔任用的规律性研究,与北京大学合作开发国家重点课题《党政领导干部选拔任用中的品德测评问题研究》,建立健全干部品德测评标准体系。市教育学会进一步完善课题评审制度,引导与组织教研室、学校开展 2012 年课题申报工作,按照课题评审指导意见对来宾市课题继续进行分类立项及结题评审。制定教育科学“十二五”规划课题指南,并组织开展市级课题申报工作,年内市级规划课题申报 70 多个,自治区级课题 3 项。11 月 27 日,市金融学会组织召开第二次代表大会暨 2012 年学术报告会。大会审议通过了来宾市金融学会第一届理事会工作报告以及《来宾市金融学会章程(修正草案)》和《来宾市金融学会财务管理办法(草案)》,大会选举产生新一届理事会会长、副会长、秘书长。学会课题《美国次贷危机以来我国财政与货币政策协同效应研究》获人民银行总行三等奖。课题《对金融支持旅游产业发展的探析—以广西为例》获总行金融研究局内部刊物《金融研究报告》(第三期)采用。另有 3 篇重点研究课题获自治区、南宁市奖励。年内,报送或参与调研的信息和研究报告得到总行采用的有 13 篇,得到广州分行采用的有 32 篇,得到南宁中支采用的有 38 篇。11 月 26~28 日,为纪念来宾市建设 10 周年,来宾市收藏协会在来宾市举办文物展览,共展出纪念像章、钱币、邮票、石器、古玩等藏品 2000 多件。

10月30日,“文化引领、富民兴边”知识讲座在崇左举行。

(崇左市社科联供稿)

【崇左市】 2012 年末有市直属社科研究机构 3 个,即中共崇左市委政策研究室、中共崇左市委党史研究室、崇左市地方志办公室。社科学术团体 25 个,其中县级社科联 7 个,高校社科联 1 个,市属协会、学会、研究会 17 个。

学术活动 3 月 6 日,自治区 2012 年理论工作会议在崇左召开,广西各设区市党委宣传部分管副部长、讲师团长、理论科长和广西区直有关部门负责同志参加会议。会上,崇左市委宣传部作“崇左市创建‘五抓’‘五学’扎实推进理论武装工作”主题发言,获自治区党委宣传部授予 2011 年度自治区理论武装工作先进单位荣誉称号。9 月 13~14 日,崇左市举办壮族山歌理论与活动研讨会,研讨会邀请了广西群众艺术馆、广西壮欢山歌总会的专家为学员们授课,来自各县(市、区)的学员们就新山歌理论与活动设想进行了交流。9 月 18 日,中广协会外宣委员会工作会议暨全国电视外宣工作会专题报告会在市行政中心举行。出席中广协会外宣委员会工作会议暨全国电视外宣工作会的领导和嘉宾出席了报告会。报告会上,广西电视台调研员彭琦,内蒙古电视台台长助理、蒙古语频道总监乌哈思,新疆电视台外宣中心副主任努尔丁以及中央电视台中文国际频道总监助理王峰结合工作实际,就如何服务国家外交战略,开展边境外宣工作等作专题发言。11 月 22~30 日,崇左市党的十八大精神宣讲团分赴基层开展宣讲活动。11 月 27~28 日,2012 年崇左市处级领导干部学习贯彻党的十八大精神研讨班(第一期)在崇左市委党校开班。各县(市、区)分管联系财税、工业、工业园区、交通运输、安全生产等有关工作的部分四家班子领导和部分市直单位党政主要领导共 85 人参加研讨班学习。12 月 19 日,崇左市“百场乡镇青年学习十八大精神报告会”启动仪式在大新县举行。团市委书记黄绍西出席仪式并讲话,大新县委常委、组织部长何群先主持会议。全市各县(市、区)团委书记、部分县(市、区)直属团组织及大新县乡镇团委书记和青年代表共 80 余人参加了仪式。

科普活动 2 月 21 日晚,崇左市委、崇左市人民政府,人民日报社广西分社主办,大新县委、大新县人民政府承办的“站立是山 躺下是脉——农曾伟精神宣传万人演颂会”在崇左市大新县城德天广场举行。自治区党委宣传部副部长沈明,人民日报社广西分社社长郑盛丰,崇左市委常委、宣传部部长、副市长冯学军出席演诵会。自治区党委宣传部、组织部、文化厅、教

育厅等部门领导和崇左市各县(市、区)主要领导、大新县机关干部职工和群众共1.1万多人参加活动。3月6日,崇左市宁明县明江镇大榕树课堂举行了广西精神山歌传唱启动仪式暨花山儿女广西精神山歌传唱擂台赛,1000多人参加了活动。3月12日,自治区妇联到崇左市开展"下基层、访妇情、大宣讲"活动。在市中级人民法院,自治区妇联巡视员黄苹为崇左市妇女干部举行题为"贯彻落实男女平等基本国策,推动实现富民强桂新跨越"的专题讲座。市委常委、统战部部长谭燕玲主持讲座。4月,崇左市委宣传部组织《广西国防教育图片展》在大新、宁明、龙州、凭祥等4个边境县(市)开展巡展活动,观展的干部职工、在校师生、驻地官兵和当地群众达4万多人(次)。4月20日,全国首家城乡道德学院在崇左市大新县桃城镇挂牌成立。当天,以"知恩、感恩、报恩,爱党、爱国、爱民"为主题的大新县"感恩教育"主题活动正式启动,县领导干部、桃城镇干部群众、新农村指导员、志愿者服务队、中学生、道德模范代表共430多人接受"感恩教育"。5月17日,崇左市纪委在市委党校举办领导干部廉洁从政教育专题讲座,自治区纪委副书记韦翼群应邀给领导干部们作了一堂精彩的廉洁从政教育课,市委常委、纪委书记梁旭辉出席讲座并作动员讲话。5月18日,崇左市委宣传部、崇左市文明办、崇左市教育局、崇左市妇联主办的"学习雷锋　做美德少年"网上签名寄语启动仪式暨第八个"未成年人思想道德建设宣传日"宣传教育活动在凭祥市举行,崇左市委常委、宣传部部长、副市长冯学军出席活动,共300多人参加活动。5月至6月,崇左市文明办、市教育局、团市委、市妇联联合开展了"感恩伴我行"主题征文比赛活动,共收到各县(市、区)、广西民族师范学院附属中学和广西民族师范附属小学推荐应征作品138篇,向自治区推荐80篇,市本级评选表彰优秀作品和优秀辅导老师;市教育局举行崇左市校园中华经典诗文诵读大赛,激发广大师生关注经典、热爱经典、传承经典的热情;宁明县组织开展"绿满明江 美化家园"——花山万名青少年新学期"同种一棵树"志愿大行动和万名未成年人同时参加中国文明网"网上祭英烈"活动;大新县组织8000多名师生参加农曾伟诗文万人演诵会;天等县举办全县"我爱家乡、爱我天等"主题征文比赛活动和"道德、诚信、理想、信念"演讲比赛活动。7月13日,"铁心基层情注边疆好军医"李良先进事迹首场报告会在崇左军分区举行,市委常委、崇左军分区政委胡振贵,崇左军分区司令员刁晓军以及分区部队官兵现场聆听了报告。7月26日,"铁心基层情注边疆好军医"李良先进事迹报告会在崇左市大新县政府礼堂举行,崇左军分区政治部主任谈汪洋及县委书记蓝晓等县四家班子领导出席报告会。9月17日,崇左市十月科普大行动组委会、广西科技馆、广西青少年科技中心在崇左凭祥市第一小学举行倡导科学饮食　享受健康生活——2012年全国科普活动日广西"快乐科普校园行"活动、青少年科学调查体验活动成果展示暨崇左市(凭祥市)十月科普大行动启动仪式。自治区科协副巡视员李思平,崇左市人民政府副秘书长翁家尊出席并讲话,凭祥市第一小学全体师生及相关单位代表等2000多人参加。10月30日,崇左市委宣传部、崇左市社科联、凭祥市委宣传部、凭祥市社科联等单位联合在凭祥市第一中学开展"文化引领、富民兴边"知识讲座和"知恩报恩、成就人生"感恩主题教育讲座,共有200多名师生听取了讲座;11月16日,在凭祥市休闲广场举行"科学发展、富民强桂"广场科普活动,设立咨询台8个,发放宣传资料3000份,前来咨询群众达2000余人;11月16日,深入凭祥市友谊镇平而村开展社科知识进村活动,向村委赠送社科知识、农村种养等书籍3000多本。

年内,各科研机构、学术团体及有关单位开展学术活动和科普活动280多次,共3万人(次)参加。完成各类研究课题25项。

大新德天瀑布。　　(何　明　摄)

学界人物（特辑）

（以姓氏笔画排序）

【乌尼日】 年内评为第一届广西高校思想政治理论课教学名师。广西大学行健文理学院思想政治理论课教学部主任，教授，法学博士，硕士生导师。1956 年 6 月生。内蒙古呼和浩特人。女。达斡尔族。1982 年 7 月毕业于内蒙古师范大学历史系，获历史学士学位；2003 年毕业于广西师范大学马克思主义学院，获研究生学历；2011 年毕业于广西师范大学马克思主义学院马克思主义基本原理专业获法学博士学位。历任内蒙古工业大学社科部中国革命史教研室、广西大学马列部中国革命教研室主任、广西大学公共管理学院副院长。2007 年任广西大学政治学院院长兼马克思主义研究院院长。2010 年任广西大学政治学院教授，马克思主义发展史学术带头人。先后主持省部级社科基金项目《中国特色社会主义妇女解放道路研究》、《第一代中共领导集体和谐思想研究》、《广西高校思想政治理论课教学名师》等 3 项。出版著作《中国—东盟妇女理论与实践研究》（编著）、《中国化马克思主义妇女理论与实践研究》（独著）等 2 部，主编《中国化马克思主义社会和谐论》、《马克思主义与改革开放》、《女性人生的关键点》、《马克思主义经典著作研究性导读》等 10 部，在《黑龙江社会科学》、《思想政治理论课教学新论》、《内蒙古师范大学学报》、《中共宁波市委党校学报》、《桂海论丛》、《广西教育学院学报》、《学校党建与思想教育》、《理论学刊》、《理论月刊》等刊物发表学术论文 80 篇。科研成果获省部级一等奖 1 项、二等奖 1 项、三等奖 2 项。2001 年获广西高等学校党的建设和思想政治教育工作先进工作者称号。2004 年获广西高校思想政治工作先进工作者称号。是中国妇女研究会理事、中国国际共运史学会理事、中国民族学会理事、广西国际共运史学会副会长、广西中共党史学会副会长。

乌尼日教授

【邓艳葵】 年内，任中国民族伦理学学会常务理事。广西师范学院党委常委、副院长，法学博士，教授，高级职业指导师。1963 年 11 月生。广西宜州人。女。壮族。 1985 年 7 月毕业于广西民族大学（原广西民族学院）政治系，获法学学士学位；2000 年 7 月毕业于西南大学（原西南师范大学）经济政法学院，获法学硕士学位；2012 年 7 月毕业于西南大学马克思主义学院，获法学博士学位。历任广西民族大学团委副书记、院长办公室副主任、国际交流处副处长、数学与计算机科学系党总支副书记、艺术系党支部书记、学生工作部（处）长、武装部部（处）长、大学生就业指导工作中心主任、校长办公室主任等职务。曾讲授《比较思想政治教育学》、《人学原理》、《管理学原理》、《政治经济学》、《应用文写作》、《邓小平理论》、《大学生思想道德修养》等多门课程。主持教育部《经济全球化与大学

邓艳葵教授

生爱国主义教育研究——基于民族院校大学生爱国主义教育的研究》、国家民委《壮族传统伦理道德与当代壮族大学生道德教育研究》、广西哲学社会科学规划办《壮族传统伦理道德在构建广西和谐民族关系中的价值研究》等课题17项，在《光明日报》、《思想教育理论导刊》等报刊上发表论文50多篇，出版专著1部，编著2部。曾获广西社会科学优秀成果奖三等奖4项。曾兼任广西伦理学学会常务理事、广西普通高校大学生心理健康教育指导委员会成员、广西民族大学学生心理健康教育兼职教师，广西民族大学、广西师范学院硕士生导师。

【江东洲】 年内当选广西发展战略研究会第一届理事会会长。《科技日报》栏目主编、科技日报社广西记者站站长、主任记者，兼广西重大课题研究成果评审专家、广西大学硕士生导师、千千网荣誉站长等。1969年7月生。广西博白人。2002年7月毕业于中央民族大学民族经济学院，获经济学硕士学位。长期从事地方发展战略和新闻宣传宏观管理等研究。独著或主编《科教兴桂 人才强桂——广西领导联系关护的科技人才记略》(2006年)、《与专家面对面——广西第七批优秀专家采访记略》(2011年)、《与村党组织书记面对面——广西1137名村党组织书记采访录》(2010年)、《党员干部在基层丛书》(2011年)、《与市委书记面对面——2011广西十四个地级市市委书记访谈》(2011年)、《与市长面对面——2011年广西一四个地级市市长访谈》(2011年)、《与法院院长面对面——广西壮族自治区法院院长访谈录》(2012年)、《喜迎十八大·和谐广西面对面》(2012年)等著作30多部，篇幅超过2000万字。2012年筹备成立广西发展战略研究会，并在2012年4月28日召开的广西发展战略研究会第一次会员代表大会上被推选为理事会会长。年内，先后组织举办首届广西发展战略论坛、广西发展战略研究会会员交流会、广西发展战略研究会学习十八大精神交流会等。组织出版《富民强桂新跨越——首届广西发展战略论坛文集》、《与专家教授面对面——广西发展战略研究会会员访谈》、《广西发展战略研究会学习十八大精神文章选集》等理论专著，为有关部门科学决策提供依据和参考。

【严志强】 年内当选广西区域科学学会会长。广西师范学院经济管理学院院长，教授，广西师范学院人文地理学、土地资源管理专业硕士生导师，公共管理硕士专业学位(区域经济与区域公共管理方向)导师。1967年7月出生，广西桂平人。1989年毕业于北京师范大学地理系，获学士学位。曾任广西师范学院团委书记、广西师范学院资源与环境科学学院副院长。主要从事城乡规划与区域发展、土地利用与土地规划、区域经济与区域公共管理领域的研究。主要研究内容包括：城市化与小城镇发展研究，广西县域粮食安全与虚拟土地战略研究，区域贫困与反贫困问题研究，广西地理标志产品开发与特色产业培植研究，广西北部湾经济区可持续发展研究等。主持完成省级科研项目6项、厅级科研项目3项；主要参与完成国家级科研项目4项；主持或主要参与地方政府委托项目30多项。出版专、编著《中国——东盟贸易概论》、《广西小城镇可持续发展研究》等6部，发表学术论文《广西北部湾经济区集体建设用地流转模式研究》、《广西地理标志产品开发潜力评价及特色产业培植研究》等80多篇。成果获广西科技进步奖三等奖1项，广西社会科学优秀成果奖二等奖1项、三等奖4项，广西高校哲学社会科学优秀成果奖一等奖1项，广西优秀教学成果奖三等奖3项，广西高校优秀教材奖一等奖和三等奖各1项。

【宋凤宁】 年内当选广西社会心理学会副会长。广西大学教育学院心理学系主任，教授，硕士生导师。1971年11月生。河南洛阳人。女。2011年毕业于北京师范大学心理学院发展与教育心理学专业，获教育学博士学位。主要研究领域为心理健康、教育心理、人力资源与管理心理。出版《现代心理学》、《教育组织行为

宋凤宁教授

学》、《大学生心理健康教育读本》等10多部著作，在《心理科学》等学术刊物公开发表论文50余篇。其中，著作《现代心理学》、《教育组织行为学》分别获广西第八次、第十一次社会科学优秀成果奖二等奖，论文《大学生心理危机干预生态体系构建》获广西第十二次社会科学优秀成果奖三等奖；《大学生心理健康教育读本》2011年获广西高校优秀教材一等奖。先后主持和参与10多项省部级和国家级研究课题。现任中国社会心理学会理事。

【李晓东】 年内当选广西比较经济学会副会长，广西机电职业技术学院建筑系主任，三级教授。1967年6月生。河北昌黎人。1987年河北大学数学系基础数学专业本科毕业，1991年广西大学经济系政治经济学专业工业经济方向硕士研究生毕业。曾任河北大学经济系、工商学院教师；广西万通集团综合业务部经理，房地产公司营销部经理；广西斯壮股份有限公司斯壮房地产公司总经理，广西斯壮城市综合开发公司总经理。2007年调入广西机电职业技术学院，任建筑工程系主任，教授三级。在《统计与决策》《改革与战略》等杂志发表论文40多篇，2010年出版《房地产估价》（武汉理工大学出版社）、2011年出版《房地产开发实务》（武汉理工大学出版社）、2012年出版《中国南宁房地产蓝皮书》（广西人民出版社）。主持参与科技部、广西科技厅、广西新世纪课题、广西教育课题20多项，其中主持课题《国家民族地区职业教育改革综合实验区城乡一体化研究》获得中国建设教育协会2012年全国教学科研成果评选二等奖，获中国职业技术教育学会评选2012年全国优秀教学科研成果的二等奖。课题《城乡教育一体化背景下职业教育优质资源开发的研究与实践》获广西优秀教学成果评选三等奖。2012年推动在广西机电职业技术学院开设《比较经济学》公选课课程。是广西建设教育协会常务理事。

【周志华】 年内新任广西公司法人治理研究会第一届理事会会长。广西社会科学院研究员、《学术论坛》编辑部编审。1956年10月生。广西玉林人。1984年毕业于广西师范大学政治系，同年分配到广西右江民族师专（今百色学院）任教。1997年12月获副教授职称。1998年10月调入广西社会科学院。先后在邓小平理论研究中心、广西社会科学院院刊编辑部从事理论研究、编辑工作。长期从事国有经济和邓小平理论研究，建议、意见和研究成果多次被自治区及地级市（厅）领导干部采纳。发表学术论文90多篇，与人合作专著、科普读物等10余部，研究成果共100多万字。科研成果获省部级二等奖2项、三等奖7项。

【夏　飞】 《未来十年中国—东盟经贸格局演变与我国南海安全战略构建研究》获国家社科基金重大项目立项。广西财经学院副院长，二级教授。"新世纪百千万人才工程"国家级人选、国务院政府特殊津贴专家、教育部新世纪优秀人才支持计划人选。是区域经济学自治区级重点学科带头人，中南大学、湖南大学、广西大学、湖南师范大学、湘潭大学等校兼职教授和博士、硕士生导师。1964年8月生，湖南桃江人。2005年毕业于南京理工大学经济管理学院，获管理学博士学位。历任湖南商学院学位与研究生教育办公室主任、湖南省教育厅厅长助理。长期从事区域经济、产业经济研究工作。主持国家社科基金重大项目1项，国家社科基金项目3项，国家软科学项目1项，主持省部级重大、重点项目10多项。在《管理世界》、《财贸经济》、《财政研究》、《统计研究》、《数量经济技术经济研究》、《经济管理》、《系统工程》等学术期刊发表论文60多篇。出版著作、教材6部，其中《高速公路与我国新农村发展》获湖南省第八届优秀社科学术著作出版资助。获湖南省人民政府一等功、湖南省参政议政先进个人及省部级、地州厅级科技进步奖、优秀成果奖12项。是民盟广西区委副主委、广西商业经济学会执行会长。

【袁鼎生】 年内，专著《超循环：生态方法论》获广西第十二次社会科学优秀成果奖一等奖。广西民族大学副校长，文学院教授。1955年6月生。广西全州人。1977年毕业于中山大学中文系文学专业；1994年毕业于山东大学中文系，获文学博士学位。1995年任广西师范大学教授。2005年起兼任云南大学博士生导师，2011年起兼任越南河内国家大学博士生导师。2007年获"广西优秀专家"称号；2008年为享受国务院政府特殊津贴专家；2009年为贵州省"候鸟型专家"。出版独著11部，发表论文100余篇，获省部级社科奖12项。其主要的学术贡献，是系统地建构了生态美学学科：先后出版了独著《审美生态学》（中国大百科全书出版社，2002年）、合著《民族生态审美学》（民族出版社，2004年）、《桂林景观生态与环境研究》（社会科学文献出版社，2004年）、独著《生态视域中的比较美学》（人民出版社，2005年）、独著《生态艺术哲学》（商务印书馆，2007年）、独著《超循环：生态方法论》（科学出版社，2010年）、独著《整生论美学》（商务印书馆，2012年）。现任广西美学学会会长。

【黄晓娜】 《论口传文学的精神生态审美》获广西第十二次社会科学优秀成果奖二等奖。年内当选为民进第十三届中央委员，入选"广西第十四批新世纪

黄晓娟教授

'十百千人才工程'第二层次人选",被聘为越南河内国家大学所属外语大学博士生导师。现为十一届广西政协常委,民进广西区委副主任,广西民族大学研究生处处长,教授,博士,武汉大学博士后。中国现当代文学硕士点学科带头人,硕士研究生导师。1971年2月生。广西全州人。女。1992年毕业于广西师范大学中文系,获学士学位,1998年于广西师范大学中文系获硕士学位,2001年于华东师范大学中文系获文学博士学位。2002~2004年在武汉大学文学院从事博士后研究工作,2006~2010年在复旦大学中文系从事博士后研究工作。2004年被民进广西区委评为"广西民进先进教师";2005年被推举为广西青年联合会第八届委员;2005年被自治区政府聘为特约教育督导员。承担第42批全国博士后基金项目《中国少数民族口传文学制度的人类学研究》和国家社科基金西部项目《中国当代少数民族女性文学研究》等多个国家级科研项目,承担不同级别项目10余项。在《文学评论》、《民族文学研究》、《江汉论坛》、《江海学刊》、《韩中言语文化研究》等国内外学术核心刊物上发表近30篇学术论文,有8篇论文被人大复印报刊资料《中国现当代文学研究》全文转载。出版著作10部。著作《雪中芭蕉——萧红创作论》获第五届广西文艺创作"铜鼓奖"、获广西社会科学优秀成果奖第八次三等奖,《多元文化背景下的边缘书写——东南亚女性文学与中国少数民族女性文学的比较研究》获广西第十一次社会科学优秀成果奖三等奖;论文《心灵的妙悟——论萧红与佛学的沟通》获第三届广西文艺评论二等奖、《论20世纪中国女性文学中的人文关怀》获第四届广西文艺评论三等奖、《民族作家身份的建构与交融》获第七届广西文艺评论二等奖、《现当代壮族女性文学研究》获第十次社会科学优秀成果奖三等奖。2010年获"广西五一劳动奖章"和"广西巾帼标兵"荣誉称号;2011年获"全国五一巾帼标兵"荣誉称号,获民进广西区委"双岗建功优秀会员"称号。是韩中言语文化学会会员、中国当代文学研究会会员、广西文艺理论家协会会员、广西抗战文化研究会会员等。

【谢尚果】 年内,专著《民族自治地方依法行政问题研究》获广西第十二次社会科学优秀成果奖著作类二等奖,2012年国家民委第二届民族问题研究优秀成果奖著作类三等奖。广西民族大学校长,博士、教授,博士生导师。1963年12月生。广西贵港人。1987年7月毕业于广西民族学院获法学学士学位,1988年9月至1990年7月在南开大学攻读双学士学位;2003年9月至2006年7月在中央民族大学攻读博士学位,获法学博士学位。历任广西民族学院成人教育学院常务副院长、广西民族学院政法学院院长、玉林师范学院院长。长期从事行政管理学、宪法与行政法、行政诉讼法的教学和研究工作。先后主持完成国家级和省部级科研课题6项,厅局级科研课题11项;主持省部级重大教改项目、重点及一般教改项目6项。研究成果获省部级社会科学研究优秀成果二等奖3项、三等奖3项,获广西新世纪高等教育优秀教材二等奖1项,广西优秀教学成果二等奖一项。公开发表学术论文40多篇,著作(含教材)30部。是中国行政管理教学研究会副会长、中国民族学学会汉民族分会副会长、广西法学教育研究会会长。

谢尚果教授

大 事 记

1 月

4~5 日 “中国—越南两国十二省区农业合作交流暨农业厅长联席会议”在南宁举行。会议宣读通过《中越边境农业合作发展南宁共识》。来自中国广西、海南、山西、陕西、江西及越南广宁、谅山、高平、宣光、河江、义安、平定 12 个省区的农业厅长及相关负责人参加。

5 日 2012 年“红十字博爱送万家”活动在百色举行。全国人大常委会副委员长、中国红十字会会长华建敏，中国红十字会副会长郭长江，广西壮族自治区副主席、广西红十字会会长李康及当地负责同志等出席启动仪式。

6 日 “2012 年第 21 届广西科技活动周暨新技术新产品交流交易会”在南宁开幕。自治区领导危朝安、蓝天立、黄日波出席。

△由自治区党委宣传部、自治区文明办、教育厅、科技厅、卫生厅、文化厅等 18 家单位 300 人组成的广西第十六次“乡土情深”文化科技卫生“三下乡”工作团走进陆川县，为当地群众送去一场文化、科技、卫生“盛宴”。

△文化部在北京举行国家舞台艺术精品工程授牌仪式，广西两部大戏入选。由广西壮剧团创作排演的现代壮剧《天上恋曲》被评为 2009~2010 年度国家舞台艺术精品工程重点资助项目，由广西桂剧团创作排演的新编历史桂剧《七步吟》入选 2010~2011 年度国家舞台艺术精品工程年度资助项目。

8 日 桂林旅专社科联 2011 年度科研与社会服务工作总结会议在行政楼举行。校党委书记林娜，校长贾玉成，校党委副书记、社科联主席蒋伟，副校长、社科联副主席黄国良，副校长陈贵超，校长助理周江林出席会议。各相关职能部门、教学、科研单位负责人参加会议。会议由黄国良主持。会上，陈贵超、黄国良、周江林分别就建立校企合作发展理事会制度工作方案、服务广西产业新发展深化年实施方案和社会服务培训及国际教育交流工作进行了通报和部署。科技产业处负责人就桂林旅专 2011 年的科研及社会服务工作和 2012 年的工作思路向与会者作了汇报。继续教育学院、旅游与休闲管理系、视觉艺术系、导游系、国际教育交流学院负责人结合本部门实际情况分别从“走出去”战略、社会服务信息平台建设、校企合作、旅游文化服务、国际教育交流等方面作了经验交流，对学校科研与社会服务工作献计献策。

12 日 南宁市地方志办公室与广西大学计算机与电子信息学院合作研发的南宁地情网（网址：www.nndqw.com）开通。网站设有 10 个一级栏目，27 个板块；载录有第一轮《南宁市志》4 卷，《南宁年鉴》11 部，县区志书 6 部，其他地情书 5 部，基本形成覆盖南宁市的地情资料数据库。

13 日 自治区党委宣传部、自治区人大环资委、自治区环保厅、自治区文化厅、自治区广电局、共青团广西区委、自治区妇联等主办的“首届广西十大绿色人物”颁奖仪式暨潘文石教授环保先进事迹学术报告会在自治区环保厅举行。潘文石、王琨、韦霄燕、李春明、李素萌、苏搏、唐厚军、黄丽萍、黄忠录、黄炳权等 10 人成为首届“广西十大绿色人物”。共 100 多人参加。

14 日 由自治区党委宣传部、自治区文明办、广西文联、广西中华文化促进会主办的“和谐建设在基层”——广西文化惠民·免费书写赠送春联活动暨 2012（壬辰）年获奖春联作品颁奖仪式在南宁举行。60 名广西著名书法家免费为市民书写赠送春联。

△自治区社科联在南宁召开“2012 年广西社科界迎春茶话会”。自治区党委常委、宣传部部长沈北海出席并讲话，自治区政协副主席蒋济雄，自治区党委宣传部副部长李海荣，自治区社科联领导，自治区社科联在邕兼职副主席、常务委员、特邀委员，自治区社科联所属社会组织，南宁市、驻邕高校社科联负责人，以及部分社会科学工作者共 200 多人出席。

15日 广西创意产业协会主办的“2012’广西创意产业年会暨首届‘广西十大创意’评选启动仪式”在广西民族博物馆举行。国内著名创意产业领域专家学者、政府官员、著名企业家、各行社会名流及新闻媒体等200多名嘉宾参加。

17日 由南宁市人口与计划生育领导小组主办，市委宣传部、市人口计生委、市教育局、市广电局、市文化新闻出版局、市妇联、团市委、南宁日报社、中共青秀区委、青秀区人民政府等10家单位联合承办的“2011年‘中国移动校讯通杯’第三届南宁十大阳光女孩颁奖晚会”在南宁举行。自治区人口计生委副主任陈文儒，南宁市委副书记刘长林，南宁市副市长肖志钢，自治区人口计生委宣传教育处处长陈松，南宁市人口计生委党组书记、主任谢宗务等领导出席颁奖晚会。

29日 由广西社会科学院、广西桂学研究会主办的“2012广西文博产业发展论坛”在南宁开幕。来自民族文化、文物考古、书法美术、收藏、旅游会展等近100名专家学者、文博产业经营者参加。

2月

1日 自治区党委宣传部、自治区教育厅在广西艺术学院举行“广西青年歌手培养基地”揭牌仪式。自治区党委常委、宣传部部长沈北海，自治区副主席李康，自治区政协副主席黄格胜出席。

14日 广西领导干部时代前沿知识讲座第80讲在自治区公安厅礼堂举行，周文重应邀作题为《当前国际形势与中美关系》专题报告。自治区领导范晓莉、车荣福、刘新文、彭钊及广西厅（局）以上领导干部参加并聆听讲座。

14~18日 由自治区党委组织部、自治区金融办、自治区工信委、自治区党校主办，人民银行南宁中心支行、广西银监局、广西证监局、广西保监局协办的“广西市县领导干部金融与工作培训班”在南宁举行。自治区党委常委、自治区常务副主席黄道伟作开班讲话。各市、县（区）人民政府分管金融、工业工作的领导，各市金融办主任、工信委主任，国家级工业园区管委会主任、自治区级工业园区管委会主任共260多人参加学习培训。

16日 自治区法学会第五届理事会第四次全体（扩大）会议在南宁召开。自治区党委常委、政法委书记温卡华发来贺信，全国人大常委会委员、自治区法学会会长彭祖意出席并讲话。自治区党委常委、政法委书记温卡华发来贺信，自治区法学会专职副会长兼秘书长陈锋作工作报告，自治区法学会副会长、自治区人大法制委主任委员李先明主持会议，自治区法学会副会长、自治区党委政法委副书记、自治区综治办主任刘耀龙，自治区法学会副会长、自治区人民检察院副检察长邓海华，自治区法学会副会长、自治区司法厅副厅长卫福喜，自治区法学会副会长、广西经济管理干部学院院长郑作广，自治区法学会副会长、广西社科联秘书长曹平，自治区法学会副会长、广西大学法学院名誉院长孟勤国，自治区法学会副会长、广西教育学院院长容本镇、自治区法学会副会长、广西民族大学副校长李珍刚出席。自治区法学会第五届理事会理事，各市法学会会长、专职副会长兼秘书长，自治区法学会所属各学科研究会会长、秘书长以及自治区法学会机关各部室负责人参加。

23日 自治区妇联主办，百色市妇联协办的广西妇联“下基层 访妇情 大宣讲”活动专题讲座在百色举行。自治区妇联副巡视员、妇儿工委办公室主任班乐英作题为《贯彻落实男女平等基本国策推动实现富民强桂新跨越》的专题讲座。百色市直各单位、右江区各单位代表共200多人到场聆听讲座。

3月

2日 自治区党委宣传部、自治区文明办、自治区直工委等单位联合举行的“弘扬雷锋精神 树立文明新风”—自治区深入开展学雷锋活动启动仪式在南宁市望州南小区举行。自治区党委副书记危朝安等领导出席，上百名干部群众、各行业学雷锋志愿者参加。

△由自治区党委宣传部、自治区社科联联合举办的“广西社科界学习弘扬雷锋精神研讨会”在南宁召开。主题为“雷锋精神的时代价值”。自治区党委宣传部副部长李海荣出席并讲话，自治区社科联党组书记、主席王士威主持并作小结。自治区社科联副主席姚兵，副巡视员、秘书长曹平出席。来自广西区直有关学会、部分驻邕高校社科联以及主办单位的专家学者近50人参加。

2~15日 自治区党委组织部、自治区党校主办的自治区管理干部农业科技创新专题研讨班在自治区党校举行，自治区党委副书记、党校校长危朝安作开班讲话。共有47名学员参加学习。

4日 由共青团广西区委、自治区教育厅、自治区民政厅、自治区林业厅、自治区通信管理局和广西区青联、学联、少工委等共同组织的“传承雷锋精神，青少年在行动”——广西青少年深入开展学雷锋活动统一行动日启动仪式在南宁举行。自治区党委副秘书长朱学庆、共青团广西区委书记李泽、自治区高校工委副书记莫锦荣、自治区民政厅副厅长李明、自治区林业厅副巡视员肖超、南宁市委副书记刘长林、团中央志愿者工作部就业服务处处长陈晓峰、共青团广西区委副书记严霜、自治区通信管理局办公室主任兼机关党委副书记谭国栋、共青团南宁市委书记邓娟娟等领导出席启动仪式，相关单位的领导及志愿者500多人参加活动。

5日 自治区妇联、自治区外事办、自治区外专局在南宁举办广西中外妇女纪念“三八”国际劳动妇女节茶话会。在邕厅级女领导、各界妇女代表、驻桂东盟国家女领事、领事夫人、外籍专家学者、外国女留学生代表等共100多人参加。

6日 我国首部公开出版发行的经济区影像志《广西北部湾经济区志》首发式在南宁举行。由广西壮族自治区地方志编纂委员会办公室、广西北部湾经济区规划建设管理委员会办公室、广西地情影像资料中心等单位联合摄制，填补了北部湾经济区地情影像志的空白。

△“自治区2012年理论工作会议”在崇左召开，自治区各市党委宣传部分管副部长、讲师团长、理论科长和广西区直有关部门负责同志参加。

8日 广西教育学院“广西教育学院特殊教育实训基地”揭牌仪式在广西残疾人康复研究中心举行。广西残联副理事长杨一万、康复部主任黄运德，广西教育学院党委副书记、纪委书记卫荣凡，教务处处长黄尧，广西残疾人康复研究中心主任张明武、副主任韦永华等领导出席仪式。广西残疾人康复研究中心主任张明武与广西教育学院教务处处长黄尧举行签约仪式，杨一万、卫荣凡为基地落成揭牌。

△由国家统计局主办，百色市人民政府协办的“全国城市社会经济基本情况统计年报会议”在百色举行。国家统计局城市司副司长刘建伟、自治区统计局副局长黄卫东出席会议，副市长罗试坚在会上致辞。200多人参加。

10日 首届桂商发展论坛暨北京广西企业商会成立5周年庆典活动在北京举行。自治区党委书记、自治区人大常委会主任郭声琨，自治区主席马飚出席庆典活动，出席全国两会的部分广西代表、委员，广西有关部门领导与广西籍在京企业家，以及来自海外和部分省市广西商会的代表参加。

△由共青团广西区委、南宁市委、南宁市人民政府等部门主办，共青团南宁市委、南宁市青秀山风景区管委会承办的“西江千里绿色走廊”桂粤港澳青少年共建行动暨2012年走读珠江（西江）生态环保体验活动首发仪式在南宁市青秀山风景区正式启动。自治区党委副书记危朝安出席活动，桂粤港澳1100多名青少年参加。

12日 由中宣部、中央文明办、中央电视台等主办，公安部政治部宣传局、广西壮族自治区公安厅、南宁市人民政府共同承办的激情广场“爱国歌曲大家唱·公安专场”在南宁国际会展中心举办。5000多现场观众观看。

△“自治区社科联第六届委员会第五次常务委员会议”在南宁召开。自治区社科联党组书记、主席王士威主持。自治区社科联主席、副主席、兼职副主席、秘书长、常委出席，自治区社科联机关各部、室、中心负责人列席。会议审议并通过常委会向六届四次全委会作的工作报告和自治区社科联2011年工作总结，审定自治区社科联2012年工作要点，研究人事任免事项。研究并建议增补选举崇左市社科联主席苏川、广西民族大学社科联副主席袁鼎生为自治区社科联第六届委员会委员、常务委员，建议增补选举广西产业与技术经济研究会会长杨鹏、广西人力资源管理发展研究会会长温回开、广西人的发展经济学研究会副会长官锡强、广西可持续发展促进会副会长蒙国莲、广西网媒文化促进会副秘书长凌艺为自治区社科联第六届委员会委员，提交自治区社科联第六届委员会第四次全体会议选举增补。

13日 “西部地区中小型企业发展与知识产权创新高级研修班”在南宁开班。国家知识产权局专利管理司司长马维野、广西科技厅党组书记陈大克等出席开班仪式。来自云南、内蒙古、甘肃、广西、重庆等省（区）、市的50多名代表参加。会期5天。

△“自治区社科联第六届委员会第四次全体会议”在南宁召开。会议增补选举自治区社科联第六届委员会委员、常务委员。自治区党委宣传部副部长李海荣出席并讲话，自治区社科联党组书记、主席王士威代表自治区社科联第六届常委会向大会作题为《围绕中心，服务大局，努力推动我区社会科学事业实现新的发展》工作报告，自治区社科联党组副书记、副主席汤竹庭，党组成员、副主席张瑞枝、姚兵，兼职副主席于起翔，副巡视员、秘书长曹平等领导出席。120多名委员参加。

△由广西行政教育对外交流协会主办，广西监狱

管理局未管所协办的"学习雷锋精神—爱岗敬业与礼仪修养"专题报告在广西监狱管理局未管所举行。特邀自治区党校王宁湘教授针对职业道德意识滑坡的现象,对干警进行世界观、人生观、价值观教育培训。自治区社科联学会部副主任玉玥,所领导、在职民警近300人参加。

13~14日 由自治区人民检察院主办的"广西检察教育工作培训班"在百色市平果县举行。自治区人民检察院、副检察长蒙永山出席并讲话,百色市委常委、政法委书记周武红致辞。广西各市检察院副检察长、政治部主任,百色市检察院系统相关领导、干部近100人参加。

14日 广西财经学院社科联在南宁召开"2012中国—新加坡物流发展与人才培养研讨会"。新加坡物流管理学院、广西大学等区内9所高校和广西现代物流生产力促进中心、《现代物流报》、北京理工大学出版社的代表80多人出席。

16日 广西社会科学院、自治区社科联在南宁联合召开"以社科管理创新推进文化大发展大繁荣"座谈会。自治区社科联党组书记、主席王士威主持,党组副书记、副主席汤竹庭小结,广西社会科学院党组书记、院长吕余生总结,副院长刘建军致辞。两家单位相关领导及部门负责人参加。

17日 由自治区党委宣传部、自治区文化厅、中国印·李岚清篆刻书法素描艺术展组委会主办,广西博览局承办的"李岚清篆刻书法素描艺术展开幕式"在广西民族博物馆举行。中共中央政治局原常委、国务院原副总理李岚清出席开幕式,自治区党委书记、自治区人大常委会主任郭声琨致辞,自治区主席马飚主持。展出456个篆刻作品、45件书法作品、125幅素描肖像作品。艺术展持续展出15天。

△由自治区党委宣传部、自治区文化厅主办,自治区文联承办,广西美术家协会、广西书法家协会、广西文艺理论家协会协办的"李岚清篆刻书法素描艺术学术研讨会"在南宁举行。自治区文联主席潘琦,中国美术馆馆长范迪安,自治区文化厅厅长余益中,自治区文联党组书记、副主席韦守德,自治区博览局局长郑军健,西泠印社出版社社长江吟,中国篆刻艺术院常务副院长骆芃芃,广西书法家协会主席韦克义,广西文艺理论家协会主席、广西教育学院院长容本镇,自治区文化厅副厅长、自治区文联副主席唐正柱,自治区文联党组成员、副主席赵如锋,全国政协常委、广西艺术学院副院长郑军里,自治区党委宣传部文艺处处长石才夫等领导、嘉宾及来自广西文艺界专家学者近50人出席。

△由自治区党委宣传部和自治区文化厅主办的"永远记住他们——中国近现代著名词曲作家作品音乐会"在南宁市人民会堂举行。中共中央政治局原常委、国务院原副总理李岚清,自治区党委书记、自治区人大常委会主任郭声琨,自治区主席马飚出席。

△"广西艺术品收藏协会2012年年会暨第三届会员大会"在南宁举行。自治区政协副主席蒋济雄出席。数百名收藏家参加。

18日 自治区旅游局在桂林召开"桂澳旅游合作交流会"。自治区旅游局局长陈建军出席。来自广西旅游业和澳门旅游业的50多名代表参加。

20日 "中国科协2012年第一期县级科协主席培训班"在南宁开班。来自广西、四川、贵州等西部10个省(区)和新疆生产建设兵团的150名县级科协主席参加培训。

△"广西国际税收研究会第二次会员代表大会"在南宁举行。会议选举第二届广西国际税收研究会的理事、会长、副会长、秘书长,并聘请广西国际税收研究会新一届的顾问。

22日 自治区纪委、自治区卫生厅在百色举行"自治区医德医风建设经验交流会"。自治区纪委副书记、监察厅厅长、自治区预防腐败局局长、自治区纠风办主任何开长,自治区卫生厅党组书记、厅长李国坚,百色市委书记、市人大常委会主任赖德荣,百色市委常委、纪委书记张俊雄,副市长赵桂兰等出席。150多人参加。

23日 "2011年度广西银行业文明规范服务表彰大会"在南宁举行,来自中国银行业协会、自治区金融工作办公室、自治区精神文明建设委员会办公室、自治区民间组织管理局、广西银监局、广西证券期货业协会、广西保险业协会,柳州、桂林、玉林、钦州、北海银行业协会,各银行业金融机构等单位的领导和受到表彰的单位及个人代表共300余人参加。

23~25日 由广西作家协会与广西小小说学会共同主办,钦州方隆矿业有限公司协办的"方隆杯第五届广西小小说奖"颁奖会在钦州举行。钦州市人大常委会副主任方文,广西作协常务副主席严风华,钦州市委统战部副部长张朝戈,钦州学院中文传媒学院院长陆衡博士，广西钦州方隆矿业有限公司董事长郑君强，钦州市作协主席谢凤芹等领导、嘉宾、获奖代表以及文学爱好者60多人出席。

24日 由广西北部湾书画院主办的“海洋与文化产业”研讨会暨笔会及“南风季—春”大型联展活动在南宁举行。来自广西区、市政府有关领导及学者、专家、书画家近100人参加。

△广西瑶学学会在南宁举办“瑶族千家洞研讨会”。瑶学研究专家、学者共20多人参加。

25日 由自治区教育厅、工信委、国资委主办的“第一届(2012)广西职业教育校企合作论坛”在南宁举行。来自教育部以及自治区教育厅、工信委和国资委、职业教育学校和企业的100多名代表参加。

△广西区域科学学会第一次会员代表大会在广西师范学院召开。广西师范学院党委书记刘力，广西电力职业技术学院党委书记陈俊伟，广西师范学院经济管理学院院长严志强，广西社会科学院副院长黄志勇，广西艺术学院党委副书记邓军，河池学院副院长周鸿，自治区发改委规划处处长唐爱斌，自治区农业区划委员会办公室主任李国平等领导出席，广西师范学院经济管理学院副院长韦海鸣主持，部分广西区直单位领导，相关企事业单位负责人等50多人参加。

27~28日 由自治区文化厅主办，广西群众艺术馆承办，广西群众文化学会协办的“第三届广西群众艺术馆、文化馆业务干部专业技能比赛”在南宁举行。来自广西各地文化局、群众艺术馆的15个代表队共226人参赛。

27~29日 由广西师范大学主办，教育部广西师范大学基础教育课程研究中心、广西师范大学教育科学学院承办，欧洲教育发展研究机构联盟、广西人文社会科学发展研究中心、广西师范大学教师教育学院协办的“第三届中欧基础教育课程发展论坛”在桂林广西师范大学育才校区举行。来自荷兰、法国、芬兰、瑞典等8个欧洲国家的代表，国内基础教育课程研究中心专家和中小学校长、教师代表，以及广西高中新课改专家400余人参加。

28日 由百色市委、市人民政府、广西壮学学会主办，田阳县委、县人民政府承办的“布洛陀文化学术研讨会”在百色市田阳县举行。主题为“布洛陀麽经研究”。百色市委常委、宣传部部长、副市长范力出席会议并讲话。广西壮学会副会长、研究员廖明君主持会议。来自泰国、越南、北京、云南、贵州、海南、广西等地的领导、专家和学者100多人参加。提交论文30余篇。

28~30日 由广西壮学学会、百色市人民政府主办，田阳县委、田阳县人民政府承办的“2012年百色市布洛陀民俗文化旅游节”在百色市田阳县敢壮山景区朝拜广场举行。期间，举行布洛陀祭祀大典、“田阳布洛陀文化学术研讨会”等活动。来自云南、广东、湖南、贵州、福建等兄弟省区，以及泰国、越南等东盟国家的嘉宾约40多万人参加活动。

29日 自治区社科联在南宁召开“2012年自治区社科联系统秘书长联席会议”。自治区社科联党组书记、主席王士威出席并讲话，党组副书记、副主席汤竹庭，党组成员、副主席张瑞枝，党组成员、副主席姚兵出席，由自治区社科联秘书长曹平、自治区社科联学会部主任何明分别主持。来自自治区社科联所属社会组织和各市、高校社科联秘书长或办公室主任以及部分市级社会组织代表共160多人参加。《广西日报》、广西电视台、广西社科联网站进行了报道。

31日 由广西民族大学东盟学院、广西科学实验(中国—东盟研究)中心、教育部东盟(区域)研究中心举办的“2011年东盟形势分析会”在广西民族大学举行。会议就东盟十国2011年的社会发展情况、存在问题以及2012年东盟的整体情况和发展趋势进行分析讨论。中国改革开放论坛的马加力教授，中国太平洋经济合作全国委员会杨泽瑞教授，中国社科院亚太与全球战略研究所的王玉主教授、许利平教授，中国现代国际关系学院马燕冰教授，中国东南亚研究会副会长兼秘书长厦门大学李一平教授，云南大学人文学院李晨阳教授，海南省海口经济学院沈世顺教授等8位东南亚专家出席。

4月

6日 “南宁市青年创业者联合会成立大会暨青年创业论坛”在南宁举行。南宁市领导刘长林、刘雄、石文怀、李勤，以及共青团广西区委副书记廖立勇等出席。来自南宁市的青年企业家、创业者、各高校社团负责人近500名代表参加。

9日 “第二届陆路东盟国际商务文化(壮族歌圩)节”在崇左开幕。期间举办“中国—东盟(崇左)产业合作与发展论坛”，主题为“合作、发展、共赢”。来自中国国内以及泰国、越南、马来西亚、柬埔寨、老挝、缅甸、文莱等7个东盟国家的相关政府部门、研究机构、商协会、著名企业的代表共300多人聆听论坛演讲。

12日 自治区社科联党组中心组2012年第一次专题理论学习会在南宁举行，主题为：推动经济发展新跨越，建设西部经济强区。自治区社科联党组书记、主席王士威作中心发言。全体干部职工参加。

14日 由广西文化厅、全国村歌大赛组委会等主办，龙州县政府承办，《歌海》杂志等协办的"全国村歌大赛采风行第一站广西培训班开幕式"在崇左市龙州县举行。来自吉林、福建、广东、广西等省（区）的50多位学员参加。

15日 广西民族大学中国—东盟研究中心与北京大学东南亚学研究中心联合在北京举办"第二届中国研究生东盟论坛"。中国驻东盟特命全权大使佟晓玲、外交部东盟处处长贺湘琦、中国东南亚研究会副会长兼秘书长李一平教授、北京大学原党委书记王学珍教授、北京大学校务委员会副主任郝斌教授、广西民族大学副校长吴尽昭出席，王学珍主持。约60人参加。共评审出一、二、三等奖论文30篇。

△"广西生产力促进会第七届会员代表大会"在南宁召开。选举梁华腾为第七届理事会会长，韦武双、黄启周、雷德、韦坚祥、蓝常高、廖桂莲、覃善忠为副会长，韦广平兼任秘书长。选举梁愉立等37人为理事，黄启周等19人为常务理事。49名会员代表参加。

16日 由广西财经学院管理科学与工程学院主办的"海峡两岸管理科学与工程学科与专业建设研讨会"在广西财经学院举行。台北海洋技术学院、广西民族大学等4所高校和广东粤建设计研究院、广西华蓝设计集团规划院、南宁市园林规划设计院、广西物流与采购联合会、广西新月物流汇电子商务有限公司等60多名代表及广西财经学院学校夏飞副校长、科研处、管理科学与工程学院负责人和多所广西高校师生代表参加。

17日 广西国际经济贸易学会第六届会员代表大会在南宁市召开。进行换届选举，选举产生以广西国际商务职业技术学院党委书记陆耀新为会长的新一届学会领导班子。

18~20日 由中国陶瓷工业协会、中国轻工工艺品进出口商会、广西壮族自治区商务厅、玉林市人民政府共同主办的"第三届中国（北流）国际陶瓷博览会"在广西北流市举行。展会主题为"搭建交流合作平台、共享陶瓷发展商机"。吸引了来自英国、美国、白俄罗斯、西班牙、澳大利亚、日本、越南等12个国家和国内20个省（区）代表团共41.5万人次的客商和民众参会参展和贸易洽谈，签约总金额52.5亿元人民币。期间组织举办了"日用陶瓷产业发展论坛"和"闭孔泡沫陶瓷与建筑节能产业发展研讨会"。

19日 广西旅游协会教育分会成立大会暨第一届会员代表大会在桂林旅专召开。大会由自治区旅游局、广西旅游协会主办，桂林旅游高等专科学校承办。中国旅游协会旅游教育分会秘书长唐志辉，自治区旅游局副局长芮宏，广西旅游协会秘书长蔡富有，广西旅游协会饭店分会副会长沈林杰，广西旅游协会旅行社分会会长经继平，广西旅游协会景区分会会长钟新民，桂林市旅游局局长林业江，桂林旅游高等专科学校党委书记林娜、校长贾玉成出席会议。会议由桂林旅专副校长黄国良主持。广西旅游协会教育分会是广西旅游协会的分支机构，由广西从事旅游教育的院校、培训机构及相关单位自愿组成。会址设在桂林旅游高等专科学校。分会的宗旨是：贯彻国家、广西有关旅游、教育方面的法律法规和方针政策；团结和凝聚广西旅游教育各方面的力量，代表会员的共同利益，维护会员的合法权益；为会员、为行业、为地方经济服务，在会员与政府之间发挥桥梁和纽带作用；促进广西旅游人力资源的开发和旅游教育质量的提高。会议审议通过了《广西旅游协会教育分会章程》、《广西旅游协会教育分会会费标准及管理办法》，并选举产生广西旅游协会教育分会第一届理事会，产生了会长、副会长、理事、秘书长。

19~23日，由河南省社科联主办，河南省社会科学活动中心承办的全国社科联系统网站建设暨信息工作交流会在河南郑州举行。来自全国19个省、自治区、直辖市的代表共80余人参加。主题为：加强社科联系统网站建设，提升社会科学信息化水平。会议总结回顾近年来各省、自治区、直辖市社科联网站建设和信息工作取得的成绩，交流各自的工作经验，并就社会科学信息化建设的路径、措施和如何进一步发挥社科联系统网站在当地社会科学信息化建设中的重要作用等问题进行广泛的探讨和交流。河南省委外宣办、省政府新闻办主任何彧介绍河南省经济社会发展的基本情况。河南省社科联主席杨杰致欢迎辞。19个省、自治区、直辖市社科联的代表作工作经验交流发言，并就网站建设和信息工作中遇到的问题进行探讨和交流。广西社科联办公室秘书朱汝胜作题为《总结经验，把握规律，推动新形势下社科信息工作实现新发展》的经验交流发言。会议强调，在新形势下，要进一步加强各省、自治区、直辖市社科联之间的交流，开拓创新，整合全国社科联系统的信息资源，充分发挥其应有作用，努力在网站建设和信息化建设方面发挥更大作用，为推动社会科学事业实现新的发展作贡献。

20 日 由自治区高校工委、教育厅、共青团广西区委、自治区学联共同主办，共青团广西高校工委、共青团广西区委学校部承办，广西医科大学协办的“第五届广西高校学生社团发展论坛”在广西医科大学举行。广西共有 65 所高校、200 多名团学干部参与。

20~22 日 由教育部新闻学科教学指导委员会、中国高等教育学会广告教育专业委员会和全国大学生广告艺术大赛组委会联合主办，广西艺术学院承办的“第四届中国广告教育论坛”在南宁举行。主题为“数字媒体时代的广告教育”，来自全国各地 100 多所院校的 130 余名专家、学者与教师参加。

25 日 由自治区党委宣传部、自治区高校工委、教育厅联合主办的“‘我的中国梦’——广西高校青年学生形势政策百场报告会”在广西医科大学启动并举行首场报告会。自治区文联主席潘琦作首场报告。来自广西医科大学、广西艺术学院等 7 所高校的 1000 多名师生聆听。

△自治区社科联在南宁召开“自治区社科联系统舆情信息工作暨表彰会议”。自治区社科联党组书记、主席王士威，党组副书记、副主席汤竹庭，党组成员、副主席姚兵，副巡视员、秘书长曹平等领导出席，自治区党委宣传部舆情信息处处长谢世红应邀到会讲课，自治区社科联办公室主任张流主持。自治区社科联系统 100 多名信息工作者与会。

26 日 由百色市人民政府主办“百色玉林两市林下养鸡产业协作发展会议”在百色召开。自治区水产畜牧兽医局巡视员、副局长粟永华，百色市市长谢泽宇、百色市委副书记张虹、百色市人大常委会副主任杨明刚、百色市副市长罗试坚、百色市政协副主席曹东方，玉林市副市长禤甲军出席，玉林市水产畜牧兽医局、水产畜牧协会领导和 28 家玉林市肉鸡重点企业负责人及百色市招商局、水产畜牧兽医局、各县分管领导、县区水产畜牧兽医局领导近 100 人参加。

26~27 日，由自治区社科联主办，广西社会科学学术团体发展促进会承办的“2012 年广西第一次社科专家活动日”在南宁举办。主题为“解放思想 赶超跨越”。自治区社科联党组书记、主席王士威总结，党组成员、副主席姚兵出席，自治区社科联党组副书记、副主席汤竹庭主持。来自自治区社科联所属社会组织、有关高校和科研机构的领导和专家学者 30 多位专家学者参加。《广西日报》、广西电视台、广西社科联网站进行了报道。

△由广西检察官协会、自治区检察院主办，桂林市人民检察院承办的“自治区检察理论研究年会暨第十二届广西检察理论研究优秀成果奖颁奖大会”在桂林召开。年会主题为“诉讼监督与能动检察”，桂林市委、市政府、市政协、市人大等有关领导同志应邀出席。来自自治区人民检察院有关部门负责人、广西师范大学、桂林电子科技大学、广西大学的专家教授、《西南政法大学学报》编辑部主任和广西检察系统的代表共 100 余人参加。共收到参评文章 314 篇。

27 日 由广西桂学研究会主办，广西教育学院协办的“桂学讲坛”暨桂学网站在广西教育学院举行启动和开通仪式。“桂学讲坛”正式举行第一讲开讲仪式。广西文联主席、广西桂学研究会会长潘琦作题为“加强桂学研究 助推文化强桂”的学术报告。来自广西各界的领导、专家及高校的师生们共 800 多人参加。

27~28 日 由自治区文化厅主办，广西群众艺术馆、广西群众文化学会承办的“2012 年广西群众文化理论写作培训班”在南宁举行。共 45 人参加。

28 日 由广西壮族自治区文化厅、天津市文化广播影视局主办，广西壮族自治区群众艺术馆、天津市群众艺术馆承办的“‘美丽家园’2012 广西·天津公共文化服务交流年活动暨天津市群众美术书法摄影作品展”在广西博物馆举行。主要由天津赴广西交流活动和广西赴天津交流活动两大板块组成。交流年活动于 10 月在天津闭幕。

△广西发展战略研究会在南宁成立。175 名会员参加。

△由广西发展战略研究会主办的“首届广西发展战略论坛”在南宁举行。主题为“富民强桂新跨越”。来自北京师范大学、中央民族大学、中国农业科学院等广西区内外的 200 多名专家学者参加。共收到论文 54 篇。

29 日 由中国社会科学院中国边疆史地研究中心、中央民族大学壮侗学研究所、隆安县委、隆安县政府和广西骆越文化研究会联合主办的“中国·隆安

‘那’文化(稻作文化)民俗研究座谈会”在隆安召开。中央民族大学原副校长、博士生导师梁庭望教授,民族出版社副总编、博士生导师黄凤显教授、中国社会科学院中国边疆史地研究中心主任助理、博士生导师于逢春研究员等一批全国知名学者参加。共收到论文17篇。

5月

5日 广西商业经济学会在南宁召开第七次会员代表大会。大会审议通过《广西商业经济学会章程》(修订稿),选举出第七届常务理事会和第七届领导班子。

8~18日 由钦州学院、广西职业技术学院、广西工艺美术学会联合主办,钦州学院陶瓷艺术设计实验教学示范中心承办的“广西首届青年陶艺作品展暨学术研讨会”在钦州学院举行。钦州学院党委书记银建军在开幕式上致辞,钦州学院院长李尚平、党委副书记赵伟、厅级调研员黄家庆出席开幕式。中国工艺美术大师李人帡等陶艺界著名专家学者、艺术家和钦州10多家陶艺企业领导亲临活动现场,

9日 “广西佛教协会第四次代表会议”在南宁召开,会议选举产生广西佛教协会新一届领导班子。自治区党委统战部副巡视员刘流、自治区宗教局局长林东昭、副局长梁柳宁等领导,以及来自广西14个设区市的代表、特邀代表及嘉宾共约140人出席。

9~10日 由广西社会科学院、龙州县委、龙州县政府、广西历史学会共同主办的“龙州与近代广西”学术研讨会暨陆荣廷旧居陈列馆开馆仪式、庄蕴宽纪念碑的揭幕仪式和《国士无双庄蕴宽传》的首发式在龙州县举行。其中研讨会筹办工作由龙州县政府与广西历史学会共同承担,来自中国社会科学院和广西史学界的50多名专家、学者出席研讨会。共收到论文30余篇。

10日 广西领导干部“时代前沿知识”系列讲座第81讲在广西人民会堂举行。外交部党委书记、副部长张志军应邀作题为《当前国际形势与我国对外工作》的专题报告。自治区领导郭声琨、马飚、危朝安、石生龙、林念修、余远辉、周新建、范晓莉、莫永清、文明、蓝天立等出席并聆听讲座。

△广西民族大学东盟学院(中国—东盟研究中心)与中国外交部在北京合作举办“第二次东亚智库论坛:东盟的一体化建设问题”。中国驻东盟特命全权大使佟晓玲,印度尼西亚战略与国际问题研究中心顾问、澳大利亚国立大学研究员安德鲁·埃里克,太平洋经济合作理事会秘书长埃德瓦多·佩卓尔萨等出席。50人参加。

10~12日 由中国少数民族教育学会预科教育专业委员会、广西民族大学主办的“中国—东盟预科教育比较研究学术研讨会”在南宁举办。80多名来自中国30多所高等院校负责人及专家学者参加。

10~13日 由自治区应急办、自治区政务中心管理办、广西行政学院共同举办的“2012年广西应急管理与政务公开研讨班”在南宁开班。自治区副主席梁胜利作开班讲话。来自各市、县(区)分管应急管理、“一服务两公开”工作的副市、县(区)长及区直中直有关部门人员近300人参加。

11日 中国—东盟商务会展人才培训中心、中国—东盟艺术人才培训中心、东盟国家汉语人才培训中心和中国—东盟金融与财税人才培训中心等4个教育培训中心落户广西并举行揭牌仪式。

△广西研究生联合会开发促进会为高新区大学生科技创业基地举办“在孵企业科技项目申报、企业人才管理报告会”。来自创业基地38家公司的126名员工参加。

11~12日 广西生态工程与生态文化研究会在马山县召开“广西马山县石山(石灰岩)地区造林绿化优良速生树种栽培技术推广示范技术培训及石漠化治理技术经验交流会”。会长温远光教授主持。河池市和百色市下属各县(区)林业局有关领导、林业技术推广应用技术员以及马山县白山镇民族村村民等80多名特别代表。

13日 由广西文联主办,广西美协承办的“广西近现代重大历史题材美术创作工程”作品展在自治区博物馆开幕。自治区领导沈北海、荣仕星、李康、黄格胜,自治区高级人民法院院长罗殿龙出席开幕式并观看展览。展览共展出《太平天国起义》、《刘永福抗法》、《镇南关大捷》、《百色起义》、《桂林保卫战》等37幅包括国画、油画、雕塑等美术形式的作品。

△广西文联与贺州市联合召开的“千村万户文艺惠民工程”现场推进会在贺州举行。来自贺州各个县(区)的农村文艺带头人参加。

15~16日 “2012年广西古籍保护工作会议暨古籍普查登记工作培训班”在广西图书馆举行。自治区文化厅副巡视员任保胜、社文处处长黄燕熙,自治区方

志办公室副主任秦邕江出席。自治区文化厅向自治区图书馆、广西日报社资料室等10家有藏书入选第二批广西珍贵古籍名录的单位颁发了入选证书。来自自治区不同系统的35家古籍收藏单位的领导、古籍普查登记人员共64人参加。

16日 由广西民族大学图书馆主办，北京世纪超星信息技术发展有限责任公司承办的“广西民族大学移动图书馆启动仪式暨移动图书馆应用与技术创新研讨会”在广西民族大学举行。标志着广西民族大学图书馆正式开启移动阅读服务。广西民族大学副校长李珍刚出席仪式并致欢迎辞，中央民族大学、中南民族大学、西南民族大学等民族院校图书馆，广西大学、广西医科大学、桂林电子科技大学以及广西区图书馆等高校和公共图书馆的领导，广西民族大学图书馆工作委员会委员、图书馆员工、各学院的师生代表共600多人参加。

17日 由繁荣发展民族院校哲学社会科学高层次论坛联谊会主办，广西民族大学承办的“第四届繁荣发展民族院校哲学社会科学高层论坛”在广西民族大学召开。主题为“民族院校哲学社会科学研究与民族院校的改革发展”。教育部社会科学司副司长张东刚、国家民委教育科技司副巡视员安清萍，“繁荣发展民族院校哲学社会科学高层论坛联谊会”会长、中南民族大学原校长雷召海教授，自治区社科联副主席姚兵出席。18所民族院校及16所民族地区高等院校的代表70人参加。

△由自治区妇联、广西妇女理论研究会主办的“先进性别文化建设研讨会“在南宁举行。中华女子学院院长张李玺、《中国妇女报》社长黄理彪、自治区妇联主席王革冰出席。中共广西区委党校副校长、广西行政学院副院长唐秀玲主持。来自广西各高校的专家学者、研究生、各地市妇联领导、各地市党校教师等近100人参加。共收到论文159篇。

△广西妇女理论研究会第五次会员代表大会在南宁举行。自治区妇联、广西妇女理论研究会主办。全国妇联副主席、书记处书记甄砚，自治区副主席李康，自治区政协副主席蒋培兰，自治区社科联党组书记、主席王士威，中国妇女研究会秘书长、全国妇联妇女研究所所长谭琳，中华女子学院院长张李玺，《中国妇女报》社长黄理彪出席会议。来自广西各地市的204名会员代表参加。甄砚、谭琳、王士威在会上分别致辞。李康副主席在会上提出，妇女理论研究工作要坚持正确的政治方向，坚持推进先进性别文化发展，不断提高服务妇女、服务社会的能力，推动妇女全面协调发展。各部门要为妇女理论研究工作创造良好的社会环境；在制定实施工作规划、研究确定重要政策和重大项目时，应充分考虑妇女的特殊利益和发展需求，加大政策、资源、项目等的倾斜力度，坚持男女平等基本国策，加强对妇女研究工作的领导和指导，努力搭建社会化研究平台，不断提高广西妇女理论研究的工作水平。会上，黄筱娜代表第四届理事会作工作报告。赵凌雪在会上作修改《广西妇女理论研究会章程》说明，并经会员表决通过《广西妇女理论研究会章程》和《广西妇女理论研究会选举办法》，选举产生广西妇女理论研究会第五届会员代表大会理事会。王芑冰、边疆、王[illegible]、于琛等84人为理事成员。王革冰任广西妇女理论研究会第五届理事会会长，边疆为常务副会长，王枬、于琛、唐秀玲、陆云、孙小迎、黄筱娜为副会长，黄筱娜兼任秘书长，广西大学妇女与发展研究中心、广西师范大学女性发展研究所、广西民族大学社会性别与发展研究中心、广西师范学院女性文化研究中心等13个单位为广西妇女理论研究会第五届理事会理事单位。

18日 “庆祝广西民族大学建校60周年大会”在南宁举行。全国政协副主席李兆焯题写贺词“发展优势，建设特色鲜明的多科性一流民族大学”并发来贺电。自治区党委书记、自治区人大常委会主任郭声琨，自治区主席马飚，国家民委副主任罗黎明出席。

△由自治区党委宣传部、自治区文联共同主办的“纪念毛泽东同志《在延安文艺座谈会上的讲话》发表70周年广西文艺界座谈会”在南宁召开。广西文艺界140多人参加。

△由崇左市委宣传部、崇左市文明办、崇左市教育局、崇左市妇联主办的“学习雷锋　做美德少年”网上签名寄语启动仪式暨第八个“未成年人思想道德建设宣传日”宣传教育活动在凭祥市举行。崇左市委常委、宣传部部长、副市长冯学军出席。300多人参加活动。

△自治区民委在南宁召开“自治区少数民族古籍工作会议”。自治区原副主席张声震等领导到会并讲话。近150位代表参加。

18~20日 由广西科技厅主办，广西科学活动中心承办，融水县科技局、教育局协办的“明日科技之星——爱心科普行”活动在南宁举行。来自融水县香粉乡九都村小学和新平村小学的25名家庭贫困学子在南宁共享了一次科技之旅。

19日 广西商业经济学会与广西财经学院在南宁共同举办“第二届中国—东盟国际化商务人才培养

模式创新与实践研讨会”。广西大学、广西民族大学等区内28所高校的专家、学者,南宁市高新区管委会、南宁市民主建国会、中南大学出版社及有关外贸企业等200多人参加。

19~25日 “2012年全国科技活动周广西活动开幕式暨绿城科普广场活动”在南宁举行。自治区共组织开展300多项科普活动,其中自治区级组织了70多项,各市县、各单位也组织开展了丰富多彩的科技活动,参与群众达700多万人次。

20日 由自治区妇联、科技厅等主办的“舞动民族风科技进家庭”首府巾帼民族风展示暨科技知识进家庭主题活动在南宁举行。南宁市委副书记刘长林出席。自治区、南宁市20多个部门,30多个文明岗和妇女组织共200多名巾帼志愿者在现场开展科普知识宣传活动。

△由自治区文化厅、自治区民委、自治区旅游局主办,自治区邮政公司、自治区集邮协会承办的“寻三姐足迹,扬八桂文化——刘三姐邮票宣传活动”启动仪式在广西民族博物馆举行。邮展将赴河池宜州、柳州、桂林巡回展出。

△由中国高等院校影视学会和广西民族大学主办,广西民族大学——生态审美与民族文艺学研究基地承办的“民族影视与影视民族性”高层论坛在防城港东兴市金滩开幕。来自全国各地的60余名专家学者参加。

21日 纪念毛泽东同志《在延安文艺座谈会上的讲话》发表70周年广西文联志愿服务活动启动仪式在南宁举行。来自南宁近300名文艺志愿者参加。

22日 由广西师范大学和广西史学会共同主办,广西师范大学出版社和广西师范大学历史文化与旅游学院承办的“二十世纪三十年代的广西建设”学术研讨会在桂林举行。广西师范大学党委书记王枬在开幕式上致辞,广西史学会副会长、广西师范大学历史文化与旅游学院教授唐凌主持。来自中国社会科学院、北京大学、南京大学等全国各地数十位史学专家以及广西区内各高校、史学研究单位的学者参加。

22~23日 “广西壮汉双语教学现场观摩暨教学研讨会”在贵港市覃塘区举行。广西120多名壮汉双语教学骨干教师现场观摩了覃塘区蒙公乡古山小学学前班壮文拼音课和小学壮汉双语同步教学示范课,并进行了壮汉双语教学经验交流。

23日 由广西书画研究院主办的“名家书画作品展”在南宁开展。广西书画家及书画爱好者100多人观看展览。

24日 “第五届自治区图书馆采访工作研讨会”在南宁举办。广西图书馆学会理事长徐欣禄、学会秘书长秦小燕以及来自广西的公共、高校和专业系统图书馆的相关领导和人员150多人参加。

24~26日 自治区社科联、广西先进文化发展促进会、广西写作学会在河池学院联合主办“第五届广西校园文化论坛——网络时尚文化与校园文化学术研讨会”。自治区社科联党组书记、主席王士威及专家学者和学生300人出席会议。共收到论文40多篇,有25篇论文获奖。

25日 广西领导干部“时代前沿知识”系列讲座第82讲在广西人民会堂举行。卫生部副部长、国家中医药管理局局长王国强作题为“人类健康与中医药发展”的精彩报告。自治区主席马飚,自治区领导沈北海、黄道伟、李康、黄日波,自治区政府秘书长王跃飞等出席聆听讲座。

△南宁市社科联组织市直各学会、协会、研究会在南宁市友爱广场开展惠民科普宣传活动。制作了50多块板报进行展摆宣传、组织近50位专家现场提供咨询服务,编写印制2万多份资料进行分发,知识涵盖教育、住房保障、劳动保障、法律法规、心理咨询、健康养生、老年保健、东盟知识、税务、会计、知识产权等等内容。

26日 由广西民族大学主办,广西民族大学外国语学院、广西民族大学学报编辑部承办,广西期刊协会、云南民族大学学报编辑部、《桂海论丛》编辑部、《中国市场》编辑部协办的“中国—东盟学术论坛会议之社会文化专题”在广西民族大学召开。云南民族大学、厦门大学、广西大学、广西民族大学等高校专家学者50人参加。

26~28日 由自治区文化厅、东兰县委、东兰县政府主办,广西群众艺术馆、广西群众文化学会、广西壮欢学会、东兰县文化局承办的“第五届广西歌王大赛”在东兰县举行。主题为“弘扬广西精神·感恩社会”。共有42名选手参赛。

27日 由广西中国龙文化发展促进会主办、广西武宣县委作为支持单位的“广西首届龙文化与姓氏文化暨武宣国画石交流会”在南宁举行。

28日 自治区社科联第六届委员会第六次常务委员会议在南宁召开。会议实到常委32名。自治区社科联党组成员刘家凯以32票全票当选自治区社科联第六届委员会委员、常务委员、副主席。

29日 由自治区计划生育协会主办，桂林市计划生育协会协办的广西第14个“5·29会员活动日”大型宣传活动在临桂县举行。1000多人参加。

△广西师范大学党委宣传部主办，文学院承办的纪念毛泽东同志《在延安文艺座谈会上的讲话》发表70周年座谈会在桂林市举行，旨在学习、继承和弘扬《讲话》精神，发挥高校文化传承与文化创新、文化育人与文化引领功能，推动社会主义文化大发展大繁荣。

30日 由广西地方志协会和桂林市地方志编纂委员会办公室共同举办的“广西地方志理论研讨会”在桂林举行。自治区地方志办公室顾问、自治区政协常委、广西地方志协会会长蓝日基，广西地方志协会副会长文崇礼，广西地方志协会秘书长施均显及自治区11个设区市的地方志办公室主任，自治区地方志办公室的有关专家，桂林市各县、城区志办人员参加。共收到论文34篇。

△由美国非洲裔美国人研究协会和广西师范大学共同主办的“第八届中美教育研讨会”在桂林举行。来自美国8所高校的15名教授和广西师范大学部分学院的教师代表共30余人参加。

31日至6月1日 来宾市委宣传部、来宾市社科联在合山市举办“资源枯竭型城市科学发展问题暨弘扬践行广西精神和来宾精神”理论研讨会。10多位专家为合山科学发展献策。

31日至6月2日 “全国财政协作课题《促进新一轮扶贫攻坚的财税政策研究》第一次研讨会”在北海召开。由该课题协作单位财政部科研所综合财政研究室、广西财政学会、广西财政厅政策研究室、山西财政学会、山西财科所、江西财政学会、江西省财政厅政策研究室及西藏财政厅政策法规处等多个单位参加。

6月

1日 广西盲人协会在广西图书馆组织开展“盲人读书沙龙活动”。20多名盲人朋友参加。

5日 由广西政法管理干部学院主办，学院法律系承办，科研处协办的“《〈刑事诉讼法〉修正案》研讨会”在南宁召开。自治区高级人民法院刑二庭管小平副庭长、自治区人民检察院副处长贾文宇博士，广西律师协会副会长黄玉华律师，广西刑事辩护委员会副主任韦泓安等长期从事司法实务工作的法官、检察官和律师及广西政法管理干部学院韦军院长、叶晖副院长、法学师生共100多人参加。

5~8日 由自治区纪委、自治区党委组织部、自治区党校主办的“自治区新任厅级干部培训班”（第一期）在自治区党校举行。自治区党委书记、自治区人大常委会主任郭声琨出席开班仪式并作重要讲话。自治区党委常委、自治区纪委书记石生龙与学员进行集体廉政谈话。自治区党委常委、组织部部长周新建出席并主持开班仪式。6月18~21日举行第二期，共212名新任厅级干部参加培训。

7~8日 广西检察官协会在凭祥召开“新刑事诉讼法与检察工作”专题研讨会，特约专家、获奖作者代表共50人参加。

12日 2012年全国“百名法学家百场报告会”广西首场报告会在南宁举行。全国十大杰出青年法学家、北京大学法学院副院长王锡锌教授作题为《推进依法行政，建设法治政府》的报告。自治区主席马飚及自治区领导石生龙、黄道伟、林念修、周新建、车荣福、杨道喜、李康、梁胜利，自治区人民检察院检察长张少康出席。广西区直机关各部委办厅局、中直驻邕单位、驻邕高校和国有企业副厅级以上干部共800多人聆听报告会。

△由桂林市人民政府、中国城市科学研究会、中国城市规划学会、广西住房和城乡建设厅主办的“2012’城市发展与规划大会”在桂林举行。住房城乡建设部副部长、中国城市科学研究会理事长、中国城市规划学会理事长仇保兴、自治区副主席蓝天立、住房城乡建设部总规划师唐凯出席会议。来自美国能源基金会、美国能源部、亚洲开发银行等国外机构代表以及全国多个省（市、区）住建厅厅长，郑州、珠海等10多个城市市长和国内专家学者共1500余人与会。

△由玉林师范学院与玉林市玉东新区管理委员会联合主办的“桂东南历史文化学术研讨会”在玉林师范学院召开。中国史学会第六届理事钱宗范、客家研究院院长彭会资、中山大学中国语言文学系教授杨权、广西非物质文化遗产研究中心主任廖明君、广西民间文艺家协会副主席杨树喆、玉林文化时空研究会会长罗秀兴、玉林市党史办主任赵彦行等来自广西区内外

的10余名专家参会。

15~21日，雷锋事迹大型原创摄影作品暨弘扬雷锋精神书画(南宁)展在南宁开展。自治区社科联、自治区文化厅、自治区关心下一代工作委员会、中国社会福利基金会学雷锋基金管委会主办。中国人民解放军海军原副政委、中将冷宽，共青团中央原第一书记韩英，中国人民解放军总参兵种部原政委、正军职少将田永清，中国人民解放军海军工程大学原政委、正军职少将高学敏，民政部原副部长、中国社会福利基金会理事长刘光和，自治区党委常委、统战部部长范晓莉，自治区党委原书记陈辉光，自治区原副主席奉恒高，自治区政协原副主席潘鸿权，自治区人民检察院检察长张少康，自治区社科联党组书记、主席王士威，自治区文化厅厅长余益中，自治区社科联副主席刘家凯，雷锋生前所在部队战友乔安山等出席开展仪式。广西区直单位干部职工、部队官兵、大中院校师生、市民以及十多家媒体的记者共500多人参加开展仪式。此次展览展示雷锋照片近300幅，此外展出北京、广西军队和广西党政领导干部为弘扬雷锋精神而创作的80多幅字画。

17~19日　“中国民主促进会广西壮族自治区第十次代表大会”在南宁召开。大会选举产生新一届民进广西区委会领导班子，陈自力当选为主任委员，杨静华、陈洪江、黄均宁、蒋庆霖、黄晓娟当选为副主任委员。中共广西壮族自治区委副书记危朝安到会祝贺并致辞。自治区人大副主任、民革广西区委会主委刘新文代表各民主党派区委、区工商联致辞。中共广西区委常委、统战部部长范晓莉，自治区政协副主席、农工党广西区委会主委彭钊，民进广西区委会原主委俞曙霞，各民主党派、工商联及有关部门负责同志出席。

20日　由广西可持续发展促进会主办的“广西生态文化与生态经济建设研讨会”在梧州举行。“广西生态文化建设研究”课题组主要成员与环保、旅游、农业、林业、妇联等相关部门的领导及企业家30多人参加。

20~21日　“广西壮族自治区工商业联合会(总商会)第十一次会员代表大会”在南宁召开。磨长英当选为广西壮族自治区工商业联合会第十一届执行委员会主席，刘长林当选为第一副主席，黄振东等21人当选为副主席；选举磨长英为广西总商会会长，刘长林等24人为副会长。

21日　由自治区妇联、自治区高校工委主办的“优秀成功女性进高校巡回演讲活动”在广西民族大学启动。广西三正拍卖有限公司董事长、广西女企业家协会常务副会长谢玉华作《创业成就未来，坚持创造未来》演讲。广西华蓝设计集团有限公司副总建筑师、研究院副院长徐欢澜与现场的大学生们分享自己从事建筑工作28年的人生感悟。优秀女大学生村官、忻城县马泗乡马泗村党委副书记李欣蓉讲述自己扎根农村基层的故事。主办单位将用3年时间分阶段在广西开展巡回演讲活动。

23日　由梧州市社科联与梧州市金沙玉文化协会主办的“梧州市第二届金沙玉石文化研讨会”在梧州举办。梧州市政协副主席黄荣森出席并致辞。来自梧州市直机关有关部门和梧州各县市的金沙玉石专家等近80人参加。

△由自治区教育厅主办，广西师范大学承办的“首届桂台教师发展高峰论坛”在桂林举行。来自台湾嘉义大学、台南大学、台湾师范大学、台湾教育大学、亚洲大学、中正大学、东华大学、莲花教育学院、台南市立建兴国中等18所大中小学及教育研究机构的18位专家学者以及来自广西区内的广西师范大学、广西师范学院、广西民族师范学院、钦州学院、梧州学院、广西广播电视大学、广西教育学院和广西14个设区市的教育局领导、中小学教师代表近300名代表参加。

25日　中华人民共和国环境保护部在南宁举办“中国环境科学学会2012年学术年会”。全国环保界的300多名专家学者参加。

25~27日　“自治区财政系统政策研究工作会议”在南宁召开。自治区各市财政局分管政策研究工作的局领导、政策研究室负责人以及自治区财政厅政策研究室全体干部职工参加。

26日　自治区政协举办第20期“同心”讲座。全国政协委员，教育部艺术教育委员会副主任，中国传媒大学艺术研究院院长、博士生导师，中国文联原副主席，著名文艺评论家仲呈祥应邀作题为《关于文化自觉与文化自信的若干思考》的精彩演讲。

△由自治区文明办、自治区教育厅、自治区关工委等单位联合主办的“广西未成年人心理健康辅导中心揭牌仪式”在广西教育学院举行。自治区领导、特邀专家、青年志愿者代表、中小学生代表等参加。

△自治区社科联党组中心组2012年第二次专题理论学习会在南宁举行，自治区社科联主办。主题为：

学习贯彻党的十七届六中全会、自治区第十次党代会精神，为建设广西民族文化强区作出应有的贡献。自治区社科联党组副书记、副主席汤竹庭作中心发言。全体干部职工参加。

△桂林市社科联在桂林组织召开“桂林文化与文化产业发展战略研讨会”。桂林市委常委、宣传部部长、副市长陈丽华，广西西大旅游科学研究院院长、广西大学原党委书记、研究员阳国亮，桂林市人大副主任石春莲，桂林市政协副主席袁绪祥以及桂林市社科联、驻桂林各高校、桂林市属各社科学会、各县(区)社科联等单位的领导、专家学者和记者80多人参加。阳国亮研究员作主旨演讲。

△由广西人文社会科学发展研究中心主办的“纪念援越抗美四十七周年桂林藉老战士座谈会”在桂林举行。援越抗美退伍老战士40多人参加。

27日至7月6日　由自治区党委组织部、自治区党校主办的“自治区管理干部生态文明建设专题培训班”在自治区党校举行。自治区党委组织部副部长、老干部局局长陈虹作开班讲话，自治区党校副校长陈林杰作培训班小结。共有57名学员参加培训。

29日　由中国博物馆协会“丝绸之路”沿线博物馆专业委员会主办，广西博物馆承办的“中国博物馆协会‘丝绸之路’沿线博物馆专业委员会2012年会”在广西博物馆召开。来自全国37家博物馆的近70名代表参加会议。

30日　由中国人民大学《经济理论与经济管理》编辑部主办，广西师范大学经济管理学院承办的“第六届中国经济理论与管理前沿论坛暨中国区域经济发展研讨会”在桂林举行。来自中山大学、中国人民大学、中南大学、西南财经大学等30余所国内高校的50多位投稿论文作者、广西师范大学经济管理学院全体教师、广西师范大学经济管理学院全体非毕业班在校硕士研究生200多人参加。

7月

3~5日　由广西图书馆主办，广西图书馆学会承办的“2012年广西公共图书馆馆长高级研修班”在南宁举行。自治区文化厅党组书记、厅长余益中，办公室主任沈国明，社文处处长黄燕熙、副处长蒙毓刚等领导出席，自治区文化厅党组成员、纪检组长李晓泉发表讲话。广西图书馆馆长徐欣禄主持。来自广西县级以上97家公共图书馆以及部分高校图书馆的137位馆长参加培训。

5日　在广东东莞举行的“中国首届水上民歌大赛”中，广西民协组织推荐的藤县《原生态疍家歌》、平乐县《平乐船歌》两个参赛节目分别获得金奖和银奖。

7日　广西婚姻家庭研究会在南宁召开第一次会员代表大会。表决通过《广西婚姻家庭研究会章程》，选举产生第一届理事会领导机构。

△河池学院“广西世居少数民族研究中心”挂牌成立。中央民族大学、中国少数民族研究中心主任张海洋教授，河池学院党委书记韦春北，副院长罗之勇、周鸿出席仪式。

7~23日　由自治区教育厅主办，广西图书馆学会承办的“2012年自治区中小学教育技术装备图书馆人员培训班”在广西图书馆举行。来自14个设区市的639名学员分三期五个班次进行培训。

10日　广西领导干部“时代前沿知识”系列讲座第84讲在广西人民会堂举行。中国光大集团董事长、党委书记唐双宁应邀作《当今世界经济棋盘上的“三国演义”》的精彩报告。自治区主席马飚主持讲座。自治区政协主席陈际瓦，自治区领导危朝安、沈北海、黄道伟、林念修、周新建、范晓莉、文明、蒋培兰、黄日波、苏道俨，自治区人民检察院检察长张少康出席聆听讲座。自治区政府秘书长王跃飞和自治区有关部门负责同志参加讲座。

△广西纪实摄影协会在防城港举办“摄影知识讲座”，由协会会长为炎授课。100参加人。

10~12日　由中央民族大学、广西民族大学和广西语委主办，广西民族大学和广西语委承办的“第三届全国高等院校民族语文教学暨学术研讨会”在桂林举行。广西民族大学副校长袁鼎生，广西民族大学文学院副院长黄平文，广西语言学会会长韦茂繁、广西教育厅民族教育处处长韦兰明、中央民族大学中国少数民族语言文学学院副院长钟进文、广西语委副主任王泉忠等领导专家出席。来自北京、黑龙江、新疆等省(区)的15个民族的60余位专家学者和相关专业研究生参加。共收到学术论文40余篇。

10~13日　广西老年学学会在玉林召开“广西老年学学会工作(玉林)经验交流会”。来自广西各市老年学学会的代表，学会的常务理事，各市老龄办的代表及被评为中国“长寿之乡”的代表共80人参加。

11日　由中国商务部主办的“泛北部湾经济合作

联合专家组第五次会议”在广西南宁召开。来自中国和东盟国家组成的联合专家组成员、中方专家组成员代表出席。

11~14 日 由中国民族语文翻译局主办的“2012年度壮语文新词术语翻译专家工作会议”在百色市召开。中国民族语文翻译局党委书记、局长李建辉，广西壮族自治区民语委党组成员、副主任杨启标，百色市人大常委会副主任杨明刚，国家民委教科司语文处负责人等出席。来自北京、广西、云南等地30余位壮语文翻译界的专家学者参加。

12~13 日 由中国国家发展和改革委员会、交通运输部、铁道部、商务部、中国人民银行、海关总署、国家旅游局、国务院发展研究中心、人民日报社、国家开发银行和泰国商务部以及中国广西壮族自治区人民政府、海南省人民政府、广东省人民政府联合主办的“第七届泛北部湾经济合作论坛”在广西南宁举行。全国人大常委会副委员长陈至立、全国政协副主席白立忱出席开幕式并致辞。中共广西壮族自治区党委书记、自治区人大常委会主任郭声琨，缅甸交通部副部长吴温盛，菲律宾贸工部副部长克里斯蒂诺·潘利里奥，全国政协常委、经济委员会副主任、中国工程院院士孙永福，越南工贸部副部长阮成边，柬埔寨公共工程与运输部副国务秘书林敦尤提，中国商务部党组成员、部长助理俞建华，人民日报社副总编谢国明，广东省委常委、常务副省长徐少华，海南省副省长林方略，四川省政协副主席解洪，国家发展和改革委员会地区司副司长邹勇，海关总署加工贸易及保税监管司副司长吴海平，国家旅游局规划财务司副司长胡书仁，国务院发展研究中心发展部部长侯永志先后致辞。广西壮族自治区主席马飚、泰国商务部部长助理连差·利吉叻、中国财政部原部长项怀诚、中国人民银行研究局副局长易诚、中国国家开发银行规划总监郭玥社出席开幕式并在主席台就座。中共广西壮族自治区党委副书记危朝安主持开幕式。中国妇联副主席赵东花，自治区领导陈际瓦、沈北海、温卡华、陈武、石生龙、黄道伟、林念修、余远辉、周新建、范晓莉、车荣福、莫永清、陈章良、杨道喜、高雄、蓝天立、蒋济雄，自治区高级人民法院院长罗殿龙，自治区人民检察院检察长张少康等出席开幕式。共400多名中外嘉宾参加。

13 日 自治区社科联在南宁举办“2012年广西第二次社科专家学者活动日”。主题一是学习贯彻自治区第十届委员会第二次全会精神，二是探讨广西社科界如何弘扬广西精神。自治区社科联党组书记、主席王士威出席并讲话，自治区社科联党组成员、副主席刘家凯出席，自治区社科联党组副书记、副主席汤竹庭主持。来自部分高校、自治区社科联所属社会组织及部分社科研究机构的专家学者共40多人参加。

△广西社会科学院文史研究所在南宁举办“《2011年广西蓝皮书·广西文化发展报告》出版座谈会”。23人参加。

16 日 “自治区社科联六届七次常委会议”在南宁召开。专题学习贯彻《自治区党委关于贯彻党的十七届六中全会精神 深化文化体制改革 推动文化大发展大繁荣 建设民族文化强区的若干意见》精神。

17 日 由来宾市人民政府主办，广西生产力学会、来宾市人民政府发展研究中心、来宾市科技局承办的来宾市“科技创新与品牌建设”研讨会在来宾召开。来自清华大学教授高晓东及广西发展研究中心、广西社会科学院、广西经济杂志社及广西生产力学会等100多名专家参加。

18~19 日 由自治区人民政府发展研究中心、自治区社科联、自治区国土资源厅、自治区农业厅、自治区水利厅、自治区扶贫开发办、自治区烟草专卖局、贺州市人民政府联合主办的“土地流转与农业现代化——富川瑶族自治县农村承包土地流转新模式”研讨会在贺州市富川瑶族自治县举行。来自国务院发展研究中心、农业部、清华大学、中国人民大学、华南农业大学及自治区各市代表和科研机构的专家学者共150多人参加。入选论文43篇。

20 日 广西研究生联合会开发促进会举行以“捧回诺贝尔奖”为主题的“首届马克思主义三化非常讨论会”在南宁举行。来自广西大学、广西民族大学、广西师范学院、广西财经学院等高校的教授及广西区内相关专家共48人参加。

21 日 广西酒店管理学会在南宁举办“酒店业现状与发展展望研讨会”。60人参加。

23 日 由共青团广西区委、广西青年联合会、台湾青年创业总会共同举办的“青春携手　共创未来——2012’桂台青年创业合作恳谈会”在台北举行。广西青年联合会代表团全体成员，台湾青年创业总会及台北青年创业会青年代表共50多人出席。

25 日 自治区政协第21期“同心”讲座在南宁举

行。美国新泽西理查德斯托克顿大学商学院副教授赵少平先生应邀作《关于中国经济改革途径的研究》专题演讲。自治区领导李彬、苏道俨出席讲座。

26日 由国家质检总局和东南亚国家联盟秘书处主办，广西检验检疫局承办的“第三届中国—东盟SPS合作联络机制会议”在南宁召开。国家质检总局、东盟秘书处和文莱、柬埔寨、印度尼西亚、马来西亚、泰国、新加坡、越南等国的相关代表参加。

29~31日 由百色市人民政府、中央民族大学壮侗学研究所主办，百色市社科联、田东县政府、广西民族大学民族研究中心联合承办的“第二届中国百越古道文化论坛”在田东县举行。中央民族大学原副校长、教授梁庭望，北京大学教授陈保亚，中央民族大学壮侗学研究所负责人、博士生导师、教授李锦芳等国内著名专家学者出席并发表演讲，百色市人大常委会副主任潘其弟出席并讲话。60多人参加。

30日 由西部11个省、自治区、直辖市社科联主办，青海省社科联承办的西部省区市社科联第五次协作会议在青海省西宁市举行。主题为：发挥社科联在文化建设中引领作用。西部11个省、自治区、直辖市社科联和北京市、上海市、天津市、黑龙江、辽宁省、河南省、山西省、江苏省、海南省社科联共120余人参加。广西社科联党组书记、主席王士威带队，广西社科联副主席张瑞枝，桂林市社科联主席周明忠，百色市社科联主席苏祖纯，防城港市社科联调研员蒋开科等一行8人参加。会议围绕主题，结合各自实际，突出自身特点，从不同角度不同层面对组织建设、科研管理、体制机制、人才队伍、阵地建设等进行了交流研讨。张瑞枝代表广西社科联作题为《总结经验，与时俱进，再创社科联工作新局面》交流发言。经西部省区市负责人商定，西部省区市社科联第六次协作会议由重庆市社科联承办。

30~31日 由自治区党校、广西行政学院主办的自治区党校（行政院校）校长会议在南宁召开。自治区党委副书记、党校校长危朝安出席并讲话，自治区党委常委、自治区常务副主席、广西行政学院院长黄道伟主持，自治区党委常委、组织部部长周新建出席。自治区党的建设工作领导小组成员单位负责人，各市、县（区）委副书记（党校校长），自治区、市、县（区）三级党校（行政院校）常务副校长，广西党校（行政院校）系统优秀教师代表及自治区党校部分教职工等420人参加。

8月

3日 广西领导干部“时代前沿知识”系列讲座第85讲在广西人民会堂举行，浙江大学教授王曙光应邀作《全景经济解析——基于世界、中国、广西的三维视角》报告。

△由广西融资性担保业协会筹备组主办的“广西融资性担保业协会成立大会暨揭牌仪式”在南宁召开。自治区政府副秘书长黄胜杰，自治区金融办主任赵德明，自治区金融办原巡视员、广西融资性担保业协会会长陈建林，自治区金融办副主任李志勇等领导以及自治区金融办代表、广西融资性担保业务监管联席会议办公室各成员单位、各银行业金融机构代表，相关协会代表、广西融资性担保业协会筹备组负责人、各市金融办代表200多人参加。

△由西南财经大学马克思主义经济学研究院、《光明日报》光明网和《改革与战略》杂志社主办，西南财经大学经济学院、广西人的发展经济学研究会协办的“中国第四次人的发展经济学研讨会”在四川成都举办。主题为“理论构建、实践构建与人的发展经济学大众化网络化”。来自国家发展和改革委员会、北京大学、清华大学、中国人民大学、南开大学、南京大学、西南财经大学、中南财经政法大学、中央民族大学、西北大学、天津师范大学、江苏省委党校、广西社科院、广西发改委、广西大学、广西民族大学、广西经济干部管理学院、学术研究杂志社、《光明日报》光明网等30余家单位近50名专家学者、科研人员、企业界代表参加。共收到会议论文近50篇。

4~5日 由中央民族大学中国民族文化产业创意研究中心、广西百色市人民政府联合主办的“中国民族文化创意产业发展先锋论坛”在百色市田东县举行。主题为“创意立意 传承发展：中国民族文化产业的历史契机与路径”。期间，举行中央民族大学中国民族文化产业创意研究中心与田东县联合共建的中国民歌博闻馆开馆仪式。田东县分别与中央民族大学、西南民族大学、广西师范大学三所高校签订合作共建宣传思想文化实践基地框架协议。国家民委副主任丹珠昂奔为论坛发来贺信。自治区党委宣传部、中央民族大学、中国艺术研究院、云南省社科联等有关部门领导，以及来自北京、上海、浙江、云南、四川、贵州、西藏和广西等省、市、自治区的50余名专家学者出席论坛。

6日 由中国海外交流协会主办的“2012年海峡两岸青少年夏令营——桂台学子八桂行”活动在广西医科大学开营。来自台湾高雄、台北、台中、花莲等地的大学师生和广西医科大学、广西师范大学师生共100多人参加活动。

7日 由广西群众艺术馆主办,广西群众文化学会承办的“第五届广西歌王大赛研讨会”在广西群众艺术馆举行。广西群众群众文化学会会长罗征、副会长覃广周,广西山歌学会会长覃承勤、副会长覃九宏、陆登和广西群众艺术馆相关人员参加。

9日 “广西发展战略研究会会员交流会”在南宁举行。来自广西区内外高等院校、科研机构以及相关产业实体的专家学者和实际工作者等120多人参加。共收到论文94篇。

10日 由广西社会科学院主办的“第一届泛北部湾环境保护论坛”在南宁举行。自治区政协副主席、广西科学院院长黄日波出席并讲话。近100名有关方面的官员、专家、学者参加。

△广西瑶学学会、广西民族文化艺术研究院、广西非物质文化遗产研究中心、接力出版社、广西民族摄影学会等机构共同发起“守护我们的精神家园抢救性记录瑶族文化遗产”公益行动。由民俗摄影家、瑶族文化学者、影视专业人员和探险家组成的公益摄制组由南宁启程,赴桂、粤、湘、滇、黔5省区22个县进行为时一个月的采访,拍摄各地瑶族遗存的传统服饰及其工艺、歌舞等非物质文化遗产。

11~12日 由广西红木文化研究会主办的“红木文化研讨会”在南宁举行。来自自治区红木界的专家学者、红木经营者、红木爱好者、特邀嘉宾共30多人参加。

13日 “广西工商联第12期非公企业成长讲座”在南宁开讲。中欧国际工商学院会计学教授、金融学和会计学系主任丁远博士应邀作题为“财务在企业成长中的作用”专题报告。自治区工商联领导、直属商会和南宁、柳州、桂林等14个设区市的部分非公有制企业家、国有企业高管及中欧国际商学院广西校友共400多人聆听讲座。

14日 广西企业摄影书画协会举行成立大会。大会选举产生协会第一届理事会及协会领导班子,自治区国资委副巡视员、广西企业文化建设协调办主任杨朝林当选首届摄影书画协会会长。“广西有色”杯首届广西企业摄影书画作品展在广西科技馆同步开展,共展出184幅作品。

16日 以“喜迎十八大·巾帼荟萃展风采”为主题的“广西壮族自治区妇女联合会成立60周年纪念表彰大会”在南宁举行。自治区领导危朝安、刘新文、李康、蒋培兰以及自治区妇女干部代表出席活动。全国妇联发来贺信,危朝安作讲话。

△“广西演艺集团有限责任公司、广西壮族自治区戏剧院成立暨揭牌仪式”在南宁举行。广西演艺集团有限责任公司由广西歌舞剧院、广西杂技团、广西木偶剧团、广西演出有限责任公司等4个单位组建而成。广西壮族自治区戏剧院由广西壮剧团、广西桂剧团、广西彩调剧团、广西京剧团等4个单位整合组建。自治区党委常委、宣传部部长沈北海,自治区副主席李康出席揭牌仪式。

△由自治区文化厅主办,广西群众艺术馆、广西博物馆承办的“喜迎党的十八大廉政书画展”在广西博物馆开展。自治区文化厅厅长余益中,自治区监察厅副厅长廖坚,自治区文化厅副厅长李民胜、洪波、唐正柱、覃溥,广西文化厅党组成员、纪检组长李晓泉,文化厅副巡视员任保胜等领导出席书画展开幕式。共征集到书法、国画、油画、漫画以及宣传画、版画等各类作品221幅。

△由河池市委、河池市人民政府、自治区社科联、广西市场经济研究会主办,河池市扶贫开发办公室、河池市委党校承办,凤山县委、凤山县政府协办的“滇桂黔石漠化片区扶贫开发理论研讨会”在河池市凤山县召开。河池市委副书记秦斌、自治区社科联副主席刘家凯研究员到会指导并致辞,河池市委常委、宣传部部长、副市长黎丽主持。128人参加。共收到广西、云南、贵州三省区专家学者参会论文266篇。

17日 自治区政协在南宁举办第22期“同心”讲座。特邀全国政协委员、故宫博物院院长、原国家文物局局长单霁翔作《城市文化建设与文化遗产保护》专题演讲。自治区政协主席陈际瓦,自治区人大常委会副主任荣仕星,自治区政协副主席蒋济雄、苏道俨,秘书长禤沛钧出席讲座。自治区政协副主席蒋培兰主持。

△由广西科学社会主义学会和大新县委联合举办的“建设文化强区暨建设‘五个大新’促进广西经济社会科学发展理论研讨会”在大新县召开。广西科学社会主义会长、广西经济管理干部学院院长、研究员、教授郑作广致开幕辞;大新县委书记蓝晓、崇左市政协主席卢阳春,广西科学社会主义学会副会长、自治区党校副校长唐秀玲分别致辞。自治区领导、专家学者共105人参加。

19~22日 广西教育科学研究所在北海市召开

“广西义务教育学校教学常规研制总课题开题会暨专家论证会”。自治区14个设区市教科所所长(教研室主任)参加。

21日　自治区社科联与河池学院社科联共建社会科学普及基地在河池学院举行挂牌仪式。自治区社科联副主席姚兵,河池学院党委副书记、纪委书记覃福珠一同出席签约仪式,并在共建社会科学普及基地协议书上签字。

22日　广西农村发展与改革研究会在南宁举行“《2012年广西蓝皮书·广西农村发展报告》新闻发布会暨广西农村发展形势研讨会”。自治区副主席陈章良到会祝贺并作广西农业农村发展形势的专题报告。广西26个厅局及涉农管理部门、科研院所、高等院校和民主党派等单位的领导和代表以及广西社会科学院干部职工共200余人出席。

△由自治区社科联、广西社会科学院主办,自治区社科联东南亚经济与政治研究中心、广西社会科学院东南亚研究所、广西东南亚研究会承办的“广西与东盟农业合作研讨会”在南宁举行。自治区社科联党组书记、主席王士威出席并作总结讲话,广西社会科学院副院长刘建军出席并致辞。自治区社科联副巡视员、秘书长曹平主持研讨会。自治区农业厅、自治区社科联、广西社会科学院、广西农科院、广西大学、广西植物保护总站、广西丝绸集团公司等有关单位领导、专家学者共60多人与会。

22~26日　由自治区人民政府应急管理办公室、广西行政学院主办的“自治区应急管理培训基地建设专题研讨班”在南宁举行。自治区人民政府应急办专职副主任韦树奉出席开班仪式。广西行政学院巡视员张庆宪主持。自治区各地市人民政府应急管理办公室专职副主任、行政学院院长共28人参加。

23日　由防城港市社科联承办的“港城精神研讨会”在防城港市举行。防城港市委常委、宣传部部长、副市长侯线红出席会议并讲话。自治区、市两级专家学者对港城精神进行研讨。

23~24日　广西金融学会在南宁市武鸣县召开“广西金融学会2012年重点课题中期报告会”。广西金融学会副会长、南宁中心支行副行长关守科作总结讲话。广西金融学会学术委员会学术委员及2012年重点课题执笔人参加。

23~25日　广西纪实摄影协会应桂林市兴安县政府邀请,组织自治区摄影家联合当地摄影家在兴安县举办“聚焦兴安”大型拍摄活动,并在兴安县举办摄影展。有10万人次参观展览。

24日　“广西民间组织国际交流促进会成立大会”在南宁举行。自治区党委书记、自治区人大常委会主任郭声琨,自治区主席马飚和中国民间组织国际交流促进会发来贺信。中联部副部长、中促会常务副会长李进军,自治区党委副书记危朝安在会上致辞。自治区副主席蓝天立出席。杨国强当选为首任会长。

26日　由自治区司法厅、广西律师协会与广西日报传媒集团旗下南国早报联合举行的“律师服务为民生,化解矛盾促和谐”全国律师咨询日活动暨南国法援律师大型义务咨询活动在民族广场举行。近百家律师事务所535名律师为市民提供法律咨询和相关法律援助。现场接受1000多名群众法律咨询。

28日　由自治区党委宣传部主办,百色市委承办的周军先进事迹首场报告会在百色举行。市委常委、宣传部部长、副市长范力主持报告会,市政协副主席李廷荣参加报告会。全市各界代表约1000人到场聆听报告。周军生前是容县六王镇水产畜牧兽医站副站长、六王镇古里村新农村建设指导员。周军从部队退伍后,扎根基层10年,先后在杨村镇、石头镇、六王镇3个边远乡镇工作,足迹遍布100多个村屯,兢兢业业,无私奉献,出色完成了各项工作任务。2010年6月,在六王镇遭受特大地质灾害面前,他不顾自身安危,冲锋在前抢救被困群众。在灾后重建中,他进村入户,奋战在灾区禽畜防疫一线工作中,避免了疫病的肆虐扩散,换来灾区群众生命的安全。因劳累过度,2011年6月13日,周军不幸因病去世。范力在报告会上说,周军是生活在我们身边的典型人物,是广西在开展创先争优活动中涌现的先进典型。他不愧为当代青年的优秀代表,不愧为服务“三农”的先进典范,是我们学习的榜样。范力要求全市广大党员干部和群众要向周军同志学习,学习他爱岗奉献、情系群众、服务人民的高尚思想;学习他扎根基层、勤勉敬业、乐于奉献的公仆情怀;学习他坚持原则、严于律己、淡泊名利的高尚情操,在各自的工作岗位上求真务实、开拓创新、努力工作,为建设富裕幸福魅力生态和谐百色贡献力量。

29日　“广西统计学会桂西北片区服务业统计工作研讨会”在来宾召开。主题为“统计改革与统计服务”。广西统计学会副会长、自治区统计局副巡视员唐旭莅会指导，来自柳州市、桂林市、百色市、河池市、来宾市的代表共40人参加。共收到服务业统计研讨文章19篇。

9月

1日 广西民进经济界会员联谊会成立大会在南宁举行。民进中央副主席王佐书，民进广西区委会主委陈自力出席并讲话。民进广西区委会副主委杨静华，民进江西、广东、湖北、河南省委会企业家联谊会负责人、社会服务部门领导，广西民进经济界会员等60余人参加。

3~12日 自治区党委组织部、自治区党校主办的"自治区管理干部西部经济强区建设专题培训班"在自治区党校举行。共有88名学员参加培训。

5日 由自治区党委老干部局、广西老年书画研究会、自治区关心下一代工作委员会和南宁市关心下一代工作委员会主办的"喜迎十八大，党在我心中"书画展在广西博物馆开幕。自治区党委常委、自治区常务副主席黄道伟出席开幕式并观展。

6日 广西领导干部"时代前沿知识"系列讲座第86讲在广西人民会堂举行，国务院参事、中国质检协会理事长张纲应邀作《坚持以质取胜、建设质量强国》专题讲座。林念修主持讲座。

6~7日 自治区党校、广西行政学院主办，玉林市委党校、行政学院承办的"自治区党校(行政院校)业务指导工作分析会"在玉林召开。自治区党校副校长、广西行政学院副院长胡建华出席并讲话，玉林市委副书记、党校校长陈延国致辞，自治区各市委党校(行政学院)分管业务指导工作副校(院)长、办公室主任，自治区党校、广西行政学院有关处室负责同志等共40多人参加。

10日 由自治区社科联、自治区文化厅、自治区文联、自治区民委联合主办的第十四期广西发展论坛在南宁召开。主题为"民族文化强区与广西发展"。自治区文联主席潘琦出席并作《加强桂学研究，推动广西民族文化发展》主题报告，自治区社科联党组书记、主席王士威致辞，自治区民委副主任黄济健宣读获奖论文名单，自治区社科联副主席姚兵主持论坛交流发言，自治区文化厅副巡视员任保胜主持论坛开幕式。各获奖论文作者及社科界专家学者共110多人与会。共入选征文155篇。

△自治区残联和广西残疾人福利基金会在广西残疾人康复研究中心联合举办"关爱残疾儿童　同享中秋温情"公益助残活动。自治区残联党组书记、理事长谭和平出席活动并讲话，自治区残联副理事长、广西残疾人福利基金会理事长李瑞祥主持仪式。广西残疾人福利基金会理事、爱心企业代表，广西残疾人康复研究中心、听力言语康复中心在训残疾儿童及全体教职工、训练师等200多人参加活动。

11日 由文化部和自治区人民政府共同主办，国家图书馆协办，自治区文化厅承办，中国—东盟中心为支持单位的"2012'中国—东盟文化论坛"在南宁举行。文化部副部长赵少华，自治区党委常委、宣传部部长沈北海，自治区副主席李康，中国国家图书馆馆长周和平，以及来自东盟10国、韩国的嘉宾，国内数十家机构的代表出席。会议审议通过由中国国家图书馆与新加坡国家图书馆共同提出的《东亚图书馆南宁倡议》。

△由自治区社科联学会部和广西社会科学学术团体发展促进会主办的"社科学会管理与发展工作座谈会"在南宁举行，自治区社科联学会部主任何明主持，自治区社科联所属20多个社会组织的代表与会。

12日 广西数字图书馆推广工程启动仪式在广西图书馆举行。文化部副部长赵少华，文化部原副部长、国家图书馆馆长周和平，自治区党委常委、宣传部部长沈北海，自治区副主席李康，文化部对外文化联络局书记、副局长张爱平，文化部公共文化司巡视员刘小琴，自治区文化厅厅长余益中，国家图书馆副馆长魏大威，全国文化信息共享工程国家管理中心副主任李建军，自治区文化厅副厅长李民胜，自治区文化厅党组成员、纪检组长李晓泉，国家图书馆馆长助理孙一钢等领导出席，前来参加2012'中国—东盟文化论坛的部分东盟国家代表和自治区部分领导，国家图书馆、全国省、自治区、直辖市、较大城市图书馆和高校图书馆馆长、专家，广西区内图书馆长和读者代表及广西艺术学校学生应邀参加。

△由广西抗战文化研究会和广西社会科学院文史研究所联合主办的"桂林抗战艺术史与当代文艺发展研讨会"在南宁举行。30多名来自广西各地科研院所、高等院校和文化机构的专家、学者参加。

△自治区党委宣传部、自治区文明办、自治区高校工委、共青团广西区委联合在百色举办"广西'全国道德模范高校(右医)巡讲活动'"。500多人参加。

12~13日 自治区社科联党组书记、主席王士威率学会部一行深入广西保险学会、广西城市发展研究会、广西经济社会发展战略研究会、广西酒店管理学会、广西钱币学会等自治区社科联所属社会组织进行调研活动。通过现场视察工作、召开座谈会、与社会组织负责人进行交流等方式深入了解各社会组织的组织机构建设、学术和科普活动开展等情况和社会组织在发展过程中面临的新情况和新问题，听取各社会组织的意见和建议。

13~15 日 “自治区水利档案管理培训班”在玉林举办。自治区水利厅办公室副主任李国敏出席开班仪式并讲话，玉林市水利局副局长邹维一致辞。自治区水利厅有关部门（单位）、各市水利（水电）局、玉林市水利局相关科室及下属单位办公室负责人和档案管理员共 40 多人参加培训。

14 日 由自治区新闻出版局和广西书刊发行业协会联合举办的“我最喜爱的桂版书”评选活动在南宁公布评选结果。广西 8 家出版社的 10 种图书榜上有名。10 种“我最喜爱的桂版书”是:《30 年后，我拿什么养活自己》（广西科学技术出版社）、《东盟礼仪》（广西民族出版社）、《窗里窗外——林青霞的戏梦人生》（广西师范大学出版社）、《广西特色文化丛书》（广西人民出版社）、《爱的教育》（漓江出版社）、《新媒体浪潮》（广西教育出版社）、《孩子眼中的中国名画、孩子眼中的世界名画》（广西美术出版社）、《农民上网做生意经验方法技巧》（广西民族出版社）、《第一次发现丛书》（接力出版社）、《文化南宁》（广西民族出版社）。同时，组委会特别推荐《广西精神学习读本》（广西师范大学出版社）。

△钦州学院社科联与防城港市上思县思阳镇党委在思阳镇党校联合举办“创新社会管理”主题报告会。由钦州学院社科部讲师、钦州学院派驻思阳镇贫困村党支部第一书记马瑞主讲。钦州学院科技处处长梁好翠教授、钦州学院社科联副主席何光耀副教授、该镇领导干部和各村支部书记等 50 多人参会。思阳镇党委书记黄耿主持报告会。

15 日 广西社会心理学会换届大会暨学术年会在广西医科大学举行。会议选举新的理事会和会长、副会长，同时召开题为“新形势下的社会心理学科研、科普与社会服务”的学术年会。广西医科大学副校长张志勇、公共卫生学院副院长陈智平出席，广西医科大学公共卫生学院唐峥华教授主持。来自有关高等院校、政府机关、医院、企业、新闻媒体的专家学者和心理咨询从业人员等共 90 人参加。共收到论文和调研报告摘要 17 篇。

17~18 日 由中国社会科学院国际研究学部、广西社会科学院、广西国际博览事务局、广西北部湾发展研究院和东盟智库网联合主办的“第五届中国—东盟智库战略对话论坛”在南宁召开。国内外专家学者 100 多人参加。

18 日 “2012 年中广协会外宣委员会工作会议暨全国电视外宣工作会议”在崇左召开。来自中央外宣办、国家广电总局、国务院台办、国务院侨办、中国广电协会和全国 40 余家省市电视台的近 100 名代表出席。

18~19 日 自治区社科联在崇左举办“2012 年广西第三次社科专家学者活动日”。主题为“学文件、强素质、促发展——贯彻落实两个 3 号文件精神”。自治区社科联党组书记、主席王士威出席并作小结，自治区社科联党组成员、副主席姚兵，副巡视员、秘书长曹平出席，自治区社科联党组副书记、副主席汤竹庭主持。来自有关高校、城市社科联，广西区直社会组织、科研机构的专家学者共 40 多人参加。

18~20 日 由广西中医药大学与泰国孔敬大学联合主办的“第五届中泰传统医药和天然药物研究国际学术研讨会”在南宁召开。来自中泰两国的 250 名专家参加。

△广西劳动保障学会在南宁举办 1 期《社会保险法》培训班。自治区人力资源和社会保障厅副厅长刘建宏到会作开班讲话。自治区部分机关、企事业单位行政工作者、管理人员、劳资干部、工会干部等近 200 人参加培训。

19~26 日 由自治区社科联副主席刘家凯带队，部分地级市、高校社科联干部一行 15 人赴福建、浙江两省学习考察。

20 日 由国家质检总局与东盟秘书处共同举办的“第三届中国—东盟质检部长会议(SPS 合作)”在南宁举行。国家质检总局局长支树平，东盟农林部长会议副主席、老挝农林部副部长提·坡马萨和自治区主席马飚分别代表中国、东盟和广西致开幕辞，国家质检总局副局长魏传忠主持开幕式，自治区副主席陈章良出席会议。100 多位代表参加。

△由自治区文化厅、自治区国际博览事务局主办，《广西日报》、《南国早报》等单位协办，广西艺术品收藏协会与南宁邕江湾美术馆承办的“中国—东盟（广西）艺术品交流交易博览会”” 在南宁邕江湾美术馆开幕。展期至 9 月 25 日。

△广西金融学会在广西大学举办学术报告会。邀请中国社会科学院金融研究所副所长殷剑峰研究员作题为《动荡时代的全球化与中国经济》报告。400人与会。

△由自治区社科联主办的苏桂社科联工作交流座谈会在南宁举行。江苏省社科联机关党委书记赵尤文一行12人、广西社科联副主席张瑞枝以及机关党委、办公室主要负责人参加。广西社科联介绍近年来创新开展的"广西发展论坛"、"广西社会科学界学术年会"、"广西社科专家学者活动日"等学术活动载体及科普科研情况,以及学术活动、科普活动、支持团体会员工作等机制制度,重点介绍了高校社科联、县级社科联组建和广西社会科学优秀成果评奖工作。江苏社科联对广西近年来社科工作取得的成绩表示赞赏,并就近年来开展的江苏发展高层论坛、社科界学术大会、社会科学优秀成果奖、科普科研等活动进行介绍。通过交流和探讨,双方达到了取长补短、共同促进的目的。双方表示,今后要加强联系和交流,充分发挥各自优势,提高社科联工作水平,为社会科学事业繁荣发展作贡献。

20~28日 由自治区社科联党组副书记、副主席汤竹庭为团长的广西社科学习考察团一行16人分别赴陕西、新疆社会科联进行学习交流。

21日 "第九届中国—东盟博览会"在南宁开幕。中共中央政治局常委、国家副主席习近平出席开幕式并宣布博览会开幕。第九届东博会主题国缅甸总统吴登盛、老挝总理通邢、越南总理阮晋勇、马来西亚副总理毛希丁、泰国副总理吉迪拉、柬埔寨国务大臣兼商业部大臣占蒲拉西、联合国贸发会议秘书长素帕差出席开幕式。

△"第九届中国—东盟商务与投资峰会暨2012'中国—东盟自由贸易区论坛"在南宁举行。中华人民共和国副主席习近平出席并发表主旨演讲,缅甸总统吴登盛发表演讲,老挝总理通邢,越南总理阮晋勇,马来西亚副总理穆希丁,泰国副总理吉迪拉,柬埔寨国务兼商业大臣占蒲拉西,文莱工业与初级资源部部长叶海亚,菲律宾总统特使内政部长罗哈斯,新加坡贸工部兼国家发展部高级政务部长李奕贤,印度尼西亚贸易部出口总司总司长古司马迪,东盟副秘书长林康宪,广西壮族自治区主席马飚等出席开幕式。广西壮族自治区党委书记郭声琨在开幕式上致欢迎辞,中国商务部国际贸易谈判代表兼副部长高虎城致中国—东盟自由贸易区启动建设10周年贺辞。习近平发表题为《携手推进深度合作 共同实现持续发展》的主旨演讲。

△由自治区金融工作办公室主办,广西中小企业信息网等单位承办的"第九届中国—东盟博览会泛北部湾中小企业融资创新论坛"在南宁国际会展中心举行。自治区金融办、人民银行南宁中心支行、自治区工商联等特邀嘉宾及企业代表100多人出席。

△由商务部投资促进事务局主办,中国—东盟博览会秘书处承办,自治区商务厅、自治区投资促进局、钦州市政府协办的"第九届中国—东盟博览会投资合作圆桌会暨产业园区招商大会"在南宁召开。来自中国和东盟国家产业园区的代表、政府投资促进部门的官员及各国的投资商代表等近200人参加。

△"2012'中国—东盟教育合作百校洽谈会"在广西民族博物馆举行。广西高校工委书记、教育厅厅长高枫出席洽谈会并宣布洽谈会正式开始。广西教育厅副厅长白志繁,2012'中国—东盟职业教育联展暨论坛组委会副秘书长、广西师范大学副校长蔡昌卓,泰国知名教育家、企业家、泰国陕迪拉职业学院董事长Piriyaporn Thammaraks女士等领导出席洽谈会并致辞。来自东盟国家的54所职业学校、自治区76所高校和天津等10省区市10多所高校共140多所学校参加。

21~22日 由国家教育部、自治区人民政府主办的"2012'中国—东盟职业教育联展暨论坛"在广西民族博物馆开幕。主题为"发展职业教育,繁荣区域经济"。教育部副部长鲁昕,老挝教育、青年、体育部副部长孔习·盛玛尼,越南教育与培训部副部长阮荣显,自治区副主席李康等出席论坛并发言。来自东盟10国和中国的300多名政要、专家、企业代表参加。

22日 由广西壮族自治区人民政府、中国人民银行、中国银监会、中国证监会、中国保监会共同主办的"第四届中国—东盟金融合作与发展领袖论坛"在南宁举行。主题为"合作发展、互利共赢"。广西壮族自治区党委常委、自治区常务副主席黄道伟,中国人民银行副行长潘功胜,中国证监会副主席王兆星,中国证监会主席助理张育军,中国保监会副主席周延礼,广西壮族自治区人民政府副秘书长黄胜杰,柬埔寨国家银行行长谢占多,老挝银行副行长索纳谢－西特法谢,菲律宾中央银行行长助理多勒雷丝－玉维恩可,以及来自柬埔寨、老挝、马来西亚、菲律宾、新加坡、泰国、越南等国家和国内银行、证券、保险、投资、资信评估机构的负责人和专家学者,境内外的多家新闻媒体参加。

△由国家商务部、中国贸促会和自治区政府共同举办的"2012'中国—东盟商会领袖论坛"在南宁举行。主题为"提升行业合作,推进互联互通,共同推进中国—东盟商品交易中心建设"。中国和东盟双方政界要员、重要行业商会负责人以及专家学者约200人

参加。

△由国家工业和信息化部与自治区政府联合主办，自治区工业和信息化委员会、中国—东盟博览会秘书处承办的“中国—东盟先进制造业发展论坛”在南宁召开。自治区副主席杨道喜致开幕辞。来自中国、马来西亚、老挝、柬埔寨、泰国、印尼、越南、韩国等国的高层政府官员、知名研究机构及院校专家学者、先进制造业企业家等400名各界精英出席论坛。

△由广西科协、中国—东盟博览会秘书处、东盟工程科技院主办的“中国—东盟工程项目合作与发展论坛”在南宁国际会展中心举行。广西科协党组书记、副主席甘向群，中国—东盟博览会秘书处副秘书长宫起君、东盟科技院副院长 Dr Lock Kai Sang 出席论坛并致辞。广西科协副主席朱东主持论坛。来自新加坡、马来西亚、柬埔寨等国家和香港、澳门地区的工程界知名专家学者及国内有关代表100多人参加。

22~25日 由全国高等师范院校财务管理研究会主办，广西师范大学承办的“全国高师院校财务管理研究会五届二次理事会暨财务管理研讨会”在桂林举行。自治区财政厅常务副厅长席鸿康，自治区教育厅副厅长杨伟嘉，研究会会长、华中师范大学副校长黄永林出席会议开幕式并分别讲话，来自北京师范大学、华东师范大学、华南师范大学、天津师范大学等单位财务处负责人代表共160多人参加。

23日 由南宁市社科联承办的“2012年全国省区市社科联中国—东盟博览会观摩会暨中国—东盟经济发展研讨会”在南宁举行。南宁市委常委、市委宣传部部长、副市长吕洁，南宁市人大副主任袁曼虹，南宁市政协副主席崔建国出席会议。吕洁在会上讲话。来自海南、广西、黑龙江伊春、浙江温州等省区市的社科联专家学者、高校代表约200人参会。共收到论文251篇。

24日 自治区人民政府、中国物流与采购联合会在南宁举办“第三届中国—东盟物流合作论坛”。约400人出席。

△由中国—东盟博览会秘书处和共青团广西区委联合主办，广西礼仪文化交流协会、广西俪人行文化传媒有限公司承办的“中国—东盟礼仪形象大使大赛”在南宁举行总决赛。自治区文明办主任(副厅)杨征文、自治区党委统战部副部长李东兴、中国—东盟博览会秘书处副秘书长王雷、共青团广西区委副书记严霜出席总决赛晚会。

△由广州市委、百色市委联合主办的广州·百色新一轮扶贫协作座谈会在广州举行。广东省委常委、广州市委书记万庆良，广州市市长陈建华，广州市人大常委会主任张桂芳，广州市政协主席苏志佳，广州市委常委、秘书长陈国，广州市委常委、副市长张骥，广州市政协副主席、市民政局局长孙峰；百色市委书记、市人大常委会主任赖德荣，百色市市长谢泽宇，广西壮族自治区人民政府驻广州办事处主任徐励明，百色市人大常委会副主任黄志伟，市委副书记张虹，百色市委常委、秘书长黄建宁，百色市副市长罗试坚，百色市政协副主席曹东方等两市领导出席会议。广州市、百色市有关部门主要负责人，百色市各县(区)委书记或县(区)长参加座谈会。会上，陈建华代表广州市人民政府、谢泽宇代表百色市人民政府签署了《“十二五”时期广州·百色扶贫协作协议书》。

25日 由全国高职高专校长联席会主办，南宁职业技术学院承办的“国家高职院校年度质量报告说明会”在南宁举行。来自广西、云南、海南3省(区)高职院校的30多名代表与会。

26日 由国务院扶贫办与自治区人民政府共同主办，中国国际扶贫中心、自治区扶贫办、柳州市人民政府承办的“第六届中国—东盟社会发展与减贫论坛”在柳州开幕。来自中国和东盟等国的政府官员、专家学者、媒体、中资企业代表、非政府组织代表及国际组织代表100余人参加。

△“广西各市党委政研室主任联席会暨破解西江经济带建设政策瓶颈研讨会”在桂平召开。100多人参会。

26~21日 由广西文化厅主办，广西群众艺术馆、广西书画院、广西群众文化学会承办，海南省群众艺术馆、广西博物馆、海南省书法家协会、广西书法家协会协办的“旅桂心迹——苏文殷书法艺术作品展”在广西博物馆开展。共展出苏文殷先生在广西群众艺术馆挂职3个月期间创作的36幅书法艺术精品。

27日 由自治区社科联主办的自治区社科联党组中心组2012年第三次专题理论学习会在南宁举行。主题为：加快民族事业新发展，建设民族团结进步模范区。自治区社科联副主席张瑞枝作中心发言。全体干部职工参加。

27~29日 由中华全国工商业联合会、大湄公河次区域(GMS)工商论坛联合主办，中国民营经济国际合作商会、广西壮族自治区工商业联合会、广西有色金属集团有限公司承办的“大湄公河次区域资源合作开发与可持续发展研讨会”在南宁举行。主题为“发展绿色矿业、实现互惠共赢”。中华全国工商业联合会常务副主席孙安民，自治区党委常委、统战部部长范晓莉，GMS工商论坛秘书处主任卡梅拉等出席开幕式并致辞。广西壮族自治区工商业联合会主席磨长英、广西壮族自治区工商业联合会副主席黄振东、中国民营经济国际合作商会副会长王丽分别主持研讨会开幕式、专题研讨会和圆桌研讨会。中华全国工商联、大湄公河次区域国家越南、老挝、柬埔寨、泰国、缅甸等国工商总会、矿业部门以及来自国内外共50多家企业110多名代表参加。

28日 广西师范大学美术学院与广西中华文化促进会共同举办的“第四届法国卢浮宫中国选区组委会艺术交流会”在桂林举行。广西师范大学副校长、著名画家白晓军教授，法国美术家协会主席、著名画家米歇尔·金先生，执行主席伊莎贝勒女士，以及中外艺术家、美术学院相关专业的教师、研究生近80人参加。

△自治区社科联、广西财经学院、广西财经学院社科联、广西商业经济学会在南宁共同举办“企业家论坛”，为转型时期的广西经济建设和企业发展出谋划策。

△自治区社科联东南亚经济与政治研究中心在南宁市组织召开“《加快陆路东盟南(宁)崇(左)经济带发展对策研究》课题评审会”。自治区社科联副巡视员、秘书长曹平代表自治区社科联致辞。由自治区发展改革委、工信委相关业务处负责同志及广西经济管理学院、广西民族大学的有关专家组成的专家组对《研究报告》进行评审，原则同意该《研究报告》。

10月

10日 由中国社会科学院当代中国研究所、国史学会、南宁市委、南宁市人民政府、广西地方志办公室联合主办的“第十二届国史学术年会”在南宁开幕。中央组织部原部长、国史学会顾问张全景，中国社会科学院副院长、当代中国研究所所长、国史学会副会长李捷，中国社会科学院原副院长、当代中国研究所原所长、国史学会常务副会长朱佳木，军事科学院战略与战争理论研究部原副部长、少将齐德学，自治区副主席李康等及来自全国各地的100多位国史研究专家学者出席。共收到论文74篇。

△由广西艺术学院、漓江画派促进会主办的“《格物致知——黄格胜教学展·2012(第六回)’作品巡回展·南宁篇》画展开幕式”在广西艺术学院南湖校区美术馆举行。自治区党委常委、广西军区司令员龙义和，自治区政协副主席、广西艺术学院院长黄格胜，自治区政协副主席李彬，自治区高级人民法院院长罗殿龙出席开幕式并为画展剪彩。自治区教育厅厅长高枫、学院领导潘晔、禤思、李绍忠、陈应鑫出席开幕式并参观画展。分别在南湖校区和相思湖校区两个展厅同时展出142幅作品。

△“国培计划(2012)”广西骨干教师培训项目启动大会暨开班典礼在玉林师范学院西校区学术报告厅举行。玉林师范学院副院长王卓华，广西教育厅师培中心副主任梁肇华，玉林市教育局副局长黄创军，河池市凤山县教育局副局长罗凤章，玉林师范学院继续教育学院领导及相关二级学院领导及来自玉林、贵港、河池市凤山县各中小学的390名学员参加。

△“巴马长寿文化产业发展研究”项目签约仪式在河池学院举行。河池学院副院长周鸿，巴马瑶族自治县县委常委、宣传部长、副县长黄雷出席签约仪式。“巴马长寿文化产业发展研究”项目在充分挖掘和整理巴马传统长寿文化基础上，以“长寿文化”为内容，以“文化产业”为载体，立意高远，同时又具有很强的操作性，对进一步推动河池学院与巴马的校地合作水平，促进巴马长寿文化健康稳定发展、提升巴马长寿文化形象等将起到积极作用。

10~13日 由广西警官高等专科学校主办，广西公安厅刑侦总队协办的“第十三届中西南地区公安政法院校侦查学术研讨会”在南宁召开。广西公安厅副厅长梁宏伟、广西警官高等专科学校校长刘建昌出席，西南地区公安政法院校代表和北京大学、中国人民公安大学、中国刑警学院、中国人民武装警察部队学院专家学者共50人参加。共收到会议论文115篇。

10~14日 由中国科学院南海海洋研究所和广西壮族自治区海洋局主办，钦州学院承办的“第七届全国海洋资料同化研讨会暨北部湾海洋环境专题研讨会”在钦州召开。中国工程院院士徐祥德，钦州市副市长陆钦华，国家自然科学基金委员会海洋处处长任建国，中国科学院南海海洋研究所副所长王东晓，中国科学院大气物理研究所副所长朱江，广西壮族自治区海洋局副局长杨小光，钦州学院党委书记李尚平，广西气象局副局长姚才等专家、领导出席开幕式，中国科学院南海海洋研究所研究员彭世球主持。来自国内外高校的专家学者共120余人参加。

11日 自治区主席马飚深入广西美术出版社、广西书画院以及广西文联所属的广西美术家协会、广西桂学研究会、广西文学院、广西书法家协会、广西音乐家协会、广西作家协会、广西书画研究院，就广西文艺创作工作进行考察调研。

△由卫生部、自治区政府主办，中华口腔医学会、东盟10国牙医学会等协办的"第三届中国—东盟国际口腔医学交流与合作论坛"在南宁开幕。主题为"促进和加强中国—东盟口腔医学职业技术培训的交流与合作，开创中国与东盟口腔医学新未来"。老挝卫生部副部长索默克·金沙达、中国工程院院士邱蔚六、中华口腔医学会会长王兴等来自中国、东盟、欧美等国家的卫生行政管理部门官员和学者近350人出席。

△由广西教育装备行业协会主办的"第一届广西教育装备展"在南宁国际会展中心拉开帷幕。展示会主题为"展示、交流、评优、推荐"，是自治区首次举办教育装备类专业展。来自全国15个省（区、市）的90多家知名教育装备生产企业汇集南宁。

△由联合国世界旅游组织与亚太旅游协会主办，桂林市人民政府和广西壮族自治区旅游局承办，香港理工大学协办的"第六届旅游趋势与展望国际论坛"在桂林召开。主题为"分享经验成果，谋求合作共赢"。联合国世界旅游组织执行主任索丹·索莫基、亚太旅游协会首席执行官特别顾问约翰·考道斯基以及泰国、澳大利亚、马尔代夫、马来西亚、印度尼西亚等9个国家和地区的旅游局司局级官员200多人出席。会期3天。

△由自治区文化厅、广西文联、桂林市政府联合主办，广西戏剧家协会、桂林市文化局、永福县政府共同承办的"第三届广西彩调艺术节"在永福县开幕。自治区各路彩调艺术演员近1000名云集永福，19出专业戏、29出业余戏、48个剧目轮番亮相。

12日 广西统一战线理论研究会成立大会暨"同心"思想研讨会在南宁召开。大会选举产生广西统一战线理论研究会第一届理事会理事，通过研究会章程，选举领导机构。自治区党委常委、统战部部长范晓莉当选会长。该研究会是由自治区党委统战部主管，主要开展统一战线理论政策研究的学术团体。第一届理事会有理事109位，主要由自治区党委、人大、政府、政协有关部门，各民主党派区委会、自治区工商联和有关人民团体，广西社会科学院，有关高等院校和新闻单位，各市党委统战部等多个方面人员组成。

△由自治区社科联、河池市社科联、河池市金城江区委、金城江区人民政府共同主办的"2012年广西社会科学普及十月大行动启动仪式暨河池市金城江文化广场启动仪式"在河池市金城江区文化广场启动。自治区社科联党组书记、主席王士威宣布活动启动，自治区社科联副主席姚兵致辞，河池市委常委、宣传部部长、副市长黎丽出席活动并讲话，河池市人大常委会副主任吴胜梅、河池市政协副主席蒙玉光出席，河池市社科联主席周龙主持仪式。全市50多家社科团体、市直单位及企业公司参加，河池市1000多名干部群众学生参加仪式。

13~15日 由全国MTI教育指导委员会、中国译协翻译理论与翻译教学委员会、中国比较文学学会翻译研究会和广西翻译协会联合主办，广西民族大学承办的"新时代语境下的中国翻译研究与教学学术研讨会暨中国比较文学学会翻译研究会第九届年会"在广西北海市举行。140余名来自全国各地的专家学者、高校师生参加。

△由自治区残联、文化厅、教育厅、民政厅联合举办的"第八届广西残疾人艺术汇演"在广西艺术学院会演中心举行。来自广西14个设区市、南宁铁路局共15个代表队的400多名残疾人演职人员参演。

15日 自治区人民政府在南宁举行"参事和文史馆员聘任仪式"。正式聘任49名自治区政府参事、21名自治区文史研究馆馆员。自治区主席马飚出席仪式并讲话。自治区党委常委、自治区常务副主席黄道伟出席仪式。自治区副主席李康宣读聘任决定。

△由广西社会科学院与广西大学联合举办，广西数量经济学会该学会承办的"2012年广西经济形势研讨会"在南宁召开。来自广西政府机关、研究院所、高等学校以及公司企业等多家单位近50位经济学界的专家学者参加。

16日 泛珠三角区域"9+2"人才服务合作第14次联席会议在南宁召开。主题为"合作、创新、共赢、发展"。来自广东、福建、江西等省区以及港澳地区的人才服务机构人员近100人参加。

△广西人口计生委主办的"桂湘粤3省（区）14市流动人口计划生育区域协作联席会议"在贺州举行。自治区人口计生委副主任麦家志、贺州市副市长黄志光出席会议并讲话。来自湖南省永州市、邵阳市、怀化市，广东省肇庆市、清远市、湛江市、茂名市、云浮市，广西贺州市、桂林市、梧州市、玉林市、北海市、柳州市共14个设区市人口计生部门的领导和专家60多人参加。

△由南宁市政府地方志编纂办公室和广西师范大学共同举行的"《南宁通史》和《南宁简史》编纂项目"签字仪式在广西师范大学举行。广西师范大学党委宣传部等相关负责人出席。

△自治区"解放思想、赶超跨越"大讨论活动经验交流现场会在来宾召开。自治区领导危朝安、沈北海、

石生龙、周新建出席。

△以自治区社科联党组副书记、副主席汤竹庭为组长的第四督查组到贺州市，就贺州市贯彻落实《中共中央关于进一步繁荣发展哲学社会科学的意见》和《自治区党委关于大力繁荣发展哲学社会科学的意见》文件情况进行督查。

16~17 日 自治区党委统战部、自治区工商联、广西光彩事业促进会联合组织广西非公有制经济人士开展“同心·情系革命老区”东兰行感恩活动。自治区党委常委、统战部部长范晓莉，自治区党委统战部副部长冯成善，自治区工商联党组书记、第一副主席、自治区党委统战部副部长刘长林以及广州东送能源集团有限责任公司、广西梧州中恒集团股份有限公司、广西平铝集团有限公司、年年丰集团等 14 家非公有制企业负责人参加活动。

17 日 由广西文化厅主办，广西文联、广西艺术学院、北京颂雅风文化传媒有限责任公司、北京华协文化发展有限公司共同协办，广西博物馆、北京重文堂文化传播有限公司联合承办的“挥麈烟岚——任重千里行·南宁画展”在广西博物馆开幕。共展出代表性作品 99 幅，展至 10 月 31 日。

17~18 日 由四川省图书馆学会、广西图书馆学会、吉林省图书馆学会、江苏省图书馆学会和河北省图书馆学会联合主办，江苏省图书馆学会、常州市图书馆学会联合承办的“川桂吉苏冀五省（区）图书馆学会第十三届学术研讨会”在江苏省常州市江苏技术师范学院举行。广西图书馆学会秘书长秦小燕、秘书董惠霖以及来自广西部分公共图书馆和高校图书馆的 19 名代表参加。共收到会议论文 417 篇。

17~19 日 由自治区文化厅主办、自治区群众艺术馆承办的广西第十六届“八桂群星奖”（戏剧曲艺类）决赛在南宁市明星剧场举行。共有 48 个参赛节目，其中小戏 13 个、曲艺 10 个、小品 25 个，分别来自广西 14 个设区市的 14 个代表队。19 日，“八桂群星奖”决赛颁奖晚会在广西话剧团明星剧场举行。自治区文化厅党组副书记、副厅长李民胜，副巡视员、广西演艺集团董事长马红英等领导出席并为获奖者颁奖。

18~21 日 由自治区地震局主办，百色市人民政府承办的“2013 年度广西及其邻近地区地震趋势会商会议”在百色举行。自治区地震局巡视员龙安明、监测预报处副处长吴小龙、监测台网中心主任、研究员姚宏，以及来自自治区地震局各直属台站和 14 个设区市地震局、重点设防县地震局代表共 80 多人参加。

19 日 广西红十字会第八次会员代表大会在南宁召开。自治区党委书记、人大常委会主任、红十字会名誉会长郭声琨，自治区人大常委会副主任、红十字会原会长刘新文，自治区副主席李康，中国红十字会副会长郝琳娜，自治区红十字会名誉副会长、广西红十字基金会理事长潘鸿权在会前接见与会代表。李康、郝琳娜出席大会开幕式。广西红十字会八届一次理事会根据中国红十字会章程，继续聘请郭声琨为广西红十字会名誉会长；选举李康担任会长；冯国平为常务副会长。大会审议通过《关于广西红十字会第七届理事会工作报告的决议》和《关于广西红十字事业 2012~2015 年发展规划的决议》。广西各级红十字会代表、特邀代表、志愿者代表等共 400 多人参加大会。

△由广西老科学技术工作者协会主办的“九九重阳敬老大会”在南宁举行。约 800 名老科学工作者、老专家参加。

△由桂林市人民政府、自治区文化厅、科技厅共同主办的“第四届中国·桂林创新创意文化节暨桂林动漫节”在桂林开幕。自治区党委常委、宣传部部长沈北海，自治区副主席陈章良，桂林市领导刘君、李志刚、粟增林等出席开幕式。共有广西区内外 66 家动漫企业和单位参展。展期 3 天。动漫发展论坛邀请文化部文化产业司领导和国内知名动漫专家主讲，近 300 名动漫企业代表、高校师生和动漫爱好参加。

△由百色学院主办的“左右江革命老区发展论坛”在百色学院举行。主题为“以传承百色起义精神，总结左右江革命老区建设成功经验，共商老区振兴大计”。自治区政协副主席苏道俨，中国老区建设促进会国家机关干部支持老区工作部副部长、办公室主任李泓霖，百色市委常委、宣传部长、副市长范力等领导，北京大学校务委员会副主任、博士生导师、原副校长张国有教授，延安大学副校长胡俊生教授，井冈山大学副校长王佯青教授，南京大学校长助理李成教授，广西社会科学院党组书记、院长吕余生研究员，河池学院党委书记韦春北教授，广西民族师范学院党委书记李明辉教授，广西医科大学党委副书记韦安光教授，广西艺术学院副书记李绍忠教授，中共广西区委党校副校长陈林杰教授，广西区党委政策研究室副主任张光研究员，广西区政府发展研究中心副主任杨丛研究员，广西民族师范学院副校长韦日平教授，广西财经学院经济与贸易学院院长蒋满元教授，广西大学商学院副院长黎鹏教授，广西民族大学商学院副院长高歌教授等，国内 20 多所高校的领导和专家、百色市

各县(区)领导、百色市有关部门领导以及百色学院师生代表参加。

△广西农村金融学会在桂林阳朔举办“自治区分行机关部门重点课题评比交流会”。自治区分行党委书记、行长、学会会长廖家旺及学会各常务理事、理事共60余人参加。收到调研报告28篇。

△梧州市2012年“十月科普大行动”暨“我爱西江母亲河”科普大篷车梧州西江沿江行启动仪式在梧州市藤县举行。梧州市委副书记全桂寿出席仪式,并宣布科普活动正式启动。参加启动仪式的干部群众学生上千人在“我爱西江母亲河”条幅上郑重签名。

△桂林旅专开展“喜迎党的十八大促进广西高等教育质量全面提高”大调研大讨论活动。

△由广西师范大学主办的桂林片高校贯彻落实“两个3号文件”座谈会在桂林举行。为督促检查广西贯彻落实《中共中央关于进一步繁荣发展哲学社会科学的意见》和《自治区党委关于大力繁荣发展哲学社会科学的意见》(以下称“两个3号文件”)精神,繁荣发展自治区哲学社会科学事业,加快民族文化强区建设,自治区组织专门督查组通过采取听取汇报、查阅相关材料、实地查看、召开座谈会等方式,进行实地督查。自治区第一督查组于10月18日在广西师范大学召开桂林片高校贯彻落实“两个3号文件”座谈会。自治区党委督查室主任潘玉卿、自治区社科联东南亚中心副主任袁梅花、自治区党委督查室主任科员许盛合、桂林市委副秘书长刘春燕、桂林市委督查室副主任张志伟,以及广西师范大学、桂林电子科技大学、桂林理工大学、桂林医学院、桂林航天工业学院、桂林旅游高等专科学校、桂林师范高等专科学校等7所高校负责人共13人与会。

20日　由中国社会科学院应用伦理研究中心与广西民族大学联合主办,广西伦理学学会和广西民族大学政治学与国际关系学院承办的“第八次全国应用伦理学学术研讨会”在广西民族大学开幕。主题为“国际伦理”。广西高校工委宣传部部长李美清、广西社科联学会部主任何明、广西伦理学会会长卫荣凡出席并分别致辞。来自全国24个省区市的70余所高校和研究机构共130多名专家学者参加。

20~21日　由中国社会科学院应用伦理研究中心、广西民族大学政治学与国际关系学院共同主办的“第八次全国应用伦理学研讨会”在南宁举行。主题为“国际伦理”。来自中国社会科学院、北京大学、上海师范大学等单位的140余名伦理学专家学者参加。共收到参会论文70余篇。

21日　九三学社中央“院士专家西部行”报告会在广西大学举行,3名院士、专家以“环境变迁与现代农业”为主题,从不同角度与现场350多名听众开展交流与互动。

△在意大利国际魔术大会上,由广西杂技家协会、广西戏剧院选送,著名魔术师林彬创编、广西桂剧团演员孙巧梅表演的魔术节目《瑶山谣》荣获本届大赛银奖第一名(金奖空缺)。

22~24日　由中国心理学会心理学教学工作委员会与中国心理学会人格心理学分会联合主办,中国心理学会临床与心理咨询分会协办,广西师范大学教育科学学院承办的“中国心理学会心理学教学工作委员会与人格心理学分会2012年学术年会”在桂林举行。主题为“心理学人才培养教学改革计划和文化繁荣下人格心理学的新使命”。来自全国各地的心理学工作者100多人参加。

23~25日　由中国民族建筑研究会民居建筑专业委员会、中国建筑学会建筑史学分会民居专业学术委员会、中国文物学会传统建筑园林委员会传统民居学术委员会主办,广西华蓝设计集团有限公司和广西大学土木建筑工程学院共同承办的“第十九届中国民居学术会议”在南宁召开。主题为“传承与创新”。来自全国各地的民居专家学者逾130人参加。

24日　由百色学院、平果县政府主办的百色学院民族文化翻译研究中心成立暨“壮族嘹歌英译学术研讨会”在百色学院举行。中国社会科学院、广西民语委、广西非物质文化遗产研究中心、广西社会科学院、广西民族艺术研究院、广西大学、广西民族大学等20余家单位的领导、专家学者等30多人参加。

25日　由广西美学学会和广西民族大学文学院联合主办的“广西大学生生态美育”学术研讨会在广西民族大学文学院举行。由广西美学学会秘书长、广西民族大学文学院副院长、教授李启军博士主持。来自广西美学学会、广西民族大学文学院等单位的导师和研究生共30人参加。

△由自治区文化厅主办、广西群众艺术馆、防城港市文化体育新闻出版局、南宁市文化新闻出版局、北海市文化新闻出版局、钦州市文化新闻出版局承办,防城港市群众艺术馆、南宁市群众艺术馆、北海市群众艺术馆、钦州市群众艺术馆、广西群众文化学会协办的“第四届‘魅力北部湾’群众文化理论研讨会”在防城港举行。自治区文化厅副厅长李民胜、广西群众艺术馆馆

长罗征等领导出席开幕式。共征集论文93篇。

26日　广西职工书画摄影协会暨广西区直机关书法家协会在南宁成立。自治区文联主席潘琦任名誉主席，自治区总工会党组纪检组长黄宇群当选职工书画摄影协会主席。

△由广西民族大学外国语学院主办，广西民族大学学报编辑部协办的“首届全国民族典籍翻译研讨会”在广西民族大学举行开幕式。广西民族大学副校长吴尽昭出席开幕式并发表讲话。苏州大学博士生导师汪榕培教授、中山大学翻译学院院长黄国文教授、河北师范大学外国语学院院长李正栓教授应邀到会，来自南开大学、中央民族大学、河北师范大学、天津工业大学及区内高校共50人参加。

△广西老社科协会在南宁举行“建设民族文化强区的理论与实践”学术研讨会。名誉会长、自治区老领导韦纯束、侯德彭出席并讲话，会员、专家学者共100多人参加。共收到参会论文27篇。

△由玉林师范学院举办的“近代中国乡村文化与实践学术研讨会”在玉林师范学院举行。玉林师范学院院长梁伟江出席开幕式并讲话。南开大学、西南大学、河北师范大学、贵州凯里学院、广西大学等高校20多位专家学者以及政史学院的师生参加。

26~27日　由自治区文化厅主办的第八届广西剧展小戏小品展演在南宁开演。共70台剧目参加展演。演出地点在明星剧场、广西儿童剧场、广西艺术学校桂花剧场、广西民族大学大礼堂、广西财经学院影剧院，凭身份证免费领取门票观看。

27日　由中国城市规划协会和南宁市人民政府主办的“中国城市规划协会规划管理专业委员会三届四次年会”在南宁召开。来自全国各地的100名规划界专家和代表参加。

△由广西写作学会和广西民族大学文学院主办的“新文体的兴起与发展”学术研讨会在广西民族大学召开。来自广西各高校和社会科学界的20多位专家学者与会。

△由广西医科大学人文管理学院主办，广西医科大学学生社会工作协会协办的“2012年驻邕高校社会工作发展论坛”在广西医科大学举行。广西社会工作协会领导、驻邕高校社会工作专业教生代表、台湾地区社会工作实务专家、驻邕社会公益组织等150人参加。

27~28日　“实践美学与中国当代美学发展研讨会”在玉林师范学院西校区举行，来自广西区内外高校的美学专家及美学爱好者40多人与会。

27~31日　由自治区人力资源和社会保障厅、司法厅联合主办，广西律师协会具体承办的中国—东盟贸易投资法律实务新动向高级研修班暨专业技术人才知识更新工程高级研修班在南宁开班。自治区司法厅副厅长王荣华，自治区人力资源和社会保障厅副巡视员童俊，广西律师协会会长黄志文，自治区司法厅律师管理处处长李健，自治区人力资源和社会保障厅教育处副处长熊艳等领导出席研修班开班典礼。来自广西、广东、重庆、云南等15个省（区、市）的律师和相关单位代表共100名学员参加。

30日　由新华社广西分社和自治区创先争优活动领导小组办公室主办，中国联通广西分公司协办的“八桂党旗红 喜迎十八大——广西创先争优大型图片展”开展仪式在广西规划馆举行。自治区党委书记、自治区人大常委会主任郭声琨出席仪式并宣布开展。自治区党委副书记危朝安、新华社副社长龙新南、中国联通集团公司董事长常小兵致辞。自治区创先争优活动领导小组成员及区直有关单位、南宁市部分党员群众代表等参加。展期至11月6日。

△由河池市委市政府、自治区文化厅、广西文联主办的“红水河画风”——首届中国画作品邀请展在广西博物馆开幕。共展出62位画家创作的百余幅画作。开展仪式结束后，河池市召开“红水河画风”艺术创作研讨会。自治区文联副主席赵如锋以及吴学斌、谢麟、阳山等20多位著名画家研讨。河池市政协主席刘先明出席研讨会。河池市人大常委会副主任骆宇敏主持开展仪式并在研讨会上致辞，河池市政协副主席韦凯钟出席开展仪式及研讨会。

11月

1日　由广西文联、广西文艺理论家协会主办的2012年广西文艺论坛暨《广西当代文艺理论家丛书·第一辑》研讨会、第九届广西文联文艺评论奖颁奖仪式在南宁举行。来自广西各地的60多位文艺理论家代表参加。会议期间，举办了广西中青年文艺评论家高级研修班。

△自治区社科联、桂林市社科联和桂林市象山区委、区人民政府等单位在象山区联达广场举办“科学发展　富民强桂”为主题的社科普及宣传活动。此次活动向广大群众、社区居民宣传与人民群众息息相关的法律、教育、心理健康、家庭理财、社会保障、食品安全、劳动者权益等方面知识。共制作宣传展板86块，发放宣传资料8000余份，接待咨询群众千余人次。桂林市

人大常委会副主任石春莲、桂林市政协副主席容作信等市领导参加活动。

△由百色市委、百色市人民政府主办的“庆祝撤地设市10周年座谈会”在百色举行。广西军区副司令员张桃祥，百色市委书记、市人大常委会主任赖德荣在座谈会上讲话。百色市委副书记、市长谢泽宇主持座谈会。自治区人大常委会原副主任张慕洁、韦家能、陈光明，广西军区原副政委黄深根，周炳群、黄志伟、张虹、李政、张俊雄、韦瑞灵、范力、欧波、周武红、黄建宁、李祚标等百色市四家班子领导出席。200多人参加。

3日　由自治区党委组织部主办的“广西大学生村官创业YBC模式推介及研讨会”在百色召开。自治区党委组织部副部长梁海萍主持会议。百色市委副书记张虹在会上讲话。瀛公益基金会副秘书长高永及自治区14个设区市的组织部部长和百色市青年创业促进会相关负责人等100多人与会。

4日　广西瑶学学会在南宁主办“广西瑶医药发展论坛”，瑶医和瑶学研究专家学者共50人参加。

5日　自治区社科联东南亚经济与政治研究中心在南宁市组织召开《自贸区建成后广西与东盟文化产业合作研究》课题评审会。广西社会科学院、广西民族大学、广西师范学院、广西先进文化发展促进会、广西妇女干部学校等单位的专家组成评审组对《研究报告》进行评审。自治区社科联副巡视员、秘书长曹平主持会议。

△由广西艺术学院主办，建筑艺术学院承办的“2012’广西高校环境艺术教育研讨会”系列活动在广西艺术学院美术馆开幕。主题为“绿色·生态·未来”。建筑艺术学院领导及相关师生200多人参加开幕式。会期5天。

6日　“中华人民共和国文化部与广西壮族自治区人民政府关于推进广西文化建设战略合作框架协议签字仪式”在北京举行。文化部部长蔡武，副部长赵少华、王仲伟以及文化部11个司局的司局长，自治区党委书记、人大常委会主任郭声琨，自治区主席马飚，自治区副主席李康，自治区人民政府秘书长王跃飞，副秘书长、办公厅主任周异决，自治区文化厅厅长余益中，副厅长李民胜，副巡视员马红英、任宝胜，自治区教育厅副厅长黄宇等部门的负责人及广西艺术学院党委书记潘晔，副书记、副院长禤思，副院长郑军里等领导参加《协议》签订仪式。

△广西知青文化研究会在南宁成立。广西各地市近200名经历过“上山下乡插队（场）”务农的“老知识青年”代表和自治区政协、社科联、民政厅的有关领导和嘉宾参加。

△由中国高等职业教育研究会商科分会、中国商业高等职业教育研究会政治思想与学生工作委员会主办，广西工商职业技术学院承办的“全国商科高职院校政治思想与学生工作研讨会”在南宁举行。国家教育部行指委、中国高等职业教育研究会商科分会、中国商业高等职业教育研究会、政治思想与学生工作委员会的领导专家及20个院校共50人参加。

△由百色市委政法委主办的百色市政法干警核心价值观教育实践活动先进事迹报告会在百色举行。报告会以视频的形式召开，各县（区）设分会场。市委常委、政法委书记周武红在会上讲话。市人大常委会副主任潘其弟，市政协副主席韦启良，市中级人民法院院长黄坚，市人民检察院检察长文秋德等出席报告会，全市政法系统领导、干警1000多人听取讲座。

6~9日　“全国电大财务处长业务研讨会暨‘开放教育投入产出研究’研讨会”在广西广播电视大学召开。国家开放大学党委书记阮智勇，广西电大党委书记崔践、副校长陆云出席。国家开放大学财务处处长张旭红主持。来自国家开放大学、上海开放大学、天津、浙江等全国35个省市级电大的财务处长和会计人员共50余人参会。

7日　由自治区党委宣传部、自治区文化厅、广西社会科学院联合主办的“广西精神与广西跨越发展”研讨会在南宁召开。来自主办单位及自治区党校、自治区社科联等单位的领导及专家学者近60人参加。

△由2012年中国茶叶学会年会暨六堡茶博览交易会组委会主办的“六堡茶产业发展高峰论坛”在梧州举行。主题为“倡导健康饮品，振兴历史名茶”。中国工程院院士陈宗懋，安徽省政协副主席、安徽农业大学副校长、中国茶叶学会副理事长夏涛，中国茶叶学会理事长、中国农科院茶叶研究所副所长江用文等专家学者和梧州市领导吴浩岭、李桂珍、彭健铭、陈澄波及中国茶叶学会常务理事，有关茶叶生产企业的负责人参加。梧州市副市长彭健铭主持论坛。

9~11日　中国百色市—越南司局级党政干部座谈会在百色举行。以越南奠边省委常委、省委宣传部部长阮元章为班长的2011~2015年第四期越南司局级党政干部培训班学员一行32人组成的考察团，在中联部副局级参赞蔡国英的陪同下，到百色市考察新农村建设及农业发展情况。副市长赵桂兰会见了阮元章一行并出席座谈会。

8~11 日 “广西高校大学外语教学研究会 2012 年年会暨教学改革研讨会”在广西医科大学举行。广西 55 所高校 70 多名外语教学领导和骨干教师参会。

9~12 日 由中国原生态民族文化高峰论坛秘书处与贺州学院联合主办,广西东部族群文化研究基地承办的“第二届中国原生态民族文化高峰论坛”在贺州学院举行,来自全国相关高校和研究机构的 68 名专家学者参加。

10 日 由全国部分党校对外培训协会主办,中共广西区委党校承办的“全国部分党校对外培训协会第二届理事会暨对外培训工作交流研讨会”在南宁举行。中共广西区委党校常务副校长、广西行政学院常务副院长黄学权出席并致辞。来自全国 31 家省级、副省级和市级党校的领导和代表共 80 多人参会。

12 日 由百色市妇联主办的百色各界妇女代表学习党的十八大精神座谈会在百色举行。市政协副主席黄运志出席会议并讲话,全市各界妇女代表近 100 人参会。

△由百色市社科联主办的百色市社科界学习宣传党的十八大精神报告会在百色举行。市委党校教授、市社科联兼职副主席黄启学作题为“坚定不移沿着中国特色社会主义道路奋勇前进的政治宣言和行动纲领”辅导报告,来自百色市社科联系统干部、部分社科联代表共 80 多人聆听报告。市社科联主席苏祖纯主持报告会。

14 日 自治区社科联、柳州师专社科联共建“柳州师范高等专科学校社会科学普及基地”揭牌仪式在柳州师范高等专科学校图书馆举行。自治区社科联副主席姚兵、科普部主任刘俊,柳州师专党委书记、社科联主席蓝凡华,学校党委副书记朱宝骧以及学校社科联副主席樊桂春、骆昭平、秘书长伍新德和学校社科联部分委员及学生代表出席仪式。在揭牌仪式上,柳州师专党委书记、社科联主席蓝凡华、自治区社科联副主席姚兵分别揭牌仪式上讲话。

15 日 由广西写作学会、《南方文坛》杂志社联合主办的“《南方文坛》优秀论文颁奖仪式暨校园文学座谈会”在广西教育学院举行,中国小说学会常务副会长、中国现代文学馆常务副馆长、教授、博导吴义勤,中国当代文学研究会常务副会长、东北师范大学教授、博导孟繁华,复旦大学中文系教授、博导张新颖,北京大学中文系副教授邵燕君,《南方文坛》主编张燕玲等来自全国各地的评委、获奖者以及广西写作学会部分会员、广西各高校的师生共 800 人参加。

16 日 由广西财经学院社科联和广西财经学院科协联合举办的“2012 中国—新加坡物流发展与人才培养研讨会”在南宁举行。来自新加坡物流管理学院、广西大学等 9 所高校的代表共 120 人参加。

16~19 日 由国际木文化学会和中国林产工业协会共同主办,中国家木文化学会、广西大学、广西民族大学中国—东盟研究中心、中国—东盟博览会秘书处承办,国家林业研究组织联合会第五学部支持的“2012 ·第三届中国—东盟国际木文化论坛”在广西南宁举行。广西大学林学院副院长叶绍明、梁炳钊,木材科学与工程学科带头人罗建举教授、木材科学与工程系部分老师和学生,国际木文化学会副会长赵广杰、中国林产工业协会秘书长石峰,印度尼西亚、菲律宾、泰国、马来西亚等国的专家共 70 人参加。

△由中国林产工业协会、中国—东盟博览会秘书处和自治区林业厅共同承办“2012’中国—东盟博览会林产品与木制品展”在南宁国际会展中心举行。柬埔寨、老挝、缅甸、泰国、越南等东盟国家驻南宁总领事馆代表、越南贸易促进局出口促进中心官员和中国国家林业局有关司局、中国林业产业联合会、中国林产工业协会及广西相关政府部门的负责人参加开幕式。

17 日 由北京致远协创软件有限公司、广西行为科学学会等单位支持,广西经济管理干部学院主办“学校对接社会最后一公里”研讨与交流会在南宁召开。自治区教育厅高教处处长莫少林,广西经济管理干部学院副院长何品荣教授出席会议并讲话。来自南宁市 30 多所高校的教务处负责人以及工商管理学院(系)的负责人参加。

18 日 由中国—东盟协会、中国女企业家协会、柳州市人民政府举办的“第三届中国—东盟女企业家创业论坛”在柳州举行。来自中国和东盟各国以及亚洲其他国家、地区的政府官员、外交使节、国际友好组织、知名妇女组织、国际商会代表以及女企业家、著名学者等共约 350 人出席。在本届论坛闭幕式上,中国—东盟协会特别授予柳州市“中国—东盟经贸合作示范基地”牌匾。

△“广西留学人员联谊会第五次会员代表大会”在自治区党校召开,会议选举产生广西留学人员联谊

会第五届理事会理事及领导机构。自治区党委副书记危朝安出席会议并讲话。会上，危朝安、程津培、范晓莉、陈章良、黄日波等领导共同为“广西留学人才产业园投资股份有限公司”揭牌。自治区相关部门负责人及各市、有关高等院校统战部负责同志出席。

△由防城港市海外联谊会主办，防城港市社科联、钦州学院社科联等单位协办的“陈济棠学术研讨会”在广西防城港市举行。防城港市委常委、统战部部长胡晶波出席会议并致辞。陈济棠先生侄孙、香港宝声集团董事长陈耀璋，华南农业大学教授陈佩琳等陈济棠家族后人，中山大学教授、博士生导师司徒尚纪、周兴樑，华中师范大学教授、博士生导师严昌洪，华南师范大学严昌洪，广西大学原党委书记、研究员阳国亮，广西社会科学院院长、研究员吕余生，以及来自暨南大学、广西大学、云南大学、广西区党校、广东社科院、孙中山大元帅府纪念馆、陈氏文化研究会等20多所高校和科研机构共100多位专家、学者、嘉宾参加。共收到论文35篇。

19日 “北部湾经济合作组织第七次成员大会暨第十届广播电视网络交流与合作会议”在防城港召开。主题为“携手合作，开拓东盟市场”。防城港市市长莫恭明、湛江市委常委陈岸明、北部湾经济合作组织联络处主任郭丽珍及徐闻县副县长陈光力，湛江、北海、海口、钦州等14个成员单位的领导及各成员单位的广电新闻媒体、企业的负责人参加。

△由百色市委、市人民政府主办的百色市传达学习党的十八大精神大会在百色举行。会议以视频的形式召开，各县（区）设分会场。党的十八大代表、市委书记、市人大常委会主任赖德荣在大会上作重要讲话。市委副书记、市长谢泽宇主持大会。黄志伟、张俊雄、韦瑞灵、欧波、周武红、黄建宁、李祚标等市领导出席会议，市“两院”主要领导，市长助理，军分区、右江民族医学院、百色学院领导班子成员，市直离退休副厅级以上干部，市人大、政府、政协秘书长，市四家班子副秘书长、办公室副职以上干部，市人大、政协各专工委副职领导，市直（含区直、中直）各单位副处以上领导，驻百色重点企业负责人，驻百色武警部队主官等共1000人在主会场参加会议。十八大代表、平果县教育局副局长、平果县希望小学校长周标亮，十八大代表、凌云县泗城镇陇雅村党总支部书记吴天来在大会上分别谈了各自的参会感受和学习体会。

19~24日 “2012’中国·金滩沿边开发开放合作论坛”在东兴市万尾金滩举行，主题是“创新合作、互利共赢”。来自中越两国政府官员、两国研究机构和高等院校的专家学者近100人出席。

20日 由自治区社科联、北海市社科联共同主办，北海市银海区委宣传部协办的“社科知识进农村活动”在北海市银海区亚平村举行。亚平村近200名干部群众参加开幕式。活动展出“科学发展观”、“社会主义核心价值体系”、“合浦海上丝绸之路始发港”等专题共46块展板，近2000名干部群众参观展览。

△贺州移动公司在贺州召开“贺州移动公司社会科学界联合会第一次代表大会”。贺州市委宣传部副部长宋启愿、贺州市社科联主席陈文珍、贺州市委党校副校长杨海明莅临现场，38名大会代表参加。这是广西企业第一个成立社科联机构。

△由广西创新与创业研究会主办的“第二届广西创新与创业研究学术论坛”在广西大学召开。主题为“坚持创新驱动，加快城市发展”。广西大学物理科学与工程技术学院副院长欧阳义芳教授、广西大学知识产权研究中心主任洪军教授、柳州华地工贸总经理黄永明等及来自高校、政府和企业各界的代表约50人参加。

21日 “广西社科界学习贯彻党的十八大精神座谈会暨2012年第四次社科专家学者活动日”在南宁举行。自治区社科联党组书记、主席王士威出席并作小结讲话，自治区社科联党组副书记、副主席汤竹庭主持会议，自治区社科联副主席姚兵、刘家凯，副巡视员、秘书长曹平出席。广西社会科学院院长吕余生研究员，自治区政协文史委副主任、广西大学原党委书记阳国亮研究员，广西社会科学院原副院长钟启泉研究员，广西国际共运史学会会长、广西民族大学相思湖学院院长陈元中教授，百色市社科联主席苏祖纯等12位专家发言。40多人参加。

21~22日 由东南11所高校共同主办，广西师范大学承办的“东南十一省属重点师范大学第十七次纪检监察工作研讨会”在桂林举行。山东师范大学、南京师范大学、上海师范大学、浙江师范大学、福建师范大学、华南师范大学、海南师范大学、安徽师范大学、湖南师范大学、江西师范大学及广西师范大学共11所高校的42名纪检监察干部出席。

22日 由中华全国青年联合会主办，广西青年联合会承办的2012’中国—东盟青年营“城市化与青年工作的应对之策”座谈会在南宁举行。来自东盟10国、东盟秘书处的83名青年代表和30多名广西各族青年代表出席。

23 日 崇左市广播电影电视协会第一届会员代表大会在崇左市举行。选举产生第一届理事会理事及常务理事。崇左市 100 多名广播电影电视工作者参加。

23~24 日 由广西领导科学研究会、来宾市委宣传部主办，来宾市委党校、来宾市社科联承办的“学习贯彻党的十八大精神 探导领导科学新发展新任务暨广西领导科学 30 年纪念”全国性理论研讨会在来宾举办。国防大学原副校长、中国领导科学研究会副会长许志功中将，中央党校校刊社原社长、中国领导科学研究会副会长兼秘书长白占群，自治区党委原书记、自治区政协原主席陈辉光，自治区人民政府原副主席、广西领导科学研究会会长奉恒高，自治区社科联主席王士威，自治区党校副校长唐秀玲等广西区内外 100 多名领导、专家学者参加。共收到论文 63 篇。

24 日 由西南马克思主义经济学论坛主办，广西师范学院和广西马克思主义研究和建设工程广西师范学院研究基地承办的“西南马克思主义经济学论坛 2012 年学术研讨会”在广西师范学院举行。广西中国特色社会主义研究会副理事长、广西师范学院党委副书记叶德明主持。中共中央党校原教育长、中国马克思主义研究基金会副理事长郝时晋，中国社会科学院学部委员、学部主席团成员兼马克思主义研究学部主任、马克思主义研究院院长、西南马克思政治经济学论坛荣誉顾问程恩富教授，自治区高校工委副书记莫锦荣和广西社会科学院党组书记、院长吕余生研究员等分别讲话。自治区社科联党组副书记、副主席汤竹庭，自治区党校副校长唐秀玲，广西大学原党委书记阳国亮等领导出席开幕式。来自广西区内外的马克思主义经济学研究领域专家、西南地区从事马克思主义经济学研究的 60 多名专家、代表参加。

△由广西民族大学和广西对外经济文化交流中心共同主办的“全球视野下的东亚峰会及东亚的未来”国际研讨会在广西民族大学举行。中国国际问题研究所中美关系研究中心常务副主任刘学成，中国外交学院发展与规划办公室主任樊莹教授，泰国曼谷大学亚太国际研究中心主任 WinichaiChaemchaeng 及来自中国、俄罗斯、日本、韩国、马来西亚、泰国、越南等国家的学者共 60 人参加。

△由国际赏识教育学会举办，贺州市行知中学承办的“第四届国际行知赏识文化论坛”在贺州举行。来自世界各地的 1000 多位名师参加。

△广西瑶学学会在南宁举行瑶族盘王节座谈会活动。驻邕瑶族同胞代表、兄弟民族代表共 150 多人参加。

△自治区社科联在南宁召开“自治区社科普及立法工作座谈会”。自治区政协文史和学习委员会副主任、广西大学原党委书记阳国亮研究员，自治区人民政府发展研究中心副主任崔忠仁研究员，自治区优秀专家寿思华、杨炳忠、李建平等知名专家学者共 20 人与会。

△“广西法理学研究会 2012 年学术年会”在玉林师范学院召开。主题为“依法治国与法治文化建设”。来自自治区内高校、自治区人大常委会法工委、自治区人民检察院、自治区高级人民法院等单位的学者、专家共 60 多名参加。

△由广西财经学院管理科学与工程学院承担的广西高等学校特色专业——“物流管理及课程一体化建设项目”研讨会在南宁举行。广西财经学院副校长夏飞教授、广西玉柴物流有限公司党委书记农永坚、广西通信产业服务有限公司物流分公司副总经理张勇、广西九州通医药有限公司总经理张凡、广西新跃汇物流有限公司经理黄沪平、广西财经学院教务处副处长龚三乐教授出席。

△广西生态学学会在广西靖西县召开第八届理事会换届大会暨 2012 年年会，研究会会长温远光教授出席并主持大会。来自广西环保厅、广西环科院、广西大学等 30 多个单位共 60 多名代表出席。

24~25 日 由中国—东盟研究中心和广西对外经济文化交流中心共同主办，中国外交部资助的“全球视野下的东亚峰会及东亚的未来”国际研讨会在南宁召开。来自中国、俄罗斯、日本、韩国、马来西亚、泰国、越南等国家的专家学者出席。

25 日 广西财经学院和广西房地产业协会、广西商业经济学会联合举办的“广西房地产人才培养高峰论坛”在广西财经学院举行。广西地大集团、广西嘉和集团、广西建设房地产、广西宁铁腾龙房地产等 5 家企事业单位的领导出席。

25~27 日 由中国学位与研究生教育学会师范类工作委员会主办，广西师范大学研究生学院、党委研究生工作部承办的“中国学位与研究生教育学会师范类工作委员会 2012 年学术年会”在桂林举行。主题为“研究生教育的质量保障”。来自清华大学、北京大学、西南大学、首都师范大学、华东师范大学、东北师范大学、华南师范大学、北京师范大学、中央民族大学、中央音乐学院、北京体育大学等全国各地 60 所高校研究生管理部门共 120 位学位与研究生教育管理人员参加。

26 日 由中国致公党中央委员会、中国美术家协会、自治区党委宣传部共同主办，广西教育厅、广西文化厅、中国致公党广西区委会、广西艺术学院、广西漓江画派促进会承办的“家园——黄格胜国画展”在北京中国美术馆盛大开幕。全国政协副主席李兆焯，全国政协副主席、中国致公党中央主席万钢，中国致公党中央常务副主席王钦敏，全国人大环境与资源保护委员会主任委员汪光焘，全国人大内务司法委员会委员、中国行政管理学会会长王澜明，全国人大民族委员会委员彭祖意，全国人大教科文卫委员会副主任委员吴恒，全国人大华侨委委员李玉，国家发展与改革委员会副主任穆虹，中纪委驻文化部纪检组组长李洪峰，国务院侨务办公室副主任任启亮，民革中央副主席修福金，中国致公党中央副主席程津培、杨邦杰、严以新、闫小培，中国侨联副主席、中国致公党中央副主席李卓彬，九三学社副主席邵鸿，台盟中央副主席黄志贤，中国文联副主席、党组副书记覃志刚，中国文联副主席、党组成员左中一，中国文联副主席、中国美协主席刘大为，北京市委常委、宣传部部长、副市长鲁炜，中国国家画院院长杨晓阳，中国美术馆馆长范迪安等出席开幕式。自治区主席马飚发来贺信，自治区政协主席陈际瓦，自治区党委常委、宣传部部长沈北海，自治区人大常委会副主任文明，自治区副主席李康，自治区政协副主席黄格胜、苏道俨出席开幕式。当天，还举行“家园·漓江画派论坛——黄格胜艺术创作研讨会”。国内众多著名美术理论家参加研讨会。27日，中央政治局委员、中央书记处书记、中宣部部长刘奇葆在中宣部常务副部长雒树刚，中国文联党组书记、副主席赵实的陪同下参观。展期至12月4日。

△由自治区文联主办的2012年广西“千村万户文艺惠民工程”推进现场会在横县那阳镇召开。自治区文联主席潘琦，自治区文联党组书记、副主席韦守德，自治区文联副主席赵如锋，南宁市委常委、横县县委书记李振林，自治区文联副巡视员、秘书长董永佳，南宁市委宣传部副部长、南宁市文联党组书记张耀民，横县县委常委、宣传部部长、副县长黄冬丽，以及广西14个设区市文联负责人，部分县文联负责人和广西13个设区市文艺家协会负责人等参加。

△广西老社会科学工作者协会在南宁举行“学习贯彻党的十八大精神座谈会”。广西老社会科学工作者协会常务理事和部分会员骨干共30多人参加。

△由自治区文明办、自治区教育厅、自治区妇联、广西家庭教育研究会在广西妇女大厦联合联合召开“2012年广西家庭教育研究会年会暨广西家庭教育论坛”。广西家庭教育研究会理事、会员及广西区内外的家庭教育专家、家长约130人参加。

26~28日 广西司法鉴定协会成立大会暨广西司法鉴定管理工作会议在南宁召开。自治区各市司法局、各司法鉴定机构推选的73名会员代表和28名大会特邀代表参加。

26~30日 由全国31个省、自治区、直辖市社科联主办，天津市社科联承办的2012年全国社科联协作会议在天津举行。主题为：学习宣传贯彻党的十八大精神，推动哲学社会科学繁荣发展。来自全国各省、自治区、直辖市社科联的主要负责人等共150多人参加。天津市政协副主席陈永川致辞，天津市委宣传部副部长李毅出席。自治区社科联党组书记、主席王士威率广西代表团一行6人出席，王士威主席代表广西社科联就广西推进县级社科联建设及社科系统学习宣传贯彻党的十八大精神作发言。会议就社科联如何结合实际学习宣传贯彻党的十八大精神进行交流与探讨。会议商定，2013年全国社科联协作会议由云南省社科联承办。

27日 由自治区司法厅主办，百色市司法局承办的“自治区法律援助业务培训班”在百色举行。来自自治区14个设区市的司法局分管领导和法律援助中心工作者60多人参加培训。

△广西广播电视大学社科联在南宁召开广西广播电视大学社科联一届二次会议暨“广西省域经济与区域开放大学建设”专题研讨会。200人参加。

27~28日 由广西师范大学马克思主义学院承办的“当代世界社会主义的理论与实践——民族、民生、民主”学术研讨会在桂林举行。桂林市委副书记石东龙，中央党校科社部教授胡振良，辽宁师范大学党委书记曲庆彪，广西师范大学校长梁宏、副校长陈洪江、钟瑞添出席。近100名当代社会主义研究专家和学者参加。

△广西少数民族语文学会在百色市平果县召开“广西少数民族语文学会2012年年会”。来自广西各地的会员代表出席。共收到论文20多篇。

27~30日 由中国农业大学(CAU)、广西农业科学院(GXAAS)和中国热带农业科学院(CATAS)联合主办的“第二届热带亚热带高产高效现代农业国际研讨会”在南宁举行。广西区政协副主席、广西科学院院长黄日波，广西区政协常委、广西农业科学院院长白先进，农业部全国农技中心节水农业技术处处长高祥照、中国农业科学院甘蔗研究中心主任李杨瑞等相关部门的领导出席，来自德国、美国和土耳其的11位国外知名专家和中国各省区科研院所、高等院校相关专家学者、企业代表和广西各大媒体记者共300余人参加。

28日 由自治区党委宣传部、自治区高校工委主办，广西民族大学承办的广西高校大学生“践行广西精神，奉献青春力量”主题演讲比赛在广西民族大学举行。广西25所高校的25名代表参赛。

△北海市委宣传部、北海市社科联在北海联合举办“北海市社科界学习贯彻党的十八大精神座谈会”。北海市社科界人士近30人参加。

△由国家人力资源和社会保障部、自治区人力资源和社会保障厅主办，广西钦州学院承办的“2012年海内外专家走进广西钦州专题讲座”在钦州学院举行。自治区人社厅专业技术人员管理处副处长韦相超出席讲座现场，由钦州学院副长、院社科联副主席王国红主持。钦州市人社局、发改委等10余家单位领导及钦州学院商学院、资源与环境学院等各二级学院师生代表200余人聆听讲座。

28日至12月1日 自治区食品安全应急管理培训班在自治区党校举办。广西区委党校张庆宪巡视员出席开班典礼并致辞。来自广西食品安全办公室及成员单位的有关人员，广西食品安全事故应急处置专家咨询委员会、广西各市、县食品安全办的负责人共170人参加培训。

29日 由卫生部主办，卫生部人才交流服务中心、广西卫生厅和广西医科大学承办的“首届亚太卫生人力管理与发展论坛”在南宁召开。来自11个国家的50余名专家学者，以及亚太地区卫生人力资源领域的高级官员和知名专家参加。

△由国家行政学院科研部主办，广西行政学院承办的“全国行政学院2012年科研工作会议”在广西行政学院召开。国家行政学院科研部主任许耀桐、广西行政学院副院长唐秀玲以及来自全国47家副省级城市、省级行政学院科研部门的60余位代表出席。

29~30日 由自治区党委主办的“自治区领导干部学习党的十八大精神研讨班”在自治区党校举办。自治区党委书记、自治区人大常委会主任郭声琨作首场报告，自治区党委副书记、自治区主席马飚主持研讨班开班仪式，自治区党委副书记、党校校长危朝安作研讨班总结讲话，自治区党委常委、组织部部长周新建主持结业仪式。自治区在邕在职省级干部，各设区市、区直各正厅级单位党政主要领导集中学习研讨。

△广西农村金融学会在南宁召开“广西农村金融学会2012年度研究课题交流会”。各二级分行和直管支行办公室主任，部分课题报告执笔人共20余人参加。共收到各行报送的课题报告63篇。

30日 2012年中南华南六市(广州、郑州、武汉、长沙、海口、南宁)退休人员社会化管理服务工作经验交流暨社会保险经办管理服务研讨会在南宁举行。南宁市委常委、常务副市长吴炜出席。来自广州、郑州、武汉、长沙、海口、南宁等中南华南六市人社部门、社保经办机构、退管服务机构的专家代表参加。

△“广西新建本科院校第三届思想政治理论课教学改革暨思想政治教育学科建设研讨会”在玉林师范学院召开。玉林师范学院院长梁伟江和有关部门领导出席。来自陕西师范大学、广西师范大学、桂林理工大学的专家及全区新建本科院校的领导、教师代表和玉林师院思政部教师20多人参加。

12月

1日 由海洋经济论坛组委会主办，中国海洋报社、国家海洋局宣教中心、广西海洋局承办的“2012’海洋经济讲座暨第七届《中国海洋报》理事会年会”在南宁召开。主题为“推动海洋文化产业发展——海洋经济转型新蓝图”。国家海洋局党组成员、副局长张宏声发来贺电对会议的召开表示祝贺。广西海洋局党组书记、局长张创智，国家海洋局宣传教育中心主任、中国海洋报社社长盖广生，中国传媒大学文化发展研究院教授齐勇峰，复旦大学访问学者、高级记者徐博龙出席会议并作主题报告。广西北海市委常委林山青，海军兵种指挥学院原政委、海军少将张永刚，环球航海家、海洋公益形象大使翟墨以及国家海洋局有关局属单位、沿海省市海洋厅局相关人员共140余人参加。会议由中国海洋报社党委书记赵晓涛主持。

△第二届“中国—东盟教育合作研讨会”暨“东盟教育研究中心”揭牌仪式在广西师范大学举行。中国国家留学基金管理委员会秘书长刘京辉、广西壮族自治区侨务办公室副主任陈宁、印尼驻广州总领事馆总领事甘多以及来自越南、泰国、印尼、日本、韩国、美国等海外友好学校的代表等150多人参加。

△由广西会计学会主办，广西财经学院承办的“广西会计学会2012年学术年会”在南宁召开。广西财政厅总会计师范世祥、广西财经学院院长席鸿建、财政部会计资格评价中心副主任朱海林、广西会计学会会长李崇玉、中国会计学会副秘书长许育红、广西社科联学会部主任何明、《会计之友》杂志社总编笑雪等120位财会领域的理论和实务工作者出席。共收到学术论文138篇。

2~7 日 由全国31个省、自治区、直辖市社科联主办、广东省社科联承办的全国第十四次社会科学普及工作经验交流会在广州举行。主题为：学习贯彻党的十八大精神，探讨社科普及工作新思路。来自全国各省、自治区、直辖市的社科联领导、主管科普工作的负责人以及社科普及专家学者近200人与会。中宣部理论局办公室副主任宋维强、广东省政协副主席温思美等领导出席，广东省委宣传部副部长蒋斌介绍广东经济社会和哲学社会科学事业发展情况，并就广东省社科界如何认真学习、宣传、贯彻落实党的十八大精神，做好社科工作提出了具体要求。与会代表围绕会议主题，就如何做好社科普及工作进行大会交流发言。广西社科联副主席姚兵从科普经费、科普创新、科普立法等方面，介绍了广西社会科学普及工作的基本情况和工作设想。会议商定，2013年全国第十五次社会科学普及工作经验交流会由青海省社科联承办。

3 日 广西青少年发展基金会第五届理事会第一次会议暨“青少年榜样基金”、“青年英才基金”创立大会在南宁举行。来自广西大学、广西民族大学、广西医科大学等高校的10名贫困硕士研究生成为首批获得“青年英才基金”受助者，每人获得1万元助学金。共青团广西区委、自治区民间组织管理局、25家广西区级基金会、企业家代表、14个设区市团委、希望希望工程办公室负责人和受助生代表共120人参加。

3~4 日 由全国出版物发行标准化技术委员会和中国图书商报主办，北京中启智源数字信息技术有限责任公司和广西新华书店集团股份有限公司承办的“2012’第二期全国出版物发行系列标准培训班暨供应链专家论坛”在南宁举行。国家新闻出版总署科技与数字出版司副司长谢俊旗、印刷发行管理司副巡视员吕晓清，广西新闻出版局副局长黄健，中国出版集团公司副总裁潘凯雄、集团公司常务副总经理周伟勤等领导出席开班仪式。谢俊旗在仪式上讲话，黄健致辞，国发行标委会秘书处工作人员、全国有关出版单位、各省区市新华书店集团等有关单位代表共150多人参加培训班。

3~6 日 广西图书馆书馆学会2012年年会暨第30次科学讨论会在南宁举行，主题为“文化强国，图书馆的责任和使命”。来自广西各系统图书馆的180多名代表参加。共收到论文65篇。

4 日 桂林市社科联在桂林召开“桂林市社科界学习贯彻十八大精神，打造桂林国际旅游胜地，建设美丽桂林”座谈会。桂林市委常委、宣传部部长、副市长陈丽华，桂林市人大副主任石春莲，桂林市政协副主席王德明以及桂林市社科联、桂林市属各社科学会、各县（区）社科联等单位的领导、社科界专家学者和记者100多人参加。

5 日 自治区红十字会与南宁市红十字会联合在南宁市西乡塘区明秀中社区举行“志愿者和谐社区行”国际志愿者日纪念活动。自治区红十字会秘书长龙军胜、自治区红十字会组织发展部副部长黄吉宁、南宁市红十字会专职副会长黄建霞、西乡塘区副区长梁红英、西乡塘区红十字会常务副会长何卓姿、明秀中社区红十字会及社区工作人员、青年志愿者们等共120余人参加。

6 日 “玉林师范学院社科联第二次代表大会”在玉林师范学院召开。玉林师范学院党委书记李继兵，玉林师范学院党委副书记、玉林师范学院第一届社科联副主席王志明，玉林师范学院副院长王卓华、简金宝，玉林市社科联主席黎波，玉林市社科联办公室主任刘宁等出席。近80人参加。

7 日 “广西刑法学研究会第四届理事大会暨第三届广西刑法学术研讨大会”在南宁召开。会议选举广西刑法学研究会新一届领导机构。林辉、梁振林、潘玉臣为名誉会长，周腾为会长，莫澄真、农中校等13人为副会长，潘震（兼）秘书长。自治区法学会专职副会长兼秘书长陈锋出席并讲话。来自自治区政法系统和高校的刑法学界代表80余人参加。

△由自治区高校工委、教育厅主办，广西医科大学承办的“广西高校宣讲团党的十八大精神报告会”在广西医科大学召开。广西医科大学校领导、中层领导干部、正高职称人员和部分教师员工代表近800人参加。

△桂林航天工业学院在桂林召开“桂林航天工业学院社会科学界联合会2012年学术年会”。100多名代表出席。共收到学术年会论文47篇。

8 日 由共青团广西区委、广西青年志愿者协会、壹基金主办，共青团南宁市委、市文明办、南宁市青年志愿者协会承办的“广西第二届公益嘉年华暨壹基金海洋天堂计划关注脑瘫儿童行动启动仪式”在南宁市民族广场举行。共青团广西区委副书记刘玄启、自治区文明办副主任宋家浩、共青团广西区委宣传部部长叶盛、共青团南宁市委副书记何华青、市文明办副主任王志杰、市残疾人联合会副理事长张穗先以及壹基金海洋天堂计划全国关注脑瘫儿童项目负责人庞玮等领导出席。

9日 “广西房地产及住宅研究会2012年学术年会暨广西北部湾经济区房地产发展学术研讨会”在南宁召开。广西大学副校长张协奎教授、广西地产集团总经理谢胜修、广西社科联科普部主任刘俊、广西民间组织管理局副局长刘宏、广西中大股份有限公司总裁邬文康研究员、广西大学商学院副院长陆善勇教授等60多位嘉宾和会员代表参加。

△由广西市场经济研究会和广西民族发展研究会联合举办的“李甫春民族研究学术成果研讨会”在南宁召开。广西市场经济研究会副会长王德民主持，广西社科联党组书记、主席王士威，广西社会科学院党组书记、院长吕余生，广西社会科学院党组成员，纪检组长黄信章分别致辞。来自广西社科联、社会科学院、高校、党校以及广西民族问题研究中心等单位66位专家学者参加。

△百色市委主办的“自治区宣讲团党的十八大精神报告会”在百色举行，自治区宣讲团成员、广西教育学院党委副书记、博士卫荣凡教授作题为《深入学习贯彻党的十八大精神，加快实现富民强桂新跨越》的专题报告。百色市委书记、市人大常委会主任赖德荣主持报告会并作讲话。黄志伟、张虹、李政、韦瑞灵、李祚标、王晓卓、姚美兰、阙建林、赵桂兰、陶荣铅、曹东方、黄宗道、黄坚等百色市四家班子领寻、百色军分区军政主官、“两院”领导，百色市四家班子正副秘书长，百色市人大、政协各专(工)委正副职领导，百色市直(含驻百色中直、区直)各单位领导、党员干部，百色市学习贯彻党的十八大精神宣讲团成员，各院校师生代表，企业职工代表，劳动模范、道德模范代表，解放军、武警官兵代表，离退休老干部代表等1000多人到场聆听报告。

10日 由百色市委主办的自治区宣讲团党的十八大精神报告会在百色举行。自治区宣讲团成员、广西教育学院党委副书记、博士卫荣凡教授作题为“深入学习贯彻党的十八大精神 加快实现富民强桂新跨越”的专题报告。市委书记、市人大常委会主任赖德荣主持报告会并作讲话。黄志伟、张虹、李政、韦瑞灵、李祚标、王晓卓、姚美兰、阙建林、赵桂兰、陶荣铅、曹东方、黄宗道、黄坚等市领导，百色军分区军政主官，“两院”领导，市四家班子正副秘书长，市人大、政协各专(工)委正副职领导，市直(含驻百色中直、区直)各单位领导、党员干部，市学习贯彻党的十八大精神宣讲团成员，各院校师生代表，企业职工代表，劳动模范、道德模范代表，解放军、武警官兵代表，离退休老二部代表等1000多人到场聆听报告。

11日 自治区社科联和南宁市演出公司在南宁举行“学习党的十八大精神报告会”。广西民族大学相思湖学院院长、硕士研究生导师、政治学一级学科带头人、中国国际共运史学会常务理事、中国政治学学会理事、广西国际共运史学会会长、广西领导科学学会副会长、广西科学社会主义学会副会长、南宁市签约理论专家、南宁市讲师团特聘教授陈元中应邀作《深入学习贯彻党的十八大精神 加快实现富民强桂新跨越》专题报告。自治区社科联党组书记、主席王士威，党组副书记、副主席汤竹庭，党组成员、副主席张瑞枝、姚兵、刘家凯，副巡视员、秘书长曹平；南宁市演出公司书记何黛春、总经理陈江波等领导出席。汤竹庭主持报告会。自治区社科联、南宁市演出公司全体党员共70多人参加。

△共青团广西区委在百色举办“广西学校团干部到县级团委挂职工作(百色)片区交流会”。40多人参加。

11~12日 “大湄公河次区域(GMS)经济合作第十八次部长级会议”在广西南宁举行。财政部部长谢旭人率中国代表团出席并主持会议，财政部部长助理郑晓松参加会议并发言。来自GMS其他5个成员国的部长级政府官员，亚洲开发银行副行长史蒂芬·格罗夫，联合国亚太经济与社会理事会、国际移民组织等国际组织及有关域内外国家的代表出席。

12日 “广西高校哲学社会科学研究骨干学习贯彻党的十八大精神座谈会”在广西财经学院举行。自治区教育厅有关领导、广西各高校领导及哲学社会科学研究骨干共50余人出席。

△广西高校宣讲团党的十八大精神报告会在广西财经学院举行。自治区高校工委书记、教育厅厅长高枫到校为师生作题为《深入学习贯彻党的十八大精神，加快实现富民强桂新跨越》的学习辅导报告。自治区高校工委副书记莫锦荣，广西财经学院党委书记王春明，广西财经学院院长席鸿建等领导出席。由广西财经学院党委书记王春明主持。广西高校哲学社会科学研究骨干学习贯彻党的十八大精神座谈会的领导和专家，学校中层干部以及师生代表1000余人聆听报告。

△广西市场经济研究会在南宁市委党校举办“加快海洋经济建设，推进广西区域发展”专题讲座。250多人参加。

△桂林旅专召开学习宣传贯彻党的十八大精神报

告会。桂林旅专党委书记林娜以“深入学习贯彻党的十八大精神,努力办好人民满意的教育”为题作报告。报告会由蒋伟副书记主持。

12~13日 由自治区党校主办的“自治区党校系统学习贯彻党的十八大精神专题培训班”在自治区党校举行。自治区党校常务副校长黄学权作总结讲话,副校长胡建华作开班讲话,副校长陈林杰主持学习研讨。来自广西区内各市级党校、自治区直属机关工委党校、南宁铁路局党校、柳钢党委党校分管教学或科研的校领导和骨干教师以及自治区党校党史党建教研部全体教师、各教研部教师代表和有关处室领导共80多人参加培训班。

△由自治区语委、教育厅、广电局主办,自治区语委办、广西人民广播电台、共青团广西高校工委联合承办,广西教育出版社协办的“广西第五届中华经典诵读大赛总决赛暨2012’广西校园中华经典诵读大赛总决赛”在南宁举行。共有110名选手进入决赛。14日晚,“广西第五届中华经典诵读大赛暨2012广西校园中华经典诵读大赛颁奖晚会”在南宁学院举行。共产生一等奖16个、二等奖36个、三等奖57个、优秀奖124个,23个单位获优秀组织奖,52位教师获优秀指导教师奖。

13日 “国家文化部与自治区人民政府共建广西艺术学院揭牌仪式”在广西艺术学院南湖校区举行。20多人参加。

14日 “2012年广西钱币理论研讨会”在中国人民银行南宁中心支行举行。广西钱币学会副会长兼秘书长黄卫宁、副秘书长黄正亮分别主持会议。优秀论文作者、广西钱币学会学术委员会委员、各市钱币学会秘书长共40人参加。共收到论文70篇。

△广西市场经济研究会在南宁召开“学习贯彻党的十八大精神暨2012年度理事会”。106人与会。

△桂林旅专在学校副校长陈贵起带领下,组织学校党政机关的党员及部分退休党员开展“学习贯彻党的十八精神,服务地方经济社会发展”主题学习活动,走进桂林临桂新区,主动服务临桂新区发展。

14~15日 广西检察官协会在梧州召开“自治区检察机关检察委员会工作规范化建设理论研讨会暨经验交流会”,特约专家、获奖作者代表共60人参加。

15日 由广西人的发展经济学研究会、广西师范学院马克思主义学院、广西高校重点人文社会科学研究基地广西师范学院马克思主义哲学研究中心、广西马克思主义理论研究和建设工程广西师范学院研究基地在广西师范学院联合主办的“全面建成小康社会背景下经济社会发展与人的发展”学术研讨在广西师范学院召开。来自武汉大学、广西大学、广西民族大学、广西师范学院、广西经济管理干部学院、广西发改委、《广西日报》、南宁社会科学院等单位的专家学者及广西师范学院部分学生近200人参加。收到论文近40篇。

△“广西经济法学会2012年学术年会暨广西第八次经济法理论研讨会”在广西经济管理干部学院召开。主题为“中国生态文明建设与中国经济法”。广西经济法学会领导、理事成员以及广西知名法学专家学者和代表共100多人参加。

△广西创造学会2012年学术年会:“党的十八大创新问题研讨会”在广西大学政治学院召开。主题为“学习研讨党的十八大创新问题”。广西创造学会正副会长、正副秘书长、常务理事、理事代表、会员代表70人出席。

△广西人才学会在南宁召开“广西人才学会成立30周年纪念会暨学术研讨会”。自治区社科联党组书记、主席王士威,广西科技厅副巡视员宋文学等广西区直单位的领导参加会议并讲话。100多人参加。

16日 广西数量经济学会在南宁举办“广西数量经济学会学术研讨会暨第四次会员代表大会”。选举产生了学会新一届领导班子,与会代表就未来学会工作的开展进行研讨。

17日 广西政协在南宁举办第23期“同心”讲座,全国政协委员、中国电影家协会主席、长春电影制片厂总导演李前宽应邀作题为《感悟电影的文化力——一个导演的画外音》的演讲。自治区政协主席陈际瓦出席讲座并为主讲人颁发“同心”纪念牌匾,自治区政协副主席蒋济雄、蒋培兰、李彬、苏道俨,秘书长禤沛钧出席讲座。

△由自治区社科联主办的自治区社科联党组中心组2012年第四次专题理论学习会在南宁举行。主题为:认真学习贯彻党的十八大精神,推进富民强桂新跨越。自治区社科联副主席姚兵作中心发言。全体干部职工参加。

17~19日 由百色市委政法委、广西法治日报社、广西民间文艺家协会、广西山歌学会联合主办,德保县委、县政府承办的广西“法治杯”山歌擂台赛在德保县举行。来自广西5个设区市、26个县的52支山歌代表队的歌手们同台竞技。

17~20日　广西老年学学会在南宁召开“广西《老年心理健康与心理疾病预防》理论研讨会”。来自广西各市老年学学会的领导和工作人员、学会的常务理事、专家学者、论文作者和各市老龄办负责人共70多人参加。

18日　“整合世博资源，助力中国—东盟博览会”——第十届中国—东盟博览会战略合作（华东）推介会在上海举行。推介会上，中国—东盟博览会秘书处与上海后世博研究中心签署合作协议，中国—东盟博览会华东服务中心正式揭牌。上海后世博研究中心、中国—东盟博览会秘书处有关负责人，上海世博会合作伙伴、上海知名企业代表等共120多人出席推介会。

△由自治区工商联举办的“第十三期广西非公有制企业成长讲座”在南宁举行。特邀请中欧国际工商学院教授、美国乔治·华盛顿大学中国研究院院长肖知兴作《中华传统文化与企业用人之道》专题讲座。来自自治区工商联执委，自治区工商联直属商会部分会员、民营企业家近400人聆听讲座。

△由国家人社部主办，广西财经学院与广西商业经济学会承办的第十一期“DMC创业基础课程”研修班暨第七期人社部“创业指导师”培训班在广西财经学院开班。

△南宁市社科联组织市教育学会、财政学会、健康养生协会、房地产研究会等市属学会在南宁市金湖广场开展科普宣传活动，为广大市民提供教育、税务知识、健康养生、住房保障等方面的咨询服务。共组织42位专家、制作15000份宣传资料。

△自治区党委宣传部主办，自治区党校承办的“广西马克思主义理论研究和建设工程基地座谈会”在自治区党校召开。自治区党校、广西社会科学院、广西大学、广西师范大学、广西民族大学、广西师范学院等6个研究基地的具体负责人（兼）和联络员（兼）出席。

19日　“广西劳动保障学会第七届会员代表大会暨‘新机遇、新挑战，实现广西人力资源和社会保障工作新跨越’优秀论文表彰会”在南宁召开。自治区人力资源和社会保障厅副厅长刘建宏、副巡视员陈天生出席。选举产生第七届理事会理事、常务理事和领导机构。

△崇左市“百场乡镇青年学习十八大精神报告会”启动仪式在大新县举行。崇左市各县（市、区）团委书记、部分县（市、区）直属团组织及大新县乡镇团委书记和青年代表共80余人参加。

19~20日　由自治区工商联主办的“广西工商联主席、党组书记培训班”在南宁举行，广西各设区市、县工商联主席、党组书记及自治区工商联机关负责人200多人参加培训。

19~21日　“自治区文学艺术界联合会第九次代表大会”在南宁召开。大会选举产生广西文联和所属的各文艺家协会新一届的领导机构。自治区主席马飚，中国文联党组书记、副主席赵实，中国作家协会党组副书记、副主席张健出席开幕式并讲话。自治区领导沈北海、莫永清、李康、黄日波出席开幕式。由自治区文联主席潘琦主持开幕式。来自广西文联各团体会员和有关方面组成的30个代表团、13个文艺门类的代表参加。

△由河池市社科联、河池学院主办，南丹县委、县人民政府承办的首届“南丹土司文化研讨会”在南丹县召开。湖南吉首大学中国土司文化研究中心主任成臻铭教授、广西民族大学黄家信、玉进阶、容志毅三位教授和河池学院谭为宜教授等20多名广西区内外著名土司专家、学者及南丹县四家班子领导、县直单位领导和莫氏后裔共50多人参加。共收到论文36篇。

20日　“广西党外知识分子联谊会成立大会暨第一次代表大会”在南宁召开。自治区党委常委、统战部部长范晓莉出席大会并讲话。中央统战部党外知识分子工作局副局长张明出席会议并致辞。自治区副主席陈章良、自治区政协副主席黄日波出席会议。自治区相关部门、各市党委统战部、各高校统战部负责人及广西新的社会阶层统战工作联系会议成员单位的负责同志出席。会议选举产生广西党外知识分子联谊会第一届理事会领导机构，黄日波当选会长。

△“广西金融学会2012年学术年会”在南宁召开。中国人民银行南宁中心支行副行长苏阳受广西金融学会会长杨小平委托，作2012年度学会工作报告，特别邀请中国人民银行总行研究局卜永祥博士作“中国金融业发展与改革‘十二五金融’规划”主旨演讲。广西金融学会团体会员的代表和学会重点课题报告获奖作者代表参加。

△广西保险学会在南宁召开“抓服务　提形象　促发展”保险理论研讨会。共收到来自广西区内各会员保险公司、大专院校参会论文61篇。

21日　“中国旅游组团社联盟第一届年会暨风情柳州旅游推介会”在柳州召开。来自全国27个省（市）、自治区、涵盖全国60多个城市的组团旅行社共135家负责人参加。

△玉林师范学院在东校区学术报告厅召开“玉林师范学院2013年国家社会科学基金项目申报会”。玉林师范学院各社科类二级学院教师、行政教辅部门社科工作者约300人参加。

△“广西高校学报研究会年会”在玉林举行。玉林师范学院副院长简金宝出席并讲话。来自广西各高校的60多名代表参加。

21~23日 由西林县委、西林县政府主办，西林县委宣传部、百色学院、百色起义纪念馆、广西历史学会联合承办的“中国·广西岑氏‘一门三总督’学术研讨会”在西林县举行。来自中央民族大学、中国社会科学院、中国管理科学研究院、山西大学、中山大学、浙江大学、暨南大学、四川大学、贵州大学、广西历史学会、广西师范大学、广西民族大学、广西社科院、广西民族研究中心等著名科研院校有关领导、专家学者70多人参加。共收到论文49篇。

22日 “中国—东盟文化交流与发展协同创新中心”在广西民族大学揭牌成立。揭牌仪式由东盟学院常务副院长、中国—东盟研究中心主任黄兴球教授主持，协作单位广西国际博览事务局局长郑军健、察哈尔学会秘书长柯银斌与校党委书记钟海青教授一同出席揭牌仪式并分别致辞。

△“广西发展战略研究会学习十八大精神交流会”在南宁举行。来自广西区内外的近350名专家学者参加。共收到论文37篇。

22~23日 由广西民族大学东盟学院、中国—东盟研究中心联合举办的“2012年东盟形势及中国—东盟关系研讨会”在南宁召开。期间，中国—东盟文化交流与发展协同创新中心在广西民族大学揭牌。来自中国社科院、厦门大学、海口经济学院、云南社科院、云南大学等全国各地28名东盟区域研究专家们出席。

22~25日 由中国教育学会数学教育研究发展中心小学数学教改研究会、华夏教学艺术研究会、全国反馈教学法研究会主办，广西民联教育研究院、广西民联教育教师培训中心承办的“第35届‘创新杯’全国教学艺术大赛暨第十四期教学艺术高级研修班”在玉林举行。10多位全国教育界资深专家、80多位由全国20多个省市推选出来的教坛新秀同台竞技，来自广西区内外3000多位教师参加观摩学习和交流。

23日 由人民日报网广西频道指导、广西网媒文化促进会主办，《GXCM风尚大典》时尚杂志、广西网媒网承办，苏酒集团贸易股份有限公司独家冠名赞助，广西西林宫保府茶业有限公司等企业支持的“‘双沟珍宝坊’2012’首届广西风尚品牌年会暨双沟珍宝坊新品高端鉴赏会、《GXCM风尚大典》时尚杂志答谢会”时尚主题活动在南宁举行。

△由广西速记速录协会主办，广西机电职业技术学院工商管理系承办的“2012年广西速录教学研讨会”在南宁举行。广西速记速录协会会长范俭、广西机电职业技术学院工商管理系主任严金才、广西速记速录协会副会长刘光柱及广西机电职业技术学院、广西国际商务职业技术学院、广西警官高等专科学校、桂林师范高等专科学校、贺州学院、广西经济职业技术学院、广西石化高级技工学校、南宁市第一职业技术学校等学校的老师和专家30多人参加。

23~24日 “自治区经济工作会议”在南宁召开。自治区党委书记彭清华、自治区主席马飚出席会议并讲话。自治区党委、人大、政府、政协领导班子成员，自治区高级人民法院院长、自治区人民检察院检察长，广西军区、武警广西总队主要负责人出席。各市、县(市、区)党政主要负责人，自治区党委各部门、政府各委办厅局和有关单位、企业的主要负责人参加。

24日 由自治区社科联、共青团广西区委联合主办，广西教育学会、广西书画艺术研究会、广西民联教育研究院、广西新闻摄影学会承办的“广西未成年人素质教育与实践理论研讨会”在南宁召开。自治区社科联副主席姚兵和本次征文活动评委会代表、广西高等教育学会秘书长、《高教论坛》主编曹方教授出席研讨会并为获奖者代表颁奖，自治区社科联学会部主任何明主持。各有关单位和入选优秀论文作者共50多人参加。共收到论文194篇，。

△广西国史学会在南宁举办“知青文化与广西和谐社会建设”学术研讨会。来自广西内史学界和知青代表30多人出席。

25日 广西社会科学院、广西桂学研究会在南宁举行“学习贯彻十八大精神——党的创新理论与广西文化实践研讨会”。30多位广西宣传文化界、社科界的领导、专家参加。

△百色市建设民族团结进步模范区座谈会在百色举行。百色市委统战部主办。市委常委、统战部部长李祚标出席并讲话。全市各界人士代表60多人参加。会议通报了全市民族工作情况。与会的各界人士代表从民族干部的选拔和培养，促进民族地区经济社会发展，着力发展民族地区教育事业，做好优秀民族文化的

挖掘和传承、推动民族文化大发展大繁荣等方面，对百色市建设民族团结进步模范区工作提出了许多具有建设性的意见和建议。李祚标要求，在建设民族团结进步模范区中，一要采取措施，因地制宜，切实抓好少数民族地区经济发展；二要充分挖掘少数民族地区的特点、特色和亮点，围绕建设魅力百色来挖掘、整理和传承优秀民族历史文化；三要重点突破制约少数民族地区经济社会发展的薄弱环节；四要明确职责，形成合力，全力推动民族团结进步模范区建设；五要收集典型材料，不断总结经验，扎实推进民族团结进步模范区建设。

25~26 日 自治区社科联在南宁举办“广西第四期县级社科联干部培训班”。县(市、区)以及地级市社科联部分领导干部近 60 人参加。

26 日 由自治区社科联主办的“第四届广西社会科学界学术年会”在南宁召开。自治区社科联党组书记、主席王士威，副主席姚兵，副巡视员、秘书长曹平等领导出席。来自自治区社科联各会员单位、广西区内各高校及研究机构等单位的专家学者共160多人参加。共收到论文(含研究报告)398 篇。

△由南宁市女企业家协会主办，人民网广西频道协办，广西高英投资建设有限公司承办的“八桂凤凰飞起来迎新年汇演”——南宁女企业家协会“绿城巾帼 舞动风采”展演在南宁吴圩举行。首府各界人士参加。

△广西高校宣讲团党的十八大精神宣讲报告会在河池学院举行。自治区高校宣讲团成员、学院党委书记韦春北教授为广大党员师生代表作宣讲。学院领导覃伟年、覃福珠、罗之勇、周鸿及中层干部、副高以上职称人员和师生党员代表参会。

27 日 “自治区美术书法篆刻工艺美术音乐文学影视发展座谈会”在南宁召开。自治区主席马飚主持，就自治区美术、书法、篆刻、工艺美术、音乐和文学、影视发展等创作生产、理论研究及今后发展方向等征求意见建议。自治区领导沈北海、黄道伟、李康、黄格胜，自治区政府秘书长王跃飞等参加座谈会。

△“广西青年企业家协会第七次会员大会暨广西青年创业创新协会筹备大会”在南宁举行。共青团广西区委书记白松涛出席会议并致辞。会议开幕式由共青团广西区委副书记郑胜景主持。

△广西农村发展与改革研究会在南宁举办“学习十八大精神与加快广西农村发展与改革”研讨会。来自广西大学、自治区党校、广西农业科学院，广西社会科学院、自治区水产畜牧兽医局、广西区民委、广西经济管理干部学院、自治区党委政策研究室、广西水果生产技术总站、南宁市社会科学院及广西区直机关涉农部门的专家学者约 30 人参加。

△百色市政协在百色举办“百色市政协理论研究会成立大会暨第一次百色人民政协理论与实践研讨会”。自治区政协研究室主任彭燕萍到会指导，市政协主席周炳群，副主席李廷荣、韦启良、黄运志、吴俊军、黄宗道、黄建平、蔡文姬，秘书长杨明福出席。100 多人参加。

28 日 广西金融工程学会在广西财经学院召开“广西金融工程学会第二次代表大会”。选举产生第二届理事会。自治区社科联学会部主任何明、建设银行广西区分行副行长魏振华、广西财经学院金融与保险学院院长周建胜等领导出席，广西保监局以及银行、证券期货、保险等 20 多家金融机构代表及广西财经学院金融与保险学院部分师生 30 多人参加。

29 日 由广西毛泽东哲学思想研究会主办，广西财经学院思想政治理论课教学部承办的“广西毛泽东哲学思想研究会 2012 年年会”在南宁召开。主题为“学习贯彻落实党的十八大精神，建设文化强区，促进广西经济社会科学发展”。广西财经学院院长席鸿建、广西社科联学会部主任何明等出席并致辞，自治区党校、广西教育学院、南宁市委党校等相关单位的专家学者共 80 余人参加。共收到论文 54 篇。

31 日 自治区法制办公室和自治区民政厅联合召开新闻发布会，公布《广西壮族自治区行业协会商会管理办法》，该《办法》自 2013 年 1 月 1 日起正式施行。

△ 2012 年，广西家庭教育研究会继续在广西开展“家庭教育大讲堂八桂行”活动。邀请全国、自治区、市、县各级家庭教育讲师团专家成员走进学校、机关、社区和农村举行家庭教育报告会，与家长、孩子进行深入沟通交流。在各级家庭教育研究会(指导中心)的倡导努力下，广西组织了家庭教育知识巡讲 704 场，受益家长 3.5 万多人。

附　　录

2012年度国家社会科学基金项目课题指南

马克思主义·科学社会主义

1. 中国特色社会主义理论体系的基本内容研究
2. 中国特色社会主义理论体系的精髓和主题研究
3. 中国特色社会主义理论体系的逻辑建构研究
4. 中国特色社会主义理论体系的学科建设研究
5. 中国特色社会主义道路研究
6. 中国特色社会主义制度研究
7. 中国特色社会主义总体布局研究
8. 中国特色社会主义文化发展道路研究
9. 邓小平理论在马克思主义中国化进程中的地位与作用研究
10. “三个代表”重要思想在马克思主义中国化进程中的地位与作用研究
11. 科学发展观在马克思主义中国化进程中的地位与作用研究
12. 科学发展观与全面建设小康社会研究
13. 当代中国马克思主义大众化基本问题研究
14. 社会主义核心价值观研究
15. 社会主义核心价值体系与文化建设关系研究
16. 社会主义核心价值体系融入国民教育的方法途径研究
17. 治理道德领域突出问题研究
18. 马克思主义基本原理学科性质、研究对象、学科体系研究
19. 马克思主义关于落后国家社会发展的重要著作和基本理论研究
20. 马克思主义关于人类社会发展总趋势理论研究
21. 马克思主义理论的整体性研究
22. 马克思主义人的学说研究
23. 马克思恩格斯的国家政权建设思想与20世纪社会主义的教训研究
24. 马克思恩格斯研究未来社会的科学方法论及其当代价值研究
25. 马克思主义不同流派发展史研究
26. 马克思主义的当代发展研究
27. 马克思主义发展史基础理论研究
28. 马克思主义经典文本形成史研究
29. 科学社会主义学科化研究
30. 马克思主义经典著作研究
31. 马克思主义社会建设理论研究
32. 马克思主义生态学思想史研究
33. 马克思主义时代观的理论形态与当代化创新研究
34. 马克思主义意识形态史研究
35. 马克思主义与儒学研究
36. 经济全球化与马克思主义中国化的关系研究
37. 生态文明视域下的马克思主义时代化研究
38. 马克思主义中国化的内在逻辑与历史进程研究
39. 马克思主义政党思想精神研究
40. 科学社会主义的核心、基本范畴、逻辑起点研究
41. 现阶段我国基本国情的特征研究
42. 社会主义生态文明建设研究
43. 先进文化的界定及其文化活动内在要求研究
44. 经济全球化背景下中华文化复兴研究
45. 中国发展道路的世界意义研究
46. 执政党的意识形态建设规律与思想政治教育目标任务的关系研究
47. 开放条件下国外思潮对中国意识形态建设的影响研究
48. 学校德育教育研究
49. 加强网上思想文化阵地建设研究
50. 思想政治教育的人文关怀和心理疏导研究
51. 学雷锋常态化研究

52. 宗教教育的特点和成效及其对思想政治教育方法的启示研究

53. 思想政治教育的世界视野及其与相关国家的比较研究

54. 思想政治教育环境变化（包括虚拟社会）对人的思想和行为的影响研究

55. 我党我军政治工作模式的构建与创新研究

56. 西方马克思主义与中国化马克思主义的关系研究

57. 美国和西方民主输出与中国的意识形态安全研究

58. 欧洲社会民主主义暨欧洲社会党研究

党史·党建

1. 十六大以来党领导人民贯彻落实科学发展观的基本经验研究

2. 新民主主义革命时期党领导文化工作的实践与基本经验研究

3. 社会主义革命和建设时期党领导文化建设的实践与基本经验研究

4. 十六大以来党推动文化改革发展、走中国特色社会主义文化发展道路的实践与基本经验研究

5. 中国共产党历史的主题和主线、主流和本质研究

6. 中国共产党专题史研究

7. 中国共产党的重大决策与事件研究

8. 中国共产党历史的分时期综合性研究

9. 中国共产党的重要会议与重要人物研究

10.《在延安文艺座谈会上的讲话》与70年来中国文化发展研究

11. 社会主义改造和建设的实践与毛泽东思想的新发展研究

12. 毛泽东与中国社会主义建设各项事业的发展研究

13. 在革命、建设、改革的不同历史时期党应对各种风险和考验的历史经验研究

14. 在革命、建设、改革的不同历史时期党正确处理人民内部矛盾、促进社会和谐稳定的历史经验研究

15. 新中国成立以来党推进民族团结进步事业的历史经验研究

16. 新中国成立以来党维护国家主权和领土完整的历史经验研究

17. 新中国成立以来党处理同周边国家关系的历史经验研究

18. 改革开放以来党充分发挥社会主义制度的政治优势、推进经济发展和社会进步的实践与经验研究

19. 改革开放以来党积极稳妥推进社会主义政治体制改革的实践与经验研究

20. 改革开放以来党推动海峡两岸和平发展、促进祖国统一的实践与经验研究

21. 十六大以来党创新社会管理的实践与经验研究

22. 中国共产党九十年来社会公正思想研究

23. 党的中央领导集体形成的历史研究

24. 中共党史资料的收集、整理与研究

25. 中共党史学科建设与发展研究

26. 科学发展观与党的建设研究

27. 改革开放以来党的建设理论创新实践与启示研究

28. 社会主义核心价值体系融入党的建设的方法途径研究

29. 文化领域非公有制经济组织、新社会组织党组织建设研究

30. 坚持从严治党、消除“四大危险”问题研究

31. 在新的历史条件下提高党的建设科学化水平研究

32. 建设马克思主义学习型政党方法途径研究

33. 形成以德修身、以德服众、以德领才、以德润才、德才兼备的用人导向研究

34. 构建内容协调、程序严密、配套完备、有效管用的党建制度体系研究

35. 完善党代表大会制度和党内选举制度研究

36. 完善党内民主决策机制研究

37. 建立健全贯彻落实科学发展观的体制机制研究

38. 加强党内基层民主建设研究

39. 完善地方党委领导体制和工作机制研究

40. 完善党代表大会代表任期制研究

41. 提高选人用人公信度研究

42. 完善机制、提高竞争性选拔干部质量研究

43. 规范干部选拔任用提名制度研究

44. 建立来自基层一线党政领导干部选拔培养链研究

45. 加强农村、企业、社区等基层干部队伍建设研究

46. 建立健全防止利益冲突制度研究

47. 党员队伍规模问题研究

哲学

1. 马克思主义哲学中国化、时代化、大众化研究

2. 社会主义核心价值体系与文化改革发展的哲学研究

3. 文化自觉、文化自信与文化大发展大繁荣研究
4. 文化强国建设问题的哲学研究
5. 马克思主义在先进文化建设中的地位研究
6. 马克思主义哲学创新问题研究
7. 历史唯物主义与中国特色社会主义文化发展道路研究
8. 弘扬科学精神研究
9. 马克思主义哲学经典著作研究
10.《资本论》与马克思哲学思想研究
11. 恩格斯哲学思想及其当代价值研究
12. 列宁哲学思想及其当代价值研究
13. 毛泽东哲学思想及其当代价值研究
14. 马克思主义哲学与中国特色社会主义制度研究
15. 历史唯物主义与科学发展道路研究
16. 历史唯物主义与社会公平正义思想研究
17. 辩证唯物主义和历史唯物主义世界观、方法论教育研究
18. 马克思主义哲学与马克思主义整体性的关系研究
19. 国外马克思主义哲学流派研究
20. 比较视野中的马克思主义哲学研究
21. 中国哲学与西方哲学比较研究
22. 西方哲学史的编纂和方法研究
23. 外国哲学史、断代史和国别史研究
24. 当代国外哲学思潮、流派和前沿问题研究
25. 外国重要哲学家著作编译和研究
26. 中国哲学文献的整理和研究
27. 西学东渐与中国现代哲学发展研究
28. 中国哲学与马克思主义中国化关系研究
29. 中国政治哲学史研究
30. 中国传统价值观与当代中国文化建设研究
31. 马克思主义政治伦理思想与中国特色社会主义政治文明研究
32. 当代西方政治伦理思想研究
33. 当代科技伦理问题研究
34. 诚信与当代中国政府公信力问题研究
35. 当代中国社会道德问题与对策研究
36. 社会公德研究
37. 职业道德研究
38. 家庭美德研究
39. 个人品德研究
40. 马克思主义科学技术思想研究
41. 当代科学与技术前沿的哲学问题研究
42. 科学技术哲学的基本理论问题研究
43. 科学技术与公共政策研究
44. 科学技术与当代社会问题的哲学研究
45. 经典与非经典逻辑研究
46. 逻辑与哲学的关系研究
47. 悖论的成因与解决方案研究
48. 逻辑思维与创新人才培养研究
49. 因明与名辩学研究
50. 汉语语言学美学与符号学美学基础和方法论创新研究
51. 美学与当代中国文化发展重大问题研究
52. 视觉文化与影像美学研究
53. 西方美学流派与文献研究
54. 中国传统美学的现代阐释研究

理论经济

1. 马克思主义经济学中国化问题研究
2. 马克思主义经济学经典著作研究
3. 国外马克思主义经济学新发展研究
4. 马克思主义垄断资本主义理论的当代发展研究
5. 马克思主义世界经济学发展研究
6. 中国特色社会主义经济制度研究
7. 推动文化产业成为国民经济支柱性产业研究
8. 与社会主义核心价值体系相适应的经济伦理体系研究
9. 文化企业跨地区、跨行业、跨所有制兼并重组研究
10. 文化产业与其他产业融合发展研究
11. 国有控股文化企业发展模式研究
12. 文化产品和要素流动机制研究
13. 新时期国有经济的地位和作用问题研究
14. 农业合作制等新型公有制形式的发展研究
15. 促进非公有制经济健康发展研究
16. 中国特色自主创新道路研究
17. 社会主义市场经济中宏观调控的理论与实践研究
18. 解决收入差距拉大问题的政策措施研究
19. 中国发展道路的经济学研究
20. 中华人民共和国经济思想史研究
21. 外国经济思想史专题研究
22. 当代资本主义经济发展阶段研究
23. 国际金融危机演变的最新趋势及对我国的影响研究
24. 国际金融危机与世界格局变化研究
25. 发达资本主义国家主权债务危机的原因和影响研究
26. 国际金融危机对发展中国家经济发展的影响研究

27. 人民币及其汇率的价值基础研究
28. 推进新一轮西部大开发的战略研究
29. 全面振兴东北地区等老工业基地中的产业升级问题研究
30. 环首都经济圈建设的理论与政策研究
31. 贫困地区大规模生态移民可持续发展研究
32. 大力促进中部地区崛起的战略研究
33. 东部地区率先发展与加快转变发展方式问题研究
34. 资源密集型区域可持续发展对策研究
35. 我国直接金融、间接金融比例及其宏观调节研究
36. 建立健全基本公共服务体系研究
37. 构建和谐劳动关系问题研究
38. 提高劳动报酬在初次分配中的比重问题研究
39. 改善房地产市场调控问题研究
40. 水利保障与国民经济可持续发展问题研究
41. 中国入世十年来应对贸易摩擦的经验研究
42. 新时期我国城市化发展的阶段和战略问题研究
43. 地方政府债务问题研究
44. 通货膨胀预期的问题管理研究
45. 民间融资风险防范研究
46. 经济全球化条件下的两岸金融合作问题研究
47. 中国农村人口变动趋势研究
48. 建立主体功能区制度的配套政策研究
49. 区域经济格局变化的长期趋势研究
50. 中国社会主义市场经济条件下垄断与竞争关系研究

应用经济

1. 我国进入中等收入阶段后经济发展战略研究
2. 今后十年我国国民经济结构调整和优化路径研究
3. 宏观经济总量平衡与结构协调关系研究
4. 新形势下国家经济安全问题研究
5. 促进经济发展方式转变的路径研究
6. 公共文化服务体系的财政政策研究
7. 发展文化产业集群研究
8. 现阶段我国文化消费调查研究
9. 城市文化资源和特色文化产业研究
10. 社会资本进入文化产业领域研究
11. 文化产业科技带动战略研究
12. 个性化、分众化文化产品和服务研究
13. 国有文化企业融资体制创新研究
14. 现代文化市场体系研究
15. 文化产权交易研究
16. 文化旅游的模式及特点研究
17. 红色旅游研究
18. 我国新型城市化道路研究
19. 我国农村土地制度改革研究
20. 重要资源性产品价格改革问题研究
21. 我国重要资源开发与可持续利用问题研究
22. 优化国土空间布局研究
23. 经济圈与经济带问题研究
24. 构建扩大消费长效机制研究
25. 建立统一的人力资源市场研究
26. 缩小城乡居民收入差距对策研究
27. 国际新能源发展趋势与我国新能源发展战略研究
28. 完善城市公共交通体系建设问题研究
29. 欠发达地区经济发展问题研究
30. 我国宏观经济调控经验总结与理论创新研究
31. 经济社会发展的幸福指标体系研究
32. 完善失业统计制度研究
33. 中低收入群体对通货膨胀的承受能力研究
34. 提高我国投资效率问题研究
35. 人力资本参与收入分配的理论与政策研究
36. 提高消费率与经济稳定增长关系研究
37. 当前我国收入分配格局和改革研究
38. 构建综合交通运输体系研究
39. 城乡统筹进程中土地、资本和劳动力整合机制研究
40. 城乡统筹与我国新型城镇化进程研究
41. 海峡两岸特色经济合作模式研究
42. 我国发达地区经济带动和辐射效应研究
43. 我国人口空间动态及其对区域经济发展的影响研究
44. 城市综合体理论及其在空间规划中的应用研究
45. 综合成本上涨对我国产业升级的影响问题研究
46. 资源、环境及气候因素与产业发展关系研究
47. 金融支持战略性新兴产业发展研究
48. 制造业与物流业的协调发展研究
49. 物流成本与产业发展、价格水平的研究
50. 我国产业结构调整和优化的区域比较研究
51. 劳动密集型产业集群升级研究
52. 经济全球化新趋势下国际贸易重大问题和政策研究
53. 贸易政策工具的储备和预警研究
54. 服务贸易补贴政策的绩效评估体系研究

55. 开放经济条件下双边贸易差额的真实利益分析与评估研究

56.CEPA、ECFA 实施效果分析研究

57. 我国对外贸易与投资一体化的形成机制研究

58. 我国粮食国际贸易战略研究

59. 高技术服务业的培育发展与我国制造业转型升级问题研究

60. 中央与地方政府财税体制优化研究

61. 地方政府债务问题研究

62. 我国预算制度的演化与改进研究

63. 税制结构优化研究

64. 财政透明度研究

65. 中小企业金融服务和信用担保体系研究

66. 地方政府金融管理体制研究

67. 巴塞尔新协议对中国银行业监管的影响研究

68. 系统性金融风险与宏观审慎监管研究

69. 我国企业对汇率波动的承受能力研究

70. 国有金融资产管理体制改革研究

71. 人民币离岸市场和货币供应量调控的研究

72. 人民币与国际汇率协调机制研究

73. 促进我国资本市场稳定健康发展的机制和政策研究

74. 中小金融机构发展和监管研究

75. 失业保险政策对劳动力供给影响研究

76. 非营利组织的人力资源体系建设与薪酬制度研究

77. 我国收入分配格局调整与发展方式转变关系研究

78. 珠三角、长三角、中西部等地区劳动力市场研究

79. 劳动力市场歧视问题及对策研究

80. 我国劳动收入比重偏低的原因和有效提高的途径研究

81. 国防经济资源配置问题研究

82. 国防工业发展的军民融合战略研究

83. 资本存量、人力资本和知识函数研究

84. 网络数量经济学:理论、方法与应用研究

85. 高效生态经济数量分析:模型、参数与应用研究

86. 我国战略性新兴产业技术效率测度研究

87. 农业水价改革与节水战略研究

88. 农村集体土地确权与流转问题研究

89. 现代农业支持体系评价与优化研究

90. 发展农村小型金融组织研究

91. 发展牧区水利问题研究

92. 国际粮食价格波动及其对我国粮食供需平衡影响研究

93. 完善农村流通体系研究

94. 农村消费对扩大内需、提振经济的潜力研究

95. 城镇化和农村人口流动与农村公共服务资源配置效率研究

96. 我国农业走出去战略研究

97. 促进节能环保的阶梯定价理论及其应用研究

98. 低碳经济背景下的绿色贸易政策转型研究

99. 老工业基地发展低碳经济的对策研究

100. 海洋经济发展战略研究

101. 我国低碳消费模式研究

102. 我国温室气体减排的技术经济优化路径与政策研究

103. 工业节水战略研究

104. 大型项目经济社会影响分析和评价方法创新研究

105. 我国主权债务安全问题研究

106. 国家资产负债表研究

107. 房地产税制改革研究

108. 保障性住房问题研究

政治学

1. 中国特色社会主义政治发展道路的理论阐释研究

2. 中国特色社会主义政治制度建构和运行机理研究

3. 新时期中国共产党领导的多党合作与政治协商制度理论基础研究

4. 深化文化体制改革和推动社会主义文化大发展大繁荣的政府职能研究

5. 社会主义政治建设与文化建设协调发展的理论与机制研究

6. 深化文化行政管理体制改革研究

7. 社会主义核心价值体系引领社会政治文化建设机制研究

8. 社会主义核心价值体系与中国传统政治文化的关系研究

9. 地域文化发展与地方政府的文化政策研究

10. 文化改革发展成效的政府管理评价指标研究

11. 掌握思想文化领域国际斗争主动权与维护国家文化安全研究

12. 社会主义荣辱观与加强领导干部和公务人员道德修养研究

13. 中国特色社会主义民主政治与社会民生相互促进的理论研究

14. 强化人民代表大会监督权力的途径研究

15. 以人民政协为载体的中国特色社会主义协商民主发展研究
16. 协商民主与人权保障研究
17. 工会组织在社会管理与和谐社会建设中的功能研究
18. 妇女组织在公民权利保障和有序政治参与中的作用研究
19. 共青团组织在政治文化发展和政治社会化过程中的作用研究
20. 加强民族地区文化建设与完善民族区域自治制度互动关系研究
21. 中国特色的侨务理论和实践研究
22. 公共政策制定和评估过程中公民有序参与的有效性研究
23. 政府重大决策跟踪反馈和责任追究研究
24. 政府执行力与公共政策效能研究
25. 强化和提高党组织和政府对舆论引导能力研究
26. 我国政务诚信与社会诚信的关系研究
27. 反腐倡廉的政治文化建设研究
28. 我国政府公务消费监管研究
29. 完善广纳群贤、人尽其才、能上能下、充满活力的用人机制研究
30. 基层文化人才队伍建设研究
31. 领导干部管理的科学化、民主化和法治化研究
32. 公共预算改革与国家政治建设的关系研究
33. 政府社会福利政策的政治经济研究
34. 我国政府协同运行机制研究
35. 政府信息公开的范围与路径研究
36. 政府公共服务质量评价、监督和改进制度研究
37. 基于低碳经济视角的节约型政府研究
38. 我国政府智库建设发展和运行研究
39. 我国省直管县体制改革的难点问题研究
40. 维护政治稳定、主动正视与妥善处理社会矛盾的政策和机制研究
41. 基层社会治理中维护公民正当权益与维护社会政治稳定的相互促进机制研究
42. 基层政府社会矛盾和纠纷解决机制研究
43. 我国公民利益表达和聚合机制研究
44. 我国公民政治意识和政治心理调查研究
45. 政府管理与社会自治的衔接与互动关系研究
46. 城镇化发展与服务型政府建设的联动机制研究
47. 我国城市的城乡结合部治理研究
48. 我国农村水利建设和治理的体制机制研究
49. 我国公共资源治理的体制机制研究
50. 我国城乡贫困扶助与治理研究
51. 农民工的政治认同与职业流动的关系研究
52. 强化和完善村民自治中的民主管理和民主监督研究
53. 电子政务和电子治理的绩效评估研究
54. 网络政治文化特点及其发展规律研究
55. 网络舆情疏导与治理体制研究
56. 涉外民间组织的政府管理研究
57. 边疆民族自治地方公共服务发展比较研究
58. 边疆民族地区重大公共突发事件应急管理体系研究
59. 跨境民族关系与政府管理研究
60. 完善我国政府宗教事务管理体制机制研究
61. 政务诚信建设研究
62. 促进国家统一与增进台海两岸政治互信研究
63. 新形势下廉政文化建设研究
64. 港澳政治发展研究
65. 西方国家金融债务危机的政治研究
66. 中国现代政治学学科和学术发展的起源、演变与发展研究
67. 比较政治学理论和方法发展跟踪研究

社会学

1. 中国特色社会学理论体系构建的探索与研究
2. 新时期中国马克思主义社会学理论研究
3. 中国特色社会建设研究
4. 社会主义核心价值体系引领社会思潮研究
5. 现阶段我国社会大众精神文化生活调查研究
6. 社区文化中心建设研究
7. 日常文化建设的比较研究
8. 中国青年价值观研究
9. 青少年对时尚文艺接受的实证与文化研究
10. 海外华裔新生代文化认同研究
11. 构建社会主义和谐社会视野下的社会服务体系建设研究
12. 社会征信系统研究
13. 社会学在中国本土化的历程与经验研究
14. 民生政策体系建设研究
15. 社会秩序安排的形式、功能及内在要求研究
16. 人口、资源、环境问题的社会学研究
17. 中国特色女性社会学理论体系研究
18. 旅游社会学基础理论研究
19. 中国公民“幸福指数”评价指标体系研究
20. 我国社会转型期的道德文化问题及其对策研究
21. 中国社会政策的转型方向研究

22. 中国社会现代化的历程研究
23. 中国社会结构优化的主要目标与策略研究
24.GDP 增长、收入分配与生活质量关系研究
25. 市场交易秩序的道德基础研究
26. 市场社会学的理论与方法研究
27. 产业转型升级的社会学研究
28. 企业社会学理论与实践研究
29. 企业社会责任及其培育机制研究
30. 后单位社会及其运作机制研究
31. 劳资关系调整的多方参与机制研究
32. 虚拟社会综合管理的学理基础与实践模式研究
33. 网络化时代的社会认同研究
34. 网络化时代的交往方式变迁研究
35. 信息化与虚拟组织的运作机制研究
36. 群体事件中的网络助燃作用研究
37. 社会各阶层民生需求的调查与比较研究
38. 全球化时代的社会个体化趋势研究
39. 民政事业城乡一体化的理论与政策研究
40. 社会研究过程中的困难与冲突研究
41. 家庭和社会德育建设研究
42. 青年社会学视角下的我国青年民生问题研究
43. 完善弱势群体公共文化服务研究
44. 弱势群体的经济、社会和政治权利保障问题研究
45. 农民工与城市公共文化服务体系研究
46. 产业更新形势下的再就业问题研究
47. 社会转型期的老年福利事业发展研究
48. 经济发展方式转变中的社会心理研究
49. 新形势下的群体意识形态研究
50. 社会平等对幸福感的影响研究
51. 中国婚姻家庭的现代化转型与性别平等研究
52. 女性职业发展与幸福家庭建设研究
53. 城乡社会管理的社会参与路径与机制研究
54. 群体事件中的社会认同研究
55. 当代中国法律制度的自然演化与理性建构的法社会学研究
56. 风险沟通中的信任研究——基于中国自然灾害的经验考察
57. 社会转型过程的社区治理研究
58. 农村社会管理机制创新的社会学研究
59. 社会转型期的农村贫困问题研究
60. 农村社区建设与农村发展的关系研究
61. 农民阶层结构的变化趋势研究
62. 农民工随迁子女的城市社会融入问题研究
63. 当代中国农村社会变迁研究
64. 农村新型社区化与城乡一体化道路研究
65. 农民进城相关制度问题研究
66. 社会变迁视角下当代中国农村土地制度研究
67. 社会工作者队伍建设相关问题研究
68. 企业社会工作研究
69. 戒毒人员回归社会的长效机制构建研究
70. 民族地区宗教信仰与社会秩序的民族志研究
71. 他文化(欧洲、美国、非洲、阿盟、东盟)与国际交流战略的文化人类学研究
72. 现代化与非物质文化遗产保护的关系及机制研究
73. 民俗资源的动员与乡村发展研究
74. 中国社会思想史及其研究方法研究
75. 国外社会建设比较研究
76. 西方社会学理论的借鉴与反思研究

法学

1. 经济发展方式转变与法制改革研究
2. 社会管理创新与法制改革研究
3. 依法治国与政治发展研究
4. 法治文化与文化强国战略研究
5. 文化产业发展法律问题研究
6. 民族优秀文化知识产权保护研究
7. 公共文化服务法律保障机制研究
8. 中国社会主义人权理论体系研究
9. 中国法律文明研究
10. 司法诚信建设研究
11. 法律解释问题研究
12. 网络运营服务企业法律义务与社会责任研究
13. 网络安全与网上个人信息法律保护研究
14. 司法权威与法律信仰研究
15. 法律监督制度研究
16. 高等法学教育改革研究
17. 司法官伦理建设研究
18. 中国古代法律与政治、经济、文化关系研究
19. 唐代法制史研究
20. 古代文书研究
21. 明清律例、会典研究
22. 加强全国人民代表大会监督职权行使的法律制度研究
23. 中国特色社会主义宪法实施制度研究
24. “一国两制”与台湾问题研究
25. 行政法律责任的理论与实践研究
26. 依法行政的法律法规体系化研究
27. 行政诉讼法修改研究
28. 行政复议法修改研究

29. 中国纪检监察学科建设规划研究
30. 受教育权平等法律保护研究
31. 公务员财产申报与公开制度研究
32. 不动产征收制度研究
33. 实施信息公开制度的障碍与对策研究
34. 虚拟社会管理法律问题研究
35. 社会管理创新与警务改革研究
36. 社会治安防控体系的法治保障研究
37. 人口动态管理法律问题研究
38. 行政裁量法律规制研究
39. 刑法典修改问题研究
40. 死刑的司法适用标准及控制研究
41. 我国惩治恐怖主义犯罪立法及其完善研究
42. 惩治与防范权钱交易犯罪法律制度研究
43. 惩治与预防腐败体系建设法律问题研究
44. 社区矫正的理论与实践研究
45. 职务犯罪疑难问题研究
46. 刑事司法协助问题研究
47. 起草民法典问题研究
48. 民法解释的规则及方法研究
49. 中国土地产权法律制度研究
50. 城市规划法治问题研究
51. 物权法实施问题研究
52. 合同法实施中的新问题研究
53. 人格权法研究
54. 侵权责任法实施问题研究
55. 票据法修改问题研究
56. 商事法律实施中的新问题研究
57. 私募基金法律规制问题研究
58. 知识产权制度创新与科技、文化创新问题研究
59. 国家知识产权战略的法律保障体系研究
60. 我国专利、商标授权确权司法复审制度研究
61. 我国生物物种资源流失防控法律保障体系研究
62. 市场经济与国家行政干预问题研究
63. 区域经济协调发展与区域法治建设研究
64. 公共财政监督制度研究
65. 经济法律制度的修改与完善研究
66. 企业制度改革法律问题研究
67. 限制竞争问题研究
68. 经营者集中控制的结构救济与行为救济研究
69. 社会法基本范畴研究
70. 和谐劳动关系的权利基础与法律机制研究
71. 生态补偿法律制度建设研究
72. 自然保护区制度研究
73. 渤海区域立法研究
74. 保障性住房建设法律问题研究
75. 食品安全战略立法研究
76. 基本公共服务法律保障机制研究
77. 刑事诉讼法实施问题研究
78. 刑事诉讼特别程序研究
79. 侦查管辖冲突解决机制研究
80. 民事诉讼法再修改研究
81. 民事行政公益诉讼研究
82. 民事执行制度改革研究
83. 证据规则研究
84. 法院审判管理体制创新研究
85. 诉讼监督问题研究
86. 司法鉴定法治化研究
87. 律师法实施问题研究
88. 法律援助制度研究
89. 后冷战时期的国际法律秩序问题研究
90. 国际争端解决机制的新发展与中国对策研究
91. 核能利用法律问题及立法对策研究
92. 中国拥有南沙群岛的法律制度研究
93. 军队执行多样化任务法律问题研究
94. 涉外民事关系法律适用法研究
95. 金融体制改革与金融现代化法律问题研究
96. 碳关税法律问题研究
97. 我国出口管理制度改革问题研究
98. 国际反避税合作法律问题研究

国际问题研究

1. 马克思主义国际关系理论及其当代价值研究
2. 马克思《资本论》与当代资本主义金融危机研究
3. 列宁《帝国主义论》与当今世界政治、经济秩序和主要矛盾研究
4. 毛泽东三个世界理论和加强我国与发展中国家关系问题研究
5. 国际环境新变化对我国实现“十二五”发展目标的影响评估及对策研究
6. 当代中国外交战略的调整与大国关系研究
7. 开展多渠道多形式多层次对外文化交流战略研究
8. 我国实施文化走出去工程战略研究
9. 对外文化交流与维护国家文化安全研究
10. 世界文化多样性研究
11. 中外人文交流平台建设研究
12. 面向外国青年文化交流机制研究
13. 国外国际关系前沿理论研究
14. 经济全球化与国际金融危机研究
15. 当代国际政治思潮研究

16. 后“9·11”时期的“软实力”帝国主义研究

17. 当代国际关系中政治与经济互动机制研究

18. 金砖国家间的利益共同点与分歧点研究

19. 西方国家国际干预理论、方式变化及干预案例研究

20. 美国重返亚洲战略及对策研究

21. 美国亚太政策的基本目标及可能采取的政策手段研究

22. 美国经济形势与美元走势研究

23. 美国国债负担变化对中国外汇储蓄安全的影响研究

24. 新形势下我国和平发展的军事战略研究

25. 捍卫国家主权、海洋权益和领土完整的军事战略研究

26. 世界大国和周边国家“中国观”的演变研究

27. 中国人的国外形象研究

28. 东海、南海区域对我国和平发展的作用和影响研究

29. 印度洋区域对我国和平发展的作用和影响研究

30. 中国海外投资的国家战略规划与风险防范研究

31. 和平发展背景下的中国外交与民间外交研究

32. 我国对外援助与贸易和投资的互动关系研究

33. 西方发达国家拓展公共外交机制研究

34. 日本大地震、大海啸和核辐射事故后国家战略动向研究

35. 日本社会结构和社会意识的演变及其对内外政策的影响研究

36. 朝鲜半岛现状发展趋势及对策研究

37. 中国与邻国构建和谐关系中“软实力”的应用研究

38. 印度对外战略研究

39. 俄罗斯大选之后战略走向与中俄战略伙伴关系研究

40. 俄罗斯北极政策及对地区的影响研究

41. 欧洲主权债务危机现状、前景及影响研究

42. 欧债危机、欧元和欧洲一体化进程研究

43. 西方强国中东北非战略与中东、阿拉伯地区政治格局变动趋势研究

44. 中东北非动乱的国内根源研究

45. 阿拉伯国家社会结构的演变及其对社会稳定的影响研究

46. 伊斯兰国家政治格局变化对中国民族宗教问题研究

47. 发展军备和对外侵略对美国经济和综合国力的影响研究

48. 中国如何进一步扩大在拉美、非洲的影响力研究

49. 国外外汇储备现状及经验借鉴研究

50. 国际货币监管的发展方向及对国际货币体系的影响研究

51. 国际货币体系改革的出路以及世界主要货币的地位研究

52. 全球贫富差距问题及相关对策研究

53. 全球企业并购与国际直接投资的变化方向研究

54. 全球大宗商品价格供求格局、价格形成机制与安全研究

55. 石油、粮食、水及其他资源安全问题研究

56. 全球核现状、核安全战略研究

57. 全球和平发展的话语权研究

58. 原苏东社会主义国家的现状和社会主义思潮研究

59. 金融危机后的世界左翼和社会主义理论思潮研究

60. 金融危机后各国共产党动态跟踪研究

61. 北极问题研究

中国历史

1. 唯物史观与中国特色社会主义理论体系研究

2. 唯物史观与中国历史学发展研究

3. 中华文明连续性特点的形成及其意义研究

4. 中华优秀传统文化传承体系研究

5. 中国历史上民族文化认同研究

6. 礼制文化与古代文明构建研究

7. 中国古代孝文化研究

8. 中国传统节日文化研究

9. 明清祭祀礼仪与社会变迁研究

10. 中国古代的尊老传统与养老问题研究

11. 中国古代天人关系理论研究

12. 中西方封建社会比较研究

13. 中国古代社会管理思想研究

14. 中国古代职官管理制度研究

15. 中国古代宗教与神话研究

16. 中国古代慈善事业研究

17. 中国历史上的谏官制度研究

18. 近代中国军事制度变革研究

19. 中国古代兵家思想研究

20. 中国古代水利建设历史经验研究

21. 中国古代交通与社会发展研究

22. 历史时期域外引进作物的本土化研究

23. 中国西南汉代画像研究
24. 出土汉唐行政文书汇释与研究
25. 宋元明清的“河患”问题与政府应对研究
26. 明代以来特大地震灾害及社会影响研究
27. 明清以来极端天气气候事件及社会应对研究
28. 明清城市结构与城市生活研究
29. 明清人口流动与基层社会管理研究
30. 明清民间文书整理与研究
31. 明清地域商帮比较研究
32. 明清中外文化交流与经贸关系研究
33. 官箴书与清代地方司法实践研究
34. 中国近代以来婚姻问题及其演变研究
35. 中国近代文化产业的形成与兴起研究
36. 近代中外交通史与华侨研究
37. 宗教与近代中国社会研究
38. 近代中国乡村社会研究
39. 近代农民生活状况研究
40. 近代西方人士在我国内陆地区的科学考察活动及其影响研究
41. 近代北方土地文书研究
42. 20世纪“新史学”学术流派研究
43. 新中国成立以来社会主义价值观的确立及演变研究
44. 当代中国法制建设的历史经验研究
45. 当代中国农民合作经济组织史研究
46. 当代中国国防史研究
47. “三线建设”和西部开发研究
48. 当代中国社会生活和社会管理的变化与变革研究
49. 中华人民共和国史民间档案资料的发掘与整理研究
50. 当代中国社会史的理论与方法研究

世界历史

1. 世界主要国家文化发展与国家崛起的互动关系及启示研究
2. 古代国家与宗教的关系研究
3. 古代国家社会结构的比较研究
4. 发达国家社会结构与社会管理研究
5. 近代以来世界各国社会两极分化问题研究
6. 北美独立战争时期的政治文化研究
7. 亚非国家近代以来社会变革中的宗教与政治研究
8. 二十世纪国际资本流动与财富流动研究
9. 发展中国家农业与社会研究
10. 世界历史上的种族、种族观念和种族主义研究
11. 欧洲右翼极端主义历史研究
12. 二十世纪资本主义转嫁社会、经济危机的历史考察
13. 农业开发与环境保护的历史考察
14. 发展中国家城市化与社会稳定研究
15. 当代国际共产主义运动研究
16. 苏联解体后新独立国家的历史研究
17. 金融与政治、社会关系的历史考察

考古学

1. 中国远古人类及文化研究
2. 中国文明起源和形成的考古学研究
3. 史前聚落形态的考古学研究
4. 夏商周时期的考古学文化研究
5. 古代城市与村镇的考古学研究
6. 古代墓葬制度的考古学研究
7. 古代手工业遗存的考古学研究
8. 中外文化交流的考古学研究
9. 中国考古学史研究
10. 中国田野考古重要报告研究

民族问题研究

1. 党和国家繁荣发展少数民族文化的理论与政策研究
2. 马克思主义关于多民族社会主义国家文化建设的思想研究
3. 中国文化多样性与当代中华民族文化凝聚力研究
4. 加快西部民族地区经济社会发展中的现代文化产业建设研究
5. 西部地区文化产业与少数民族特色文化的保护研究
6. 少数民族地区公共文化产品和服务供给研究
7. 少数民族地区生态移民与社区文化重建研究
8. 非物质文化遗产保护传承研究
9. 少数民族地区灾后重建的文化传承与现代变迁研究
10. 少数民族山区(牧区)公益文化设施建设研究
11. 少数民族传统节日、民间仪式的文化创新研究
12. 少数民族语言文字的科学保护与媒体传播研究
13. 少数民族历史遗址保护、文化典籍收集、口传采集研究
14. 少数民族传统文化的村寨依托与保护研究
15. 西部地区民间乡土文化(含生态知识)及其现代意义研究
16. 2000年以来西部地区人口重心变化趋势研究

17.2000年以来少数民族人口增长与分布研究（全国、区域、族别）

18. 西部地区城镇化的现状与制约因素研究

19. 少数民族地区传统集贸市场与城镇化发展研究

20. 生态移民集聚地与城镇化相结合研究

21. 少数民族人口城镇化及其就业取向和特点研究

22. 少数民族山区（牧区）生态移民与职业培训研究

23. 少数民族地区职业教育定向、定技能、定岗培养研究

24. 民族区域自治地方加快、跨越式发展的速度与效益研究（区域）

25. 对口支援（援藏、援疆）与提升自我发展能力研究

26. 西部大开发以来东西部发展差距的基本态势研究

27. 扶持人口较少民族发展的现状与前景研究（区域、族别）

28. 少数民族山区贫困人口的现状与因地制宜脱贫政策研究

29. 中国少数民族史（志）研究

30. 西方国家多元文化主义政策及其当代困境研究（地区、国别）

31. 国外民族政治学理论与民族事务研究

32. 民族国家建构与国家民族整合的理论与实证研究

宗教学

1. 马克思主义宗教观研究
2. 中国特色社会主义宗教理论体系研究
3. 宗教和谐与社会文化建设研究
4. 宗教文化艺术研究
5. 中国文化及其宗教因素研究
6. 宗教心理学研究
7. 中外无神论的历史及其理论学说研究
8. 宗教与基层社区建设
9. 边疆民族地区多元宗教和谐关系研究
10. 宗教经典及宗教名著整理、翻译及研究
11. 中国宗教研究成果外文翻译
12. 宗教思想及教义研究
13. 宗教与礼仪、民俗研究
14. 宗教与公共外交研究
15. 当代宗教新媒体的发展及其影响研究
16. 当代宗教与国际冲突关系研究
17. 宗教生态问题研究
18. 世界各宗教的历史与现状研究
19. 区域宗教史研究
20. 中国宗教现状研究
21. 儒学与中国宗教关系研究
22. 佛教寺庙与道教宫观经济文化研究
23. 道教与中国科技发展关系研究
24. 民间信仰在当代中国社会的发展研究
25. 藏传佛教发展研究
26. 基督教与中外关系研究
27. 海外中国伊斯兰教研究
28. 当代伊斯兰教发展研究

中国文学

1. 中国特色马克思主义文学理论体系研究
2. 科学发展观与文学研究
3. 文学与文化建设的关系研究
4. 文学与社会主义核心价值观的关系研究
5. 新时期文艺理论建设与文艺批评研究
6. 文学发展中的主旋律与多样化研究
7. 文学基本理论与文艺批评学的创新研究
8. 现代文学评估价值体系建构研究
9. 世界文学格局中的中国文学研究
10. 文学的本质、功能与发展规律研究
11. 历代重要作家作品及其流派研究
12. 历代重要文学文献资料整理和研究
13. 新世纪世界华文文学研究
14. 网络文学研究
15. 民间民族文学研究
16. 儿童文学中的科幻作品研究
17. 当代大陆与台港澳长篇小说比较研究
18. 新时期我国女性文学演变问题研究
19. 地域、民俗、文化习尚与中国古代文学研究
20. 中国古代文学的交叉性专题与跨学科研究
21. 中国古代文学学术史研究
22. 现代文学评估价值体系建构研究
23. 左翼文学研究
24. 现代文学语言与文体研究
25. 文学史编写及其科学模式研究
26. 地域文学史和作家群研究
27. 少数民族古典文学研究
28. 各民族文学学术史研究

外国文学

1. 当代外国文学中的社会文化思潮研究
2. 21世纪以来的外国文学现状和趋势研究

3. 现代化过程与外国文学中的伦理价值问题研究

4. 后冷战时期的外国文学研究

5. 新时期以来的外国文学理论及其研究的评价或反思研究

6. 外国重要作家和作品研究

7. 外国重要文论家、批评家研究

8. 国外重要文学奖项研究

9. 外国古典文学的注疏研究

语言学

1. 新时期语言文字规范化问题研究(包括对已有规范进行修订的研究)

2. 中国境内语言的类型特征及语言普遍现象研究(汉语、各少数民族语言)

3. 声调类型学研究

4. 中国濒危语言有声语档建设的理论与实践研究

5. 现代通用汉字的历史读音研究

6. 现代汉语常用词的构成理据及其历史源流研究

7. 词汇研究的中文信息处理研究

8. 句法和语义的互动关系研究

9. 汉语词类的新探索和特殊小类研究

10. 方言研究数字化基础建设研究

11. 地理语言学与汉语方言研究

12. 汉语方言特征研究(区、片、边界点等)

13. 地方普通话研究

14. 汉藏历史比较语言学研究

15. 汉语历史语法研究资料库研究

16. 近代汉语官话语音研究

17. 基于语料库的出土上古文献虚词发展研究

18. 新出土简帛研究

19. 音韵学资料的计算机处理和数据库建设研究

20. 曲韵系列韵书研究

21. 专书训诂研究和断代训诂研究

22. 聋哑人手语的神经和机制研究

23. 汉语失语症研究

新闻学与传播学

1. 马克思主义新闻理论体系建设研究

2. "走基层、转作风、改文风"与践行马克思主义新闻观研究

3. "中国发展道路"的国际影响力与国际新闻传播话语权研究

4. "三网融合"背景下的广播电视媒体发展战略研究

5. 中国特色的传媒文化体系建构研究

6. "中国形象"塑造、展示和传播的跨学科研究

7. 文化体制改革与媒体经营管理研究

8. 国家形象及其软实力与跨文化研究

9. 国家新媒体集成播控平台建设研究

10. 构建当代中国话语的理论、方法与问题意识研究

11. 广播电视的国际传播能力和影响力研究

12. 全球化信息化条件下主流媒体新闻宣传和舆论引导规律研究

13. 健全应急报道和舆论引导机制研究

14. 舆论监督机制及效果评价研究

15. 国家安全与军事新闻传播研究

16. 国家领导人会议形象传播研究

17. 加强对重大突发公共事件依法报道的研究

18. 涉藏对外传播的艰巨性和有效性研究

19. 突发公共事件的信息公开与新闻处置研究

20. 突发危机事件中群体应激行为的传播与控制机制研究

21. 版权保护与版权相关产业的发展研究

22. 改革开放以来中国报业发展研究

23. 数字出版研究

24. 我国数字出版产业发展现状、趋势及对策研究

25. 传播理论的本地/在地化研究

26. 传播学研究(可选择广告传播、环境传播、人际传播、组织传播、跨文化传播等专题分别研究)

27. 文化精品网络传播方式研究

28. 微博研究

29. 网络社群组织与社会管理创新研究

30. 网络实名制实现路径研究

31. 网络文化建设与政府执政方式研究

32. 网络舆情监测与引导机制研究

33. 网络著作权研究

34. 网民的数据安全与隐私保护研究

35. 西方反华传媒的新媒体战略及对策研究

36. 新媒体传播的法律规制问题研究

37. 新媒体的政治传播及对策研究

38. 信息技术与新媒体传播研究

39. 对外宣传方式方法创新研究

40. 文化走出去工程的政策措施研究

41. 现当代新闻传播史研究

42. 中华民国新闻史研究

43. 古代新闻传播史研究

44. 传播思想史研究

45. 外国新闻传播史研究

图书馆·情报与文献学

1. 构建国家可持续文化竞争力的图书馆系统战略

研究

2. 网络环境下图书馆的生存环境与功能定位的变革研究

3. 基于图书情报理论与方法的科研诚信监测研究

4. 图书馆学情报学(L&I)与信息科学的交叉及分界研究

5. 情报学专业课程建设的现状和发展趋势研究

6. 图书情报档案留学归国和海外人才智力资源开发与管理研究

7. 网络环境下的社会科学情报理论与方法研究

8. 以创新和质量为导向的中国人文社会科学研究评价机制与实施体系研究

9. "走基层、转作风、改文风"与公共图书馆服务优化研究

10. 公益性数字文化服务体系研究

11. 社会参与图书馆公共服务研究

12. 农家书屋管理、使用及发展问题研究

13. 中国数字图书馆建设中的标准规范体系构建研究

14. 国家数字信息资源永久保存战略研究

15. 我国数字出版呈缴制度研究

16. 中国城乡数字鸿沟及其对城市化进程的影响研究

17. 数字图书馆知识产权管理模式及侵权责任防范研究

18. 图书馆法与知识产权关联研究

19. 社会信息化转型背景下信息资源开发利用及其法律问题研究

20. 数字信息资源的质量管理研究

21. 社会网络环境下信息的开放获取与共享研究

22. 高科技项目中知识团队的知识传承与共享研究

23. 面向知识服务的知识组织框架构建和应用研究

24. 基于关联数据的图书馆云服务研究

25. 图书馆移动服务模式及其质量规范研究

26. 社交网络工具在图书馆服务中的应用研究

27. 图书馆志愿者服务的现状、问题与政策研究

28. 中国社会弱势群体公共信息服务权益发展研究

29. 虚拟社区知识组织研究

30. 语义网信息组织与检索技术研究

31. 开放网络环境下的语义信息抽取及检索模型研究

32. 跨语言信息检索与信息定位研究

33. 网络舆情信息工作机制与服务内容研究

34. 基于情报学方法的网络舆情发现与分析研究

35. 城市竞争情报体系的设计与运营管理研究

36. 网络竞争情报中的信息提取与可信度评价研究

37. 信息经济学研究的新趋势、新进展、新问题研究

38. 信息产业全球化对我国国家安全的威胁及应对战略研究

39. 泛在信息环境下的信息异化问题及对策研究

40. 城市新移民日常生活信息获取行为研究

41. 情报计量学与科学计量学的应用研究

42. 基于分类的学术期刊质量共性和个性融合评价机制与实施方案研究

43. 新媒体阅读研究

44. 全民阅读活动机制问题研究

44. 社交网络与即时通信工具的引导和管理研究

45. 中国传统藏书研究

45. 文化典籍资源数字化平台研究

46. 新中国著名编辑出版家研究

47. 全程管理中的文件与档案分类研究

48. 数字环境下集团化企业电子文件管理模式与共享机制研究

49. 档案专业课程建设的现状和趋势研究

50. 关注档案学科与相关学科在交叉或边缘地带产生的全新管理问题研究

51. 关注信息化进程和社会管理变化所引发的档案学理论创新

52. 电子文件管理与电子政务和电子商务的关系研究

53. 面向社会的档案信息资源规划研究

54. 网络环境下文件、档案管理体制与模式研究

55. 信息立法趋势与档案法律、法规和政策的配套建设研究

56. 信息资源管理背景下档案学科课程体系与教育模式创新研究

57. 重大突发事件中的档案应急机制研究

58. 数字档案资源的认知、界定与管理对策研究

59. 博物馆形态研究

60. 科技型中小企业知识资本运营中的法律风险防范与治理研究

人口学

1. 人口与经济发展方式转变研究

2. 人口科学文化素质调查研究

3. 流动人口与公共文化服务体系建设研究

4. 资源环境承载力与"适度人口"研究

5. 第六次全国人口普查数据质量评估研究
6. 人口分析方法与统计分析方法相结合研究
7. 新技术革命时代人口迁移新趋势研究
8. 人口城市化与住房保障研究
9. 农村劳动力转移潜力和政策研究
10. 中国超大城市人口调控与“城市病”防治研究
11. 城乡统筹发展的人口城市化研究
12. 自然灾害多发地区人口分布与迁移研究
13. 人口素质、人力资本投资与经济持续增长研究
14. 老年健康保障跨学科研究
15. 人口老龄化与养老保障服务体系研究
16. 我国老龄化高峰期养老金缺口应对研究
17. 老龄人口贫困化研究
18. 老龄人口消费研究
19. 人口老龄化的社会学研究
20. “居家养老”问题研究
21. 以家庭为中心的社会政策(家庭发展政策)研究
22. 老龄产业发展问题研究
23. 青少年流动人口心理健康干预研究
24. 中国人口与民生政策仿真和决策支持系统研究
25. 家庭结构与婚姻关系研究
26. 独生子女社会心理研究
27. 边境地区少数民族人口调查研究
28. 当代女性人口新问题研究

统计学

1. 我国公共文化服务指标体系的统计学研究
2. 我国文化产品消费统计方法研究
3. 关于改进 CPI 编制方法的基础理论研究
4. 社会科学中的贝叶斯统计分析
5. 非线性计量方法研究
6. 关于统计调查方法研究
7. 关于统计学术历史研究
8. 空间统计方法及其在社会经济领域的应用研究
9. 模糊统计方法及其应用研究
10. 同比、环比增长率测算研究
11. 统计模型中工具变量的设计理论与方法研究
12. 统计数据的标准化研究
13. 统计信息化(SIT)研究
14. 统计制度研究
15. 统计组合预测理论与方法研究
16. 指数理论与方法研究
17. 中国住户生产核算研究
18. 收入分配统计方法研究
19. 经济转型评价方法研究
20. 人口及人口统计方法研究

体育学

1. 体育强国的指标体系研究
2. 体育文化建设的目标与实现途径研究
3. 体育文化传承体系研究
4. 提升体育软实力与体育强国建设研究
5. 中外体育发展方式的比较研究
6. 我国体育发展方式的演进研究
7. 体育事业发展的社会效益研究
8. 社会体育需求与需求结构研究
9. 体育公共服务均等化研究
10. 政府职能转变与体育社团建设研究
11. 我国体育事业管理体制机制改革研究
12. 体育公共服务与市场服务体制机制研究
13. 体育事业与体育产业协调发展研究
14. 国外体育产业发展政策研究
15. 体育产业与相关产业关系研究
16. 体育休闲方式研究
17. 学生体质健康与教育制度改革研究
18. 职业体育政策制度研究
19. 中国体育思想史研究
20. 中外体育哲学社会科学研究进展研究
21. 体育社会科学方法论研究
22. 我国“三大球”管理体制机制创新研究
23. 我国大型综合性运动会改革研究
24. 体育法制建设与行业作风建设研究
25. 中国体育国际话语权研究
26. 老年人体育研究
27. 残疾人体育研究
28. 区域文化与民族传统体育研究
29. 民族传统体育国际化研究
30. 体育传播体系研究
31. 完善全民健身活动研究

管理学

1. 中国情境下的管理理论创新与学科发展研究
2.21 世纪管理理论重要进展研究
3. 比较管理理论与跨文化管理实践研究
4. 基于优秀文化的企业管理模式创新研究
5. 文化产品评价和激励机制研究
6. 公共文化服务指标体系和绩效考核办法研究
7. 特色文化城市的国际比较研究
8. 组织管理理论创新研究
9. 文化技术创新体系研究

10. 企业理论发展与创新研究
11. 文化消费商业模式创新研究
12. 文化创意人才队伍建设研究
13. 国外文化创新成果典型案例研究
14. 商务诚信建设研究
15. 中国古代商业思想研究
16. 管理活动中主客体互动行为的复杂性研究
17. 国际视野下的中国管理学研究方法创新研究
18. 中国管理学教育改革与发展研究
19. 后金融危机时代公司治理理论创新与实践研究
20. 中国跨国公司成长问题研究
21. 中国企业社会责任评价与推进机制研究
22. 农村和中西部地区县级文化设施建设研究
23. 中国企业战略转型理论与实践研究
24. 国有企业跨国投资与政府监管问题研究
25. 小企业融资环境改善与小企业财务战略选择问题研究
26. 企业供应链理论与实践问题研究
27. 企业知识资本理论问题研究
28. 网络新技术新业态发展趋势研究
29. 企业投资者保护与财务控制研究
30. 企业劳动关系与管理民主化问题研究
31. 快速工业化进程中企业安全生产问题研究
32. 低碳经济下中国企业管理变革与创新研究
33. 我国企业推广先进质量管理方法的途径研究
34. 国际化环境下会计准则建设问题研究
35. 企业技术创新、管理创新与制度创新的关系研究
36. 中国企业从模仿性到自主性创新转型路径研究
37. 信息化时代企业营销管理理论与方法创新研究
38. 当代中国公共管理理论的探索研究
39. 中国居民幸福指数构建与应用研究
40. 中国地方政府债务与融资平台问题研究
41. 政府信息公开机制与问题研究
42. 基本公共服务均等化问题研究
43. 加强和完善流动人口服务和管理对策研究
44. 建立多元化保障性住房供应体系研究
45. 公共部门的绩效管理研究
46. 电子政务效率问题研究
47. 我国学校制度改革与学校管理问题研究
48. 国家社会科学基金绩效评价系统与数据库研究
49. 哲学社会科学创新中的科研组织管理问题研究
50. 科研管理中课题制相关问题研究
51. 我国医院制度改革与医院管理问题研究
52. 我国创新创业人才队伍建设问题研究
53. 主要发达国家人才发展战略比较研究
54. 快速城市化进程中的城市公共安全问题研究
55. 世界各国质量安全监管制度比较研究
56. 减灾防灾能力建设研究
57. 重大公共安全事故应急管理研究
58. 中国城市化、工业化和农业现代化快速推进背景下的水资源保障对策研究
59. 国防人力资源配置理论及应用问题研究
60. 中国环境质量综合评价指数及相关研究
61. 我国建设低碳城市的标准体系及政策保障研究
62. 我国矿产资源开发生态环境影响及治理研究
63. 我国金属矿产资源安全保障战略研究
64. 我国宏观经济管理机制完善与宏观经济调控手段选择研究
65. 国际金融危机前景与我国宏观经济管理应对策略研究
66. 财政体制改革滞后风险分析与我国财政管理体制完善建议研究
67. 各国应对国际金融危机的宏观经济政策比较研究
68. 我国市场经济体制完善与加快垄断行业改革研究
69. 深化收入分配体制改革研究
70. 社会主义市场体系建设与市场秩序规范问题研究
71. 中国工业化进程与三次产业协调发展问题研究
72. 中国城市化进程与区域协调发展问题研究
73. 战略性新兴产业发展与经济发展方式转变研究
74. 新形势下我国劳动力供给和就业问题研究
75. 人口老龄化与养老产业发展研究
76. 城市交通发展战略及体制机制研究
77. 我国交通运输业的协调发展研究
78. 铁路管理体制改革与铁路发展方式转变研究
79. 我国民间借贷相关问题研究
80. 中国城市居民家庭金融研究
81. 通货膨胀与预期管理问题研究
82. 社会保险基金风险防控对策研究
83. 电子商务服务业发展战略研究
84. 知识产权服务业发展战略选择及政策研究
85. 物联网服务新业态研究

86. 我国现代科技金融服务体系研究

87. 社会保障性住房建设及融资模式研究

88. 粮食主产区农田水利基础设施建设管理机制研究

89. 农村公共产品与服务供给模式研究

90. 农民专业合作经济组织与农业社会化服务体系研究

91. 气候框架公约下我国农业碳减排政策研究

92. 中国国有事业单位改革问题研究

93. 中国非营利组织的治理结构和规制问题研究

94. 城乡一体化进程中的农村社会管理创新研究

95. 进城农民工社会管理体制研究

96. 道家社会管理思想及其现代化研究

97. 非营利组织与社会服务事业的发展问题研究

98. 新媒体环境下的电子化社会管理问题研究

2012年度发布的有关社会科学的新文献目录

文献/形成日期/发表日期

中共中央国务院印发《关于加快推进农业科技创新持续增强农产品供给保障能力的若干意见》/2月1日/2月2日《人民日报》第1版

促进就业规划(2011~2015年)(人力资源社会保障部 发展改革委 教育部 工业和信息化部 财政部 农业部 商务部)/2月8日/2月9日《人民日报》第23版

国家"十二五"时期文化改革发展规划纲要/2月15日/2月16日《人民日报》第5版

中华人民共和国2011年国民经济和社会发展统计公报(中华人民共和国国家统计局)/2月22日/2月23日《人民日报》第10版

关于《全国人民代表大会常务委员会关于澳门特别行政区2013年立法会产生办法和2014年行政长官产生办法有关问题的决定(草案)》的说明——2012年2月29日在第十一届全国人民代表大会常务委员会第二十五次会议上/2月29日/3月1日《人民日报》第5版

中共中央办公厅印发《关于深入开展学雷锋活动的意见》/3月2日/3月3日《人民日报》第1版

中国文艺工作者职业道德公约(2012年3月1日中国文联第九届全国委员会第二次全体会议审议通过)/3月1日/3月3日《人民日报》第4版

2011年中国国土绿化状况公报(摘要)(2012年3月12日 全国绿化委员会办公室发布)/3月12日/3月13日《人民日报》第14版

中国人民政治协商会议全国委员会常务委员会工作报告——在政协第十一届全国委员会第五次会议上/3月3日/3月14日《人民日报》第2版

全国人民代表大会关于修改《中华人民共和国刑事诉讼法》的决定(2012年3月14日第十一届全国人民代表大会第五次会议通过)/3月14日/3月15日《人民日报》第5版

中华人民共和国香港特别行政区选举第十二届全国人民代表大会代表的办法(2012年3月14日第十一届全国人民代表大会第五次会议通过)/3月14日/3月15日《人民日报》第8版

中华人民共和国澳门特别行政区选举第十二届全国人民代表大会代表的办法(2012年3月14日第十一届全国人民代表大会第五次会议通过)/3月14日/3月15日《人民日报》第8版

政府工作报告——2012年3月5日在第十一届全国人民代表大会第五次会议上/3月5日/3月16日《人民日报》第1版

关于2011年国民经济和社会发展计划执行情况与2012年国民经济和社会发展计划草案的报告——2012年3月5日在第十一届全国人民代表大会第五次会议上(国家发展和改革委员会)/3月5日/3月17日《人民日报》第5版

中华人民共和国刑事诉讼法(1979年7月1日第五届全国人民代表大会第二次会议通过 根据1996年3月17日第八届全国人民代表大会第四次会议《关于修改〈中华人民共和国刑事诉讼法〉的决定》第一次修正 根据2012年3月14日第十一届全国人民代表大会第五次会议《关于修改〈中华人民共和国刑事诉讼法〉的决定》第二次修正)/3月14日/3月18日《人民日报》第1版

全国人民代表大会常务委员会工作报告——2012年3月9日在第十一届全国人民代表大会第五次会议上/3月18日/3月19日《人民日报》第1版

最高人民检察院工作报告——2012年3月11日在第十一届全国人民代表大会第五次会议上/3月19日/3月20日《人民日报》第2版

最高人民法院工作报告——2012年3月11日在第十一届全国人民代表大会第五次会议上/3月19日/3月20日《人民日报》第2版

违反《国有企业领导人员廉洁从业若干规定》行为适用《中国共产党纪律处分条例》的解释/3月26日

/4 月 7 日《人民日报》第 7 版

校车安全管理条例 /4 月 5 日 /4 月 11 日《人民日报》第 15 版

中共中央国务院关于分类推进事业单位改革的指导意见(2011 年 3 月 23 日)/4 月 16 日 /4 月 17 日《人民日报》第 1 版

全国人民代表大会常务委员会关于修改《中华人民共和国清洁生产促进法》的决定(2012 年 2 月 29 日第十一届全国人民代表大会常务委员会第二十五次会议通过)/2 月 29 日 /4 月 19 日《人民日报》第 16 版

中华人民共和国清洁生产促进法(2002 年 6 月 29 日第九届全国人民代表大会常务委员会第二十八次会议通过　根据 2012 年 2 月 29 日第十一届全国人民代表大会常务委员会第二十五次会议《关于修改〈中华人民共和国清洁生产促进法〉的决定》修正)/6 月 29 日 /4 月 19 日《人民日报》第 16 版

2011 年中国文学发展状况(中国现代文学馆)/ 月日 /4 月 23 日《人民日报》第 16 版

《中日韩合作(1999~2012)》白皮书 /5 月 9 日 /5 月 10 日《人民日报》第 22 版

中共中央办公厅印发《关于加强和改进非公有制企业党的建设工作的意见(试行)》/5 月 24 日 /5 月 25 日《人民日报》第 1 版

2011 年美国的人权纪录(中华人民共和国国务院新闻办公室)/5 月 25 日 /5 月 26 日《人民日报》第 5 版

中华人民共和国军人保险法(2012 年 4 月 27 日第十一届全国人民代表大会常务委员会第二十六次会议通过)/4 月 27 日 /6 月 4 日《人民日报》第 16 版

国家人权行动计划(2012~2015 年)(中华人民共和国国务院新闻办公室)/6 月 11 日 /6 月 12 日《人民日报》第 14 版

中国的稀土状况与政策(中华人民共和国国务院新闻办公室)/6 月 20 日 /6 月 21 日《人民日报》第 15 版

《全国土地整治规划(2011~2015 年)》的指导原则和目标任务 / 月日 /6 月 26 日 13《人民日报》第 1 版

中国道路——中国共产党的思想历程(中共中央文献研究室)/ 月日 /6 月 26 日《人民日报》第 6 版

国家基本公共服务体系“十二五”规划 / 月日 /7 月 20 日《人民日报》第 13 版

中共中央办公厅转发《中共政协全国委员会党组关于〈中共中央关于加强人民政协工作的意见〉贯彻落实情况的报告》/8 月 20 日 /8 月 21 日《人民日报》第 1 版

在推进事业单位改革中加强和改进党的建设工作(中办印发《意见》要求)/9 月 19 日 /9 月 20 日《人民日报》第 1 版

深化科技体制改革加快国家创新体系建设(中共中央国务院印发意见)/9 月 23 日 /9 月 24 日《人民日报》第 1 版

钓鱼岛是中国的固有领土(中华人民共和国国务院新闻办公室)/9 月 25 日 /9 月 26 日《人民日报》第 13 版

关于进一步加强党管人才工作的意见(中共中央办公厅)/9 月 26 日 /9 月 27 日《人民日报》第 1 版

教育督导条例 /9 月 9 日 /10 月 10 日《人民日报》第 21 版

中国的司法改革(中华人民共和国国务院新闻办公室)/10 月 9 日 /10 月 10 日《人民日报》第 22 版

中国人民解放军选举全国人民代表大会和县级以上地方各级人民代表大会代表的办法(1981 年 6 月 10 日第五届全国人民代表大会第十九次会议通过　1996 年 10 月 29 日第八届全国人民代表大会第二十二次会议修订　根据 2012 年 6 月 30 日第十一届全国人民代表大会常务委员会第二十七次会议《关于修改〈中国人民解放军选举全国人民代表大会和县级以上地方各级人民代表大会代表的办法〉的决定》修正)/6 月 30 日 /10 月 15 日《人民日报》第 18 版

中华人民共和国民事诉讼法(1991 年 4 月 9 日第七届全国人民代表大会第四次会议通过　根据 2007 年 10 月 28 日第十届全国人民代表大会常务委员会第三十次会议《关于修改〈中华人民共和国民事诉讼法〉的决定》第一次修正　根据 2012 年 8 月 31 日第十一届全国人民代表大会常务委员会第二十八次会议《关于修改〈中华人民共和国民事诉讼法〉的决定》第二次修正)/8 月 31 日 /10 月 22 日《人民日报》第 14 版

全国人民代表大会常务委员会关于修改《中华人民共和国民事诉讼法》的决定(2012 年 8 月 31 日第十一届全国人民代表大会常务委员会第二十八次会议通过)/8 月 31 日 /10 月 22 日《人民日报》第 14 版

无障碍环境建设条例 /6 月 28 日 /10 月 23 日《人民日报》第 16 版

拘留所条例 /2 月 23 日 /10 月 23 日《人民日报》第 16 版

中国的能源政策(2012)/10 月 24 日 /10 月 25 日《人民日报》第 14 版

全国人大常委会关于修改《中华人民共和国人民警察法》的决定(2012 年 10 月 26 日第十一届全国人民代表大会常务委员会第二十九次会议通过)/10 月 26 日 /10 月 27 日《人民日报》第 4 版

全国人大常委会关于修改《中华人民共和国国家

赔偿法》的决定(2012 年 10 月 26 日第十一届全国人民代表大会常务委员会第二十九次会议通过)/10 月 26 日 /10 月 27 日《人民日报》第 4 版

全国人大常委会关于修改《中华人民共和国治安管理处罚法》的决定(2012 年 10 月 26 日第十一届全国人民代表大会常务委员会第二十九次会议通过)/10 月 26 日 /10 月 27 日《人民日报》第 4 版

全国人大常委会关于修改《中华人民共和国预防未成年人犯罪法》的决定(2012 年 10 月 26 日第十一届全国人民代表大会常务委员会第二十九次会议通过)/10 月 26 日 /10 月 27 日《人民日报》第 4 版

全国人大常委会关于修改《中华人民共和国未成年人保护法》的决定(2012 年 10 月 26 日第十一届全国人民代表大会常务委员会第二十九次会议通过)/10 月 26 日 /10 月 27 日《人民日报》第 4 版

全国人大常委会关于修改《中华人民共和国律师法》的决定(2012 年 10 月 26 日第十一届全国人民代表大会常务委员会第二十九次会议通过)/10 月 26 日 /10 月 27 日《人民日报》第 4 版

全国人大常委会关于修改《中华人民共和国监狱法》的决定(2012 年 10 月 26 日第十一届全国人民代表大会常务委员会第二十九次会议通过)/10 月 26 日 /10 月 27 日《人民日报》第 4 版

国务院关于修改和废止部分行政法规的决定 /11 月 9 日 /11 月 17 日《人民日报》第 2 版

坚定不移沿着中国特色社会主义道路前进　为全面建成小康社会而奋斗——在中国共产党第十八次全国代表大会上的报告 /11 月 8 日 /11 月 18 日《人民日报》第 1 版

中国共产党章程(中国共产党第十八次全国代表大会部分修改,2012 年 11 月 14 日通过)/11 月 14 日 /11 月 19 日《人民日报》第 1 版

中共中央纪律检查委员会向党的第十八次全国人民代表大会的工作报告(2012 年 11 月 14 日中国共产党第十八次全国代表大会通过)/11 月 14 日 /11 月 20 日《人民日报》第 1 版

中共中央印发《关于认真学习宣传贯彻党的十八大精神的通知》/11 月 25 日 /11 月 26 日《人民日报》第 1 版

国内水路运输管理条例 /10 月 13 日 /11 月 30 日《人民日报》第 15 版

中华人民共和国出境入境管理法(2012 年 6 月 30 日第十一届全国人民代表大会常务委员会第二十七次会议通过)/6 月 30 日 /12 月 3 日《人民日报》第 16 版

农业保险条例 /11 月 12 日 /12 月 7 日《人民日报》第 16 版

全国人民代表大会常务委员会关于修改《中华人民共和国农业技术推广法》的决定(2012 年 8 月 31 日第十一届全国人民代表大会常务委员会第二十八次会议通过)/8 月 31 日 /12 月 17 日《人民日报》第 16 版

中华人民共和国农业技术推广法(1993 年 7 月 2 日第八届全国人民代表大会常务委员会第二次会议通过　根据 2012 年 8 月 31 日第十一届全国人民代表大会常务委员会第二十八次会议《关于修改〈中华人民共和国农业技术推广法〉的决定》修正)/8 月 31 日 /12 月 17 日《人民日报》第 16 版

中国的医疗卫生事业(中华人民共和国国务院新闻办公室)(2012 年 12 月)/12 月 26 日 /12 月 27 日《人民日报》第 10 版

全国人大常委会关于加强网络信息保护的决定(2012 年 12 月 28 日第十一届全国人民代表大会常务委员会第三十次会议通过)/12 月 28 日 /12 月 29 日《人民日报》第 4 版

全国人大常委会关于修改《中华人民共和国农业法》的决定(2012 年 12 月 28 日第十一届全国人民代表大会常务委员会第三十次会议通过)/12 月 28 日 /12 月 29 日《人民日报》第 4 版

全国人大常委会关于修改《中华人民共和国劳动合同法》的决定(2012 年 12 月 28 日第十一届全国人民代表大会常务委员会第三十次会议通过)/12 月 28 日 /12 月 29 日《人民日报》第 4 版

国务院关于修改《机动车交通事故责任强制保险条例》的决定 /12 月 17 日 /2013 年 1 月 10 日《人民日报》第 16 版

机动车交通事故责任强制保险条例 /12 月 17 日 /2013 年 1 月 10 日《人民日报》第 16 版

中华人民共和国老年人权益保障法(1996 年 8 月 29 日第八届全国人民代表大会常务委员会第二十一次会议通过　根据 2009 年 8 月 27 日第十一届全国人民代表大会常务委员会第十次会议《关于修改部分法律的决定》修正 2012 年 12 月 28 日第十一届全国人民代表大会常务委员会第三十次会议修订)/12 月 28 日 /2013 年 1 月 21 日《人民日报》第 16 版

全国人民代表大会常务委员会关于授权国务院在广东省暂时调整部分法律规定的行政审批的决定(2012 年 12 月 28 日第十一届全国人民代表大会常务委员会第三十次会议通过)/12 月 28 日 /2013 年 1 月 22 日《人民日报》第 13 版

中华人民共和国邮政法(1986 年 12 月 2 日第六届全国人民代表大会常务委员会第十八次会议通过 2009 年 4 月 24 日第十一届全国人民代表大会常务委员会第八次会议修订　根据 2012 年 10 月 26 日第十一届

全国人民代表大会常务委员会第二十九次会议《关于修改〈中华人民共和国邮政法〉的决定》修正）/10月26日/2013年1月23日《人民日报》第16版

自治区社科联团体会员通讯录（以成立时间为序）

自治区级学会、协会、研究会、促进会、研究院/通讯地址/电话/邮政编码

广西历史学会/南宁市新竹路5号广西社会科学院当代广西研究所/(0771)5857930/530022

广西哲学学会/南宁市新竹路5号广西社会科学院哲学研究所/13557919506/530022

广西中共党史学会/南宁市七星路128号自治区党史研究室/(0771)2819815/530022

广西经济学会/南宁市民族大道103号自治区党委政策研究室/13977110243/530022

广西图书馆学会/南宁市民族大道61号广西图书馆/(0771)5868138/530022

广西教育学会/南宁市建政路37号广西教育学院/(0771)5620819/530012

广西语言文学学会/南宁市明秀东路19号广西师范学院/(0771)3908393/530003

广西农村金融学会/南宁市金湖路56号中国农业银行广西区分行/(0771)2106652/530021

广西会计学会/南宁市桃源路82号自治区财政厅财政综合楼/(0771)2863021/530021

广西财政学会/南宁市桃源路69号自治区财政厅财政研究所/(0771)5331750/530021

广西民族研究学会/南宁市云景路1号广西民族问题研究中心/(0771)3061694/530028

广西金融学会/南宁市滨湖路58号中国人民银行南宁中心支行/(0771)6111775/530021

广西人才学会/南宁市新竹路20号广西科学活动中心5楼513/(0771)5852698/530022

广西物流与采购联合会/南宁市东葛路78号自治区物资集团总公司/(0771)2822825/530022

广西新闻学会/南宁市民主路21号广西日报社/13457999663/530023

广西科学社会主义学会/南宁市大学东路105号广西经济干部管理学院学报编辑部/18907713745/530007

广西华侨历史学会/南宁市桃源路4号自治区侨联/(0771)2631473/530021

广西劳动保障学会/南宁市星湖路35号6楼612室/(0771)5867137/530022

广西美学学会/南宁市大学东路188号广西民族大学文学院39号信箱/(0771)3260132/530006

广西高等教育学会/南宁市教育路3号自治区教育厅/(0771)5318141/530021

广西法学会/南宁市金州路15号/(0771)6119285/530021

广西价格协会/南宁市新竹路13号/(0771)5853630/530022

广西统计学会/南宁市思贤路2号自治区统计研究所/(0771)5857100/530022

广西律师协会/南宁市民族大道93号新兴大厦A座24层/(0771)5870185/530022

广西瑶学学会/南宁市大学东路188号广西民族大学文学院/(0771)3261833/530006

广西生产力学会/南宁市桃源路3号自治区政协经科委/(0771)2803617/530021

广西经济体制改革研究会/自治区政府大楼521房/(0771)2612522/530022

广西农业经济学会/南宁市七星路135号自治区农业厅/(0771)2621152/530022

广西伦理学学会/南宁市大学东路100号广西大学政治学院/13978826580/530004

广西档案学会/南宁市星湖路北一里3号自治区档案局/(0771)5086486/530022

广西职工思想政治工作研究会/南宁市古城路6号自治区国资委党群处/(0771)2825063/530022

广西粮食经济学会/南宁市民主路9号自治区粮食局/(0771)5608513/530023

广西翻译协会/广西民族大学5-15-132信箱/(0771)2035938/530006

广西审计学会/南宁市民族大道98号审计厅办公楼407号室/(0771)/5800790/530022

广西群众文化学会/南宁市民主路11-4号广西群众艺术馆调研编辑部/(0771)5628507/530022

广西钱币学会/南宁市桃源路39号中国人民银行南宁中心支行/(0771)2800785/530021

广西先进文化发展促进会/南宁市新竹路5号转自治区社科联宿舍/13077759208/530022

广西税务学会/南宁市园湖南路26号自治区国税局/15877149300/530022

广西宏观经济学会/南宁市民乐路1号自治区发改委研究所/15107710870/530022

广西行政管理学会/自治区政府212信箱/(0771)

2835244/530022

广西少数民族语文学会/南宁市星湖北一里1号自治区民语委/(0771)5859498/530022

广西党的建设研究会/南宁市民族大道103号自治区党委组织部党建办/(0771)5898564/530022

广西领导科学研究会/南宁市东葛路18号10栋3单元701室/13100511799/530022

广西人口学会/南宁市民族大道80号自治区人口计生委宣教处/15994350626/530022

广西家庭教育研究会/南宁市桂春路9-1号自治区妇联儿童部/(0771)5527142/530022

广西地方志协会/南宁市康乐路1号自治区地方志办公室/(0771)2529108/530022

广西经济社会发展战略研究会/南宁市民生路2号自治区政府发展研究中心/(0771)5859729/530022

广西国际共运史学会/南宁市大学东路188号广西民族大学政法学院/(0771)3260261/530006

广西保险学会/南宁市民族大道100号西江大厦A座6楼/(0771)5536815/530022

广西写作学会/南宁市大学东路188号广西民族大学文学院/15807803081/530006

广西党校教育研究会/南宁市荔滨大道18号自治区党校工作处/(0771)5576682/530022

广西民族贸易旅游研究会/南宁市新竹路5号广西社会科学院民族经济研究所/(0771)5870736/530022

广西毛泽东哲学思想研究会/南宁市明秀西路100号广西财经学院纪委监察室/13607882780/530003

广西妇女理论研究会/南宁市古城路4号自治区党校转广西妇女干部学校/(0771)5846667/530022

广西国际经济贸易学会/南宁市七星路137号自治区商务厅/(0771)2625341/530022

广西老社会科学工作者协会/南宁市七星路123号自治区广电局/(0771)2819216/530022

广西老年学学会/南宁市园湖南路2-60号/13977124775/530023

广西行为科学学会/南宁市大学东路105号广西经济管理干部学院/(0771)3877119/530007

广西广播电视学会/南宁市七星路123号自治区广电局/(0771)2803633/530022

广西供销合作社会计学会/南宁市桃源路45号广西供销合作联社/(0771)2820459/530021

广西检察官协会/南宁市凤翔路3号自治区检察院/(0771)5506142/530022

广西社会学学会/南宁市大学东路100号广西大学社会科学与管理学院/(0771)3235665/530004

广西东南亚研究会/南宁市新竹路5号广西社会科学院东南亚研究所/13978850988/530022

广西商业经济学会/南宁市明秀西路100号广西财经学院工商管理学院/(0771)3859680/530003

广西城市金融学会/南宁市教育路15-1号自治区工行办公室/(0771)2825597/530022

广西农村财政研究会/南宁市桃源路69号自治区财政厅农财处/(0771)5331654/530021

广西秘书工作者协会/南宁市七星路128号/18934702139/530022

广西壮学学会/南宁市云景路1号广西民族问题研究中心/3061694/530028

广西监察学会/南宁市凤翔路3号自治区监察厅/(0771)5568554/530022

广西警察协会/南宁市新民路34号自治区公安厅/(0771)2893975/530022

广西研究生联合开发促进会/南宁市科园大道68号4号楼6楼综合部/13977111399/530003

广西比较经济学学会/南宁市古城路4-2号602室/(0771)5860929/530022

广西政策研究学会/南宁市民族大道103号自治区党委政策研究室/(0771)5898412/530022

广西生产力促进会/南宁市双拥路12号704室/(0771)5318790/530021

广西朱熹思想研究会/南宁市银海大道1058号/(0771)4010181/530219

广西数量经济学会/南宁市新竹路5号广西社会科学院数量经济研究所/(0771)5879757/530022

广西市场经济研究会/南宁市荔滨大道18号自治区党校/(0771)2112119/530022

广西抗战文化研究会/广西社会科学院文史所/(0771)3232333/530022

广西新四军历史研究会/南宁市园湖南路2-60号广西老干部活动中心/(0771)5706007/530022

广西卫生经济卫生统计学会/南宁市桃源路35号自治区卫生厅规财处/13807715053/530022

广西邓小平理论研究会/南宁市民族大道103号自治区党委宣传部理论处/(0771)5885579/530022

广西卫生法学会/南宁市桃源路35号自治区卫生厅/13807711130/530022

广西工商行政管理学会/南宁市怡宾路1号自治区工商行政管理局/(0771)5550309/530028

广西社会心理学会/南宁市植物路50-6号/13517661897/530021

广西思维科学学会/南宁市新竹路5号自治区社科联科普部/(0771)5853674/530022

广西县域经济经济研究会/南宁市荔滨路18号自

治区党校 /13737081830/530022

广西管理科学研究会 / 自治区政府大院 5 号楼 512 室 / (0771) 3986826/530022

广西创造学会 / 南宁市大学东路 100 号广西大学政治学院 / (0771) 3223757/530004

广西公共关系协会 / 南宁市怡宾路 13 号自治区工商局 / (0771) 5539168/530028

广西青少年研究会 / 南宁市思贤路 55 号广西青年干部学院 / (0771) 5665775/530022

广西经济法学会 / 南宁市东葛路 73 号银源大夏八桂律师事务所 / (0771) 2970220/530022

广西学校壮汉双语教学研究会 / 南宁市竹溪路 69 号自治区教育厅民族教育处 / (0771) 5815200/530022

广西新闻摄影学会 / 南宁市民主路 21 号广西日报摄影部 /13877199313/530022

广西学会学研究会 / 南宁市古城路 31 号自治区科协学会部 / (0771) 2616149/530022

广西礼仪文化交流协会 / 南宁金湖路 62 号金源 CBD 现代城 D 座 24 层 /13517688988/530021

广西区域与城市经济研究会 / 南宁市新竹路 5 号广西社会科学院区域所 /13877151496/530022

广西国际税收研究会 / 南宁市民族大道 105 号自治区地税局 / (0771) 5520221/530022

广西社会调查研究会 / 南宁市新竹路 5 号广西社会科学院社会学研究所 /13597112216/530022

广西书画艺术研究会 / 南宁市新竹路 5 号自治区社科联 / (0771) 5842982/530022

广西行政教育对外交流协会 / 南宁市思贤路 38 号自治区文化厅 / (0771) 5574882/530022

广西社会科学交流研究会 / 南宁市新竹路 5 号自治区社科联外联部 /13005919494/530022

广西中国—东盟文化研究会 / 南宁市民族大道 63-1 号(阳光 100)、T1、705 室 / (0771) 5839378/530022

广西民联教育研究院 / 南宁市科园大道 68 号 3 号楼 3 楼 / (0771) 5868408/530003

广西市场学会 / 南宁市荣茉大道 72 号南百仙葫苑 1 栋 2 单元 604 号 / (0771) 3387713/530200

广西金融工程学会 / 南宁市明秀西路 100 号广西财经学院金融与保险学院办公室 / (0771) 3836825/530003

广西城市发展研究会 / 南宁市昆仑大道大嘉汇东盟国际商贸港 28 号楼 4 楼 /15977718989/530022

广西酒店管理学会 / 南宁市教育路 6 号 / (0771) 5503769/530022

广西骆越文化研究会 / 南宁市安吉大道 13 号怡和园时华大厦四楼 402 室 /13517681207/530001

广西六堡茶文化研究会 / 南宁市科园大道 68 号 7 栋 302-305/ (0771) 3221242/530003

广西国史学会 / 南宁市新竹路 5 号广西社会科学院当代广西研究所 / (0771) 5857930/530022

广西红木文化研究会 / 南宁市星光大道 17 号国际经贸大厦 20 层 D 座 / (0771) 5860929/530031

广西生态工程与生态文化研究会 / 南宁市大学东路 100 号广西大学科技处 / (0771) 3233921/530004

广西范仲淹研究会 / 南宁市金湖路 63 号金源现代城 2525 室 / (0771) 8012578/530021

广西信用研究会 / 新民路 59 号太阳广场 B 座 1001 室 /13768517975/530022

广西房地产及住宅研究会 / 南宁市大学东路 100 号广西大学校办转 / (0771) 3234809/530004

广西比干文化促进会 / 南宁市双拥路 36-1 号绿城画卷 A 座 10 层 1002 室 / (0771) 3216759/530021

广西速记速录协会 / 南宁市苏州路 61-4 号南宁市职业教育中心 402 室 /13397779209/530001

广西农村发展与改革研究会 / 南宁市新竹路 5 号广西社会科学院农村发展研究所 / (0771) 5890359/530022

广西—东盟经贸促进会 / 南宁市竹溪大道 45 号百色大厦 T2—25E/13978619638/530028

广西西大城市发展研究院 / 南宁市大学东路 100 号广西大学校办 / (0771) 3234809/530004

广西企业管理研究会 / 南宁市大学东路 100 号广西大学商学院阎世平转 /13481037741/530004

广西创新与创业研究会 / 南宁市大学东路 100 号广西大学物理科学与工程技术研究院 /13977190422/530004

广西民族文化发展研究会 / 南宁市竹溪路 96 号龙盘小区一栋一单元 301 室 /13878858461/530028

广西骆越养生研究院 / 南宁市兴宁区朝阳办鸡村一队南三巷 15 号 / (0771) 3318519/530001

广西社会科学学术团体发展促进会 / 南宁市新竹路 5 号自治区社科联 / (0771) 5868842/530022

广西产业与技术经济研究会 / 南宁市民族大道 166 号上东国际 T3 栋 1315 房 /13557117541/530022

广西人的发展经济学研究会 / 南宁市思贤路绿塘里 1 号自治区社科联宿舍 / (0771) 5863973/530022

广西世纪物联网研究院 / 南宁市民族大道 49 号民族宫商业中心 1501 号 /13977510000/530022

广西网媒文化促进会 / 南宁市七星路 135 号区水产局大院 8 栋 2 单元 202 号 / (0771) 2813163/530022

广西纪实摄影协会 / 南宁市民族大道 112 号 /(0771) 3236284/530022

广西人力资源管理发展研究会 / 南宁市新民路 59 号太阳广场 A 座 1206 室 /14795756060/530022

广西公共政策研究会 / 广西经干院贸经系

/13978640610/530007

广西可持续发展促进会 / 广西玉林市城东办公大楼 8 楼西区 / (0775) 2685752/537000

广西新农村建设促进会 / 南宁市中越路东盟商务区越南商务大楼 203 号 /13607870315

广西区域经济发展研究会 / 南宁市江南区星光大道西二里 1 号 /15994480349

广西发展战略研究会 / 南宁市新民路 34-18 号中明大厦 8 层 /18277193911

广西公司法人治理研究会 / 南宁市新竹路 5 号广西社会科学院 /13788217565

广西区域科学学会 / 广西师范学院经济管理学院 / 18677110719

广西四海壮学研究院 / 南宁市金湖路 55 号亚航财富中心 21 楼 2112 号 /18275892055

广西婚姻家庭研究会 / 南宁市新竹路 30 号 2 号楼 30B/13737066367

广西庐江文化投资促进会 / 南宁市中越路 7 号东盟财经中心 B 座 1102 室 /13607817968

广西才智文化艺术研究院 / 南宁市唐山路 34 号唐人文化园一街三楼 14 号室 /13878801777

广西亚太酒店文化发展研究院 / 南宁市教育路 6 号 /15277053460

各市、高校社科联 / 地址 / 电话 / 邮政编码

柳州市社科联 / 柳州市三中路 66 号市委办公大楼一楼 / (0772) 2828533/545001

桂林市社科联 / 桂林市西山路 6 号 / (0773) 2898024/541001

南宁市社科联 / 南宁市中华路 54 号南宁军供大厦 3 号楼 4 楼 / (0771) 2826508/530012

梧州市社科联 / 梧州市迎宾路 19 号 市联合办公大楼 7 楼 / (0774) 6021707/543003

北海市社科联 / 北海市中山东路 213 号公安局原办公区 / (0779) 2030960/536000

钦州市社科联 / 钦州市东升街行政中心大楼 A920、A921 室 / (0777) 3688053/535000

防城港市社科联 / 防城港市港口区云南路东港小区 12 栋 1 楼 / (0770) 2825537/538001

百色市社科联 / 百色市右江向阳路 13 号百色人民会堂三楼 / (0776) 2822559/533000

玉林市社科联 / 玉林市人民东路 533 号玉林市政府大院 / (0775) 2806913/537000

来宾市社科联 / 来宾市人民路 1 号行政中心 /(0772) 4288099/546100

贺州市社科联贺州市贺州大道 1 号贺州市委宣传部 / (0774) 5120791/542899

河池市社科联河池市新建路 71 号 / (0778) 2109795/547000

崇左市社科联 / 崇左市行政中心市委区 1 楼 /(0771) 7969690/532200

广西师范大学社科联 / 桂林市育才路 15 号广西师大科技处 / (0773) 5846837/541004

广西大学社科联 / 南宁市大学东路 100 号广西大学科技处 / (0771) 3233922/530004

桂林理工大学社科联 / 桂林市建杆路 12 号 /(0773) 5897288/541004

广西民族大学社科联 / 南宁市大学东路 188 号广西民族大学科研处 / (0771) 3260781/530006

广西师范学院社科联 / 南宁市明秀东路 19 号广西师院科研处 / (0771) 3908328/530001

广西教育学院社科联 / 南宁市建政路 37 号广西教育学院科研处 / (0771) 5628217/530023

钦州学院社科联 / 钦州市西环南路 89 号 钦州学院科研处 / (0777) 2807006/535000

桂林旅专社科联 / 桂林市雁山区良丰路 26 号桂林旅专科技处 / (0773) 3691051/541006

广西工学院社科联 / 柳州市东环路 268 号广西工学院宣传部 / (0772) 2688535/545006

贺州学院社科联 / 贺州市芳林路 147 号 贺州学院科研处 / (0774) 5228602/542800

百色学院社科联 / 百色市中山二路 21 号百色学院科研处 / (0776) 2860816/533000

广西民族师范学院社科联崇左市丽川路 1 号广西民族师范学院科研处 / (0771) 7870806/532200

广西财经学院社科联 / 广西财经学院科研处 / (0771) 3859680/530003

桂林师范高等专科学校社科联 / 桂林市信义路 21 号桂林师专教务科研处 / (0773) 2861746/541001

柳州职业技术学院社科联 / 柳州市社湾路 28 号柳州职业技术学院科研处 / (0772) 3156703/545006

梧州学院社科联 / 梧州市富民三路 82 号梧州学院宣传部 / (0774) 5835527/543002

河池学院社科联 / 宜州市龙江路 42 号河池学院党委宣传部 / (0778) 3147885/546300

桂林电子科技大学社科联 / 桂林市金鸡路 1 号桂林电子科技大学党委宣传部 / (0773) 2290030/541004

玉林师范学院社科联玉林市教育中路 299 号玉林师范学院(西校区)科研处 / (0775) 2661766/537000

广西经济管理干部学院社科联 / 南宁市大学东路 105 号广西经济管理干部学院科研管理中心 / (0771) 2548076/530007

桂林医学院社科联 / 桂林市环城北二路 109 号桂林医学院宣传部 / （0773）5895152/541004

广西政法管理干部学院社科联 / 南宁市东葛路 117 号广西政法管理干部学院科研处 / （0771）5709693/530023

柳州师范高等专科学校社科联 / 柳州市柳北区君武路 170 号柳州师范高等专科学校科研规划处 / （0772）2725867/545004

广西国际商务职业技术学院社科联 / 南宁市大学东路 168 号广西国际商务职业技术学院科研处 / （0771）3249881/530007

广西广播电视大学社科联 / 南宁市东宝路 2 号广西广播电视大学科研处 / （0771）5851635/530022

广西中医学院社科联 / 南宁市明秀东路 179 号广西中医学院人文社科学院 / （0771）3137365/530001

广西医科大学社科联 / 南宁市双拥路 22 号广西医科大学党委宣传部 / （0771）5358764/530021

桂林航天工业高等专科学校社科联 / 桂林市金鸡路 2 号桂林航天工业高等专科学校科研处 / （0773）2295533/541004

南宁职业技术学院社科联 / 南宁市大学西路 169 号南宁职业技术学院教务科研处 / （0771）2029313/530008

索　　引

说　　明

一、本索引是《广西社会科学年鉴·2013》的主题索引。正文中凡具有独立检索意义的完整资料，都可以通过本索引进行检索。

二、索引按汉语拼音字母（同音字按声调）顺序排列。篇目、分目作索引款目用黑体字排印，其余款目用宋体字排印。表格、图片分别在其款目后注明“表”或“图”。

三、索引款目后的数字表示款目内容所在页码，数字后的拉丁字母（a,b）分别表示索引款目所在的栏别。

四、空两格起排的款目为上一主题的附见，同一主题的参见只在款目后标明页码。内容有交叉的款目，为便于读者检索，在本索引中重复出现。

A

B

C

D

F

G

H

J

K

L

M

N

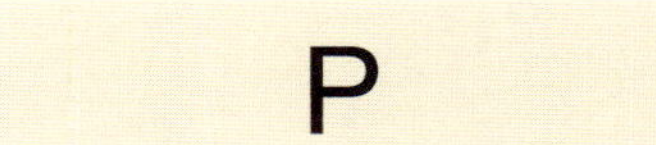

Q

R

S

T

W

X

Y

Z

防城港市

防城港市位于中国北部湾之滨、我国东部沿海和西南沿边的交汇处，是我国唯一与东盟海陆河相连的城市、中国边境线上与邻国城市最近的城市，是中国仅有的两个沿边与沿海交汇的城市之一，是中国唯一的京族聚居区，是西部第一大海港。现辖港口区、防城区、上思县和东兴市，有24个乡镇、2个街道办事处。拥有世界唯一的金花茶自然保护区，被联合国环境署批准列入全球三大GEF红树林国际示范区，被国家有关机构授予“中国白鹭之乡”、“中国金花茶之乡”、“中国玉桂八角之乡”、“中国长寿之乡”、“中国氧都”等称号。2012年7月9日，东兴国家重点开发开放试验区获国务院批准。国家给予试验区的功能定位是立足广西北部湾经济区，坚持开发与开放相结合，以加快转变经济发展方式为主线，以开放带开发、以开发促开放，充分利用国内国外两个市场、两种资源，发挥内引外联作用，着力推进体制机制创新，全面推行先行先试。增强与东盟国家的互利合作，促进区域经济一体化发展；构建国际重要交通通道；加快工业化、城镇化、国际化进程，推动试验区跨越式发展，成为中国—东盟战略合作的先行区、沿边地区经济增长极、国际通道重要枢纽和睦邻安邻富邻示范区。重点布局五大功能区，即国际经贸区、港口物流区、国际商务区、临港工业区和生态农业区。2008年10月，国务院总理温家宝到防城港市视察时称赞：“防城港是个好地方”！2012年3月9日，温总理在参加全国人大广西代表团审议报告时进一步指出：“我确实讲过防城港是个好地方，现在还要加一句，防城港前景更美好！中央之所以支持建立广西北部湾经济区，就是利用防城港的优势，综合地推进钦州、北海、防城港这三个地方的开发与开放。”

防城港市的主要特点有：

——历史文化悠久。防城港市依港而建，因港得名，先建港，后建市。防城港始建于1968年3月，1985年设立地级防城港区，1993年5月国务院批准设立地级防城港市，建市仅20年的时间。但拥有丰富的历史积淀和文化底蕴，是北部湾海洋文化的重要发祥地之一。远在新石器时代，防城港的先民就已在此生息、繁衍。现拥有唐朝潭蓬海上古运河、白龙古炮台、大清国钦州界碑以及刘永福、陈济棠故居等全国重点文物保护单位和历史人文景观。

——区位港口条件突出。陆地总面积6222平方公里，海岸线580公里，是中国沿海最干净的海域之一。有国家级口岸5个、边民互市贸易点5个，近几年每年出口东盟货物和关税收入均占广西总量的六成左右，年通关人次最高达500万左右，为我国陆路边境口岸之最。防城港水深、避风、不淤积、岸线长、腹地开阔，是连接中国与东盟的交通主枢纽和海陆主门户，是我国距马六甲海峡最近的海港，规划港口岸线达105公里，设计年吞吐能力远景可超10亿吨。现有万吨至20万吨级泊位30个，与100多个国家

① 防城港市委书记、市人大常委会主任，东兴国家重点开发开放试验区工委书记刘正东
② 防城港市委副书记、市长，东兴国家重点开发开放试验区工委副书记、管委会主任何朝建
③ 中国东南亚民间高端对话会闭幕式在防城港市举行
④ 市政府广场
⑤ 刘正东书记、何朝建市长陪同自治区原副主席张文学考察龙马明珠公园
⑥ 远眺防城港城区

巴马：唱响长寿品牌 发展绿色GDP

地处桂西北老少边山库区的巴马瑶族自治县，可谓人类最佳休闲养生地标。境内面积1971平方公里，辖1镇9乡，居住着瑶、壮、汉等12个民族，总人口27万。这里山清、水秀、洞奇、物美、人寿，空气中负氧离子含量较高，最高的每立方厘米可达90000个，比国内大中城市高几十倍甚至上百倍，素有“天然氧吧”美誉；远红外线辐射较多，有“生命之光”的美称；水质好，大多是小分子团弱碱性水，富含微量元素，能调节血液酸碱性，降低血脂，增强免疫力，有“神仙水”的赞誉；土壤富含有益于人类健康的锌锰等矿物质，而锌、锰等这些矿物则能降低脑血管病和心脏疾病；地磁强，对人体神经和血液起到调节作用，降低血液中的血脂。独特的地理环境，孕育人瑞传奇。巴马是全国能兼得“世界长寿之乡”和“中国长寿之乡”美誉的极少县份之一，现有百岁寿星85人，百岁寿星比例位居世界五大长寿乡之首，而且长寿人口持续增长。2012年到巴马旅游度假养生的宾客超过200万人次，长期旅居养生的“候鸟人”2万多人。2010年春节，国务院总理温家宝来巴马视察，挥毫写下“山青水秀生态美，人杰地灵气象新”这副对联。此外，巴马还被国际自然医学会会长森下敬一先生赞誉为“遗落人间的一块净土”。

近年来，巴马立足生态优势，实施“长寿巴马、生态巴马、宜居巴马和文化巴马”发展战略，坚持生态环保优先地位，唱响长寿品牌，发展绿色GDP，统筹推进经济、社会、文化、生态协调发展，稳步推进幸福美丽新巴马建设。

① 县委书记奉海峰
② 县长蓝飞宁
③ 巴马寿乡文化广场
④ 巴马赐福湖风光

生态城镇绿化美化。巴马县实施重点工程、义务植树和社会造林并举，狠抓飞播造林、人工造林、封山育林、石漠化治理、义务植树造林、道路绿化、村屯绿化、单位庭院绿化等七项森林生态建设措施，促进生态城镇建设发展，先后荣获"绿满八桂"造林绿化工程建设先进县、深化集体林权制度改革先进集体、广西森林县城等荣誉称号。2012 年城镇居民人均可支配收入 14929 元，比 2011 年增长 12.15%。

生态农业优质高效。巴马县依托得天独厚的地理环境，按照高产、优质、高效、生态、安全的要求，大力发展有机农业、生态农业和休闲农业，初步形成了有机农业示范园和火麻、糖料蔗、龙骨花、香猪、油茶、五谷杂粮原料基地的"一园六基地"农业发展格局。其中华昱有机农业项目已取得欧盟有机农业转换期证书，建成总面积为 1000 多亩的德米特有机农业生产基地、时珍百草园观光园、生态农场等三个有机生态农业示范基地。巴马县 2012 年被农业部、国家旅游局认定为全国休闲农业与乡村旅游示范县。

生态工业发展蓬勃。巴马县坚守生态底线，保护长寿养生品牌，严格建设项目审批，对不符合国家产业政策和环保要求的一律不批，加大产业结构调整，关停了多家高能耗、重污染企业，催生了巴马丽琅、印象生活体验、丰浩制糖、绿野长寿食品公司等一批农业产业化、生态环保型企业，以长寿食品加工业和特色旅游业为主的特色经济势头强劲，保健酒、香猪产品、山茶油、矿泉水等产品远销东南亚地区，旅游养生产业和长寿食品加工业产值占本县 GDP 的 56% 以上。全县环境保护投资占 GDP 的比重达 3.73%，公众对环境的满意率达 98%。

⑤ 巴马"梦·巴马"实景演出
⑥ 巴马百鸟岩风景区
⑦ 巴马旅游节期间的"寿乡巴马"文艺活动
⑧ 巴马县城一角
⑨ 巴马水晶宫内一景

⑩

⑪

⑫

⑬

生态旅游方兴未艾。巴马的自然风光秀丽独特，有被英美岩洞探险专家称为“天下第一洞”的百魔洞，有被誉为“冰晶玉砌的世界”的水晶宫，有被称为天然氧吧的百鸟岩，有逶迤绚丽的盘阳河，有湖光山色的赐福湖，有耐人寻味的那社“命”河风光等。近年来，通过打造“长寿圣地·度假天堂”旅游品牌，全面实施整合资源、培育品牌、开放带动和重点突破战略，生态养生旅游取得了长足发展。截止目前，完成投入近11亿元，实施了11大项216小项的旅游基础设施项目，有2个国家级4A级景区，2个广西农业旅游示范点和全国唯一一家县级长寿文化博物馆。2011年，被评为“县域旅游之星”；2012年，被农业部、国家旅游局认定为“全国休闲农业与乡村旅游示范县”；自治区把巴马与桂林、北部湾一起构建国际旅游“金三角”。

⑭

生态文化百花齐放。巴马县重视发展生态文化、长寿文化、民族文化，将其贯穿到干部教育和学校教育当中，贯穿于生产生活各方面，成为人民群众的共同思想基础。近年来，县财政共安排民族民间传统文化保护工作经费500多万元，充分挖掘、保护和发展山歌对唱、铜鼓表演、射弩等民间文艺体育竞技，挖掘并发展补粮习俗、民族保健理疗等长寿文化，发展以国际长寿养生文化旅游节、瑶族“祝著节”、壮族“三月三”等为代表的节庆文化，普查非物质文化遗产45项，其中民间文学24项、民间音乐10项、岁时节气3项、民间舞蹈4项、民族服饰2项、民间信仰2项。投入近2亿元打造“梦·巴马”水上实景风景剧、仁寿山庄、儒礼桃花源等文化旅游景点，生态文化之花烂漫开放。

⑩ 巴马民风——挑着彩蛋赶歌圩
⑪ 巴马乡村旅游火爆——过索桥
⑫ 猪中美女——巴马香猪养殖已成为农民收入的一大产业，如今全县养殖户已超过10000户，年养殖量已达25万头
⑬ 西山乡107岁韦也爱在采猪菜
⑭ 甲篆乡百马村坡纳新农村建设已成为巴马县的一大亮点工程，现全屯有农家旅馆30家，150个房间，286个床位，月均接待旅游客7000多人次，户均年旅游收入6～7万元
⑮ 巴马山茶油生产车间一角
⑯ ⑰ 巴马矿泉水生产车间一角
⑱ 新兴私营企业—巴马神酒业
⑲ 巴马敬寿礼孝大典活动

千姿百色：壮乡红城 南疆铝都

①

百色市辖 12 个县（区）135 个乡镇（街道），总面积 3.63 万平方公里，总人口 400 万人，是广西面积最大的设区市，是全国生态型铝产业示范基地、“中国优秀旅游城市”、“全国双拥模范城”、“国家园林城市”、“广西壮族自治区卫生城市”。

百色居住着汉、壮、瑶、苗、彝、仡佬、回等 7 个民族，少数民族人口占总人口的 87%，其中壮族人口占总人口的 77%。是邓小平等老一辈革命家领导百色起义的地方。1929 年 12 月 11 日，邓小平、张云逸等老一辈无产阶级革命家在百色成功领导和发动了震惊中外的百色起义，建立了中国工农红军第七军，成立了右江苏维埃政府，创建了右江革命根据地。

探区位：西南地区出海出境大通道

百色具有独特的区位优势。地处珠江水系上游，是滇、黔、桂三省（区）重要的物流集散地和大西南出海通道的咽喉。南昆高速公路建成通车，在建和规划建设高速公路共 7 条 510 公里；南昆铁路贯通百色，在建和规划建设的铁路共 6 条 700 公里；百色机场已开通广州、桂林、重庆等航线；右江航运将形成 1000 吨级航运能力，可直达广州、香港；有国家一类口岸 2 个、二类口岸 1 个和边贸点 6 个。百色作为西南地区出海出境大通道的区位日益凸显，成为中国与东盟双向开放的前沿地区。

数工业：中国生态型铝产业示范基地

百色是全国生态型铝产业示范基地。现已探明矿产 57 种，是我国十大有色金属矿区之一，铝、煤、锑、铜、石油、天然气等矿藏丰富，其中铝土矿已探明储量 7.8 亿吨，远景储量 10 亿吨以上，约占全国的四分之一。百色正按照国家发改委批复的《广西百色生态型铝产业示范基地实施方案》着力实施生态型铝产业示范基地建设，到 2015 年，百色将实现氧化铝年产能 840 万吨（此目标 2012 年已提前实现），铝水年产能 320 万吨，铝加工年产能 320 万吨，以及形成相关配套产业，铝工业总产值突破 1000 亿元，

②

③

成为全国生态型铝产业示范基地、中国乃至亚洲重要的铝工业基地。

看农业：中国无公害蔬菜水果生产基地

百色具有独特的亚热带气候资源。百色气候属亚热带季风气候，光热充沛，雨热同季，夏长冬短，是我国无公害蔬菜水果生产基地，拥有“中国芒果之乡”、“中国茶叶之乡”等美誉。广西百色国家农业科技园区坐落在这里。无公害农产品、绿色食品和有机农产品基地认证总面积达 197 万亩，有机农产品面积居广西第一。森林覆盖率达 66.7%。百色正着力打造全国“南菜北运”基地、林下养鸡“千百十万”工程和“百万亩竹子产业基地”，农业规模不断发展壮大。

说旅游：“红”“绿”辉映，民族多姿

百色具有丰富的旅游资源。红色、绿色、民族风情等旅游资源丰富。百色是全国 12 个重点红色旅游景区和全国爱国主义教育基地之一。壮族人文始祖布洛陀文化、黑衣壮、壮族织锦等被列入国家非物质文化遗产名录。天坑、峡谷、原始森林等绿色资源众多，乐业天坑群是世界最大的天坑群景区。现有世界地质公园 1 个、国家 4A 级景区 9 个、国家 3A 级景区 6 个、全国农业旅游示范点和广西农业旅游示范点 13 个。

谋发展：2015 年达到西部地区中等水平

近年来，百色市充分发挥区位、资源等优势，紧紧抓住国家实施西部大开发、中国—东盟自由贸易区建设等良好机遇，大力实施开放带动战略、项目带动战略和工业立市战略，大力推进“四

① 中国—东盟（百色）现代农业展示交易会在百色成功举办五届，极大地促进了百色乃至广西与东盟各国的经贸交流合作
② 百色市委、市政府以“执政为民、民生优先”为理念，统筹城乡发展，不断加大民生项目建设力度，大力实施扶贫开发战略，扶持创业就业，发展社会事业　让广大人民群众共享改革发展的成果。图为农村居民喜庆新居落成
③ 百色少数民族风情多姿多彩，山歌对唱乐融融
④ 百色坚持科学制定发展规划，以不同的自然条件和经济发展水平为基础，突出产业、生态、旅游、民族等特色，因地制宜地开展新农村建设。经过多年的改造和建设，百色农村面貌焕然一新。图为华润百色希望小镇
⑤ 绿水环绕百色城
⑥ 以铝为主的新工业基地——百色迅速崛起。图为广西华银氧化铝厂区全貌

地一带一枢纽”建设，加快资源开发、产业振兴、民生改善步伐，逐步形成了以铝业为主，电力、石化、食品、糖纸、煤炭、铜锰、食品加工等产业齐头并进的工业发展格局，秋冬蔬菜、林下养鸡等特色农业规模不断壮大，红色旅游日益兴旺，第三产业蓬勃发展，工业化、城镇化、农业产业化进程不断加快，经济社会发展走上了快车道。

据统计，2012 年百色市地区生产总值 746.2 亿元；工业总产值、全社会固定资产投资双双突破 1000 亿元；规模以上工业增加值 315.1 亿元，增长 10.1%；财政收入 98.1 亿元，增长 16.7%；全市外贸进出口总额增长 18.6%。

下一步，百色市将致力于科学发展、跨越发展。到 2015 年，力争实现地区生产总值、财政收入、全社会固定资产投资、社会消费品零售总额、进出口总额、旅游收入比 2010 年翻一番以上，工业总产值翻两番以上，经济社会发展主要指标达到西部地区中等水平，为与全国同步全面建成小康社会打下决定性基础。

今日百色，集红土之养奔向富裕，铸铝都之基创造幸福，融文化之韵彰显魅力，纳山河之灵涵养生态，聚全市之力构建和谐。

明日百色，将乘着党的十八大和党的十八届三中全会精神的东风，向着经济更加雄厚、生活更加殷实、文化更加绚丽、环境更加优美、社会更加和谐的更高目标奋勇前进！

⑦ 实施“千亿铝产业工程”，走以发展铝产业为主导的工业发展道路，铝及铝配套产业链逐步壮大。图为年产 5 万吨铝箔的广西百色兴和铝业有限公司生产车间

⑧ 百色气候属亚热带季风气候，生态资源丰富，自然风光秀美，现有世界地质公园 1 个、国家 4A 级景区 9 个。图为百色乐业大石围天坑

⑨ 百色机场已经开通百色至重庆、百色至广州、百色至桂林航线

⑩ 百色是红色旅游胜地，是全国 12 个重点红色旅游目的地和爱国主义教育基地之一，拥有百色起义纪念馆、红七军军部旧址等红色革命遗址。图为百色起义纪念馆

⑪ 日新月异的百色城

⑫ 百色通过实施封山育林、绿化造林、石漠化治理、退耕还林等工程，全市森林覆盖率达到 66.7%。一个生态文明、持续发展的新百色正逐渐展现在世人面前。图为秀丽的鹅泉风光

⑬ 农业生产中机械化程度越来越高

⑭ 林下养殖成为农民增收支柱产业

⑮ 大力推进文化体制改革与创新，开展了全市文艺汇演、元宵节民俗文化展演等群众性文化活动

⑯ 百色作为重要的物流集散地和大西南出海通道的咽喉，已初步形成包括铁路、公路、航空、水运、口岸在内的立体交通网络。图为百色—南宁高速公路

贺州市

①

贺州市位于广西东北部，地处桂、粤、湘三省（区）交界处，素有“三省通衢”之称，于2002年撤地设市，现辖八步区、钟山县、富川瑶族自治县、昭平县、平桂管理区三县两区，面积1.18万平方公里，人口233万，先后荣获“全国双拥模范城”、“中国优秀旅游城市”和“广西文明城市”等称号。

——区位优越、交通便捷 作为广西的东大门和面向粤港澳最便捷的通道，近年来贺州市加快构建“五高三铁两江一机场”立体交通网络，正逐渐融入广西北部湾3小时经济圈、珠三角2小时经济圈，并形成市域1小时交通圈。

——资源富集、潜力巨大 境内已探明的矿产资源有60多种，是中南、华南地区最大的白色大理石矿藏之地，钨、锡、稀土、饰面花岗岩、硅英石等资源储量位居广西第一。水电、火电装机容量达300多万千瓦，在建风电、太阳能等装机容量40多万千瓦，拥有独立电网，是西电东送的重要能源基地之一。贺州是中国名茶之乡、奇石之乡、脐橙之乡和马蹄之乡，有粤港澳“菜篮子”、“肉篮子”、“果篮子”之称。

——风景优美、景色怡人 全市森林覆盖率高达72.46%。有人文丰厚、景色优美的黄姚古镇、姑婆山国家森林公园、十八水等国家4A级景区和紫云洞等3A级景区，生态休闲养生旅游品牌效应日益凸显，被誉为“粤港澳后花园”。

——经济发展、社会进步 建市10年来，贺州市15项主要经济指标实现翻番或多番，地区生产总值年均增长11.6%，全社会固定资产投资实现翻5番，财政收入实现翻两番，工业化率由25.2%提高到35.8%，城镇化率由25.4%提高到39%，城乡居民收入保持年均两位数增长。

站在新的历史起点，贺州市将立足“两年有新突破，

五年上新台阶，十年实现新跨越”的总体目标，深入实施“工业立贺，富民强市”发展战略，按照建设“全国循环经济示范区、广西新兴工业城市、桂粤湘区域性交通枢纽、华南生态旅游名城”的发展定位，加快转变经济发展方式，大力发展循环经济，不断深化改革开放，加强基础设施建设，统筹推进城乡发展，切实保障和改善民生，加快建设富裕文明和谐幸福新贺州！

① 自治区党委书记、自治区人大常委会主任彭清华（左四）到贺州市调研
② 贺州城区新貌
③ 贺州市委书记、市人大常委会主任赵德明（前左一）深入平桂管理区工矿企业调研清洁城镇乡村活动开展情况
④ 贺州市市长白希（左二）在城区调研创卫生城市工作
⑤ 洛湛铁路开通改变了贺州“地无寸铁”历史
⑥ 游客在国家 4A 级景区——黄姚古镇游览
⑦ 国家 4A 级景区——姑婆山国家森林公园风光

⑩ 依山傍水的桂平市区
⑪ 金田镇淮山种植基地
⑫ 国家 4A 级风景区——龙潭森林公园
⑬ 桂平市长安工业集中区是自治区A类工业园区。图为坐落在该园区的广西金源生物化工有限公司生产车间外景
⑭ 美丽整洁的农村新貌
⑮ 蓬勃发展的桂平造船业
⑯ 鸟瞰桂平市城区

⑪
⑫
⑭
⑮
⑯

兴 宾 区

赶超跨越迈大步　科学发展当先锋

来宾市兴宾区地处广西中部，南距自治区首府南宁市152公里，北距柳州市69公里，处于珠三角经济圈，具有独特的区位优越。现辖4个街道办事处、20个乡（镇），面积4364平方公里，总人口约109万。

2012年，在来宾市委、市政府的正确领导下，兴宾区坚持以邓小平理论、"三个代表"重要思想和科学发展观为指导，以深入开展创先争优和"解放思想、学用政策，力行'六戒'，赶超跨越"活动为契机，紧紧围绕"六个二"工作思路和"八个一"工作要求，以转方式、调结构为主线，以迎接党的十八大召开和建市建区10周年为动力，统筹抓好各项工作，不断开创经济社会发展新局面。全年完成地区生产总值254.15亿元，增长9.9%；财政收入10.42亿元，增长22.6%；社会消费品零售总额48.56亿元，增长15.96%；农民人均纯收入6977元，增长14%；城镇居民人均可支配收入22235元，增长11.8%；招商引资到位资金108.37亿元，增长32.9%。位居广西县域综合发展竞争力前10名。

这些成绩的取得，归结于兴宾区在经济社会发展中扩大开放，"借力"发展。主要表现在两个方面：

一是在项目发展方面。兴宾区坚持保配套、保续建、保重点的原则，吃透政策，抢抓机遇，加大向上申报和争取项目力度，争取更多的国家和自治区资金支持，2012年，兴宾区共争取到中央投资项目197个，年度完成总投资6.9亿元。目前，已申报2013年中央预算内投资项目277个，总投资19.66亿元。实现"申报一批、储备一批、策划一批"的良好运行态势。

二是借助城南新区、兴宾区"园中园"和自治区A类工业园区——红河工业集中区这三个平台，全面推进招商引资工作。2012年，随着投资5亿元的广东泰安国际商业城暨50层泰安酒店、投资4.3亿元的成功家具工业园、投资0.4亿元的裕达成功家具广场等一大批广东项目的落户、开工，2012年，来自广东项目总投资5000万元以上的重大项目24个，总投资60.39亿元。在广东项目的带动下，兴宾区全年共实施招商引资项目116个，到位资金106.41亿元，为经济社会发展注入了源源不断的"活水"，

①来宾市委书记李志刚（中）到城南新区视察工作

②来宾市市长杨和荣（中）到兴宾区检查工业项目建设工作

③兴宾区委书记何基敏（左二）在企业调研

④区长莫若锋（中）在园中园检查指导工作

⑤兴宾区是全国最大的糖料蔗生产基地，区域内有9家制糖企业

⑥2007、2008、2009年度连续三年获得广西牛品种改良工作先进单位称号

⑦被自治区农业厅指定为绿色无公害生产基地的良江镇白面村农民在收获辣椒

⑧充分发挥自然优势，全面发展特色水产养殖项目

⑨红河工业园区内工人在装卸蔗渣

⑩农村风貌改造后的如画美景

⑪ 全世界最大的铟冶基地——华锡冶化公司坐落在兴宾区
⑫ 水果种植生产成为兴宾区特色产业
⑬ 兴宾区垃圾回收发电厂项目外景
⑭ 兴宾区招商引资引进的广西农垦糖业集团华成纸业有限公司年产 20 万吨文化纸项目
⑮ 年产 50 万吨铝板带及原铝配套项目厂房
⑯ 兴宾区 60 岁以上的农村老人喜领基本养老保险
⑰ 漂亮的凤凰镇乡村学校少年宫
⑱ 总投资 41 亿元、总装机容量 45.6 万千瓦、年平均发电量 24 亿千瓦时的桥巩水电站
⑲ 开展“美丽广西清洁乡村”活动，兴宾区农村面貌焕然一新。图为五山乡李村美景
⑳ 兴宾区城镇化建设日新月异

⑯

⑰

荣获自治区招商引资项目大兑现工作示范县、广西招商引资工作先进县第一名、来宾市目标管理绩效考评招商引资单项奖第一名等荣誉称号。

兴宾区着力打造经济社会发展的“快车”。2012 年，兴宾区以推进城南新区、兴宾区“园中园”和红河工业集中区基础设施建设为抓手，带动经济全面发展：自治区 A 类产业园区的红河工业集中区内的红河糖厂、天成纸业、桂宝糖厂等重点企业全部投产，园区年工业总产值达 18 亿元以上；“园中园”内标准厂房入驻率达 100%，签约租赁入驻 A 区企业共 8 家，总投资 4.3 亿元的成功家具园项目落户 B 区，2013 年投产后可实现年产值近 7 亿元。

2012 年，兴宾区各项工作成效显著，亮点突出。据统计，兴宾区各级各部门共获全国表彰 9 项、广西表彰 51 项、来宾市表彰 68 项；在兴宾区召开自治区级会议 6 次、市级会议 8 次；兴宾区在国家级会议上作典型发言 4 次、在自治区级会议上作典型发言 7 次、在市级会议上作典型发言 15 次。

2013 年是全面贯彻落实党的十八大精神的开局之年，站在新的起点，兴宾区以更加昂扬奋发的精神状态和工作劲头，坚持科学发展，扎实开展“思想作风转变年”、“招商引资服务年”和“工业商贸会战年”“三个年”活动，广西经济社会呈现了稳中有升的良好发展势头。上半年，实现地区生产总值 100.82 亿元，增长 5.8%。累计完成全社会固定资产投资 124.2 亿元，增长 15%，完成年度任务 288 亿元的 43.12%。实现社会消费品零售总额 26.65 亿元，增长 12%。城镇居民人均可支配收入 12660 元，增长 12%。农民人均现金收入 6694 元，增长 15.5%。财政收入完成 4.2 亿元，占市下达年度任务数 9 亿元的 46.67%。招商引资到位资金 60 亿元，增长 20%，占市下达年度任务 100 亿元的 60%，在来宾市排位第一。

⑱

⑲

⑳

加快广西科技创新发展 支持富民强桂新跨越

近年来，广西科技事业得到快速发展，创新能力大幅度提升，创新型广西建设步伐加快，在稳增长、促转型、扩内需、惠民生、保稳定中发挥了重要的支撑作用，为加快富民强桂新跨越做出了切实的贡献。

（一）科技体制改革进一步深化。为全面贯彻落实党的十八大精神，落实全国科技创新大会精神，自治区党委、政府召开广西科技创新大会，实施创新驱动发展战略，先后出台《关于提高自主创新能力建设创新型广西的若干意见》、《关于深化科技体制改革加快建设广西创新体系的实施意见》及66个配套文件。至此，广西拥有深化科技体制改革加快创新体系建设的一个具有地方特色、较完整的文件体系，对推动创新型广西建设，加快推进富民强桂新跨越将产生重大和深远的影响。

（二）科技有效支撑产业创新发展。加快实施千亿元产业“350工程”、广西创新计划等，有效地支撑产业结构调整与优化升级。广西率先研发出国内首台达到欧Ⅵ排放标准的柴油发动机等一批新产品，微型汽车、轮式装载机、柴油内燃机等工业产品市场占有率排全国第1位。涌现出世界首例转基因克隆水牛等一大批农业科技新成果，蔗糖、桑蚕、木薯等优势农产品产量多年居全国第1位。科技创新为食品、汽车、冶金等8个产业产值超千亿元提供了重要支撑。

（三）高新区保持快速发展势头。完善高新区发展环境，高新区取得快速发展。梧州、钦州高新区获批建立，至此广西已拥有6家高新区。2012年，南宁、桂林、柳州、北海4个高新区完成工业总产值、工业增加值、营业总收入和出口总额分别达到2714.88亿元、765.06亿元、2817.48亿元和27.50亿美元，分别同比增长21.9%、18.8%、17.8%和31.3%。

（四）科技创新能力进一步提升。科技投入稳步增长，2012年广西财政科技拨款42.1亿元，同比增长161.6%。科技创新平台建设取得快速发展，已建设有2家国家重点实验室、3家国家工程技术研究中心、38家自治区重点实验室、25家自治区工程院、23家千亿元产业研发中心、125家自治区工程技术研究中心、50家自治区级创新型企业、15家国际科技合作基地。科技人才队伍建设取得新进展，聘请116名自治区主席院士顾问和48名八桂学者，4人入选国家引进海外高层人才“千人计划”。

（五）发明创造实现新突破。全面实施发明专利倍增计划，举办广西发明创造成果展览交易会，专利工作取得重大突破。2012年，专利申请量和授权量分别达到13605件和5902件，分别同比增长67.84%和34.11%。其中发明专利申请6507件，同比增长136.02%，居全国首位。广西有效发明专利2560件，每万人口发明专利拥有量为0.56件，同比增长39.59%。

（六）科技交流与合作不断深化。成功承办中国—东盟科技部长会议、中国—东盟科技伙伴计划启动仪式和中国—东盟博览会先进技术专题展。中国—东盟科技合作与技术转移平台初步建成。广西与国内大院大所、著名高校签署战略合作协议。自治区政府与科技部建立部区会商制度不断深化。科技厅已与广西14个设区市政府建立了科技工作会商制度。

（七）基础研究工作再上新台阶。广西不断加大对基础研究工作的支持力度，2007—2012年共获得国家自然科学基金项目1460项，资助经费5.52亿元。加强创新团队建设，2012年下达首批10个杰出青年基金项目和第三批5个创新研究团队项目。1人入选国家"十二五"863计划主题专家组专家；1个广西自然科学基金创新团队获教育部"创新团队发展计划"创新团队。广西科研人员首次主持国家重大科学研究计划重大科学目标导向项目子课题，首次作为第一作者在国际顶级杂志《自然》系列期刊发表论文。

（八）创新环境进一步优化。修订施行《广西壮族自治区专利条例》和《广西壮族自治区高新技术产业开发区条例》等法规，为自主创新提供政策法规保障。同时，加快落实企业研发费用税前加计扣除和高新技术企业税收优惠等有关激励自主创新的政策。连续成功举办一年一度的广西科技活动周和全国科技活动周广西活动等重大科普活动。制作播放广西首个大型电视科技宣传专题栏目《创新传奇》，编辑出版《建设创新型广西文件读本》，为创新型广西建设营造良好的舆论氛围。

①2012年9月29日，广西召开科技创新大会，启动实施创新驱动发展战略。会议强调，要深入贯彻落实全国科技创新大会精神，从全局和战略的高度，进一步增强责任感、紧迫感和危机感，全面深化科技体制改革，加快广西创新体系建设，建设创新型广西

②2012年9月23日，科技部、广西壮族自治区人民政府在南宁举行2012年部区工作会商会议暨新一轮会商合作议定书签字仪式。会议确定了今后5年部区会商工作的主要内容

③2012年10月29日，第一届广西发明创造成果展览交易会在南宁隆重开幕。发明展集中展示了广西近年的发明创造成果1953项。共有35项专利交易项目成功签约，签约总金额达3.4亿元。参与拍卖的14个专利标的有10个成交，总成交额达1806万元

④2011年，自治区主席院士顾问聘请工作启动。截至目前，自治区主席院士顾问总数已达116位

⑤2013年1月7日，2013年广西科学技术奖励大会暨第二十二届广西科技活动周开幕式在自治区党委礼堂举行

⑥2012年11月21日，自治区人民政府召开新闻发布会，介绍广西深化科技体制改革加快创新体系建设的有关情况

⑦2012年11月25日，自治区人民政府与中国科学院在南宁签署科技合作协议，正式建立科技合作关系

⑧玉柴机器股份有限公司推出自主研发成功的12VC等3款高速大功率船用发动机

③④⑤⑥⑦⑧

自治区民委

让民族建筑文化大放异彩
——广西少数民族特色村寨改造纪实

广西是多民族的自治区，世居着壮、汉、瑶、苗、侗、仫佬、毛南、回、京、彝、水、仡佬等12个民族。在长期的生产生活实践中，各民族创造了丰富多彩的文化，其村寨建筑尤具特色。保护和改造民族特色村寨，对发展民族经济、弘扬民族文化具有重要意义。

2009年，国家民委和财政部下文部署开展少数民族特色村寨保护与发展试点工作以来，自治区党委、政府高度重视，按照精心选点，科学规划，统筹安排，逐步推进的工作方针，连续组织了四期城乡风貌改造工程，先后整合资金47亿元，对广西主要交通干道两侧的村屯和旅游景区景点周边的村屯等进行环境综合整治，对民居建筑进行特色风貌改造。从2011年起，组织开展了广西特色名镇名村建设工作，对广西在工贸产业发展、生态（农业）建设、旅游产业发展或文化特色发展等方面具有特色，有较强示范带动作用的17个镇和33个村的风貌改造给予专项扶持。自治县和一些少数民族聚居县自筹资金，对县城所在地及少数民族聚居村寨进行民族特色风貌改造。这些工作的开展，使少数民族聚居县特别是交通沿线的城乡面貌焕然一新，成为新农村建设一道亮丽的风景线。

民族工作部门积极参与自治区党委、政府开展的城乡风貌改造工作，并在其中进行了探索试点工作。2005年，开始实施民族工作示范点建设，逐步积累经验。2008年，明确开展民族特色村寨的建设试点，要求把基础设施建设与特色经济发展结合起来，把环境整治与特色民居的保护改造结合起来，把民族文化的保护开发与旅游业发展结合起来，集中资金1965万元，在广西14个设区市的21个县（市、区），对74个村寨实施村屯道路、人畜饮水、特色民居改造、特色产业发展、民族文化设施综合改造建设。经过多年的努力，涌现出一大批充满活力、各具特色的少数民族村寨。

田阳县百育镇九合村那弋屯，自治区民委投入160万元，带动其他部门投入600多万元，经过综合改造，全屯呈现出青山碧水、绿树红瓦的优美环境，生态农业助群众稳步增收，成为当地比较富裕的村屯。三江侗族自治县冠小屯、欧阳屯、高友村，融水苗族自治县的小东江屯、雨卜村等一批民族特色村寨，有的被所在市命名为新农村建设示范点或“十大最美乡村”，有的被自治

①

②

区旅游局确定为农家乐旅游示范村寨或“广西农业旅游试点村寨”。资源县两水苗族乡社水村利用秀美自然环境、高效特色农业和原生态苗族传统文化资源开发旅游景点，发展旅游产业，并以其优美的自然环境，独具特色民俗风光成为漓江画派和广西艺术学院的写生创作基地。金秀瑶族自治县金秀镇美村依托莲花山景区，通过改善生态环境，改造特色民居，开发瑶族风情表演，促进旅游产业发展，成为文化与旅游结合致富的典型。

如今，少数民族特色村寨保护与发展工作方兴未艾。我们相信，在党的十八大和党的十八届三中全会精神指引下，在自治区党委和政府的正确领导下，今后广西的山水村寨一定会变得更加优美，特色产业一定会有更大发展，各族群众的生活质量一定会大幅提高，民族特色村寨一定会更显示它的永久魅力。

① 建设中的百色市田阳县百育镇九合村那弋屯民族特色村寨
② 防城港市防城区那良镇高林瑶族新村
③ 至今保存完好的柳州市三江侗族古村落
④ 崇左市大新县弄朋屯
⑤ 世外桃源——桂林市阳朔县白沙镇五里店村
⑥ 百色市靖西县龙邦镇排干屯
⑦ 柳州市三江侗族自治县冠小屯被命名为“十大最美乡村”

自治区国土资源厅

自治区国土资源厅成立于2000年8月，由原地质矿产厅、土地管理局、海洋局共同组建而成，是自治区人民政府的组成部门，主管广西土地资源、矿产资源、海洋资源的规划、管理、保护、开发与合理利用等工作。

近年来，自治区国土资源厅在自治区党委和政府的正确领导下，按照科学发展观的要求，始终坚持围绕经济建设这个中心，服从、服务于发展大局，确保了广西经济建设的用地、用矿、用海需求，为广西社会和经济发展提供有力的资源保障，为广西的经济建设积累了巨额资金，连续5年实现耕地占补平衡和总量动态平衡，确保广西土资源的可持续利用，为建设“富裕广西、生态广西、文化广西、平安广西”作出了贡献。

①2月28日，国土资源部党组书记、部长徐绍史（中），自治区党委副书记、自治区主席马飚（左一），在自治区国土资源厅党组书记、厅长肖建刚的陪同下到自治区国土资源厅考察，饶有兴趣仔细参观了广西国土资源文化建设图片展

②5月11日，2012'中国—东盟矿业合作论坛开幕式矿业高官会议在南宁举行

③3月21日，自治区国土资源厅厅长肖建刚（中）做客《阳光在线》

④12月31日，"厅长在线"活动现场

⑤3月28日，自治区国土资源厅副厅长梁兵（中）率调研组在贺州市和玉林市调研土地综合整治和城乡建设用地增减挂钩试点工作

⑥4月10日，广西国土资源系统综合管理目标考核责任状签订仪式

广西壮族自治区人口和计划生育委员会

①

2012 年度自治区人口和计划生育工作亮点

亮点之一：诚信计生拓展提升。广西人口和计生委系统认真贯彻落实中央领导同志的批示精神，以诚信计生为总抓手，把稳定低生育水平和帮助群众解决实际困难有机结合起来，将利益导向、优质服务、服务体系建设、综合治理出生人口性别比等融入诚信计生。自治区党委、政府两办转发《关于建立诚信计生长效机制的意见》，自治区人口计生领导小组下发《关于建立诚信计生长效机制的实施意见》。诚信计生纳入新修订的广西人口计生条例和自治区新一轮扶贫开发攻坚战的系列文件，有关部门的惠民政策也向诚信计生家庭倾斜。截至 2012 年 12 月，广西有诚信计生小组 48.5 万个，育龄群众参与率达 91.3%，91% 的县（市、区）基本实现诚信计生。2012 年 4 月，时任国务院副总理李克强再次在自治区党委、政府主要领导上报的诚信计生汇报上批示予以肯定。

亮点之二：计生协会组织建设全国领先。自治区、设区市、县三级全面落实"入序"、"参公"、"三定"工作，14 个设区市全部配备副处级专职副会长，绝大部分县、乡落实了协会编制、专职人员及协会小组长报酬。广西共有计生协会组织 2.32 万个，会员 634 万人，占总人口的 11.6%，广西计生协会组织建设上了一个大台阶，走在了全国的前列。计生协会在广西开展计生家庭爱心保险、小额贴息贷款、珍贵树种送计生家庭、生育关怀行动、青春健康教育、创建幸福家庭等工作，取得了明显成效。时任中央政治局委员、全国政协副主席、中国计生协会长王刚对广西计生协会组织建设予以了高度评价。

亮点之三：幸福家园工程成为全国亮点。广西积极打造市、县、乡、村四级联动的"幸福家园"人口计生公共服务平台，优化城乡公共服务设施布局，推进城乡人口计生基本公共服务均等化。广西已建成标准化县服务站 97 个（除城区外）、乡服务所 1138 个、村级幸福家园（以村服务室和新家庭文化屋为主）13193 个，覆盖率分别达 100%、93% 和 81%，有 500 多万育龄群众接受了生殖健康优质服务，为 41.7 万育龄群众进行了免费孕前优生健康检查。15 个县（市、区）进入"国优"行列，"国优、区优"实现率达 100%，跃进了全国先进行列。广西在全国计划生育优质服务创建工作经验交流会上作典型发言。

②

③

亮点之四：打造具有广西特色的人口文化品牌。根据群众求知、求富、求乐的需求，依托"幸福家园"综合服务平台，大力建设人口文化阵地，广大群众在潜移默化中接受了先进人口文化的熏陶；围绕婚育新风进万家活动，精心组织和策划丰富多彩的人口文化主题宣传活动，彰显人口文化导向力，增强人口文化传播力，促进了群众婚育观念的转变。群众实行计划生育的自觉性明显提高，主动领取独生子女父母光荣证的群众逐年增多。2012 年，广西出生人口性别比下降到全国平均水平以下。12 月 21 日，广西在全国人口文化建设经验交流会上作交流发言。时任全国政协副主席李金华对广西把人口文化建设与诚信计生结合起来的做法予以充分的肯定，指出广西加强诚信文化建设，对解决社会诚信缺失、道德滑坡有重要意义，符合中国传统文化，符合现代社会管理的要求，这是一条好路子。

① 中共中央政治局委员、全国政协副主席、中国计生协会会长王刚（左三），在自治区党委书记郭声琨（右一）、自治区主席马飚（左一）的陪同下，深入百色市平果县新安镇庄内屯调研。图为王刚会长到计生户杨晖家中慰问

② 中国计生协会摄影社揭牌暨首届会员艺术作品展开展仪式在南宁举行。图为中国计生协会党组书记、常务副会长杨玉学（左一），自治区党委常委、宣传部部长、自治区计生协会会长沈北海（左二）为中国计生协摄影社揭牌

③ 全国计划生育协会基层组织建设座谈会在南宁举行

④ 广西人口和计划生育工作会议在南宁召开，图为自治区党委书记郭声琨（左一）、自治区主席马飚（左二）为获奖代表颁奖

⑤ 国家人口计生委主任王侠（右三）在自治区副主席李康（右一）的陪同下，深入南宁市武鸣县双桥镇下渌村视察诚信计生工作

⑥ 自治区人大常委会副主任荣仕星（图中）到玉林市博白县调研人口计生工作

⑦ 广西举办山歌唱起来—广西人口计生系统学习宣传十八大精神山歌演唱会。图为自治区政协副主席李彬与演员合影留念

⑧ 自治区人口计生委主任黄丹（右二）做客《阳光在线》与听众网友在线交流

⑨ 自治区人口计生委主任黄丹（左）深入资源县中峰乡大源村调研，慰问计生家庭

⑩ 桂湘粤 3 省（区）14 个市的代表签订《桂湘粤 3 省（区）14 市流动人口计划生育服务管理区域协作框架协议书》

⑪ 广西集中整治"两非"专项行动总结暨再动员现场会在南宁市宾阳县召开，自治区人口计生委、公安厅、卫生厅、食品药品监督管理局、妇联和南宁市有关领导出席会议

南宁国家经济技术开发区

南宁国家经济技术开发区（简称南宁经开区）占地面积 504 平方公里，人口 25 万人，下辖那洪街道办、金凯街道办、吴圩镇。南宁经开区实行“三园两区”的管理模式，东面为金凯工业园，西侧为银凯工业园，南端为空港经济区，中部为北部湾科技园和中央商住区，各园区功能互补，规划建设为“以第二产业为主，多产业协调发展的现代化综合性新城区”。

南宁经开区位于广西北部湾经济区核心城市——南宁市南端，是广西首个国家级经济技术开发区，规划控制总面积 504 平方公里，吞吐量日益俱增的南宁机场就坐落在开发区内。南宁经开区是广西通往广东、湖南、贵州和云南方向以及出海出边国际大通道的桥头堡，广西多条交通主干道交汇于此，公路、水路、航空、铁路交通四位一体，枢纽作用十分明显。同时，入区企业可享受西部大开发优惠政策、广西北部湾经济区优惠政策、沿海开放城市优惠政策，少数民族自治区优惠政策和国家级开发区的优惠政策。南宁经开区以多重叠加的优势、完善的基础设施、务实高效的政务环境，成为广西乃至全国范围内技术、资金、人才最为密集的区域之一，是国内外投资的热土和创业的乐园。

2012 年，面对复杂多变的经济形势，在南宁市委、市政府的正确领导下，南宁经开区全体干部职工解放思想，开拓创新，抢抓机遇，锐意进取，深入推进大解放、大征拆、大融资、大招商、大开发、大服务、大民生、大和谐“八大”工作，掀起新一轮开发建设热潮，经济社会又好又快发展。2012 年南宁经开区累计完成全部工业总产值 310 亿元，同比增长 38%；财政收入 18.85 亿元，同比增长 42.8%；全社会固定资产投资 158 亿元，同比增长 36%。招商引资实际到位内资 66.2 亿元，同比增长 29.4%；实际到位外资 5340 万美元，同比增长 21%；社会消费品零售总额 43.5 亿元，同比增长 16.6%。

2012 年，南宁经开区有经济实体 4600 多家，吸引了法国、荷兰、日本、韩国、马来西亚、新加坡等 20 多个国家和中国香港、台湾等地的商家前来投资兴业，机电制造、日用消费品等主导产业已初具规模。2012 年上半年，南宁经开区成功引进两家世界 500 强企业美国亚马逊电子商务有限公司、美国普洛斯有限责任公司。如今，娃哈哈、康师傅、蒙牛乳业、盼盼食品、恒安纸业、凤凰纸业、国药物流等众多知名企业落户南宁经开区，为未来的快速发展奠定了坚实的基础。2012 年初，南宁经开区被自治区列入北部湾重点产业园区和千亿产业园区的建设范畴。

①7月30日，自治区主席马飚（中）到南宁经开区调研
②8月30日，自治区党委常委、自治区常务副主席黄道伟到南宁经开区调研
③9月13日，自治区党委常委、南宁市委书记陈武（左三）到万宇阳光早餐视察，南宁经开区党工委书记、管委会主任韦志鹏（左二）陪同
④10月17日，自治区党委常委、南宁市委书记陈武（左二），市长周红波（左三）听取南宁经开区党工委书记、管委会主任韦志鹏（左一）介绍壮锦大桥工程情况
⑤9月5日，南宁市委副书记李泽（左一）来南宁经开区调研非公党建工作
⑥12月开始，南宁经开区台湾花卉产业园内“花海”怒放，引来游人如织
⑦南宁吴圩机场扩建项目工程正在如火如荼的建设
⑧4月17日，南宁经开区那历村“出嫁女”在新入住的回建安置房前开心合影
⑨9月19日，南宁经开区18个项目举行开竣工仪式，总投资额达68亿元，为“两会一节”献上一份厚礼
⑩11月8日，南宁经开区金凯街道办揭牌成立
⑪5月17日，全国妇联副主席、书记处书记甄砚（前排中）到南宁经开区调研妥善解决“出嫁女”问题
⑫9月8日，南宁经开区党工委书记、管委会主任韦志鹏（右三）看望“六扶”对象
⑬3月6日，南宁市市长周红波（中）到南宁经开区调研
⑭1月6日，南宁经开区引进园区首个世界500强项目——亚马逊南宁运营中心正式签约入驻

资 源 县

资源县地处广西东北部越城岭山脉腹地，是广西的北大门，与湖南城步、新宁两县和桂林市龙胜、兴安、全州三县交界，是湘桂两省经济、文化交流的重要通道，距离世界旅游名城桂林市98公里。全县总面积1961平方公里，辖6乡1镇74个村（街）委，总人口17.5万人，有苗、瑶、壮、回、侗等14个少数民族3.9万人，享受少数民族自治县待遇，是2011~2020年国家滇桂黔石漠化（广西）区域发展与扶贫攻坚重点扶持县之一。

资源县属于亚热带季风湿润气候区，全县平均海拔在800米以上，年平均气温16.7℃，年平均降雨量1761mm，全县森林覆盖率达78.44%。境内资源丰富，已发现矿点122处，矿种50多个，水能蕴藏量达30.13万千瓦，原生植物164科1120种，拥有华南铁杉、长苞铁杉等国家保护的珍贵树种和开发价值较高的天麻、蕨菜、薇菜、竹笋等10余种土特产，是全国南方杉木、马尾松、毛竹的中心产区之一，是广西林业重点县和全国生态文明示范工程试点县。境内山青水秀，石奇林幽，集我国名山、名江、名瀑特色于一体，是广西首批优秀旅游县。有“世界自然遗产、国家森林公园、国家地质公园”之称的“丹霞之魂”八角寨景区、华南第一高峰猫儿山、华南第一漂资江漂流、中国最佳漂流胜地五排河探险漂流，有休闲度假丹霞温泉景区、天门山生态观光景区及“一瀑九折”的宝鼎瀑布等，是长江水系和珠江水系的发源地之一，被《中国国家地理》杂志评为中国最美的地方之一。民俗节庆品牌——“七月半”民族传统河灯歌节已成为“中国百姓生活游”十大主题活动之一。

近年来，资源县着力发展以特色农业、特色工业为主的生态型县域经济。建立了以红提、西红柿、金银花、猕猴桃、百合、有机茶叶、食用菌、油茶、“三木”药材为主的生态农业体系和以清洁能源、石材产业、陶瓷及矿产品加工、农林产品加工、冶炼业为主的五大十亿元工业产业集群。目前，资源县是华南地区最大的西红柿、红提生产基地，先后荣获“全国脐橙生产基地县”、“全国‘三木’药材生产基地县”、“全国果菜无公害十强县”、“广西最大冷水养殖基地”和“中国最具国际影响力旅游目的地”、“中国十佳最美乡村”、“中国最美生态休闲旅游名县”、“广西科学发展进步县”等荣誉称号。“资源红提”获得国家农产品地理标志保护论证。广西首个风电项目，也是全国首个高山风电项目—总投资15亿元的金紫山风电场，为资源县域经济跨越发展树立了新的生态经济坐标。

2012年，全县完成地区生产总值34.98亿元，同比增长17.2%；完成全社会固定资产投资42.01亿元，同比增长33.6%；完成财政收入2.03亿元，同比增长19.5%；完成工业总产值35.72亿元，同比增长29.2%；实现农民人均纯收入5841元，同比增长16.46%；城镇居民人均可支配收入19873元，同比增长13.23%。

“十二五”期间，资源县将坚持“生态立县、农业稳县、工业富县、旅游强县”的发展思路，紧紧围绕“生态资源、特色资源、文化资源、平安资源”四大主题，按照科学发展观的要求，强力推进“生态旅游名县、特色农业强县、清洁能源大县”建设，努力实现全县经济社会又好又快发展，为与全国同步全面建设小康社会打下坚实基础。

① 自治区副主席高雄（右二）到资源县考察旅游发展等工作
② 资源县城全景图
③ 资源县委书记文飞（右一）、县长韦绍艺（左一）陪同桂林市委书记赵乐秦（中）视察县红提种植示范基地
④ 县委书记文飞（右四）视察县城乡风貌改造工程
⑤ 县长韦绍艺（左二）在视察工作
⑥ 大庄田村老王家新农村一景
⑦ 资源县首届丹霞文化旅游节暨第十八届河灯歌节文艺晚会祈福仪式
⑧ 资源县隘门界雪景
⑨ 五排河探险漂流
⑩ 资源县兴安高速公路开工动员仪式
⑪ 资源县金紫山风电场

防 城 区

防城区地处祖国南疆美丽的北部湾畔，前身是防城各族自治县，1993 年 5 月设立地级防城港市后，撤县设区。防城区总面积 2427 平方公里，辖 4 个乡 6 个镇 141 个建制村和 15 个社区。总人口约 42 万，居住着汉、壮、瑶、京等 19 个民族，其中少数民族人口占总人口的 35.7%。有海外华侨和港澳同胞约 27 万人，是广西著名侨乡之一。

防城区区位优势突出，是全国唯一既沿边又沿海的市辖区。海岸线长 138 公里，陆地边境线长 61.8 公里，与越南广宁省海河县、平辽县、芒街市山水相连，拥有江山港边地贸口岸、峒中口岸 2 个国家级口岸和峒中、里火、滩散 3 个边民互市贸易点以及茅岭 1 个海关区外监管御货点。占地面积 21 平方公里的防城区工业园区于 2009 年列入自治区 A 类产业园区。

防城区交通四通八达，是中国对接东盟的桥头堡和大西南地区出海出边最便捷的枢纽通道之一。茅岭港和江山港分居东西两翼，城区离可与世界上 100 多个国家（地区）250 个港口通商的西部第一大海港防城港仅 15 公里。

防城区濒临北部湾，背靠十万山南麓，山海资源独特。防城区拥有全国唯一以保护植物名称命名的金花茶国家级自然保护区，种类和品种居全国乃至世界第一，2002 年金花茶被定为防城港市市花，2009 年被授予中国金花茶之乡荣誉称号，2011 年获国家地理标志保护产品。是中国的八角之乡、肉桂之乡，八角、肉桂的面积和产量均占广西三分之一强，是中国三大香料产地之一。防城区的海产品种类达 500 多种，盛产对虾、大蚝、茅岭鲈鱼等，白龙珍珠港是著名南珠主产区之一。

防城区旅游资源丰富，人文底蕴深厚。防城区具有独特的历史古迹、人文景观和自然景观，滨海风光旖旎、山区景色雄奇、边关风情浓郁，是一个集“边、山、海、民”于一体的旅游目的地。

防城区享受多重优惠政策，投资环境优越。这里既可享受西部大开发、沿海开放城市的优惠政策，又可享受国家给予经济开放区、民族自治区、边境地区以及广西北部湾经济区开放开发、东兴国家重点开发开放试验区等各项优惠政策，重大项目还可以享受财政扶

持等特殊优惠政策。

近年来，在上级党委、政府的正确领导和关心支持下，防城区的经济社会持续快速发展，先后获得全国科技进步先进县（区）、全国畅通平安区、广西“县域经济进步奖”、“经济发展十佳县”、“科学发展十佳县”等多项荣誉。

2012 年，防城区地区生产总值完成 90 亿元，增长 9.3%；财政收入为 8.37 亿元，增长 16.7%；全社会固定资产投资 105.9 亿元，增长 5%；社会消费品零售总额 28.4 亿元，增长 16.7%；城镇居民人均可支配收入 23294 元，增长 12.5%；农民人均纯收入 7786 元，增长 16%。

当前，随着广西北部湾经济区发展规划深入实施，防城港市钢铁、核电、铜镍三个“天字号工程”全面开工建设，东兴国家重点开发开放试验区加快建设，防城区迎来了新一轮的大开发、大建设、大发展热潮。今后几年，防城区将奋发有为，抢抓机遇，发挥区位优势，深入实施“七区”战略（农业稳区、工业强区、三产旺区、新城兴区、文化立区、生态靓区、民生安区），倾力打造“两基地六中心”（防城港市产业配套基地、后勤保障基地和全市交通中心、商贸中心、物流中心、文化教育中心、休闲旅游中心、宜居创业中心），推动防城区经济社会科学发展、跨越发展，加快实现“富民强区、和谐发展”宏伟目标。

① 2012 年 3 月 24 日，自治区党委书记、自治区人大常委会主任郭声琨（左二）到防城区调研

② 区委书记莫小林（左二）、区长王德林（右三）到基层调研

③ “打起陀螺唱起歌”——2013 防城区三月三中越民间文化旅游节吸引了北海、海南以及越南等地山歌爱好者前来参赛。图为越南山歌手与防城区本地歌手深情对歌

④ 近年来，防城区积极筹措资金投入新农村建设。图为错落有致的那良镇高林新村

⑤ 华石火龙果基地占地 4000 余亩，是我国乃至东南亚一带最大的山地连片种植基地

⑥ 广西目前在建高速公路中最大的互通式立交桥——防东高速公路茅岭互通立交效果图

⑦ 防城区区位优势突出，是全国唯一既沿边又沿海的市辖区，拥有江山港边地贸口岸、峒中口岸 2 个国家级口岸和峒中、里火、滩散 3 个边民互市贸易点以及茅岭 1 个海关区外监管卸货点。图为那良镇里火边民互市贸易区热闹的运货场面

⑧ 2013 年 1 月 31 日至 2 月 3 日，防城区第五届人民代表大会第三次会议和中国人民政治协商会议防城区第五届委员会第三次会议胜利召开。图为防城区第五届人民代表大会第三次会议闭幕式现场

⑨ 金花茶节是防城港市主打四大节庆品牌之一。图为 2012 年广西防城第四届金花茶节大型晚会现场

⑩ 防城区于 1980 年开始举办的群众歌咏比赛，已连续高歌 32 届，越办越红火。当地群众把参加这场歌咏比赛看成“星光大道”。图为第 32 届群众歌咏合唱邀请赛比赛现场

⑪ 国家 4A 级旅游景区白浪滩景区游人如织

⑫ 在防城区一年一度的端午节龙舟赛上，各龙舟队力争上游

⑬ 防城区拥有全国唯一以保护植物名称命名的金花茶国家级自然保护区，总面积达 9195.1 公顷，种类和品种居全国乃至世界第一。2002 年金花茶被定为防城港市市花，2009 年防城区被授予中国金花茶之乡荣誉称号。图为被誉为“植物界大熊猫”、“茶族皇后”的金花茶

⑭ 防城区一江两岸远眺。近年来，防城区按照“开拓新城、舒缓旧城、向西发展、向南延伸”发展格局，不断完善城市和中心集镇功能设施，倾力打造宜居、宜业、宜商的美丽新防城

上思：奋力建设北部湾生态经济强县

在风景绮丽的十万大山北麓，有一颗璀璨的绿色明珠，一个古称瀼州的神奇美丽的地方——上思县。

近年来，勤劳智慧的25万上思人民，在这块方圆2816平方公里的热土上创造了前所未有的辉煌业绩：主要经济指标均保持两位数增长，到2012年，全县生产总值从2010年的42.8亿元增加到59.45亿元，年均增长11.57%；农林牧渔业总产值由22.51亿元增加到31.23亿元，年均增长11.53%；全部工业总产值由49.96亿元增加到81.31亿元，年均增长17.63%；规模以上工业总产值由43.96亿元增加到76.33亿元，年均增长20.19%；全社会固定资产投资由44.33亿元增加到69.07亿元，年均增长15.93%；财政收入由4.39亿元增加到6.21亿元，年均增长12.26%；城镇居民人均可支配收入由11720元增加到14567元，年均增长7.52%；农民人均纯收入由4685元增加到6274元，年均增长10.22%。2011年，上思县被中国生态学会旅游生态专业委员会授予“中国氧都”称号。2012年，上思又荣获“中国老年人宜居宜游县”、“中华诗词之乡”等称号。

1

2

3

2011年6月，上思县新一届四大班子领导上任履职以来，进一步理清发展思路，在县第十二次党代会提出了“开放融入，绿色崛起，建设北部湾生态经济强县”战略目标，深入实施交通优先、产业优化优先、城建优先“三大优先”发展战略，突出写好“开放、绿色、特色”三篇文章，抓好工业化、信息化、城镇化、农业产业化“四化同步”发展，全县经济社会等各项事业取得了辉煌的成就。

实施“交通优先”，构筑发展“快车道”。上思县地理位置优越，县城距南宁、防城港、钦州、崇左均为100公里左右，是4个设区市的“交汇点”，具有接受4个设区市辐射的良好条件。同时，上思县与东兴国家开放开发试验区接壤，距离防城港、钦州港等两个大港口仅有100公里左右，属于沿海经济发展辐射范围。2012年，崇左经上思至钦州高速公路、上思至南宁二级公路全线贯通。目前正在积极争取立项建设南宁经上思到东兴的高速公路。这些高等级公路的建设，使亘古闭塞的十万大山一下子打开了三道“山门”，一门连着南宁首府，一门连着大海，一门连着东盟。自此，上思“上天下海进城出国”（至机场、抵海边、到南宁、出国门）均在1小时之内，“四个1小时”交通格局初步建成。加上通乡、通村、通屯以及蔗区、林区公路，形成了干支相连、内通外联、四通八达的公路网络，为当地的经济建设插上了腾飞的翅膀。

实施“产业优先”，增强经济实力。上思县充分发挥当地的资源优势、生态优势以及周边先进地区的产业辐射，加快调整经济结构，转变经济发展方式，致力于“增一产，强二产，提三产”。三次产业结构由2010年的33.4∶44.5∶22.1调整为2012年的31.9∶47.4∶20.7，产业发展质量不断提高。坚持抓好蔗糖、水泥建材、林板林化等传统优势产业发展，三大产业得到进一步巩固和加强。大力推进产业链延伸，引进了朗姆酒、糠醛、生物肥等下游产业，全县蔗糖业走上了“蔗、糖、酒、生物化工”一体化的高效、生态发展新路子。2011年，县朗姆酒试产成功，成为自治区重点扶持千亿元产业的重要基地。上思县也关停了污染重、能耗高的小水泥企业，引进投资达16亿元年产380万吨熟料水泥的华润水泥项目建成投产，第二条生产线创造了全国同类窑形建设周期最短记录。一批新建工业项目如航空胶合板、华威复合地板等项目即将建成投产。同时还与上海光明集团达成了用甘蔗渣生产食用菌项目的意向。今日的上思县工业，已形成了蔗糖、朗姆酒、林板林化、水泥建材、制药、农副产品加工、电力等产业齐头并进的局面，改变了以往工业产业结构单一、抗风险能力弱的尴尬境地，全县生态工业产业格局初步形成。

同时，依托生态优势，上思县大力发展生态旅游和健康养生产业，加快开发县城到十万大山国家森林公园沿线的景区景点建设，进一步扩建十万大山森林公园，新建了皇袍山森林乐园、金花茶观赏园、百鸟乐园、珍稀植物园等景区。下一步将重拳出击，加快应天湖和布透温泉群等两个新景区开发，打造十万大山国际山地休闲度假旅游目的地。自2003年以来，上思县已连续成功举办10届十万大山原始森林旅游文化节和“森林小姐”大赛，已有来自国内外的上千名模特、佳丽参赛，成为国内知名的旅游文化节庆品牌。

上思县以建设生态农业经济系统为主线，合理调整农业产业结构和布局，采取“公司+农户+基地”等多种形式，大力发展优质水稻、甘蔗、速丰林、畜牧水产等主导产业，实行标准化、专业化、规模化、良种化生产。全县甘蔗种植面积达53万亩，家禽存栏234.7万羽。大力发展林下经济，引进凤翔集团在上思建立林下

4

⑤

⑥

养鸡基地，带动林下养鸡发展，同时探索蔗下养鸡新模式，目前全县林下、蔗下养鸡存栏180.2万羽，出栏118.7万羽，荣获“2012年广西林下经济发展三等奖”。还大力挖掘和培育香糯、香菇、蜂蜜、八角、玉桂、甜竹等优质特色农产品，发展生猪、肉牛、香鸭、十万山花鳖养殖和山泉水养鱼等特色养殖，积极打造“十万大山”生态农业品牌，提高了全县生态农产品的市场竞争力。

实施“城建优先”，建设“美丽生态上思”。上思县继承历史文化渊源，巧思抓好县城的规划布局，紧扣“水”、“绿”两大主题，不断加快旧城改造和新区拓展，着力打造“一江两岸”生态景观带。在县城，重点加快万山大道等三个进城路口改造，打造上思“新门面”。在城区中心的明江河道修建拦河大坝，蓄水发电，使城区河道内形成优美的“城中之湖”。全面启动县城100多条小街小巷泥路硬化工程建设，加快主要街道建筑的立面改造工作，建设了明江公园、龙江半岛花园、银晟花园、明江新城等一批住宅小区，县城人居环境得到明显改善。在乡镇，重点抓好乡镇街道硬化建设和朗姆小镇、南屏小城镇、在妙镇等特色小镇建设和农村风貌改造建设。同时，认真组织开展“美丽上思·清洁乡村”活动，积极实施美丽乡村、美丽街道、美丽交通、美丽校园、美丽庭院、美丽市场、美丽企业、美丽景区等八大美丽工程，推进清洁乡村活动深入开展。一座“城在山中、水在城中、人在绿中”的北部湾生态旅游城市正在掀开美丽的面纱。

盛世新上思，明珠正生辉。十万大山是广西乃至国内难得的“生态净土”。上思县委、县政府将带领全县25万人民秉承“开放包容，务实创新”的上思精神，把区域优势、资源优势及生态优势化为发展优势，着力把上思建设成一个城乡生态良性循环、自然环境优美、经济社会发展与资源环境承载力相适应的北部湾生态经济强县。

① 2011年10月，上思县委书记宾正迎（右）、县长彭景东（中）接过中国工程院院士马建章（左）授予的“中国氧都”牌匾，成为广西唯一拥有“中国氧都”称号的县份

② 2012年10月，上思县委书记宾正迎（右）从中国老年学会秘书长翟静娴手中，接过中国老年学会授予的“中国老年人宜居宜游县”牌匾

③ 2012年6月，上思县县长彭景东（左）接受中华诗词学会会长助理李文朝颁发的“诗词之乡”牌匾

④ 甘蔗是上思的主要经济作物，目前已发展种植51万多亩。图为上思连片的蔗海

⑤ 全县生态环境保护完好，人与自然和谐共处

⑥ 新农村建设日新月异。图为县南屏瑶族乡汪门屯美景

⑦ 制糖是上思县的支柱产业，并由此衍生出“糖、酒、生物化工”一体化的高效、生态产业链。图为车辆满载着甘蔗源源不断的运进糖厂

⑧ 近几年来，上思县引进外来投资100多亿元，招商引资成效显著。图为投资16亿元年产水泥380万吨的华润水泥上思项目

⑨ 上思县兴建了国内唯一的朗姆酒生产线，填补了我国朗姆酒生产空白。图为管理人员在陈酿仓库对桶装朗姆酒进行登记编号

⑩ 崇左经上思至钦州的高速公路建成通车

⑪ 上思是广西的林业大县，通过积极开展林业各项工作，林业产业的经济、生态、社会“三大效益”日益凸显。图为华林中密度纤维板厂生产车间一角

⑫ 上思县大力实施“美丽上思·清洁乡村”创建活动，人居环境进一步改善。图为县新城区一角

⑬ 每年一届的十万大山原始森林旅游文化节和“森林小姐”大赛已成为国内知名的旅游文化节庆品牌

⑦

⑧

⑨

⑩

⑪

⑫

⑬

宜 州 市

宜州市是壮族歌仙刘三姐的故乡，“中国村民自治”诞生地。地处桂西北，黔桂交通要冲，黔桂铁路、昆汕高速公路和323国道交汇于境内，交通便捷。宜州历史悠久，自公元前111年置县建制至今，已有2100多年历史。历代名人冯京、黄庭坚、徐霞客、石达开、竺可桢、蒋百里、苏步青等都曾寄寓于此，留有碑刻诗赋。宜州山歌、彩调、桂剧、渔鼓等地方艺术独具特色，享誉广西区内外，彩调剧《刘三姐》、《龙女与汉鹏》上世纪50年代曾到北京中南海怀仁堂作专场演出，得到中央首长的高度赞扬。全市辖7镇9乡（其中有2个民族乡），总面积3869平方公里，总人口66.29万人。居住有壮、汉、瑶、苗、水、毛南、仫佬等民族。

宜州市城区面积12.76平方公里，发展目标定位为桂西北新型中等城市，城市规划区面积41.4平方公里。

宜州市旅游资源得天独厚，自然风光旖旎。龙江河水上石林国家地质公园、刘三姐故里4A级旅游景区、金浪湾景区、古龙河漂流景区、大水车景区、会仙山景区历代碑刻、南山寺、西竺寺佛雕等风景名胜，让人流连忘返。

境内已发现的矿种有煤、锰、灰岩、砖瓦用页岩、汞、磷、铁矿、硫铁矿、膨润土、铁铝矿、高岭土、铜矿、方解石、矿泉水等14个矿种。其中煤矿藏量约4243.552万吨，锰矿藏量约890.685万吨，品位在28 - 40度之间。

宜州属亚热带季风气候，光照充足，雨量充沛，四季均可种植，是国家粮食生产基地、广西蚕桑茧丝绸产业循环经济示范基地，全国第一大桑蚕生产基地县（市），国家“双高”糖料基地。2012年桑园总面积31.3万亩，鲜茧量5.29万吨；糖料蔗种植面积44.7万亩，糖料蔗总产量173万吨。

2012年，在党中央、国务院以及上级党委、政府的英明领导下，宜州市获得“中国循环经济优秀品牌城市”、“广西食用菌产业发展‘十强县’”、“中国民间文化艺术之乡”、“全国2012年全民健身活动先进单位”、“广西第八届市容环境综合整治南珠杯竞赛特等奖城市”、“广西创先争优活动先进县市、区党委”、“广西政务服务工作先进单位”、“广西扶贫开发工作先进县”、“爱国拥军模范城”、“广西‘五个民政建设年’活动先进市”等荣誉称号；地区生产总值87.51亿元，增长3.4%；财政收入7.2239亿元，增长3.2%；社会消费品零售总额32.26亿元，增长14.9%；城镇居民人均可支配收入19341元，增长5.5%；农村居民人均纯收入6300元，增长12.4%。

① 宜州市委书记黄平权　（韦炳华　摄）
② 宜州市委副书记、市长周飞　（韦炳华　摄）
③ 广西宜州第三届文化旅游节开幕式盛况　（韦炳华　摄）
④ 宜州丝绸生产线　（韦炳华　摄）
⑤ 宜州市新城区　（马　境　摄）
⑥ 宜州市刘三姐乡小龙屯一角　（周国勇　摄）
⑦ 太平天国翼王石达开唱和诗碑刻　（冯建国　摄）
⑧ 宜州市制糖企业成品糖包装间　（卓永梅　摄）
⑨ 宜州山歌王对唱山歌
⑩ 宜州民俗表演——赤脚上刀山　（韦炳华　摄）
⑪ 宜州 4A 景区下枧河风光　（冯建国　摄）

大化瑶族自治县

大化瑶族自治县位于广西中部偏西，河池市最南端，红水河自北向南纵贯全境，县境流程160公里。全县辖3个镇13个乡，县人民政府驻大化镇，行政区域面积2716平方千米。2012年末，全县人口46.21万人，其中农村人口37.03万人，瑶族人口10.6万人，瑶族人口占全县总人口21%。人口自然增长率7.77‰。全县耕地面积1.38万公顷，农田有效灌溉面积0.34万公顷，粮食播种（含复种）面积2.52万公顷，粮食总产量7.57万吨。经济作物种植面积0.28万公顷。林地面积9.38万公顷，森林覆盖率32.09%。社会用电量3.31亿千瓦时。农机总动力14.94万千瓦。等级公路里程1112公里，其中四级公路1002公里，三级公路106公里，二级公路3.37公里。主要旅游景区有大化红水河—七百弄风景名胜区（自治区级旅游景区）、七百弄国家地质公园。全年接待游客38.1万人次。境内有大化、岩滩站两座国家大型水电站，装机容量161万千瓦。重要矿产资源有硅、铝土、钛铁、辉绿岩、方解石、滑石等，其中硅储量2亿吨。知名地方产品有北景鱼、彩玉石、芭蕉芋粉丝、龙眼、黑山羊、腊三珍（即腊猪头肉、腊肠、腊三层肉）。是中国观赏石之乡，自治区重要的淡水绿色水产品供应基地。

2012年，全县地区生产总值35.55亿元，同比增长5.3%；财政收入3.5亿元；规模以上工业总产值16.3亿元，增长4.15%；规模以上工业增加值12.2亿元，增长4.72%；农林牧渔业总产值13.44亿元，同比增长5.1%；全社会固定资产投资14亿元；城镇居民人均可支配收入14751元，同比增长10.1%；农民人均纯收入4313元，同比增长11.4%；社会消费品零售总额11.66亿元，同比增长14%。

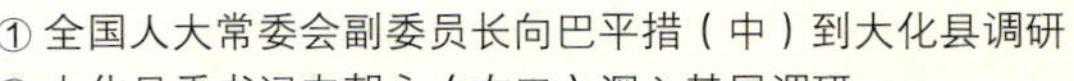

① 全国人大常委会副委员长向巴平措（中）到大化县调研
② 大化县委书记韦朝永（右二）深入基层调研
③ 大化城区风貌
④ 大化县委副书记、县长蓝瑞轩（中）深入基层调研
⑤ 大化瑶族自治县易地搬迁生态民族新城开工
⑥ 大化瑶族铜鼓舞
⑦ 大化布努瑶笑酒
⑧ 大化岩滩库区风貌
⑨ 新城总体效果图
⑩ 七百弄国家地质公园